KB041842

제4판 민법 I

계약법

양창수 | 김재형 공저

博英社

제 4 판 머 리 말

제3판을 펴낸 이후 4년 남짓한 시간이 흘렀다. 제3판 발간 이후 법 변화를 충실히 반영하고자 판을 새롭게 하기로 하였다. 그동안 이 책은 물론이고 이 강의시리즈에 보여준 애정과 관심에 깊이 감사한다.

이번 제4판은 무엇보다도 그 사이에 개정된 민법 관련 법률을 반영하였다. 나아가 새로운 재판례를 추가하였고, 또 공부에 더욱 적실하다고 생각되는 것들을 제시하였다. 또한 종전 판의 불충분한 설명 부분을 보충하고 더욱 정확하고 명료하게 서술하고자 하였다.

이 책을 통하여 법 공부를 새로 시작하는 학생들이 실제적으로, 그리고 이론적으로 가장 중요한 법제도인 계약에 관하여 그 성립부터 시작하여 그 이행·불이행, 나아가 여러 고장 사유로 인한 효력 불발생에 이르기까지 차근차근 배울 수 있기를 희망한다.

수록된 재판례 가운데는 처음 법 공부를 하는 단계에서는 꼼꼼히 그리고 반복해서 읽더라도 그 내용과 의미를 정확하게 이해하기 어려운 경우도 있을 것이다. 그러나 그와 같이 유의미한 법 자료를 차분하게 읽는 과정이야말로 법률가로서 실력을 키우는 길이라고 믿는다.

2024년 3월 25일

양 창 수 · 김 재 형

머 리 말

2009년 법학전문대학원의 출범과 함께 법학 교육 시스템의 대전환이 일어나고 있다. 이에 따라 민법 교육의 체제와 방법을 개편하는 문제가 중요한 과제로 등장하였다.

종래 법과대학에서는 대체로 민법전의 편별에 따라 민법총칙, 물권법, 채권총론, 채권각론, 친족법, 상속법으로 구분하여 가르치는 것이 통상이었다. 그리고 민법전에 총칙이 맨 앞에 있으니 민법총칙을 먼저 배우는 것이 당연하다고 생각하는 경향이 있었다. 그러나 교육의 관점에서 보면 반드시 민법전의 편제에 따라 민법을 가르치고 공부하여야 하는지는 의문인 점이 없지 않다. 오히려 민법의 주요 주제를 중심으로 민법이 실제 생활에서 어떻게 작동하는지를 이해할 수 있도록 강좌를 설계하는 것이 바람직할 것이다.

서울대학교 법학전문대학원은 이러한 생각에 입각해서 민법을 〈민법 Ⅰ〉, 〈민법 Ⅱ〉, 〈민법 Ⅲ〉 그리고 〈민법 Ⅳ〉의 네 과목으로 구분하여 강의하고 있다. 〈민법 Ⅰ〉은 일단 '계약법'이라고 이름붙였는데, 민법총칙·채권총론·채권각론 중에서 계약과 관련된 내용을 추출하여 다룬다. 〈민법 Ⅱ〉는 '권리의 변동과 구제'로서, 권리의 변동에서는 주로 물권변동과 채권양도를, 권리의 구제로서는 물권적 청구권, 부당이득 및 불법행위를 다룬다. 〈민법 Ⅲ〉은 '권리의 보전과 담보'로서, 채권담보와 그에 관련된 문제를 다루는 데에 중점이 있고, 채권자대위권이나 채권자취소권 등 채권의 보전에 관한 내용도 포함된다. 그리고 〈민법 Ⅳ〉는 친족법 및 상속법에 관련된 것이다.

이 책은 우선 〈민법 Ⅰ〉을 염두에 두면서 집필된 것이다.

그동안 우리의 교과서는 법을 공부하는 학생들을 위하여 법공부의 자료로 저술된 것이라기보다는 오히려 추상적 법명제를 체계적·종합적으로 서술한다는 학문적 관점에서 저술된 것이 대부분이었다. 그리하여 학설에 지나치게 비중을 두지 않았나 여겨진다. 그러나 학생들이 「학설의 숲」에 빠져서 헤어나오지 못하게 하여서는 안 된다. 실생활에 적용되는 '살아 있는 법'을 인식하고 스스로 문제를 해결하는 능력을 갖출 수 있는 교재가 필요하다. 학생들이 실제로 작동하는 법의 이론적 틀을 배우고, 판례를 분석·비판하는 능력과 새로운 문제에 직면하여 이를 응용할 수 있는 능력을 기를 수 있도록 하여야 한다.

이 책은 민법의 편제나 이론적 체계에 구애받지 아니하고, 일상생활에서 발생하는 계약의 실제 진행과정을 염두에 두고 계약의 성립부터 소멸까지 계약의 일생을 설명하는 방식으로 다시 구성하였다. 구체적으로는 계약 일반론, 계약의 성립, 계약의 주요 유형, 채무의 이행, 채무불이행, 계약의 해소, 계약의 하자, 계약과 제3자의 순으로 다룬다. 이와 같은 순서에 따라 개별 주제에 관해서는 이론적 설명과 주요 판례로 구성되어 있다. 이론적 설명 부분에서는 기존의 교과서와 달리 학설 대립을 장황하게 다루지 않고 실제 문제를 해결하는 데 필요한 법리를 중심으로 서술하였다.

그리고 그 주제에 관한 논의를 이해하는 데 필요하다고 생각하는 판결을 전문 수록하였다. 판결의 요지를 강조하려고 흔히 행하여지는 표시, 즉 고딕체나 밑줄 등은 하지 않았다. 이는 스스로 판결 전문을 읽고 쟁점을 파악하며 판례 법리를 추출하는 연습을 하도록 하기 위한 것이다. 또한 개별 판결 등에 관하여 생각하여야 할 점이나 질문을 적어두어 학생들이 스스로 문제를 해결하도록 하였다. 개별 판결들에 대해서는 공통적으로 다음 세 질문을 할 수 있을 것이다. ① 이 판결의 사실관계를 요약하시오. ② 이 사건의 쟁점은 무엇인가? ③ 법원은 어떻게 판단하였는가? 이러한 질문에 스스로 답을 찾아가면서 공부하는 습관을 갖추면 좋을 것이다. 또한 공부를 하면서 읽어보아야 할 논문이나 평석 등의 일부를 수록하기도 하였다.

민법은 모든 법의 기초로서 법률가가 되기 위해서 면밀하게 학습을 하여야 하는 과목이다. 이 책이 민법을 충실하게 학습함으로써, 법률가로서 사고하는 방법을 터득하고 이론과 실무를 겸비한 법률가로 성장하는 데 도움이 되기를 바란다. 특히 학생들이 이른바 교과서나 수험서만으로 공부를 하는 경향에서 탈피하는 계기가 된다면 더 바랄 것이 없겠다. 비록 이 책이 법학전문대학원의 교재로 기획된 것이기는 하지만, 학부에서 민법을 공부하는 데에도 교재로 사용할 수 있을 것이다.

　　이 책을 포함하여 〈민법 Ⅲ〉까지의 교재 세 권은 2007년 7월 「법학전문
대학원의 설립·운영에 관한 법률」이 통과된 다음 새로운 교과과정을 설계할
무렵에 기획하였다. 양창수는 민법 강의와 교과서 집필을 위하여 작성하여 둔
자료를 제공하고 김재형은 〈민법 Ⅰ〉의 집필을 담당하여, 공저로 출간하기로
하였다. 이 책을 펴내기 위하여 자료를 정리하고 공저자가 기존에 발표한 논문
등을 요약하였으며 판례를 선별하고 질문을 덧붙였다. 2009년 3월부터는 서울
대학교 법학전문대학원에서 『민법 Ⅰ 계약법』이라는 제목으로 제본을 하여 교
재로 사용하기 시작하였고, 그 동안 세 차례에 걸쳐 수정판을 내었는데, 이번
에 다시 수정을 하여 박영사에서 정식으로 출간하게 되었다. 앞으로 비판과 질
정을 겸허하게 받아들여 더욱 좋은 책으로 발전시키기로 약속하고, 우선 이러
한 형태로 책을 펴내기로 한다.

　　이 책에 저서나 논문의 일부를 게재하는 것에 동의를 해 준 교수님을 비
롯하여 이 책을 내는 데 도움을 주신 여러 교수님께 감사드린다. 또한 이 책의
오류를 발견하고 지적을 해 준 학생들에게도 감사의 마음을 전한다.

2010년 10월

양 창 수 · 김 재 형

목 차

세부 목차

제 1 편   계약법 총론

제 3 편   주요한 계약유형

제 4 편 채무의 이행

제 5 편 채무불이행

제 6 편　계약의 해소

제 7 편   계약의 하자

법령 약어

가담	가등기담보 등에 관한 법률
가소	가사소송법
가족등록	가족관계의 등록 등에 관한 법률
공연	공무원연금법
중개	공인중개사법
공증	공증인법
광업	광업법
국가	국가를 당사자로 하는 계약에 관한 법률
근기	근로기준법
금융실명	금융실명거래 및 비밀보장에 관한 법률
노조	노동조합 및 노동관계조정법
도시	도시가스사업법
독점	독점규제 및 공정거래에 관한 법률
민소	민사소송법
민집	민사집행법
법무	법무사법
보증	보증인보호를 위한 특별법
보험	보험업법
부실	부동산 실권리자 명의등기에 관한 법률
부등	부동산등기법
부등특	부동산등기특별조치법
사연	사립학교 교직원연금법
사학	사립학교법
상	상법
선원	선원법
소촉	소송촉진 등에 관한 특례법
수도	수도법
수표	수표법
약관	약관의 규제에 관한 법률
약사	약사법

어음	어음법
여객	여객자동차 운수사업법
우편	우편법
의보	의료보험법
이자	이자제한법
임대	임대주택법
자배	자동차손해배상보장법
장기	장기 등 이식에 관한 법률
전기	전기사업법
전기통신	전기통신사업법
전자	전자문서 및 전자거래기본법
정당	정당법
주임	주택임대차보호법
집행	집행관법
회파	채무자 회생 및 파산에 관한 법률
철도	철도사업법
할부	할부거래에 관한 법률
헌	헌법
형	형법
형보	형사보상법
화물	화물자동차 운수사업법

외국 법령 약어

독민	독일 민법
스민	스위스 민법
스채	스위스 채무법
프민	프랑스 민법

주요 참고문헌

* 아래 단행본은 著者와 書名으로 인용한다.

곽윤직, 민법총칙, 제 7 판, 박영사, 2002.
곽윤직·김재형, 민법총칙, 제 9 판, 박영사, 2015.
곽윤직·김재형, 채권총론, 제 7 판, 박영사, 2023.
곽윤직, 채권각론, 제 6 판, 박영사, 2005.
김기선, 한국민법총칙, 제 3 개정증보판, 법문사, 1985.
김기선, 한국채권법각론, 제 2 전정판, 법문사, 1982.
김상용, 민법총칙, 전정판, 화산미디어, 2009.
김상용, 채권총론, 개정판 증보, 법문사, 2003.
김상용, 채권각론, 화산미디어, 2009.
김석우, 채권법총론, 박영사, 1976.
김용한, 민법총칙론, 재전정판, 박영사, 1993.
김용한, 채권법총론, 박영사, 1983.
김주수, 채권총론, 삼영사, 1988.
김주수, 채권각론, 제 2 판, 삼영사, 1997.
김증한·김학동, 민법총칙, 제 9 판, 박영사, 1995.
김증한·김학동, 채권총론, 제 6 판, 박영사, 1998.
김증한·김학동, 채권각론, 제 7 판, 박영사, 2006.
김증한·안이준, 신채권총론, 박영사, 1970.
김형배, 채권총론, 제 2 판, 박영사, 1998.
김형배, 채권각론[계약법], 신정판, 박영사, 2001.
백태승, 민법총칙, 법문사, 2000.
이영준, 민법총칙[한국민법론 I], 박영사, 2005.
이은영, 민법총칙, 제 4 판, 박영사, 2005.
이은영, 채권총론, 제 4 판, 박영사, 2009.
이은영, 채권각론, 제 5 판, 박영사, 2005.
황적인, 현대민법론 I [총칙], 증보판, 박영사, 1985.
황적인, 현대민법론 III[채권총론], 증보판, 박영사, 1987.
황적인, 현대민법론 IV[채권각론], 증보판, 박영사, 1987.
현승종, 채권총론, 일신사, 1979.

* 아래 주석서와 민법안심의록은 書名으로 인용한다.

곽윤직 편집대표, 민법주해, 박영사, 1992년~
민의원 법제사법위원회 민법안심의소위원회, 민법안심의록 상권, 1957.

제 1 편

계약법 총론

계약법은 민법의 핵심을 차지할 뿐만 아니라, 모든 법의 기초라고 할 수 있다. 우리나라에는 계약에 관해서 규율하고 있는 단행법이 있는 것이 아니라, 민법전에 계약에 관한 규정이 포함되어 있다. 이 교재는 민법전 제 1 편 총칙과 제 3 편 채권에 있는 내용 가운데 계약에 관한 내용을 다룬다. 민법의 편제나 체계에 구애받지 아니하고, 계약의 성립부터 소멸까지 일상생활에서 발생하는 계약의 진행과정을 염두에 두고 서술한다. 계약법의 주요 내용을 대체로 계약의 성립, 계약의 주요 유형, 채무의 이행, 채무불이행, 계약의 해소, 계약의 하자, 계약과 제 3 자의 순으로 재편한 것이다. 이를 통하여 계약법에 관한 기본적이고 주요한 내용을 충분히 이해하고 이에 관한 사례를 해결할 수 있는 능력을 배양하도록 하고자 한다.

Ⅰ. 계약의 의의

1. 계약契約은 둘 이상 당사자의 합치하는 의사표시를 요소로 하는 법률행위法律行爲[1]를 말한다. 가령 매도인이 매수인에게 토지소유권을 이전하고 이에 대하여 매수인이 매도인에게 대금을 지급하기로 약정하는 매매계약을 들 수 있다. 이 경우 두 당사자의 의사표시가 서로 합치하고 있다. 이와 구별되는 개념이 단독행위인데, 이는 당사자 일방의 의사표시만을 요소로 하는 법률행위이다. 유언이 대표적인 예이다.

---

1) 법률행위는 의사표시를 요소로 하는 법률요건 또는 법적 행위라고 한다.

계약은 둘 이상의 당사자를 전제로 한다. 통상은 두 당사자가 대립하나, 그렇지 않는 경우도 있다. 삼면(다면)계약三面(多面)契約(또는 다당사자계약)에서는 예를 들면 A가 B에게 부동산의 양도를, B가 C에게 일정액의 지급을, C가 A에게 채무의 면제를 각각 약속하는 것과 같은 방식으로 계약을 체결한다. 또한 조합계약의 경우에는 2인 이상이 공동의 사업을 목적으로 계약을 체결하는 것이라는 점을 명문으로 인정하고 있다(제703조 제 1 항). 이러한 다면계약도 당사자 전원의 합치하는 의사표시에 따라 성립함은 물론이다.

계약은 둘 이상 당사자의 합치하는 의사표시를 요소로 한다. 한편 계약과 구별되는 범주로 합동행위合同行爲를 인정할 것인지 문제된다.[2] 이를 인정하는 견해에서는 계약을 구성하는 복수의 의사표시가 대립적·교환적인 데 반하여, 합동행위에서는 둘 이상 의사표시의 합치가 요건이면서도 그것이 평행적·구심적이어서 각 당사자에게 동일한 법률효과를 가져온다고 설명한다. 합동행위의 예로 드는 사단법인설립행위는 가령 매매와 같이 재화교환을 내용으로 하는 계약과 다른 측면이 있다.[3] 그러나 이와 같은 행위를 계약의 일반범주로부터 분리시켜야 할 만큼 특별하게 취급할 필요성이 크지 않다.[4] 그러므로 합동행위의 개념은 부인되어야 하며, 사단법인설립행위 등도 계약에 속한다고 보아야 한다. 다만 문제되는 개별법리를 조정하는 것으로 충분하다.

2. 계약은 이를 구성하는 의사표시의 내용에 따라 광의로는 물권계약, 혼인·협의이혼·입양과 같은 친족법상의 계약, 상속재산분할의 합의와 같은 상속법상의 계약, 단체법상의 계약 등을 포괄한다. 또한 채권법에서 정하는 계약이라도, 예를 들면 채권양도는 채무발생원인으로서의 계약이 아니라 오히려 이미 존재하는 채권 자체의 직접적 처분을 내용으로 하는 것이어서 그 성질이 다르다(준물권계약). 그런데 민법이 제 3 편 제 2 장에서 '계약'이라는 제목 아래 정하는 것은 채권의 발생을 내용으로 하는 채권계약으로서, 좁은 의미에서 계

---

2) 합동행위를 인정하는 견해로는 고상룡, 민법총칙, 183면; 김상용, 민법총칙, 353면; 백태승, 민법총칙, 325면이 있고, 부정하는 견해로는 곽윤직·김재형, 민법총칙, 263면; 김증한·김학동, 민법총칙, 176면; 이영준, 민법총칙, 157면; 이은영, 민법총칙, 338면이 있다.

3) 가령 의사표시의 하나에 무효사유 등이 있어도, 법률행위가 바로 무효로 되지는 않는다. 상법 제320조 제 1 항도 참조.

4) 예를 들면 조합에는 각종의 특수성이 있지만, 그렇다고 하여 이를 계약에 속하지 않는다고 말할 수 없다.

약이란 이를 가리킨다. 그러나 계약의 성립에 관한 규정(동 제 1 절 제 1 관)은 성질에 반하지 않는 한 다른 계약에도 준용된다.

Ⅱ. 계약의 종류

1. 의   의

계약은 실제로는 매우 다양한 모습을 띠고 있고, 따라서 여러 가지로 분류할 수 있다. 여기서는 채권계약에 한정하여, 민법이 채택하고 있는 것을 포함하여 계약법의 이해에 필요하거나 유용한 몇 가지 종류를 설명하기로 한다.

2. 전형계약 · 비전형계약

전형계약이란 민법 제 3 편 제 2 장 제 2 절 내지 제15절(계약각칙)에 규정되어 있는 15종의 계약[5]을 포함하여 상법 등의 법률에서 계약의 유형으로 선별되어 특별한 규정이 마련되어 있는 계약을 말하고, 이에는 각각 법률이 붙인 명칭이 있다는 의미에서 유명계약有名契約이라고도 한다. 그 밖의 계약유형을 비전형계약 또는 무명계약이라고 부른다. 이 구분은 주로 계약에 적용되는 법규정을 발견하는 데 의미를 가진다(이에 대하여는 아래 Ⅲ. 참조).

비전형계약 중에서 일정한 전형계약의 구성분자가 포함되어 있는 계약을 특히 「혼합계약」(또는 「혼성계약」)이라고 부른다. 이에는 둘 이상의 전형계약의 징표가 서로 섞여 있는 경우(예를 들면 병원에 입원하여 치료를 받으면서 식사를 제공받는 계약에는 위임, 임대차, 매매 등의 요소가 혼합되어 있다. 또한 종속적인 노무를 제공하고 그 대가로 방을 사용하는 계약에는 고용과 사용대차의 요소가 혼합되어 있다)도 있고, 전형계약의 구성분자와 전형계약에 속하지 않는 요소가 섞여 있는 경우(가령 손님으로부터 팁을 받을 기회를 제공받는 대가로 종속적인 노무를 제공하기로 하는 계약에는 고용의 요소와 다른 요소가 혼합된다)도 있다. 이러한 경우에는 전형계약에 관한 각각의 규정이 어느 한도에서 적용되는가 하는 문제가 제기된다.

---

5) 민법 제정 당시에는 14종의 전형계약이 규정되어 있었는데, 2015. 2. 3. 민법개정으로 민법 제 3 편 제 2 장에 "제 9 절의 2"로 여행계약(제674조의 2부터 9까지)을 신설하였다 (2016. 2. 4. 시행).

비전형계약 중에는, 비록 법률에서 독자적 계약유형으로 정하여져 있지는 않지만, 거래실제에서 그 핵심내용이 빈번하게 반복되어 체결되는 전형적 계약유형이 존재한다. 가령 신용카드계약, 팩토링계약, 자동판매기설치계약, 방송출연계약, 출판계약, 광고계약, 프랜차이즈계약 등이 그것이다. 이러한 「거래전형적 계약」에서는 약관의 사용이나 거래관행의 이름으로 보다 객관적이고 통일적인 규율내용이 획득될 수 있어서, 법률에서 정하는 임의규정에 의한 규율의 전단계前段階를 이룬다고도 할 수 있다.

3. 쌍무계약 · 편무계약

쌍무계약이란 당사자 쌍방이 목적적 의존관계에 있는 채무(전형계약에서는 그 징표에 속하는 채무, 즉 주채무)를 대립적으로 부담하는 것을 내용으로 하는 계약을 말한다. 여기서 「목적적 의존관계」란 서로 상대방의 채무를 발생시키기 위하여 자신이 그에 대응하는 채무를 부담하는 관계, 즉 「받기 위하여 준다 (do ut des)」는 기능적 쌍무관계를 말한다. 예를 들면 매매계약에서 매도인이 권리이전채무를 부담하는 것은 매수인에 대하여 대금지급채권을 얻으려 하기 때문이다. 그 밖에도 교환 · 임대차 · 고용 · 도급 · 조합,[6] 그리고 이자부 소비대차 · 유상위임 · 유상임치가 쌍무계약에 속한다. 그러나 각자가 해야 할 급부 사이에 객관적인 균형이 있어야 하는 것은 아니다. 그리고 쌍무계약이 아닌 계약, 즉 일방만이 채무를 부담하는 계약 및 쌍방이 채무를 부담하더라도 위와 같은 기능적 쌍무관계가 존재하지 않는 계약을 편무계약이라고 부른다. 증여 · 사용대차 · 현상광고 · 종신정기금, 그리고 무이자소비대차 · 무상위임 · 무상임치가 이에 속한다.

쌍무계약 · 편무계약은 민법 스스로가 구분하는 계약의 종류 중에서 중요한 것이다. 위와 같은 쌍무관계에 있는 채무에 대하여는 각각 동시이행의 항

---

6) 한편 조합에 대하여 제536조 이하의 쌍무계약에 관한 규정을 그대로 적용하는 것에 관하여는 별도의 논의를 요한다. 우선 조합원과 조합의 관계에 대해서는 그 규정이 적용되지 않는다. 나아가 조합원 사이의 관계에 대해서도 가령 조합원 A, B, C 중 A는 출자의 무를 성실하게 이행하였는데 C가 그 의무를 이행하지 않았다고 하여 B가 그 의무의 이행을 제536조에 의하여 거절할 수 있는가, 또는 A의 출자의무가 귀책사유 없이 이행불능이 되었으나 그것으로 인하여 조합목적의 달성이 불가능하게 되지는 않는 경우에도 제537조가 적용된다고 할 것인가 등이 문제된다.

변권이 인정된다(제536조). 나아가 쌍무계약상의 채무가 채무자의 과책 없는 이행불능으로 소멸한 경우 채무자가 반대채권을 가지는가 하는 위험부담의 문제가 제기된다(제537조).[7]

4. 유상계약 · 무상계약

쌍무계약 · 편무계약이 당사자가 채무 간의 주관적 의존관계를 기준으로 하는 구별인 반면, 유상계약 · 무상계약의 구분은 객관적으로 당사자가 계약에서 대가관계에 있는 출연出捐을 부담하는가에 따른 것이다. 쌍무계약은 쌍방에 쌍무적 채무를 부담시키므로, 당연히 유상계약이다. 편무계약은 무상계약인 경우가 많지만, 유상계약에 해당하는 경우도 있다. 예를 들면 현상광고는 그에 의하여 광고자만의 대가지급채무를 발생시키지만, 그 전에 응모자가 "광고에 정한 행위를 완료"하여 계약을 성립시키는 것(제675조)은 역시 대가지급채무와 대가관계에 있는 경제적 희생이므로, 이는 유상계약에 속한다.[8]

이 구분은 쌍무계약 · 편무계약의 구별이 존재하는 한 별다른 중요성이 없다. 다만 민법은 매매에 관한 규정을 그 성질이 허용하는 한 유상계약에 준용한다(제567조).

5. 낙성계약 · 요물계약 · 요식계약

낙성계약이란 당사자의 합의만으로 계약이 성립하는 것을 말한다. 그리고 합의 외에 현물의 인도나 권리의 이전과 같은 계약상 채무와 관련된 사실적 실행행위가 계약의 성립요건이 되는 계약을 요물계약이라고 한다. 의용민법[9]은 소비대차 · 사용대차 · 임치를 요물계약으로 정하고 있었는데, 민법은 소비대주 등의 목적물인도의무 등도 계약상 채무로 하고 그 계약이 합의만으로 성립하는 것으로 정하였다.[10] 전형계약 중에서 요물계약은 현상광고에 한정된다(제675조).

---

7) 아래 제 6 편 제 3 장 참조. 또한 채무자 회생 및 파산에 관한 법률 제119조, 제335조에 미이행 쌍무계약에 관한 특별규정이 있다.

8) 그러나 부담부 증여에서 부담은 증여자의 채무와 대가관계에 있는 것이 아니라 종적從的 의미밖에 없으므로, 무상계약이다(다만 제559조 제 2 항 참조).

9) 조선민사령 제 1 조에 따라 현행민법 시행 전까지 적용되었던 일본민법을 가리킨다.

10) 그러나 소비차주 등의 목적물반환의무가 목적물의 인도를 받은 후에 비로소 발생하는 점에는 전과 다름이 없다.

한편 계약을 구성하는 일방 또는 쌍방의 의사표시가 서면 등 일정한 방식에 의하여 행하여질 것이 요구되는 계약을 요식계약이라고 한다. 민법은 계약자유의 원칙에 충실하여, 의사표시에 방식을 요구하는 규정을 두고 있지 않았다.[11] 다만 2015. 2. 3. 민법 개정으로 신설된 제428조의2 본문은 '보증의 방식'이라는 제목으로 제 1 항에서 "보증은 그 의사가 보증인의 기명날인 또는 서명이 있는 서면으로 표시되어야 효력이 발생한다."라고 정함으로써 보증계약을 요식계약으로 정하고 있다.[12] 또한 증여계약에서 "증여의 의사가 서면으로 표시되지 아니한 경우"에는 계약의 해제를 인정하여(제555조), 일단 유효하게 성립한 증여계약의 구속력을 제한하고 있다. 또한 당사자는 일정한 방식을 계약의 성립요건으로 합의할 수 있는데, 이는 사적 자치의 원칙에 합치한다.

Ⅲ. 계약에서의 자기결정과 객관적 법규범

1. 구체적인 계약이 어느 전형계약의 징표(민법상 이는 계약각칙에 속하는 각 절, 즉 제 3 편 제 2 장의 제 2 절 내지 제15절의 선두에 있는 규정에서 이를 정하고 있다. 가령 매매의 경우는 제563조, 임대차의 경우는 제618조)에 해당하면, 이에 대하여는, 해당 계약에 법률 규정과 다른 내용의 특별한 약정이 없는 한, 법률이 이와 같은 경우를 대비하여 미리 마련하고 있는 규정이 그대로 적용된다. 그만큼 전형계약에서는 「합의의 흠결 보충」이 쉽사리 이루어진다. 이러한 임의규정이나 보충규정에 대하여는 많은 경우에 판례와 학설에 의한 해석의 성과가 축적되어 있으므로, 당사자의 법률관계는 그만큼 명확하게 되어 법적 안정성이 보장된다.

2. 그러나 비전형계약에 대해서는 그러한 흠결 보충이 행하여지지 않는다. 위 Ⅱ.2.에서 본 바와 같이 비전형계약 중에서 일정한 전형계약의 구성분자가

---

11) 채권계약에 속하지는 않으나 예를 들면 사단법인설립행위는 서면(정관작성)으로 해야 한다(제40조). 한편 부동산등기특별조치법은 계약을 원인으로 한 소유권이전등기를 신청하는 데 검인계약서를 제출하도록 정하고 있다(제 3 조). 그러나 이는 등기신청 시에 등기소에 제공하는 첨부정보(부동규 제46조 제 1 항 제 1 호의 "등기원인을 증명하는 정보")에 관한 것일 뿐이고, 채권계약(또는 물권적 합의)의 성립요건은 아니다.
12) 종전에는 「보증인 보호를 위한 특별법」 제 3 조에서 보증의 방식에 관하여 정하고 있었으나, 위와 같이 민법을 개정하면서 위 조항을 삭제하였다.

포함되어 있는 계약을 특히 「혼합계약」(또는 「혼성계약」)이라고 하는데, 이 경우에는 어느 규정이 적용되는지가 중요한 문제로 된다.

혼합계약을 구성하는 전형계약의 징표가 「지배적인」 경우에는 원칙적으로 해당 전형계약에 관한 법규정이 전면적으로 그러나 보충적으로(즉 별도의 약정이 없는 사항에 대하여) 적용된다(이른바 「흡수원칙」). 그렇지 않고 그 각 징표가 서로 유사한 정도의 중요성을 가지는 경우에는 각 전형계약의 관련규정 사이에서 문제되는 사항의 성질이나 내용에 따른 선택 또는 절충이 행하여지게 된다(이른바 「결합원칙」). 가령 자전거의 수리를 맡기는 계약은 「일의 완성」과 그 결과에 대한 대가의 지급이 중심적인 내용이므로(제664조), 도급계약의 규정이 전적으로 적용되며, 거기에 포함된 임치의 요소는 가령 자전거의 도난·멸실로 인한 책임 등과 관련하여 부수적으로 고려될 뿐이다. 그러나 각종의 혼합계약에서 그 계약의 「성질」을 논하는 것은 대체로 이러한 계약에 적용할 법의 발견이라는 관점에서 의미가 있다. 가령 제작물공급계약이 매매의 성질을 가지는가 아니면 도급의 성질을 가지는가, 리스계약이 임대차의 성질을 가지는가 등의 논의를 보면 이를 알 수 있다.

3. 당사자는 다음 장에서 보는 바와 같이 계약자유의 원칙에 따라 그들 사이의 계약관계를 자율적으로 처리할 수 있는 자유가 보장된다. 그러나 이와 동시에 당사자가 구체적·개별적으로 합의한 자기규율의 핵심 바깥을 규율하는 보다 일반적·객관적인 「계약규칙」에 대한 요구가 존재한다.

4. 계약에 적용되는 법률로는 민법뿐만 아니라 여러 민사특별법이 있다. 주요한 것으로는 주택임대차보호법, 상가건물임대차보호법, 이자제한법, 보증인 보호를 위한 특별법, 제조물책임법, 약관의 규제에 관한 법률, 가등기담보 등에 관한 법률, 동산·채권 등의 담보에 관한 법률, 부동산 실권리자명의 등기에 관한 법률, 금융실명거래 및 비밀보장에 관한 법률 등을 들 수 있다. 또한 상법에도 상사에 관한 계약에 적용되는 많은 규정이 있다. 그 밖에 근로기준법, 전자문서 및 전자거래기본법 등 무수히 많은 법률이 계약에 적용된다.

[서식] 부동산 매매 계약서

부동산 매매 계약서

부동산의 표시
소재지:
동·호수: 동   호
면적: m²

당사자의 표시
매도인:
(파는 사람) 주소:
              주민등록번호:
              전화번호:
매수인:
(사는 사람) 주소:
              주민등록번호:
              전화번호:

매도인(파는 사람)과 매수인(사는 사람)은 위 부동산을 아래와 같이 사고 판다.

제 1 조(매매대금)
  매수인은 매도인에게 매매대금을 아래와 같이 주기로 한다.
              매매대금   원 (₩   )
              계 약 금   원은 계약하는 날에 주고,
              중 도 금   원은 20   년   월   일에 주고,
              잔   금   원은 20   년   월   일에 주기로 한다.
제 2 조(소유권이전과 인도)
  매도인은 잔금을 받으면서 매수인에게 소유권이전등기에 필요한 서류 전부를 주고 위 부동산도 넘겨주어야 한다.
제 3 조(부동산에 대한 부담의 소멸 등)
  ① 매도인은 위 부동산에 설정된 저당권, 전세권, 지상권 등 제한물권이나 가압류, 가처분 등 소유권의 행사를 제한하는 사유가 있는 경우 이들을 말

소하여 제한이 없는 소유권을 이전하여야 한다.

② 전기, 가스, 수도 요금 등의 공과금 중, 위 부동산을 넘겨주는 날까지 발생한 부분은 매도인이 부담하고, 그다음 날부터 발생하는 부분은 매수인이 부담한다.

제 4 조(하자의 부담)

① 위 부동산에 하자가 있는 경우 매도인은 매수인에게 하자담보의 책임을 진다.

② 위 부동산을 넘겨주는 날 이전에 위 부동산에 남아 있던 건축법 기타 법령위반의 사유로 인하여 매수인이 이행강제금 또는 벌금을 내게 되거나, 그 이외에 재산의 손해(원상회복비용 등)를 입은 경우, 매도인은 매수인에게 이를 배상하여야 한다.

제 5 조(계약의 해제와 손해배상)

① 매수인이 매도인에게 중도금을 주기 전까지(중도금을 정하지 않은 경우에는 잔금을 주기 전까지)는, 매도인은 매수인에게 계약금의 2배를 주고 이 계약을 해제할 수 있고, 매수인은 계약금을 포기하고 이 계약을 해제할 수 있다.

② 매도인 또는 매수인이 이 계약에 따른 채무를 이행하지 않은 경우 그 상대방은 채무를 이행하지 않은 당사자에게 이행을 촉구한 후 이 계약을 해제할 수 있다. 이 경우 채무를 이행하지 않은 당사자는 이로 인하여 상대방에게 발생한 손해를 배상하여야 한다.

제 6 조(확인 사항)

□ 이 사건 부동산에 관하여 발급된 등기부등본(20 년 월 일자) 및 건축물대장, 토지대장

□ 위임장 및 위임인의 인감증명서(대리인이 계약을 체결한 경우)

제 7 조(특약 사항)

①

②

20   년   월   일

매도인   (서명 또는 인)
대리인   (서명 또는 인)
　　(대리인의 주민등록번호:　　　　　　　　)

매수인	(서명 또는 인)
대리인	(서명 또는 인)
(대리인의 주민등록번호:	)

＊이 서식은 인터넷에서 검색한 것을 수정한 것임.

질문

(1) 장래 구입하고 싶은 집이 있다면 먼저 이 계약서를 작성해 보세요.

(2) 민법은 보증계약을 제외하고는 합의만으로 계약이 성립하는 낙성계약이 원칙인데도 계약서를 작성하는 이유는 무엇이라고 생각하는가?

제 2 장

계약자유의 원칙과 그 제한

I. 계약자유의 원칙

1. 의   의

계약은 소유권 그리고 가족과 함께 사법제도私法制度의 기둥을 이룬다. 우리 사회에서 생산·제공되고 소비·향유되는 거의 모든 재화와 용역은 계약에 의하여 유통된다. 우선 재화와 용역은 분업의 원리에 따라 남을 위하여 생산·제공되는데, 그로 인한 유무상통有無相通의 필요, 즉 나의 생존과 욕구를 충족하기 위하여 필요한 남의 것을 내가 얻는 것은 계약으로 매개된다. 다시 말하면 상품교환의 경제는 소유권과 계약의 법으로 뒷받침된다.

계약은 이와 같이 우리 사회에서 재화와 용역을 유통시키는 법적 매개장치인데, 그 매개는 계약자유의 원칙을 바탕으로 이루어진다.

계약자유의 원칙은 두 측면을 갖고 있다. 하나는 소극적 측면으로서, 국가는 당사자가 계약으로 자신의 법률관계를 형성하는 데 간섭할 수 없다는 것이다. 다른 하나는 적극적 측면으로서, 당사자가 계약을 체결한 경우에는 국가가 그 내용대로 법률관계를 인정하여 법적으로 실행하여야 한다는 것이다.

2. 내   용

계약자유의 원칙은 민법의 기본원칙인 사적 자치私的 自治의 원칙에서 파생되는 것으로, 그 구체적인 내용은 대체로 다음과 같이 이해되고 있다.

(1) 계약체결의 자유

당사자는 계약을 체결할지 여부를 자유롭게 정할 수 있고, 국가권력에 의하여 계약의 체결을 강요당하지 않는다. 청약할 의무나, 특히 승낙을 할 의무는 원칙적으로 인정되지 않는다.

(2) 상대방 선택의 자유

당사자가 누구와 계약을 체결할 것인가도 자유이며, 상대방의 신분·재산·자격 등으로 그 자유를 제약받지 않는다.

(3) 내용의 자유 또는 내용결정의 자유

실제로 가장 중요한 것은 당사자가 어떠한 내용의 계약을 체결할 것인지에 관한 자유이다. 이는 곧 국가가 당사자가 합의한 그대로를 「당사자 사이의 법」으로 인정하여 그에 따른 법률관계를 법적으로 승인하여야 함을 뜻한다. 계약이 사적 자치의 실질적 실행자라는 인식은 주로 이에 근거를 두고 있다. 계약이 일단 성립하고 난 다음에도 당사자는 합의로 자유롭게 이를 변경·보충하거나 소멸시킬 수 있다. 또한 국가는 당사자가 합의한 내용의 효력을 부인하거나 합의하지 않은 것을 계약 내용으로 강요해서는 안 된다. 물론 법률은 계약자유의 다른 내용과 마찬가지로 이에도 제한을 가할 수 있는데, 민법은 이에 대해서는 다시 일반적·보충적으로 "선량善良한 풍속風俗 기타 사회질서社會秩序"를 그 한계로 설정하고 있다(제103조).

(4) 방식의 자유

당사자는 자신이 원하는 방식으로 계약을 체결할 수 있다. 이에는 무방식으로 계약을 체결할 자유가 포함된다. 그러므로 민법에서 계약은 원칙적으로 낙성계약의 모습을 취한다.

3. 계약자유의 기초

계약자유의 원칙이 전제로 하고 있는 기초에 관하여 생각해 볼 필요가 있다. 각자의 다양한 「필요」와 그 우선순위가 어떠하며, 그 필요의 충족을 위하여 어떠한 방법을 취하여야 하고 또 자신의 이익을 어느 만큼 희생시킬 수 있는가 등을 가장 잘 알고 가장 적절하게 판단할 수 있는 것은 당사자 자신이다. 따라

서 이들이 서로 시장市場에서 만나 공정한 경쟁을 통하여 그 결정을 실현시키도
록 하여야 한다. 계약자유의 원칙은 이와 같은 사고를 토대로 하고 있다. 당사
자가 스스로 내린 그러한 결정은 인격의 발현으로서 이를 존중하여야 한다는
것을 인격존엄의 가치라고 하는데, 이것도 계약자유의 기초라고 할 수 있다.[1]

Ⅱ. 계약자유의 원칙의 제한

1. 의   의

계약자유의 원칙은 어느 경우에나 반드시 관철되어야 하는 절대적 명제는
아니다. 최근 계약의 자유를 제한하는 법령이 증가하고 있다. 따라서 어떠한
경우에 어떠한 방식으로 계약의 자유가 제한되는지 판단하는 것이 중요하다.

헌법재판소는 임대차의 최장 존속기간을 제한한 민법 제651조 제 1 항을
다음과 같이 위헌이라고 결정하였다. 사회경제적 상황의 변화를 감안하여 임대
차기간을 정하는 것은 기본적으로 계약당사자들의 경제적 득실을 고려한 자율
적 판단에 맡겨야 한다. 계약당사자가 사회경제적 상황이 변화할 것이라는 예
상을 하지 못할 것을 상정하고, 이러한 계약당사자를 보호하기 위해 국가가 후
견적으로 개입하여 사적 자치를 제한하는 것은 정당화되기 어렵다.[2] 한편 당사
자들이 자유로운 의사에 따라 임대차기간을 영구로 정한 약정에 대해 대법원
은 이를 무효로 볼 만한 특별한 사정이 없는 한 계약자유의 원칙에 따라 허용
된다고 한다.[3]

2. 계약자유와 계약공정

계약자유의 이념은 19세기 자유주의 민법의 기본원칙이고 20세기의 현대
민법은 그보다 계약공정이라는 가치를 더 우선시한다는 견해가 있다.[4] 이 견해

---

1) 헌재 1991. 6. 3, 89헌마204는, 한편으로 헌법 제10조 전문前文의 일반적 행동자유권에 기
하여, 다른 한편으로 "개인과 기업의 경제상의 자유"를 정하는 헌법 제119조 제 1 항에 기
하여, 계약의 자유를 헌법상 보장되는 자유(헌법 제37조 제 2 항 참조)로 인정하고 있다.
2) 헌재 2013. 12. 26, 2011헌바234.
3) 대판 2023. 6. 1, 2023다209045.
4) 특히 이은영, 채권각론, 39면.

에 따르면, "비록 자기결정의 형식적 외양(합의서, 포기각서 등)을 갖춘 계약에 대하여도 객관적 정의의 기준에 비추어 심사할 것이 요구된다."라고 하고, "현대 계약의 특징은 자기결정의 탈을 쓴 불공정계약이 체결됨에 있으므로, 어떠한 합의가 진정한 자기결정인가 아닌가를 외적 형식만으로 구별해서는 안 된다. 특히 우리의 계약현실에 비추어 볼 때 외견상의 합의가 있더라도 계약법은 그 공정성 여부를 심사해 볼 필요가 있는 경우가 많다."라고 한다.

그러나 이 견해에는 찬성할 수 없다. 오늘날 사람은 하루에도 셀 수 없이 많은 계약을 체결하는데, 계약이 불공정하게 체결된다고 볼 수 있는 것은 예외적인 경우에 해당한다. 수없이 체결되는 계약에 대하여 객관적 정의의 기준에 따라 심사를 하여야 한다면 계약은 제 기능을 발휘할 수 없을 것이다.

3. 체약강제

(1) 의　　의

법률이 일정한 공법상의 목적에 기하여 당사자에 대하여 일정한 내용의 계약을 체결할 의무를 일방적으로 부과하는 경우도 있다. 통상 체약강제締約强制라고 한다.

(2) 간접적 체약강제

먼저 일반인의 일상생활에 긴요한 재화나 서비스를 공급하는 사업을 영위하는 자에 대하여 법률은 정당한 사유 없이 급부의 제공을 거절하지 못하도록 하는 경우가 있다. 이러한 공급의무는 특히 급부행정을 행하는 행정기관 또는 공기업에 대하여 부과되는 경우가 많으나,[5] 사기업私企業에 대하여 부과되는 경우도 있다.[6] 또한 공증인·집행관·법무사·의사·약사와 같이 공적 직무 또는 공익적 직무를 수행하는 자도 정당한 이유 없이 직무수행의 인수를 거부하지 못한다.[7] 좀 더 일반적으로 「독점규제 및 공정거래에 관한 법률」은, 동법이 정하

---

5) 예를 들면 철도사업법 제20조·제22조, 수도법 제39조, 우편법 제50조, 전기사업법 제16조, 전기통신사업법 제 3 조 제 1 항 등.

6) 예를 들면 도시가스사업법 제19조, 여객자동차 운수사업법 제26조 등. 한편 곽윤직, 채권각론, 13면은 「독점적 공익사업」에 대하여는 명문의 규정이 없어도 체약의무締約義務를 인정할 수 있다고 하나, 사기업에 대한 통제를 법률유보사항으로 정하는 헌법 제126조의 정신에 비추어 의문이다. 김형배, 채권각론, 15-16면.

7) 공증인법 제 4 조, 집행관법 제14조, 법무사법 제20조, 의료법 제15조, 약사법 제24조 등.

는 「사업자」가 "부당하게 거래를 거절"하는 행위로서 "공정한 거래를 해칠 우려가 있는 행위"를 불공정거래행위의 하나로 정하고 있다(제45조 제 1 항 제 1 호).

이와 같은 공법상의 의무에 반하여 계약체결을 거절하였다고 해도, 이에 대해서는 형벌이나 허가 등의 취소·정지와 같은 공법적 제재를 할 수 있을 뿐, 해당 계약이 체결된 것으로 의제되지 않으며 승낙의 의사표시를 할 것을 소구할 수도 없다. 다만 체약거부는 그것이 고의와 같이 강한 주관적 비난가능성과 결합되는 경우에는 위법한 것으로 평가되어 불법행위책임을 발생시킬 수 있다.[8] 이러한 형태를 통상 「간접적 체약강제」라고 부른다.

(3) 직접적 체약강제

국가가 법률에 근거한 행정처분으로 직접 계약이 체결된 것과 같은 급부의무를 발생시키는 예외적인 경우도 있다. 예를 들면 구 양곡관리법 제17조에서 정하고 있었던 양곡의 매도명령이 그것이다.[9] 이와 같은 「명령된 계약(diktierter Vertrag)」은 당사자 간의 합의를 요소로 하는 계약의 성질을 가지는 것이 아니며, 행정명령을 원인으로 한 공법상의 급부의무관계가 형성될 뿐이다. 그 밖에 법률에 기한 행정처분에 따라 계약의 일정내용(가령 가격 등)이 미리 정해지는 「규제된 계약(normierter Vertrag)」[10] 등을 합하여 「직접적 체약강제」라고 부른다.

> **[판결 1-1] 고율의 이자약정과 반사회적 법률행위: 서울중앙지판 2004. 8. 5, 2003나56006**

[원고, 피항소인] 원고

[피고, 항소인] 피고 1외 1인

[변론종결] 2004. 7. 15.

[제 1 심판결] 서울지방법원 남부지원 2003. 10. 9. 선고 2002가단40115 판결

[주 문]

　　1. 제 1 심 판결 중 '26,223,442원 및 그중 13,352,603원에 대하여 2002. 8. 10.부터 다 갚는 날까지 연 25%의 비율에 의한 금원'을 초과하여 지급을 명한

---

8) 한편 「독점규제 및 공정거래에 관한 법률」 제109조에서 정하는 책임도 참조.

9) 이 규정은 1999년 개정 당시 삭제되었다. 구 비료관리법 제 5 조 제 3 항도 마찬가지이다.

10) 양곡관리법 제13조, 비료관리법 제 4 조, 여객자동차 운수사업법 제 8 조 등 참조. 이 경우에는 계약체결의 여부는 당사자의 의사에 맡겨진다.

피고들 패소부분을 취소하고, 그 부분에 해당하는 원고의 청구를 기각한다.

2. 피고들의 나머지 항소를 각 기각한다.

3. 소송비용은 제 1, 2 심을 통틀어 3/5은 원고가, 2/5는 피고들이 각 부담한다.

[청구취지 및 항소취지]

1. 청구취지

피고들은 연대하여 원고에게 48,000,000원 및 그중 15,750,000원에 대하여 이 사건 소장부본 송달 다음날부터 다 갚는 날까지 연 25%의 비율에 의한 금원을 지급하라.

2. 항소취지

제 1 심 판결을 취소하고, 원고의 청구를 기각한다.

[이   유]

1. 청구원인에 대한 판단

가. 인정사실

다음 사실은 당사자들 사이에 다툼이 없거나, 갑 제 1 호증, 갑 제 3 호증, 갑 제 6 호증의 각 기재에 변론 전체의 취지를 종합하여 인정할 수 있고, 달리 반증이 없다.

(1) 원고는 2001. 2. 6. 피고 2에게 12,000,000원을 변제기는 대여일로부터 15일, 이자는 15일에 10%로 정하여 대여하면서 선이자 1,200,000원 및 수수료 등을 공제하고 10,000,000원만을 실제로 교부하였는데, 피고 1은 아내인 위 피고 2의 위 차용금채무를 연대보증하였다.

(2) 원고는 다시 2001. 2. 10. 피고들을 연대채무자로 하여 3,750,000원을 변제기는 대여일로부터 15일, 이자는 15일에 10%로 정하여 대여하면서 선이자 375,000원 및 수수료 등을 공제하고 3,000,000원만을 실제로 교부하였다.

나. 판   단

위 인정사실에 의하면, 피고들은 특별한 사정이 없는 한 연대하여 원고에게 위 차용금 합계 15,750,000원(=12,000,000원+3,750,000원) 및 위 각 차용금에 대하여 각 변제기 다음날부터 다 갚는 날까지 위 약정이율에 의한 지연손해금을 지급할 의무가 있다.

2. 피고들의 항변에 대한 판단

가. 채무 면제

(생략)

나. 약정이율의 무효

피고들은 이 사건 대여금에 대한 위 약정이율은 지나치게 높은 이율로서 사회질서에 반하여 무효라고 항변한다.

살피건대, 위 약정이율은 15일에 원금의 10%에 해당하는 금액으로서 이를 연리로 환산하면 연 243%(=10%×365일/15일, 소수점 이하 버림)에 이르러 1년분 이자액만도 원금의 2.43배에 이르는 점, 비록 이 사건 대여계약 이후에 제정된 법률이기는 하나 대부업자 등의 불법적 채권추심행위 등을 규제함으로써 대부업의 건전한 발전을 도모하고 거래상대방을 보호하는 것을 목적으로 제정된 '대부업의 등록 및 금융이용자 보호에 관한 법률'에 의하면, 금전의 대부 또는 중개업을 영위하고자 하는 자가 개인에게 금전을 대부하는 경우 대부금 중 30,000,000원 이내의 금액에 대한 이자율은 연 70%의 범위 내에서 대통령령이 정하는 비율을 초과할 수 없도록 규정하고 있고(위 법 제 8 조 제 1 항), 다시 위 법 시행령은 이를 연 66%로 정하고 있는 점(위 시행령 제 5 조 제 3 항), 그 밖에 이 사건 대여계약 당시의 원고와 피고들의 경제적 지위 등의 모든 사정을 고려하면, 앞서 본 연 243%의 이자 약정 중 연 66%를 초과하는 부분은 지나치게 높은 이율로서 사회질서에 반하여 무효라 할 것이므로, 피고들의 위 항변은 이유 있다.

(이하 생략)

> **[판결 1-2] 고율의 이자약정과 반사회적 법률행위: 대판(전) 2007. 2. 15, 2004다 50426**

2. 상고이유 제 2 점에 대하여

가. 금전 소비대차계약과 함께 이자의 약정을 하는 경우, 양쪽 당사자 사이의 경제력의 차이로 인하여 그 이율이 당시의 경제적·사회적 여건에 비추어 사회통념상 허용되는 한도를 초과하여 현저하게 고율로 정하여졌다면, 그와 같이 허용할 수 있는 한도를 초과하는 부분의 이자 약정은 대주가 그의 우월한 지위를 이용하여 부당한 이득을 얻고 차주에게는 과도한 반대급부 또는 기타의 부당한 부담을 지우는 것이므로 선량한 풍속 기타 사회질서에 위반한 사항을 내용으로 하는 법률행위로서 무효라 할 것이다.

질문

(1) [판결 1-1]은 대법원 판결인 [판결 1-2]의 원심판결이다. 이 사건에서 법원은 고율의 이자 약정에 관하여 어떻게 판단하고 있는가?

(2) 대법원은 금전 소비대차계약의 당사자 사이의 경제력 차이로 인하여 이율
이 사회통념상 허용되는 한도를 초과하여 현저하게 고율로 정해진 경우,
그 이자 약정을 무효라고 판단하고 있다. 이는 계약자유의 원칙에 합치되
는가?

(3) 원심법원이 이 사건 이자 약정 중 연 66%를 초과하는 부분은 무효라고 하
고 있다. 그 근거는 무엇인가? 이는 「대부업의 등록 및 금융이용자 보호에
관한 법률」과 그 시행령을 적용한 것이라고 볼 수 있는가?

(4) 이 사건에서 선량한 풍속 기타 사회질서에 위반하여 무효인 부분의 이자
약정을 원인으로 차주가 대주에게 임의로 지급한 이자의 반환을 청구할
수 있는지 문제되고 있다. 이 점에 관해서는 [판결 1-2]의 원문을 찾아서
읽어보시오. 다만 이 문제는 민법 제746조의 불법원인급여에 관한 문제로
서 민법 Ⅱ에서 다루기 때문에, 이에 관해서 이해하지 못했다고 해서 실망
할 필요는 없다(또한 생략된 부분에서 선이자를 공제하기로 한 내용을 다
루고 있는데, 이 부분도 나중에 읽어보아도 좋다).

(5) 이자나 이자율에 관해서 시장에 맡기는 것이 옳은 것인지 아니면 국가가
개입하여 규제를 해야 하는지는 논란이 많은 주제이다. 우리나라에서 이자
제한법은 원래 1962년에 제정되었다가 1997년 우리 정부가 IMF에 의한
구제금융을 받은 직후에 폐지되었다.[11] 그 후 고금리의 폐해가 나타나자,
위 판결 직후인 2007. 3. 29. 이자제한법이 다시 제정되었다. 2007년 제정
된 이자제한법에서는 이 사건에서 다루어진 문제를 어떻게 해결하고 있는
가? 이자에 대한 이러한 법적 규율은 정당하다고 생각하는가?

[판결 2] 계약 자유의 원칙과 그 제한: 대판(전) 2007. 11. 22, 2002두8626

『헌법 제23조 제 1 항 전문은 "모든 국민의 재산권은 보장된다."라고 규정
하고, 헌법 제119조 제 1 항은 "대한민국의 경제질서는 개인과 기업의 경제상의
자유와 창의를 존중함을 기본으로 한다."라고 규정함으로써, 우리 헌법이 사유
재산제도와 경제활동에 관한 사적자치의 원칙을 기초로 하는 시장경제질서를
기본으로 하고 있음을 선언하고 있다. 이는 국민 개개인에게 자유스러운 경제활
동을 통하여 생활의 기본적 수요를 스스로 충족시킬 수 있도록 하고 사유재산

---

11) 이에 관해서는 우선 김재형, "IMF에 의한 구제금융 이후 민사법의 변화," 서울대 법학
제55권 1호(2014. 3), 6-14면 참조.

의 자유로운 이용·수익과 그 처분을 보장해 주는 것이 인간의 자유와 창의를 보전하는 지름길이고 궁극에는 인간의 존엄과 가치를 증대시키는 최선의 방법이라는 이상을 배경으로 하고 있는 것이다. 그러나 한편, 헌법 제119조 제2항은 "국가는 … 시장의 지배와 경제력의 남용을 방지하기 위하여 … 경제에 관한 규제와 조정을 할 수 있다."라고 규정함으로써, '독점규제와 공정거래유지'라는 경제정책적 목표를 개인의 경제적 자유를 제한할 수 있는 정당한 공익의 하나로 하고 있다. 이는 경제를 자유방임 상태에 둘 경우 경제적 자유에 내재하는 경제력 집중적 또는 시장지배적 경향으로 말미암아 반드시 시장의 자유가 제한받게 되므로 국가의 법질서에 의하여 공정한 경쟁질서를 형성하고 확보하는 것이 필요하고, 공정한 경쟁질서의 유지가 자연적인 사회현상이 아니라 국가의 지속적인 과제라는 인식에 그 바탕을 두고 있다.

　　다시 말하면 사유재산제도와 경제활동에 관한 사적자치의 원칙에 입각한 시장경제질서를 기본으로 하는 우리나라에서는 원칙적으로 사업자들에게 계약체결 여부의 결정, 거래상대방 선택, 거래내용의 결정 등을 포괄하는 계약의 자유가 인정되지만, 시장의 지배와 경제력의 남용이 우려되는 경우에는 그러한 계약의 자유가 제한될 수 있다 할 것이고, 이러한 제한 내지 규제는 계약자유의 원칙이라는 시민법 원리를 수정한 것이기는 하나 시민법 원리 그 자체를 부정하는 것은 아니며, 시민법 원리의 결함을 교정함으로써 그것이 가지고 있던 본래의 기능을 회복시키기 위한 것으로 이해할 수 있다.』

[판결 3] 사적 자치의 원칙과 자기책임의 원칙: 대판(전) 2014. 8. 21, 2010다 92438

　　『우리의 사법질서는 사적 자치의 원칙과 과실책임의 원칙 등을 근간으로 한다. 사적 자치의 원칙은 개인이 자신의 법률관계를 그의 자유로운 의사에 의하여 형성할 수 있다는 것을 의미하고, 과실책임의 원칙은 개인이 자신에게 귀책사유가 있는 행위에 대하여만 책임을 지고 그렇지 아니한 타인의 행위에 대하여는 책임을 지지 아니한다는 것을 의미한다. 이에 따라 개인은 자신의 자유로운 선택과 결정에 따라 행위하고 그에 따른 결과를 다른 사람에게 귀속시키거나 전가하지 아니한 채 스스로 이를 감수하여야 한다는 '자기책임의 원칙'이 개인의 법률관계에 대하여 적용되고, 계약을 둘러싼 법률관계에서도 당사자는 자신의 자유로운 선택과 결정에 따라 계약을 체결한 결과 발생하게 되는 이익이나 손실을 스스로 감수하여야 할 뿐 일방 당사자가 상대방 당사자에게 손실이 발생하지 아니하도록 하는 등 상대방 당사자의 이익을 보호하거나 배려할

일반적인 의무는 부담하지 아니함이 원칙이라 할 것이다.』

> **[헌재 결정]** 화재로 인한 재해보상과 보험가입에 관한 법률 제 5 조 제 1 항의 위헌
> 여부에 관한 헌법소원: 헌재 1991. 6. 3, 89헌마204

[주　　문]

화재로인한재해보상과보험가입에관한법률(1973. 2. 6. 법률　제2482호)　제 5
조의 "특수건물" 부분에 동법 제 2 조 제 3 호 가목 소정의 "4층 이상의 건물"을
포함시키는 것은 헌법에 위반된다.

[이　　유]

1. 사건의 개요 및 심판의 대상

가. 사건의 개요

청구인은 변호사로서 서울 동작구 흑석동 125의 1 소재 철근콘크리트조
스라브즙 4층 건평 725.06평방미터의 건물(화재로 인한 재해보상과 보험가입에
관한 법률 제 2 조 제 3 조 가목 해당의 건물)을 소유하고 있는데 1979. 12. 3. 이
래 1988. 11. 28.까지 6회에 걸쳐서 위 건물에 관하여 손해보험공동인수협정을
체결한 화재보험회사들을 대리한 한국화재보험협회와 신체손해배상 특약부 화
재보험계약을 체결하고 그 보험료로 합계 금 604,443원을 지급한 바 있다. 그런
데 청구인은 1989. 6. 27. 서울지방법원 남부지원에 위 한국화재보험협회를 피고
로 하여 위 보험료 금 604,443원의 반환을 구하는 이 사건 관련소송을 제기하
고(이 사건 헌법소원 제기후인 1989. 12. 29. 청구인에게 위 건물에 관하여 화재
로인한재해보상과보험가입에관한법률 제 5 조 제 1 항의 규정에 의한 보험가입의
무가 없음의 확인을 구하는 예비적 청구취지를 추가하였다) 그 소송에서 청구인
에게 위 신체손해배상 특약부화재보험의 가입의무를 부과하고 있는 화재로인한
재해보상과보험가입에관한법률 제 5 조 제 1 항의 위헌여부의 심판을 헌법재판소
에 제청하여 줄 것을 위 지원에 신청하였으나(위 지원89카9929 사건) 위 지원은
1989. 8. 29. 위 신청이 이유 없다는 이유로 이를 기각하였고 이에 청구인은 같
은 해 9. 8. 헌법재판소에 위 화재로인한재해보상과보험가입에관한법률 제 5 조
제 1 항에 대하여 헌법재판소법 제68조 제 2 항에 의한 이 사건 헌법소원을 제기
하였다.

나. 심판의 대상

그러므로 이 사건 심판의 대상은 위 화재로인한재해보상과보험가입에관한
법률 제 5 조 제 1 항이 헌법에 위반되는지의 여부로서 그 내용은 다음과 같다.
화재로인한재해보상과보험가입에관한법률 제 5 조(보험가입의무) 제 1 항: 특수건

물의 소유자는 전조 제1항의 규정에 의한 손해배상책임의 이행을 위하여 그 건물을 손해보험회사가 영위하는 신체손해배상 특약부 화재보험(이하 "특약부 화재보험"이라 한다)에 가입하여야 한다. 다만, 종업원에 대하여 산업재해보상보험법에 의한 산업재해보상보험에 가입하고 있는 경우에는 그 종업원에 대한 제4조 제1항의 규정에 의한 손해배상책임을 담보하는 보험에 가입하지 아니할 수 있다.

2. 당사자의 주장 및 이해관계인의 의견

(생   략)

3. 판   단

가. 화재로인한재해보상과보험가입에관한법률 제5조 제1항에 의하면 특수건물의 소유자는 동법 제4조 제1항의 규정에 의한 손해배상책임의 이행을 위하여 그 건물을 손해보험회사가 영위하는 신체손해배상 특약부 화재보험(이하 "특약부 화재보험"이라 한다)에 가입하여야 한다고 규정하였다. 여기의 특수건물이라 함은 위 법률 제2조 제3호에서 정한 바 첫째로 4층 이상의 건물(가목), 둘째로 국유건물·교육시설·백화점·시장·의료시설·흥행장·숙박업소·공장·공동주택 기타 다수인이 출입 또는 근무하거나 거주하는 건물로서 대통령령으로 정하는 건물(나목)을 말한다. 이렇게 되어 특수건물 소유자의 보험가입은 그 가입이 법적 의무로 되어 있는 강제보험이다. 헌법 제10조 전문은 "모든 국민은 인간으로서의 존엄과 가치를 가지며, 행복을 추구할 권리를 가진다."라고 규정하고 있다. 여기의 행복추구권 속에 함축된 일반적인 행동자유권과 개성의 자유로운 발현권은 국가안전보장, 질서유지 또는 공공복리에 반하지 않는 한 입법 기타 국정상 최대의 존중을 필요로 하는 것이라고 볼 것이다. 일반적 행동자유권에는 적극적으로 자유롭게 행동을 하는 것은 물론 소극적으로 행동을 하지 않을 자유 즉 부작위의 자유도 포함되는 것으로, 법률행위의 영역에 있어서는 계약을 체결할 것인가의 여부, 체결한다면 어떠한 내용의, 어떠한 상대방과의 관계에서, 어떠한 방식으로 계약을 체결하느냐 하는 것도 당사자 자신이 자기의 사로 결정하는 자유뿐만 아니라 원치 않으면 계약을 체결하지 않을 자유 즉 원치 않는 계약의 체결은 법이나 국가에 의하여 강제받지 않을 자유인 이른바 계약자유의 원칙도, 여기의 일반적 행동자유권으로부터 파생되는 것이라 할 것이다. 이는 곧 헌법 제119조 제1항의 개인의 경제상의 자유의 일종이기도 하다. 그렇다면 특수건물의 소유자에게 특약부 화재보험계약체결의 강제는 계약자유의 원칙에 대한 제약인 동시에 헌법상의 일반적 행동자유권 내지 경제활동의 자유의 제한이 된다고 할 것이다.

(중　략)
　　5. 재판관 변정수, 재판관 김양균의 반대의견
　　가. 재산권 보장에 관한 헌법 제23조, 경제질서에 관한 헌법 제119조의 각 규정에서 볼 때 우리 헌법의 경제체제는 사유재산제를 바탕으로 하면서 법치주의에 입각한 재산권의 사회성, 공공성을 강조하는 사회적 시장경제체제임을 알 수 있다. 따라서 헌법상 보장된 재산권행사의 내용으로서의 사용·수익·처분의 자유 및 그에 따른 계약의 자유는 신체 및 정신적 자유와는 달리 그 행사에 많은 제약이 따르게 되었으며 특히 헌법 제37조 제2항에 의하여 공공복리를 위한 제한이 광범위하게 예정되어 있다. 그리고 헌법 제34조 제2항은 국가는 "사회보장, 사회복지의 증진에 노력할 의무를 진다."고 규정하고 같은 조 제6항은 "국가는 재해를 예방하고 그 위험으로부터 국민을 보호하기 위하여 노력하여야 한다."라고 규정하여 사회보장, 사회복지증진의무뿐만 아니라 국가의 재해방지의무까지도 명시함으로써 사회국가실현의 국가적 의무를 제시하고 있다. 특히 제6공화국 헌법에 새로이 규정된 헌법 제34조 제6항은 재해를 단순히 개인의 문제로 보지 않고 사회전체의 문제로 인식하여 재해에 대비한 국가의 개입, 규제를 통한 재산권의 제한을 예정(인정)하고 있는 것이다. 이렇게 볼 때 국가는 그의 의무이행을 위하여 경우에 따라서는 보험가입 의무도 국민에게 부과할 수 있다고 할 것이며 그것이 합리적인 근거에 의한 것일 때에는 오히려 국가의 사회국가실현이라는 헌법적 의무를 구체화하는 것으로서 이를 가리켜 헌법위반이라고 말할 수 없을 것이다.
(생　략)

［교과서］

1. 곽윤직, 민법총칙, 제7판, 2002.
　　(1) "… 근대민법은, 우선 「인격절대주의」 또는 「자유인격의 원칙」을 전제로 하고 있으며, 이를 최고의 원칙으로 삼는다. 즉, 모든 개인을 세상에 태어날 때부터 봉건적·신분적 제한으로부터 완전히 자유이고 서로 평등하며, 한편으로는 이성적이면서 다른 한편으로는 이기적인 「추상적 개인」 즉 「인격자」(Person)로 보고, 이러한 개인을 출발점으로 하고 있다. 그리고 이 자유인격의 원칙을 실현하기 위하여 근대민법은 다시 다음과 같은 세 개의 구체적인 원칙을 인정한다. 「사유재산권 존중의 원칙」·「사적 자치의 원칙」·「과실책임의 원칙」이 그것이다. 이를 보통 일반적으로 「근대민법의 3대원칙」이라고 일컫는

다."(위 책, 30면)

　　(2) "이상에서 설명한 것을 종합·정리해 본다면, 우리 민법은 자유인격의 원칙과 공공복리의 원칙을 최고원리로 하며, 공공복리라는 최고의 존재원리의 실천원리 내지 행동원리로서 신의성실·권리남용의 금지·사회질서·거래안전의 여러 기본원칙이 있고, 다시 그 밑에 이른바 3대원칙이 존재한다고 할 수 있다. 이것이 민법의 기본적인 원리적 구조이다. 이러한 의미에서, 근대민법의 3대원칙은 우리 민법의 3대원칙이기도 하지만, 그러나 그것은 근대사회 초기에 있어서 그 절대 자유를 자랑하던 그러한 3대원칙이 아니라, 근대사회와 근대민법의 발전과정에서 수정되고 달라진 3대원칙임을 명심하여야 한다"(위 책, 38면).

2. 이영준, 민법총칙, 개정증보판, 2007.

"그러나 공공복리를 '최고의 존재원리'로 전제하는 것은 자유민주주의적 기본질서에 반한다. 공공복리 등은 지나친 경우의 폐해를 시정할 수 있는 것에 지나지 않는다. … 사적 자치의 원칙은 우리 헌법이 선언하고 있는 개인의 존엄과 가치(제10조)를 보장하기 위한 유일한 수단이다. 다른 한편 신의성실·권리남용의 금지·사회질서·거래안전 등은 원칙적으로 적용되는 「실천원리 내지 행동원리」가 아니고 예외적으로 적용되어야 할 제한규정에 불과하다. 그러므로 현행민법하에서 신의성실·권리남용의 금지·사회질서·거래안전을 '실천원리' 내지 '행동원리'라 하여 사적 자치의 위에 올려 놓는 이론은 근거 없는 것으로서 허용되지 않는다. 뿐만 아니라 이러한 이론은 위와 같은 신의성실 등의 남용을 유발할 우려가 있는 것이다."(위 책, 19면)

[2004년 민법개정안[12)]]

민법 제 1 조의 2는, '인간의 존엄과 자율'이라는 제목으로, 제 1 항에서 "사람은 인간으로서의 존엄과 가치를 바탕으로 자신의 자유로운 의사에 좇아 법률관계를 형성한다."라고 규정하고 있다.

---

12) 이것은 법무부 민법개정특별분과위원회에서 마련한 것으로 2004년에 정부안으로 국회에 제출되었으나, 국회의원의 임기만료로 자동 폐기되었다. 2009년 2월에 민법을 개정하기 위하여 법무부에 민법개정위원회가 발족되어 2014년 2월까지 새로운 민법개정안을 마련하였다.

[좌담회]

우리 민법의 맨 앞에 「통칙」이라는 것이 있는데, 거기 제 2 조 제 1 항의 "권리의 행사와 의무의 이행은 신의에 좇아 성실히 하여야 한다", 제 2 항의 "권리는 남용하지 못한다"라고 하는 것은 말하자면 제약적인, 소극적인 원리를 선언하는 것이라고 이해됩니다. 어디까지나 이념차원의 문제입니다만, 제약적 원리에 앞서서 좀 더 적극적인, 형성적인 원리를 제시하는 것이 어떤 의미에서는 균형잡힌 태도가 아닌가 여겨집니다. 그런 의미에서 이번에 제안된 제 1 조의 2가 존재의미가 없다고는 할 수 없지 않는가, 오히려 필요하다고까지 말할 수 있지 않는가, 이렇게 생각을 했습니다.[13]

[질문]

(1) 민법의 최고원리는 무엇이라고 생각하는가?
(2) 헨리 메인은 법의 발전을 "신분에서 계약으로(from status to contract)"라는 표어로 표현하였다. 그 의미는 무엇인가?
(3) "약속은 지켜져야 한다(pacta sunt servanda)"는 법언이 있다. 이 법언은 우리 사회에서 통용되는 원리인가?
(4) 계약의 당사자가 계약에 구속되는 근거는 무엇이라고 생각하는가?
(5) 대판 2007. 3. 29, 2004다31302는 "이른바 사정변경으로 인한 계약해제는 계약성립 당시 당사자가 예견할 수 없었던 현저한 사정의 변경이 발생하였고 그러한 사정의 변경이 해제권을 취득하는 당사자에게 책임 없는 사유로 생긴 것으로서, 계약내용대로의 구속력을 인정한다면 신의칙에 현저히 반하는 결과가 생기는 경우에 계약준수 원칙의 예외로서 인정"된다고 판결하였다. 계약준수의 원칙과 사정변경의 원칙은 어떠한 관계에 있는가? 이와 같이 사정변경의 원칙을 인정하는 것은 정당한 것인가?

---

13) 「민법개정(총칙편)」 좌담회, 인권과 정의 제319호(2003. 3), 27면(양창수 발언).

제3장 계약의 성립

Ⅰ. 의   의

계약은 통상 청약과 승낙으로 성립한다. 시간적으로 선행하는 당사자의 의사표시를 청약請約이라고 하고, 이에 대응하는 상대방의 의사표시를 승낙承諾이라고 한다. 민법에는 이에 관한 명시적 규정이 없으나, 민법 제527조 이하의 규정[1]은 이를 전제로 한 것이라고 볼 수 있다.

Ⅱ. 청   약

1. 청약과 청약의 유인

청약은 계약을 체결하자는 제안으로서, 그에 상응하는 승낙이 있으면 계약이 바로 성립할 수 있는 구체적·확정적 의사표시이다.[2] 따라서 청약자가 이에 구속되려는 의도가 있고, 계약을 성립시킬 수 있을 만큼 명확한 내용이 있어야 한다.[3] 청약에서 계약의 내용을 정확히 특정하지 않아도 되지만, 이를 특

---

1) 제527조, 제533조는 청약에 관하여, 제528조에서 제532조, 제534조는 승낙에 관하여 각각 규정하고 있다.
2) 계약의 요소가 되는 내용을 구체적으로 명시하고 있더라도 확정적인 것이 아니라면 청약이 아니다. 대판 1993. 10. 22, 93다32507.
3) 곽윤직, 채권각론, 37면. 이 점은 여러 나라에서 학설이나 판례에 의하여 인정되고 있는데, 오스트리아 민법에는 이에 관한 명문 규정을 두고 있다(제869조). 2005년부터 우리나라에서 시행되고 있는 국제물품 매매계약에 관한 국제연합협약(CISG) 제14조 제1항은 "1인 또는 그 이상의 특정인에 대한 계약체결의 제안은 충분히 확정적이고, 승낙시 그에 구속된다는 청약자의 의사가 표시되어 있는 경우에 청약이 된다. 제안이 물품을 표

정할 수 있는 사항이 포함되어야 한다.[4] 이와 달리 청약의 유인은 상대방으로 하여금 청약을 하도록 유인하는 것으로서, "타인을 꾀어내서 자기에게 청약을 하게 하려는 행위"[5]를 말한다. 청약의 유인을 한 경우에는 상대방이 그 유인에 상응하여 의사표시를 한 이후에도 이를 승낙할 것인지 여부를 결정할 자유를 가진다. 따라서 당사자의 제안에 대하여 상대방이 받아들이더라도 당사자가 계약의 체결이나 상대방을 선택할 여지를 유보하고 있는 경우에는 청약의 유인에 불과하다.

청약은 계약의 내용이 되는 사항을 포함하고 있어야 한다. 가령 물건을 매도하려는 자가 가격을 제시하지도 않고 제반 사정으로부터 제시된 가격을 알 수 없는 경우에는 통상 상대방으로부터 가격제안을 유도하려는 청약의 유인에 해당한다. 한편 무엇이 청약의 내용이 되는가는 ―의사표시 해석의 일반원칙에 따라― 상대방의 시각에서 객관적·합리적으로 판단하였을 때 청약자의 의사를 어떻게 파악할 수 있는가에 따라 정해진다.

청약은 통상 특정인에게 하는 것이다. 그러나 불특정 다수인을 상대로 청약을 할 수도 있다.[6] 가령 자동판매기의 설치는 그 안에 물건이 있는 한 청약이라고 볼 수 있다. 그러므로 동전의 투입(및 선택행위)에 의하여 바로 계약이 성립한다. 또한 주문하지 않은 물건이 송부되어 온 경우에도 통상 매도의 청약이 있다고 할 것이다.[7] 버스정류소에 버스가 정차하는 것은 청약으로 보는 견해도 있으나,[8] 버스정차는 청약의 유인이라고 보고 승객이 버스에 승차할 때 청약과 승낙이 있다고 보아야 한다.[9]

시하고, 명시적 또는 묵시적으로 수량과 대금을 지정하거나 그 결정을 위한 조항을 두고 있는 경우에, 그 제안은 충분히 확정적인 것으로 한다."라고 정하고 있다.

4) 대판 2003. 4. 11, 2001다53059.

5) 곽윤직, 채권각론, 36면.

6) 국제물품 매매계약에 관한 국제연합협약(CISG) 제14조 제 2 항은 "불특정 다수인에 대한 제안은 제안자가 반대 의사를 명확히 표시하지 아니하는 한, 단지 청약의 유인으로 본다."라고 정하고 있다. 따라서 위 협약이 적용되는 거래에서 불특정 다수인에 대한 제안은 원칙적으로 청약의 유인에 해당한다.

7) 이를 현실청약現實請約이라고 한다.

8) 곽윤직, 채권각론, 36면.

9) 대판 1960. 2. 18, 4291민상906(이른바 "전차승차권 사건")은 "정류소에서 발차준비를 마치고 승객의 승차를 기다리는 전차는 피고회사가 전차이용자(공중)에 대하여 운송계약의 신입[청약을 가리킴: 인용자 주]을 유인하는 것"이라고 하고, 승차권 소지자가 승무원의 승차거절을 당하지 않고 승차할 때에 승객의 운송계약의 신입과 피고회사의 이에 대한

최근 광고가 청약인지, 아니면 청약의 유인인지 문제되는 사례들이 많다. 전통적으로는 광고를 청약의 유인이라고 보고 있다. 가령 구인광고, 상품목록의 배부, 기차·선박 등의 시간표의 게시는 청약의 유인이라고 한다.[10] 물품판매광고, 정찰부 상품진열에 대해서는 논란이 있으나, 일반적으로 청약의 유인이라고 보고 있다.[11] 대법원 판결 중에 입찰안내공고,[12] 분양광고[13]를 청약의 유인이라고 본 사례가 있다. 그러나 광고를 일률적으로 청약의 유인이라고 보아야 하는 것은 아니고, 광고의 종류나 내용에 따라서는 청약이 될 수도 있다. 청약과 청약의 유인을 구별하는 기준으로 당사자가 광고를 통하여 일정한 제안을 하면서 법적으로 구속되려는 의도를 표시하였는지, 그 내용이 명확한지 여부를 들 수 있다. 광고는 일반적으로 청약의 유인에 불과하나, 그 내용이 명확하고 광고주가 계약에 구속되려는 의사가 명백하다면 청약으로 보아야 한다.

> **[판결 1] 청약과 승낙: 대판 1992. 10. 13, 92다29696**

[주　문]
　　원심판결을 파기하고 사건을 제주지방법원 합의부에 환송한다.
[이　유]
　　상고이유를 판단한다.
원심판결 이유에 의하면 원심은, 피고 A가 본인 겸 나머지 피고들의 대리인으로서 1987. 11. 20. 원고를 대리한 소외 B와의 사이에 피고들 공유 명의의 이 사건 밭과 원고 소유 명의의 판시 임야 2필지를 서로 교환하는 계약을 체결하였다는 원고의 주장에 대하여, 이에 부합하는 갑 제2 호증의 3, 4, 갑 제3 호증의 각 기재와 증인 C, B, D, E의 각 증언은 믿을 수 없고, 갑 제2 호증의 6, 7, 8의 기재만으로는 이를 인정하기에 부족하며, 달리 이를 인정할 자료가 없다는 이유로 원고의 위 주장을 배척하였다.

승낙으로써 운송계약이 성립된다고 보았다.
10) 곽윤직, 채권각론, 36면; 김기선, 한국채권법각론, 43면; 김주수, 채권각론, 81면; 김증한·김학동, 채권각론, 31-32면; 김형배, 채권각론, 99면.
11) 김기선, 한국채권법각론, 43면; 김형배, 채권각론, 99면; 민법주해[XII], 178면(지원림 집필). 정찰부 상품진열은 청약이라는 견해로는 김주수, 채권각론, 81면; 김증한·김학동, 채권각론, 32면.
12) 대판 1977. 2. 22, 74다402.
13) 대판 1996. 1. 26, 94다30690; 대판 2001. 5. 29, 99다55601, 55618; 대판 2007. 6. 1, 2005다5812, 5829, 5836[판결 2].

교환계약은 당사자간에 청약의 의사표시와 그에 대한 승낙의 의사표시의 합치로 성립하는 이른바 낙성계약으로서 서면의 작성을 필요로 하지 아니하고, 그 청약의 의사표시는 그 내용이 이에 대한 승낙만 있으면 곧 계약이 성립될 수 있을 정도로 구체적이어야 하고, 승낙은 이와 같은 구체적인 청약에 대한 것이어야 할 것이고, 이 경우에 그 승낙의 의사표시는 특별한 사정이 없는 한 그 방법에 아무런 제한이 없고 반드시 명시적임을 요하는 것도 아니라 할 것이다. 그런데 원심이 배척한 증거들을 차치하고라도 우선 원심이 배척하지 아니한 갑 제 2 호증의 5를 보면, 이것은 원고가 피고 A를 재물손괴죄로 형사고소한 사건에서 위 피고가 검찰에서 진술한 피의자신문조서인데, 이에 의하면 위 피고가 1987. 11. 20.경 그의 밀감 과수원 옆에 있는 원고 소유명의의 판시 임야 2필지를 밀감 과수원에 붙여 사용하여 볼까 하여 원고의 아들인 소외 B와의 사이에 이 사건 밭과 위 임야 2필지를 교환하기로 하는 말을 하였다가, 위 임야 2필지는 매립을 하여야 사용할 수 있는 땅이어서 그 매립비용을 계산하여 보았더니 약 8,000,000원이 소요될 것 같아 이를 교환하지 말자고 통지하였으나, 원고는 완전히 교환이 된 것으로 알고 이 사건 밭을 소외 E에게 임대하여 경작하게 하였고, 그 후 1989. 8월 중순경 위 피고가 이 사건 밭에 심어져 있는 대파를 갈아 헤치고 그 곳에 무우를 파종할 때까지 위 피고는 이 사건 밭을 관리한 적은 없다고 진술하고 있고, 피고측 증인 F의 제 1 심에서의 증언에 의하더라도 이 사건 밭은 피고 A의 집에 왕래하는 도로에 접해 있기 때문에 위 피고를 비롯한 그의 가족들은 거의 매일같이 위 밭의 이용상황을 볼 수 있음에도 불구하고, 위 E가 1988. 3월경 대파 묘목을 파종하고 그 해 6월경에는 밭 전체에 대파를 정식하고 나서 1년이 훨씬 지나는 동안 피고들측에서 아무런 이의를 제기하지 않았다는 내용인데, 기록상 위 증거들의 신빙성을 의심할 사정을 찾아볼 수 없다.

위 증거들에 의하여 인정되는 바와 같이 피고 A가 1987. 11. 20.경 원고의 아들인 위 B와의 사이에 이 사건 밭과 판시 임야를 교환하기로 하는 말을 하였고, 그 후 원고가 위 교환이 완전히 이루어진 것으로 알고 이 사건 밭을 소외 E에게 임대하여 동인으로 하여금 1년 반 동안이나 경작하게 하였으며, 그 동안 피고측에서는 거의 매일 이 사건 밭의 이용상황을 볼 수 있었음에도 불구하고 아무런 이의조차 제기한 바 없고 위 밭을 관리한 적도 없었다면, 거기에는 원고와 피고 A 사이에는 위 두 토지를 교환하기로 하는 청약과 승낙이 있었음이 전제된다 할 것이고, 나아가 이 사건 밭은 위 교환약정에 따라 원고에게 인도된 것이라고 보는 것이 합리적이라 할 것이다.

그럼에도 불구하고 원심이 합리적인 이유 설명도 없이 이 사건 교환계약이 체결되었다는 내용의 판시 증거들을 모조리 배척한 것은 채증법칙을 위배하여 증거의 취사선택과 가치판단을 그르친 위법의 소치라 아니할 수 없고, 이 점을 지적하는 논지는 이유 있다.

그러므로 원심판결을 파기하고, 사건을 다시 심리 판단하게 하기 위하여 원심법원에 환송하기로 하여 관여 법관의 일치된 의견으로 주문과 같이 판결한다.

질문

(1) 이 사건에서 교환계약에 관한 청약과 승낙은 어떠한 방식으로 이루어졌는가?
(2) 이 사건 계약의 성립시기는 언제인가?
(3) 계약이 성립한 경우와 그렇지 않은 경우에 각각 당사자들의 법적 지위에 어떠한 차이가 발생하는가?

[판결 2] 청약의 유인과 청약의 구별: 대판 2007. 6. 1, 2005다5812, 5829, 5836

[원고, 피상고인 겸 상고인] 원고 1외 648인
[피고, 상고인 겸 피상고인] 한국자산신탁 주식회사
[주   문]
　　원심판결을 파기하고, 사건을 서울고등법원에 환송한다.
[이   유]
　　상고이유를 본다.
　　1. 분양계약의 내용에 관한 법리오해의 점에 관하여
　　청약은 이에 대응하는 상대방의 승낙과 결합하여 일정한 내용의 계약을 성립시킬 것을 목적으로 하는 확정적인 의사표시인 반면 청약의 유인은 이와 달리 합의를 구성하는 의사표시가 되지 못하므로 피유인자가 그에 대응하여 의사표시를 하더라도 계약은 성립하지 않고 다시 유인한 자가 승낙의 의사표시를 함으로써 비로소 계약이 성립하는 것으로서 서로 구분되는 것이다. 그리고 위와 같은 구분기준에 따르자면, 상가나 아파트의 분양광고의 내용은 청약의 유인으로서의 성질을 갖는 데 불과한 것이 일반적이라 할 수 있다. 그런데 선분양·후시공의 방식으로 분양되는 대규모 아파트단지의 거래사례에 있어서 분양계약서에는 동·호수·평형·입주예정일·대금지급방법과 시기 정도만이 기재되어 있

고 분양계약의 목적물인 아파트 및 그 부대시설(이하 아파트 및 그 부대시설을
포괄하여 '아파트'라고만 한다)의 외형·재질·구조 및 실내장식 등(이하 위 사항
들을 포괄하여 '외형·재질 등'이라고만 한다)에 대하여 구체적인 내용이 기재되
어 있지 아니한 경우가 있으나, 분양계약의 목적물인 아파트에 관한 외형·재질
등이 제대로 특정되지 아니한 상태에서 체결된 분양계약은 그 자체로서 완결된
것이라고 보기 어렵다 할 것이므로, 비록 분양광고의 내용, 모델하우스의 조건
또는 그 무렵 분양회사가 수분양자에게 행한 설명 등이 비록 청약의 유인에 불
과하다 할지라도 그러한 광고 내용이나 조건 또는 설명 중 구체적 거래조건, 즉
아파트의 외형·재질 등에 관한 것으로서 사회통념에 비추어 수분양자가 분양자
에게 계약 내용으로서 이행을 청구할 수 있다고 보여지는 사항에 관한 한 수분
양자들은 이를 신뢰하고 분양계약을 체결하는 것이고 분양자들도 이를 알고 있
었다고 보아야 할 것이므로, 분양계약시에 달리 이의를 유보하였다는 등의 특단
의 사정이 없는 한, 분양자와 수분양자 사이에 이를 분양계약의 내용으로 하기
로 하는 묵시적 합의가 있었다고 봄이 상당하다.

    위 법리 및 기록에 비추어 살펴보면, 원심이 지적하는 바와 같이 원고들과
소외 주식회사(이하 '소외 회사'라고만 한다) 사이에 체결된 이 사건 분양계약서
(갑 제2호증의 1 내지 622)에는 분양의 목적물이 건물과 대지의 면적 및 그 동
과 호수를 표시한 아파트 1동과 이에 따른 전기, 도로, 상수도시설 기타 부대시
설(공용)로 되어 있고, 기타사항(제17조)으로 견본주택 내에 시공된 제품은 특
별한 사정 없이 타사 제품으로 변경될 수 없고 견본주택 및 각종 인쇄물과 모
형도상의 구획선 및 시설물의 위치, 설계도면 등의 표시가 계약체결일 이후 사
업계획 변경승인 및 신고 등에 따라 일부 변경된 경우에는 소외 회사가 수분양
자들에게 이를 통보하기로 규정하고 있을 뿐이고, 원고들이 주장하는 온천, 바
닥재(원목마루), 유실수단지, 테마공원, 서울대학교의 이전, 일산과 금촌을 연결
하는 도로의 확장, 콘도이용권의 제공, 전철복선화와 관련하여 아무런 내용이나
조건이 기재되어 있지 아니한 것은 사실이다. 그러나 다른 한편, 위와 같은 내
용 이외에는 아파트의 외형·재질에 대하여 별다른 내용이 없어 위 분양계약서
는 그 자체로서 완결된 것으로 보기 어려우므로, 이 사건 분양계약은 목적물의
외형·재질 등이 견본주택(모델하우스) 및 각종 인쇄물에 의하여 구체화될 것을
전제로 하는 것으로 보아야 할 것이다. 나아가 구체적으로 살펴보면, 이 사건
광고 내용 중 도로확장 및 서울대 이전 광고, 전철복선화에 관한 광고는 이 사
건 아파트의 외형·재질과 관계가 없을 뿐만 아니라 사회통념에 비추어 보더라
도 수분양자들 입장에서 분양자인 소외 회사가 그 광고 내용을 이행한다고 기

대할 수 없는 것들이므로 허위·과장 광고라는 점에서 그 광고로 인하여 불법행위가 성립됨은 별론으로 하고 그 광고 내용이 그대로 분양계약의 내용을 이룬다고 보기는 어렵겠지만, 이와 달리 온천 광고, 바닥재(원목마루) 광고, 유실수단지 광고 및 테마공원 광고는 이 사건 아파트의 외형·재질 등에 관한 것으로서, 그리고 콘도회원권 광고는 아파트에 관한 것은 아니지만 부대시설에 준하는 것이고 또한 이행 가능하다는 점에서, 각 분양계약의 내용이 된다고 할 수 있을 것이다.

그럼에도 불구하고, 이 사건 분양광고의 내용을 구분하여 살피지 아니한 채 그 전부에 관하여 그와 같은 아파트만을 공급하기로 하는 합의가 존재하지 않는다고 판단한 원심판결에는, 분양계약에 있어서 당사자의 의사해석에 관한 법리를 오해한 나머지 판결에 영향을 미친 위법이 있다 할 것이다. 이 점을 지적하는 원고들의 상고이유의 주장은 이유 있다.

(이하 생략)

[평석]

『광고는 일반적으로 청약의 유인에 불과하나, 그 내용이 명확하고 광고주가 계약에 구속되려는 의사가 명백하다면 청약으로 보아야 할 것이다. 거래를 하려는 제안이 광고라는 형태를 띠고 있는지에 따라 청약인지, 아니면 청약의 유인인지가 결정적으로 구별되는 것은 아니다. 다만 상품의 선전이나 광고에서는 어느 정도 생략이나 과장 등 수사적 표현이 허용되기 때문에, 청약의 유인에 해당할 가능성이 높다고 볼 수 있다. 그러나 광고 이후의 거래과정에서 상대방이 광고의 내용을 전제로 청약을 한 경우에는 광고의 내용이 청약에 포함될 것이다.

(중   략)

아파트 등의 분양광고는 그 자체로는 청약의 유인에 해당한다. 상대방이 광고에 따라 승낙을 했다고 하더라도 그것에 구속되려는 의사가 없고, 분양광고의 내용이 계약의 내용으로서 특정되었다고 볼 수 없기 때문이다. 원심판결이 분양광고에서 분양목적물을 특정하거나 구체적인 거래조건을 제시하지 않았기 때문에, 분양광고를 청약의 유인이라고 판단한 것은 정당하다. 그러나 분양업자측에서 분양광고를 한 이후에 수분양자가 분양을 신청하고 입주자를 선정하여 분양계약을 체결하는 과정에서 광고의 내용에 따라 청약과 승낙을 하였다고 볼 수도 있다. 분양광고 중 내용이 구체적이고 명확한 부분은 분양광고를 한 이후에 수분양자가 광고내용에 따라 청약을 하였다고 볼 수도 있다. 따라서 분양광고가 분양광고 당시에 청약의 유인에 불과하였다고 하더라도 그 후의 사정을 고려하여 광고의 내용이 계약의 내용으로 될 수 있을 것이다.」[14]

질문

(1) 청약과 청약의 유인을 구분하는 이유는 무엇인가?

(2) 청약과 청약의 유인을 구분하는 기준은 무엇인가?

(3) 이 사건에서 분양광고를 청약으로 보는지, 아니면 청약의 유인으로 보는지에 따라 실제 결과에 어떠한 차이가 있는가?

(4) 대판 2001. 5. 29, 99다55601, 55618에서 피고 A회사가 분양광고시 이 사건 상가에 첨단 오락타운을 조성·운영하고 전문경영인에 의한 위탁경영을 통하여 분양계약자들에게 월 금 100만 원 이상의 수익을 보장한다는 광고를 하고, 분양계약 체결시 이러한 광고내용을 원고들에게 설명하였다 ("오락타운 조성 및 수익보장 광고"). 원심은 다음과 같은 이유로 피고 A회사가 이러한 광고내용에 따른 의무를 부담하지 않는다고 판단하였다. 즉, 원고들과 피고 A회사 사이에 체결된 분양계약서에는 이러한 내용이 기재되지 않은 점, 그 후 이 사건 상가의 임대운영경위 등에 비추어 볼 때, 위와 같은 광고 및 분양계약 체결시의 설명은 청약의 유인에 불과할 뿐 원고들과 피고 A회사 사이의 이 사건 상가 분양계약의 내용으로 되었다고 볼 수 없다. 따라서 피고 A회사가 원고들에 대하여 이 사건 상가를 첨단 오락타운으로 조성·운영하거나 일정한 수익을 보장할 의무를 부담한다고 할 수 없다는 것이다. 대법원도 원심판결을 지지하였다. 이 판결은 위 2007년 판결과 어떠한 차이가 있는가?

(5) 위 2007년 판결은 이 사건 아파트의 외형·재질 등에 관하여 분양자와 수분양자 사이에 이를 분양계약의 내용으로 하기로 하는 묵시적 합의가 있었다고 판단하였다. 이 점은 타당한가?

(6) A가 어느 날 고속버스터미널역에서 서울역에 가기 위하여 1,000원짜리 지하철표를 샀다. 그러나 다른 약속이 있어서 지하철을 타지 못했다. 다음날

---

14) 김재형, "분양광고와 계약," 민사판례연구 제31집(2009), 418면.

아침에 일어나 신문을 보니 그 날부터 지하철요금이 1,200원으로 올랐다. A는 전날에 사 둔 지하철표로 지하철을 탔다. 역무원이 차액을 더 지급할 것을 요구한다. 그러나 A는 위 지하철표로 지하철을 탈 수 있다고 주장한다. A의 주장은 타당한가? 이 사건에서 운송계약이 체결되는 시기는 언제인가?

2. 청약의 구속력

(1) 의   의

"계약의 청약은 이를 철회하지 못한다"(제527조). 이는 청약이 청약자를 구속함을 정한 것이다. 청약은 그 자체로서는 계약을 성립시키지 못하므로, 청약자가 계약상 의무의 구속을 지지 않음은 당연하다. 그러나 이는 「청약의 구속력」과는 별개이다. 청약에 구속력을 부여할 것인지는 기본적으로 상대방에게 계약의 성립 여부를 일방적으로 결정할 수 있는 이익을 인정할 것인가의 문제이다.

(2) 발생시기

청약의 구속력이 발생하는 것은 청약이 도달한 때부터이다(제111조 제 1 항). 청약의 의사표시가 발신된 후에 청약자가 사망하거나 행위능력을 상실해도, 이는 고려되지 않는다(동조 제 2 항). 다만 청약자가 별도의 뜻을 표명하였을 경우에는 이에 따른다.[15] 청약자가 사망한 경우에는 일반적으로 계약상 급부가 청약자 자신에 의해서만 이행되어야 하거나 상대방의 급부가 청약자에게만 이익이 있고 또한 상대방이 이를 인식할 수 있었던 때에는 일반적으로 반대의 의사가 있다고 볼 수 있다.[16] 물론 위임·조합·고용 등과 같이 당사자의 사망으로 종료되고 그 지위가 상속되지 않는 계약(제690조, 제717조 등 참조)의 경우에는, 청약자가 사망하면 이미 계약이 성립할 수 없으므로, 청약의 구속력이 문제될 여지가 없다.

다른 의사표시에서와 마찬가지로, 청약이 도달되기 전까지 청약자는 청약

---

15) 독민 제153조 참조.
16) 한편 청약의 상대방이 도달 전에 행위능력을 상실하였으면 이는 적법한 「도달」이 있는가의 문제이고(제112조 참조), 사망하였으면 마찬가지로 청약자의 의사가 상속인도 상대방으로 하려는 것으로 볼 수 있는가(및 그 계약당사자의 지위가 상대방의 상속인에게 승계되는가)에 따라 정해진다.

의 의사표시를 철회할 수 있다. 그러나 철회의 의사표시가 청약보다 먼저, 적어도 청약과 동시에 도달하여야 한다.[17]

(3) 존속기간

(가) 청약의 구속력은 영구히 존속하지 않으며, 시간적 제한이 있다.

우선 청약에 승낙기간의 정함이 있으면, 이에 따른다(제528조 제 1 항).

나아가 승낙기간을 정하지 아니한 청약의 경우에는 「상당相當한 기간期間」 내에 승낙을 하여야 한다(제529조). 그 기간은 구체적인 경우에 계약의 성질이나 내용, 교섭과정의 여러 측면, 거래상의 관행 등을 고려하여 정해진다. 그러나 청약의 구속력은 일반적으로 상대방에게만 이익을 주며 이에 대하여 청약자가 별다른 대가를 얻지 않는다는 점에 비추어 보면, 청약자가 아는 사정에 비추어 상대방이 승낙 여부를 결정하는 데 요구되는 기간 이상이 되는 경우는 드물 것이다. 한편 대화자對話者 사이에서는[18] 「상당한 기간」이란 원칙적으로 대화가 지속되는 동안만을 가리킨다.[19] 그러므로 그 경우에는 대화가 종료되고 난 후에는 청약은 구속력이 없다.

(나) 이러한 승낙기간이 도과되거나 그 기간 내라도 상대방이 승낙을 거절하는 의사표시를 하면, 청약은 "그 효력效力을 잃는다"(제528조 제 1 항, 제529조 참조). 여기서 「청약의 효력」이란, 승낙이 있으면 계약을 성립하게 하는 효력을 말한다. 이를 통상 「승낙적격」 또는 「승낙능력」이라고 부른다. 이와 같이 민법은 승낙적격을 청약자가 청약에 구속되는 기간과 일치시키는 태도를 취하고 있다.

(4) 임의규정

청약의 구속력은 청약자 자신에 의하여 배제될 수 있다. 다시 말하면 제527조는 임의규정任意規定이다. 이러한 구속력 배제의 뜻은 통상 "구속되지 않

---

17) 독민 제130조 제 1 항 제 2 문 참조.

18) 이는 전화 등으로 통화하는 경우에도 마찬가지이다. 그러나 사자使者를 통한 청약의 의사표시는 격지자隔地者에 대한 청약과 같이 다루어져야 한다.

19) 다수설은 "승낙기간을 정하지 않은 대화자對話者 사이의 청약"은 일반적으로 구속력이 없다고 하여, 제529조의 적용을 부인하는 태도를 취한다. 곽윤직, 채권각론, 38면; 김증한·김학동, 채권각론, 36면; 김주수, 채권각론 83면; 황적인, 현대민법론 Ⅳ, 68면. 이와 달리 대화자 사이도 일정한 경우 상당기간동안 승낙적격을 가진다는 견해로는 김형배, 채권각론, 102면; 이은영, 채권각론, 83면.

는다", "제3자에게 임의로 처분할 수 있다" 또는 "이행가능성 유보"라는 문언으로 표현된다.

판례는 근로자가 고용주와의 합의로 근로계약을 종료시키려는 의사로 사직원 등을 제출한 경우(그 법적 성질은 근로계약 합의해지의 청약이다)라면 고용주측에서 승낙의 의사를 표시하지 아니한 동안에는 원칙적으로 사직의 의사표시를 철회할 수 있다고 한다.[20] 이는 근로계약의 특수성을 반영하여 근로관계를 종국적으로 단절시키는 결단에 관하여 근로자의 선택을 넓히려는 것이다.

3. 청약 상대방의 지위

청약의 상대방은 원칙적으로 청약을 승낙할 것인지를 자유롭게 결정할 수 있다.[21] 그는 청약을 받았다고 해서 어떠한 의무(가령 승낙 여부의 회답 등)를 부담하지 않는다. 청약에, 일정 기간 내에 회답이 없으면 계약이 체결된 것으로 간주한다는 문언이 있어도, 이는 승낙자에게 아무런 효력이 없으며[22] 그에 대한 승낙 여부를 통지할 의무도 없다.[23] 청약자가 계약상 급부를 현실로 이행하면서 청약하는 경우(이른바 현실청약)라도, 가령 송부된 목적물의 수령을 거절할 수 있으며 또 받았더라도 ―비록 반송료를 동봉한 경우에도― 이를 반송할 의무는 없다.

청약상대방의 지위는 그의 의사만으로 계약을 성립시킬 수 있다는 의미에서 상당한 재산적 가치를 가지는 경우도 있다. 그러나 이를 청약자의 승낙 없이 양도할 수는 없다. 이를 자유롭게 양도할 수 있다고 하면 청약자는 자기가 의도하지 않은 자와 계약을 체결하여야 하는 결과가 되기 때문이다(제454조, 제501조 참조). 또한 상대방의 채권자가 대위하여 이를 승낙할 수도 없다. 그러나 상대방의 지위는, 그에 기하여 성립하는 계약관계가 일신전속적―身專屬的인 것이 아닌 한, 상속의 대상이 된다. 그러므로 청약상대방의 상속인은 청약자에

---

20) 대판 1992. 4. 10, 91다43138; 대판 1992. 12. 8, 91다43015; 대판 2005. 9. 5, 99두8657.
21) 한편 보험계약의 경우에는 아직 승낙이 없는 동안에 보험사고가 일어났음을 이유로 보험회사가 승낙을 거절할 수 없다(상법 제638조의2 참조).
22) 대판 1999. 1. 29, 98다48903(경우에 따라서 승낙기간으로서의 의미를 가질 수 있다).
23) 다만 상법 제53조는 "상인이 상시 거래관계에 있는 자로부터 그 영업부류에 속한 계약의 청약을 받은 때에는 지체 없이 낙부의 통지를 발송하여야 한다. 이를 해태한 때에는 승낙한 것으로 본다"라고 규정하고 있다.

대하여 유효하게 승낙의 의사표시를 하여 계약을 성립시킬 수 있다.[24]

[판결 3] 청약의 철회: 대판 1992. 4. 10, 91다43138

(생략)

상고이유 제 2 점을 본다.

원심은 원고의 주장, 즉 원고가 이 사건 사직원 제출에 의한 퇴직효과의 발생전인 1989. 2. 23.에 위 사직의 의사표시를 철회하였으니 그 후에 이루어진 피고의 원고에 대한 이 사건 의원면직처분은 무효에 해당된다는 주장에 대하여, 원고의 사직 의사표시는 그 사직원 제출일인 1988. 12.초에 이미 그 효력이 발생한 것으로써 실제로 사직원 작성일자로 기재된 1989. 2. 28.에 그 효력이 발생되는 것이 아니므로 1989. 2. 23. 그 사직 의사표시가 철회되었음을 전제로 한 위 주장도 이유없다고 판단하였다.

그러나 근로자가 일방적으로 근로계약관계를 종료시키는 해약의 고지방법에 의하여 임의사직하는 경우가 아니라, 근로자가 사직원의 제출방법에 의하여 근로계약관계의 합의해지를 청약하고 이에 대하여 사용자가 승낙함으로써 당해 근로관계를 종료시키게 되는 경우에 있어서는, 근로자는 위 사직원의 제출에 따른 사용자의 승낙의사가 형성되어 확정적으로 근로계약종료의 효과가 발생하기 전에는 그 사직의 의사표시를 자유로이 철회할 수 있다고 보아야 할 것이며, 다만 근로계약종료의 효과발생 전이라고 하더라도 근로자의 사직의 의사표시를 철회하는 것이 사용자에게 불측의 손해를 주는 등 신의칙에 반한다고 인정되는 특별한 사정이 있는 경우에 한하여 그 철회가 허용되지 않는다고 해석함이 상당하다 할 것이다.

이 사건에 있어 원심이 적법하게 확정한 사실관계에 의하면, 원고는 피고 법인이 설치경영하는 상문고등학교의 교원으로 채용되어 근무하여 오다가 만성 간염의 질병으로 인하여 지각, 조퇴, 결근 등에 따른 수업결손이 잦아지게 되면서 학부모들로부터 항의나 보강을 맡은 동료 교원들의 불만 등으로 교직의 계속적인 수행이 더 이상 어렵게 되자, 1988. 12. 초 스스로 사직하기로 결심하고 사직원을 작성하여 위 학교장인 소외 A에게 이를 제출하면서 다만 1989. 2. 말까지 계속 교원의 신분을 가지고 의료보험혜택과 봉급을 받을 수 있도록 도와달라고 요청하여 그 승낙에 따라 이를 명확히 하기 위하여 위 사직원의 작성일자를 1989. 2. 28.로 기재하게 된 것임이 분명하고, 한편 원심이 채용한 을 제6

---

24) 다만 이 때 공동상속이 일어난 경우에는 청약상대방으로서의 지위가 공동상속인들에게 불가분적으로 귀속되어 그 전원 일치가 아니면 유효한 승낙을 할 수 없다.

호증(교원해임서), 을 제 8 호증(회의록), 을 제11호증(정관) 등의 각 기재에 의하면 피고법인의 정관상에는 위 학교의 일반 교원에 대한 임명권자는 이사장이고, 교원을 해임하는 경우에는 위 학교장의 제청으로 이사회의 의결을 거쳐야 하는 것으로 규정되어 있으며, 원고의 이 사건 사직원 제출에 대하여 그 소속학교장인 위 A가 원고가 위 질병이 완치되었음을 이유로 사직의사를 철회한 이후이고, 위 사직원 작성일자로 기재된 1989. 2. 28.에 비로소 그 사직원을 근거로 피고법인의 이사회에 원고의 해임을 제청하고 그해 3. 2. 위 이사회에서 원고를 의원면직하기로 하는 결의를 거쳐 이 사건 면직처분에 이르게 된 것임을 알 수 있다.

위와 같은 사실관계에 비추어 보건대, 원고의 위 사직원 제출은 곧 사용자에 대하여 근로계약관계의 합의해지를 청약한 경우에 해당한다고 볼 것이고, 원고가 지병관계로 부득이 사직원을 작성 제출한 후에 그 지병이 완치됨에 따라 1989. 2. 23. 위 학교측에 대하여 다시 근무할 것을 희망하는 의사를 밝힌 것은 종전의 사직의사표시를 철회한 것으로 보아야 할 것인바, 이는 원고의 위 사직원 제출방법에 따른 근로계약관계의 종료를 위한 합의해지의 청약에 대하여 피고법인의 내부적인 승낙의사가 형성되기 전에 이루어진 것으로서 특별히 위 사직의사표시의 철회를 허용하는 것이 피고법인에 대한 불측의 손해를 주게 되는 등 신의칙에 반한다고 인정되는 특별한 사정이 없는 한 적법하게 그 철회의 효력이 생긴 것이라고 보아야 하고, 따라서 피고법인이 원고의 위 사직의사의 철회 이후에 비로소 종전의 사직원에 기하여 원고를 의원면직처분한 것은 무효라고 보아야 할 것이다.

원심이 원고의 위 사직 의사표시가 사직원을 제출한 1988. 12. 초에 이미 그 효력이 발생한 것이라는 이유만을 들어 원고의 사직 의사표시의 철회 여부 내지 그 철회의 허용이 신의에 반한다고 볼 만한 사정이 있는 지의 여부 등에 대하여 더 들어가 전혀 심리하지 아니한 채, 원고의 위 사직 의사표시의 철회주장을 가볍게 배척한 조치는 심리미진 또는 의사표시의 철회에 관한 법리를 오해하여 판결에 영향을 미친 위법이 있다고 아니할 수 없으므로, 이 점을 지적하는 논지는 이유 있다 할 것이다.

질문

(1) 위 판결에서 청약의 철회를 인정한 것은 청약의 구속력을 인정한 민법 규정에 배치되는 것인가?
(2) 위 판결의 법리를 매매계약에도 일반적으로 적용할 수 있는가?

(3) 근로계약의 해지에는 어떠한 특성이 있는가?

(4) CISG 제16조는 원칙적으로 계약이 체결되기 전까지 청약을 철회할 수 있다고 정하고 있다. 청약의 철회를 인정하는 방식으로 민법을 개정하는 것에 대하여 어떻게 생각하는가?

Ⅲ. 승   낙

1. 의   의

승낙은 청약에 상응하여 계약을 성립시키는 것을 내용으로 하는 의사표시이다. 통상 이는 청약자를 상대방으로 하는, 수령을 요하는 의사표시이나, 예외적으로 승낙의 의사표시만으로 그 발송이나 도달 없이 할 수 있다(제532조).

2. 객관적 합치

승낙은 청약에 상응해야 한다. 즉, 의사표시의 해석상 청약의 내용과 일치해야 한다. 이를 객관적 합치라 한다. 그리고 청약에서 승낙의 방식이 지정된 경우(가령 서면에 의한 승낙의 의사표시를 요구하는 경우)에는 그에 따라야 한다. 승낙자가 청약에 대하여 조건을 붙이거나 변경을 가하여 승낙한 때에는[25] 그 청약의 거절과 동시에 새로이 청약한 것으로 본다(제534조). 그러므로 이번에는 원래의 청약자가 청약상대방으로서 새로운 청약에 대하여 승낙 여부를 결정할 지위에 있게 된다.

예를 들어 가분급부可分給付의 일정량, 가령 100톤의 석탄을 일정 가격에 판다는 청약에 대하여 70톤을 그 가격에 산다는 승낙이 있는 경우에, 70톤에 대한 계약이 성립되었는지 아니면 70톤을 산다는 새로운 청약이 있는 것으로 볼 것인지는 그 청약이 "100톤까지" 판다는 의미인가 여부에 달라진다. 위 청약을 100톤 전부의 매도만을 의욕하였던 것으로 해석하는 경우에, 70톤의 매수를 승낙하는 것과 같은 일부승낙은 제534조에서 말하는 「변경을 가한 승낙」이 된다.

승낙은 청약에 상응하는 것으로서 시간적으로 그에 뒤이어 이루어져야 하

─────────────────

25) 청약에 포함되지 않은 새로운 조항의 추가도 이에 해당한다.

는 것이 원칙이다. 그러나 청약의 상대방도 동일한 내용의 청약을 한 경우, 가령 100톤의 석탄을 팔겠다고 청약하였는데 청약이 도달하기 전에 상대방이 이미 100톤의 석탄을 사겠다고 청약한 경우는 어떠한가? 이러한 경우를 교차청약交叉請約이라고 한다. 이 경우에는 쌍방에 객관적으로 일치하는 의사표시가 있으므로, 민법은 굳이 별도로 승낙의 의사표시를 할 필요 없이 그것만으로 계약의 성립을 인정한다(제533조). 이때 계약은 두 개의 청약이 모두 도달한 때에 성립하게 된다.

3. 주관적 합치

(1) 원   칙

승낙은 청약자에 대하여 해야 한다. 이를 주관적 합치라 한다. 그리고 승낙의 의사표시가 청약자에게 발송되어 도달한 때에 비로소 확정적으로 성립한다(이와 관련되는 제531조의 해석에 대하여는 아래 4. (2) 참조).

(2) 의사실현에 의한 계약의 성립

"청약자의 의사표시나 관습에 의하여 승낙의 통지가 필요하지 아니한 경우에는 계약은 승낙의 의사표시로 인정되는 사실이 있는 때에 성립한다"(제532조). 따라서 승낙의 의사표시가 있지만 그것이 청약자에게 발송되거나 도달하지 않은 경우, 즉 그것이 청약자에 대한 의사표시가 아닌 경우에도, 계약의 성립이 인정된다. 여기서 「승낙의 의사표시로 인정되는 사실」이란 단지 그 해석상 승낙의 의사표시라고 인정된다는 의미이고, 원래 의사표시가 아닌 어떠한 사실을 의사표시로 의제하는 것이 아니다.[26] 다만 그러한 의사표시를 청약자에 대하여 할 필요가 없다는 데 특성이 있다. 그러므로 단순히 승낙을 한다는 내심의 결의만으로는 부족하고, 효과의사를 외적으로 표시해야 한다.

어떠한 사무의 처리를 위임하는 내용의 청약을 받은 상대방이 이에 따라 위임된 사무를 실제로 처리한 경우에 그것만으로 위임계약의 성립을 인정할 것인지 문제된다. 이 경우 계약의 성립은, 첫째, 청약자의 의사표시가 그것을 요구하지 않는 경우, 둘째, 그러한 관습이 있는 경우에 한하여 인정된다. 의사표시가 없으면 관습은 당연히 보충적으로 적용되므로(제106조 참조), 여기서 관

---

26) 그러한 의미에서 제532조의 제목(의사실현에 의한 계약성립)은 적절하다고 할 수 없다.

습을 든 것은 별다른 의미가 없다. 그러한 청약자의 의사표시가 있는지 여부는 해석에 의하여 정해진다. 이른바 현실청약의 경우나 소재불명과 같이 청약자 스스로 응답이 불가능한 청약을 한 경우에는 통상 이를 긍정할 수 있다. 그러나 일반적으로는, 제532조가 적용되면 청약자는 계약의 성립 여부를 알 수 없어 불리한 지위에 있기 쉬우므로, 쉽사리 이를 긍정할 것은 아니다.

그 때 계약은 승낙의 의사표시가 행하여진 때에 바로 성립하며, 발송이나 도달은 필요하지 않다. 의사표시에 관한 규정은 당연히 이러한 승낙에 대해서도 적용된다.[27] 그러므로 가령 매도를 위하여 물건을 송부함으로써 청약을 하였는데 상대방이 이를 증여받는 것으로 알고 소비한 경우에 그것이 객관적으로는 매수의 의사표시로 해석된다면, 제532조에 의하여 매매계약은 일단 성립하나, 상대방은 착오를 이유로 취소할 수 있다.

4. 승낙기간

승낙의 의사표시는 청약이 승낙적격을 가지고 있는 동안에, 즉 청약에 구속력이 있는 동안에 해야 한다.

(1) 승낙적격

청약은 승낙적격을 가지고 있는 동안(승낙기간의 정함이 있으면 그 기간 내, 정함이 없으면 상당한 기간 내)에 "승낙의 통지를 받지 못한 때"에는 그 효력을 잃는다(제528조 제 1 항, 제529조). 그러므로 그 기간 내에 승낙의 의사표시가 청약자에게 도달된 경우에만 계약이 성립한다. 다만 그 도달이 승낙기간을 도과하여 연착된 경우에는 청약자측에서 이를 새로운 청약으로 보아 그에 대하여 다시 승낙의 의사표시를 함으로써 계약을 성립시킬 수 있다(제530조).

승낙이 연착되었으나 그것이 통상 승낙기간 내에 도달할 수 있는 시기에 발송된 경우는 특별한 규율을 받는다. 이 경우에는 청약자가 승낙의 의사표시를 수령한 후 "지체 없이 상대방에게 연착의 통지를" 하였는지 여부에 따라 계약의 성립이 좌우된다. 즉 그 통지를 하지 않으면 승낙의 의사표시가 연착되지

---

27) 여기의 「의사실현」은 의사표시와 구별되는 것으로서 그로부터 일정한 효과의사를 추단할 수 있는 행위를 가리킨다. 곽윤직, 채권각론, 47면; 김상용, 채권각론, 56면; 김형배, 채권각론, 110면, 이은영, 채권각론, 94면; 황적인, 현대민법론 Ⅳ, 80-81면. 이와 달리 의사실현행위의 성질은 의사표시라고 보는 견해로는 김증한 · 김학동, 채권각론, 48면.

않은 것으로 간주하여 계약이 성립하게 된다(제528조 제 2 항, 제 3 항). 이는 늦지 않게 승낙의 의사표시를 발송한 청약상대방이 통상 가지는 계약성립에 대한 신뢰를 보호하기 위한 것이다. 다만 청약자가 승낙의 의사표시가 도달하기 전에 이미 지연의 통지를 발송한 경우에는 다시 연착통지를 할 필요는 없다(동조 제 2 항 단서).

(2) 발신주의

이와 같이 청약이 승낙적격을 가지고 있는 동안 청약자에게 승낙의 의사표시가 도달하여야 계약이 성립한다. 그런데 민법은 다른 한편으로 "격지자隔地者 간의 계약은 승낙의 통지를 발송한 때에 성립한다."라고 정한다(제531조).[28] 이를 발신주의發信主義라고 한다. 이에 의하면 계약은 승낙의 의사표시가 발송된 때에 이미 성립한다고 하므로, 그 의사표시가 승낙기간의 도과 후에 도달해도 계약의 성립에는 영향이 없는 것처럼 보인다. 그렇다면 위에서 본 대로 승낙기간 내에 승낙의 의사표시가 청약자에게 도달하지 않으면 청약의 효력이 소멸된다고 정하는 제528조 제 1 항과 제529조는, 제531조에 의하여 성립한 계약에 대하여 어떠한 영향을 미치는지 문제된다.

격지자 사이에서는 승낙의 의사표시가 승낙기간 내에 도달하지 않는 것이 일단 성립한 계약의 법정해제조건이라는 견해[29]가 지배적이다. 그러나 해제조건이 성취되면 계약은 장래를 향하여 그 효력이 상실되므로(제147조 제 2 항), 위 견해에 의하면 승낙의 발송시부터 승낙기간이 종료할 때까지만 계약이 유효하게 되어 부자연스럽다. 그리고 그 기간에 관하여 보더라도, 제528조 제 1 항, 제529조에 의하여 효력을 잃게 되는 청약에 기하여 계약이 성립된다는 것도 타당하지 않다. 그러므로 계약은 승낙의 의사표시가 승낙기간 내에 도달함으로써 비로소 성립하는데,[30] 다만 제531조는 그와 같이 성립한 계약을 전제로

---

28) 제531조에서 정하는 계약성립에 관한 발신주의는 영미법에서 인정된 이른바 우체통 규칙(mail box rule)을 이어받은 것이다. Adams v. Lindsell [1818], 106 Eng.Rep. 250.

29) 곽윤직, 채권각론, 43면; 김주수, 채권각론, 89면; 김증한·김학동, 채권각론, 42면; 이은영, 채권각론, 91면; 황적인, 현대민법론 Ⅳ, 78면. 이와 달리 정지조건으로 보는 반대견해로는 김상용, 채권각론, 53면; 김형배, 채권각론, 109면.

30) 청약자는 승낙기간 내에 승낙이 도달하지 않으면 이제 청약의 구속을 받지 않는다고 생각하고 다른 조치에 나아갈 것이므로, 이 운신運身의 자유를 실효있게 보장할 필요가 있다.

성립시기만을 법률의 힘으로 승낙의 발송시로 의제하는 규정이라고 할 것이다.[31] 제531조는 적법하게 성립한 계약의 구속력을 가능한 한 일찍부터 인정하는 것이 거래의 필요에 부응하는 예외적 경우(가령 승낙의 의사표시를 한 다음 이행한 계약상 급부가 승낙보다 먼저 도달하였으나 그 급부를 적법한 계약이행으로 보아야 할 필요가 있는 경우)를 위한 규정이라고 보면 충분하다.

　　한편 발신주의를 채택한 것이 타당한지 문제되고 있다. 특히 전자거래의 발달과 함께 발신주의를 배척하여야 한다는 주장이 제기되고 있다. 그리하여 2004년의 민법개정안에서도 위 규정을 수정하기로 하였다. 발신주의는 신속한 거래라는 요청에 부합하는 측면이 있으나, 청약자가 상대방의 승낙 여부를 모르는 상태에서 계약의 성립을 인정하는 것은 입법론으로서 타당하지 않다.[32]

[판결 4] 변경을 가한 승낙: 대판 2002. 4. 12, 2000다17834

　　4. 상고이유 제3점에 대하여

　　매매계약 당사자 중 매도인이 매수인에게 매매계약을 합의해제할 것을 청약하였다고 할지라도, 매수인이 그 청약에 대하여 조건을 붙이거나 변경을 가하여 승낙한 때에는 민법 제534조의 규정에 비추어 보면 그 청약의 거절과 동시에 새로 청약한 것으로 보게 되는 것이고, 그로 인하여 종전의 매도인의 청약은 실효된다 할 것이다.

　　기록에 의하면, 참가인['원고 보조참가인 주식회사 메디슨'을 가리킴. 인용자 주]이 피고에게 위에서 본 바와 같은 최종협상조건을 제시하면서 이에 응하지 않으면 계약 파기하는 것으로 간주하고 장비를 회수하겠다고 통보한 데 대하여 피고는 "초음파 기계는 귀사가 본원과 약속한 계기를 장착한 것을 납품한 후 본원에 설치된 기계를 반환해 가는 것이 순서라 믿으며 리스 금융은 당연히 그 시점부터 새로 발생해 피고의 몫이다. 아울러 지금까지 귀사의 잘못으로 일어난 일은 당연히 귀사가 처리하여야 한다."라고 답변한 사실이 인정되는바(을 제11호증의 2), 참가인의 위 통보는 피고의 주장처럼 '위에서 본 바와 같은 최종협상조건에 따라 분쟁을 종식시키거나 아니면 이 사건 진단기 매매계약을 합의해제할 것'을 청약한 것으로 보아야 할 것이나, 피고의 위 답변을 참가인의 '위 최종협상조건에 따른 분쟁 종식 혹은 매매계약 합의해제 청약'에 대하여 승

---

31) 곽윤직, 채권각론, 43면은, 승낙기간 내의 불도달이 해제조건이라는 견해를 취하면서, 승낙의 발송으로 계약이 성립된다고 한다.
32) 김재형, "전자거래기본법에 관한 개정논의," 민법론 Ⅱ, 2004, 48면.

낙하는 의사표시로는 볼 수 없다 할 것이고, 오히려 현재 피고가 인도받아 사용하고 있는 SA 4800HD는 회수해 가되, 전립선 볼륨 측정이 가능한 초음파 진단기를 납품하고, 그 납품 시점부터 피고가 리스 금융 책임을 지겠다는 취지라 할 것이므로, 이는 참가인의 청약에 대하여 변경을 가하여 승낙한 것으로 보아야 할 것이다.

그렇다면 참가인의 '위 최종협상조건에 따른 분쟁 종식 혹은 매매계약 합의해제 청약'은 피고에 의하여 거절되었다 할 것이고, 참가인의 청약은 그 효력을 상실하였다고 보아야 할 것이므로, 위 최종협상조건에 따라 분쟁을 종식하기로 합의가 이루어졌다거나 이 사건 매매계약이 합의해제되었다고 볼 수는 없다 할 것이어서, 원심이 참가인과 피고 사이의 분쟁이 종식되었다거나, 이 사건 매매계약이 해제된 것으로는 볼 수 없다고 판단하여 이 사건 매매계약이 합의해제되었음을 전제로 한 피고의 주장을 배척한 것은 그 이유 설시에 미흡한 점은 있으나 결과에 있어서 정당하다 할 것이고, 거기에 상고이유에서 주장하는 바와 같은 매매계약 해제에 관한 법리오해, 채증법칙 위배로 인한 사실오인, 논리모순 등의 위법이 있다고 할 수 없다.

질문

(1) 이 사건에서 피고와 원고 보조참가인 사이의 매매계약이 합의해제되었는지 여부가 문제되고 있는데(원심판결의 요지는 사안이 복잡하여 생략하였다). 변경을 가한 승낙이 있다고 볼 수 있는 사실을 찾아보시오.
(2) 변경을 가한 승낙을 승낙으로 인정하지 않는 이유는 무엇이라고 생각하는가?
(3) 변경을 가한 승낙이 있는 경우 청약과 승낙 중 어느 한쪽의 내용으로 계약의 성립을 인정하는 것에 대해서는 어떻게 생각하는가?

Ⅳ. 청약과 승낙으로 인한 계약의 성립

1. 유효한 청약과 승낙이 있으면, 원칙적으로 계약은 승낙이 청약자에게 도달함으로써 성립한다. 그 밖에 계약서의 작성이나 공증인에 의한 인증 또는 공정증서의 작성, 현물의 인도 등 계약내용의 —적어도 일부의— 실현 등이 없어도 계약은 적법하게 성립하고 그에 따른 법적 구속이 발생하는 원칙이다.

그런데 계약이 사적 자치의 실현수단이므로 당사자들은 자신의 의사에 따라 그 성립 자체를 규율할 수 있다. 앞서 본 대로 청약자가 청약의 구속력을 배제할 수 있는 것도 이러한 원칙의 한 발현이다. 나아가 당사자들이 원칙적으로 불요식不要式인 계약에 대하여 서면 등의 방식에 의한 계약체결에만 구속된다는 합의를 한 경우(요식에 관한 합의 또는 합의에 의한 방식강제)에는, 계약의 성립이 그 방식의 준수 여부에 따라서도 달라진다. 다만 계약의 체결에서 계약서를 작성하기로 합의하였더라도, 그것이 위와 같은 요식합의인가(이른바 창설적 서면) 아니면 단지 증거를 확보하기 위한 것이어서 계약의 성립과는 무관한가(이른바 선언적 서면)는 구별되어야 한다.

2. 계약체결 과정에서 다수의 사람으로 하여금 경쟁적으로 계약내용으로 될 것을 제시하게 하고 그 가운데 가장 유리한 제안을 한 사람을 상대방으로 하여서 계약을 체결하는 경우가 있다. 이러한 경쟁적 계약체결은 다시, 다른 경쟁자의 제안내용을 알 수 있어 이에 따라 자신의 제안을 수정할 기회를 주는 경우와 그렇지 아니한 경우로 나눌 수 있다. 통상 전자를 경매競賣,[33] 후자를 입찰入札라고 부르고, 이에 의한 계약상대방의 확정을 전자는 경락競落, 후자는 낙찰落札이라고 한다.

이러한 경쟁적 계약체결도 앞서 본 청약과 승낙에 의한 계약체결에 해당하며 그에 따른 법리가 적용된다.[34] 다만 여기서는 경쟁에 붙인다는 의사표명이나 다수인의 경쟁적 제안 또는 이에 대한 응대를 어떻게 의사해석할 것인가 하는 문제가 제기될 뿐이다. 통상적으로 경쟁 또는 입찰에 붙인다는 경매자競賣者 또는 입찰자入札者의 의사표명은 청약의 유인이고 이에 응하여 행한 제안이 청약이다. 경매자 등은 이에 대한 승낙 여부, 즉 낙찰 여부를 결정할 자유를 가진다.[35] 따라서 가장 유리한 제안을 하였다고 하여 이로써 계약이 당연히

---

33) 국가기관이 강제집행으로 행하는 경매(민집 제199조, 제80조 이하, 제172조 등 참조)와 구별하기 위하여 사경매私競賣라고도 부른다.

34) 한편 국가나 지방자치단체 등과 같은 공기관公機關이 실시하는 경쟁적 계약체결은 「국가를 당사자로 하는 계약에 관한 법률」, 「지방재정법」 등 행정법규의 규율을 받는다.

35) 곽윤직, 채권각론, 45면; 김기선, 한국채권법각론, 56면; 김주수, 채권각론, 91면; 김증한·김학동, 채권각론, 45-46면; 김형배, 채권각론, 114면; 이은영, 채권각론, 80면. 이와 달리 청약의 유인이 아니라 청약이라는 반대 견해로 황적인, 현대민법론 Ⅳ, 73면. 인터넷경매의 경우에는 몇 가지 특성이 있다. 이 경우에는 통상의 경매에서 중요한 역할을 하는 경매진행자가 존재하지 않고 경매사이트의 운영자는 경매 진행에 관한 제도적·기술적 환경만을 제공할 뿐이며, 또한 승낙에 해당하는 경매인競賣人의 낙찰행위를 통상 전제하지 않

성립하는 것은 아니다. 또한 그로써 계약을 체결하여야 할 의무가 발생하지도 않으며, 단지 구체적 사안에 따라 계약체결의 거부가 불법행위가 될 수 있을 뿐이다. 그런데 경매자 등이 낙찰이나 경락의 선언 등을 하여 계약상대방을 확정하는 결정을 외부로 표시한 경우에는 통상 계약(적어도 계약체결의 의무를 발생시키는 예약豫約)이 성립한다고 의사해석할 것이다.[36]

3. 계약체결의 실제를 관찰하면, 당사자 사이에 각종의 제안과 반대제안이 교환되면서 점차로 계약의 구체적 내용이 정해지다가 마침내 합의의 내용을 모두 담은 최종안이 마련되고 각자 이에 대하여 동의함으로써[37] 계약이 성립되는 경우가 적지 않고, 대기업 간의 거래에서는 이러한 방식이 오히려 일반적이다. 이 경우 당사자들의 여러 행태 중에서 청약이나 승낙의 의사표시에 해당하는 것을 가려내는 것은 어렵다. 이와 같은 계약체결에 대해서는 가령 청약의 구속력이나 승낙기간 등과 같이 청약과 승낙의 구별을 전제로 하는 규정을 적용할 때 특히 의사표시의 해석에 따라 그 실제에 맞는 적절한 배려를 하는 것이 요청된다.

V. 불 합 의

1. 계약이 성립하려면 당사자의 서로 대립하는 의사표시, 즉 청약과 승낙이 합치되어야 한다.[38] 이때 당사자들의 의사표시가 객관적으로 합치하여야 하고, 주관적으로도 합치하여야 한다. 만일 당사자의 의사표시가 합치하지 않으면 계약은 성립하지 않는다. 이를 '불합의'라고 부른다.[39]

는다. 따라서 경매사이트에 팔 물건을 등록(이에는 수량, 운송조건 등이 포함된다)하여 경매절차를 개시하게 한 사람은 이로써 청약의 유인이 아니라 청약을 하였고, 구매인의 입찰은 경매기간의 종료시에 최고가를 제시한다는 조건 아래 승낙의 의사표시를 하는 것으로 보아야 한다. 그러므로 그 조건을 충족하는 응찰이 있으면, 경매인은 낙찰가 등에 불만이 있다고 해서 계약의 성립을 부정할 수 없다. 물론 계약의 성립을 규율하는 유효한 인터넷경매사이트의 회원약관會員約款에 개별적으로 다른 조항이 있으면 그에 따른다.

36) 대판 1977. 2. 22, 74다402는 방론으로 일반의 입찰매매에서는 낙찰로써 계약이 성립한다고 한다.
37) 가령 법무담당부서(또는 사외변호사社外辯護士)의 검토를 거쳐 확정된 계약안을 대표이사가 서명날인 또는 기명날인하는 방식으로 이루어진다.
38) 대판 2001. 6. 15, 99다40418; 대판 1986. 2. 11, 84다카2454.
39) 이에 관해서는 곽윤직, 채권각론, 34면.

계약의 부수적인 사항(accidentialia negotii. 계약의 「우소偶素」)에 대하여 아직 합의에 도달하지 못하였을 뿐 계약의 「요소」(essentialia negotii)에 속하는 사항에 관하여 합의가 이루어졌으면 계약은 이미 성립한 것인지 문제된다. 가령 매매의 목적물과 대금에 대해서는 합의가 있었으나 이행의 장소나 방법 등은 아직 정해지지 않은 경우가 그것이다. 만일 이 경우에 계약의 성립을 인정한다면, 해당 사항에 관한 합의의 흠결은 계약의 보충적 해석에 의하여 처리될 것이다.

이는 결국 당사자에게 그러한 합의의 흠결에도 불구하고 바로 계약에 구속될 의사가 있었는가의 의사해석에 달려있는 문제이다. 이에 대해서는 원칙적으로 계약이 성립함을 명문으로 정하는 나라도 있다(스채 제 2 조 제 1 항 참조).[40] 그러나 민법에는 그러한 규정이 없다. 당사자 일방이 의사표시의 내용으로 삼은("일방에 의하여서라도 합의가 행하여져야 하는 것으로 표시된") 모든 사항에 대하여 합의가 없는 한 계약은 원칙적으로 성립하지 않는다는 견해(독민 제154조 제 1 항 제 1 문 참조)[41]가 있다. 이와 달리 계약의 중요한 사항에 관하여 합의가 있으면 원칙적으로 계약이 성립한다는 견해[42]도 유력하게 제기되고 있다. 결국 당사자가 계약에 구속되려는 의사가 있는지에 따라 판단해야 한다.

2. 불합의는 의식적 불합의와 무의식적 불합의로 나누어 볼 수 있다. 전자는 당사자들이 불합의를 인식하고 있는 경우로서, 별다른 문제가 없다. 후자는 당사자의 쌍방 또는 일방이 불합의를 인식하지 못하고 계약이 제대로 성립한 것으로 알고 있는 경우인데, 이는 착오(제109조)와의 유사성으로 인하여 종종 논의된다. 착오는 해석상 의사표시의 합치가 인정되는 경우를 전제로 하는데, 무의식적 불합의에서 주로 문제되는 것은 각자의 의사표시가 해석에 의해서도 서로 합치되지 않는 경우이다.[43] 특히 객관적으로는 어느 쪽으로도 해석될 수 있는 의사표시를 쌍방이 각각 서로 다르게 이해한 경우가 이에 해당한다. 가령

---

40) 스채 제 2 조 제 1 항은 "본질적인 사항 전부에 대하여 당사자가 합의한 경우에는, 부수적 사항에 관한 유보는 계약의 구속을 방해하지 아니하는 것으로 추정된다."라고 정한다. 이어서 제 2 항은 "유보된 부수사항에 대하여 합의가 이루어지지 아니한 경우에는, 법관은 이에 대하여 거래의 성질에 좇아 재판하여야 한다."라고 정한다.

41) 곽윤직, 채권각론, 34면; 김증한·김학동, 채권각론, 24면; 송덕수, "합의와 불합의," 경찰대 논문집 7집(1988), 193면 이하.

42) 김형배, 채권각론, 96면; 이은영, 채권각론, 89면; 황적인, 현대민법론 Ⅳ, 63면.

43) 그 밖에 착오는 일방적 의사표시에서도 있을 수 있으나, 무의식적 불합의는 계약에서만 문제된다.

캐나다인과 미국인이 제 3 국에서 「달러」로 거래하였는데, 각각 이를 자기 나라의 화폐로 이해한 경우이다. 무의식적 불합의가 있으면 계약은 아예 성립하지 않지만, 착오의 경우에는 일단 계약이 성립하고 나중에 그 계약을 취소할 수 있는지가 문제된다.

[판결 5] 매매의 목적물과 대금의 특정: 대판 1986. 2. 11, 84다카2454

1. 원고 소송대리인의 상고이유 제 1 점에 관하여 판단한다.

원심은 그 판결이유에서 원시장 부지 415평을 서울시에 당초의 전답 수용 가격에 상응한 평당 금 350원씩으로 매도한다는 내용의 매매계약과 서울시는 이에 부수하여 원시장 부지 및 그 주변 토지를 합한 1,000평의 토지를 타시장에 준하여 원고에게 매도한다는 취지의 약정이 포함된 복합계약이 1971. 6. 10.자로 성립된 것으로 보여진다고 전제한 다음, 그와 같은 복합적인 약정이 있기까지의 경과와 배경에 비추어 위 약정 중 1,000평 토지에 관한 부분은 매매의 요건사실인 매매목적물의 특정과 가격결정의 방법 및 매매절차와 방식에 관한 대체적인 기준에 대하여만 합의한 것으로 보여지고, 동 토지에 관하여 대금을 평당 금 10,000원씩으로 확정하여 원·피고간에 71. 6. 10.자로 매매계약이 체결되었다고 보기 어렵다고 하여 원고의 주위적 청구를 배척하고 있다.

살피건대, 매매는 당사자 일방이 재산권을 상대방에게 이전할 것을 약정하고 상대방이 그 대금을 지급할 것을 약정함으로써 그 효력이 발생하는 것이므로 매매계약은 매도인이 재산권을 이전하는 것과 매수인이 그 대가로서 대금을 지급하는 것에 관하여 쌍방 당사자의 합의가 이루어짐으로써 성립하는 것이며, 그 경우 매매목적물과 대금은 반드시 그 계약체결 당시에 구체적으로 특정할 필요는 없고 이를 사후에라도 구체적으로 특정할 수 있는 방법과 기준이 정하여져 있으면 족하다고 할 것이다(당원 1960. 7. 7. 선고 4292민상819 및 78. 6. 27. 선고 78다551, 552 판결 각 참조). 원심은 위 1971. 6. 10.자 약정이 이 사건 1,000평의 토지를 타시장에 준하여 매도한다는 약정이 성립된 사실을 인정하면서도 한편으로는 위 약정은 동 토지대금을 평당 금 10,000원씩으로 확정하여 매매계약이 체결되었다고 보기는 어렵다고 판시하고 있는바, 위 "타시장에 준한다"는 의미가 원심이 설시한대로 타시장에 준한 토지대금을 뜻하는 것이라면 이는 계약체결 후에 이를 구체적으로 특정못할 바 아니므로 이는 그 매매대금을 사후에라도 특정 못할 사유가 되지 못함에도 그 대금이 계약체결당시에 평당금 10,000원씩으로 확정할 수 없다 하여 매매계약의 성립을 부정한 원심의 조치는 매매계약의 성립에 있어서 매매목적물과 대금에 관한 법리를 오해한 허물이 있다 할 것이니 이 점을 탓하는 논지는 이유 있다 하겠다.

그러나 한편 기록에 의하면, 이 사건 토지 1,000평은 원래 지방자치단체인 서울시 소유로서 시유지(잡종재산)임이 명백하므로 이의 매각에는 지방재정법시행령 제67조 및 제58조, 예산회계법시행령 제116조 및 제93조 내지 제95조의 적용을 받는다 할 것인바(서울시가 도시계획법에 의한 일단의 주택지 조성사업을 위하여 사인과 대등한 지위에서 토지를 매수하는 경우 그 사업을 위한 토지 매수에 있어서는 도시계획법 또는 토지수용법의 적용을 받는다 하더라도 지방자치단체 소유의 토지를 매각할 때에는 위 지방재정법 및 예산회계법령이 당연히 적용된다고 보아야 한다), 원고가 위 서울시 사이에 맺어졌다고 주장하는 1971. 6. 4.자 약정의 유일한 직접 증거로는 갑 제8호증(중앙시장 용도지정사본)이 있는바 이는 원고의 진정서에 대한 회신임이 기록상 분명하므로 위 지방재정법 및 예산회계법령 소정의 요건과 절차를 거쳐야 하는 지방자치단체 소유의 재산 매각에 있어서는 위 갑 제8호증의 진정서 회신만으로는 그 재산매각의 당사자 사이에 곧바로 그 재산에 관한 매매계약이나 또는 그 예약이 성립하였다고 볼 수는 없고 위 진정서 회신을 기초로 하여 사후에 위에서 설시한 법령소정의 요건과 절차를 거친 후에 이에 따른 매매계약이나 그 예약을 체결하겠다는 일방 당사자의 의사의 통지라고 해석함이 당사자의 진정한 의사에 합치되는 것이라 할 것이다.

그렇다면 결국 위 71. 6. 4. 당시 원고와 서울시 사이에 원고 주장과 같은 매매계약이나 또는 그 예약이 성립되었다고 볼 수는 없으므로 위 매매계약의 성립을 전제로 하는 이 부분 상고논지는 채택할 수 없다.

논문

"매매계약에서 목적물과 대금을 특정할 수 없는 경우에는 원칙적으로 매매계약이 성립되었다고 볼 수 없다. 당사자에게 그러한 계약에 구속되려는 의사가 있다고 인정하기 곤란하다. 특히 계약에서 목적물의 특정은 당사자의 의사에 전적으로 따라야 한다. 따라서 계약에서 목적물을 특정할 수 있는 기준이 없다면 그 계약은 성립했다고 볼 수 없다. 그러나 대금의 경우에는 당사자의 의사가 명확하지 않더라도 시가 등에 의하여 계약을 체결했다고 보는 것이 당사자의 의사에 합치되는 경우가 있다. 매매대금을 특정할 수 있는 기준이 없는 경우에도 당사자들이 계약을 체결하려는 의사가 있다면 계약의 성립을 인정하여야 한다. 이와 같이 보는 것이 사적 자치의 원칙에 합치한다. 따라서 매매계약에서 매매대금을 특정할 수 있는 기준을 정하지 않은 경우에도 당사자에게 계약에 구속되려는 의사가 명백하다면 이를 존중하여 시가나 거래관행 등 일반적인 기준에 따라 가격을 결정하여야 할 것이다. 특히 매매계약에 따라 상품이 인도된 경우에는 계약에 구속되려는 의사가 명백히 드러난 경우라고 볼 수 있다."[44)

질문

(1) 매매계약이 유효하게 성립하기 위한 요건은 무엇인가?

(2) 이른바 요건사실은 무엇인가? 이를 판단하는 기준은?

(3) 매매계약에서 주요 내용과 부수적 내용은 어떻게 구분할 수 있는가?

(4) 매매의 목적물이나 대금이 특정되지 않은 경우에 계약이 유효하게 성립할 수 있는가?

(5) 대판 1997. 1. 24. 96다26176은 "이 사건 매매계약의 목적물을 "진해시 경화동 747의 77, 754의 6, 781의 15 등 3필지 및 그 외에 같은 동 소재 소외 망 A 소유 부동산 전부"라고 표시하여 이 사건 매매계약의 목적물 중 특정된 3필지를 제외한 나머지 부동산이 토지인지 건물인지, 토지라면 그 필지, 지번, 지목, 면적, 건물이라면 그 소재지, 구조, 면적 등 어떠한 부동산인지를 알 수 있는 표시가 전혀 되어 있지 아니할 뿐 아니라 계약 당시 당사자들도 어떠한 부동산이 몇 개나 존재하고 있는지조차 알지 못한 상태에서 이루어진 것이고, 계약일로부터 17년 남짓 지난 후에야 그 소재가 파악될 정도라면, 그 목적물 중 특정된 3필지를 제외한 나머지 이 사건 부동산에 대한 매매는 그 목적물의 표시가 너무 추상적이어서 매매계약 이후에 이를 구체적으로 특정할 수 있는 방법과 기준이 정해져 있다고 볼 수 없어 매매계약이 성립되었다고 볼 수 없다."라고 판결하였다. 이 판결을 위 1986년 판결[판결 5]과 비교하시오.

(6) 대판 2020. 4. 9. 2017다20371은 "당사자 사이에 계약을 체결하면서 일정한 사항에 관하여 장래의 합의를 유보한 경우에 당사자에게 계약에 구속되려는 의사가 있고 계약 내용을 나중에라도 구체적으로 특정할 수 있는

---

44) 김재형, "법률행위 내용의 확정과 그 기준," 민법론 I, 2004, 18면.

방법과 기준이 있다면 계약 체결 경위, 당사자의 인식, 조리, 경험칙 등에 비추어 당사자의 의사를 탐구하여 계약 내용을 정해야 한다(대판 2007. 2. 22, 2004다70420, 70437 등 참조). 매매대금의 확정을 장래에 유보하고 매매계약을 체결한 경우에도 이러한 법리가 적용된다."라고 판단하였다. 이 판결은 [판결 5]와는 어떤 관계에 있는가? 매매계약에서 매매대금의 특정을 장래에 유보한 경우에 매매계약 당시 매매대금을 특정할 수 있는 방법과 기준이 정하여져 있다고 볼 수 있는가? 아니라면 어떠한 근거에서 이 판결을 정당화할 수 있는가?

(7) 대판 2006. 6. 29, 2005다41603은 "'국가를 당사자로 하는 계약에 관한 법률'에 따른 입찰절차에서의 낙찰자의 결정으로는 예약이 성립한 단계에 머물고 아직 본계약이 성립한 것은 아니라고 하더라도, 그 계약의 목적물, 계약금액, 이행기 등 계약의 주요한 내용과 조건은 지방자치단체의 입찰공고와 최고가(또는 최저가) 입찰자의 입찰에 의하여 당사자의 의사가 합치됨으로써 지방자치단체가 낙찰자를 결정할 때에 이미 확정되었다고 할 것이므로, 지방자치단체가 계약의 세부사항을 조정하는 정도를 넘어서서 계약의 주요한 내용 내지 조건을 입찰공고와 달리 변경하거나 새로운 조건을 추가하는 것은 이미 성립된 예약에 대한 승낙의무에 반하는 것으로서 특별한 사정이 없는 한 허용될 수 없다."라고 판결하였다. 국가를 당사자로 하는 계약에도 매매에 관한 민법 규정이 적용되는가? 한편, 매매에 대한 예약의 경우에도 목적물이나 대금을 특정하여야 하는가?

[판결 6] 계약의 성립: 대판 2001. 6. 15, 99다40418

1. 상고이유 제 1 점에 대하여

원심판결 이유에 의하면, 원심은, 그 채택한 증거들을 종합하여 판시사실을 인정한 다음, 원고의 채무불이행으로 인한 손해배상청구에 관하여는 원심의 인정 사실에 기초하여, 이 사건과 같이 공사금액이 거액이고 공사기간도 장기간에 걸친 대규모의 관급공사에 있어서는 공사금액 외에 구체적인 공사시행 방법과 준비, 공사비 지급방법 등과 관련된 제반 조건도 중요한 사항이라 할 것이므로 공사금액은 물론 공사조건에 관한 합의까지 이루어져야 계약이 체결되었다고 볼 것인바, 피고 동국산업 주식회사(이하 '피고 회사'라고 한다)가 원고들에게 견적서를 수차례 제출하고 그 후 원고들이 조달청 입찰에 참가하거나 하도급계약서를 작성·날인하여 피고 회사에게 송부하였다는 사정만으로는 계약이 성립되었다고 볼 수 없다고 판단하였다. 기록에 비추어 살펴보면 원심의 그와 같은 사실인정은 정당하고, 거기에 필요한 심리를 다하지 아니하였거나 채증법칙을 위반하는 등으로 사실을 오인한 위법이 없다.

또 원심이 적법하게 인정하고 있는 사실에 비추어 보면, 문제가 된 건설하도급공사는 공사금액이 수백억에 달하는 데다가 공사기간도 14개월이나 되는 장기간에 걸친 대규모의 공사이므로 특별한 사정이 없는 한 공사금액 외에 구체적인 공사시행 방법과 준비, 공사비 지급방법 등과 관련된 제반 조건 등 그 부분에 대한 합의가 없다면 계약을 체결하지 않았으리라고 보이는 중요한 사항에 관한 합의까지 이루어져야 비로소 그 합의에 구속되겠다는 의사의 합치가 있었다고 보는 것이 당사자의 실제의 의사와 부합하는 해석이라 할 것이고, 한편 하도급계약을 체결하려는 교섭당사자가 견적서를 제출하는 행위는 통상 주문자의 발주를 권유하는 영업행위의 수단으로서 계약체결의 준비·교섭행위 즉 청약의 유인에 해당한다고 할 것이고, 이 사건에서 피고 회사가 견적서와 함께 제출한 이행각서는 그 문면에 의하더라도 하도급계약이 성립될 경우 최초 견적서 기재 금액 범위 내에서 공사를 수행하겠다는 취지에 불과한 것이고, 하도급 보증서 또한 앞으로 하도급계약이 성립되면 그 이행을 담보하려는 목적으로 청약 유인의 차원에서 교부된 것에 불과하므로, 피고 회사가 견적서, 이행각서 등의 서류를 제출하였다는 사정만으로 원고들과 피고 회사 사이에 하도급계약이 성립되었다고 볼 수 없다.

같은 취지의 원심 판단은 정당하고, 거기에 하도급계약의 성립에 관한 법리를 오해한 위법이 없다. 따라서 이 부분 상고이유의 주장은 이유 없다.

질문

(1) 이 사건에서 계약의 성립을 인정하지 않은 것은 타당한가?
(2) 이 사건에서 계약의 성립 여부에 따라 원고들의 구제수단에는 어떠한 차이가 있는가? 이에 관해서는 아래 제 4 장에서 다루는 계약체결상의 과실책임 참조.

Ⅵ. 계 약 금

1. 의   의

계약체결의 실제를 관찰하면, 계약이 체결됨과 동시에("계약 당시에") 당사자의 일방이 상대방에게 계약금·보증금·착수금·선금 등의 명목으로 금전 그 밖의 물건을 교부하는 경우가 많다(제565조 제 1 항 참조). 이 금전 등을 계약금이라고 한다.[45]

2. 계약금의 형태

계약금은 주로 매매에서 문제되나,[46] 임대차나 도급·위임 등에서도 수수된다. 이러한 현상은 법의 역사에서 일찍부터 발견되는데, 주로 당사자의 합의만으로는 원칙적으로 법적 구속력이 인정되지 않던 시대에 이를 획득하기 위한 수단(성약금成約金)으로 이용되었다. 그러나 낙성계약이 계약의 일반적 형태가 되면 그 기능도 변하지 않을 수 없다. 오늘날에는 대체로 다음과 같은 의미가 있다고 이해되고 있다.

(1) 증 약 금

우선, 계약금은 계약성립의 증거로서 작용한다(증약금證約金). 당사자가 법적 구속을 받는 계약을 체결하였음을 확인하고 그 증명으로 삼기 위하여 현물의 급부를 하는 것이다. 계약금은 적어도 이러한 의미가 있다.

(2) 해 약 금

나아가, 계약금은 계약의 해제권을 유보하는 의미를 갖는다(해약금解約金). 계약금을 지급한 당사자는 이를 포기함으로써, 상대방은 그 배액을 지급함으로써 계약을 해제할 수 있는 권한을 유보하는 것이다. 이러한 약정해제권의 유보는 그 한도에서 계약의 구속력을 약화시킨다.[47]

---

45) 의용민법에서는 「수부手附」라고 하였다. 「체약금」이라는 용어도 고려될 수 있다.
46) 매수인이 계약금을 지급하는 것이 통상이나, 매도인이 지급하는 경우도 배제하는 것은 아니다. 제565조가 「교부자」/「수령자」라고 하고 「매수인」/「매도인」이라고 하지 않는 것은 이를 뒷받침한다.
47) 아래 4. 참조.

(3) 위 약 금

마지막으로, 위약금이 될 수 있다. 계약금을 당사자가 계약에 위반한 경우에 지급할 금액으로 정하는 것이다. 이와 같은 위약금은 손해배상액의 예정으로 추정된다(제398조 제 4 항).

(4) 선 급 금

선급금(또는 내금)은 계약금과 구별되는 것으로서 금전채무를 미리 일부변제하는 것을 뜻한다. 이것은 반드시 계약체결시에 주고받는 것은 아니라고 설명되고 있다. 그러나 적어도 계약체결시에 교부되는 금전에 관한 한, 실제로 선급금을 계약금과 구별하기는 어렵다. 또한 계약금도 채무의 일부변제(최초의)로서의 의미도 가지는 것이 통상이므로 이 둘을 구별하는 것이 어느 만큼 유용한가에는 의문이 있다.

3. 계약금 지급약정

계약금의 지급은 그에 관한 종된 약정에 기하여 이루어진다. 이 계약금지급약정은 매매 등의 주계약에 종속된 계약이다. 그런데 통상 계약금은 동시에 채무의 일부변제로서의 의미도 가지므로, 그 한도에서 계약금 지급약정은 주계약의 일부라고 보아도 무방하다. 그러므로 주계약의 무효·취소 등은 당연히 계약금 지급의무도 소멸시킨다. 나아가 계약금 지급약정이 이행되지 않는 경우에는 이를 주계약의 불이행으로 보아 그에 따른 책임이 발생한다.

4. 해제권 유보약정

(1) 의   의

민법은, 종래의 관행을 고려하여,[48] 계약금은 "당사자간에 다른 약정이 없는 한" 해제권을 유보한 것으로 해석한다는 태도를 취한다(제565조 제 1 항). 그러므로 계약에서 특별히 해제권 유보의 취지가 밝혀지지 않았다고 하여도, 반대의 증명이 없는 한, 해약금으로 해석된다. 다른 한편 계약금이 지급된 경우에 이를 위약금이라고 하려면, 그에 관한 특약이 있어야 한다.[49] 이러한 계약

---

48) 독민 제336조 제 1 항, 스채 제158조 제 1 항은 이를 증약금으로 추정한다.
49) 대판 1979. 4. 24, 79다217; 대판 1981. 7. 28, 80다2499 등 참조.

금액 배상조항은 통상 "계약금을 지급한 당사자가 계약을 위반하면 이를 몰취
沒取하고, 상대방이 계약을 위반하면 그 두 배를 배상한다."라는 문언을 사용한
다. 당사자가 계약금을 단순히 증약금 및 계약상 채무의 일부변제로서 지급한
것이 증명되면, 이에 따른다. 또한 당사자 일방에게만 해제권을 유보할 수도
있다. 결국 이는 계약금 지급약정의 해석문제이다.

　　판례는 계약금이 지급되어야 계약금계약이 성립한다고 본다. 즉, 당사자가
계약금 일부만을 먼저 지급하고 잔액은 나중에 지급하기로 약정하거나 계약금
전부를 나중에 지급하기로 약정한 경우, 교부자가 계약금의 잔금 또는 전부를
지급하지 않으면 계약금계약은 성립하지 않으므로 당사자가 임의로 주계약을
해제할 수 없다고 한다.[50]

(2) 존속기간

　　해약금에 의한 약정해제권은 "당사자 일방이 이행에 착수할 때까지" 존속
한다.[51] 이는 계약의 유효를 믿고 비용을 지출하여 이행에 착수한 당사자를 고
려한 것이나, 계약을 무효화할 수 있는 가능성에 대한 당사자의 신뢰보호와 조
화시킬 필요가 있다. 여기서 「이행의 착수」란 중도금의 지급과 같이 이행행위
(변제공탁을 포함한다)의 일부라도 개시하거나 이행제공이나 이와 동일시할 필
수적 전제행위를 하는 것을 말하고, 단순히 인도할 물건을 구입하는 등으로 이
행을 하기 위한 준비를 하는 것으로는 부족하다.[52] 계약상 채권을 양도하거나
상계하는 등으로 처분한 경우도 이행의 착수에 해당하지 않는다.[53] 또한 이행
의 착수는 착수자 자신의 계약상 채무에 대해 해야 하므로, 상대방에 대하여
채무의 이행을 촉구하였거나 이행청구의 소를 제기하여 승소판결을 받는 것은

---

50) 대판 2008. 3. 13, 2007다73611; 대판 2015. 4. 23, 2014다231378.
51) 다만 당사자는 이행착수 후라도 계약을 해제할 수 있음을 특별히 약정할 수 있다.
52) 대판 1993. 5. 25, 93다1114는, "객관적으로 외부에서 인식할 수 있는 정도로 채무의 이
　　행행위의 일부를 하거나 또는 이행을 하기 위하여 필요한 전제행위를 하는 것"이라고
　　하고, 부동산매수인이 잔금의 지급을 위하여 이를 소지하고 매도인의 대리인에게 가서
　　소유권이전등기 소요 서류의 준비 여부를 물은 경우에는 이행의 착수가 있다고 한다. 유
　　사한 사안에 관한 대판 1993. 7. 27, 93다11968; 대판 1994. 5. 13, 93다56954(중도금을 기
　　일에 지참한 경우)도 참조. 한편 대판 1979. 11. 29, 79다1663은, "이행기 전에 잔금의 수
　　령을 최고한 것"은 이행착수라고 할 수 없다고 하고, 대판 1981. 10. 27, 80다2784는, "잔
　　금지급기일에 잔금의 수령을 최고"한 경우에 대하여도 이행착수를 부인한다.
53) 다만 이는 계약의 유효를 전제로 한 행태이므로 그가 후에 계약을 해제하는 것은 구체적
　　사안에 따라 「선행행위에 반하는 행태」로서 신의칙에 반한다고 평가될 수 있다.

이에 해당하지 않는다.[54] 한편 채무자는 원칙적으로 이행기 전이라도 이행을 할 수 있으므로(제468조 참조), 그 경우에는 이행기 전에도 이행에 착수할 수 있다.[55]

당사자의 일방이라도 이행에 착수하면, 상대방은 물론이고 이행에 착수한 당사자 자신의 해제권도 소멸한다.[56] 이와 같이 해제권이 소멸되면, 계약금수령자는 이를 반환할 계약금 지급약정에 따른 의무를 부담한다. 그러나 계약금이 채무의 일부변제로서 의미도 가지는 통상의 경우에는, 해제권이 소멸되더라도 반환의무는 발생하지 않는다.

(3) 해제의 의사표시

해약금에 의한 약정해제권을 행사하려면 일반적인 해제에서와 마찬가지로 해제의 의사표시가 필요하다(제543조 제 1 항도 참조). 그런데 이 의사표시는 "교부자는 이를 포기하고 수령자는 그 배액을 상환"하여 해야 한다. 그러므로 계약금의 교부자는 해제의 의사표시에 포기의 뜻을 밝힘으로써 계약을 해제할 수 있다. 그러나 수령자는 계약금의 배액을 지급하거나 그 이행을 제공한[57] 후에 또는 늦어도 그와 동시에 해제의 의사표시를 하여야 하며, 일단 유효하게 해제가 된 후에 비로소 배액의 상환의무가 발생하는 것이 아니다.[58]

---

54) 대판 1997. 6. 27, 97다9369.

55) 대판 1993. 1. 19, 92다31323. 그런데 대판 1997. 6. 27, 97다9369은, 아직 토지거래허가를 얻지 못한 부동산매매에서 매도인이 계약금에 기하여 계약을 해제하고자 일정 기간 내에 그 배액을 수령할 것을 최고하자 매수인이 아직 기일이 되지 않은 매매대금을 미리 지급한 사안에 대하여, 이러한 경우에는 대금의 지급기일에 관하여 매도인을 위하여도 기한의 이익이 있으므로 그 기한 전의 지급으로 이행의 착수가 있다고 할 수 없다고 판단하였다. 이 판결은 한편으로 토지거래허가가 아직 없는 부동산매매계약도 계약금에 의하여 해제할 수 있음은 일단 인정하면서도, 다른 한편으로 계약의 유동적 무효로 인하여 대금지급의무가 발생하지 않았다는 등의 사정도 함께 들어 이행의 착수를 부정하였다.

56) 대판 1970. 4. 28, 70다105 등; 곽윤직, 채권각론, 132면; 김상용, 채권각론, 182면; 김주수, 채권각론, 193면; 김증한·김학동, 채권각론 218면; 김형배, 채권각론, 307면.

57) 이는 「제공」으로 충분하고, 상대방이 수령하지 않는 경우에 이를 공탁하는 등으로 현실이행이 되어야 하는 것은 아니다. 대판 1981. 10. 27, 80다2784; 대판 1992. 5. 12, 91다2151 참조. 한편 제공의 양태와 관련하여, 상대방이 그 수령을 미리 거절하는 경우에도 현실제공이 필요한지(민법 제460조 참조) 문제된다. 민법 제565조는 「상환을 위하여 수령자에게 기대되는 행위를 완료하고」라는 의미이고, 상대방이 수령을 거절하는 경우에는 상환준비를 완료한 후에 이를 「통지하고 그 수령을 최고하는 것」(민법 제460조 단서)으로 충분하다고 보아야 한다.

58) 대판 1992. 7. 28, 91다33612.

(4) 해제의 효과

이 경우 해제의 효과는 기본적으로 일반적인 해제에서와 마찬가지로 계약의 효력이 소급적으로 소멸된다. 다만 이행의 착수가 있기 전에만 해제할 수 있으므로, 해제가 있어도 계약상 채무가 소멸할 뿐이고 계약상 급부의 반환의무(제548조 제2항 포함)는 사실상 발생하지 않는다.

계약금에 기한 해제권의 행사와 채무불이행으로 인한 해제 또는 손해배상은 별개의 문제이다. 위 규정에 의한 해제는 적법한 권리행사로서 채무불이행이 아니며, 이로써 채무불이행책임이 발생하지 않는다. 그러한 의미에서 제565조 제2항은 단지 주의적 규정이다. 한편 당사자에게 채무불이행이 있으면 이를 이유로 손해배상청구권이나 법정해제권이 발생함은 물론이다.[59] 다만 실제로 일방의 이행착수가 있은 후에 비로소 상대방의 채무불이행이 있는 것이 대부분이므로, 그때에는 이미 계약금에 기한 약정해제권은 문제되지 않을 뿐이다.

> **[판결 7] 계약금계약: 대판 2008. 3. 13, 2007다73611**

1. 피고 1에 대하여

원심판결 이유에 의하면 원심은, 계약금계약은 요물계약이기 때문에 약정에 따른 계약금이 지급되기 전까지는 계약당사자 어느 일방도 그 계약에 구속되지 않고 자유로이 이를 파기할 수 있도록 계약해제권이 유보되어 있다는 것을 전제로, 피고 1이 매수인인 원고에게 이 사건 매매계약을 해제한다는 취지의 의사표시를 통지할 때까지 아직 계약금이 지급되지 아니한 이상, 무권대리인인 피고 1에 대한 관계에서도 계약금 지급의 효력이 발생할 수 없고, 이와 같이 무권대리인에 의하여 체결된 당해 계약이 무권대리 이외의 사유로 그 효력을 상실한 경우에는 그 상실사유에 따른 법적 효과를 묻는 것은 별론으로 하고 더 이상 무권대리인에게 계약상의 책임을 물을 수 없는데, 이 사건 매매계약이 계약금이 지급되기 전에 매도인측에 의하여 적법하게 해제된 이상 매수인인 원고는 무권대리인인 피고 1에 대하여 원고가 구하는 손해배상책임을 물을 수 없다고 하여 원고의 피고 1에 대한 청구를 기각하였다.

그러나 원심의 이러한 판단은 수긍할 수 없다.

계약이 일단 성립한 후에는 당사자의 일방이 이를 마음대로 해제할 수 없는 것이 원칙이고, 다만 주된 계약과 더불어 계약금계약을 한 경우에는 민법 제

---

[59] 채무불이행을 이유로 계약이 해제된 경우에는 계약금 반환의무가 발생한다.

565조 제 1 항의 규정에 따라 임의 해제를 할 수 있기는 하나, 계약금계약은 금전 기타 유가물의 교부를 요건으로 하므로 단지 계약금을 지급하기로 약정만 한 단계에서는 아직 계약금으로서의 효력, 즉 위 민법 규정에 의해 계약해제를 할 수 있는 권리는 발생하지 않는다고 할 것이다. 따라서 당사자가 계약금의 일부만을 먼저 지급하고 잔액은 나중에 지급하기로 약정하거나 계약금 전부를 나중에 지급하기로 약정한 경우, 교부자가 계약금의 잔금이나 전부를 약정대로 지급하지 않으면 상대방은 계약금 지급의무의 이행을 청구하거나 채무불이행을 이유로 계약금약정을 해제할 수 있고, 나아가 위 약정이 없었더라면 주계약을 체결하지 않았을 것이라는 사정이 인정된다면 주계약도 해제할 수도 있을 것이나, 교부자가 계약금의 잔금 또는 전부를 지급하지 아니하는 한 계약금계약은 성립하지 아니하므로 당사자가 임의로 주계약을 해제할 수는 없다 할 것이다.

원심이 인정한 사실관계에 의하면, 이 사건 매매계약 체결 당시 그 계약서 비고란에 계약금 6,000만 원 중 300만 원은 계약 당일 (이름 생략)공인계좌로 넣고, 나머지 5,700만 원은 그 다음날 원심공동피고 1의 한미은행 예금계좌로 송금하기로 약정하였는데, 피고 1은 위 계약을 체결한 당일 밤 그가 대리한 원심공동피고 1이 이 사건 아파트를 처분할 의사가 없다는 것을 확인하고 그 다음날 원고가 계약금을 입금하기 전에 피고 2 등을 통하여 원고에게 이 사건 매매계약 파기의 의사표시를 하였다는 것인바, 사실관계가 그와 같다면, 계약금이 교부되지 아니한 이상 아직 계약금계약은 성립되지 아니하였다고 할 것이니, 매도인측은 매수인인 원고의 채무불이행이 없는 한 이 사건 매매계약을 임의로 해제할 수 없다고 할 것이므로, 이 사건 계약금을 수령하기 전에 피고측이 일방적으로 한 이 사건 매매계약 해제의 의사표시는 부적법하여 효력이 없다고 할 것이다.

그럼에도 불구하고, 원심은 이 사건 매매계약이 계약금이 지급되기 전에 매도인측에 의하여 적법하게 해제되었음을 전제로 매수인인 원고로서는 무권대리인인 피고 1에 대하여 원고가 구하는 손해배상책임을 물을 수 없다고 하여 원고의 피고 1에 대한 청구를 기각하고 말았으니, 이러한 원심 판단에는 계약금계약의 법리를 오해하여 판결 결과에 영향을 미친 위법이 있다고 할 것이다. 이점을 지적하는 원고의 이 부분 상고이유 주장은 이유 있다.

질문

(1) 계약금을 지급하기 전에 당사자가 자유롭게 계약을 해제할 수 있다고 보아야 하는가? 원심과 대법원은 각각 계약금계약의 의미에 관하여 어떻게

파악하고 있고, 그것이 이 사건에 어떤 영향을 미치고 있는가?

(2) 계약금을 지급하기 전에는 당사자가 자유롭게 계약을 해제할 수 없도록
한 것은 타당한가?

Ⅶ. 사실적 계약관계의 이론

사실적 계약관계론은 독일의 귄터 하우프트(Günter Haupt)가 1941년에 주
장[60]한 것인데, 그 인정 여부와 인정 범위를 둘러싸고 많은 논란을 불러일으켰
다. 우리나라에서도 이 이론이 소개된 이래 많은 논란이 있었다.[61]

사실적 계약관계론은 청약과 승낙이라는 당사자의 의사표시가 아니라 사
실상의 행태 그 자체에 의하여 계약이 성립하는 것을 인정하는 이론을 말한다.
이 이론이 문제되는 경우로는 크게 세 유형을 들 수 있다. 첫째, 사회적 급부
의무 또는 생존배려의무에 의한 사실적 계약관계로서 교통시설의 이용이나 전
기, 수도, 가스 등의 공급, 주차장의 이용 등과 같이 대량거래에서 발생하는
사실적 계약관계이다. 라렌츠(Larenz)는 이 유형을 사회정형적 행위론社會定型的
行爲論으로 발전시켰다.[62] 그러나 라렌츠는 나중에 그의 이론을 포기하였다.[63]
둘째, 조합이나 근로계약과 같이 공동체관계에 가입하는 경우에 발생하는 사실
적 계약관계이다. 이를 사실상 조합관계 또는 사실상 근로관계라고 한다. 셋
째, 사회적 접촉에 의한 사실적 계약관계는 당사자 사이에서 계약의 체결 또는
법률관계의 성립을 의욕한 일이 없는데도 어떤 사회적 접촉이 있은 경우에 그
사회적 접촉이라는 사실만으로 계약관계 유사의 법률관계가 인정된다는 것이
다. 이 유형에 속하는 것으로 계약체결상 과실책임, 호의동승 등을 들었다. 그
러나 사실적 계약관계론을 따르는 학자 중에서도 사회적 접촉에 의한 사실적

---

60) Haupt, Über faktische Vertragsverhältnisse, Festschrift der Leipziger Juristenfakultät
für Dr. Heinrich Siber, 1943, S. 5ff.

61) 독일의 사실적 계약관계론은 최종길, "사실적 계약관계에 관한 약간의 고찰," 서울대 법
학 제 5 권 제1·2호(1963.12), 40면 이하에서 처음으로 우리나라에 소개되었다.

62) Larenz, Die Begründung von Schuldverhältnissen durch sozialtypisches Verhalten,
NJW 1956, 1897; Larenz, Sozialtypisches Verhalten als Verpflichtungsgrund, DRiZ 1958,
245.

63) Larenz, Allgemeiner Teil des Deutschen Bürgerlichen Rechts, 7. Aufl., 1989, S. 536.

계약관계를 인정하는 견해는 찾기 어렵다.

독일의 법원에서는 대량거래와 대량급부에 관한 계약에서 사실적 계약관계론 또는 사회정형적 행위론을 원용하는 판결들이 있다. 가장 대표적인 판결은 독일 연방대법원 1956. 7. 14. 판결[64]이다. 함부르크시는 무료 주차를 허용하던 시청광장 일부를 유료화하였다. 그러나 자동차 소유자가 그곳에 자동차를 주차하면서, 감시원에게 그 차를 감시할 필요가 없고 주차료도 지급하지 않겠다는 의사를 명백히 밝혔다. 위 기업체가 자동차 소유자를 상대로 주차료를 청구하였다. 독일 연방대법원은 유료 주차장에 주차하였다는 사실로부터 계약관계가 발생하였으며 따라서 자동차 소유자는 주차료를 지급하여야 한다고 판결하였다.

그러나 현재 독일에서는 사실적 계약관계론을 따르는 견해를 찾기 어렵다. 세부적인 점에서는 견해의 차이가 있지만, 사실적 계약관계론은 전통적인 법률행위 이론에 맞지 않고, 사실적 계약관계론에서 들고 있는 사례들은 전통적인 법률행위 이론으로 해결할 수 있기 때문에, 사실적 계약관계론을 인정할 필요가 없다고 한다. 독일의 판례는 초기에 유동적인 모습을 보이다가 결국 1985년 사실적 계약관계를 포기하였다.[65] 당사자가 계약의 체결에 이의를 제기하고 있는 경우에도 유효한 채권관계를 성립시키기로 하는 합의가 존재한다고 보고 있다.

우리나라에서도 1960년대부터 이 이론이 소개되어 이를 도입하자는 주장이 있었다. 그러나 1970년대부터 사실적 계약관계론은 체계파괴적일 뿐만 아니라 사실적 계약관계론에서 제기하고 있는 사례들은 전통적인 법률행위이론으로 해결할 수 있으므로, 사실적 계약관계론을 도입할 필요가 없다는 비판이 제기[66]된 이래, 현재는 사실적 계약관계론을 인정할 필요가 없다는 견해가 다수설이다.[67]

---

64) BGHZ 21, 319(주차장 이용).
65) BGHZ 95, 393.
66) 이호정, "사회정형적 행위론의 연구(기이其二)," 경제논집 제13권 제 2 호(1974. 6), 121면 ("새로운 사회현상에 접할 때마다 새로운 법제도를 고안해 내는 것보다 종래의 법속에 「생각되어 있는 것의 끝까지 생각하기」(Zuendedenken eines Gedachten) (Radbruch)에 의하여 종래의 법을 목적론적으로 해석함으로써 사회발전에 적응하는 것이 바람직스러운 것이다").
67) 김증한·김학동, 채권각론, 50-53면; 김형배, 채권각론, 112-113면; 이은영, 채권각론,

우리나라에서는 사실적 계약관계론을 도입할 필요가 없다고 보아야 한다.[68] 사회적 접촉에 기한 사실적 계약관계에 관해서 살펴보면, 사회적 접촉이라는 개념이 모호할 뿐만 아니라, 사회적 접촉이 있다고 해서 권리의무가 나올 수는 없다. 조합이나 근로계약에서도 사실적 계약관계를 인정할 실익이 없다. 버스, 전철, 기차, 항공기 등 운송기관을 이용하는 것은 대량거래의 일종에 속하는데, 이와 같은 경우에는 대부분 의사의 합치가 있다고 볼 수 있다. 민법 제533조는 청약만으로 계약이 성립하는 교차청약에 관해서 규정하고 있다. 또한 민법 제532조는 "청약자의 의사표시나 관습에 의하여 승낙의 통지가 필요하지 아니한 경우에는 계약은 승낙의 의사표시로 인정되는 사실이 있는 때에 성립한다."라고 규정함으로써, 의사실현에 의한 계약에 관하여 정하고 있다. 의사의 합치가 있으면 청약과 승낙으로 엄밀하게 구분되지 않는 경우에도 계약의 성립을 인정하여야 한다. 이 경우에 당사자의 의사표시는 명시적이어야 하는 것은 아니고, 묵시적일 수도 있다. 당사자의 승차 등 일정한 행위로부터 운송계약을 체결하려는 의사를 추단할 수 있다. 의사표시가 불분명한 대량거래의 경우에 의사실현에 의한 계약의 성립이 인정될 수도 있고, 묵시적 의사표시나 추단적 행위에 의한 의사표시로 해결할 수도 있다.

위에서 본 독일의 주차장 사건에서와 같이 행위자가 계약을 체결하지 않겠다고 명시적인 의사표시를 한 경우에는 계약의 성립을 인정할 수 있을지 문제된다. 이 경우에도 행위와 모순되는 이의의 금지 원칙에서 동일한 결론을 도출할 수 있다는 견해가 있다.[69] 실제로 제공된 급부를 수취·수령한다는 것을 인식하면서 수취·수령하는 경우에 계약체결을 거부한다고 명언하더라도 이러한 이의를 정당화할 수 있는 특별한 사정이 없는 한 계약은 성립한다는 것이다. 그러나 당사자의 명시적 의사에 반해서까지 계약의 성립을 인정할 것은 아니다. 이러한 경우에는 대부분 부당이득의 법리로 해결하는 것으로 충분할 것이고, 경우에 따라서는 불법행위가 성립하는 경우도 있다.[70]

108-109면.
68) 최근의 문헌으로는 최광준, "「의사실현에 의한 계약의 성립」과 「사실적 계약관계」의 공통성," 법학연구 제17집(2004. 12), 한국법학회, 431면 이하; 김재형, "분양계약의 당사자 확정에 관한 문제," 민법론 Ⅲ, 2007, 100-104면.
69) 민법주해[Ⅱ], 1992, 47면(송덕수 집필); 이영준, 한국민법론[총칙편], 수정판, 2004, 136면.

Ⅷ. 계약체결상 과실

1. 의   의

계약체결과정에서 당사자 일방에게 과실이 있는 경우에 상대방이 그 책임을 추궁할 수 있는지 문제된다. 이를 계약체결상 과실 문제라고 한다. 계약체결상 과실은 민법 제535조에서 규정하고 있는 계약체결상 과실책임과 그 밖의 계약체결상 과실책임으로 구분하여 다루는 것이 편리하다. 여기에서는 편의상 전자를 제535조의 계약체결상 과실책임, 후자를 일반적인 계약체결상 과실책임이라고 부르기로 한다.

2. 민법 제535조의 계약체결상 과실책임

(1) 의   의

제535조는「계약체결상의 과실」이라는 표제 아래 "목적이 불능한 계약을 체결할 때에 그 불능을 알았거나 알 수 있었을 자"(제 1 항 본문)는 상대방에 대하여 손해배상책임을 진다고 정한다. 이는 원시적으로 불능인 급부를 목적으로 하는 계약(목적의 불능)은 무효임을 전제로 하여 그 경우 계약을 체결했던 당사자는 계약상의 권리의무를 가지지 못하나 일정한 요건에 따라 상대방에 대하여 일정한 내용의 손해배상을 청구할 수 있음을 정한 것이다.

(2) 요   건

(가) 원시적 · 객관적 불능

원시적 불능의 급부란 계약 체결 당시 이미 실현하는 것이 객관적으로(즉, 채무자뿐만 아니라 일반인에게도) 불능인 급부를 말한다. 가령 이미 멸실한 특정물을 인도하기로 하는 계약, 법적으로 인정되지 아니하는 권리를 부여하는 계약 등과 같이 물리적 또는 법적으로 불능인 경우뿐만 아니라, 깊은 바다에 빠진 반지를 찾아내는 계약과 같이 사회관념상 부조리한 계약도 포함된다.[71] 이

---

70) 김재형(주 68), 94-104면; 백태승, "사실적 계약론의 재조명," 현대민법의 전망, 1995, 450면; 손지열, "사실적 계약관계론," 민사재판의 제문제(상), 1995, 344면; 최광준, "1963년 이후 사실적 계약관계론에 대한 회고," 한국민법이론의 발전, 1999, 784면 이하.
71) 그러나 급부장애사유가 단지 채무자의 기능이나 자력의 결여와 같이 그 일신—身에서 연유하는 경우(원시적 · 주관적 불능)는 이에 해당하지 않는다. 제658조 제 2 항 참조. 김증

러한 계약을 반드시 무효로 하여야 할 필연적인 이유는 없으나, 민법은 "불능한 것에 대하여는 채무가 없다(Impossibilium nulla obligatio)"는 일부 로마법원 法源을 이어받은 다른 나라의 입법례[72]를 별다른 비판 없이 수용한 결과 그 무효를 전제로 하는 위의 규정을 두기에 이르렀다.[73]

그러나 당사자의 일방이 계약의 성립과 관련된 장애사유의 발생에 관한 위험을 명시적·묵시적으로 인수한 경우에는 그에 따를 것이고 계약이 무효가 되지 않으므로, 제535조의 책임은 문제될 여지가 없다. 또한 매도인이 담보책임을 지는 경우는 제569조 이하의 규정에 따라 규율되므로, 역시 제535조는 적용되지 않는다. 나아가 급부의 일부가 원시적·객관적으로 불능인 경우에는 나머지 부분만으로 계약의 목적을 달성할 수 없는 때에 한하여 계약이 무효이고, 그렇지 아니한 경우에는 계약이 전부 유효라고 할 것이다.[74]

제535조는, 위와 같이 입법론적으로 문제 있는 일반적 무효사유를 인정하는 것에 대한 형평추로서, 계약체결 당시「목적의 불능」을 알았거나 알 수 있었던 자의 배상책임을 정한 규정이다. 이 조항을 그 밖의 계약장애사유가 있는 경우에 대하여 함부로 확장적용해서는 안 된다. 그러므로 반사회적 법률행위나 불공정 법률행위로서 계약이 무효인 경우에 계약책임상 과실책임이 발생할 수 있다는 견해[75]에는 찬성할 수 없다.

[표] 불능의 민법상 취급

	객관적 불능	주관적 불능
원시적 불능	계약체결상 과실책임	타인의 권리매매 (매도인의 담보책임) 채무불이행책임
후발적 불능	채무불이행책임 (이행불능)	채무불이행책임 (이행불능)

한·김학동, 채권각론, 56면; 이은영, 채권각론, 124면.

72) 2002년 개정전의 독민 제306조, 스채 제20조 등.

73) 양창수, "원시적 불능론," 민법연구 3권(1995), 195면 이하; 박영복, "독일에서의「원시적 불능제도」에 관한 논의," 사법행정 1996년 9월호 9면 이하 참조.

74) 제574조 제 1 경우도 참조.

75) 이은영, 채권각론, 123면 이하. 그 경우는 불법행위책임으로 처리함으로써 충분하다. 한편, 김증한·김학동, 채권각론, 60면은 채무불이행책임을 진다고 한다.

(나) 선의·무과실

계약당사자는 계약체결 당시 「목적의 불능」을 알았던 경우는 물론 이를 과실로 알지 못하였던 경우에도 책임을 진다.[76] 계약을 체결하는 자는 자신이 의무를 부담하게 되는 급부가 실현될 수 있도록 배려해야 하므로, 통상 객관적 불능을 일으키는 장애사유의 존부를 조사하여 고지할 행태의무를 인정해도 좋을 것이다.

그러나 상대방이 이를 알았거나 과실로 인하여 알지 못한 때에는 그의 배상책임은 배제된다(제535조 제 2 항).[77] 이는 배상책임을 부인하는 자가 증명하여야 한다. 일방이 악의이고 상대방에게는 단지 과실이 있는 경우에도 책임은 배제된다. 그러나 객관적 불능이 된 급부를 할 의무를 부담하지 않는 당사자에게는 특별히 의심스러운 사정이 없는 한 그 급부의 가능 여부를 인식하여야 할 주의의무를 인정하기 어렵다. 이 경우에 대리인(제116조)이나 계약체결사무를 보조한 자(제391조의 유추적용)의 악의나 과실도 본인의 과실에 준하여 다루어야 한다.

(3) 효　　과

계약당사자는 상대방에 대하여 "그 계약의 유효를 믿었음으로 인하여 받은 손해", 즉 신뢰이익에 관한 손해를 배상하여야 한다. 그러나 "그 배상액은 계약이 유효함으로 인하여 생길 이익액을 넘지 못한다."(제535조 제 1 항 단서)[78] 즉, 신뢰이익의 배상은 이행이익을 한도로 한다. 그러므로 예를 들면 계약체결비용, 계약이행의 준비를 위하여 지출한 비용, 제 3 자로부터 유리한 계약체결을 제안받고도 이미 체결한 계약을 준수하기 위하여 이를 거절함으로써 발생한 손해 등이 제393조의 범위 내에서 배상되어야 한다.[79]

이 손해배상책임은 계약상 책임과 유사한 성질을 가지는 것으로서, 일반

---

76) 이에 대하여는 일반적 채무불이행의 경우와는 달리 책임의 성립을 주장하는 자가 증명책임을 진다.

77) 상대방의 고의·과실을 과실상계사유가 아니라 책임배제사유로 정하여 제396조의 적용이 배제된다.

78) 이로써 이행이익/신뢰이익의 구분은 민법에서 정면으로 채택되었다. 한편 신뢰이익에 관한 손해의 배상이 이론상 당연히 이행이익의 한도에서만 인정되어야 하는 것은 아니다.

79) 신뢰이익에 한정하는 견해로 김증한·김학동, 채권각론, 58면; 이은영, 채권각론, 128-130면. 비판적 견해로 김형배, 채권각론, 135-136면. 또한 김상용, 채권각론, 73면도 참조.

의 소멸시효기간(제162조 제 1 항)이 적용된다(제766조가 적용되지 않는다).[80]

3. 일반적인 「계약체결상 과실책임」

(1) 의   의

우리나라 다수설은 종래 독일의 영향을 받아,[81] 원시적 불능의 급부를 목적으로 하는 계약이 체결된 경우뿐만 아니라, 일반적으로 「계약체결상 과실 (culpa in contrahendo; cic)」 또는 「체약상 과실」로 인한 책임을 긍정한다.[82] 즉, 계약의 교섭과정 또는 계약체결 등을 위한 사회적 접촉에서 이미 각 당사자는 상대방의 이익을 해치지 않을 신의칙상 의무를 중심으로 하는 채권관계 (급부의무 없는 법정채권관계)를 맺으며, 이 의무를 유책하게 위반한 경우에는 계약상 책임의 성질을 가지는 손해배상책임(채무자가 귀책사유에 대한 입증책임을 지고, 또한 제756조 대신 제391조가, 제766조 대신 제162조 제 1 항이 적용된다)이 발생한다는 법리를 긍정한다. 이는 교섭이 좌절되어 계약이 성립하지 못한 경우는 물론이고, 계약이 일단 성립하였으나 무효·취소 등으로 그 효력이 없게 되는 경우나, 나아가 계약이 유효한 경우에도 적용된다. 이와 같이 다수설이 말하는 체약상 과실책임은 —계약과 불법행위와 아울러— 「제 3 의 일반적 책임」으로서 그 적용범위가 매우 넓다. 그러나 민법의 해석으로 이와 같이 광범위한 체약상 과실책임을 인정할 근거가 충분한지 의문이며, 오히려 책임체계에 불필요한 혼란을 가져올 위험이 크다.[83]

(2) 다수설의 내용

다수설의 내용을 간략하게 살펴본다.

(가) 계약체결을 위한 접촉이 개시되었으나 결국 계약이 성립하지 않은

---

80) 원칙적으로 제162조 제 1 항을 적용하되, 구체적 사안과 관련해서 불법행위책임의 성질을 가진 경우에는 제766조를 적용하는 것이 타당하다는 견해도 있다. 김형배, 채권각론, 136-137면.

81) 한편 유사한 분쟁유형에 대한 다른 나라의 —주로 불법행위법에 의한— 처리에 대하여는 우선 최흥섭, "계약이전단계에서의 책임(소위 계약체결상의 과실책임)과 민법 535조의 의미," 배경숙 환갑논문집(1991), 555면 이하 참조.

82) 계약책임으로 보는 견해로는 곽윤직, 채권각론, 53; 김상용, 채권각론, 67; 김주수, 채권각론, 92면이 있고, 별개의 법정책임으로 보는 견해로는 김증한·김학동 채권각론, 54-55면; 김형배, 채권각론, 123면 이하, 133면; 이은영, 채권각론, 121-122면이 있다.

83) 양창수, "계약체결상의 과실," 민법연구 제 1 권(1991), 381면 이하 참조.

경우에는 결국 두 가지 사안유형이 체약상 과실로 다루어진다. 하나는, 계약체결과정에서 상대방의 계약외적 법익, 특히 생명·신체 등을 침해한 경우(보호의무 위반)이고,[84] 다른 하나는, 계약체결에 대한 상대방의 신뢰를 저버리고 일방적으로 교섭을 중단하고 계약체결을 거부하는 경우(교섭의 부당파기)이다.

(나) 계약이 성립하였으나 그것에 무효·취소 등의 사유가 있어 그 효력이 없는 경우에, 이러한 계약이 체결된 데 대하여 과책過責이 있는 사람은 상대방에 대하여 그로 인한 손해를 배상하여야 한다. 그러나 구체적 내용에 들어가면 견해의 대립이 적지 않다. 비진의의사표시가 무효인 경우나 허위표시의 경우, 또는 사기·강박의 경우에는 보호의 필요가 없어 체약상 과실책임이 문제되지 않는다고 하고 단지 착오취소의 경우에 "표의자表意者에게 경과실輕過失이 있는 경우에는 체약상 과실을 이유로 신뢰이익의 배상을 인정하는 것이 타당"하다는 견해가 있다.[85] 한편 강행법규 위반으로 인한 무효의 경우에도 적용되는데, 다만 상대방이 선의·무과실이어야 한다는 견해도 있다.[86]

(다) 계약이 유효하게 성립한 경우에도, 그 전에 이미 부담하는 고지의무 등을 위반하였다면, 본래의 계약불이행책임과는 별도로, 체약상 과실책임을 부담하여야 한다.[87] 다만 상대방은 선의·무과실이어야 한다는 견해도 있다.[88]

(3) 비판적 견해

종래의 다수설에 대해서는 비판적 견해가 점차 우세해지고 있다.

(가) 체약상 과실책임에 관해서는 법률로써 세부적으로 규율되어야 할 사항 또는 입법적 결단이 요구되는 사항인데도, 다수설과 같이 포괄적인 이론으로 해결하는 것은 구체적 규율대상의 성질을 무시한 일반론이 되기 쉽다. 예를

---

84) 가령 백화점에 물건을 고르고 있던 손님이 잘못 적치된 상품이 무너져 상해를 입은 경우(RGZ 78, 239 판결의 사안)를 들 수 있다.
85) 곽윤직, 채권각론, 57면; 김증한·김학동, 채권각론, 59면; 이영준, 민법총칙, 437면; 황적인, 현대민법론 I, 180면. 이은영, 채권각론, 125면은, 제535조의 유추적용으로 이를 긍정한다.
86) 이영준, "계약체결상의 과실책임의 법적 성질에 관한 연구," 법사상과 민사법(현승종 화갑논문집), 1979, 320면. 이와 반대로 채무불이행책임으로서 이행이익의 손해배상책임을 지워야 한다는 견해가 있다. 김증한·김학동, 채권각론, 60면.
87) 김주수, 채권각론, 93면. 이와 달리 일반적인 계약책임이 성립한다는 견해로는 김증한·김학동, 채권각론, 62면.
88) 곽윤직, 채권각론, 56면 이하.

들면, 무엇보다도 체약상 과실책임의 내용은 무엇인지에 대하여 별다른 언급이 없는 견해도 적지 않다. 대부분의 학설은 체약상 과실책임은 상대방이 선의 · 무과실인 경우에만 발생한다고 하는데, 그 근거도 불분명하다. 계약불이행도 불법행위도 그 책임의 발생에 상대방의 선의 · 무과실이나 이와 유사한 사정을 요건으로 하지 않는다. 반대로 과책이 없는 경우에도 계약상 과실책임이 성립할 여지도 있다. 이와 같은 구체적 요건과 효과의 설정을 단 하나의 잣대로써 획일적으로 해도 좋은지 또는 할 수 있는지 문제된다. 만일 문제되는 사안유형 하나하나마다 관련 규정이나 법목적 등을 고려하여 정하면 된다고 하는 것이라면, 그때에는 이미 「체약상 과실책임」이라는 일반적인 법리를 인정할 이유가 없을 것이다.

(나) 체약상 과실책임으로 다루어지는 사안유형들은 대체로 불법행위법 등 다른 법제도에 의하여 적절하게 처리될 수 있다. 이와 관련하여 민법이 —— 독일과는 달리— 계약불이행책임과 불법행위책임에 대하여 극히 유연한 규정을 두고 있음을 유념할 필요가 있다.

우선 계약이 유효하게 성립된 경우를 본다. 민법은 채무불이행책임의 객관적 발생요건을 "채무의 내용에 좇은 이행을 하지 아니한 때"라고만 하여(제 390조 본문) 포괄적 · 일반적으로 정하고 있다. 계약교섭단계에서 적절한 고지나 설명이 없었던 경우에도, 그로 인하여 「채무의 내용에 좇은 이행을 하지 아니한」 결과가 되었다면, 당연히 채무불이행책임으로 해결할 수 있다. 반대로 적절한 고지 등이 없었지만 채무가 결국 적절하게 이행되었다면, 이를 가지고 책임을 물을 이유가 없다. 다만 여기서 「채무의 내용에 좇은 이행」을 단지 주된 급부의무(가령 매매에서 물건의 인도)의 실현에 한정하는 미시적 태도를 취하여서는 안 되고, 계약목적이라는 보다 넓은 시야에서 파악할 것이다. 채무자는 계약목적이 달성되도록 협력할 각종의 부수적인 행태의무를 구체적인 사정에 따라 다른 내용으로 부담하며, 그 행태의무는 계약체결 전후를 불문하고 인정된다고 보면 충분하다.[89] 그러므로 채무자는 계약전 행태의무의 위반에 대해서도 제390조에 따라 이행이익의 배상의무를 진다.

다음으로 계약이 성립되지 않은 경우 가운데 보호의무 위반의 유형에 대하여 본다. 독일에서도 이를 「전형적인 불법행위사안」으로 보는데 이것이 체

---

89) 이에 대하여는 민법주해[IX], 344면(양창수 집필) 참조.

약상 과실책임에 포섭되는 것은 오로지 독일의 사용자책임(독민 제831조)이 과실책임으로 이해되어 사용자의 면책이 쉽게 인정되기 때문이라고 한다. 그러나 우리나라에서는 사용자책임이 보상책임의 원리에 입각하고 있어서 사용자의 면책이 실제로 인정되지 않고 있고 있기 때문에, 계약이 성립하지 않는 경우 보호의무 위반으로 인한 손해배상은 원래의 성질대로 불법행위법(제750조, 제756조)으로 다루어져야 한다. 또 계약의 부당파기도 불법행위법에 의하여 적절하게 처리될 수 있다.[90] 원래 계약을 체결할 것인지는 당사자의 자유에 속하므로, 어느 정도 교섭이 진행된 계약의 체결을 고의로 거부하였다고 해도 원칙적으로는 위법하지 않다. 그러므로 체약상 과실 법리를 그대로 이 유형에 적용하면, 오히려 불합리한 결과가 생긴다. 요컨대 이 경우에 계약체결을 거부한 당사자가 손해배상책임을 지는지는 오로지 제750조의 「위법성」 유무에 달려 있다.

결국 문제가 될 여지가 있는 것은 계약이 성립하였으나 그것이 유효요건을 갖추지 못한 경우이다. 그러나 이 경우도 일률적으로 처리할 것은 아니며, 그 유효요건을 정하는 법규정의 보호목적을 어떻게 볼 것인가 그리고 불법행위법 등 별도의 구제수단으로 충분한가를 음미하여 개별적으로 판단해야 한다. 그렇다면, ① 제한능력으로 인한 취소나 의사무능력으로 인한 무효의 경우는 제한능력자 보호의 취지에 비추어 그의 책임을 인정해서는 안 되고, ② 허위표시나 비진의의사표시가 무효인 경우에는 통모하거나 심리유보를 알았거나 알았어야 했던 당사자를 보호할 필요가 없으며, ③ 사기·강박의 경우는 상대방의 취소권과 불법행위책임으로, 또 ④ 강행법규(형식에 관한 규정 포함)나[91] 사회질서 위반의 경우도 법률행위의 무효와 불법행위책임으로 다루는 것으로 충분하고 또 적절하다.[92] 나아가 ⑤ 착오의 경우에 대하여는 위에서 본 대로 논란이 되고 있다. 그러나 민법이 중과실重過失 있는 착오자에게 취소권을 부인하는 것(제109조 제 1 항 단서)은 이로써 "법률행위의 내용의 중요부분"에 관한 착

---

90) 대판 2001. 6. 15, 99다40418[판결 8]은, "어느 일방이 교섭단계에서 계약을 체결한 것과 같은 정당한 기대 내지 확실한 신뢰를 부여하여 상대방이 그 신뢰에 따라 행동하였음에도 상당한 이유 없이 계약의 체결을 거부하여 손해를 입혔다면 이는 신의성실의 원칙에 비추어 볼 때 계약자유 원칙의 한계를 넘는 위법한 행위로서 불법행위를 구성한다"라고 하였다. 대판 2003. 4. 11, 2001다53509[판결 9]; 대판 2004. 5. 28, 2002다32301[판결 10].

91) 이 경우에는 "법의 무지는 변명이 되지 않는다."라는 법원칙에 비추어, 당사자에게 과실이 없다고 할 경우는 드물 것이다.

92) 불법행위에서는 신뢰이익에 관한 손해에 그 배상책임이 제한되지 않는다.

오자의 제재의 문제를 완결하려는 것이고, 명문이 없는 이상 여기서 다시 그러한 착오자에게 경과실이 있는 때와 그렇지 아니한 때를 나누어 전자는 배상의무의 부담 아래서만 착오취소를 허용하는 것이라고 해석할 수는 없다. 착오자에게는 많은 경우 과실이 있을 것인데, 그것이 무거우면 취소권 배제, 가벼우면 배상의무를 지운다면, 실제상으로 착오취소의 제도는 유명무실하게 될 우려가 있다.

이렇게 보면 일반적인「체약상 과실책임」이론은 독일법학의 압도적인 영향을 받은 것으로, 단지 계약교섭 또는 준비단계에서 발생하는 법적 문제에 대한 집합적 명칭이라는 점 외에는 별다른 의미가 없다. 물론 계약교섭단계에서의 행태와 관련하여 여러 가지 법적 분쟁이 발생할 소지가 많음은 명백하나, 이를「체약상 과실책임」이라는 책임유형으로 일괄하여 다루는 것은, 그렇게 하여야 할 절박한 이유도 없이, 그 요건에서 이질적인 내용을 가지는 분쟁을 하나의 틀로써 재단하는 것이고, 따라서 효과면에서도 그때그때의 필요에 따라 탄력 있게 대처하는 것을 막는다.[93]

[판결 8] 계약체결상의 과실과 불법행위책임: 대판 2001. 6. 15, 99다40418

어느 일방이 교섭단계에서 계약이 확실하게 체결되리라는 정당한 기대 내지 신뢰를 부여하여 상대방이 그 신뢰에 따라 행동하였음에도 상당한 이유 없이 계약의 체결을 거부하여 손해를 입혔다면 이는 신의성실의 원칙에 비추어 볼 때 계약자유 원칙의 한계를 넘는 위법한 행위로서 불법행위를 구성한다고 할 것이다.

원심이 인정한 사실관계에 의하면, 원고들은 입찰에 참가하기 직전에 피고 회사로부터 견적서 외에 이행각서 및 하도급보증서까지 받은 사실이 인정되지만, 견적서의 제출행위가 청약의 유인에 불과하고 원고들의 요청에 따라 제출된 이행각서 역시 앞서 본 바와 같이 그 내용에 있어 특별히 법적 의미를 부여할 만한 점이 없으므로 위 서류 등을 제출받았다는 점만으로 하도급계약이 확실하게 체결될 것이라는 상당하고도 정당한 기대나 신뢰가 원고들에게 부여되었다고 보기 어렵다. 또한 기록에 의하면, 원고들은 대규모공사전문업체인 대기업체

---

93) 최흥섭(주 81), 585면은 민법상「체약상의 과실」제도는 독일법에서와 같은 독자적인 책임유형으로 파악할 필요가 없으며, 그것은 계약책임도 계약유사책임도 또 법정책임도 아니고 불법행위책임이라고 한다.

로서 입찰에 참가할 공사의 내역과 비용에 대한 정보를 충분히 가지고 있고, 다른 여러 업체로부터 견적서를 미리 제출받아 그 내용을 비교 검토할 수 있었던 데다가 다른 공구의 하도급견적금액에 대한 정보도 쉽게 입수할 수 있어 피고 회사가 제출한 견적서의 정보에만 전적으로 의존할 지위에 있지 아니한 사실, 당시 시행되던 구 건설업법(1996. 12. 30. 건설산업기본법으로 전면 개정되어 1997. 7. 1. 시행되기 전의 것) 제22조 제 3 항에 의하면 수급인이 그가 도급받은 건설공사의 일부를 일반건설업자 또는 특수건설업자에게 하도급하기 위하여는 발주자의 서면에 의한 승낙이 있어야 하고, 이를 어길 경우 영업정지 또는 과징금을 부과받거나(같은 법 제50조 제 2 항), 형사처벌의 대상(같은 법 제62조 제 3 호)이 되도록 규정이 되어 있는데, 원고들과 발주처 사이의 원도급계약서상 이러한 서면승낙을 받으려면 감리단에 의한 공장실질심사를 거쳐 시공능력을 인정받아 합격판정을 받도록 되어 있는 사실을 인정할 수 있는바, 이러한 제반 사정을 종합하여 볼 때 수백억 원에 달하는 대규모 건설공사의 입찰에 참가하는 원고들로서는 기업의 경영활동 측면에서 스스로의 영리적 목적에 따라 나름대로의 손익을 계산하여 그 판단 하에 입찰금액을 정하여 입찰에 참가하였을 것이고, 낙찰을 받은 후 피고 회사보다 견적가가 저렴하고 시공능력이 우수한 자가 나타난다면 그 자와의 하도급계약을 체결할 수도 있었을 것이며, 피고 회사의 시공능력이 부족하여 발주처의 승인을 받지 못할 때에는 다른 하도급업체를 물색하거나 필요에 따라 자신이 직접 시공을 하는 경우를 충분히 예상하였다고 보여지므로, 결국 원고들의 입찰참가행위는 피고 회사와의 계약이 확실하게 체결되리라는 정당한 기대 내지 신뢰에 기초하여 행동한 것이라고 보기 어렵다.

나아가 기록에 의하면, 원고들이 피고 회사의 견적서를 받은 1994. 12. 7.부터 사실상 계약체결이 결렬된 1995년 11월경까지 약 11개월의 장기간에 걸친 교섭기간이 있었지만, 피고 회사와의 실질적인 교섭은 같은 해 5월경부터 이루어졌고, 하도급계약의 대상인 강교공사의 착공일이 원도급계약서에는 같은 해 4월 29일로 되어 있으며, 계약체결을 위한 교섭기간 중인 같은 해 5월 19일과 6월 10일에 2차례에 걸쳐 피고 회사의 공장에 대한 감리단의 실사가 있었던 사실, 위 강교공사가 대규모의 건설공사로서 그 제작이나 설치에 관한 방법이 원도급계약서상 특별하게 규정되어 있어 계약체결을 함에 있어 합의가 필요한 특수한 계약조건이 많았던 사실, 이러한 교섭과정에서 피고 회사는 원고들이 요구하는 금액과 조건에 의할 경우 경제성, 수익성이 없기 때문에 계약체결에 이르지 못한 사실을 인정할 수 있었다 할 것이므로, 피고 회사의 계약체결 거절행위가 상당한 근거 없이 이루어진 것이라고 보기 어려울 뿐만 아니라, 위와 같은 경위에 비추어 그 교섭기간도 부당하게 길다고 보여지지 않으며, 가사 피고 회사가 처음 제출한 견적서의 금액대로 공사를 하는 것이 사실상 불가능하다는 점을 교섭 초기에 미리 말하지 않았다고 하더라도 피고 회사로서는 협상과정에서 공사금액을 올리거나 더 유리한 다른 조건으로 하도급을 체결할 가능성이 있었다 할 것이므로 이를 들어 위법하다고 할 수는 없다.

원심 판시는 이유설시에 있어서 다소 미흡하기는 하나, 피고 회사가 원고들에 대하여 하도급계약이 확실하게 성립될 것이라는 점에 대하여 정당한 기대나 확실한 신뢰를 유발·조장하였다고 보기 어렵고, 원고들이 요구하는 대로의 계약체결을 거절한 것이 위법한 행위라고 할 수도 없다는 이유로 원고들의 주장을 배척한 결론에 있어서는 정당하다. 따라서 이 부분에 대한 상고이유의 주장도 이유 없다.

[판결 9] 계약교섭의 파기로 인한 손해배상책임: 대판 2003. 4. 11, 2001다53059

1. 상고이유 제1점에 대하여

계약이 성립하기 위하여는 당사자의 서로 대립하는 수개의 의사표시의 객관적 합치가 필요하고 객관적 합치가 있다고 하기 위하여는 당사자의 의사표시에 나타나 있는 사항에 관하여는 모두 일치하고 있어야 하는 한편, 계약 내용의 '중요한 점' 및 계약의 객관적 요소는 아니더라도 특히 당사자가 그것에 중대한 의의를 두고 계약성립의 요건으로 할 의사를 표시한 때에는 이에 관하여 합치가 있어야 계약이 적법·유효하게 성립하는 것이다. 그리고 계약이 성립하기 위한 법률요건인 청약은 그에 응하는 승낙만 있으면 곧 계약이 성립하는 구체적, 확정적 의사표시여야 하므로(대법원 1992. 10. 13. 선고 92다29696 판결, 1993. 10. 22. 선고 93다32507 판결, 1998. 11. 27. 선고 97누14132 판결 등 참조), 청약은 계약의 내용을 결정할 수 있을 정도의 사항을 포함시키는 것이 필요하다 할 것이다.

기록과 원심판결 이유에 의하면, 피고가 무역센터 부지 내에 수출 1,000억 $ 달성을 기념하는 영구조형물(이하 '이 사건 조형물'이라고 한다)을 건립하기로 하고 그 건립방법에 관하여 분야별로 5인 가량의 작가를 선정하여 조형물의 시안제작을 의뢰한 후 그 중에서 최종적으로 1개의 시안을 선정한 다음 그 선정된 작가와 이 사건 조형물의 제작·납품 및 설치계약을 체결하기로 한 사실, 피고는 원고 등 조각가 4인에게 시안의 작성을 의뢰하면서 시안이 선정된 작가와 조형물 제작·납품 및 설치계약(이하 '이 사건 계약'이라고 한다)을 체결할 것이라는 사실을 알렸으나 당시 이 사건 조형물의 제작비, 제작시기, 설치장소를 구체적으로 통보하지 않은 사실, 피고는 작가들이 제출한 시안 중 원고가 제출한 시안을 당선작으로 선정하고 원고에게 그 사실을 통보한 사실, 그 후 피고는 여러 가지 피고 협회의 내부적 사정과 외부의 경제여건 등으로 원고와 사이에 그 제작비, 설치기간, 설치장소 및 그에 따른 제반사항을 정한 구체적인 이 사건 계약을 체결하지 아니하고 있다가 당선사실 통지시로부터 약 3년이 경과한 시점에 원고에게 이 사건 조형물의 설치를 취소하기로 하였다고 통보한 사실을 알 수 있는바, 사실관계가 그러하다면 비록 피고가 작가들에게 시안 제작을 의뢰할 때 시안이 당선된 작가와 사이에 이 사건 계약을 체결할 의사를 표명하였다 하더라도 그 의사표시 안에 이 사건 조형물의 제작·납품 및 설치에 필요한 제작대금, 제작시기, 설치장소를 구체적으로 명시하지 아니하였던 이상 피고의 원고 등에 대한 시안제작 의뢰는 이 사건 계약의 청약이라고 할 수 없고, 나아가 원고가 시안을 제작하고 피고가 이를 당선작으로 선정하였다 하더라도 원고와 피고 사이에 구체적으로 이 사건 계약의 청약과 승낙이 있었다고 보기는 어렵다고 할 것이다.

같은 취지에서 원·피고 사이에 이 사건 계약이 체결되지 아니하였다는 원심의 판단은 정당하고, 거기에 주장과 같은 채증법칙 위배로 인한 사실오인이나 계약의 성립요건에 관한 법리오해의 위법이 없다.

2. 상고이유 제 2 점에 대하여

어느 일방이 교섭단계에서 계약이 확실하게 체결되리라는 정당한 기대 내지 신뢰를 부여하여 상대방이 그 신뢰에 따라 행동하였음에도 상당한 이유 없이 계약의 체결을 거부하여 손해를 입혔다면 이는 신의성실의 원칙에 비추어 볼 때 계약자유 원칙의 한계를 넘는 위법한 행위로서 불법행위를 구성한다고 할 것이다(대법원 2001. 6. 15. 선고 99다40418 판결 참조). 그리고 그러한 불법행위로 인한 손해는 일방이 신의에 반하여 상당한 이유 없이 계약교섭을 파기함으로써 계약체결을 신뢰한 상대방이 입게 된 상당인과관계 있는 손해로서 계약이 유효하게 체결된다고 믿었던 것에 의하여 입었던 손해 즉 신뢰손해에 한정된다고 할 것이고, 이러한 신뢰손해란 예컨대, 그 계약의 성립을 기대하고 지출한 계약준비비용과 같이 그러한 신뢰가 없었더라면 통상 지출하지 아니하였을 비용상당의 손해라고 할 것이며, 아직 계약체결에 관한 확고한 신뢰가 부여되기 이전 상태에서 계약교섭의 당사자가 계약체결이 좌절되더라도 어쩔 수 없다고 생각하고 지출한 비용, 예컨대 경쟁입찰에 참가하기 위하여 지출한 제안서, 견적서 작성비용 등은 여기에 포함되지 아니한다고 볼 것이다. 한편 그 침해행위와 피해법익의 유형에 따라서는 계약교섭의 파기로 인한 불법행위가 인격적 법익을 침해함으로써 상대방에게 정신적 고통을 초래하였다고 인정되는 경우라면 그러한 정신적 고통에 대한 손해에 대하여는 별도로 배상을 구할 수 있다고 할 것이다.

돌이켜 이 사건에 관하여 살피건대, 원심판결 이유 및 기록에 나타나는 제반정황에 의하면, 비록 원·피고 사이에 이 사건 계약에 관하여 확정적인 의사의 합치에 이르지는 못하였다고 하더라도 그 계약의 교섭단계에서 피고가 원고 등 조각가 4인에게 시안의 작성을 의뢰하면서 시안이 선정된 작가와 조형물 제작·납품 및 설치에 관한 이 사건 계약을 체결할 것을 예고한 다음 이에 응하여 작가들이 제출한 시안 중 원고가 제출한 시안을 당선작으로 선정하고 원고에게 그 사실을 통보한 바 있었으므로 당선사실을 통보받은 시점에 이르러 원고로서는 이러한 피고의 태도에 미루어 이 사건 계약이 확실하게 체결되리라는 정당한 기대 내지 신뢰를 가지게 되었다고 할 것이고 그 과정에서 원고는 그러한 신뢰에 따라 피고가 요구하는 대로 이 사건 조형물 제작을 위한 준비를 하는 등 행동을 하였을 것임에도, 앞서 본 바와 같이 피고가 원고와는 무관한 자신의 내부적 사정만을 내세워 근 3년 가까이 원고와 계약체결에 관한 협의를 미루다가 이 사건 조형물 건립사업의 철회를 선언하고 상당한 이유 없이 계약의 체결을 거부한 채 다른 작가에게 의뢰하여 해상왕 장보고 상징조형물을 건립한 것은 신의성실의 원칙에 비추어 볼 때 계약자유원칙의 한계를 넘는 위법한 행위로서 불법행위를 구성한다고 할 것이다.

나아가 그 손해배상의 유형과 범위에 관하여 보건대, 이 사건과 같은 피고의 계약교섭의 부당파기는 조형물 작가로서의 원고의 명예감정 및 사회적 신용과 명성에 대한 직간접적인 침해를 가한 불법행위에 해당된다고 할 것이므로 피고는 그로 인하여 원고가 입은 정신적 고통에 대하여 이를 금전으로 위자할 책임이 있다고 할 것이지만, 원고가 재산적 손해라고 주장하는 추정 총 제작비 20% 상당의 창작비 3억 원의 손해는 결과적으로 이 사건 계약이 정당하게 체결되어 그 이행의 결과에 따라 원고가 얻게 될 이익을 상실한 손해와 같은 성질의 것이어서 계약교섭이 중도파기되었을 뿐 종국에 가서 적법한 계약이 체결되지 아니한 이 사건에 있어서 원고로서는 계약의 이행을 청구할 수도 없고 또한 그 불이행책임을 청구할 아무런 법적 지위에 놓여 있지 아니하게 된 이상 계약의 체결을 전제로 한 이와 같은 손해의 배상을 구할 수는 없다고 할 것이고, 또한 이 사건 조형물의 제작을 준비하기 위하여 지출하였다는 비용 중 피고의 공모에 응하여 시안을 제작하는 데 소요된 비용은 아직 피고로부터 계약체결에 관한 확고한 신뢰가 부여되기 이전 상황에서 지출된 것으로서 원고로서는 그 대가로 500만 원을 지급받는 것에 만족하고 그 공모에 응하여 당선되지 않더라도 무방하다고 생각하고 지출한 비용에 불과하여 이 사건에서 용인될 수 있는 신뢰손해의 범위에 속한다고 볼 수도 없다고 할 것이며, 그 이외에 달리 원고가 이 사건 계약의 체결을 신뢰하고 지출한 비용이 있음을 뒷받침할 아무런 자료도 기록상 찾아볼 수 없다.

따라서 원고의 위자료 청구를 인용한 반면 주장과 같은 재산상 손해에 관한 청구를 배척한 원심판결은 그 이유설시에 있어 다소 미흡한 점이 있으나 그 결론에 있어서 수긍할 수 있고, 거기에 재판 결과에 영향을 미친 손해배상의 범위에 관한 법리오해의 위법이 없다.

질문

(1) 계약체결상 과실책임의 성질을 어떻게 파악하여야 하는가? 계약체결상 과실책임을 불법행위책임으로 파악하는 데 문제는 없는가?
(2) 위 두 판결에서 불법행위책임의 인정 여부에 대한 결론이 달라진 이유는 무엇인가?
(3) 계약체결상 과실책임에서 그 배상액을 신뢰이익으로 보는 것은 타당한가?
(4) [판결 9]에서 위자료 청구를 인정한 것은 타당한가?
(5) A가 백화점에서 물건을 고르다가 바나나껍질에 미끄러져 다친 경우에 A가 백화점측을 상대로 손해배상을 청구할 수 있는가? 그 근거는 무엇인가? 손해배상을 청구할 수 있다고 할 경우에 그 손해를 "계약의 유효를 믿었음으로 인한 손해"라고 할 수 있는가?
(6) A가 백화점 바깥에서 진열창 안을 구경하고 있다가 빙판에 언 얼음에 미끄러져 다친 경우에 백화점측을 상대로 손해배상을 청구할 수 있는가? A가 백화점 안으로 들어가다가 유리문에 다친 경우에는 어떠한가? A가 단지 화장실을 이용하거나 또는 시간을 보낼 목적으로 백화점 안으로 들어간 경우는 어떠한가? A의 아이가 다친 경우에는 어떠한가?

[판결 10] 계약교섭의 파기로 인한 손해배상액: 대판 2004. 5. 28, 2002다32301

2. 불법행위로 인한 손해배상책임의 성립 여부에 대하여

어느 일방이 교섭단계에서 계약이 확실하게 체결되리라는 정당한 기대 내지 신뢰를 부여하여 상대방이 그 신뢰에 따라 행동하였음에도 상당한 이유 없

이 계약의 체결을 거부하여 손해를 입혔다면 이는 신의성실의 원칙에 비추어 볼 때 계약자유원칙의 한계를 넘는 위법한 행위로서 불법행위를 구성한다고 할 것이다(대법원 2003. 4. 11. 선고 2001다53059 판결 참조).

원심판결 이유 및 기록에 의하여 나타나는 다음과 같은 사정 즉, 원·피고 사이의 계약교섭이 1년여라는 비교적 장기간에 걸쳐 충실하게 이루어졌고, 피고가 계약교섭 개시단계에서부터 일관하여 원고의 공사비용 조정 요구를 수용하는 태도를 보였을 뿐 아니라 원고에게 지급할 추가 공사비용의 범위에 관하여 자신의 의견을 원고에게 표명하고, 위 추가 공사비용 항목을 포함한 1999년도 예산안을 국회에 제출하기도 한 점, 교섭기간 중 피고의 대표자는 원고의 대표이사와 만난 자리에서 추가 공사비용 지급을 위한 예산확보를 위하여 노력하겠다는 분명한 의사를 표시하면서 추가 공사비용의 지급을 전제로 잔여 공사 이행을 원고에게 요구하였고, 이에 따라 실무자들 사이의 협상을 거쳐 피고 내부적으로 45억 8,500만 원의 공사비용 증액이 타당하다는 결론까지 내리고 이를 원고에게 통고하였으며, 특히 그 계약의 유효한 성립 여부는 별론으로 하더라도 이 사건 공사가 완성된 1998. 12. 28. 피고의 추가 예산이 확보되면 공사계약금액을 조정하여 이를 원고에게 지급한다는 취지의 이 사건 수정계약서에 피고의 재무책임원의 직인을 날인하여 이를 원고에게 교부까지 한 사정 등을 고려하면, 피고는 원고에 대하여 이른바 IMF 외환위기 이후 급격한 환율상승에 따른 수입 원자재 가격 상승으로 인하여 원고가 계약교섭 이후 잔여 공사의 완성 시점까지 최초 공사도급계약을 체결할 당시의 예상과 달리 추가로 지출할 수밖에 없게 된 공사비용을 지급할 것이라는 신뢰 내지 기대를 확실하게 부여하였다고 할 것이다.

한편 원심이 적법하게 인정한 사실에 의하면, 국회는 위 추가 공사비용 항목이 포함된 피고의 1999년도 예산안에 대하여 총액을 감액한 채 승인하기는 하였으나 위 추가 공사비용 항목 자체를 예산안에서 제외하거나 이를 특정하여 불승인한 것도 아니었으므로, 피고가 예산확보에 실패하였다고 볼 수 없고, 오히려 피고가 국회의 예산승인 후 국방부로부터 승인된 예산 범위 내에서 사업별·과제별 예산을 조정하라는 지시에 따라 스스로 사업별·과제별 예산을 조정할 수 있게 된 때에 이미 추가예산을 확보하였다고 보아야 할 것임에도 불구하고, 피고는 정당한 이유 없이 단지 구체적인 예산집행계획이 수립되지 않았다는 등의 주장을 내세워 위 추가 공사비용을 확정하여 지급하기 위한 협상 내지 조정에 전혀 응하지 아니하였는바, 이는 신의성실의 원칙에 비추어 볼 때 계약자유원칙의 한계를 넘은 위법한 행위로서 불법행위를 구성한다고 할 것이다.

원심이 피고에게 이 사건 수정계약상의 의무불이행책임도 있다는 취지로 판시한 것은 원고가 주장하지도 아니한 점에 대한 판단으로서 적절한 것은 아니나, 앞서 본 바와 같은 취지에서 피고의 불법행위로 인한 손해배상책임을 인정한 판단은 결과적으로 정당하고, 거기에 상고이유의 주장과 같은 손해배상책임의 성립에 관한 채증법칙 위반 및 법리오해의 위법이 있다고 할 수 없다.

3. 손해배상책임의 범위에 대하여

계약교섭의 부당한 중도파기가 불법행위를 구성하는 경우, 상대방에게 배상책임을 지는 것은 계약체결을 신뢰한 상대방이 입게 된 상당인과관계 있는 손해이고, 한편 계약교섭 단계에서는 아직 계약이 성립된 것이 아니므로 당사자 중 일방이 계약의 이행행위를 준비하거나 이를 착수하는 것은 이례적이라고 할 것이므로 설령 이행에 착수하였다고 하더라도 이는 자기의 위험 판단과 책임에 의한 것이라고 평가할 수 있지만 만일 이행의 착수가 상대방의 적극적인 요구에 따른 것이고, 바로 위와 같은 이행에 들인 비용의 지급에 관하여 이미 계약교섭이 진행되고 있었다는 등의 특별한 사정이 있는 경우에는 당사자 중 일방이 계약의 성립을 기대하고 이행을 위하여 지출한 비용 상당의 손해가 상당인과관계 있는 손해에 해당한다고 할 것이다.

이 사건에서 피고는 원고에게 잔여 공사의 완성을 적극적으로 요구하는 한편, 잔여 공사의 완성을 위하여 원고가 추가로 지출할 수밖에 없게 된 공사비용을 지급해 줄 것이라는 정당한 기대 내지 신뢰를 부여하여 원고로 하여금 추가 공사비용의 지출 부담하에 잔여 공사를 완성하게 하였음에도 불구하고 상당한 이유 없이 추가비용 지급을 위한 계약교섭을 파기하였으므로, 피고가 원고에게 배상하여야 할 손해는 바로 원고가 잔여 공사를 완성하는 과정에서 추가로 지출하게 된 공사비용이라고 할 것이고, 그 수액은 적어도 계약교섭 과정의 마지막 단계에서 피고가 내부적으로 공사비 증액 금액으로 인정하였던 45억 8,500만 원을 초과하는 것으로 보아야 할 것이다.

질문

(1) 이 사건에서 계약의 중도파기로 인한 손해배상액을 어떻게 산정하고 있는가?

(2) 이 사건이 앞의 [판결 9]와 다른 점은 무엇인가?

제 4 장 계약의 해석

I. 의   의

일반적으로 「해석」이란 인간의 어떠한 표현행위의 의미를 이해하는 것을 가리킨다. 법, 특히 사법私法의 영역에서는 법률의 해석과 법률행위의 해석이 중요하다. 여기에서는 법률행위의 해석, 그 가운데 계약의 해석에 관하여 다루고자 한다.[1]

계약은 대체로 두 당사자의 대립하는 의사표시가 일치함으로써 성립한다. 그런데 의사표시는 가령 언어와 같은 의사표현의 수단을 써서 이루어지는 것이 통상이다. 그러나 그와 같이 의사표시를 외계에 대하여 현출시키는 데 쓰이는 수단의 의미가 반드시 명확한 것은 아니고, 당사자 쌍방이 모두 일치한 의미로 그것을 사용하지 않는 경우도 있다. 그리하여 계약의 해석을 통하여 계약의 의미를 명확하게 할 필요가 있다.

II. 계약 해석의 방법

무엇이 계약의 내용인가를 정하기 위해서는 일단 그 표현수단의 의미를 해명할 필요가 있다. 이러한 작업을 통상 '설명적 해석 또는 해명적 해석 (erläutende Auslegung)'이라고 하는데, 이것은 다시 자연적 해석과 규범적 해석으로 구분할 수 있다. 한편, 계약내용에 흠결이 있을 때에 이를 보충하는 해석

---

1) 계약의 해석은 주로 법률행위의 해석 문제로서 민법총칙에서 다루어져 왔다.

을 '보충적 해석(ergänzende Auslegung)'이라고 한다. 그리하여 종래 계약 해석의 방법을 자연적 해석, 규범적 해석, 보충적 해석으로 구분하여 설명하고 있다.[2] 한편, 이와 같은 방법이 계약 해석의 실제를 반영하지 못한다는 이유로 문언 해석, 객관적 해석, 주관적 해석, 규범적 해석, 보충적 해석으로 구분하는 견해도 있다.[3]

Ⅲ. 해명적 해석

'해명적 해석'은 자연적 해석과 규범적 해석으로 구분할 수 있다.

1. 자연적 해석

자연적 해석(natürliche Auslegung)은 표현의 문자적·언어적 의미에 구속되지 않고 표의자의 실제의 의사, 즉 내심적 효과의사에 따라 계약을 해석하는 것을 말한다. 표현수단이 당사자들이 실제로 합의한 것을 제대로 반영하지 못한 경우에는 당사자들이 실제로 합의한 것이 우선한다. 즉, 사실상 일치하여 의욕된 것은 문언의 일반적·객관적인 의미에 우선한다. 전형적인 예로 이른바 고래고기사건을 들 수 있다. 당사자들은 모두 고래 고기를 매매하는 의사를 가지고 계약을 체결하였는데, 그 계약서를 작성하면서 그 목적물을 상어 고기를 의미하는 다른 용어를 사용하였다.[4] 독일 제국법원은 당사자들의 의사대로 고래 고기에 관하여 계약이 성립하였다고 판단하였는데, 이러한 법리를 '잘못된 표시는 해가 되지 않는다'(falsa demonstratio non nocet)」는 원칙이라고 한다.[5]

---

2) 김상용, 민법총칙, 409면; 이영준, 민법총칙, 286면; 백태승, 민법총칙, 371면; 이은영, 민법총칙, 422면; 민법주해[Ⅱ], 181면 이하(송덕수 집필),

3) 윤진수, "계약 해석의 방법에 관한 국제적 동향과 한국법," 민법논고Ⅰ, 2007, 244면 이하. 이 견해는 객관적 해석과 규범적 해석을 구분하고 있는데, 합리적인 당사자가 계약을 이해하는 방식대로 해석하는 것을 객관적 해석이라고 하고, 규범적 해석에는 유효해석의 원칙, 엄격해석의 원칙, 작성자 불이익의 원칙이 있다고 설명한다(위 논문, 269면 이하). 한편, 문언 해석은 문언의 의미를 밝히는 것으로 객관적 해석의 일종으로 생각할 수 있으나, 주관적 해석에서도 문언에 따라 당사자의 실제 의도를 밝히는 것이기 때문에, 주관적 해석과도 관련된다.

4) 독일제국법원의 1920년 6월 8일 판결(RGZ 99, 147 사건). 이 사건에서는 계약서에 상어 고기를 의미하는 노르웨이어인 Haarjöringköd가 사용되었다.

5) 곽윤직·김재형, 민법총칙, 297면은 "오표시 무해의 원칙"이라고도 하고, 이영준, 민법총

우리 판례도 이를 인정하고 있다. 가령 대판 1993. 10. 26, 93다2629, 2636
은 계약의 해석에서 "형식적인 문구에만 얽매여서는 아니되고 쌍방당사자의
진정한 의사가 무엇인가를 탐구하여야 하는 것"이라고 한 다음, 부동산 매매계
약을 체결하면서 계약서에 당사자들이 실제로 매매하기로 의도한 목적물이 아
닌 다른 목적물을 기재하였다고 하더라도 당사자들이 실제로 매매하기로 의도
한 목적물에 관한 매매계약이 성립하였다고 판단하였다. 이 사건에서 부동산
매매계약의 당사자들이 모두 갑 토지를 계약의 목적물로 삼았으나 그 지번 등
에 관하여 착오를 일으켜 계약서상 목적물을 갑 토지와는 별개인 을 토지로
표시하였다. 이때 갑 토지를 매매의 목적물로 한다는 쌍방당사자의 의사합치
가 있으면 매매계약은 갑 토지에 관하여 성립한 것으로 보아야 하고 을 토지
에 관하여 매매계약이 체결된 것으로 보아서는 안 된다.[6] 계약 내용이 명확하
지 않은 경우 계약서의 문언이 계약 해석의 출발점이지만, 당사자 사이에 계약
서의 문언과 다른 내용으로 의사가 합치된 경우 그 의사에 따라 계약이 성립
한 것으로 해석해야 한다.[7]

그런데 이러한 내심의 일치된 진의는 그야말로 주관적인 사실이다. 일방
당사자가 표시의 객관적 의미로 의사표시를 이해하였다고 주장하는 경우에, 상
대방이 이와 다른 의사에 따라 계약이 체결되었다고 주장하려면 상대방이 그
러한 일치된 진의의 존재를 증명해야 한다.

2. 규범적 해석

규범적 해석(normative Auslegung)은 내심적 효과의사와 표시행위가 일치
하지 않는 경우에 상대방의 시각(Empfängerhorizont)에서 표시행위의 객관적
의미에 따라 계약을 해석하는 것을 말한다. 의사표시의 상대방이 적절한 주의
를 기울이면 이해되었어야 하는 내용이 해석의 기준이 된다. 예컨대 매매계약
의 청약자가 대금 65만원에 매도하려고 청약하려 했는데 청약서에 56만원으로
잘못 기재한 경우, 승낙자가 그것이 오기라는 것을 알 수 없었던 때에는 승낙

칙, 291면은 "거짓 표시는 아무런 효력이 없다"라고 한다.
6) 대법원은 이러한 경우 을 토지에 관하여 위 매매계약을 원인으로 하여 매수인 명의로 소
   유권이전등기가 되었다면 이는 원인이 없이 경료된 것으로써 무효라고 하였다.
7) 대판 2018. 7. 26, 2016다242334; 대판 2021. 11. 25, 2018다260299.

자가 청약자의 표시행위에 의하여 이해한 대로 매매대금이 56만원이 된다.[8]

　　표시행위의 '객관적 의미'를 탐색하는 데에는 표시에 사용된 문자 등의 표현수단으로부터 출발하여야 한다. 그 경우에도 문언의 일반적인 의미가 아니라, 당사자들이 모두 속하는 직업이나 지역 등의 언어관행이 기준이 된다. 그러나 문언만이 유일하고 절대적인 기준이 되는 것은 아니며, 표시행위에 이르기까지의 제반사정을 고려하여야 한다. 그러므로 계약당사자들의 계약체결교섭과정에서 한 모든 언동, 일방 또는 쌍방이 명시적으로 표시한 계약의 경제적·사회적 목적, 계약체결에 이르기까지의 경위, 당사자들의 개인적인 관계, 표시행위의 장소와 시간 등 표현행위의 의미탐색에 관련될 수 있는 모든 사정을 종합적으로 고려하여야 한다.

　　대판 1996. 7. 30, 95다29130은 당사자가 표시한 문언에 의하여 그 객관적인 의미가 명확하게 드러나지 않는 경우에는 문언의 내용과 그 법률행위가 이루어진 동기 및 경위, 당사자가 그 법률행위에 의하여 달성하려고 하는 목적과 진정한 의사, 거래의 관행 등을 종합적으로 고찰하여 사회정의와 형평의 이념에 맞도록 논리와 경험의 법칙, 그리고 사회 일반의 상식과 거래의 통념에 따라 합리적으로 해석하여야 한다고 판결하였다.[9] 이 판결은 법률행위의 해석에서 당사자의 진정한 의사뿐만 아니라, 거래의 관행 등 객관적 요소들도 고려하여 법률행위를 합리적으로 해석하여야 한다고 하였다. 이와 같은 유형에 속하는 판결들로는 당사자의 내심적 의사의 여하에 관계없이 당사자 사이의 계약의 내용을 합리적으로 계약을 해석하여야 한다는 판결,[10] 계약의 해석은 당사자가 그 표시행위에 부여한 객관적인 의미를 확정하는 것이라는 판결,[11] 당사자의 내심의 의사보다는 외부로 표시된 행위에 의하여 추단된 의사를 가지고 의사표시를 해석하여야 한다는 판결[12] 등이 있다. 위 판결들은 비록 표현상의

8) 이영준, 민법총칙, 296면; 민법주해[Ⅱ], 183면 이하(송덕수 집필).

9) 처분문서에 속하는 계약서를 작성한 경우에는 계약서의 문언을 중시하지만, 이 경우에도 계약의 해석에 관한 법리가 적용된다. 김재형, 근저당권연구, 2000, 123면 이하.

10) 대판 1990. 11. 13, 88다카15949; 대판 1993. 10. 26, 93다3103; 대판 1999. 11. 26, 99다43486.

11) 대판 1994. 3. 25, 93다32668; 대판 1995. 5. 23, 95다6465; 대판 1996. 7. 30, 95다29130; 대판 1996. 10. 25, 96다16049; 대판 1998. 3. 13, 97다45259; 대판 2000. 11. 10, 98다31493.

12) 대판 1993. 5. 27, 93다4908, 4915, 4922; 대판 1993. 8. 24, 92다47236; 대판 1994. 10.

차이가 있지만, 내심적 의사보다는 표시행위에 의하여 추단된 의사를 강조하고 있다.

대법원 판결들을 보면 당사자의 진정한 의사를 중시하는 듯한 판결도 있고, 계약서의 문언을 중시하는 듯한 판결도 있다. 판결의 표현만을 보면, 서로 모순되는 것처럼 보인다. 그러나 대법원 판결은 구체적인 사례에서 사안의 특성을 고려하여 강조점을 달리한 것으로 이해할 수 있다.[13]

한편 하나의 법률관계를 둘러싸고 각기 다른 내용을 정한 여러 개의 계약서가 순차로 작성되어 있는 경우 당사자가 그러한 계약서에 따른 법률관계나 우열관계를 명확하게 정하고 있다면 그와 같은 내용대로 효력이 발생한다. 그러나 여러 개의 계약서에 따른 법률관계 등이 명확히 정해져 있지 않다면 각각의 계약서에 정해져 있는 내용 중 서로 양립할 수 없는 부분에 관해서는 원칙적으로 나중에 작성된 계약서에서 정한 대로 계약 내용이 변경되었다고 해석하는 것이 합리적이다.[14]

Ⅳ. 보충적 해석

보충적 해석(ergänzende Auslegung)은 계약에 흠결이나 공백이 있는 경우에 이른바 가정적인 당사자의사(hypothetischer Parteiwille)에 의하여 계약을 보충하는 것이다. 여기에서 가정적인 당사자의사란 당사자들이 만일 계약에 흠결이 있는 사항을 알았더라면 규정하였을 것이라고 추측되는 것을 말한다.

이것이 계약의 해석인지, 아니면 법의 적용인지 문제된다. 다수설은 보충적 해석을 법률행위 해석의 일종으로 파악한다. 즉, 보충적 해석은 양 당사자의 실제적 의사를 확정하는 것은 아니고 법률행위 당시 및 보충적 해석을 할 당시의 사정, 신의성실의 원칙과 거래관행에 의하여 인정되는 양 당사자의 가상적 의사를 확정하는 것이다. 가상적 의사는 당사자가 정한 법률행위의 내용

11, 93다55456; 대판 1995. 2. 10, 94다16601; 대판 1996. 4. 9, 96다1320; 대판 2002. 2. 26, 2000다48265; 대판 2002. 6. 28, 2002다23482.

13) 계약의 해석과 법률의 해석에 관해서는 우선 김재형, "황금들녘의 아름다움: 법해석의 한 단면," 민법론 Ⅳ, 2011, 145면 이하 참조.

14) 대판 2020. 12. 30, 2017다17603.

에 기초하여 양 당사자가 법률행위의 틈과 이에 관한 규정의 필요를 알았더라면 규정하였을 것의 내용을 확정하는 것이므로 역시 내심적 효과의사의 연장으로서 사적 자치와 조화된다고 한다.[15] 이에 대하여 보충적 해석은 법의 적용이라고 보는 법적용설도 주장된다.[16]

대법원은 "계약당사자 쌍방이 계약의 전제나 기초가 되는 사항에 관하여 같은 내용으로 착오를 하고 이로 인하여 그에 관한 구체적 약정을 하지 아니하였다면, 당사자가 그러한 착오가 없을 때에 약정하였을 것으로 보이는 내용으로 당사자의 의사를 보충하여 계약을 해석할 수도 있으나, 여기서 보충되는 당사자의 의사란 당사자의 실제 의사 내지 주관적 의사가 아니라 계약의 목적, 거래관행, 적용법규, 신의칙 등에 비추어 객관적으로 추인되는 정당한 이익조정 의사를 말한다."라고 판결하였다.[17] 이는 보충적 해석을 인정한 것으로 볼 수 있다.

[2004년 민법개정안]

제106조(법률행위의 해석) ① 법률행위의 해석에 있어서는 표현된 문언文言에 구애받지 아니하고 당사자의 진정한 의사를 밝혀야 한다.

② 법률행위는 당사자가 의도한 목적, 거래관행 그 밖의 사정을 고려하여 신의성실의 원칙에 따라 해석하여야 한다.

[유럽계약법원칙(PECL) 중 계약의 해석에 관한 조항[18]]

제5장 해 석

제5:101조 해석의 일반 규칙

(1) 당사자들의 공통된 의도(common intention)가 문언의 문자적 의미와 다른 경우에도 당사자들의 공통된 의도에 따라 계약을 해석하여야 한다.

(2) 일방 당사자가 계약이 특정한 의미를 가지는 것으로 의도하였고, 계약 체결 당시 상대방이 그 당사자의 의도를 모를 수 없었다는 것이 증명된 경

15) 김상용, 민법총칙, 413면; 이영준, 민법총칙, 307면; 민법주해[Ⅱ], 206면(송덕수 집필).
16) 엄동섭, "법률행위의 보충적 해석," 한국민법이론의 발전, 1999, 82-89면, 특히 87-89면 참조; 윤진수(주 3), 276면; 김진우, "계약의 공백보충," 비교사법 8권 2호, 414면 이하, 특히 420면; 이은영, 민법총칙, 429면.
17) 대판 2006. 11. 23, 2005다13288.
18) 상세한 것은 Lando/Beale 편, 김재형 역, 유럽계약법원칙 제Ⅰ·Ⅱ부, 2013, 96-99면(계약의 해석에 관한 해설은 437-454면).

우에는, 그 당사자가 의도한 대로 계약을 해석하여야 한다.

(3) 제 1 항 또는 제 2 항에 의하여 당사자의 의도를 증명할 수 없는 경우에는, 당사자들과 동일한 유형의 합리적인 사람들이 동일한 상황에서 계약에 부여하였을 의미에 따라 계약을 해석하여야 한다.

제5:102조 관련 사정

계약을 해석할 때에는 특히 다음의 사정을 고려하여야 한다.

(a) 예비적 교섭을 포함하여, 계약이 체결된 상황

(b) 계약 체결 후의 것을 포함하여, 당사자들의 행태

(c) 계약의 성질과 목적

(d) 당사자들이 유사한 조항에 이미 부여한 해석 및 그들 사이에 성립한 거래관례

(e) 당해 거래계에서 계약조항과 표현에 공통적으로 부여되는 의미 및 유사한 조항에 이미 부여한 해석

(f) 관행, 그리고

(g) 신의성실과 공정거래

제5:103조 작성자 불리의 원칙

개별적으로 교섭되지 않은 계약조항의 의미에 관하여 의문이 있는 경우에, 그 조항을 제공한 당사자에게 불리한 해석이 우선하여야 한다.

제5:104조 교섭한 조항의 우선

개별적으로 교섭한 조항은 그렇지 않은 것에 우선한다.

제5:105조 계약 전체의 참조

조항은 그것이 나타나는 계약 전체에 비추어 해석되어야 한다.

제5:106조 유효 해석의 원칙

계약의 조항을 적법하게 또는 유효하게 하는 해석이 그렇지 않은 해석에 우선한다.

제5:107조 언어상의 불일치

계약이 둘 이상의 언어본으로 작성되고 그중 어느 것이 기준인지 정하지 않은 경우에, 언어본들 사이에 불일치가 있는 때에는 계약이 최초로 작성된 언어본에 따른 해석이 우선한다.

[참고논문]

「법원은 계약 해석이 문제되는 경우에는 제 1 차적으로 계약의 문언에서 출발한다(문언해석). 그러나 그 문언의 내용이 명백하지 않거나 또는 문언의 내

용이 당사자의 의사에 부합하지 않는다는 의문이 있는 경우에는 제 2 단계로
여러 가지의 제반 사정을 종합하여 계약의 의미를 탐구한다. 이 때에는 합리적
인 당사자라면 계약조항에 어떠한 의미를 부여하였을까 하는 점이 기준이 된
다. 이를 객관적 해석이라고 부를 수 있다. 이러한 두 번째 단계의 탐구 결과
계약 문언과는 다른 당사자의 일치된 의사가 인정되는 경우에는 그에 따라야
한다(falsa demonstratio non nocet). 만일 계약 당사자가 서로 상이한 의사를 가
졌다고 인정되면 어느 당사자의 의사를 계약의 의미로 볼 것인가가 문제된다.
이는 제 3 단계라고 할 수 있다. 이를 주관적 해석이라고 부를 수 있을 것이다.
그리고 이러한 방법에 의하여도 계약의 의미를 확정할 수 없을 때에는 법원이
어느 해석이 규범적으로 가장 바람직한가를 결정하는 수밖에 없다. 이것이 본래
의 의미에서의 규범적 해석이라고 할 수 있다. 이는 제 4 단계에 해당한다. 이 때
에는 종래부터 인정되어 온 여러 가지의 해석에 관한 준칙이 도움이 될 수 있을
것이다. 다른 한편으로 계약에 공백 내지 흠결이 있으면 보충적 해석의 방법을
동원하여야 한다. 이는 굳이 분류한다면 제 5 단계라고 할 수 있다. 이러한 서술
의 체계가 현재의 실무를 가장 잘 설명할 수 있다고 생각된다.」[19]

> **[판결 1] 목적물의 표시를 잘못한 경우: 대판 1993. 10. 26, 93다2629·2636**

　　피고의 상고이유를 본다.
　　1. 원심은, 이 사건 토지인 부산 동구 수정동 969의 36 대 76평방미터에
관하여 1969. 7. 13. 소외 A 명의로 소유권이전등기가 경료되었다가 그 후 순차
소외 B(조녹석의 오기로 보인다), C, D를 거쳐 1982. 12. 28. 원고 명의로 소유
권이전등기가 경료된 사실 및 피고가 이 사건 토지상에 건물을 소유하면서 위
토지를 점유하고 있는 사실을 인정하고, 위 A는 실제로는 이 사건 토지에 인접
한 국유지인 같은 동 969의 39, 71, 73의 3필지를 점유하고 있었는데 착오로 이
사건 토지에 관하여 매수신청을 하여 국가로부터 이를 불하받은 후 그 명의로
소유권이전등기를 경료하였으므로 국가의 위 토지불하는 무효라는 피고의 주장
에 대하여는, 위 A가 1965. 7. 30. 국가로부터 국유재산이던 이 사건 토지를 매
수한 사실은 인정되나 위 A가 연고권 없는 자이면서도 착오로 매수신청을 하여
국가로부터 위 토지를 불하받은 것이라는 사실을 인정할 만한 증거가 없고, 가
사 피고의 주장과 같이 목적물에 착오가 있었다거나 연고권이 없는 자에게 이

---

19) 윤진수(주 3), 244면.

사건 토지가 불하된 것이라 하여도 국유재산의 매각행위는 사법상의 법률행위로서 그 매각에 관하여 우선매수권에 관한 규정이 없는 이상 연고권자의 우선권은 법률상 인정될 수 없다 할 것이라고 판단하여 피고의 주장을 배척하고 위 건물의 철거 및 이 사건 토지의 인도를 구하는 원고의 이 사건 청구를 인용하였다.

2. 일반적으로 계약의 해석에 있어서는 형식적인 문구에만 얽매여서는 아니 되고 쌍방당사자의 진정한 의사가 무엇인가를 탐구하여야 하는 것이므로, 부동산의 매매계약에 있어 쌍방당사자가 모두 특정의 갑 토지를 계약의 목적물로 삼았으나 그 목적물의 지번 등에 관하여 착오를 일으켜 계약을 체결함에 있어서는 계약서상 그 목적물을 갑 토지와는 별개인 을 토지로 표시하였다 하여도 위 갑 토지에 관하여 이를 매매의 목적물로 한다는 쌍방당사자의 의사합치가 있은 이상 위 매매계약은 갑 토지에 관하여 성립한 것으로 보아야 할 것이고 을 토지에 관하여 매매계약이 체결된 것으로 보아서는 안 될 것이며, 만일 을 토지에 관하여 위 매매계약을 원인으로 하여 매수인 명의로 소유권이전등기가 경료되었다면 이는 원인이 없이 경료된 것으로써 무효라고 하지 않을 수 없다.

3. 그런데 이 사건에 있어서 피고의 주장은 반드시 명확하지는 않으나 위 A가 착오를 일으켜 자기가 점유하고 있던 토지가 아닌 이 사건 토지에 관하여 국가에 대하여 매수신청을 하여 이를 매수하였다는 주장 가운데에는 위 매매계약이 무효라는 것뿐만 아니라 이 사건 토지는 위 매매계약의 목적물이 아니어서 국가와 위 A 사이에는 이 사건 토지에 관한 한 매매계약이 성립하지 아니한 것이고 따라서 이 사건 토지에 관한 위 A 명의의 등기는 원인무효라는 취지도 포함되어 있다고 볼 여지가 있고, 또 아래에서 보는 바와 같이 기록상 이러한 주장은 상당한 근거가 있다고 판단된다.

우선 을 제 3 호증의 1, 2는 피고의 형 또는 피고 명의로 작성된, 관계당국에 제출하는 진정서 형식의 문서로서 변론의 전취지에 의하여 그 진정성립이 인정될 수 있다고 보이는데, 그에 의하면 이 사건 토지 76제곱미터는 피고의 선대부터 피고에 이르기까지 40년 이상을 점유하여 왔던 땅인 반면, 위 A는 이 사건 토지에 인접하고 있는 부산 동구 수정동 969의 39, 71, 73의 3필지 73제곱미터를 점유하고 있던 중 국유재산인 위 73제곱미터를 불하받으려고 하는 과정에서 자신이 점유하는 토지의 지번이 이 사건 토지의 지번인 위 같은 동 969의 36인 것으로 착각하여 이에 관하여 불하신청을 하여 이를 불하받았고, 그 후 원고에 이르기까지 순차 전매되었으나 그 점유는 계속 위 73제곱미터에 관하여만 승계되어 왔는데 근래에 이르러 피고가 이 사건 토지를 불하받으려는 과정에서 비로소 이러한 사실이 밝혀지게 되었고 원고도 이 때에야 이러한 사실을 알게 되었다고 기재되어 있고, 다른 한편 성립에 다툼이 없는 갑 제 3 호증은 국가와 위 A 사이의 국유재산 매매계약서인데 그에 의하면 그 매매목적물은 이 사건 토지인 위 수정동 969의 36 대 23평으로 표시되어 있기는 하나 매수인인 위 A의 주소 또한 위 수정동 969의 36으로 기재되어 있으며, 원고도 이 사건 소장에서 자신의 주소를 위 수정동 969의 36으로 표시하였으나 제 1 심법원의 검증 및 감정결과에 의하면 이 사건 수정동 969의 36 토지는 피고만이 점유하고 있는 것으로 되어 있을 뿐만 아니라 을 제 1 호증의 1 내지 3의 기재에 의하면 위 수정동 969의 39, 71, 73의 3필지는 위 매매계약 체결 당시부터 현재에 이르기까지 국유로 남아 있음을 알 수 있어 위 A가 국가와 위 매매계약을 체결할 당시 자신의 점유토지의 지번을 이 사건 토지로 착각하고 있었다는 피고의 주장에 상당부분 부합한다고 여겨진다.

원고도 위와 같은 피고의 주장을 적극적으로 다투지는 아니하고 다만 위 A나 대한민국이 목적물에 착오를 일으켰다 하더라도 이는 동기의 착오 내지 목적물의 동일성에 관한 착오에 불과하여 위 매매계약의 효력에는 영향이 없다고만 주장하고 있을 뿐이다(기록 제164장 이하 참조).

그리고 이처럼 위 A가 이 사건 토지가 아닌 그에 인접한 다른 토지를 점유하고 있었다면, 위 각 토지의 소유자인 국가가 위 A가 점유하고 있던 토지를 제쳐놓고 피고측이 점유하고 있는 이 사건 토지를 위 A에게 매도한다는 것은 이례에 속하는 일로서 오히려 위 A가 점유하고 있던 토지를 그에게 매도할 의사로 이 사건 매매계약을 체결하였다고 봄이 경험칙에 부합할 것이다.

다른 한편으로 피고는 원심 제 4 차 변론기일에 진술된 항소이유서에서 국가가 이 사건 토지에 관한 위 A 및 원고 명의의 등기가 원인무효임을 이유로 하여 원고 등을 상대로 하여 그 말소를 구하는 소송을 제기하였다고 주장한 바 있으므로(원고도 위와 같은 소송이 제기된 사실 자체는 시인하고 있다. 기록 제166장 참조), 원심으로서는 피고의 주장을 가볍게 배척할 것이 아니라 피고의 주장취지가 과연 무엇인지를 명확히 한 다음 국가와 위 A와의 이 사건 매매계약 체결 당시 이 사건 토지 및 위 수정동 969의 39, 71, 73의 3필지 73제곱미터의 토지점유관계는 어떠하였는지, 위 A를 비롯한 등기부상 원고 이전의 소유자들이나 원고가 이 사건 토지를 점유한 일이 있는지, 그리고 위 A가 이 사건 토지 아닌 다른 국유의 토지를 점유하고 있었다면 국가가 A가 점유하고 있는 토지는 제쳐 놓고 점유도 하지 않고 있는 이 사건 토지를 위 A에게 매도하여야 할 특별한 사유가 있었는지 등을 석명하고 국가가 원고 등을 상대로 하여 제기한 위 소송의 경과 등을 심리함으로써(피고는 원심변론종결 후인 1992. 12. 3.에 국가와 원고 등 사이의 위 소송 제1심의 변론이 종결되었으므로 그 판결문을 증거로 제출하기 위하여 변론을 재개하여 달라는 취지의 신청을 하였는데 원심은 이를 받아들이지 않은 채 바로 판결을 선고하였으나 피고의 상고이유서에 첨부된 국가와 원고 등 사이의 위 소송사건 제1심 판결문에 의하면 위 사건 제1심 법원인 부산지방법원은 원심판결선고 전인 1992. 12. 2. 국가와 위 A 사이의 매매계약의 목적물은 위 A가 점유하고 있던 토지이고 이 사건 토지가 아니라는 이유로 국가 승소의 판결을 선고한 사실을 알 수 있다) 이 사건 토지가 과연 국가와 위 A 사이의 매매계약의 목적물이었는지의 여부를 확정하고 위 A로부터 원고에 이르기까지 이 사건 토지에 관하여 경료된 소유권이전등기의 효력은 어떠한지를 살펴보았어야 할 것이니 원심이 이러한 조치를 취하지 않은 채 만연히 피고의 주장을 배척하고 만 것은 법률행위의 해석 내지 매매계약의 목적물 특정에 관한 법리를 오해하고 석명의무를 게을리 하여 심리를 다하지 아니한 위법을 저지른 것이라 하지 않을 수 없고 이 점을 지적하는 취지의 논지는 이유 있다.

> **질문**

(1) 매매목적물을 잘못 표시한 경우 매매목적물은 무엇인가?

(2) 계약의 해석에서 계약서의 문구가 우선하는가, 아니면 당사자의 진정한 의사가 우선하는가?

> **[판결 2] 칵테일 사랑 사건: 서울민지결 1995. 1. 18, 94카합9052**

[신 청 인] 신윤미(소송대리인 변호사 박원순)

[피신청인] 주식회사 성음(소송대리인 변호사 한승헌)

[주 문]

　　1. 피신청인은, 별지목록 기재 음반에 신청인이 "칵테일 사랑"의 코러스 편곡자이며 "칵테일 사랑", "이젠 너를", "길을 묻는 연인들"의 가수라고 표시하지 아니하고는 위 음반을 제작·복제·판매하여서는 아니 된다.

　　2. 위 1항의 표시를 하지 아니한 위 음반에 대한 피신청인의 점유를 풀고, 이를 신청인이 위임하는 집달관에게 그 보관을 명한다.

　　3. 집달관은 위 2항의 취지를 적당한 방법으로 공시하여야 한다.

　　4. 신청인의 나머지 신청을 기각한다.

　　5. 신청비용은 피신청인의 부담으로 한다.

[이   유]

1. 기초사실

소갑 제1, 4, 7 호증의 각 1, 2, 소갑 제2, 5, 14, 16 호증, 소갑 제6 호증의 1, 2, 3, 4, 소갑 제13, 15호증의 각 1, 2, 3의 각 기재, 참고인 C의 진술 및 심문의 전취지를 종합하면, 다음의 사실이 소명된다.

가. 신청인은 1993. 10.경 피신청인 회사의 음반기획자 신청외 B로부터 "칵테일 사랑"의 악보를 받아 수일 간에 걸쳐 그 코러스를 편곡하였고, 그 무렵 피신청인의 스튜디오에서 신청외 C와 함께 위 "칵테일 사랑"이라는 노래를 불러 녹음을 하였는데, 그중 신청인이 주멜로디 3채널(channel)을 포함하여 12채널을 부르고, 위 C가 2채널을 불렀으며, 나중에 신청외 D가 위 C의 목소리를 보강하기 위하여 2채널에 걸쳐 더빙을 한 다음, 위 녹음된 목소리들을 위 노래의 반주와 합성하여 위 노래의 녹음을 완성하였다. 또한 신청인은 위 스튜디오에서 단독으로 "이젠 너를", "길을 묻는 연인들"이라는 노래를 불러 녹음하였다.

나. 신청인등이 위 "칵테일 사랑"이라는 노래를 녹음할 당시에는 코러스 부분의 악보를 작성하지 않았고 나중에 비로소 위 코러스 부분의 악보를 작성하였는데, 위 노래에서 코러스가 많은 비중을 차지하고 있으며, 또한 위 노래는 주멜로디를 그대로 유지한 채 주멜로디에 위 코러스를 부가하는 방식으로 만들어졌지만, 위 코러스 부분은 일정한 높낮이의 음을 넣는 수준의 단순한 화음이 아니라 신청인 이외의 다른 사람에 의하여서는 동일한 코러스를 만드는 것이 거의 불가능하다고 볼 수 있을 정도로 독창적이고, 위 노래의 내용과 전체적인 분위기에 결정적인 요소로 작용하고 있다.

다. 피신청인 회사의 음반기획자인 위 B는 위 노래들을 녹음할 당시 위 노래들을 수록할 음반에 노래를 부른 신청인의 이름을 기재하여 주기로 약속하였다.

라. 피신청인은 1993. 12. 경 위 "칵테일 사랑", "이젠 너를", "길을 묻는 연인들"과 칵테일 사랑의 반주 부분을 빼고 신청인 등의 목소리만을 녹음한 아카펠라 등을 모아 '마로니에 3집'(칵테일 사랑)의 홍보용 음반을 출반하고, 1994. 3. 경부터 위 음반을 판매하기 시작하였는데, 위 음반에 수록된 "칵테일 사랑", "이젠 너를", "길을 묻는 연인들"이라는 노래의 코러스 편곡자나 실연자로서 신청인의 성명을 표시하지 않았다. 또한 위 B는 신청외 E, F, G와 함께 마로니에 그룹을 만들어 방송 등에 출연하여, 위 음반을 틀어 놓은 채 무용을 하고 입모양을 음악에 맞추며 노래하는 시늉을 하는 '립 싱크' 방식으로 공연을 하였다.

마. 이에 신청인이 1994. 4. 경 위 B와 피신청인의 이사인 신청외 H에게 자신의 성명을 표시하여 줄 것을 요구하자, 피신청인이 같은 해 5.경 '신청인이 코러스 편곡자'라고 표기된 카세트 테이프의 음반표지와 '신청인이 코러스 지도를 하고 위 C과 함께 위 칵테일 사랑을 부른 가수'라고 표기된 CD의 음반표지를 인쇄 의뢰하여 납품받았으나, 현재에도 시중에는 신청인의 성명을 표시하지 않은 채로 위 음반이 판매되고 있다.

2. 판   단

가. 코러스 편곡에 관하여

저작권법 제 5 조 제 1 항은 "원저작물을 번역, 편곡, 변형, 각색, 영상제작 그 밖의 방법으로 작성한 창작물(이하 2차적 저작물이라 한다)은 독립적인 저작물로서 보호된다"고 규정하고 있는바, 2차적 저작물로 보호를 받기 위하여는 원래의 저작물을 기초로 하되, 사회통념상 새로운 저작물이 될 수 있을 정도로 창작성이 있어야 하는 것이고, 원래의 저작물에 다소의 수정·증감을 가한 데 불과하여 독창적인 저작물이라고 볼 수 없는 경우에는 저작권법에 의한 보호를 받을 수 없다고 할 것이며, 주멜로디를 그대로 둔 채 코러스를 부가한 이른바 "코러스 편곡"의 경우에도 창작성이 있는지 여부에 따라 2차적 저작권의 일종인 편곡저작권이 될 수 있을 것이다.

그러므로 위 "칵테일 사랑"의 코러스 부분이 창작성이 있다고 볼 수 있는지에 관하여 보건대, 위 1항에서 본 바와 같이 "칵테일 사랑"에서 코러스가 상당한 비중을 차지하고 있고, "칵테일 사랑"의 코러스 부분은 주멜로디를 토대로 단순히 화음을 넣은 수준을 뛰어넘어 신청인의 노력과 음악적 재능이 투입되어 만들어진 것으로 독창성이 있다고 할 것이므로, 저작권법상 2차적 저작권으로서 보호받을 만한 창작성이 있다고 할 것이다.

나. 실연자로서의 권리에 관하여

(1) 위 1항에서 본 바와 같이 신청인은 위 "칵테일 사랑", "이젠 너를", "길을 묻는 연인들"이라는 노래의 가수로서, 피신청인이 신청인에게 위 세 곡의 가수가 신청인이라고 표시하여 주기로 약정하였다고 할 것이고, 가령 신청인과 피신청인 사이에 신청인이 위 세 곡의 가수라는 사실을 표시하기로 하는 명시적인 약정이 없었다고 하더라도 가수는 음악저작물을 음성으로 표현하여 일반대중에게 전달하는 사람으로서, 실제로 노래를 부른 가수의 이름을 표시하는 것이 음반업계의 관행이라고 할 것이고, 특히 대중가요에 있어서는 일반대중이 어떤 노래를 그 가수의 이름과 함께 기억하는 것이 현실이라고 할 것이므로, 피신청인이 위 세 곡이 수록된 음반을 출반할 경우에는 다른 약정이 없는 한 가수

인 신청인의 성명을 표시하여야 할 것이다.

　　(2) 이에 대하여 피신청인은, 신청인, C, D 등으로 구성된 "마로니에 3"이라는 그룹이 위 노래들을 취입한 것이고, 음반에 "마로니에 3"이라고 표시하였으므로, 별도로 신청인의 성명을 표시하여 줄 의무가 없다고 주장하나, 신청인이 "마로니에 3"이라는 그룹에 참여하기로 하였거나 위 세 곡을 "마로니에 3"이라는 표제하에 출반하기로 하였다는 점에 관하여는 당원에서 믿지 아니하는 참고인 B의 진술 이외에 아무런 소명자료가 없으므로, 피신청인의 위 주장은 이유 없다.

　　3. 결　　론

　　그렇다면, 피신청인은 신청인에 대하여 위 "칵테일 사랑"의 코러스 편곡자, 위 "칵테일 사랑", "이젠 너를", "길을 묻는 연인들"의 가수가 신청인이라고 표시하여야 할 의무가 있다고 할 것이고, 이러한 표시를 하지 아니하고서는 위 음반을 제작·복제·판매하여서는 아니 된다고 할 것이므로, 위 음반의 제작·복제·판매의 금지를 구하는 신청인의 이 사건 신청은 주문 1, 2, 3항에서 인정한 범위 내에서 이유 있어 이를 인용하기로 하고, 나머지 신청은 이유 없어 이를 기각하기로 하여 주문과 같이 결정한다.

> **질문**

(1) 가수의 성명을 기재하기로 하는 약정이 없는데도 이를 표시할 의무가 있는가? 그 근거는 무엇인가?

(2) 이 결정 당시에는 저작권법에 가수의 성명표시권에 관한 규정(실연자實演者의 성명표시권을 정한 저작권법 제66조는 2006. 12. 28. 저작권법 전부개정 당시 신설되었다)이 없는데도 약정에 기하여 가수의 성명표시권을 인정하였는데, 이는 정당한가? 그 근거는 무엇인가?

> **[판결 3] LP음반을 CD로 복제하여 판매한 경우: 대판 1996. 7. 30, 95다29130**

　[원고, 상고인]　신정성 외 1인(원고들 소송대리인 변호사 박성호)

　[피고, 피상고인]　주식회사 지구(소송대리인 변호사 한승헌)

　[주　　문]

　　상고를 모두 기각한다. 상고비용은 원고들의 부담으로 한다.

[이   유]

상고이유를 본다.

원심판결 이유에 의하면 원심은, 거시 증거를 종합하여 작사·작곡자들인 원고들은 음반의 제조·판매를 목적으로 하는 피고 회사와 1984. 4. 경 음반제작 계약(이하, 이 사건 계약이라 한다)을 체결한 다음 원고 A(우용수)가 작사하고 원고 B(신정성)가 작곡 및 편곡한 가요와 소외 C, D, E가 각 작사하고 원고 B 가 작곡 및 편곡한 가요들에 대한 원심 원고 F(이미배)의 가창을 녹음한 원반 (Master Tape)을 제작하고 이를 LP(Long Playing Record)음반(이하, LP음반이라 한다)으로 복제·판매한 사실, 그 후 피고 회사는 1992.무렵부터 LP음반에 수록 된 가요에 원심 원고 F가 가창한 소외 G 작곡의 가요를 추가하여 재편집한 원 반을 제작한 다음 '이미배전집, 당신은 안개였나요. 깊은밤 내리는 비는'이라는 제목의 CD(Compact Disc)로 복제하여 현재까지 판매하여 오고 있는 사실을 인 정하고, 위 인정 사실에 의하면 원고 B는 이 사건 가요 10곡의 악곡에 대한 저 작권자이고, 원고 A는 위 가요 중 그가 작사한 7곡의 가사에 대한 저작권자이 며, 원심 원고 F는 위 가요 10곡에 대한 실연자(가창자)로서 구 저작권법(1986. 12. 31. 법률 제3916호로 전문 개정되기 전의 것)에 의한 저작권자임을 전제한 다음, 이 사건 계약이 피고 회사로 하여금 원고들의 저작물에 대하여 1회에 한 하여 이 사건 원반을 재편집함이 없이 LP음반으로 복제·판매하는 것을 허용하 는 것을 내용으로 하는 것이라는 주장에 대하여, 그에 부합하는 취지의 증거들 만으로는 위 주장사실을 인정하기 부족하고 오히려 거시 증거에 의하면 이 사 건 계약체결 당시 원고들이 피고 회사로부터 작곡료, 작사료, 가창료를 일체 받 지 않는 대신 피고 회사는 위 가창의 녹음시 원심 원고 F의 개성에 맞는 악단 을 편성하고 원반의 제작 및 그것으로 복제한 음반의 판매에 소요되는 기획료, 스튜디오 사용료, 엔지니어 수고료, 악단연주료, 제작료, 광고료, 제세공과금 등 비용 일체를 부담하기로 약정한 사실, 또한 이 사건 가요 10곡에 관한 음반출반 의 수량, 횟수, 기간 및 종류 등에 관하여 어떠한 제한도 두지 않은 사실, 다만 이 사건 가요 10곡 중 '갈등', '서글픈 사랑'에 대하여는 그 작사자인 소외 D, C 가 작사를 전문으로 하는 사람이므로 작사료를 지급하여야 한다는 원고 B의 요 구에 따라 피고 회사가 작사료로 금 8만 원을 지급하면서 소외인들로부터 위 가요 2곡을 가창용으로 녹음물 일체에 사용하는 것에 대하여 서면으로 승인받 은 사실, 당시 우리나라 음반업계의 관행상 가수들이 음반의 제작·판매회사로 부터 보수를 받지 않고, 음반의 제작·판매회사의 비용부담으로 음반을 취입하 여 자신의 장래의 가능성을 시험하는 계기로 삼는 경우가 있었는데 이 때 음반의 제작·판매회사로서는 투자된 비용을 회수하고 이윤을 얻을 수 있을지가 불확실하므로 작곡가, 작사자, 가수로부터 곡에 관한 가창복제권을 수량, 횟수, 기간 및 종류에 제한 없이 양수하는 것이 통례였던 사실을 인정한 다음, 이 사건 계약은 원고들이 피고 회사로 하여금 이 사건 원반을 이용하여 그에 수록된 원고들의 저작물을 LP음반 등 녹음물 일체에 복제하는 것을 허락하는 내용의 것으로서, 위에서 본 바와 같이 이 사건 계약 당시 그 이용기간이나 복제의 횟수를 정하지 아니한 이상 이를 원고들의 주장과 같이 1회에 한하여 LP음반에 복제하는 것만을 허용하는 내용의 계약이라고 해석할 수는 없다고 하여 배척하고, 원고들의, 이 사건 계약 당시 국내에서는 CD라는 음반형태가 생산·판매되지 않았을 뿐 아니라 이를 제작할 수 있는 기술 수준에 도달하지 못하였기 때문에 당시 원고들이나 피고 회사는 CD라는 음반을 통한 음악저작물의 이용가능성을 전혀 예상할 수 없었던 것이므로 이 사건 가요 및 가창을 CD에 복제하여 판매하는 행위는 이 사건 계약의 목적이 될 수 없었고 따라서 피고 회사가 위 가요 및 가창을 새로운 복제매체인 CD라는 음반으로 복제하여 판매하는 행위는 이 사건 계약에 의한 원고들의 저작물의 이용범위를 벗어나 원고들의 저작권을 침해하는 행위라는 주장에 대하여, 가사 원고들이나 피고 회사가 이 사건 계약 당시 이 사건 가요 및 가창을 새로운 복제매체인 CD라는 음반으로 복제하는 상황을 예상하지 못하였음이 원고들 주장과 같다고 하더라도, 이 사건 계약 당시 복제매체에 관하여 어떠한 제약이 있었다는 점을 인정할 증거가 없고, 오히려 이 사건 계약이 피고 회사로 하여금 이 사건 원반을 이용하여 그에 수록된 원고들의 저작물을 LP음반 등 녹음물 일체에 복제하는 것을 허락하는 내용의 것이라고 봄이 상당하고, 한편 그 거시 증거에 의하여 인정되는바, LP음반과 CD는 소리의 수록 방식과 재생 과정에 차이가 있을 뿐 소리를 기계적으로 기록하여 종국적으로 스피커를 통하여 소리를 재생할 수 있는 음반인 것은 같으며 CD가 LP음반의 대체물인 경향이 강한 사실에 비추어 볼 때, 피고 회사가 이 사건 원반을 이용하여 원고들의 저작물을 CD로 복제하는 행위가 이 사건 계약에 의한 원고들의 저작물의 이용범위를 벗어나는 것이라는 원고들의 주장도 이유 없다고 하여 이를 배척하였다.

상고이유와 관련하여 먼저 이 사건 계약이 저작권 양도계약인지 저작권 이용허락계약인지에 관하여 본다.

현행 저작권법은 제41조 제 1 항에서 '저작재산권은 전부 또는 일부를 양도할 수 있다' 제42조 제 1 항은 '저작재산권자는 다른 사람에게 그 저작물의 이용을 허락할 수 있다'고 규정하여 저작권 양도와 이용허락을 구분하고 있으나, 실

제 계약을 해석함에 있어 과연 그것이 저작권 양도계약인지 이용허락계약인지
는 명백하지 아니한 경우가 많은데, 저작권 양도 또는 이용허락되었음이 외부적
으로 표현되지 아니한 경우 저작자에게 권리가 유보된 것으로 유리하게 추정함
이 상당하며, 계약내용이 불분명한 경우 구체적인 의미를 해석함에 있어 거래관
행이나 당사자의 지식, 행동 등을 종합하여 해석함이 상당하다고 할 것인바, 기
록에 의하여 인정되는, 이 사건에 있어서 원고들이 이 사건 계약 이후 소외 서
라벌레코드사와 음반출판계약을 체결하고 다시 CD음반을 복제, 판매 하였음에
도 피고가 이에 대하여 아무런 이의를 제기하지 아니한 점, 원고들이 가수인 원
심 원고 F의 인지도를 높이기 위한 목적에서 대가를 지급받음이 없이 이 사건
계약에 이르게 된 것이지 가창, 작곡, 작사에 관한 저작권을 모두 피고에게 양
도하려는 목적하에 이 사건 계약에 이르게 된 것이라고는 보여지지 아니하는
점 등에 비추어, 이 사건 계약은 비배타적 저작권 이용허락계약이라고 봄이 상
당하다고 할 것이다.

다음으로 이 사건 계약시 상용화되지 않은 매체인 CD음반을 피고가 제
작·판매하는 것이 원고들의 이용허락 범위를 일탈하는 것인지 여부에 관하여
본다.

일반적으로 법률행위의 해석은 당사자가 그 표시행위에 부여한 객관적인
의미를 명백하게 확정하는 것으로서 당사자가 표시한 문언에 의하여 그 객관적
인 의미가 명확하게 드러나지 않는 경우에는 그 문언의 내용과 그 법률행위가
이루어진 동기 및 경위, 당사자가 그 법률행위에 의하여 달성하려고 하는 목적
과 진정한 의사, 거래의 관행 등을 종합적으로 고찰하여 사회정의와 형평의 이
념에 맞도록 논리와 경험의 법칙, 그리고 사회 일반의 상식과 거래의 통념에 따
라 합리적으로 해석하여야 한다고 할 것이고(당원 1995. 5. 23. 선고 95다6465 판
결 참조), 저작권에 관한 계약의 해석에 있어서도, 저작권 양도 또는 이용허락
되었음이 외부적으로 표현되지 아니한 것은 일응 저작자에게 권리가 유보된 것
으로 유리하게 추정함을 원칙으로 하되, 저작권 이용허락을 받은 매체의 범위를
결정하는 것은 분쟁의 대상이 된 새로운 매체로부터 발생하는 이익을 누구에게
귀속시킬 것인가의 문제라고 할 것이므로, 이 사건과 같이 단순히 '녹음물 일체'
에 관한 이용권을 허락하는 것으로 약정하였을 뿐 새로운 매체에 관한 이용허
락에 대한 명시적인 약정이 없는 경우 과연 당사자 사이에 새로운 매체에 관하
여도 이용을 허락한 것으로 볼 것인지에 관한 의사해석의 원칙은, ① 계약 당시
새로운 매체가 알려지지 아니한 경우인지 여부, 당사자가 계약의 구체적 의미를
제대로 이해한 경우인지 여부, 포괄적 이용허락에 비하여 현저히 균형을 잃은

대가만을 지급 받았다고 보여지는 경우로서 저작자의 보호와 공평의 견지에서 새로운 매체에 대한 예외조항을 명시하지 아니하였다고 하여 그 책임을 저작자에게 돌리는 것이 바람직하지 않은 경우인지 여부 등 당사자의 새로운 매체에 대한 지식, 경험, 경제적 지위, 진정한 의사, 관행 등을 고려하고, ② 이용허락 계약 조건이 저작물 이용에 따른 수익과 비교하여 지나치게 적은 대가만을 지급하는 조건으로 되어 있어 중대한 불균형이 있는 경우인지 여부, 이용을 허락받은 자는 계약서에서 기술하고 있는 매체의 범위 내에 들어간다고 봄이 합리적이라고 판단되는 어떠한 사용도 가능하다고 해석할 수 있는 경우인지 여부 등 사회일반의 상식과 거래의 통념에 따른 계약의 합리적이고 공평한 해석의 필요성을 참작하며, 나아가 ③ 새로운 매체를 통한 저작물의 이용이 기존의 매체를 통한 저작물의 이용에 미치는 경제적 영향, 만일 계약 당시 당사자들이 새로운 매체의 등장을 알았더라면 당사자들이 다른 내용의 약정을 하였으리라고 예상되는 경우인지 여부, 새로운 매체가 기존의 매체와 사용, 소비 방법에 있어 유사하여 기존 매체시장을 잠식, 대체하는 측면이 강한 경우이어서 이용자에게 새로운 매체에 대한 이용권이 허락된 것으로 볼 수 있는지 아니면 그와 달리 새로운 매체가 기술혁신을 통해 기존의 매체시장에 별다른 영향을 미치지 않으면서 새로운 시장을 창출하는 측면이 강한 경우이어서 새로운 매체에 대한 이용권이 저작자에게 유보된 것으로 볼 수 있는지 여부 등 새로운 매체로 인한 경제적 이익의 적절한 안배의 필요성 등을 종합적으로 고려하여 사회정의와 형평의 이념에 맞도록 해석하여야 한다고 할 것이다(당원 1994. 12. 9. 선고 93다50321 판결 참조).

   기록에 의하여 살펴보면, 이 사건에 있어서 원고들이 경제적 지위에 있어서 현저히 약자적 입장에 있었고, 또한 원고들이 대편성 악단에 대한 비용, 음반업계의 관행상 무명가수인 경우 원고들이 부담하였을 음반 제작비용으로서 피고가 부담한 부분, 음반의 복제, 판매로 인한 원고들의 선전비용 상당의 대가만으로 과연 새로운 매체인 CD음반에 대한 이용허락까지도 한 것이라고 볼 수 있을 것인가 하는 점이 없지 아니하나, 다른 한편, 원고들의 학력이나 경력에 비추어 이 사건 계약 당시 지식, 경험 등은 쌍방이 대체로 균등하다고 볼 수 있고 당시 CD음반이 오늘날과 같이 대중적이지는 아니하였어도 해외에서는 이미 상품화되고 있었던 점에서 새로운 매체에 대한 대체적인 지식도 어느 정도 구비되어 있었다고 보여지고, 이 사건 계약이 원고들의 요구에 의하여 이루어진 점, 피고 회사가 이 사건 계약 후 LP음반 및 테이프로 복제·판매한 대체적인 수량이 1989년에 합계 812매, 1990년에 합계 2,103여 매, 1991년 상반기에 합계 868매, 1992년에 합계 1010매, 1993년에 합계 1,943매, 1994년에 합계 1,002매 정도이고, CD음반을 복제·판매한 1991년이후 1994년까지 원심 원고 F의 가창을 복제한 CD음반의 판매 현황이 대체로 합계 4천여 매에 불과하여 위 LP음반 및 테이프의 판매수량이 많지 아니할 뿐 아니라 CD음반의 판매로 피고 회사가 얻은 이익도 400여 만 원에 지나지 아니하는 점에 비추어 비록 원고들이 위와 같이 적은 대가만을 받았다고 하더라도 그 포괄적 이용허락에 비하여 현저히 균형을 잃은 대가만을 지급 받았다거나 새로운 매체로 인한 경제적 이익 안배의 필요성이 현저한 경우에 해당한다고는 보여지지 아니하는 점, 당시 위 F는 무명가수이어서 피고 회사의 비용부담이라는 조건이라면 원고들이 이와 같이 CD음반에 대한 이용허락을 포함하는 방법으로라도 이 사건 계약을 체결하였으리라고 보여지는 점, 음반업계의 관행에 비추어 이 사건 계약에 대한 위 대가가 유형적인 것은 아니라고 할지라도 그 가액이 상당한 정도에 달하는 점, CD음반이 LP음반과 소비, 사용기능에 있어 유사하여 LP음반 시장을 대체, 잠식하는 성격이 강한 점 등이 인정되고 이를 종합하면 앞서와 같은 대가를 받고 한 이 사건 계약에는 새로운 매체인 CD음반에 대한 이용허락까지도 포함되어 있는 것이라고 봄이 상당하다고 할 것이다.

결국 원심판결에는 지적하는 바와 같은 적절하지 아니한 점이 있으나 원고들의 청구를 기각한 결론에 있어 정당하다고 할 것이다. 논지는 모두 이유 없다.

질문

(1) 이 사건 계약이 저작권 양도계약이 아니라 저당권 이용허락계약이라고 판단한 이유는 무엇인가?

(2) 이 사건 계약이 새로운 매체인 CD음반에 대한 이용허락까지 포함되었다고 볼 수 있는가? 대법원의 판단 근거는 무엇인가? 이 사건에서 상고를 기각한 결론이 타당한가?

(2) 피고가 원고들의 동의 없이 인터넷이나 유튜브를 통하여 음원을 제공하는 것은 허용되는가?

[판결 4] 이른바 '신사약정': 대판 1994. 3. 25, 93다32668

1. 원심판결 이유에 의하면, 원심은 거시증거에 의하여 판시와 같은 경위로 피고 회사의 대표이사로 있는 소외 A와 B가 피고 회사에 대한 소유 및 경영

권을 인수하게 되었는데, 그 과정에서 원고측은 1987. 2. 20.경 한일은행 C 전무
실에서 동인의 중재 아래 위 A, B 등이 참석한 자리에서 인수 후 대표이사로
취임할 예정이던 위 A에게 피고 회사의 전사장인 원고를 약정일로부터 향후 6
년 이상 명예회장으로 추대하고 모든 예우를 사장과 동일하게 한다는 내용 등
이 기재된 약정서(갑제 2 호증)에 서명날인을 요구하여 위 A는 이를 거절하였으
나 위 C 전무가 위 A에게 서로 섭섭치않게 대우해 주는 것이 좋지 않겠느냐고
설득하여 위 A가 위 약정서의 말미에 "최대 노력하겠습니다"라는 문구를 부기
하고 서명날인한 사실, 위 A 등은 피고 회사를 원고 등으로부터 인수하여
1987. 4. 4. 상호를 삼일방직 주식회사로 변경함과 동시에 위 A가 대표이사 사장
으로 취임하여 1989. 12. 31.까지 원고에게 매월 보수로 금 2,000,000원을 지급
하고 피고 회사의 승용차를 제공하면서 운전기사의 보수 및 차량유지비를 부담
해 오다가 1990. 1. 1. 원고에 대한 보수지급을 중단하고 제공한 승용차도 회수
한 사실을 인정한 다음, 위 A에게는 위 약정 당시 피고 회사를 대표할 권한은
없었지만 위 회사 인수 후의 대표이사 예정자의 자격으로 위 약정을 체결하였
고, 위 A가 피고 회사를 인수한 후 1989. 12. 31.까지 위 인정과 같은 예우를 함
으로써 피고 회사는 위 약정을 묵시적으로 추인하였다고 할 것이므로 피고 회
사는 위 약정에 따라 원고에게 적어도 1993. 3. 31.까지는 사장과 동일한 예우를
할 의무가 있다고 판단하고, 이어 위 A는 원고가 요구한 위 약정서의 날인을
거부하였으나 관리은행측에서 3년 간만 수락하여 줄 것을 간곡히 요청하여 부
득이 성의껏 협조하겠다는 뜻에서 위 약정서에 "최대 노력하겠습니다"라고 기
재하고 서명날인한 것이고 이에 따라 1989. 12. 31.까지 원고에게 보수지급 및
승용차를 제공하였으므로 피고가 수락한 범위 내의 의무를 모두 이행하였다는
피고의 주장에 대하여, 설사 위 A가 그 주장과 같이 성의껏 협조한다는 뜻에서
위 약정서에 서명날인한 것이라고 하더라도 그 기간 및 이행의무가 명시된 약
정서에 서명한 이상 믿기 어려운 제 1 심 증인 B의 증언 외에는 그 서명당시 위
A의 진의가 3년 간만 그 예우를 하겠다는 뜻 또는 인수자에게 맡겨 두면 사정
이 허락하는 한 성심성의껏 그 예우를 하겠다는 뜻에 불과한 것임을 원고가 알
았거나 알 수 있었다고 볼 자료가 없는 이 사건에 있어서는 그 약정서에 기재
된 대로 계약이 성립되었다고 할 것이고, "최대 노력하겠습니다"라는 문구는 피
고 회사의 재정사정이 극도로 악화되어 원고에 대한 예우가 사실상 불가능하게
되지 아니하는 한 이를 이행하겠다는 취지, 즉 사정변경에 의한 계약해지의 여
지를 넓혀 주는 정도의 것이라고 봄이 상당하고, 피고 회사가 원고에 대한 보수
지급을 중단한 1989. 12. 31. 무렵 원고에 대한 예우를 감내할 수 없을 정도로

피고 회사의 재정사정이 악화되는 등 피고 회사의 최대의 노력으로도 더 이상 이행하기 어렵게 되었다는 사정에 관한 아무런 주장, 입증이 없으므로 피고의 위 주장은 이유 없다고 배척하였다.

　　2. 법률행위의 해석이란 당사자가 그 표시행위에 부여한 객관적인 의미를 명백하게 확정하는 것으로서, 서면에 사용된 문구에 구애받을 것은 아니지만 어디까지나 당사자의 내심적 의사의 여하에 관계없이 그 서면의 기재 내용에 의하여 당사자가 그 표시행위에 부여한 객관적 의미를 합리적으로 해석하여야 하는 것이고, 당사자가 표시한 문언에 의하여 그 객관적인 의미가 명확하게 드러나지 않는 경우에는 그 문언의 내용과 그 법률행위가 이루어진 동기 및 경위, 당사자가 그 법률행위에 의하여 달성하려는 목적과 진정한 의사, 거래의 관행등을 종합적으로 고려하여 사회정의와 형평의 이념에 맞도록 논리와 경험의 법칙, 그리고 사회일반의 상식과 거래의 통념에 따라 합리적으로 해석하여야 하는 것이다(당원 1992. 5. 26. 선고 91다35571 판결; 1990. 11. 13. 선고 88다카15949 판결 등 참조).

　　어떠한 의무를 부담하는 내용의 기재가 있는 문면에 "최대 노력하겠습니다"라고 기재되어 있는 경우, 특별한 사정이 없는 한 당사자가 위와 같은 문구를 기재한 객관적인 의미는 문면 그 자체로 볼 때 그러한 의무를 법적으로는 부담할 수 없지만 사정이 허락하는 한 그 이행을 사실상 하겠다는 취지로 해석함이 상당하다고 할 것이다. 왜냐하면 그러한 의무를 법률상 부담하겠다는 의사이었다면 굳이 "최대 노력하겠습니다"라는 문구를 사용할 필요가 없는 것이므로, 위와 같은 문구를 삽입하였다면 그 문구를 의미없는 것으로 볼 수는 없는 것이고 따라서 당사자가 그러한 표시행위에 의하여 나타내려고 한 객관적인 의사는 그 문구를 포함한 전체의 문언으로부터 해석함이 상당하기 때문이다.

　　그리고 원심이 확정한 바에 의하면, 피고 회사의 대표이사로 있는 위 A와 B가 피고 회사에 대한 소유 및 경영권을 인수하는 과정에서 피고 회사의 주주이던 원고측이 1987. 2. 20.경 한일은행 C 전무실에서 동인의 중재 아래 위 A, B 등이 참석한 자리에서 인수 후 대표이사로 취임할 예정이던 위 A에게 피고 회사의 전사장인 원고를 약정일로부터 향후 6년 이상 명예회장으로 추대하고 모든 예우를 사장과 동일하게 한다는 내용등이 기재된 위 약정서에 서명날인을 요구하여 위 A는 이를 거절하였으나 위 C 전무가 위 A에게 서로 섭섭치않게 대우해 주는 것이 좋지 않겠느냐고 설득하여 위 A가 위 약정서의 말미에 "최대 노력하겠습니다"라는 문구를 부기하고 서명날인하였다는 것인바, 위 A가 원고측의 제의를 일단 거절하였던 점, 위 A가 위 C의 중재를 받아들여 원고측이 제시한 위 내용을 그대로 수용할 의사이었다면 위 약정서에 그대로 서명날인하여 원고측에 교부하면 되는 것인데, 굳이 "최대 노력하겠습니다"라는 문구를 삽입하여 원고측에 교부한 점 등 위와 같은 문구를 삽입하게 된 경위 등에 앞서 본 바와 같은 위 "최대 노력하겠습니다"라는 문언의 일반적인 의미를 함께 고려하여 보면, 위 A가 위 약정서의 말미에 "최대 노력하겠습니다"라고 기재한 표시행위에 의하여 부여한 객관적인 의사는 원고측이 제시한 위와 같은 의무를 법률적으로는 부담할 수 없지만 사정이 허락하는 한 성의껏 이행하겠다는 취지이었다고 봄이 상당하고, 또한 원고측은 그들이 제시하였던 약정서에 위 A가 그 말미에 위와 같은 문구를 삽입하고 서명날인한 것을 교부받았을 때 위 A가 위 표시행위에 의하여 나타내려는 객관적인 의사를 알았거나 알 수 있었다고 봄이 상당하다.

　　3. 그럼에도 원심은 위 A가 성의껏 협조하겠다는 뜻에서 위 약정서에 서명날인한 것이라고 하더라도 원고가 이를 알았거나 알 수 있었다고 볼 자료가 없어서 위 약정서에 기재된 대로의 계약이 성립되었다고 판단하고, 위 "최대 노력하겠습니다"라는 문구는 피고 회사의 재정사정이 악화되어 원고에 대한 예우가 사실상 불가능하게 되지 아니하는 한 이를 이행하겠다는 취지, 즉 사정변경에 의한 계약해지의 여지를 넓혀 주는 정도의 것이라고 보고 피고에게 위 약정에 표시된 대로 이행할 의무가 있다고 보았으므로, 원심판결에는 필경 법률행위의 해석을 그르친 위법이 있다고 할 것이고, 이를 지적하는 논지는 이유 있다.

질문

(1) 신사약정(gentleman's agreement)의 의미는 무엇인가?

(2) 이 사건에서 약정의 효력을 부정한 것은 타당한가?

(3) 이 사건에서 문언의 의미를 최소한 월 200만원씩은 지급하고 그 이상으로 대우하는 것을 노력한다는 의미로 해석하는 것이 정당한 것은 아닌가?

(4) 대판 2021. 1. 14. 2018다223054는 어떠한 의무를 부담하는 내용의 기재가 있는 문면에 '최대한 노력하겠습니다.', '최대한 협조한다.' 또는 '노력하여야 한다.'고 기재되어 있는 경우 당사자에게 법적 의무가 있는지 여부를 판단하고 있다. 이 판결은 [판결 4]의 법리를 전제로 하여 "계약서의 전체적인 문구 내용, 계약의 체결 경위, 당사자가 계약을 체결함으로써 달성하려는 목적과 진정한 의사, 당사자에게 의무가 부과되었다고 볼 경우 이행가능성이 있는 것인지 여부 등을 종합적으로 고려하여 당사자가 그러한 의무를 법률상 부담할 의사였다고 볼 만한 특별한 사정이 인정되는 경우에는 위와 같은 문구에도 불구하고 법적으로 구속력이 있는 의무로 보아

야 한다."라고 판단을 추가하고 있다. 위와 같은 문구를 사용하고 있는데
도 법적 의무가 있다고 판단하는 사안에는 어떠한 특징이 있는가?

[보론] 계약당사자의 확정

계약의 당사자가 누구인지 명확하지 않은 경우에 계약의 당사자를 정하는
것을 계약당사자의 확정 문제라고 한다. 이 문제도 계약의 해석 문제로 다루어
지고 있다. 특히 당사자가 다른 사람 이름으로 계약을 체결한 경우에 계약당사
자를 누구로 보아야 하는지 문제된다. 행위자와 상대방의 의사가 일치한 경우
에는 그와 같이 일치한 의사에 따라 계약의 당사자를 확정하여야 한다. 타인의
명의로 계약이 체결되었으나, 당사자 사이에 그 계약 명의에도 불구하고 행위
자를 계약당사자로 하기로 의사가 일치된 경우에 행위자를 계약의 당사자로
보아야 한다.[20] 그러나 당사자의 의사가 합치되지 않은 경우에는 의사표시의
상대방의 관점에서 합리적인 인간이라면 누구를 계약의 당사자로 이해하였을
것인지를 기준으로 판단하여야 한다. 이 경우에 계약의 성질, 내용, 목적, 체결
경위 및 계약체결을 전후한 구체적인 제반사정을 고려하여야 한다.[21] 행위자와
명의자가 다른 경우에 의사가 불분명하다면 실제로는 명의자가 계약의 당사자
가 되는 경우가 많을 것이다.[22] 왜냐하면 상대방은 명의자를 계약의 당사자로
인식하는 경우가 통상적이기 때문이다.[23]

예금계약 등 금융거래에서 당사자를 결정하는 기준에 관하여 판례가 금융
실명제 실시를 전후로 바뀌었다. 금융실명제 실시 전에는 '예금을 실질적으로
지배하고 있는 자'를 예금주로 보고, 그 명의자가 누구인지 또는 금융기관이
누구를 예금주라고 믿었는지는 상관없다고 하였다.[24] 금융실명제 실시 직후에
는 원칙적으로 예금명의자를 예금주로 보고, 예외적으로 금융자산의 출연자와
금융기관 사이에 거래명의인이 아닌 출연자에게 금융자산채권을 귀속시키기로

---

20) 대판 1999. 6. 25, 99다7183; 대판 2003. 12. 12, 2003다44059.
21) 대판 1995. 9. 29, 94다4912; 대판 1995. 10. 13, 94다55385; 대판 1996. 7. 30, 95다1019; 대
    판 1998. 3. 13, 97다22089; 대판 1999. 6. 25, 99다7183; 대판 2001. 5. 29, 2000다3897.
22) 대판 2001. 5. 29, 2000다3897; 대판 2007. 9. 6, 2007다31990.
23) 김재형(주 13), 156-162면.
24) 대판 1987. 10. 28, 87다카946; 대판 1988. 12. 27, 88누10060.

하는 명시적 또는 묵시적 약정이 있는 경우에는 그 출연자를 예금주로 보았다.[25] 이러한 판례에 대해서는 금융실명거래 및 비밀보장에 관한 법률(이하 '금융실명법'이라 한다) 제 3 조 제 1 항("금융기관이 거래자의 실지명의에 의하여 금융거래를 하여야 한다.")의 취지를 반영하지 못한다는 비판이 있었다.[26]

그 후 대법원 전원합의체 판결은 종전 판례를 다음과 같이 변경하였다. 본인인 예금명의자의 의사에 따라 예금명의자의 실명확인 절차가 이루어지고 예금명의자를 예금주로 하여 예금계약서를 작성하였음에도 불구하고, 예금명의자가 아닌 출연자 등을 예금계약의 당사자라고 볼 수 있으려면, 금융기관과 출연자 등과 사이에서 실명확인 절차를 거쳐 서면으로 이루어진 예금명의자와의 예금계약을 부정하여 예금명의자의 예금반환청구권을 배제하고 출연자 등과 예금계약을 체결하여 출연자 등에게 예금반환청구권을 귀속시키겠다는 명확한 의사의 합치가 있는 극히 예외적인 경우로 제한되어야 한다.[27]

> **[판결 5] 당사자의 명의를 도용하여 계약을 체결한 경우 당사자의 확정과 계약의 해석: 대판 1995. 9. 29, 94다4912**

1. 원심판결 이유에 의하면 원심은, 자신의 명의로 사업자등록을 할 수 없는 사정이 있던 소외 A가 평소 친분이 있던 소외 B 모르게 그의 명의로 케논판매본부라는 상호하에 문구류 판매업을 시작하면서 1989. 12. 2. 피고와의 사이에 피고가 공급하는 사무기기 및 용품을 실수요자에게 판매하기로 하는 내용의 대리점계약을 체결하고, 위 대리점계약상의 영업보증금의 지급담보를 위하여 B의 승낙도 없이 마치 자신이 위 B인 것처럼 임의로 위 B의 명의를 사용하여 원고와의 사이에 피보험자를 피고로 하고 보험가입 금액을 금 10,000,000원, 보험기간을 1989. 12. 2.부터 1990. 12. 1.까지로 하는 지급계약 보증보험계약(이하 이 사건 보험계약이라 한다)을 체결하였는데, 그 후 위 A가 위 영업보증금의 지급을 지체하자 피고가 위 대리점계약을 해지하고 원고에게 보험금의 지급을 청구하여 원고는 1990. 3. 2. 피고에게 보험금 10,000,000원을 지급한 사실을 인정한 다음, 이 사건 보험계약은 위 A가 위 B의 명의를 모용하여 체결한 것으로서 그 법률상 효력이 없다 할 것인데, 피고가 법률상 원인 없이 위 보험금을 수령함으

---

25) 대판 1998. 11. 13, 97다53359.

26) 김재형, "금융거래에서 당사자에 관한 판단기준," 민법론 Ⅲ, 2007, 43면 이하 참조.

27) 대판(전) 2009. 3. 19, 2008다45828(아래 [판결 6]).

로써 같은 금액 상당의 이익을 얻고 이로 인하여 원고에게 같은 금액 상당의 손해를 가하였다 할 것이므로 피고는 원고에게 이를 반환할 의무가 있다는 원고의 주장에 대하여, 위에서 인정한 바와 같이 위 A가 위 B의 명의를 모용하여 이 사건 보험계약을 체결한 이상 이는 위 B에 대한 관계에 있어서는 무효라 할 것이나 그러한 사실만으로는 나아가 위 보험계약이 위 A에 대한 관계에 있어서도 무효라고는 할 수 없는 것이고, 오히려 위 인정사실에 비추어 볼 때 이 사건 보험계약의 당사자는 원고와 위 A이며 이 사건 보험계약이 담보하는 보험사고도 위 A가 피고와의 사이에 체결한 위 대리점계약상의 영업보증금의 지급불이행이라고 보아야 할 것이므로 피고는 원고와 위 A 사이에 유효하게 체결된 보험계약에 따라 위 보험금을 지급받았다고 보아야 할 것이고, 따라서 이 사건 보험계약이 위 A에 대한 관계에 있어서도 무효임을 전제로 하는 원고의 이 사건 청구는 이유 없다고 판단하였다.

2. 그러나 이 사건과 같이 타인의 이름을 임의로 사용하여 계약을 체결한 경우에는 누가 그 계약의 당사자인가를 먼저 확정하여야 할 것으로서, 행위자 또는 명의인 가운데 누구를 당사자로 할 것인지에 관하여 행위자와 상대방의 의사가 일치한 경우에는 그 일치하는 의사대로 행위자의 행위 또는 명의인의 행위로서 확정하여야 할 것이지만, 그러한 일치하는 의사를 확정할 수 없을 경우에는 계약의 성질, 내용, 목적, 체결경위 및 계약체결을 전후한 구체적인 제반사정을 토대로 상대방이 합리적인 인간이라면 행위자와 명의자 중 누구를 계약당사자로 이해할 것인가에 의하여 당사자를 결정하고, 이에 터잡아 계약의 성립 여부와 효력을 판단함이 상당할 것이다.

이 사건의 경우 원심의 위 판시는 요컨대 위 A를 이 사건 보험계약의 당사자로 보아야 한다는 것이나, 원심이 확정한 사실에 의하면 이 사건에 있어서는 A가 마치 자신이 B인 것처럼 행세하여 원고와 계약을 체결하였다는 것이므로 원고는 A가 B인 줄로만 알고 이 사건 보험계약을 체결하기에 이른 것이라 할 것이어서 원고와 A 사이에 A를 이 사건 보험계약의 당사자로 하기로 하는 의사의 일치가 있었다고 볼 여지는 없어 보인다.

또한 기록에 의하면 이 사건 보험계약은 보험계약자가 피고에 대하여 계속적 거래관계에서 부담하게 될 물품대금 채무의 이행을 담보하기 위한 영업보증금의 지급을 보증하는 계약임을 알 수 있으므로 이는 채무자인 보험계약자의 신용상태가 그 계약체결의 여부 및 조건을 결정하는 데에 중요한 요소로 작용하였다고 보아야 할 것인데, 위 A는 자신의 명의로 사업자등록조차 할 수 없는 처지였음에도 불구하고 이러한 사정을 숨긴 채 보험가입에 아무런 지장이 없는

B인 것처럼 행세하여 그의 명의로 이 사건 보험계약을 청약하였고 이에 원고는 실제로 계약을 체결한 A가 서류상에 보험청약자로 되어 있는 B인 줄로만 알고 그 계약이 아무런 하자 없는 당사자에 대한 것이라는 판단하에 이 사건 보험계약을 체결하였다고 여겨지므로(원심이 들고 있는 을 제 3 호증의 26에 의하면 원고는 이 사건 문제가 생긴 뒤에 비로소 A에 대한 전산조회를 하여 보고 그가 증권교부 부적격자임을 알았다는 것이므로 이 사건 계약체결 당시 A를 당사자로 생각하였더라면 원고는 계약을 체결하지 아니하였을 것으로 보인다) 이에 비추어보면 객관적으로 볼 때 원고는 A가 제출한 청약서상에 보험계약자로 되어 있는 B을 보험계약의 상대 당사자인 주채무자로 인식하여 그와 이 사건 계약을 체결하는 것으로 알았으리라고 인정된다.

그렇다면 원고와 이 사건 보험계약을 체결한 당사자는 위 A가 아니라 위 B라고 보아야 할 것인데, 실제는 위 A가 B로부터 아무런 권한도 부여받음이 없이 임의로 B의 이름을 사용하여 계약을 체결한 것이므로 이 사건 보험계약은 특별한 사정이 없는 한 그 계약 내용대로 효력을 발생할 수는 없는 것이라고 할 것이다. 따라서 위 A가 대리점계약상의 채무를 이행하지 아니한 것을 이유로 피고가 원고로부터 이 사건 보험금을 지급받은 것은 결국 아무런 효력이 없는 보험계약에 기한 보험금의 수령이라 할 것이므로 더 나아가 위 A의 피고에 대한 채무불이행이 이 사건 보험계약상의 보험사고인지 여부를 따질 필요도 없이 피고는 법률상 아무런 원인 없이 이득을 취하고 원고에게 같은 금액 상당의 손해를 입힌 것이라고 보아야 할 것이다.

그럼에도 불구하고 원심이 그 판시와 같은 이유만으로 위 A가 이 사건 보험계약상의 당사자라고 판단하여 원고의 청구를 배척한 것은 법률행위의 해석에 관한 법리를 오해하여 심리를 다하지 아니하였거나 이유를 제대로 갖추지 아니한 위법을 저지른 것이므로 이 점을 지적하는 논지는 이유 있다.

3. 그러므로 원심판결을 파기하고 사건을 서울지방법원 합의부에 환송하기로 하여 관여 법관의 일치된 의견으로 주문과 같이 판결한다.

질문

(1) 계약당사자를 확정하는 데 계약의 해석에 관한 법리가 적용되는가?
(2) 타인 명의로 계약을 체결한 경우에 당사자는 누구인가?

> [판결 6] 금융실명제 이후 예금계약의 당사자 확정: 대판(전) 2009. 3. 19. 2008다
> 45828

상고이유를 판단한다.

1. 금융기관과 예금계약을 체결하려는 사람이 다른 사람의 명의를 빌려 예금계약을 체결한 경우에 금융기관에 대한 관계에서 그 예금계약의 당사자, 즉 예금주가 누구인지가 문제된다.

가. 일반적으로 계약의 당사자가 누구인지는 그 계약에 관여한 당사자의 의사해석의 문제에 해당한다. 의사표시의 해석은 당사자가 그 표시행위에 부여한 객관적인 의미를 명백하게 확정하는 것으로서, 계약당사자 사이에 어떠한 계약 내용을 처분문서인 서면으로 작성한 경우에는 그 서면에 사용된 문구에 구애받는 것은 아니지만 어디까지나 당사자의 내심적 의사의 여하에 관계없이 그 서면의 기재 내용에 의하여 당사자가 그 표시행위에 부여한 객관적 의미를 합리적으로 해석하여야 하며(대법원 1995. 6. 20. 선고 94다51222 판결, 대법원 2002. 6. 28. 선고 2002다23482 판결 등 참조), 이 경우 문언의 객관적인 의미가 명확하다면, 특별한 사정이 없는 한 문언대로의 의사표시의 존재와 내용을 인정하여야 한다(대법원 2002. 5. 24. 선고 2000다72572 판결, 대법원 2004. 4. 28. 선고 2003다39873 판결 등 참조).

나. 뿐만 아니라, 대량적·반복적으로 이루어지는 예금계약과 같은 금융거래는 금융기관에 의하여 정형적이고 신속하게 취급되어야 하며, 예금계약에 기한 예금반환청구권 등이 누구에게 귀속되는지를 명확히 하여 금융거래를 투명하게 함으로써 금융거래의 정상화를 기할 필요가 있다. 이를 위하여 제정된 금융실명거래 및 비밀보장에 관한 법률(이하 '금융실명법'이라고 한다)은 예금계약에 기한 예금반환청구권을 갖는 예금주 등이 누구인지를 명확히 하기 위하여 실명확인 절차를 마련하였고, 그에 따라 예금계약의 체결에 앞서 실명확인 절차를 거쳐야 하게 되었으므로, 예금계약에 의하여 발생되는 예금반환청구권을 갖는 예금주가 누구인지는 실명확인 절차에 의하여 객관적으로 확인된 당사자의 의사에 기초하여 해석하여야 한다.

즉, 금융실명법은 실지명의에 의한 금융거래를 실시하고 그 비밀을 보장하여 금융거래의 정상화를 기함으로써 경제정의를 실현하고 국민경제의 건전한 발전을 도모함을 그 목적으로 하여 제정된 법으로서(제1조), 실명을 주민등록표상의 명의, 사업자등록증상의 명의, 기타 대통령령이 정하는 명의로 정의하고 있으며(제2조 제4호), 금융기관은 거래자의 실명에 의하여 금융거래를 하여야 하고(제3조 제1항), 거래자의 실명에 의하지 아니하고 거래하는 경우 그 임직

원 및 금융기관 등에게 과태료를 과하도록 하고 있다(제 7 조, 제 8 조). 나아가 위 법 시행규칙에서 개인과 법인 그리고 법인이 아닌 단체 등으로 구분하여 실명거래의 확인방법을 규정하고 있는데, 예컨대 개인의 경우 주민등록증, 주민등록증에 의하는 것이 곤란한 경우에는 국가기관, 지방자치단체 또는 교육법에 의한 학교의 장이 발급한 것으로서 실명확인이 가능한 증표 또는 주민등록표등본과 신분을 증명할 수 있는 증표에 의하도록 정하고 있다(위 법 시행규칙 제 3 조 제 1 호).

1993. 8. 12. 금융실명거래 및 비밀보장에 관한 긴급재정경제명령에 의하여 실명에 의한 금융거래가 의무화된 이래, 위와 같이 금융실명법이 제정·시행됨에 따라 금융실명법이 정하는 일부 소액송금 등의 예외적인 경우(제 3 조 제 2 항)를 제외하고 원칙적으로 모든 금융거래는 실명거래의 확인 절차를 거쳐야 한다는 사정은 우리 국민 모두에게 널리 인식되어 왔다. 이에 따라, 금융기관의 예금계약 관련 기본약관에서는 금융기관뿐 아니라 고객에게 실명거래의무와 함께 실명확인증표 등의 제출요구에 응할 의무를 부과하여 왔고, 이제 예금거래에서는 예금계좌 개설시마다 실명을 증명할 수 있는 증표 원본에 의하여 예금명의자의 실명을 확인한 다음 거래원장, 예금거래신청서, 예금계약서 등에 '실명확인필'을 표시하고 확인자가 날인 또는 서명하는 실무가 확고하게 자리 잡고 있으며, 예금명의자가 직접 금융기관에 출석하지 아니하고 대리인에 의하여 예금계약을 체결하는 경우에도 본인 및 대리인 모두에 관하여 실명확인증표를 받고 있다.

또한, 2005. 1. 17. 개정된 특정 금융거래정보의 보고 및 이용 등에 관한 법률은 금융기관 등의 고객주의의무에 관한 규정을 신설하여, 금융기관 등이 금융거래를 이용한 자금세탁행위를 방지하기 위한 합당한 주의로서 고객이 계좌를 신규로 개설하거나 대통령령이 정하는 금액 이상으로 일회성 금융거래를 하는 경우 거래당사자의 신원에 관한 사항을 확인하고, 실제 거래당사자 여부가 의심되는 등 고객이 자금세탁행위를 할 우려가 있는 경우 실제 당사자 여부 및 금융거래 목적을 확인하도록 하고 있는데(제 5 조의2), 위 법 시행령의 규정에 따르면 금융실명법이 정하는 실명 이외에 주소와 연락처 등도 확인하도록 함으로써(위 법 시행령 제10조의4) 금융실무에서 고객을 확인하는 절차 등을 더욱 강화하고 있는 추세이다.

따라서 예금계약과 같은 금융거래 계약의 경우에는 다른 계약의 경우보다 훨씬 더 실명확인 절차를 통하여 객관적으로 표시된 예금명의자 및 금융기관의 의사에 기초하여 예금계약의 당사자, 즉 예금반환청구권을 갖는 예금주를 정하여야 한다.

다. 특히, 금융실명제가 시행되기 전에는 당시의 거래실정이나 금융거래 관행상 예금을 하고자 하는 자는 물론 금융기관도 예금명의에 대하여 별 의미를 부여하지 않았고 예금명의자가 누구인지 등을 조사하지도 않았으므로, 금융기관의 의사는 예금주의 명의 여하를 묻지 않고 실제로 자금을 출연하고 예금을 지배하는 자와 예금계약을 체결하려는 의사라고 해석할 여지가 있었고, 예금명의에 대한 금융기관의 신뢰는 보호될 여지가 없었다. 그러나 금융실명제가 시행된 후에는 특별한 사정이 없는 한 주민등록증 등을 통하여 실명확인을 한 예금명의자가 금융실명법 제 3 조 제 1 항 소정의 '거래자'로서 금융기관과 예금계약을 체결할 의사를 표시한 것으로 보아야 하고, 또한 대량적·반복적으로 이루어지는 예금거래를 신속하고 정형적으로 처리하여야 하는 금융기관으로서도, 출연자가 누구인지 여부 및 출연자와 예금명의자의 내부관계가 어떠한지에 구애받음이 없이 예금계약의 당사자 확정을 둘러싼 분쟁을 방지하고 법률관계를 명확히 하기 위하여 실명확인을 통하여 계약체결 의사를 표시한 예금명의자를 계약당사자로 받아들여 예금계약을 체결한 것이라고 보아야 하므로, 이와 같이 합치된 쌍방의 의사 및 그에 관한 금융기관의 신뢰는 존중되어야 한다.

라. 결국, 위에서 본 처분문서에 표시된 의사표시의 해석에 관한 일반적인 법리와 아울러 투명한 금융거래를 추구하는 금융실명제 관련 법령의 규정과 입법 취지, 예금계약 관련 기본약관, 금융실무의 관행, 예금거래의 특수성, 예금명의자와 금융기관의 의사 및 신뢰보호의 필요성 등을 종합하여 보면, 금융실명법에 따라 실명확인 절차를 거쳐 예금계약을 체결하고 그 실명확인 사실이 예금계약서 등에 명확히 기재되어 있는 경우에는, 일반적으로 그 예금계약서에 예금주로 기재된 예금명의자나 그를 대리한 행위자 및 금융기관의 의사는 예금명의자를 예금계약의 당사자로 보려는 것이라고 해석하는 것이 경험법칙에 합당하고, 예금계약의 당사자에 관한 법률관계를 명확히 할 수 있어 합리적이라 할 것이다. 그리고 이와 같은 예금계약 당사자의 해석에 관한 법리는, 예금명의자 본인이 금융기관에 출석하여 예금계약을 체결한 경우나 예금명의자의 위임에 의하여 자금 출연자 등의 제 3 자(이하 '출연자 등'이라 한다)가 대리인으로서 예금계약을 체결한 경우 모두 마찬가지로 적용된다고 보아야 한다.

마. 따라서 본인인 예금명의자의 의사에 따라 예금명의자의 실명확인 절차가 이루어지고 예금명의자를 예금주로 하여 예금계약서를 작성하였음에도 불구하고, 위에서 본 바와 달리 예금명의자가 아닌 출연자 등을 예금계약의 당사자라고 볼 수 있으려면, 금융기관과 출연자 등과 사이에서 실명확인 절차를 거쳐

서면으로 이루어진 예금명의자와의 예금계약을 부정하여 예금명의자의 예금반환청구권을 배제하고, 출연자 등과 예금계약을 체결하여 출연자 등에게 예금반환청구권을 귀속시키겠다는 명확한 의사의 합치가 있는 극히 예외적인 경우로 제한되어야 할 것이고, 이러한 의사의 합치는 금융실명법에 따라 실명확인 절차를 거쳐 작성된 예금계약서 등의 증명력을 번복하기에 충분할 정도의 명확한 증명력을 가진 구체적이고 객관적인 증거에 의하여 매우 엄격하게 인정하여야 한다.

즉, 금융실명법에 의한 실명확인 의무를 이행하여야 하는 한편, 정형적으로 신속하게 예금거래를 처리할 필요가 있는 금융기관이 스스로 실명확인 절차를 거쳐 본인인 예금명의자를 예금계약의 당사자로 취급하여 놓고도 이와 달리 대리인으로 온 출연자 등을 예금계약의 당사자로 하기로 하는 다른 합의를 한 것이라고 해석하려면, 금융기관 및 그 담당직원이 금융실명법 위반에 따른 행정상 제재와 향후 예금주 확정을 둘러싼 분쟁 발생의 위험 등을 감수하면서까지 그와 같은 합의를 하기에 이르렀다고 볼만한 특별한 사유가 인정되어야 할 것이고, 그렇지 않다면 금융기관이 굳이 위와 같은 불이익과 위험을 부담하면서까지 그와 같은 합의를 하였다고 보기 어렵다.

그리고 금융기관이 예금계약 체결 당시, 실명확인 절차와 마찬가지로 출연자 등의 인적사항을 구체적으로 확인하고, 출연자 등이 예금계약서 작성 등에 의하여 표시된 예금명의자의 의사를 배제하고 예금반환청구권을 출연자 등에게 귀속시키는 예금계약을 체결할 권한을 갖고 있다는 사정을 명확히 알았다고 인정되지 않는 한, 금융기관이 본인인 예금명의자의 대리인의 자격으로 예금계약서 등을 작성함에 불과한 출연자 등을 예금계약의 당사자로 하기로 합의하였다고 쉽게 인정할 수 없다. 이는 금융기관이 이러한 사정을 명확히 알지도 못하면서 본인이 아닌 대리인에게 예금반환청구권을 전적으로 귀속시키는 예금계약을 체결하였다고 보는 것이어서 경험법칙에 명백히 반하기 때문이다.

또한, 예금계약의 체결 후에 출연자 등이 예금명의자에게 예금통장 및 거래 인감도장 등을 교부하지 않고 이를 소지하며 예금의 이자나 원금 등을 인출하여 왔다는 사정은, 예금계약 체결 당시 금융기관으로서는 명확히 알 수 없었던 사정이므로 이를 가지고 예금계약 체결 당시 금융기관이 그 출연자 등과 예금계약을 체결할 의사가 있었다고 단정하여서는 아니 된다. 뿐만 아니라, 설령 금융기관이 예금계약 체결 당시 위와 같은 사정 등을 알았다 하더라도, 출연자 등은 금융기관과의 관계에서 예금계약상의 예금반환청구권이 예금명의자에게 귀속됨을 전제로 하면서도 예금명의자로부터 위임을 받아 그 대리인으로서 예

금통장과 도장 등을 소지하여 예금의 반환을 구하거나 예금의 반환을 수령할
수 있는 권한을 행사하려는 것으로 해석할 수도 있으므로(대법원 2003. 1. 24. 선
고 2002다40074 판결 등 참조), 금융기관과 출연자 등 사이에, 실명확인 절차를
거친 예금명의자와의 예금계약을 부정하여 예금명의자의 예금반환청구권을 배
제하고 출연자 등과 예금계약을 체결하여 출연자 등에게 예금반환청구권을 귀
속시키려는 명확한 의사의 합치가 있다고 볼 수 없다. 즉, 예금계약 체결 후의
예금통장과 도장 및 비밀번호의 관리와 예금의 인출 및 인출된 자금의 관리에
관한 사정은 예금명의자와 출연자 등 사이의 내부적인 법률관계에 따라서 그
내용이 달라질 수 있는 것이므로, 그러한 사정을 예금계약 당사자 해석에 관한
근거자료로 삼는 것은 예금명의자와 출연자 등 사이의 내부적 법률관계를 섣불
리 그와 별개인 금융기관과 예금명의자와의 예금계약 관계에 반영시키는 것일
뿐만 아니라, 금융실명법의 입법 취지 및 실명확인 절차를 거쳐 예금계약서 등
에 객관적으로 표시된 예금명의자와 금융기관의 의사에 반하여 예금계약의 당
사자를 정하려는 것이므로 타당하다고 보기 어렵다(대법원 2002. 4. 23. 선고
2001다78256 판결, 대법원 2002. 5. 31. 선고 2001다73183 판결 등 참조).

　　바. 이와 달리, 금융실명법에 의하여 예금명의자에 대한 실명확인 절차를
거쳐 예금계약서 등을 작성함으로써 그의 명의로 예금계약이 이루어진 사안에
서, 실명확인 절차를 거쳐 작성된 예금계약서 등의 증명력을 번복하기에 충분할
정도의 명확한 증명력을 가진 구체적이고 객관적인 증거에 의하여, 금융기관과
출연자 등 사이에서 예금명의자와의 예금계약을 부정하여 예금명의자의 예금반
환청구권을 배제하고 출연자 등과 예금계약을 체결하여 출연자 등에게 예금반
환청구권을 귀속시키려는 명확한 의사의 합치가 있다고 인정되는 극히 예외적
인 경우에 해당하는지 여부를 심리하지 아니하고, 그에 이르지 아니한 명시적
또는 묵시적 약정에 의하여서도 예금명의자가 아닌 출연자 등에게 예금반환청
구권이 귀속될 수 있다는 취지로 판시한 대법원 2000. 3. 10. 선고 99다67031
판결, 대법원 2002. 8. 23. 선고 2002다29244 판결, 대법원 2002. 9. 24. 선고
2001다38463 판결, 대법원 2004. 2. 13. 선고 2003다52364 판결, 대법원 2004.
12. 10. 선고 2004다29989, 29996 판결, 대법원 2005. 6. 9. 선고 2005다12551
판결, 대법원 2005. 6. 24. 선고 2005다17877 판결과 그 밖에 이 판결의 견해와
다른 대법원판결들은 모두 이 판결의 견해에 배치되는 범위 내에서 이를 변경
하기로 한다.

　　2. 원심이 확정한 사실과 원심이 적법하게 채택한 증거에 의하여 인정되는
사실에 의하면, 원고의 남편인 소외인이 2006. 2. 13. 원고를 대리하여 주식회사

좋은상호저축은행(이하 '소외 저축은행'이라 한다)에서 원고 명의로 신규 정기예금 계좌(이하 '이 사건 예금계좌'라 한다)를 개설하고 4,200만 원을 예치하였는데, 이 사건 예금계좌 개설 당시 작성된 예금거래신청서의 신청인란에는 원고의 성명과 주민등록번호가 기재되어 있고 원고의 주민등록증 사본이 붙어 있으며, 위 예금거래신청서의 실명확인란에는 담당자와 책임자의 확인 도장이 날인되어 있는 사실, 이 사건 예금계좌의 통장 등은 원고 명의로 발급되었고, 소외 저축은행의 거래내역 현황에는 원고를 이 사건 예금계좌의 권리자로 기재하고 있는 사실 등을 알 수 있다.

앞에서 본 예금계약의 당사자 해석에 관한 법리와 위 사실관계에 비추어 보면, 소외인은 원고를 대리하여 소외 저축은행의 담당직원에게 원고 명의의 예금거래신청서를 작성·제출함과 아울러 실명확인 절차에 필요한 증표로서 원고의 주민등록증을 제출하여 원고를 예금명의자로 하는 예금계좌의 개설을 신청하였고, 소외 저축은행의 담당직원은 이러한 신청을 받아들여 원고 명의의 실명확인 절차를 거치고 그 취지를 위 예금거래신청서에 기재하는 등으로 원고와 예금계약을 체결할 의사를 표시하였으므로, 실명확인 절차를 거쳐 작성된 위 예금거래신청서 등의 증명력을 번복하기에 충분할 정도의 명확한 증명력을 가진 구체적이고 객관적인 증거에 의하여, 그 당시 소외 저축은행과 소외인 사이에서 원고와의 예금계약을 부정하여 원고의 예금반환청구권을 배제하고 소외인과 예금계약을 체결하여 소외인에게 예금반환청구권을 귀속시키려는 명확한 의사의 합치가 있었다고 인정되는 경우에 해당하지 않는 한, 이 사건 예금계좌의 예금반환청구권이 귀속되는 예금계약의 당사자는 원고라고 보아야 한다.

그런데 원심은 위 4,200만 원은 소외인 명의로 다른 금융기관에 개설된 다른 예금계좌에서 인출되어 이 사건 예금계좌에 입금된 것이고, 위 예금거래신청서는 소외인에 의하여 작성된 것으로서 소외인의 도장이 거래인감으로 등록·사용되고 이 사건 예금계좌의 비밀번호가 소외인 명의의 다른 정기예금계좌의 비밀번호와 동일하며, 이 사건 예금계좌의 이자가 매월 소외인 명의의 다른 은행 예금계좌로 자동이체되도록 신청되어 있는 사정 등을 참작하여, 소외 저축은행과 소외인 사이에서 실명확인 절차를 거쳐 위 예금거래신청서 등에 예금명의자로 기재된 원고가 아닌 소외인을 이 사건 예금계좌의 예금반환청구권이 귀속되는 예금계약의 당사자로 하기로 하는 묵시적 약정이 체결되었다는 취지로 판단하였다.

원심이 위와 같이 이 사건 예금계좌의 개설 당시 소외 저축은행이 명확히 알기 어렵거나 소외 저축은행과의 예금계약과는 별개인 원고와 소외인 사이의 내부적 법률관계에 불과한 자금 출연경위, 거래인감 및 비밀번호의 등록·관리와 예금의 인출 상황 등의 사정만으로, 실명확인 절차를 거쳐 위 예금거래신청서 등에 예금명의자로 기재된 원고가 아닌 소외인을 이 사건 예금계좌의 예금반환청구권이 귀속되는 예금계약의 당사자라고 판단한 데에는, 금융실명제 아래에서의 예금계약 당사자의 해석 및 확정에 관한 법리를 오해하여 판결에 영향을 미친 위법이 있다. 이 점을 지적하는 상고이유의 주장은 이유 있다.

3. 그러므로 원심판결을 파기하고 사건을 다시 심리·판단하게 하기 위하여 원심법원에 환송하기로 하여 주문과 같이 판결한다. 이 판결에는 대법관 박시환의 별개의견이 있는 외에는 관여 대법관들의 의견이 일치되었고, 대법관 차한성, 대법관 양창수의 다수의견에 대한 보충의견이 있다.

(4. 5번 생략)

6. 대법관 양창수의 다수의견에 대한 보충의견은 다음과 같다.

가. 다수의견은 예금명의인이 아닌 출연자 등을 예금계약의 당사자로 인정하는 것은 극히 예외적인 경우에 제한되어야 함을 대체로 「금융실명거래 및 비밀보장에 관한 법률」(이하 '금융실명법'이라고 한다)의 취지를 강조하여 정당화하고 있다. 이 보충의견은 그 결론에 찬성하면서도, 그 이유에 관하여는 의사표시 해석에 관한 일반적 법기준의 관점에서 접근할 수 있고 또 그 관점이 보다 앞서야 한다고 생각한다. 이하에서 주로 이 점을 보충하고자 한다.

논의에 앞서서 여기서 다루어지고 있는 것이 정확하게 말하면 예금의 입출금 등 개별적인 예금거래가 아니라 그 기초를 이루는 예금계좌개설계약이라는 것, 그리고 계약당사자의 확정은 계약상대방이 갑인 줄 알았더니 그가 실제로는 갑이 아니었다는 당사자의 동일성에 관한 착오의 문제와는 구별되어야 한다는 점을 미리 지적해 둔다.

나. 다수의견이 말하는 대로, 예금계약의 당사자가 누구인가의 문제는 그 계약의 체결과정에 이른바 명의의 차용이 행하여진 경우에도 의사표시의 해석에 의하여 정하여진다. 의사표시의 해석은 일반적으로 당사자가 그 표시행위에 부여한 객관적인 의미를 명확하게 정하는 것을 내용으로 하는 작업이라고 알려져 있다. 그러나 여기서 '객관적인 의미'라고 하는 것은 오해의 소지가 있는 표현이다. 논의를 이 사건에서 문제된 계약에서와 같이 상대방 있는 의사표시의 경우에 한정하면, 그것은 요컨대 어떠한 표현행위가 상대방의 입장에서 합리적으로 어떻게 이해될 것인지를 탐색하는 작업이다. 의사표시도 사람의 모든 표현행위 내지 의사소통행위에서와 마찬가지로, 어떤 표현이 객관적으로는, 즉 일반의 제3자에게 두루 '위(上)'로 이해되더라도, 표의자와 상대방 사이에서는

'아래(하下)'로 이해된다면, 그 의사표시는 '아래'로 해석되어야 한다. 그렇게 보면 의사표시 해석은 표시행위가 당사자들 사이에서 주관적으로 가지는 의미를 탐색한다고 말할 수 있다(이른바 오표시 무해의 원칙을 채택한 대법원 1993. 10. 26. 선고 93다2629 판결, 대법원 1996. 8. 20. 선고 96다19581 판결도 그러한 입장에서 비로소 설명될 수 있다. 나아가 예를 들면「약관의 규제에 관한 법률」제 5 조 제 1 항은 약관이 고객에 따라 다르게 해석되어서는 안 된다고 정하는데, 이는 통상 '약관의 객관적 해석의 원칙'이라고 불린다. 그 규정은 본문에서 말한 의사표시 해석에서의 '주관적 해석'의 일반적 원칙에 대하여 특별히 예외를 정한 것으로서 의미가 있다). 의사표시가 상대방의 입장에서 합리적으로 해석되어야 한다는 앞서 말한 바의 원칙은, 예를 들면 당사자들 사이의 이해가 일치하지 아니하는 경우, 예를 들면 표의자가 '위'를 말하기 위하여 표시한 것이 상대방의 입장에서 합리적으로 볼 때 '아래'라고 이해되어야 하고 또 실제로 상대방이 '아래'라고 이해한 경우에, 그 의사표시는 '아래'로 해석되어야 한다는 귀결로 이어진다.

다. 예금계약의 당사자가 누구인가 하는 것도 의사표시 해석의 문제이나, 이 경우가 그 외의 경우와 다른 점은 위와 같은 주관적 해석의 기준이 되는 당사자 자체를 의사표시 해석에 의하여 밝혀야 한다는 것에 있다.

이에 관하여 재판실무는 이른바 명의의 차용이 개입한 계약에서 명의인을 계약의 당사자로 본 경우도 없지 않았다. 예를 들면 대법원 1980. 7. 8. 선고 80다639 판결은 "학교법인이 사립학교법상의 제한규정 때문에 그 학교의 교직원인 소외인들의 명의를 빌어서 피고로부터 금전을 차용한 경우에 피고 역시 그러한 사정을 알고 있었다고 하더라도 위 소외인들의 의사는 위 금전의 대차에 관하여 그들이 주채무자로서 채무를 부담하겠다는 뜻이라고 해석함이 상당하고 이를 진의 아닌 의사표시라고 볼 수 없다"고 판시한 바 있다. 그런데 대법원 1995. 10. 13. 선고 94다55385 판결은 "계약의 당사자가 타인의 이름을 임의로 사용하여 법률행위를 한 경우에는 행위자 또는 명의인 가운데 누구를 당사자로 할 것인지에 관하여 행위자와 상대방의 의사가 일치한 경우에는 그 일치하는 의사대로 행위자의 행위 또는 명의인의 행위로서 확정하여야 하지만, 그러한 일치하는 의사를 확정할 수 없을 경우에는 그 계약의 성질 · 내용 · 목적 · 체결경위 등 그 계약 체결 전후의 구체적인 제반 사정을 토대로 상대방이 합리적인 인간이라면 행위자와 명의자 중 누구를 계약 당사자로 이해할 것인가에 의하여 당사자를 결정한 다음, 그 당사자 사이의 계약 성립 여부와 효력을 판단하여야 한다"라고 하는 전에 없던 판단을 제시하였다. 위 판결은 그 판시에서도 보는 것처럼 '타인의 이름을 임의로 사용'하여 계약을 체결한 이른바 명의모용의 사안에 대한 것이다. 그럼에도 불구하고 앞서 인용한 그 판시부분은 "행위자가 타인의 이름으로 계약을 체결한 경우 계약당사자 확정방법"이라는 표제 아래 정리되어(위 판결이 같은 문제를 다룬 재판례로서는 드물게 「대법원판례집」에 수록된 것도 심상하게 볼 것이 아니다), 그 후로 명의인이 그 명의의 사용에 동의하였는지를 불문하고 무수히 많은 재판례에 그대로 인용되어 재판실무에서의 일반적인 해석준칙이 되었다. 여기서는 최근의 예로 대법원 2003. 12. 12. 선고 2003다44059 판결만을 들어둔다.

당연한 것이지만, 그 준칙은 예금계약의 당사자가 누구인가 하는 문제에 있어서도 적용되었다. 그리하여 많은 재판례는 행위자, 즉 명의를 빌어 예금을 하고자 하는 사람과 그 상대방, 즉 은행 등 금융기관 사이에서만 실제의 출연자 등 행위자를 예금계약의 당사자로 하기로 하는 의사의 합치가 있으면 그 행위자가 예금주가 된다고 하고, 나아가 그러한 의사 합치는 그야말로 일반원칙에 좇아 반드시 명시적일 필요가 없고 묵시적으로도 인정될 수 있다는 것을 쉽사리 수긍하기에 이르렀다. 이 전원합의체 판결에서 폐기하는 많은 판결들의 태도는 위의 해석준칙을 그대로 적용한 것에 불과하다.

라. 위 대법원 94다55385 판결 이래의 해석준칙의 특징은 무엇보다도 계약당사자의 확정에 관한 의사표시 해석에서 그 기준이 되는 '당사자'를 행위자(즉 명의차용인)와 상대방의 두 사람으로 제한하고, 명의인은 아예 거기서 배제된다는 점에 있다.

그러나 여기서 논의를 명의도용이 아니라 명의대여의 경우에 한정한다면, 어떤 사람이 자신의 이름으로 계약이 체결되는 것을 알면서 그 이름으로 계약이 체결되도록 허락하였음에도 그를 배제하고 그의 의사와는 전혀 무관하게 당해 계약의 당사자가 정하여진다고 할 것인지 지극히 의문이다. 상법 제24조, 제332조 제 2 항 등과 같이 법률이 달리 정하지 아니하는 한, 상대방의 입장에서 합리적으로 보면, 예를 들면 숙박계약이나 현실매매에서와 같이 통상 당사자가 누구인지가 별다른 의미가 없고 말하자면 '그 현장現場의 사람'만을 당사자로 보아야 하는 경우 또는 반대로 일반적으로 고용·조합·임대차·도급에서와 같이 당사자의 인적 성질이 그 계약에서 특히 중요한 의미가 있어서 자신이 본인과 직접 교섭을 하는 등으로 그 인적 성질을 전제로 하여서만 계약이 체결되는 경우 등이 아닌 한, 위와 같이 그 이름으로 계약이 체결되는 것을 용인한 명의인을 계약의 당사자로부터 쉽사리 배제할 수는 없다고 할 것이다. 그리고 「부동산 실권리자 명의 등기에 관한 법률」 제 4 조 제 2 항 단서가 이른바 계약명의신탁에서 명의수탁자가 "부동산에 관한 물권을 취득하기 위한 계약"(즉 부동산매매 등 채권계약)의 당사자가 됨을 전제로 규율하는 것도 그러한 입장을 뒷받침하여 준다.

특히 다수의견이 지적하는 대로 예금계약과 같이 대량적 · 반복적으로 행하여지는 금융거래는 금융기관에 의하여 정형적이고 신속하게 취급되어야 한다. 또 예금계약에 기한 예금반환청구권이 누구에게 귀속되는가에 관하여 예금의 반환이라는 대량의 업무를 반복적으로 수행하는 금융기관의 입장에서는 물론이고, 예금이 우리 국민이 흔히 가지는 재산이라는 관점에서 채권자나 그것을 담보로 하여 신용을 제공하려는 사람 등 그 귀속 여하에 이해관계를 가지거나 가지려는 사람이 다수에 이르므로, 예금의 귀속이 대외적으로 명확하게 제시되어 법률관계의 안정을 기할 필요가 있다는 점도 무겁게 고려되어야 한다. 거기다가 금융기관을 대리하여 그 임직원이 실명확인절차를 거친 명의인이 아닌 사람을 예금계약의 당사자라고 합의하였다고 해석되더라도 그것은 그의 금융기관에 대한 임무에 위배되는 행위로서(우선 금융실명법 제 8 조 참조), 그 행위의 법률효과가 본인에게 귀속되는 것을 저지하는 대리권의 남용에 관한 법리 그 자체는 아니라도 그 법리의 배후에 있는 대리행위에서의 위험 분배에 관한 사고가 이에 유비類比될 수 있다는 사정도 무시할 수 없다.

그러므로 예금계약의 당사자는 무엇보다도 그 명의에 좇아 정하여져야 하고, 그 경우 실제로 금융기관에서 예금계좌의 개설을 신청하는 사람은 통상적으로 그의 대리인 또는 사자로서 행위하는 것으로 보아야 할 것이다. 물론 우리 민법의 근간인 법률행위 제도에 기한 법률관계 형성의 자유를 구사하여 지극히 다양한 당사자들의 상황, 이해관계, 성향 또는 기호 등에 맞추어 그 예외에 합의한 것으로 해석되는 것을 전혀 상정할 수 없다고는 할 수 없어도, 그것은 극히 엄격한 기준 아래서만 인정된다고 하여야 한다. 요컨대 그것이 의사표시 해석의 일반적 기준인 상대방의 입장에서의 '합리적 이해'의 요청에 적합하다고 할 것이다.

마. 결론적으로 이 보충의견은 예금명의인이 아닌 출연자 등을 예금계약의 당사자로 인정하는 것은 극히 예외적인 경우에 제한되어야 하고 이와 견해를 달리하는 종전 재판례들의 태도를 그 한도에서 폐기하는 다수의견의 견해에는 물론 찬성한다. 그러나 올바른 문제해결의 순서는 보다 근본적으로 앞서 본 대법원 94다55385 판결 및 이에 따르는 재판례들에서의 일반적 해석준칙을 비판적으로 검토한 다음에 그 결과를 개별적으로 예금계약의 특성을 고려하면서 그 계약에 적용하는 데 있다고 생각한다. 그렇게 하지 않고 위 대법원 94다55385 판결 등의 해석준칙을 그대로 둔다면, 앞으로 계약당사자의 확정과 관련하여 예금계약과 다른 계약들 사이에 현저한 불균형이 생기게 될 것이다.

논문

"금융실명법 제 3 조 제 1 항은 금융기관이 거래자의 실지명의에 의하여 금융거래를 하여야 한다고 규정하고 있을 뿐이고, 명의인을 예금계약의 당사자로 보아야 한다고 규정한 것은 아니다. 그러나 이 규정에서 금융기관에게는 명의인과 거래를 하려는 의사가 있다는 것을 도출할 수 있고, 이에 기하여 명의인을 금융거래의 당사자로 볼 수 있다. 다수의 대법원판결에서는 명의인을 계약의 당사자로 보는 원칙을 금융실명법 제 3 조 제 1 항의 규정에서 곧바로 도출하고 있으나, 여기에는 「당사자의 의사」라는 중간단계가 생략되어 있다고 볼 수 있다. 논리적으로는 「금융실명법 제 3 조 제 1 항 → 당사자의 의사 → 명의인이 금융거래의 당사자라는 원칙」이라는 순서로 판례법리가 도출된다고 보아야 한다.

(중   략)

금융실명제의 도입으로 말미암아 가명 및 차명거래는 그 존립기반이 흔들렸다. 그러나 당사자들의 합의가 있는 경우에 명의인이 아닌 출연자를 예금주로 인정하는 판례에 의하여 차명거래는 법적인 의거처依據處를 찾았다. 탈세 등 불법적인 목적으로 차명계좌를 개설하는 경우가 적지 않다. 비실명거래를 막아야 할 법률상의 의무가 있는 금융기관 직원이 차명거래를 유도하기도 한다. 그야말로 불법을 권유하는 사회이다. 차명거래 등 비실명거래의 여러 폐해가 노출되고 있는데도, 현상태를 그대로 유지하는 것은 바람직하지 못하다. 비실명거래를 완전히 봉쇄할 수는 없다. 그러나 적어도 금융실명제를 위반하더라도 아무런 제재를 받지 않는다는 의식은 없어져야 할 것이다. 그리하여 차명거래 등 비실명거래를 좀더 엄격하게 규제하기 위한 방안을 모색할 필요가 있다. 그것은 판례에 의하여 수행될 수도 있고, 입법에 의하여 수행될 수도 있다."[28]

질문

(1) 이 사건에서 예금주는 누구인가?

(2) 출연자와 금융기관 사이에 예금명의인이 아닌 출연자에게 예금반환채권을 귀속시키기로 하는 약정은 허용되는가? 이와 같은 약정이 허용된다고 볼

---

28) 김재형(주 26), 70면, 85면.

경우에 그 판단기준은 무엇인가?

(3) 금융실명제의 실시에 따라 예금계약상의 예금주를 결정하는 데 어떠한 변화가 있는가?

[판결 7] 법률의 해석과 계약의 해석: 대판 2009. 4. 23, 2006다81035

[원고, 상고인] 대한주택공사(소송대리인 변호사 김영호)

[피고, 피상고인] 피고 1외 1인

[원심판결] 대전고법 2006. 11. 1. 선고 2006나1846 판결

[주   문]

원심판결을 파기하고, 사건을 대전고등법원에 환송한다.

[이   유]

상고이유를 판단한다.

1. 법은 원칙적으로 불특정 다수인에 대하여 동일한 구속력을 갖는 사회의 보편타당한 규범이므로 이를 해석함에 있어서는 법의 표준적 의미를 밝혀 객관적 타당성이 있도록 하여야 하고, 가급적 모든 사람이 수긍할 수 있는 일관성을 유지함으로써 법적안정성이 손상되지 않도록 하여야 한다. 그리고 실정법이란 보편적이고 전형적인 사안을 염두에 두고 규정되기 마련이므로 사회현실에서 일어나는 다양한 사안에서 그 법을 적용함에 있어서는 구체적 사안에 맞는 가장 타당한 해결이 될 수 있도록, 즉 구체적 타당성을 가지도록 해석할 것도 또한 요구된다. 요컨대, 법해석의 목표는 어디까지나 법적안정성을 저해하지 않는 범위 내에서 구체적 타당성을 찾는 데에 두어야 할 것이다. 그리고 그 과정에서 가능한 한 법률에 사용된 문언의 통상적인 의미에 충실하게 해석하는 것을 원칙으로 하고, 나아가 법률의 입법 취지와 목적, 그 제·개정 연혁, 법질서 전체와의 조화, 다른 법령과의 관계 등을 고려하는 체계적·논리적 해석방법을 추가적으로 동원함으로써, 앞서 본 법해석의 요청에 부응하는 타당한 해석이 되도록 하여야 할 것이다.

한편, 법률의 문언 자체가 비교적 명확한 개념으로 구성되어 있다면 원칙적으로 더 이상 다른 해석방법은 활용할 필요가 없거나 제한될 수밖에 없고, 어떠한 법률의 규정에서 사용된 용어에 관하여 그 법률 및 규정의 입법 취지와 목적을 중시하여 문언의 통상적 의미와 다르게 해석하려 하더라도 당해 법률 내의 다른 규정들 및 다른 법률과의 체계적 관련성 내지 전체 법체계와의 조화를 무시할 수 없으므로, 거기에는 일정한 한계가 있을 수밖에 없다.

2. 원심판결 이유에 의하면 원심은, 그 채용 증거에 의하여 판시와 같은 사실을 인정한 뒤, 다음과 같은 요지로 판단하였다. 즉, 임대주택법은 임대주택의 건설을 촉진하고 국민주거생활의 안정을 도모하기 위한 공익적 목적에서 제정되었으므로 위 법률을 해석하고 적용함에 있어서는 위와 같은 입법 목적을 충분히 참작하여야 하고, 구 임대주택법(2005. 7. 13. 법률 제7598호로 개정되기 전의 것, 이하 같다) 제15조 제 1 항(원심은 '임대주택법 제15조 제 1 항 제 1 호'라고 기재하고 있으나, 이는 2005. 7. 13.자로 개정된 법에 신설된 조항으로서 이 사건에 적용되지 않는 것이므로, 잘못된 기재로 보인다) 및 그 시행령(2005. 9. 16. 대통령령 제19051호로 개정되기 전의 것) 제13조 제 2 항에서 '무주택자인 임차인'을 임대주택에 대한 우선분양 권리의 발생요건으로 정하고 있는 것은 임대주택이라는 한정된 자원의 분양에 있어 아직 주택을 소유하고 있지 못한 서민이자 그 주택에 대한 실수요자를 우선적으로 배려하기 위한 목적이므로 위 규정에서 말하는 '임차인'의 의미를 밝히고 이 사건에서 피고 2가 그 임차인에 해당하는지를 판단함에 있어서는 위와 같은 규정의 목적을 충분히 고려하여야 한다고 전제하였다.

그리고 이 사건의 구체적 사안에 대하여, 이 사건 임대주택의 임차 목적은 분명히 피고 2의 주거공간을 구하는 것이었고, 이 사건 임대주택을 임차하여 그곳에 거주하겠다는 결정을 한 자도 피고 2이었으며, 보증금으로 지급된 자금 역시 그의 것이었던 사실, 다만 피고 2가 처의 병수발로 자리를 뜰 수 없었던 절박한 사정이 있었기 때문에 직접 원고 공사의 사무실을 찾아가 자신의 명의로 임대차계약을 체결하지 못하고 출가出嫁한 딸인 피고 1에게 임대차계약의 체결을 부탁하였는데, 피고 1은 법적 권리에 관하여 정확한 지식과 정보를 갖지 못하였기 때문에 계약 체결과정에서의 실수로 인하여 아버지(피고 2)의 이름이 아닌 자신(피고 1)의 명의로 이 사건 임대차계약을 체결한 사실, 피고 1이 법적으로 허용되지 않는 어떤 이익을 얻거나 법적 규제를 회피하기 위하여 그렇게 한 것은 아니었던 사실, 피고 2는 현재 75세의 고령에 홀로 살고 있는 노인으로서 경제적 활동을 할 능력을 잃었고 넉넉한 재정능력도 갖고 있지 못한 사실을 인정하였다.

그런 다음 임대주택법이 달성하고자 한 정책적 목표, 위 법이 의도한 계획과 보호 범위 등 법해석학의 관점에서 볼 때, 임대주택법 제15조 제 1 항의 '임차인'의 의미를 문언적, 법형식적으로만 해석할 것이 아니라 위에서 본 바와 같은 특별한 사정이 있는 이 사건에서는 임대차계약의 목적, 재정적 부담과 실제 거주자라는 실질적 측면에서 사회적 통념상 임차인으로 여겨지는 피고 2가 이른바 '실질적 의미의 임차인'에 해당되어 이 사건 임대주택에 관하여 우선분양을 받을 권리를 가지므로, 임대차계약 기간 만료를 이유로 피고들에게 명도와 퇴거를 구하는 원고의 청구는 허용되지 않는다고 판단하였다.

3. 그러나 앞서 본 법리에 비추어 볼 때, 원심의 위 판단은 다음과 같은 이유에서 수긍하기 어렵다.

이 사건에서 문제되는 임대주택법 제15조 제1항 및 그에 따른 이 사건 임대차계약서의 계약특수조건 제9조 제2항에서 사용된 '임차인'의 개념은, 임대주택을 건설하여 임대의무기간 동안 임차·사용하게 하다가 그 기간이 경과하면 무주택 등 일정한 자격요건을 갖춘 임차인에게 우선 분양함으로써 임대주택의 건설을 촉진하고 국민주거생활의 안정을 도모하려는 임대주택법과 이 사건 임대차계약의 근간이 되는 중심개념으로서, 그것이 객관적으로 명확하게 해석되지 않으면 임대사업자와 임차인 등이 법과 계약에서 정한 의무를 이행하고 권리를 실현함에 있어서 상당한 혼란과 지장이 초래될 것이다.

그런데 임대주택법상 임대주택의 '임차인'에 관하여 특별한 해석규정은 없고, 원심이 말하는 이른바 '실질적 의미의 임차인'을 포함한다는 취지의 규정도 없다. 다만, 같은 법 제3조에서 "임대주택의 건설·공급 및 관리에 관하여 이 법에서 정하지 아니한 사항에 대하여는 주택법 및 주택임대차보호법을 적용한다"고 규정하고 있을 뿐인데, 주택법은 물론이고 주거용 건물의 임대차에 관하여 민법에 대한 특례를 규정한 주택임대차보호법에서도 특별히 '임차인'이라는 용어에 관한 해석규정은 보이지 않는다(다만, 주택임대차보호법 제3조의2 제1항에서 일정한 법인을 임차인에 포함시키고, 제9조에서 일정한 경우 사망한 임차인의 권리의무를 사실상의 혼인관계에 있는 자 등이 승계하도록 규정하고 있을 뿐이다).

결국, 임대주택법상의 임차인이라는 용어는 임대차에 관한 일반법인 민법의 규정, 그리고 사회에서 통상적으로 이해되는 '임차인'의 의미로 돌아가 해석할 수밖에 없는바, 그것은 민법 제618조가 규정하는 바와 같이 임대차계약에서 목적물의 사용수익권을 가짐과 동시에 차임지급의무를 부담하는 측의 일방당사자를 의미한다고 보는 것이 문언에 충실하면서도 가장 보편타당한 해석이라고 할 것이다.

그런데 여기에서 임대차의 일방당사자라는 것은 위와 같은 사용수익 및 차임지급을 약정하여 임대차계약을 체결한 당사자를 말하는 것이지, 목적물을 실제로 사용·수익하거나 보증금·차임 등을 실제 출연하는 자의 의미가 아니다. 이는 임대주택법의 다른 규정들의 취지에 비추어 보아도 알 수 있다. 즉, 임대

주택법은 건설임대주택의 임차인의 자격·선정방법·임대보증금·임대료 등 임
대조건에 관한 기준을 법정하는 한편(제14조), 특별한 경우를 제외하고는 임대
주택의 임차인은 임차권을 다른 사람에게 양도하거나 임대주택을 다른 사람에
게 전대할 수 없다고 규정하며(제13조), 사위詐僞 기타 부정한 방법으로 임대주
택을 임대받은 자나 법에 위반하여 임대주택의 임차권을 양도하거나 전대한 자
를 형사처벌하도록 규정하고 있다(제22조). 또한, 임대주택에 대하여 임대차계
약을 체결할 때에는 법령이 정하는 사항이 포함된 표준임대차계약서를 사용하
도록 하고 임대사업자와 임차인은 위와 같이 체결된 임대차계약을 준수하여야
한다고 규정하고(제18조), 임대사업자와 임차인이 위 법 또는 법에 의한 명령이
나 처분에 위반한 경우에는 소관청이 시정명령 등 필요한 조치를 할 수 있도록
하는 등(제19조) 엄격한 규제와 감독을 하고 있다. 그렇다면 임대주택법은 일정
한 자격요건을 갖추고 선정절차를 거친 자로서 일정한 형식의 계약서 작성을
통하여 임대차계약을 체결한 자를 임차인으로 취급하면서, 그로 하여금 임대차
계약의 내용을 준수할 것, 특히 무단 임차권양도나 주택의 전대를 금지하도록
함으로써, 계약체결 당사자로서의 임차인과 그 임대주택에 실제로 거주하는 자
가 함부로 분리되는 것을 불허하는 취지임이 분명하다.

　　따라서 임대주택법에서 말하는 '임차인'이란 임대주택법에 따라 임대차계
약을 체결하고, 그 법의 규율을 받으면서 권리를 행사하고 의무를 이행하여야
할 당사자로서의 임차인이라고 하여야 한다. 그런데 이와 달리 원심과 같이, 임
대차를 통하여 달성하려는 목적, 재정적 부담 또는 실제 거주자와 같은 실질적
측면에서 사회통념상 임차인으로 여겨지는 자를 '실질적 의미의 임차인'이라 하
여 위 법상 임차인의 의미를 확대하거나 변경하여 해석하는 것은, 우선 '실질적
의미의 임차인'이라는 개념 자체가 모호한데다가, 그 판단 기준으로 거론되는
것들이 임대차계약 이면裏面의 사정 또는 임대주택에 대한 다양한 사용·수익의
방식 등에 불과하다는 점, 그러한 해석은 위에서 본 임대주택법의 취지와 전체
법체계, 법률용어의 일반적 의미에 반할 뿐만 아니라 상대방 당사자인 임대사
업자측의 의사와 신뢰에 반하는 것인 점, 나아가 임대주택법에 따른 임대주택
의 공급 및 관리에도 혼란을 초래할 우려가 있다는 점에서 그대로 받아들일 수
없다.

　　특히 이 사건에서 문제가 되는 임대주택법 제15조는, 임대주택의 임대의무
기간이 경과한 후 기존 임차인 중에서 무주택 등 일정한 자격요건을 갖춘 자에
게 우선분양전환권이라는 특혜를 부여하는 규정인데, 여기에서의 임차인을 위와
같이 '실질적 의미의 임차인'이라고 해석한다면, 당초 임대주택법이 정한 요건

과 절차에 따라 임차인으로 선정되어 임대차계약을 체결한 당사자로서의 임차인이 아니더라도 따로 실질적 측면에서 임차인이라고 해야 할 자가 있으면 그를 임차인으로 인정하고 그에게 우선분양전환권을 부여하게 되어 임대주택법의 기본 취지에 반하는 결과를 초래할 뿐만 아니라, 나아가 임대차계약을 체결하였던 임차인이 중도에 우선분양전환권자로서의 자격요건을 상실한 후 무주택자인 친·인척 등을 입주시키고 그를 내세워 임대주택을 분양받는 등 다양한 방법으로 임대주택법의 취지를 몰각시킬 우려마저 있다. 이는 임대주택법을 포함하여 법질서의 규범성과 안정성을 크게 해치는 결과가 될 뿐이다.

한편, 원심은 이 사건에서의 특별한 사정에 대한 구체적 타당성 때문에 위와 같은 법적안정성의 요청이 후퇴되어야 한다고 판단한 것으로도 보인다. 하지만, 특별한 사정이 있는 예외적 사안을 구체적 타당성 있게 해결한다는 명분으로 위와 같은 법률 해석의 본질과 원칙을 뛰어넘을 수는 없다. 무엇이 구체적 타당성 있는 해결인가 하는 문제는 차치하고서라도, 법률 해석의 본질과 원칙에서 벗어나 당해 사건에서의 구체적 타당성 확보라는 명분으로 1회적이고 예외적인 해석이 허용된다면, 법원이 언제 그와 같은 해석의 잣대를 들이댈지 알 수 없는 국민은 법관이 법률에 의한 재판이 아닌 자의적인 재판을 한다는 의심을 떨치지 못할 것이며, 이는 법원의 재판에 대한 국민의 신뢰를 크게 해칠 뿐만 아니라 모든 분쟁을 법원에 가져가 보지 않고서는 해결할 수 없게 함으로써 법적안정성을 심히 훼손하게 될 것이기 때문이다. 임대주택법 제15조 제 1 항이 국민의 주거생활의 안정을 도모하고 임대주택이 피고 2와 같은 실수요자에게 우선공급되도록 하려는 공익적 목적을 가진다고 하더라도 위와 같은 법리는 마찬가지로 적용되어야 한다.

결론적으로, 임대주택법 제15조 제 1 항에서 규정하는 '임차인'이란 어디까지나 위 법률이 정한 요건과 절차에 따라 임대주택에 관하여 임대사업자와 임대차계약을 체결한 당사자 본인으로서의 임차인을 의미한다고 할 수밖에 없고, 이와 달리 당사자 일방의 계약목적, 경제적 부담이나 실제 거주사실 등을 고려한 '실질적 의미의 임차인'까지 포함한다고 변경, 확장 해석하는 것은 앞서 본 법률 해석의 원칙과 기준에 어긋나는 것으로서 받아들일 수 없다.

4. 나아가 원심에는, 피고 1이 피고 2를 위하여 이 사건 임대차계약을 체결하는 과정에서 단지 수고와 번잡함을 피할 생각으로 자신 명의로 임대차 계약을 체결한 것이므로, 피고 2가 이 사건 임대차계약의 당사자 본인으로서의 임차인에 해당된다는 판단이 포함되었다고 볼 여지도 있다.

일반적으로 계약의 당사자가 누구인지는 그 계약에 관여한 당사자의 의사해석의 문제에 해당한다. 의사표시의 해석은 당사자가 그 표시행위에 부여한 객관적인 의미를 명백하게 확정하는 것으로서, 계약당사자 사이에 어떠한 계약내용을 처분문서인 서면으로 작성한 경우에는 그 서면에 사용된 문구에 구애받는 것은 아니지만 어디까지나 당사자의 내심적 의사의 여하에 관계없이 그 서면의 기재 내용에 의하여 당사자가 그 표시행위에 부여한 객관적 의미를 합리적으로 해석하여야 하며, 이 경우 문언의 객관적인 의미가 명확하다면, 특별한 사정이 없는 한 문언대로의 의사표시의 존재와 내용을 인정하여야 한다.

원심판결의 이유와 기록을 종합하여 보면, ① 원고와 임대차계약을 체결하는 행위를 한 자는 피고 1이고 그 임대차계약서상 임차인 명의도 피고 1로 되어 있으며, 그것이 특별히 타인을 위한 '대리행위'라든지 '제 3 자를 위한 계약'으로서 체결되는 것이라는 등의 사정은 전혀 나타나 있지 않은 점, ② 이 사건 임대차계약은 임대주택법이 규율하는 바대로 일정한 자격요건과 필요한 구비서류들을 갖추어 체결되었을 터인데 그러한 것들도 모두 피고 1을 기준으로 구비되었을 것으로 추정되는 점, ③ 피고 2가 자신의 주거를 마련하기 위하여 피고 1에게 임대차계약 체결을 부탁하였음에도 피고 1이 계약 과정에서 단지 '실수로' 업무를 잘못 처리한 것에 불과한 것인지에 관하여는, 이에 부합하는 증거로 원심이 채용한 을 제3호증이 있기는 하나 이는 피고 1 본인의 인증자술서에 불과하여 그대로 믿기는 어렵고, 오히려 피고 1이 원심 변론기일에 출석하여 "피고 2의 보증채무를 피하기 위하여 피고 1이 피고 2의 돈을 보관하고 있다가 … 피고 1 명의로 계약을 체결하게 되었다"고 진술한 것에 의하면 피고들은 대외적인 법률행위는 피고 2의 명의로는 하지 않을 의도였다고 추측되는 점, ④ 피고측이 주장하는 특수한 사정들이란 모두 그들 내부의 문제에 불과할 뿐이고, 계약 당시 원고측도 그러한 사정을 잘 알면서 계약의 명의와 관계없이 계약당사자를 피고 2로 한다거나 계약에 따른 법률효과를 아예 직접 피고 2에게 귀속시키기로 한다는 의사의 합치가 있었다는 등의 특별한 사정에 관한 증거자료는 전혀 보이지 않는 점, ⑤ 이 사건 임대차계약을 위한 보증금이 피고 2의 자금이었다는 주장에 부합하는 증거로는 앞서 본대로 피고 1의 자술서인 을 제3호증이 있을 뿐 금융자료 등의 객관적인 자료는 제출되지 않은 점, ⑥ 피고 2가 이 사건 임대주택에 주민등록을 하고 계속 거주하였다고는 하나, 피고 1 역시 이 사건 임대차계약상의 입주일 무렵인 1999. 6. 4. 이 사건 임대주택으로 주민등록 전입신고를 한 이래 중간에 합계 약 1년 6개월 정도를 제외하고는 이 사건 임대주택의 분양전환 무렵까지 계속 그곳에 주민등록을 하고 있었던 사실 등을 알 수 있다.

위와 같은 여러 사정들을 앞서 본 계약당사자의 확정 등에 관한 법리에 비추어 볼 때, 이 사건 임대차계약의 당사자 본인으로서의 임차인은 계약체결행위를 실제로 하였고 또한 계약서상으로도 임차인으로 표시되어 있는 피고 1이라고 볼 수밖에 없다.

5. 그럼에도 불구하고, 원심은 그 판시와 같은 이유만을 내세워 임대주택법 제15조 제1항 소정의 임차인의 의미를 이 사건과 같은 특별하고도 예외적인 사정을 참작하는 실질적 의미의 임차인으로 해석하고 이 사건 임대주택에 있어서 피고 2가 그러한 임차인에 해당한다고 보아 원고의 이 사건 청구를 배척하고 말았으니, 이러한 원심의 판단에는 앞에서 본 바와 같은 임대주택법상 임차인 개념의 해석에 관한 법리, 임대차계약 당사자의 확정 내지 계약의 해석에 관한 법리, 처분문서의 증명력 등 증거법칙 등을 오해하여 판결에 영향을 미친 법령 위반의 위법이 있다. 이 점을 지적하는 상고이유 주장은 이유 있다.

6. 그러므로 원심판결을 파기하고, 사건을 다시 심리·판단하게 하기 위하여 원심법원에 환송하기로 하여 관여 대법관의 일치된 의견으로 주문과 같이 판결한다.

질문

(1) 법률의 해석과 법률행위의 해석 사이에는 어떠한 공통점과 차이점이 있는가?

(2) 이 판결의 원심판결은 흔히 '아름다운 판결'로 알려져 있다. 70대 독거노인(피고 2)이 임대아파트에 관한 계약을 잘못하여 쫓겨날 위기에 있었으나, 원심법원이 원고의 피고들에 대한 명도청구를 기각함으로써 피고 2가 위 아파트에서 쫓겨나지 않게 되었다. 그러나 대법원은 원심판결을 파기환송하였다. 여러분은 어떠한 결론을 지지하는가?[29] 판결의 '아름다움'은 무엇에 의하여 유지될 수 있는가, 또는 유지되어야 하는가?

(3) 법원은 이 사건에서 임차인을 누구라고 보고 있는가? 그와 같이 판단하는 근거는 무엇인가?

(4) 구 임대주택법상 임차인은 어떻게 판단해야 하는가? 원심이 '실질적 임차인'이라는 개념을 도입하고 있는 것에 대해서 어떻게 생각하는가?

---

29) 김재형(주 13), 145면 이하도 참조.

I. 의　의

1. 약관約款이란 계약의 일방 당사자가 다수의 계약체결에 대비하여 미리
마련한 정형적인 계약내용을 말한다. 기업 등 사업자와 같이 자신의 업무영역
에 속하는 계약을 반복하여 체결하는 당사자는, 일정한 형식에 따라 거래조건
이 될 것을 사전에 준비하여 두고, 동종의 거래에 대하여 일률적으로 이를 계
약의 내용으로 삼는 일이 빈번하다. 이러한 약관은 19세기 후반 이후로 각국에
서 광범위하게 사용되었다. 우리나라에서도 보험계약, 여객 및 물건의 운송계
약, 전기·수도·가스 등의 공급계약, 예금 기타의 은행거래계약 등 대부분의
정형적 대량계약은 약관을 사용하여 체결되고 있다. 약관을 이용하면 여러 가
지 이점이 있다. 즉, 대량거래를 획일적으로 처리하여 그 과정을 단순화함으로
써 위험과 비용을 줄일 수 있다. 그리고 계약법의 임의규정만으로는 새로이 등
장하는 거래유형을 규율하기에 적합하지 않은 경우(예컨대 금융거래계약)에 그
실질에 부합하는 「당사자 사이의 법」을 창출할 수 있다. 또한 임의규정이 존재
하는 경우에도 해석상의 불명료함 등을 배제하여 「소송위험」을 피할 수 있다.

2. 약관을 사용하여 계약을 체결하는 것은 기본적으로 계약자유의 원칙에
속한다. 그러나 약관을 마련한 자가 훨씬 유리한 인적·물적 설비를 갖추고 있
는 경우가 대부분이므로, 약관을 사용한 계약체결에서는 약관사용자가 이러한
우월적 지위를 남용하여 일방적으로 자신에게 유리한 계약내용을 상대방, 특히
상인이 아닌 소비자에게 강요할 위험이 있다. 상대방으로서는 약관의 존재나
내용도 잘 알지 못한 채로 그것을 전적으로 받아들여 계약을 체결하거나, 아니

면 계약체결 자체를 거부하는 선택을 할 수 있을 뿐이고, 약관의 구체적 조항에 대하여 일일이 교섭하여 납득할 만한 계약조건을 획득한다는 것은 실제로는 불가능에 가깝다.

　이러한 이유로 약관에 대해서는 여러 나라에서 각종의 방법으로 법적인 규제를 하고 있다. 우리나라에서는 1976년에 제정된 독일의 「일반거래약관의 규제에 관한 법률」(2002년 독일 채권법 개정당시 이 법을 폐지하고 민법전에 편입하였다)로부터 많은 영향을 받아 1986년에 「약관의 규제에 관한 법률」(이하 약관법이라 한다)을 제정하였다.[1] 이 법률은 상법 제 3 편(회사법)·근로기준법의 규율을 받는 계약에 관한 약관 등 제한된 범위의 약관을 적용에서 배제하고 있으나(제30조), 그 밖에는 약관 일반에 적용된다. 이하에서는 이를 중심으로 설명하기로 한다.

　한편 개별적인 법률에서 약관에 대하여 일정한 규제를 가하는 경우가 있다. 예를 들면 보험업법은 보험사업을 하려면 보험약관을 제출하여 사업허가를 받아야 하고, 보험약관을 변경하고자 하는 경우에는 미리 신고하여야 한다고 정한다(제 5 조 제 3 호, 제127조 제 1 항).[2] 이러한 규정은 특정한 인허가사업에서 업무로 행하여지는 국민생활상 긴요한 재화나 용역의 제공과 관련하여 거래조건의 적정성을 미리 확보하려는 행정적 고려에서 마련되었다. 이러한 취지에 비추어 볼 때, 이 규정들에 따른 인가나 승인 등을 얻었다고 하더라도 약관법이 적용되는 것이 원칙이다. 약관법은 "특정한 거래 분야의 약관에 대하여 다른 법률에 특별한 규정이 있는 경우"에는 그 규정이 약관법 규정에 우선하여 적용된다고 정하나(제30조 제 2 항), 위의 규정들은 일반적으로 약관법의 규율대상과는 다른 사항에 대한 것이다.

　3. 약관에 대한 법적 규율은 대체로 세 가지 방향에서 행하여진다. 우리나라 약관법도 대체로 이러한 내용을 담고 있다.

　첫째, 어떠한 요건 아래서 약관이 계약의 내용으로 되는가이다. 이 문제는 약관이 당사자를 구속하는 힘을 가지는 근거가 무엇인가라는 논의와 밀접한 관련이 있다.

---

1) 1987년 7월 1일부터 시행.
2) 그 밖에 여객자동차 운수사업법 제 4 조, 제 9 조, 화물자동차 운수사업법 제 3 조, 제 6 조, 전기사업법 제16조("전기의 공급약관"), 전기통신사업법 제28조, 수도법 제38조("공급규정"), 도시가스사업법 제20조("공급규정") 등이 있다.

둘째, 일단 약관이 계약의 내용이 되는 경우에, 이를 어떻게 해석할 것인가이다. 이는 동시에 다음에 보는 약관에 대한 내용통제의 대상을 확정짓는 작업으로서의 의미도 있다.

셋째, 그와 같이 해석된 약관조항에 대하여 그 내용대로의 효과를 인정할 것인가이다. 즉, 어떠한 약관조항을 무효로 선언하여 그 효력을 배제할 것인가 하는 내용통제이다. 이에는 두 가지 단계가 있다. 하나는 행정적 통제로서, 일정한 행정기관(우리의 경우는 공정거래위원회. 약관법 제17조의2 이하 참조)이 약관조항의 유효 여부 등을 심사하여 필요한 행정조치를 취한다.[3] 다른 하나는 사법적 통제로서, 종국적으로 약관조항의 유효 여부는 법원이 판단한다.

Ⅱ. 약관의 의의와 법적 성질

1. 약관의 의의

약관법의 적용을 받는 약관은 그 명칭이나 형태 또는 범위에 상관없이 계약의 한쪽 당사자가 여러 명의 상대방과 계약을 체결하기 위하여 일정한 형식으로 미리 마련한 계약의 내용을 말한다(제 2 조 제 1 호 참조).

계약서의 일부를 이루든 별지로 되어 있든 또 승차권·예금통장·인도증 등과 같이 계약체결에 즈음하여 교부되는 문서 등에 기재되든, 그 명칭이나 형태에는 상관이 없다. 영업장소에 내건 게시판 내용("손님이 맡기지 않은 물건의 분실·도난에 대하여는 책임을 지지 않습니다" 등)도 이에 해당할 수 있다. 또한 조항의 수가 많든 하나에 불과하든 그 양은 문제되지 않는다. 계약체결에 사용되는 서식에 계약의 내용이 될 사항이 포함되어 있으면 위의 요건을 갖추는 한 약관법이 적용된다.

---

3) 공정거래위원회는 무효라고 판단된 약관조항의 삭제·수정 등을 약관사용자에게 명할 수 있고, 약관사용자가 이 명령에 위반하면 형사처벌을 받는다(제17조의2 제 1 항, 제32조). 그러나 그 명령이 법원을 구속하지는 않으며, 그로써 그 약관조항의 무효가 확정되는 것도 아니다. 다만 공정거래위원회의 명령 등 처분에 대한 이의異議의 소를 서울고등법원에 제기할 수 있는데(제30조의2, 독점 제99조, 제100조 참조), 이 소송에서 법원의 판단도 사법적 통제에 속한다.

2. 약관의 법적 성질

약관이 계약의 내용이 되는 근거는 무엇인가? 이에 대하여는 자치법설, 상
관습법설 등이 주장되고 있다. 전자는, 약관이 자치적인 부분사회로서의 거래
단체에 수여된 자치권력에 의하여 그 내부를 규율하는 법규로서 정해진 것이
라고 한다. 후자에 의하면 일정한 상거래계에서는 그 거래를 약관으로 처리한
다는 상관습(또는 상관습법. 이른바 「백지상관습」)이 존재하므로, 이러한 상관습
에 따라 계약관계가 약관으로 규율된다고 한다(상 제 1 조 참조). 자치법설이나
상관습법설에 따르면, 약관을 계약의 내용으로 한다는 당사자의 합의가 없어도
당연히 약관의 적용을 받는다는 결과가 된다.

그러나 어떤 사람이 우연히 통상 약관을 사용하여 일정한 계약을 체결하
였다고 해서 당연히 자치권력에 복종하는 거래단체에 속하게 된다는 것은 부
자연스러운 의제에 불과하다. 또 단지 「약관에 의한다」는 것일 뿐 어떠한 내용
의 약관인지도 묻지 않은 채 약관에 의하여 계약이 체결되는 것을 약관사용자
(약관법은 '사업자'라고 부른다. 제 2 조 제 2 호 참조)의 상대방(약관법은 '고객'이라고
부른다. 동조 제 3 호 참조) 입장에서도 상관습이라고 할 수 있는지 의문이다. 또
사업자측에서 보더라도 한정된 일부의 영업분야를 제외하면 일반적으로 과연
약관을 사용한 계약체결이 상관습이라고 할 만큼 보편적이라고 보기도 어렵다.

계약의 체결 여부와 그 내용은 당사자의 의사에 따른다는 것이 계약법의
원칙이고, 약관을 사용한 계약체결이라고 해서 이와 다른 법리가 적용되어야
할 이유가 없다. 그렇다면 약관은 그것을 계약의 내용으로 하기로 하는 계약체결
당사자 사이의 합의(편입합의)에 기하여 비로소 계약내용이 된다고 보아야 한다
(계약설).[4] 이러한 입장은 약관법 제정 전에 이미 판례가 취하여 온 태도이다.[5]

---

[4] 이는 법률이 특정기업에 대하여 약관의 작성의무를 부과하고 감독관청에 의한 인가를 받
   은 후 그 약관에 의해서만 계약을 체결하도록 한 경우에도 마찬가지이다. 이 경우에도
   법률이 "행정관청의 통제 아래에 기업에게 법규의 제정을 수권하고 있는 것"(곽윤직, 채
   권각론, 23면)이라고 볼 근거가 없으며, 그 규정들은 특정한 인허가사업에서 국민생활상
   긴요한 재화나 용역의 제공과 관련하여 거래조건의 적정성을 미리 확보하려는 행정적 고
   려에서 마련된 것일 뿐이다. 그러므로 그 사업자와 고객의 관계에서 약관이 계약의 내용
   이 되는가는 별개의 문제이다. 곽윤직, 채권각론, 21면; 김주수, 채권각론, 63면; 김형배,
   채권각론, 52면; 이은영, 채권각론, 50면.
[5] 대판 1985. 11. 26, 84다카2543. 원심은 "국가의 감독작용에 의하여 보험약관은 합리성이

또한 약관법도 이러한 입장을 전제로 하고 있다(제 2 조 제 2 호, 제 3 호 참조).[6] 이러한 태도에 따르면, 무엇보다도 계약체결 당시의 제반사정을 배경으로 한 당사자의 의사해석에 의하여 계약관계를 규율할 수 있고, 약관의 객관적 존재만으로 일률적으로 처리하는 것을 배제하게 된다.[7]

Ⅲ. 약관의 계약편입

1. 의   의

편입합의는 약관을 당해 계약의 내용으로 하기로 하는 것으로서, 고객의 입장에서 보면 계약의 일정부분을 사업자의 약관에 맡기는 일종의 「수권약정授權約定」 또는 상대방으로 하여금 그 안을 채우도록 하는 「테두리약정」이다. 이는 당사자가 약관의 내용을 알고서 이에 동의하는 것과는 다르다. 그러므로 약관의 내용을 모른다고 하여, 편입합의가 부인되지는 않는다.[8]

편입합의는 부수적 계약으로서, 묵시적으로도 행하여질 수 있다. 그러나

보증되고 그 합리적인 보험계약의 내용을 이루게 되어 보험관계자를 규율하는 법규적 성격을 가지게 된다 할 것이며, 보험계약자는 그 약관의 내용을 의욕하는 여부에 관계없이 계약체결과 동시에 이것에 구속된다."라고 하였다. 그러나 대법원은 "보통보험약관이 계약당사자에 대하여 구속력을 갖는 것은 그 자체가 법규범 또는 법규범적 성질을 가진 약관이기 때문이 아니라 보험계약의 당사자 사이에서 계약내용에 포함시키기로 합의하였기 때문"이라고 판단하였다. 대판 1986. 10. 14, 84다카122 및 약관법 제정 후의 대판 1989. 11. 14, 88다카29177; 대판 1990. 4. 27, 89다카24070도 참조.

6) 이은영, 채권각론, 51면, 58면은, 계약설을 취하면서도, 약관은 사업자의 제안만 있으면 계약의 내용이 되고, 다만 명시·설명의무 위반이 있으면 그 효력이 저지될 뿐이라고 한다. 그러나 이는 약관이 계약내용이 되는 근거에 관한 계약설의 자기부정과 같아서, 찬성할 수 없다. 손지열, "약관의 계약편입과 명시, 설명의무," 곽윤직 고희논문집(1995), 291면 이하 참조.

7) 가령 위 대판 1986. 10. 14, 84다카122는, 동일한 보험계약이 주기적으로 반복하여 체결되었는데 그 사이에 약관이 가입자에게 불리하게 변경된 경우에, "약관의 변경내용을 고지하여야 할 신의칙상의 의무가 있는 보험자로서 별다른 의사표시 없이 가입자의 청약을 받아들이는 것은 종전의 약관에 따른 계약일 것으로 믿고 하는 가입자의 청약을 그대로 승낙하는 것이라고 볼 수밖에 없을 것"이라고 판단하여 보험계약을 체결할 당시의 약관(변경 후의 약관)의 적용을 거부하였다. 이러한 타당한 판단은 계약설에 의하여 비로소 뒷받침될 수 있다.

8) 대판 1985. 11. 26, 84다카2543; 대판 1989. 11. 14, 88다카29177; 대판 1992. 7. 28, 91다5624; 대판 1993. 3. 9, 92다38928.

동종의 계약에서 약관이 사용된다는 사실이 두루 알려져 있다고 하여 당연히 묵시적 편입합의가 인정되는 것은 아니며, 적어도 구체적인 계약체결 과정에서 고객에게 당해 계약이 약관을 사용한 계약체결임을 지적하여야 한다(제 2 조 제 2 항: "약관을 계약의 내용으로 할 것을 제안…"). 약관의 내용이 이면에라도 기재되어 있거나 약관의 사용을 명백하게 지시하는 계약서에 서명한 경우에는 원칙적으로 편입합의가 인정된다.

이와 같이 편입합의는 약관의 구체적 내용에 대한 인식을 전제로 하지 않는다. 그러므로 약관법은 고객에게 약관의 구체적 내용을 알 수 있는 가능성을 보장하기 위하여 사업자에 대하여 일정한 행태의무行態義務를 부과하고, 이를 위반한 경우에는 그 제재로서 사업자로 하여금 "해당 약관을 계약의 내용으로 주장할 수 없"도록 하고 있다(제 3 조 제 4 항). 이는 편입합의와 직접적으로는 관계가 없으나,[9] 편입합의 자체가 고객의 이해라는 공정한 바탕에서 이루어질 수 있도록 하려는 것이다. 이를 통해 고객이 실제로 약관의 내용을 이해하였는지 여부는 문제되지 않는다.

2. 작성 및 설명의무 등

(1) 작성의무

약관법은 약관의 작성방법에 관한 규정을 두고 있다. 즉, 사업자는 고객이 약관의 내용을 쉽게 알 수 있도록 한글로 작성하고, 표준화·체계화된 용어를 사용하며, 약관의 중요한 내용을 부호, 색채, 굵고 큰 문자 등으로 명확하게 표시하여 알아보기 쉽게 약관을 작성하여야 한다(제 3 조 제 1 항).

(2) 명시의무

사업자는 계약을 체결할 때에는 고객에게 약관의 내용을 분명하게 밝혀야 한다(제 3 조 제 2 항 본문 전단).[10] 이와 같은 명시의무를 인정한 이유는 고객에게 약관의 내용을 쉽게 알 수 있는 구체적인 가능성이 보장되도록 하기 위한 것이다. 이는 "계약의 종류에 따라 일반적으로 예상되는 방법으로" 하여야 한다. 계

---

9) 사업자가 이러한 행태의무를 다하였다고 하여 그것만으로 약관이 고객의 편입의사표시가 없이 계약의 내용이 되는 것은 아니다. 손지열(주 6), 297면.

10) 명시의무에 대하여는 제 3 조 제 2 항 단서에 의하여, 여객운송업, 전기·가스 및 수도사업, 우편업, 공중전화 서비스 제공 통신업 등의 경우에는 예외가 인정된다.

약서나 계약체결에 부수하여 교부되는 문서에 약관이 기재된 경우에는 일반적으로 그 서면의 교부로써 충분하다.[11] 계약이 체결되는 영업소 내에 약관을 비치하여 가져갈 수 있도록 하거나 눈에 잘 띄게 게시하는 방법으로도 명시할 수 있다. 그러나 광고에 약관의 내용을 기재하였다는 것만으로는 부족하다.

이와는 별도로 사업자는 고객이 요구할 경우 그 약관의 사본을 고객에게 내주어 고객이 약관의 내용을 알 수 있게 하여야 한다(제 3 조 제 2 항 본문 후단). 그 비용은 사업자가 부담한다.

(3) 설명의무

사업자는 약관에 정해져 있는 중요한 내용을 고객이 이해할 수 있도록 설명하여야 한다(제 3 조 제 3 항 본문). 「중요한 내용」이란 고객의 중대한 이해관계에 관한 사항으로서 그것을 아는 것이 계약체결 여부에 영향을 미치는 것을 말하는데,[12] 구체적으로는 개별적으로 판단할 수밖에 없다. 급부의 중요부분 변경, 계약해제사유, 사업자의 책임제한 또는 고객의 책임가중 등에 관한 사항은 이에 해당하는 경우가 많을 것이다. 약관조항이 당해 종류의 거래에 일반적이고 공통적인 것이어서 고객이 충분히 예상할 수 있었으면 설명이 필요한 중요내용이 아니라고 하겠다.[13] 설명은 구두로 하는 것이 원칙이나, 중요내용을 일목요연하게 정리한 알기 쉬운 문서로써도 할 수 있다.

계약의 성질상 설명이 현저하게 곤란한 경우는 설명의무는 배제된다(동항 단서). 가령 자동판매기와 같은 무인시설에 의한 계약이 그러하다. 나아가 은행이나 백화점, 터미널과 같이 설명의무의 부과가 객관적으로 사업자의 영업에 큰 지장을 초래하는 경우도 이에 해당한다. 그러나 인원부족과 같은 사업자 내부의 사정에 의하여 설명의무가 면제되어서는 안 된다.

(4) 의무위반의 효과

사업자가 명시의무와 설명의무를 위반하여 계약을 체결한 경우에는 해당

---

11) 그러나 아주 작은 활자로 인쇄되어 있거나 눈에 잘 띄지 않는 곳에 기재되어 있는 경우에는 명시의무를 다하였다고 볼 수 없다.

12) 대판 1995. 12. 12, 95다11344는, 한전의 전기공급규정에서 단전으로 인한 책임의 배제조항에 관하여, "설명을 들어 이를 알았더라면 전기공급계약을 체결하지 않았으리라는 사정도 엿보이지 않는"다는 이유를 들어, 이 조항은 설명이 요구되는 「중요한 내용」에 해당하지 않는다고 한다.

13) 대판 1990. 4. 27, 89다카24070; 대판 1992. 5. 22, 91다36642 등.

약관을 계약의 내용으로 주장할 수 없다(제 3 조 제 4 항).[14] 이는 일단 편입합의에 의하여 계약의 내용이 된 약관조항이라도 이를 사업자측에서 주장할 수 없다는 의미이고, 고객이 주장하는 것은 허용된다. 약관의 일부가 명시된 경우라면 원칙적으로 나머지 약관조항만이 이 규정의 적용을 받는다.

이와 같이 해당 약관조항을 계약의 내용으로 주장할 수 없는 경우에도 계약은 나머지 부분만으로 유효하게 존속하는 것이 원칙이며(제16조), 그 흠결부분은 사실인 관습이나 임의규정 등에 의하여 보충된다.

3. 편입합의와 개별약정

편입합의가 있다고 해서 언제나 약관의 전부가 계약내용이 되는 것은 아니며, 사업자와 고객 사이에 약관조항과는 다른 개별적인 합의가 있으면 이것이 계약의 내용이 되고 그 약관조항은 배제된다(제 4 조. 「개별약정우선의 원칙」). 개별약정은 구두로 한 경우에도 인정되며, 특히 사업자나 그의 피용자가 고객에게 약관의 내용을 잘못 설명한 결과 그 설명내용대로의 개별약정이 인정되는 경우도 원래의 약관조항은 적용되지 않는다. 포괄근담보(보증, 저당 등)의 약관조항("채무자가 은행에 대하여 현재 및 장래 부담하는 모든 채무를 담보한다")에도 불구하고, 특정한 채무 또는 일정한 범위 내의 채무만을 담보하기로 하는 당사자의 개별합의를 인정하여 그 약관조항의 적용을 부인한 경우가 적지 않다.[15]

계약의 한쪽 당사자가 약관을 마련하여 두었다가 어느 한 상대방에게 이를 제시하여 계약을 체결하는 경우에도 그 상대방과 사이에 특정 조항에 관하여 개별적인 교섭(또는 흥정)을 거침으로써 상대방이 자신의 이익을 조정할 기회를 가졌다면, 그 특정 조항은 약관법의 규율대상이 아닌 개별약정이 된다. 이때 개별적인 교섭이 있었다고 하기 위해서는, 비록 그 교섭의 결과가 반드시 특정 조항의 내용을 변경하는 형태로 나타나야 하는 것은 아니라 하더라도, 적

---

14) 명시의무 위반에 대하여는 그 밖에 과태료가 부과된다(제34조 제 3 항 참조). 한편 보험계약의 경우에 보험자는 보험계약을 체결할 때에 보험계약자에게 보험약관을 교부하고 그 약관의 중요한 내용을 설명하여야 하며, 이 의무에 위반한 경우 보험계약자는 보험계약이 성립한 날부터 3개월 이내에 보험계약을 취소할 수 있다(상법 제638조의3).

15) 약관법 시행 전의 판결로는 대판 1984. 6. 12, 83다카2159; 대판 1987. 4. 28, 82다카789 등이 있고, 시행 후의 판결로는 대판 1998. 9. 8, 97다53663; 대판 2000. 1. 18, 98다18506 등이 있다.

어도 계약의 상대방이 약관을 제시한 자와 사이에 거의 대등한 지위에서 당해 특정 조항에 대하여 충분한 검토와 고려를 한 뒤 영향력을 행사함으로써 미리 마련된 특정 조항의 내용에 구속되지 않고 이를 변경할 가능성이 있었어야 한다. 이처럼 약관조항이 당사자 사이의 합의에 의하여 개별약정으로 되었다는 사실은 이를 주장하는 사업자 측에서 증명하여야 한다.[16]

이러한 개별약정에 대하여는 약관법, 특히 내용통제에 관한 규정(제 6 조 내지 제14조)은 적용되지 않는다. 그러나 사업자가 불공정한 약관조항이 무효가 되는 것을 회피할 목적으로 같은 내용을 개별약정의 형식으로 강요하는 것은 약관법의 잠탈행위로서 그 효력이 부인될 수 있다.

Ⅳ. 약관의 해석

1. 의   의

계약의 내용이 된 약관의 의미를 명확하게 하여 그로 인한 법률관계를 확정하는 해석작업에 대하여는, 원칙적으로 법률행위의 해석에 관한 일반법리가 적용된다.[17] 다만 약관은 사업자가 다수의 계약체결에 대비하여 일방적으로 작성한 것이므로, 그 성질에 좇아 약간의 특수한 법리가 인정된다.

2. 객관적 해석의 원칙

약관은 "고객에 따라 다르게 해석되어서는 아니 된다"(제 5 조 제 1 항 후단). 이를 객관적 해석의 원칙이라고 하는데, 통일적 해석의 원칙이라고도 한다. 원래 계약의 내용을 이루는 의사표시는 상대방의 관점에서 객관적·합리적으로 해석되어야 하나, 약관의 해석에서는 기준을 당해 계약의 상대방이 아니라 평균적 고객에 두어야 한다. 그리하여 약관은 이를 사용하여 체결된 모든 계약에 통일적으로 해석되어야 한다.

---

16) 대판 2010. 9. 9, 2009다105383; 대판 2014. 6. 12, 2013다214864.
17) 제 5 조 제 1 항 전단이 "약관은 신의성실의 원칙에 따라 공정하게 해석되어야" 한다고 정하는 것은 법률행위의 해석 일반에 타당한 것이다.

3. 불명확성의 원칙

"약관의 뜻이 명백하지 아니한 경우에는 고객에게 유리하게 해석되어야 한다"(제 5 조 제 2 항). 이를 불명확성의 원칙이라고 할 수 있는데, 고객유리해석의 원칙이라고도 한다. 불명확한 계약조항은 그 제안자에게 불리하게 해석되어야 한다는 것은 로마법에서 인정되었고, 이를 민법에 규정하는 나라도 있다(가령 오스트리아민법 제915조 후단). 약관법은 이를 명문으로 정한다. 이는 가능한 해석내용 가운데 고객에게 유리한 것을 택하여야 한다는 의미이고,[18] 가능한 범위를 넘어서는 해석은 허용되지 않는다. 이 원칙의 파생원칙으로, 고객을 임의규정보다 불리하게 하는 면책조항 등의 약관조항은 엄격하게 해석되어야 한다는 원칙을 들기도 한다.

V. 약관에 대한 내용통제

1. 의   의

계약으로 편입되고 그 의미가 해석에 의하여 확정된 약관조항이라도, 그것이 약관법에 정하는 일정한 사유에 해당하는 경우에는 효력이 없다. 약관법은 이러한 내용통제를 두 가지 방법으로 하고 있다. 하나는, 무효가 되는 개별적 약관조항을 열거하는 것이고(제 7 조 내지 제14조의 「개별금지목록」), 다른 하나는, 일반조항에 의하여 포괄적으로 무효사유를 정하는 것이다(제 6 조). 제 6 조는 제 7 조 이하의 규정에 대하여 보충적·후순위적으로 적용되는 일반규정으로서, 어떠한 약관조항이 제 7 조 이하의 규정에 의하여 무효가 되지 않는다고 해서 제 6 조의 심사를 면하는 것은 아니다.

2. 개별금지목록

약관법이 정하는 개별금지목록은 다음과 같다.[19]

---

18) 대판 1984. 1. 17, 83다카1940은, "피보험자와 세대를 같이하는 친족 또는 고용인이 고의로 일으킨 손해"에 대한 보험자의 면책을 정하는 보험약관조항을 고용인도 피보험자와 세대를 같이하는 경우에만 면책된다고 해석한 것은 그 한 예라고 하겠다.

19) 국제적으로 통용되는 운송업·금융업·보험업 등에 대하여는 무효인 약관조항을 정하는

(i) 사업자 등의 고의 또는 중과실로 인한 법률상의 책임(주로 채무불이행이나 불법행위로 인한 손해배상책임이 문제된다)을 배제하는 조항,[20] 사업자의 손해배상 범위(배상액을 포함한다)를 제한하거나 쌍무계약상의 대가위험(제537조 참조)을 고객에게 떠넘기는 조항, 사업자의 담보책임(제569조 이하, 제667조 이하 등 참조)을 배제 또는 제한하는 조항(제 7 조). 이는 주로 사업자가 임의규정이 정하는 각종의 책임을 전부 또는 일부 면하는 것을 막으려는 취지이다.

(ii) 고객에게 과중한 지연손해금 기타 손해배상의무를 부담시키는 조항(제 8 조). 위약벌의 약정도 마찬가지로 볼 것이다.[21]

(iii) 해제권·해지권의 발생요건이나 해제·해지의 법률효과(원상회복의무 등)를 법률이 정하는 바보다 사업자에게 유리하게 하거나 고객에게 불리하게 하는 조항, 그리고 계속적 계약관계의 존속기간과 관련하여 고객에게 불리한 조항(제 9 조).[22]

(iv) 급부의 내용이나 방식(이행시기, 이행장소, 분할이행의 여부 등)의 결정 또는 변경을 사업자에게 맡기는 조항(제10조).

(v) 법률이 고객에게 인정하는 권리 또는 이익, 예를 들면 동시이행의 항변권, 최고·검색의 항변권, 상계권, 기한의 이익, 제 3 자와 계약을 체결할 자유, 사업자의 비밀누설금지의무 등을 제한하거나 약화시키는 조항(제11조). 그 밖에 선택권, 수령거절권 등도 마찬가지이다.

(vi) 고객이 어떠한 의사표시를 한 것(하지 않은 것)으로 또는 고객에 대한 의사표시가 도달된 것으로 의제하는 조항, 고객의 의사표시의 형식이나 요건을 불리하게 강화하는 조항(공정증서에 의한 의사표시 등), 사업자의 의사표시에 장기의 기한 또는 불확정기한을 붙이는 조항(제12조).

(vii) 고객을 대리하여 계약을 체결한 사람에게 계약의 이행책임을 지우는 조항(제13조).

제 7 조 내지 제14조의 적용이 배제된다(제15조, 시행령 제 3 조).

20) 고의 또는 중과실로 인한 책임을 단지 「제한」하는 조항은 제 7 조 제 1 호에는 해당하지 않으나, 제 6 조의 보충적 일반규정에 의한 통제를 받을 것이다. 대판 1992. 2. 14, 91다4249는 선하증권에 기재된 면책약관은 고의 또는 중대한 과실로 인한 불법행위책임을 추궁하는 경우에는 적용되지 않는다고 판결하였다.

21) 대판 1994. 5. 10, 93다30082; 대판 2000. 12. 8, 99다53483.

22) 대판 1998. 8. 21, 98다20806.

(viii) 소제기의 금지, 재판관할의 합의, 증명책임의 부담을 내용으로 하는 조항(제14조).

이상과 같은 「개별금지목록」은 거의 대부분 "상당한 이유 없이", "부당하게 과중한", "부당하게 불이익을 줄 우려가 있는", "부당하게 엄격한", "부당하게 불리한" 등과 같은 「별도의 평가를 요하는 요건」을 정하고 있다는 점을 주목할 필요가 있다. 이와 같이 별도의 평가를 거칠 필요 없이 바로 무효가 되는 약관조항은 고의 또는 중과실에 대한 면책의 조항(제 7 조 제 1 호), 해제권·해지권제한조항(제 9 조 제 1 호), 대리인책임조항(제13조)의 셋뿐이다.[23]

3. 불공정 약관에 관한 일반규정

(1) "신의성실의 원칙을 위반하여 공정성을 잃은 약관 조항은 무효이다" (제 6 조 제 1 항).[24] 신의성실의 원칙은 타인의 정당한 이익을 배려할 것을 핵심적인 내용으로 한다. 그러므로 위 규정은 고객의 정당한 이익에 대하여 적절한 배려를 베풀지 않아 사업자의 이익을 일방적으로 추구하는 결과가 되는 약관조항은 무효임을 정한 것이다.[25]

고객에 대하여 부당하게 불리한 조항으로서 '신의성실의 원칙에 반하여 공정을 잃은 약관조항'이라는 이유로 무효라고 보기 위해서는, 약관조항이 고객에게 다소 불이익하다는 점만으로는 부족하고, 약관 작성자가 거래상의 지위를 남용하여 계약 상대방의 정당한 이익과 합리적인 기대에 반하여 형평에 어긋나는 약관 조항을 작성·사용함으로써 건전한 거래질서를 훼손하는 등 고객에게 부당하게 불이익을 주었다는 점이 인정되어야 한다. 그리고 이와 같이 약관조항의 무효 사유에 해당하는 '고객에게 부당하게 불리한 조항'인지는 약관조항에 의하여 고객에게 생길 수 있는 불이익의 내용과 불이익 발생의 개연성, 당사자들 사이의 거래과정에 미치는 영향, 관계 법령의 규정 등 모든 사정을

---

23) 이는 「평가가능성 없는 금지조항」의 수가 현저하게 많은 독일의 약관법과 다른 점이다.
24) 이에 대하여는 무엇보다 장경환, 약관규제법 일반조항에 관한 연구, 서울대학교 법학박사학위논문, 1990 참조.
25) 대판(전) 1991. 12. 24, 90다카23899: "약관의 내용통제원리로 작용하는 신의성실의 원칙은 보험약관에 있어서 그 작성자가 상대방의 정당한 이익과 합리적인 기대, 즉 보험의 손해전보에 대한 합리적인 신뢰에 반하지 않고 형평에 맞게끔 약관조항을 작성하여야 한다는 행위원칙을 가리킨다."

종합하여 판단하여야 한다.[26)]

　(2) 이러한 일반규정은 내용이 매우 불명확하므로, 약관법은 그 해석·적용을 돕기 위하여 약관의 불공정성을 「추정」하도록 하는 몇 가지 징표를 제시하였다(동조 제 2 항). 첫째, 고객에게 부당하게 불리한 조항. 둘째, 고객이 계약의 거래형태 등 관련된 모든 사정에 비추어 예상하기 어려운 조항(의외조항 또는 기습조항). 이상은 판단자를 우선 평균적 고객의 입장에 놓고 볼 때 약관조항이 「부당하게 불리」하거나 「예상하기 어려운」 것인 경우에는 일단 무효인 것으로 추정하여, 사업자로 하여금 그의 입장에서 당해 약관조항의 사용에 합리적 이유가 있음을 주장·증명하도록 한다는 의미이다. 여기서 「부당한 불리」나 예상곤란을 판단하는 기준으로서는 무엇보다도 민법 등에서 정하는 임의규정을 들 수 있다.[27)] 임의규정은 단지 계약당사자의 합의가 없는 사항에 대하여 합의를 보충하는 것 외에도 계약관계 규율의 모범 또는 향도로서의 기능도 한다. 그러므로 중요한 사항에 관한 임의규정으로부터 벗어나는 정도가 심한 약관조항은 일단 불공정하다고 할 수 있다. 셋째, 계약의 목적을 달성할 수 없을 정도로 계약에 따르는 본질적 권리를 제한하는 조항. 이는 첫째의 사유와 크게 다르지 않은데, 요컨대 주급부청구권 그 밖에 고객이 계약으로 달성하려는 기본이익의 실현에 핵심적인 권리를 제한함으로써 해당 거래에 전형적인 계약목적이 달성될 수 없게 하여서는 안 된다는 것이다.

4. 효　　과

위와 같은 사유에 해당하는 약관조항은 무효이다. 따라서 그 약관조항은 계약의 내용으로서 효력을 가지지 못한다.

　(1) 이와 관련하여 약관조항의 질적 또는 양적 일부만을 무효로 하고 나머지에 대하여는 효력을 인정하는 「효력유지적 축소」(또는 일부무효)가 허용되는가, 아니면 위의 사유에 해당하는 한 약관조항 전부를 무효로 하여야 하는가

---

26) 대판(전) 1991. 12. 24, 90다카23899; 대결 2008. 12. 16, 2007마1328; 대판 2014. 6. 12, 2013다214864; 대판 2014. 6. 12, 2013다214864; 대판 2022. 5. 12, 2020다278873; 대판 2023. 3. 30, 2018다207076.

27) 이는 앞서 본 「개별금지목록」에서도 명백히 드러난다. 마찬가지로 독일 약관법 제 9 조 제 2 항 제 1 호는 "법률규정의 본질적 기본사상과 불합치하는 약관조항"은 불공정한 것으로 추정하고 있다.

하는 문제가 제기된다.[28] 예를 들면 대판(전) 1991. 12. 24, 90다카23899와 같이, 자동차보험약관에서 "자동차의 운전자가 무면허운전을 하였을 때에 생긴 사고로 인한 손해"에 대하여 보험회사는 면책된다는 약관조항을, 그것은 "무면허운전이 보험계약자나 피보험자의 지배 또는 관리가능한 상황에서 이루어진 경우에 한하여" 유효하고,[29] 그 밖의 경우에 대하여는 약관법 제 6 조, 제 7 조 제 2 항·제 3 항에 반하여 무효라고 판단하는 것은 허용되는가?

독일의 판례와 다수설은 효력유지적 축소를 부인하고, 약관조항 전부의 무효를 선언하여야 한다는 태도를 취한다. 그렇게 하지 않고 법원이 「공정한」 범위에서 효력을 인정할 수 있다고 하면 약관작성자로서는 처음부터 약관이 공정한 것이 되도록 스스로 노력할 필요가 없으며, 또한 어느 범위에서 「불공정한가」는 반드시 명확하지 않으므로 고객이 자신의 권리의무에 대하여 명확한 정보를 얻을 수 없다는 것(투명성요청)이 그 이유이다. 우리나라에서도 이와 같이 주장하는 견해도 있다. 한편 우리나라 실무는 종전부터 민법 제103조나 강행규정에 기하여 계약의 내용통제를 하면서 위와 같은 일부무효의 법리를 인정하여 왔는데,[30] 약관에 대한 내용통제에서 돌연 이를 폐기할 이유는 없으므로, 「효력유지적 축소」도 허용되어야 한다는 견해가 있다. 앞서 본 대로약관법이 정하는 금지목록은 거의 대부분 「별도의 평가를 요하는 요건」을 들고 있어서, 사업자의 공정한 약관작성으로의 유도나 「투명성」의 요청은 그만큼 후퇴할 수밖에 없다는 것이다.[31]

(2) 약관의 전부 또는 일부가 내용통제에 의하여 무효가 되어도, 그에 의

---

28) 양창수, "자동차보험약관의 무면허운전면책조항에 대한 내용통제," 민법연구 제 4 권, 335면 이하.

29) 이 판결은 이를 「수정해석」이라고 부르나, 그 작업의 성질은 내용통제이며, 이는 그 전제문제인 약관의 해석과는 엄격하게 구별되어야 한다.

30) 이는 민법 제103조나 강행규정에 위반되는 부분이 있다고 해도 가능하면 당사자 의사의 취지를 살려 구체적으로 타당한 해결을 지향하는 기본태도의 발현이라고 하겠다.

31) 대판 1995. 12. 12, 95다11344(한전의 전기공급규정에서 단전으로 인한 책임의 배제조항에 관하여, 한전의 고의·중과실로 인한 단전의 경우에만 무효라고 함); 대판 1996. 5. 14, 94다2169(경비용역회사의 면책조항) 등 참조. 다만 대판 1994. 5. 10, 93다30082[판결 1]는, 부당하게 과다한 손해배상액을 예정하는 약관조항에 대하여, 원심이 민법 제398조 제 2 항에 의하여 감액한 범위 내에서 유효하다고 한 것을, 약관법 제 8 조 등에 반하여 무효라고 판단하였다. 그러나 유사사안에 대한 대판 1994. 10. 25, 94다18140; 대판 1996. 2. 27, 95다42393은 반대의 태도를 취한다.

하여 계약 전부가 무효가 되지는 않으며, 계약은 "나머지 부분만으로 유효하게
존속한다"(제16조 본문). 이는 일부무효에 관한 원칙(제137조)에 대하여 예외를
정한 것이다. 이와 같이 하여 공백이 된 사항에 대하여는 사실인 관습, 나아가
특히 임의규정에 의하여 보충된다. 한편 유효한 부분만으로는 계약의 목적달성
이 불가능하거나 일방당사자에게 부당하게 불리한 때에는 계약 전부가 무효가
된다(동조 단서).

[판결 1] 약관조항의 무효: 대판 1994. 5. 10, 93다30082

[주   문]

원심판결 중 원고의 패소부분을 파기한다.

이 부분에 관하여 사건을 대전지방법원 본원합의부에 환송한다.

[이   유]

원고의 상고이유에 대하여 판단한다.

1. 원심은, 피고 한국토지개발공사가 1992. 3. 23. 대전 둔산지구 단독주택
건설용지 분양공고를 하여 원고가 위 분양공고에 따라 4. 3. 피고가 지정한 충
청은행에 분양신청금 10,000,000원을 납부하고, 4. 10. 추첨결과 원고가 분양대
금 109,800,000원에 둔산지구 213의 2의 용지를 당첨받은 사실, 원고가 당첨된
후 피고와 사이에 위 용지에 관한 매매계약을 체결하지 아니하여 피고가 위 분
양공고 제 7 항의 "당첨후 지정기한내에 계약을 체결하지 않는 경우에는 당첨을
무효로 하며 분양신청금은 이 공사에 귀속됩니다."라는 약관조항에 의하여 위
분양신청금을 피고에 귀속시킨 사실 등을 인정한 다음, 위 약관조항은 실수요자
이외의 투기적 동기에 의한 신청을 방지하고 실수요자가 분양추첨에서 낙첨되
는 결과를 방지하며, 당첨자에 대하여 향후의 매매계약의 체결을 담보하여 당첨
후 무계약상태를 방지하고 분양용지의 공급가액의 10%에 해당하는 위 분양신청
금을 납부하게 함으로써 대량신청에 의한 불필요한 사무의 폭주를 방지하는 기
능을 하는 한편, 당첨자가 정당한 사유없이 매매계약체결의무를 이행하지 아니
함으로써 피고에게 채무불이행으로 인한 손해를 배상하여야 할 경우에 위 분양
신청금은 당첨자의 매매예약자로서의 매매계약체결의무 이행의 확보를 목적으
로 하여 그 불이행시 이를 피고에 귀속시킴으로써 피고의 손해를 전보하게 하
려는 손해배상액의 예정으로서의 성격을 가지고 있다고 보아, 원고가 투기의 목
적이 없는 선의 미계약자라는 사유만으로는 위 약관조항이 무효가 되지 않는
다고 판단하고, 다만 위 분양신청금은 분양당첨으로 인한 매매예약의 당사자가

매매계약을 체결하지 아니함으로 인하여 피고가 입게 되는 손해를 배상하기 위한 손해배상액의 예정으로서의 성격을 가지고 있다 할 것인데, 원고는 매매예약의 단계에서 단지 매매계약을 체결하지 아니함에 있어 귀책사유가 있을 뿐 투기의 목적으로 분양신청을 하지 아니하였고, 피고에게 특히 현저한 손해가 발생되지 않은 점 등의 사유를 들어 손해배상액으로서 금 10,000,000원을 예정한 것은 부당하게 과다하여 그 액수를 금 5,000,000원으로 감액함이 상당하다고 판단하였다.

2. 약관의규제에관한법률은 제 6 조에서 "신의성실의 원칙에 반하여 공정을 잃은 약관조항은 무효이다(제 1 항). 약관에 다음 각호의 1에 해당되는 내용을 정하고 있는 경우에는 당해 약관조항은 공정을 잃은 것으로 추정된다(제 2 항)." 고 규정하고 제 1 호에 "고객에 대하여 부당하게 불리한 조항"을 들고 있으며, 제 8 조에서는 "고객에 대하여 부당하게 과중한 지연손해금 등의 손해배상의무를 부담시키는 약관조항은 이를 무효로 한다"고 규정하고 있으므로, 고객에 대하여 부당하게 과중한 손해배상의무를 부담시키는 약관조항은 고객에게 부당하게 불리하여 공정을 잃은 것으로 추정되고 신의성실의 원칙에 반하는 것으로서 무효라고 보아야 할 것이다.

관계증거와 기록에 의하면, 위 약관조항이 실수요자 이외의 투기적 동기에 의한 분양신청을 방지하여 실수요자가 분양추첨에서 낙첨되는 결과를 방지하고, 당첨자에 대하여 향후의 매매계약의 체결을 담보하여 당첨후 무계약상태를 방지하고 분양용지의 공급가액의 10%에 해당하는 위 분양신청금을 납부하게 함으로써 대량신청에 의한 불필요한 사무의 폭주를 방지하기 위한 정책적인 배려에서 운영되고 있는 것임은 원심이 인정한 바와 같지만, 피고가 분양의 방법에 의하여 토지를 공급하는 경우 공급단위필지수의 100분의 5 범위 안에서 예비대상자를 정할 수 있으므로 당첨자가 계약을 체결하지 아니하더라도 피고에게 특별히 현저한 손해가 발생할 것으로 보이지 아니하는 점, 분양용지의 공급가액의 10%에 상당하는 분양신청금을 미리 납부하게 하는 것 자체로써 진정한 실수요자 이외의 자가 분양신청하는 것을 어느 정도 방지할 수 있을 뿐더러, 구태여 분양신청금을 피고에게 귀속시키지 않더라도 당첨자가 장래 주택이나 단독주택건설용지를 우선 공급받을 수 있는 이익이 박탈되기 때문에 계약의 체결도 어느 정도 담보될 수 있는 점 등을 알 수 있는바, 이와 같은 사정들과 한국토지개발공사법 및 약관의규제에관한법률의 목적 등으로 미루어 보면, 당첨자에게 계약의 체결을 강제하기 위한 수단으로 분양용지의 공급가액의 10%에 상당하는 분양신청금을 일방적으로 피고에게 귀속시키는 위 약관조항은, 고객인 당첨자에 대하여 부당하게 과중한 손해배상의무를 부담시키는 것으로서 신의성실의 원칙에 반하여 공정을 잃은 약관조항이라고 할 것이므로, 무효라고 하지 아니할 수 없다.

그렇다면 이와 견해를 달리하여 위 약관조항이 무효가 아니라고 판단한 원심판결에는 약관의규제에관한법률 제 6 조 및 제 8 조에 관한 법리를 오해한 위법이 있다고 할 것이고, 이와 같은 위법은 판결에 영향을 미친 것임이 분명하므로, 이 점을 지적하는 논지는 이유가 있다.

3. 뿐만 아니라 원심은 위 약관조항이 고객에 대하여 부당하게 과중한 손해배상의무를 부담시킨 것이 아니어서 무효가 아니라고 판시하면서, 다른 한편으로는 원고가 매매예약의 당사자로서 매매계약을 체결하지 아니함으로 인하여 피고가 입게 될 손해로 배상하여야 할 액으로 예정한 것이 부당히 과다하다는 이유로 민법 제398조 제 2 항을 적용하여 그 손해배상의 예정액을 반으로 감액하였으니, 원심판결에는 약관의규제에관한법률 제 8 조에 관한 법리를 오해하였거나 이유가 모순되는 위법이 있다고 할 것이다.

질문

(1) 고객에 대하여 부당하게 과중한 손해배상의무를 부담시키는 약관은 효력이 있는가?

(2) 이 사건에서 한국토지개발공사가 공급하는 분양용지의 당첨자가 계약을 체결하지 않은 경우 분양용지의 공급가액의 10%에 상당하는 분양신청금을 한국토지개발공사에 귀속시키는 약관조항이 고객에게 부당하게 불리한 조항인가?

(3) 대판 1994. 10. 25. 94다18140은 이 판결에서와 동일한 약관에 대하여 약관을 유효로 보고, 민법 제398조 제 2 항에 의하여 손해배상액을 감액하였다. 어떤 판결이 타당한가?

(4) 대판(전) 1991. 12. 24. 90다카23899는 "자동차종합보험보통약관 제10조 제 1 항 제 6 호의 무면허면책조항은 무면허운전의 주체가 누구이든 묻지 않으나 다만 무면허운전이 보험계약자나 피보험자 등의 명시적 또는 묵시적 승인하에 이루어진 경우에 한하여 면책을 정한 규정이라고 해석하여야 하며, 이와 같이 해석하는 한도 내에서 그 효력을 유지할 수 있다고 보아야 한다"라고 판결하였다. 이 판결과 위 [판결 1]은 서로 합치될 수 있는가?

상고이유를 판단한다.

원심판결 이유에 의하면, 원심은 제 1 심판결의 이유를 인용하여 1988. 10. 5. 용역경비업법에 의한 용역경비업자인 피고와 용역경비계약을 체결한 원고가 경영하는 금은보석상인 영보당에 1991. 7. 4. 22:40경부터 다음날 09:40경 사이에 성명불상자가 좌측 창문을 막아 놓은 합판을 뚫고 침입하여 진열장에 진열되어 있던 시계, 귀금속 등을 절취하여 간 도난사고가 발생하였으나, 피고는 위 도난사고 당시 피고가 위 영보당의 출입문 바로 위에 설치한 열선감지기로부터 아무런 이상 신호를 접수하지 못하여 위 도난사고에 대처하지 못한 사실을 인정할 수 있으므로, 피고는 특별한 사정이 없는 한 위 용역경비계약상의 배상약정에 따라 위 도난사고로 인한 원고의 손해를 배상할 책임이 있다고 할 것이지만, 원고와 피고 사이의 위 용역경비계약에 따른 협정사항 제12항이 원고는 현금 및 귀중품을 되도록 금융기관에 예치하고 경비 대상물 내의 보관을 피하여야 하며, 부득이한 경우에는 고정금고 또는 옮기기 힘든 대형금고 속에 보관하고 시정하여야 하며, 피고는 원고가 위 사항을 준수하지 아니하여 발생한 사고에 대하여는 책임을 지지 아니한다고 규정하고 있고, 위 용역경비약관과 일체로 되어 있는 특약사항에서는 위 금고는 바닥에 고정된 금고이거나 중량 150kg 이상의 대형금고로서 피고 회사의 금고감지기가 부착된 금고에 한하며, 금반지를 포함한 각종 금제품 및 기타 보석류(모조품은 제외) 전량과 시계류 중 매입단가 기준 금 100,000원 이상의 모든 손목시계는 위 금고에 보관하여야 하며 원고가 이를 준수하지 아니하여 발생한 사고에 대하여는 피고가 책임을 지지 아니한다고 규정하고 있는데, 위 도난품들은 모두 위 영보당 내의 진열장에 전시된 상태로 보관되어 있던 중 도난당하였고, 도난품 중 모조품이나 매입단가가 금 100,000원 미만인 물품은 없는 사실이 인정되므로, 피고의 위 용역경비계약에 따른 손해배상책임은 위 면책조항에 해당되어 면책되었다고 판단한 다음, 위 도난물품들을 금고에 보관하려면 많은 시간이 소요되고 상품가치에 손상을 가져와 사실상 실현 불가능한 것이므로, 위 면책조항은 고객인 원고에게만 과중하고 과다한 책임과 비용을 부담하게 하는 등 심히 형평과 공정성이 결여되고 신의성실의 원칙에 반하는 약관조항으로서 약관의규제에관한법률(이하 약관규제법이라 한다) 제 6 조, 제 7 조에 의하여 무효라는 원고의 주장에 대하여는 위와 같이 금고 보관이 사실상 불가능하다는 사실을 인정할 수 없을 뿐만 아니라, 사회생활의 규범상으로도 자신의 재산에 대한 최소한의 보호책으로서도 퇴근시에는 귀금속들을 당연히 금고에 보관하여야 하고, 달리 위 특약사항을 무효로 볼 만

한 사유도 없다고 하면서 원고의 위 주장을 배척하였다.

그러나 위 협정사항 제12항 및 특약사항은 그 규정 형식 및 내용 등에 비추어 보아 면책약관의 성질을 가지는 것으로 봄이 상당하므로, 위 면책조항이 피고의 고의, 중과실로 인한 경우까지 적용된다고 본다면 약관규제법 제7조 제1호에 위반되어 무효라고 볼 수밖에 없기 때문에 그 외의 경우에 한하여 피고의 면책을 정한 규정이라고 해석하는 한도 내에서만 유효하다고 수정 해석하여야 할 것이다(당원 1995. 12. 12. 선고 95다11344 판결 참조).

그런데 원심기록에 의하면 원고는 이 사건 면책약관은 "사업자의 이행보조자 또는 피용자의 고의 또는 중대한 과실로 인한 법률상 책임을 배제하는 면책조항은 무효이다."라고 규정하고 있는 약관규제법 제7조 제1호의 규정에 위배되어 무효라고 다투고 있고(1992. 7. 22.자 원고측 준비서면 참조), 또 원고가 이 사건 계약 당시부터 범인이 침입한 유리창 문쪽과 진열대 위에도 감지기를 설치해 줄 것을 요청한 바 있으나, 피고는 현 시설로도 충분하다고 했다고 주장하면서 도난방지의 안전시설을 책임진 피고 회사가 도난방지상 가장 취약한 부분에 대한 안전조치를 제대로 취하지 않은 것이라고 주장하고 있으며, 나아가 피고 회사 직원이 열감지기에 스카치테이프를 붙여 감도를 떨어뜨린 점 또는 실내감지기가 비뚤어져 있어서 범인이 침입한 부분과는 사각지대가 생긴 점 등도 아울러 지적하고 있는바, 위와 같은 주장들은 결국 위 면책약관이 피고의 고의, 중과실에 의한 경우까지는 적용될 수 없다는 취지의 주장이라고 보여진다. 그런데 이 사건의 경우 기록에 의하면(특히 갑 제18호증의 23) 원고가 경영하던 위 영보당은 대로변에 위치하여 있기는 하나 그 왼쪽 벽면에 설치되어 있는 창문이 곧바로 외부로 연결되어 있고, 그 창문을 합판으로 막아놓았을 뿐이었기 때문에 그 곳을 통하여 위 영보당 내부로 침입할 가능성이 높은 방범상 가장 취약한 부위였던 사실, 그럼에도 피고가 위 영보당 내에 감지기를 설치함에 있어서 셔터에는 적외선을 이용하여 셔터의 개폐를 감지하는 셔터감지기를, 금고에는 진동에 의하여 이상을 감지하는 금고감지기를, 환풍기에는 자석의 원리를 이용하여 이상을 감지하는 자석식감지기를, 출입문 바로 위에는 매장공간에 침입하는 사람의 체온에 의하여 이상을 감지하는 열선감지기를 각 설치하면서도 방범상 가장 취약한 부위인 위 창문이나 이를 막아 놓은 합판에는 그 개폐나 충격을 감지할 수 있는 감지기를 설치하지 아니하였음은 물론, 위 열선감지기의 방향이 우측 벽쪽으로 치우쳐 설치한 관계로 범인이 위 창문을 통하여 침입하는 것을 전혀 감지할 수 없었던 사실을 엿볼 수 있다.

사정이 이와 같다면 원심으로서는 먼저 피고의 이 사건 용역경비계약상의 손해배상책임이 피고의 고의, 중과실로 인한 것인지의 여부에 관하여 심리한 다음, 그 결과에 따라 피고의 고의, 중과실로 인한 것인 경우에는 위 면책조항을 무효로 보아 그 적용을 배제하고, 그 외의 경우에 한하여 비로소 위 면책조항을 유효로 보아 그 적용을 허용하여야 함에도 불구하고 이에 이르지 아니하고, 만연히 위 면책조항을 무효로 볼 만한 사유가 없다고 하면서 원고의 위 주장을 배척한 조치는 면책약관에 관한 법리를 오해한 나머지 심리를 다하지 아니한 위법을 저지른 것이라 아니할 수 없으며, 이는 판결 결과에 영향을 미쳤음이 명백하므로 이 점을 지적하는 논지는 이유 있다.

그러므로 원고의 나머지 상고이유에 관하여 더 나아가 판단할 필요도 없이 원심판결을 파기하고, 사건을 다시 심리, 판단하게 하기 위하여 원심법원에 환송하기로 관여 법관의 의견이 일치되어 주문과 같이 판결한다.

질문

(1) 이 사건에서 쟁점은 무엇인가? 이에 대하여 대법원은 어떻게 판단하였는가? 이 판결에서 피고의 고의·중과실이 있는지 여부에 따라 피고의 책임을 달리하는 것은 정당한가?

(2) 이 판결을 위 [판결 1]과 비교하시오.

(3) 우리나라 약관법 하에서 효력유지적 축소를 인정하는 것은 허용되는가?

제 2 편
대리 등

제1장   서   설

1. 계약은 위에서 본 대로 그 구성요소인 각 의사표시의 내용(그것은 결국 앞서 본 '계약의 해석'에 의하여 정해진다)대로 법률효과가 발생하는 것을 특징으로 한다. 부동산매매계약이 체결되면, 매도인은 자신이 한 의사표시의 내용대로 목적물이 된 부동산의 소유권(및 점유)을 매수인에게 이전할 채무가 발생하고, 매수인 역시 그 의사표시대로 매매대금을 매도인에게 지급할 채무가 발생한다(민법 제568조 제 1 항도 참조).

이러한 계약의 효력은 의사표시를 한 사람에게 발생하는 것이 원칙이다. 다시 말하면 의사표시를 한 사람이 원칙적으로 계약의 당사자가 된다. 그러나 오늘날과 같이 분업이 사회생활의 전반에서 관철되어 있는 시대에는 의사표시를 한 사람과 그것을 구성요소로 하는 법률행위의 당사자가 분리되는 경우가 흔히 있게 된다. 상당한 규모의 기업은 일반적으로 기업 활동을 이루는 계약(상품·재료 등의 구입 또는 판매, 직원의 채용 등)에 관한 의사 결정을 일정한 직위에 있는 사람이 하여서 외부에 표시하게 된다. 이러한 일은 주택 구입과 같은 가사의 처리에서도 마찬가지이다.

이와 같이 의사표시를 하는 사람(민법은 제107조 제 1 항, 제109조 등에서 보는 대로 이를 '표의자'라고 한다)과 계약 효력의 귀속자(민법은 제104조 이하에서 보는 대로 이를 '당사자' 또는 '계약당사자'라고 한다)의 분리는 대체로 대리의 법리에 의하여 처리된다. 대리에 관한 규정의 맨 앞에 있는 민법 제114조 제 1 항이 "대리인이 그 권한 내에서 본인을 위한 것임을 표시한 의사표시는 직접 본인에게 대하여 효력이 미친다."라는 것이 바로 그것이다. 오늘날 매우 중요한 기능을 하는 대리제도에 대하여 민법은 제114조 이하에서 규율하는데, 이는 아래 제 2 장에서 제 4 장까지 다루기로 한다.

2. 계약은 특히 그 효력이 전부 또는 일부가 제 3 자에게 미치는 것을 내용으로 할 수도 있다. 제 3 자에게 의무를 귀속시키는 것이라면 문제가 있겠지만, 제 3 자가 계약상 권리를 취득하는 것이라면 막을 이유가 없다. 예를 들면, 매매계약에서 매수인이 원래대로 대금지급의무를 부담하기는 하지만 목적물의 이전 등을 청구할 권리는 제 3 자가 직접 가지는 것으로 약정하는 것이다. 이는 계약의 당사자와 그 효력 귀속이 분리되는 것으로서, 대리와 유사한 점이 있다. 민법은 이를 '제 3 자를 위한 계약'이라는 제도로서 제539조 이하에서 규율하고 있는데, 이에 관해서는 제 5 장에서 다룬다.

Ⅰ. 일　　반

1. 대리의 의의

(1) 대리代理란 의사표시를 하지 않은 사람에게 의사표시의 효과가 귀속하는 것을 말한다.[1] 그리고 대리에 의한 법률행위를 대리행위라고 한다. 대리행위에서는 의사표시를 하는 사람(대리인)과 법률행위의 당사자, 즉 법률행위의 효과가 귀속되는 사람(본인)이 분리된다. 의사표시의 효과는 표의자 자신에게 돌아가고 그 이외의 사람에게는 귀속하지 않는 것이 원칙이다. 민법은 대리제도에서 이러한 원칙에 예외를 인정하여, 의사표시의 효과가 표의자 이외의 사람에게 직접 귀속하는 것을 인정한다. 예를 들어, A가 그림 1점을 소유하고 있는데 그림의 가치나 유통에 대하여 어두워서 그 방면에 경험이 있는 B에게 그림을 팔아 줄 것을 부탁하여 B가 A의 대리인으로서 C와 그림의 매매계약을 체결하였다고 하자. 이때 계약의 효과는 직접 A에게 귀속되어, A는 C에 대하여 대금의 지급을 청구할 수 있는 권리를 취득한다.[2]

(2) 본인이 적절한 사람을 대리인으로 선임하여 그로 하여금 대리행위를 하게 하는 경우에는, 본인이 스스로 행위를 하지 않고도 타인의 능력과 자질을 이용하여 원하는 법률행위의 효과를 얻음으로써 자신의 활동영역을 내실 있게

---

[1] 여기서는 일단 능동대리를 전제로 하여 설명한다. 그러나 의사표시의 수령이 대리인에 의하여 행하여지는 수동대리의 경우에도 본문에서의 설명은 그대로 타당하다.

[2] 물론 매매계약상의 의무(소유권이전의무)도 A가 부담한다. 한편 대리인 B에게는 매매계약상의 법률효과가 전혀 귀속하지 않는다.

넓힐 수 있다(이른바 사적 자치의 확장). 이러한 기능을 통하여 오늘날처럼 분업
이 철저히 발달한 사회에서 대리는 사회의 유지·발전에 없어서는 안 될 핵심
적 제도의 하나로 자리잡고 있다. 이는 기업이 수많은 사람을 고용하여 그들로
하여금 기업 자신에 직접 법률효과가 귀속되는 각종의 계약을 체결하도록 하
는 데서 단적으로 드러난다.

한편 제한능력자나 부재자 등과 같이 본인이 스스로 의사표시를 하기 어
려운 경우에는 법률에 의하여 대리인을 세우고 그로 하여금 본인을 위하여 의
사표시를 하게 함으로써 본인에게 법률행위의 효과가 귀속될 수 있게 된다(이
른바 사적 자치의 보충).[3]

2. 대리의 기본구조 및 대리와 유사한 제도

(1) 앞서 본 대로 대리는 의사표시의 효과가 표의자 이외의 사람에게 귀
속하는 예외적인 제도이다. 그리하여 그와 같이 예외적인 효과 귀속이 인정되
려면 다음과 같은 요건이 갖추어져야 한다(제114조 제1항).

첫째, 대리인에게 본인을 대리할 수 있는 권한(대리권)이 있고, 대리인의
의사표시가 그 권한의 범위 내에서 이루어져야 한다. 대리권은 대리권의 수여
를 내용으로 하는 본인의 의사표시(수권행위. 제128조 후단 참조)에 의하여 발생
하거나 법률 규정에 의하여 발생한다. 대리권은 본인 자신의 의사 또는 법률에
의하여 승인된 본인의 법률관계에 대한 개입가능성으로서, 대리행위의 효과가
본인에 귀속되는 것을 내재적으로 정당화하는 실질요소가 된다.

둘째, 대리인의 의사표시가 법률효과의 내용을 이루는 통상의 효과의사
외에도 그 법률효과가 본인에게 귀속된다는 의사를 포함하여야 한다.[4] 이처럼
효과 귀속자로서 본인을 따로 밝히는 것을 「현명顯名한다」고 하는데, 제114조
제1항에서 「본인을 위한 것임을 표시한 의사표시」라고 하는 것은 이와 같이

---

3) 한편 법인은 추상적 실체로서 법인 자체가 의사표시를 할 수 없다. 법인의 의사표시는
그 대표자 개인이 하지만, 그 법률행위의 효과는 법인에 귀속된다. 법인의 법률행위는
이와 같이 언제나 대리를 통하여 이루어진다(법은 법인에서의 이러한 대리를 특히 「대
표」라고 부르나, 그 법적 구조는 대리와 같다. 제59조 제2항 참조). 그러한 의미에서 대
리제도는 법인의 법률행위를 가능하게 하는 기능도 한다고 말할 수 있다.

4) 그러한 의미에서 대리인의 의사표시는 이중의 요소, 즉 효과의사와 효과 귀속 의사의 둘
로 구성되어 있다.

현명한 의사표시라는 의미이다.[5] 대리행위의 효과가 대리인이 아니라 본인에게 귀속하는 것은 의사표시에 그 효과가 표의자 자신, 즉 대리인이 아니라 본인에게 귀속된다는 것이 포함되어 있기 때문이다. 즉, 본인에 대한 효과 귀속 의사의 효력에 따라 대리행위의 효과가 본인에게 귀속한다.[6]

이상의 요건이 갖추어지면, 대리행위의 법률효과는 본인에게 귀속한다. 그런데 본인이 대리인에게 대리권을 수여하는 것은 그들 사이에 존재하는 내부적 관계에 의한 것이다(아래 Ⅱ. 3. 참조).

대리의 기본구조는 다음과 같은 삼면관계로 도식화할 수 있다.

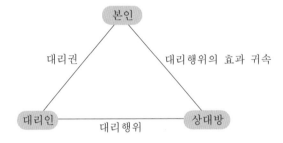

(2) 민법상 대리와 유사하나 이와 구별되는 제도 또는 개념들이 있다.

(가) 사자

본인이 결정한 의사를 외부에 표시하거나(표시기관으로서의 사자使者) 본인의 의사표시를 상대방에게 전달하는 한도(전달기관으로서의 사자)에서 의사표시의 과정에 관여하는 자를 사자라고 한다. 사자는 대리인과 구별되나, 실제에서는 대리인과 사자의 구별이 쉽지 않은 경우가 있다.[7]

(나) 간접대리

의사표시의 효과가 그 표의자에게 귀속되지만, 경제적으로 보면 표의자는

---

5) 법문의 표현은 의사표시의 경제적 목적이 본인을 위한 것으로 오해될 소지가 없지 않으므로, 통상 의사표시를 「본인의 이름으로」 한다고 말한다.

6) 한편 이와는 별개로 요구되는 대리권의 존재는 이 효과 귀속 의사의 효력발생요건이라고 할 수 있다.

7) 대판 1962. 2. 8, 4294민상192는 대리인이 아니고 사실행위를 위한 사자라 하더라도 외견상 그에게 어떠한 권한이 있다는 표시나 행동이 있어 상대방이 그를 믿었고 또 그 믿음에 있어 정당한 사유가 있다면 표현대리의 법리에 의하여 본인에게 책임이 있다고 한다.

이를 제 3 자(본인)를 위하여 취득하는 것이어서 결국 법률행위로 취득한 것을 본인에게 이전하여야 할 의무를 부담하는 관계를 간접대리라고 한다.[8] 예를 들면 상법에서 "자기 명의로써 타인의 계산으로" 물건을 매매하는 것[9]을 영업으로 하는 자는 위탁매매인이라고 하는데(동법 제101조 이하), 그의 영업행위는 간접대리에 속한다. 그는 위탁자로부터 매매의 위탁을 받고 매매를 하되 위탁자의 대리인으로서 하는 것이 아니라 자신의 이름으로 하므로 스스로 상대방에 대하여 직접 권리를 취득하고 의무를 부담한다(상 제102조). 그러나 그 매매는 「위탁자의 계산으로」 이루어지는 것이기 때문에 그는 그 권리의무를 위탁자에게 이전할 의무를 부담한다(상 제112조, 민 제684조 제 2 항).

(다) 처분수권

자신의 이름으로 처분행위를 하면서 그 법률효과를 처분의 대상인 타인의 권리에 직접 귀속시키는 권한을 부여하는 것 또는 그러한 권한을 처분수권處分授權이라고 한다. 이때 처분행위는 의무설정행위에서와 같이 인적인 채권관계를 발생시키는 것이 아니라, 물적으로 권리의 직접적 변동 그 자체만을 내용으로 한다. 민법에 명문의 규정이 없으나,[10] 자기 권리의 법적 귀추에 대한 권리자의 의사는 존중되어야 하므로, 권리자 자신의 동의가 있는 한 처분수권을 인정하는 데 문제가 없다.[11] 가령 소유자는 제 3 자에게 그 물건을 제 3 자의 소유물로 처분할 수 있는 권한, 즉 처분수권을 유효하게 수여할 수 있다.[12]

---

8) 이와 대비하여 대리행위의 효과가 본인에게 직접 귀속하는 민법상의 대리를 「직접대리」라고 한다.

9) 「자기 명의로」(상법 제114조 제 1 항, 민법 제684조 제 2 항의 "자기의 명의로"도 참조)는 「자신의 이름으로」, 즉 「스스로 법률행위의 당사자가 되어」라는 의미이다.

10) 독민 제185조 제 1 항은 이에 관하여 명문으로 "무권리자가 어떠한 대상에 관하여 한 처분은 권리자의 동의 아래 한 것이면 유효하다."라고 정하고 있다. 여기서 처분에 대한 동의가 처분수권이다.

11) 김상용, 민법총칙, 524면; 이영준, 민법총칙, 448면. 이와 달리 수권을 받은 사람이 자신의 이름으로 매매계약 등 의무부담행위를 하면 본인에게 그 효과가 직접 귀속되는 이른바 의무설정수권은 현행법상 허용되지 않는다. 한편 무권리자의 처분에 대한 추인은 처분수권의 사후적 부여라고 할 수도 있다.

12) 처분수권이 수여된 경우에도 제 3 자가 처분하기 전에는 소유자는 처분수권이 제 3 자에게 행하여졌다는 것만으로 그가 원래 가지는 처분권능에 제한을 받지 않는다. 따라서 그는 제 3 자와의 관계에서 처분수권의 원인이 된 채권적 계약관계 등에 기하여 채권적인 책임을 져야 하는 것을 별론으로 하고, 자신의 소유물을 여전히 유효하게 처분할 수 있고, 또한 소유권에 기하여 물권적 청구권을 가진다. 대판 2014. 3. 13, 2009다105215.

대리에서는 대리인이 본인의 이름으로 의사표시를 하나, 처분수권을 받은 사람은 자신의 이름으로 타인의 권리를 유효하게 처분할 수 있다. 예를 들어 A 소유의 부동산이 B 앞으로 등기되어 있는 경우 A가 B에게 처분수권을 주면 B는 자신의 이름으로 C 앞으로 양도하는 등 그 목적물을 유효하게 처분할 수 있다.[13] 어떠한 경우에 처분수권의 존재를 인정할 것인가는 의사표시 해석의 문제이다. 권리자가 단지 그 권리를 매도하거나 담보로 제공하는 등의 처분의 원인행위를 할 것을 위탁하는 경우에도 사정에 따라서는 처분수권 자체를 인정할 수 있다.[14] 그러나 처분수권은 수권자의 권리를 대상으로 하는 것이기 때문에 항상 그 대상을 정해서 해야 한다.

(라) 인식귀속

어떠한 법률요건이 어떠한 사실에 대한 선의·악의, 또는 선의라도 그에 관한 과실 또는 중과실의 유무인 경우에, 그 인식이나 과실은 본인 자신의 그 것이 아니라도 그와 일정한 관계에 있는 사람의 인식이나 과실은 본인의 그것 으로 평가되어 그 법률요건의 충족 여부가 가려진다. 이를 「인식귀속」이라고 한다. 제116조 제1항은 대리행위와 관련하여서 거기서의 악의 또는 과실은 본인이 아니라 대리인을 기준으로 판단한다고 정한다(아래 Ⅲ. 3. (1) 참조). 그 런데 우선 대리행위가 행하여진 경우에도, 그 대리인 이외에도 본인과 일정한 관계에 있는 사람의 악의 등을 본인의 그것과 같이 처리해야 하는가? 나아가 위와 같은 인식귀속 문제는 대리에 의하지 않은 법률행위뿐만 아니라 법률 행위의 영역 이외에서도 나타난다.

(마) 제3자를 위한 계약

제3자를 위한 계약에서는 계약의 당사자가 아닌 제3자(수익자라고 불린 다)에게 계약상 효과의 일부가 귀속하여, 계약 당사자에 대하여 직접 권리를 취득한다(제539조 이하).[15] 그러나 대리에서와 같이 애초 의사표시를 하는 사람

---

13) 이러한 경우에 B와 C 사이에 행하여진 처분의 원인행위, 예를 들어 매매계약은 타인의 권리의 매매로서 유효하다(제569조). 그러나 그 이행으로 하는 소유권양도 등의 처분은 A의 처분수권이 없으면 타인의 권리에 대한 처분으로서 원칙적으로 무효이다.

14) 처분수권과 대리권 수여는 병존할 수 있다.

15) 예를 들어 생명보험계약이 A와 B 보험회사 사이에 체결되면 A는 B에 보험료를 납입할 의무를 부담하는데, A가 사망하면 애초 보험계약에서 수익자로 지정된 C가 B에 대하여 보험금청구권을 취득한다.

과 계약의 당사자가 분리되고 법률효과가 전적으로 본인에게 귀속하는 것은 아니다. 제 3 자를 위한 계약에서는 의사표시의 내용 자체가 일정한 급부를 제 3 자에게 하는 것이어서 그 효과로 제 3 자가 위와 같은 권리를 가지게 되는 것일 뿐이고, 법률행위의 당사자가 아닌 사람(대리인)이 의사표시를 하는 것은 아니다.

(바) 신   탁

신탁자 S가 일정한 재산권(신탁재산)을 수탁자 T에게 이전하고 수탁자가 일정한 목적에 좇아 이를 수익자 B를 위하여 관리·처분하는 제도를 신탁이라고 한다(신탁 제 2 조 참조). 예를 들어 사회활동에 장애가 있는 B의 생활을 위하여 그 어머니 S가 자기 소유의 부동산을 T에게 이전하고 이를 관리·운용하여 얻은 수익으로 B의 생활자금을 조달하도록 하는 경우가 그러하다. 이 경우 T가 부동산을 제 3 자 C에게 임대하였으면, 그 계약은 T가 스스로 당사자가 되어 C와 체결된다. 따라서 차임채권은 T에 귀속되고, 목적물을 용익시킬 채무도 T가 부담한다. 그런데 T는 그로 인한 수익을 B에게 제공해야 한다. 이렇게 보면 신탁은 S가 B에게 부동산을 양도하고 T로 하여금 B의 대리인으로서 C와 임대차계약을 체결하게 하는 것과 경제적으로 유사한 기능을 한다. 그러나 B에게 계약의 법률효과가 직접 귀속하는 대리와는 법적 구조에서 현저한 차이가 있다.

3. 대리제도의 적용범위

(1) 대리제도는 물론 무엇보다도 법률행위에 관한 것이다. 그러나 예외적으로 대리가 허용되지 않는 법률행위도 있다(아래 (2) 참조). 나아가 의사의 통지나 관념의 통지와 같은 이른바 준법률행위도 그것이 인간의 의사행위라는 점에서 타인을 통하여 할 수 있고, 그 경우에는 대리에 관한 규정이 준용될 수 있다.[16] 「채무의 이행」은 그 내용이 법률행위가 아니라도 일반적으로 대리로 할 수 있음은 제124조 단서가 전제하고 있다.

한편 자신의 업무인 일정한 사실행위를 처리해 줄 것을 타인에게 부탁하

---

16) 고상룡, 민법총칙, 475면; 곽윤직·김재형, 민법총칙, 337면; 김상용, 민법총칙, 508면; 김증한·김학동, 민법총칙, 386면; 백태승, 민법총칙, 454면; 이영준, 민법총칙, 427면; 이은영, 민법총칙, 566면. 대판 2004. 2. 13, 2003다43490은, 그 법적 성질이 관념의 통지인 채권양도통지(제450조 참조)에 대하여 대리에 관한 규정(제115조)을 적용하고 있다.

는 위임 등의 계약은 빈번히 이루어지나, 사실행위의 법률효과가 의사표시 또는 이에 준하는 의사행위에 기한 것이 아니므로, 대리와는 무관하다.[17] 이는 불법행위에서도 마찬가지이다. 그러나 실제로 불법행위를 한 사람과 일정한 관계에 있는 사람에게도 불법행위책임을 지우는 경우가 있다. 사용자책임(제756조)이 그 대표적인 예이다.

(2) 법률행위 가운데 대리가 허용되지 않는 것이 있다. 이를 「대리에 친하지 아니한 법률행위」라고 하는데, 본인 자신의 의사결정에 따라 처리되어야 하는 법률관계에 관한 것이 그러하다. 친족법상 중요한 법률행위에 이에 해당하는 것이 많은데, 혼인·이혼·입양[18] 등을 들 수 있다.[19] 유언도 마찬가지이다.

4. 대리의 종류

대리는 여러 가지 관점에서 분류할 수 있으나, 중요한 것은 다음의 둘이다.

(1) 임의대리와 법정대리

임의대리는 대리권이 이를 부여하는 본인의 의사표시, 즉 수권행위授權行爲로 발생한 경우를 말하며, 이 경우 대리권을 임의대리권, 대리인을 임의대리인이라고 한다(제120조, 제128조 참조). 임의대리권의 발생에 대하여는 아래에서 살펴보기로 한다(Ⅱ. 3. 참조).

법정대리는 대리권이 본인의 수권행위와는 무관하게 법률 규정으로 부여된 경우를 말하며, 이 경우 대리권을 법정대리권, 대리인을 법정대리인이라고 한다.

---

17) 예를 들어 채무자가 채무의 목적물을 운송할 것을 제 3 자에게 맡겼는데 운송 중의 과실로 채권자에게 약정기일보다 늦게 도달하게 한 경우와 같이, 채무자가 채무의 이행을 위하여 사용하는 사람(제391조의 이행보조자)의 과책 있는 행위에 대하여 채무자 본인이 책임을 지기도 한다. 그러나 이는 대리법에서 규율하는 법률행위의 효과 귀속의 문제는 아니다.

18) 다만 양자가 될 사람이 13세 미만인 경우에는 법정대리인이 그를 갈음하여 입양을 승낙한다(제869조 2항).

19) 이들 행위의 경우에는 제한능력자라고 해도 법정대리인이 대리할 수 없고, 의사능력이 있는 한 본인의 의사표시에 의하게 한다. 미성년자·피성년후견인의 약혼(제801조, 제802조) 및 혼인(제808조), 피성년후견인의 이혼(제835조), 미성년자의 입양(제871조) 등에서와 같이 법정대리인은 본인의 의사표시에 동의할 권한을 가지는 경우가 있을 뿐이다.

(2) **능동대리**(적극대리)**와 수동대리**(소극대리)

대리인이 본인의 이름으로 적극적으로 의사표시를 하는 것을 능동대리라
고 하고(제114조 제 1 항), 대리인이 본인의 이름으로 상대방의 의사표시를 수령
하는 것을 수동대리라고 한다(제114조 제 2 항). 의사표시를 수령하는 것은 본인
과 독립한 판단이 필요한 것은 아니고 또 그 자체 의사표시인 것은 아니므로
이를 대리의 한 모습으로 파악할 실익이 적다. 다만 상대방의 의사표시가 효력
을 발생하기 위한 요건으로서 반드시 의사표시가 본인에게 도달할 필요는 없
고 본인의 대리인에게 도달하는 것으로 충분하다고 하면 된다.

II. 대 리 권

1. 대리권의 의의

대리권이란 대리행위에 의하여 그 효과를 본인에 귀속시킬 수 있는 자격
이나 지위를 말한다.[20] 이와 같이 대리권이 「권리」가 아니고 하나의 자격에 지
나지 않는다는 것은, 대리권이 있다고 해서 본인의 행위자유가 제한되는 것도
아니고 또 그것이 일반적으로 대리인 자신의 생활상 이익과는 무관하다는 점
에서 이해될 만하다.[21] 그러나 본인의 법률관계에 직접적인 영향을 미칠 법적
가능성이라는 측면에서 하나의 권리로 다룰 수 있다.

2. 법정대리권의 발생원인

법정대리권은 모두 본인에 대하여 일정한 지위에 있는 자가 그 지위에 기
하여 당연히 가지게 된다. 가령 친권자(제911조), 후견인(제938조), 유언집행자
(제1103조 제 1 항), 부재자재산관리인(제25조), 상속재산관리인(제1023조, 제1044
조, 제1047조, 제1053조 등에 의한 제25조 준용, 제1040조) 등이 그것이다. 그와 같
은 지위는 지정권자의 지정(제931조에서 정하는 유언에 의한 미성년후견인 지정,

---

20) 고상룡, 민법총칙, 476면; 곽윤직·김재형, 민법총칙, 341면; 김기선, 한국민법총칙, 278
면; 김상용, 민법총칙, 528면; 김증한·김학동, 민법총칙, 390면; 백태승, 민법총칙, 459
면; 이영준, 민법총칙, 455면; 이은영, 민법총칙, 596면; 황적인, 현대민법론 I , 212면.
21) 물론 대리권의 행사로 내부관계상의 의무를 이행할 수도 있으나, 「의무를 이행할 수 있
는 지위」를 하나의 주관적 권리로 구성할 수는 없다.

제1093조, 제1094조에서 정하는 유언자의 유언에 의한 또는 유언자의 위탁을 받은 제
3 자에 의한 유언집행자 지정)이나 법원의 선임(제29조에서 정하는 부재자의 재산관
리인, 제909조 제 4 항, 제909조의2에서 정하는 친권자의 지정, 제1032조 제 2 항, 제
1040조 제 2 항, 제1047조 제 2 항, 제1053조 제 1 항에서 정하는 상속재산관리인)에
따라 얻게 되는 경우도 있고, 타인의 행위가 개입되지 않고 법률 규정으로 바
로 얻게 되는 경우(제909조 제 1 항의 부모가 친권자인 때, 제932조, 제936조의 후견
인 등)도 있다. 그 발생의 요건과 범위 등은 이를 부여하는 개별규정의 해석문
제이므로, 여기서는 따로 설명하지 않는다.

　　한편 사무관리가 성립하는 경우에 관리자가 본인의 이름으로 한 법률효과
는 당연히 본인에게 귀속하는가? 즉, 대리관계 발생에 관한 본인의 의사표시가
없는 상태에서 사무관리의 성립이라는 객관적 사실은 일종의 법정대리권에 유
사한 대리권을 발생시키는가? 사무관리는 본인과 관리자 사이의 내부적 법률
관계에 대한 것이고, 대외적으로 관리자가 한 법률행위의 효력귀속까지 시인하
는 것은 아니므로, 대리권을 발생시키지는 않는다. 그러므로 그 행위는 무권대
리로서 본인의 추인이 없는 한 본인에게 직접 효과가 미치지는 않는다.

3. 임의대리권의 발생원인과 범위

(1) 임의대리권의 발생원인인 수권행위와 "그 원인인 법률관계"

　　(가) 임의대리권은 본인이 대리인에게 대리권을 수여하는 것을 내용으로
하는 법률행위, 즉 수권행위(제119조, 제128조 후단 참조)에 의하여 발생한다. 수
권행위의 법적 성질은 기본적으로 수권행위와 「그 원인된 법률관계」의 관계를
어떻게 파악할 것인가에 달려 있다.

　　(나) 본인이 대리권 수여의 의사표시를 하는 것은, 본인과 대리인 사이에
가령 위임·고용·도급·조합과 같이 본인이 대리인에게 자신의 사무처리를 맡
기는 채권적 법률관계가 있어서, 그 사무처리를 위하여 필요하기 때문이다. 다
시 말하면 본인과 대리인 사이의 이러한 법률관계는 수권행위의 직접적·최종
적인 전제, 즉 「원인」을 이룬다. 그리고 민법은 본인과 대리인 사이의 내부적
법률관계와 외부적 대리를 준별하는 태도를 취하여, 수권행위 및 「원인된 법률
관계」라는 용어를 채택하였다고 볼 수 있다.[22] 즉, 대리행위의 법률효과를 본

---

22) 대판 1962. 5. 24, 4294민상251은 위임과 대리권 수여는 별개의 독립한 행위로서 위임계

인에게 미치기 위하여 대리인이 대외적으로 의사표시를 하는 대리관계는 이른
바 외부관계로서 대리인과 본인 사이의 채권적 법률관계(이른바 내부관계)와는
별개로 파악된다. 나아가 그 각각에 관한 법률행위도 별개라고 할 것이다(수권
행위의 독자성).[23]

　　예를 들어 앞의 I. 1. (1)에서 본 대로 A가 그림 1점을 소유하고 있는데 그
림의 가치나 유통에 대하여 어두워서 그 방면에 경험이 있는 B에게 그림을 팔
아 줄 것을 부탁하면서 그림 매도의 대리권을 수여하였다고 하자. 이때 B는
수임인으로서 그림의 매도라는 위임사무를 「선량한 관리자의 주의로」 처리할
의무가 있으므로(제681조), 그림의 시가를 알아보는 등으로 정당한 가격에 팔
리도록 노력해야 한다. 그런데 B가 이를 게을리하여 시가 1천만원짜리 그림을
C에게 5백만원에 팔았으면, 그는 의무 위반으로 손해배상책임을 져야 한다. 그
러나 B가 A를 대리하여 C와 체결한 매매계약은 「그림의 매도」라는 대리권의
범위 내에서 한 것으로 유효하다. 즉, 내부관계에서 대리인의 의무 위반은 외
부관계에서 대리행위의 효력에 영향을 미치지 않는다.

　　(다) 수권행위는 「원인인 법률관계」상의 흠에 의하여 어떠한 영향을 받는
가? 앞 (나)의 예에서 A와 B의 위임계약이 무효·취소·해지 등으로 그 효력
이 없으면, 이는 당연히 수권행위에 영향을 미쳐서 수권행위도 효력이 없게 되
는가, 아니면 그 무효 등의 원인은 각각 별개로 판단되어야 하는가? 이에 대하
여는 양자는 별개의 행위이므로 그 무효 등의 원인도 별개로 판단되어야 하고,
특히 원인관계상의 흠이 대리권의 존부에 영향을 미치지 못하도록 함으로써
대리행위상의 거래 안전을 도모할 수 있다는 이유로, 후자의 입장, 즉 수권행

약에 대리권 수여가 수반되는 일은 있으나 위임계약만으로는 그 효력이 위임자와 수임자
이외에 미치지 않는다고 한다. 대판 1997. 12. 12, 95다20775는 "소송위임(수권행위)은 소
송대리권의 발생이라는 소송법상의 효과를 목적으로 하는 단독 소송행위로서 그 기초관
계인 의뢰인과 변호사 사이의 사법상의 위임계약과는 성격을 달리하는 것이고, 의뢰인과
변호사 사이의 권리의무는 수권행위가 아닌 위임계약에 의하여 발생하는 것"이라고 한
다. 백태승, 민법총칙, 463면; 황적인, 현대민법론 I , 215-6면도 참조.

23) 독자의 수권행위라는 관념을 인정하는 견해로는 고상룡, 민법총칙, 482면; 곽윤직·김재
형, 민법총칙, 343면; 김기선, 한국민법총칙, 281면; 김상용, 민법총칙, 535면; 김증한·김
학동, 민법총칙, 391면; 백태승, 민법총칙, 462면; 이영준, 민법총칙, 460면; 이은영, 민법
총칙, 599면; 황적인, 현대민법론 I , 215면. 그러나 김용한, 민법총칙, 323면 이하는, 위임
계약과 같은 「원인된 법률관계를 설정하는 행위」와 수권행위는 하나의 법률행위로서, 당
사자 사이의 채권적 법률관계가 성립하면서 동시에 대리권도 수여된다고 주장한다.

위의 무인성을 주장하는 견해도 있다.[24]

　　그러나 원인인 법률관계상의 흠은 대리권의 존부에 당연히 영향을 미친다 (수권행위의 유인성).[25] 민법에서 대리거래의 안전성은 표현대리表見代理 제도에 의하여 합리적으로 도모될 수 있고(특히 제129조 참조), 위와 같은 무인성을 인정하면 악의의 제3자, 즉 원인관계상의 흠을 알고 있는 제3자도 보호되어 부당하다. 무엇보다도 대리권은 본인의 사무를 처리하는 하나의 보조수단인데, 당사자 간의 사무처리계약에 흠이 있다면 이는 그 수단인 대리권에 당연히 미쳐야 한다. 즉, 대리권(보다 정확하게 말하면 그 발생원인인 수권행위)은 강도의 목적구속관계에 있는 것이다(이른바 목적동일체 Zweckeinheit). 민법이 「원인된 법률관계」의 종료로 대리권이 소멸하는 것으로 정하는 것(제128조 전단)은 바로 그 점을 명문으로 표현한 것이다.

　　(라) 수권행위가 본인과 대리인 사이의 계약이라는 견해도 있으나, 본인의 단독행위로 보는 것이 일반적이다.[26] 민법은 대리인의 행위능력을 요구하지 않는데(제117조), 수권행위가 계약이라고 하면 이는 제한능력을 이유로 취소될 수 있어서 위 규정의 취지에 부합하지 않는다. 또한 본인이 수권행위를 단독으로 철회할 수 있도록 정한 것(제128조 후단)도 수권행위의 성립이 본인의 의사표시만으로 할 수 있음을 전제로 한 것이다.[27]

(2) 수권행위의 해석 — 대리권의 범위

　　어떠한 경우에 수권행위를 인정할 것인가, 이를 인정할 경우 대리권의 범위는 어떠한가가 중요한 문제이다.

　　(가) 대리권의 존부와 범위를 명확하게 하기 위하여 본인이 대리인에게 위임장을 교부하는 경우가 많다. 위임장에는 본인만이 서명하거나 기명날인하는 것이 통상적인데, 위임장은 위임계약의 증서라기보다는 오히려 대리권의 수

---

24) 김증한·김학동, 민법총칙, 393면.
25) 고상룡, 민법총칙, 485면; 곽윤직·김재형, 민법총칙, 344면; 김기선, 한국민법총칙, 281면; 김상용, 민법총칙, 535면; 이은영, 민법총칙, 599면. 한편, 내부적 수권행위는 유인이지만, 외부적 수권행위는 무인이라는 견해로는 이영준, 민법총칙, 466면.
26) 단독행위설로는 고상룡, 민법총칙, 482면; 곽윤직·김재형, 민법총칙, 343면; 김상용, 민법총칙, 532면; 김증한·김학동, 민법총칙, 393면; 백태승, 민법총칙, 461면; 이영준, 민법총칙, 461면; 이은영, 민법총칙, 601면이 있고, 무명계약설로는 김기선, 한국민법총칙, 280면이 있다.
27) 대판 1997. 12. 12, 95다20775도 참조.

여를 증명하는 서면이다. 그것은 오히려 대리행위의 상대방에게 제시되는 것을 1차적인 목적으로 작성되는 것이어서, 정작 대리인에 대한 대리권의 수여는 없는 경우도 생긴다.

위임장에는 대리권을 가지게 되는 사람 및 대리권의 범위를 표시하는 것이 통상이나, 이를 공란으로 한 백지위임장이 교부되는 경우도 있다. 예를 들어 채권자가 채권을 담보로 자금을 융통할 것을 위탁하면서 자신이 보관하던 차용증 등의 채권증서(제475조 참조)에 백지위임장을 붙여서 교부하는 것이다. 이때 그 서면의 정당한 취득자는 누구라도 대리권이 있다고 해석될 수도 있고, 대리인과 상대방의 범위가 제한되어 있다고 해석될 수도 있다. 어느 경우든지 백지위임장은 부당한 보충 등으로 남용될 위험이 따른다. 이러한 경우 상대방은 대체로 제125조와 제126조에 따라 보호받을 수 있다.

(나) 위임장과 같이 대리권의 수여를 증명하는 서면을 작성하지 않고 묵시적으로 대리권을 수여할 수 있음은 물론이다. 타인의 사무를 처리하기로 하는 계약에서 그 사무를 처리하는 데 제 3 자와 법률행위를 할 필요가 있고 본인도 그러한 사실을 알고 있는 경우에는 일반적으로 그 사무처리에 필요한 법률행위의 대리권을 수여하였다고 해석할 수 있다. 특히 그러한 사무처리의 위탁과 관련하여 본인의 인장을 교부하는 것은 대리권의 수여를 추단케 한다.[28] 그러나 인감증명서의 교부는 그것만으로는 일반적으로 어떠한 대리권의 수여가 있다고 할 수 없다. 인감증명서는 문서작성에 사용된 인장이 본인의 실인實印임을 확인하기 위한 것으로서 인장의 사용에 부수해서 사용되며, 인장 사용과 분리해서 그것만으로는 어떤 증명방법으로 사용되지 않기 때문이다.[29]

(다) 대리권을 가지는 본래의 사항과 관련하여 어떠한 범위에서 대리권이 미치는지 문제된다. 이 역시 수권행위의 해석문제이고, 이에는「원인된 법률관계」의 발생원인인 위임 등 계약의 내용이 중요한 의미를 가진다. 예를 들어, 매매계약 체결의 대리권이 있는 사람은 특별한 사정이 없는 한 매매대금, 특히 중도금이나 잔금을 수령할 권한도 있으며,[30] 아마도 대금지급기일을 연기해 줄 권한이 있다고 해도 좋을 것이다.[31] 어떠한 계약을 체결할 권한이 있는 대

---

28) 대판 1965. 3. 30, 65다44; 대판 1965. 8. 24, 65다1174; 대판 1969. 7. 22, 69다548.
29) 대판 1978. 10. 10, 78다75.
30) 대판 1991. 1. 29, 90다9247; 대판 1992. 4. 14, 91다43107.
31) 대판 1992. 4. 14, 91다43107.

리인은 그 계약을 해제할 권한 또는 상대방의 의사표시를 수령할 권한까지는 없다.[32] 다만 예외적으로 계약해제의 의사표시를 수령할 권한이 있는 경우가 있다.[33] 또 채권추심의 대리권은 채무의 일부면제를 하거나 대물변제를 수령할 권한을 포함하지 않는다. 이와 같이 대리권은 일반적으로 본래의 사항에 부수되는 사항에도 미치나, 그 본래적 사항에 중요한 변화를 일으키는 사항에는 미치지 않는다.

(라) 대리권의 범위가 명확하지 아니한 경우를 위한 보충규정으로 제118조가 있다. 이 규정은「재산의 관리」가 대리인에게 위탁된 경우에 관한 것으로서, 임의대리권 일반에 적용되는 것은 아니다. 이에 의하면, 대리인은 ① 보존행위와 ② 대리의 목적인 물건이나 권리의 성질을 변하게 하지 않는 범위에서 그 이용 또는 개량하는 행위만을 할 수 있다. 대리권은 이러한 엄격한 의미의「관리행위」에만 미치며, 처분행위에는 미치지 않는다는 의미이다(제264조, 제265조도 참조).「보존행위」란 재산의 현상 유지에 필요한 행위를 말한다. 주택의 수선, 채권의 소멸시효를 중단시키는 것, 미등기부동산을 등기하는 것 등이 이에 해당하고, 기한이 도래한 채무의 변제, 기한이 도래한 채권의 추심, 부패하기 쉬운 물건의 처분도 포함된다.[34]「이용행위」란 재산으로부터 수익을 도모하는 행위를 의미하고, 동산을 임대하거나 금전을 이자부로 대여하는 것이 이에 해당한다.「개량행위」란 재산의 가치를 증대시키는 행위를 말하며, 건물을 리노베이트하는 것, 무이자채권을 이자부로 변경하는 것이 이에 속한다. 객체의 성질을 변경하는지 여부는 사회관념에 따라 정해진다. 제118조에 정하는 행위인지는 당해 행위의 성질에 의하여 결정되고, 그 행위가 결과적으로 본인에게 이익이 되었는지는 문제되지 않는다.

[판결 1] 대리권의 범위: 대판 1991. 1. 15, 90다10605

원판결 이유에 의하면 원심은 원고가 1987. 2. 18. 소외 A에게 금 10,000,000원을 이자 월 2푼 5리, 변제기 같은 해 6. 30.로 하여 대여한 사실을

32) 대판 1987. 4. 28, 85다카971; 대판 1997. 3. 25, 96다51271.
33) 대판 1991. 9. 13, 91다18651.
34) 고상룡, 민법총칙, 488면; 곽윤직·김재형, 민법총칙, 346면; 김기선, 한국민법총칙, 282면; 김상용, 민법총칙, 541면; 김증한·김학동, 민법총칙, 400면; 백태승, 민법총칙, 468-469면; 이영준, 민법총칙, 479면.

인정한 다음 성립에 다툼이 없는 갑제 1 호증의 1(차용증서, 다만 피고의 보증부분 제외) 및 같은 갑호증의 2(인감증명서)의 각 기재와 원심에서의 원고 본인신문결과의 일부에 변론의 전취지를 모두어 보면 위 A가 위 금원을 차용할 당시 원고로부터 보증인을 세울 것을 요구받게 되자 직접 차용증서의 보증인난에 자기 아버지인 피고의 주소와 성명을 기재한 뒤 소지하고 있던 피고의 도장을 찍어 피고 명의의 인감증명서와 함께 이를 원고에게 교부한 사실이 인정되나, 위 인감증명서의 용도가 "대부용"으로 되어 있는 점 및 당시 원고가 피고에게 어떠한 방법에 의하여서든 이와 같은 보증사실을 확인하지 아니하였음을 자인하고 있는 점 등에 비추어 볼 때 위와 같은 사실만으로는 피고가 위 A의 원고에 대한 채무를 연대보증하였음을 인정하기에 부족할 뿐만 아니라, 한편 설시 증거들을 모두어 보면 위 A는 아버지인 피고에게 은행으로부터 금 3,000,000원을 대부받는 데 필요하다고 하여 피고로부터 위 "대부용"의 인감증명서와 함께 인감도장을 교부받아 그 위임내용과는 달리 이를 이용하여 앞서 본 바와 같이 마치 피고가 원고에 대한 그의 채무를 보증한 것처럼 위 차용증서상의 피고 보증부분을 위조한 사실이 인정되므로 위 갑제 1 호증의1 기재 중 피고 보증부분은 이를 증거로 쓸 수 없으며, 그 밖에 원고의 위 주장 사실에 부합하는 위 본인신문결과는 믿을 수 없고 달리 이를 인정할 아무런 증거가 없다 하여 원고의 보증채무이행청구를 배척하고 있다.

그러나 피고가 자기의 딸인 소외 A에게 자기의 인감도장과 "대부용" 인감증명서를 교부한 경위가 원심설시와 같은 것이라면 원심설시범위 내의 채무에 관하여는 자기가 주채무자로 되는 것이든 보증(연대보증 포함)인으로 되는 것이든 간에 책임을 질 의사로써 자기의 딸에게 그에 해당하는 대리권까지 준 것으로 보는 것이 마땅하고, 한편 원심이 들고 있는 위 갑 1호증의 1, 2의 문면기재를 보면 차용인인 A의 주소가 이리시내로 되어 있음에 반하여(원고의 주소지도 이리시내이다) 피고의 주소지 표시는 정주시로 되어 있을 뿐 신속하게 확인통화가 가능한 전화번호 기재는 물론이고 그 전화존재사실조차 알 수 있는 표시가 없을 뿐만 아니라 이 사건 기록을 아무리 살펴보아도 원고가 원심인정의 금원대여 당시 피고에게 보증사실을 확인하지 아니하였음을 자인하였다고 볼 기재가 원심설시의 증거는 물론이고 그 밖에 아무데서도 발견되지 아니하므로 원심은 위 인감증명서의 용도가 "대부용"으로 되어 있다는 것만에 중점을 두어 갑제 1 호증의 1 상의 보증부분을 무효라 판단한 것이 되는바 이는 대리권유월의 표현대리에 관한 법리오해와 증거재판주의의 법리오해 등의 복합적인 요인으로 채증법칙에 위배된 판단을 한 것이라고 하지 않을 수 없다(그리고 갑 제 1 호증의 1은 처분문서로 보이므로 이 사건 법률행위는 이리시내에서 행해진 것이고 또 원심이 설시증거에 의하여 피고의 인감도장이 찍어지게 된 경위에 관하여 위에서 본 바와 같이 사실을 인정한 바에는 모름지기 원고에게 민법 제126조의 표현대리주장을 하는 것인가에 관해서도 사전에 석명권을 행사했어야 한다).

질문

(1) 원고는 피고의 딸인 A에게 10,000,000원을 대여하였다. 원고가 A에게 금원을 청구하는 근거는 무엇인가?

(2) A가 대리권의 범위 내에서 보증을 한 것으로 볼 수 있는가? 이 사건에서 A의 행위가 대리권의 범위를 벗어났다면 민법 제126조의 표현대리가 성립할 수 있는가?

4. 복 대 리

(1) 대리인이 그 권한 내의 행위를 하기 위하여 대리인 자신의 이름으로 선임한 본인의 대리인을 복대리인復代理人이라고 하고, 그가 가지는 대리권을 복대리권復代理權이라고 한다.

대리인은 대리인으로서의 의사표시를 사자를 통하여 할 수 있고, 또 의사결정에 이르기까지 보조자도 둘 수 있다. 그러나 특히 임의대리인은 기본적으로 본인과의 신뢰관계를 바탕으로 선임되므로의사표시를 할 것인지 여부나 그 내용에 관한 결정을 포함하여 대리행위 자체를 타인으로 하여금 하게 할 수 없다. 그러한 의미에서 임의대리인은 「자기집행의무」를 부담하며, 대리권의 양도는 허용되지 않는다. 그러나 본인의 허락이 있는 등 특별한 요건을 갖추면 자기 대신 대리행위를 할 사람을 선임할 수 있다.

이와 달리 법정대리인은 원칙적으로 자유롭게 복대리인을 선임할 수 있다. 법정대리인은 본인과의 일정한 인적 관계에 따라 자동적으로 되거나 법원 그 밖의 제 3 자가 선임하거나 지정하므로, 본인과의 사이에 직접적인 신뢰관계가 있다고 하기 어렵고, 대리권의 범위가 포괄적이며, 사임도 반드시 용이하지 않기 때문이다.

(2) 복대리는 복대리인이 본인을 대리하여 행위를 하는 것을 말한다. 대리인이 복대리인을 선임할 수 있는 권한을 「복임권復任權」이라고 하고, 그 행사

로 복대리인을 선임하는 행위를 「복임행위」라고 한다.

(가) 임의대리인은 원칙적으로 복임권이 없으며,[35] 단지 (i) 본인의 승낙이 있거나, (ii) 부득이한 사유가 있는 때에 한하여 이를 가진다(제120조).

본인의 승낙은 애초의 수권행위 당시든 그 후든 상관없고, 묵시적으로도 할 수 있다. 대리의 목적인 법률행위의 성질상 대리인 자신에 의한 처리가 필요하지 않은 경우에는 본인이 복대리 금지의 의사를 명시하지 않는 한 복대리인의 선임에 관하여 묵시적인 승낙이 있다고 한다.[36] 또한 A가 자기 소유의 부동산을 담보로 금전을 차용할 것을 위임하면서 그에 필요한 등기권리증 등 서류를 B에게 교부한 경우에는 복대리인의 선임에 대한 승낙이 있는 것으로 해석하고, B가 그 서류를 M에게 교부하여 M이 이로써 한 대리행위가 유효하다고 한다.[37] 한편 「부득이한 사유」란 대리인이 스스로 대리행위를 하는 것에 대한 고장사유뿐만 아니라, 본인의 소재불명과 같이 복대리인 선임에 대하여 본인의 허락을 얻거나 대리인이 사임하는 것에 관한 사유도 포함한다.

(나) 법정대리인은 복임권을 가진다(제122조 본문). 다만 별도의 규정에 의하여 임의대리의 경우와 유사한 요건을 갖추어야만 복임권이 인정되는 경우가 있다(유언집행자에 관한 제1103조, 제682조).

(다) 복임권 있는 대리인은 대리인 자신의 이름으로 복대리인을 선임한다. 복대리인 선임행위는 대리행위가 아니다. 본인으로부터 대리인 선임을 위임받아 그 대리인이 본인의 이름으로 선임한 대리인은 복대리인이 아니라 통상의 대리인이다. 복대리인의 선임은 대리권의 양도가 아니므로,[38] 복대리인이 선임된 후에도 원래의 대리인(原代理人)은 종전대로 대리권을 가진다.

---

35) 상법상 지배인(제11조)은 포괄적 대리권을 가지는데, 그에는 지배인이 아닌 대리인을 선임할 수 있는 권한도 포함된다("재판외의 모든 행위"). 그러므로 지배인에는 민법 제120조가 적용되지 않는다.

36) 대판 1996. 1. 26, 94다30690.

37) 대판 1993. 8. 27, 93다21156. 또한 대판 1996. 2. 9, 95다10549는 A가 B를 위하여 자신의 부동산을 담보로 제공하기로 하고 관련 서류를 B에게 제공한 경우에도 마찬가지라고 한다.

38) 복대리인 선임행위는 대리권의 병존적·설정적 양도행위라는 견해로는 곽윤직·김재형, 민법총칙, 360면; 김기선, 한국민법총칙, 290면이 있고, 병존적 설정행위라는 견해로는 고상룡, 민법총칙, 527면; 김상용, 민법총칙, 575면; 백태승, 민법총칙, 488면; 이영준, 민법총칙, 532면; 이은영, 민법총칙, 624면이 있다. 위 견해들은 실질적으로 차이가 없다는 견해로는 김증한·김학동, 민법총칙, 430면이 있다.

한편 복대리인의 선임은 대리권 수여를 내용으로 하는 수권행위에 의하여 행하여진다. 이에 대하여는 수권행위에 관한 설명이 그대로 타당하다(앞의 Ⅱ. 3. 참조).

(3) 복대리인의 대리권은 원대리인의 대리권에 기한 것이므로, 그 범위는 원대리인의 대리권 범위를 넘지 못한다. 그리고 원대리인의 대리권이 소멸하면, 복대리인의 대리권도 소멸한다. 한편 복임권 없는 대리인이 선임한 복대리인은 본인을 대리할 권한이 없다. 그러므로 그가 본인을 대리하는 행위는 무권대리행위이다.

복대리인은 대리인의 대리인이 아니라 본인의 대리인이고, 본인의 이름으로 의사표시를 한다(제123조 제 1 항). 따라서 그가 복대리권의 범위 내에서 한 대리행위의 효과는 본인에게 직접 귀속한다. 그 밖에 대리행위의 방식과 하자, 무권대리와 표현대리 등의 규정은 복대리인의 대리행위에도 적용된다.

(4) 민법은 복대리와 관련한 대리인의 본인에 대한 「책임」에 관하여 규정하고(제121조, 제122조), 나아가 복대리인과 본인, 복대리인과 제 3 자 사이의 「권리의무」에 대하여 정한다(제123조 제 2 항).

(가) 먼저 제121조, 제122조에 대하여 본다.

① 원래 이행보조자의 고의 또는 과실 있는 행위로 채무불이행이 발생하였다면, 채무자는 채무불이행이 자신의 귀책사유로 일어난 것으로 보아 채무불이행책임을 진다(제391조). 제121조 제 1 항은 그 예외로서 대리인 자신에게 복대리인을 선임 또는 감독함에 관하여 귀책사유가 있어야만 복대리인의 행위에 대하여 그 책임을 진다고 한다. 그러므로 위의 예에서 M이 계약을 적절하게 체결하는 데 필요한 지식이나 경험이 없음을 알거나 알 수 있었음에도 A의 승낙(제682조 제 1 항도 참조)을 얻어 그를 복대리인으로 선임하여 결국 M이 불리한 계약을 체결함으로써 A가 손해를 입은 경우에는 B는 A에 대하여 내부관계에서 채무불이행책임을 진다. 그리고 대리인이 본인의 지명에 의하여 복대리인을 지명한 경우에는 대리인의 책임은 더욱 경감되어, 그 부적임 또는 불성실함을 알고 본인에게 대한 통지나 그 해임을 태만히 한 때에만 책임을 진다(제121조 제 2 항).

② 법정대리인은 복대리인의 행위에 대하여 통상의 경우와 같이 책임을 진다(제122조 본문). 법정대리인이라고 해서 타인의 행위에 대하여 무한정 책임

을 질 이유는 없으므로, 이 규정에서 「그 책임으로」라고 하는 것은 복대리인에게 아무런 고의 또는 과실이 없어도 법정대리인에게 위와 같은 책임을 지운다는 의미가 아니고, 앞의 (가)에서 본 원칙으로 돌아가 책임을 진다는 의미이다.

(나) 나아가 제123조 제 2 항에 대하여 본다.

민법은 본인과 복대리인 사이에 본인과 대리인 사이에 존재하는 내부관계가 그대로 성립하는 것으로 정한다.[39] 이는 복대리권이 기본적으로 대리권에 기하여 인정된다는 점을 고려하여 편의상 이와 같이 정한 것이다. 그러므로 본인과 대리인 사이에 위임관계가 있으면, 복대리인도 본인의 수임자로서 선량한 관리자의 주의의무(제681조), 취득물인도의무(제684조)를 부담하고, 보수청구권(제686조), 비용상환청구권(제688조)을 가진다. 계약당사자 아닌 사람이 계약당사자와는 별도로 그와 동일한 계약상 권리를 가지는 이른바 직접청구권의 한 예이다.[40]

5. 대리권의 제한

(1) 의   의

대리의 대상이 되는 사항 그 자체가 제한되는 경우가 아니라 대리행위의 양태와 관련한 제한이 있다. 공동대리(제119조), 자기계약·쌍방대리(제124조)가 그것이다.

(2) 공동대리

(가) 동일한 사항에 대한 대리인이 여럿 있는 경우에는 원칙적으로 각자가 유효하게 대리행위를 할 수 있다(제119조 본문). 이를 각자대리各自代理의 원칙이라고 한다. 그러나 법률 규정 또는 수권행위에 공동대리를 정한 바가 있으면 그에 따라야 한다(동조 단서). 공동대리란 둘 이상의 대리인이 공동으로 대리행

---

39) 고상룡, 민법총칙, 530면; 곽윤직·김재형, 민법총칙, 361면; 김기선, 한국민법총칙, 294면; 김상용, 민법총칙, 581면; 김증한·김학동, 민법총칙, 430면; 백태승, 민법총칙, 490면; 이영준, 민법총칙, 535면; 이은영, 민법총칙, 626면.

40) 민법에서 직접청구권을 규정하는 것으로는, 임대인의 승낙이 있는 전대차에 관한 제630조 제 1 항, 위임에서 복임인에 관한 제682조 제 2 항, 제123조 제 2 항 등이 있다. 상법에는 책임보험에서 피해자의 보험자에 대한 보험금직접청구권(제724조 제 2 항)이 규정되어 있고, 그 외에 「하도급거래 공정화에 관한 법률」 제14조도 마찬가지이다. 이러한 직접청구권은 여러 가지의 어려운 법문제를 제기하는데, 이에 대하여는 채권자대위권(제404조)과 관련하여 이해하여야 한다.

위를 하지 않으면 대리의 효과가 발생하지 않는 경우를 말한다. 그러므로 대리인 각자의 입장에서 보면 대리권이 제한되는 것이다. 공동대리를 정하는 법규정으로서는 우선 친권의 공동행사에 관한 제909조 제 2 항 본문을 들 수 있다. 즉, 친권이 공동으로 행사되는 경우 법정대리는 공동대리의 한 예이다(제920조의2는 이를 전제로 하는 규정이다).[41] 나아가 수권행위로 공동대리를 정한 경우에 이에 따라야 함은 물론이다. 공동대리는 복수 대리인의 상호 견제에 의하여 대리권의 경솔한 행사나 남용을 막고자 하는 취지에서 나오는 것이다.

(나) 공동대리의 구체적인 내용은 공동대리를 정하는 법률이나 수권행위의 해석에 달려 있는 문제이다. 그러나 일반적으로는 공동대리의 취지에 비추어 대리행위에 관한 내부적 의사결정을 전원 일치로 하면 충분하고, 대리행위 자체도 공동의 명의로 해야 함을 의미하는 것은 아니다.[42]

(다) 공동대리로 할 것을 단독으로 하면 무권대리가 된다. 이에 관한 상대방의 보호는 제126조에 정해져 있다. 본인이 이를 추인하면 유효하게 됨은 물론이나, 다른 공동대리인 전원의 사후 승인도 본래의 추인에 준하여 처리할 것이다. 한편 공동대리하여야 할 사항에 대하여도 상대방의 의사표시를 수령하는 수동대리는 대리인 각자가 할 수 있다(상 제12조 제 2 항, 제208조 제 2 항도 참조). 이렇게 해석해도 공동대리의 취지가 훼손될 우려가 없고, 공동수령을 요구하는 것은 상대방의 의사표시를 현저히 곤란하게 하기 때문이다.[43]

(3) 자기계약·쌍방대리

(가) 동일한 사람이 한편으로 대리인의 자격으로 본인을 대리하고 다른 한편으로 스스로 상대방 당사자가 되어 법률행위를 하는 것을 「자기계약」(또는

---

41) 그 밖에 상법 제12조도 참조. 법인에 수인의 이사가 있는 경우에도 각자가 법인을 대표할 권한을 가지는 것이 원칙이나, 정관의 규정 및 법인등기부에의 등기에 의하여 복수대표를 정할 수 있고, 이것이 전형적인 「대표권의 제한」이다(제59조, 제60조). 수인의 대표이사가 있는 경우에는 공동으로 회사를 대표할 것을 정할 수 있다고 하는 상법 제389조 제 2 항도 그러하다.
42) 고상룡, 민법총칙, 494면; 김상용, 민법총칙, 550면; 김증한·김학동, 민법총칙, 402면. 공동대리인으로서 행위한다고 표시한 경우와 단독대리인으로서 행위한다는 표시를 한 경우를 나누어 고찰해야 한다는 견해로는 이영준, 민법총칙, 496-7면; 이은영, 민법총칙, 617면.
43) 고상룡, 민법총칙, 495면; 곽윤직·김재형, 349면; 김기선, 한국민법총칙, 285면; 김상용, 민법총칙, 551면; 김증한·김학동, 민법총칙, 403면; 백태승, 민법총칙, 471면; 이영준, 민법총칙, 498면; 이은영, 민법총칙, 618면.

「자기대리」)이라고 한다.44) 예를 들어, 본인 A의 대리인 B가 A의 이름으로 A 소유의 물건을 B 자신에게 매도하는 계약을 체결하는 것이다. 한편 동일한 사람이 당사자 쌍방의 대리인이 되어 법률행위를 하는 것을 「쌍방대리」라고 한다. A의 대리인 B가 동시에 C의 대리인도 되어 매매계약을 체결하는 것은 쌍방대리이다. 자기계약에서는 대리인이 자신의 이익을 도모하여 본인의 이익을 외면할 위험이 있고, 쌍방계약에서도 대리인이 어느 당사자 일방을 편들어서 상대방의 이익에 적절히 배려하지 않을 위험이 있다. 민법은 이러한 이익 충돌 (conflict of interest)의 추상적 위험을 피하기 위하여 이를 원칙적으로 금지한다 (제124조).45)

제124조는 임의대리는 물론이고 법정대리의 경우에도 적용된다.46) 다만 법정대리에서는 이해상반행위를 금지하는 별도의 규정을 두는 예가 있다(제921조, 제949조의 3, 제64조 등). 한편 자기계약이나 쌍방대리에는 해당하지 않으나, 일방 당사자가 타방 당사자에게 자신의 대리인 선임을 위임한 경우 등과 같이 실질적으로 이익 충돌의 위험이 있는 경우에도 제124조를 유추적용할 것이다. 판례는, A가 B로부터 금전을 차용하면서 B를 위한 가등기담보를 설정하였는데, 장래 채무가 이행되지 않으면 제소전화해로써 위 담보물에 관하여 본등기를 넘길 수 있도록, 제소전화해절차에서 자신을 대리할 사람의 선임에 관한 백지 소송위임장을 작성하여 B에게 교부한 사안에 대하여, 이는 제124조의 취지에 저촉되나 본인의 승낙(아래 (다) 참조)이 있었으므로, 그 선임 및 그 선임된 소송대리인이 한 행위는 유효하다고 한다.47)

(나) 그러나 자기계약이나 쌍방대리가 허용되는 경우도 있다.

① 채무의 이행(제124조 단서). 예를 들면 매매에 기한 소유권이전등기의

---

44) 제124조의 표제는 「자기계약」이라고 하나, 이는 Selbstkontrahieren이라는 보통법학상의 용어를 따온 것일 뿐이고, 법률행위의 취소와 같은 상대방 있는 단독행위에서도 문제될 수 있다.

45) 상법 제398조가 주식회사의 이사가 회사와 거래하는 것을 원칙적으로 금지하는 것도 같은 취지를 포함한다. 그 밖에 상법 제199조(합명회사의 사원), 제564조 제 3 항(유한회사의 이사) 등도 마찬가지이다.

46) 고상룡, 민법총칙, 493면; 곽윤직·김재형, 민법총칙, 348면; 김기선, 한국민법총칙, 284면; 김상용, 민법총칙, 548면; 김증한·김학동, 민법총칙, 407면; 백태승, 민법총칙, 470면; 이영준, 민법총칙, 493면; 이은영, 민법총칙, 616면.

47) 대판 1969. 6. 24, 69다571; 대판 1979. 12. 26, 79다1851; 대판 1990. 12. 11, 90다카27853.

제 2 장 대 리 **167**

신청에서 동일한 사람이 등기권리자·등기의무자의 쌍방을 대리하는 것이나 주식 매매로 인한 명의개서를 매수인이 매도인의 대리인으로서 신청하는 경우 등이 그러하다. 이미 확정되어 있는 채무관계를 결제하는 것뿐이어서 이익 충돌의 우려가 없기 때문이다. 그러므로 채무소멸의 원인이라도 대물변제나 경개와 같이 이익 충돌의 위험이 있으면 이에 해당하지 않는다. 이는 기한 미도래의 채무나 항변권이 부착된 채무를 이행하는 경우에도 마찬가지이다.[48]

② 본인의 허락이 있는 때(동조 본문). 본인이 이익 충돌의 위험을 스스로 감수한 것이므로, 자기계약 등을 막을 이유가 없다. 이와 관련하여 문제가 되는 것은, 상대방 당사자에게 자신의 대리인을 선임할 권한을 수여하는 경우이다. 판례는 사채알선업자는 채권자와 채무자 쌍방의 대리인으로 행위한다고 하면서도 그 주선에 의한 대차계약의 효력을 긍정하였는데,[49] 이 경우에는 본인의 각 허락이 있다고 보았기 때문이다.

(다) 제124조를 위반한 대리행위는 무권대리로서 본인에 대하여 효력이 없다. 그러나 본인이 추인하면 유권대리가 된다. 쌍방대리의 경우에는 쌍방의 본인이 추인함으로써 비로소 유효하게 된다.

6. 대리권의 남용

(1) 앞의 5.에서 본 대리권 자체의 제한에 해당하지 않으면서도, 대리행위의 양태와 관련된 이유로 대리행위의 효과가 본인에게 귀속되지 않는 경우가 있다. 즉, 대리인이 객관적으로 그 권한의 범위 내에서 대리행위를 하였어도 그것이 본인과의 내부관계에서 대리권 부여의 참뜻에 현저히 반하여 본인에 대하여 중대한 배신행위가 된다면, 대리권의 남용이 될 수 있다. 예를 들면 금전차용의 대리권을 가진 사람이 자신의 유흥비에 쓰기 위하여, 또는 원료 구입의 대리권을 가진 사람이 이를 횡령하여 제 3 자에게 전매하려고 그 권한 내의 차용 또는 구입행위를 하는 경우가 그러하다. 이와 같이 대리인이 자신 또는 제 3 자의 이익을 도모하여 대리행위를 하는 경우에도 본인에의 효과 귀속을 그대로 시인하고 단지 내부관계의 법적 처리로 종결지을 것인가, 아니면 그것

---

48) 김기선, 한국민법총칙, 283면; 김상용, 민법총칙, 549면; 김증한·김학동, 민법총칙, 405면; 백태승, 민법총칙, 470면; 이영준, 민법총칙, 496면; 이은영, 민법총칙, 615면.

49) 대판 1979. 10. 30, 79다425; 대판 1981. 2. 24, 80다1756; 대판 1993. 1. 15, 92다39365 등.

이 외부관계에도 영향을 미쳐서 일정한 요건을 갖추면 본인에의 효과 귀속 그 자체를 부인할 것인가? 이러한 문제는 외부관계에서의 법적 가능(Können)과 내부관계에서의 법적 당위(Dürfen)가 준별되는 구조에서 그 준별로 인하여 행위의 각 측면에 대한 법적 평가에 현저한 격차가 생기는 개별적인 경우에 직면할 때 일반적으로 제기된다.[50)]

(2) 판례는 대체로 제107조 제 1 항 단서를 유추적용하여 처리하고 있다.[51)] 즉, 이 경우 대리행위의 법률효과 귀속에 관한 대리인의 진의는 이를 본인에게 돌리려는 것이므로 원래의 「의사와 표시의 불일치」는 없다. 그러나 사실적으로 보면 그 진의는 대리인 또는 제 3 자가 대리행위의 경제적 효과를 얻으려는 것임에도 이를 숨기고 본인에게 그 효과가 돌아가는 것으로 표시하였으니, 비진의의사표시를 유추할 수 있다고 한다.

이러한 방식은 실정의 법규정이라는 보다 명확한 기준을 제시하는 이점이 있을지 모른다. 그러나 이와 같이 법적 효과의사에 관련한 규정을 경제적 동기에 유추적용하는 것이 방법론적으로 적절한지는 의문이다. 오히려 이를 신의칙이나 권리남용의 문제로 파악하고, 대리행위의 성질, 대리인의 의무 위반의 양태나 중대성 및 상대방의 주관적 사정 등을 종합적으로 고려하여 판단하는 것도 생각해 볼 수 있다.[52)]

[판결 2] 대리권의 남용: 대판 1987. 7. 7, 86다카1004

원심판결은 그 이유에서 원고가 그 대리인을 통하여 예금의 의사를 표시하면서 피고은행 혜화동지점 창구에 판시금전을 제공하고 위 지점이 그 의사에 따라 그 금전을 수령하여 확인함으로써 원고와 피고은행 사이에 이 사건 예금

---

50) 법인의 대표의 경우에도 마찬가지 문제가 있는데 이를 대표권 남용이라고 한다.
51) 무엇보다도 대판 1987. 7. 7, 86다카1004(이른바 수기통장사건). 그 후 대판 1996. 4. 26, 94다29850; 대판 1998. 2. 27, 97다24382; 대판 1999. 1. 15, 98다39602; 대판 2001. 1. 19, 2000다20694도 그러하다. 이들 재판례는 금융기관 임직원이 자신 또는 제 3 자의 이익을 위하여 예금 등을 받은 사안에서 예외없이 상대방의 「과실」을 인정하여 금융기관의 법률행위책임을 부인한다. 곽윤직·김재형, 민법총칙, 310면. 그러나 예외적으로 대판 1987. 10. 13, 86다카1522; 대판 2016. 8. 24, 2016다222453은 법인의 대표권 남용에 관하여 상대방이 악의인 경우에 법률행위의 유효를 주장하는 것은 신의칙에 반하여 허용되지 않는다고 판단하고 있다.
52) 그 밖에 대리권 부정설 또는 무권대리설로는 김증한·김학동, 민법총칙, 408면; 백태승, 민법총칙, 475면; 이영준, 민법총칙, 484면; 이은영, 민법총칙, 621면이 있다.

계약이 적법하게 성립되었다고 판단하고 나서 원고와 위 지점 사이에 금전을 주고받은 것이 외형상으로는 예금계약의 형식을 띤 것이지만 그것은 위 지점의 지점장대리인 소외 A(김동겸)가 명성그룹 회장인 소외 B(김철호)의 사업자금을 마련하기 위하여 사채자금을 끌어 모아 횡령함에 있어서 원고와 통정한 것이 아니면 적어도 원고가 위 A의 예금계약의사표시를 진의가 아닌 것으로 알거나 알 수 있었으므로 위 예금계약은 아무런 효력이 없는 것이라는 피고은행의 주장을 다음과 같은 이유로 배척하고 있다.

즉 이 사건 예금계약은 통상의 그것과는 달리 은행의 정규예금금리의 약 3배에 달하는 사채이율에 따른 이자가 지급되고 그 가운데 사채이자와 은행의 정규예금이자와의 차액이 사채중개인을 통하여 정기적으로 지급될 뿐만 아니라 피고은행의 여러 지점 중에서도 오로지 혜화동지점에서만 이러한 예금이 가능하고 예금을 할 때도 반드시 사채중개인 등이 알려준 암호대로 위 지점창구 직원에게 "3개월 만기의 통장식정기예금을 하러 왔다"고 말하여야 하며 예금거래신청서의 금액란도 빈칸으로 하여 제출하여야 하는 한편 예금통장도 통상적인 방법인 컴퓨터에 의한 기계식통장으로 하지 아니하고 수기식통장으로 만들어 교부되는 등 비정상적인 방법으로 이루어진 것은 사실이지만 다른 한편으로는 이 사건 예금이 위 지점의 정상적인 거래시간과 장소에서 이루어지고 교부된 통장이 피고은행의 정규양식에 따른 것이며, 각 그 만기때마다 정규예금 이자에서 세금을 공제한 금액이 그 지점창구에서 지급될 뿐만 아니라 은행이 예금유치를 위하여 예금주에게 사례비를 지급하거나 대출수요자의 부담으로 사채금리와 은행금리와의 차액을 지급하면서 예금을 조성하는 실례가 없지 아니하였던 사실들이 인정되므로 이와 같은 사정에 비추어 이 사건 예금거래에 있어서 앞에 든 비정상적인 방법이 쓰여졌다 하여 이를 가지고 이 사건 예금계약이 그 주장과 같이 통정에 의한 의사표시라거나 원고가 위 A의 의사가 진의가 아님을 알거나 알 수 있었다고 할 수는 없다는 것이다.

위와 같은 사실들을 바탕으로 기록을 살펴보아도 이 사건 예금계약이 원고와 위 A가 통정하여 허위로 맺어진 것이라고 볼 수 없어 같은 취지에서 피고은행의 이에 관한 주장을 배척한 원심의 조치는 옳게 수긍이 가므로 나아가 피고은행이 진의 아닌 의사표시라고 내세우는 주장을 중심으로 이 사건 예금계약이 유효하게 성립되었는지의 여부를 보기로 한다.

생각건대, 민법 제107조 제1항은 진의 아닌 의사표시에 관하여 "의사표시는 표의자가 진의 아님을 알고 한 것이라도 효력이 있다. 그러나 상대방이 표의자의 진의 아님을 알[았]거나 이를 알 수 있었을 경우에는 무효로 한다"고 규정하고 있는데 이 규정의 뜻은 표의자의 내심의 의사와 표시된 의사가 일치하지 아니한 경우에는 표의자의 진의가 어떠한 것이든 표시된 대로의 효력을 생기게 하여 거짓의 표의자를 보호하지 아니하는 반면에 만약 그 표의자의 상대방이 표의자의 진의 아님에 대하여 악의 또는 과실이 있는 경우라면 이때에는 그 상대방을 보호할 필요가 없이 표의자의 진의를 존중하여 그 진의 아닌 의사표시를 무효로 돌려버리려는 데 있는 것이고, 나아가 진의 아닌 의사표시가 대리인에 의하여 이루어지고 그 대리인의 진의가 본인의 이익이나 의사에 반하여 자기 또는 제3자의 이익을 위한 배임적인 것임을 그 상대방이 알거나 알 수 있었을 경우에는 위 법 제107조 제1항 단서의 유추해석상 그 대리인의 행위는 본인의 대리행위로 성립할 수 없다 하겠으므로 본인은 대리인의 행위에 대하여 아무런 책임이 없다 할 것이며 이때 그 상대방이 대리인의 표시의사가 진의 아님을 알거나 알 수 있었는가의 여부는 표의자인 대리인과 상대방사이에 있었던 의사표시의 형성과정과 그 내용 및 그로 인하여 나타나는 효과 등을 객관적인 사정에 따라 합리적으로 판단하여야 할 것이다.

그러므로 우선 이 사건 예금계약이 위 지점장 대리인 위 A와 원고 사이에 이루어졌고 또 위 A가 당좌담당대리여서 예금업무에 관하여는 피고은행을 대리할 권한이 없다고 하더라도 상대방인 원고로서는 위 A에게 그와 같은 권한이 있는 것으로 믿는 데에 정당한 이유가 있다고 보여지므로 위 예금계약은 일응 피고은행에게 그 효력이 있는 것으로 보여지겠지만 위 A가 한 대리행위가 본인인 피고은행의 의사나 이익에 반하여 예금의 형식을 빌어 사채를 끌어 모아 위 B의 사업자금을 마련함으로써 자기와 위 B의 이익을 도모하려 한 것이고 원고가 위 A의 예금계약의사가 진의 아님을 알았거나 이를 알 수 있었다면 위 A가 한 이 사건 예금계약은 피고은행의 대리행위로 성립할 수 없으므로 피고은행은 이에 대하여 아무런 책임이 없게 된다 할 것이다.

그런데 원심이 피고은행의 진의 아닌 의사표시에 관한 주장을 배척하기 위하여 인정한 사실 가운데 이 사건 예금계약이 위 지점의 정상적인 거래시간과 장소에서 이루어졌다거나 은행의 정규예금금리에 따른 이자가 위 지점창구에서 지급되었다거나 비록 그 통장이 수기식이기는 하지만 피고은행의 정규양식에 따른 것이라는 사실들은 이 사건 예금계약이 이루어지게 된 사연이 원심이 지적한대로 비정상적인 바에야 그것만을 들어 피고의 위 주장을 배척하기 위한 근거로 삼기 어렵고 더구나 은행이 예금유치를 위하여 예금주에게 사례비를 지급하거나 대출수요자의 부담으로 사채이자와 은행이자와의 차액을 지급하고 예금을 조성하는 실례가 없지 않았다는 사실은 기록에 의하여도 그와 같은 변칙

적인 사례가 있었다고 인정할 만한 자료가 없는 터에 저축증대와근로자재산형
성지원에관한법률 제38조, 제39조, 제46조에 의하면 저축을 하는 자, 중개하는
자, 저축기관의 임직원은 저축에 관련하여 은행의 정규금리등 이외에는 어떠한
명목으로라도 부당한 이익의 요구, 약속, 수수 등을 할 수 없고 이를 위반한 때
에는 처벌하도록 규정하고 있으므로 이 사건에 있어서와 같은 은행의 정규예금
이자와 사채이자의 차액을 지급함을 내용으로 하는 계약은 적어도 그 차액에
관한 한 강행법규에 위반되어 무효라고 하지 않을 수 없는데도 법원이 막연하
게 이와 같은 강행법규에 위반되는 사례가 있는 것으로 보고 이를 피고은행의
주장을 배척하기 위한 근거로 삼는다는 것은 위법한 방법으로 금융질서를 어지
럽히는 일을 묵인하는 결과가 되어 결코 바람직스럽지 못하다고 하지 않으면
안 된다.

　　피고은행의 주장을 배척하기 위한 근거가 위와 같다면 이 사건 예금계약의
비정상적인 방법이라고 원심이 인정한 사실 즉 이 사건 예금계약이 은행의 정
규예금금리보다 훨씬 높은 이자가 정기적으로 지급되고 피고은행의 많은 지점
가운데서도 오로지 피고은행의 혜화동지점에서만 이러한 예금이 가능할 뿐더러
예금을 할 때 암호가 사용되어야 하며 예금거래신청서의 금액란도 빈칸으로 한
채 통상의 방법이 아닌 수기식통장이 교부되는 사정이라면 적어도 예금자인 원
고로서는 위 A의 표시의사가 진의가 아닌 것을 알았거나 중대한 과실로 이를
알 수 없었다고는 할 수 없을지라도 적어도 통상의 주의만 기울였던들 이를 알
수 있었을 것이라고 인정하기에 어렵지 않다고 보는 것이 이 사건 예금계약의
형성과정과 내용 및 그로 인하여 나타나는 효과등에 비추어 합리적이라고 보아
야 할 것이다.

　　이렇게 볼 때 이 사건 예금계약에 관한 위 A의 의사는 피고은행의 의사나
이익에 반하여 자기 또는 위 B의 이익을 위하여 배임적인 의도로 한 것이고 원
고가 위 A의 예금계약의사가 진의가 아님을 통상의 과실로 알지 못한 채 이 사
건 예금계약을 체결한 것이므로 어차피 원고와 피고은행과의 관계에 있어서는
이 사건 예금계약자체가 성립되지 아니하였다 하겠고, 따라서 원고로서는 피고
은행에 대하여 위 A의 사용자임을 이유로 그의 불법행위를 원인으로 한 책임을
묻는 것은 별문제로 하고 정당한 예금계약이 성립되었음을 전제로 하는 예금반
환청구는 할 수 없는 것이라 하겠다.

　　그리고 이와 같은 결론에 이르게 된 것은 원고가 통상의 주의를 기울였던
들 위 A의 예금계약의사가 진의가 아님을 알 수 있었는데도 위 A이 피고은행의
피용자라는 사실만으로 그로 인한 책임을 전적으로 피고은행에게 지운다거나,

그렇게 알 수 있었던 원고가 금융기관을 통한 금융질서를 어지럽히면서까지 높은 금리만을 탐내어 비정상적이고도 위법한 방법으로 금융기관의 잘못을 이용하려 했는데도 그에게 아무런 책임이 없다고 보아 그 이익을 원고에게 전적으로 누리게 하는 것이 이 사건 예금계약으로 인한 손해의 공평한 분담이라는 측면에서도 합당하지 않다고 하는 데 있음을 덧붙여 두고자 한다.

그런데도 원심이 원고와 피고은행 사이에 이 사건 예금계약이 유효하게 성립되었음을 전제로 피고은행에게 이 사건 예금의 지급을 명한 것은 마침내 예금계약의 성립에 따른 진의 아닌 의사표시의 해석과 대리행위의 효력에 관한 법리를 오해하여 한 것이 아니면 이유불비의 위법이 있어 판결결과에 영향을 미쳤다 하겠고, 원심의 위와 같은 위법은 원심판결을 파기하지 아니하면 현저히 정의나 형평에 반한다고 인정된다.

질문

(1) 대리권의 남용은 대리권의 제한과 어떠한 차이가 있는가?

(2) 예금계약의 법적 성질은 무엇인가? 예금계약의 성립시기는 언제인가?

(3) 이 사건에서 예금계약이 유효하게 성립하지 않는다고 본 이유는 무엇인가?

(4) 이 사건에서 민법 제107조 제1항을 유추적용한 이유는 무엇인가?

(5) 대판 2020. 4. 29, 2019다226135는 유추적용에 관하여 다음과 같이 판단하고 있다. "민사법의 실정법 조항의 문리해석 또는 논리해석만으로는 현실적인 법적 분쟁을 해결할 수 없거나 사회적 정의관념에 현저히 반하게 되는 결과가 초래되는 경우 법원이 실정법의 입법정신을 살려 법적 분쟁을 합리적으로 해결하고 정의관념에 적합한 결과를 도출할 수 있도록 유추적용을 할 수 있다. 법률의 유추적용은 법률의 흠결을 보충하는 것으로 법적 규율이 없는 사안에 대하여 그와 유사한 사안에 관한 법규범을 적용하는 것이다. 이러한 유추를 위해서는 법적 규율이 없는 사안과 법적 규율이 있는 사안 사이에 공통점 또는 유사점이 있어야 한다. 그러나 이것만으로 유추적용을 긍정할 수는 없다. 법규범의 체계, 입법 의도와 목적 등에 비추어 유추적용이 정당하다고 평가되는 경우에 비로소 유추적용을 인정할 수 있다." 이러한 판례에 비추어 대리권 남용에 대해 비진의표시에 관한 제107조를 유추적용한 것은 타당하다고 생각하는가?

(6) 신의칙이나 권리남용으로 해결하는 경우와 어떠한 차이가 있는가?

(7) 표현대리를 적용하지 않은 이유는 무엇인가?

(8) 대표권 남용에 대한 판결과는 어떠한 차이가 있는가?

(9) 이 사건에서 사용자책임이 인정되면 예금계약이 인정되는 경우와 실제로 달라지는 점은 무엇인가?

[판결 3] 대표권 남용: 대판 1987. 10. 13, 86다카1522

1. 상고이유 제 1 점에 대하여 판단한다.

회사도 법인인 이상 그 권리능력이 정관으로 정한 목적에 의하여 제한됨은 당연하나 정관에 명시된 목적 자체에는 포함되지 않는 행위라 할지라도 그 목적수행에 필요한 행위는 회사의 목적범위내의 행위라 할 것이고 그 목적수행에 필요한 행위인가 여부는 문제된 행위가 정관기재의 목적에 현실적으로 필요한 것이었던가 여부를 기준으로 판단할 것이 아니라 그 행위의 객관적 성질에 비추어 추상적으로 판단할 것이다.

원심판결 이유에 의하면, 원심은 단기금융업법의 적용을 받는 단기금융회사로서 위 법 제 7 조 소정의 어음 및 채무증서의 발행, 어음의 할인과 매매, 어음의 인수 및 보증, 어음매매의 중개 등의 업무를 정관상의 목적으로 표방하고 있는 피고회사의 대표이사인 소외 A가 소외 주식회사 광명건설(이하 소외회사라고만 한다)이 원고로부터 금원을 차용하고 발행한 이 사건 어음에 그 지급을 담보하기 위하여 배서한 행위는 피고회사의 정관에 명시된 목적 그 자체는 아니라 할지라도 그 행위의 객관적 성질에 비추어 보아 그 목적수행에 필요한 행위로서 피고회사의 목적범위내의 행위라는 취지로 판단하고 있음을 알 수 있는바, 원심의 이러한 판단은 위에서 설시한 법리에 비추어 정당하다.

논지는 회사의 목적은 영리 그 자체이고 회사의 정관상 목적은 영리의 목적달성을 위한 사업의 종류를 열거한 것에 불과하므로 영리목적과 관계없는 행위는 정관기재의 목적에 형식상 해당한다 하더라도 회사의 권리능력 밖의 행위로서 무효로 보아야 할 것인바, 피고회사 대표이사인 소외 A가 이 사건 어음에 배서한 것은 오로지 소외 회사의 자금조달의 편의를 돌보아 주기 위하여 소정의 보증료조차 받지 않고 한 것이므로 위 행위는 피고회사의 목적범위내의 행위로 볼 수 없다는 것이나 회사의 목적이 영리 그 자체이고 정관상 목적은 영리의 목적을 달성하기 위한 사업의 종류를 열거한 것에 불과하다 하더라도 회사의 정관에 기재된 목적범위 내에 포함되는 행위는 결국 영리를 목적으로 한 행위로 보아야 할 것이므로 논지는 이 사건 어음에 대한 피고회사 대표이사의 배서행위가 현실적으로 피고회사의 목적수행에 불필요한 것이었다는 구체적 사정을 들어 위 행위가 피고회사의 목적범위밖의 행위라고 주장하는 것에 불과하여 받아들일 수 없다.

논지는 또 이 사건 어음은 피고회사가 설립되기 전인 1979. 7. 9.에 소외회사가 금원을 차용하고 발행한 것임이 원심판결의 설시 자체에서 명백하므로 동 차용금의 지급을 담보하기 위하여 한 이 사건 어음의 배서행위는 이 점에서도 피고회사의 권리능력밖의 행위로 보아야 한다는 것이나, 원심판결 중 소외회사가 원고로부터 금원을 차용하고 이 사건 어음을 발행한 일자가 1979. 7. 9.인 것처럼 설시한 부분은 1983. 7. 9.의 오기임이 원심판결의 전후문맥과 기록에 비추어 분명하므로 위와 같은 오기를 트집잡아 원심판결에 법리오해의 위법이 있다는 위 논지부분은 더 나아가 살펴볼 필요없이 이유없다.

2. 상고이유 제 2 점에 대하여 판단한다.

주식회사의 대표이사가 그 대표권의 범위 내에서 한 행위는 설사 대표이사가 회사의 영리목적과 관계없이 자기 또는 제 3 자의 이익을 도모할 목적으로 그 권한을 남용한 것이라 할지라도 일응 회사의 행위로서 유효하고, 다만 그 행위의 상대방이 그와 같은 정을 알았던 경우에는 그로 인하여 취득한 권리를 회사에 대하여 주장하는 것이 신의칙에 반하므로 회사는 상대방의 악의를 입증하여 그 행위의 효과를 부인할 수 있을 뿐이라고 함이 상당하다.

원심판결 이유에 의하면, 원심은 피고회사의 대표이사인 소외 A가 이 사건 어음에 위와 같이 배서한 것은 오로지 소외회사의 자금조달의 편의를 돌보아 주기 위하여 대표이사로서의 권한을 남용한 행위에는 해당하나 거래의 상대방인 원고가 그러한 사정을 알았거나 중대한 과실로 알지 못하였음을 인정할 증거가 없으므로 원고에 대한 관계에서 위 배서의 효력을 부인할 수 없다고 판단하고 있는바, 원심의 위와 같은 판단 중 대표이사가 그 권한을 남용하여 한 행위임을 거래의 상대방이 중대한 과실로 알지 못하였을 때에도 회사가 상대방에 대하여 그 행위의 효력을 부인할 수 있는 것처럼 설시한 부분은 잘못이라 하겠으나 소외 A가 대표이사의 권한을 남용하여 이 사건 어음의 배서행위를 하였음을 원고가 알고 있었다는 점에 부합하는 듯한 피고제출의 일부증거를 배척함으로써 이 점에 대한 피고의 입증이 없는 것으로 판단한 부분은 기록에 비추어 검토하건대 정당한 것으로 수긍되고 거기에 조리와 경험칙에 반하여 사실을 인정한 잘못이 있다고 할 수 없으므로 원심판단은 결과적으로 정당하고 논지는 이유 없다.

3. 그러므로 상고를 기각하고, 상고비용은 패소자인 피고의 부담으로 하여 관여법관의 일치된 의견으로 주문과 같이 판결한다.

(1) 대리와 대표는 어떻게 구분되는가?

(2) 이 판결은 대리권 남용에 관한 [판결 2]와 어떠한 차이가 있는가?

(3) 대리권 남용과 대표권 남용은 동일하게 규율되어야 하는가?

7. 대리권의 소멸

(1) 임의대리권·법정대리권 양자에 공통한 소멸원인으로는 다음과 같은 것이 있다(제127조). 이들은 대체로 본인·대리인의 관계가 인적 신뢰를 바탕으로 하는데, 그러한 사유의 발생으로 이러한 신뢰가 그 기초를 상실하는 것을 이유로 한다.

(가) 본인의 사망(제 1 호). 본인이 사망하면, 대리인은 본인의 상속인의 대리인이 되지 않으며, 대리권이 소멸한다. 그러나 임의대리의 경우에, (i) 수권행위에서 본인의 지위의 상속성을 인정하는 특별한 정함이 있으면 이에 따른다. (ii) 그러한 정함이 없어도, 본인·대리인 사이의 내부관계가 본인의 사망에도 불구하고 존속하는 한도(제691조 참조)에서는, 대리권이 내부관계상 의무를 실현하는 수단으로서 의미를 가지는 이상, 대리권도 존속한다. 또한 (iii) 「상행위의 위임에 의한 대리권」[53]은 본인의 사망으로 소멸하지 않는다(상 제50조). 상사대리관계는 영업과 불가분적으로 결합되어 있는 보다 객관적인 성질을 가지므로, 본인의 영업을 승계한 상속인을 위하여 그 관계가 계속 유지된다고 함이 적절하기 때문이다.[54]

(나) 대리인의 사망·성년후견의 개시·파산(제 2 호). 대리인이 사망하면 대리권이 소멸하고 대리인의 상속인이 대리권을 승계하지 않는다. 위 (가)에서 본 예외적인 존속사유의 (i)과 (ii)는 여기에도 적용된다.[55] 한편 피성년후견인(제117조)이거나 파산선고를 받은 자라고 해서 그를 대리인으로 선임할 수 없

---

53) 상법학의 통설에 따르면, 이는 대리인에게 위임된 행위가 상행위인 경우가 아니라, 수권행위가 상행위인 경우를 말한다.

54) 한편 소송대리권은 본래의 사법상의 대리권이 아닌데, 본인의 사망에 의하여 소멸하지 않는다(민소 제95조 제 1 호. 동법 제238조, 제233조도 참조).

55) 고상룡, 민법총칙, 509면; 곽윤직·김재형, 민법총칙, 351면; 김상용, 민법총칙, 554면; 김증한·김학동, 민법총칙, 411면; 백태승, 민법총칙, 478면; 이은영, 민법총칙, 613면. 반대: 이영준, 민법총칙, 501면.

는 것은 아니나,[56] 후발적으로 성년후견의 개시심판이나 파산선고를 받았다면 일반적으로 본인과 대리인 사이의 신뢰관계가 상실되므로, 대리권을 존속시키는 것은 적절하지 않다.[57]

(2) 임의대리권에 특유한 소멸원인으로는 다음과 같은 것이 있다(제128조).

(가) 「원인된 법률관계」의 종료(전단)

대리권은 원인된 법률관계를 실현하기 위한 수단으로 수여되는 것이므로, 그 관계가 소멸하였으면 대리권이 존속할 이유가 없다. 그 원인계약이 위임이었으면 위임은 양 당사자가 언제라도 해지할 수 있으므로(제689조), 대리인은 언제라도 사임할 수 있다. 이 규정은 임의규정이며, 본인은 원인관계의 종료 후에도 대리권이 존속하는 것으로 정할 수 있다.[58]

(나) 수권행위의 철회(후단)

원인된 법률관계의 종료 전이라도 본인은 수권행위를 철회할 수 있다. 이는 단독행위이며, 위임장의 반환요구와 같이 묵시적으로 할 수도 있다.[59] 그런데 앞서 본 대로 수권행위는 일반적으로 내부관계상 업무처리의무의 이행을 위하여 하는 것이므로, 수권행위를 일방적으로 철회하는 경우에는 내부관계상 계약의 해지 또는 변경을 수반하는 것이 일반적이다.

한편 이 규정도 임의규정으로, 본인은 철회할 수 없다고 정할 수 있다. 실제로 대리권 수여가 대리인 자신의 이익을 위한 것인 경우에는 철회할 수 없다고 해석해야 한다.[60] 그 예로 이른바 대리수령代理受領을 들 수 있다. 채권자 B의 채무자 A에 대한 채권을 담보하기 위하여 A가 B에게 A가 C에 대하여 가

---

56) 다만 제한능력자나 파산자는 후견인이나 유언집행자가 되지 못한다(제937조 제 1 호 내지 제 3 호, 제1098조).

57) 본인의 파산은 대리권소멸원인으로는 규정되어 있지 않다. 그러나 위임종료사유(제690조)에 해당하여, 결국 임의대리권이 소멸하게 된다(제128조 전단). 그렇다면 법정대리의 경우는 어떠한가? 적어도 파산관재인의 권한에 속하는 사항에 관하여는 법정대리권이 소멸한다.

58) 고상룡, 민법총칙, 509면; 곽윤직·김재형, 민법총칙, 351면; 김상용, 민법총칙, 556면; 김증한·김학동, 민법총칙, 412면; 백태승, 민법총칙, 478면; 이영준, 민법총칙, 501면. 반대: 이은영, 민법총칙, 610면.

59) 대판 1990. 11. 23, 90다카17290; 김상용, 민법총칙, 556면; 김증한·김학동, 민법총칙, 412면.

60) 곽윤직·김재형, 민법총칙, 352면; 김상용, 민법총칙, 556면; 김증한·김학동, 민법총칙, 412면; 백태승, 민법총칙, 478면; 이영준, 민법총칙, 502면.

지는 채권을 A에 갈음하여 추심할 수 있는 권한을 수여한 경우에 A는 B에 대한 추심권능 부여행위를 철회할 수 없다.

Ⅲ. 대리행위

1. 대리행위와 현명주의

(1) 대리행위는 대리인이 자신이 하는 의사표시의 효과를 자신이 아닌 본인에게 귀속시킨다는 것이 표시되어야 한다. 이와 같이 대리인이 효과 귀속자인 본인이 따로 있음을 외부에 드러내어 의사표시를 하여야 한다는 원칙을 현명주의顯名主義라고 한다.[61] 제114조가 "본인을 위한 것임을 표시"한다고 하는 것, 즉 「본인의 이름으로」 행위한다는 것이 바로 현명주의를 정하는 것이다.

현명주의는 의사표시의 효력으로 본인에게 효과가 귀속하는 것을 가능하게 하고 권리관계를 명확하게 하기 위한 것이다. 그러한 표시를 통하여 상대방은 자신이 누구와 법률행위적 관계에 있는지를 분명하게 알 수 있다.[62]

(2) 「본인의 이름으로」 의사표시를 한다는 것은 다시 말하면 대리인이 본인을 대리하는 사람의 자격으로 행위함을 표시한다는 의미이다. 어떠한 경우에 그러한 표시를 인정할 것인가는 의사표시의 해석문제이다. 중요한 것은 대리인의 의사표시가 상대방의 입장에서 볼 때 합리적으로 그와 같은 본인에의 효과 귀속 의사를 포함하는 것으로 해석되는지 여부이다.

(가) 「본인의 이름으로」한다는 것을 분명히 하는 가장 뚜렷한 방법은 대리인 B가 「A의 대리인 B」라는 자격을 명확하게 표시하는 것이다. 그러나 자신의 대리인 자격을 표시하는 것으로 반드시 「대리인」이라고 칭하지 않더라

61) 대리의 현명은 의사표시로서, 대리의사를 상대방에게 표시하는 의사표시라는 견해로는 곽윤직·김재형, 민법총칙, 353면; 김기선, 한국민법총칙, 287면; 이은영, 민법총칙, 582-583면이 있고, 대리의 현명은 의사의 통지 또는 관념의 통지라는 견해로는 김상용, 민법총칙, 559면; 김증한·김학동, 민법총칙, 413면; 백태승, 민법총칙, 479-480면; 이영준, 민법총칙, 505면이 있다.
62) 상사대리의 경우에는 현명주의를 취하지 않는다(상법 제48조). 대량적·반복적으로 이루어지는 상거래에서는 일일이 본인의 이름을 표시하는 것이 번잡하고 또 상대방도 「본인을 위하여」 거래함을 알고 있는 경우가 보통이기 때문이다. 만일 상대방이 본인을 위한 것임을 알지 못하였으면, 대리인에 대하여도 이행청구를 할 수 있도록 하여(동조 단서), 상대방을 보호한다.

도, 「A 회사 ○○영업소장 B」라고 하는 식으로 대리권 발생의 기초가 되는 회사 그 밖의 단체의 직함을 표시해도 무방하다.[63] 그 밖에 당사자로 그 단체의 이름만을 기재하고 자신의 직함을 표시하는 직인을 날인하는 경우와 같이 행위 당시의 여러 사정으로 보아 대리행위라는 취지가 드러나면 충분하다.

　(나) 거래의 실제에서는 계약서 등에 대리인의 성명을 기재하지 않고 직접 본인의 이름만을 기재하고 본인의 인장을 날인하는 이른바 「서명대리」도 드물지 않다. 이러한 경우 본인 A가 따로 있고 대리인 B가 A를 갈음하여 행위를 한다고 볼 만한 사정이 있으면, 적법한 대리행위라고 할 것이다.[64] 그러나 B가 자신을 가리키는 수단으로 A의 이름을 사용하여 상대방이 합리적으로 볼 때 B가 당사자이되 단지 「그의 호칭이 A」라고 알고 있었으면, 이때에는 B 자신이 당사자가 되는 행위로 해석되고, B가 A를 대리하여 한 행위라고 할 수 없다.[65]

　(다) 대리행위에서 본인의 이름을 명시하는 등으로 본인을 특정할 필요는 없고, 제반 사정으로부터 본인이 누구인지를 특정할 수 있으면 충분하다. 일정한 영업소 내에서 피용자의 행위는 특별한 사정이 없는 한 영업주를 위하여 한 것으로 표시하였다고 보아야 한다. 이 경우에 영업주가 구체적으로 누구인가를 상대방이 알지 못하였다고 해도 그 행위의 효과가 영업주에게 미친다. 또 대리인이 본인의 요청으로 본인의 이름을 밝히기를 거부하더라도 대리인이 대리의사를 가지고 행위를 하고 있음이 표시되었으면 현명주의 요건은 충족된다.

　(3) 대리인이 의사표시를 하면서 위와 같이 「본인을 위한 것」임을 표시하지 않은 경우 법률행위의 효과는 누구에게 귀속되는가? 이 문제에 대하여 규정하는 것이 제115조이다. 그 의사표시는 대리인 자신을 위한 것으로 보아서(동조 본문), 법률행위의 당사자는 대리인이 되고, 그 효과는 대리인에게 귀속된다. 이 규정은 대리인이 내심으로 대리의사를 가지고 있었으나 이를 표시하지

---

63) 대판 1984. 4. 10, 83다카316(A보험주식회사 대구영업소장 B); 대판 1968. 3. 5, 67다2297(A전기공업주식회사 광주영업소장 B); 대판 1973. 12. 26, 73다1436(A회사 이사 B).
64) 곽윤직·김재형, 민법총칙, 353면; 김기선, 한국민법총칙, 287면; 김상용, 민법총칙, 561면; 이은영, 민법총칙, 584면. 대판 1982. 5. 25, 81다1349는, 매매위임장을 제시하고 매매계약을 체결하는 자는 특별한 사정이 없는 한 본인을 대리하여 행위하는 것이라고 보아야 하고 매매계약서에 대리관계의 표시 없이 자신의 이름을 기재했다고 해서 그것만으로 그 자신이 매도인으로 행위하는 것은 아니라고 한다.
65) 대판 1990. 6. 26, 89다카15359.

않은 경우에 대한 것이다.

　대리인이라도 자신의 업무에 관하여 자신에게 효과가 귀속되는 법률행위
를 할 수 있음은 물론이므로, 내심의 대리의사도 없이 행위한 경우에는 예외
없이 대리인 자신의 행위로 볼 것이다. 예를 들어 A를 위하여 냉장고 구입의
대리권을 가진 B가 냉장고를 한 대 구입하였다면, 이것이 과연 당연히 A를 대
리할 의사로 구입한 것인지 B 자신이 사용하기 위해서 구입한 것인지 분명하
지 않다. 물론 현명이 있으면 A를 위한 것이다. 그런데 현명이 없으면 어떠한
가? 위 규정은 설령 B가 내심으로 A를 위하여 구입하였어도 현명이 없으면 B
자신을 위한 것으로 간주하여, 그 효과가 그에게 귀속됨을 정한다. 원래 B는
자신에게 효과를 귀속시킬 의사가 없었지만, 상대방을 보호하기 위한 것이다.

　만일 상대방이 그 내심의 대리의사를 알았거나 알 수 있었으면, 그 효과
는 본인에게 귀속한다(동조 단서).[66] 상대방이 알았거나 알 수 있었음에 대한
증명책임은 자신에의 효과 귀속을 부인하는 대리인이 부담한다. 위와 같은
간주규정이 적용되는 대리인은 자신을 위하여 하는 의사가 아니었음을 이유
로 착오를 주장할 수도 없다.[67]

2. 대리인의 능력

　(1) 대리인은 대리행위를 할 때 행위능력을 갖출 것이 요구되지 않는다(제
117조). 대리행위의 효과는 모두 대리인이 아니라 본인에게 귀속되므로 행위능
력이 없는 대리인이라도 자신에게 불리할 것이 없다. 따라서 제한능력자인 대
리인이 법정대리인의 동의 없이 단독으로 한 대리행위도 유효하여 그 효력이
본인에게 귀속된다.

　그러나 대리인이 대리행위를 할 때 의사능력은 있어야 한다.[68] 피성년후견
인의 경우 그에게 의사능력이 있으면 위 규정의 적용이 제한되지 않는다.[69]

---

66) 대판 2004. 2. 13, 2003다43490.
67) 고상룡, 민법총칙, 513면; 곽윤직·김재형, 민법총칙, 354면; 김기선, 한국민법총칙, 288
　　면; 김상용, 민법총칙, 563면; 김증한·김학동, 민법총칙, 417면; 백태승, 민법총칙, 480
　　면; 이영준, 민법총칙, 508면. 반대: 이은영, 민법총칙, 589면.
68) 통설이다. 고상룡, 민법총칙, 519면; 곽윤직·김재형, 민법총칙, 356면; 김기선, 한국민법
　　총칙, 288면; 김상용, 민법총칙, 564면; 김증한·김학동, 민법총칙, 422면; 백태승, 민법
　　총칙, 485면; 이영준, 민법총칙, 519면; 이은영, 민법총칙, 594면.
69) 김상용, 민법총칙, 565면; 이은영, 민법총칙, 594면.

(2) 위와 같은 규정은 대리행위가 대리인의 제한능력을 이유로 해서 취소될 수 없다는 의미이다. 그런데 수권행위의 원인인 법률관계, 예를 들면 위임계약이 수임인의 제한능력을 이유로 해서 취소된 경우는 어떠한가? 이에 대하여 수권행위의 유인성을 인정하는 입장에서도 그 취소 전에 한 대리행위가 이제 무권대리가 되어 상대방의 보호가 위협받는 것을 막고 또 제117조의 규정 취지를 살리기 위하여, 원인계약이 제한능력을 이유로 취소된 경우에도 대리권은 장래를 향하여 소멸할 뿐이라고 한다.[70] 그러나 내부관계상의 원인계약이 취소되어 결국 대리권이 소급적으로 소멸한다고 하여도, 상대방의 보호는 제129조에 의하여 도모될 수 있다.[71]

(3) 한편 제117조의 적용범위도 문제된다.

(가) 제117조는 능동대리뿐 아니라 수동대리에도 적용된다.

(나) 임의대리에 대하여는 본인이 제한능력자를 스스로 선임한 것이므로 대리인의 판단능력 부족으로 인한 불이익을 감수하여야 한다. 그러나 법정대리의 경우에 위 규정이 적용되는가에 대하여는 논의의 여지가 있다. 법정대리인은 본인의 의사에 따라 정해지지 않으므로 임의대리인과 동일하게 볼 수 없다. 민법은 일정한 경우에 제한능력자는 법정대리인이 되지 못한다는 규정을 두고 있다(후견인에 관한 제937조, 미성년자는 그 자子의 법정대리인이 되지 못한다고 하는 제911조, 유언집행자에 관한 제1098조 등). 결국 법정대리권의 발생원인 중 본인에 대하여 일정한 지위에 있는 사람이 당연히 대리인이 되는 경우에 대하여는 모두 법률로 제한능력자가 법정대리인이 되는 것을 금지하고 있다.

3. 대리행위의 흠

(1) 대리행위가 유효요건을 갖추었는지를 판단할 때 대리인을 기준으로 하고 본인을 기준으로 할 것이 아니다(제116조 제 1 항). 대리행위가 대리인의 의사표시로써 이루어지는 이상 당연한 이치이다. 그러므로 의사의 흠결(즉, 비진의의사표시·허위표시·착오)이 있거나, 사기 또는 강박을 당한 사정이 본인에게 있더라도 대리인에게 그와 같은 사정이 없으면 대리행위의 유효에는 영향

---

70) 고상룡, 민법총칙, 521면; 곽윤직·김재형, 민법총칙, 357면; 김기선, 한국민법총칙, 289면; 김상용, 민법총칙, 566면; 김증한·김학동, 민법총칙, 424면.

71) 이영준, 민법총칙, 512면; 이은영, 민법총칙, 594면.

이 없다. 또 어느 사정을 알았거나 과실(중대한 과실을 포함할 것이다)로 알지 못한 것이 문제되는 경우(가령 제107조 제 1 항 단서, 동조 제 2 항, 제108조 제 2 항, 제109조 제 2 항, 제110조 제 3 항, 제125조 단서, 제135조 제 2 항 전단, 제570조 단서, 제580조 제 1 항 단서 등)에도 그 사실의 유무는 대리인을 표준으로 하여 결정한다. 나아가 민법에는 명문으로 정해져 있지 않으나, 불공정한 법률행위(제104조)에서 경솔 또는 무경험의 사정도 대리인을 기준으로 판단되며,[72] 권한을 넘은 표현대리의 경우 「정당한 이유」의 존부도 대리인을 기준으로 하여 판단된다.

법인의 경우에는 그 대표인 자연인을 여기서 정하는 「대리인」으로 보아(제59조 제 2 항), 제116조를 적용할 것이다. 다만 대표자 외에 일정한 행위에 관하여 법인을 대리할 권한이 있는 사람이 별도로 있는 경우에는 당연히 위 규정이 적용된다. 이는 법인 외부의 사람이 대리인인 경우에도 마찬가지이다.

(2) 이와 관련하여 문제되는 몇 가지 사항을 살펴본다.

(가) 대리인이 상대방과 통모하여 허위표시를 한 때에는 그 의사표시는 무효이고, 본인은 가장행위에 기하여 새로운 이해관계를 맺은 것이 아니어서 「제 3 자」(제108조 제 2 항 참조)에 해당하지 않으므로 본인이 선의라고 해도 그에 대하여 대리행위의 무효를 주장할 수 있다.[73]

(나) 대리인이 사기 또는 강박을 당했으면 본인이 취소권을 갖는다. 대리인이 본인을 대리하여 이를 행사할 수 있는가는 대리권의 범위 문제이다. 본인이 사기 등을 당했어도 대리인이 이를 당하지 않은 한 취소할 수 없다. 한편 대리인이 사기 또는 강박을 하였으면,[74] 이는 제 3 자의 사기 또는 강박(제110조 제 2 항)에 해당하지 않으므로, 본인이 대리인의 사기 등을 알았거나 알 수 있었는지와 관계없이, 상대방은 취소할 수 있다.[75] 본인이 대리행위의 상대방에 대하여 사기 등을 한 경우에도 대리인에 의한 사기 등의 유무를 불문하고 상대방은 취소할 수 있다.

---

72) 다만 궁박 여부는 본인을 기준으로 정해진다. 대판 1973. 5. 22, 73다231.
73) 이영준, 민법총칙, 522면. 반대: 김상용, 민법총칙, 567면. 김증한·김학동, 민법총칙, 318-319면은 대리권남용에 해당하여 무효가 된다고 한다.
74) 이는 엄밀한 의미에서는 제116조에서 정하는 「대리행위의 하자」에 해당하지 않는다.
75) 고상룡, 민법총칙, 517면; 김상용, 민법총칙, 568면; 이영준, 민법총칙, 523면; 이은영, 민법총칙, 593면.

(3) 그러나 "특정한 법률행위를 위임한 경우에 대리인이 본인의 지시에 좇아 그 행위를 한 때"에는 일정한 범위의 예외가 있다. 이러한 경우 "본인이 안 사정 또는 과실로 인하여 알지 못한 사정"에 관하여는 대리인이 선의 또는 무과실이라고 해도 본인이 이를 주장할 수 없다(제116조 제 2 항). 여기서 「본인의 지시에 좇아」란 대리인이 하는 의사표시의 중요부분이 본인의 의사에 의하여 결정되었다는 것이다. 그러한 경우라면 본인이 애초 「지시」를 할 때 대리인에 대하여 자신이 알았거나 알 수 있었던 사정을 고려함이 마땅하고, 이를 게을리한 본인이 나중에 그 사정의 부지 등을 주장하는 것은 불공평하기 때문이다.

그 규정취지를 위와 같이 이해한다면, 보다 포괄적인 대리권이 부여되었어도 본인이 대리인에 대하여 자신이 알았거나 알 수 있었던 사정을 고려한 지시를 함으로써 대리인의 대리행위를 통제할 수 있었던 경우에는 위 규정을 유추적용할 것이다.[76]

(4) 제116조 제 1 항은 대리행위의 효력이 어떠한 사실에 대한 선의·악의, 또는 선의라도 그에 관한 과실 또는 중과실의 유무에 걸려 있는 경우에 그 선의 등은 대리인을 기준으로 하여 판단된다고 정한다. 그러므로 그 효과가 귀속되는 본인으로서는 자신이 선의·무과실이라도 대리인이 악의이거나 선의라도 과실이 있으면 그로 인한 불이익을 입게 된다. 이 규정의 밑바탕에는 이른바 보상책임사상報償責任思想이 깔려있다. 즉, 본인이 어떤 사람으로 하여금 자신을 위하여 활동하도록 하였으면, 그만큼 자신의 행위영역을 그 활동으로 확장한 것이니, 그로 인한 이익만을 취할 것이 아니라 불이익도 본인에게 귀속되도록 하여서 그 활동의 과정에서 그가 취한 행태 일반에 대하여 책임을 져야 한다는 것이다.[77]

---

76) 곽윤직·김재형, 민법총칙, 356면; 김기선, 한국민법총칙, 288면; 김상용, 민법총칙, 569면; 김증한·김학동, 민법총칙, 419면; 이영준, 민법총칙, 524면.
77) 이행보조자의 과실에 관한 제391조, 사용자책임에 관한 제756조도 이와 마찬가지이다. 또한 법인의 경우에는 우선 대표자의 악의 또는 과실이 법인에 귀속된다(제116조, 제59조 제 2 항). 송호영, "이른바 '인식의 귀속'(Wissenszurechnung)에 관하여 — 법인法人의 경우를 중심으로," 비교사법 8권 1호(2001), 39면 이하 참조.

제3장   표현대리[1]

Ⅰ. 서   론

1. 표현대리의 의의

무권대리행위는 원칙적으로 본인에게 그 효과가 귀속하지 않는다. 그러나 상대방이 무권대리인에게 대리행위를 할 권한이 있다고 잘못 알았던 경우에 일정한 요건 아래서 그 행위의 효과가 본인에게 귀속되도록 하는 제도를 표현대리라고 한다. 민법은 대리권 수여의 표시가 있었던 경우(제125조), 대리인이 가지는 대리권의 범위를 넘은 경우(제126조), 대리권이 소멸한 후에 대리행위가 행하여진 경우(제129조)로 나누어 규정한다. 표현대리도 무권대리의 일종이므로,[2] 이에 대하여는 일반적으로 무권대리에 관한 규정(제130조 내지 제136조)이 적용되며, 다만 무권대리인의 책임(제135조)이 표현대리가 성립하는 경우에

---

1) 민법 제125조, 제126조 및 제129조의 표제를 이루는 '表見代理'를 우리 말로 표견대리로 읽을 것인가, 표현대리로 읽을 것인가에 대하여는 논의가 있다. 민법전 시행 당초에 우리 대법원은 이를 '표견대리'로 읽었으나, 그 후 언제부터인가 '표현대리'로 읽기 시작했고, 현재는 압도적으로 이렇게 한다. 그리고 상법 제14조는 2010년 5월에 개정되면서 그 표제를 '표현지배인'이라고 하였다. 이 책에서도 일단 이에 좇아두기로 한다. 그러나 이에 대하여는 김형석, 사용자책임의 연구(2013), 173면 주 173에 근거를 상세히 댄 강력한 반론이 있다(일찍이 양창수, "표견대리냐, 표현대리냐?", 법률신문 제1782호(1988. 9), 4면(후에 동, 민법산고(1998), 87면 소재)도 동지). 한편 이 용어 대신 외관대리라는 용어로 대체할 수도 있다.

2) 통설이다. 고상룡, 민법총칙, 534면; 곽윤직·김재형, 민법총칙, 364면; 김기선, 한국민법총칙, 296면; 김상용, 민법총칙, 587면; 김증한·김학동, 민법총칙, 432면; 백태승, 민법총칙, 491면; 황적인, 현대민법론Ⅰ, 230면. 이와 달리 유권대리의 일종이라는 견해로는 이영준, 민법총칙, 540-543면이 있고, 「유권대리와 무권대리의 중간에 존재하는 독자적인 대리유형」이라는 견해로는 이은영, 민법총칙, 631면이 있다.

도 인정되는지에 대하여 논의되고 있다(아래 V.2. 참조). 그리고 무권대리가 성립하기 위한 요건에 관한 설명(아래 제 3 장 II.3. (2) 참조)이 이에도 타당함은 물론이다.

2. 표현대리제도의 근거

이 제도는 통상 권리외관에 대한 상대방의 신뢰가 보호되어야 한다는 사상이 구체적으로 구현된 것이라고 설명된다.[3] 이를 통하여 거래의 안전이 도모된다는 것이다. 그런데 본인의 입장에서 보면 이는 자신의 의사표시 또는 법률에 의한 권한의 뒷받침이 없이 타인이 한 의사표시상의 법률효과가 자신에게 귀속됨을 승인하는 것이다. 그러므로 이러한 효과 귀속은, 상대방의 정당한 신뢰라는 측면만으로 정당화될 수 있는지 의문이 없지 않고, 나아가 그 효과의 귀속을 정당화할 만한 본인의 귀책요소를 필요로 한다. 일반적으로 본인이 대리권의 외관이 성립 또는 유지되는 데 일정한 기여를 하였다면, 이를 긍정할 수 있다. 그 밖에 어떠한 사정이 그에 해당할지 면밀한 검토가 필요한데, 본인의 위와 같은 기여가 인정될 수 없는 경우에도 당해 외관의 발생원인이 누구의 지배영역에 있는가, 본인과 상대방 중 누가 그 발생원인에 「보다 근접」하여 이를 억제·조정할 수 있는 위치에 있는가 하는 점을 고려하여야 한다. 단지 대리제도의 신용이 유지되어야 한다는 「공적 필요」만으로 본인의 귀책성을 고려하지 않고 쉽사리 표현대리의 성립을 긍정하는 것은 피해야 한다.

II. 대리권수여의 표시에 의한 표현대리

1. 의   의

실제로는 대리권의 수여가 없었으면서 본인이 제 3 자에 대하여 어떤 타인에게 대리권을 수여하였음을 표시하였는데, 후에 그 타인이 대리인이 되어 그 제 3 자와 대리행위를 한 경우에 대한 것이다(제125조). 이 경우에는 자칭대리

---

3) 통설인 외관책임설의 견해이다. 곽윤직·김재형, 민법총칙, 363면; 김상용, 민법총칙, 588면; 김증한·김학동, 민법총칙, 434면; 백태승, 민법총칙, 494면; 이은영, 민법총칙, 631면; 황적인, 현대민법론 I, 231면. 반대: 고상룡, 민법총칙, 555면; 이영준, 민법총칙, 519면.

인에게 대리권이 있다는 외관이 본인의 직접적인 관여에 의하여 작출된 것이므로, 본인에게 대리행위의 효과 귀속을 쉽사리 인정할 수 있다.

2. 요 건

(1) 대리행위 전에, 본인이 제 3 자에 대하여 자신이 어떤 사람에게 대리권을 수여하였음[4]을 표시하여야 한다. 그런데 이 요건은 제125조의 규정취지에 비추어 대리권 수여의 외관[5]이 본인의 타인에 대한 「표시」에 의하여 현출되었다는 의미로 보다 확장적으로 해석되고 있다.

(가) 본인이 제 3 자에 대하여 자신이 어떤 사람에게 대리권을 수여하였음을 직접적으로 표시하였으면 제125조의 적용이 있음은 물론이다. 이때 「표시」의 법적 성질은 대리권 수여의 의사표시가 아니라, 대리권을 수여하였다는 사실을 알리는 이른바 「관념의 통지」이다.[6] 그러나 이에는 의사표시에 관한 규정이 준용되어, 제한능력이나 착오, 사기·강박을 이유로 취소될 수 있으며, 나아가 대리도 허용된다. 이러한 대리권 수여의 통지는 특정인에게 할 수도 있고, 신문광고나 상대방(제125조의 「제 3 자」에 해당하는)을 백지로 한 위임장에서와 같이 불특정다수인에게 할 수도 있다. 통지의 방법에는 제한이 없으며, 묵시적으로도 할 수 있다. 한편 이러한 표시는 철회될 수 있으나, 그 철회는 표시와 동일한 방법으로 함으로써 대리권의 외관을 소멸시켜야 효력이 있다.

(나) 나아가 보다 일반적으로 어떤 사람에게 대리권이 수여되었다는 외관이 성립하고, 그 외관이 본인의 제 3 자에 대한 「표시」에 의하여 현출된 경우에도 제125조가 적용된다. 실제로 많이 문제되는 것은 객관적으로 볼 때 대리권을 추단케 하는 직함이나 명칭을 본인의 명시적 또는 묵시적 승인 아래 사용하는 경우이다.[7] 예를 들면 어떤 기업의 「인사부장」의 직함을 그 기업의 용

---

4) 제125조는 「대리권을 수여함을 표시한 자」라는 문언을 채택하나, 그 제정과정에 비추어 보면 이는 대리권을 수여하였음을 표시하였다는 의미이다.

5) 「외관」이란 말은 겉으로 보기에만 그러할 뿐 실제로는 그렇지 않은 경우에만 쓰여지고, 겉모습과 실체가 일치하는 경우에는 이를 「외관」이라고 하지 않는다.

6) 고상룡, 민법총칙, 560면; 곽윤직·김재형, 민법총칙, 365면; 김기선, 한국민법총칙, 297면; 백태승, 민법총칙, 495면; 이은영, 민법총칙, 633면. 이와 달리 의사의 통지로 보는 견해로는 김상용, 민법총칙, 594면이 있고, 수권행위로서 의사표시라는 견해로는 이영준, 민법총칙, 545면이 있다.

7) 대판 1998. 6. 12, 97다53762. 이 사건에서 호텔의 시설이용우대회원 모집계약을 체결하

인 아래 사용하는 사람은 일반적으로 직원의 채용 등 인사에 관한 대리권 수여의 표시가 긍정된다.[8] 나아가 위임장(이에 대하여는 앞의 제 1 장 Ⅱ. 3. (2) 참조)과 같이 사회관념상 대리권 수여를 증명하는 용도의 서면[9]을 소지하는 사람은 그 서면에 지적되어 있는 업무에 관하여 대리권의 외관이 있다고 할 것이므로, 그것이 본인에 의하여 진정으로 작성·교부된 한에서는 이 요건이 충족된다. 이와 같이 수권통지는 후에 자칭대리인이 되는 사람을 통해서도 행하여질 수 있다.

　　본인이 타인에게 자신의 이름으로 거래를 하도록 허락한 이른바 명의대여의 경우도 제125조에서 정하는 대리권 수여의 표시에 해당한다는 견해가 있다.[10] 이는 제125조의 취지상 긍정할 수 있다. 그런데 그에 앞서 명의대여로 행하여진 법률행위가 대리행위에 해당하는지를 검토할 필요가 있다.[11] 법률행위의 당사자가 누구인지, 그것이 대리행위인지는 의사표시 해석의 일반원칙에 따라 상대방의 입장에서 객관적으로 판단되어야 한다. 그에 의하면, 그 명의와는 상관없이 실제로 행위하는 명의차용자 자신의 행위로 보아야 할 경우도 적지 않고,[12] 그 때에는 제125조가 적용될 여지가 없다. 반면에 명의대여자의 행

면서 호텔의 판매점, 총대리점 또는 연락사무소 등의 명칭을 사용하는 것을 승낙하거나 묵인한 경우에는 제125조의 표현대리를 인정할 수 있다고 한다. 또 대판 1961. 12. 28, 4294민상204는 읍邑이 사경제주체로서 도선업渡船業을 영위하면서 제 3 자를 「도선사무소장」으로 임명하였다면 제125조에서 정하는 대리권 수여의 표시를 한 것으로 인정할 수 있다고 한다.

8) 상법의 표현대표이사表見代表理事(제395조)나 표현지배인表見支配人(제14조)에 관한 규정은 이러한 관점에서 회사의 외관책임을 강화하여 법정法定한 것이라고 볼 수 있다. 이들은 문언상으로 「악의의 제 3 자」는 그 보호를 받지 못한다고 정하는데, 대판 1999. 11. 12, 99다19797; 대판 1991. 11. 12, 91다18309는 중과실 있는 제 3 자에 대하여도 그 보호를 배제한다.

9) 대판 2001. 8. 21, 2001다31264는, A로부터 부동산을 매수한 B가 이를 C에게 전매하면서 A의 대리인으로 매도하는 계약을 체결한 경우에 A가 자신의 무인拇印이 찍힌 매매계약서를 B에게 교부하여 이것이 C에게 제시된 것만으로는 수권통지가 있다고 할 수 없다고 판단하였다.

10) 고상룡, 민법총칙, 제560면; 곽윤직·김재형, 민법총칙, 365면; 김기선, 한국민법총칙, 297면. 묵시적 수권행위에 해당한다는 견해로는 김상용, 민법총칙, 593면; 이영준, 민법총칙, 547면; 이은영, 민법총칙, 634면.

11) 법률행위에서 타인의 명의가 사용된 경우의 법문제 일반에 대하여는 송덕수, "타인의 명의를 사용하여 행한 법률행위," 사법연구 2집(1994), 335면 이하 참조.

12) 예를 들어 A가 친구 B의 동의를 얻어 그의 이름으로 호텔에 투숙하였다면, 숙박계약의 당사자는 A인 것이다. 요컨대 계약 당사자의 동일성이 계약 체결 여부나 계약내용을 결

위로 해석되는 경우라면, 명의차용자는 대리인으로서 행위하였다고 해도 좋을 것이다. 그러나 명의대여 자체에 대리권 수여의 의사표시를 포함한다고 할 수 있다면, 이 역시 제125조와는 무관하다. 이렇게 보면 앞서 본 설명은 명의차용자가 명의대여자를 대리하여 행위하였는데 명의대여에 수권행위가 포함되어 있지 않다고 해석되는 한도에서 발언력이 있다고 할 것이다.[13]

(2) 대리권이 수여되었다는 그 「타인」이 대리권 수여의 통지를 받은 그 「제 3 자」와의 사이에 그 표시된 「대리권의 범위 내에서」 대리행위를 하였어야 한다. 표시된 대리권의 범위를 넘어간 경우에는 제126조가 적용된다.

(3) 대리권 수여의 통지를 받은 그 「제 3 자」는 앞의 (2)에서 본 대로 대리행위의 상대방이 되는데, 그가 법률행위 당시 대리인에게 대리권이 없음을 몰랐고 또 모른 데 대하여 과실이 없어야 한다(제125조 단서). 즉, 선의·무과실이어야 한다. 대리권 있음을 알았거나 알 수 있었다면, 그의 신뢰는 보호할 만한 가치가 없다. 이 점에 대한 증명책임은 법률효과의 귀속을 부인하는 본인이 부담한다.

(4) 법정대리에 대하여도 제125조의 적용이 있는가? 법정대리인은 본인이 선임하는 것이 아니므로 본인이 제 3 자에 대하여 법정대리권의 수여를 통지해도 이에 법적 의미가 있다고 할 수 없다는 이유로 이를 부인하는 견해가 있다.[14] 물론 실제로는 문제되는 경우가 별로 없으나, 앞서 본 대로 제125조가 대리권이 있다는 외관이 본인의 타인에 대한 「표시」에 의하여 현출된 경우에 본인에의 효과 귀속을 인정하는 취지라면, 일률적으로 법정대리에 제125조의 적용을 부정할 것은 아니다. 법정대리권은 많은 경우 본인에 대한 일정한 신분관계에 기하여 인정되는데, 가족관계등록 등과 같은 신분공시가 본인의 가공에 의하여 현출되었고 상대방이 이에 기하여 대리권이 있다고 믿었다면, 이에는 제125조가 적용되어도 좋을 것이다. 예를 들어 허위의 혼인신고를 함으로써 부부인 것으로 가족관계등록부에 기재된 것을 상대방이 보고 부부간의 일상가

정하는 데 별다른 의미가 없는 경우에는 그 명의는 문제되지 않는다.
13) 상법 제24조는 명의대여자의 책임에 대하여 정하는데, 이 역시 외관에 대한 신뢰의 보호를 법정한 것이다. 그러나 제125조와는 그 요건(대리행위를 요하지 않는다)이나 효과(연대책임 등)가 다르므로, 양자는 별개로 적용된다.
14) 고상룡, 민법총칙, 562면; 곽윤직·김재형, 민법총칙, 366면; 김증한·김학동, 민법총칙, 441면; 백태승, 민법총칙, 497면; 황적인, 현대민법론 I, 233면.

사대리권(제827조)이 있다고 믿었던 때가 그러하다. 그 경우 본인은 허위의 가족관계등록이 이루지도록 한 것을 통하여 일반인에 대하여 대리권 수여의 「표시」를 한 것과 같이 평가될 수 있다.[15]

[판결 1] 제125조의 표현대리: 대판 1998. 6. 12, 97다53762

상고이유를 판단한다.

1. 원심판결 이유에 의하면, 원심은 그 판결에서 채용하고 있는 증거들을 종합하여, 호텔과 골프장을 운영하는 피고들이 1988. 12. 2. 일본국 법인인 소외 주식회사 에소루(이하 '에소루'라 한다)와 사이에, 피고들이 운영하는 호텔 등의 시설이용에 우대를 받을 수 있는 회원(이하 '우대회원'이라고 한다)을 일본국 내에 주소를 둔 자를 대상으로 모집하기 위한 계약(이하 '이 사건 계약'이라고 한다)을 체결하면서, 그 계약의 효력은 피고들이 대한민국 외환관리법령에 따라 재무부장관이 정하는 외환관리상의 허가·승인 또는 인증(이하 이를 '외환관리허가'라고 한다)을 얻는 날 발생한다는 특약을 둔 사실, 에소루는 그 후 피고들이 외환관리허가를 얻지 못하고 있는 가운데, 자신을 '판매원', 소외 주식회사 에소루 골프(이하 '에소루 골프'라고 한다)를 피고들의 '일본 연락사무소 및 총대리점'으로 기재한 회원안내 책자를 발간하고, 1989. 3. 27. 피고들의 총대리점인 에소루 골프가 피고들이 운영하는 호텔 등의 시설에 대한 우대회원을 모집한다는 광고를 게재하는 한편, 원고의 사무실에서 그에 대한 설명회를 개최한 후, 같은 해 4. 27.부터 같은 달 30.까지 회원가입을 희망하는 10여 명의 시찰단으로 하여금 피고들이 운영하는 호텔 등의 시설을 이용하도록 알선한 사실, 이에 원고는 1989. 5. 2. 법인회원으로 에소루 골프와 입회계약을 체결하고 그 보증금 및 입회금으로 합계 금 4,800,000엔의 일화를 에소루 골프가 지정하는 은행구좌에 입금하였으나, 1992. 2. 5.에 이르러 에소루가 부도를 내고 도산하였고, 원고는 피고들로부터 외환관리허가가 이루어지지 아니하였다는 이유로 우대회원의 대우를 받지 못하고 있는 사실을 인정하고 있다.

나아가 원심은 이와 같은 사실관계를 바탕으로 하여, 이 사건 계약에 기한 에소루측의 우대회원 모집은 피고들을 위한 체약대리로 이루어지는 것이므로, 원고가 에소루측과 입회계약을 체결할 당시 외환관리허가라는 정지조건이 성취되지 아니하여 에소루측에 체약대리권이 발생하지 아니하였다고 하더라도 피고

---

15) 김상용, 민법총칙, 595면. 법정대리에도 제125조를 적용하되, 제한능력자의 법정대리는 제외하는 견해로는 이영준, 민법총칙, 549면; 이은영, 민법총칙, 636면.

들은 에소루가 알선하여 원고의 상무이사 등이 참가한 시찰단에게 우대회원 대우를 제공하는 등으로 에소루측에 피고들의 이름으로 입회계약을 체결할 대리권이 있다는 표시를 한 바 있으므로, 원고가 에소루측과 맺은 입회계약의 효력은 표현대리의 법리에 따라 피고들에게도 효력이 있는데도, 피고들이 원고에게 우대회원 대우를 하여 주지 아니하므로 이를 이유로 입회계약을 해제하고 원고가 납부한 보증금 및 입회금의 반환을 구한다는 원고의 주장에 대하여 다음과 같이 판단하고 있다. 갑 제1 호증의 6의 기재, 원심 증인 A의 증언 및 변론의 전취지를 종합하면, 에소루의 알선에 의한 시찰단이 피고들로부터 단체관광 할인혜택을 받은 사실을 인정할 수 있으나, 나아가 원고의 상무이사 등의 시찰단이 피고들로부터 우대회원의 대우를 제공받거나 체약대리권을 확인받았다는 점에 관하여는, 이에 부합하는 제1심 증인 B, C의 각 일부 증언만으로는 이를 인정하기에 부족하고, 달리 이를 인정할 증거가 없을 뿐만 아니라, 이 사건 계약 등에 있어서의 그 판시와 같은 내용에 비추어 보면 에소루측이 원고와 체결한 입회계약의 법적 성질은 에소루측의 명의로 피고들의 계산으로 이루어지는 준위탁매매에 해당하여 그 법률적인 효과는 전적으로 에소루측에만 미치는 것이어서 이 사건 계약에 의하여 에소루측이 피고들로부터 입회계약에 관한 체약대리권을 수여받은 것은 아니라는 이유로 원고의 표현대리 주장을 배척하고 있다.

　　2. 그러나 민법 제125조가 규정하는 대리권 수여의 표시에 의한 표현대리는 본인과 대리행위를 한 자 사이의 기본적인 법률관계의 성질이나 그 효력의 유무와는 직접적인 관계가 없이 어떤 자가 본인을 대리하여 제3자와 법률행위를 함에 있어 본인이 그 자에게 대리권을 수여하였다는 표시를 제3자에게 한 경우에는 성립될 수가 있고, 또 본인에 의한 대리권 수여의 표시는 반드시 대리권 또는 대리인이라는 말을 사용하여야 하는 것이 아니라 사회통념상 대리권을 추단할 수 있는 직함이나 명칭 등의 사용을 승낙 또는 묵인한 경우에도 대리권 수여의 표시가 있은 것으로 볼 수가 있다.

　　그런데 기록에 의하면, 에소루측이 원고 등과 입회계약을 체결함에 있어, 에소루 및 에소루 골프클 판매원과 총대리점 및 일본연락사무소로 표시한 회원안내책자(갑 제18호증, 기록 532면), 회원증서는 피고들이 발행하여 우송한다는 내용을 담은 회원안내책자(기록 51, 55면) 및 입회 후 절차에 관한 안내문(기록 68면), 그리고 예탁금의 반환은 피고들 책임이라는 내용을 담은 회칙(기록 67면) 등을 사용하여 회원모집에 대한 안내를 하는 한편, 우대회원 모집에 관한 광고를 '총대리점'이라고 표시하여 하였고(기록 71면), 또 입회계약의 체결은 피고들 이름이 기재된 입회신청서 서식(기록 172면)을 사용하였으며, 입회계약을 체결한 자에게는 피고 주식회사 경주조선호텔이 운영하는 '조선호텔 앤드 컨트리클럽'의 이름으로 개설한 구좌로 예탁금 등을 납입할 것을 청구하고(기록 166, 167면), 그 납입자에게는 피고들 명의의 회원카드(기록 36, 411면)와 보증금 및 입회금의 영수증(기록 50면) 및 예탁증서(기록 171, 178면)와 피고들 명의의 입회승인통지서(기록 410면)를 사용하였음을 알 수 있다.

따라서 기록에 나타난 에소루측이 회원모집안내 등의 각종 서식 등에서 사용한 위와 같은 명칭 등에 비추어 보면, 에소루측이 원고 등과 입회계약을 체결한 것은 피고들을 대리하여 한 것이라고 볼 수 있을 것이므로, 만일 에소루측이 위와 같은 명칭 등을 사용하여 회원모집안내를 하거나 입회계약을 체결하는 것을 피고들이 승낙 또는 묵인한 바 있다면, 그에 의하여 민법 제125조의 표현대리가 성립될 수가 있다 할 것이다. 그런데 기록에 의하여 살펴보면, 에소루를 '판매원'으로, 에소루 골프를 '총대리점 및 일본 연락사무소'로 표시한 위 회원안내책자(갑 제18호증, 기록 532면 이하)에는 회원가입과 피고들이 운영하는 호텔 등을 방문할 것을 권유하는 피고들 대표이사의 인사말이 그 사진과 함께 게재되어 있음을 알 수 있을 뿐만 아니라(기록 518, 526면), 피고들측 증인 김해근도 그 증언에서, 원고가 에소루측과 입회계약을 체결하기 직전인 1989. 4. 27.부터 같은 달 30.까지 사이에 에소루측의 알선으로 이루어진 시찰여행에서 피고 주식회사 경주조선호텔측이 원고의 상무이사가 포함된 시찰여행단에 대하여 상품소개차 우대회원이 받는 대우의 하나인 골프모자와 골프공의 무료제공을 하여 주었다고 증언한 바 있고(기록 254면), 또 역시 피고들측 증인인 A도 그 증언에서, 에소루측이 같은 시기에 회원모집 선전용으로 피고 해운대개발 주식회사가 운영하는 호텔에 몇 사람을 데리고 왔다는 취지의 증언을 하였음(기록 597면)을 알 수 있으므로, 위 회원안내책자의 작성·사용이 피고들의 승낙 또는 묵인하에 이루어진 것이고, 또 그러한 상태에서 피고들이 상품소개 혹은 선전을 위하여 시찰여행단에 대하여 우대회원의 대우를 한 것이라면, 피고들이 그로써 에소루측에 대한 대리권 수여의 의사를 대외적으로 널리 표시한 것으로 볼 여지가 있다 할 것이다.

그렇다면 원심으로서는 위 회원안내책자(갑 제18호증)의 작성경위나 그 실제 사용 여부 및 피고들측의 시찰여행단에 대한 우대회원 대우의 취지를 좀더 심리하여 피고들이 대리권 수여의 표시를 하였는지 여부를 가려보아야 할 것임에도 불구하고 이에 이르지 아니한 채, 피고들이 에소루와 체결한 이 사건 계약의 내용 등이 준위탁매매를 위임하는 것이라고 보고 그 입회계약이 준위탁매매라고 단정하여 표현대리의 성립을 부정한 것은, 결국 민법 제125조가 규정하는 표현대리의 성립에 관한 법리를 오해하고 심리를 다하지 아니함으로써 판결 결과에 영향을 미친 위법을 저지른 것이라고 할 것이다. 상고이유 중 이 점을 지적하는 부분은 이유 있다.

3. 그러므로 나머지 상고이유에 대한 판단을 생략한 채 원심판결을 파기하고, 사건을 다시 심리·판단케 하기 위하여 원심법원에 환송하기로 관여 법관의 의견이 일치되어 주문과 같이 판결한다.

질문

(1) 제125조에서 정한 표현대리의 성립 요건은 무엇인가?

(2) 이 사건에서 대리권 수여의 표시가 있는가?

Ⅲ. 권한을 넘은 표현대리

1. 의   의

본인을 대리할 권한이 있는 대리인이 그 권한의 범위를 넘어서 대리행위를 한 경우에 대한 것이다(제126조). 실제로는 이 표현대리 유형이 가장 빈번하게 문제된다. 간략하게 「월권대리」[16]라고도 한다.

2. 요   건

(1) 대리인에게 대리권이 있어야 한다. 여기에서 말하는 대리권을 기본대리권이라고 한다. 즉, 대리인이 실제로 한 대리행위에 대한 대리권은 없었지만 다른 대리행위를 할 권한은 가졌어야 한다. 기본대리권은 임의대리[17]에서는 본인의 의사에 기하여 부여되므로,[18] 문제의 대리행위를 할 권한이 있다는 외관이 일반적으로 그러한 기본대리권의 부여에 의하여 야기되거나 조장·유지되

---

16) 이 말은 대리행위가 대리인의 권한을 넘은 경우 일반을 지칭하기도 하고, 그 가운데 표현대리가 성립하여 본인에의 효과 귀속이 인정되는 경우만을 지칭하기도 한다. 제129조에서 정하는 경우에 대하여 「멸권대리」라는 말도 마찬가지이다.

17) 법정대리의 경우에 대하여는 별도의 고려를 요한다(Ⅱ. 2. (4) 참조).

18) 대리권 수여의 의사표시를 인정할 것인지 자체(이에 대하여는 앞의 제 1 장 Ⅱ. 3. (2) 참조)가 월권대리의 성립요건으로서의 기본대리권과 관련되어 문제되는 경우가 적지 않다.

었다고 볼 수 있다.[19] 그러나 그러한 연관이 부인되고 나아가 본인이 상대방에 비하여 그러한 외관의 형성·유지를 보다 잘 통제할 수 있는 위치에 있지 않은 경우에까지 단지 기본대리권의 부여만으로 표현대리가 인정되어도 좋은지 신중하게 판단되어야 한다.

문언만을 보면 대리권이 전혀 없는 사람의 대리행위는 제126조의 요건을 충족하지 못한다. 그러나 제126조의 취지에 비추어 보면, 표현대리인이 가지는 「권한」이 반드시 엄격한 의미의 법률행위 대리권에 한정될 필요는 없고, 표현 대리인이 본인의 업무를 처리할 권한을 가지고 그 권한이 당해 대리권 외관의 작출에 성질상 기여하는 내용이라면 이를 긍정할 수 있다.

(가) 단순한 사실행위의 위탁은 이 요건을 충족하지 못한다. 판례도 기본 적으로 그러한 태도를 취한다.[20] 그러나 본인이 한 의사표시를 상대방에게 사 실적으로 전달하는 권한만을 가지는 사자(使者)라고 해도 본인이 그를 의사표시 의 과정에 개입하게 한 이상 그로 인하여 발생한 대리권의 외관에 대하여는 본인의 책임을 긍정해도 좋을 것이다.[21]

(나) 부동산등기의 신청을 위임하는 경우와 같이 공법상 행위의 대리권도 이 요건을 충족한다.[22] 부부간의 일상가사대리권(제827조) 등 법정대리권도 이

---

19) 부동산을 담보로 본인의 이름으로 금융을 얻는 행위를 위임하면서 등기필정보·인감증명 서 등을 교부받은 대리인이 이를 이용하여 그 부동산을 제 3 자에게 매도하는 계약을 체 결한 경우를 생각하면, 본문에서 말한 「외관 작출에의 기여」라는 관점을 쉽게 이해할 수 있을 것이다.

20) 대판 1992. 5. 26, 91다32190은 증권회사의 직원이 아니면서 증권회사로부터 고객의 유 치, 투자상담 및 권유 등을 위탁받아 사실상 투자상담사의 역할을 하는 사람은 단지 사 실행위의 위임을 받은 것에 불과하므로, 이를 기본대리권으로 하여 증권매매계약의 월권 대리를 인정할 수 없다고 한다. 대판 2001. 2. 9, 99다48801(이른바 파출수납의 업무를 하 는 은행 직원은 예금에 관한 대리권이 없어 월권대리가 성립하지 않는다고 한다)도 참 조. 또 대판 1970. 2. 24, 69다2011은 단지 매매의 중개(알선)를 부탁한 것으로는 어떠한 대리권의 수여가 없으므로 매매계약의 월권대리를 인정할 수 없다고 한다.

21) 대판 1962. 2. 8, 4294민상192는 "표현대리의 법칙은 거래의 안전을 위하여 어떠한 표견 적 사실을 야기하는 데 원인을 준 자는 그 표견적 사실을 믿음이 있어 정당한 사유가 있 다고 인정되는 자에 대하여는 책임이 있다는 일반적인 권리표견이론에 그 기초를 두고 있는 것"이라고 한다. 또한 김증한·김학동, 민법총칙, 442면; 이영준, 민법총칙, 555면; 이은영, 민법총칙, 638면 참조. 반대: 김상용, 민법총칙, 600면.

22) 대판 1963. 11. 7, 63다610; 대판 1978. 3. 28, 78다282. 한편 등기절차의 실행을 타인에 게 위탁하는 행위에는 일반적으로 법무사 등에게 등기의 신청을 위임하는 사법상 행위 에 관한 수권(授權)이 포함된다고 할 것이어서, 그러한 관점에서도 기본대리권의 요건이 충족된다.

에 해당한다(Ⅲ. 2. (4) 참조).

(다) 복대리권도 기본대리권의 요건을 충족한다. 재판례 중에는 A가 그 소유의 부동산을 담보로 제공하여 금전을 차용할 것을 승낙하고 그 부동산에 관련한 등기권리증·인감증명서 등 서류와 인장을 B에게 교부한 경우에 그러한 서류와 도장이 정상적인 거래를 통하여 M의 수중에 들어가서 M이 저당권 등 담보를 설정한 때에는, 그 담보권자 또는 채무자가 누구임을 불문하고, 또 피고가 승낙하였던 것과 다른 내용의 담보권을 설정하였다 하더라도 그 제 3 자가 그 권한이 있다고 선의·무과실로 믿었다면, "표현대리의 원칙에 따라" 본인으로서의 책임을 진다고 하는 것이 있다.[23] 그러나 위와 같은 경우에, 단지 A가 담보의 설정에 적합한 서류 등을 B에게 교부하였고 그것이 「정상적인 거래」(그 의미는 명확하지 않다)를 통하여 M에게 교부되었다는 것만으로, M에게 A를 대리할 아무런 권한이 없음에도, 표현대리가 인정될 수는 없다. 오히려 그 서류 등의 교부를 복대리인의 선임에 대한 포괄적 승낙(제120조 참조)으로 해석하고(앞 제 1 장 Ⅱ. 4. 참조), 서류 등을 최종적으로 취득한 M의 복대리권을 기본대리권으로 하여, 제126조가 정하는 다른 요건의 충족 여부를 판단하였어야 했을 것이다. 판례는 복대리인 선임권이 없는 대리인에 의하여 선임된 복대리인의 경우에도 기본대리권을 긍정한다.[24]

(라) 대리권 수여의 표시에 의한 표현대리(제125조) 또는 대리권 소멸 후의 표현대리(제129조)는 수여표시된 대리권 또는 종전 대리권의 범위 내에서 대리행위가 행하여진 때에 적용이 있다. 그리하여 그 대리권의 범위를 넘었다면 이번에는 제126조의 적용이 있는지가 문제된다. 통설·판례는 이를 긍정한다.[25]

(2) 기본대리권 있는 대리인이 그 권한의 범위를 넘어서 대리행위를 하였어야 한다.

(가) 판례는 대리행위가 기본대리권의 내용과 관련되거나 유사할 필요는 없고, 그 사이에 아무런 관계가 없는 경우에도 제126조가 적용될 수 있다고 한

---

23) 대판 1962. 7. 26, 62다243.
24) 대판 1998. 3. 27, 97다48982.
25) 대판 1970. 2. 10, 69다2141; 대판 1998. 5. 29, 97다55317(대리권 소멸 후 선임된 복대리인의 대리행위); 대판 2008. 1. 31, 2007다74713 등; 곽윤직·김재형, 민법총칙, 369면; 김상용, 민법총칙, 609면; 백태승, 민법총칙, 498면; 이영준, 민법총칙, 555면; 이은영, 민법총칙, 639면. 반대: 김기선, 한국민법총칙, 300면.

다.[26] 실제로 기본대리권을 수여하면서 대리인에게 본인의 인장, 특히 인감도장이 교부된 경우에는 각종 용도에 두루 사용될 수 있는 인장의 성질에 비추어 보면 위와 같은 관련성이나 유사성을 요구하는 것은 무리이다.

(나) 대리권을 넘는 대리행위를 한 것이 범죄가 되거나 그 과정에 서류의 위조 등 범죄행위가 개입하였다고 해서 표현대리의 성립이 부인되는 것은 아니다.[27] 그러나 표현대리를 인정하는 것이 강행법규의 취지에 반하는 경우에는, 이는 허용되지 않는다.[28]

(다) 제126조의 표현대리도 다른 유형의 표현대리를 포함한 무권대리 일반과 마찬가지로(이에 대하여는 앞의 제 1 장 Ⅲ. 1. 참조) 원래 대리행위가 행하여진 경우에만 문제된다. 즉, 대리권 없는 사람이 대리인으로서 「본인의 이름으로」행위를 하였어야 한다. 그러므로 예를 들어 본인 A로부터 그 소유 부동산의 매매에 관한 대리권을 수여받은 대리인 B가 자신의 이름으로 C에게 매도하는 것과 같이 그 행위가 대리행위가 아닌 경우는 제126조가 적용되지 않는다.[29] 위의 경우에 B가 그 부동산에 관하여 자기 앞으로 소유권이전등기를 하고, 자기 소유의 물건으로서 자기 이름으로 매도한 경우에는 더욱 그러할 것이다.[30]

그런데 B가 스스로 A라고 자처하고 A의 이름으로 행위를 하여 상대방이 합리적으로 A를 당사자로 인식하였던 경우[31]는 어떠한가? 판례는 이러한 경우에 제126조는 적용될 수 없다고 한다.[32] 그러나 이때에도 상대방이 원래대로

---

26) 대판 1963. 11. 21, 63다418; 대판 1969. 7. 22, 69다548 등.

27) 대판 1968. 2. 20, 67다2762 등.

28) 예를 들어 학교법인이 재산을 처분함에는 법인 이사회의 의결 및 주무관청의 허가가 필요하다(사립학교법 제16조 제 1 항 제 1 호, 제28조 제 1 항). 대판 1983. 12. 27, 83다548이 법인의 대표권을 가지는 이사장(동법 제19조 제 1 항)이라도 그 재산처분에 그러한 의결 또는 허가가 없는 경우에는 제126조를 적용 또는 유추적용해서 이를 유효로 할 수 없다고 하는 것은 그러한 취지일 것이다. 지방자치단체의 재산처분에 관한 대판 1957. 5. 16, 4290민상72도 참조.

29) 대판 1992. 11. 13, 92다33329(A가 B로부터 매수한 부동산을 B의 대리인으로서가 아니라 자신의 소유로 매도한 사안); 대판 2001. 1. 19, 99다67598.

30) 대판 1972. 12. 26, 72다1531. 한편 대판 1972. 5. 23, 71다2365; 대판 1981. 12. 22, 80다1475는 모두 담보권 설정의 대리권 있는 대리인이 자기 앞으로 소유권이전등기를 한 후 담보권을 설정해 준 사안에서 제126조의 적용을 부인한다.

31) 따라서 이는 상대방이 합리적으로 볼 때 B를 당사자로 인식하고 단지 「그의 호칭이 A」라고 생각했던 경우와는 다르다.

32) 대판 1988. 2. 9, 87다카273; 대판 1993. 2. 23, 92다52436.

본인 A에게 그 효과가 귀속된다고 인식하는 것이라면, 현명의 한 방법으로 이른바 서명대리도 허용된다는 취지에 비추어서도, 그것이 엄밀한 의미의 대리행위에 해당하지 않고 A 자신의 행위로 해석된다는 것만으로 본인에의 효과 귀속을 부인할 것은 아니다. 그리하여 본인이라고 자처하여 한 행위가 대리권의 범위를 넘었더라도 상대방이 그를 본인이라고 믿을 만한 「정당한 사유」가 있는 경우에는 제126조가 유추적용된다.[33]

(3) "제 3 자가 그 권한이 있다고 믿을 만한 정당한 이유가 있"어야 한다.

(가) 여기서 「정당한 이유」란 무엇인가? 종래 제125조나 제129조의 표현대리에서와 같이 대리행위의 상대방이 대리인에게 대리행위를 할 권한이 있다고 믿었고 또 그렇게 믿은 데 과실이 없음을 의미한다고 보았다.[34] 이러한 입장에서는 그 판단에서 고려되는 것은 상대방의 사정만이고 본인측의 사정은 제외되고, 또 판단의 기준시기도 당연히 대리행위 당시가 된다. 그런데 최근에는 「정당한 이유」는 그 문언상으로도 이를 상대방의 선의·무과실에 한정할 이유는 없으며, 본인측의 사정(특히 외관작출 관여의 정도 등)을 포함한 제반 사정을 종합적으로 고려하여 판단해야 한다는 견해가 유력하다.[35] 판례는 과실 유무에 따라 정당한 사유를 판단하는 경우가 많았으나, 최근에는 과실을 언급하지 않고 제반 사정을 고려하여 정당한 사유를 판단하는 경우가 많아지고 있다.[36]

(나) 실제로는 과실 유무를 판단할 때 다양한 사정요소를 고려하고 있어서, 위와 같은 입장의 차이는 큰 의미가 없다. 전반적인 추세로서는, 아마도 통신수단이 현저히 발달한 오늘날에는 쉽사리 본인에 연락하여 그 의사를 확인할 수 있게 되었다는 사정으로 인하여 「정당한 사유」의 인정은 점차로 엄격해지고 있다.

---

33) 대판 1988. 2. 9, 87다카273; 대판 1993. 2. 23, 92다52436; 대판 1987. 6. 23, 86다카1411.
34) 고상룡, 민법총칙, 570면; 김기선, 한국민법총칙, 301면; 김증한·김학동, 민법총칙, 445면; 황적인, 현대민법론 I, 235면.
35) 곽윤직·김재형, 민법총칙, 369면; 김상용, 민법총칙, 601면; 백태승, 민법총칙, 499면; 이영준, 민법총칙, 559면; 이은영, 민법총칙, 641면.
36) 상대방의 「과실」 유무를 논하는 재판례는 상당수에 이른다. 한편 대판 1981. 8. 20, 80다3247은 대리인이 매매계약 후 잔금 수령 시에 본인 명의의 등기권리증 등을 상대방에게 제시하였다는 사정은 고려해서는 안 된다고 한다. 판단의 기준시기에 대하여는 대판 1997. 6. 27, 97다3828도 참조. 또 대판 1989. 4. 11, 88다카13219는 대리인측의 주관적 사정은 고려할 것이 못 된다고 한다. 대판 2018. 7. 24, 2017다2472; 대판 2021. 5. 7, 2021다201177은 과실에 대한 언급 없이 제반 사정을 고려하여 정당한 사유를 판단한다.

① 무엇보다도 대리인이 대리권의 존재를 추단시키는 증빙으로 무엇을 제시하였는가, 다시 말하면 당해 거래가 정당한 권리자에 의하여 행해지는 경우에 통상 상대방에게 제시되는 자료를 어느 정도 갖추었는가 하는 점이다. 부동산매매의 예를 들면, 인감 · 인감증명서 · 등기필정보 · 위임장 등이 갖추어진 정도에 따라 「정당한 사유」가 보다 쉽게 긍정된다.[37] 그러나 그러한 증빙자료에 합리적인 사람의 관점에서 볼 때 대리권의 존재를 의심케 할 만한 사정이 있음에도 상대방이 이를 조사 · 확인하지 않은 경우[38]에는 「정당한 사유」는 부인되기 쉽다.

② 나아가 당해 행위의 내용과 성질이 중요하다. 특히 본인에게 일방적으로 부담을 주는 보증, 물상보증인으로서의 담보제공행위,[39] 중대한 재산의 처분[40] 또는 무거운 의무의 부담을 내용으로 하는 행위인 경우에는 상대방으로

---

37) 대판 1968. 11. 26, 68다999는 갑이 부동산소유권자의 권리문서와 인감증명서, 인감도장을 소지하고 그의 대리인임을 표명하고 나선 이상 특별한 사정이 없는 한 갑에게 소유권자를 대리하여 근저당권설정계약을 체결할 권한이 있다고 믿을 만한 정당한 사유가 있다고 한다. 대판 2002. 3. 26, 2002다2478은 "인감증명서가 본인이 발급받은 것이고 그 용도란에 '보증보험연대보증용'이라는 문구가 기재되어 있는 등 보증보험계약상의 연대보증인이 되겠다는 의사가 객관적으로 표명된 연대보증인의 인감증명서가 제출된 경우에는, 특별한 사정이 없는 한, 그 보증인에 대하여 직접 보증의사를 확인할 것이 요구되지 않는다."라고 한다. 또한 대판 2018. 7. 24, 2017다2472는 일반적으로 "민법 제126조의 표현대리에서 정당한 이유의 존부는 자칭 대리인의 대리행위가 행하여질 때에 존재하는 제반 사정을 객관적으로 관찰하여 판단하여야 한다."라고 한 다음, "무권대리인이 매매계약 후 그 이행단계에서야 비로소 본인의 인감증명과 위임장을 상대방에게 교부한 사정만으로는 상대방이 무권대리인에게 그 권한이 있다고 믿을 만한 정당한 이유가 있었다고 단정할 수 없다"라고 한다. 여기서 무권대리행위 당시 본인의 인감증명 등이 제시되지 않은 것이 「정당한 사유」를 부정하는 하나의 사정으로 제시되고 있다.
38) 대판 1966. 9. 27, 66다1521(서면에 찍힌 인영印影이 상대방 은행에 신고된 것과 다른 경우) 등. 대판 1995. 4. 25, 95다1170(본인의 것 외에도 다른 인영이 날인되었다가 말소된 경우)도 참조.
39) 대판 1995. 2. 17, 94다34425는, 물상보증인의 담보제공행위가 대리인에 의하여 행하여진 사안에서 "부동산 소유자가 아닌 자로부터 근저당권을 취득하려는 자로서는 근저당권설정계약을 함에 있어서 소유자에게 담보제공의사의 유무 및 그 제 3 자가 소유자로부터 담보제공에 관한 위임을 받는지 여부를 서류상 또는 기타의 방법으로 소유자에 확인하여 보는 것이 보통이므로, 그러한 조사를 하지 아니하였다면 그 제 3 자에게 소유자를 대리할 권한이 있다고 믿은 데에 과실이 있다고 할 것"이라고 한다. 또한 대판 1998. 7. 10, 98다18988("타인의 채무에 대한 보증은 성질상 아무런 반대급부 없이 일방적으로 불이익을 입는 것인 점에 비추어 볼 때 …")도 참조.
40) 대판 1997. 8. 27, 97다3828 참조.

서는 대리권의 존부에 더욱 주의를 기울여야 한다. 또한 본인과 대리인 사이에 이익상반의 우려가 있는 경우 또는 당해 대리권의 수여가 사회생활의 경험에 비추어 이례에 속하는 경우⁴¹⁾에도 마찬가지이다.

③ 당사자들의 직업, 사회적 지위 또는 그들 사이의 인적 관계⁴²⁾도 고려해야 한다. 상대방이 금융기관이라면, 외부적 증빙이 있다고 해도, 달리 대리권의 존재를 믿게 하기에 충분한 사정이 없는 한, 그리고 그 확인에 특별한 노력·비용이 요구되지 않는 한, 일응 본인에게 확인할 것을 요구해도 좋을 것이다. 또한 금융기관 등에서 스스로 마련한 업무처리규정을 위반한 경우도 「정당한 사유」를 부인하는 방향으로 작용할 것이다.⁴³⁾

④ 그 밖에 과거 거래의 경과,⁴⁴⁾ 기본대리권으로부터의 일탈 정도 또는 대리행위 전후 본인의 언동이나 태도도 그 판단에 의미가 있다.

(다) 제126조에서 정하는 「제3자」는 대리행위의 직접 상대방만을 의미한다.⁴⁵⁾ 그러므로 그 전득자는 그 규정에 의한 보호를 받지 못한다.

(라) 「정당한 사유」의 증명책임에 대하여는, 다른 표현대리의 경우들과 달리 볼 이유가 없다는 관점에서 자신에의 효과 귀속을 부인하는 본인이 그 책임을 부담한다는 견해도 유력하다.⁴⁶⁾ 그러나 월권대리의 경우에는 대리권의 외관 자체가 일반적으로 본인의 직접적 관여에 의하여 작출된 제125조나 제129조에서와는 달리 그렇게 볼 수 없는 점이 있고, 법문의 구조도 이를 표현대리의 적극요건으로 규정하고 있으므로, 그 증명책임은 상대방에게 있다.⁴⁷⁾

41) 대판 1997. 4. 8, 96다54942는 "일반적으로 처가 남편이 부담하는 사업상의 거액(2억 원)의 채무를 남편과 연대하여 부담하기 위하여 남편에게 채권자와의 채무부담약정에 관한 대리권을 수여한다는 것은 극히 이례적인 일"이라고 한다.
42) 본인과 대리인 사이의 인적 관계는, 그 신뢰관계로 말미암아 대리권의 수여를 긍정하게 하는 방향으로 작용할 수도 있고, 인감이나 등기필정보 등 증빙자료에 대한 접근 용이성(대판 1984. 6. 26, 81다524; 대판 1997. 4. 8, 96다54942) 등으로 말미암아 이를 부정하게 하는 방향으로 작용할 수도 있다.
43) 대판 1982. 7. 13, 82다카19; 대판 1990. 1. 23, 88다카3250 등.
44) 대판 2003. 4. 11, 2003다7173(과거의 동종 거래에서 본인의 의사가 직접 확인되었다는 사정을 고려한다).
45) 대판 1986. 9. 9, 84다카2310; 대판 1994. 5. 27, 93다21521.
46) 김기선, 한국민법총칙, 301면; 황적인, 현대민법론 I, 235면. 대판 1962. 7. 26, 62다243도 참조. 그 밖에 선의는 상대방, 과실은 본인에게 증명책임이 있다는 견해로 김증한·김학동, 민법총칙, 446면.
47) 고상룡, 민법총칙, 578면; 곽윤직·김재형, 민법총칙, 370면; 이영준, 민법총칙, 639면;

(4) 제126조는 법정대리에도 적용되는가? 판례는 이를 일반적으로 긍정한
다.[48] 이에 대하여는, 법정대리에서는 누가 어떠한 범위의 대리권을 가지는지
가 법으로 정해져 있어서 일반적으로 본인의 관여가 없고, 법정대리인을 상대
로 행위를 하는 사람이 법으로 정해진 대리권의 범위를 알지 못하였다면 적어
도 과실이 있으며(법의 무지는 변명이 되지 아니한다), 또 표현대리를 인정하면
법정대리권의 범위를 정한 법의 취지에 반하게 될 우려가 있으므로, 이를 부인
하는 견해가 있다.[49] 그러나 법정대리라는 이유만으로 제126조의 적용을 부인
할 것은 아니고, 개별적으로 법정대리의 유형별 특성을 고려해야 한다.

먼저 친권자나 성년후견인 등과 같이 포괄적 대리권을 가지는 경우에는
그것이 이해상반행위(제921조)이거나 후견감독인의 동의가 필요한 후견인의 대
리행위인 때(제950조)에만 대리권이 제한되어서 무권대리행위의 효력이 문제될
수 있다. 이들에 제126조의 적용을 긍정하면 제한능력자를 보호하려는 제도취
지가 몰각될 우려가 있고, 또 그 경우 본인의 「관여」는 넓은 의미에서도 인정
될 수 없으므로, 부정되어야 한다.[50] 다만 후견인의 대리행위의 경우에 대하여
제126조가 적용될 수 있다.[51]

그러나 부부 간의 일상가사대리권(제827조)을 기본대리권으로 하는 제126
조의 표현대리는 인정된다.[52] 「일상의 가사」에 속하는지는 외부에서 쉽사리 알
수 없는 경우가 적지 않다. 또한 부부는 영속적 생활공동체로서 장기간에 걸쳐
늘상 서로의 업무를 대신하여 처리하며, 그 처리는 대체로 본인과의 의사소통
또는 그의 사전적 또는 사후적인 「관리」 아래 이루어진다. 그러한 점에서 표현

김상용, 민법총칙, 604면; 백태승, 민법총칙, 503면; 이은영, 민법총칙, 642면.

48) 대결 1976. 12. 21, 75마551; 대판 1997. 6. 27, 97다3828. 이에 찬성하는 견해로는 곽윤
직·김재형, 민법총칙, 370면; 김기선, 한국민법총칙, 301면; 김상용, 민법총칙, 607면; 백
태승, 민법총칙, 503면 참조.

49) 김증한·김학동, 민법총칙, 451면; 이영준, 민법총칙, 563면, 이은영, 민법총칙, 642면.

50) 윤진수, "친족회의 동의를 얻지 않은 후견인의 법률행위에 대한 표현대리의 성립 여부,"
아세아여성법학 3호(2000), 61면 이하.

51) 대판 1997. 6. 27, 97다3828. 또한 대결 1976. 12. 21, 75마551은 부재자재산관리인이 법
원으로부터 재산의 매각허가를 받았음에도 이를 매각치 않고 타인 채무의 담보를 위하
여 이에 근저당권을 설정한 사안에서 "통상의 경우 객관적으로 그러한 행위가 부재자를
위한 처분행위로서 당연하다고는 경험칙상 쉽사리 볼 수 없으므로 일반적으로 그 권한이
있다고 상대방이 믿음에 있어 선의·무과실이라 할 수 없다."라고 판단하여, 본인에의 효
과 귀속을 부인하였다.

52) 대판 1968. 11. 26, 68다1727.

대리의 법리에 의한 본인에의 효과 귀속을 긍정해도 무방하다. 다만 이때에는 「정당한 사유」의 판단을 엄격히 하여, 부부의 재산적 독립이 손상되지 않도록 해야 한다.

[판결 2] 제126조의 표현대리: 대판 2021. 5. 7, 2021다201177

상고이유를 판단한다.

1. 사건 개요

원심판결 이유에 따르면 다음 사실을 알 수 있다.

피고는 부산 기장군 C 아파트 중 30개 호실을 강제경매 등 절차에서 취득하였다(이하 피고가 취득한 30개 호실을 '이 사건 아파트'라 한다).

원고는 2016. 11. 9. 피고의 대리인이라고 하는 E와 이 사건 아파트 N호를 매수하기로 하는 이 사건 매매계약을 체결하고, 같은 날 피고 명의의 은행계좌에 계약금 명목으로 3,000만 원을 송금하였다.

그 후 E는 이 사건 아파트 N호를 G에게 이중으로 매도하고 소유권이전등기를 해주었다. 원고는 매매계약의 이행불능을 이유로 이 사건 매매계약을 해제하고 피고를 상대로 계약금 반환 등을 구하는 이 사건 소를 제기하였다.

2. 대리권 인정 여부(상고이유 제1점)

원심은, 피고로부터 적법한 대리권을 수여받은 E와 이 사건 매매계약을 체결하였다는 원고의 주장에 대하여, 피고가 E에게 그러한 대리권을 수여하였음을 인정할 증거가 없다는 이유로 원고의 주장을 배척하였다.

원심판결 이유를 기록에 비추어 살펴보면, 원심판결에 상고이유 주장과 같이 논리와 경험의 법칙에 반하여 자유심증주의의 한계를 벗어난 잘못이 없다.

3. 민법 제126조의 표현대리 성립 여부(상고이유 제2점)

가. 민법 제126조의 표현대리의 효과를 주장하려면 상대방이 자칭 대리인에게 대리권이 있다고 믿고 그와 같이 믿는 데 정당한 이유가 있을 것을 요건으로 한다. 여기에서 정당한 이유의 존부는 자칭 대리인의 대리행위가 행해질 때에 존재하는 여러 사정을 객관적으로 관찰하여 판단하여야 한다(대법원 2013. 4. 26. 선고 2012다99617 판결 참조). 민법 제126조의 표현대리에서 자칭 대리인에게 대리권이 있다고 믿을 만한 정당한 이유가 있는지 여부는 대리행위인 매매계약 당시를 기준으로 결정하여야 하고 매매계약 성립 이후의 사정은 고려할 것이 아니다(대법원 2018. 7. 24. 선고 2017다2472 판결 참조).

나. 원심판결 이유에 따라 알 수 있는 다음 사정을 위 법리에 비추어 보면,

원고에게는 이 사건 매매계약 당시에 E에게 대리권이 있다고 믿을 만한 정당한 이유가 있었다고 봄이 타당하다.

(1) 피고는 E에게 이 사건 아파트의 관리, 매수인 소개, 관련 경매나 공매 참여, 관리비 납부 등의 권한을 위임하였고, 늦어도 2015. 1. 9.경에는 이 사건 아파트 중 15개 호실에 대하여 E에게 매매 등의 권리를 위임하였다(다만 이 사건 아파트 N호는 위 15개 호실 중에 포함되지 않았다). E는 2015. 1.경부터 이 사건 아파트 I호에 상주하면서 위 위임에 따라 업무를 진행하였는데, 이 사건 아파트 중 적어도 8개 호실은 실제로 E를 통하여 정상적으로 매도되었다.

(2) 피고는 이 사건 아파트 중개를 D공인중개사사무소에 위탁하였다. 원고도 이 사건 매매계약을 위 중개사무소에서 체결하였고, 당시 위 중개사무소에서는 원고에게 E를 피고의 대리인이라고 소개하였다.

(3) E는 이 사건 매매계약 체결 당시 원고에게 피고 법인 인감이 날인되어 있는 위임장, 인감증명서, 피고 법인 인감도장, 피고의 사업자등록증, 피고 대표이사 K의 주민등록증 사본을 제시하였다. 이 사건 매매계약에 사용된 피고 법인 인감의 인영이 등기소에 등록된 것과 일치하지는 않았으나 그 차이를 육안으로 쉽게 식별할 수 없었다.

(4) E가 이 사건 매매계약 당시에 제시한 위임장에는 피고가 E이 대표자로 있는 L 주식회사에 '이 사건 아파트 I호 외 14세대' 관한 매매계약 등의 권한을 위임한다는 기재가 있었다. 당시 위임장에는 그 작성일부터 2일 전 발급된 피고 법인의 인감증명서가 첨부되어 있었다.

(5) E는 이 사건 매매계약 체결 당시 원고에게 피고 명의의 은행계좌 사본을 제시하였고, 원고는 이를 피고가 개설한 것이라고 신뢰하고 은행계좌에 계약금 명목의 돈을 송금하였다.

다. 그런데 원심은 위와 같이 E가 피고를 대리할 권한이 있다고 믿을 만한 사정을 제대로 심리하지 않은 채 원고에게 정당한 이유가 인정되지 않는다고 판단하였다. 원심판결에는 민법 제126조에서 정한 정당한 이유에 관한 법리를 오해하여 판결에 영향을 미친 잘못이 있다. 이를 지적하는 원고의 상고이유 주장은 정당하다.

4. 결론

나머지 상고이유에 대한 판단을 생략한 채 원심판결을 파기하고, 사건을 다시 심리·판단하도록 원심법원에 환송하기로 하여, 대법관의 일치된 의견으로 주문과 같이 판결한다.

질문

(1) 이 사건에서 기본대리권과 그것을 넘는 대리행위는 무엇인가?

(2) 이 사건에서 정당한 이유를 판단하면서 어떠한 사정을 고려하고 있는가? 그 가운데 본인의 사정과 상대방의 사정에는 각각 어떠한 것이 있는가?

Ⅳ. 대리권 소멸 후의 표현대리

1. 의   의

대리권이 소멸한 후에 종전의 대리인이 대리행위를 한 경우에 대한 것이다(제129조). 간략하게 「멸권대리」라고도 한다. 대리권이 소멸한 후에 그 외관까지도 정리하는 것이 본인의 책임이며, 그 외관이 남아서 이를 믿고 거래한 상대방은 보호되어야 한다는 취지이다.

2. 요   건

(1) 과거에 존재하던 대리권이 대리행위 당시에 소멸하였어야 한다. 대리권 소멸의 사유는 묻지 않는다. 대리권 수여의 원인이 되는 위임관계가 업무처리의 완료 등으로 정상적으로 종료하거나 그 해지로 소멸하여 대리권이 장래를 향하여 소멸한 경우가 전형적인 예이다.[53] 그 원인관계의 종료 전에 수권행위가 철회된 경우도 마찬가지이다(제128조). 원인관계를 발생시키는 계약이 취소나 해제로 그 효력이 소급적으로 소멸한 경우에는 대리권도 소급적으로 소멸한다. 그때 그 취소 등이 있기 전에 대리권이 존속하는 동안 그에 기하여 대리행위가 행해진 경우도 제129조가 적용된다.

판례는, 대리인이 대리권 소멸 후 직접 상대방과 대리행위를 하는 경우는 물론이고, 대리인이 대리권 소멸 후 복대리인을 선임하여 복대리인이 상대방과 대리행위를 하도록 한 경우에도, 상대방이 대리권 소멸의 사실을 알지 못하여 복대리인에게 적법한 대리권이 있는 것으로 믿었고 그와 같이 믿은 데 과실이

---

53) 대판 1962. 5. 24, 4294민상251은 위임 종료의 대항요건에 대하여 정하는 제692조는 위임인과 수임인 사이의 내부적 법률관계만을 정하는 것이고, 대리권의 소멸에는 영향이 없다고 한다.

없다면 제129조에 의한 표현대리가 성립할 수 있다고 한다.[54]

(2) 과거에 존재하던 대리권의 범위 내에서 대리행위가 행해져야 한다. 그 범위를 넘은 경우에 대하여 앞에서 보았듯이 제126조가 적용된다. 대리권의 소멸 후 선임된 복대리인의 대리행위에 대하여도 제129조가 적용된다.[55]

(3) 상대방이 선의·무과실이어야 한다. 여기서 선의·무과실은 일반적으로 대리권의 소멸을 알지 못하고 또 그에 과실이 없는 것을 말한다. 그런데 원인계약에 취소원인이 있으나 아직 취소되지 않고 있는 동안에는, 선의·무과실의 대상은 대리권의 소멸이 아니라 원인행위에 취소원인이 있어 대리권이 소멸할 가능성이 있다는 점이다.

그 증명책임은 선의에 관하여는 본인에의 효과 귀속을 주장하는 상대방이, 무과실에 대하여는 이를 부인하는 본인측이 부담한다.[56] 양자 모두에 대하여 본인이 증명책임을 부담한다는 견해가 있으나,[57] 법문의 규정방식을 존중할 것이다.

(4) 판례는 법정대리에도 제129조가 적용된다고 하나,[58] 법정대리권은 그 소멸사유도 법정되어 있으므로, 일률적으로 적용된다고 하기는 어렵다.

Ⅴ. 표현대리의 효과

1. 본인에의 효과 귀속

본인은 무권대리인의 대리행위에 대하여 "책임이 있다"(제125조 본문). 즉 대리행위의 법률효과는 본인에게 귀속되어, 본인이 그 행위의 적법한 당사자가 된다.[59] 그러므로 상대방은 물론이고 본인도 대리행위의 효과를 물을 수 있다. 예를 들어 자칭대리인이 본인 소유의 부동산을 제 3 자에게 매도하는 계약을

---

54) 대판 1998. 5. 29, 97다55317.
55) 대판 1998. 5. 29, 97다55317.
56) 고상룡, 민법총칙, 586면; 곽윤직·김재형, 민법총칙, 371면; 김상용, 민법총칙, 612면; 김증한·김학동, 민법총칙, 453면; 이영준, 민법총칙, 567면; 이은영, 민법총칙, 645면.
57) 백태승, 민법총칙, 508면.
58) 대판 1975. 1. 28, 74다1199.
59) 대판 1994. 12. 22, 94다24985는 표현대리라고 해서 과실상계규정(제396조)의 유추적용에 의하여 본인의 책임이 감경되지 않는다고 한다.

체결하였는데 그것이 제125조의 표현대리에 해당하면, 상대방은 본인에 대하여 목적물의 이전을 청구할 수 있고,[60] 본인은 상대방에 대하여 매매대금채권을 가진다.

2. 무권대리와의 관계

표현대리가 성립한다고 해도 대리인이 무권대리행위를 하였음에는 변함이 없고, 따라서 무권대리에 관한 규정(제130조 이하)은 이에 적용된다. 다만 무권대리인의 책임에 대하여 정하는 제135조는 표현대리가 성립하는 경우에 적용되는지 논란이 있다(아래 제 3 장 II. 3. (5) 참조).

3. 표현대리의 주장

상대방이 본인에 대하여 표현대리에 의한 본인에의 효과 귀속을 주장할 수 있음은 물론이다. 그런데 반대로 본인이 상대방에 대하여 표현대리가 성립하여 법률행위의 효과가 자신에게 귀속함을 주장할 수 있는지에 대하여 견해가 대립한다. 그러나 이를 할 수 없다는 입장[61]에서도 상대방이 자신의 의사표시를 철회하기까지 본인이 그 행위를 추인함으로써 같은 효과를 얻을 수 있음을 인정한다. 그렇다면 애초 상대방에 대하여 본인에게 무권대리행위의 효과가 귀속함을 주장하는 것이 바로 「추인」이고, 표현대리의 경우에도 본인이 이를 무권대리행위로서 추인할 수 있음에 이견이 없으므로, 이러한 논의는 무의미하다.

[판결 3] 표현대리와 과실상계: 대판 1994. 12. 22, 94다24985

피고들 소송대리인의 상고이유를 본다.

1. 원심판결 이유에 의하면 원심은 소론이 주장하는 바와 같은 사실을 인정한 바 없음이 명백하므로, 원심판결에 채증법칙에 위배하여 사실을 오인한 위법이 있다는 논지는 나아가 살펴볼 필요없이 이유 없다.

---

60) 이미 등기를 이전받았으면 상대방은 소유권양도의 원인행위상의 흠이 치유되어 목적물의 소유권을 취득한다.
61) 곽윤직·김재형, 민법총칙, 366면, 김증한·김학동, 민법총칙, 462면, 백태승, 민법총칙, 516면; 이영준, 민법총칙, 604면. 반대: 이영준, 민법총칙, 603면.

2. 사실관계가 원심이 인정한 바와 같다면, 원심이 원고로서는 이 사건 연대보증계약 체결시 소외 A가 용도가 보험보증 연대보증용으로 지정되고 본인이 발급받은 것으로 기재된 피고들의 인감증명서, 재산세과세증명서, 주민등록증사본 등 제반 서류와 피고들의 인감도장을 소지하고 있어 동인이 피고들을 대리하여 연대보증계약을 체결할 권한이 있는 것으로 믿을 만한 정당한 이유가 있었다고 할 것이므로 피고들은 위 A의 권한을 넘은 표현대리행위에 대하여 본인으로서 그 책임이 있다고 판단한 것은, 그 이유설시에 다소 미흡한 점이 있으나, 정당하다고 수긍할 수 있고 거기에 소론과 같은 표현대리에 관한 법리오해의 위법이 있다고 할 수 없다. 복임권이 없는 대리인에 의하여 선임된 복대리인의 행위는 어떠한 경우를 막론하고 권한을 넘은 표현대리행위가 될 수 없는 성질의 행위는 아니라고 할 것이므로 이와 반대되는 주장을 하는 소론은 받아들일 수 없고, 소론이 들고 있는 당원의 판례들은 이 사건과는 사안을 달리 하여 이 사건에 원용하기에 적절한 것이 되지 못한다.

표현대리행위가 성립하는 경우에 본인은 표현대리행위에 기하여 전적인 책임을 져야 하는 것이고 상대방에게 과실이 있다고 하더라도 과실상계의 법리를 유추적용하여 본인의 책임을 감경할 수 없는 것이고, 또 약관의규제에관한법률 제3조 제2, 3항은 사업자가 약관의 내용을 고객에게 설명하지 않은 경우 그 약관을 계약의 내용으로 주장할 수 없다는 취지이므로 원고가 피고들에게 위 A가 이 사건 연대보증계약을 체결한 사실을 알려 주지 않았다고 하여 약관의규제에관한법률 제3조 제2, 3항에 의하여 위 계약이 무효라고 볼 수 없다. 그 밖에 피고들이 이 사건 연대보증계약서에 서명날인하지 않았으므로 위 계약서 제12조에 위배되어 무효라는 주장은 독자적인 견해에 불과하다.

3. 논지는 모두 이유 없으므로 상고를 모두 기각하고 상고비용은 패소자들의 부담으로 하여 관여 법관의 일치된 의견으로 주문과 같이 판결한다.

질문

(1) 이 사건에서 표현대리를 인정한 이유는 무엇인가?

(2) 복임권 없는 대리인에 의하여 선임된 복대리인의 행위에도 표현대리의 법리가 적용될 수 있는가?

(3) 표현대리가 성립할 경우에 상대방에게 과실이 있는 경우에 본인의 책임범위는 어떻게 되는가? 그 이유는 무엇인가?

I. 서　론

1. 무권대리의 의의

무권대리無權代理란 대리인으로서 대리행위를 한 사람이 당해 행위에 대하여 대리권을 가지지 못한 경우를 말한다.[1] 그 경우의 대리인을 무권대리인이라고 하고, 그 대리행위를 무권대리행위라고 한다. 무권대리의 경우에는 본인은 물론이고 대리인에게도 대리행위의 법률행위적 효과가 귀속하지 않는 것이 원칙이다. 본인에 그 효과가 귀속하려면 대리인에게 대리권이 있어야 하는데, 이 경우에는 이 요건이 갖추지 않았다. 또 대리행위는 그 효과가 본인에게 귀속되는 것을 의욕하고 또 표시하여 하는 것이므로, 대리인에게 그 효과가 귀속될 근거가 없다. 이와 같이 무권대리행위는 그 법률효과가 누구에게도 귀속되지 않아 발생하지 못하고 있으며, 그러한 의미에서 「무효」이다. 다만 본인의 추인으로 유효하게 될 수 있으므로, 확정적으로 무효인 것은 아니다.

그런데 민법은 무권대리행위라도 상대방이 대리인에게 당해 행위에 대한 대리권이 있다고 신뢰할 만한 외관이 있고 또 그 외관이 본인에게서 유래하는 것이어서 그에게 그 효과를 귀속시켜도 될 만한 근거가 있는 일정한 경우에는 예외적으로 본인에게 그 행위의 법률행위적 효과가 귀속되어 그 행위가 유효임을 인정한다. 즉, 대리권 수여의 표시가 있었던 경우(제125조), 대리인이 가지는 대리권의 범위를 넘은 경우(제126조), 대리권이 소멸한 후에 대리행위가

---

1) 반대로 대리인이 대리권의 범위 내에서 대리행위를 하는 경우를 「유권대리」라고 부른다.

행해진 경우(제129조)가 그것이다. 이러한 경우를 일괄하여 표현대리라고 부른다. 이는 민법이 권리외관에 대한 신뢰를 보호하려는 사상을 구체적으로 받아들인 예라고 할 수 있다.[2]

　　한편 「무권대리」라는 말은 무권대리 중 표현대리를 제외한 경우만을 가리키는 경우가 적지 않다. 그러므로 법에서 「무권대리」라고 하면 그것이 좁은 의미의 그것인지, 넓은 의미의 그것인지 따져볼 필요가 있다. 그러나 표현대리도 법적 성질로 보면 무권대리에 해당하며, 무권대리에 관한 규정(제130조 이하)은 일반적으로 표현대리가 인정되는 경우에도 적용된다.[3] 다만 무권대리인의 책임을 정하는 제135조에 대하여는 별도의 검토가 필요하다(아래 Ⅱ. 3. (5) 참조).

2. 무권대리의 범위

　　(1) 무권대리(및 그 일종으로서의 표현대리)는 대리행위가 행해진 경우에만 문제된다. 즉, 대리권 없는 사람이 대리인으로서 「본인의 이름으로」 행위를 하였어야 한다. 그러므로 예를 들어 본인 A로부터 그 소유 물건의 매매에 관한 대리권을 수여받은 대리인 B가 그 목적물을 자신의 이름으로 C에게 매도하는 것과 같이 그 행위가 대리행위가 아닌 경우는 여기서 말하는 무권대리에 해당하지 않는다. 그리고 위의 예에서와 같은 B와 C의 계약은 매도인 B가 자기 소유가 아닌 물건을 매도한 이른바 「타인 물건의 매매」로서, 이는 유효하여(제569조 참조) 그 법률효과가 이들 당사자에게 각기 귀속된다. 그러므로 위의 예에서 A가 그 계약을 「추인」하는 의사표시를 해도, 무권대리의 추인이 원래 효력귀속자가 없어 무효인 무권대리행위에서 그 효력 귀속을 발생시킴으로써 그 행위가 유효하게 되는 것과는 달리, 그것만으로 그 매매계약의 효력이 본인 A에게 귀속되지 않는다(제130조 참조).[4]

---

2) 표현대리를 무권대리가 아닌 유권대리의 「아종亞種」이라고 파악하는 견해로는 이영준, 민법총칙, 615면 이하 참조.

3) 대판(전) 1983. 12. 13, 83다카1489가 "표현대리가 성립된다고 하여 무권대리의 성질이 유권대리로 전환되는 것은 아니므로, 양자의 구성요건 해당사실 즉 주요사실은 다르다고 볼 수밖에 없으니 유권대리에 관한 소송상 주장 속에 무권대리에 속하는 표현대리의 주장이 포함되어 있다고 볼 수 없다."라고 한다.

4) 한편 본문에서 든 예에서 그 매매계약의 이행으로 C 앞으로의 소유권양도(부동산의 경우는 등기, 동산의 경우는 인도에 의하여 소유권양도가 일어난다)가 행하여진 경우에 C

(2) 대리인에게 당해 행위에 관한 대리권이 없어야 한다. 대리행위에 제3자의 동의가 필요한 경우(예를 들어 후견인이 피후견인을 대리하여 일정한 행위를 하는 데 후견감독인의 동의를 요구하는 제950조 참조) 그 동의를 얻지 못한 채 대리행위를 한 경우도 대리권의 제한을 넘었다는 의미에서 무권대리라고 할 수 있다.[5] 한편 대리인이 대리행위의 의사표시를 발신한 후 상대방에게 도달하기 전에 대리권이 소멸되었어도 대리권의 소멸은 대리행위에 영향을 미치지 아니한다(제111조 제2항 참조).

(3) 무권대리행위에 관한 당사자들의 주관적인 인식은 상관없다. 무권대리인이 상대방을 해치기 위하여 무권대리행위를 한다고는 단정할 수 없다. 무권대리인은 자신에게 대리권이 있다고 잘못 알았을 수도 있고, 그가 대리권 없음을 알았어도 본인이 행위를 추인하리라고 믿고 무권대리행위에 나아갔을 수도 있다. 또 상대방도 무권대리임을 알았으면서도 본인이 이를 추인하리라고 믿고 대리행위의 상대방이 된 경우도 상정할 수 있다.

(4) 무권대리는 대리인이 적극적으로 의사표시를 행하는 능동대리에서뿐만 아니라, 상대방이 한 의사표시를 본인을 대리하여 수령하는 수동대리(또는 수령대리)에서도 문제된다(제136조 후단도 참조). 예를 들어 수령대리권이 없으면서 상대방의 의사표시를 대리인으로서 수령한 경우에도 본인의 추인에 의하여 그 수령의 효력은 본인에게 귀속된다. 그러나 무권대리를 둘러싼 법률문제는 주로 전자와 관련하여 제기되므로, 이하에서는 이를 중심으로 설명하기로 한다.

(5) 민법은 무권대리에 대하여 우선 계약의 무권대리에 대하여 규정하고(아래 Ⅱ.), 이를 일정한 요건 아래 단독행위의 무권대리에 준용한다(아래 Ⅲ.). 이하의 설명도 이에 따른다.

가 그 소유권을 취득하는지의 문제에 대하여는 매매계약 등 원인행위에 관한 대리권 수여의 의사표시에 처분수권(제1장 I. 2. (2) (다) 참조)이 포함된다고 해석되는지 등 별도의 고찰을 요한다.
5) 본문에서 설명한 대로 후견감독인의 동의가 요구되는데 그 동의가 없는 경우에 제126조의 표현대리규정이 적용되는지에 대하여는 위 제2장 Ⅲ. 2. (4) 참조.

Ⅱ. 계약의 무권대리

1. 본인의 추인 또는 추인거절

(1) 무권대리 가운데 표현대리를 제외한 이른바 협의의 무권대리에서는 대리행위의 법률효과가 누구에게도 귀속되지 않아 결국 발생하지 않는다. 그러나 본인이 나중에 자신에의 효과 귀속을 의욕하는 의사표시를 하면 이를 그대로 시인하지 못할 이유가 없다. 그러한 추인의 의사표시에 의하여 무권대리로 행하여진 계약이 본인에 대하여 효력이 발생한다(제130조).

(2) 추인은 무권대리행위의 효과를 자신에게 귀속시키는 의사표시이다. 이는 단독행위이고, 상대방이나 무권대리인의 동의가 필요하지 않다. 추인으로써 무권대리행위를 유효로 할 수 있는 법적 지위는 하나의 독자적인 권리(형성권)로서, 일반적으로 상속의 대상이 된다.[6]

추인의 의사표시는 무권대리행위의 상대방[7] 또는 무권대리인 어느 쪽에 대하여도 할 수 있다. 그러나 이 중에서 무권대리인에 대하여 한 경우에는 상대방이 이를 알 때까지 상대방에 대하여 추인의 효과를 주장할 수 없다(제132조). 따라서 상대방은 그 시기까지는 자신의 의사표시를 철회할 수 있는 권리(제134조 참조)를 계속 보유한다.

추인은 묵시적으로도 할 수 있다. 본인이 무권대리로 행해진 매매계약상 대금을 무권대리인으로부터 수령한 경우,[8] 본인이 무권대리인이 차용한 금전의 반환유예를 채권자에게 요청한 경우[9] 등과 같이 무권대리행위의 유효를 전제로 한 행위를 한 경우에는 의사표시의 해석상 이를 시인해도 좋을 것이다. 묵시적 추인을 인정하기 위해서는 본인이 그 행위로 처하게 된 법적 지위를 충분히 이해하고 그럼에도 진의에 기하여 행위의 결과가 자기에게 귀속

---

6) 오히려 추인권을 포함하여 무권대리의 계약에서 본인으로서의 지위 자체가 상속의 대상이 된다고 하는 것이 보다 정확할는지 모른다. 한편 추인권과 같은 형성권이 공동상속의 대상이 된 경우에는 그 권리가 공동상속인들에게 불가분적으로 귀속하므로 전원이 공동하여서가 아니면 이를 행사할 수 없다고 할 것이다.

7) 대판 1981. 4. 14, 80다2314는 여기서 「상대방」이란 무권대리행위의 직접 상대방뿐만 아니라 무권대리행위로 발생하는 권리 또는 법률관계의 승계인도 포함된다고 한다.

8) 대판 1963. 4. 11, 63다64.

9) 대판 1973. 1. 30, 72다2309.

된다는 것을 승인한 것으로 볼 만한 사정이 있어야 한다.[10]

(3) 추인이 있으면 무권대리로 행해진 계약은 대리행위 당시로 소급하여 효력을 가진다(제133조 본문). 통상 그것이 본인의 의사이고, 또한 상대방으로서는 자신의 의사표시로써 계약을 처음부터 유효한 것으로 인수하였기 때문이다.

그런데 다음과 같은 예외와 제한이 있다.

(가) 우선「다른 의사표시」가 있으면 그에 따른다. 여기서「다른 의사표시」란 본인과 상대방의 약정을 말한다. 그렇게 해석하지 않으면 계약의 효력발생시기가 일방 당사자의 의사에 따르게 되어 부당하다.

(나) 나아가 그 소급효는 "제 3 자의 권리를 해하지 못한다"(제133조 단서). 이때「제 3 자의 권리」란 무권대리행위 시부터 추인까지 사이에 제 3 자가 취득한 권리 그 밖의 법적 지위로서 계약상대방의 법적 지위와 양립할 수 없는 것을 가리킨다.

① 예를 들면, A 소유의 주택을 무권대리인 B가 A를 대리하여 C에게 양도하거나 그 주택에 전세권을 설정하였는데 A가 이를 D에게 임대하여 인도하고 D가 주택임대차보호법에서 정하는 주민등록(동법 제 3 조 제 1 항)을 갖춘 후[11]에 A가 B의 위 무권대리행위를 추인하였어도 그 추인의 소급효는 D의 임차권을 해치지 못하여, C는 그 주택소유권 또는 전세권을 D에 대하여 관철할 수 없다. 또 A의 채권을 무권대리인 B가 A를 대리하여 C에게 양도한 다음 채무자 S에게 확정일자 있는 통지(제450조 제 2 항)를 하고 이어서 A가 이를 D에게 양도하고 역시 S에게 확정일자 있는 통지를 한 경우 나중에 A가 B의 무권대리행위(및 채권양도통지)를 추인하였다고 해도 D가 취득한 채권은 A의 추인에 의하여 영향을 받지 않는다. 즉, 이러한 경우 추인의 효력이 소급하는 결과로 A가 D에의 양도시점에서는 무권리자인 것으로 되어도, A의 D에의 처분은 유효하다. 또한 A의 채권에 관하여 무권대리인 B가 A를 대리하여 채무자 C로부터 변제를 수령하였는데 그 후 A의 채권자 D가 그 채권을 압류하고 전부轉付받은

---

10) 대판 2011. 2. 10, 2010다83199; 대판 2014. 2. 13, 2012다112299, 112305. 이는 무권대리의 추인이나 무효행위의 추인이나 마찬가지이다.

11) 여기서 D가 주민등록을 갖추는 것까지는 요구되지 않는다고 할는지 모르나, 그 때 주민등록은 단지 그의 임차권을 제 3 자에 대하여 대항하기 위한 요건으로서뿐만 아니라, 이른바 권리보호자격요건으로서의 의미도 가진다.

경우에 A가 B의 변제수령행위[12]를 추인한 경우에도 마찬가지로 B의 변제수령에 대한 추인(및 그로 인한 채권소멸)의 효력이 소급하여도 그 사이에 일어난 D에의 채권전부는 유효하다.

② 이상은 양립할 수 없는 법적 지위를 취득한 두 사람 사이에 "시간에서 앞선 사람은 권리에서도 앞선다"는 법리가 적용되는 한도에서 타당하다. 예를 들어 ①에서 본 이중채권양도의 경우에 ―①에서는 두 양수인 모두가 이른바 「제 3 자에 대한 대항요건」을 갖추었으나 여기서는 이와는 달리― 양수인 모두가 확정일자 있는 통지 기타 「제 3 자에 대한 대항요건」을 갖추지 못하였다고 하자. 이들 두 양수인 간의 우열관계도 위의 법리에 의하여 처리된다. 그리하여 나중에 무권대리인에 의하여 행하여진 C에의 채권양도를 A가 추인하였어도 이는 D의 권리를 해치지 못한다. 요컨대 무권대리행위가 있은 후에 제 3 자가 무권대리행위의 상대방과 최소한 대등하게 보호받을 만한 법적 지위를 취득하였으면, 추인에 소급효가 있다고 해도 이는 그 제 3 자의 법적 지위를 해칠 수 없다.

③ 그런데 무권대리행위에서 상대방의 권리와 「제 3 자의 권리」 사이의 우열관계가 처분행위의 유효요건 또는 대항요건으로서의 일정한 공시방법을 누가 먼저 구비하였는가에 의하여 정해져야 하는 경우에는 제133조 단서가 적용되지 않는다. 예를 들어 ①에서 본 이중 채권양도의 경우에 무권대리인 B에 의한 C에 대한 채권양도에 관하여는 확정일자 있는 통지가 있었으나 A의 D에 대한 채권양도에 관하여는 그 대항요건을 갖추지 못하였는데 A가 B의 무권대리행위를 추인하였다면, D는 자신의 채권취득을 이제 추인에 의하여 권리취득과정상의 흠이 치유된 C에게 대항하지 못한다.[13]

(4) 본인은 추인을 거절할 수도 있다. 물론 추인을 거절하지 않고 내버려 두어도 본인에게 무권대리행위의 효과가 미치지 않으므로, 적극적으로 추인거절을 할 실익은 적다. 그러나 추인을 거절하여 그 가능성을 종국적으로 봉쇄함으로써 본인에 무권대리행위의 효과가 미치지 않음을 확정하여 자신의 법률관계를 명확하게 할 수 있다. 추인이 거절되면, 무권대리행위의 효과 불발생

---

12) 변제를 수령하는 행위 자체는 그 성질이 의사표시라고 할 수 없으나, 이에 대해서도 대리에 관한 규정이 준용된다.

13) 반대로 C에 대한 채권양도에 대하여는 제 3 자에 대한 대항요건을 갖추지 못하였는데 D에 대한 채권양도에 대하여는 그 대항요건이 갖추어졌다면, 그 후 A의 추인이 있더라도 제133조를 적용할 것도 없이 C가 D에게 대항할 수 없음은 자명하다.

이 확정되므로, 상대방은 굳이 자신의 의사표시를 철회할 필요가 없게 된다. 추인거절도 하나의 의사표시로서, 그 상대방과 방법 등은 추인과 같다(제132조 참조).

2. 상대방의 최고권과 철회권

(1) 무권대리로 행해진 계약의 상대방은 본인의 추인 유무에 따라 자신의 법률관계가 정해지는 불안정한 상태에 놓이게 된다. 이러한 상태를 그 자신의 주도로 해소할 수 있는 방도로 주어진 것이 최고권과 철회권이다(제131조, 제134조). 이처럼 이들 권리는 제한능력자의 상대방의 확답촉구권·철회권(제15조, 제16조 제 1 항), 해제의 상대방의 최고권(제552조)과 같은 취지에서 인정된 것이다.

(2) 최고, 즉 확답촉구는 무권대리행위를 추인하는지의 확답을 촉구하는 행위로서 그 법적 성질은 의사표시가 아니라 이른바 「의사의 통지」이다. 최고는 본인에 대하여 상당한 기간을 정하여 한다(제131조 전단). 본인이 그 기간 내에 확답을 발하지 아니한 경우에는 추인을 거절한 것으로 본다(동조 후단).

(3) 철회는 상대방이 무권대리로 행해진 계약을 이루는 자신의 의사표시의 효력을 소멸시키는 의사표시이다. 따라서 철회가 있으면 그 계약은 체결되지 않은 것과 같게 되어서 확정적으로 효력이 없게 되고, 따라서 이제 본인은 무권대리행위를 추인할 수 없고, 또 상대방은 무권대리인에게 제135조의 책임을 묻지 못한다. 철회는 본인의 추인이 있기 전에 본인 또는 무권대리인에 대하여 하여야 한다(제134조 본문). 무권대리행위의 상대방이 철회권을 가지는 것은 그가 선의인 경우, 즉 당해 계약이 무권대리로 행해졌음을 알지 못하는 경우에 한한다(동조 단서). 악의의 상대방은 애초 대리행위 효력의 부동성浮動性을 감수한 것이어서 보호의 필요성이 없기 때문이다. 선의·악의의 기준시기는 계약당시이고, 그 증명책임은 철회의 효력을 부인하는 측(본인)에게 있다.[14]

---

14) 대판 2017. 6. 29, 2017다213838. 또한 이 판결은, 상대방이 철회권을 유효하게 행사함으로써 무권대리행위는 확정적으로 무효가 되어서, 그 후에는 본인이 이를 추인할 수 없음을 명확히 밝힌다.

3. 무권대리인의 책임

(1) 무권대리행위는 본인이 추인하지 않으면 본인은 물론 대리인에게도 법률행위상의 효과가 귀속하지 못한다. 그런데 어떤 사람이 타인의 대리인으로 계약을 체결하는 행위는 그 자체로 당연히 그에게 대리권이 있다거나 본인이 자신의 무권대리행위를 추인할 것이라는 주장을 적어도 묵시적으로 포함하고 있다고 볼 수 있다. 상대방이 이 주장을 신뢰하여 대리행위의 상대방이 되었는데, 나중에 대리인에게 대리권이 없었고 본인의 추인을 얻지 못하였다면, 위와 같은 주장으로 상대방에게 신뢰를 야기한 무권대리인은 그 신뢰가 정당한 한 그에 대한 책임을 져야 한다. 이는 대리인이 자신의 대리권을 의심할 특별한 사정이 없는 경우(예를 들면 외부에서 알 수 없는 본인의 의사무능력으로 수권행위가 무효인 경우 등)에도 다를 바 없다. 대리인은 본인과의 내부관계에 기하여 대리권 부존재의 위험을 상대방보다 더 잘 통찰하고 대비할 수 있어서, 말하자면 무권대리의 위험원에 보다 근접해 있기 때문이다. 그리하여 민법은 무권대리인에게 그 대리권의 결여에 귀책사유가 있는지를 묻지 않고 선의·무과실의 상대방에게 계약을 이행할 책임 또는 손해를 배상할 책임을 부담함을 정하고 있다(제135조).[15]

여기서의 책임은 법률행위 또는 의사표시에 기한 책임이 아님은 물론이다. 그리고 대리인의 과책을 책임요건으로 정하고 있지 않으므로, 계약체결상의 과실에 대한 책임이라고 할 수도 없다. 이는 법정法定의 무과실책임無過失責任[16]으로서, 민법이 무권대리인에게 신뢰야기의 책임을 묻기 위하여 특별히 정한 것이고, 그 바탕에는 위와 같은 위험분배의 사고도 깔려 있다.[17]

(2) 무권대리인의 책임의 발생요건은 다음과 같다.

(가) 무권대리행위가 행하여졌으나 본인의 추인을 얻지 못하였을 것(제135

---

15) 어음행위의 무권대리에서 무권대리인의 책임에 대하여는 어음법 제8조, 제77조 제2항, 수표법 제11조가 정한다.

16) 대판 1962. 4. 12, 4294민상1021; 대판 2014. 2. 27, 2013다213038.

17) 제135조에서 정하는 책임의 근거를 상대방 보호와 대리제도의 신용유지로 보는 견해로는 곽윤직·김재형, 민법총칙, 376면; 김증한·김학동, 민법총칙, 462면; 백태승, 민법총칙, 515면이 있고, 표시책임으로 보는 견해로는 이영준, 민법총칙, 585면; 이은영, 민법총칙, 657면이 있다. 양창수, "무권대리인의 책임 — 민법 제135조의 연혁에 소급하여," 민법연구, 제1권(1991), 133면 이하에서는 위험귀속에 기한 책임으로 보고 있다.

조 제 1 항). 이 조항은 대리인이 "그 대리권을 증명하지 못하고"라고 정하는데, 이는 대리권이 없이 행하여진 대리행위, 즉 무권대리행위라는 실체적 요건을 상대방이 증명할 것이 아니라 책임을 면하고자 하는 대리인이 적극적으로 그 대리권의 존재를 증명할 책임을 진다.

한편 본인의 추인에 관한 증명책임이 누구에게 있는지 문제된다. 민법은 책임발생요건으로 추인거절이 있어야 한다고 정하지 않는다.[18] 무권대리에서 본인에의 효과 귀속을 주장하는 측에서 추인이 있었음을 증명하여야 하는 것 (제130조 참조)과 마찬가지로, 여기서도 제135조의 책임을 부인하는 측에서 추인이 있었음을 증명할 책임을 진다.[19]

(나) 상대방이 선의·무과실일 것(동조 제 2 항 제 1 경우). 상대방이 무권대리임을 알았거나 알 수 있었을 때에는 무권대리인의 책임은 발생하지 않는다. 그 증명책임은 무권대리인에게 있다.[20] 그런데 표현대리의 성립요건으로 일반적으로 상대방의 선의·무과실이 요구되고 있으므로, 상대방의 과실이 인정되어 표현대리가 인정되지 않는 한에서는 무권대리인의 책임도 추급할 수 없는 결과가 된다.

(다) 무권대리인이 제한능력자가 아닐 것(동항 제 2 경우). 제한능력자를 보호하기 위한 취지이다. 제한능력자가 법정대리인의 동의를 얻어 대리한 경우에는 제한능력자에게 책임을 물을 수 있다는 것이 종래의 통설[21](독민 제179조 제 3 항 참조)이나, 위와 같은 규정취지나 문언에 비추어 의문이다.[22]

(라) 상대방이 자신의 의사표시를 철회하였으면(제134조), 무권대리인의 책임을 묻지 못한다. 또 표현대리가 성립하는 경우에 무권대리인의 책임이 발생하는지 여부의 문제에 대하여는 아래 (5)에서 보기로 한다.

---

18) 한편 추인거절을 요건으로 하는 독일 민법에서는 무권대리의 상대방이 이를 증명하여야 한다는 것이 통설이다.

19) 고상룡, 민법총칙, 550면. 반대: 이영준, 민법총칙, 603면.

20) 대판 1962. 1. 11, 61다202; 대판 2018. 6. 28, 2018다210775; 고상룡, 민법총칙, 551면; 곽윤직·김재형, 민법총칙, 377면; 김증한·김학동, 민법총칙, 462면, 백태승, 민법총칙, 516면; 이영준, 민법총칙, 604면.

21) 고상룡, 민법총칙, 551면; 곽윤직·김재형, 민법총칙, 377면; 김기선, 한국민법총칙, 308면; 김상용, 민법총칙, 624면; 김증한·김학동, 민법총칙, 462면; 백태승, 민법총칙, 516면; 이영준, 민법총칙, 601면; 이은영, 민법총칙, 664면.

22) 나아가 이 규정의 취지는 불법행위책임에서도 관철되어야 한다.

(3) 무권대리인은 상대방의 선택에 좇아 계약의 이행책임 또는 손해배상 책임을 진다. 이 선택에 대하여는 선택채권의 규정(제380조 이하)이 적용된다. 그러므로 예를 들어 아래 계약이행책임 또는 손해배상책임의 소멸시효는 상대 방이 위와 같은 선택을 할 수 있을 때, 즉 무권대리인의 책임의 발생요건이 충 족되는 때부터 진행된다.[23)]

(가) 계약의 이행이 선택되면, 무권대리인이 그 계약의 당사자가 된 것과 같이 다루어진다. 예를 들어 무권대리인이 물건을 매도하는 계약을 체결하였던 경우라면, 상대방은 무권대리인에 대하여 물건 소유권의 이전채권을 가지고, 반대로 무권대리인은 상대방에 대하여 대금채권을 가지게 된다. 이 경우에 목 적물이 다른 곳에서 구입하기 어려운 것이거나 그 사이에 물건의 가격이 상승 하였다면, 계약이행을 선택하기 쉬울 것이다. 위의 경우에 무권대리인이 목적 물을 이전하여 주지 못하는 때에는 통상의 경우와 같이 채무불이행을 이유로 손해배상책임을 지게 된다.[24)]

(나) 손해배상이 선택된 경우에 그 손해배상은 단지 대리권이 있다고 믿 었음으로 인한 손해(신뢰이익의 배상)가 아니라, 계약이 적절하게 이행되었다면 얻었을 이익, 즉 이행이익의 배상을 내용으로 한다.[25)] 이 손해배상책임은, 계약 이행책임이 선택된 후에 그 계약이 불이행되어서 발생한 손해배상책임과는 구 별되어야 한다.

---

23) 대판 1963. 8. 22, 63다323 등. 한편 대판 1965. 8. 24, 64다1156은 소멸시효의 기산점이 되는 「선택권을 행사할 수 있는 때」란 대리권의 증명 및 본인의 추인을 얻지 못한 때라 고 하면서, 구체적으로 본인의 부동산이 무권대리로 매도되었는데 그로부터 10여 년이 지난 후 본인이 그 부동산을 A에게 매도·양도한 사안에서 「본인의 추인을 얻지 못한 때」란 A 앞으로 소유권이전등기가 된 때라고 하고, 제135조에서 정하는 손해배상청구권 의 소멸시효는 아직 완성되지 않았다고 판단하였다.

24) 대판 2018. 6. 28, 2018다210775("무권대리행위의 상대방이 계약의 이행을 선택한 경우 무권대리인은 마치 자신이 계약의 당사자가 된 것처럼 계약에서 정한 채무를 이행할 책 임을 진다. 그 경우 무권대리인이 계약에서 정한 채무를 이행하지 않으면 상대방에게 채 무불이행에 따른 손해를 배상할 책임을 진다"). 나아가 위 판결은 "위 계약에서 채무불 이행에 대비하여 손해배상액의 예정에 관한 조항을 둔 때에는 특별한 사정이 없는 한 무 권대리인은 그 조항에서 정한 바에 따라 산정한 손해액을 지급하여야 한다. 이 경우에도 손해배상액의 예정에 관한 민법 제398조가 적용된다."라고 하였다.

25) 고상룡, 민법총칙, 552면; 곽윤직·김재형, 민법총칙, 378면; 김기선, 한국민법총칙, 309 면; 김상용, 민법총칙, 625면; 김증한·김학동, 민법총칙, 463면; 백태승, 민법총칙, 516 면; 이영준, 민법총칙, 597면; 이은영, 민법총칙, 663면; 황적인, 현대민법론 I, 240면.

(4) 무권대리인 책임의 발생요건이 충족된다고 해서, 본인의 추인권이 제한된다고 볼 근거는 없다. 그러므로 그는 추인거절(제131조 제 2 문에 의한 추인거절간주를 포함하여)을 하지 않았으면 여전히 추인을 함으로써 무권대리행위의 효과를 자신에게 귀속시킬 수 있다. 본인이 이와 같이 적법하게 추인을 하면, 상대방은 본인과의 사이에서 유효한 계약관계에 들어가서, 본인에 대하여 계약상 권리를 가지고 의무를 부담하게 된다.

이 경우에 무권대리인의 책임이 어떠한 영향을 받는지에 대하여 별다른 논의가 없으나, 역시 애초 본인의 추인이 있었던 경우와 같이 무권대리인의 책임은 부인되어야 하고, 그 책임이 일단 성립되었어도 이는 소급적으로 소멸한다. 만일 무권대리인이 제135조에 기한 책임의 이행으로 급부한 것이 있으면 상대방은 이를 부당이득으로 반환할 책임을 진다.

(5) 표현대리가 성립하는 경우에 이러한 무권대리인의 책임이 배제되는가? 다수설은 제135조가 무권대리행위의 효과 귀속이 좌절된 경우에 상대방의 보호를 위하여 특별히 마련되었으므로 그 책임은 표현대리가 성립하여 무권대리행위의 효과가 본인에게 귀속되는 경우에는 인정되지 않는다고 한다(보충책임설).[26] 이에 반하여 상대방은 표현대리와 무권대리인의 책임을 선택적으로 주장할 수 있다는 견해도 있다(선택책임설).[27]

선택책임설에서는 보충책임설로는 무권대리행위의 상대방이 충분한 보호를 받을 수 없다고 주장한다. 보충책임설에 따르면 무권대리인이 제135조의 책임을 묻는 상대방에 대항하여 표현대리의 요건이 충족됨을 주장하여 그 책임을 면할 수 있게 된다. 표현대리의 성립 여부는 선의·무과실이나 「정당한 사유」 등의 주관적 요건에 걸려서 상대방의 입장에서 보면 그 요건의 충족 여부를 쉽사리 예측할 수 없다. 선택책임설의 위와 같은 주장에는 귀기울일 만한 점이 있다. 그러나 그 효과가 본인에 귀속하는 것으로 계약을 맺은 상대방으로서는 1차적으로 그 원래의 내용대로 계약이 실현되도록 하는 법적 수단을 추

---

26) 김상용, 민법총칙, 587면; 김증한·김학동, 민법총칙, 455면; 백태승, 민법총칙, 491면; 이영준, 민법총칙, 593면; 이은영, 민법총칙, 651면.

27) 곽윤직·김재형, 민법총칙, 377면; 김기선, 한국민법총칙, 296-297면; 김용한, 민법총칙론, 385면 이하; 고상룡, 민법총칙, 534면. 일최판日最判 1987. 9. 9.(민집 41-5, 1133) 등 일본의 판례도 이러한 입장이다.

급할 것을 요구해도 무리는 아니다. 무권대리인에게 과실이 없다면 그가 제 135조의 책임을 묻는 상대방에 대항하여 표현대리의 요건이 충족됨을 주장하여 그 책임을 면하는 것이 부당하다고 할 수도 없다. 특히 표현대리에 의한 본인에의 효과 귀속과 무권대리인의 책임을 묻는 것 사이에서 선택이 가능하다고 하면, 이들 사이의 관계를 어떻게 파악할 것인가 하는 어려운 문제가 제기된다. 예를 들면 본인에 대하여 무권대리행위의 효과 귀속을 전제로 하는 소를 제기한 후 그 종결 전에 다시 무권대리인의 책임을 묻는 소를 제기하는 것이 허용되는가, 일방의 소송에서 승소하였으나 아직 그 승소판결의 내용이 실현되지 않고 있는 동안에는 어떠한가 등이 그것이다. 나아가 무권대리인 및 본인의 법률관계가 모두 상대방의 선택에 달려 있어 불안정할 뿐만 아니라, 그 선택 여하에 따라 그들 사이의 법률관계가 달라진다. 그러므로 다수설과 같이 표현대리가 성립하는 경우에는 무권대리인은 제135조의 책임을 지지 않는다고 볼 수도 있을 것이다.

[판결 1] 무권대리인의 상대방에 대한 책임: 대판 2014. 2. 27, 2013다213038

상고이유를 판단한다.

민법 제135조 제 1 항은 "타인의 대리인으로 계약을 한 자가 그 대리권을 증명하지 못하고 또 본인의 추인을 얻지 못한 때에는 상대방의 선택에 좇아 계약의 이행 또는 손해배상의 책임이 있다."고 규정하고 있다. 위 규정에 따른 무권대리인의 상대방에 대한 책임은 무과실책임으로서(대법원 1962. 4. 12. 선고 4294민상1021 판결 등 참조) 대리권의 흠결에 관하여 대리인에게 과실 등의 귀책사유가 있어야만 인정되는 것이 아니고, 무권대리행위가 제 3 자의 기망이나 문서위조 등 위법행위로 야기되었다고 하더라도 그 책임은 부정되지 아니한다.

원심은, 피고가 이 사건 토지의 소유자인 소외인의 대리인 자격으로 원고와 사이에 이 사건 근저당권설정계약을 체결하고 원고에게 이 사건 토지에 관한 근저당권설정등기를 마쳐주었으나, 소외인을 자칭하는 사람으로부터 대리권을 수여받았을 뿐 실제 소유자인 소외인 본인으로부터 대리권을 수여받은 바 없는 사실, 소외인은 이 사건 토지에 관한 원고 명의의 근저당권설정등기가 무효라고 주장하면서 원고를 상대로 그 말소등기절차의 이행을 구하는 소를 제기하여 승소확정판결을 받은 사실 등을 인정한 다음, 이 사건 토지에 관한 원고

명의의 근저당권설정등기가 원인무효로 된 것은 피고의 대리행위 없이 소외인을 자칭한 사람이 본인으로 나서 직접 원고와 근저당권설정계약을 체결하였더라도 그 결과가 마찬가지라는 점에서 소외인을 자칭하는 사람의 위법행위 때문이지 피고의 무권대리행위에서 비롯된 것이 아니므로, 피고에게 민법 제135조에서 규정한 무권대리책임이 있다고는 볼 수 없다고 판단하였다.

그러나 원심이 인정한 위 사실관계를 앞서 본 법리에 비추어 보면, 피고가 소외인의 대리인으로 이 사건 근저당권설정계약을 체결하였지만 소외인으로부터 대리권을 수여받은 사실이 없고 소외인으로부터 추인을 얻지도 못하였으므로, 그러한 대리권의 흠결에 대하여 피고에게 귀책사유가 있는지 여부를 묻지 아니하고, 피고는 상대방인 원고에게 민법 제135조 제 1 항에 따른 책임을 져야 한다. 피고의 무권대리행위로 인하여 이 사건 근저당권설정계약이 체결된 이상 그 무권대리행위가 소외인을 자칭한 사람의 위법행위로 야기되었다거나 그 사람이 직접 원고와 이 사건 근저당권설정계약을 체결하였더라도 동일한 결과가 야기되었을 것이라는 사정만으로 위와 같은 책임이 부정될 수는 없다.

그럼에도 원심은 그 판시와 같은 이유로 피고에게 무권대리책임이 인정되지 아니한다고 판단하였으니, 이러한 원심판결에는 민법 제135조 제 1 항이 정한 무권대리인의 책임에 관한 법리를 오해하여 판결 결과에 영향을 미친 위법이 있다.

한편 선택적으로 병합된 수 개의 청구를 모두 기각한 항소심판결에 대하여 원고가 상고한 경우, 상고법원이 선택적 청구 중 일부라도 그에 관한 상고가 이유 있다고 인정할 때에는 원심판결을 전부 파기하여야 한다(대법원 2012. 11. 29. 선고 2010다99705 판결 등 참조).

그러므로 선택적으로 병합된 원고의 피고에 대한 청구를 모두 기각한 원심판결 중 피고에 대한 부분을 전부 파기하고, 이 부분 사건을 다시 심리·판단하도록 하기 위하여 원심법원에 환송하기로 하여 관여 대법관의 일치된 의견으로 주문과 같이 판결한다.

질문

(1) 이 사건에서 무권대리인의 책임을 인정할 수 있는가?

(2) 무권대리행위가 제 3 자의 위법행위로 야기된 경우 책임이 부정되는가? 그와 같이 판단한 이유는 무엇인가? 만일 책임을 긍정한다면 무권대리인의 책임이 과중하게 되는 것은 아닌가?

4. 본인과 무권대리인의 관계

(1) 무권대리행위가 행하여졌다고 해도 본인의 추인이 없는 한 본인과 무권대리인 사이에서 당연히 어떠한 법률관계가 생기지는 않는다. 물론 그 경우에 일반적 구제수단이 인정될 수 있다. 그러므로 무권대리인은 무권대리행위로 말미암아 본인과의 사이에 존재하는 위임 등 내부관계(대리권 수여의 원인관계)에 기하여 일정한 책임을 질 수 있다. 예를 들면 수임인의 선관주의善管注意(제681조) 위반을 이유로 하는 채무불이행책임이 그것이다. 그리고 무권대리인의 불법행위책임을 물을 수도 있다. 반대로 무권대리인이 선의로 대리권의 범위를 넘는 대리행위를 한 경우에는 사무관리의 요건이 충족되어, 본인이 비용상환의무를 부담하게 될 수도 있다.

(2) 본인이 무권대리행위를 추인한 경우에는, 본인과 무권대리인 사이의 관계는 어떻게 되는가? 그 추인으로 인하여 무권대리행위가 「본인의 사무」가 된다고 보아, 원칙적으로 사무관리(제734조 이하)가 성립한다고 보아도 좋을 것이다. 그러나 예를 들어 무권대리인이 자신의 이익을 도모하고자 무권대리행위를 한 경우와 같이 그에게 애초 사무관리의사가 없었던 때에는 본인의 추인이 있었다고 해서 사무관리자의 충실의무(제734조 제 1 항, 제 2 항 등 참조)나 비용상환청구권(제739조) 등을 포함하는 사무관리를 인정할 수는 없다.

5. 무권대리와 상속

(1) 무권대리인의 지위와 본인의 지위가 동일인에게 귀속되는 경우에는 추인이 있었던 경우와 같이 무권대리행위가 치유된다고 할 것인지가 논의되고 있다. 무권대리는 대리인이 그와 근친관계에 있는 본인을 대리하는 경우에 행해지는 일이 적지 않은데, 이때 당사자 중 일방의 사망으로 타방이 이를 상속하게 되면[28] 위와 같은 지위가 한 사람에게 귀속될 수도 있다. 위와 같은 문제는 「무권대리와 상속」이라는 제목으로 다루어지기도 한다.

위와 같은 지위의 겸병은, 이익상황이 다른 세 가지의 경우로 나누어 볼 수 있다. (i) 무권대리인이 본인을 상속한 경우, (ii) 본인이 무권대리인을 상속한 경우, (iii) 제 3 자가 양자를 모두 상속한 경우가 그것이다.

28) 물론 상속인이 상속을 포기하지 아니한 경우를 전제로 한다.

(2) 무권대리인이 본인을 상속한 경우에, 제135조에 의한 책임을 지는 것은 별론으로 하고, 그가 본인의 추인거절권을 행사하거나 본인이 생전에 한 추인거절의 효과를 주장하는 것이 허용되는가? 학설 중에는 무권대리인이 본인을 상속함으로써 무권대리행위는 당연히 유효하게 되며, 이제 본인으로서의 지위에서 추인을 거절하지 못한다는 견해가 있다.[29] 그 이유는, 무권대리인이 본인으로서의 지위에서 추인을 거절해도 제135조에 의하여 이행 등의 책임을 지므로, 처음부터 대리권이 있다고 보는 것이 간명하다고 한다. 판례도 단독상속의 경우에 대하여 무권대리인은 제135조에 의하여 계약이행책임을 지게 되는데 그가 상속 후 본인의 지위에서 무권대리를 이유로 하는 계약의 무효를 주장하는 것은 신의칙상 허용되지 않는다는 태도를 취한다.[30]

이러한 태도는 결론적으로 수긍할 수 있다. 그러나 세부적으로는 몇 가지 고려해 보아야 할 점이 있다.

첫째, 상대방이 악의이거나 선의라도 과실 있음 등을 이유로 무권대리인의 책임이 발생하지 않는 경우에는 위의 논리는 관철될 수 없다. 그러므로 무권대리인이 제135조의 책임을 지는 점을 들어서 무권대리의 치유를 주장할 것은 아니다. 그 이유로서는 오히려 무권대리행위를 한 사람이 후에 본인의 지위에서 추인을 거절하여 그 행위의 효력을 부인하는 것은 선행행위에 반하는 행태로서 신의칙상 허용되지 않는다는 점을 들어야 할 것이다.

둘째, 무권대리인이 공동상속인 중 1인인 경우에 무권대리인의 상속분의 범위에서는 계약이 유효하다고 할 것인가? 본인이 가지는 추인권·추인거절권은 공동상속인에게 불가분적으로 귀속되어 전원이 공동으로 행사하여야만 무권대리행위가 유효하게 된다. 그러므로 무권대리인 혼자서 추인을 한 것으로 취급된다는 것만으로는 계약이 부분적으로라도 유효하게 된다고 할 수 없다.

셋째, 본인이 생전에 이미 추인거절의 의사표시를 한 경우에는, 이제 무권대리인이 그를 상속하였다고 해서 다시 추인을 할 여지는 없다. 그러므로 앞서 본 판례와 같은 취지는 본인이 생전에 이미 추인거절을 한 경우에는 적용되지

---

29) 곽윤직·김재형, 민법총칙, 375면; 김증한·김학동, 민법총칙, 460면. 반대: 김상용, 민법총칙, 618면.
30) 대판 1994. 9. 27, 94다20617(무권대리인이 본인을 단독상속한 후 그 전에 당해 무권대리행위로 양도된 부동산을 전득轉得한 이를 상대로 해서 소유권이전등기의 말소를 구한 사안).

않는다.[31]

(3) 본인이 무권대리인을 상속한 경우에는 본인이 추인을 거절해도 특별한 사정이 없는 한 신의칙에 반하지 않는다.[32] 본인은 무권대리인의 책임을 상속하므로 이 경우에도 무권대리행위는 당연히 유효하게 된다는 견해도 있다.[33] 그러나 무권대리라고 해도 상대방의 선의·무과실 등의 요건이 갖추어지지 않으면 무권대리인의 책임은 발생하지 않는다. 나아가 상대방은 무권대리인의 사망이라는 우연한 사유에 의하여 무권대리행위가 추인된다는 뜻밖의 이득을 얻을 이유가 없다.

물론 이 경우에도 무권대리인으로서의 책임이 성립하였다면, 그 책임의 상속은 인정된다. 이때 상속되는 것은 상속 당시 존재하던 책임의 내용대로이다. 예를 들어 무권대리인이 본인의 부동산을 상대방에게 매도하는 계약을 체결한 경우에, 상대방이 무권대리인에 대하여 계약이행의 책임을 물어 매매목적물의 이전을 구해도, 본인이 이에 협조하지 않는 한, 그 이전은 이행불능이고 결국 손해배상에 귀착하게 된다.[34] 그러므로 그 후 본인의 무권대리인 상속이 있다고 하여 상대방이 이제 본인을 상대로 목적물의 이전을 구할 수 있게 된다고 해서는 안 되고, 이때 본인이 상속하는 것은 상속개시 당시 무권대리인이 부담하는 바대로 손해배상책임에 한정된다.

(4) 제 3 자가 본인과 무권대리인을 모두 상속한 경우에도 (3)과 같이 볼 것이다.[35] 이는 제 3 자가 먼저 무권대리인을 상속하고 이어 본인을 상속한 경우에도 마찬가지이다. 이 경우 제 3 자는 무권대리행위를 행한 대리인 자신이 아니어서 그가 후에 취득한 본인의 지위에서 그 의사에 따른 선택을 해도 그것이 선행행위에 반한다고는 할 수 없다.

(5) 이와 같이 상속으로 무권대리인과 본인의 지위가 겸병됨에 따른 논의와 유사한 것으로서는, 무권대리인이 후에 본인의 후견인이 되어 그의 추인권·추인거절권을 대리행사하는 경우를 들 수 있다. 이때에도 무권대리인은 본

---

31) 일최판日最判 1998. 7. 17.(민집 52-5, 1296)의 태도이다.

32) 곽윤직·김재형, 민법총칙, 375면. 일최판日最判 1962. 4. 20.(민집 16-4, 955)의 태도이다.

33) 반대: 김증한·김학동, 민법총칙, 460면.

34) 대판 1994. 8. 26, 93다20191도 참조.

35) 일최판日最判 1988. 3. 1.(판례시보 1312, 92)는 제 3 자가 무권대리인을 먼저 상속하고 이어 본인을 상속한 사안에서 그의 추인거절은 신의칙상 허용될 수 없다고 하여 반대의 태도를 취한다.

인의 이익을 고려하여 추인 여부를 결정하여야 할 의무를 부담하므로, 추인을
거절하였다고 해서 반드시 신의칙에 반한다고 할 수 없다.

6. 무권리자의 처분의 추인

재판례 중에는 무권리자의 처분의 추인[36]에 대하여 "무권대리의 추인의
경우와 같이 취급"될 수 있다고 한 것이 있다.[37] 이는 무권처분에 대하여 무권
대리의 추인에 관한 규정(제130조 이하)이 그 성질에 반하지 않는 한 준용된다
는 의미이다.

(1) 권리의 양도, 포기, 내용변경 또는 그 위의 부담설정과 같은 처분행위
가 처분권 없는 사람에 의하여 이루어진 경우에는 원칙적으로 효력이 없다(이
에 대하여는 앞의 Ⅰ. 2. (1) 참조). 그런데 이처럼 효력 없는 무권리자의 처분이라
도 권리자가 후에 이를 「추인」하면, 즉 그 처분의 효력이 자신의 권리에 미침
을 승인하면, 그 처분은 유효하게 된다. 이때 추인은 처분행위의 유효요건인
처분자의 처분권이 처분행위 당시에는 결여되어 있던 흠을 사후적으로 보완하
여 준다.

(2) 물론 무권대리의 추인도 무권처분의 추인도 결국 자신의 의사에 기하
여 자신의 법률관계를 형성한다는 사적 자치의 원칙의 발현이라는 점에서는
마찬가지이다.[38] 그런데 추인에 의하여 유효하게 되는 처분행위는 원래 처분자
의 이름으로 한 것으로서, 본인의 이름으로 하는 대리행위와는 다르다. 그리고
무권대리에서 결여된 대리권은 본인의 의사 또는 법률에 기하여 대리인에게
인적으로 부여되는 것임에 반하여, 무권리자의 처분에서 결여된 처분권은 처분
의 대상이 된 당해 권리의 내용으로서 물적으로 그 권리에 귀속된다. 그러므로
권리자가 타인의 처분을 추인하여 유효하게 함으로써 자기 권리의 법적 상태
를 변경시키는 것은 그 처분권의 한 내용으로 당연히 인정된다. 이러한 성질상
의 차이는 무권처분의 추인을 제한 없이 "무권대리의 추인의 경우와 같이 취

---

36) 이에 대하여는 우선 양창수, "무권리자의 처분과 권리자에 의한 추인," 민법연구 제 2 권
(1991), 31면 이하 참조.

37) 대판 1981. 1. 13, 79다2151.

38) 대판 2001. 11. 9, 2001다44291이 무권리자의 처분을 권리자가 추인하면 그 처분행위의
효력이 발생함은 "사적 자치의 원칙에 비추어 당연"하다고 설시하는 것도 그러한 취지
일 것이다.

급하는" 것을 주저하게 한다.

　　그러나 다른 한편으로는, 양자 모두 타인이 권한 없이 하였음을 이유로 유동적으로 무효인 법률행위를 스스로의 의사에 기하여 확정적으로 유효로 한다. 그러한 점에서 이들은 추인이 있어도 그 효력이 생기지 않는 무효행위의 추인(제139조), 또 현재 유효하지만 거기에 부착된 흠으로 인하여 무효로 될 수 있는 법률행위를 확정적으로 유효하게 하는 취소할 수 있는 행위의 추인(제143조)과는 다르다. 그리고 B가 권한 없이 A의 부동산을 C에게 매도하여 양도하였다는 흔히 있는 경우를 예로 들어보면, 그때 B가 A의 이름으로 행위하였는지, 아니면 자신의 이름으로 행위하였는지 반드시 명확하지 아니한 경우가 적지 않다.[39] 또 상대방 C로서도 자기의 출연으로 당해 권리를 적법하게 취득하였는지, 즉 자기 앞으로 이루어진 소유권이전등기가 유효한지 또는 유효하게 되었는지에 1차적인 관심이 있고,[40] 그 법적인 구조는 별로 문제삼지 않는다. 그러므로 무권처분의 추인에 관하여 명문이 없는 현행법에서는 그것을 무권대리의 추인의 경우와 같이 취급할 수 있다.

　　(3) 물론 무권처분의 추인은 원칙적으로 처분행위 당시에 소급하여 효력을 가진다(제133조). 그것이 추인자의 통상의 의사일 것이기 때문이다. 그리고 상대방의 최고권·철회권에 관한 제131조·제134조는 무권처분에 인정되어도 좋을 것이다. 그 최고권 등은 상대방의 법적 불안정을 해소하기 위한 것으로서 무권대리행위의 상대방에게만 인정되는 것은 아닌데(앞의 2. (1) 참조), 그러한 불안정은 무권처분의 경우에도 해소될 필요가 있다. 그러나 여기서 추인의 의사표시는 무권처분자 또는 상대방에 대하여 할 수 있음은 물론인데(앞의 1. (2) 참조), 무권처분자에게 한 경우에도 제132조 단서의 제한은 없으며,[41] 나아가

---

39) 예를 들어 대판 1997. 4. 22, 96다56122는 A가 그가 경영하는 B 회사의 자금조달을 위하여 자기 소유 부동산의 처분을 B 회사 등에 위임한 다음 사망한 사안에서 그 위임으로 처분수권이 있었는지 대리권의 수여가 있었는지를 다루고 있다. 원심은 그것이 전자에 해당한다고 판단한 것을, 대법원은 후자라고 하여 원심판결을 파기환송하였다. 구체적인 사건에서 양자의 구별이 용이하지 않음을 보여준다. 대판 1995. 2. 28, 94다19341 등도 참조.

40) C가 지급한 매매대금을 B가 A의 대리인으로 수령하였든(매매계약의 대리인은 일반적으로 대금수령의 권한도 있다. 앞 제 1 장 Ⅱ. 3. (2) (다) 참조), 매도인 본인으로 수령하였든, 그것은 종국적으로는 A에게 귀속되어야 한다. 즉, A가 무권대리행위로서의 매매를 추인한 경우에는, 사무관리(앞의 4. (2) 참조)를 원인으로(제738조, 제684조), 무권처분을 추인한 경우에는 부당이득을 원인으로(제741조) 해서 본인에게 반환되어야 한다.

전득자에게 하여도 무방하다. 무권처분의 추인에서 문제되는 것은 처분의 대상인 권리의 법적 상태 그 자체이기 때문이다. 그 밖에 무권대리인의 책임에 관한 제135조가 적용될 여지가 없음은 성질상 당연하다.

(4) 앞서 무권대리인의 지위와 본인의 지위가 동일인에게 귀속되는 경우의 법적 처리와 유사한 문제가 무권처분의 경우에도 제기된다.[42] 이 문제는 종래 별로 다루어지지 아니하였는데, 예를 들어 A가 B의 갑 부동산을 C에게 양도하였으나 처분권이 없어 그 양도가 무효이었던 경우 그 후 권리자 B가 사망하여 무권처분자 A가 그 재산을 상속하면, 이제 무권처분의 흠은 치유되어 그 양도는 유효하게 되고 C는 갑의 소유권을 가지는가? 위와 같은 사안에서 A의 사망으로 B가 그를 상속하였으면 어떠한가?

(가) 먼저 권리자 B가 사망하여 무권처분자 A 앞으로 상속이 일어난 경우를 본다.

위의 예에서 C 앞으로의 부동산소유권 양도는 통상 A와 체결된 매매 등과 같은 채권행위의 이행으로 행해진다. A가 자신의 이름으로 C에게 B 소유의 부동산을 매도하였으면, 이는 타인의 물건의 매매로서, A는 그 목적물의 소유권을 취득하여 C에게 이전하여야 한다(제569조). A가 C 앞으로 이미 소유권이전등기를 경료하여 주었다고 하여도, C가 이로써 실체적으로 그 소유권을 취득하지 못하는 한, A의 위와 같은 의무는 그대로 남는다. 그 상태에서 B가 사망하면 B의 재산은 상속인 A에게 승계된다. 그러므로 이 경우 A는 이제 갑의 소유자가 되었으므로 C에 대하여 위 의무를 이행할 수 있게 되었고, 따라서 C는 그 소유권 양도를 청구할 수 있다. 이는 B의 사망 이전에 이미 A가 갑의 소유권을 "취득하여 C에게 이전할 수 없는" 것으로 확정되었고 B의 사망 당시 A가 담보책임(제570조) 또는 일반의 채무불이행책임(제390조)만을 부담하고 있었던 경우에도 마찬가지이다. C에의 이전불능은 이제 사후적으로 「치유」되었다고 할 것이기 때문이다.[43]

---

41) 위 대판 2001. 11. 9, 2001다44291은, 무권처분의 추인은 "묵시적인 방법으로도 가능하며 그 의사표시는 무권대리인이나 그 상대방 어느 쪽에 하여도 무방하다"라고 한다.

42) 이에 관해서는 Ⅱ. 5. 참조.

43) 이행불능의 「치유」 일반에 대하여는, 민법주해[Ⅹ], 253면(양창수 집필) 참조. 한편 대판 1991. 6. 25, 90다14225(취득시효의 완성 후 시효취득등기 전에 제 3 자에게 소유권이 이전되면 시효완성점유자는 취득시효의 완성을 주장할 수 없으나, 그 후 어떠한 사유로 종

그렇다면 그 매매에 기한 소유권이전등기가 C 앞으로 행하여짐으로써 처분이 있고 난 후에 B가 사망하고 A가 그 재산을 상속하였다면, 그 때부터 A의 무권처분의 흠은 추완되어 유효하게 되고 C는 이제 갑 부동산의 소유권을 취득한다고 할 것이다. 그렇지 아니하고 A가 여전히 소유자라고 해도 그는 위에서 본 소유권이전채무의 이행으로 어차피 이를 C에게 양도하여야 하므로, "즉시 반환되어야 할 것을 청구하는 사람은 악의로 행위하는 것(Dolo facit qui petit quod statim redditurus est)"이라는 현재로서는 신의칙의 한 내용인 법사고 法思考가 여기서도 적용된다.

이상은 무권처분자가 그 처분 후에 상속 이외의 원인으로 그 처분의 대상인 권리를 취득한 경우에도 타당하다. 즉, 무권처분자가 상속이 아니라 그 권리를 권리자로부터 매수하거나 증여 또는 유증을 받는 등으로 그 권리를 취득하면, 무권처분은 그 취득시부터 그 흠이 추완되어, 이제 장래를 향하여 유효하게 된다. 그리고 무권처분자가 취득한 것이 권리의 일부인 경우에는 그 한도에서 유효하게 된다.

(나) 그러나 앞서 든 예에서 무권처분자 A가 사망하여 권리자 B가 그의 재산을 상속한 경우에는 어떠한가? 판례는 앞 (가)의 경우와는 달리 이 경우에는 권리자가 원칙적으로 그 처분의 원인행위상의 계약이행의무를 승계하지 않는다고 한다.[44] 이는 무권대리와 관련하여 설명한 바(앞의 5. (3) 참조)와 유사하게 처분상대방이 무권처분자의 사망이라는 우연한 사유에 의하여 망외의 이득을 얻을

래의 소유자에게로 소유권이 회복되면 그에게 시효취득의 효과를 주장하여 소유권이전 등기를 청구할 수 있다고 한다); 대판 1995. 9. 29, 94다46817(을에게서 병 앞으로 소유 권이전등기가 되어 있어서 을을 상대로 한 갑의 소유권이전등기청구소송이 이행불능을 이유로 패소 확정되었으나 그 후 병의 등기가 말소되어 을 앞으로 등기가 환원되었으면, "을은 갑에 대하여 소유권이전등기 의무를 부담한다고 봄이 신의성실의 원칙상 당연하 므로" 갑이 을을 상대로 다시 동일한 소송을 제기한 것이 기판력에 저촉되지 않는다고 한다) 등 참조.

44) 대판 1994. 8. 26, 93다20191은, B의 주식을 C 은행에 담보로 제공하기로 약정한 A가 그 후 사망하고 B가 그를 상속하였는데 C가 B에 대하여 그 주권의 인도를 청구한 사안(A 는 그 담보제공계약을 자신의 이름으로 체결하였고 B를 대리하여 한 것은 아닌 듯하다. 그렇다면 타인의 권리에 대한 담보제공계약이 체결된 것이다)에서, B는 "C에 대하여 그 이행에 관한 아무런 의무가 없고 이행을 거절할 수 있는 자유가 있었던 것이므로," 신의 칙에 반한다고 할 만한 특별한 사정이 없는 한, 위 담보제공계약에 따른 의무의 이행을 거절할 수 있다고 한다(그런데 당해 사안에 특유한 제반 사정에 기하여 B의 이행거절은 신의칙에 반한다는 결론을 내렸다).

이유가 없다는 점에서 수긍할 수 있다. 그렇다면 무권처분 그 자체의 흠도 권리자의 무권처권자 상속에 의하여 치유되지 않는다고 할 것이다. 그리고 이는 제 3자가 무권처분자와 권리자를 모두 상속한 경우에도 마찬가지이다.

(다) 이상과 같이 살펴보면, 무권처분의 경우도 대체로 무권대리행위에 관하여 살펴본 바(앞의 5. 참조)와 같이 다루어야 함을 알 수 있다. 이는 기본적으로 양자 모두에 적용되는 신의칙의 구체화 문제이다. 다만 무권대리와 처분의 성질상 차이(앞의 (2) 참조)에 의하여 부분적으로 차이가 생길 수 있음은 물론이다.

> **[판결 2] 무권리자의 처분에 대한 묵시적 추인: 대판 1992. 2. 28, 91다15584**

2. 피고의 상고이유 제 1 점 및 피고보조참가인의 상고이유 제 2, 3 점을 함께 본다.

원심은 피고의 주장, 즉 소외 B가 피고보조참가인 문중(이하 참가인문중이라고 한다)을 대표하여 1985. 5. 25. 피고와의 사이에 이 사건 각 토지중 원심판결에 첨부된 별지목록 제 1 항 내지 4항, 6항 기재의 5필지 토지를 대금 549,450,000원에 매도하기로 하는 계약을 체결함에 있어 원고가 위 매각처분에 관한 문중결의에 동의하고 위 매매계약의 체결 후인 1985. 12. 30. 피고로부터 직접 위 매매대금의 일부로 금 100,000,000원을 수령하였으므로 원고는 위 계약을 추인한 것이고, 그 후 피고가 1987. 8. 12. 소외 C가 대표한 위 참가인 문중과의 사이에 위 계약을 추인한 것이고, 그 후 피고가 1987. 8. 12. 소외 C가 대표한 위 참가인 문중과의 사이에 위 계약을 승계 또는 확인하는 의미로 재차 위 5필지 토지에 관한 매매계약을 체결하고 그에 따라 위 문중에게 매매잔대금을 모두 지급하였으므로 결국 위 5필지의 토지에 관하여 위 1987. 8. 12. 자 매매를 원인으로 하여 마쳐진 피고 명의의 이 사건 소유권이전등기는 실체관계에 부합하는 유효한 등기라고 하는 취지의 주장에 대하여, 그 거시증거에 의하여 위 A의 차남인 소외 망 D의 아들들인 소외 E, B, C 등 3형제가 위 망 부를 공동선조로 하는 참가인 문중을 조직하여 1960. 3. 24. 이 사건 토지에 관하여 위 문중 명의로 소유권보존등기를 마쳐 두었는데, 그 후 위 문중원의 일인인 위 B가 그 문중 대표자명의를 모용하여 1982. 1. 26. 위 목록 5항 기재 토지 중 827분의 562지분은 소외 F에게, 그 나머지 지분은 소외 G에게 각 매도하여 1982. 2. 2. 그 지분소유권이전등기를 하여 주고, 다시 피고는 위 F, G로부터 위 각 지분을 매수하여 1985. 10. 8. 피고 명의로 그 지분소유권이전등기를 마친 사실,

한편 피고는 아파트건축사업의 필요상 이 사건 토지 중 위 목록 5항 기재 토지를 제외한 나머지 5필지의 토지도 매수하여야 할 형편이어서 그 등기부상 소유 명의자인 참가인 문중의 대표자를 찾던 끝에 소유권이전등기 신청서류상 그 대표자가 위 B로 되어 있는 것을 확인하고 그를 상대로 위 나머지 5필지에 관한 매매교섭을 벌이게 되었는바, 위 B는 참가인 문중의 대표자를 사칭하여 위 5필지의 토지를 매각처분함에 있어 당시 문중의 대표자인 위 C로부터 위 매각처분에 대한 동의를 얻는 것이 사실상 어려웠던 관계로 마침 참가인 문중이 "안동권씨문중"으로 명명되어 있음을 이용하여 같은 안동권씨이며 그와 당숙질 사이인 원고에게 참가인 문중의 실체를 감추고 위 5필지의 토지는 안동권씨문중 소유인데 그 처분에 동의하여 달라고 제의하여, 이에 따라 원고는 위 B가 말하는 안동권씨문중이 위 망 D를 공동선조로 하는 참가인 문중이 아니고 최소한 원고 자신도 그 문중원으로 포함되어 있는 보다 넓은 범위의 또 다른 안동권씨문중으로 착각하고 1985. 6. 24. 소외 H와 함께 위 5필지 토지의 매각 결의에 찬성하는 문중회의록에 서명날인하고 이를 기초로 하여 위 B는 마치 안동권씨문중이 위 5필지 토지의 매각 결의를 한 양 그 문중회의록을 피고에게 제시 교부한 다음, 1985. 6. 26. 등기부상 보존등기 명의인인 참가인 문중의 대표자를 사칭하여 이 사건 토지 중 위 목록 5항 기재 토지를 제외한 나머지 5필지 토지를 피고에게 대금 549,450,000원에 매도하기로 하는 매매계약(이하 제 1차 매매계약이라고 한다)을 체결하고 그날 위 B가 계약금 50,000,000원을 피고로부터 지급받은 사실, 그러나 그 중도금 지급 약정기일 이전부터 이미 참가인 문중의 대표자인 위 C가 위 B의 문중 대표권과 위 제 1차 매매계약의 효력을 부인하면서 위 5필지 토지에 관하여 같은 해 1. 19. 소외 I 앞으로 소유권이전청구권가등기를 마쳐 두었으며, 또한 원고가 같은 해 10. 20. 이 사건 토지에 대한 단독소유권을 주장하면서 종전에 위 5필지 토지의 처분에 동의하기로 한 의사를 철회하겠다는 내용의 통지서를 위 B에게 발송하는 한편, 같은 해 12. 26. 서울지방법원 북부지원 85가합1302호로써 이 사건 토지 전부에 관한 위 참가인 문중 명의의 소유권보존등기의 말소 등 청구의 소(이하 전소라고 한다)를 제기하자, 위 B와 피고는 당황하여 위 매매에 따른 중도금 지급과 수령을 미루고 그 해결책을 궁리하다가 1985. 12. 30. 위 B가 원고를 대동하여 피고 회사의 용지과장인 소외 J를 만난 자리에서 그날 원고가 위 제 1차 매매계약에 따른 중도금 100,000,000원을 피고로부터 직접 수령하고, 그때 그 B와 원・피고 사이에 위 제 1차 매매계약에 따른 일체의 대금을 원고 입회하에서만 위 B에게 지급하고, 위 B는 원고가 제기한 위 소송에서 원고에게 적극 협조한다는 내용의 약정을 한 사실, 그런데 원고가 제기한 위 전소에서 원고는 망부를 공동선조로 하는 참가인 문중이 허무의 문중이라는 논거를 들어 실제로 그 소유권보존등기신청을 한 행위자인 위 C를 상대로 이 사건 토지에 관한 위 보존등기의 말소를 구함과 아울러 위 보존등기에 터잡아 된 지분소유권이전등기 및 가등기의 명의자들을 상대로 각 그 해당 등기의 말소를 구하였으나 1986. 8. 13. 위 제 1 심 법원에서 망부를 공동선조로 하는 문중도 실재할 수 있는 것인데 자연인인 위 C를 상대로 참가인 문중 명의의 위 보존등기의 말소를 구함은 부적법하다는 이유로 그 부분에 대하여는 원고의 소를 각하하고, 나머지 등기의 말소를 구하는 부분에 대하여는 이 사건 토지는 원고의 소유가 아니고 실제로는 참가인 문중의 소유라는 전제 하에서 원고의 청구를 기각하는 내용의 판결이 선고된 사실, 이와 같이 원고가 위 전소의 제 1 심에서 패소하자 피고는 이 사건 토지가 위 망 D를 공동선조로 하는 참가인 문중의 소유라고 속단하고서 위 사건이 원고의 항소제기에 따라 서울고등법원 86나3612호로 계속중인데도 불구하고 원고에게는 아무런 통지도 없이 1987. 8. 12. 당시 참가인 문중의 대표자로 확인된 위 C와의 사이에 위 5필지의 토지에 관하여 매매대금은 제 1 차 매매계약의 대금보다 금 100,000,000원이 더 많은 금 649,450,000원으로 하되 위 대금중 피고가 제 1 차 매매계약의 계약금으로 위 B에게 지급한 금 50,000,000원과 중도금 일부로 원고에게 직접 지급한 금 100,000,000원을 합친 금 150,000,000원 상당액은 이를 참가인 문중이 위 제 2 차 매매계약의 계약금으로 지급받은 것으로 치고, 그 나머지 해당금 499,450,000원만을 잔대금으로 계상하여 지급하기로 하는 내용의 매매계약(이하 제 2 차 매매계약이라고 한다)을 다시 체결하면서 위 I 명의의 가등기는 매도인이 책임지고 그 다음날까지 말소하기로 약정한 사실, 이에 따라 피고는 위 제 2 차 매매계약 당일 위 잔대금 499,450,000원을 참가인 문중의 문중원인 위 C, B 및 위 망 E의 장남인 소외 K에게 일시불로 지급한 뒤 위 가등기가 말소된 다음 1987. 8. 21.에 위 제 2 차 매매를 원인으로 하여 위 5필지의 토지에 관하여 피고 앞으로 소유권이전등기를 마친 사실, 그러나 위 전소의 항소심에서는 그 원심판결 중 소각하한 부분만이 유지되고 나머지 부분에 대하여는 이 사건 토지는 참가인 문중의 소유가 아니라 원고의 단독 상속재산이라는 것으로 그 사실인정이 뒤바뀌어 그 부분에 대한 제 1 심 원고 패소판결이 취소되어 원고 승소판결이 선고되었고, 위 항소심판결은 1989. 7. 11. 상고기각판결로 그대로 확정된 사실을 인정한 다음, 위 인정사실에 터잡아 위 제1, 2차 매매계약은 모두 "안동권씨문중"이 그 계약당사자의 일방으로 되어 있기는 하나, 위 망 D를 공동선조로 하는 참가인 문중과 위 B가 대표자로 사칭한 안동권씨문중은 그 구성원이 서로 다르기 때문에 위 두 계약의 매도인이 동일한 문중이라고 보기 어렵고 가사 동일한 문중이라고 하더라도 위 두 계약은 판시와 같은 구체적인 계약내용, 계약 체결 경위 등에 비추어 볼 때 서로 별개의 독립한 매매계약이라고 봄이 상당하다 할 것이므로 1987. 8. 21.자 제 2 차 계약이 제 1 차 계약을 승계 확인한 것으로 결국 하나의 계약이라는 전제에 선 피고의 위 주장은 그 이유 없다고 판단하고 있다.

기록과 대조하여 보면, 원심의 위와 같은 사실인정과 판단은 모두 정당한 것으로 수긍이 가고 거기에 소론과 같은 채증위반이나 법리오해의 위법이 있다 할 수 없다. 논지도 이유 없다.

3. 피고의 상고이유 제 2 점 및 피고보조참가인의 상고이유 제 4 점을 함께 본다.

원심은 또 참가인 문중의 주장, 즉 원고가 위와 같이 1985. 12. 30. 제 1 차 매매계약에 따른 중도금 100,000,000원을 피고로부터 직접 수령한 것은 그가 무권리자에 의한 처분행위인 위 제 1 차 매매계약을 인정한 것으로서 무권대리의 추인에 준하는 효과가 발생한 것일 뿐만 아니라, 위 중도금 수령일자에 원·피고 사이에 원고가 전소에서 승소하면 피고로부터 나머지 대금을 지급받고 위 5필지 토지에 대한 소유권이전등기를 넘겨 주기로 하는 새로운 합의가 성립되었다 할 것이고, 위 추인의 효과나 원·피고 사이의 새로운 합의의 효력이 아직까지도 유효하게 존속되고 있는 이상 원고가 피고에게 그 나머지 대금을 청구하는 것은 별론으로 하고 그 나머지 대금을 수령하고 피고에게 소유권이전등기를 하여 줄 의무가 있는 원고로서는 그 경위야 어떻든 위 5필지 토지에 관하여 피고 앞으로 된 위 소유권이전등기의 말소를 구함은 부당하다는 취지의 주장에 대하여, 원고가 위 중도금을 직접 수령하고 동시에 원·피고 및 위 B 사이에 그 나머지 대금의 지급방법 등에 관하여 앞서 본 바와 같은 약정을 한 사실이 참가인 문중의 위 주장과 같이 무권대리의 추인에 준하는 효과를 발생케 한 것이라거나 원·피고 사이에 새로운 합의를 이룬 것이라 하더라도 위에서 본 바와 같은 제반사정에 비추어 보면 피고가 참가인 문중과의 사이에 위 제 2 차 매매계약을 체결한 것은 피고만의 입장에서라도 위 주장과 같은 추인의 효과는 새로운 합의의 성립관계를 소멸 내지 파기시킨다는 의사를 명백히 표시한 것이라고 봄이 상당하고 원고가 이 사건 소를 제기한 것은 위와 같은 피고의 의사표시를 받아들인 것임을 전제로 하는 것으로 적어도 이사건 소제기 당시에는 위 주장과 같은 추인의 효과나 새로운 합의의 효력은 이미 소멸되었다고 보아야 할 것이므로, 위 주장과 같은 추인의 효과나 새로운 합의의 효력이 아직도 존속되고 있음을 전제로 한 위 주장도 그 이유 없다고 판단하고 있다.

우선 원심이 적법하게 확정한 바와 같이 원고가 이 사건 각 토지 중 위 5 필지의 토지에 관하여 무권리자에 의한 위 제1차 매매계약이 체결된 후에 자신이 그 권리자임을 주장하여 1985. 12. 30. 피고로부터 위 매매에 따른 중도금 100,000,000원을 직접 수령한 것이라면, 참가인 문중의 위 주장과 같이 위 제1차 매매계약에 따른 처분행위는 원고 본인에 대하여도 그 효력이 미치게 되고, 이에 따라 원고는 피고에게 위 5필지의 토지에 관하여 위 매매에 인한 소유권 이전등기를 하여 줄 의무가 발생된 것으로 볼 수 있다(참가인 문중이 주장하는 바와 같은 위 별도의 새로운 합의관계도 종국적으로 그 효과면에 있어서는 위와 마찬가지라고 할 것이므로 굳이 그 성립 내지 효력의 존부에 대하여는 따져 보지 않기로 한다).

그런데 기록에 의하면, 원고는 참가인 문중의 위 주장에 대하여 이 사건 제1심 제8차 변론기일에서의 준비서면의 진술의 의하여 이른바 법정해제권의 행사로서 피고가 원고에게 위 제1차 매매계약에 따른 매매대금을 지급할 의사가 없음을 명백히 표시한 것임을 이유로 그 이행에 대한 최고를 하지 않고 위 매매계약을 해제한다고 주장하고 있을 뿐이지, 원심의 위 인정취지와 같이 묵시적인 해제의 합의가 이루어진 것이라는 점에 관한 사실관계를 주장한 바는 전혀 없음을 알 수 있으니, 따라서 원심의 위 판단부분은 당사자가 주장하지 아니한 사실을 인정하여 변론주의에 위배한 잘못이 있다고 아니할 수 없다.

그러나 원래 쌍무계약에 있어 당사자의 일방이 미리 그 채무를 이행하지 아니할 의사를 명백히 표시한 경우에는 상대방은 그 이행에 대한 최고를 하지 아니하고 바로 그 계약을 해제할 수 있으며, 여기서 위와 같은 채무를 이행하지 아니할 의사의 표명 여부는 계약이행에 관한 당사자의 행동과 계약 전후의 구체적인 사정 등을 살펴서 판단하여야 할 것인바(당원 1991. 3. 27. 선고 90다8374 판결 참조), 이 사건에 있어 원심이 확정한 사실관계 및 기록에 의하면 원고가 위와 같이 이 사건 각 토지의 권리자임을 내세워 피고로부터 위 제1차매매계약에 따른 중도금 일부를 직접 수령한 후에, 피고는 원고가 뜻밖에 위 전소의 제1심에서 패소하자 성급하게 그 매매목적물인 위 5필지 토지에 대한 원고의 권리관계를 아예 부인하고 원고의 의사를 전혀 배제시킨 채로 참가인 문중과의 사이에 동일 토지들에 관하여 별도의 제2차 매매계약을 새로이 체결하여 그 즉시 매매대금을 위 문중원에게 지급하는 한편, 원고가 제기한 위 전소에서 상대방인 위 C를 보조참가하여 원고의 위 토지들에 대한 소유권을 적극적으로 다투기까지 하였음을 알 수 있으니, 이러한 사정에 따르면 피고로서는 이미 원고에 대하여 위 제 1 차 매매계약에 기한 매매대금의 지급 등 매수인의 채무를 이행할 의사가 없음을 명백히 표시한 것으로 보이고, 따라서 위 제 1 차 매매계약은 원고의 위 해제의 의사표시에 의하여 그 효력이 소멸된 것으로 보아야 마땅하다. 결국 원심이 원고에 대하여도 그 효력이 미치는 위 제 1 차 매매계약에 기한 권리의무관계가 이미 소멸된 것이라고 인정한 조치는 그 결론에 있어 정당하다고 할 것이다. 논지도 이유 없다.

질문

(1) 이 사건에서 무권리자의 행위에 대한 추인이 인정된다고 본 이유는 무엇인가?
(2) 무권리자의 행위에 대한 추인과 무권대리의 추인은 어떠한 차이가 있는가?

[판결 3] 무권리자의 처분의 추인: 대판 2017. 6. 8, 2017다3499

[이   유]

상고이유를 판단한다.

1. 상고이유 제 1 점 및 제 2 점

가. 법률행위에 따라 권리가 이전되려면 권리자 또는 처분권한이 있는 자의 처분행위가 있어야 한다. 무권리자가 타인의 권리를 처분한 경우에는 특별한 사정이 없는 한 권리가 이전되지 않는다. 그러나 이러한 경우에 권리자가 무권리자의 처분을 추인하는 것도 자신의 법률관계를 스스로의 의사에 따라 형성할 수 있다는 사적 자치의 원칙에 따라 허용된다. 이러한 추인은 무권리자의 처분이 있음을 알고 해야 하고, 명시적으로 또는 묵시적으로 할 수 있으며, 그 의사표시는 무권리자나 그 상대방 어느 쪽에 해도 무방하다(대법원 1964. 6. 2. 선고 63다880 판결, 대법원 2001. 11. 9. 선고 2001다44291 판결 등 참조).

권리자가 무권리자의 처분을 추인하면 무권대리에 대해 본인이 추인을 한 경우와 당사자들 사이의 이익상황이 유사하므로, 무권대리의 추인에 관한 민법 제130조, 제133조 등을 무권리자의 추인에 유추 적용할 수 있다. 따라서 무권리자의 처분이 계약으로 이루어진 경우에 권리자가 이를 추인하면 원칙적으로 그 계약의 효과가 계약을 체결했을 때에 소급하여 권리자에게 귀속된다고 보아야 한다.

나. 원심판결에 의하면 다음의 사실을 알 수 있다.

(1) 원고는 소외 1의 모친으로서 평택시 (주소 생략) 2,882㎡ 토지(이하

'이 사건 토지'라 한다)의 소유자이다.

(2) 소외 1은 2010. 12. 21.경 피고 조합에 입사하여 근무했고, 소외 2는 소외 1과는 친구 사이로 1993. 2. 20.경 피고 조합에 입사하여 피고의 ○○○ 지점장으로 근무하다가 2013. 8. 14.경 퇴사하였다.

(3) 소외 2와 소외 1은 공모하여 원고 명의의 대출거래약정서, 근저당권설정계약서 등을 위조하고 이를 행사해서 이 사건 토지에 관하여 2012. 5. 18. 피고 앞으로 채무자 원고, 채권최고액 3억 2,200만 원인 근저당권설정등기(이하 '제 1 근저당권설정등기'라 한다)를 하고 2억 3,000만 원을 대출받았다. 이후 원고는 소외 2와 소외 1을 사문서위조, 사기 등으로 고소하였고, 이들은 유죄판결을 받았다.

(4) 제 1 근저당권설정등기가 된 후 2012. 5. 21. 관련 법규에 따라 그 설정자인 원고에게 등기완료통지가 되었다.

(5) 피고는 제 1 근저당권설정등기의 담보대출금 2억 3,000만 원에 대한 이자 납입이 연체되자, 2012. 8. 하순 원고에게 대출금채무와 관련하여 기한의 이익 상실 예고통지를 하였고, 그 이후에도 연체가 계속되자 원고에게 대출금 이자납입을 독촉하고 2012. 11. 16. 이 사건 제 1 근저당권설정등기에 기한 임의경매 실행예정 통지를 하였으며, 원고는 2012. 11. 19. 이를 직접 수령하였다.

(6) 원고는 2012. 12. 31. 직접 피고의 ○○○ 지점을 방문하여 관련 서류(대출거래약정서, 근저당권설정계약서)에 자필 서명한 다음 이 사건 토지에 관하여 피고 앞으로 채무자 원고, 채권최고액 1,680만 원인 근저당권설정등기(이하 '제 2 근저당권설정등기'라 한다)를 하고 1,400만 원을 대출받아 그중 13,237,000원을 제 1 근저당권설정등기의 피담보대출금의 이자로 납부하였다.

다. 위 인정 사실에 의하면, 원고는 제 1 근저당권설정등기에 관한 등기완료통지를 비롯한 각종 통지를 통해서 무권리자인 소외 2 등이 제 1 근저당권설정등기를 하고 대출을 받았다는 사실을 알게 되었다고 할 것이다. 그 후 원고가 이 사건 토지에 관하여 피고 앞으로 제 2 근저당권설정등기를 하고 1,400만 원을 대출받아 그 대부분을 제 1 근저당권의 담보대출금 이자로 납부하였으므로, 이는 제 1 근저당권설정등기와 담보대출의 효과가 자신에게 유효하게 귀속됨을 묵시적으로 인정한 것으로 볼 수 있다. 이처럼 원고가 무권리자인 소외 2 등의 처분을 추인함으로써 제 1 근저당권설정등기와 담보대출의 효력이 원고에게 귀속된다고 보아야 한다.

라. 원심은, 원고가 제 1 근저당권설정등기에 따른 법률효과를 자신에게 귀속시키도록 하는 의사를 피고에게 표시하였다고 보아 '무권대리의 추인'에 관한

피고의 항변을 받아들였다. 이러한 원심의 판단은 '무권리자의 처분에 대한 추인'을 '무권대리의 추인'으로 잘못 파악한 것이지만, 피고의 추인 항변을 받아들인 결론은 수긍할 수 있다. 원심의 판단에 상고이유 주장과 같이 추인에 관한 법리를 오해하는 등으로 판결에 영향을 미친 잘못이 없다.

2. (생략)

3. 상고이유 제4점

원고는 소외 3의 기망행위로 제2근저당권설정등기와 대출거래약정을 한 것으로, 사기를 이유로 이를 취소하였고 이에 따라 추인의 효과도 소급해서 효력을 상실하였다고 주장하였음에도 원심이 그 판단을 누락한 잘못이 있다고 주장한다.

기록상 원고가 소외 3의 기망행위로 제2근저당권설정등기와 대출거래약정을 하였다고 볼 만한 사정이 보이지 않는 상황에서, 원심이 이에 관하여 명시적으로 판단하지 않았다고 하여 원심판결에 판단누락으로 인해 판결 결과에 영향을 미친 잘못이 있다고 볼 수 없다.

4. (생략)

5. 결론

원고의 상고는 이유 없어 이를 기각하고, 상고비용은 원고가 부담하기로 하여, 관여 대법관의 일치된 의견으로 주문과 같이 판결한다.

질문 및 제안

(1) 이 판결이 소외 2 및 소외 1이 애초에 행한 이 사건 토지에 관한 제1근저당권의 설정(이 판결 '이유'의 1. 나. (3) 부분)이 무권대리행위가 아니라 무권리자의 처분에 해당한다고 본 것은 어떠한 이유에서인가?

(2) 무권리자 처분의 효력에 관한 일반적 법리(위 '이유'의 1. 가. 부분)를 잘 음미하여 보라.

(3) 민법에서 규정하는 '처분'에는 이 사건에서 문제된 근저당권의 설정 외에 어떠한 법률행위가 해당하는가?

(4) 이 판결이 설시하는 개별적 사실들이 그로부터 '무권리자 처분이 묵시적으로 추인되었다'고 추론하는 판단이 내려지기에 적합한가?

(5) 무권대리에 관한 민법 제130조 및 제133조 등이 무권리자 처분의 추인에 '유추 적용'한다고 한다. 이를 수긍할 수 있는가? '유추 적용'이란 무엇이

며, 그냥 '적용'과는 어떻게 다른가? 또 민법 여기저기에서 규정되어 있는 '준용'과는 어떻게 다른가?

Ⅲ. 단독행위의 무권대리

1. 원   칙

무권대리행위가 계약이 아니라 단독행위이면 원칙적으로 무효이다. 그러므로 본인이 이를 추인하더라도 효력이 생기지 않는다. 단독행위에서는 일방적 의사표시에 의하여 법률관계의 변동이 일어난다. 특히 취소·해제·해지·철회와 같이 형성권의 행사로 행해지는 형성적 단독행위는 더욱 그러하다. 그것이 무권대리로 행해진 경우에, 그 유효 여부, 즉 법률관계의 변동 여부를 본인의 추인에 달리게 하는 것은 관련자들의 법률관계를 매우 불안정하게 한다. 그러므로 아예 추인의 여지를 없애서 애초부터 그 행위를 효력 없는 것으로 확정하고, 반면에 무권대리인의 책임을 묻는 일도 없도록 하고 있다.

2. 예   외

(1) 상대방 있는 단독행위의 경우에는 다음의 경우에 한하여 계약의 무권대리에 관한 규정(제130조 내지 제135조)이 적용되어, 추인 등을 할 수 있다.

(가) 능동대리에서는 그 무권대리행위 당시에 상대방이 대리인이 대리권 없이 행위를 하는 것에 동의하였거나 대리인의 대리권을 다투지 아니한 경우가 그러하다(제136조 전단). 여기서 「행위 당시」라고 함은 물론 「단독행위의 수령 후 지체 없이」라는 의미이고, 「다툰다」는 것은 이의를 제기함을 말한다. 무권대리로 행위하는 것에 상대방이 동의하였다면, 이는 무권대리행위의 효력이 부동浮動함을 인수하였다고 할 수 있으므로, 본인의 추인에 대한 유효화 등을 인정해도 무방하다.

(나) 수동대리에서는 상대방이 무권대리인의 동의를 얻어 그에 대하여 단독행위를 한 경우이다(동조 후단). 예를 들어 계약해제의 의사표시를 본인을 위한 수령권한이 없는 사람에 대하여 그의 동의도 얻음이 없이 한 경우에는 무권대리로 계약해제의 효력이 발생하지 않음으로 인한 손해의 배상책임(제135조)

을 그에게 과하지 못하도록 하는 것이다.

(2) 소유권의 포기와 같은 상대방 없는 단독행위의 무권대리행위는 항상 확정적으로 무효이고, 본인의 추인에 의하여 유효하게 될 여지가 없다.

제 5 장   제 3 자를 위한 계약

I. 의   의

1. 제 3 자를 위한 계약이란, 계약당사자가 아닌 사람이 그 계약의 효력으로 계약당사자에 대하여 직접 채권을 취득하는 계약을 말한다. A와 B가 주택의 매매계약을 체결하면서 매수인 B가 대금 1억원을 지급할 채무를 바로 제 3 자 C에 대하여 부담하기로 하는 경우 또는 사용자 A가 피용자 C를 위하여 보험회사 B와의 사이에 상해보험계약을 체결하여 C가 상해를 입으면 B로 하여금 보험금을 지급할 의무를 직접 C에게 부담하도록 하는 경우 등이 그러하다. 이 경우에 A를 요약자要約者(수약자受約者), B를 낙약자諾約者(약속자約束者), C를 수익자受益者라고 한다.

2. 제 3 자를 위한 계약은 계약의 효력이 당사자 아닌 사람에게도 미친다는 의미에서, 계약의 상대성 또는 영미법에서 말하는 직접계약관계(privity of contract)의 법리에 대한 예외가 된다.

역사적으로 이를 원칙적으로 부인하였던 로마법의 원칙을 극복하기 위하여 장기간의 노력이 요구되었다. 그리고 종전에는 이러한 계약을 설명하기 위하여 다양한 법률구성이 시도되었다. 그런데 계약당사자가 계약에서 발생하는 채권을 제 3 자에게 귀속시키고자 하는 경우에 계약자유의 원칙에 좇아 그 내용대로 법률효과를 인정해도 별다른 문제가 없다. 물론 수익자로서는 자신의 의사에 의하지 않고 채권취득의 이익을 얻으므로, 이 점에 대하여는 그의 입장을 고려할 필요가 있다. 그러나 이는 제 3 자의 권리취득의 측면에서 규율할 문제이고(제539조 제 2 항 참조), 계약을 법적으로 인정할 것인지의 차원에서 논의할 필요가 없다.

　3. 계약에서 당사자 일방이 의무를 부담하는 급부를 제 3 자에 대하여 하기로 하는 약정(제 3 자방 급부약정第三者方 給付約定)이 빈번하게 이루어진다. 가령 C에게 물건을 매도한 B가 이를 A로부터 매수하면서 그 계약에서 목적물을 직접 C에게 인도하기로 약정하는 경우 또는 C에게 차용금채무를 부담하는 B가 물건매매계약에서 매수인 A로 하여금 대금을 바로 C에게 지급하기로 약정하는 경우 등이 그러하다.

　제 3 자방 지급약정에 따라 급부를 제 3 자에게 하는 내용의 채무가 우선 계약당사자 사이에서 발생하게 된다. 여기에서 한 걸음 나아가 급부의 상대방인 제 3 자가 그 약정의 효력으로 계약당사자에 대하여 급부를 청구할 권리를 가지게 되는지는, 계약에서 제 3 자에게 그러한 권리를 발생시키는 것으로 약정하였는지에 달려 있다. 이와 같이 제 3 자가 직접 권리를 가지도록 하는 약정을 「제 3 자 수권약정」 또는 「제 3 자 약관」이라고 한다. 즉 제 3 자수권약정을 수반하는 제 3 자방 급부약정을 포함하는 계약은 제 3 자를 위한 계약에 해당한다. 실제 거래에서 제 3 자를 위한 계약인지가 가장 빈번하게 문제되는 것은 바로 이와 같이 제 3 자약관을 수반하는 제 3 자방 급부약정을 포함하는 계약이다. 이 경우에는 제 3 자 급부약속을 한 낙약자에 대하여 요약자와 수익자의 각 급부청구권이 경합하게 된다.

　한편 제 3 자방 급부약정을 포함하는 계약 이외의 경우에도 제 3 자를 위한 계약을 할 수 있다. 대표적인 예는, 채무자 B와 제 3 자 A의 계약으로 중첩적 채무인수를 하는 경우이다.[1] 이 경우에 제 3 자(인수인)는 이미 별도의 원인에 의하여 발생한 채무를 인수하는 것이고 채권자 C는 이에 기하여 인수인에 대하여 급부청구권을 가지게 된다.

　4. A와 B가 제 3 자를 위한 계약을 체결하여 B가 C에게 급부를 하게 되는 이유는, A로서는 B에 대한 채무를 발생시키는 채권관계가, B로서는 C에 대한 채무를 발생시키는 채권관계가 각각 있기 때문이다. 여기서 B의 C에 대한 출연에 대하여, B의 출연에 대한 보상이 이루어지게 되는 법률관계(A와 B 사이의 관계)를 보상관계補償關係(Deckungsverhältnis)(판례 중에는 이를 「기본관계」라고 부르기도 한다)라고 하고, C가 그 출연에 의하여 얻는 이득에 대하여 대가를 계산

---

1) 대판 1989. 4. 25, 87다카2443.

하여야 하는 법률관계(A와 C 사이의 관계)를 대가관계對價關係(Valutaverhätnis)라고 한다. 다시 말하면, B의 출연은, A와 B 사이의 보상관계와 A와 C 사이의 대가관계를 원인(causa)으로 하여 이루어진다. 이를 도표로 나타내면 다음과 같다.

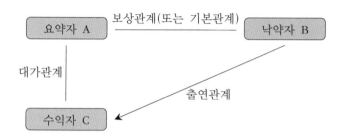

5. 제 3 자를 위한 계약의 당사자는 요약자와 낙약자이다. 요약자가 수익자의 대리인으로서 체결하는 것이 아니다. 그러므로 계약의 효과는 당사자인 요약자와 낙약자에게 귀속된다. 다만 낙약자가 당사자 아닌 제 3 자에 대하여 채무를 부담하는 것이 그 효과에 포함된다는 것이 특이할 뿐이며, 그 밖의 계약상 법률효과는 모두 당사자 본인들에게 미친다. 수익자가 제 3 자를 위한 계약에 기하여 채권을 취득하는 것은 계약의 내용, 즉 당사자들이 합의한 내용이 그러하기 때문이다.

Ⅱ. 제 3 자를 위한 계약의 체결 ― 제 3 자 약관

1. 제 3 자를 위한 계약은 요약자와 낙약자 사이에 제 3 자인 수익자에게 권리를 취득시키려는 합의가 있어야 한다. 요약자와 낙약자 사이의 계약에 관해서는 일반적인 계약에 관한 내용이 그대로 적용된다. 이 계약이 무효이거나 취소되면 제 3 자는 권리를 취득할 수 없다. 그러나 요약자와 제 3 자 사이의 대가관계는 계약의 성립과는 관계가 없다.

제 3 자를 위한 계약에서 특징적인 사항은 제 3 자가 직접 권리를 취득한다는 사항이 계약에 포함되어 있다는 점이다. 이를 제 3 자 약관이라고 한다.

2. 제 3 자는 통상 계약의 당사자 이외의 자를 가리킨다. 제 3 자는 자연인

일 수도 있고 법인일 수도 있다. 또한 제 3 자를 위한 계약에서 제 3 자는 계약
당시 현존하지 않아도 되므로, 태아[2]나 설립중의 법인[3]도 제 3 자가 될 수 있다.

　3. 제 3 자 약관이 있는지 문제되는데, 대법원은 "제 3 자를 위한 계약인지
여부는 당사자의 의사가 그 계약에 의하여 제 3 자에게 직접 권리를 취득하게
하려는 것인지에 관한 의사해석의 문제"라고 한다.[4] 이에 관한 사례를 살펴
보자.

　판례는 매수인의 매매목적물과 관련된 부담을 인수하고 그 금액을 매매대
금에서 공제한 경우에 제 3 자를 위한 계약이 아니라고 한다. 즉, "매수인이 매
매목적물에 관한 근저당권의 피담보채무, 가압류채무, 임대차보증금반환채무를
인수하는 한편 그 채무액을 매매대금에서 공제하기로 약정한 경우, 다른 특별
한 사정이 없는 한 이는 매도인을 면책시키는 채무인수가 아니라 이행인수로
보아야 하고, 매수인이 위 채무를 현실적으로 변제할 의무를 부담한다고도 해
석할 수 없"다고 하고, "매수인은 제 3 자의 지위에서 매도인에 대하여만 그의
채무를 변제할 의무를 부담함에 그치"는 것이라고 한다.[5]

　한편 「타인을 위한 보험」(상 제639조)은 제 3 자를 위한 계약에 해당하는
경우가 많다. 가령 매도인이 매수인을 위하여 체결하는 운송보험, 기업주의 피
용자를 위한 상해보험, 아버지가 아들을 위한 생명보험 등을 들 수 있다.[6] 또
한 중첩적 채무인수에 해당하는 경우에는 제 3 자를 위한 계약에 해당한다.[7]
대법원은 용역경비계약에 관한 사건에서 "이 계약은 경비의 대상인 건물을 일
상적으로 사용하는 건물소유자 및 그의 처를 포함한 동거가족을 위한 제 3 자
를 위한 계약"이라고 보았다.[8] 그러나 건물을 일시 방문한 자들은 제 3 자의 범
위에 포함되지 않는다고 한다.

---

2) 상세한 것은 김재형, "분만계약에서 태아의 법적 지위," 민법론 Ⅳ, 2011, 37면 이하 참조.
3) 대판 1960. 7. 21, 4292민상773.
4) 대판 1996. 1. 26, 94다54481.
5) 대판 1990. 1. 25, 88다카29467; 대판 1993. 2. 12, 92다23193.
6) 대판 1997. 5. 30, 95다14800은 공장건물의 임차인이 그 소유의 공구·기계 등과 함께 건
　물을 보험에 가입한 경우, "건물에 관한 계약부분은 보험계약자가 건물소유자를 위하여
　체결한 것으로서 보험사고가 발생하면 보험금을 건물소유자에게 지급하기로 하는 제 3
　자를 위한 보험계약"이라고 하였다.
7) 대판 1989. 4. 25, 87다카2443; 대판 1996. 12. 23, 96다33846.
8) 대판 1993. 8. 27, 92다23339.

Ⅲ. 효   력

1. 수익자의 지위

(1) 수익의 의사표시에 의한 권리 취득

수익자는 낙약자에 대한 수익의 의사표시에 의하여 권리를 취득한다(제 539조 제 2 항).

(2) 수익의 의사표시 전의 지위

(가) 수익의 의사표시 전에는 일종의 형성권을 가진다. 이는 원칙적으로 상속할 수 있고, 채권자대위권의 대상이 된다. 그러나 양도할 수 있는지에 대하여는 논란이 있을 수 있다.

(나) 이 권리는 10년의 제척기간에 걸린다. 이는 수익의 의사표시의 결과로 취득하는 채권의 소멸시효와는 별도이다.

(다) 낙약자에게는 최고권이 인정된다(제540조). 즉, 낙약자는 상당한 기간을 정하여 계약의 이익을 향수할 것인지 여부를 확답할 것을 수익자인 제 3 자에게 최고할 수 있다. 채무자가 그 기간내에 확답을 받지 못한 때에는 제 3 자는 계약의 이익을 받을 것을 거절한 것으로 간주한다.

(3) 수익의 의사표시 후의 지위

제 3 자는 해제권(해제로 인한 원상회복청구권도 포함) · 취소권과 같이 계약당사자의 지위에서 가지는 권리는 가지지 못한다. 그러나 채권자의 지위에서 가지는 권리, 가령 채무불이행으로 인한 손해배상청구권(계약이 해제된 경우에도 같다), 하자담보책임으로서의 손해배상청구권 등은 가질 수 있다. 물론 채권의 양도도 할 수 있다.

수익의 의사표시 후에는 계약당사자는 제 3 자의 권리를 변경 · 소멸시키지 못한다(제541조). 이는 당사자의 의사에 기한 변경 · 소멸(가령 합의해제 등)[9]을 할 수 없다는 취지에 불과하다. 그러나 원래의 당사자로서 가지는 권리, 가령 낙약자의 채무불이행으로 인한 계약해제를 할 수 있다. 판례도 "요약자는 낙약자의 채무불이행을 이유로 제 3 자의 동의 없이도 계약을 해제할 수 있다."라고

---

9) 대판 1997. 10. 24, 97다28698.

한다.[10)]

2. 요약자의 지위

(1) 제 3 자에의 급부를 청구할 수 있는 권리

요약자는 낙약자를 상대로 제 3 자에게 급부를 이행하라는 청구를 할 수 있다.[11)] 낙약자가 이 의무를 이행하면, 제 3 자의 권리는 물론 요약자의 이 권리도 소멸한다.

낙약자가 제 3 자에 대한 의무를 위반한 경우(즉 채무불이행)에 요약자는 낙약자에게 이로 인한 채무불이행책임을 물을 수 있다. 요약자는 해제는 물론 손해배상도 청구할 수 있다. 다만 그 내용은 제 3 자에 대한 불이행으로 인하여 자신에게 생긴 손해이다.

(2) 보상관계에 기한 의무

낙약자는 요약자의 채무불이행이 있으면, 계약을 해제하여 제 3 자의 권리를 소멸시킬 수 있다.

3. 낙약자의 지위

낙약자의 지위는 요약자에 대한 관계 및 수익자에 대한 관계의 반면反面이다. 낙약자는 "계약契約에 기한 항변抗辯으로 수익자에게 대항할 수 있다"(제542조).

여기서 "계약에 기한 항변"에는 계약의 불성립·무효·취소·해제조건 성취 등과 같이 제 3 자의 권리의 소멸에 관한 사유는 물론, 동시이행의 항변권 등도 포함된다. 이는 요약자와 낙약자 사이의 보상관계가 수익자의 법적 지위(채권·채무 등), 나아가 그 채무의 이행으로 한 출연의 효력에 직접적으로 영향을 주는 것을 의미한다. 이와 달리 요약자와 수익자 사이의 대가관계의 운명에 의하여 낙약자의 수익자에 대한 채무(나아가 그에 기한 출연)는 영향을 받지 않고, 단순히 부당이득의 문제가 될 수 있을 뿐이다.[12)]

---

10) 대판 1970. 2. 24, 69다1410 등.
11) 대판 2022. 1. 27, 2018다259565.
12) 대판 2003. 12. 11, 2003다49771; 대판 2005. 3. 24, 2004다71928.

[판결 1] 경비용역계약과 제 3 자를 위한 계약: 대판 1993. 8. 27, 92다23339

상고이유를 본다.

1. 원심판결 이유에 의하면, 원심은 화재예방과 도난방지를 위한 용역경비업무를 도급받아 시행하는 용역경비업체인 피고회사가 1988. 10. 1. 소외 주식회사 한흥(이하 소외회사라 한다)과 사이에 창원시 사림동 73블록 7놋트 지상 2층 주택건물(이하 이 사건 건물이라 한다)을 경비대상물로 하여 전자기계장치에 의한 방범제공업무를 내용으로 하는 용역경비계약을 체결하고 1989. 1. 28.부터 용역경비업무를 제공하여 온 사실, 원래 이 사건 건물의 소유자는 소외회사의 감사인 소외 A로서 동인이 가족과 함께 그곳에 거주하여 왔는데 1989. 12. 29. 15 : 00경 위 A의 처인 원고 B가 그곳에 계를 하기 위하여 놀러온 나머지 원고 등 10명의 계원들과 모임을 갖던 중 원고 등이 그 판시와 같이 복면괴한에 의하여 금품을 강취당하여 각 일정액의 재산상의 피해를 입은 사실, 피고회사는 원고 등이 금품을 강취당한 후인 같은 날 17 : 04경 원고 B가 피고회사의 부산 관제본부로 전화를 이용하여 신고하고 나서야 비로소 비상대처요원을 이 사건 건물에 파견한 사실, 피고회사와 소외회사는 피고회사 소정의 용역경비약관(이하 이 사건 약관이라 한다)에 따라 소외회사를 위 계약상의 사용자로 하여 위 용역경비계약을 체결하면서 위 용역경비계약은 용역경비업법에 따라 사용자가 위탁한 대상물에 대하여 피고회사가 용역경비를 제공함으로써 사용자의 인명과 재산을 보호함을 목적으로 하고(이 사건 약관중 기본약관 제 1 조), 용역경비대상물이란 사용자가 피고회사에 용역경비를 위탁한 사용자의 인명과 재산을 말하며(위 기본약관 제 2 조 제 1 항), 피고회사와 사용자는 사전 서면동의 없이 위 계약상의 권리의무를 제 3 자에게 양도하지 못한다(위 기본약관 제 5 조)고 약정한 사실, 피고회사의 손해배상책임에 관하여는 피고회사는 그의 귀책사유로 대상물에 손해가 발생하였을 때를 대비하여 별개의 보험에 가입하여 손해배상을 보장하여 주기로 하되(위 기본약관 제28조), 피고회사의 귀책사유로 대상물에 손해가 발생하였을 때에는 사용자의 손해에 대해 1사고당 대인배상으로 1인당 20,000,000원을 한도로 합계 금 200,000,000원과 대물배상으로 100,000,000원 등 도합 금 300,000,000원의 배상한도액 내에서 사용자에 대하여 그 책임을 지기로(위 기본약관 제29조) 약정한 사실, 한편 사용자는 현금 및 귀중품을 되도록 금융기관에 예치하고 대상물 내의 보관을 피하여야 하며, 부득이한 경우에는 고정금고 또는 옮기기 힘든 대형금고 속에 넣은 후 시정하는 등의 조치를 취하여야 하는데 사용자가 위 사항을 준수하지 아니하여 발생한 사고에 대하여는 피고회사가 책임을 지지 아니하기로(이 사건 약관중 협정사항 제12조) 약정한

사실, 위 약관상 피고회사가 사용자인 소외회사 이외에 소외회사의 임원이나 종업원 또는 그들의 가족 등 제 3 자의 손해에 대하여도 책임을 지기로 하는 아무런 명시적인 규정이 없는 사실 등을 인정한 다음, 일반적으로 계약의 효력은 법률에 특별규정이 있거나 당사자 사이에 특별한 약정이 없는 이상 그 계약을 체결한 당사자 사이에만 미치는 것을 원칙으로 한다 할 것인데, 위와 같이 피고회사와 소외회사 사이에 체결된 위 용역경비계약의 약관상에 명시된 위 계약체결의 목적이나 피고회사의 손해배상책임의 내용 및 그 범위, 손해배상책임의 상대방, 계약상의 권리의무의 양도금지 등의 규정이 모두 특정된 계약당사자인 소외회사만을 권리의무의 귀속주체로 상정하고 있는 것으로 보이는 점이라든가 현금이나 귀중품 등 피해대상 물품에 대하여도 사용자에 대한 주의의무의 부여와 함께 용역경비업자의 책임제한규정이 있는 점 등을 들어 피고회사가 소외회사의 임원이나 종업원 또는 그들의 가족 등 제 3 자에 대하여 책임을 지도록 하는 법률상의 규정이나 당사자 사이에 아무런 약정이 없는 이 사건에 있어서 소외회사가 그 임원인 소외 A 소유의 이 사건 건물을 경비대상물로 하여 위 용역경비계약을 체결하였다는 등의 사정만으로 위 계약이 곧 피고회사가 소외회사의 임원이나 그 가족, 더 나아가 그들을 방문한 자등 불특정 다수의 위 건물이용자들 모두에 대해 그들의 인명이나 재산을 보호할 계약상의 책임을 지기로 하는 이른바 제 3 자를 위한 계약이라고 보기 어렵다 할 것이므로(가사 위 계약의 실질적인 당사자가 위 A라거나 위 계약이 동인을 수익자로 한 제 3 자를 위한 계약이라고 하더라도 위 A의 처인 원고 B의 손해를 위 A와 생활상 일체관계에 있는 자의 손해로 보아 이를 위 A의 손해로서 보호할 것인가의 문제는 별론으로 하고 여전히 계약당사자나 제 3 자를 위한 계약상의 수익자에 해당한다고 볼 수 없는 원고 B나 나머지 원고들이 피고회사에 대하여 직접 손해배상청구권을 행사할 수 없음은 마찬가지다), 결국 원고들이 피고회사와 소외회사 사이의 위 용역경비계약상의 수익자인 제 3 자로서 피고회사에 대하여 피고회사의 위 용역경비계약상의 불이행을 원인으로 한 손해배상청구권을 직접 행사할 수 있음을 전제로 한 원고들의 이 사건 청구는 이유 없다는 이유로 이를 모두 기각하였다.

2. 원심판시증거를 기록에 비추어 살펴보면, 이 사건 계약의 약관상 사용자에 관하여 별도의 규정을 두고 있지 아니할 뿐만 아니라, 위 약관이 계약당사자와 용역경비제공의 상대방과 일치하는 경우를 예정한 전형적인 규정임을 감안하여 위 약관상 사용자라는 용어를 통일적으로 해석할 때 각 규정 사이에 상충하는 부분이 없지 아니하므로, 비록 위 약관상 명시적으로 피고회사와 제 3 자에 대한 권리 의무관계에 관한 규정을 두고 있지 아니하여도, 이러한 약관을 해

석함에 있어 신의성실의 원칙에 따라 공정하게 해석하고 약관의 뜻이 명백하지 아니하는 경우에는 고객에게 유리하게 해석하여야 할 것이다(약관의 규제에 관한 법률 제 5 조).

그런데 이 사건 약관에 나타난 이 사건 계약의 목적 및 경비대상물의 정의규정과 손해배상규정을 살펴보면 소외회사가 이 사건 계약의 용역경비의 보호대상이 되는 것이 아닐 뿐 아니라 경비대상물인 재산 및 생명과는 직접적으로 관련되어 있지 아니함을 알 수 있으므로, 최소한 피고회사의 용역경비의무의 불이행으로 인한 손해배상청구에 있어서 위 약관상의 사용자는 소외회사외의 다른 제 3 자를 의미한다고 봄이 상당하다고 할 것이고, 따라서 이 사건 계약은 최소한 그 범위내에서 제 3 자를 위한 계약으로서, 여기서 제 3 자라 함은 이 사건 계약상 용역경비업무의 성질, 손해배상책임의 대인배상한도액, 용역경비대상물의 소유 및 사용관계, 소외회사가 이 사건 계약을 체결한 동기 내지 경위등에 비추어 보면 경비대상물인 이 사건 건물을 일상적으로 사용하는 위 A 및 그의 처인 원고 B를 포함한 동거가족을 말한다고 봄이 상당하다고 할 것이다(피고도 원심에 이르기까지 이 점을 다투고 있지 아니하다).

그러나 나머지 원고들은 위 건물에 일시 방문한 자들로서 위 제 3 자의 범위에 속하지 아니한다 할 것이다.

그럼에도 불구하고 원심은 이 사건 약관을 이와 달리 해석하여 이 사건 계약이 제 3 자를 위한 계약이 아니라는 취지로 판단하였음은 원고 B에 관한 한 필경 제 3 자를 위한 계약에 관한 법리오해와 심리미진으로 판결에 영향을 미친 위법을 저지른 것으로서 이 점을 지적하는 논지는 이유가 있고, 나머지 원고들에 관하여는 원심이 비록 그 이유를 달리 하나 위 원고들이 이 사건 계약상의 손해배상청구권을 행사할 수 없다는 결론에는 영향이 없으므로 논지는 모두 이유가 없다.

질문

(1) 이 사건 경비용역계약은 제 3 자를 위한 계약인가?

(2) 위 계약에서 제 3 자의 범위는 어떻게 되는가?

[판결 2] 제3자를 위한 계약인지의 판단기준: 대판 2006. 9. 14, 2004다18804

상고이유를 판단한다.

1. 사실관계

원심판결 이유 및 기록에 의하면 다음 사실이 인정된다.

가. 갑 주식회사는 인천 남구 (주소 생략) 등 그 일대 8필지(이하 '이 사건 신탁부동산'이라고 한다)의 토지상에 지상 14층 지하 5층의 '엡스201'이라는 패션상가(이하 '이 사건 상가건물'이라고 한다)를 건축하여 분양하기로 하고, 2002. 2. 5. 피고와의 사이에 '부동산처분신탁계약'을, 그리고 같은 달 20.에 피고 및 을 주식회사와 사이에 '자금관리대리사무계약'을 체결하였다.

나. 위 부동산처분신탁계약의 내용은 아래와 같다.

(1) 갑 회사는 피고에게 이 사건 신탁부동산에 대한 소유권이전 및 신탁등기를 하고(제3조 제1항), 피고는 그 등기명의를 보존·관리하고 이를 142억원 이상으로 처분하여 그 처분대금을 갑 회사에 교부하는 업무를 행하며(제1조, 제7조), 그 대가로 피고는 갑 회사로부터 소정의 신탁보수를 받는다(제16조).

(2) 갑 회사는 신탁등기 후 신탁부동산 분양을 실시하되, 분양 주체는 갑 회사와 피고 공동명의로 하고, 분양대금은 피고의 예금계좌로 관리한다(특약 제4조).

(3) 본 사업 수행에 따른 건설비, 판매비, 신탁사무처리비용, 기타 본 계약과 관련된 제반 비용 및 개발비는 갑 회사의 요청에 의하여 피고가 당사자에게 직접 지급함을 원칙으로 한다(특약 제6조 제1항). [중략]

다. 자금관리대리사무계약의 내용은 아래와 같다.

(1) 갑 회사는 건축주로서 건축허가 등 인허가 업무, 공사도급계약의 체결, 금융기관으로부터의 사업자금의 차입 등의 업무를 수행한다(제3조).

(2) 공사비는 갑 회사의 요청에 의하여 피고가 을 회사에게 직접 지급한다(제5조 제4항).

(3) 분양대금은 토지 및 건물대금과 개발비로 구분하여 피고 명의의 예금계좌로 관리한다(제7조 제1항).

(4) 본 사업 수행에 따른 건설비, 판매비, 신탁사무처리비용, 기타 본 계약과 관련된 제반 비용 및 개발비는 갑 회사의 요청에 의하여 피고가 당사자에게 직접 지급함을 원칙으로 한다(제9조 제1항). [중략]

라. 한편 갑 회사는 2000년 월일불상경 을 회사에게 이 사건 상가건물의 건축을 도급하는 계약을 맺는 한편, 2000. 9. 20. 원고와의 사이에 위 건축공사의 감리업무를 5억원에 계약하였다.

마. 그 후 감리업무는 2002. 2. 28. 중단되었으나, 갑 회사는 2002. 4. 11. 원고에게 미지급된 감리비 채권이 74,860,000원 있음을 확인하여 주면서, 감리비 결제를 위하여 이미 원고에게 교부하였던 소외 병 회사의 약속어음이 부도처리될 경우 2천만원을 추가로 원고에게 지급하기로 약정하였고, 이 때 원고에게 지급기일을 2002. 6. 15.로 기재한 액면금 74,860,000원의 약속어음 공증을 하였는데, 을 회사는 그 지급을 연대보증한다는 취지에서 갑 회사와 함께 위 어음의 공동발행인이 되었다.

바. 그 후 원고는 2002. 7. 2.에 위 약속어음 공정증서에 기하여 갑 회사에 대한 채권의 존재를 주장하면서, 갑 회사가 피고에 대하여 가지는 신축공사의 공사대금 지급청구채권 중 74,860,000원에 이를 때까지의 청구채권에 대한 압류 및 전부명령을 인천지방법원 2002타채2215호로 발령받았고(이하 '제 1 차 전부명령'이라고 한다), 2002. 7. 5.에는 역시 위 약속어음 공정증서에 기하여 을 회사에 대한 채권의 존재를 주장하면서, 을 회사가 피고에 대하여 가지는 신축공사대금 지급청구채권 중 74,860,000원에 이를 때까지의 청구채권에 대한 압류 및 전부명령을 대전지방법원 홍성지원 2002타채513호로 발령받았다(이하 '제 2 차 전부명령'이라고 한다).

사. 원고는 2002. 8. 14. 피고로부터 위 감리비 중 일부인 3천만원을 수령하였다.

2. 주위적 청구에 관한 상고이유에 대하여

가. 제 3 자를 위한 계약이라 함은 통상의 계약이 그 효력을 당사자 사이에서만 발생시킬 의사로 체결되는 것과는 달리 계약 당사자가 자기들 명의로 체결한 계약에 의하여 제 3 자로 하여금 직접 계약 당사자의 일방에 대하여 권리를 취득하게 하는 것을 목적으로 하는 계약이므로, 어떤 계약이 제 3 자를 위한 계약에 해당하는지 여부는 당사자의 의사가 그 계약에 의하여 제 3 자에게 직접 권리를 취득하게 하려는 것인지에 관한 의사해석의 문제로서 이는 계약 체결의 목적, 계약에 있어서의 당사자의 행위의 성질, 계약으로 인하여 당사자 사이 또는 당사자와 제 3 자 사이에 생기는 이해득실, 거래 관행, 제 3 자를 위한 계약제도가 갖는 사회적 기능 등 제반 사정을 종합하여 계약 당사자의 의사를 합리적으로 해석함으로써 판별할 수 있다(대법원 1997. 10. 24. 선고 97다28698 판결 참조).

나. 그런데 특약 제 6 조 제 1 항 및 자금관리대리사무계약 제 9 조 제 1 항에서 자금집행의 방법으로 갑 회사의 요청에 의하여 피고가 당사자에게 직접 지급함을 원칙으로 한다고 하고, 자금관리대리사무계약 제 5 조 제 4 항에서 공사

비는 갑 회사의 요청에 의하여 피고가 을 회사에게 직접 지급하기로 한 것은, 피고가 피고 명의의 예금계좌를 개설하여 그 계좌로 분양대금을 받아 자금관리를 하기로 하였기 때문으로 보이고, 여기에 도급계약의 당사자도 아닌 피고가 을 회사에 대한 공사대금지급채무를 인수할 뚜렷한 이유가 없는 점, 위 각 조항은 갑 회사와 피고 사이에 을 회사 또는 제3자에게 직접 권리를 취득하게 하는 것을 목적으로 하는 것이라기보다는 자금집행의 순서 또는 방법을 정한 것으로 보이는 점 등을 더하여보면 을 회사는 위 각 조항에 의해서 피고에게 직접 공사대금지급청구를 할 수 없고, 따라서 그러한 공사대금지급청구권이 있음을 전제로 하는 제2차 전부명령은 무효라고 할 것이다.

다. 원심판결 이유에 의하면, 원심은 을 회사의 공사비채권 중 이 사건 청구취지 금액 상당에 관하여 갑 회사 측에서 지급요청을 한 바가 없는 이상 부동산처분신탁계약에 기해서도 피고는 을 회사에 대한 지급을 할 지위에 있지 않다고 하면서 제2차 전부명령에 따른 전부금의 지급을 구하는 원고의 주위적 청구를 기각하였다. 그 설시된 이유는 적절치 않으나 위에서 본 것과 같이 갑 회사의 요청이 있는지의 여부에 관계없이 을 회사의 피고에 대한 공사대금지급청구권이 존재하지 않는 이상 주위적 청구를 기각한 원심의 판단은 결과적으로 정당하고 거기에 판결 결과에 영향을 미친 채증법칙 위배로 인한 사실오인이나 전부명령에 관한 법리오해의 위법이 없다.

3. 예비적 청구에 관한 상고이유에 대하여

가. 앞서 본 법리와 기록에 비추어 살펴보면, 특약 제6조 제1항 및 자금관리대리사무계약 제9조 제1항이 제3자를 위한 계약으로 볼 수 없으므로 원고는 감리계약의 당사자가 아닌 피고에게 직접 감리비의 지급을 청구할 수는 없다.

나. 원심판결 이유에 의하면, 원심은 갑 회사가 액면금 74,860,000원의 약속어음 공정증서를 원고에게 발행한 것은 원고에 대한 감리비 잔금채무의 액수를 그만큼 확인하여 준 것이므로 이는 '갑 회사의 요청'에 준한다고 볼 수가 있고 따라서 원고의 피고에 대한 감리비지급청구권은 위 금액 범위 내에서 인정되지만, 원고가 갑 회사에 대한 감리비지급청구권을 집행채권으로 삼아 제1차 전부명령을 발령받았으므로 이 전부명령의 효력발생에 의하여 원고가 갑 회사 및 피고에 대하여 가지는 감리비지급청구권은 소멸하였다는 이유로 원고의 예비적 청구를 기각하였다. 원심이 원고의 피고에 대한 감리비지급청구권이 인정된다고 본 것은 잘못이나 원고의 예비적 청구를 기각한 것은 결과적으로 정당하므로 거기에 판결 결과에 영향을 미친 채증법칙 위배로 인한 사실오인이나

법리오해 등의 위법이 없다.

　　4. 그러므로 상고를 기각하고, 상고비용은 패소자의 부담으로 하여 관여 대법관의 일치된 의견으로 주문과 같이 판결한다.

(1) 어떠한 계약 또는 그 일부를 이루는 약정이 '제 3 자를 위한 계약'에 해당 하는 경우와 해당하지 않는 경우는 구체적으로 관련자들의 법적 지위에 어떠한 차이를 초래하는가?

(2) 이 사건에서 문제된 직접지급조항이 제 3 자를 위한 계약에 해당하지 않는 다고 하는 판단은 정당한가?

(3) 위 판결에서 말하는 '압류 및 전부명령'이란 무엇인가?

(4) 실제의 사회생활에서 다양한 이해관계인이 법적으로 얽히게 되는 연유를 위 판결의 사실관계에 비추어 생각하여 보시오.

[판결 3] 제 3 자를 위한 계약과 부당이득: 대판 2005. 7. 22, 2005다7566, 7573

　　상고이유를 본다.

　　1. 원심판결 이유에 의하면, 원심은 그 채용 증거를 종합하여 판시사실을 인정한 다음, 원고(반소피고, 이하 '원고'라고 한다)는 A로부터 이 사건 물건을 매수하고, 매매대금은 A가 피고에게 부담하고 있는 채무금 상당의 금원을 피고 에게 지급함으로써 A에 대한 매매대금의 지급에 갈음하기로 한 것이고, A의 피 고에 대한 채무는 원고가 위와 같이 피고에게 금원을 지급함으로써 일응 소멸 하는 관계에 있다고 할 것이므로, 이 사건 매매대금의 지급방법에 관한 약정은 원고를 낙약자, A를 요약자, 피고를 제 3 자(수익자)로 하여 원고와 A 사이에 위 와 같은 기본관계(보상관계) 및 A와 피고 사이에 위와 같은 대가관계(원인관계) 가 모두 존재하고, 피고로 하여금 원고에 대하여 이 사건 대금지급방법에 관한 약정에 따라 대금을 직접 청구할 수 있는 권리를 취득케 하는 제 3 자를 위한 계약에 해당하며, 동시에 위 약정은 원고가 A의 피고에 대한 채무를 인수하는 병존적 채무인수에도 해당한다고 판단하였다.

　　기록에 의하면, 원심의 사실인정과 판단은 정당하고, 거기에 채증법칙에 위배하여 사실을 오인한 위법이 있다고 할 수 없다.

　　2. 원심은 또한, B가 이미 이 사건 물건의 소유권을 취득함으로써 A의 원

고에 대한 이 사건 물건의 소유권이전의무가 이행불능 상태에 빠졌음을 이유로
이 사건 매매계약을 해제하였으므로, 피고는 해제에 따른 원상회복으로서 원고
로부터 지급받은 이 사건 매매계약의 매매대금 2,600만 원을 반환할 의무가 있
다는 원고의 본소청구에 대하여는, 이 사건 매매계약을 해제한다는 의사표시가
담긴 이 사건 본소장 부본이 매도인인 A에게 송달됨으로써 이 사건 매매계약은
적법하게 해제되었다고 할 것이나, 비록 위와 같이 기본관계를 이루는 이 사건
매매계약이 적법하게 해제되었다고 하더라도, ① 피고에 대한 원고의 모든 급부
는 기본관계를 이루는 이 사건 매매계약의 당사자인 원고와 A 사이의 채권관계
에 기한 급부일 뿐이므로(제 3 자인 피고는 이와 직접적인 관련이 없다) 이로 인
한 부당이득반환의무는 당연히 원고와 A 사이에서만 발생한다고 봄이 타당한
점, ② 기본관계는 해제로 인하여 무효라 하더라도 대가관계에 아무런 하자가
없는 경우 제 3 자의 급부수령은 요약자와의 관계에 기한 정당한 수령으로서 부
당이득반환의 대상이 되지 아니한다 할 것이고, 또한 제 3 자에 대한 낙약자의
급부에 의하여 요약자가 채무를 면하게 되며, 요약자와 제 3 자 사이의 유효한
결제를 부인할 필요가 없으므로, 낙약자로서는 제 3 자가 아닌 요약자에 대하여
부당이득의 반환을 청구하여야 한다고 봄이 상당한 점, ③ 또한, 원고가 피고에
대하여 직접 부당이득반환청구를 할 수 있다고 보면, 자기 책임하에 체결된 계
약에 따른 위험부담을 제 3 자에게 전가시키는 것이 되어 계약법의 기본원리에
반하는 결과를 초래하게 되는 점 등에 비추어 볼 때, 그 계약관계의 청산은 이
사건 매매계약의 당사자인 원고와 A 사이에 이루어져야 할 것이고, 제 3 자인
피고를 상대로 하여 해제에 따른 원상회복 또는 위 매매대금을 지급받은 것이
부당이득이라는 이유로 그 반환을 구할 수는 없다고 하여 원고의 본소청구를
배척하였다.

　　제 3 자를 위한 계약관계에서 낙약자와 요약자 사이의 법률관계(이른바 기
본관계)를 이루는 계약이 해제된 경우 그 계약관계의 청산은 계약의 당사자인
낙약자와 요약자 사이에 이루어져야 하므로, 특별한 사정이 없는 한 낙약자가
이미 제 3 자에게 급부한 것이 있더라도 낙약자는 계약해제에 기한 원상회복 또
는 부당이득을 원인으로 제 3 자를 상대로 그 반환을 구할 수 없다.

　　원심의 위 판단은 앞서 본 법리에 따른 것으로서 정당하고, 거기에 제 3 자
를 위한 계약에서의 계약해제에 관한 법리를 오해한 위법이 없다.

　　3. 제 3 자를 위한 계약에서의 제 3 자가 계약해제시 보호되는 민법 제548조
제 1 항 단서의 제 3 자에 해당하지 않음은 물론이나, 그렇다고 당연히 계약해제
로 인한 원상회복의무를 부담해야 하는 것은 아니고, 또한 낙약자는 미지급급부

에 대해서는 민법 제542조에 따라 계약해제에 따른 항변으로 제 3 자에게 그 지급을 거절할 수 있는 것이나, 이는 이미 지급한 급부에 대해 계약해제에 따른 원상회복을 구하는 것과는 다른 경우로서 동일한 법리가 적용될 수는 없는 것이므로, 원심이 같은 취지에서 본소와 반소청구를 판단하고 있는 것은 정당하고, 거기에 원고가 상고이유로 드는 이유모순의 위법이 없다.

질문

(1) 이 사건 계약은 제 3 자를 위한 계약에 해당하는가?
(2) 이 사건에서 부당이득반환청구의 당사자는 누구인가?

제 3 편

주요한 계약유형

제1장 서 론

　　민법은 채권편 제2장에서 15종의 전형계약에 관하여 규정하고 있다. 증여, 매매, 교환, 소비대차, 사용대차, 임대차, 고용, 도급, 여행계약, 현상광고, 위임, 임치, 조합, 종신정기금, 화해가 그것이다. 이 전형계약은 채권계약 중에서 가장 기본적인 것에 속한다. 전형계약을 그 목적에 따라 다섯 가지로 구분할 수 있다.

　　첫째, 재산권 이전계약으로, 매매, 증여, 교환, 화해가 이에 속한다.

　　둘째, 재산권 이용계약으로, 소비대차, 사용대차, 임대차가 이에 속한다.

　　셋째, 노무공급계약으로, 고용, 위임, 도급, 여행계약이 이에 속한다.

　　넷째, 장소제공계약으로, 임치계약이다.

　　다섯째, 단체계약으로, 조합계약이 이에 속한다.

　　여기에서는 주요한 계약유형인 매매에 관하여 살펴보고, 이와 대비하는 의미에서 도급에 관하여 간략하게 다루고자 한다. 나아가 매매나 도급과 같은 쌍무계약에 공통된 법문제로서 동시이행관계(또는 동시이행의 항변권)에 관하여 보기로 한다.

제 2 장　매　매

I. 의　의

1. 의　의

매매는 재화와 금전을 교환하는 계약으로서, 통상 매도인은 매수인에게 재산권을 이전하고, 매수인은 매도인에게 대금을 지급한다. 매매는 가장 빈번하게 이루어지는 계약일 뿐만 아니라, 계약에 관한 법리는 매매를 중심으로 발달하였다고 볼 수 있다. 따라서 매매법은 사법적 거래법의 중심이라고 할 수 있다.

2. 매매의 법적 성질

매매는 낙성·쌍무·유상·불요식계약[1]이다. 첫째, 당사자의 합의만으로 매매계약이 성립하므로, 낙성계약에 해당한다. 대금과 재화를 맞교환하는 이른바 현실매매도 많이 이루어지고 있으나, 매매는 원칙적으로 매도인과 매수인이 서로 의무를 부담하는 것으로 성립한다. 둘째, 매매계약은 당사자 쌍방이 서로 상대방의 채무를 발생시키기 위하여 자신이 그에 대응하는 채무를 부담하는 관계, 즉 목적적 의존관계에 있기 때문에, 쌍무계약에 해당한다. 따라서 동시이행의 항변권(제536조)[2]이나 위험부담(제537조, 제538조)에 관한 규정이 적용된다. 셋째, 매매계약은 쌍방 당사자의 의무가 대가관계에 있으므로 유상계약에

---

1) 계약의 종류에 관한 일반적인 설명은 위 제 1 장 참조.
2) 또한 제568조 제 2 항은 매도인의 재산권 이전의무와 매수인의 대금지급의무는 동시이행의 관계에 있다는 것을 명시하고 있다.

해당한다. 매매계약은 대표적인 유상계약으로서, 민법은 매매에 관한 규정을
그 성질이 허용하는 한 유상계약에 준용한다(제567조). 넷째, 민법은 매매계약
을 체결하는 데 서면 등 일정한 방식을 요구하지 않기 때문에 매매는 불요식
계약에 해당한다.

3. 매매에 관한 법원法源

(1) 민사에 관한 법원法源

민법 제 1 조는 민사에 관하여 법률에 규정이 없으면 관습법에 의하고 관
습법이 없으면 조리에 의한다라고 정하고 있다. 매매에 관한 기본적인 법원法
源은 민법이다. 그 밖에 상법 등 여러 특별법이 매매에 적용된다. 성문법이 없
으면 관습법과 조리가 순차적으로 적용된다.[3]

(2) 매매에 관한 특별한 법원法源

(가) 전자문서 및 전자거래 기본법

전자거래가 활성화됨에 따라 전자문서 및 전자거래 기본법이 제정되었는
데, 이 법은 전자문서와 전자거래에 관한 일반적인 규정을 두고 있다. 이 규정
은 계약이나 의사표시 일반에 관한 것으로(제 2 조 제 1 호 · 제 5 호, 제 4 조, 제 6
조 내지 제10조 참조), 매매를 포함한 모든 유형의 전자거래에 적용된다. 그러나
매매에 이용되는 경우가 가장 많을 것이다.

(나)「국제물품매매계약에 관한 국제연합협약」

이 협약은 CISG로 통칭되는데, 우리나라는 2004년 2월 17일에 이 협약에
가입하였고, 2005년 3월 1일 우리나라에서 발효되었다. 이 협약에 가입한 국가
는 2024년 3월 현재 미국, 중국, 독일, 프랑스, 캐나다, 일본을 포함한 97개국
인데(다만 영국은 아직 가입하지 않았다), 우리나라에 있는 당사자가 이들 국가에
있는 당사자와 물품매매를 하는 경우에는 이 협약이 적용된다. 이 협약은 총
101개의 조문으로 이루어져 있는데, 제 1 편 적용범위와 총칙, 제 2 편 계약의
성립, 제 3 편 물품의 매매, 제 4 편 최종규정으로 구성되어 있다.

---

3) 대판(전) 2005. 7. 21, 2002다1178은 "성문법이 아닌 관습법에 의하여 규율되어 왔던 종
  중에 있어서 그 구성원에 관한 종래 관습은 더 이상 법적 효력을 가질 수 없게 되었으므
  로, 종중 구성원의 자격은 민법 제 1 조가 정한 바에 따라 조리에 의하여 보충될 수밖에
  없다."라고 판결하였다.

Ⅱ. 매매의 효력

1. 매도인의 급부의무

(1) 권리이전의무

(가) 매도인은 매수인에게 매매의 목적이 된 재산권(물건매매의 경우에는 그 소유권)을 이전하여야 할 채무를 부담한다. 민법은 이를 제568조 제 1 항에서 정하고 있으나, 계약이 매매에 해당한다면 그 계약의 내용으로 당연한 것이다.

매도인은 권리의 이전에 필요한 모든 행위를 하여야 한다. 권리의 이전에 당사자의 합의뿐만 아니라 인도나 등기·등록과 같은 사실적 실행행위가 요구되는 경우에는, 이 역시 하여야 한다. 다만 등기·등록은 공무원이 신청에 기하여 하므로, 매도인은 매수인 앞으로 소유권등기가 행하여지는 데 요구되는 의사표시(부등 제23조 참조)를 하여야 한다.

수분양권 매매의 경우에도 마찬가지이나, 수분양권자 명의변경만으로 매수인이 소유권을 취득할 수 있으면 그 명의변경절차의 이행으로 매도인으로서의 의무를 이행한 것이고, 특별한 사정이 없는 한 매수인 앞으로 소유권이전등기를 할 의무까지는 없다.[4] 만일 명의가 변경되지 않은 동안 매도인 앞으로 소유권등기가 이루어지는 경우에는 매도인은 매수인 앞으로 소유권이전등기를 할 의무가 있다.

(나) 매도인이 부담하는 권리이전의무는 매수인이 권리자가 되는 것만이 아니라, 매수인이 목적물로부터 아무런 부담 없이 모든 이익을 실질적으로 향유할 수 있도록 할 의무를 진다.

① 가령 채권의 매도인은 채권양도의 대항요건을 갖추기 위하여 확정일자 있는 증서에 의하여 양도통지를 할 의무를 부담한다(제450조 참조). 이로써 매수인은 채무자에 대하여는 물론 제 3 자에 대한 관계에서도 실질적으로 권리의 새로운 취득자가 된다.

또한 채권증서나 자동차등록증과 같이 이전된 권리의 증명에 필요한 서면 기타 자료가 있으면 이것도 매수인에게 교부하여야 한다. 이는 그 권리의 「외관」에 해당하여 제 3 자가 이를 소지하고 있으면 매수인의 권리 행사에 사실상

---

4) 대판 1996. 2. 13, 95다36671; 대판 2006. 11. 23, 2006다44401 참조.

장애가 될 수 있기 때문이다.

② 매매목적물은 계약에서 예정되지 않은 부담이 없는 상태로 이전되어야 한다. 그러므로 목적물에 제3자가 매수인에 대하여 주장할 수 있는 권리가 존재하여서는 안 된다. 지상권이나 질권·저당권과 같은 제3자의 제한물권뿐만 아니라, 임차권과 같은 채권이라도 그것이 대항력을 갖추어 매수인에게 주장할 수 있는 경우에는 역시 이에 해당한다. 그 밖에 압류나 가압류·가처분 또는 가등기가 되어 있는 경우도 마찬가지이다.[5]

그리하여 부동산매도인은 목적물에 저당권과 같은 제한물권이 있는 경우에는 이를 소멸시켜서 완전한 소유권을 이전하여야 한다. 판례는 단지 피담보채권의 변제 등으로 저당권을 실체적으로 소멸시키는 것만으로는 부족하고, 저당권등기도 말소하여야 한다고 한다.[6]

당사자들은 매수인이 위와 같은 부담을 인수하는 것으로 특약할 수도 있고, 실제로 부담 인수의 약정은 빈번하게 행하여진다. 그 경우에 매도인은 부담을 제거하지 않아도 된다. 그러나 매수인이 계약 당시 부담의 존재를 알고 있었다는 것만으로 쉽사리 위와 같은 특약을 인정할 수 없다.[7]

③ 건물은 토지의 이용 없이는 존립할 수 없으므로, 건물매매의 경우에는 토지이용권의 보장이 문제된다. 일반적으로 건물의 매도인은 매수인을 위하여 건물 존립을 위한 토지이용권을 마련할 의무를 진다. 한편 동일인에 속하는 건물과 대지 중 건물만이 매매된 경우에, 판례는 당사자 사이에 토지이용권에 관한 별도의 합의가 없으면, 건물 양수인을 위하여 관습지상권을 인정한다. 또한 타인의 토지 위에 있는 건물이 매매된 경우에 그 계약에는 매도인이 가지는 건물 소유를 위한 토지이용권(지상권 또는 임차권)도 포함된 것으로 해석된다(제100조 제2항도 참조).[8]

---

5) 그 밖에 재산세·개발부담금 등 부동산상의 공조공과公租公課도 문제될 수 있다. 그러나 이는 근거법률에서 일정한 공법상 이유에 기하여 정하여지는 각각의 요건에 따라 부과되는 것으로서, 매수인이 이러한 공법상 부담을 지게 되더라도 매도인은 일반적으로 이에 대하여 책임이 없다(독민 제436조 참조).

6) 대판 1965. 9. 7, 65다1367.

7) 매도인의 담보책임의 발생요건으로 매수인의 선의를 요구하는 경우가 적지 않다(제570조 단서, 제572조 제3항, 제574조, 제575조, 제580조 제1항 단서 참조). 그렇다고 해서 매수인의 악의가 매도인의 일반적 채무불이행책임을 배제한다고는 말할 수 없다.

8) 대판 1981. 9. 8, 80다2873; 대판 1988. 9. 27, 87다카279.

(2) 점유이전의무 등

(가) 물건의 매도인은 매수인에게 목적물의 점유를 이전하고, 그가 이를 용익할 수 있도록 보장할 의무를 진다.[9] 권리의 매도인도 사실적으로 권리로부터의 수익을 보장할 의무가 있다. 민법에 이를 정면으로 인정하는 규정이 없으나, 점유가 물건의 용익이나 처분과 관련하여 가지는 중요한 의미에 비추어 당연하고 또 이를 전제로 한 규정도 있다(제586조, 제587조 등). 이는 위 (1)에서 본 권리이전의무와는 별개의 독립한 급부의무이다.[10]

매수인에게 소유권이 이전되지 않으면 점유를 한 번 이전하였다는 것만으로는 그 의무가 영구히 소멸하지 않는다. 매도인은 소유권의 이전 전이라도 "소유자에 준하여 완전한 권리행사를 함에 지장 없도록 협력"하여야 한다.[11] 즉, 매도인은 "소유자에 준하여 사용·수익을 계속 원만히 할 수 있도록 협력하여 줄 의무"가 있다.[12] 그리하여 부동산매수인은 일단 매도인으로부터 인도받았어도 등기 이전 전에 그 점유를 잃거나 방해당하면, 이 권리에 기하여 매도인을 대위하여 점유자 등에 대한 매도인의 물권적 청구권을 행사할 수 있다.[13]

(나) 점유의 이전이란 원칙적으로 직접점유의 이전을 의미한다. 물론 당사자는 점유개정이나 반환청구권의 양도와 같은 인도방식(제189조 이하)에 합의할 수도 있다. 매수인이 이미 목적물을 직접점유하고 있으면, 간이인도에 관한 의사표시를 할 의무로 축소된다(제188조 제 2 항).

(다) 목적물에 대한 과실인도의무

매매목적물의 인도를 기준으로 과실果實의 귀속을 정하는 것이 원칙이다. 대체로 인도 전에는 과실이 매도인에게 속하고, 인도 후에는 과실이 매수인에게 속한다.

매매 후 인도 전에 생긴 과실은 원칙적으로 매도인에게 속한다(제587조 본문). 다만 가령 타인의 물건의 매매와 같이 매도인에게 처음부터 과실수취권이

---

9) 부동산매매의 경우에도 소유권이전을 위한 등기이전의무 외에 목적물의 인도의무를 다해야 한다. 곽윤직, 채권각론, 135면.

10) 대판 1996. 6. 25, 95다12682 등은 매수인의 용익이 소유권이전등기 전이라도 적법하다고 한다.

11) 대판 1973. 7. 24, 73다114.

12) 대판 1966. 9. 27, 66다1149는 "사용수익할 수 있는 상태를 계속 유지케 할 의무"가 있다고 한다.

13) 대판 1966. 9. 27, 66다1149; 대판 1973. 7. 24, 73다114.

없는 경우에는 이 규정이 적용되지 않는다. 한편, 판례는 대금의 완급 후에는 인도 전이라도 매수인에게 과실수취권이 있다고 한다.[14)]

　인도의무에 관하여 이행지체에 빠진 때(통상적으로는 대금의 이행제공이 있을 때)에는 과실수취권은 매수인에게 속한다고 할 것이다. 즉, 제587조는 당사자가 채무불이행책임을 지지 않는 것을 전제한다.

　한편 매수인의 대금지급의무가 이행지체에 빠진 경우에도 이 규정을 적용한다.[15)] 제587조 2문에 비추어, 실제로 인도받기 전까지는 지연이자를 지급할 의무가 없다고 한다.

2. 매수인의 대금지급의무

　매수인은 매도인에게 대금을 지급할 의무가 있다. 대금의 지급은 금전채무의 이행이므로 금전채권에 관한 규정이 적용된다. 대금의 지급기일, 장소 등에 관해서는 당사자의 약정에 따르지만, 이에 관한 약정이 없는 경우에 대비하여 특칙을 두고 있다(제585조, 제586조, 제587조).

　부동산 매매의 경우에 대금은 계약금, 중도금, 잔금으로 나누어 계약금은 계약 체결 당시에 지급하고, 잔금은 소유권이전등기에 필요한 서류를 교부함과 동시에 지급하는 것이 통상적이다. 그리하여 계약금과 중도금을 지급한 후에 부동산에 관한 소유권을 이전받지 못할 위험이 있다. 제588조는 대금 지급거절권을 규정하고 있다. 즉, 매매의 목적물에 대하여 권리를 주장하는 자[16)]가 있는 경우에 매수인이 매수한 권리의 전부나 일부를 잃을 염려가 있는 때에는 매수인은 그 위험의 한도에서 대금의 전부나 일부의 지급을 거절할 수 있다. 그러나 매도인이 상당한 담보를 제공한 때에는 그러하지 아니하다.

---

14) 대판 1992. 4. 28, 91다32527; 대판 1993. 11. 9, 93다28928 등; 곽윤직, 채권각론, 136면; 김기선, 한국채권법각론, 130면; 김상용, 채권각론, 185면; 김주수, 채권각론, 198면; 김형배, 채권각론, 313면; 이은영, 채권각론, 296면; 황적인, 현대민법론 Ⅳ, 230면.

15) 대판 1981. 5. 26, 80다211; 대판 1995. 6. 30, 95다14190.

16) 제 3 자가 주장하는 권리에는 소유권뿐만 아니라 저당권과 같은 담보권 및 임차권 등의 대항력 있는 용익권 등도 포함된다고 보는 것이 일반적이다. 곽윤직, 채권각론, 157면; 김기선, 한국채권법각론, 150면; 김주수, 채권각론, 227면; 김증한 · 김학동, 채권각론, 299면; 이은영, 채권각론, 295면. 다만 매도인이 저당권 등의 제한물권을 소멸시키지 않은 채 대금의 지급을 청구할 경우 매수인은 제588조의 대금지급거절권이 아닌 제536조의 동시이행의 항변권을 원용할 수 있다는 견해도 있다. 김형배, 채권각론, 316면.

또한 공인중개사법 제31조는 미국의 에스크로우(escrow) 제도를 받아들여 계약금등의 반환채무의 이행을 보장하기 위한 규정을 두고 있다. 개업공인중개사는 거래의 안전을 보장하기 위하여 필요하다고 인정하는 경우에는 거래계약의 이행이 완료될 때까지 계약금·중도금 또는 잔금(이하 이 조에서 "계약금등"이라 한다)을 개업공인중개사 또는 대통령령으로 정하는 자의 명의로 금융기관, 제42조에 따라 공제사업을 하는 자 또는 「자본시장과 금융투자업에 관한 법률」에 따른 신탁업자 등에 예치하도록 거래당사자에게 권고할 수 있다(제 1 항). 제 1 항에 따라 계약금등을 예치한 경우 매도인·임대인 등 계약금등을 수령할 수 있는 권리가 있는 자는 해당 계약을 해제한 때에 계약금등의 반환을 보장하는 내용의 금융기관 또는 보증보험회사가 발행하는 보증서를 계약금등의 예치명의자에게 교부하고 계약금등을 미리 수령할 수 있다(제 2 항). 제 1 항에 따라 예치한 계약금등의 관리·인출 및 반환절차 등에 관하여 필요한 사항은 대통령령으로 정한다(제 3 항).

[판결 1] 특정물 매매에서 매매대금의 이자: 대판 1995. 6. 30, 95다14190

특정물의 매매에 있어서 매수인의 대금지급채무가 이행지체에 빠졌다 하더라도 그 목적물이 매수인에게 인도될 때까지는 매수인은 매매대금의 이자를 지급할 필요가 없는 것이므로(제587조 참조), 그 목적물의 인도가 이루어지지 아니하는 한 매도인은 매수인의 대금지급의무 이행의 지체를 이유로 매매대금의 이자 상당액의 손해배상청구를 할 수 없다 할 것이다(당원 1981. 5. 26. 선고 80다211 판결 참조).

원고가 이 사건 공장 매매계약의 매도인인 소외 A로부터 위 A가 매수인인 피고에 대하여 가지고 있는 잔금지급채권을 양도받았다고 하여 그 이행을 구하고 있는 이 사건에 있어서 원심이 위 매매계약의 목적물이 피고에게 인도되었는지 여부에 관하여 심리·확정하지 아니한 채 그 인정의 잔금에 대한 지연손해금의 지급을 명한 것은 민법 제587조에 관한 법리를 오해한 위법이 있다 할 것이고, 이는 판결에 영향을 미쳤음이 분명하므로, 이 점을 지적하는 논지는 이유 있다(원심판결 중 위 A가 피고에게 공장운영권을 양도하지 아니하였다고 설시한 부분이 있으나 그 취지가 위 매매계약의 목적물이 인도되지 아니하였다는 것인지 분명하지 않다. 그리고 기록에 의하면 현재 피고가 새로 구입한 자물쇠로 이 사건 공장문을 잠구어 두고 있음을 엿볼 수 있는바, 그 경위를 심리하여 볼 필요도 있을 것이다).

질문

(1) 특정물 매매에서 매수인의 대금지급의무와 매도인의 목적물 인도의무는 어떠한 관계에 있는가?

(2) 이 사건에서 매수인은 언제부터 이행지체로 인한 손해배상책임을 지는가?

[판결 2] 대금지급거절권: 대판 1996. 5. 10. 96다6554

피고 소송대리인의 상고이유를 본다.

1. 제1점에 대하여

원심판결 이유를 기록에 의하여 살펴보면, 원·피고 간에 이 사건 부동산에 설정된 소외 현대종합목재의 근저당권이 말소될 때까지 매매잔대금 610,000,000원의 지급을 보류하기로 하는 약정이 있었음을 인정할 증거가 없다고 한 원심의 조치는 정당한 것으로 수긍이 가고, 거기에 소론과 같은 채증법칙 위반이나 심리미진의 위법이 없다. 논지는 이유 없다.

2. 제2점에 대하여

매매목적물에 대하여 권리를 주장하는 자가 있어 매수인이 매수한 권리의 전부 또는 일부를 잃을 염려가 있는 때에는 매수인은 민법 제588조에 의하여 그 위험의 한도에서 대금의 전부나 일부의 지급을 거절할 수 있고, 여기에는 매매목적물에 저당권과 같은 담보권이 설정되어 있는 경우도 포함되는 것이므로, 매도인이 말소할 의무를 부담하고 있는 매매목적물상의 저당권을 말소하지 못하고 있다면 매수인은 그 위험의 한도에서 매매대금의 지급을 거절할 수 있고, 그 결과 민법 제587조 단서에 의하여 매수인이 매매목적물을 인도받았다고 하더라도 미지급 대금에 대한 인도일 이후의 이자를 지급할 의무가 없다고 할 것이나, 이 경우 지급을 거절할 수 있는 매매대금이 어느 경우에나 근저당권의 채권최고액에 상당하는 금액인 것은 아니고, 매수인이 근저당권의 피담보채무액을 확인하여 이를 알고 있는 경우와 같은 특별한 사정이 있는 경우에는 지급을 거절할 수 있는 매매대금은 위 확인된 피담보채무액에 한정된다고 보아야 할 것이다.

원심판결 이유를 기록에 의하여 살펴보면, 피고가 이 사건 부동산의 매매대금 중 금 460,000,000원의 지급을 보류할 당시 원고의 소외 현대종합목재에 대한 실채무액이 금 150,000,000원이라는 것을 확인하였으므로 피고는 원고에게 미지급 잔대금에서 위 실채무액을 공제한 금 310,000,000원에 대한 이 사건 부동산의 인도일 이후의 법정이자 상당 금원을 지급할 의무가 있다고 한 원심의 인정 판단은 정당하고, 거기에 소론과 같은 법리오해의 위법이 없다. 논지는 이유 없다.

　　3. 그러므로 상고를 기각하고 상고비용은 패소자의 부담으로 하기로 하여 관여 법관의 일치된 의견으로 주문과 같이 판결한다.

질문

(1) 매도인이 말소하여야 할 매매목적물상의 근저당권을 말소하지 못한 경우, 매수인이 대금지급을 거절할 수 있는가?

(2) 위 질문에 긍정한다면, 대금지급을 거절할 수 있는 범위는?

Ⅲ. 매도인의 담보책임

매도인이 매매목적물에 존재하는 권리상의 하자(또는 권리의 흠결) 또는 물질적인 하자(이하 합하여 '하자'라고 한다)로 말미암아 특별히 매수인에 대하여 부담하는 책임을 매도인의 담보책임이라고 한다.

이에 관해서는 제570조 내지 제584조에서 상세하게 규정하고 있는데, 채무불이행책임과 비교해볼 때 매도인의 과책을 요하지 않고, 대체로 권리행사기간이 제한된다(제573조, 제574조, 제575조 제3항, 제582조)는 점에 특색이 있다.

매도인의 담보책임에 관해서는 채무불이행책임과 같이 제5편 제3장에서 다룰 것이다.

제 3 장 도 급

Ⅰ. 서 설

1. 의 의

도급은 당사자 일방이 어느 일을 완성할 것을 약정하고 상대방이 그 일의 결과에 대하여 보수를 지급할 것을 약정하는 계약이다(제664조). 일을 해달라고 요청한 사람을 도급인都給人이라고 하고 일을 완성하기로 하는 사람을 수급인受給人이라고 한다. 도급은 「노무공급계약」의 일종으로서, 「일의 완성」을 목적으로 한다는 점에서 특색이 있다. 이 경우 일에는 물건의 제작·수리·가공(변경)과 그 밖의 무형적인 일로[1] 나눌 수 있는데, 전형적인 도급계약으로는 건축계약을 들 수 있다.

도급은 매매와 마찬가지로 낙성·쌍무·유상·불요식 계약에 속한다. 이에 관해서는 위 제 2 장 매매에 관한 설명 참조.

2. 제작물공급계약

수급인이 자기 소유의 재료를 사용하여 제작한 물건을 공급하는 계약을 제작물공급계약이라고 한다. 이것은 세 가지 요소가 포함되어 있다. ① 물건 제작의 주문, ② 수급인의 재료, ③ 제작물의 인도, 즉 제작물에 대한 소유권의 양도가 그것이다. 따라서 제작물공급계약이 매매의 성질을 갖는지, 아니면

---

[1] 판례에 나타난 예로서는 대판 1976. 10. 26, 76다517(자동차의 세차); 대판 1983. 4. 26, 82누92(물품의 운송); 대판 1983. 8. 23, 82다카1596(토석의 채취); 대판 1987. 7. 7, 87다카449(자동차엔진오일의 교환) 등이 있다.

도급의 성질을 갖는지 논란이 되고 있다.[2] 이는 특히 하자담보책임에 관하여 매매에 관한 민법 제580조를 적용할 것인가, 도급에 관한 민법 제667조 이하의 규정을 적용할 것인가와 관련된 문제이다. 후자는 수급인의 보수의무補修義務를 인정하는 데 반하여 전자는 이를 인정하지 않고 다만 손해배상만을 허용하고 있고, 또한 권리행사기간에서 차이가 있다(후자는 "목적물의 인도를 받은 날로부터 1년 내", 전자는 "하자 있음을 안 날부터 6개월 내"). 또한 상법 제69조 제1항에서 정하는 검사와 하자통지의무는 상인 간의 「매매」에만 적용이 있고 도급에는 적용이 없다.

제작물공급계약은 대체물代替物의 제작공급을 약속하는 경우와 부대체물不代替物, 가령 건물과 같은 특정물의 제작을 약속하는 경우로 나누어 볼 수 있다. 제작물공급계약이 대체물에 관한 경우에는 불특정물매매 또는 장래의 물건의 매매와 명확하게 구별되지 않고, 일반적으로 매매계약에 해당한다고 볼 수 있다. 이에 반하여 부대체물을 제작·공급하기로 하는 경우에는 제작이라는 일의 완성이라는 측면에서는 도급에, 소유권의 양도·취득이라는 측면에는 매매에 가까운데, 이와 같은 경우에는 도급으로 보아야 한다.[3]

> **[판결 1] 제작물공급계약: 대판 1987. 7. 21, 86다카2446**
>
> 피고 소송대리인의 상고이유를 판단한다.
>
> 원심판결에 의하면, 원심은 그 거시증거에 의하여 피고는 율무, 들깨, 코코아, 맛우유 등 국산차를 제조하여 자동포장기계를 이용, 타처에서 주문에 의하여 구입한 자동포장지를 도안된 형태에 따라 절단하여 1회용 포장지로 만들어 그 안에 위 국산차를 적정량으로 넣고 포장하여 시중에 판매하는 회사이고, 원고는 위와 같은 자동포장지를 제조하여 수요자에게 공급판매하는 회사로서, 원·피고 사이에 그 판시와 같이 원고가 국산차를 포장하기 위한 자동포장지를 피고가 제시한 도안과 규격에 따라(위 자동포장기계는 일정한 규격으로만 포장지를 절단할 수 있고, 그 규격이 초과되면 그 초과된 규격에 따라 자동조절되지 아니하여 올바로 절단할 수 없다) 제작하여 피고에게 공급판매하기로 약정하고, 원고가 자신 재료를 사용하여 판시와 같은 자동포장지를 제작하여 피고에게 공급

---

2) 곽윤직, 채권각론, 252면; 김기선, 한국채권법각론, 254면; 김주수, 채권각론, 381면; 김증한·김학동, 채권각론, 498면; 김형배, 채권각론, 661면; 이은영, 채권각론, 511면.

3) 대판 1987. 7. 21, 86다카2446; 대판 1990. 3. 9, 88다카31866.

하였던바, 피고는 위 포장지를 인도받고 즉시 그 하자유무에 관하여 검사하지 아니한 채 보관하다가 2개월 가까이 경과하고서야 위 자동포장기계로 위 포장지에 포장하는 작업을 하다가 위 포장지는 그 세로규격이 원고의 제작상 잘못으로 각 포장지마다 피고가 요구한 규격보다 1.5내지 2밀리미터 초과하여 피고 소유의 위 자동포장기계로서는 그 포장지를 올바르게 절단할 수 없고, 따라서 위 포장지 전량이 사용할 수 없게 되었음을 발견하고 그때 무렵 위와 같은 사실을 원고에게 통지한 사실과 위와 같은 하자는 포장지공급당시 쉽게 발견할 수 있는 것이라는 사실을 인정한 다음, 피고가 원고로부터 위 포장지를 수령하고도 지체없이 이를 검사하지 아니하고 약 2개월 후에야 비로소 하자가 있음을 발견하고 그 무렵 원고에게 한 통지는 시기에 늦은 통지로서 피고는 상법 제69조 제1항의 규정에 따라 위 하자를 이유로 한 이 사건 매매계약해제권을 더 이상 행사할 수 없게 되었다고 판시하고 있다.

상법 제69조 제1항은 상인간의 매매에 있어 매수인의 목적물 검사와 하자통지의무를 규정하고 있는바, 원심은 이 사건 포장지공급계약은 상인간의 매매에 해당하는 것으로 보아 위와 같은 판단을 한 것으로 풀이된다.

살피건대, 이 사건에 있어서와 같이 당사자의 일방이 상대방의 주문에 따라서 자기의 소유에 속하는 재료를 사용하여 만든 물건을 공급할 것을 약정하고 이에 대하여 상대방이 대가를 지급하기로 약정하는 이른바 제작물공급계약은 그 제작의 측면에서는 도급의 성질이 있고 공급의 측면에서는 매매의 성질이있다. 이러한 계약은 대체로 매매와 도급의 성질을 함께 가지고 있는 것으로서 이를 어떤 법에 따라 규율할 것인가에 관하여는 민법 등에 특별한 규정이 없는바, 계약에 의하여 제작 공급하여야 할 물건이 대체물인 경우에는 매매로 보아서 매매에 관한 규정이 적용된다고 하여도 무방할 것이나, 이와는 달리 그 물건이 특정의 주문자의 수요를 만족시키기 위한 불대체물인 경우에는 당해 물건의 공급과 함께 그 제작이 계약의 주목적이 되어 도급의 성질을 강하게 띠고 있다 할 것이므로 이 경우에도 매매에 관한 규정이 당연히 적용된다고 할 수는 없을 것이다. 매매에 있어 그 목적물의 수량부족이나 하자가 있는 경우 매도인에게 담보책임을 물어 매수인에게 계약해제권등을 인정하고 있는 민법의 규정과는 별도로 상법 제69조 제1항에서 상인간의 매매에 있어 매수인에게 목적물의 수령후 지체없이 하자 또는 수량의 부족을 발견하여 즉시 매도인에게 그 통지를 하지 아니하면 이로 인한 계약해제등을 청구하지 못하도록 규정하고 있는 취지는 상인간의 매매에 있어 그 계약의 효력을 민법규정과 같이 오랫동안 불안정한 상태로 방치하는 것은 매도인에 대하여는 인도당시의 목적물에 대한 하자의 조사를 어렵게 하고 전매의 기회를 잃게 될 뿐만 아니라, 매수인에 대하여는 그 기간중 유리한 시기를 선택하여 매도인의 위험으로 투기를 할 수 있는 기회를 주게 되는 폐단등이 있어 이를 막기 위하여 하자를 용이하게 발견할 수 있는 전문적 지식을 가진 매수인에게 신속한 검사와 통지의 의무를 부과함으로써 상거래를 신속하게 결말짓도록 한 것이라고 보여진다.

기록에 의하면, 이 사건 포장지는 피고의 주문에 따른 일정한 무늬와 규격으로 인쇄되어 있고 더구나 그 포장지에는 피고회사 이름까지 인쇄되어 있어 피고만이 이를 사용할 수 있고 원고나 피고로서는 이를 타에 매각처분하기가 곤란하거나 불가능한 사실이 엿보이는바, 이러한 사정하에서라면 원고가 공급한 이 사건 포장지는 불대체물에 해당할 것이고, 이러한 경우 상법 제69조 제 1 항에 따라 그 거래관계를 보다 신속하게 결말지을 필요가 절실히 요구된다고 할 수도 없을 것이다.

결국 원심이 위와 같은 사정에 관하여 좀더 심리하지 아니한 채 위 상법규정이 적용된다고 단정하였음은 그 심리를 다하지 아니하거나 상법 제69조 제 1 항에 관한 법리를 오해한 위법이 있다는 비난을 면할 수 없다 할 것이니 이 점을 탓하는 논지는 이유있고, 이는 소송촉진등에관한특례법 소정의 파기사유에 해당한다고 할 것이다.

이에 원심판결을 파기하고, 사건을 원심법원에 환송하기로 하여 관여 법관의 일치된 의견으로 주문과 같이 판결한다.

질문

(1) 제작물공급계약의 법적 성질은 무엇인가?
(2) 이 사건에서 계약의 법적 성질을 어떻게 보는지에 따라 결론에 어떠한 영향이 있는가?

Ⅱ. 도급의 효력

1. 수급인의 의무

(1) 일을 완성할 의무

수급인은 일에 착수하여 계약에서 정해진 일을 완성할 의무가 있다. 이는 도급인의 보수지급의무보다 먼저 이행하여야 하는 것으로, 수급인의 위 의무는 보수지급의무에 대하여 선이행관계에 있다. 따라서 수급인은 기일까지 일을 완성하지 못하면, 도급인이 보수를 제공하지 않더라도 수급인은 채무불이행책임을 진다.

(2) 목적물 인도의무

(가) 수급인은 완성한 일을 도급인에게 인도할 의무가 있다. 도급인의 보수지급의무와 수급인의 목적물 인도의무는 동시이행관계에 있다(제665조 제1항 본문). 그리고 목적물주택건물의 신축공사를 한 수급인이 그 건물을 점유하고 있고 또 그 건물에 관하여 생긴 공사금 채권이 있다면, 수급인은 그 채권을 변제받을 때까지 건물을 유치할 권리가 있다.[4]

[판결 2] 건축공사 수급인의 유치권: 대판 1995. 9. 15, 95다16202, 95다16219

피고(반소원고, 이하 피고라고만 한다)의 상고이유를 본다.

1. 원심이 설시한 증거 관계와 기록에 비추어 보면 원심의 사실 인정은 정당하다고 수긍이 되고, 그 과정에 소론과 같이 심리미진이나 채증법칙을 위반하여 사실을 잘못 인정한 위법이 있다고 할 수 없다.

2. 사실관계가 원심이 확정한 바와 같다면, 이 사건 각 건물의 도급계약에 있어서 그 판시와 같이 완성된 건물의 소유권을 도급인에게 귀속시키기로 하였다고 보아야 할 것이고 수급인인 피고에게 이 사건 각 건물의 소유권이 귀속된다고는 볼 수 없다. 본소에 관하여 같은 취지로 판단하고, 나아가 피고에게 이 사건 각 건물의 소유권이 귀속됨을 전제로 한 반소청구를 받아들이지 않은 원심은 정당하다. 논지는 이유 없다.

3. 그러나, 원심이 적법히 인정하고 있는 바와 같이 피고가 현재 점유중인 원심판결 별지목록 1기재 주택건물의 신축공사를 한 수급인으로서 위 건물에 관하여 생긴 공사금 채권이 있다면, 피고는 그 채권을 변제받을 때까지 위 건물을 유치할 권리가 있다고 할 것이고, 이러한 유치권은 피고가 점유를 상실하거나 피담보채무가 변제되는 등 특단의 사정이 없는 한, 소멸되지는 아니하는 것이므로, 원심이 판시한 대로 건물이 완공된 후인 1987. 5. 29.자 약정에 의하여 도급인이 피고에게 위 건물 등 이 사건 각 건물에 대한 처분권을 위임하여 그 분양대금에서 공사대금 등 건축과 관련한 일체의 비용을 지급받을 수 있는 권한을 부여하였기 때문에 피고가 위 건물 등을 매각처분하여 그 대금으로 공사

---

4) 대판 1995. 9. 15, 95다16202, 16219.

대금을 지급받을 수 있게 되었다고 하더라도 그러한 약정만으로 피담보채권인 공사대금이 변제된 것이라고 볼 수는 없고, 그 외에 기록을 살펴보아도 달리 위 공사대금 채권이나 유치권이 소멸되었다고 볼 만한 사유를 찾아 볼 수 없다. 그러하다면 피고는 그 공사대금 채권을 담보하는 의미에서 의연히 위 목록 1기 재 부동산에 대한 유치권을 가지고 있는 것으로 보아야 할 것이다.

그럼에도 불구하고 피고는 위 약정에 의해서 위 건물 등을 처분하여 그 대금으로 공사대금의 지급에 갈음하는 것은 별론으로 하고, 위 부동산에 대한 공사대금 채권을 전제로 유치권을 행사할 수 없다고 판시하여 피고의 유치권 항변을 배척하고 원고의 이 사건 건물명도 청구를 인용한 원심은 유치권에 관한 법리를 오해하여 판결에 영향을 미친 위법을 저지른 것이라 할 것이다. 이를 지적하는 논지는 이유 있다.

4. 그러므로 원심판결 중 본소 부분을 파기하고 이 부분 사건을 원심법원에 환송하며 피고의 나머지 상고(반소 부분에 대한 상고)를 기각하고 상고기각 부분에 관한 상고비용은 패소자의 부담으로 하여 관여 법관의 일치된 의견으로 주문과 같이 판결한다.

질문

(1) 이와 같은 사안에서 유치권을 인정하는 것은 동시이행의 항변권을 인정하는 것과 어떠한 차이가 있는가?

(2) 건축계약에서 수급인에게 유치권을 인정하는 것은 정당한가?

(나) 도급계약에 기하여 수급인이 유형물을 완성한 경우에 그 완성물의 소유권은 도급인과 수급인 중 누구에게 귀속하는지 문제된다. 이는 특히 건축도급계약의 경우에 중요한 문제이다. 이 경우에 완성한 건물의 소유권은 일단 수급인에 귀속했다가 도급인에 이전하는가? 아니면 처음부터 도급인에 귀속하는가?

판례는 원칙적으로 수급인 원시취득설을 채택하고 있다.[5] 다만 수급인이 재료의 전부를 공급한 경우에도 도급인과 수급인의 약정으로 소유권의 귀속을 정할 수 있고, 이러한 약정이 없는 경우에 원칙적으로 수급인이 건물의 소유권을 원시적으로 취득한다고 한다. 즉, "건물건축도급계약에 있어서 준공된 건물

---

5) 김기선, 한국채권법각론, 257면.

을 도급인에게 인도하기까지에는 그 건물은 수급인의 소유라고 함이 일반이라고 할 것이나, 사적 자치의 원칙에 따라 어떠한 경우에나 그 건물의 소유권을 수급인이 원시취득하는 것이라고는 할 수 없고 당사자간의 약정에 의하여 그 소유권의 귀속도 달라질 것이므로, 그 소유권의 귀속을 가릴려면 도급인과 수급인의 약정내용을 살펴보아야 하고 도급계약이라는 사실만으로 그 소유권이 수급인에게는 귀속한다고 볼 수 없다."라고 한다.[6]

　　그런데 인도에 의하여 도급인에게 소유권이 이전한다고 보는 것은 의용민법에서는 타당할 수도 있겠지만, 현행민법의 물권변동에 관한 형식주의와는 모순된다는 비판이 있다.[7] 즉, 수급인의 소유권 취득은 원시취득으로 법률의 규정에 의한 물권변동이므로 건물의 완성과 동시에 등기 없이 당연히 효력이 생기지만(제187조 본문), 수급인이 그 소유권을 도급인에게 이전함에는 수급인은 먼저 자기 명의로 소유권보존등기를 한 다음 도급인에게 소유권이전등기를 해 주어야 비로소 도급인이 소유권을 취득하게 된다는 것이다(제187조 단서).

　　이 견해는 결국 건설도급계약의 경우에 당사자의 의사 및 거래의 실정에 비추어 완성한 건물의 소유권은 수급인이 재료를 공급한 경우에도 도급인에게 원시적으로 귀속하여야 한다고 주장한다. 그 근거는 다음과 같다. 첫째, 수급인이 소유권을 원시적으로 취득한다고 하면, 도급인 명의의 소유권보존등기의 유효성을 이론적으로 설명하기 곤란하다. 둘째, 등기절차상 수급인 명의로 소유권보존등기를 하는 것은 사실상 불가능에 가깝다. 왜냐하면 건물의 보존등기를 하려면 건축물대장에 올린 다음 이에 기하여 보존등기를 신청하여야 한다. 이때 건축허가를 얻은 건축주가 아니면 건축물대장에 올릴 수가 없다. 그런데 건축허가를 얻는 것은 재료를 누가 공급하든지 도급인의 명의로 얻고 있다. 셋째, 도급인의 주문에 의하여 건축을 하는 경우 그 대지는 도급인의 소유에 속하거나 아니면 적어도 도급인이 임차권 또는 지상권 등의 토지이용권을 가지고 있을 것이다. 도급인이 소유하거나 이용권을 가지고 있는 토지에 건축된 건물의 소유권을 수급인이 가지게 된다면, 수급인은 타인의 토지에 토지 사용에 관한 아무런 권리 없이 건물을 소유하게 된다. 이와 같이 신축된 건물의 소유

---

6) 대판 1985. 5. 28, 84다카2234.
7) 김증한, "도급건축물의 소유권," 민법논집, 371면 이하; 김주수, 채권각론, 388면; 김증한·김학동, 채권각론, 508면; 김형배, 채권각론, 618면; 이은영, 채권각론, 533면; 황적인, 현대민법론Ⅳ, 316면.

권이 일단 수급인에게 귀속되고 수급인 명의로 보존등기를 해야 한다는 해석론을 따르게 되면, 그 대지의 소유권 또는 이용권과 관련하여 해결하기 어려운 문제가 생긴다. 넷째, 민법 제666조는 부동산공사의 수급인은 도급대금채권을 담보하기 위하여 그 부동산을 목적으로 하는 저당권의 설정을 청구할 수 있다고 정하고 있는데, 이 저당권설정청구권은 그 부동산의 목적물이 도급인에게 귀속되고 도급인 명의로 등기가 된 것을 전제로 한다.[8]

위 견해의 대립은 당사자 사이에 다른 특약이 없는 경우에 적용되는 원칙론이며, 특약이 있는 때에는 그에 따라서 소유관계가 결정됨을 인정하는 데 견해가 일치되어 있다. 따라서 수급인이 재료를 전부 제공한 경우에도 완성한 물건이 원시적으로 도급인에게 귀속하는 것으로 정하는 것은 상관없다. 뿐만 아니라 그러한 특약은 명시적이어야 하는 것은 아니고 묵시적이라도 상관없다. 실제로 판례는 도급인의 소유권취득을 인정하는 특별한 사유로서「당사자 사이의 특약」을 넓게 인정하고 있다.[9]

[판결 3] 도급건축물의 소유권 귀속: 대판 1985. 5. 28, 84다카2234

1. 원심판결 이유기재에 의하면 원심은 그 거시증거를 모아 원심 상피고 A는 같은 B의 대리인으로서 1980. 7. 16. 소외 C와 사이에 위 B 소유의 서울특별시 강남구 잠원동 137의 179 전 585평방미터 지상에 이 사건 계쟁건물을 신축한 후 이를 타에 매각하여 각 투자비율에 따라 그 대금을 분배하기로 하는 동업계약을 체결함에 있어 위 B가 위 토지를 평당 금 600,000원으로 평가하여 금 48,240,000원 상당을 그 대지로 제공하고 위 C는 위 건물의 시공 및 분양사무를 담당하되 그 공사비는 설계도면 및 내역서에 의하여 정하기로 약정한 사실, 이에 따라 위 C는 1980. 8. 1.경 위 토지소유자인 위 B 명의로 건축허가를 받은 후 동년 10. 중순경 원고, 소외 D, 동 E 등 3인과 사이에 이 사건 건물의 건축공사 도급계약을 맺으면서 그 공사대금은 1, 2층은 평당 금 650,000원, 지하실은 평당 금 325,000원으로 하여 도합 금 40,696,000원으로 정하되 그 공사대금 지급방법은 이 사건 건물이 완공된 후 시공자인 원고 등에게 위 건물의 분양권을 위임하여 그 분양대금에서 위 공사대금을 우선 지급받기로 하며 만약 위 건물이 조속한 시일내에 분양되지 아니할 때에는 위 건물을 금융기관에 담보로

---

8) 김증한(주 7), 372면 이하; 곽윤직, 채권각론, 257면.
9) 대판 1990. 2. 13, 89다카11401; 대판 1992. 3. 27, 91다34790.

제공하고 융자를 받아 위 공사대금에 우선 충당하기로 약정한 사실, 원고 등은 같은해 10. 23.경 이 사건 건물의 건축공사에 착공하여 공사를 진행하던 중 동업자인 위 D는 같은해 11. 17. 위 E는 1981. 1. 10. 각 자금난 등을 이유로 동업관계에서 탈퇴함으로써 원고만이 위 공사를 계속하여 같은해 5. 20경 추가공사비를 포함하여 총 공사비 45,110,000원을 들여 이 사건 건물을 완공하였으나, 그 공사비 중 위 C로부터 금 8,000,000원어치의 건축자재와 공사완공 전 공사대금 중 일부금으로 금 6,110,000원 도합 금 14,110,000원 상당만을 지급받았고 나머지 공사대금 31,000,000원은 아직 지급받지 못한 사실, 그런데 위 C는 이 사건 건물이 완공되기도 전인 1981. 2. 20. 건축허가명의자인 위 B 명의로 위 건물의 준공검사를 받아 원고의 의사와는 전혀 무관하게 동 건물에 관하여 서울민사지방법원 강남등기소 1981. 3. 13. 접수 제15861호로 위 B 명의로의 소유권보존등기를 경료하고, 이어서 같은해 3. 31. 같은 등기소 접수 제22332호로 1981. 3. 28. 매매를 원인으로 하는 위 A 명의로의 소유권이전등기를 경료한 후, 다시 같은해 5. 6. 같은 등기소 접수 제33898호와 같은 해 5. 7. 같은 등기소 접수 제34315호로 이건 건물과 위 토지에 관하여 각 피고명의로 근저당권설정등기를 경료하면서 위 B를 연대보증인으로, 소외 C, 동 F를 채무자로 하여 2회에 걸쳐 도합 금 40,000,000원을 대출받은 후 위 공사대금이나 대지대금 어느 것도 지급하지 아니한 채 도주한 사실, 이어 이건 건물에 관하여 1983. 9. 12.자로 같은해 5. 13. 경락을 원인으로 한 소유권이전등기가 피고 앞으로 경료되고 위 각 근저당권설정등기는 말소된 사실, 원고는 위 건물의 완공일인 1981. 5. 20.경부터 이건 건물에 입주하여 현재까지 이를 점유하고 있는 사실 등을 각 인정하고 이 사건 건물에 관한 공사도급계약의 수급인인 원고는 자기의 비용과 노력으로 이건 건물을 신축하였으므로 특별한 사정이 없는 한 동 건물의 소유권은 도급계약의 성질상 원고가 도급인인 위 C에게 동 건물을 인도하기 전에는 수급인인 원고가 이를 원시취득하여 그 소유권자는 원고라 할 것이니 아무런 권원도 없이 경료된 위 B 명의의 이건 건물에 관한 위 소유권보존등기는 원인무효의 등기라 아니할 수 없어 이와 같은 원인무효의 등기에 터잡은 위 A 및 피고 각 명의의 각 소유권이전등기는 역시 원인무효의 등기임을 면할 수 없다고 판시한 다음 위 B 명의로 경료된 이 사건 건물에 관한 위 소유권보존등기는 동 건물을 담보로 제공하여 자금을 융통한 후 그 자금으로 위 공사대금을 우선 지급받고자 하는 원고 및 위 C의 합의에 따라 원고가 위 보존등기신청에 필요한 서류들을 마련하여 줌으로써 경료된 것이어서 결국 원고의 의사에 기하여 경료된 등기이므로 유효하다는 피고주장에 대하여는 위 C와 원고 사이에 이건 건물의 건축공사도급계약이 체결됨에 있어 분양이 되지 아니하는 경우 이건 건물을 담보로 제공하고 자금을 융통하여 그로써 공사대금의 지급에 우선 충당하기로 하는 약정이 이루어지기는 하였으나, 막상 위 건물의 준공단계에 있어 소외 C가 원고의 의사에 무관하게 임의로 이건 건물에 대한 소외 B 명의의 위와 같은 보존등기를 경료한 사실은 위에서 인정한 바와 같고, 달리 이건 건물에 관한 위 B 명의로의 소유권보존등기가 원고의 의사에 기하여 경료된 등기로서 유효한 등기라고 볼 만한 증거가 없고 갑 제19호증의 2, 동 제23호증의 2, 동 제24호증의 2, 3, 동 제27호증의 각 기재를 종합하면 위 C는 원고로부터 공사대금의 지급독촉을 받고 공사완공전인 1981. 2. 25. 위 공사대금의 지급담보조로 이건 건물에 관하여 임대인 B, C, 임차인 원고, 전세보증금 25,000,000원, 전세기간 1년으로 하는 전세계약서를 작성하여 준 사실은 인정할 수 있으나 동 증거들에 의하더라도 이는 어디까지나 공사대금의 지급담보조로 형식상 전세계약서를 작성해 둔 것뿐인 사실을 알아차릴 수 있어 이로써 원고가 이건 건물을 위 C에게 인도하였다고 볼 수는 없고 끝으로 이건 건물에 관하여 피고명의로 된 위 근저당권설정등기는 이건 건물을 담보로 제공하고 자금을 융자받아 그로써 원고에 대한 공사대금 등을 지급하기로 하는 관계자 전원의 의사합치에 따라 경료된 것이므로 이는 실체권리관계에 부합되는 등기로서 유효하고 따라서 동 근저당권설정등기가 유효함을 전제로 하는 피고 앞으로의 위 소유권이전등기 역시 유효하다는 피고의 주장에 대하여는 갑 제19호증의 1, 2, 동 제21호증, 동 제24호증의 1, 4, 동 제27호증, 동 제28호증, 동 제29호증, 동 제30호증 각 기재 및 원심증인 G의 증언을 종합하면 위 C와 동 A 사이에 이건 건물과 위 토지를 금융기관에 담보로 제공하고 융자를 받아 우선 위 대지대금을 청산하기로 하는 합의가 이루어져 이건 건물에 관하여 피고명의로 위와 같은 근저당권설정등기를 경료하고 앞에서 본 바와 같이 위 C가 피고로부터 2회에 걸쳐 합계 금 40,000,000원을 융자받았으나 위 C는 위 A에게 대지대금을 지급하지 아니한 채 도피한 사실을 인정할 수 있어 동 근저당권설정등기가 원고의 의사에 합치함을 전제로 한 위 주장도 그 이유가 없다고 하여 피고의 주장을 모두 배척하였다.

2. 도급은 당사자 일방이 어느 일을 완성할 것을 약정하고 상대방이 그 일의 결과에 대하여 보수를 지급할 것을 약정함으로써 그 효력이 발생하는 것이므로 건물건축도급계약에 있어서 준공된 건물을 도급인에게 인도하기까지에는 그 건물은 수급인의 소유라고 함이 일반이라고 할 것이나 사법자치의 원칙에 따라 어떠한 경우에나 그 건물의 소유권을 수급인이 원시취득하는 것이라고는 할 수 없고 당사자간의 약정에 의하여 그 소유권의 귀속도 달라질 것이므로 그

소유권의 귀속을 가릴려면 도급인과 수급인의 약정내용을 살펴보아야 하고 도급계약이라는 사실만으로 그 소유권이 수급인에게 귀속한다고는 할 수 없다.

원심이 확정한 사실과 원고의 이 사건 주장사실을 모아보면 위 B와 위 C 사이에 B가 토지를 제공하고 그 토지 위에 C가 이 사건 건물을 건축하여 이를 매각한 후 그 매도대금을 투자비율에 따라 분배하기로 하는 동업계약이 체결되어 이에 따라 위 C는 토지 소유자인 위 B 명의로 건축허가를 받은 다음 원고와 소외 D, 같은 E 등 3명과 이 사건 건물의 건축공사 도급계약을 체결하였고, 원고와 위 B 사이에는 아무런 계약관계도 존재하지 아니하는 것이므로 이 사건 건물의 소유권이 누구에게 귀속하는 것인가를 가릴려면 B와 C 및 C와 원고 사이의 위 각 계약내용을 살펴보고 나아가 B와 C간의 동업계약이 C와 원고 사이의 도급계약에 미치는 효과 내지 영향과 그 관계 등을 살피지 아니하고 단순히 C와 원고 사이에 이 사건 건물의 건축도급계약이 있었다는 사실만으로 이 사건 건물의 소유권은 도급계약의 성질상 수급인인 원고가 원시취득한 것이라고는 할 수 없다.

3. 이 사건의 경우와 같은 동업계약을 체결하였을 때 토지대금의 확보를 위하여 건축허가명의를 토지소유자로 하였을 경우 다른 특단의 사정이 없는 한 건물이 완공되면 건축허가 명의자의 이름으로 준공검사를 받아 그의 이름으로 가옥대장에 등재하고 가옥대장에 소유자로 등재된 자의 이름으로 소유권보존등기를 하게 됨이 부동산등기법, 건축법 등이 정하는 바에 의하여 명백한바 이 사건에서 B와 C가 앞서와 같은 동업계약을 체결하면서 그 건축허가 명의를 위 B 로 한 것은 그 건물의 소유권은 대지 제공자인 B가 취득하여(그렇지 않다고 하더라도 최소한 명의신탁관계는 성립된다고 할 것이다) 이를 매각한 다음 그 매도대금을 B와 C가 투자비율에 따라 분배하기로 한 것임이 명백하고 이와 같은 사실을 알고 C와의 사이에 도급계약을 체결한 것이라고 인정되는 원고로서는 단순히 그 계약이 도급계약이었다고 해서 그 소유권을 원시취득하였다고 그 소유권을 주장할 수는 없다.

결국 위와 같이 위 B와 C 및 C와 원고 간의 각 계약관계를 살펴보면 원심이 배척한 첫째, 이 사건 소유권보존등기가 원고의 의사에 기한 것이고 둘째, 원고는 이 사건 건물을 도급인에게 이미 인도한 바 있어 그 소유권을 주장할 수 없다. 셋째, 이 사건 피고명의의 소유권이전등기는 이 사건 건물을 담보로 제공하여 기채한 융자금으로 원고에 대한 공사금을 지급키로 하는 관계자간의 합의에 따라 피고명의의 근저당권설정등기에 기한 경락을 원인으로 한 것이어서 실체관계에 부합하는 유효한 것이라는 피고의 주장사실 및 그에 관한 증거도 원심판시와 다른 관점에서 파악될 수도 있다고 할 것이다.

즉 다시 말하면 첫째, 위와 같은 동업계약과 건물건축 동업계약의 내용 및 그 체결 경위 등에 비추어 이 사건 소유권보존등기는 원고의 의사에 기한다고 할 수 있고 또 단순히 전세계약서만을 작성한 것이 아니라 원고가 그 가족과 더불어 이 사건 건물에 입주하고 있는 사실에 비추어 볼 때 준공한 건물을 도급인에게 인도하였다고 추정함이 오히려 경험과 논리에 합치하고 끝으로 비록 소외 C가 이 사건 건물을 담보로 기채하여 도주하였다고 하더라도 그 사실과는 관계없이 이 기채는 원고를 비롯한 관계자 전원의 의사에 따른 것이라고 보기에 충분하다고 할 수 있다는 것이다.

4. 그렇다면 논지가 내세우는 나머지 점에 대한 판단의 필요없이 원고가 이 사건 건물건축 도급계약에 있어서 그 계약의 수급인으로 이 사건 계쟁건물의 소유권을 취득한 것이라는 원심판시는 수급인의 소유권취득에 관한 법리를 오해하여 심리를 다하지 아니하고 채증법칙을 위반하여 사실을 오인한 것으로 파기를 면치 못할 것이어서 이와 같은 점을 비난하는 상고논지는 이유가 있으므로 원심판결을 파기하여 사건을 서울고등법원에 환송하기로 관여 법관의 의견이 일치하여 주문과 같이 판결한다.

질문

(1) 도급건축물의 경우에 소유권은 누구에게 귀속되는가?

(2) 위 문제에 관한 판례 법리는 무엇인가? 그에 대해서 어떻게 생각하는가?

(3) 하자담보책임

수급인은 목적물에 하자가 있는 경우에 담보책임을 진다.[10] 이에 관하여 제667조에서 제672조에 상세하게 규정하고 있다.

(가) 담보책임의 내용

① 하자보수의무

완성된 목적물 또는 완성 전의 성취된 부분에 하자가 있는 때에는 도급인은 수급인에게 「상당한 기간을 정하여」 그 보수補修를 청구할 수 있다. 그렇지만 그 기간이 도과된 후라도, 보수청구권을 포기하지 않은 한, 여전히 보수청구를 할 수 있다. 이 「상당한 기간」 동안에는 —보수와 함께 하는 손해배상은

---

10) 그 법적 성질에 관해서는 매도인의 담보책임에 관한 부분(제 5 편 제 3 장)에서 다룰 것이다.

이를 청구할 수 있으나—「보수를 갈음하는 손해배상」을 청구할 수 없다는 데 의미가 있다. 그 기간 동안 보수를 하지 않더라도 도급인이 계약을 해제할 수는 없다. 계약해제는 제668조의 요건을 갖춘 경우에만 할 수 있다.[11] 도급인이 보수를 청구하면 보수報酬의 지급을 거절할 수 있다.[12]

② 수급인의 손해배상의무

도급인은 「보수를 갈음하는 손해배상」이나 「보수청구와 함께 하는 손해배상」을 청구할 수 있다(제667조 제 2 항). 전자는 보수청구와 선택적 관계에 있다. 보수가 불가능하거나 가능해도 청구를 할 수 없는 경우(특히 제667조 제 1 항의 경우)는 물론, 그렇지 않은 경우에도 이를 선택하지 않고 곧바로 전자의 손해배상을 청구할 수 있다. 후자는 보수청구를 하더라도 남는 손해의 배상을 내용으로 한다. 가령 보수에 시간이 걸려 그동안 사용하지 못한 손해 등이 이에 해당한다. 보수청구와 「함께」란 시간적으로 같이 손해배상청구를 하여야 한다는 의미가 아니라, 보수청구권과 병존하여 손해배상청구권을 가진다는 의미이다. 이들 손해배상청구권은 보수청구권과 동시이행관계에 있다(제667조 제 3 항). 그러나 이 경우 거절할 수 있는 액은 손해배상을 청구할 수 있는 액에 한정된다.[13]

채무불이행 책임과 수급인 하자담보책임의 관계가 문제된다. 도급계약에 따라 완성된 목적물에 하자가 있는 경우, 수급인의 하자담보책임과 채무불이행책임은 별개의 권원에 의하여 경합적으로 인정된다. 목적물의 하자를 보수하기 위한 비용은 수급인의 하자담보책임과 채무불이행책임에서 말하는 손해에 해당한다. 따라서 도급인은 하자보수비용을 제667조 제 2 항에 따라 하자담보책임으로 인한 손해배상으로 청구할 수도 있고, 제390조에 따라 채무불이행으로 인한 손해배상으로 청구할 수도 있다.[14]

③ 수급인의 담보책임은 매도인의 담보책임과 마찬가지로 목적물의 인도를 받은 날부터 1년 내에 행사되어야 한다(제670조). 이는 제척기간으로, 재판

---

11) 곽윤직, 채권각론, 260면; 김상용, 채권각론, 356면; 김주수, 채권각론, 398면; 김형배, 채권각론, 632면. 적어도 도급인 자신이 하자를 제거할 수 없는 경우에는 긍정하자는 견해로는 김증한·김학동, 채권각론, 520면.
12) 대판 1991. 12. 10, 91다33056; 대판 1996. 7. 12, 96다7250 등.
13) 대판 1990. 5. 22, 90다카230; 대판 1991. 12. 10, 91다33056.
14) 대판 2020. 6. 11, 2020다201156.

상 행사하여야 하는 것은 아니고 재판 밖에서 권리를 행사하는 것으로 충분
하다.[15]

(나) 담보책임의 발생시기

목적물 인도가 필요하지 않은 도급에서는 일이 완성된 날부터 담보책임이
발생함에 의문이 없다. 한편 인도가 필요한 도급에서도 반드시 인도가 있은 날
부터라고 할 것은 아니고, 일의 완성 시부터 담보책임이 생긴다고 해석해야 한
다.[16] 이와 같이 해석하는 것이 수급인의 책임을 추급하는 데 필요하고 일의 완
성 후에는 수급인의 채무가 완성된 물건의 인도에 집중되기 때문이다.

민법은, 한편으로는 의용민법과는 달리 「완성된 목적물」뿐만 아니라 「완
성 전의 성취된 부분」에 하자가 있는 경우에도 담보책임을 인정하면서(제667조
제 1 항 본문), 다른 한편으로 책임의 내용인 각종 권리의 존속기간은 「목적물의
인도를 받은 날」 또는 「일을 종료한 날」부터 기산된다고 정하고 있다(제670조).
완성 전 성취된 부분이 있더라도 바로 하자담보책임을 물을 수는 없고 그 부
분이 독립적으로 도급인에게 인도된 경우 또는 인도가 필요없는 일에서는 일
의 성취된 부분이 계약상 독자적인 급부로서의 의미를 가지는 경우(가령 순차
급부가 약정된 경우 등)에 한정하여 그 일이 종료된 때에 발생한다고 보아야 한
다.[17]

2. 도급인의 의무

(1) 보수지급의무

도급인의 주된 의무는 보수지급의무이다. 보수는 완성된 목적물의 인도와
동시에 지급하는 것이 원칙이다. 그러나 공사가 중도에 중단되는 경우가 많은
데, 이와 같은 경우에도 판례는 보수지급의무를 긍정하고 있다. 즉, 건축도급
계약이 수급인의 채무불이행으로 해제되었다고 하더라도, 해제 당시에 공사가
상당히 진척되어 원상회복을 하게 되면 중대한 사회적 손실을 초래하고 완성
부분이 도급인에게 이익이 된다면, 도급계약은 미완성부분에 대하여만 실효된

---

15) 대판 1990. 3. 9, 88다카31866.
16) 반대: 김증한·김학동, 채권각론, 525면; 이은영, 채권각론, 522면.
17) 완성전의 성취된 부분에 하자가 있어서 보수를 청구하는 경우는, 목적물의 인도를 요하
   지 않는 경우로 보아 그 부분의 일이 종료한 때가 기산점이 된다는 견해로 김증한·김학
   동, 채권각론, 525면.

다. 그 결과 수급인은 완성부분을 해제 당시의 상태로 인도할 채무를 부담하고, 도급인은 이에 해당하는 보수를 지급할 의무를 부담한다. 그 보수는 수급인의 지출액이 아니라 총공사대금의 기성고율旣成高率에 따른다.[18]

(2) 부동산공사도급인의 저당권설정의무

민법 제정 당시 부동산공사수급인의 보수채권을 확보하기 위하여 수급인이 목적부동산에 대한 저당권설정청구권을 가진다고 정하였다(제666조). 이 권리가 인정되려면 도급인에게 부동산소유권이 있어야 한다. 그러므로 도급인 소유의 토지에 대한 공사, 그리고 건물의 경우에는 도급인 소유의 기존건물에 대한 공사가 주로 문제된다. 건물신축공사에서는 애초 도급인이 소유권을 취득하는 경우, 또는 수급인이 애초 소유권을 취득하였다면 이를 도급인에게 인도하여 그 소유권이 이전된 경우에만 이 규정이 적용된다.

이 청구권은 채권적 청구권으로서 그 상대방은 도급인에게 한정된다.[19] 따라서 공사목적물이 제 3 자에게 양도된 때에는 가등기에 의하여 이 청구권을 보전하지 않으면 그에게 대항할 수 없게 된다.

[판결 4] 건축공사도급계약의 중도 해제: 대판 1989. 12. 26, 88다카32470, 32487

1. 상고이유 제 1 점을 판단한다.

원심판결 이유에 의하면 원심은, 본소청구인 공사대금청구에 대하여 거시 증거를 종합하여 피고는 1985. 2. 7. 원고에게 대전 중구 산성동 141의 2 지상 철근콘크리트 및 세멘트벽돌조 스라브즙 점포 및 사무실 지하 1층 지상 4층 총 건평 354평의 건물신축공사를 공사대금 150,000,000원에 도급주고 같은 해 2. 13. 계약금 30,000,000원, 지하실, 1층, 2층, 3층, 4층의 각 골조공사 완성후 각 금 10,000,000원씩, 조적공사 완성후 금 20,000,000원, 위 건물공사 완성후 위 건물의 인도와 상환으로 잔금 50,000,000원을 각 지급하기로 약정한 사실, 원고는 피고로부터 위 계약금 30,000,000원 및 지하실, 1층 내지 4층의 각 골조공사를 완성하고는 각 금 10,000,000원씩을 각 지급받았으나 같은 해 5. 9.경 조적공사를 완성하고는 금 20,000,000원을 지급받지 못하여 같은 해 6. 18. 및 같은 달 28. 2회에 걸쳐 피고에게 금 20,000,000원의 지급을 최고한 사실, 원고는 이

---

18) 대판 1986. 9. 9, 85다카1751; 대판 1992. 3. 31, 91다42630 등 다수.
19) 곽윤직, 채권각론, 263면; 김상용, 채권각론, 360면; 김주수, 채권각론, 405면; 김증한 · 김학동, 채권각론, 531면; 김형배, 채권각론, 641-642면.

사건 소장송달로써 피고에게 위 도급계약을 해제한다고 통고한 사실을 인정하고 피고는 원고에게 원고가 이미 완성한 공사부분에 대한 대금을 지급할 의무가 있다고 판단한 다음 원고가 이미 시행한 위 건물공사의 건축부분에 14개항, 설비부분에 4개항의 설계변경, 부실공사 및 부실자재사용으로 인한 하자가 있고 위 하자는 공사가 진행되면 사실상 보수불능이므로 피고는 상당한 기간을 정하여 보수를 청구하였으나 원고가 이에 불응하여 피고는 원고에 대하여 하자보수에 갈음하는 손해배상으로 보수에 필요한 금 22,017,556원 채권이 있으니 원고가 구하는 공사금채권과 상계 내지 동시이행의 항변을 한다는 피고의 항변에 대하여 그 채택한 증거들에 의하여 원고는 소외 A와 피고의 처인 B의 지시하에 위 건물신축공사를 시행하면서 피고의 요구에 따라 건축재료를 일부 변경하고 위 건물의 구조를 일부 변경한 사실, 원고는 위 건물의 각층 스라브는 설계도에서 정한 바와 같이 거의 대부분의 두께를 12센티미터로 하여 지하실, 1층 내지 4층의 각 골조공사를 완성하고 피고의 이의없이 피고로부터 공사금 중 일부로 각 금 10,000,000원씩을 지급받은 사실, 한편 위치에 따라 위 스라브의 두께가 위 12센티미터에 약간 미달되는 곳이 있지만 이는 위 건물의 수명과 유지관리 및 안정에 전혀 영향이 없는 사실을 인정한 후 위 인정사실에 의하면 위 건물의 하자가 있다고 볼 수 없으므로 하자의 존재를 전제로 한 피고의 위 항변은 더 나아가 살펴볼 것도 없이 이유없다는 취지로 판단하고 있다.

기록에 비추어 보면, 원심의 위와 같은 사실인정 및 판단은 정당하고 거기에 논지가 지적하는 채증법칙위배의 위법이나 공사도급계약에 있어서의 공사금채권과 공사의 하자로 인한 손해배상청구권과의 동시이행관계에 관한 법리를 오해한 위법이 있다 할 수 없다. 논지는 이유없다.

  2. 상고이유 제2, 3점을 함께 판단한다.

    건축공사도급계약에 있어서 수급인이 공사를 완성하지 못한 상태에서 도급인의 채무불이행을 이유로 계약을 해제한 경우에 공사가 상당한 정도로 진척되어 그 원상회복이 중대한 사회적, 경제적 손실을 초래하게 되고 완성된 부분이 도급인에게 이익이 되는 때에는 도급계약은 미완성부분에 대하여서만 실효된다고 보아야 할 것이고 따라서 이 경우 수급인은 해제한 상태 그대로 그 건물을 도급인에게 인도하고 도급인은 인도받은 건물에 대한 보수를 지급하여야 할 의무가 있으며 그 보수의 액수는 다른 특별한 사정이 없는 한 당사자 사이에 약정된 총공사비를 기준으로 하여 그 금액에서 수급인이 공사를 중단할 당시의 공사기성고비율에 의한 금액이라 할 것이고 기성고비율은 이미 완성된 부분에 소요된 공사비에다가 미시공부분을 완성하는 데 소요될 공사비를 합친 전체공사비 가운데 이미 완성된 부분에 소요된 비용이 차지하는 비율이라 할 것이다 (당원 1986. 9. 9. 선고 85다카2517 판결 및 1989. 4. 25. 선고 86다카1147, 1148 판결 참조).

원심판결 이유에 의하면 원심은, 본소청구에 대하여 앞에서 본 사실관계에 의하여 피고가 원고에게 조적공사 후 지급하기로 약정한 금20,000,000원을 지급하지 아니함으로써 공사금지급채무를 불이행하였고 그 후 원고가 피고에게 금 20,000,000원의 지급을 최고하였는데도 피고가 이를 이행하지 아니하였으므로 위 도급계약은 이 사건 소장이 1985. 9. 17. 피고에게 송달됨으로써 적법하게 해제되었다 할 것이고, 따라서 피고는 원고에게 원고가 이미 완성한 공사부분에 대한 대금을 지급할 의무가 있다는 취지로 판단한 다음 원심감정인 한 규호의 감정결과와 변론의 전취지에 의하여 원고가 위 조적공사를 마치고 1985. 5. 17. 위 건축공사를 중단할 때까지 위 건축공사에 소요된 비용은 금 100,634,686원인 사실을 인정하고 피고는 원고에게 위 공사에 소요된 비용 금100,634,686원에서 원고가 위 건물의 공사대금 중 일부로 받았다고 자인하는 금 80,000,000원을 공제한 잔액 20,634,686원을 지급할 의무가 있다고 판단하고 피고의 반소청구 중 부당이득반환청구에 대하여는 원고가 1985. 5. 중순경까지 완성한 건물부분에 대한 공사대금이 피고로부터 이미 지급받은 공사금에 미달된다고 볼 증거가 없다고 판단하여 피고의 청구를 기각하였다.

그러나 위 한 규호의 감정결과에 의하면, 공사에 소요되는 총 비용을 191,760,471원으로 보고 기성부분을 100,634,686원 잔여공사에 소요되는 비용은 91,125,785원으로 산정하고 있으므로 기성부분의 공사비 100,634,686원은 총 공사비 150,000,000원 중에서 기성고비율에 의하여 계산한 것이 아니라 기성부분에 투입된 비용 그 자체임이 명백한바, 원심이 피고가 원고에게 지급하여야할 기성고부분에 대한 보수(공사대금)를 원·피고 사이에 약정된 총공사비를 기준으로 그 금액에서 원고가 공사를 중단할 당시의 공사기성고비율에 의한 금액으로 산정하여서는 아니 될 특별한 사정에 대하여 아무런 심리판단을 함이 없이 원고가 위 건축공사를 함에 있어서 소요된 비용 그 자체로 산정한 것은 건축공사도급계약이 도급인의 채무불이행으로 인하여 중도해제된 경우에 있어서 도급인이 수급인에게 지급하여야 할 기성고부분에 대한 보수의 산정방법에 관한 법리를 오해하고 심리를 다하지 아니하여 판결결과에 영향을 미쳤다 할 것이다.

그리고 원심판결을 보면, 원심은 원고에게 위 공사대금으로 합계금 82,000,000원을 변제하였다는 피고의 주장에 대하여 믿지 아니하는 제 1 심증인 B의 일부증언 외에는 피고가 원고에게 위 공사대금으로 원고가 자인하는 금

80,00000원 외에 금 2,000,000원을 더 지급하였다고 볼 증거가 없다고 판시하고 있으나, 원심이 배척하지 아니하였고 성립에 다툼이 없는 을 제9호증, 성립에 다툼이 없는 갑 제5호증의 2의 일부 기재 및 그 밖에 을 제4호증의 기재를 합쳐 살펴보면 피고가 원고에게 공사비로 금 80,000,000원을 지급한 외에도 원고가 피고로부터 도급받은 공사 중 난방공사를 소외 C에게 공사금 5,000,000원에 하도급주고 피고로 하여금 그 공사비를 직접 지급할 것을 요구하여 피고가 위 박만호에게 난방공사비로 금 2,000,000원을 지급한 사실을 인정할 수 있으므로 원심이 을 제9호증에 대하여 아무런 판단을 하지 아니한 채 위와 같이 판단한 것은 심리를 다하지 아니하였다거나 채증법칙을 위반하여 판결결과에 영향을 미치게 하였다 할 것이며 이는 앞서 본 공사기성고금액 인정에 관한 잘못과 아울러 소송촉진등에관한특례법 제12조 소정의 파기사유에 해당하며 이 점들을 지적하는 논지는 모두 이유있다.

질문

(1) 수급인이 공사를 중도에 중단한 경우에 보수지급청구권이 발생하는가? 그 근거는 무엇인가?

(2) 이 사건에서 해제를 인정한 것은 타당한가?

(3) 건물의 완성을 인정하고 하자담보책임을 인정하는 경우와 중도 해제를 인정하는 경우에 공사대금 산정에 어떠한 차이가 있는가?

(4) 건물의 완공 여부를 판단하는 기준은 무엇인가?

제4장 동시이행관계

I. 의   의

1. 견련관계

쌍무계약상의 견련관계牽連關係는 당사자가 채무를 이행하는 과정에서도 실현되어야 한다. 이러한 관계를 실현하는 법적 장치가 동시이행의 항변권이다.

쌍무계약에 의하여 각 당사자는 서로 상대방에 대하여 채무를 부담한다. 그런데 그 각각을 서로 관련 없는 별개의 채무라고 하면, 자기의 채무를 임의로 또는 강제집행을 당하여 먼저 이행한 당사자는 상대방이 부담하는 채무(이미 이루어진 급부에 대한 반대급부를 할 의무)를 이행받을 수 없을지도 모르는 위험을 안게 된다. 상대방은 자기가 받을 것을 이미 받았으나, 자기가 줄 것은 아직 주지 않고 단지 주어야 할 채무만을 여전히 부담하고 있다. 이러한 경우에 그 채무의 이행을 보장할 수 없다. 우선 채무자는 자신의 행위에 의하여 채무를 이행불능상태에 빠뜨릴 수 있다(가령 특정물매도인이 목적물을 제3자에게 이중 매도하고, 그 소유권을 양도한 경우). 이 경우에 채권자는 본래의 채권 내용을 실현할 수 없다. 물론 손해배상을 받을 수는 있겠으나, 손해배상은 금전지급으로 하는 것이 원칙이므로(제394조), 이것이 애초에 채권자가 계약으로 실현하고자 하는 상태가 아님은 명백하다. 또 손해배상청구권이라고 해도 그것은 채무자에게 자력(일반책임재산)이 충분할 때 원만하게 이행받을 수 있는 것이므로 채무자가 무자력이라면 그 청구권은 실제로는 무가치한 것이다. 이러한 위험은 모든 채권에 고유한 위험으로서, 채권은 채무자의 이행이 있어야만 그 내용이 실현되고 결국 그 실현은 궁극적으로 채무자의 일반재산이 충분한지에 달려 있다. 특히 쌍무계약에서 일방 당사자가 자신의 채무를 선이행하였으나 이러한 자신의 출연에 대한 반대급부를 얻지 못하게 되는 위험을 선이행위험 (先履行危險; Vorleistungsrisiko)이라고 한다.

그런데 쌍무계약에서 각 당사자가 부담하는 채무는 '받기 위하여 준다'(do ut des)는 관계에 있으므로, 그중 한쪽 당사자에게 선이행하도록 하여 위와 같은 위험을 부담하게 하는 것은 쌍무계약의 위와 같은 내적인 구조에 적합하지 않게 된다. 따라서 민법은 쌍무계약에서 기능상 견련관계(funktionelles Synal-lagma)를 인정하여, 동시이행의 항변권을 쌍무계약의 당사자에게 부여하고 있다.[1][2]

2. 동시이행항변권

동시이행항변권은 쌍무계약에서 "상대방이 그 채무이행을 제공할 때까지 자기의 채무이행을 거절할 수 있는 당사자 일방의 권리"를 말한다(제536조 제 1 항).

이와 같이 동시이행의 항변권은 채무를 이미 부담하고 있는 당사자 일방이 상대방이 채무의 이행을 구하는 경우에 이행을 거절할 수 있는 소극적 권리이며, 당사자 일방의 채무 자체가 상대방이 부담하는 반대급부의무를 이행하거나 이행제공해야만 발생한다는 의미는 아니다. 가령 매수인의 대금지급의무는 매도인이 목적물의 소유권을 이전하거나 그 이행제공을 해야 비로소 발생하는 것은 아니며, 그와는 관계없이 매매계약의 유효한 성립과 동시에 발생한다. 다만 매수인은 매도인이 그와 같은 이행제공을 하지 않고 대금의 지급을 청구하면 동시이행항변권을 행사하여 그 지급을 거절할 수 있다. 따라서 동시이행항변권은 상대방의 청구권을 전제로 그 실현을 저지하는 내용을 가지는 것이어서 '항변권'에 속하며,[3] 특히 "상대방이 그 채무이행을 제공할 때까지"

---

1) 대체로 동시이행의 항변권이 '공평의 원칙'에 기하여 인정된다고 한다. 곽윤직, 채권각론, 61면; 김상용, 채권각론, 82면; 김형배, 채권각론, 144면; 황적인, 현대민법론 Ⅳ, 107면; 김주수, 채권각론, 100면. 여기서 작용하는 '공평의 원칙'을 보다 구체적으로 파악하면 위와 같은 내용이 될 것이다. 한편, 이은영, 채권각론, 145면은 "동시이행항변권의 담보적 기능"을 말하는데, 그 의미는 동시이행의 항변권으로써 위에서 본 바와 같은 채권에 고유한 위험에 대처할 수 있다는 뜻이라고 이해된다.

2) 쌍무계약에 고유한 이러한 기능상 견련관계는 파산이나 회생절차와 같은 집단적, 총괄적 채권실현절차에서도 고려된다. 채무자 회생 및 파산에 관한 법률 제121조, 제337조.

3) 곽윤직, 채권각론, 61면; 김상용, 채권각론, 83면; 김주수, 채권각론, 99면; 김증한·김학

일시적으로 그 실현을 저지할 수 있다는 점에서 '연기적 항변권'에 속한다.

3. 유치권과의 구별

이와 같이 일정한 의무를 부담하는 자가 그 의무의 이행을 자기가 가지는 채권에 대한 이행제공이 있을 때까지 거절할 수 있다는 점에서, 동시이행항변권은 유치권(제320조 이하)과 유사하다. 그러나 민법에서는 유치권이 물권으로 구성되어 있고, 이 점을 출발점으로 하여 구체적으로 양자는 여러 가지 차이가 있다.

(1) 유치권자는 그에 기하여 누구에게 대해서도(즉, 자신에게 채무를 부담하고 있는 자뿐만 아니라, 유치권 발생 당시의 점유물의 소유자, 나아가서는 그로부터 다시 소유권을 양도받은 자 등에 대해서도) 그 점유물의 인도를 거부할 수 있다. 그러나 동시이행항변권은 계약 상대방에 대해서만 주장할 수 있다.

(2) 유치권은 제3자에 대해서도 주장할 수 있는 인도거절권능을 통하여 채권의 만족을 확보하는 담보물권이므로, 유치권자가 거절할 수 있는 것은 목적물의 인도에 한정되고 그 피담보채권은 "그 물건에 관하여 생긴 채권"이어야 한다. 이에 반하여 동시이행항변권은 쌍무계약에 기하여 발생하는 채무라면 그 내용 여하를 묻지 않고 그 이행을 거절할 수 있게 하고, 그에 의하여 이행이 담보될 수 있는 채권도 쌍무계약상의 채권이면 충분하다.

(3) 유치권은 제한물권으로서 타인 소유의 물건에 성립하고, 만일 피담보채권이 만족되지 않으면 경매 등을 통하여 그 권리를 실행할 수 있다(제322조). 또 유치권은 채무자가 다른 담보를 제공하고 그 소멸을 청구할 수 있다(제327조).이에 반하여 동시이행항변권은 자기 채무의 이행을 연기하는 것을 내용으로 하므로, 그 항변권의 행사는 상대방의 청구를 소극적으로 거부하는 것에 그친다. 물론 유치권에서와 같은 소멸청구도 인정되지 않는다.

(4) 유치권과 동시이행의 항변권은 그 권리의 내용을 달리하는 것으로서, 동시에 병존할 수 있다. 가령 시계수리업자는 위탁받은 시계의 수리를 마친 경우에 수리를 맡긴 상대방이 시계의 인도를 청구하더라도 동시이행항변권에 기하여 보수의 지급이 있을 때까지는 그 인도를 거절할 수 있다(제665조).

동, 채권각론, 66면; 이은영, 채권각론, 146면; 황적인, 현대민법론 Ⅳ, 107면. 한편, 김형배, 채권각론, 148면은 동시이행의 항변권이 실체법상 권리라고 한다.

한편 수리를 맡긴 자가 시계의 소유자가 아닌 경우 실제의 소유자가 시계의 반환을 구하면(제213조), 수리업자는 동시이행의 항변권을 내세워 그 반환을 거절할 수 없다. 소유자와 수리업자 사이에는 계약관계가 없기 때문이다. 그러나 그 보수채권은 "시계에 관하여 생긴 채권"이므로, 수리업자는 그 시계에 대하여 갖고 있는 유치권(제213조 단서의 "점유할 권리")을 행사하여 시계의 반환을 거절할 수 있다(위 (1) 참조).[4]

그런데 동시이행의 항변권과 유치권이 소송상 행사된 경우에는 상환이행 판결이 내려지므로("피고는 원고로부터 …을 수령함과 동시에 …을 이행하라"), 이 점에서는 양자 사이에 차이가 없다.

II. 동시이행항변권의 발생요건

1. 쌍무계약에 기하여 발생한 대립하는 채무의 존재

(1) 동시이행항변권이 발생하려면 자기 채무가 상대방의 채무와 같이 하나의 쌍무계약에서 발생한 것이어야 하고,[5] 또 두 채무는 계약목적상 서로 구속하는 관계에 있어야 한다.

(2) 서로 관련되는 채무라고 해도 그것이 각각 별개의 계약으로부터 발생한 것이면 원칙적으로 동시이행항변권이 인정되지 않는다.[6]

또한 하나의 쌍무계약에 의하여 발생하였다고 해도 채무자가 이행을 거절하려는 채무가 상대방의 채무와 목적상 상호구속의 관계에 있는 것이 아니면 그 채무에 관하여 동시이행항변권이 성립하지 않는다. 통상 쌍무계약으로부터 발생하는 주급부의무 상호간에는 그러한 상호구속관계를 인정할 수 있다. 그러나 그 밖의 부수적 채무는 상대방의 주급부의무와는 원칙적으로 동시이행관계에 있다고 볼 수는 없다.[7]

---

4) 이 경우에 유치권이 성립하지 않는다는 견해도 있다. 김형배, 채권각론, 146면.
5) 대판 1971. 4. 6, 70다1095는 양도담보목적물을 피담보채권에 충당·정산하는 과정에서 채권자는 채무자에게 일정액의 금전을 지급하고 채무자는 채권자에게 목적물을 인도하기로 합의하였다면, 이 합의는 쌍무계약으로서 그 금전지급의무와 목적물인도의무는 동시이행관계에 있다고 한다.
6) 구체적인 예로 대판 1989. 2. 14, 88다카10753을 보라.
7) 대판 1976. 10. 12, 73다584는, 매도인이 독점 생산하는 물품을 매수인에게 계속적으로

부동산매매에서는 매도인의 등기이전뿐만 아니라[8] 목적물의 인도도 매수인의 대금지급과 동시이행관계에 있다.[9] 그 경우 매도인은 원칙적으로 부담 없는 소유권을 이전할 의무가 있으므로, 매매부동산에 저당권 등의 부담이 설정되어 있는 경우에는 그 부담을 말소할 때까지 매수인은 대금의 지급을 거절할 수 있음은 물론이다. 즉, 대금지급의무와 동시이행관계에 있는 매도인의 의무는 단순한 소유권의 이전의무가 아니라, "완전히 부담 없는 소유권의 이전의무"이다.[10]

> **[판결 1] 매매계약에서 명도의무와 잔금지급의무의 동시이행관계 여부: 대판 1980. 7. 8, 80다725**

원심이 인용한 제1심 판결이유에 의하면 피고의 대리인 A가 1976. 4. 9 원고의 대리인 B로부터 원고 소유의 본건 부동산을 대금 1,800,000원에 매수함에 있어 계약금 180,000원, 중도금 1,000,000원, 잔금 620,000원을 모두 당일 지급하기로 약정하였다가 결국 피고의 대리인 A는 당일 매매대금 일부로 현금 1,300,000원만을 지급한 채 지급기일이 그로부터 15일후로 된 소외 C 발행의 액면금 500,000원 짜리 약속어음을 원고의 대리인에게 교부하여 주었으나 위 어음의 지급기일에 지급 제시하였으나 지급 거절되어 원고는 피고에게 두 차례 잔대금 이행을 최고하고 마지막으로 1976. 8. 4 금 820,000원을 변제공탁하면서

공급하고 매수인은 일정량을 의무적으로 인수하기로 하는 계약에 있어서 매도인이 그 물품에 관한 선전을 하기로 부수적으로 약정한 경우, 매도인이 그 선전의무를 이행하지 않았다고 하더라도, "선전의무가 계약의 중요한 전제조건이 되었다는 등의 특별한 사정이 있어서 피고의 선전의무와 원고의 인수의무가 서로의 채무의 중요불가피한 관계에 있다는 사정이 있다면 모르거니와" 그렇지 않다면 부수적 사정에 관한 의무위반이 있다고 해서 매수인이 자신의 인수의무의 이행을 거절할 수 있는 동시이행항변권을 갖게 된다고 할 수 없다고 한다.

8) 이는 미등기건물의 매매의 경우도 마찬가지이다. 대판 1981. 7. 7, 80다2388 참조. 또한 농지매매의 경우에는 소재지관서의 증명과 같이 별도의 요건을 충족하여야 하는 경우에는 그 요건도 포함한다. 농지에 관하여 대판 1975. 9. 23, 74다2022 참조.
9) 대판 1980. 7. 8, 80다725; 대판 1991. 8. 13, 91다13144; 대판 1995. 6. 30, 94다55118; 김주수, 채권각론, 197면; 김형배, 채권각론 312면; 이은영, 채권각론, 294면; 김재형, "2000년도 민법판례의 동향," 민법론 Ⅱ, 2004, 483면. 반대: 대판 1976. 4. 27, 76다297, 298; 곽윤직, 채권각론, 62면.
10) 대판 1962. 6. 21, 62다200; 대판 1973. 6. 5, 68다2342 등이 저당권이 설정된 부동산의 매매에서 저당권등기말소의무와 대금지급의무는 동시이행관계에 있다고 하는 것은 이러한 전제에서 나온 것이다.

본 매매계약을 해제하여 위에서 본 매매계약이 적법히 해제되었다고 판단하
였다.

　　　그러나 기록에 비추어 보면 피고는 비록 이 사건 변론에서 명백한 표현을
다하지 못한 흠이 있으나(피고는 의무 이행을 다하였으므로 의무가 없다는 점에
중점을 두고 변론을 하였다), 원고가 매도한 이 사건 부동산에 대하여 명도의무
를 이행하지 아니하여 피고가 그 출연으로 종전 전세로 입주 거주한 자들을 명
도시킨 것이므로 원고가 이 사건 부동산의 매도인으로서 그 의무 이행을 다하
지 아니하여 원고의 본건 매매계약 해제는 적법하지 않다고 항쟁하였음도 충분
히 알아볼 수 있는바 무릇 부동산매매에 있어서는 당사자가 특히 부동산 명도
책임과 관계없이 잔대금 지급기일을 정한 것이거나 다른 특약이 있는 등 특별
한 사정이 없다면 매매부동산의 인도 및 명도의무도 그 잔대금지급의무와 동시
이행의 관계에 있다고 볼 것인데 원심인용 제1심 판결이유에 의하면 당사자간
에 이 사건 부동산 매매에 있어서 명도책임은 지지 않기로 한 것인지, 그 명도
와는 관계없이 잔대금 지급기일을 정한 것인지 아무런 설시가 없고 따라서 별
다른 사정이 없다면 피고의 잔대금지급 채무와 원고의 이 사건 부동산의 명도
의무는 동시이행관계에 있다고 볼 수밖에 없는데 원심은 원고가 그 명도의무를
이행 제공하고 또 이를 상대방에게 통지한 후 그 이행을 수령할 것을 최고한
사실의 인정도 없이 피고의 잔대금지급 채무불이행만을 이유로 원고의 매매계
약의 해제를 인정한 잘못을 범하였다 할 것이다.

질문

(1) 부동산매매계약에서 부동산 명도의무와 대금지급의무는 동시이행의 관계
에 있는가?

(2) 대판 1976. 4. 27, 76다297, 298은 매도인의 소유권이전등기의무는 매수
인의 잔금지급의무와 동시이행관계에 있지만, 매도인의 부동산인도의무는
매수인의 잔금지급의무와 동시이행관계에 있지 않다고 판결하였다. 무엇
이 판례인가?

(3) 동시이행의 항변권이 인정되는 것은 쌍무계약의 당사자에 한정되지
않는다. 채권양도, 채무인수, 포괄승계, 전부명령 등으로 채권자나 채무자가 변
경되더라도, 채무가 동일성을 유지하는 한, 항변권은 존속한다.[11] 예를 들면 채

11) 임대차보증금반환채권에 대한 전부명령이 있는 경우에 대하여 대판 1983. 11. 22, 82다카

권양도의 경우 채무자는 양수인에 대하여 동시이행항변권을 주장할 수 있어서, 채무자의 양수인에 대한 채무와 양도인의 채무자에 대한 채무 사이에 동시이행관계가 그대로 유지된다(제451조 제 2 항 참조. 다만 채무자가 이의를 유보하지 아니하고 승낙한 경우에는 그러하지 아니하다). 그러나 일방의 채무가 가령 경개로 인하여 동일성을 상실하면 항변권도 소멸한다.

또 원래의 채무가 채무불이행으로 인하여 손해배상의무(전보배상의 경우뿐만 아니라, 지연배상의 경우에도 원래의 채무와 함께)로 변하더라도 동시이행항변권은 존속한다.[12)]

(4) 이와 관련하여 동시이행관계를 인정할 것인지가 문제되는 경우가 있다.

① 지상권자(또는 지상권설정자), 전세권자, 임차인(또는 전차인) 등이 매수청구권(제283조 제 2 항, 제285조 제 2 항, 제316조 제 2 항, 제643조 내지 제647조)[13)]을 행사한 경우에는 그 의사표시와 동시에 목적물에 관한 매매계약이 성립한다. 따라서 그로 인하여 발생하는 대금채무와 소유권이전 및 인도채무 사이에도 동시이행관계가 있다. 그러나 그중에서 인도채무에 관해서는 매수청구권을 행사한 지상권자 등이 이미 목적물을 점유하는 경우가 대부분이므로 그 경우에는 문제되지 않는다.

② 임대차에서 임대인의 수선의무(제623조)와 임차인의 차임지급의무는 동시이행관계에 있는가?

이 문제는 주로 차임을 선불하여야 할 경우 임대인이 수선의무를 불이행함으로써 임차인이 임차물의 전부 또는 일부를 사용수익할 수 없게 된 경우에 임차인이 차임을 지급할 의무가 있는가 하는 문제와 관련하여 다루어진다. 차임을 후불하는 경우(이 경우가 통상적이다)에는 목적물 전부를 사용수익할 수 없다면 차임지급의무 자체를 부정하여야 할 것이다(일부의 사용 등 불능의 경우에는 제627조가 규정하고 있다). 차임을 선불하여야 할 경우에는, 제536조 제 2 항의 취지에 비추어, 양자 사이에 동시이행관계가 있다고 하고, 해당 차임에 상응하는 기간이 지나면 차임 후불의 경우와 마찬가지로 해석할 것이다.

1696 참조.

12) 대판 1997. 4. 25, 96다40677 등은 쌍무계약상 일방당사자의 채무가 이행불능이 된 경우 그로 인한 손해배상채무와 상대방의 반대채무와는 동시이행관계에 있다고 한다.

13) 매수청구권은 그 법률적 성질이 형성권이다.

2. 상대방의 채무가 변제기에 있을 것

상대방의 채무가 아직 변제기에 있지 않고 자기의 채무만이 변제기에 있는 당사자는 동시이행항변권이 없다(제536조 제 1 항 단서). 쌍무계약의 경우에도 당사자의 특약 또는 법률의 규정14)에 의하여 상대방보다 먼저 이행할 의무(선이행의무)를 부담하는 경우에 그는 동시이행항변권을 가지지 못한다.

(1) 선이행의무를 이행하지 않고 있는 동안에 상대방의 채무의 변제기가 도래하면 비록 선이행의무자라도 그때부터 동시이행항변권을 가지는 것이 원칙이다.15) 그러나 형식적으로 보아 일방의 당사자가 선이행의무를 지는 경우에도, 거래의 성질 또는 계약목적상 일방 당사자의 선이행이 있어야 상대방이 이행할 특수한 사정이 있으면, 비록 상대방의 채무에 관하여 정하여진 변제기가 도래하였다고 하여도, 그 기한은 2차적인 것이고 선이행이 없는 한 그의 이행기는 도래하지 않고, 따라서 그 기한 후라도 선이행의무자는 동시이행의 항변권을 취득하지 못한다.16) 이에 해당하는 경우로는 선이행의무의 이행이 있어야 비로소 상대방의 이행이 가능한 때, 임대인이나 수임인의 선이행의무가 통상 그러한 대로 상대방이 선이행의무 이행의 이익을 먼저 받고 나서 반대급부를 한다는 취지가 계약에 포함되어 있는 때, 선이행의무 이행의 내용을 확인한 후 반대급부를 하는 취지인 때 등을 들 수 있다.

(2) 비록 쌍무계약의 일방 당사자가 선이행의무를 부담한다고 해도 "상대방의 이행이 곤란할 현저한 사유가 있는 때"에는 동시이행항변권이 발생한다(제536조 제 2 항). 이 규정은 의용민법 당시 학설에 의하여 인정되던 '불안의 항변권'을 규정한 것이다. 이는 사정변경의 원칙을 적용한 예라고 할 수 있다.17)

---

14) 이에 해당하는 규정으로는 임대차에 관한 제633조, 위임에 관한 제686조, 임치에 관한 제701조 등을 들 수 있다. 제665조는 도급에 관하여 도급인이 일을 하고 있는 동안에는 그 보수를 청구할 수 없음을 전제로 하여, '완성된 목적물'의 인도와 보수지급이 동시이행되어야 한다고 정한다. 그러나 이들 규정은 임의규정이기 때문에, 이와 다른 약정을 할 수 있음은 물론이다. 한편 제585조는 매매에 관하여 양당사자의 채무에 관하여 동일한 기한이 있는 것으로 추정하는 규정을 두고 있다.

15) 대판 1970. 5. 12, 70다344; 대판 1980. 4. 22, 80다268 등. 어느 것이나 부동산매매에서 중도금 미이행 중에 잔금기일이 도래한 사안에 대한 것이다.

16) 이은영, 채권각론, 161면.

17) 민법안심의록 상권, 312면 상단("이행기를 달리한 쌍무계약의 경우에 형평의 원칙에 의거한 사정변경의 원칙을 적용한 것"); 곽윤직, 채권각론, 63면; 김증한·김학동, 채권각론,

여기서 "상대방의 이행이 곤란할 현저한 사유"란 상대방의 반대채무가 그 이행기에 이르렀을 때 제대로 이행될 수 없게 하는 사정을 말한다. 이에 해당하는지는 계약목적물의 성질(신속히 소비되는 것인지, 내구성이 있는 것인지 등), 거래기간, 당사자의 자격(상인인지 여부 등) 등 제반 사정을 고려하여 판단할 것이다.

요컨대, 쌍무계약 당사자의 일방이 자신의 채무는 장차 이행할 수 없는데도 상대방에게는 그 의무의 이행을 강제한다는 것이 공평에 반하는 경우를 말한다.[18] 따라서 선이행채무를 지고 있는 당사자가 계약 성립 후 상대방의 신용불안이나 재산상태 악화 등과 같은 사정으로 상대방의 이행을 받을 수 없는 사정변경이 생기고 이로 말미암아 당초의 계약 내용에 따른 선이행의무를 이행하게 하는 것이 공평과 신의칙에 반하게 되는 경우에 불안의 항변권이 인정된다.[19] 가령 대판 1970. 3. 10, 69다2076은 일정한 기간을 단위로 그 사이에 공급된 물품의 대금을 결제하기로 하는 계속적인 물품공급계약에서 이미 공급된 물품의 대금 중 일부를 약정대로 지급받지 못한 경우에는 그 대금의 지급을 받을 때까지 장래의 물품공급을 거절할 수 있다고 한다.[20]

불안의 항변권을 발생시키는 사유에 관하여 신용불안이나 재산상태 악화와 같이 채권자측에 발생한 객관적·일반적 사정만이 이에 해당한다고 제한적으로 해석할 이유는 없다.[21]

70면. 이와 달리 쌍무계약상의 채무 사이에서 이행상의 견련성이 깨지는 것을 방지하기 위한 것이라고 보는 견해도 있다. 이은영, 채권각론, 162면.

18) 대판 1997. 7. 25, 97다2687은, 주택공사로부터 토지를 매수하는 계약을 체결하면서 대금을 분할하여 선납하기로 약정하였으나 그 용도(중고자동차 매매시장)대로 사용할 수 없는 법령상 제한(도시계획으로 인한)이 그 분납기일 후에야 제거된 경우에 대하여 대금분할지급의무를 위하여 불안의 항변권을 긍정하고 있다.

19) 대판 2012. 3. 29, 2011다93025 참조.

20) 또한 대판 1995. 2. 28, 93다53887: "계속적 거래관계에 있어서 재화나 용역을 먼저 공급한 후 일정기간마다 거래대금을 정산하여 [그로부터] 일정기일 후에 지급받기로 약정한 경우에 공급자가 선이행의 자기 채무를 이행하고 이미 정산완료되어 이행기가 지난 전기의 대금을 지급받지 못하였거나 이행기는 되지 않았으나 적시의 이행이 현저히 불안한 사유가 있는 경우에는 민법 제536조 제 2 항 및 신의성실의 원칙에 비추어 볼 때 공급자는 이미 이행기가 지난 전기의 대금을 지급받을 때 또는 전기의 이행불안사유가 해소될 때까지 선이행의무가 있는 다음 기간의 자기 채무의 이행을 거절할 수 있다."

21) 대판 2012. 3. 29, 2011다93025. 이 판결은 도급인이 계약 체결 후에 위와 같은 약정을 위반하여 정당한 이유 없이 기성공사금을 지급하지 않고 이로 인하여 수급인이 공사를 계속해서 진행하더라도 그 공사내용에 따르는 공사금의 상당 부분을 약정대로 지급받을

이에 해당하게 되면 비록 상대방의 반대채무에 관하여 아직 이행기가 도래하지 아니하였더라도 동시이행의 항변권을 가지게 된다. 따라서 선이행의무를 부담하는 당사자라도 상대방이 자신의 채무에 관하여 이행제공을 할 때까지 자신의 채무이행을 거절할 수 있다. 즉, 상대방의 채무가 아직 이행기에 이르지 않았지만 이행기에 이행될 것인지 여부가 현저히 불확실하게 된 경우에는 선이행채무를 지고 있는 당사자에게 상대방의 이행이 확실하게 될 때까지 선이행의무의 이행을 거절할 수 있다.[22]

> **[판결 2]** 매매계약에서 중도금의 이행지체와 동시이행관계: 대판 1980. 4. 22, 80다268

원판결이유에 의하면 원심은 소외 망 A는 그 판시와 같이 피고와 본건 매매계약을 체결한 뒤 1977. 11. 8. 약정된 중도금 중 금 1,250,000원만을 피고에게 지급하고 나머지 금 200,000원은 그 지급기일인 같은 달 15일이 경과하여도 지급하지 않았을 뿐더러 잔대금도 그 지급기일인 1977. 11. 25에 지급하지 않은 사실, 그러나 피고는 1977. 12. 31. 위 소외 망인에 대하여 위 중도금 잔액을 1978. 1. 2.까지 지급할 것을 최고하는 동시에 위 기간을 경과하면 별단의 의사표시 없이 위 계약이 해제된다는 것을 통고하고 위 소외 망인이 동 금원을 지급하지 않자 1978. 1. 10. 그가 이미 수령한 계약금 500,000원과 중도금 1,250,000원 중 계약금을 몰취하고 나머지 금 1,250,000원을 변제공탁한 사실을 인정하고 그렇다면 본건 매매계약은 피고의 위 이행최고 후 상당한 기간이 경과된 1978. 1. 10.까지는 해제되었다고 판단하고 피고가 소외 망인에 대하여 본건 부동산의 소유권이전등기에 필요한 서류를 준비하여 이행제공하지 않고 한 위 계약해제는 효력이 없다는 원고들 주장에 대하여 부동산매매와 같은 쌍무계약에 있어서 매수인의 잔대금 지급의무와 매도인의 등기서류 교부의무는 동시이행관계에 있다고 할 것이나 중도금 지급의무는 특단의 사유가 없는 한 등기서류교부의무에 선행되는 것인바, 위와 같이 위 소외 망인이 중도금의 일부인 금 250,000원을 그 지급기일에 지급하지 아니하였으므로 피고는 본건 매매계약을 해제하기 위

것을 합리적으로 기대할 수 없게 되어서 수급인으로 하여금 당초의 계약내용에 따른 선이행의무의 이행을 요구하는 것이 공평에 반하게 되었다면, 비록 도급인에게 신용불안 등과 같은 사정이 없다고 하여도 수급인은 제536조 제 2 항에 의하여 계속공사의무의 이행을 거절할 수 있다고 한다.

22) 대판 1997. 7. 25, 97다5541; 대판 2022. 5. 13, 2019다215791 참조.

하여 등기신청 소요서류를 위 소외 망인에게 제공할 필요가 없다고 하여 이를 배척하는 판단을 하고 있다.

살피건대, 위 판시와 같이 본건 중도금의 일부가 그 지급기일인 1977. 11. 15.에 지급되지 아니하고 1977. 11. 25.에 본건 부동산에 관한 소유권이전등기 소요서류와 상환으로 그 잔대금을 지급하게 되어 있고 또 그때까지 본건 매수인인 위 소외 망 A가 위 지급되지 아니한 중도금의 일부와 본건 잔대금을 지급한 바 없고 매도인인 피고도 그 소유권이전등기 소요서류를 제공한 바 없이 그 기일을 경과하고 말았다면 그 이후부터는 위 망 A의 위 중도금 일부 및 잔대금의 지급과 피고의 그 소유권이전등기 소요서류의 제공은 동시이행관계에 있다 할 것이고 그때부터는 위 망인은 위 중도금의 일부를 지급하지 아니한 데 대한 이행지체의 책임을 지지 아니한다 할 것이므로(대법원 1970. 5. 12. 선고 70다344 판결 참조) 피고가 위 매매계약을 해제하려면 우선 자기의 채무인 그 소유권이전등기 소요서류를 제공하고, 위 소외 망인에 대하여 그 지급되지 아니한 중도금이나 잔대금의 지급을 최고하여야 할 것인바, 그렇다면 피고가 위 원판시와 같이 소외 망인에 대하여 그 소유권이전 등기 소요서류의 제공도 없이 위 이행의 최고를 하였다면 그 이행의 최고는 부적법한 것으로서 위 피고의 본건 매매계약의 해제는 그 효력을 발생할 수 없다 할 것임에도 불구하고 원심이 위 계약의 해제를 위한 최고에 있어 피고는 그 채무인 소유권이전등기 소요서류를 제공할 필요가 없다고 하여 그 이행제공에 대한 심리도 없이 위와 같이 그 계약의 해제는 적법하다고 판단하였음은 필경 계약해제에 관한 법리를 오해하여 심리를 다하지 아니한 위법을 저질렀다고 할 것이므로 이 점에 관한 논지는 이유있어 원판결은 그 파기를 면치 못한다 할 것이다.

질문

(1) 이 사건의 쟁점은 무엇인가?

(2) 선이행의무에 있는 채무를 이행하고 있지 않던 중에 상대방의 채무가 변제기가 도래한 경우에 법률관계를 설명하시오.

(3) 매매계약에서 대금지급의무와 소유권이전등기의무가 동시이행관계에 있는 경우 대금지급의무의 불이행을 이유로 계약을 해제하기 위한 요건은 무엇인가?

[판결 3] 불안의 항변권: 대판 1995. 2. 28, 93다53887

피고 소송대리인의 상고이유를 본다.

1. 기록에 의하여 살펴보면 원고는 민법 제536조 제2항을 들거나 동시이행의 항변권 또는 "불안의 항변권"을 행사하였다고 명확히 주장하지는 아니하였지만, 피고가 종전의 임가공비지급을 지체하였기 때문에 가공원단을 납품하지 아니한 것이어서 자기의 납품거부행위가 채무불이행이 되지 아니하기 때문에 손해배상책임이 없다는 취지로 주장하였는바(기록 제267-268면), 원고의 위 주장에는 자신의 납품거부행위가 동시이행의 항변권 또는 불안의 항변권의 행사로서 위법하지 아니하다는 주장을 포함하는 것으로 해석할 수 있다.

따라서 원심판결에 변론주의위반의 위법이 있다는 상고논지는 이유 없다.

2. 계속적 거래관계에 있어서 재화나 용역을 먼저 공급한 후 일정기간마다 거래대금을 정산하여 일정기일 후에 지급받기로 약정한 경우에 공급자가 선이행의 자기 채무를 이행하고, 이미 정산이 완료되어 이행기가 지난 전기의 대금을 지급받지 못하였거나 정산은 완료되었으나 후이행의 상대방의 채무는 아직 이행기가 되지 아니하였지만 이행기의 이행이 현저히 불안한 사유가 있는 경우에는 민법 제536조 제2항 및 신의성실의 원칙에 비추어 볼때 공급자는 이미 이행기가 지난 전기의 대금을 지급받을 때 또는 전기에 대한 상대방의 이행기 미도래채무의 이행불안 사유가 해소될 때까지 선이행의무가 있는 다음 기간의 자기 채무의 이행을 거절할 수 있다고 해석할 것이다(당원 1970. 3. 10. 선고 69다2076 판결 참조).

원심이 인정한 사실관계에 의하면 염색 및 날염가공업등을 영업으로 하는 원고와 섬유제품의 제조, 판매 및 수출입업등을 영업으로 하는 피고 사이에 1990. 11. 경 원고는 피고로부터 공급받은 수출용 생원단을 염색가공하여 납기내에 피고가 지정하는 날염공장이나 봉제공장에 납품하고 피고는 원고가 생원단을 가공하여 납품한 1개월씩을 단위로 매월 말일에 임가공비를 정산하여 그로 부터 60일이내에 이를 지급하기로 하는 임가공계약을 체결한 후 계속적 거래관계를 유지하여 왔던바, 피고는 원고와 거래를 시작한 때부터 처음 3,4개월간은 위 약정대로 월말정산후 60일내에 매월 임가공비를 지급하다가 1991. 3.분 임가공비는 정산후 70일 내지 120일후에 지급하고, 같은 해 4월분 임가공비는 원고의 수차례에 걸친 변제요구에도 불구하고 계약상의 이행기일인 1991. 6. 30.까지 지급해 주지 않았음은 물론 그 지급을 확보하기 위한 유가증권마저 교부해 주지 아니하다가, 같은 해 7. 8.에 가서야 지급일자가 같은 해 8. 31.로 된 약속어음을 교부하자, 그 때부터 원고는 이미 납품하여 정산한 1991. 5.분 및 같은 해 6월분 임가공비의 약정기일내 지급을 확보하기 위한 유가증권등의 교부를 요구하면서 위 원단의 가공납품을 중단하였다는 것이다.

사실관계가 위와 같다면 원고와 피고 사이의 계속적 거래관계에 있어서 피고가 이미 정산이 완료되어 변제기가 지난 1991. 4. 분 임가공비를 지급하지 못하였고, 이미 정산을 완료하였으나 변제기에 이르지는 아니한 위 5월분 및 6월분의 임가공비에 대하여도 그 지급을 위한 아무런 유가증권도 교부하지 아니한 상태였으므로, 원고로서는 피고와의 사이에 계속적 거래관계에 있어서의 신뢰관계가 깨어져 위 5월분 이후의 임가공비를 변제기(정산일부터 60일이내)에 지급받을 수 있을지 여부가 현저히 불확실한 불안상태에 빠졌다고 할 것이어서 민법 제536조 제 2 항 및 신의성실의 원칙에 비추어 볼 때 이에 대하여 변제기내의 지급을 보장할 수 있는 수단을 확보할 수 있을 때까지는 선이행의무가 있는 원단의 가공납품의 이행을 거절할 수 있는 동시이행의 항변권(강학상 "불안의 항변권")을 취득하였다고 해석함이 상당하다.

따라서 원고가 1991. 7. 9. 이후에 위 원단납품에 관하여 이행기를 지나도록 이행하지 아니하였다고 하더라도 그 이행지체는 위 항변에 기한 정당한 행위로서 위법성이 없다고 할 것이므로, 원고는 피고에 대하여 이행지체로 인한 손해배상책임을 지지 아니한다고 할 것이다.

그러므로 같은 취지로 판시한 원심판결은 정당하고, 거기에 동시이행의 항변권에 관한 법리오해의 위법이 없으므로 논지는 이유 없다.

질문

(1) 동시이행항변권과 불안의 항변권은 어떠한 관계에 있는가?
(2) 불안의 항변권을 인정하는 근거는 무엇인가?
(3) 불안의 항변권의 요건은 무엇인가?
(4) 계속적 거래의 경우에 불안의 항변권을 인정하기 쉬운 이유는 무엇인가?

Ⅲ. 효   과

1. 동시이행항변권은 연기적 항변권으로서(위 Ⅰ. 2. 참조), "상대방이 그 채무이행을 제공할 때까지" 상대방이 가지는 청구권의 실현을 저지할 수 있는 실체법상의 권리이다. 그와 같은 항변권의 성질상 동시이행의 항변권은 채무자

가 이를 행사한 때에만 위와 같은 저지적 효력을 발생한다. 그 행사 여부는 전적으로 채무자의 의사에 달려있다.

다른 한편 개별적인 점에서는 더 나아가 단순히 항변권이 존재한다는 사정만으로 일정한 효력이 이에 부수하여 발생한다.[23]

2. 동시이행항변권은, 다른 항변권과 마찬가지로, 주로 상대방이 채무자를 상대로 그 채무의 이행을 구하는 소를 제기한 경우에 그 효용을 발휘한다. 그 경우에 법원은 피고가 동시이행항변권을 가지고 있다는 것을 알게 되더라도, 피고가 이를 주장하지 않는 한 원고에게 전부승소 판결을 내려야 하고, 동시이행항변권의 존재를 이유로 일부승소 판결을 해서는 안 된다.[24]

그러나 피고가 이를 주장하는 경우에는 법원은 원고의 이행과 상환으로 피고의 채무를 이행하라는 상환이행판결(또는 상환판결)을 한다. 이 점에 관한 규정은 없으나(한편 독민 제322조 제 1 항은 이 점을 명문으로 정하고 있다), 동시이행항변권은 자신의 채무를 전적으로 부인하는 것이 아니라, 일시적으로 그 이행을 거절하는 데 불과한 것이므로, 위와 같이 원고에게 일부승소의 판결을 하는 것이 옳다(통설이며 확고한 실무의 태도이다). 그와 같은 상환판결이 확정되어 원고가 그 판결에 기초하여 강제집행을 하려고 하는 경우 원고의 반대급부가 제공되었다는 것은 법원이 집행력 있는 판결정본(집행문)을 부여하기 위한 요건(민집 제30조 제 2 항 참조)이 아니라, 집행관 그 밖의 집행기관이 집행을 개시하기 위한 요건(민집 제41조 참조)이다.[25]

> **[판결 4] 동시이행항변과 상환이행판결: 대판 1980. 2. 26, 80다56**

원심판결에 의하면 원심은 원고는 이 사건 소제기 이전에 피고를 상대로 1976. 11. 23. 매매계약으로 인한 소유권이전등기절차이행을 구하는 소를 제기하였다가 원고 패소판결이 확정되었는바, 전소나 본건 소는 다 1976. 11. 23.에 이

---

23) 독일에서는 이러한 효력을 당연효(ipso-iure Wirkungen)라고 한다.
24) 대판 1955. 4. 7, 4287민상287; 대판 1967. 9. 19, 67다1231; 곽윤직, 채권각론, 65면; 김기선, 채권각론, 63면; 김상용, 채권각론, 89면; 김주수, 채권각론, 106면; 김증한·김학동, 채권각론, 76면; 황적인, 현대민법론 IV, 114면. 반대: 김형배, 채권각론, 157면; 이은영, 채권각론, 149-151면.
25) 대결 1961. 7. 31, 4294민재항437; 대결 1996. 2. 14, 95마950; 곽윤직, 채권각론, 66면; 김기선, 채권각론, 64면; 김주수, 채권각론, 107면; 김증한·김학동, 채권각론, 77면; 김형배, 채권각론, 159면; 이은영, 채권각론, 167면.

건 부동산의 매매를 원인으로 하는 소유권이전등기를 구하는 것이어서 원고의 본건 청구는 소유권이전등기청구권을 부인한 위 전소의 확정판결의 기판력에 저촉된다는 취지로 판단하였다.

   그러나 기록에 의하면 전소에 있어서는 원고가 본건 매매목적물 중 도시계획에 저촉된 28평을 피고가 도시계획에서 제외시키지 못한다면 매매대금 중 270만원을 포기하겠다고 약정하였던바, 피고가 이를 제외시키지 못하였으므로 잔대금중 270만원이 감액되었다고 주장하였다가 법원이 위 약정사실을 인정할 수 없으니 잔대금 270만원이 감액되었음을 전제로 한 원고 청구를 인용할 수 없다 하여 원고의 청구가 배척되었으나 그 후 원고는 전소의 변론종결 후인 1978. 12. 20. 위 잔대금 270만원을 변제공탁한 후 다시 제기한 이건 소는 전소의 기판력에 저촉된다고 볼 수 없다. 원심은 부동산의 매매계약에 있어서 소유권이전등기청구권은 매수인의 매매대금 지급여부와는 관계없이 매매계약의 성립과 동시에 발생하는 것이고 매도인이 대금지급의무와의 동시이행 항변을 한 경우에는 그 범위내에서 소유권이전등기청구권의 행사가 제한을 받는 경우가 있으나 이 경우에도 대금지급과의 상환 급부를 명하게 되어 있는데 전소에서 소유권이전등기청구권의 부존재가 확정된 이상 전소판결에서 아직 남아있다고 본 잔대금을 지급하였음을 내세우더라도 다시 동 매매를 원인으로 하는 소유권이전등기청구를 함은 기판력에 저촉된다는 취지로 설시하고 있으나, 부동산매매계약을 한 매수인이 매도인을 상대로 단순히 소유권이전등기 청구만을 하고 매도인은 이에 대하여 대금지급과의 동시이행 항변을 제기한 경우에 있어서, 법원이 피고에게 대금 수령과 상환으로 소유권이전등기절차를 이행할 것을 명하는 것은 원고의 청구 중에 대금지급과의 상환으로 소유권이전등기를 받겠다는 취지가 포함되었다고 보여지는 경우에 한하는 것이고 원고의 청구가 자기의 반대급부 의무 없다는 취지임이 분명한 경우에는 법원은 원고의 청구를 기각하여야 할 것인바, 이건 매매목적물에 관한 전소에 있어서는 270만원의 잔대금지급의무가 없다는 점을 원고가 명백히 주장하고 있는 이상 법원으로서는 원고에게 270만원을 지급하고 등기이전을 받으라는 판결을 할 수가 없는 것이고 그 후 원고가 위 잔대금지급의무 있음을 인정하여 전소의 구두변론종결 후에 위 잔대금을 변제한 후에 제기한 이건 소는 전소의 판결의 기판력에 저촉된다고 볼 수 없다고 보아야 할 것임에도 불구하고 원심이 위와 같이 판단한 조처는 기판력에 관한 법리를 오해한 위법이 있어 관여법관의 일치된 의견으로 원판결을 파기 환송하기로 하여 주문과 같이 판결한다.

(1) 동시이행항변권이 있는 경우에 어떻게 판결하여야 하는가?

(2) 원고의 주장에 따라 상환이행판결을 할 것인지, 아니면 전부기각 판결을 할 것인지를 정하는 것은 정당한가?

(3) 상환이행판결의 경우에 주문을 어떻게 기재하는지 알아보시오.

　　3. 그 밖에 동시이행항변권은 그 존재 자체만으로 다음과 같은 효과가 있다.[26)]

　　(1) 동시이행의 항변권이 붙은 채권은 이를 자동채권으로 하여 상계하지 못한다. 이를 할 수 있다고 하면, 상대방은 자신이 가지고 있는 동시이행항변권을 행사할 수 없게 되는 결과가 되기 때문이다.[27)] 다만 쌍방의 대립채권이 견련관계에 있어 서로 동시이행항변권의 대항을 받는 경우에는 —다른 요건이 갖추어지면— 상계할 수 있다. 가령 제583조에서 동시이행관계에 있다고 정하는 매도인의 담보책임에 기한 손해배상채무와 매수인의 대금채무 등이 그러하다.[28)]

　　(2) 동시이행항변권을 가지는 채무자는 비록 이행기에 이행하지 않더라도 그것만으로 채무불이행이 되지 않는다. 동시이행항변권의 존재만으로 채무자가 채무를 이행하지 않음을 정당화하는 사유가 있기 때문이다. 그러므로 비록 일방 당사자의 채무의 이행에 관하여 확정기일이 있더라도, 상대방이 채무자를 이행지체에 빠뜨리려면 우선 자기 채무의 이행을 제공하여 채무자의 동시이행항변권을 소멸시켜야 한다.[29)]

　　이러한 효과도 이를 소송에서 관철하려면 변론주의의 원칙상 동시이행항변권을 소송상 원용하여야 하고, 이것이 당사자에 의하여 원용되지 않았는데도 법원이 직권으로 고려할 것은 아니다.

---

26) 곽윤직, 채권각론, 66-67면; 김기선, 채권각론, 64면; 김상용, 채권각론, 89면; 김주수, 채권각론, 107면; 김증한·김학동, 채권각론, 78-79면; 김형배, 채권각론, 160면.

27) 대판 1969. 10. 28, 69다1084 등.

28) 대판 1993. 9. 28, 92다55794도 참조. 또 대판 1996. 7. 12, 96다7250 등; 대판 1997. 2. 14, 96다44242 등도 수급인의 담보책임에 기한 손해배상채무와 도급인의 도급보수지급채무(이들은 동시이행관계에 있다. 제667조 제 3 항 참조) 사이의 상계를 긍정하고 있다.

29) 대판 1969. 7. 8, 69다337 등.

[판결 5] 동시이행항변권과 지체책임: 대판 1988. 9. 27, 87다카1029

　　원판결 이유에 의하면, 원심은 원고들이 이 사건 부동산들을 대금 70,000,000원에 피고에게 매도하기로 매매계약을 체결함에 있어 피고는 원고들에게 계약금 10,000,000원은 계약당일에, 중도금 30,000,000원은 같은 해 5. 18.에, 잔금 30,000,000원은 같은 해 6. 18.에 각 지급하되, 잔금지급과 동시에 원고들로부터 위 각 건물에 대한 소유권이전등기 소요서류를 교부받기로 약정한 사실, 피고는 계약당일 계약금만 원고들에게 지급한 상태에서 이 사건 부동산들을 원고들로부터 미리 인도받아 점유사용하여 오다가 위 중도금지급기일인 같은 해 5. 18.에, 이르러 이 사건 매매목적건물에 관하여 서울신탁은행 여의도지점에 채무금 160,000,000원의 공동담보로 근저당권설정등기가 경료되어 있음을 알고 이를 이유로 원고들에게 위 근저당권설정등기를 말소해 주거나 또는 확실한 말소방안을 제시하지 않으면 중도금을 지급할 수 없다고 주장하면서 임의로 중도금을 서울신탁은행에 예탁하는 등으로 이를 지급하지 아니하고 그 후 잔금기일이 경과하여도 위 같은 이유로 중도금 및 잔금을 일체 지급하지 아니한 사실, 이에 따라 원고들은 피고에게 1983. 6. 20.이후 수회에 걸쳐 위 중도금 및 잔금지급을 최고하였으나 그 이행이 없자 그로부터 2년이 경과한 1985. 7. 30. 위 중도금 및 잔금을 같은 해 8. 15.까지 지급할 것을 최고하고 그 기간내에 이행이 없으면 위 매매계약을 확정적으로 해제한다는 의사표시를 하여 그 의사표시가 그 무렵 피고에게 도달한 사실을 각 인정할 수 있다는 사실을 확정한 다음 피고는 이 사건 매매계약당시 위 각 건물에는 소외 주식회사 서울신탁은행을 채권자로 한 원고 정성모의 채무금 170,000,000원 상당의 담보로 매매대금의 수십배에 달하는 채권최고액의 근저당권설정등기가 경료되어 있었는데 원고들이 위 근저당권설정등기를 말소하여 주지 아니하므로 피고는 중도금을 소외은행에 예치하고 원고들에게 위 근저당권설정등기를 말소하고 찾아가라고 하였으나 이에 불응하였고 잔금지급기일에도 같은 요구를 하였으나 이를 거절하였으므로 그 후 피고의 중도금 및 잔금지급의무와 원고들의 위 근저당권말소 및 소유권이전등기이행의무는 동시이행관계에 있게 되고 피고는 중도금지급지체책임을 지지 아니하므로 쌍무계약인 위 매매계약에 있어서 원고들이 피고에게 위 근저당권설정등기의 말소 및 소유권이전등기 소요서류를 제공함이 없이 한 중도금 및 잔금지급최고와 계약해제의사표시는 부적법하다고 주장하므로 살피건대, 쌍무계약인 위 매매계약에 있어서 피고의 중도금지급채무가 이행되지 않은 상태에서 잔금지급기일이 도래하여 그 잔금지급기일에 잔금지급채무와 동시이행관계에 있는 원고들의 근저당권설정등기말소 및 소유권이전등기이행채무가 이행됨이 없이 그 기일을 경과하면 그때부터 피고는 중도금지체 책임을 지지 아니하고 피고의 중도금 및 잔금지급채무와 원고의 위 각 건물에 설정된 근저당권설정등기말소 및 소유권이전등기 이행의무가 동시이행관계에 있게 됨은 주장과 같다고 할 것이나, 앞서 인정한 바와 같이 피고가 위 매매계약상의 약정에 반하여 중도금지급기일에 이르러 미리 원고들에게 위 각 매매목적건물에 관하여 설정된 근저당권설정등기의 말소 내지 해결을 요구하면서 선이행관계에 있는 중도금을 임의로 은행에 예치하고 그 해결전에는 중도금 및 이후의 잔금지급을 하지 않겠다는 의사표시를 명백히 한 이 사건에 있어서는 가사 원고들이 피고에게 위 매매계약의 이행최고 및 해제의사표시를 할 당시 자기들의 채무인 근저당권설정등기의 말소 및 소유권이전등기 소요서류를 제공하지 아니하였다고 하더라도 원고들의 위 이행의 최고 및 해제의사표시는 적법하게 그 효력을 발생하였다고 할 것이니 피고의 위 주장은 더 나아가 판단할 것도 없이 이유없다고 설시하고 있다.

그러나 부동산매매계약에 있어 특별한 약정이 없는 한 매수인은 그 부동산에 설정된 근저당권설정등기가 있어 완전한 소유권이전을 받지 못할 우려가 있으면 그 근저당권의 말소등기가 될 때까지 그 등기상의 담보한도금액에 상당한 대금지급을 거절할 수 있다 할 것이고 또한 매수인이 선이행의무 있는 중도금을 이행하지 않았다 하더라도 계약이 해제되지 않은 상태에서 잔대금지급기일이 도래하여 그때까지 중도금과 잔대금이 지급되지 아니하고 잔대금과 동시이행관계에 있는 매도인의 그 소유권이전등기소요서류가 제공된 바 없이 그 기일이 도과하였으면 매수인의 위 중도금 및 잔대금의 지급과 매도인의 소유권이전등기소요서류의 제공은 동시이행관계에 있다 할 것이고 그때부터는 매수인은 위 중도금을 지급하지 아니한 데 대한 이행지체의 책임을 지지 아니한다(당원 1970. 5. 12. 선고 70다344 판결, 1980. 4. 22. 선고 80다268 판결 각 참조) 할 것임에도 불구하고 원심이 위에서 본 바와 같이 판시하여 피고의 항변을 받아들이지 않은 것은 매매계약에 있어서의 매수인의 대금지급거절권과 매도인의 의무에 관한 법리를 오해하여 판결에 영향을 미친 위법을 저지른 것이라 할 것으로서 이 점을 지적하는 논지는 이유있고 이는 소송촉진등에관한특례법 제12조 제 2 항 소정의 파기사유에 해당한다 할 것이므로 원판결을 파기하고, 사건을 다시 심리판단케 하기 위하여 원심법원에 환송하기로 관여법관의 의견이 일치되어 주문과 같이 판결한다.

질문

(1) 쌍무계약에서 해제의 요건은 무엇인가? 그 요건사실을 정리해 보시오.
(2) 동시이행항변권이 있는 채무의 불이행을 이유로 계약을 해제하려면 어떻
   게 하여야 하는가?

4. 동시이행의 항변권은 언제까지 존속하는가?

(1) 다수의 학설은 "상대방이 채무의 이행 또는 그 제공을 하지 않고서
이행을 청구하였을 것"을 동시이행항변권의 발생요건으로 들고 있다.[30]

그러나 우선, 동시이행의 항변권은 상대방이 이행을 청구한 경우에 비로
소 성립하는 것은 아니다. 민법 제536조 제 1 항 본문에서 "자기의 채무이행을
거절할 수 있다"라고 하는 것은 반드시 상대방이 이행청구를 한 경우에 비로
소 이를 거절할 수 있는 권리가 발생한다는 뜻이 아니고, 장차 이행청구를 해
오더라도 이를 거절할 수 있는 권리를 현재 가지고 있다는 뜻이다. 그렇게 이
해하지 않으면 앞에서 본 '당연효'(위 3. 참조)를 설명할 수 없게 된다. 그러므
로 위 요건에서 '이행을 청구하였을 것'이라는 부분은 부당하다. 또 상대방이
그의 채무를 이행하거나 그 이행을 제공한 경우에는 동시이행항변권을 문제삼
을 필요가 없음은 물론이다. 그렇다고 해서 상대방이 그의 채무를 이행 또는
제공하지 않았다는 것을 그 항변권의 발생요건으로 보아야 할 필요는 없고,[31]
단지 그 항변권이 가지는 효력의 범위라는 관점에서 파악하면 충분하다. 말하
자면 동시이행항변권은 상대방이 가지는 청구권의 실현을 "상대방이 그의 채
무를 이행하거나 이행제공할 때까지" 저지하는 효력을 가지는 것이라고 하면
충분하며, 이처럼 효과의 관점에서 논할 것을 요건으로 끌어 올릴 것은 아니
다. 이것이 민법 제536조 제 1 항 본문의 문언에 부합할 뿐 아니라(가령 독일에
서는 위와 같은 발생요건을 내걸지 않는다), 또 일반적으로 '하지 않을 것'이라는
소극적 요건을 가능하면 배제하는 것이 증명책임 등에 대한 관계에서 합목적
적이라는 점(가령 채무불이행으로 인한 손해배상청구권의 발생요건으로서 채무자에
게 귀책사유가 없을 것을 내세우는 것이 합목적적이지 못한 것과 마찬가지이다)에서

---

30) 곽윤직, 채권각론, 63면; 김기선, 채권각론, 62면; 김상용, 채권각론, 87면; 김주수, 채권
   각론, 104면; 김증한·김학동, 채권각론, 72면; 황적인, 현대민법론 Ⅳ, 111면.
31) 이은영, 채권각론, 154면은 이를 이행거절권의 행사요건의 하나로 들고 있다.

도 타당하다. 그러므로 쌍무계약에 기하여 대립하는 채무가 발생하고, 채무자가 선이행의무를 부담하는 것이 아니면, 당연히 채무자는 동시이행항변권을 취득한다(그리고 그 권리의 내용으로 위 1. 내지 3.에서 본 효과를 주장할 수 있다). 다만 상대방이 그 채무를 이행하거나 그 이행을 제공하면서 채무의 이행을 청구하는 경우에는 동시이행항변권을 행사할 수 없을 뿐이다.

(2) 상대방이 이행하기는 하였으나 그것이 일부 이행에 불과하거나 불완전한 경우에 채무자가 어느 범위에서 동시이행항변권을 행사할 수 있는가는 공평의 원리와 신의칙에 따라서 해결되어야 한다고 일컬어지고 있다. 그러나 좀 더 구체적인 기준을 제시할 필요가 있다.[32]

① 원칙적으로 채무자는 자기의 채무 전부에 관하여 동시이행항변권을 행사할 수 있다(독일 민법 제320조 제 2 항은 이를 전제로 하는 규정이다). 가령 부동산매매에서 상대방이 소유권등기는 이전하였으나 아직 목적물을 인도하지 않는 경우에는 매도인은 그 인도 시까지 대금전액의 지급을 거절할 수 있다.

② 그러나 상대방의 1개의 채무가 내용적으로 가분인 경우에는 상대방이 아직 이행하지 아니한 부분 또는 불완전한 부분에 상당하는 채무의 이행만을 거절할 수 있다.[33] 이는 특히 쌍방의 급부가 일정 기간 회귀적으로 반복되거나 계속적으로 지속되는 경우에 그러하다. 그러나 비록 상대방의 채무가 내용상 가분인 경우에도 채무자(항변권을 행사하는 자)의 채무가 불가분이면 역시 그 전부의 이행을 거절할 수 있다고 봄이 타당하다.

③ 상대방이 이행하거나 제공하지 않은 부분이 계약의 목적상 경미한 의미밖에 가지지 않는 때에는 신의칙상 동시이행항변권은 소멸하고, 자기의 채무 전부를 이행하여야 할 경우도 있을 것이다(독일 민법 제320조 제 2 항 참조).

---

32) 곽윤직, 채권각론, 63면; 김기선, 채권각론, 62면; 김주수, 채권각론, 104면; 김증한·김학동, 채권각론, 72면; 김형배, 채권각론, 155면; 이은영, 155면; 황적인, 현대민법론 IV, 112면.

33) 대판 1989. 6. 13, 88다카13332, 13349는 임대차계약에서 목적물을 사용수익케 할 임대인의 의무와 임차인의 차임지급의무는 상호 대응관계에 있으므로 임대인이 목적물에 대한 수선의무를 불이행하여 임차인이 목적물을 전혀 사용할 수 없을 경우에는 임차인은 차임 전부의 지급을 거절할 수 있으나, 수선의무불이행으로 인하여 부분적으로 지장이 있는 상태에서 그 사용수익이 가능할 경우에는 그 지장이 있는 한도내에서만 차임의 지급을 거절할 수 있을 뿐 그 전부의 지급을 거절할 수는 없으므로 그 한도를 넘는 차임의 지급거절은 채무불이행이 된다고 하였다.

(3) 민법은 동시이행항변권은 상대방이 그 채무를 이행한 경우뿐만 아니라, 그 이행을 제공한 경우에도 소멸하는 것으로 정하고 있다(독일 민법 제320조 제 1 항 제 1 문은 "반대급부가 실행되기까지" 거절할 수 있다고 정한다). 이때 이행제공에 관해서는 민법 제460조 이하의 일반원칙에 따른다. 그리고 일부의 제공 또는 불완전한 제공이 있는 경우는 위에서 본 이행의 경우와 같이 보면 될 것이다.

상대방이 자기 채무의 이행을 제공하였는데도 이를 수령하지 않음으로써 수령지체에 빠진 당사자는 그 후 상대방으로부터 채무의 이행을 청구받았을 때 동시이행항변권을 주장할 수 있는지 문제된다. 즉, 채무자의 수령지체가 이 항변권을 영구히 상실시키는가 하는 문제이다.

다수설은 이를 부인하여 그 경우에도 동시이행항변권을 행사할 수 있다고 한다.[34] 비록 상대방이 일단 이행제공을 하였어도 여전히 반대급부의무를 부담하고 있는 이상, 채무자에게 채무이행을 구하려면(단지 채무자를 이행지체에 빠뜨려 채무불이행책임을 묻는 경우와는 다르다) 자기 채무의 이행과 상환으로 하여야 하는 것이 공평하고 또 쌍무계약의 이행관계를 간명하게 처리하는 것이 된다. 대법원 판결 중에는 추상적으로 다수설과 같은 법리를 실시하고 있는 예가 있다.[35]

요컨대, 상대방의 채무가 변제된 것이 아니라 채무의 이행을 제공한 데 그친 경우에는 채무자가 수령지체에 빠졌다고 하여 바로 그의 동시이행항변권이 종국적으로 소멸하는 것은 아니고, 상대방이 나아가 공탁 등으로 자신의 채무를 소멸시키거나 아니면 이행제공(이 경우 이행제공은 구두제공으로 충분하다. 제460조 단서)을 계속함으로써 채무자가 이를 언제든지 수령할 수 있는 상태가 유지된 경우에만 채무자가 상대방의 이행청구에 대하여 동시이행항변권을 행사할 수 없다.

---

34) 곽윤직, 채권각론, 64면; 김주수, 채권각론, 105면; 김증한·김학동, 75면; 김형배, 채권각론, 156면; 이은영, 채권각론, 155면. 반대: 김기선, 채권각론, 63면; 김상용, 채권각론, 88면.
35) 대판 1966. 9. 20, 66다1174; 대판 1972. 3. 28, 72다163; 대판 1972. 11. 14, 72다1513 등. 그러나 이들 사건은 일단 이행제공한 상대방이 채무자의 이행을 청구하고 있는 내용은 아니다.

[판결 6] 계속적 제공: 대판 1995. 3. 14, 94다26646

1. 제1점에 대하여

원심이 적법하게 확정한 바와 같이 이 사건 토지의 매수인인 원고가 매도인인 피고와 사이에 매매계약을 체결함에 있어 토지거래신고를 하는 경우 원고가 피고의 인장을 새겨서 대행하기로 약정한 것이라면, 소론과 같이 피고가 토지거래신고의 협력의무를 해태하였다고 단정할 수는 없는 것이다. 같은 취지의 원심판단은 정당하고 거기에 소론과 같은 토지거래신고 협력의무에 관한 법리오해의 위법이 있다고 할 수 없다. 논지는 이유 없다.

2. 제2점에 대하여

(1) 원심은 원고가 피고로부터 그 소유의 이 사건 토지를 매수하면서 피고에 대하여, 이 사건 토지의 양도로 인하여 피고가 장차 부담할 양도소득세 등 세액을 미리 산출하여 그 상당액을 적어도 잔금지급시까지 피고에게 제공하여 피고로 하여금 그 돈으로 양도소득세 등을 납부하게 하던가, 아니면 장차 양도소득세 등을 납부할 시기에 원고가 그 세액 상당액을 제공하지 아니하는 경우 그 세액 상당액에 관하여 즉시 강제집행이 가능하다는 내용의 공정증서를 작성하여 잔금지급시까지 피고에게 교부하기로 특약을 하였는데, 원고의 위와 같은 특약상의 의무와 피고의 소유권이전등기 소요서류의 교부의무는 서로 동시이행관계에 있다고 보아야 한다고 전제한 다음, 거시증거에 의하여 원고의 대표이사 박유정은 1991. 8. 6. 위와 같은 취지의 공정증서를 작성, 교부하기 위하여 피고에 대해 공증사무소에 함께 갈 것을 요구하였으나 피고가 이를 거절함으로써 결국 뜻을 이루지 못한 사실을 인정하고 그 인정사실에 의하면 위 일시에 이르러 원고의 위 특약상의 의무에 관하여도 원고의 이행제공이 있었다고 볼 것이고 따라서 그때까지 원고의 이행제공이 완료된 이상 이후 그 제공이 중지되었다고 하더라도 그 이후부터 피고는 그의 의무에 관하여 이행지체에 빠지게 되었다고 할 것이므로, 피고가 원고의 소유권이전등기청구에 대하여 동시이행의 항변권을 가지는 것과는 상관없이 피고는 이행지체에 빠진 1991. 8. 6. 이후부터 원심변론종결시까지 그로 인하여 원고가 입은 손해를 배상할 의무가 있다는 취지로 판단하였다.

(2) 그러나 쌍무계약의 당사자 일방이 먼저 한번 현실의 제공을 하고, 상대방을 수령지체에 빠지게 하였다고 하더라도 그 이행의 제공이 계속되지 않는 경우는 과거에 이행의 제공이 있었다는 사실만으로 상대방이 가지는 동시이행의 항변권이 소멸하는 것은 아니므로(당원 1993. 8. 24. 선고 92다56490 판결 참조), 일시적으로 당사자 일방의 의무의 이행 제공이 있었으나 곧 그 이행의 제

공이 중지되어 더 이상 그 제공이 계속되지 아니하는 기간 동안에는 상대방의 의무가 이행지체 상태에 빠졌다고 할 수는 없다고 할 것이고, 따라서 그 이행의 제공이 중지된 이후에 상대방의 의무가 이행지체되었음을 전제로 하는 손해배상청구도 할 수 없는 것인바(당원 1972. 11. 14. 선고 72다1513, 1514 판결, 1966. 9. 20. 선고 66다1174 판결 참조), 피고가 원고의 이행제공이 중지된 1991. 8. 6. 이후에도 계속하여 이행지체에 빠졌음을 이유로 손해배상을 구하는 것임이 명백한 원고의 이 사건 청구는 더 이상 나아가 판단할 필요 없이 이유 없는 것이다.

그럼에도, 불구하고 원심이 원고의 특약상의 의무의 1회 이행제공이 있은 이상, 이후 그 제공이 중지되었다고 하더라도 피고의 소유권이전등기절차 이행의무는 계속 이행지체상태에 빠지게 되어, 피고가 원고의 소유권이전등기청구에 대하여 동시이행의 항변권을 가지는 것과는 상관없이 이행지체로 인한 손해배상의무가 있다는 취지로 판시한 것은 쌍무계약에 있어서의 당사자 일방의 이행제공의 중지와 상대방이 가지는 동시이행의 항변권 및 이행지체로 인한 손해배상청구권에 관한 법리를 오해한 것이라고 할 것이나, 원심이 피고의 소유권이전등기절차 이행의무가 이행지체에 빠져 피고로서는 원고에 대하여 손해배상의무가 있다고 하면서도, 원고의 손해에 관한 입증이 없다는 이유로 원고의 청구를 기각한 것은 결론에 있어 정당하므로, 위 법리오해는 파기사유가 되는 위법이라고까지 할 수는 없다.

소론은 원고주장의 손해가 피고의 채무불이행과 상당인과관계가 없다거나 달리 손해의 입증이 없다는 원심의 판단이 위법이라는 것이나, 앞서 본 바와 같이 피고의 이 사건 소유권이전등기절차이행의무가 이행지체상태에 빠지지 아니하여 피고에게 채무불이행책임을 물을 수 없는 이상 법원으로서는 손해의 존부에 나아가 판단할 필요도 없는 것이므로, 논지는 이유 없다.

[평석]

"계속적 이행제공설에 대하여는 다음과 같은 비판을 제기할 수 있다. 첫째, 채무자가 상대방의 채무이행을 수령하지 않아 수령지체에 있거나 자신의 채무에 대하여 이행제공을 하지 않아 이행지체에 있음에도 불구하고 쌍방계약 또는 동시이행관계라는 이유만으로 지체책임의 존속 요건으로 상대방에게 이행제공의 계속을 요구하는 것은 타당하지가 않다. 둘째, 수령이행의 법리와 이행지체의 법리에 따르면 이행지체자는 스스로 이행을 제공하고 수령지체자는 채권자에게 수령을 최고하는 경우에 지체책임으로부터 벗어날 수가 있다. 그런데 계속적 이행제공설에 의하면 지체자는 동시이행의 관계에 있다는 사실만으로 상대방이 이행제공을 계속하지 않거나(이행기가 동일한 경우) 상대방의 채무가 이행기가 된 때로부터 이행제공이 계속되지 않으면(선이행의무자가 있는 경우) 부당하게도 지체책임을 면하게 된다. 동시이행의 관계 내지는 동시이행의 항변권의 취지는 양 채무를 동시에 상환으로 이행하는 것을 보장하는 데에서 찾아야지 지체자의 지체책임까지도 면하게 하는 취지로 확대하는 것은 곤란하다고 할 것이다."36)

질문

(1) 동시이행항변권을 깨뜨리려면 어떻게 하여야 하는가? 이를 위해서 한 번의 이행제공으로 충분하지 않고 계속적 제공이 필요하다고 판단한 이유는 무엇이라고 생각하는가?
(2) 판례에서 계속적 제공설을 인정하는 경우는 어떠한 경우인가? 이와 같은 판례가 타당하다고 생각하는가?

5. 쌍무계약 이외의 영역에서 동시이행항변권

민법 제536조는 쌍무계약으로부터 발생하는 채무 사이에 동시이행관계가 있음을 일반적으로 인정하고 있는데, 다른 한편으로 일정한 채권관계의 쌍방 당사자가 서로 대립하는 채무를 부담하고 있는 경우에는 개별적으로 그 채무 사이에 동시이행관계가 있음을 정하고 있다. 그것은 목적적 상호조건관계가 있는 쌍무계약상의 채무가 아니더라도 그러한 대립하는 채무사이에 일정한 연관이 있을 때에는, 이를 각기 별개로 취급하게 되면, 먼저 이행을 받은 사람에 비하여 상대방이 상대적으로 불리한 지위에 서게 되어 공평에 맞지 않기 때문이다. 그리고 학설이나 판례는 법에 명문의 규정이 없더라도 위와 같은 관계가 인정되는 경우에는 동시이행의 항변권을 인정하기도 한다.

(1) 민법은 다음의 경우에 동시이행관계를 인정하고 있다.
① 계약해제로 인하여 쌍방 당사자가 각기 원상회복의무를 부담하는 경우

36) 남효순, "동시이행관계와 지체책임," 민사판례연구 제18집, 233면.

에 동시이행관계에 있다(제549조).[37]

② 부담부 증여에 관하여는 제536조가 "적용"된다(제561조).

③ 매도인의 담보책임에 관한 민법 제572조 내지 제575조(또한 경매의 경우에도 이들 규정이 준용되는 범위 내에서), 제580조, 제581조에 대하여도 제536조가 준용된다(제583조). 그러므로 가령 매수인의 대금지급채무와 매도인의 담보책임으로 인한 손해배상채무 사이에는 동시이행관계가 인정된다.

④ 수급인이 담보책임에 기하여 보수의무 또는 손해배상의무를 지는 경우에 그것과 도급인의 보수지급의무와는 동시이행관계에 있다(제667조 제 3 항).[38]

⑤ 종신정기금계약이 해제된 경우 정기금채무자의 원본반환의무와 상대방의 정기금반환의무(제728조).

⑥ 민사특별법에서 정하는 것으로서 중요한 것은 「가등기담보등에 관한 법률」에서 정하는 청산금지급채무와 목적부동산 이전등기 및 인도채무 사이의 동시이행관계이다(동법 제 4 조 제 3 항).

(2) 그 밖에 판례 또는 학설에서 논의되고 있는 것은 다음과 같다.

① 변제자는 변제를 받는 자에게 영수증을 청구할 수 있는데(제474조), 이 영수증교부와 변제는 동시이행의 관계에 있다고 함이 통설이다. 그러나 채권증서의 반환(제475조)은 변제를 한 다음에야 청구할 수 있다.[39]

② 원인채무의 지급을 확보하기 위하여 어음 또는 수표를 발행 또는 양도한 경우에는 채무자는 그 어음 등의 반환을 받을 때까지 그 원인채무의 이행을 거절할 수 있다.[40] 만일 위와 같은 어음 등을 반환받지 못하면, 후일 그 소지인으로부터 어음금 등의 지급을 청구당하여 이중 지급의 위험이 있기 때문이다.

---

37) 대판 1996. 7. 26, 95다25138 등은 쌍무계약의 해제로 인한 원상회복의무와 손해배상의무(제551조 참조)와도 동시이행관계에 있다고 한다. 한편 계약해제로 인하여 금전을 반환하는 경우에는 그에 대한 이자(민법 제548조 제 2 항)도 상대방의 원상회복의무와 동시이행관계에 있다고 할 것이다.

38) 대판 1996. 6. 11, 95다12798 참조.

39) 곽윤직, 채권각론, 62면; 김주수, 채권각론, 101면; 김증한 · 김학동, 채권각론, 80면; 이은영, 채권각론, 170면.

40) 대판 1964. 12. 15, 64다1030; 대판 1969. 12. 30, 69다1934 등; 곽윤직, 채권각론, 62면; 김주수, 채권각론, 101면; 김증한 · 김학동, 채권각론, 80면. 대판 1985. 11. 26, 85다카848은 위와 같은 경우 채무자가 그 채무의 대물변제를 위하여 부동산을 양도하기로 약정한 경우, 그 약정에 기한 부동산이전등기와 어음의 반환과는 동시이행관계에 있다고 한다.

③ 임대차관계의 종료에 따른 임차인의 목적물반환의무와 임대인의 임대보증금반환의무는 모두 계약상의 채무이기는 하나, 양자 사이에 목적적 상호조건관계가 있는가는 의문이다.[41] 그러나 판례는 양자는 동시이행의 관계에 있다고 한다.[42]

④ 계약이 무효이거나 취소된 경우 또는 해제조건이 성취된 경우에 각 당사자는 그 계약에 기하여 수령한 급부를 상대방에게 반환하여야 한다. 이 서로 대립하는 반환의무는 동시이행의 관계에 있다.[43]

다른 한편 특히 사기나 강박으로 인한 취소의 경우에는 표의자에게만 동시이행의 항변권을 인정하고, 사기자 또는 강박자가 얻은 급부의 반환의무에 관해서는 그 급부가 계약에 의하여 얻어진 것이라기보다는 그의 불법행위에 기한 것이므로 동시이행항변권을 부인하여야 한다는 견해도 있으나, 일단 당사자 사이에 급부반환관계가 성립한 이상 사기자 등에게만 권리실현을 어렵게 하는 것(취소권자가 무자력한 경우를 생각하여 보라)은 또 다른 불공평으로서 허용하여서는 안 된다.

⑤ 저당권, 양도담보 등의 담보가 설정된 경우에 피담보채무의 변제와 그 담보와 관련된 등기의 말소와는 동시이행관계에 있지 않으며, 먼저 피담보채권이 변제 등으로 소멸된 다음에야 그 등기의 말소를 청구할 수 있다는 것이 일관된 판례이다.[44]

(3) 당사자 쌍방이 부담하는 각 채무가 고유의 대가관계에 있는 쌍무계약상 채무가 아니더라도 구체적 계약관계에서 당사자 쌍방이 부담하는 채무 사이에 대가적인 의미가 있어 이행상 견련관계를 인정하여야 할 사정이 있는 경우에는 민법 제536조 제 1 항뿐만 아니라 같은 조 제 2 항에서 정한 이른바

---

41) 이은영, 채권각론, 154면은 채무의 성질상 상환성이 없다고 한다.
42) 대판(전) 1977. 9. 28, 77다1241; 곽윤직, 채권각론, 62면; 김주수, 채권각론, 101면; 김증한 · 김학동, 채권각론, 79면; 이은영, 채권각론, 173면.
43) 계약이 강행법규 위반으로 무효인 경우에 대하여 대판 1976. 4. 27, 75다1241; 해제조건이 성취한 경우에 대하여 대판 1968. 4. 23, 68다36. 또한 대판 1995. 9. 15, 94다55071은, 경매가 무효인 경우, 경락인(피고)의 소유권이전등기말소의무와 집행채무자(원고)의 배당금반환의무는 동시이행관계에 있다고 한다. 곽윤직, 채권각론, 62면; 김주수, 채권각론, 100면; 김증한 · 김학동, 채권각론, 80면; 이은영, 채권각론, 172면도 참조.
44) 양도담보에 관하여 대판 1965. 6. 29, 65다869; 대판 1972. 7. 25, 71다1988 등; 저당권에 관하여 대판 1966. 2. 15, 65다2431; 대결 1967. 10. 27, 66마1209 등. 판례의 타당성에 의문이 있다는 견해로는 김증한 · 김학동, 채권각론, 81면.

'불안의 항변권'도 인정된다.[45]

> [판결 7] 임대차계약이 종료된 경우의 건물명도의무와 보증금 반환의무의 상호 관
> 계: 대판(전) 1977. 9. 28, 77다1241, 1242

[주   문]

원판결의 본소청구 중 피고의 항소를 기각한 부분 및 반소청구중 임차 보증금청구에 대한 항소를 기각한 부분을 파기하고, 그 부분을 서울고등법원으로 환송한다.

피고의 나머지 상고를 기각한다.

피고의 위 나머지 상고로 인하여 생긴 소송비용은 피고의 부담으로 한다.

[이   유]

피고(반소원고)의 상고이유를 판단한다.

상고이유 제 1 점에 대하여,

원심이 적법히 인정한 사실에 의하면 원, 피고는 1973. 9. 30. 원고소유의 원판결 별지목록기재 건물 중 지하실 건평 47평6홉6작에 관하여 임차보증금 3,500,000원, 월차임 50,000원, 임차기간 20개월(1975. 5. 31.까지)로 하는 임대차계약을 체결하고 이후 피고가 복다방이란 상호의 다방으로 이를 지금까지 점유사용하고 있다는 것이므로 원심이 원고는 위 임대차계약의 종료를 원인으로 하여 피고에게 위 임차건물의 명도를 구할 수 있다고 판단하였음은 정당하고 이 판단에는 본건 다방의 영업허가 명의자가 소외 A이므로 A에게 명도를 구하여야 한다는 피고주장을 배척한 뜻이 포함되어 있음이 분명하고 거기에 판단유탈이나 이유불비, 심리미진의 위법이 있음을 찾아볼 수 없으므로 논지는 이유 없다.

상고이유 제 2 점에 대하여,

위 임대차기간이 만료된 뒤에도 원고는 1975. 12. 말까지의 월차임을 영수하고 관리비를 징수하였으므로 위 임대차계약이 묵시적으로 갱신되었다는 피고의 주장에 대하여 원심은 원고는 1975. 5. 6. 위 임대차기간만료로서 본건 임대차를 종료시킬 의사를 피고에게 명백히 표시한 바 있어 위 계약은 위 기간만료로 종료되었는바 원고가 위 기간만료후의 차임을 영수한 것은 임료상당의 손해금으로 받은 것이고 관리비의 징수란 건물점유자가 당연히 지불해야 할 수도료, 전기료, 청소대 등을 받은 것으로 이와 같은 사실만으로는 위 임대차계약이 묵시

---

45) 대판 2022. 5. 13, 2019다215791 참조.

적으로 갱신되었다고 볼 수 없다는 취지로 판단하고 있는바, 기록에 비추어 보면 이와 같은 판단은 수긍이 가고 그 사실인정과정에 채증법칙을 어긴 잘못이 있거나 그 법률 판단에 있어 임대차계약의 묵시의 갱신에 관한 법리를 오해한 위법이 있다고는 할 수 없으므로 논지는 이유없다.

상고이유 제4, 5, 6점에 대하여,

원심이 피고가 본건 다방에 설치하였다는 원판결 별지목록기재 각종 시설물에 관하여 피고가 약정에 의한 시설비의 반환청구권이 있다는 주장에 대하여는 그와 같은 약정이 있음을 인정할 자료가 없다고 배척하고, 유익비로서 그 반환청구권이 있다는 주장에 대하여는 그중 일부는 피고가 시설한 것이 아닌 것도 있고 피고가 시설한 것들도 그 중 목록 7번 벽시설과 내부 개수비 이외에는 유익비상환 청구권의 대상이 되는 시설물이 아니고 이 벽시설과 내부개수비도 원피고간의 약정에 의하여 유익비로서 상환을 청구할 수도 없다고 배척하고 부속시설물로서 매수청구권을 행사한데 대하여는 매수청구권의 대상이 될 수 있는 것은 에어콘 및 크린타위에 부속된 파이프시설(현재가격 98,497원)뿐인데 이 매매대금도 원고의 피고에 대한 차임상당손해금과 상계되었다고 판단하였는바 기록에 비추어 보면 위와 같은 원심의 판단과정에 소론과 같은 사실인정에 있어서의 채증법칙위배나 심리미진, 법리오해, 이유모순등의 위법이 있음을 인정할 수 없으므로 논지는 이유없다.

상고이유 제3점에 대하여,

원심은 원고의 본소청구중 건물 명도청구에 대한 피고의 임차보증금 3,500,000원의 반환청구권과의 동시이행의 항변과 피고의 반소청구중 임차보증금 반환청구에 대하여 임대차 계약이 종료된 경우에 임차인의 임차건물명도의무는 임대인의 보증금 반환의무에 앞선 선이행관계에 있다는 이유로 피고의 위 항변과 반소청구를 모두 배척하였다.

그러나 임대차 계약의 기간이 만료된 경우에 임차인이 임차목적물을 명도할 의무와 임대인이 보증금 중 연체차임 등 당해 임대차에 관하여 명도시까지 생긴 모든 채무를 청산한 나머지를 반환할 의무는 모두 이행기에 도달하고 이들 의무 상호간에는 동시이행의 관계가 있다고 보는 것이 상당하다.

따라서 원판결에는 임대차계약종료시 임차목적물 명도청구권과 보증금 반환청구권과의 상호관계에 관한 법리를 오해한 위법이 있다고 할 것이므로 이점 논지는 이유있다. 그리고 이에 반대되는 당원 1962. 3. 29. 선고 4294민상939 판결에 표시된 견해는 이 판결로써 이를 폐기하기로 한다.

그러므로 원판결 중 피고의 건물 명도의무가 원고의 임차보증금 반환의무

에 대하여 선이행관계에 있음을 전제로 한 본소청구 중 피고의 항소를 기각한
부분과 반소청구 중 임차보증금 반환청구에 관한 항소를 기각한 부분을 파기하
고 그 부분을 서울고등법원으로 환송하고, 피고의 나머지 상고는 이유없으므로
이를 기각하고, 피고의 이 나머지 상고로 인하여 생긴 소송비용은 피고의 부담
으로 하기로 하여 관여법관의 일치된 의견으로 주문과 같이 판결한다.

질문

(1) 위 판결에서 임차인의 임차건물명도의무와 임대인의 보증금 반환의무가
   동시이행관계에 있다고 인정한 근거는 무엇이라고 생각하는가?
(2) 이 사건에서 임차인이 계속 점유하고 있는 경우에 부당이득이나 불법행위
   가 성립하는가?
(3) 이와 같은 판결에서 주문을 어떻게 기재하여야 하는가?

제 4 편

채무의 이행

제1장 서   설

　채권은 대체로 채무자가 자발적으로 이행함으로써 만족을 얻는다. 민법은 채무의 이행에 관하여 정면으로 규정하지 않고, 채권의 내용이 만족을 얻음으로써 채권이 소멸된다는 관점에서 채무의 이행을 다루고 있다. 이와 같은 채권소멸사유를 「변제」라고 부른다. 이를 「채권의 소멸」이라는 하나의 절 아래에서 상계나 공탁 등과 같은 다른 채권소멸사유와 함께 규정하고 있다.[1)]

　한편 민법이 정하는 채권소멸사유 중에서, 상계는 채권자와 채무자가 서로 동종의 채권을 가지고 있는 경우에 각각의 이행관계를 간이하게 처리하기 위한 제도로서 발전하였다. 또 공탁은 채무자가 이행하고자 해도 채권자의 협력이 없어서 채권의 내용을 만족시킬 수 없는 경우에 채권자의 협력 없이 일방적으로 채무의 구속으로부터 벗어날 수 있게 한 제도이다. 그리고 대개의 학설이 변제와는 별도의 채권소멸원인으로 설명하는 대물변제(제466조)도 채무자가 원래의 급부와는 다른 급부를 자발적으로 이행하는 것을 채권자가 원래의 채무 변제로서 수령한 경우에 인정된다.[2)] 그러므로 이들은 채무의 이행과 관련하여 이해할 수 있다.

---

1) 제3편 제1장 제6절은 제1관 변제(제460조 이하), 제2관 공탁(제487조 이하), 제3 관 상계(제492조 이하), 제4관 경개(제500조 이하), 제5관 면제(제506조 이하), 제6 관 혼동(제507조 이하)으로 구성되어 있다.

2) 채무자가 본래의 급부와 다른 급부, 즉 대물급부를 당해 채무의 이행으로 현실적으로 제 공하였는데 채권자가 이것을 본래의 급부에 갈음하여 그 채무에 대한 이행으로서 수령 한 경우에 채권소멸의 효과가 발생한다. 이를 대물변제라고 하는데, 제466조는 "채무자 가 채권자의 승낙을 얻어 본래의 채무이행에 갈음하여 다른 급여를 한 때에는 변제와 같은 효력이 있다."라고 정하고 있다. 이에 관해서는 여기에서 다루지 않고, 그 일부를 「민법 Ⅲ」에서 다룰 것이다.

그런데 그 밖의 채권소멸원인, 즉 경개·면제·혼동은 채무자의 채무이행과는 상관없이, 말하자면 채권관계의 고유한 실현과는 상관없이, 그 바깥에 존재하는 사유가 채권을 소멸시키는 효과를 가지는 것이다. 경개 등은 실제 기능이 크게 중요하지 않으므로, 여기에서는 따로 설명하지 않는다.

제 2 장 변   제

Ⅰ. 변제와 변제제공

1. 변   제

(1) 변제의 의의

변제란 무엇을 말하는가에 대하여는 대체로 두 가지 관점이 존재한다. 하나는, "채무의 내용인 급부를 실현시키는 채무자 등의 행위"로서 이로써 "채권은 그 목적을 이루고 소멸한다"라고 설명하는데,[1] 채권목적의 도달을 중시하는 관점이다. 다른 하나는 변제와 채무이행을 같은 사태의 양면으로 파악하고, 변제는 채무자의 채무이행을 채권소멸의 면에서 본 것이라고 하여 오히려 채무이행을 중시하는 관점이다. 어느 하나의 관점으로 변제를 설명하기 어렵고, 양자의 관점을 절충하여, 변제란 채무자 그 밖에 변제할 수 있는 사람의 임의적인 채무이행 행위(급부행위)에 의하여 채권이 만족을 얻는 것(목적이 달성되는 것)을 말한다고 이해하는 것이 적절하다.[2]

(2) 변제의 법적 성질

변제로 인한 채권소멸의 효과는 단지 채무자 등이 채권의 내용을 만족시키기만 하면 발생하는 것인가? 아니면 그 밖에 특히 그러한 이행으로써 채권을 소멸시킨다는 당사자의 어떠한 의사표시 또는 그 밖에 법적으로 의미 있는

---

1) 곽윤직 · 김재형, 채권총론, 289면(다만 이 견해는 하나의 입장을 고수하는 것은 아니고, 둘의 관점을 병렬하고 있다); 김상용, 채권총론, 433면; 김주수, 채권총론, 365면; 김증한 · 김학동, 채권총론, 337면.
2) 김형배, 채권총론, 644면.

행위를 할 것이 요구되는가?

(가) 종래 이에 관한 논의가 있었는데, 다음과 같은 견해가 통설의 지위를 차지하고 있다.[3]

(a) 변제는 법률행위가 아니다. 다시 말하면 변제가 채권소멸의 효과를 가지는 것은 당사자에게 채권소멸의 효과의사(변제의사)가 있기 때문이 아니라, 급부가 실현되었기 때문이다. 만일 변제가 법률행위라고 한다면, 다음과 같은 문제가 있다. 첫째, 부작위채무에서와 같이 채무자가 자신이 이행하고 있는지 조차 모르는 경우에도 변제가 일어나는 경우를 설명하기 어렵다. 둘째, 급부의 내용이 채권자의 아무런 협력 없이도 실현될 수 있는 것인 경우에 변제의 요건으로 채권자의 "변제로서의" 수령이나 채권자와의 변제목적합의를 요구하는 것은 무리이다. 그 경우 변제는 심지어는 이행사실에 대한 채권자의 인식과도 무관하다고 하여야 한다. 셋째, 다른 한편 당사자들이 채권이 소멸되는 것으로 합의하였으면 그것만으로 채권소멸의 효과가 발생하는 것이 원칙이며(계약자유의 원칙!), 그 밖에 급부의 실현이 요구될 이유가 없다. 넷째, 채권자나 채무자에게 행위능력을 요구하는 것은 급부의 내용이 부작위나 사실적 작위행위인 경우에는 불합리하다.

(b) 급부의 내용이 법률행위를 하는 것인 경우에는 법률행위에 관한 규정을 적용할 수 있으므로, 이러한 경우 이루어지는 변제는 준법률행위라고 할 수 있다.

(나) 급부의 내용이 법률행위, 특히 계약을 체결하는 것인 경우에 그것이 「채무의 내용에 좇은 이행」이 되기 위해서는 행위능력 등을 포함한 계약의 효력발생요건을 갖추어야 하고 법률행위에 관한 규정이 그 계약에 적용된다는 점에는 이론의 여지가 없다. 그러나 여기서 논의되고 있는 것은 그러한 급부가 채권을 소멸시키는 효과를 발생시키기 위해서는 그 밖에 별도의 계약(변제계약) 등의 법률행위나 변제지정과 같은 법적으로 의미 있는 행위가 요구되는가 하는 문제이다. 따라서 통설이 급부의 내용이 법률행위를 하는 것인 경우에 법률행위에 관한 규정을 적용할 수 있다고 하여, 변제의 법적 성질을 준법률행위라고 할 수는 없다.

---

3) 곽윤직·김재형, 채권총론, 291-293면; 김상용, 채권총론, 434면; 김주수, 채권총론, 365면; 김증한·김학동, 채권총론, 338면; 김형배, 채권총론, 645면.

통설이 변제를 법률행위가 아니라고 하는 점은 타당하다. 급부가 사실적으로 실현되면 그것만으로 변제가 성립하여 채권은 소멸된다고 보아야 한다("사실적 급부실현설"). 채권소멸을 내용으로 하는 합의나 그 급부를 일정한 채무에 연결시키는 변제지정 등은 요구되지 않는다. 그리고 변제의 법적 성질을 준법률행위라고 하는 것은 적절하지 않다.

2. 변제자와 변제수령자

(1) 변 제 자

변제자란 그의 채무를 유효하게 변제하여 채권을 소멸시킬 수 있는 사람을 말한다.

채무자는 채무를 이행할 의무를 짐과 동시에 변제를 할 수 있는 권한을 가져서, 그가 채무를 이행하여 채권을 소멸시킬 수 있음은 물론이다. 채권은 대체로 채무자 자신의 변제로써 소멸된다. 채무자는 급부행위를 하면서 자기의 지시·감독을 받는 사람(협의의 이행보조자)으로 하여금 이행을 보조하게 할 수 있다. 독립적으로 활동하는 사람(이행대행자)으로 하여금 채무자를 갈음하여 채무의 전부 또는 일부를 이행하게 하는 것도, 그것이 명문[4]이나 특약 또는 채무의 성질에 비추어 허용되지 않는 경우가 아니라면, 가능하다. 이들은 어디까지나 채무자의 변제이고, 「제 3 자의 변제」는 아니다.

나아가 채무자에 대한 일정한 법적 지위에 기하여 변제의 권한이 주어진 사람도 유효하게 변제할 수 있다. 가령 급부의 내용이 법률행위이면 대리인을 내세워 이를 할 수도 있다. 나아가 채무자가 부재자인 경우 그 재산관리인(제25조, 제118조)이나 채무자의 친권자(제916조)나 후견인(제949조)과 같이 채무자의 재산을 관리할 권한을 가지는 사람은 채무자의 재산으로써 그 채무를 변제할 수 있다(제391조도 참조).

그 밖에 제 3 자도 변제할 수 있는 것이 원칙이나(제469조), 이에 대해서는 아래 Ⅱ. 1. 참조.

(2) 변제수령자

변제수령자란 그의 변제수령에 의하여 변제가 유효하게 성립하여 채권이

---

4) 제120조, 제657조 제 2 항, 제682조 제 1 항, 제701조, 제1103조 제 2 항 등.

소멸하게 되는 사람을 말한다. 따라서 그 밖의 사람에 대하여 급부가 이루어졌다고 하더라도, 이에는 변제의 효력이 없으므로, 채권자는 여전히 급부를 청구할 수 있다. 물론 이는 변제에 수령이 요구되는 경우를 전제로 하는 것이며, 부작위채무나 일정한 내용의 작위채무처럼 변제에 수령이 요구되지 않는 경우에는 이를 논의할 필요가 없다.

변제수령자는 채권자임이 원칙이다. 그러나 채권자에게 변제수령의 권한이 없는 예외적인 경우도 있다. 채권자가 미성년자 또는 피한정후견인인 경우에는, 그는 원칙적으로 법정대리인의 동의를 얻어야만 변제를 유효하게 수령할 수 있다(제 5 조 제 1 항, 제 8 조, 제13조 참조). 그가 피성년후견인인 경우에는 원칙적으로 변제수령권한이 없다(제10조 참조). 또 채권에 질권이 설정되었거나(제352조 내지 제354조) 채권이 압류되었거나(민집 제227조 제 1 항) 채권자가 파산하는 등으로 채권자가 채권에 대한 처분권을 상실한 경우에는 변제수령의 권한도 상실되어, 채권자가 급부를 수령하더라도 변제의 효력이 발생하지 않는다.[5]

또한 채권자 이외의 사람이 변제수령권한을 가지는 경우도 있다. 우선 앞서 든 예에서 친권자·후견인과 같은 제한능력자의 법정대리인,[6] 채권질권자(제353조 제 1 항), 압류된 채권에 대하여 추심명령推尋命令을 얻은 사람(민집 제229조 제 2 항. 이를 추심채권자라고 한다), 파산관재인(회생파산 제384조)이나 관리인(회생파산 제56조)이 그러하다. 그러나 그 밖에도, 채권자 기타 채권의 처분권을 가지는 자가 제 3 자에게 변제수령권한을 수여할 수도 있고, 채무자가 계약의 내용이나 채권자의 특별한 의사표시에 의하여 제 3 자에게 급부함으로써 변제할 수 있는 경우(가령 매수인이 매도인으로 하여금 전매인에게 직접 목적물을 인도하도록 한 경우)도 있다. 이러한 경우에 제 3 자에 대한 변제는 유효하다.

그 밖에 민법은 「채권의 준점유자에 대한 변제」나 「영수증소지자에 대한 변제」도 일정한 요건 아래서 유효하다고 정한다(제470조).[7]

---

5) 다만 파산의 경우에 대하여는 특칙이 있다(회생파산 제332조). 한편 회생파산 제334조는 변제자의 악의를 추정한다.
6) 기타 채권자가 부재자인 경우 그의 재산관리인도 마찬가지이다.
7) 아래 Ⅱ. 2. (1), (2) 참조.

3. 이행의 장소 등에 관한 민법의 보충규정

민법은 채무이행과 관련된 사항 중 몇몇에 대하여 당사자들 사이에 별도의 약정이 없는 경우에 이를 보충하는 규정을 두고 있다.

(1) 이행의 장소

(가) 채권관계의 당사자들이 채무의 이행장소에 관하여 합의하는 경우가 있다. 또 법률이 일정한 계약유형에 대하여 따로 이행의 장소에 관하여 규정을 두는 경우도 있다(특히 매매대금의 지급장소에 관한 제586조 참조).

이러한 합의가 없는 경우에도 채무의 이행장소는 채무의 성질에 따라 정해질 수 있다. 가령 부동산소유권이전등기의무(이 경우에는 당해 부동산을 관할하는 등기소), 특정한 건물을 수리하기로 하는 내용의 도급계약, 운송계약 또는 입원계약 등에서 그러할 것이다.

(나) 이와 같이 "채무의 성질 또는 당사자의 의사표시로 변제장소를 정하지 아니한 때"에는(제467조 제 1 항 참조) 채무자는 어디서 채무를 이행하여야 하는가? 민법은 원칙적으로「채권자의 현주소에서」하여야 한다고 정한다(제467조 제 2 항 본문). 다만 그것이 영업에 관한 채무인 경우에는 채권자의 현영업소에서 하여야 한다(동항 단서).

위 규정은 인도채무인 경우에 지참채무持參債務를 원칙으로 정한 것이다. 즉, 인도채무자는 원칙적으로 목적물의 점유를 채권자의 주소지에서 채권자에게 이전하여야 한다. 당사자들은 특약으로 채권자의 주소가 아닌 다른 장소를 이행장소로 정할 수도 있다. 그 가운데 채무자의 주소 또는 채무자의 이익으로 정해진 제 3 의 장소를 물건의 인도장소로 정한 경우를 추심채무推尋債務라고 한다.

대다수의 학설은 이와 아울러 채무자가 목적물을 채권자의 주소 또는 제 3 의 장소로 송부하기로 하는 채무를 송부채무送付債務라고 하여, 이행의 장소에 따라 분류된 채무 종류 중에서 제 3 의 형태로 열거한다.[8] 이는 대체로 인도채무자가 목적물을 그와 같이 송부하는 것만으로 그가 의무를 부담하는 급부행위를 다한 것이 되고, 그 이후의 위험은 채권자가 부담한다는 의미로 볼 수 있

---

8) 곽윤직·김재형, 채권총론, 34면; 김상용, 채권총론, 48면; 김주수, 채권총론, 53면; 김증한·김학동, 채권총론, 357면; 김형배, 채권총론, 689면; 이은영, 채권총론, 686면; 황적인, 현대민법론 Ⅲ, 13면.

다. 이와 같은 송부채무는 특별한 추심채무에 불과하다.

한편 「채권자의 현주소에서」 이행하는 것을 원칙으로 정한 위 규정에 대해서는 예외가 있다. 즉 특정물인도채무는 채권 성립 당시에 그 물건이 있던 장소에서 인도되어야 한다(제467조 제 1 항). 임치물반환의 경우에는 "수치인受置人이 정당한 사유로 인하여" 그 물건을 애초 있었던 장소로부터 "전치轉置한 때에는 현존하는 장소에서 반환할 수 있다."는 특칙이 마련되어 있다(제700조).

(2) 인도채무의 목적물

물건의 인도를 내용으로 하는 채무의 이행에 대하여 민법은 네 조문을 두고 있다. 하나는, 특정물인도채무에서 인도의 목적물에 대한 것이다(제462조). 나머지 셋은 종류물인도채무에서[9] 물건의 인도가 있기는 하였는데 그 물건이 채무자의 소유가 아니었거나 채무자에게 행위능력이 없었기 때문에 결국 유효한 변제가 되지 않는 경우에 그 물건의 반환청구를 제한하는 것을 내용으로 한다(제463조 내지 제465조).

(가) 제462조의 의미

특정물채무자는 "이행기의 현상대로 그 물건을 인도하여야 한다"(제462조).

(a) 다수설은 「이행기의 현상대로의 인도」로써 인도채무는 어느 경우에나 이행되어 소멸됨을 정한 것으로 이해한다. 물론 그 현상이 당초의 목적물보다 악화되고 그 악화에 대하여 채무자에게 보존의무(제374조) 위반이 있으면 그에 따른 손해배상책임을 지나, 채무이행은 해당 특정물로 해야만 하기 때문에 그 인도는 완전한 이행이 된다는 것이다.[10]

이에 대하여는 최근에 다음과 같은 비판과 이에 따른 제한적 해석론이 있다. 즉, 다수설은 위 규정을 목적물에 일어난 일체의 변화를 대상으로 한다고 이해하였기 때문에, 이는 급부장애에 관한 많은 다른 법제도(채무불이행, 하자담보책임, 위험부담, 계약체결상의 과실 등)와의 경합을 일으켰다. 그리고 그 결과 그 변화에 대한 법적인 규율은 이들 다른 여러 제도에 의한 해결에 맡겨지게 되어, 위 규정은 실효성이 없는 장식적인 규정이 되었다는 것이다. 그러므로 위 규정은 "이행장애사유가 되지 않는 법적 사실, 즉 특정물의 변화 중 채권관계의 비정상적인 전개에는 이르지 않는 사태," 다시 말하면 본래의 특정물과

---

9) 제463조 이하의 규정은 특정물채무에 대하여는 적용이 없다(통설).
10) 김상용, 채권총론, 452면; 김증한·김학동, 채권총론, 355면; 황적인, 현대민법론 Ⅲ, 7면.

법적 동일성을 유지하는 변화만을 규율한다고 이해한다.[11]

　(b) 이상과 같은 견해를 검토하여 본다.

　(ㄱ) 우선 다수설에 대하여 살펴본다.

　첫째, 「이행기의 현상대로 인도하는 것」이 인도채무의 적법한 이행이 된다는 그 전제가 타당한지 의심스럽다. 특정물채무는 대부분 매매와 같은 유상계약에 기하여 발생하는데, 그 계약에서 채권자가 지급하여야 할 반대급부(가령 매매대금)가 하자 없는 물건을 전제로 하여 정하여졌다면, 당사자들의 의사는 하자 없는 물건을 인도할 계약상의 채무를 부담하는 데 있다.

　둘째, 다수설도 보존의무 위반을 이유로 하는 채무불이행책임을 인정한다. 이는 이행기의 현상대로 인도하는 것이 적법한 이행이라는 것과 모순된다.

　(ㄴ) 나아가 소수설(적용제한설)에 대하여 본다.

　이 견해가 다수설의 맹점을 예리하게 지적하고 새로운 해석을 모색한 점은 충분히 평가되어야 할 것이다. 그러나 이 견해도 그 적극적인 해석론에서는 충분히 만족스러운 것이라고는 할 수 없다.

　(ㄷ) 제462조는 다음과 같이 해석되어야 한다.

　첫째, 위 규정은 그 문언 자체에 비추어("현상대로"라고 하므로, 적어도 목적물이 어떠한 형태로든 남아 있어야 한다는 의미로), 멸실이나 현저한 훼손 등으로 목적물의 동일성이 유지되지 않는 한도에서는 적용되지 않는다. 그러므로 그 경우에는 인도채무가 소멸되는 것이 아니라, 채무의 존재를 전제로 일반적인 채무불이행으로서 이행불능이 성립된다. 그러므로 그 경우에는 특정물인도채무라는 원래의 내용 그대로는 존속할 수 없고, 결국 ―다른 요건을 충족하면― 채무불이행책임으로서 손해배상채무로 전환된다.

　둘째, 제462조는 채권자를 위한 규정이고, 채무자를 위한 규정이 아니다. 채무자는 「이행기의 현상대로」라도 목적물을 인도할 의무를 부담한다. 그러나 그것이 「채무의 내용」대로의 이행이 되지 못하는 경우에는, 그 인도로써 채무이행이 되어 채권이 소멸하는 것은 아니다.

　결국 제462조는 특정물에 관하여 채무자가 부담하는 인도의무의 내용을 채무자에게 불리하게 확장하는 것에 그치며, 그러한 인도가 채무의 적법한 이행

---

11) 김용한, 채권법총론, 508면; 김주수, 채권총론, 368면; 김형배, 655면; 이은영, 채권총론, 100면.

이 되어 채권소멸의 효과를 가짐을 정하는 것은 아니다. 그렇게 보면「이행기」이후에 목적물에 사실적인 변화가 생긴 경우에도 채무자는 제462조와 같은 의무를 부담한다고 해석하여도 좋을 것이다.

(나) 제463조 내지 제465조의 적용범위

제463조 내지 제465조는 특정물채무에는 적용되지 않는다.. 이 경우에는 다른 목적물로「다시 유효한 변제」를 하는 것은 애초 허용되지 않기 때문이다. 그리하여 이들 규정은 채무자가 종류물에 관하여 처분행위를 하여 그 결과로 채권자에게 이익을 부여할 채무를 부담하는 경우를 전제로 한다.

(a) 채무의 이행을 위하여 채무자가 물건을 채권자에게 인도하였더라도, 그 물건이 채무자의 소유에 속하지 않는 경우에는 원칙적으로 채권의 만족이 이루어지지 않는다. 왜냐하면 채무자는 타인의 물건에 대하여 처분권을 가지지 못하여 인도된 물건에 관하여 유효한 처분을 할 수 없었기 때문이다.

이 경우에 "다시 유효한 변제를 하지 아니하면" 그 물건의 반환을 청구하지 못한다(제463조). 그러나 이는 채무자에 대하여만 그러하고, 그 물건의 소유자 등은 그 물건의 반환을 청구할 수 있다.[12]

(b) 채무자가 채무이행으로 자기 소유의 물건을 채권자에게 인도하였더라도, 채무자에게 "양도할 능력", 즉 행위능력이 없었던 경우에는, 처분행위(가령 소유권양도나 질권 설정에 관한 물권행위)를 취소할 수 있다. 채무자가 이를 취소하면「채무의 내용에 좇은 이행」은 행해지지 않게 된다. 그 경우에 채무자는 소유권에 기하여 또는 부당이득을 이유로 하여 그 물건의 반환을 청구할 수 있는데, 이 때에도 채권자를 보호하기 위하여 민법은 "다시 유효한 변제를 하지 아니하면" 그 물건의 반환을 청구하지 못한다고 정한다(제464조).

(c) 그러나 "채권자가 수령한 물건을 선의로 소비하였거나 또는 양도한 때"에는 위와 같은 타인의 물건 등의 인도도 채권을 소멸시키는 효과가 생긴다(제465조 제 1 항). 이 경우에 채권자는 진정한 소유자로부터 불법행위(특히 선의이나 과실 있는 경우) 또는 부당이득을 이유로 하는 배상청구를 받은 때에는 채무자에 대하여 그 구상을 청구할 수 있다(동조 제 2 항).

---

12) 대판 1993. 6. 8, 93다14998 등.

(다) 일부 이행(부분 급부)

　(a) 일반적으로 일부 이행은 「채무의 내용에 좇은 이행」이 아니다.[13] 채무자는 급부가 가분이라고 하여도 이를 일부분씩 나누어 이행할 권리가 없다. 채권자는 일부 이행을 수령하지 않아도 수령지체에 빠지지 않는다. 그리고 그 일부변제의 수령이 적법하게 거절된 경우에는 급부 전부에 대하여 이행지체가 성립된다.

　채권자가 급부 전부를 이행기에 이행받는 데 대하여 가지는 이익은 특히 가령 기계의 부품 등과 같이 부분 급부만으로는 이용불가능하든가 또는 가령 전집류 서적과 같이 급부 전부만으로 다시 처분할 수 있는 경우에 분명하게 나타난다. 다만 부족분이 극히 경미한 경우에는 이를 이유로 채권자가 수령을 거절하거나 채무불이행책임을 묻는 것이 신의칙상 허용되지 않을 수도 있다.[14]

　(b) 그러나 예외적으로는 부분 급부가 「채무의 내용에 좇은 이행」일 경우도 있다. 그것은 당사자 사이의 특약이나 계약의 전체적인 성질로부터 인정된다. 가령 할부매매 등 대금을 분할지급하기로 하는 계약이 그러하다.

(3) 이행의 시기

　(가) 채무의 이행은 정해진 시기에 하여야 한다. 이행을 하여야 할 시기를 이행기 또는 변제기라고 부른다. 이행기는 당사자의 의사표시, 채무의 성질[15] 또는 법률의 규정[16]에 의하여 정해진다. 이와 같이 하여 일단 이행기가 정해진 경우라도 당사자들이 이행기를 앞당기거나 뒤로 미루는(이를 특히 「이행의 유예」라고 한다) 합의를 하는 것은 계약자유의 원칙상 허용된다. 이행기는 확정기한으로 정할 수도 있고, 불확정기한(가령 특정인이 사망한 때)으로 정할 수도 있다. 이러한 기준에 의하여 이행기를 정할 수 없는 경우에는, 이행의 청구를 받은 때에(제387조 제 2 항 참조) 이행하여야 한다.

　(나) 채무의 이행은 이행기에 하는 것이 원칙이다. 또 채권자는 이행기가

---

13) 대판 1984. 9. 11, 84다카781.

14) 대판 1966. 5. 31, 66다626은, 부동산매매에서 대금 총 14만원 중 3천원만이 미이행되었다는 사정을 다른 사정과 함께 고려하여 매도인의 계약해제는 신의칙상 허용되지 않는다고 판단하였다.

15) 판례는 불법행위로 인한 손해배상채무는 그 발생시에 이행되어야 한다고 한다. 이는 피해의 신속한 배상을 도모하기 위한 것이다. 대판 1966. 10. 21, 64다1102; 대판 1975. 5. 27, 74다1393.

16) 제585조, 제603조, 제613조, 제635조, 제660조, 제698조 등.

도래하여야만 이행의 청구를 할 수 있다. 그러나 예외적으로 그 밖의 시기에도 이행 또는 이행청구를 할 수 있는 경우가 있다.

첫째, 채무자는 특별한 의사표시가 없으면 이행기의 도래 전이라도 이행할 수 있다(제468조 본문). 원래 기한의 이익은 이를 포기할 수 있는데(제153조 제2항), 그 점을 채무이행과 관련하여 다시 한 번 명확하게 한 것이다. 나아가 이행기 전의 이행으로 상대방에게 손해가 발생한 경우에는 그 손해를 배상하여야 한다(제468조 단서).

둘째, 이행기가 도래하지 않더라도 채무자의 기한이익이 상실되는 경우가 있다. 채무자가 담보를 손상, 감소 또는 멸실시키거나 담보제공의 의무를 이행하지 아니한 때가 그러한데(제388조), 그 경우에는 바로 이행기가 도래한다.

(다) 이행기가 도래하였는데도 채무이행이 이루어지지 않으면 뒤에서 보는 다른 사유가 없는 한 채무자는 급부의무를 위반한 것이 된다. 그러나 그로 인하여 채무자에게 불이행책임, 즉 지체책임(제387조 제1항 참조)을 지우려면 별도의 요건이 충족되어야 한다.

(4) 이행의 비용

(가) 급부의 실현에는 각종의 비용이 드는데, 이를 누가 부담할 것인가? 당사자들 사이에 특약이 없는 한, 급부의 실현에 요구되는 행위를 하여야 할 사람이 이러한 비용을 부담해야 한다. 그리고 급부행위를 하는 것은 채무자의 의무이므로 그에 드는 비용은 채무자가 부담한다(제473조 본문). 가령 물건을 채권자의 주소에서 인도할 채무를 부담하는 원칙적인 경우에 채무자는 물건의 보관, 운송 및 하역, 보험료, 관세 등을 부담한다. 그리고 급부의 실현에 채권자의 수령이 필요한 경우에는 그 수령에 드는 비용, 즉 인수비용은 채권자가 부담한다.[17]

소유권이전등기와 같이 채권자와 채무자의 쌍방이 대등하게 관여하여야 하는 급부의 경우에는 그 비용을 반분하여야 한다. 그러나 부동산매매의 실제에서는 이를 채권자가 부담하는 것이 거래관행이다(제106조). 다른 한편 채무의 담보를 설정하기 위한 비용, 가령 저당권설정비용 등은, 담보권의 실행을 위한 비용(제334조, 제360조 참조)과는 달리, 이행의 비용에 해당하지는 않는다.

---

17) 김형배, 채권총론, 693면; 이은영, 채권총론, 688면.

판례는 저당권설정비용이나 근저당권설정비용은 원칙적으로 채무자가 부담하여야 한다고 한다.[18] 그러나 부동산양도담보에 관한 사안에서는 등기비용이나 취득세 등은 "일반적으로 채권자가 담보권을 확보하기 위하여" 지급한 것이므로 특약이 없는 한 오히려 채권자가 이를 부담하여야 한다고 하였다.[19]

(나) 채무자가 비용을 부담하여야 할 경우라도, 채권자의 주소이전 기타의 행위로 인하여 이행의 비용이 증가되었다면 그 증가액은 채권자의 부담으로 한다(제473조 단서). 애초의 채무부담 후에 발생한 사정변경 중에서 채권자가 지배하는 사정으로 인한 비용증가까지 채무자가 부담할 것은 아니기 때문이다. 또 채권자의 수령지체가 있는 경우에는 그로 인하여 그 목적물의 보관 또는 이행의 비용이 증가된 때에는 그 증가액도 채권자의 부담으로 한다(제403조).

(5) 변제의 증거

변제에 의하여 채권은 소멸한다. 그러나 변제가 있었다는 사실에 대하여는 채무자가 증명책임을 진다. 그러므로 채권자가 이행을 청구하거나 채무불이행을 이유로 하는 각종의 책임을 물어온 경우에 대비하여 채무자는 변제의 사실을 증명할 수 있는 증거를 확보하여 둘 필요가 있다. 이러한 필요에 대응하기 위하여 민법은 변제자에게 영수증청구권(제474조)과 채권증서반환청구권(제475조)을 부여하고 있다.

4. 변제제공

(1) 변제제공의 의의

채무가 이행되어 변제가 이루어지려면, 채무의 내용인 급부에 따라서 채무자가 단독으로 급부행위를 완료함으로써 충분한 경우도 있다. 가령 부작위채무나 위임이나 도급에 의하여 타인의 일을 처리하는 채무 중에서 그 처리결과의 인도를 필요로 하지 않는 것 등이 그러하다. 그러나 많은 경우에 급부의 실현을 위해서는 채권자의 협력이 필요하다. 이와 같이 급부의 실현을 위하여 채권자의 협력이 요구되는 채무에서 당사자들 간의 책임문제를 획정하기 위하여 민법이 정하는 것이 바로 변제제공(또는 이행제공이라고도 한다) 제도이다.

민법은 「변제제공」이 있으면, 한편으로 소극적으로 채무자로 하여금 "그

---

18) 대판 1962. 2. 15, 4294민상291; 대판 2014. 6. 12, 2013다214864.
19) 대판 1977. 10. 11, 75다2329; 대판 1982. 4. 13, 81다531.

때로부터 채무불이행의 책임을 면하게" 하고(제461조), 다른 한편 채권자가 이를 "받을 수 없거나 받지 아니한 때에는" 적극적으로 채권자에게 「지체책임」, 즉 채권자지체(수령지체)의 책임을 부담시킨다(제400조). 그 밖에 민법은 변제제공을 기점으로 하여 이에 여러 가지의 법률효과를 결합시키고 있다. 가령 변제공탁(제487조 이하), 동시이행항변권의 소멸(제536조) 등이 그것이다.

(2) 변제제공의 내용

변제제공은 "채무내용에 좇은 현실제공現實提供으로 하여야" 하지만, 다만 "채권자가 미리 변제받기를 거절하거나 채무의 이행에 채권자의 행위를 요하는 경우"에는 이른바 구두제공口頭提供, 즉 "변제준비의 완료를 통지하고 그 수령을 최고"함으로써 충분하다(제460조).

(가) 현실제공

현실제공이란 채권자가 수령하기만 하면 급부가 실현될 수 있도록 급부행위를 한 경우를 말한다.

(a) 금전채무

(ㄱ) 금전채무는 그 전액을 제공하여야 한다. 일부 이행은 원칙적으로 적법한 변제제공이 되지 못한다. 나아가 원본 외에 이자나 지연손해금 등을 지급하여야 할 경우에도 그 전액을 지급하여야 한다.

(ㄴ) 일반인이 발행하거나 배서한 어음이나 수표와 같은 금전지급의 수단을 제공하는 것만으로는 적법한 변제제공이 되지 못한다. 한편 금전채무와 관련하여 어음 등이 교부된 경우에 그것은 「변제를 위하여」 교부된 것으로 추정되는데,[20] 그 어음 등이 실제로 지급된 경우에는 물론 변제의 효과가 생긴다.

그러나 지급제시기간 내의 자기앞수표는 현금과 동일하게 취급된다. 신용 있는 금융기관이 발행하거나 배서하였거나 지급보증하여 적법하게 어음상 채무를 부담하는 어음이나 수표도 마찬가지이다.[21] 또한 지로(Giro) 등에 의한 계좌이체를 한 경우에도 채권자가 명시적으로 이 방법을 배제하지 않은 한 그 이체에 의한 입금기장으로써 적법한 변제가 된다.

(ㄷ) 채무자가 금전 또는 그와 동시할 지급수단을 지참하여 이를 지급

---

20) 대판 1990. 3. 27, 89다카14110.
21) 대판 1956. 7. 12, 4289민상220; 대판 1960. 5. 19, 4292민상784.

하기 위하여 채권자의 주소 또는 약정한 이행장소에 감으로써 그것으로 현실제공이 된다. 그 밖에 채권자를 실제로 만나거나 나아가 그것을 채권자에게 제시할 필요는 없다.

(b) 금전 이외의 물건의 인도채무   이 경우에도 채무자는 채권자가 단지 목적물을 수령함으로써 인도가 일어날 수 있는 상태를 작출시켜야 한다. 제공된 물건은 정해진 수량을 충족하여야 하며, 수량이 부족한 경우는 변제제공이 되지 못하는 것이 원칙이다.

이행기에 채권자가 일정한 장소에 와서 수령하기로 하는 채무인 경우에 정해진 장소에서 언제든지 채권자에게 인도할 수 있는 상태에 있으면 그 자체로써 현실제공이 되고, 최고 등의 구두제공을 별도로 해야 하는 것은 아니다.

(c) 등기절차협력의무

(ㄱ) 등기는 등기권리자와 등기의무자의 공동신청으로하는 것이 원칙이다(부등 제23조). 그러므로 등기의무자인 채무자는 등기에 필요한 서류 등을 갖추어 등기소에 출석함으로써 현실제공을 하는 것이 된다. 그러나 부동산매매 등 거래에서 등기의 신청이 법무사 등 제3자를 통하여 이루어지고 공인중개사 사무실 등에서 잔금 및 부동산등기에 필요한 서류가 교환되는 것이 보편적인 현재의 실태에 비추어 보면, 위와 같이 당사자의 등기소 출석까지 요구하는 것은 지나치다.

(ㄴ) 부동산매매에서 매도인은 무엇보다도 소유권이전채무를, 매수인은 대금지급채무를 각기 상대방에 대하여 부담하고 이들 채무는 동시이행의 관계에 있다. 그러므로 매도인은 자신의 채무에 관하여 이행제공을 하여 매수인의 동시이행항변권을 소멸시켜야만(제536조 제1항 참조: "상대방이 그 채무이행을 제공할 때까지") 매수인에 대하여 이행지체의 법적 책임(손해배상과 특히 계약의 해제)을 물을 수 있다(뒤의 제5편 제1장 3. (2) (라) 참조). 이와 관련하여 기준적인 재판례인 대판 2001. 5. 8, 2001다6053은 "매도인이 매수인을 이행지체로 되게 하기 위하여는 소유권이전등기에 필요한 서류 등을 현실적으로 제공하거나 그렇지 않더라도 이행장소에 그 서류 등을 준비하여 두고 매수인에게 그 뜻을 통지하고 수령하여 갈 것을 최고하면 되는 것이어서(대법원 1993. 12. 28. 선고 93다777 판결, 1996. 7. 30. 선고 96다17738 판결 등 참조), 특별한 사정이 없으면 이행장소로 정한 법무사 사무실에 그 서류 등을 계속 보관시키면서 언제

든지 잔대금과 상환으로 그 서류들을 수령할 수 있음을 통지하고 신의칙상 요
구되는 상당한 시간 간격을 두고 거듭 수령을 최고하면 이행의 제공을 다한
것이 되고 그러한 상태가 계속된 기간 동안은 매수인이 이행지체로 된다."라는
태도를 취한다.[22)

(나) 구두제공

"채권자가 미리 변제받기를 거절하거나 채무의 이행에 채권자의 행위를
요하는 경우"에는 구두제공, 즉 "변제준비의 완료를 통지하고 그 수령을 최
고"(제460조 단서)하는 것으로 충분하다.

현실제공이 가능한 경우에도 채권자가 미리 급부의 수령을 거절하는 경우
에는 구두제공으로 충분하고, 다른 한편 그 경우에도 구두제공만은 해야 채무
불이행의 책임을 면한다. 이는 채무자의 수령최고에 의하여 채권자가 그 의사
를 번복할 가능성도 있기 때문이다. "채무의 이행에 채권자의 행위를 필요로
하는 경우"에도 구두제공으로 충분하다. 여기서 「채권자의 행위」란 수령 이외
의 협력을 말한다.

(다) 예외적으로 채무자가 불이행책임을 면하는 데 구두제공조차 불필요
한 경우가 있다. 분할적·회귀적 급부에서 채권자가 그 중 1회의 급부에 관하

---

22) 이러한 태도는 위 판결에서 "쌍무계약에 있어서 당사자의 채무에 관하여 이행의 제공을
엄격하게 요구하면 불성실한 상대당사자에게 구실을 주게 될 수도 있으므로 당사자가 하
여야 할 제공의 정도는 그의 시기와 구체적인 상황에 따라 신의성실의 원칙에 어긋나지
않게 합리적으로 정하여야 하는 것"이라고 전제적으로 설시된 기준에 의하여 스스로 설
명되고 있다. 그 전에 이미 예를 들면 대판 1992. 7. 14, 92다5713도 "쌍무계약인 부동산
매매계약에서 매도인이 매수인에게 지체의 책임을 지워 매매계약을 해제하려면 매수인이
이행기일에 잔대금을 지급하지 아니한 사실만으로는 부족하고, 매도인이 소유권이전등기
신청에 필요한 일체의 서류를 수리할 수 있을 정도로 준비하여 그 뜻을 상대방에게 통지
하여 수령을 최고함으로써 이를 제공하여야 하는 것이 원칙이고, 여기서 소유권이전등기
신청에 필요한 일체의 서류라 함은 등기권리증, 위임장 및 부동산매도용 인감증명서 등
등기신청행위에 필요한 모든 구비서류를 말하는 것"이라고 전제한 다음, "그렇다고 해서
매수인의 잔대금의 준비나 제공 여부와는 관계없이 매도인에게 일률적으로 즉시 소유권
이전등기가 가능할 정도로 구비서류를 완성하여 매수인에게 현실의 제공을 할 의무까지
는 없다고 할 것이고, 매수인이 매매대금을 준비하지 아니하고 대금지급기일을 넘기는
등 계약을 이행함과 동시에 소유권이전등기를 수령할 준비를 하지 아니한 경우에는 매도
인으로서는 부동산매도용 인감증명서를 발급받아 놓고 인감도장이나 등기권리증 등을 준
비하여 놓아, 잔대금수령과 동시에 법무사 등에게 위임하여 이전등기신청행위에 필요한
서류를 작성할 수 있도록 준비함으로써 이행의 제공을 하고 잔대금지급의 최고를 할 수
있다고 보아야 할 것"이라고 하여, 계약이행을 위한 쌍방의 '준비' 등 제반 상황 여하에
좇아 유연하게 판단하여야 한다는 태도를 명확하게 하고 있다.

여 수령지체에 있으면, 그가 스스로 수령지체에서 벗어나지 않는 한 그 이후분의 급부에 대해서는 채무자가 구두제공조차 하지 않더라도 신의칙상 그에게 채무불이행책임을 지울 수 없다. 가령 지료·차임·월부금 등이 이에 해당한다. 또한 채권자의 수령거절의사가 완강하여 그러한 태도 변경의 가능성이 전혀 없는 경우에도 구두제공이 필요 없다.[23]

(3) 변제제공의 효과

(가) "변제의 제공은 그때로부터 채무불이행의 책임을 면하게 한다"(제461조).

  (a) 문언과는 달리 여기서「채무불이행의 책임」이란 지체책임에 한정된다.[24] 즉, 변제제공이 있으면 그때로부터 이행지체의 상태로부터 벗어나게 된다. 변제제공을 하였다고 해서 채무자가 이행불능의 책임을 면하는 것은 아니다. 변제제공 후의 이행불능에 대해서는 제401조에서 수령지체의 효과로서 규정하고 있다. 가령 특정물인도채무에서 채무자가 변제제공을 하였으나 채권자가 이를 수령하지 않은 경우에, 채무자가 그 후 고의 또는 중대한 과실로 그 물건을 멸실시켰다면 그는 이행불능으로 인한 책임을 져야 한다.

  그리고 변제의 제공이 있은 후에도 채무자는 여전히 채무를 부담하는데 나중에 채무자가 새로이 이를 이행할 때 가령 불완전이행이 있다거나 부수의무 위반이 있는 경우에는 이로 인한 책임을 면할 수 없다. 또는 변제의 제공이 있기 전에 불완전이행 등이 있었다면 이로부터 발생하는 손해배상 등의 책임이 그 후에 변제제공이 있다고 하여 소멸된다고 볼 수도 없다.

  (b) 변제제공은 이행지체를 이유로 하는 책임을 면하게 한다. 즉, 지연이자 등의 손해배상채무나 위약금지급의무가 발생하지 않으며, 채권자는 계약을 해제할 수 없다.

(나) 변제제공은 수령지체를 발생시키는 요건의 하나이다.

(다) 변제제공은 동시이행항변권을 소멸시킨다(제536조 제 1 항).

  따라서 쌍무계약에서 쌍방의 당사자가 서로 동시이행관계에 있는 채무를 부담하고 있는 경우에 일방의 당사자가 상대방을 이행지체에 빠뜨리기 위하여는 자신이 상대방에 대하여 부담하는 반대채무에 관하여 변제제공을 해야 한

---

23) 대판 1976. 11. 9, 76다2218.
24) 이에 대하여는 양창수, "민법 제401조와 제461조의 경계획정," 민법연구 제 1 권(1992), 355면 이하 참조.

다. 왜냐하면 상대방이 동시이행의 항변권을 가지는 한 상대방은 이행지체에 빠지지 않기 때문이다.

5. 변제의 충당

(1) 채무자가 동일한 채권자에 대하여 동종의 내용을 가진 여러 개의 채무(금전채무인 경우가 대부분이다)를 부담하고 있는 경우에, 채무자가 실현한 급부가 채무 전부를 소멸시키기에 부족하다면, 그 급부로써 어떠한 채무를 소멸시킬 것인지 문제된다. 이것이 변제의 충당充當 문제이다.

민법은 이에 대하여 제476조 이하 몇 개의 규정을 두고 있다. 그러나 이 규정들은 강행법규가 아니며, 당사자들은 미리 변제의 충당순서와 방법 등에 관하여 이들 규정과는 다른 합의를 유효하게 할 수 있다.[25] 나아가 당사자들은 변제할 때 소멸시킬 채무를 합의할 수도 있다. 이를 합의충당이라 한다. 이러한 합의는 묵시적으로도 할 수 있음은 물론이다.[26] 민법은 이러한 합의가 없을 경우에 대비하여 보충적으로 변제충당에 관하여 규정을 둔 것이다. 이러한 보충적 성격은 제479조의 경우에도 마찬가지이다. 이 규정들은 상계의 경우에도 준용되고 있다(제499조).

(2) 민법이 정하는 변제충당의 방법은 두 가지이다. 첫째, 당사자들이 가지는 충당권을 행사함으로써 하는 것으로서, 지정충당이라고 한다. 둘째, 그러한 것이 없으면 법률이 정하는 충당기준을 적용하는 것으로서, 법정충당이라고 한다.

(가) 지정충당

(a) 변제자의 충당   1차적으로는 변제자가 충당권을 가진다. 즉 "변제자는 그 당시 어느 채무를 지정하여 그 변제에 충당할 수 있다"(제476조 제 1 항). 이 충당지정은 변제수령자에 대한 의사표시로써 한다(동조 제 3 항). 이러

---

25) 대판 1987. 3. 24, 84다카1324. 그러나 대판 2000. 12. 8, 2000다51339는 "담보권 실행을 위한 경매에서 배당된 배당금이 담보권자가 가지는 수개의 피담보채권 전부를 소멸시키기에 부족한 경우에는 민법 제476조에 의한 지정변제충당은 허용될 수 없고, 채권자와 채무자 사이에 변제충당에 관한 합의가 있었다고 하여 그 합의에 따른 변제충당도 허용될 수 없으며, 획일적으로 가장 공평타당한 충당방법인 민법 제477조 및 제479조의 규정에 의한 법정변제충당의 방법에 따라 충당하여야 한다."라고 판단하였다.

26) 대판 1990. 11. 9, 90다카7262.

한 충당지정에 대하여는 의사표시의 해석에 관한 준칙이 적용된다.

(b) 변제수령자의 충당   변제자가 지정을 하지 않는 경우에는, 2차적으로 변제수령자가 이를 할 수 있다. 즉 "그 당시 어느 채무를 지정하여 변제에 충당할 수 있다"(제476조 제 2 항 본문). 여기서 「그 당시」란 물론 변제수령의 당시를 의미하는 것인데, 수령 후 지체 없이 충당지정을 하는 것도 허용된다. 변제수령자의 지정도 변제자에 대한 의사표시로써 한다(동조 제 3 항).

그러나 이에 대하여 변제자가 "즉시 이의를 한 때"에는 충당지정의 효력이 없다(동항 단서). 이와 같은 경우에는, 변제자가 지정권을 회복하는 것이 아니라, 법정충당에 의하여야 한다.[27]

(c) 지정충당에 대한 제한   지정충당을 하는 경우에 지정자는 원칙적으로 어떠한 내용으로 지정하는가에 대하여 별다른 제한이 없다. 그러나 단지 "1개 또는 수개의 채무의 비용 및 이자를 지급할 경우에 변제자가 그 전부를 소멸하게 하지 못한 급여를 한 때에는 비용, 이자, 원본의 순서로" 충당하여야 한다(제479조 제 1 항). 그리고 비용·이자 및 원본의 각 상호 간에는 법정충당에 관한 제477조에 따라야 한다(동조 제 2 항). 이러한 충당순서를 규정하는 것 자체가 그 성질상 하나의 법정충당으로서, 비용 및 이자의 경제적 성질이나 당사자들의 합리적인 의사를 고려한 것이다.

지정충당을 하는 경우에 반드시 이 규정에 따라야 하며, 변제자가 이에 반하는 지정을 하여 변제제공을 하여도 이는 적법한 변제제공이 되지 못한다. 그러나 합의지정의 경우에는 그렇지 아니하다. 가령 채권자가 스스로 원본 및 일부의 이자를 청구하여 채무자가 이에 따른 제공을 한 경우나 채무자가 원본액만에 해당하는 급부를 제공하였는데 채권자가 이를 수령하고 지체 없이 이의하지 아니한 경우 등에는 묵시적인 합의를 인정할 수 있다.

여기서 비용에는 채무자가 부담하여야 할 변제비용(제473조), 계약비용(제566조) 외에 변제를 받기 위하여 지출한 소송비용이나 경매비용[28] 등도 포함된다. 또 이자에는 지연이자도 포함된다. 그리고 제한초과의 이자에 충당하여서는 안 되고 원본에 충당하여야 한다(이자제한법 제 2 조 제 4 항). 이러한 비용·이

---

27) 곽윤직·김재형, 채권총론, 305면; 김상용, 채권총론, 463면; 김주수, 채권총론, 398면;
    김증한·김학동, 채권총론, 363면; 김형배, 채권총론, 698면; 이은영, 채권총론, 704면.
28) 대판 1962. 1. 31, 4294민상180.

자는 변제기에 있는가 여부 또 변제이익의 다소와 상관없이 원본에 앞서서 충당되어야 한다.

(나) 법정충당

당사자들의 충당지정이 없거나 변제수령자의 지정이 상대방의 이의로 실효한 경우에는 법정충당에 의한다(제477조). 그 순서는 다음과 같다.

첫째, 변제기가 도래한 것과 도래하지 않은 것이 있으면 먼저 변제기가 도래한 것에 충당한다(제477조 제1호).

둘째, 변제기가 도래한 채무 중에서 또는 변제기가 도래하지 아니한 채무 중에서는, 채무자에게 변제이익이 많은 채무의 변제에 충당한다(제477조 제2호). 예를 들면 이자 있는 채무가 이자 없는 채무보다,[29] 이자 있는 채무 중에서는 보다 고율의 이자 있는 채무가 변제이익이 많으며, 또 물적 담보가 있는 채무가 무담보채무보다,[30] 단순채무가 연대채무보다, 주채무가 보증채무보다,[31] 채무명의 있는 채무가 그것 없는 채무보다, 소송이 제기된 채무가 그렇지 않은 채무보다, 단순한 채무가 동시이행의 항변권이 부착되는 채무보다, 어음채무가 원인채무보다 각기 변제이익이 많다. 다수설이나 판례는 따로 보증인이 있는 채무와 단순채무는 변제이익에 차이가 없다고 하나,[32] 역시 물적 담보가 있는 채무와 무담보채무 사이에서와 같이 전자가 변제이익이 많다고 하여야 하지 않을까. 이상의 기준이 서로 착종되어 있는 경우, 가령 물적 담보가 붙은 채무가 저리이고 무담보채무는 고리인 경우에 어느 것이 변제이익이 많은 채무인가는 여러 가지 사정을 고려하여 판단할 수밖에 없다.

셋째, 변제이익이 같으면 이행기가 먼저 도래하였거나 먼저 도래할 채무에 충당한다(제477조 제3호). 기한의 정함이 없는 채무는 채권자가 언제라도 이행을 청구할 수 있으므로 이 점에서는 언제라도 변제기에 있다고 하여야 하며, 기한의 정함이 없는 채무 상호간에는 먼저 성립한 것이 우선한다.

---

29) 대판 1971. 11. 23, 71다1560.
30) 한편 대판 2010. 4. 30, 2013다8250은 그 담보가 물상보증인에 의하여 제공한 것인 경우에는 무담보채무 사이에 변제이익에 차이가 없다고 한다. 그러나 의문이 없지 않다.
31) 대판 2002. 7. 12, 99다68652.
32) 대판 1985. 3. 12, 84다카2093. 그리하여 대판 1999. 8. 24, 99다26481은 "보증기간 중의 채무와 보증기간 종료 후의 채무 사이에서 변제이익의 점에서 차이가 없고, 따라서 주채무자가 변제한 금원은 이행기가 먼저 도래한 채무부터 법정변제충당하여야 한다."라고 판단하였다.

넷째, 이상의 기준에 의하여 변제충당의 순위가 정하여지지 않을 경우에는 각 채무의 액에 비례하여 충당한다(제477조 제 4 호).

(3) 변제의 충당에 관한 당사자들의 소송상 다툼은, 채권자가 채무자에 대하여 채무의 이행을 청구한 데 대하여 채무자가 변제를 주장하면, 다시 채권자가 그 수령을 인정하면서도 그에 의하여서는 채무자의 다른 채권이 변제되었을 뿐이라고 다투는 방식으로 행하여지는 경우가 대부분이다. 그 경우 누가 어떠한 사항에 대하여 주장·증명의 책임을 지는가는 실제적으로 매우 중요하다. 즉, 동종의 다른 채권의 존재와 해당 채권에의 충당 등을 채권자와 채무자 중의 누가 주장·증명해야 하는가의 문제이다. 이에 대하여 판례 중에는, 채권자가 다른 동종의 채권의 존재와 그 급부가 다른 채권에 충당되었음을 주장·증명하여야 한다는 태도를 취하는 것이 있다.[33] 그러나 원래 채무가 변제로 소멸하였음은 채무자가 주장·증명하여야 하는 것이므로, 위와 같은 태도는 채권자에게 지나치게 불리하다. 채무자에 의하여 행하여진 급부의 수령을 인정하는 (또는 그것이 채무자에 의하여 증명된) 채권자는 동종의 다른 채권이 존재한다는 사실과 해당 급부가 이들 채권 전부를 만족시키기에 부족하다는 사실을 주장·증명해야 한다. 그러면 채무자가 당해 급부가 문제가 되고 있는 채권에 충당되어 그 채권을 소멸시켰음을 주장·증명해야 한다.

[판결 1] 변제충당의 순서: 대판 1981. 5. 26, 80다3009

원심판결 이유에 의하면, 원심은 이 사건 채권의 담보로 제공된 소외 해동정유공업주식회사 소유의 부동산에 대한 경락대금 교부금을 가지고 1976. 12. 28까지의 미수이자 27,104,344원 전액이 변제된 사실을 확정하고 원고가 이 소로서 청구하는 약정이자금은 위 변제에 의하여 이미 소멸된 것이라고 판단하고 있다.

그러므로 원심이 채용한 각 증거를 기록에 의하여 살펴보면 경락대금 교부일인 1976. 12. 28 현재 경매법원이 확정한 원고의 채권액은 원금 77,941,887원, 이자 27,104,344원, 화재보험료 839,628원, 화재보험료 이자 27,029원이고, 여기에 경매비용 1,397,220원을 합치면 도합 107,310,108원이 되는데, 원고가 받은 경락대금 교부액은 98,723,914원에 불과함이 인정되고, 한편 위 교부액을 가지

---

33) 대판 1957. 7. 27, 4290민상117.

고 먼저 위 원금의 변제부터 충당하기로 채권자와 채무자 사이에 합의하였다고 인정할 증거는 기록상 찾아볼 수 없는바, 비용, 이자, 원본에 대한 변제충당에 있어서는 민법 제479조에 그 충당 순서가 법정되어 있고 지정 변제충당에 관한 같은 법 제476조는 준용되지 않으므로 당사자 사이에 특별한 합의가 없는 한 비용, 이자, 원본의 순서로 충당하여야 할 것이요, 채무자는 물론 채권자라고 할지라도 위 법정 순서와 다르게 일방적으로 충당의 순서를 지정할 수는 없다고 할 것이다(다만 일방적인 지정에 대하여 상대방이 지체없이 이의를 제기하지 아니함으로써 묵시적인 합의가 되었다고 보여지는 경우는 별 문제이다).

그렇다면 당사자 사이에 변제충당의 순서에 관한 특별한 합의가 없었고, 더구나 채무자인 피고가 원고의 원금 변제충당 주장을 다투고 있는 이 사건에 있어서는, 위 원금에 앞서 이자 27,104,344원 전액이 변제된 것으로 판단한 원심판시는 민법 제479조의 변제충당 순서와 합치되어 결국 정당하고, 그 인정과정에 증거와 취사선택을 잘못하여 사실을 오인하였거나 변제충당에 관한 법리를 오해한 위법이 없다.

질문

(1) 채권자에게 복수의 채무를 부담하고 있는 채무자가 총 채무 중 일부만 변제한 경우에 변제충당은 어떠한 방식으로 이루어지는가?
(2) 채무자가 이율이 높은 채무의 원금을 먼저 변제할 수 있는 방법이 있는가?

II. 변제의 각종 변종

1. 제 3 자의 변제

(1) 원 칙

채무의 변제는 제 3 자도 할 수 있는 것이 원칙이다(제469조 제 1 항 본문). 채권자로서는 급부의 실현에 의하여 채권의 만족을 얻으면 되는 것이고, 그 급부가 누구에 의하여 행하여지는가에 구애되지 않는 경우가 대부분이다. 나아가 제 3 자로서는 채무자에 대한 자신의 채무를 청산한다든가 자신에 우선하는 다른 채권을 소멸시킨다든가 채무자에게 자금을 원조한다든가 하는 등으로 채무자와의 여러 가지 관계상 채무자의 채무를 변제할 필요가 있을 수 있다.

민법은 이해관계 없는 제 3 자가 채무자의 의사에 반하여서는 유효한 변제를 하지 못한다고 규정한다(제469조 제 2 항. 한편 제501조 단서도 참조). 그러나 이는 입법론적으로 의문이다. 실제로 채권자가 채무자의 의사에 반함을 알지 못하고 변제를 받고 채권증서를 변제자에게 반환하였다면, 변제가 무효이므로 그는 변제자에 대하여 부당이득반환의무를 부담하는 한편 그로부터 채권증서를 반환받아 다시 채무자에게 청구하여야 하는 불편이 있고, 이러한 불편을 피하려면 채무자에게 의사를 확인하여야 하는 번거로움이 따른다. 그러므로 제469조 제 2 항에서 정하는 「이해관계 없는」 및 「의사」의 요건을 적절하게 해석하여, 그 적용범위를 축소시킬 필요가 있다.

(2) 예   외

예외적으로 제 3 자의 변제는 다음과 같은 경우에는 허용되지 않는다.

(가) 채무의 성질이 이를 허용하지 아니하는 때(제469조 제 1 항 단서 전단)

명문의 규정이 없어도 당연한 이치이다. 이는 채무자 자신에 의한 급부가 아니면 「채무의 내용에 의한 이행」이 되지 않는 경우, 즉 일신전속적 급부의 경우를 말한다. 이에는 학자의 강연이나 예술가의 창작 등과 같이 그 학자나 예술가의 개성에 주안을 두어 채무가 설정된 경우(이를 「절대적 일신전속적 급부」라고 부른다)뿐만 아니라, 노무자(제657조 제 2 항), 수임인(제682조), 수치인(제701조)의 채무와 같이 채무자가 「채권자의 동의 없이 제 3 자로 하여금 자기에 갈음하여」 채무이행을 하게 할 수 없는 경우(이를 「상대적 일신전속적 급부」라고 부른다)도 포함된다.

(나) 당사자의 의사표시로 제 3 자의 변제를 허용하지 아니하는 때(제469조 제 1 항 단서 후단)

여기서 「당사자」란 계약으로부터 발생한 채권의 경우에는 계약의 양당사자를, 단독행위에 의하여 발생한 채권의 경우에는 그 단독행위를 한 사람을 말한다. 그들이 계약 또는 단독행위에 의하여 제 3 자의 변제를 금지한 경우를 가리키는 것이다.

(다) "이해관계 없는 제 3 자는 채무자의 의사에 반하여 변제하지 못한다"(제469조 제 2 항)

여기서 「이해관계」란 변제를 할 법률상의 이해관계를 말하고, 단순한 사실적인 이해관계는 포함되지 않는다. 따라서 단지 친지라는 것만으로는 부족하다.

그러나 법률상의 이해관계라고 하여도, 엄격하게 제한적으로 해석할 것은 아니다. 물상보증인,[34] 담보부동산의 제 3 취득자(제364조 참조), 후순위담보권자[35] 등이 이에 해당함은 물론이다. 나아가 선순위담보권자라도 후순위담보권의 행사로 자신이 원하지 않는 시기에 그 권리를 행사하여야 하는 불이익을 피하기 위하여 후순위담보권자에게 변제할 이해관계가 있다. 이는 단순한 금전채권자의 경우에도 마찬가지여서, 그에게 채무자에 대한 다른 채권자에게 변제할 이해관계를 긍정하여야 한다.

채무자의 반대의사는 채권자 등에게 표시될 필요는 없고, 제반 사정으로부터 인정되면 충분하다. 그러나 그 의사는 확정적이어야 하고, 또 그 의사를 추단케 하는 사정은 상당히 현저한 것이어야 한다. 판례는 "채무자의 의사는 제 3 자가 변제할 당시의 객관적인 제반 사정에 비추어 명확하게 인식될 수 있는 것이어야 하며, 함부로 채무자의 반대의사를 추정함으로써 제 3 자의 변제효과를 무효화시키는 일은 피하여야"한다고 한다.[36]

(3) 이상과 같은 예외의 경우에 해당하지 않는 한, 제 3 자는 유효하게 타인의 채무를 이행할 수 있다. 제 3 자의 채무이행이 채권소멸의 효과를 가지는 것은 그가 「제 3 자」로서 이행하는 때에 한정되며, 자신이 채무자인 줄 잘못 알고 자신의 채무이행으로서 급부를 실현한 때에는 그러하지 아니하다. 후자의 경우에 변제한 제 3 자는 비채변제(제745조)로서 그 급부의 반환을 청구할 수 있는 것이 원칙이다.

제 3 자가 유효하게 변제한 때에는 채권은 소멸한다. 그러나 그 제 3 자가 채무자에 대하여 구상권을 가지는 경우에는, 그 만족을 확보하기 위하여 원래의 채권과 이에 수반되는 담보권 등은 변제자에게 이전된다. 이를 「변제에 의한 대위」라고 한다. 또한 제 3 자는 채무자에게 구상권을 취득할 수 있다.

---

34) 대판 1980. 4. 22, 79다1980.
35) 대판 1981. 7. 28, 80다1579는, 양도담보권자는 담보제공자가 체납하여 우선 징수될 국세를 변제(대납)할 수 있다고 한다.
36) 대판 1988. 10. 24, 87다카1644.

2. 변제수령권자 이외의 사람에 대한 변제

변제수령권을 가지는 사람 이외의 사람에 대한 채무이행은 원래 변제로서 효력이 없다. 그러나 채권에 따라서는 누가 채권자인지를 확인하는 것이 반드시 쉽지 않으며, 그 확인에 많은 노력이나 비용이 드는 경우가 많다. 그리하여 민법은 채권의 준점유자와 영수증소지자에 대한 변제에 관한 규정을 두고 있다. 이들 규정은 모두 표현수령권자表見受領權者에 대한 변제가 유효가 되는 경우를 정한 것으로서, 민법에 채택된 권리외관책임의 하나로 이해되고 있다.

(1) 채권의 준점유자에 대한 변제

"채권의 준점유자에 대한 변제는 변제자가 선의이며 과실 없는 때에 한하여 효력이 있다"(제470조).

(가) 채권의 준점유자에 대한 변제가 유효하기 위한 요건

(a) 여기서 「채권의 준점유」란 채권을 '사실상 행사'하는 것(제210조 참조)을 가리키는 것이 아니라, 채권 또는 그에 기한 변제수령권을 가지는 것 같은 객관적인 외관을 말한다. 예를 들면 채권의 표현상속인表見相續人,[37] 예금통장 기타 채권증서와 그 변제를 받음에 필요한 인장을 소지하는 사람,[38] 압류의 경합 등으로 무효인 전부명령을 얻은 사람[39] 등이 이에 해당한다.

채권의 준점유자라고 하려면 반드시 채권자 본인인 것 같은 외관을 갖추어야 할 필요는 없고, 채권자로부터 변제수령권을 수여받은 것(채권자의 수령대리인)과 같은 외관을 갖추는 것으로 충분하다.[40] 우선 채권자 본인이든 채권자의 수령대리인이든 그에 대한 변제가 유효한 것임에는 다름이 없으므로, 어차피

---

37) 대판 1993. 3. 12, 92다48512; 대판 1995. 1. 24, 93다32200; 대판 1995. 3. 17, 93다32996.
38) 대판 1985. 12. 24, 85다카880은 "예금채권의 준점유자라고 하려면 예금통장과 그에 찍힌 인영과 같은 인장을 소지하여야 한다"라고 하였다.
39) 대판 1980. 9. 30, 78다1292; 대판 1987. 12. 22, 87다카2015; 대판 1988. 8. 23, 87다카 546; 대판 1995. 4. 7, 94다59868 등.
40) 곽윤직·김재형, 채권총론, 297면; 김주수, 채권총론, 392면; 김증한·김학동, 채권총론, 351면; 이은영, 채권총론, 691면. 이 경우에는 채권자의 귀책사유가 필요하다는 견해로는 김상용, 채권총론, 446면; 김형배, 채권총론, 676면. 대판 2004. 4. 23, 2004다5389는 "준점유자가 스스로 채권자라고 하여 채권을 행사하는 경우뿐만 아니라 채권자의 대리인이라고 하면서 채권을 행사하는 때에도 채권의 준점유자에 해당한다"라고 설시하는데 같은 취지라고 생각된다.

외관에 대한 신뢰를 보호할 것인가를 판단하는 데 양자를 구별할 이유는 없다.

(b) 제470조는「변제」, 즉 채무이행 자체가 표현수령권자表見受領權者에게 이루어진 경우만을 정하고 있다. 여기서 변제란 채무자 그 밖에 변제할 수 있는 사람이 그「채무의 내용에 좇은 이행」을 한 경우를 말함은 물론이다.

(c) 채권의 준점유자에 대한 변제가 유효하기 위하여는 변제자가 선의이며 무과실이어야 한다. 여기서 선의란 준점유자에게 변제수령의 권한이 없음을 알지 못한다는 소극적인 의미가 아니라, 적극적으로 변제수령권이 있음을 믿었어야 한다. 그리고 무과실이란 그와 같이 믿은 데 사회생활상 요구되는 주의의무를 다한 것을 의미한다.[41]

(나) 채권의 준점유자에 대한 변제의 효과

위와 같은 요건이 갖추어지면 그 변제는 "효력이 있다." 그 의미는 채권이 소멸한다는 것이다. 따라서 채권자는 이제 채무자에게는 이행을 청구할 수 없고, 채무자는 그 후로는 채권자에 대하여 무슨 채무불이행책임을 지지 않는다. 그 대신 채권자는 변제를 받은 사람에 대하여 받은 급부를 부당이득으로서 반환청구할 수 있다. 또한 변제를 받은 사람은 그로써 채권의 귀속을 침해한 것이므로, 그에게 고의 또는 과실이 있으면 불법행위로 인한 책임을 져야 한다.

(2) 영수증소지자에 대한 변제

민법은 "영수증을 소지한 자에 대한 변제는 그 소지자가 변제를 받을 권한이 없는 경우에도 그 효력이 있다"(제471조 본문)고 정한다. 다만 변제자가 "그 권한 없음을 알았거나 알 수 있었을 때"까지 그를 보호할 필요는 없으므로, 그 경우에는 변제의 효력이 없다고 한다(동조 단서).

[판결 2] 채권의 준점유자에 대한 변제: 대판 1975. 5. 27, 74다2083

원고 소송대리인의 상고이유에 대한 판단

원판결 이유에 의하면 원심은 그 적시의 증거에 의하여 소외 A는 원고로부터 원고의 피고 은행에 대한 금 2,966,716원의 예금 중 금 50,000원을 인출해 달라는 부탁을 받고 피고 은행 대구지점에 가서 그 곳에 있던 40세 가량의 성

---

41) 대판 1975. 5. 27, 74다2083; 대판 1995. 1. 24, 93다32200; 곽윤직·김재형, 채권총론, 297면; 김상용, 채권총론, 446면; 김주수, 채권총론, 392면; 김증한·김학동, 채권총론, 351면; 이은영, 채권총론, 694면.

명불상자를 막연히 동 지점의 안내원으로 오인하여 동인에게 예금인출의 절차를 의뢰하면서 가지고 간 원고의 인장과 예금통장을 교부하자 동인은 이를 이용하여 동 지점으로부터 금 2,000,000원을 인출하여 도주한 사실을 인정하고, 위 성명불상자가 예금을 인출함에 있어서 제출한 본건 예금청구서에는 예금주의 성명이 원고 "B"가 아닌 "C"로 뚜렷이 기재되고 그 옆에 B란 인장이 압날되어 있으므로 이러한 현상은 청구인이 예금주가 아닐 뿐 아니라 예금주의 성명마저 모르고 청구하는 경우에 일어난다 할 것이므로 동 지점 담당자가 조금만 주의를 기울렸더라면 용이하게 청구인과 예금주가 다르고 예금주의 의뢰없이 권한없는 자가 청구하였음을 알아차릴 수 있었고 뿐만 아니라 위 성명불상자는 먼저 동지점 정기예금창구에서 담당직원에게 보통예금을 인출하여 정기예금을 하겠다고 말하였다가 현금이 마련되는 것을 보고 월말에 쓸 곳이 많으니 우선 그냥 찾아가고 다음에 정기예금을 하겠다고 번복한 의심스러운 사정이 있었고, 또 위 보통예금지급 당시 청구자에게 번호표를 교부하지 아니한 채 정기예금창구에서 보통예금을 내어주는 등 변칙적인 과정을 거친 점 등을 합쳐 볼 때 위 성명불상자에게 예금을 지급함에 있어 피고 은행측에 과실이 없었다고는 볼 수 없으므로 피고 은행의 위 예금지급은 예금주인 원고에 대하여는 아무런 효력이 없다 할 것이고 따라서 피고 은행은 원고에게 금 2,000,000원의 예금을 지급할 의무 있다고 인정한 다음 피고 은행은 금 2,000,000원을 위 성명불상자에게 지급하므로써 동액 상당의 손해를 입게 되었는바, 이는 피고 은행 담당직원의 과실과 소외 A가 앞에서 본 바와 같이 위 성명불상자를 만연히 동 지점 안내원으로 오인하여 동인에게 원고의 인장과 예금통장을 교부한 과실이 경합되어 일어난 것이므로 위 A의 사용자인 원고는 피용자인 동인의 과실로 인하여 피고 은행이 입은 손해 중 그 절반인 금 1,000,000원을 피고 은행에 배상할 의무 있으므로 피고의 원고에 대한 위 금 1,000,000원의 손해배상채권과 원고의 피고에 대한 본건 금 2,000,000원의 예금채권과 그 대등액에서 상계되었다고 판단하였는바, 원판결이 위 사실을 인정함에 있어서 거친 증거취사와 사실인정의 과정 내지 내용을 기록에 의하여 보아도 적법하고 원판결에 소외 A의 과실과 그 정도를 인정함에 있어 증거 없이 사실을 인정하였거나 증거의 취사를 그르쳐 채증법칙을 위배한 잘못이 있음을 찾아 볼 수 없고 피고가 위 성명불상자에게 금원을 지급할 때 피고에게는 손해가 발생하였으므로 피고의 원고에 대한 위 손해배상채권은 위 손해발생과 동시에 이미 이행기에 이르렀다 할 것이고, 위 손해배상채권을 자동적으로 한 피고의 상계항변을 하였다 하여 잘못이라 할 수 없고 소송상 상계항변은 만약 상대방에 대한 채무가 있다면 하는 가정하에 유효하게 제출할 수 있으며 피고의 본건 상계항변이 원심에 이르러 비로소 제출되었다는 그 사실만으로 이를 소위 실기한 공격, 방어방법에 해당된다 할 수 없고 원심이 피고의 상계항변을 인용하였다 하여 소론과 같은 상계에 관한 법리오해의 위법이 있다 할 수 없으므로 논지는 채용할 수 없다.

피고 소송대리인의 상고이유에 대한 판단

원심은 앞에서 본 바와 같이 성명불상자가 금 2,000,000원의 예금을 인출함에 있어서 제출한 예금청구서에 예금주의 성명이 다르게 기재되어 있고, 뿐만 아니라 앞에서 본 바와 같은 의심스러운 사정이 있었으므로 피고 은행 담당직원이 조금만 주의를 하였더라면 위 성명불상자가 예금인출의 권한이 없는 자임을 알아차릴 수 있었을 것임에도 불구하고, 이를 게을리한 피고 은행 담당직원의 과실로 동인을 권한 있는 자로 오인하여 동인에게 금 2,000,000원을 지급하였으니 동 지급은 예금주인 원고에게는 아무런 영향을 미치지 못한다는 취지로 판시한 조처를 기록에 대조하여 검토하여도 정당하고 거기에 소론과 같은 예금지급에 있어서 은행의 과실에 관한 법리오해의 위법이 없고, 원심이 원, 피고 사이에 예금을 인출함에 있어서 피고 은행이 인감을 대조한 후 통장을 지참한 자에게 예금을 내어주면 그 효력이 있다는 면책특약이 있다 하더라도 동 특약의 취지는 은행업무상 요구되는 통상의 주의를 하였더라면 정당한 예금청구인인가 아닌가를 식별할 수 있는 것을 고의 또는 과실로 이를 알지 못하고 권한 없는 자에게 지급했을 때까지 무조건 그 지급이 유효하다는 것은 아니라고 해석함이 타당하다 할 것이므로 같은 취지로 판시한 원판결에 동 특약의 해석에 관한 법리오해의 위법이 있다 할 수 없고, 따라서 논지는 채용할 수 없다.

질문

(1) 은행직원이 예금주는 아니지만 예금통장과 인장을 소지한 사람에게 예금을 지급한 경우에 예금지급의 효력이 발생하기 위한 요건은 무엇인가?

(2) 은행과 예금주 사이에 은행이 인감을 대조한 후 통장을 지참한 자에게 예금을 내어 주면 그 효력이 있다는 면책특약은 유효한가? 그 의미는 무엇인가?

Ⅲ. 변제자대위

1. 의   의

(1) 변제에 의한 대위 또는 변제자대위辨濟者代位[42]란, 채무자 아닌 사람이 채무자를 위하여 변제하는 등으로 채권자에게 만족을 준 경우에 채무자에 대하여 가지는 구상권을 확보하기 위하여, 본래 변제 등에 의하여 소멸한 채권자의 채권(이하 「원채권」) 및 담보권을 법의 힘으로 그대로 존속하는 것으로 의제하고 이를 구상권자로 하여금 행사시키는 것을 말한다.

(2) 변제자대위의 효과에 관하여 민법은 "채권 및 그 담보에 관한 권리를 행사할 수 있다."라고 정한다(제482조 제 1 항). 그러나 이는 대위권자가 그러한 권리를 행사할 권한을 취득하는 데 그치는 것이 아니라, 권리 자체가 대위자에게 이전되는 것으로 해석되고 있다. 가령 채권자대위권에 대하여도 유사한 문언이 사용되고 있는데(제404조 제 1 항 본문), 이 경우에는 채권자가 자기 채권의 보전을 위하여 채무자의 책임재산을 보전하기 위한 조치를 취하는 것이므로 대위행사의 이익 자체는 일단 채무자에게 귀속된다. 그러므로 권리 자체는 여전히 채무자에게 속하고 채권자에게는 그 행사만을 인정하는 것으로 이해되고 있다. 그러나 변제자대위의 경우에 채권자는 이미 만족을 얻어 그 권리의 존속에 아무런 이해관계를 가지지 않는다. 따라서 권리 그 자체의 이전을 인정해도 무리는 없다.[43]

[판결 3] 물상보증인의 구상권과 변제자 대위권: 대판 1997. 5. 30, 97다1556

  1. 제 2 점에 대하여

원심판결 이유에 의하면 원심은, 그 내세운 증거에 의하여 그 판시와 같은 사실을 인정한 다음, 물상보증인이 담보부동산을 제 3 취득자에게 매도하더라도

---

42) 강학상으로는 이러한 용어 외에 대위변제라는 말이 사용된다. 그러나 민법은 대위변제를 채무자 이외의 사람의 변제라는 의미로 사용하고 있다(제483조, 제484조).

43) 이은영, 채권총론, 712면 이하는, 민법의 문언대로 권리는 여전히 채권자에게 속하고 대위자는 다만 이를 행사할 뿐이라고 보아야 한다고 주장한다. 그러나 채권자 스스로가 행사할 수도 없는 권리를 굳이 채권자가 여전히 보유하고 있다고 할 필요는 없다. 상세한 것은 김재형, "조세채권과 변제자대위," 저스티스 제110호(2009. 4), 47면 참조.

제 3 취득자가 담보부동산에 설정된 근저당권의 피담보채무의 이행을 인수한 경우에는, 그 이행인수는 그 매매당사자 사이의 내부적인 계약에 불과하여 이로써 물상보증인의 책임이 소멸하지 않는 것이고, 그 담보부동산에 대한 담보권이 실행된 경우에도 제 3 취득자가 아닌 원래의 물상보증인이 채무자에 대한 구상권을 취득한다 할 것이라고 전제한 다음, 원심판결의 인정 사실에 의하면, 소외 A 는 이 사건 부동산의 물상보증인으로서 위 임의경매절차에서 이 사건 부동산의 소유권을 상실하고, 채권자인 피고 보조참가인은 위 임의경매절차에서 위 경락대금 중 금 500,000,000원을 배당받아 피고의 피고 보조참가인에 대한 채무가 위 배당금 상당액만큼 변제로 소멸하였다 할 것이므로, 위 A는 피고에 대하여 위 배당금 및 이에 대한 위 배당일 이후의 법정이자 상당액의 구상권을 취득하였다 할 것이고, 따라서 피고는 특별한 사정이 없는 한 위 구상금채권을 양수한 원고들에게 위 구상금 중 각 그 양수 부분에 해당하는 금원을 지급할 의무가 있다 할 것이라고 판단하였는바, 이를 기록과 대조하여 살펴보면, 원심의 사실인정과 판단은 정당하고, 거기에 상고이유의 주장과 같은 위 A와 원고들과의 거래가 매도담보인지에 대한 심리를 다하지 아니하고, 채증법칙을 위배하여 원고들이 위 A의 저당채무의 이행을 인수한 것으로 사실을 오인하고, 물상보증인과 제 3 취득자 간의 구상권 행사에 관한 법리를 오해한 위법이 있다고 할 수 없으므로 이 점을 지적하는 상고이유의 주장은 이유 없다. 상고이유의 주장은 필경 원심의 전권에 속하는 증거의 취사 판단과 사실의 인정을 비난하거나 원심이 인정한 사실과 상치되는 사실을 전제로 원심의 판결을 흠잡는 것에 지나지 아니하여 받아들일 수 없다.

　2. 제 1 점에 대하여

　　법률행위의 해석은 당사자가 그 표시행위에 부여한 객관적인 의미를 명백하게 확정하는 것으로서, 서면에 사용된 문구에 구애받는 것은 아니지만 어디까지나 당사자의 내심적 의사의 여하에 관계 없이 그 서면의 기재 내용에 의하여 당사자가 그 표시행위에 부여한 객관적 의미를 합리적으로 해석하여야 하는 것이고, 문언의 객관적 의미가 명확하다면 특별한 사정이 없는 한 문언대로의 의사표시의 존재와 내용을 인정하여야 하지만, 당사자가 표시한 문언에 의하여 그 객관적인 의미가 명확하게 드러나지 않는 경우에는 그 문언의 내용과 그 법률행위가 이루어진 동기 및 경위, 당사자가 그 법률행위에 의하여 달성하려는 목적과 진정한 의사, 거래의 관행 등을 종합적으로 고려하여 사회정의와 형평의 이념에 맞도록 논리와 경험의 법칙, 그리고 사회일반의 상식과 거래의 통념에 따라 합리적으로 해석하여야 하고, 특히 당사자 일방이 주장하는 계약의 내용이 상대방에게 중대한 책임을 부과하게 되는 경우에는 그 문언의 내용을 더욱 엄격하게 해석하여야 할 것이다(대법원 1995. 5. 23. 선고 95다6465 판결, 1996. 10. 25. 선고 96다16049 판결 등 참조).

　　원심이, 위 A와 피고 보조참가인은 1985. 9. 2. 작성된 이 사건 근저당권설정계약서 제12조 제1항에서, "설정자는 채권자가 필요에 따라 담보 또는 다른 보증을 변경하거나 해제하여도 이의를 제기하지 않는다." 제2항에서, "설정자가 본채무를 이행한 경우 대위에 의하여 채권자로부터 취득한 권리를 채무자와 채권자의 거래 계속중에는 행사하지 아니하겠으며 채권자의 청구가 있으면 그 권리 또는 순위를 채권자에게 무상으로 양도한다."고 약정한 사실, 위 A는 또한 1986. 9. 10. 피고 보조참가인과 사이에 소외 진영상선 주식회사의 피고 보조참가인에 대한 현재 또는 장래의 일체의 채무를 연대보증하면서, 그 연대보증서 제3조에서 "본인이 보증채무를 이행한 경우 대위에 의하여 귀 은행으로부터 취득한 권리를 채무자와 귀 은행의 거래 계속중에는 귀 은행의 동의 없이 행사하지 아니하겠으며 귀 은행의 청구가 있으면 그 권리 또는 순위를 귀 은행에 무상으로 양도한다."고 약정한 사실을 각 인정한 다음, 물상보증인이 채무자의 채무를 변제한 경우, 그는 민법 제370조에 의하여 준용되는 같은 법 제341조에 의하여 채무자에 대하여 구상권을 가짐과 동시에 민법 제481조에 의하여 당연히 채권자를 대위하고, 위 구상권과 변제자 대위권은 그 원본, 변제기, 이자, 지연손해금의 유무 등에 있어서 그 내용이 다른 별개의 권리로서, 물상보증인은 고유의 구상권을 행사하든 대위하여 채권자의 권리를 행사하든 자유이며, 다만 채권자를 대위하는 경우에는 같은 법 제482조 제1항에 의하여 고유의 구상권의 범위에서 채권 및 그 담보에 관한 권리를 행사할 수 있는 것이어서, 변제자 대위권은 고유의 구상권의 효력을 확보하는 역할을 한다 할 것인바, 위 인정 사실에 의하면, 위 A가 피고 보조참가인에 대하여 피고 보조참가인의 청구가 있을 때 그 권리 또는 순위를 무상으로 양도하고 피고와 피고 보조참가인의 거래 계속중에 행사하지 않기로 한 권리는 물상보증인인 위 A의 피고에 대한 구상권이 아니라 위 계약서상의 문자 그대로 대위에 의하여 채권자로부터 취득한 채권자의 채무자에 대한 원채권상의 권리임이 문언상 명백하여, 물상보증인의 구상권에 기한 원고의 이 사건 주위적 청구에는 위 근저당권설정계약서 제12조 제2항의 적용이 없다 할 것이므로, 위 조항이 채무자에 대한 고유의 구상권에도 아울러 적용됨을 전제로 한 피고 및 피고 보조참가인의 위 주장은 나머지 점에 관하여 더 나아가 판단할 필요 없이 이유 없다고 판단하였는바, 이를 기록과 대조하여 살펴보면, 원심의 설시한 사실인정과 판단이 그 표현에 있어서 다소 부적절한 점이 있기는 하지만 결국 원심판결은 옳다고 여겨지고, 거기에 상고이유의 주장과 같은 구상권 및 변제자 대위권에 관한 법리를 오해하고, 당사자의 진정한 의사해석을 그르친 위법이 있다고 할 수 없으므로 상고이유의 주장은 이유 없다.

질문

(1) 물상보증인이 담보부동산을 제 3 취득자에게 매도하여 제 3 취득자가 근저당권의 피담보채무를 인수한 경우, 담보권 실행으로 인한 구상권의 귀속 주체는 누구인가?

(2) 물상보증인의 구상권과 변제자대위권은 어떠한 관계에 있는가?

(3) 근저당권설정계약서상의 이른바 대위권 불행사의 특약이 물상보증인의 구상권에 기한 청구에도 적용되는가?

2. 변제에 의한 대위의 요건

(1) 변제 등으로 채권자에게 만족을 주어야 한다. 민법은 변제라고 정하고 있으나, 임의의 변제뿐만이 아니라, 자신의 출재出財로 채권을 소멸시키는 사유가 모두 포함된다. 그러므로 대물변제나 공탁, 상계(특히 제418조 참조)는 물론이고, 혼동도 이에 해당한다(제486조).

(2) 변제자가 채무자에 대하여 구상권을 취득하여야 한다. 불가분채무자(제411조), 연대채무자(제425조 이하), 보증인(제441조) 등의 공동채무자의 1인이 변제한 경우에 다른 공동채무자에 대한 구상권을 갖는다는 점은 명문으로 규정되어 있다. 또 물상보증인이 변제하거나 담보권의 실행에 의하여 소유권을 상실한 때에도 채무자에 대하여 구상권을 가진다.[44] 그 밖에 제 3 자의 변제가 채무자의 위임에 기한 경우에는 위임사무처리비용의 상환청구권(제688조)으로서, 위탁 없이 사무관리로서 이루어진 경우에는 사무관리비용의 상환청구권(제739조)으로서, 그리고 예외적으로 사무관리의 요건이 충족되지 않는 경우에는 부당이득반환청구권(제739조, 제741조)으로서 구상권을 가진다.

(3) 변제할 정당한 이익이 있거나 채권자의 승낙이 있어야 한다. 전자의

[44] 질권에 대하여 제341조, 제355조, 저당권에 대하여 제370조. 이 규정은 제 3 취득자에 대하여도 유추적용된다고 할 것이다. 제364조 참조.

경우를 법정대위라고 하고, 후자의 경우를 임의대위라고 한다.

  (가) 법정대위

  '변제할 정당한 이익이 있는 자'는 변제로써 당연히, 즉 채권자의 의사와는 무관하게 채권자를 대위한다(제481조). 여기서 변제할 정당한 이익이 있는 자란, 변제하지 않으면 법적으로 불리한 지위에 놓이게 되는 자를 말한다. 구체적으로는 연대채무자, 보증인(이들은 자기 스스로 채무를 부담한다), 물상보증인, 제 3 취득자, 후순위담보권자가 이에 속한다. 그 밖에 무담보의 일반채권자라도 우선적인 담보권의 실행으로 변제를 받지 못하는 결과가 되는 경우(담보물이 부당한 가격으로 환가될 우려가 있는 등으로)에는 이에 해당한다. 나아가 담보물권에 열후하는 용익물권을 가지는 사람이나 임차인도, 그 담보물권의 실행으로 용익권이 부인되는 결과가 되므로, 변제할 이익을 긍정하여야 할 것이다. 판례는 매도인이 목적부동산을 제 3 자에게 양도담보한 경우에 그 매수인,[45] 양도담보권자가 목적물을 다시 양도담보한 경우에 원래의 담보제공자,[46] 담보제공자가 국세를 체납한 경우의 양도담보권자[47] 등에 이를 긍정한다. 나아가 판례는 납세보증보험자가 보험계약자의 세금을 납부한 경우 과세관청의 납세의무자에 대한 조세채권을 대위행사할 수 있다고 한다.[48]

  (나) 임의대위

  변제에 정당한 이익이 없는 사람은 변제를 하더라도 이를 이유로 채권자를 대위하려면 채권자의 승낙을 요한다(제480조 제 1 항). 이 승낙은 변제하기 전이나 그와 동시에 이루어져야 한다. 이 승낙은 채권 등이 변제자에게 이전되는 데 대한 동의이고, 이를 양도하는 것을 내용으로 하는 의사표시는 아니다. 그러나 민법은 임의대위를 채무자 또는 그 밖의 제 3 자에게 대항하려면 채권양도의 경우와 같은 대항요건을 갖출 것을 요구한다(제480조 제 2 항에 의한 제450조 내지 제452조의 준용).[49]

---

45) 대판 1971. 10. 22, 71다1888 등.

46) 대판 1980. 4. 22, 79다1980.

47) 대판 1981. 7. 28, 80다1579.

48) 대판 2009. 2. 26, 2005다32418. 이에 관해서 상세한 것은 김재형, "조세채권과 변제자대위," 저스티스 제110호, 29면 이하.

49) 한편 법정대위에서도 가령 연대채무자와 보증인은 다른 채무자에게 변제를 통지할 의무가 있고(제426조, 제445조, 제446조), 또 부동산에 대한 담보물권을 대위한 때에는 뒤에서 보는 대로 부기등기를 할 필요가 있는 경우가 있다(제482조 제 2 항 제 1 호, 제 5 호

3. 변제자대위의 효과

이는 (i) 대위자와 채무자 사이, (ii) 대위자 상호 간, (iii) 대위자와 채권자 사이의 세 측면에서 고찰할 수 있다.

(1) 우선 대위자와 채무자와의 관계에 대하여 본다. 대위자는 "자기의 권리에 기하여 구상할 수 있는 범위에서 채권 및 그 담보에 관한 권리를 행사할 수 있다"(제482조 제1항). 그 의미가 채권 등의 권리 자체가 이전된다는 것임은 위에서 본 바와 같다.

(가) 대위자는 이행청구, 손해배상청구를 할 수 있음은 물론이고, 채권자의 지위에서 가지는 다른 권리, 가령 채권자대위권이나 채권자취소권 등도 가진다. 나아가 담보[50]도 대위자에게 이전되는데, 그에는 질권, 저당권, 가등기담보권과 같은 물적담보와 보증과 같은 인적담보가 모두 포함된다. 저당권 그 밖에 부동산상의 담보물권이 이전된 경우에는 대위자는 이에 관한 등기(대위의 부기등기)를 요구할 수 있다(부등 제79조). 이들 권리의 이전은 법이 정하는 요건(특히 제480조 제2항 참조) 외에는 별도의 대항요건이나 등기 등의 공시방법을 갖출 필요가 없다. 그러나 담보의무자 상호 간에는 아래에서 보는 바와 같은 제한이 있다. 그리고 계약의 취소권이나 해제권·해지권과 같이 계약당사자의 지위에 수반되는 권리는 대위의 대상이 되지 못한다. 민법은 일부대위에 대하여만 이 점을 규정하고 있는데(제483조 제2항 전단), 이는 전부대위의 경우에도 다를 바 없다.

채무자는 종전의 채권자에 대하여 대항할 수 있었던 모든 사유를 가지고 대위자에게 대항할 수 있다. 다만 임의대위에서 채무자가 대위에 대하여 이의를 유보하지 아니한 승낙을 한 경우에는 종전의 대항사유를 대위자에게 주장할 수 없게 된다(제480조 제2항에 의한 제451조 제1항 본문 준용).

(나) 위와 같이 대위자가 대위에 의하여 원채권을 취득하더라도, 이는 그가 원래 가지는 구상권에 영향을 미치지 않는다. 양자는 원본액, 변제기, 이자, 지연손해금의 유무·비율 등을 달리하므로 총채권액이 별도로 변동하고, 채권

제2문 참조).

50) 이에 관해서는 민법 Ⅲ에서 다룬다. 따라서 변제자대위의 효과 부분은 담보법을 공부한 다음에 읽어도 좋다.

으로서의 성질에 차이가 있으므로 따로 소멸시효에 걸리는 등 서로 별개의 권리이다. 일반적으로 대위자는 양자를 겸유하며, 이 중 어느 것을 행사하는가는 그의 자유라고 인정되고 있다. 다만 원채권 및 담보는 원래 변제에 의하여 소멸되어야 할 터인데 어디까지나 구상권의 확보를 위하여 대위자에게 이전되는 것이기 때문에, 대위자는 구상권의 범위 내에서만 이를 취득한다.

한편 대위에 의하여 대위자가 취득한 담보의 피담보채권은 여전히 원채권이다. 그러므로 대위자는 대위에 의하여 취득한 저당권으로써 원채권의 범위를 넘는 우선변제를 얻을 수는 없다.

(다) 일부변제가 행하여진 경우의 대위에 대하여 민법은 "대위자는 그 변제한 가액에 비례하여 채권자와 함께 그 권리를 행사한다."라고 정한다(제483조 제 1 항). 일부변제가 있으면 채권과 저당권 등의 담보는 그 변제된 비율만큼 변제자에게 이전한다. 따라서 저당권부 채권에 대하여 일부변제를 한 사람은 채권자에 대하여 저당권 일부 이전의 부기등기를 청구할 수 있다.

이 경우 원래 채권자의 나머지 채권 및 나머지 담보권과 대위자가 취득한 일부 채권 및 일부 담보권이 서로 어떠한 관계에 있는지 문제된다. 특히 담보권의 행사와 그에 의한 만족에 관한 우열관계가 문제된다. 가령 저당권의 실행은 대위자와 채권자가 각자 단독으로 신청할 수 있는 것인가, 아니면 공동으로 신청하여야 할 것인가? 경매대금이 양자의 채권 전액을 만족시킬 수 없는 경우에는 대위자의 구상채권액과 채권자의 나머지 채권액에 비례하여 이를 분배할 것인가? 대위자가 단독으로 저당권의 실행을 청구할 수 있고, 나아가 채권자와 평등한 지위에서 자기 채권의 만족을 얻을 수 있다고 한다면, 우선 채권자가 담보물의 처분을 강요당하여서 그를 부당하게 해할 뿐만 아니라, 나아가 담보물권의 불가분성(제321조 참조)에도 반하며, 또한 구상권을 확보하려는 변제자대위제도의 취지를 넘게 된다. 그러므로 일부대위자는 채권자의 이익을 해치지 않는 범위 내에서만 자신이 대위에 의하여 취득한 권리를 행사할 수 있다.[51] 그렇다면 그는 특히 담보권의 실행에 관하여는 채권자가 이를 신청하는 경우에 「그와 함께」 그 권리를 행사할 수 있을 뿐이고 나아가 그 만족에 관해

---

51) 곽윤직·김재형, 채권총론, 315면; 김상용, 채권총론, 482면; 김증한·김학동, 채권총론, 368면. 이에 반대하는 견해로는 김형배, 채권총론 710면; 이은영, 채권총론, 718면이 있고, 권리행사와 권리만족을 나누어 보는 견해로는 김주수, 채권총론, 405면이 있다.

서는 채권자가 우선한다.[52]

(2) 나아가 대위자 상호 간의 관계에 관해서 제482조 제2항에서 규정하고 있다.

(가) 먼저 보증인과 제3취득자 사이의 대위관계에 대하여 본다. 예를 들면 A에 대하여 채무를 부담하는 B가 그 소유의 부동산에 저당권을 설정하고 또 C가 그 보증인이 되었는데, 후에 D가 B로부터 저당부동산을 양수하였다고 하자. 이 경우에 C나 D는 모두 변제할 정당한 이익이 있는 사람으로서 그 변제는 모두 법정대위를 발생시키는데, 양자의 우열은 어떠한가?

보증인은 원칙적으로 제3취득자에 대하여 전액 대위할 수 있다. 그러나 부동산에 전세권자나 저당권자가 있는 경우에는 "미리 전세권이나 저당권의 등기에 그 대위를 부기하지 아니하면" 목적 부동산에 "권리를 취득한 제3자[53]에 대하여 채권자를 대위하지 못한다"(동항 제1호).

그러나 제3취득자는 보증인에 대하여 채권자를 대위할 수 없다(동항 제2호). 제3취득자는 등기부상 담보권의 부담이 있음을 알고 권리를 취득한 것으로 평가되기 때문이다.[54]

한편 민법은 물상보증인과 제3취득자 사이의 변제자대위에 대하여는 규정을 두고 있지 않다. 판례는, 민법 제370조, 제341조, 나아가 위의 제482조 제2항 제1호, 제2호에 비추어 "물상보증인이 채무를 변제하거나 담보권의 실행으로 소유권을 잃은 때에는 보증채무를 이행한 보증인과 마찬가지로 채무자로부터 담보부동산을 취득한 제3자에 대하여 구상권의 범위 내에서 출재한 전액에 관하여 채권자를 대위할 수 있는 반면, 채무자로부터 담보부동산을 취득한 제3자는 채무를 변제하거나 담보권의 실행으로 소유권을 잃더라도 물상보증인에 대하여 채권자를 대위할 수 없다"는 태도를 취한다.[55]

(나) 보증인과 물상보증인 상호 간에서는 그 인원수에 비례하여 채권자를

---

52) 대판 1988. 9. 27, 88다카1797. 이 판결에 대한 평석으로 김용덕, "변제자의 일부대위," 민사판례연구 제10집, 53면 이하.
53) 한편 대판 2013. 2. 15, 2012다48855는 후순위저당권자는 여기서의 '제3자'에 해당하지 않고, 또한 제2호에서의 '제3취득자'에도 해당하지 않는다고 한다. 이 판결은 여러 모로 주의하여 읽어볼 만한 가치가 있다.
54) 상세한 것은 양창수, "물상보증인의 변제자대위와 부기등기의 요부," 민법연구 제2권 (1992), 163면 이하.
55) 대판(전) 2014. 12. 18, 2011다50233.

대위한다(제482조 제 2 항 제 5 호 전단 본문). 물상보증인이 여럿 있는 경우에는 먼저 보증인의 부담부분을 공제하고 그 잔액에 관하여 물상보증인들이 담보로 제공한 각 재산의 가액에 비례하여 채권자를 대위한다(동호 전단 단서). 또한 물상보증인이 담보로 제공한 재산이 부동산인 때에는, 보증인은 대위의 부기등기를 하여야만 그 변제 후에 물상보증인으로부터 담보부동산을 취득한 제 3 취득자에 대하여 채권자를 대위할 수 있다(동호 후단에 의한 제482조 제 2 항 제 1 호의 준용).

　　(다) 제 3 취득자 상호 간에서는 각 담보재산의[56] 가액에 비례하여 채권자를 대위한다(동 제 3 호).

　　(라) 물상보증인 상호 간에도 역시 각 담보재산의 가액에 비례하여 채권자를 대위한다(동 제 4 호).

　　(마) 연대채무자들 상호 간(제425조)이나 보증인들 상호 간(제448조), 그리고 보증인과 연대채무자(또는 불가분채무자) 사이(제447조)에도 그 각 규정에 따른 구상권의 확보를 위하여 대위가 일어난다. 그러므로 채권자가 다른 연대채무자 등에 대하여 가지는 채권 및 담보권이 구상권의 범위에서 대위자에게 이전된다. 연대채무자들 상호 간의 대위관계와 관련하여 판례는 연대채무자 중의 1인이 다른 연대채무자에 대하여 대위에 의하여 취득한 원채권을 행사하는 경우 그 다른 연대채무자의 연대보증인이 자신의 연대보증인을 겸하고 있었으면 그 연대보증인에 대하여는 채권자를 대위할 수 없다고 한다.[57]

　　(3) 대위자와 채권자의 관계에 대하여 본다. 채권자는 대위자에 대하여 대위로 취득한 권리의 행사와 실현에 협력할 의무를 부담한다. 즉, 채권자는 임의대위의 경우에는 대위의 통지를 하여야 하며(제480조 제 2 항 참조), 또 담보물이 부동산인 경우에는 대위의 부기등기에 협력할 의무가 있다. 그 밖에도 대위변제에 의하여 채권 전부의 만족을 얻은 채권자는 채권에 관한 증서 및 점유하고 있는 담보물을 대위자에게 교부하여야 한다(제484조 제 1 항). 또 채권의 일부에 대하여 대위변제가 있는 경우에는 채권자는 채권증서에 그 대위의 사실을 기입하고 또 채권자가 점유하고 있는 담보물의 보존에 관하여 대위자로

---

56) 법문은 "부동산의 가액"이라고 하여 담보물이 부동산인 경우만을 정하고 있으나, 그렇게 한정할 이유는 없을 것이다.
57) 대판 1992. 5. 12, 91다3062.

부터 감독을 받아야 한다(동조 제2항). 나아가 "제481조의 규정에 의하여 대위할 사람이 있는 경우에 채권자의 고의 또는 과실로 인하여 담보가 상실되거나 감소된 때에는 그 법정대위적격자는 그 상실 등으로 말미암아 상환을 받을 수 없게 된 한도에서 채권자에 대한 책임을 면한다"(제485조).

> **[판결 4] 물상보증인의 변제자대위와 부기등기: 대판 1990. 11. 9, 90다카10305**
>
> 　1. 원심은, 소외 주식회사 에이피씨(APC)의 피고에 대한 합계 금 3억원의 차용금채무를 담보하기 위하여 원고(원심에서 탈퇴)가 그의 소유인 원심판결의 별지목록에 기재된 이 사건 부동산에 관하여 피고의 명의로 근저당권설정등기를 한 사실, 소외 A, 기웅실업주식회사, B, C, D, E, F 등도 역시 같은 채무를 담보하기 위하여 각기 그들 소유의 부동산에 관하여 피고의 명의로 추가근저당권설정등기를 한 사실, 그 뒤 채무자인 주식회사 에이피씨(APC)와 물상보증인인 D, B, E, A, F 등이 1987. 12. 15.부터 1989. 3. 16.까지 사이에 각기 위 차용금채무를 일부씩 변제함으로써 위 근저당권의 피담보채무가 모두 변제된 사실, 원고승계참가인은 위와 같이 위 차용금채무가 모두 변제된 뒤인 1989. 11. 25. 원고로부터 이 사건 부동산을 매수하여 그의 명의로 소유권이전등기를 경료한 사실 등을 인정한 다음, 원고승계참가인이 이 사건 부동산에 관하여 설정된 위 근저당권의 피담보채무가 소멸되었음을 이유로 피고에 대하여 피고 명의의 위 근저당권설정등기의 말소를 청구함에 대하여, 자기의 재산을 타인의 채무의 담보로 제공한 자가 수인인 경우에 그 중의 일부가 채무자를 대위하여 채무를 변제하였을 때에는 그 구상권의 범위내에서 각 부동산의 가액에 비례하여 다른 담보제공자에 대하여 채권자를 대위하여 채권자의 담보에 관한 권리를 행사할 수 있는 것이고, 이와 같은 경우에는 인적보증인의 대위의 경우와는 달리 저당권의 등기에 미리 그 대위를 부기하지 아니하여도 저당물에 권리를 취득한 제3자에 대하여 채권자를 대위할 수 있다고 할 것이니, 원고가 자신의 부담부분 이상으로 채무를 변제하였다고 볼 사정이 없는 이 사건에 있어서 이 사건 부동산에 관한 위 근저당권은 위 채무를 대위변제한 위 각 소외인들의 대위의 목적이 되게 되었다고 할 것인즉, 피고로서는 위 각 대위변제자들의 청구가 있으면 즉시 위 담보권을 이전하여 줄 의무가 있다고 할 것이므로, 피고는 원고에게 위 근저당권설정등기의 말소등기절차를 이행할 의무가 없는 것이라고 판단하였다.
>
> 　2. 그러나 타인의 채무를 변제하고 채권자를 대위하는 대위자 상호간의 관계를 규정한 민법 제482조 제2항은 제1호에서 "보증인은 미리 전세권이나 저

당권의 등기에 그 대위를 부기하지 아니하면 전세물이나 저당물에 권리를 취득한 제 3 자에 대하여 채권자를 대위하지 못한다"고 규정하고, 제 5 호에는 "자기의 재산을 타인의 채무의 담보로 제공한 자와 보증인간에는 그 인원수에 비례하여 채권자를 대위한다. 그러나 자기의 재산을 타인의 채무의 담보로 제공한 자가 수인인 때에는 보증인의 부담부분을 제외하고 그 잔액에 대하여 각 재산의 가액에 비례하여 대위한다. 이 경우에 그 재산이 부동산인 때에는 제 1 호의 규정을 준용한다"고 규정하고 있는바, 제 5 호 단서에서 대위의 부기등기에 관한 제 1 호의 규정을 준용하도록 규정한 취지는 자기의 재산을 타인의 채무의 담보로 제공한 물상보증인이 수인일 때 그 중 일부의 물상보증인이 채무의 변제로 다른 물상보증인에 대하여 채권자를 대위하게 될 경우에 미리 대위의 부기등기를 하여 두지 아니하면 채무를 변제한 뒤에 그 저당물을 취득한 제 3 취득자에 대하여 채권자를 대위할 수 없도록 하려는 것이라고 해석된다. 만약 그렇게 해석하지 아니하고 원심이 판단한 바와 같이 보증인이 물상보증인에 대하여 채권자를 대위할 경우에만 제 5 호 단서에 의하며 제 1 호의 규정이 준용되는 것으로 해석한다면, 제 5 호가 제 1 호에 규정된 똑같은 경우에 관하여 다시 제 1 호의 규정을 준용하도록 규정한 셈이 되어 같은 내용을 되풀이하여 규정한 이외에 아무런 의미도 가질 수 없는 것으로 되기 때문이다.

3. 이 사건의 경우 원심이 사실을 확정한 바와 같이 위 소외인들이 그들 소유의 부동산을 소외 주식회사 에이피씨(APC)의 채무의 담보로 제공한 물상보증인들로서 채무를 변제한 뒤 다른 물상보증인인 원고의 소유인 이 사건 부동산에 설정된 근저당권설정등기에 관하여 대위의 부기등기를 하여 두지 아니하고 있는 동안에 원고승계참가인이 이 사건 부동산을 취득하였다면, 위 소외인들은 제 3 취득자인 원고승계참가인에 대하여 채권자를 대위할 수 없는 것임이 분명함에도 불구하고, 원심은 이와 견해를 달리하여 소외인들이 위 근저당권설정등기에 대위의 부기등기를 하지 아니하였더라도 원고승계참가인에 대하여 채권자를 대위할 수 있는 것으로 판단하였으니, 원심판결에는 변제자 대위에 관한 법리를 오해한 위법이 있다고 하지 않을 수 없고, 이와 같은 위법은 판결에 영향을 미친 것임이 명백하므로, 이 점을 지적하는 논지는 이유가 있다.

질문

(1) 물상보증인의 변제자대위를 위해서 부기등기가 필요한가?

(2) 이 사건에서 원심과 대법원이 다른 결론에 도달한 이유는 무엇인가?

제 3 장 상 계

Ⅰ. 서   설

1. 상계의 의의

(1) 상계란 채권자와 채무자가 서로 상대방에 대하여 동종의 채권(금전채권인 경우가 대부분이다)을 가지는 경우에 그 채권을 대등액에서 소멸시키는 채무자의 일방적인 의사표시를 말한다(제492조 제 1 항). 예를 들면 채권자 갑이 채무자 을에 대하여 1천만원의 매매대금채권을 가지고 있고 을이 갑에 대하여 2천만원의 대여금채권을 가지고 있는데 양자의 채권이 모두 변제기에 있다고 하자. 이 경우 을은 갑에 대하여 일방적으로 상계의 의사표시를 함으로써, 자신의 갑에 대한 채권이 1천만원의 범위에서 소멸되고, 그 반면 자신의 갑에 대한 대금채무도 소멸된다. 그리고 상계가 유효하게 이루어지면 그로 인한 채권소멸의 효과는 '상계할 수 있는 때'로 소급된다(제493조 제 2 항).

위와 같은 경우에 상계의 의사표시를 하는 당사자가 가지는 채권을 자동채권이라고 하고, 상대방이 가지는 채권을 수동채권이라고 부른다.[1]

(2) 상계는 상대방에 대한 일방적인 의사표시로서 하는(제493조 제 1 항 제 1 문 참조) 독자적인 채권소멸원인이다.

한편 대립하는 채권을 대등액 또는 대등의 평가액에서 소멸시키는 것을 목적으로 하는 계약을 상계계약이라고 하는데, 계약자유의 원칙상 그 효력이

---

1) 반면 반대채권이라는 용어는 각자의 입장에서 상대방이 가지는 채권을 가리키는 것이다. 그러므로 위의 설례에서 갑의 입장에서 보면 을의 대여금채권이 반대채권이고, 을의 입장에서 보면 갑의 매매대금채권이 반대채권이 된다.

인정됨은 물론이다. 장래의 일정한 시기에 또는 일정한 사유가 발생한 때에는 상계한다는 이른바 상계의 예약도 마찬가지이다. 이들 계약은 여러 가지 문제가 있는데, 여기서는 다루지 않는다.

2. 상계의 기능

(1) 상계는 '간이한 변제수단'으로서의 기능을 한다. 대립하는 채권을 가지고 있는 채권자·채무자가 이 두 개의 채권을 각기 청구하고 이행하기보다는, 서로 대등액에서 소멸시키고 남은 것만을 결제하면 채권자와 채무자의 쌍방 모두에게 노력이나 비용면에서 절약이 되고 간편함은 두말할 필요가 없다. 다른 한편 상계는 당사자의 일방적인 의사표시로 바로 자기 채권이 만족되는 효과를 발생시키므로, 상계자에게는 사적인 강제집행(사집행私執行)이 허용되어 있는 것과 같은 결과가 된다.

(2) 상계는 나아가 담보적인 기능을 가진다고 한다. 그것은 다음과 같은 의미이다. 채무자가 다른 채권자들에 대하여도 많은 채무를 부담하는 경우에 채권자들 전원은 채무자가 가지는 일반재산을 평등하게 자기 채권의 만족에 돌릴 수 있는 것이 원칙이다(채권자평등의 원칙). 채무자가 채권자 중의 한 사람에 대하여 채권을 가진다고 하면, 이 채권도 채권자 전원에게 돌아가야 할 것이다. 그러나 반대채무를 부담하는 채권자가 자신의 채권으로 상계하면, 채무자의 그 채권은 반대채권자가 가진 채권의 만족에만 돌려지는 결과가 된다. 즉, 반대채무를 부담하는 채권자는 채무자의 자산상태 여하에 불구하고 그 채무자에 대한 다른 채권자들에 우선하여 자신의 채권 만족이 확보된다. 이러한 우선변제적 기능은, 당사자들이 대립하는 채권을 가지고 있으면 통상적으로 상대방의 자력 여하에 상관없이 서로 채권의 만족을 기대하고 있는 신뢰를 보호할 필요가 있다는 것으로 설명되고 있다. 즉, 채권의 가치는 일반적으로 채무자의 자력에 따라 정해지는데, 당사자 간에서는 그 자력과 관계없이 수액이 같은 것은 같은 가치를 가진다고 하는 것이 공평에 맞는다고 한다.

그런데 이러한 담보적 기능이 무한정으로 인정되면, 채무자의 재산상태가 악화된 경우에 다른 채권자들의 이익이 부당하게 침해당할 우려가 있다. 가령 많은 채무를 부담하고 있는 A는 B에 대한 채권이 책임재산의 중요부분을 이루고 있다고 하자. 이때 B가 A에 대한 채권의 일부를 싼값으로 양도받아 이것으로 자신의 A에 대한 채무를 상계하여 버리면, A의 책임재산은 훨씬 줄어들게 되어 A에 대한 다른 채권자들은 예상외의 불이익을 입는다. 그러므로 채무자 회생 및 파산에 관한 법률 제145조, 제422조는 이러한 상계를 광범위하게 금지하고 있으나, 이 규정은 역시 파산 등 도산절차를 전제로 한다. 또 가령 다른 채권자들이 채무자 A의 B에 대한 채권을 압류하여 강제집행에 착수하였는데 B가 반대채권을 언제 어떠한 방식으로 취득하였는가에 상관없이 그것으로써 상계할 수 있다고 하면, 그 강제집행은 언제라도 무위에 돌아갈 가능성이 있다.[2] 그러나 상계가 가지는 사집행으로서의 성격에 비추어도 이와 같이 강제집행을 공동화시키는 결과는 허용되어서는 안 된다. 특히 제 3 채무자의 반대채권은 공시되지도 않으므로 이해관계인으로서는 예상하지 못한 손실을 입을 가능성도 높다.

상계의 담보적 기능은 어디까지나 앞서 본 상계의 간편한 변제수단으로서의 기능에 부수적인 것으로서 이를 무한정으로 인정할 것은 아니며, 압류채권자를 포함하는 다른 채권자들이나 채권양수인의 정당한 이익을 고려하여 이를 적절히 제한하는 것이 바람직하다.[3]

Ⅱ. 상계의 요건

상계로 인하여 채권소멸의 효과를 발생시키기 위하여는, (i) 상계적상에 있는 채권을 가지는 채무자가 (ii) 채권자에 대하여 상계의 의사표시를 하여야 한다. 여기서는 전자의 상계적상에 관해서만 살펴보기로 한다.

1. 상계적상

채무자가 유효하게 상계를 할 수 있는 상태를 상계적상相計適狀이라고 한다. 상계적상의 발생은 다음과 같은 요건에 걸려 있다.

---

2) 이는 A가 그 채권을 제 3 자 C에게 양도하였는데, 채무자 B가 A에 대한 반대채권으로 하는 상계를 C에게 대항하는 경우에도 마찬가지이다.
3) 이에 관해서는 우선 대판(전) 2012. 2. 16, 2011다45521 참조.

(1) 동종의 채권이 서로 대립하고 있을 것

상계를 하는 채무자와 채권자가 각기 상대방에 대하여 동종의 채권을 유효하게 가지고 있어야 한다.

(가) 상계는 주로 금전채권으로써 하지만, 반드시 이에 한정되지 않고 종류채권 등이라도 급부의 내용이 동일한 종류이면 충분하다.[4] 특정물의 급부를 목적으로 하는 채권에 대해서도 실제상은 드물지만, 이론상으로 이를 부정할 필요는 없다.

그 밖에 각 채권의 발생원인이나 수량이 동일할 필요는 없다. 채권의 존재가 다투어지거나 그 액이 명확하지 않다고 하여 처음부터 상계를 부인할 것은 아니며, 나중에 확정된 내용으로 효력이 발생한다. 각 채무의 이행지가 다르더라도 상계를 할 수 있다(제494조 본문). 다만 그 경우 상계자는 상계로 인하여 생긴 상대방의 손해를 배상하여야 한다(동조 단서).

(나) 상계를 하는 채무자의 채권, 즉 자동채권自動債權은 원칙적으로 상계를 하는 사람 자신이 상대방(피상계자)에 대하여 가지는 채권이어야 한다. 이행청구의 소를 제기하고 있는 채권으로 상계하는 것도 무방하다.[5] 한편 채권의 양수인이 양수채권을 자동채권으로 하여 상계할 수 있는 것은 양도에 대하여 채무자에 대한 대항요건을 갖춘 후이어야 한다. 상계는 변제를 강제하는 것과 마찬가지 결과가 되기 때문이다. 또 제한초과의 이자채권을 자동채권으로 하여 상계하는 것은 허용되지 않는다.

그러나 예외적으로 연대채무자(제418조 제 2 항)나 보증인(제434조)은 다른 연대채무자나 주채무자가 가지는 채권으로써 상계할 수 있다. 이 경우에 상계를 허용하지 않는다고 하면, 당사자들의 관계가 복잡하게 된다. 예를 들면 보증인이 채권자에게 보증채무를 이행한 후 주채무자에 대하여 구상을 하고, 주채무자는 다시 자신의 채권자에 대하여 가지는 다른 채권을 청구하여야 한다. 이러한 이행 또는 이행청구의 순환을 단절하여 간이한 결제를 인정하기 위하여 보증인이 주채무자가 가지는 채권으로 상계할 수 있도록 하여야 한다.

자동채권이 소멸시효의 완성으로 소멸한 경우에 대하여는 민법이 특칙을

---

4) 인도채권의 목적물이 환가할 수 있는 것이라고 하여 이것과 금전채권과를 상계할 수는 없다. 대판 1960. 2. 18, 4291민상424(백미 인도채권과 금전채권의 상계를 부인) 참조.
5) 대판 1965. 11. 30, 63다848; 대판 1975. 6. 24, 75다103.

정하고 있다. 원래라면 그 경우에 채무자가 시효의 이익을 포기하지 않은 한, 상계는 자동채권의 부존재로 말미암아 효력을 가질 수 없다. 그러나 민법은 "그 완성 전에 상계할 수 있었던 것이면" 채권자가 상계할 수 있다고 한다(제 495조). 채무자 갑이 채권자 을에 대하여 이미 변제기에 도달한 채권을 가지고 있어서 언제라도 상계할 수 있었으나 상계의 의사표시를 하지 않고 있는 동안 에 그 채권에 대하여 소멸시효가 완성하였다고 하여서, 이제는 채권자 을이 상 계의 주장을 받음이 없이 자기 채권을 행사할 수 있다고 하는 것은, 그러한 상 태에서는 자신의 채권과 채무가 공생 공멸한다고 믿는 채무자의 신뢰에 비추 어 공평에 맞지 않기 때문이다. 수동채권에 대하여 소멸시효가 완성된 경우에 는 그 채무자가 시효의 이익을 포기할 수 있으므로, 채권자가 상계할 수 있음 은 물론이다.

　한편 판례는, 시효 완성 전에 상계할 수 있었으면 그 완성 후에도 상계할 수 있다는 제495조가 매도인(수급인)의 담보책임에 기한 매수인 등의 손해배상 채권의 제척기간이 도과한 경우에 유추적용된다는 태도를 취한다.[6] 시효 완성 전후를 불문하고 상계에의 기대를 보호한다는 입법취지는 위와 같은 제척기간 이 도과한 경우에도 마찬가지로 긍정된다는 이유에서이다. 이에 대하여는 제척 기간이 도과된 경우 일반에 관하여 반대의 견해도 있으나,[7] 적어도 위 사건에 서 문제된 바와 같이 폐기물파쇄기의 하자로 인한 매도인의 손해배상채권과 매수인의 그 대금채권 사이의 상계와 같이 동일한 계약으로부터 발생한 대립 하는 채권 사이에서는 위 재판례와 같이 이를 긍정하여도 좋을 것이다.[8]

　나아가 판례는 임대차에서 임대인이 가지는 차임채권의 소멸시효가 완성 된 경우에도 그가 임차인에게 반환하여야 하는 보증금이 남아있다면 그 보증금 으로부터 차임을 공제하는 것은 제495조의 유추적용에 기하여 허용된다고 한다.[9]

---

6) 대판 2019. 3. 14, 2018다255648. 이 사건에서는 폐기물파쇄기의 하자로 인한 매도인의 손해배상채권과 매수인의 그 대금채권과의 상계가 문제되었다.

7) 이동진, "하자담보책임의 제척기간이 도과한 뒤 한 상계의 효력", 법조 제736호(2019. 8), 266면 이하.

8) 이창현, "제척기간이 경과한 채권을 자동채권으로 한 상계 — 대법원 2019. 3. 14. 선고 2018다255648 판결", 법조 2019년 12월호(통권 제738호), 377면 이하.

9) 대판 2016. 11. 25, 2016다211309("차임 지급이 연체된 경우에는 임대차관계 종료 시에 보증금으로 충당될 것으로 생각하는 것이 당사자의 일반적인 의사이다").

> **[판결 1] 제척기간이 지난 채권을 자동채권으로 한 상계의 허용 여부: 대판 2019. 3. 14, 2018다255648**

상고이유를 판단한다.

1. 제척기간이 지난 채권을 자동채권으로 한 상계의 허용 여부

가. 민법 제495조는 "소멸시효가 완성된 채권이 그 완성 전에 상계할 수 있었던 것이면 그 채권자는 상계할 수 있다."라고 정하고 있다. 이는 당사자 쌍방의 채권이 상계적상에 있었던 경우에 당사자들은 채권·채무관계가 이미 정산되어 소멸하였거나 추후에 정산될 것이라고 생각하는 것이 일반적이라는 점을 고려하여 당사자들의 신뢰를 보호하기 위한 것이다(대법원 2016. 11. 25. 선고 2016다211309 판결 등 참조).

매도인이나 수급인의 담보책임을 기초로 한 매수인이나 도급인의 손해배상 채권의 제척기간이 지난 경우에도 민법 제495조를 유추적용해서 매수인이나 도급인이 상대방의 채권과 상계할 수 있는지 문제된다.

매도인의 담보책임을 기초로 한 매수인의 손해배상채권 또는 수급인의 담보책임을 기초로 한 도급인의 손해배상채권이 각각 상대방의 채권과 상계적상에 있는 경우에 당사자들은 채권·채무관계가 이미 정산되었거나 정산될 것으로 기대하는 것이 일반적이므로, 그 신뢰를 보호할 필요가 있다. 이러한 손해배상 채권의 제척기간이 지난 경우에도 그 기간이 지나기 전에 상대방에 대한 채권·채무관계의 정산 소멸에 대한 신뢰를 보호할 필요성이 있다는 점은 소멸시효가 완성된 채권의 경우와 아무런 차이가 없다.

따라서 매도인이나 수급인의 담보책임을 기초로 한 손해배상채권의 제척기간이 지난 경우에도 제척기간이 지나기 전 상대방의 채권과 상계할 수 있었던 경우에는 매수인이나 도급인은 민법 제495조를 유추적용해서 위 손해배상채권을 자동채권으로 해서 상대방의 채권과 상계할 수 있다고 봄이 타당하다.

나. 원심판결과 적법하게 채택한 증거에 따르면 다음 사실을 알 수 있다.

(1) 원고는 2012. 4.경 피고에게 이 사건 폐기물파쇄기와 1호 분쇄기를 제작·설치하기로 하고 수개월 내에 그 제작·설치를 마쳤다. 이후 원고는 2013. 4.경 피고에게 2호 분쇄기를 추가로 공급하기로 하고 수개월 내에 그 제작·설치를 마쳤다.

(2) 원고는 2013. 6.경 피고에게 분쇄기 고정도(고정칼)와 기어오일펌프를 공급하고, 분쇄기 감속기를 수리하였다.

(3) 피고는 원고에게 이들 계약에 따른 66,100,000원의 대금을 지급하지

않았다. 원고가 2015. 3. 23. 피고를 상대로 위 대금의 지급을 구하는 이 사건 소를 제기하자, 피고는 2015. 5. 11. 자 답변서를 통해서 원고에게 위 도급계약에 따른 하자담보책임을 주장하는 한편 2018. 1. 9. 자 준비서면을 통해서 원고가 제작·설치한 이 사건 폐기물파쇄기와 1, 2호 분쇄기의 하자로 인한 손해배상채권을 원고의 위 미지급 대금채권과 상계한다고 주장하였다.

(4) 원고가 제작·설치한 1, 2호 분쇄기에는 하자가 있어 피고가 수리비를 지출하였고, 2호 분쇄기는 추가로 수리할 필요가 있다.

(5) 피고가 원고로부터 1, 2호 분쇄기를 인도받은 날부터 1년 내에 원고에게 하자 보수나 손해배상을 요구했다고 볼 만한 자료는 없다.

다. 위와 같은 사실관계를 위 법리에 비추어 살펴보면, 다음과 같이 판단할 수 있다.

(1) 피고가 도급인으로서 원고에 대하여 갖는 하자 보수를 갈음하는 손해배상채권은 목적물을 인도받은 날부터 1년 내에 행사하여야 하는데(민법 제670조 제1항), 위 기간 내 권리를 행사하지 않아 이미 제척기간이 지났다.

(2) 피고의 위와 같은 손해배상채권은 목적물을 인도받은 날 발생하여 제척기간이 지나기 전 원고의 대금채권과 상계적상에 있었으므로, 피고는 민법 제495조를 유추적용해서 위 손해배상채권을 자동채권으로 해서 원고의 대금채권과 상계할 수 있다.

라. 같은 취지의 원심판단은 위 법리에 따른 것으로 정당하다. 원심의 판단에 상고이유 주장과 같이 제척기간이 지난 도급인의 손해배상채권에 의한 상계 허용 여부, 민법 제495조의 유추적용에 관한 법리를 오해한 잘못이 없다.

(이하 생략)

질문

(1) 제척기간이 지난 채권을 자동채권으로 상계할 수 있는가?
(2) 이 사건에서 민법 제495조를 유추적용한 이유는 무엇인가?

(다) 수동채권은 피상계자가 상계자에 대하여 가지는 채권이어야 한다. 따라서 피상계자가 제3자에 대하여 가지는 채권과는 상계할 수 없다.

(2) 쌍방의 채권에 대하여 변제기가 도래하였을 것

원칙적으로 쌍방의 채권이 변제기에 있어야 한다. 그러나 수동채권은 아직 변제기에 도달하지 않아도 기한의 이익을 채무자가 가지는 경우에는(제

153조 제 1 항 참조), 채무자는 이를 포기하고 상계를 할 수 있다.[10] 즉, 제492조 제 1 항 본문이 "쌍방의 채무의 이행기가 도래한 때"라고 하는 것은 상계자의 기한이익 포기를 금지하는 것은 아니다. 그러나 자동채권에 대하여는 반드시 변제기가 도래하였어야 한다. 그 변제기가 도래하지 않았는데도 상계를 허용하면, 상대방이 가지는 기한이익을 상실시키는 결과가 되기 때문이다.

여기서 "채무의 이행기가 도래한 때"란 이행청구를 할 수 있는 때를 말하는 것이지, 채무자가 이행지체에 빠지는 때를 말하는 것이 아니다.[11] 따라서 기한의 정함이 없는 채권을 가지는 사람은 그 채권의 성립과 동시에 상계를 할 수 있고, 상대방에게 최고를 하여야 할 필요는 없다.

(3) 상계가 허용되지 않는 채권이 아닐 것

일정한 채권은 여러 가지 사유로 그것을 상계의 대상으로 삼는 것이 허용되지 않는다. 그 사유로서는, 첫째 당사자의 의사표시, 둘째, 채권의 성질, 셋째, 법률의 규정을 들 수 있다. 상계금지에는 자동채권 또는 수동채권으로 하는 것만이 금지되는 경우도 있고, 어느 쪽도 금지되는 경우도 있다.

(가) 당사자의 의사표시로 인한 상계금지

① 당사자는 상계를 허용하지 아니하거나 제한하는 의사표시를 유효하게 할 수 있다. 즉, 계약이나 법률에 기하여 생기는 채권에 대하여는 계약으로써, 단독행위에 의하여 발생하는 것에 대하여는 단독행위로써 상계를 금지할 수 있다(제492조 제 2 항 본문). 이는 묵시적 의사표시로도 할 수 있다. 예를 들면 상대방이 일정한 장소에서 채무의 목적물을 현실적으로 인도받은 데 대하여 특별한 이익을 가지고 있고 양당사자가 그 사정을 알고 있다면, 상계금지의 특약이 인정될 수 있다.

② 의사표시로 인한 상계금지의 효과는 선의의 제 3 자에게 대항할 수 없다(제492조 제 2 항 단서). 따라서 갑의 을에 대한 채권이 자동채권이 되지 못한다고 되어 있어도 그 채권을 선의로 양수한 병은 이로써 을의 자신에 대한 채권을 상계할 수 있다. 선의 여부를 판단하는 기준이 되는 시점은 제 3 자가 그 채권에 관하여 이해관계를 맺을 당시이고, 상계의 의사표시를 하는 때라고 할 것은 아니다.

---

10) 대판 1979. 6. 12, 79다662.
11) 대판 1981. 12. 22, 81다카10.

(나) 채무의 성질로 인한 상계금지

"채무의 성질이 상계를 허용하지 아니할 때"에는 상계를 할 수 없다(제492조 제 1 항 단서). 이는, 채권이 현실적으로 만족되지 않으면 그 채권을 성립시킨 목적을 달성할 수 없는 것을 말한다. 서로 노무를 제공할 채무와 같은 작위채무나 서로 경업을 하지 않을 부작위채무의 많은 경우가 이에 속한다. 이러한 채권은 자동채권이나 수동채권이 될 수 없다.

한편 동시이행의 항변권(제536조)이나 최고 · 검색의 항변권(제437조) 등이 붙어 있는 채권은 이를 자동채권으로 하여 상계할 수 없다. 또 보증인의 사전구상권에는 면책청구권이 항변권으로 부착되어 있으므로, 이도 마찬가지이다.12) 이러한 경우에 상계를 허용하면, 상대방은 이유 없이 항변권을 상실하게 되기 때문이다.13) 반면 채무자는 그 항변권을 포기할 수 있으므로, 이를 수동채권으로 할 수는 있다.

그 밖에도 채권이 특별재산을 형성하는 경우에는 상계가 성질상 허용되지 않는다고 보아야 할 경우가 있다. 제715조는 그러한 이치를 명문으로 정한 것이라고 할 수 있는데, 그 밖에도 법률로 이를 규정하는 경우가 있다.14) 그러나 명문의 규정이 없어도, 만일 이를 허용하게 되면 특별재산의 기초를 이루고 있는 목적에 반하는 경우에는 상계는 허용되지 않는다.

(다) 법률의 규정에 의한 상계금지

① 고의의 불법행위로 인한 손해배상채권

고의의 불법행위로 인한 손해배상채권을 수동채권으로 하여 상계하는 것은 금지된다(제496조). 채권자 갑이 을에 대하여 5백만원의 대여금채권을 가지고 있는데 을이 갑으로부터 폭행당하여 갑에 대하여 치료비 등의 손해배상을 청구하여 온 경우, 갑은 자신의 대여금채권으로써 자신에 대한 을의 손해배상채권을 상계할 수는 없다는 것이다.15) 이는 불법행위의 피해자로 하여금 현실적으로 그 손해의 배상을 받도록 하려는 고려와 아울러 특히 자기 채권의 만

---

12) 대판 1982. 5. 25, 81다595(그러나 상계계약은 허용된다고 한다).
13) 대판 1975. 10. 21, 75다48.
14) 가령 신탁법 제25조는 상계 금지에 관하여 정하고 있는데, 제 1 항 본문은 "신탁재산에 속하는 채권과 신탁재산에 속하지 아니하는 채무는 상계하지 못한다. 다만, 양 채권 · 채무가 동일한 재산에 속하지 아니함에 대하여 제 3 자가 선의이며 과실이 없을 때에는 그러하지 아니하다."라고 정하고 있다.
15) 대판 1984. 2. 14, 83다카659; 대판 1990. 12. 21, 90다7586.

족을 얻지 못한 채권자가 채무자에 대하여 고의의 불법행위를 가하는 것(가령 채무를 이행하지 않는 채무자를 폭행하여 심리적인 보상을 얻으려는 경우 등)을 막으려는 취지에서 정하여진 것이다. 그러므로 과실의 불법행위로 인한 손해배상채권을 수동채권으로 하여 상계하거나,[16] 고의의 불법행위의 피해자가 그 손해배상채권을 자동채권으로 하여 상계하는 것[17]은 허용된다. 또한 이에 관하여 당사자들의 합의로 상계계약을 하는 것은 허용된다.

　판례는, 당해 고의의 불법행위가 동시에 채무불이행 또는 부당이득과 같이 다른 채권이 발생하는 원인이 되어서 불법행위로 인한 손해배상채권과 채무불이행으로 인한 손해배상채권 또는 부당이득반환채권이 경합하는 경우에 후자의 채권을 수동채권으로 하여서 상계하는 것도 제496조의 유추적용상 허용되지 않는다는 태도를 취한다.[18] 그 상계를 허용하면 고의의 불법행위로 인한 손해배상채권도 소멸되는 결과가 됨으로써, 위 채권의 현실적 만족을 도모한다는 제496조의 입법취지가 몰각되므로, 그 한도에서 위와 같은 판례의 태도는 타당하다.

　자동채권과 수동채권이 모두 고의의 불법행위로 인한 경우에도 상계할 수 없다(통설).[19] 그러나 싸움과 같이 하나의 사건으로부터 쌍방에 고의의 불법행위로 인한 손해배상채권이 발생한 경우에는 어느 일방에 특혜를 줄 수는 없다는 이유로 이를 인정하여야 한다는 견해도 있다.[20]

[판결 2] 불법행위채권과 상계금지: 대판 1994. 8. 12, 93다52808

　4. 민법 제496조에 대한 법리오해

　가. 원심은 피고의 상계항변에 대하여, 민법 제496조에 의하면, 고의의 불법행위로 인한 채권을 수동채권으로 한 상계는 법률상 허용될 수 없다고 규정되어 있는바, 위 규정의 입법취지는 불법행위의 피해자가 현실의 변제를 받게 하는 동시에 불법행위의 유발을 방지하려는 것이라고 설명되고 있고, 그러한 의

---

16) 대판 1974. 8. 30, 74다958.
17) 대판 1975. 6. 24, 75다103; 대판 1983. 10. 11, 83다카542.
18) 대판 2002. 1. 25, 2001다52506(부당이득반환채권에 관하여); 대판 2017. 2. 15, 2014다19776(채무불이행으로 인한 손해배상채권에 관하여).
19) 대판 1994. 2. 25, 93다38444.
20) 김용한, 채권총론, 609면; 김주수, 채권총론, 442면; 김증한, 채권총론, 187면; 김형배, 채권총론, 767면.

미에서 원칙적으로 고의에 의한 불법행위로 한정되고 과실에 의한 불법행위는 배제되는 것이지만, 주관적 요건으로서의 고의, 과실의 입증상의 어려움이나 그 구분이 불명확한 점(미필적 고의나 인식 있는 과실과 같이 한계적인 경우가 발생한다), 또 상계금지를 주장하는 채무자에게 고의의 입증책임이 있으므로, 채권자가 고의를 은폐하여 채무자에 대하여 어떠한 불법행위를 하는 경우에 위 상계금지조항의 입법취지가 몰각될 위험이 있다는 점, 그리고 거래통념상 중대한 과실은 고의와 동일시할 수 있다는 점에 비추어 보면, 고의에 준하는 중과실에 의한 불법행위를 원인으로 한 채권을 수동채권으로 하는 상계도 허용할 것이 아니라고 확장해석을 함이 정당하다고 한 다음, 이 사건에서 피고의 피용인인 소외 박순채의 불법행위가 고의에 준하는 정도의 중대한 과실에 기인한 것이므로 피고로서는 위 손해배상채권을 수동채권으로 하여 상계할 수 없다고 하여 피고의 상계항변을 배척하였다.

　나. 민법 제496조가 고의의 불법행위로 인한 손해배상채권에 대한 상계를 금지하는 입법취지는, 일반적으로 양 당사자가 서로 상대방에 대하여 채권을 가지고 있는 경우에 당사자간의 공평을 유지하기 위하여는 원칙적으로 상계를 인정하여야 할 것이지만, 만일 고의의 불법행위에 인한 손해배상채권에 대하여도 상계를 허용한다면 고의로 불법행위를 한 자까지도 상계권행사로 현실적으로 손해배상을 지급할 필요가 없게 됨으로써 보복적 불법행위를 유발하게 될 우려가 있고, 또 고의의 불법행위로 인한 피해자가 가해자의 상계권행사로 인하여 현실의 변제를 받을 수 없는 결과가 됨은 사회적 정의관념에 맞지 아니하는 것이기 때문에 고의에 의한 불법행위의 발생을 방지하고 고의의 불법행위로 인한 피해자에게 현실의 변제를 받게 하려는 데 있다고 할 것이다.

　그런데 중과실의 경우에는 비록 그것이 고의에 준하는 것이라고 하더라도 결과발생을 미필적으로라도 의욕한 바 없다는 점에서 고의와는 구별되는 것인바, 중과실의 불법행위에 인한 손해배상채권에 대하여 상계를 허용한다고 하여도 다른 채권이 있는 채권자가 의도적으로 중과실의 불법행위를 일으킬 수는 없는 것이므로(의도적으로 불법행위를 저지른다면 고의에 의한 불법행위가 될 것이다) 이에 대한 상계의 허용여부는 중과실에 의한 불법행위의 발생방지와 특별한 관련성이 있다고 할 수 없고, 고의가 아닌 중과실로 인한 불법행위의 경우에는 그 불법행위로 인한 손해배상채무자가 피해자에 대하여 다른 금전채권을 가지고 있어 상계로 상호채권을 대등액에서 소멸시킴으로써 피해자가 현실로 지급받지 못하더라도 사회적 정의관념에 부합되지 아니한다고까지는 말할 수 없을 것이다.

민사법의 실정법 조항의 문리해석 또는 논리해석만으로는 현실적인 법률적 분쟁을 해결할 수 없거나 사회적 정의관념에 현저히 반하게 되는 결과가 초래되는 경우에 있어서는 법원이 실정법의 입법정신을 살려 법률적 분쟁을 합리적으로 해결하고 정의관념에 적합한 결과를 도출할 수 있도록 유추해석이나 확장해석을 할 수 있다고 할 것이지만, 민법 제496조의 경우에 있어서는 위에서 본 그 입법취지나 적용결과에 비추어 볼 때 고의의 불법행위에 인한 손해배상채권에 대한 상계금지를 중과실의 불법행위에 인한 손해배상채권에까지 유추 또는 확장 적용하여야 할 필요성이 있다고 할 수 없다.

그러므로, 민법 제496조로부터 중과실의 불법행위로 인한 손해배상채권을 수동채권으로 한 상계도 금지된다고 확장해석을 하여 피고의 상계항변을 배척한 원심은 민법 제496조에 대한 법률해석을 그르쳐 판결결과에 영향을 미친 위법을 저질렀다고 할 것(당원 1974. 8. 30. 선고 74다958 판결 참조)이므로 이를 지적하는 상고논지는 이유가 있다.

질문

(1) 중과실로 인한 불법행위 손해배상채권에 대하여 상계를 할 수 있는가?
(2) 민법 제496조에서 고의의 불법행위채권에 대하여 상계를 금지한 이유는 무엇인가?
(3) 고의와 중과실은 어떠한 차이가 있는가?
(4) 민법에서 고의와 중과실은 다르게 취급하여야 하는가?

② 압류금지채권

압류하는 것이 금지되어 있는 채권에 대하여는 채무자가 상계로 채권자에게 대항하지 못한다(제497조). 즉, 압류금지채권을 수동채권으로 하여서는 상계할 수 없다. 채무자가 가지는 채권은 원칙적으로 채권자가 압류할 수 있는 것이나, 법률은 채무자의 생활을 보장하기 위하여 일정한 채권에 대한 압류를 금지하고 있다. 이와 같은 채권은 그러한 의미에서 채권자에게 현실적으로 실현되어야 하는 것이기도 하므로, 민법은 그것을 수동채권으로 하여 상계하는 것을 금지하는 것이다. 그러나 이를 자동채권으로 하여 상계할 수는 있으며, 나아가 상계계약도 허용된다.

압류금지채권으로서는 민사집행법 제246조 제 1 항에서 정하는 법령상의 부양료(제974조 참조)·급료의 2분의 1 해당액 등, 공무원연금법 제39조에서 정하는「급여를 받을 권리」(사립학교 교직원연금법 제40조도 참조), 형사보상 및 명예회복에 관한 법률 제23조에서 형사보상청구권, 근로기준법 제86조에서 정하는 재해보상청구권, 국민건강보험법 제59조에서 정하는 보험급여를 받을 권리, 자동차손해배상보장법 제40조에서 정하는 보험금청구권 등이 있다.

한편 근로기준법은 "임금은 통화로 직접 근로자에게 그 전액을 지급하여야 한다"라고 정한다(제43조 제 1 항 본문). 그 취지는 근로자에게 현실적으로 임금이 지급되어야 한다는 데 있으므로(그 예외는 동항 단서에 정하여져 있다),[21] 사용자가 가지는 채권(가령 불법행위나 채무불이행을 원인으로 하는 손해배상채권)으로[22] 상계함으로써 이를 면할 수는 없다고 해석되고 있다.[23] 이 규정은 압류금지채권을 정한 것은 아니나, 이는 역시 법률에 의하여 상계가 금지된 경우에 해당한다. 따라서 근로기준법의 적용을 받는 근로자에 대하여는, 앞서 본 민사집행법 제246조 제 1 항 제 4 호에서 정하는 급료의 2분의 1을 넘어서, 그 임금 전액에 대한 상계가 금지된다.

③ 지급금지명령을 받은 채권

"지급을 금지하는 명령을 받은 제 3 채무자는 그 후에 취득한 채권에 의한 상계로 그 명령을 신청한 채권자에게 대항하지 못한다"(제498조). 여기서「지급을 금지하는 명령」이란 채권압류 또는 채권가압류의 명령을 가리킨다(민집 제

---

21) 이 점에 대하여는 임금채권의 양도성에 관한 대판(전) 1988. 12. 13, 87다카2803 참조.
22) 한편 근로기준법 제21조는 사용자의 전차금채권으로써는 상계할 수 없음을 명정하고 있다.
23) 대판 2001. 10. 23, 2001다25184. 퇴직금청구권도 마찬가지이다(대판 1976. 9. 28, 75다1768). 한편 대판(전) 2010. 5. 20, 2007다90760은 "임금은 통화로 직접 근로자에게 그 전액을 지급하여야 하므로 사용자가 근로자에 대하여 가지는 채권으로써 근로자의 임금채권과 상계를 하지 못하는 것이 원칙이고, 이는 경제적·사회적 종속관계에 있는 근로자를 보호하기 위한 것인바, 근로자가 받을 퇴직금도 임금의 성질을 가지므로 역시 마찬가지이다. 다만 계산의 착오 등으로 임금을 초과 지급한 경우에, 근로자가 퇴직 후 그 재직 중 받지 못한 임금이나 퇴직금을 청구하거나, 근로자가 비록 재직 중에 임금을 청구하더라도 위 초과 지급한 시기와 상계권 행사의 시기가 임금의 정산, 조정의 실질을 잃지 않을 만큼 근접하여 있고 나아가 사용자가 상계의 금액과 방법을 미리 예고하는 등으로 근로자의 경제생활의 안정을 해할 염려가 없는 때에는, 사용자는 위 초과 지급한 임금의 반환청구권을 자동채권으로 하여 근로자의 임금채권이나 퇴직금채권과 상계할 수 있다."라고 판단하였다. 위의 대판 2001. 10. 23.도 "사용자가 근로자의 동의를 얻어 근로자의 임금채권에 대하여 상계하는 경우에 그 동의가 근로자의 자유로운 의사에 터잡아 이루어진 것이라고 인정할 만한 합리적인 이유가 객관적으로 존재하는 때에는 근로기준법 제42조 제 1 항 본문에 위반하지 아니한다고 보아야 할 것"이라고 하여 그 예외를 인정하고 있다.

223조, 제280조).[24] 위 규정은 이와 같이 압류된 채권을 수동채권으로 하여 상계하는 것을 제한하고 있는데, 그 해석에는 어려운 문제가 있다.

(a) 갑의 을에 대한 채권이 갑의 채권자 병에 의하여 압류된 경우에는 제 3 채무자 을은 압류 전부터 갑에 대하여 채권을 가지는 경우에는 이를 자동채권으로 하여 상계할 수 있으나, 압류 후에 채권을 취득하여도 이 채권으로써 상계할 수 없다. 만일 압류 후에 취득한 채권으로써 을이 유효하게 상계를 할 수 있다고 하면, 병의 압류는 대상이 없게 되어서 그가 확보한 집행의 가능성이 상실된다. 다른 한편 을이 압류 전부터 갑에 대하여 반대채권을 가지고 있는 때는 자신의 갑에 대한 채무는 상계로써 청산할 수 있다고 예기하고 있을 것인데 이 기대를 함부로 박탈할 것이 아니므로, 그 경우에는 압류에도 불구하고 상계가 허용되어야 하는 것이다. 이와 같이 위 규정은 압류채권자와 제 3 채무자의 각 이해관계를 모두 고려하여 적절한 해결을 주려고 하는 것이다.

(b) 그런데 양자의 이해관계를 어떠한 기준으로 조정할 것인가 하는 문제는 특히 여기서 제 3 채무자가 「압류명령 후에 채권을 취득」하였다는 것이 무엇을 의미하는가와 관련하여 제기된다. 다시 말하면 제 3 채무자는 「압류명령 이전에 채권을 취득」하였으면 상계로써 압류채권자에게 대항할 수 있는데, 여기서 말하는 「채권의 취득」이란 단순히 반대채권을 가지고 있음으로써 충분하지 않고, 나아가 반대채권에 관하여 상계적상이 존재하여야 하지 않는가 하는 문제이다.[25] 이는 결국 압류된 채권(수동채권) 및 자동채권의 변제기와 압류시기의 관계가 어떠한가에 귀착된다. 여기서 「압류의 시기」란 압류명령이 효력을 발생하는 시기, 즉 그 명령이 제 3 채무자에게 송달된 시기(민집 제227조 제 3 항)를 말하고, 단지 그 명령이 발하여진 시기를 의미하는 것이 아님은 압류의 성질상 당연하다.

판례는 처음에, 쌍방의 채권이 상계적상에 있다고 하더라도 아직 그에 기한 상계의 의사표시가 있기 전에 수동채권에 대하여 압류명령이 있었으면 제 3 채무자는 상계를 하지 못한다고 하여, 극단적으로 압류채권자에게 유리한 태

---

24) 또는 이에 준하는 국세징수법에 의한 체납처분으로서 하는 압류 등도 마찬가지이다. 대판 1979. 6. 12, 79다662 참조. 이하에서 단지 「압류」 또는 「압류명령」이라고 함은 이들을 통틀어서 가리키는 것이다.

25) 이는 동시에 압류 후의 상계로써 압류의 효력을 다툴 수 있는 근거가 상계의 소급효(제493조 제 2 항)에 따라 인정된다고 할 것인가 하는 문제와도 관련된다. 압류 당시에 상계적상이 필요하다고 해석하는 입장에서는 이러한 관점에 서게 된다.

도를 취하였다.[26] 그러나 그 직후에 전원합의체판결로 그 태도를 바꾸어, 압류
명령이 있기 전에 두 채권이 상계적상에 있었으면 압류명령 후에 한 상계로써
압류채권자에게 대항할 수 있다고 하였다.[27] 여기서 상계적상이란 두 채권의
변제기가 모두 도래한 경우만을 말하는 것은 아니고, 자동채권의 변제기가 도
래하였으면 수동채권에 대하여는 아직 변제기가 도래하지 아니하였어도 이것
이 인정되었다.[28] 그러나 그 후에 한 걸음 나아가서, 압류 당시에는 상계적상
에 있지 않더라도 "자동채권의 변제기가 수동채권의 변제기와 동시에 또는 그
보다 먼저 도래하는 경우"에는, 후에 상계적상에 도달한 후에 상계를 함으로써
압류채권자에게 대항할 수 있다는 태도를 취하기에 이르렀다.[29] 그리고 이러한
태도가 계속 유지되고 있다.[30]

  대법원 전원합의체 판결에서 이 문제에 관하여 판단하였는데, 다수의견은
종전의 판례와 마찬가지로 판결하였다. 즉, 채권압류명령 또는 채권가압류명령
을 받은 제 3 채무자가 압류채무자에 대한 반대채권을 가지고 있는 경우에 상
계로써 압류채권자에게 대항하려면 "압류의 효력 발생 당시에 대립하는 양 채
권이 상계적상에 있거나, 그 당시 반대채권(자동채권)의 변제기가 도래하지 아
니한 경우에는 그것이 피압류채권(수동채권)의 변제기와 동시에 또는 그보다 먼
저 도래하여야 할 것"이라고 한다.[31]

  (c) 그런데 원래라면 성질상 상계가 금지된다고 할 수는 없는 채권이라
도, 그 채권과 일정한 관계를 가지는 압류채권자에 대한 관계에서는 제 3 채무
자가 이를 수동채권으로 하여 상계하는 것이 허용되지 않을 수도 있다. 판례
는, 어음발행자가 은행에 대하여 사고신고와 함께 어음금의 지급정지를 의뢰하

26) 대판 1972. 12. 26, 72다2117.
27) 대판(전) 1973. 11. 13, 73다518.
28) 대판 1980. 9. 9, 80다939.
29) 대판 1982. 6. 22, 82다카200.
30) 대판 1987. 7. 7, 86다카2762; 대판 1989. 9. 12, 88다카25120; 대판 2003. 6. 27, 2003다
    7623.
31) 대판(전) 2012. 2. 16, 2011다45521. 이에 대한 반대의견은 "이 규정[제498조]에 의하여
    제 3 채무자의 상계가 금지되는 것은 제 3 채무자가 지급을 금지하는 명령을 받은 이후에
    새롭게 취득한 채권을 자동채권으로 하여 상계하는 것뿐이고, 그 반대해석상 제 3 채무자
    가 그 이전에 이미 취득하여 보유하고 있던 채권을 자동채권으로 한 상계는 이 규정에
    의하여 금지되지 아니하고 오히려 허용된다고 보는 것이 당연한 논리적 귀결이다. 그 채
    권이 제 3 채무자가 지급을 금지하는 명령을 받을 당시에 이미 이행기가 도래하였는지
    여부는 문제될 여지가 없다."라고 한다.

면서 은행에 한 별단예금의 반환채권을 당해 어음의 소지인이 압류한 경우에, 은행이 어음발행자에 대하여 가지는 다른 채권을 자동채권으로 하여 위의 예금반환채권을 상계하는 것은 「상계에 관한 권리의 남용」이라고 하여 효력이 없다고 한다.[32] 그 주된 이유는, 그러한 별단예금제도는 "일반의 예금과는 달리 어음소지인의 어음상 권리가 확인되는 경우에는 당해 어음채권의 지급을 확보하려는 데 그 제도의 취지가 있"는데, 그 제도목적에 좇아 어음소지인이 그 채권을 압류한 것에 우선하여 그와 관계없는 은행의 상계주장은 허용되지 않는다는 데 있다.[33]

④ 질권이 설정된 채권

질권이 설정된 채권은 이를 자동채권으로 하든 수동채권으로 하든 상계하는 것이 제한된다. 질권의 설정은 목적인 채권의 채권자나 채무자로 하여금 처분이나 변제 등 그 채권의 가치를 감손시키는 행위를 금지하는 효력을 가지기 때문이다. 그런데 채권자가 이를 자동채권으로 하여 상계하는 것은 제한 없이 금지되나, 채무자가 이를 수동채권으로 하여 상계하는 경우에 대하여는 앞서 본 바 있는 채권이 압류된 경우와 동일하게 새길 것이다.

⑤ 조합채무

조합채무자는 조합원에 대하여 채권을 가지고 있어도 그 채권을 가지고 자신의 조합채무와 상계하지 못한다(제715조). 이는 위에서 본 대로 조합채권이 일종의 특별재산을 이루기 때문이라고도 할 수 있다.

⑥ 특별법상의 상계 금지 채권

법률에 따라서는 일정한 채권을 가지고 상계하지 못한다고 정하는 규정을 둔 경우가 있다. 그 대표적인 것을 들어둔다.

(a) 상법은 주식회사의 신주 발행에 있어서 회사의 동의가 없이는 신주의 인수인이 부담하는 주금납입채무는 그의 당해 회사에 대한 채권과 상계할 수 없다고 정한다(제421조 제 2 항). 이는 유한회사에서도 마찬가지이다(제596조). 애초 상법은 자본 충실의 원칙에 따라 회사 설립시를 포함하여 주주의 주금납입채무 일반에 대하여 상계 금지를 정하였으나(제334조), 2011년 4월의 상법 개정으로 위와 같이 범위를 축소하였다.

---

32) 대판 1989. 1. 31, 87다카800.
33) 상계권 남용에 관해서는 아래 (라) 참조.

(b) 근로기준법은 사용자가 전차금이나 그 밖에 근로할 것을 조건으로 하는 전대前貸채권을 가지고 임금과 상계하지 못한다(제21조).

(c) 신탁법은 신탁재산의 독립성을 지키기 위하여 그 보전을 위한 일정한 특칙을 정한다. 그리하여 신탁재산에 속하는 채권으로 그에 속하지 아니하는 채무와 상계하는 것을 원칙적으로 금지하고, 나아가 신탁재산에 속하지 아니하는 채권으로 신탁재산에 속하는 채무와 상계하는 것을 일정한 경우에 금지한다(제25조).

(d) 「채무자 회생 및 파산에 관한 법률」은 파산채권자가 파산선고 후에 파산재단에 대하여 채무를 부담한 때, 파산채권자가 지급정지 또는 파산신청이 있었음을 알고 채무자에 대하여 채무를 부담한 때 등의 일정한 사유가 있는 경우에는 상계를 할 수 없다고 정한다(제422조). 회생절차에서도 유사한 규정이 있다(제145조).

(라) 상계권의 남용

위 (다) ③ (c)에서 보았듯이 상계의 요건을 갖추었다고 보이는데도 상계권 남용을 이유로 상계를 허용하지 않는 경우가 있다. 대판 2003. 4. 11, 2002다59481은 상계권의 행사가 신의칙에 반하거나 상계에 관한 권리남용에 해당하기 위한 요건에 관하여 일반적인 기준을 제시하였다. 즉, "당사자가 상계의 대상이 되는 채권이나 채무를 취득하게 된 목적과 경위, 상계권을 행사함에 이른 구체적·개별적 사정에 비추어, 그것이 위와 같은 상계 제도의 목적이나 기능을 일탈하고, 법적으로 보호받을 만한 가치가 없는 경우에는, 그 상계권의 행사는 신의칙에 반하거나 상계에 관한 권리를 남용하는 것으로서 허용되지 않는다"라고 한다. 이때 일반적인 권리남용의 경우에 요구되는 주관적 요건이 필요하지 않다고 한다.

2. 상계의 의사표시

상계는 상대방에 대한 의사표시로 한다. 이 의사표시에는 조건 또는 기한을 붙이지 못한다(제493조 제 1 항). 따라서 특약이 없는 한 상계의 의사표시를 하지 않으면 상계의 효력이 발생하지 않는다.[34]

---

34) 대판 2000. 9. 8, 99다6524.

Ⅲ. 상계의 효과

상계의 의사표시를 한 경우에 각 채무가 상계할 수 있는 때에 대등액에 관하여 소멸한 것으로 본다(제493조 제 2 항). 상계의 의사표시로 채무가 소멸하는 효과가 발생하므로, 상계권은 형성권에 속한다. 상계에 의하여 채무가 소멸하는 효과는 상계적상 시로 소급한다.

상계의 경우에도 제499조에 의하여 제476조, 제477조에 규정된 변제충당의 법리가 준용된다. 따라서 여러 개의 자동채권이 있고 수동채권의 원리금이 자동채권의 원리금 합계에 미치지 못하는 경우에는 우선 자동채권의 채권자가 상계의 대상이 되는 자동채권을 지정할 수 있고, 다음으로 자동채권의 채무자가 이를 지정할 수 있으며, 양 당사자가 모두 지정하지 아니한 때에는 법정변제충당의 방법으로 상계충당이 이루어진다.[35]

[판결 3] 압류와 상계 (1): 대판 1982. 6. 22, 82다카200

상고이유를 판단한다.

1. 원심판결 이유에 의하면, 원고는 1980. 12. 20. 소외 A에 대한 금 400만원의 약속어음금 채권의 집행보전을 위하여 서울민사지방법원 80카45531호로, 위 A가 제 3 채무자인 피고에 대하여 가진 약속어음 사취부도 제재금 반환채권에 대한 가압류신청을 하고, 위 가압류결정은 1980. 12. 23. 피고에게 송달이 되고, 그 후 원고는 위 법원 80가단8174 약속어음금 청구사건의 집행력 있는 판결정본에 기하여 위 법원 81타2874, 2875호로 채권압류 및 전부명령 신청을 하여 1981. 4. 10. 위 가압류를 본압류로 전이함과 동시에 위 압류채권에 대한 전부명령을 받은 사실, 위 A는 1980. 12. 15. 피고 은행과 한도 금액 1,700만원과 3,000만원의 각 당좌계정 차월 약정을 하고, 그 차월 약정 기간은 금 1,700만원 부분은 1980. 12. 31, 금 3,000만원 부분은 1981. 6. 13.까지로 하되 위 소외인이 부도를 내어 거래정지처분을 당하는 경우에는 기한 전이라도 피고은행 측은 임의로 약정을 해지하고 위 소외인의 제예치금 기타의 채권과 위 차월원리금과를 기한의 도래 여부와는 상관 없이 사전통지나 소정의 절차를 생략하고 상계할 수 있도록 특약을 한 사실, 위 A는 피고 은행에 대하여 위 가압류명령 송달 당시인 1980. 12. 23. 현재 46,992,436원의 당좌차월채무를 부담하고 있었는데,

---

35) 대판 2011. 8. 25, 2011다24814.

1980. 12. 29. 당좌부도를 내어 서울어음교환소의 거래정지처분을 받게 되자 피고은행은 동년 12. 31. 위 약정에 의하여 그 당시의 금 84,978,776원의 당좌대월채권과 동년 12. 8.자 위 A가 별단예금으로 예치한 사취부도 제재금 반환채권과를 대등액에서 상계 처리한 사실, 위 별단예금은 사고 해소의 확인, 별도의 부도 발생에 의하여 거래정지처분이 되고 입금 후 1개월이 경과된 경우 등의 사유가 생기거나 또는 일정기간이 경과한 다음 환급청구가 있을 때 반환을 하도록 되어 있는 사실 등을 각 인정한 다음, 위 A의 별단예금은 1980. 12. 29. 서울어음교환소에서 당좌부도에 의한 거래정지처분이 되고 입금 후 1개월이 지나면 환급 청구를 할 수 있는 이행기가 도래하므로 피고 은행과 동 소외인 간의 동년 12. 15.자 당좌대월 약정에 의하여 피고 은행이 동년 12. 29. 현재 갖고 있던 당좌대월채권 중 위 금액상당액을 80. 12. 31. 상계처리한 조처는 상당하다고 판시하고 있다.

2. 그런데, 민법 제498조에 의하면, 지급을 금지하는 명령을 받은 제3채무자는 그 후에 취득한 채권에 의한 상계로 그 명령을 신청한 채권자에게 대항하지 못한다고 규정하고 있고, 이 규정을 상계의 요건에 관한 동법 제492조 제1항의 규정과 관련하여 볼 때, 가압류명령을 받은 제3채무자가 가압류채무자에 대한 반대채권을 가지고 있는 경우에 상계로써 가압류채권자에게 대항하기 위하여는 가압류의 효력 발생 당시에 양 채권이 상계적상에 있거나, 반대채권이 압류 당시 변제기에 달하지 않은 경우에는 피압류채권인 수동채권의 변제기와 동시에 또는 보다 먼저 변제기에 도달하는 경우이어야 된다고 할 것이다. 왜냐하면 이와 같은 경우 피압류채권의 변제기가 도래하여 압류채권자가 그 이행을 청구할 수 있는 상태에 이른 때에는 그 이전 또는 그와 동시에 제3채무자는 자동채권에 의하여 피압류채권과 상계할 수 있는 관계에 있어 이러한 제3채무자의 자기의 반대채권으로 장래의 상계에 관한 기대는 정당하게 보호되어야 하기 때문이다. 원심이 위에서 인정한 바에 의하면, 원고가 소외인의 피고에 대한 별단예금의 가압류 당시 피고의 소외인에 대한 당좌대월채권이나 소외인의 피고에 대한 별단예금의 반환채권의 변제기가 도래하지는 아니하였으나 피고의 자동채권은 피고와 소외인 간의 당좌대월약정에 따르는 판시와 같은 특약의 효과로서 소외인이 거래정지처분을 당한 1980. 12. 29. 기한의 이익을 상실하여 변제기에 이르게 되었다 할 것인즉, 그 특약에 의하여 수동채권 역시 변제기에 이르렀건, 어음교환소규약에 의하여 입금 후 1개월이 경과한 후에야 변제기가 도래하건 간에 피고가 같은 달 31. 한 상계조치에 의하여 양 채권은 대등액에서 소멸하였다 할 것인즉, 같은 취지에서 피고의 상계의 항변을 인용한 원심판결은

정당하고, 자동채권의 이행기는 먼저 변제기에 도달하였으나 수동채권의 변제기가 도래하지 아니하였음을 이유로 양 채권이 상계적상에 이르지 아니하였다는 논지는 독자적 견해이어서 채용할 수 없다.

(1) 제 3 채무자가 가압류 채무자에 대한 반대채권으로써 상계할 수 있는 요건은 무엇인가?
(2) 이 사건에서 변제기를 기준으로 판단한 것은 어디에 근거를 두고 있는가?
(3) 이 사건의 결론은 민법 제498조에 합치된다고 볼 수 있는가?

[판결 4] 압류와 상계 (2): 대판(전) 2012. 2. 16, 2011다45521

[이   유]

상고이유를 판단한다.

1. 민법 제498조는 "지급을 금지하는 명령을 받은 제 3 채무자는 그 후에 취득한 채권에 의한 상계로 그 명령을 신청한 채권자에게 대항하지 못한다"라고 규정하고 있다. 위 규정의 취지, 상계제도의 목적 및 기능, 채무자의 채권이 압류된 경우 관련 당사자들의 이익상황 등에 비추어 보면, 채권압류명령 또는 채권가압류명령(이하 채권압류명령의 경우만을 두고 논의하기로 한다)을 받은 제 3 채무자가 압류채무자에 대한 반대채권을 가지고 있는 경우에 상계로써 압류채권자에게 대항하기 위하여는, 압류의 효력 발생 당시에 대립하는 양 채권이 상계적상에 있거나, 그 당시 반대채권(자동채권)의 변제기가 도래하지 아니한 경우에는 그것이 피압류채권(수동채권)의 변제기와 동시에 또는 그보다 먼저 도래하여야 할 것이다(대법원 1982. 6. 22. 선고 82다카200 판결, 대법원 2003. 6. 27. 선고 2003다7623 판결 등 참조).

2. 원심은 그 판시 사실을 인정한 다음, 금전채권에 대한 가압류를 본압류로 전이하는 압류 및 추심명령이 있는 때 제 3 채무자가 채권이 가압류되기 전에 가압류채무자에게 대항할 수 있는 사유로써 나중에 압류채권자에게 대항할 수 있기 때문에, 제 3 채무자가 가압류 효력 발생 당시 이미 반대채권을 취득한 이상 그의 상계에 대한 기대는 합리적이고 정당하므로, 그 당시 양 채권이 상계적상에 있지 아니하고 반대채권의 변제기도 도래하지 아니하였다 하더라도, 양 채권의 변제기 선후를 불문하고 그 후에 상계적상에 이르면 상계로써 압류채권자에게 대항할 수 있다고 하였다. 그리하여 이 사건에서 가압류의 효력 발생일

은 2008. 6. 30.이고, 피압류채권인 공사대금채권의 변제기는 2008. 6. 10.경이며, 액면금 1억 원의 약속어음 관련 대여금채권(이하 '이 사건 반대채권'이라 한다)의 변제기는 공사대금채권의 변제기 후인 2008. 7. 25.이지만, 이 사건 반대채권이 가압류 효력 발생 당시 이미 취득되어 있었던 이상, 피고로서는 위 약속어음이 부도나더라도 이 사건 반대채권과 공사대금채권을 상계함으로써 자신의 채권을 확보할 수 있으리라는 합리적이고 정당한 기대를 할 수 있으므로, 이 사건 반대채권과 공사대금채권의 상계로써 압류채권자인 원고에게 대항할 수 있다고 판단하였다.

그러나 앞서 본 법리에 따르면, 이 사건에서 가압류의 효력이 발생할 당시 피압류채권인 공사대금채권은 이미 변제기가 도래하였으나 이 사건 반대채권은 변제기가 도래하지 아니하였기 때문에 그 당시 양 채권이 상계적상에 있었다고 할 수 없고, 나아가 이 사건 반대채권의 변제기가 공사대금채권의 변제기보다 나중에 도래하므로, 피고는 이 사건 반대채권에 의한 상계로써 압류채권자인 원고에게 대항할 수 없다고 보아야 한다.

따라서 원심판결에는 지급이 금지된 채권을 수동채권으로 하는 상계에 관한 법리를 오해하여 판결에 영향을 미친 위법이 있다고 할 것이다. 이 점을 지적하는 상고이유의 주장은 이유 있다.

3. 그렇다면 원심판결을 파기하고 사건을 다시 심리·판단하게 하기 위하여 원심법원에 환송하기로 하여 주문과 같이 판결한다. 이 판결에 대하여는 대법관 김능환, 대법관 안대희, 대법관 이인복의 반대의견이 있는 외에는 관여 법관들의 의견이 일치하였고, 다수의견에 대한 대법관 양창수의 보충의견과 대법관 김능환, 대법관 안대희, 대법관 이인복의 반대의견에 대한 대법관 안대희의 보충의견이 있다.

4. 대법관 김능환, 대법관 안대희, 대법관 이인복의 반대의견

가. 민법 제498조는 "지급을 금지하는 명령을 받은 제3채무자는 그 후에 취득한 채권에 의한 상계로써 그 명령을 신청한 채권자에게 대항하지 못한다"라고 규정한다. 따라서 이 규정에 의하여 제3채무자의 상계가 금지되는 것은 제3채무자가 지급을 금지하는 명령을 받은 이후에 새롭게 취득한 채권을 자동채권으로 하여 상계하는 것뿐이고, 그 반대해석상 제3채무자가 그 이전에 이미 취득하여 보유하고 있던 채권을 자동채권으로 한 상계는 이 규정에 의하여 금지되지 아니하고 오히려 허용된다고 보는 것이 당연한 논리적 귀결이다. 그 채권이 제3채무자가 지급을 금지하는 명령을 받을 당시에 이미 이행기가 도래하였는지 여부는 문제될 여지가 없다.

나. 민법 제492조 제1항 본문은 "쌍방이 서로 같은 종류를 목적으로 한 채무를 부담한 경우에 그 쌍방의 채무의 이행기가 도래한 때에는 각 채무자는 대등액에 관하여 상계할 수 있다"고 규정한다. 이 원칙은 제3채무자가 지급을 금지하는 명령을 받은 경우에도 그대로 적용된다. 따라서 제3채무자가 그 명령을 받을 당시에 이미 채무자에 대한 반대채권을 취득하고 있다고 하더라도, 언제 어느 때나 지급을 금지하는 명령을 받은 피압류채권과 상계할 수 있는 것은 아니고, 그 반대채권과 피압류채권의 이행기가 모두 도래하여야만 비로소 상계할 수 있다. 이러한 원칙이 지급을 금지하는 명령이 있다고 하여 달라질 이유는 없다. 지급을 금지하는 명령은 제3채무자가 피압류채권을 채무자에게 지급하는 것을 금지하는 것일 뿐 반대채권이나 피압류채권의 성질까지 변경시키는 것은 아니다. 그러므로 지급을 금지하는 명령을 받을 당시에 반대채권과 피압류채권 모두의 이행기가 도래한 때에는 물론이고, 그 모두 또는 그 중 어느 하나의 채권의 이행기가 아직 도래하지 아니하여 상계적상에 놓이지 아니하였더라도 그 이후 제3채무자가 피압류채권을 채무자에게 지급하지 아니하고 있는 동안에 반대채권과 피압류채권 모두의 이행기가 도래한 때에도 제3채무자는 반대채권을 자동채권으로 한 상계를 할 수 있고, 이로써 지급을 금지하는 명령을 신청한 채권자에게 대항할 수 있다고 볼 것이다.

다. 원래 상계는 서로 같은 종류를 목적으로 한 채권을 가지는 당사자 사이에 서로 대립하는 채권과 채무를 간이한 방법으로 결제하게 함으로써 그 채권채무관계를 원활하고 공평하게 처리하는 것을 목적으로 하여 허용되는 것이다. 이에 의하여 상계권을 행사하는 채권자는 채무자의 변제자력이 충분하지 못한 때에도 자기의 자동채권에 관하여는 확실하고도 충분한 변제를 받은 것과 같은 이익이 보장된다. 이 점에서 상계권을 행사하는 채권자는 담보권자와 유사한 지위를 갖는다. 상계권을 가지는 채권자의 이러한 지위가 수동채권에 대하여 지급을 금지하는 명령이 있다고 하여 부정되어야 할 이유는 없다.

지급을 금지하는 명령은 말 그대로 제3채무자로 하여금 채무자에 대한 변제를 금지하는 것일 뿐 피압류채권의 본질 내지 성질에 어떤 변경을 가져오는 것은 아니며, 채무자의 행위와 관계없는 객관적 사실 또는 제3채무자의 행위로 그 채권이 소멸하거나 그 내용이 변경되는 것까지 방지하는 효력을 가지는 것은 아니다. 이러한 법리는 제3채무자가 반대채권으로써 상계하는 경우에도 마찬가지로 적용된다.

라. 그렇다면 반대채권으로써 상계할 수 있는 제3채무자와 지급을 금지하는 명령을 신청한 채권자 중 누구를 보호할 것인가? 그 대답은 자명하다. 지급

을 금지하는 명령을 신청한 채권자의 지위는 원래부터 불확실하고 불안정한 것임에 비하여, 제3채무자는 담보권자와 유사한 지위를 가지는 것이므로 제3채무자의 상계권의 행사가 보장되어야 한다. 따라서 지급을 금지하는 명령을 받을 당시에 반대채권과 피압류채권 모두의 이행기가 도래한 때에는 제3채무자가 당연히 반대채권으로써 상계할 수 있고, 반대채권과 피압류채권 모두 또는 그 중 어느 하나의 이행기가 아직 도래하지 아니하여 상계적상에 놓이지 아니하였더라도 그 이후 제3채무자가 피압류채권을 채무자에게 지급하지 아니하고 있는 동안에 반대채권과 피압류채권 모두의 이행기가 도래한 때에도 제3채무자는 반대채권으로써 상계할 수 있고, 이로써 지급을 금지하는 명령을 신청한 채권자에게 대항할 수 있다. 제3채무자가 지급을 금지하는 명령을 받을 당시에 제3채무자의 반대채권은 아직 이행기가 도래하지 아니하였으나 피압류채권의 이행기는 이미 도래하였거나 먼저 도래할 경우에, 제3채무자의 반대채권의 이행기가 도래함으로써 상계적상에 놓여 제3채무자가 적법·유효하게 상계하는 것을 막기 위해서는, 그와 같이 상계하기 전에 지급을 금지하는 명령을 신청한 채권자가 피압류채권을 추심하여 현실적으로 제3채무자로부터 피압류채권의 지급을 받아야 한다. 그와 같이 보지 않으려면 특별한 법률의 규정이 있어야 한다.

　　마. 민법 제492조 제1항은 상계의 요건으로서 쌍방의 채무의 이행기가 도래할 것을 요구하고 있을 뿐이다. 이 원칙을 그대로 관철하면, 지급을 금지하는 명령이 있은 경우에도 제3채무자는 채무자에 대하여 반대채권을 가지고 있기만 하면 그 반대채권을 지급을 금지하는 명령 전에 취득하였는지 그 명령 후에 취득하였는지에 관계없이, 그 반대채권과 지급이 금지된 채권의 이행기가 모두 도래하기만 하면 언제든지 상계할 수 있다는 결론에 이르게 된다. 그러나 이는 지급을 금지하는 명령을 신청한 채권자의 지위를 지나치게 불안정하게 만들 수 있다. 여기에서, 제3채무자가 상계할 수 있는 자동채권인 반대채권의 범위를 적절히 조절함으로써, 지급을 금지하는 명령을 신청한 채권자와 제3채무자 사이의 이익의 균형을 맞출 필요가 생긴다. 그 구체적 기준을 어떻게 정할 것인지는 입법정책에 달린 문제이다. 우리 민법은 그 기준을 양 채권의 변제기 도래의 선후에 두는 입법례를 채택하지 아니하고 지급을 금지하는 명령과 제3채무자의 반대채권의 취득시기의 선후에 두는 입법례를 채택하여 민법 제498조에 규정한 것이라고 이해된다.

　　그럼에도 불구하고 다수의견처럼 변제기 도래의 선후에 따라 제3채무자의 상계가 허용되는지 여부를 정하도록 하는 것은 민법 제498조의 규정에 반하여 법률의 근거 없이 제3채무자의 상계를 제한하려는 것이어서 부당하다.

다수의견은 민법 제498조의 규정이 가지는 본래의 의미와는 다른 결론에 이르면서도 그 이유나 근거에 대해서는 아무런 설명도 하고 있지 않다.

바. 이상에서 살펴 본 법리와 저촉되는 대법원 1973. 11. 13. 선고 73다518 전원합의체 판결, 대법원 1982. 6. 22. 선고 82다카200 판결, 대법원 2003. 6. 27. 선고 2003다7623 판결 등의 견해는 변경되어야 한다.

이 사건에서 가압류명령의 효력발생일 당시에 피압류채권의 변제기는 이미 도래하고 제 3 채무자인 피고의 반대채권인 대여금채권은 아직 변제기가 도래하지 아니하였다. 그러나 앞서 본 법리에 비추어 보면, 피압류채권이 아직 현실적으로 추심되어 지급되지 아니한 이상, 피고는 위 반대채권을 자동채권으로 한 상계를 하여 가압류채권자인 원고에게 대항할 수 있다고 볼 것이다. 같은 취지의 원심판결은 정당하여 그대로 유지되어야 하고, 상고는 기각되어야 한다.

이상과 같은 이유로 다수의견에 반대한다.

5. 대법관 양창수의 다수의견에 대한 보충의견

가. 반대의견은 상계권을 행사하는 채권자는 채무자의 변제자력이 충분하지 못한 때에도 자신의 자동채권에 관하여도 확실하고도 충분한 변제를 받는 것과 같은 이익이 보장되어서 담보권자와 유사한 지위를 가지는데, 이러한 지위가 수동채권에 관하여 지급을 금지하는 명령이 있다고 하여 부정되어야 할 이유가 없다고 한다.

그러나 채권자가 가지는 위와 같은 '담보권자와 유사한 지위'는 그것이 다른 채권자들의 정당한 이익과의 균형 위에서 비로소 보장되는 것이다. 반대의견도 말하는 대로 상계는 원래 같은 종류의 채권을 가지는 당사자 사이에 서로 대립하는 채권과 채무를 간이한 방법으로 결제하는 수단으로 인정되는 것이다. 서로 상대방에 대하여 동종의 채권을 가지는 채권자와 채무자가 각자의 채권을 각기 청구하고 이행받기보다는, 서로 대등액에서 소멸시키고 남은 것만을 결제하는 것이 채권자와 채무자의 쌍방 모두에게 노력이나 비용면에서 절약이 되고 간편할 것임은 두말할 필요가 없기 때문이다. 이와 같이 상계는 당사자의 일방적인 의사표시에 의하여 바로 자기 채권이 만족되는 효과를 발생시키므로, 상계자에게는 사적인 강제집행, 즉 사집행私執行이 허용되어 있는 것과 같은 결과가 된다.

그러나 이러한 간이한 결제수단으로서의 상계가 거기서 더 나아가 이른바 담보적 기능 또는 우선변제적 기능을 가지는 것은 그 취지상 당연히 일정한 한계가 있는 것이다. 즉 채무자가 다른 채권자들에 대하여도 채무를 부담하고 있는 경우에, 채권자들 전원은 채무자가 가지는 일반재산을 평등하게 각자 자기 채권의 만족에 돌릴 수 있는 것이 원칙이고, 이 원칙은 주지하는 대로 '채권자 평등의 원칙'이라고 불린다. 그 때 채무자가 채권자 중의 한 사람에 대하여 채권을 가진다고 하면, 이 채권도 채권자 전원의 만족에 쓰여야 한다. 그런데 반대채무를 부담하는 채권자가 자신의 채권으로써 상계하는 것이 허용된다면, 원래 채권자 전원의 채권 만족에 돌려져야 했을 터인 채무자의 당해 채권이 반대채권자의 채권을 만족시키는 데만 쓰여지는 결과가 된다. 그리하여 반대채무를 부담하여 상계를 할 수 있는 채권자는 채무자의 자산상태 여하에 불구하고 그 채무자에 대한 다른 채권자들에 우선하여 자기 채권의 만족이 확보되는 것이다. 그런데 문제는 위와 같은 상계가 허용되는 결과로 다른 채권자들은 채무자의 일반재산 중 상계의 대상이 된 채권만큼은 이를 자기 채권의 만족에 돌릴 수 없는 불이익을 입게 된다는 것이다.

그럼에도 상계에 위와 같은 담보적 기능이 인정되는 것은 당사자들이 서로 대립하는 채권을 가지고 있으면 통상 상대방의 자력 여하에 상관없이 자기 채권의 만족을 얻을 수 있다는 정당한 신뢰를 보호할 필요가 있다는 것으로 설명되고 있다. 그런데 이러한 담보적 기능이 무한정하게 인정되면, 채무자의 재산상태가 악화된 경우에 다른 채권자들의 이익이 부당하게 침해당할 우려가 있다. 예를 들어, 많은 채무를 부담하여 채무지급불능상태에 빠질 우려가 있는 갑에 있어서 을에 대한 채권이 그 책임재산의 중요부분을 이루고 있다고 하자. 이러한 경우 갑에 대한 채권은 그 실제의 가치에 좇아 액면액보다 훨씬 싼 값으로 거래될 것인데, 을이 제 3 자의 갑에 대한 채권을 염가로 양도받아 이것으로써 자신의 갑에 대한 채무를 상계하여 버리면, 갑의 책임재산은 훨씬 줄어들게 되어서 갑에 대한 다른 채권자들은 예상하지 못한 불이익을 입는다. '채무자 회생 및 파산에 관한 법률' 제422조가 파산절차를 전제로 하여 거기에서 상계를 광범위하게 금지하고 있는 것은 바로 그러한 사태에 대처하기 위한 것이다. 위 규정은 상계의 담보적 기능이라는 것이 채무자가 지급불능상태에 빠진 경우에는 현저하게 제한된다는 것을 웅변으로 말하여 주고 있다.

또한 예를 들어 다른 채권자들이 채무자 갑의 제 3 채무자 을에 대한 채권을 압류하여 강제집행에 착수하였는데 을이 반대채권을 언제 어떠한 방식으로 취득하였는가에 상관없이 그것으로써 상계할 수 있다고 하면, 그 강제집행은 언제라도 무위에 돌아갈 가능성을 가지게 된다. 그러나 앞서 본 대로 상계가 가지는 사집행으로서의 성격에 비추어서도 이와 같이 법정의 강제집행을 공동화시키는 결과는 허용되어서는 안 된다. 특히 제 3 채무자의 반대채권은 통상 공시되지도 아니하므로, 이해관계인으로서는 예상하지 못한 불이익을 입게 될 가능성

이 높다. 그리고 무엇보다도 실제로 채권자가 채무자가 제 3 채무자에 대하여 가
지는 채권을 압류하기에 이르렀다면, 비록 채무자가 지급불능상태에 이미 빠졌
다고는 말할 수 없더라도 이로써 그러한 상태에 빠질 위험이 드러났다고 보아
야 할 것이다. 따라서 이러한 경우에는 채무자 재산의 공취를 통한 채권자들의
채권 만족 이익이 서로 급박하고도 예리하게 대립하고 있으므로, 그 중 어느 한
채권자에게 유리하고 그 외의 채권자들에는 불리한 법적 해결을 주려면 그만한
근거가 있어야 한다고 봄이 상당하다.

따라서 상계의 담보적 기능은 어디까지나 앞서 본 상계의 간편한 변제수단
으로서의 기능에 부수적으로만 인정되는 것으로서 이를 무한정으로 수긍할 것
은 아니며, 상계를 하려는 채권자의 앞서 본 상계기대의 정당한 이익과 압류채
권자를 포함하는 다른 채권자들이나 채권양수인 등의 채권 만족의 이익을 균형
있게 고려하여 그 범위를 정함으로써 이에 적절한 제한을 가하는 것이 바람직
하다.

반대의견은 상계권 있는 채권자가 "사실상 담보권자와 유사한 지위"에 있
다고 한다. 그러나 그러한 지위는 반대의견이 강조하는 우리 법의 명문 어디에
도 규정되어 있지 않으며, 단지 법이 먼저 상계의 요건과 그 효과를 다양한 관
련 이익 등을 고려하면서 타당하게 해석·획정한 결과로 간이한 결제수단이라는
상계제도 본래의 취지에 부수하여 상계권 있는 채권자가 일정한 범위에서 사실
상 위와 같이 우선변제를 얻게 되는 것과 같은 법상태를 가리키는 것일 뿐이다.
따라서 그와 같이 '사실상 담보권자와 유사한 지위'를 미리 설정·시인하고 이
를 내세워 상계의 구체적인 요건, 나아가 그 효과를 재단하는 것은 본말이 전도
된 태도라고 생각된다.

나. 민법 제498조는 바로 이와 같이 채권자 중 1인이 채무자의 제 3 채무자
에 대한 채권을 압류 또는 가압류한 경우(이하에서는 압류의 경우만을 들어 논
의하기로 한다)에 그 제 3 채무자의 상계 주장에 한계를 설정하려는 것이다.

반대의견은 압류 당시 제 3 채무자가 자동채권을 가지고 있었던 이상에는
그 변제기의 도래 여부나 그 선후관계를 가릴 것 없이 압류 후에 상계적상이
되면 상계로써 압류채권자에게 대항할 수 있다고 보아야 한다고 한다. 이는 결
국 피압류채권(수동채권)의 변제기가 도래하였으나 제 3 채무자가 이를 이행하
지 아니하고 있는 동안에 자동채권의 변제기가 도래한 경우에도, 제 3 채무자는
상계로써 압류채권자에게 대항할 수 있는가에 귀착된다. 이와 같은 경우에 제 3
채무자가 상계로써 압류채권자에게 대항할 수 있다고 하려면, 앞서 논의한 바
에 따라 그가 가지는 상계에의 정당한 신뢰를 보호받는다는 이익이 그에게 우

선적 만족을 줄 만큼 압류채권자의 채권 만족의 정당한 이익과 비교하여 적절한 균형을 갖춘 것이어서 압류채권자의 이익을 후퇴시킬 수 있는 것이어야 할 것이다.

지금까지 대법원은 이 점에 관하여, 압류 당시 상계적상에 있지 아니하여 압류 후에 비로소 상계적상이 되었다고 하더라도, 제 3 채무자가 가지는 자동채권의 변제기가 수동채권의 변제기와 동시에 또는 그보다 먼저 도래하여 바로 상계할 수 있는 경우에만 위와 같은 압류채권자에 우선하여 보호받을 수 있다는 태도를 여러 번에 걸쳐서 밝혀 왔다. 이러한 태도는, 그렇지 아니하고 제 3 채무자의 자동채권의 변제기가 수동채권의 변제기보다 늦게 도래하는 경우에는 제 3 채무자가 그 채권의 변제기가 도래하였음에도 불구하고 그 채무를 이행하지 아니하고 있어야만, 따라서 적어도 객관적으로는 자신의 채무에 관하여 채무불이행을 범하고 있어야만 비로소 상계적상에 이를 수 있는 제 3 채무자를 아직 그러한 상계적상이 도래하기 전에 압류에 착수한 채권자에 우선하여 보호할 가치가 없다는 고려에서 나온 것으로 이해된다.

다시 말하면, 상계는 쌍방의 채무에 있어서 그 변제기가 도래한 때에 허용된다. 물론 수동채권만이 변제기에 이르지 아니한 경우라면 상계를 하려는 사람으로서는 통상 자신의 채무에 관한 기한의 이익을 포기할 수 있으므로, 변제기에 이른 자동채권과의 상계적상이 인정될 수 있다. 그러나 상계를 주장하는 당사자의 채권, 즉 자동채권의 변제기가 도래하지 아니한 경우에는 비록 수동채권의 변제기가 도래하였다고 하더라도 상계가 허용되지 아니한다. 그리고 수동채권이 변제기에 이른 이상 그 채무는 이행되어야 하고, 아직 변제기에 이르지 아니한 반대채권이 있음을 이유로 그 이행을 거절할 수 없다. 먼저 변제기가 도래한 채무에 관하여 채권자의 권리 행사를 부정할 이유가 없으며, 이를 부정한다면 오히려 채무자의 근거 없는 이행지연을 허용하는 결과가 될 것이다. 이는 채무가 변제기에 이른 이상 그 채무를 이행하여야 한다는 기본원칙에 따른 것으로서, 위와 같이 아무런 법적 장애 없이 행사될 수 있게 되는 수동채권에 대하여 이미 압류가 행하여지는 등으로 자동채권을 가지는 사람과 정면으로 이익이 대립하는 이해관계인이 등장한 이상 그 한도에서 상계의 담보적 기능은 후퇴하지 않을 수 없다. 앞서 본 대로 상계의 담보적 기능은 상계를 통하여 자기 채권의 만족을 얻을 수 있다는 정당한 신뢰를 바탕으로 인정되는 것인데, 위와 같은 경우에 설사 제 3 채무자가 자기 채권의 만족을 상계를 통하여 얻을 수 있다고 믿었다고 하더라도 그것은 보호받을 만한 가치가 있는 정당한 신뢰라고 할 수 없는 것이다.

이렇게 보면 우리 판례의 태도는 첨예하게 대립하는 이익의 내용 등을 충분히 고려한 다음 채택된 타당한 해결이라고 할 것이다. 그러한 경우 선량한 제 3 채무자라면 자신의 채무를 제때에 이행하였을 것이고, 그렇다면 그 급부는 현실적으로 채무자의 일반재산에 속하게 되어 채권자들 전원에게 이를 통하여 각자 채무의 만족을 얻을 수 있는 가능성이 열렸을 것이다. 그럼에도 불구하고 제 3 채무자가 자기 채무의 이행을 늦추고 있다가 후에 그 이행기가 도래함으로써 가능하게 된 상계를 가지고 압류채권자에게 대항하여 자기 채권의 우선적 만족을 얻고 압류채권자의 채권 실행을 좌절시킬 수 있다는 것은 상계의 담보적 기능을 지나치게 강조하는 것으로서 부당하다고 할 것이다.

다. 우리 판례의 태도는 비교법적으로도 뒷받침이 없지 않다. 예를 들어 독일 민법 제392조 후단은 우리 판례와 같이 제 3 채무자의 채권이 압류 후에 비로소 변제기에 도달하는 경우에는 그 변제기가 피압류채권의 변제기보다 뒤인 때에는 상계를 할 수 없다고 명문으로 정하고 있다. 그 입법이유는 앞서 본 대로 제 3 채무자가 자신이 부담하는 채무의 이행을 반대채권의 이행기까지 지체함으로써 상계의 권리를 얻어내는 것을 막으려는 데 있는 것이다.

라. 반대의견과 같은 태도를 취한다면, 오히려 민법 제498조가 압류 이후에 취득한 채권을 자동채권으로 하는 제 3 채무자의 상계를 허용하지 아니하는 입법 취지를 설명할 수 없다. 반대의견은 압류명령은 "제 3 채무자로 하여금 채무자에 대한 변제를 금지하는 것일 뿐 피압류채권의 본질 내지 성질에 어떤 변경을 가져오는 것은 아니며, 채무자의 행위와 관계없는 객관적 사실 또는 제 3 채무자의 행위로 그 채권이 소멸하거나 그 내용이 변경되는 것까지 방지하는 효력을 가지는 것은 아니다"라고 한다. 그렇다면 민법 제498조는 무슨 이유로 피압류채권의 본질 내지 성질에 아무런 변경도 가져오는 것이 아닌 압류를 두고 그 전후로 상계의 허용 여부라는 중요한 법문제의 해결을 달리하도록 정하였던 것인가 하는 근본적인 의문이 제기되지 않을 수 없다.

이는 민법 제498조가 채권 압류의 사실로써 제 3 채무자가 가지는 상계와 관련한 이익상황에 일정한 변화를 주어 위와 같은 법문제에 관하여는 이제 압류채권자의 채권 만족의 이익 등에도 배려하지 않으면 안 된다는 태도를 입법적으로 취하였다고 보는 것이 온당한 설명일 것이다. 그리고 그러한 입법 취지는 민법 제498조에서 정하는 "지급을 금지하는 명령 후에 취득한 채권"이라는 것의 구체적 내용을 해석함에 있어서도 당연히 고려되어야 한다. 그러한 의미에서 앞서 본 우리 판례의 태도는 민법 제498조의 명문에 반한다고 할 수 없고, 오히려 그 입법 취지를 밀고나가 이를 적절하게 실현하였다고 할 것이다.

6. 대법관 김능환, 대법관 안대희, 대법관 이인복의 반대의견에 대한 대법관 안대희의 보충의견

가. 상계제도의 목적과 기능에 비추어 볼 때, 장래 상계권을 행사할 수 있는 채권자의 담보권자와 유사한 지위는 자동채권과 수동채권이 각각 존재하기만 하면 인정되는 것으로서, 양 채권의 변제기 선후에 따라 그 존부가 달라지는 것은 아니다. 그런데 다수의견에 의하면, 채권압류의 효력 발생 당시 반대채권이 있어 장래 상계권을 행사할 수 있기 때문에 담보권자와 유사한 지위에 있던 제 3 채무자 가운데 반대채권의 변제기가 도래하지 아니하고 그 변제기가 피압류채권의 그것보다 나중에 도래하는 제 3 채무자에 대해서는, 채권압류라는 그의 책임으로 돌릴 수 없는 우연한 사정만으로, 상계권을 행사할 수 없도록 함으로써, 그동안 갖고 있던 지위를 갑자기 상실하게 하는 예상하지 못한 불합리한 결과를 발생시킨다.

나. 다수의견은 자동채권의 변제기가 도래할 때까지 이미 변제기가 도래한 피압류채권을 변제하지 아니함으로써 채무불이행을 한 제 3 채무자의 장래 상계에 대한 기대는 보호될 수 없다는 이유로 상계권 행사를 제한하고 있는 것으로 보인다. 그러나 이러한 경우 제 3 채무자가 변제기가 도래한 피압류채권을 이행하지 아니한 채무불이행에 대한 제재로는 우리 민법이 통상 예정한 대로 제 3 채무자에 대하여 지연손해금 등의 손해배상책임을 부담시키는 것으로 충분하다고 할 수 있고, 더 나아가 채무를 불이행하는 동안 상계적상에 이르렀다는 이유로 상계권 행사마저 제한하는 것은 제 3 채무자에 대한 지나치게 과도한 제재에 해당한다. 특히 변제기에 이르렀어도 채권의 범위 등에 관한 다툼이 있어 피압류채권을 변제하지 못하는 등 그 채무불이행에 참작할 만한 사정이 있는 경우도 있으므로, 단지 변제기 선후를 기준으로 일률적으로 상계권 행사를 제한하는 다수의견은 그러한 경우 제 3 채무자에게 가혹한 결과를 초래할 수도 있다.

다. 비교법적으로 보아도 반대의견의 해석론이 타당하다.

독일 민법 제392조는 다수의견과 같은 해석을 명문화하고 있으나 채권의 '취득'이라는 용어와 채권의 '이행기 도래'라는 용어를 구분하여 사용하고 있어 우리 민법 제498조의 법문과 차이가 있다. 그리고 우리 민사집행법과는 달리 독일민사소송법에서는 압류채권자가 채권압류로 피압류채권을 목적물로 한 법정질권자의 지위를 취득하기 때문에 압류채권자에 대한 보호 필요성이 우리의 경우와 같다고 할 수 없다. 이러한 차이점을 고려하면 독일 민법 제392조의 규정을 우리 민법 제498조의 해석론에 그대로 적용할 수 없다.

라. 제 3 채무자가 은행 등 금융기관인 경우에는 통상 반대채권인 대출금

등 채권과 관련하여 채권가압류나 채권압류 등 채무자의 변제자력에 의심이 가
는 상황이 발생한 때에는 기한의 이익을 상실하면서 피압류채권인 예금 등의
채권과 상계를 할 수 있다는 특약을 하고 있는데, 대법원은 이러한 기한의 이익
상실 등 특약의 유효성을 인정하면서 그러한 특약에 따라 채권가압류나 채권압
류로 반대채권과 피압류채권이 곧바로 상계적상에 이르기 때문에 제 3 채무자인
은행 등 금융기관은 사실상 제한 없이 상계권을 행사할 수 있다고 보고 있다(대
법원 1989. 9. 12. 선고 88다카25120 판결, 대법원 2003. 6. 27. 선고 2003다7623
판결 등 참조). 또한 대법원은 제 3 채무자의 반대채권과 피압류채권이 동시이행
의 관계에 있는 경우에 제 3 채무자는 사실상 제한 없이 상계권을 행사할 수 있
다는 취지로 판시하였다(대법원 1993. 9. 28. 선고 92다55794 판결 참조). 이러
한 대법원의 입장은 반대의견과 궤를 같이하는 것이다. 즉, 위 대법원판결의 사
안들이나 이 사건과 같은 사안에서의 압류채권자 및 제 3 채무자의 지위가 다르
지 않은데, 이 사건과 같은 사안에서만 압류채권자의 이익이 우선시되고 제 3 채
무자의 상계권 행사가 제한되어야 할 합리적 이유가 없다. 그러므로 이 사건의
경우를 위와 같은 사안들과 달리 취급하는 것은 정합성의 관점에 비추어 보아
도 바람직하지 않다고 본다.

질문

(1) 이 판결은 채권압류명령을 받은 제 3 채무자가 압류채무자에게 반대채권을
가지고 있는 경우, 상계로써 압류채권자에게 대항하기 위한 요건에 관하여
판단하고 있다. 다수의견과 반대의견의 논거는 어떠한 점에서 차이가 있는가?

(2) 이 사건에서 법률 규정을 해석하는 방법의 차이가 구체적인 결론에 어떻게
영향을 미치고 있는가?

[판결 5] 상계권 남용: 대판 2003. 4. 11, 2002다59481

[이   유]

1. 원고의 상고이유에 대하여

일반적으로 당사자 사이에 상계적상이 있는 채권이 병존하고 있는 경우에
는 이를 상계할 수 있는 것이 원칙이고, 이러한 상계의 대상이 되는 채권은 상
대방과 사이에서 직접 발생한 채권에 한하는 것이 아니라, 제 3 자로부터 양수
등을 원인으로 하여 취득한 채권도 포함한다 할 것인바, 이러한 상계권자의 지
위가 법률상 보호를 받는 것은, 원래 상계제도가 서로 대립하는 채권, 채무를

간이한 방법에 의하여 결제함으로써 양자의 채권채무관계를 원활하고 공평하게 처리함을 목적으로 하고 있고, 상계권을 행사하려고 하는 자에 대하여는 수동채권의 존재가 사실상 자동채권에 대한 담보로서의 기능을 하는 것이어서 그 담보적 기능에 대한 당사자의 합리적 기대가 법적으로 보호받을 만한 가치가 있음에 근거하는 것이다.

따라서 당사자가 상계의 대상이 되는 채권이나 채무를 취득하게 된 목적과 경위, 상계권을 행사함에 이른 구체적·개별적 사정에 비추어, 그것이 위와 같은 상계 제도의 목적이나 기능을 일탈하고, 법적으로 보호받을 만한 가치가 없는 경우에는, 그 상계권의 행사는 신의칙에 반하거나 상계에 관한 권리를 남용하는 것으로서 허용되지 않는다고 함이 상당하고, 상계권 행사를 제한하는 위와 같은 근거에 비추어 볼 때 일반적인 권리 남용의 경우에 요구되는 주관적 요건을 필요로 하는 것은 아니라고 할 것이다.

원심이 확정한 사실관계에 의하면, 원고는 소외 주식회사 대전백화점(이하 '대전백화점'이라고 한다)의 부도로 인하여 대전백화점이 발행한 약속어음의 가치가 현저하게 하락된 사정을 잘 알면서 오로지 자신이 대전백화점에 대하여 부담하는 임대차보증금반환채무와 상계할 목적으로 대전백화점이 발행한 약속어음 20장을 액면가의 40%에도 미치지 못하는 가격으로 할인·취득하고, 그 약속어음채권을 자동채권으로 하여 상계를 하였다는 것이다.

그렇다면 원고가 위 약속어음 채권을 취득한 목적과 경위, 그 대가로 지급한 금액, 상계권을 행사하게 된 위와 같은 사정에 비추어, 원고의 상계권 행사는 상계제도의 목적이나 기능을 일탈하는 것이고, 법적으로 보호받을 만한 대립하는 채권, 채무의 담보적 기능에 대한 정당한 기대가 없는 경우에 해당하여 신의칙에 반하거나 상계에 관한 권리를 남용하는 것으로서 허용되지 않는다고 할 것이다.

원심이 같은 취지에서 원고의 상계 주장을 배척하였음은 정당하고 거기에 상고이유의 주장과 같은 채증법칙 위배로 인한 사실오인이나 상계, 채권양도, 권리남용에 관한 법리오해의 위법이 없다.

2. 피고의 상고이유에 대하여

가. 원심의 판단

원심은, 채용 증거를 종합하여, 원고가 1993. 4. 23. 대전백화점과 사이에 원고 소유인 원심 판시 별지 목록 기재 부동산 중 35호 점포 14.1평(이하 '이 사건 점포'라고 한다)을 임대보증금 202,886,000원, 월임료 2,233,800원, 임대기간 1997. 6. 30.까지로 정하여 임대하였고, 그 후 위 임대차계약은 묵시적으로 갱신된 사실, 대전백화점은 위 임대차보증금 반환채권을 피고에게 양도한 다음, 2000. 3. 20. 원고에게 임대차계약의 해지통고와 함께 채권양도 통지를 한 사실, 대전백화점은 원고에게 1999. 10. 8. 이후의 월임료를 지급하지 아니하였고, 위 임대차계약의 해지통고를 한 후에도 이 사건 점포를 소외 주식회사 멜리오에게 일방적으로 전대하여 현재까지 이를 점유·사용하고 있는 사실을 인정한 다음, 임대차보증금은 임대차관계에 따른 임차인의 모든 채무를 담보하는 것으로서 그 피담보채무 상당액은 임대차관계의 종료 후 목적물이 반환될 때에 특별한 사정이 없는 한 별도의 의사표시 없이 보증금에서 당연히 공제되는 것이고, 이는 임대차보증금 반환채권이 제 3 자에게 양도되었다 하더라도 마찬가지이므로, 원고가 피고에게 반환하여야 될 임대차보증금 채무는 202,886,000원에서 1999. 10. 8.부터 대전백화점이 원고에게 이 사건 점포를 명도하는 날까지 매월 2,233,800원의 비율에 의한 금원을 공제한 나머지 금원이라고 판단하였다.

나. 이 법원의 판단

임차인이 임대차계약 종료 이후에도 동시이행의 항변권을 행사하는 방법으로 목적물의 반환을 거부하기 위하여 임차건물 부분을 계속 점유하기는 하였으나 이를 본래의 임대차계약상의 목적에 따라 사용·수익하지 아니하여 실질적인 이득을 얻은 바 없는 경우에는 그로 인하여 임대인에게 손해가 발생하였다 하더라도 임차인의 부당이득반환의무는 성립되지 아니한다 할 것이다(대법원 1998. 7. 10. 선고 98다8554 판결, 대법원 2001. 2. 9. 선고 2000다61398 판결 등 참조).

그런데 기록에 의하면, 원고와 대전백화점이 1993. 4. 23. 체결한 임대차계약서상으로는 임대물건 소재지는 대전 동구 원동 63의 88, 89, 90으로, 그 면적은 14.1평으로 각 기재되어 있고(기록 제24면), 원고 본인이 제출한 준비서면에서는 점포 1개소 14.5평을 대전백화점에 임대하고 있다고 되어 있는 반면에(기록 제259면), 부동산 등기부상으로는 원심 판시 별지 목록 기재와 같이 1층부터 5층, 옥탑 및 지하실까지 총 215.1m²을 원고가 소유하는 것으로 되어 있고, 원고와 대전백화점 사이에 1987.에 체결된 종전의 임대차계약서상으로는, 1층부터 5층, 옥탑 및 지하실까지 총 216.9m²가 임대 목적물로 기재되어 있음을 알 수 있으며, 한편 피고는 2002. 8. 23. 원심 제 2 회 변론기일에서 진술한 준비서면에서 대전백화점의 3층부터 5층은 비어 있는 공간이 많다고 주장하고 있는바, 그렇다면 원심으로서는 원고와 대전백화점 사이에 체결한 임대차계약 목적물의 위치와 면적을 특정하고, 대전백화점이 임대차계약 종료 후에도 그 임대목적물을 사용·수익하고 있는지 등에 관하여 좀더 세밀히 심리하여 본 후 임대차보증금에서 공제되어야 할 임료 상당의 부당이득이 있는지 여부 및 그 액수를 판단하였어야 마땅하다(더욱이 기록에 의하면 단전·단수조치로 대전백화점의 모든 층에서 영업을 하지 못한 사정도 일부 보이고, 이 사건 점포를 대전백화점이 일방적으로 소외 주식회사 멜리오에게 전대하였다고 인정함에 있어 원심이 채용한 증거로는 원고가 약속어음을 취득하는 데 중개를 하여준 A의 제 1 심에서의 증언이 있을 뿐인데, 위 증언의 취지가 대전백화점과 주식회사 멜리오 사이에 대전백화점 소유 부분을 임대하였는데 이 사건 점포는 이와 별도로 전대하였다는 취지인지, 이 사건 점포에 대하여는 주식회사 멜리오가 대전백화점 소유 부분을 임차하였음을 기화로 무단으로 점유·사용하고 있다는 취지인지가 불분명하여 대전백화점이 주식회사 멜리오를 통하여 이 사건 점포를 간접점유하고 있음을 인정하기에 충분하지 않음을 지적하여 둔다).

그럼에도 불구하고, 원심이 그 판시와 같은 사정만으로 이 사건 점포의 명도일까지 월 임료 상당액을 공제하여야 한다고 판단한 것은 심리미진 또는 채증법칙을 위배하여 사실을 오인하였거나 부당이득에 관한 법리를 오해한 위법이 있고, 이는 판결 결과에 영향을 미쳤음이 분명하다. 이 점을 지적하는 상고이유의 주장은 이유 있다.

질문

(1) 상계권 남용의 요건은 무엇인가?

(2) 상계권 남용은 일반적인 권리남용과 어떠한 차이가 있는가?

(3) 이 사건에서 원고의 상계권 행사를 남용이라고 판단한 근거는 무엇인가?

제 5 편

채무불이행

제1장 채무불이행, 그 요건과 유형

Ⅰ. 서   설

1. 채무불이행책임의 의의

(1) 채권은 대체로 채무자의 이행에 의하여 만족을 얻고 소멸한다. 그러나 언제나 그러한 것은 아니다. 경우에 따라서는 채무자가 채무를 이행하는 데 필요한 능력이나 기술 또는 자력을 갖추지 못하고 있을 수도 있고, 또 그러한 능력 등을 갖추고 있는데도 고의 또는 실수로 채무를 이행하지 않기도 한다. 나아가, 드물기는 하지만, 채무자에게 잘못을 돌릴 수 없는 사유가 발생하여 그로서는 어쩔 수 없이 이행할 수 없는 처지에 빠지기도 한다.

이와 같이 채무가 원래의 내용대로 실현되지 아니한 경우를 통틀어서 채무불이행(넓은 의미의)이라고 부를 수 있다. 뒤에서 보는 대로 채무불이행을 이유로 하여 채무자에게 법적인 불이익(채무불이행책임)을 부과하기 위해서는 그에게 채무불이행의 발생에 대하여 「책임 있는 사유」가 있을 것이 요구되는데, 이와 같이 채무불이행책임의 발생요건이 갖추어진 경우만을 채무불이행(좁은 의미의)이라고 부르기도 한다. 여기서도 알 수 있는 대로, 채무불이행이 있다고 해 반드시 채무불이행책임이 발생하는 것은 아니다. 따라서 양자는 엄밀하게 구분하여 생각할 필요가 있다.

(2) 채무불이행책임이란 채무불이행을 이유로 하여 채무자가 부담하는 법적 불이익을 말한다. 그 주요한 내용을 이루는 계약불이행책임은 특히 「불법행위책임」과 대비되는 의미로 쓰이는 경우가 많다. 계약불이행책임과 불법행위

388 제 5 편 채무불이행

책임의 관계는 어려운 문제를 다수 내포하고 있는 주제이다. 이들 책임은 모두 의무위반(Pflichtverletzung)을 핵심적인 내용으로 전제하고 있는데, 양자의 근본적인 차이는 위반되는 의무의 발생근거가 다르다는 점에 있다. 전자는 책임의 주체와 상대방 사이에 체결되는 계약에 기하여 발생하는 데 반하여, 후자는 법이 법공동체의 구성원 전원에게 일반적으로 부과하는, 일정한 상황에서라면 일정한 행위(부작위를 포함한다)를 취하여야 한다는 행태의무(Verhaltenspflichten)에 그 연원을 둔 것이다. 이렇게 보면, 계약책임은 당연히 불법행위책임의 한 유형에 지나지 않고 기껏해야 그 특칙일 뿐이라고 할 수 있을는지도 모른다. 왜냐하면 법은 계약상 채무를 이행할 의무를 일반적으로 부과하고 있기 때문이다. 그러나 민법은 양자를 구분하여 각각 별도의 요건과 효과를 가지는 것으로 정하고 이를 그 체계구성의 기초의 하나로 삼고 있기 때문에, 법기술적으로는 양자를 엄밀하게 구분하여 생각하는 것이 바람직하다.

민법은 채무불이행책임의 내용으로 우선 손해배상채무를 정하고 있고(제390조), 나아가 그 채무가 계약으로부터 발생한 경우에는 채권자가 해제권을 가지게 됨을 정하고 있다(제544조 이하).

2. 채무불이행책임의 발생요건 개관

(1) 채무자가 채무불이행책임을 지게 되는 요건은 둘을 들 수 있다. 하나는 객관적인 채무불이행이 있어야 한다. 민법 제390조에서 정한 "채무의 내용에 좇은 이행을 하지 아니한 때"가 이를 가리킨다. 또 민법 제544조가 "당사자 일방이 그 채무를 이행하지 아니하는 때"라고 규정하는 것도 마찬가지이다. 다른 하나는 채무자에게 채무불이행에 대하여 "책임 있는 사유"가 있을 것이다. 후자에 대하여는 이를 전면적으로 정하는 규정은 없으나, 뒤에서 보는 대로 민법의 여러 규정, 가령 제390조 단서, 제392조, 제397조 제 2 항 후단, 제546조 등을 종합하여 보면 이러한 결론을 내릴 수 있다.

이상이 일반적인 채무불이행책임의 발생요건으로서 이를 원칙적인 책임이라고 한다면, 민법에는 그 밖에도 일정한 한정적인 경우에 대하여 채무자의 채무불이행을 이유로 일정한 내용의 책임을 부과하는 규정이 존재한다. 그 대표적인 것으로서는 매도인이나 수급인 등의 담보책임(제569조 이하, 제667조 이하)[1]

---

1) 그 외에 증여자의 담보책임에 관한 규정(제559조)도 들 수 있을 것이다.

을 들 수 있다. 물론 매도인 등의 담보책임이 채무불이행책임인지는 논란이 있
으나,[2] 어떠한 견해를 취하든지 간에 적어도 이들 책임이 채무불이행책임과 밀
접한 관련이 있는 것임은 부인할 수 없다. 그리고 채권자지체책임도 채권자의
수령의무 위반으로 인한 법적 책임으로서 그 본질을 채무불이행책임이라고 이
해하는 견해도 있다.[3]

　　(2) 채무불이행의 발생요건에 관하여 종전의 학설은 대개 다음과 같은 설
명방식을 취하여 왔다. 우선 채무불이행을 이행지체·이행불능·불완전이행 등
으로 나누고, 그 각각에 대하여 객관적 요건과 주관적 요건(귀책사유)의 양자를
설명하는 것이다.[4] 그러나 이러한 설명방식은 특히 귀책사유에 관하여 동일한
내용을 반복하는 것이 되어 비합리적이다. 그리고 더욱 중요한 것은 이러한 설
명방식이 객관적 채무불이행을 이행지체·이행불능·불완전이행의 세 유형에
폐쇄적으로 한정시키는 태도, 나아가서는 이들 3유형을 각각 독립한 청구권의
발생요건으로 여기는 태도로 연결된다는 것이다.

　　그러나 위와 같은 태도는 일견 체계구성상의 미감을 만족시킬는지는 몰라
도, 계약으로부터 발생하는 채무의 구체적인 내용에 좇아 극히 다양하게 존재할
수 있는 불이행의 모습을 억지로 그 가운데 어느 하나로써 설명하려는 무리를
범하기 쉽다. 또한 불완전이행을 "이행지체·이행불능 이외의 모든 채무불이행"
이라고 파악하고 이에 공통된 요건을 제시하지 않는 것은 아무런 설명력도 없는
공허한 정식일 뿐이다. 나아가 불완전이행의 요건에 대하여 종전에는 (i) 이행행
위가 있었으나 (ii) 이행이 불완전할 것 등으로 통일적으로 설명되고 있었으나,[5]
최근에는 이를 다시 급부의무 위반의 불완전이행·부수적 주의의무 위반의 불완
전이행·보호의무 위반의 불완전이행의 셋으로 나누어 설명하는 견해도 있다.[6]
그리고 불완전이행과 적극적 채권침해(또는 적극적 계약침해)의 관계라는 주제도
그것이 용어상 불일치라는 차원을 넘어서 실질적인 효과상 차이를 가져오는

---

2) 제 3 장 I. 2. 참조.
3) 제 1 장 Ⅳ. 1. (2) 참조.
4) 곽윤직·김재형, 채권총론, 84면; 김주수, 채권총론, 97면; 김증한·김학동, 채권총론, 74
　면; 김상용, 채권총론, 100면; 김형배, 채권총론, 150면. 채무불이행책임으로서의 손해배
　상뿐만 아니라, 해제권의 발생에 관해서도 위와 같이 설명하였다.
5) 곽윤직·김재형, 채권총론, 108면; 김용한, 채권법총론 161면; 김증한·김학동, 채권총론,
　109면; 이은영, 채권총론, 236면.
6) 김형배, 채권총론, 152면 이하; 김상용, 채권총론, 137면.

두 영역의 경계획정의 문제로 확대되고 있다. 또한 가령 이행거절과 같이 충분히 별도의 유형으로 파악할 수 있는 전형적인 불이행의 모습을 외면하게 된다.

그러므로 주로 독일 민법학의 영향으로밖에[7] 설명되지 않는 위와 같은 「폐쇄적 3유형」의 입장은 폐기되어야 한다. 그리고 채무불이행책임의 요건은 객관적인 채무불이행과 주관적인 귀책사유의 둘로 환원하고, 그중 전자에 대하여는 민법이 정면에서 인정하고 있는 유형, 즉 법정유형으로서의 이행불능과 이행지체를 포함하여 다양한 파악이 가능할 것이다(그 구체적인 내용에 대하여는 뒤의 Ⅲ. 참조).

3. 계약상 의무의 구조

(1) 채무불이행법 전반을 적절하게 이해하기 위하여 제390조 본문에서 정하는 「채무의 내용」의 구조를 파고 들어갈 필요가 있다. 채무불이행은 바로 그와 같이 이해된 「채무의 내용」의 불실현 또는 위반이라고 이해할 수 있다. 이러한 관점에서 우선 채무의 내용에 관하여 살펴보기로 한다. 주의할 것은 여기서 논의되고 있는 채무의 내용이란 주로 계약으로부터 발생하는 채무를 염두에 두고 있다. 그 밖에 법률에 기하여 발생하는 채무의 경우에 그 채무의 내용은 주로 법률의 해석 문제이기 때문이다.

계약에 기하여 채무자가 채무를 부담한다고 하더라도 채무의 이행을 위하여 채무자가 구체적으로 하여야 할 행위는 다양하게 존재한다. 이와 같이 채무자가 부담하는 행위의무와 관련하여 주된 의무(주의무主義務 또는 급부의무)와 기타의 의무를 구분할 필요가 있다. 물건 매매계약의 예를 들어 보면, 당사자들이 그와 같은 계약을 체결하는 전형적이고 일반적인 목적을 직접적으로 충족시키기 위한 행위로서는 매도인이 부담하는 소유권 및 점유의 이전행위와 매수인이 부담하는 대금지급행위를 꼽아야 할 것이다. 이러한 행위는 급부결과(채무자의 급부를 통하여 채권자가 획득하려고 하는 이익)의 실현을 내용으로 하는 것으로서(급부결과 실현행위로서의 급부행위), 그와 같은 채권관계 자체가 성립될

---

7) 독일 민법은 2002년 개정 전까지 이행불능과 지체의 둘만을 정하고 있었기 때문에, 판례·학설에 의하여 인정된 「적극적 채권침해」 또는 「불완전이행」의 한 가지 유형 안에 기타의 채무불이행유형을 포괄하여 설명하였다. 그러나 우리 민법은 이른바 포괄주의를 취하고 있기 때문에, 법정유형 이외에는, 불법행위와 있어서와 마찬가지로 다양하고 신축성 있는 유형화가 가능하다.

수 있는 기초가 되고,[8] 뿐만 아니라 채권관계의 법적 성질을 결정하는 기준이
된다. 또한 매매계약과 같은 쌍무계약에서는 서로 목적구속관계, 즉 당사자들
이 채무를 부담하는 이유가 바로 상대방에 대하여 그러한 행위에 대한 청구권
을 취득하기 위한 것이라는 관계(이른바 「받기 위하여 주는」 관계)에 있다. 그리
고 계약에서는 원칙적으로 이러한 의무의 불이행만이 계약의 해제권을 발생시
킨다.[9]

　　이러한 주된 의무의 불이행으로 말미암아 발생하는 손해배상채권(그것이
전보배상을 내용으로 하는 것이든, 지연배상을 내용으로 하는 것이든 불문한다) 또는
계속적 계약관계의 종료 후에 발생하는 원상회복의무(가령 임차인의 목적물 반환
의무나 임대인의 보증금 반환의무)는 원래의 주된 의무가 1차적 급부의무(primäre
Leistungspflicht)라고 불리는 데 대하여 2차적 급부의무(sekundäre Leistungsp-
flicht)라고 하여 구분하여 부르는 경우도 있다. 이러한 개념을 인정할 실익은
많은 경우에 후자를 전자의 연장으로 인정하여 후자에 대하여도 원래의 급부
의무에 적용되는 법리를 적용하려는 데 있다.

　　(2) 그러나 채무자는 단순히 급부행위를 하는 것만으로는 부족하다. 일반
적으로 채무자는 급부결과의 취득으로써 채권자가 달성하고자 하는 경제적인
목적을 충분히 달성할 수 있도록 배려하지 않으면 안 된다. 즉, 위와 같은 급
부의무를 전제로 하여 이 급부의무를 중심으로 성립하는 채권관계가 목적을
달성할 수 있도록 주의와 배려를 할 의무를 부담한다. 이러한 의무는 법률에서
명시적으로 정해져 있는 경우도 있다.[10] 그러나 이러한 규정이 없더라도, 급부
의 성질과 계약의 목적 등에 따라서 다른 내용과 범위로 이러한 부수의무가
성립할 수 있다. 이러한 행위의무는 급부 그 자체의 실현은 아니나, 급부이익
의 보호를 내용으로 하는 것으로, 가령 목적물의 용법이나 하자(위험성)를 설명
할 의무가 이에 속한다. 이러한 의무는 궁극적으로 신의칙을 근거로 하는 계약
의 해석으로부터 도출된다.

---

8) 매도인의 소유권 등의 이전채무 또는 매수인의 대금지급채무가 애초부터 존재하지 않은
　매매계약관계란 성립할 수 없다.
9) 대판 1968. 11. 5, 68다1808; 대판 1976. 4. 27, 74다2151 참조.
10) 임차인의 인용의무(제624조), 통지의무(제634조), 수임인의 보고의무(제683조) 등이 이
　에 속한다. 이러한 규정은 계약의 내용을 보충하는 의미를 가지는 임의법규의 성질을 가
　진다.

우리나라에서는 그 밖에 별도로 보호의무를 드는 견해도 있다.[11] 그에 따르면 부수의무가 채권자의 급부이익(이행이익)의 보호를 위한 채무자의 의무로서 급부의무에 부수하는 의무라고 한다면, 보호의무는, 채권자와 채무자와 같이 서로 일정한 특별결합관계(Sonderverbindung)에 서게 된 당사자가 부담하는 급부이익 외에 상대방의 인신과 재산에 대한 침해가 일어나지 않도록 주의할 의무를 말한다. 그러나 보호의무를 계약상 의무로 볼 것인가에 대하여는 논란이 되고 있다.

Ⅱ. 채무불이행의 구체적인 양상 ─ 그 유형

1. 채무불이행의 유형

(1) 계약에 따라 발생하는 채무는 계약자유의 원칙으로 말미암아 극히 다양한 내용을 가진다. 채무불이행도 극히 다양한 모습으로 나타난다. 그러므로 채무불이행에 대한 법적 규율의 내용을 파악하려면 우선 채무불이행의 여러 가지 모습을 일정하게 유형화하는 것이 필요하다. 실제로 민법은 일정한 유형의 채무불이행을 명문으로 규정하고 있다. 이행불능(제390조 단서, 제537조, 제538조 제 1 항: 이행할 수 없게 된 때, 제546조: 이행이 불능하게 된 때), 이행지체(제395조: 이행을 지체한 경우, 제387조: 지체책임)가 그것이다. 그리고 이에는 법적 효과에서 일정한 차이가 수반된다. 이들은 법정유형(Legaltypen)으로서, 실제로도 채무불이행과 관련한 법문제를 정리하는 데에 중요한 기능을 수행한다.

(2) 그러나 민법이 채무불이행을 이러한 유형에 한정하였다고 볼 이유는 없다. 채무불이행책임의 가장 중요한 내용의 하나인 손해배상청구권에 관하여 정하는 제390조 본문은 "채무자가 채무의 내용에 좇은 이행을 하지 아니한 때에는 채권자는 손해배상을 청구할 수 있다."라고 정한다. 여기서 손해배상청구권의 발생요건으로 들고 있는 "채무의 내용에 좇은 이행을 하지 아니한 때"란, 채무자가 애초 아무런 이행도 하지 아니한 경우뿐만 아니라, 어떠한 이행을 하기는 하였으나 그것이 채무의 내용에 좇은 것이 아닌 경우 등도 포함한다. 이것은 채무불이행에 관하여 어느 하나의 유형을 지시하는 것이 아니라 상정가

---

11) 김형배, 채권총론, 231면 이하. 보호의무론에 대하여는 우선 이은영, 채권총론, 191면 참조.

능한 모든 경우를 포괄적·일반적으로 정하는 것이라고 할 수 있다. 말하자면 민법은 채무불이행에 관하여 일반조항주의를 취하고 있는 것이고, 가령 2002년 개정전의 독일 민법과 같이 열거주의를 취하고 있지 않다.[12]

2. 이행불능

우선 이행불능 일반에 관한 논의를 하고, 이어서 채무불이행책임의 객관적 요건으로서의 이행불능에 대하여 살펴보기로 한다.

(1) 이행불능의 의의

원래 이행불능이란 채무의 내용에 좇은 이행을 하는 것이 종국적으로 불가능한 것을 말한다. 여기서 '불가능'이란 단지 채무자가 주관적으로 불가능하다고 생각하는 것이 아니라, 사회의 일반적인 관념으로 보아 채무자로부터 채무의 이행을 기대할 수 없다는 것을 의미한다. 따라서 이에는 용과 같은 상상물이나 이미 멸실한 특정물의 인도와 같이 누구나 절대로 할 수 없는 경우뿐만 아니라, 태평양 한 복판에 빠뜨린 반지를 찾아내는 것과 같이 절대적으로 불가능이라고는 할 수 없어도 그 실현을 기대하는 것이 사회관념상 도저히 기대될 수 없는 경우도 포함한다.[13]

그러나 채무자의 일신상 사유로 이행할 수 없는 경우에도 이행불능이 인정될 수 있다. 무대에 출연할 채무를 부담하는 가수가 심한 감기에 걸려 노래를 부를 수 없다든가, 채무자가 채무의 이행에 반드시 필요한 기능을 갖추지 못하였다는 경우 등이 그것이다. 그러나 금전채무에 대하여는 일반적으로, 그리고 종류채무에 대하여는 종류물이 유통 중이어서 시장에서 구입할 수 있는 한 원칙적으로, 각기 이행불능이 인정되지 않는다.

이행불능은 앞에서 본 대로 민법이 정면에서 인정하고 있는 채무불이행유형으로서, 민법은 이에 다양한 법률효과를 결합시키고 있다. 이행불능의 특색은 일단 이행불능이 인정되면 이제 원래의 급부를 청구할 수 없게 되며, 이에

---

12) 곽윤직·김재형, 채권총론, 83면; 김상용, 채권총론, 135면; 김주수, 채권총론, 119면; 김형배, 채권총론, 220면; 이은영, 채권총론, 201면. 다만 김증한·김학동, 채권총론, 75면은 민법이 채무불이행에 관하여 열린 입장을 취하였다고는 할 수 있지만 제390조를 내세워 민법이 채무불이행에 관하여 일반조항주의를 취하였다고 할 수는 없다고 한다.
13) 곽윤직·김재형, 채권총론, 99면; 김상용, 채권총론, 127면; 김주수, 채권총론, 111면; 김증한·김학동, 채권총론, 101면; 김형배, 채권총론, 190면; 이은영, 채권총론, 227면.

따라 채권관계의 내용에 결정적인 변화가 생겨서 채권자는 전보배상을 청구하거나 계약을 당장에 해제하는 등의 법적 장치로써 자신의 이익을 도모할 수밖에 없다는 점에 있다. 따라서 어떠한 경우에 이행불능을 인정할 것인가도 채권자에게 이행청구권을 여전히 보유함을 전제로 한 채권관계에 고착시키는 것이 타당한가, 아니면 —전보배상 또는 해제로— 즉각적인 방향전환을 가능하도록 할 것인가라는 평가적인 판단에 기초하여 이루어져야 한다.

(2) 이행불능의 종류

이행불능은 다양하게 분류될 수 있다.

(가) 원시적 불능, 후발적 불능

이는 이행불능이 된 시점을 기준으로 하는 분류이다. 채권이 성립하기 전에 불능이 되었으면 이는 원시적 불능이고, 그 후에 비로소 불능이 되었으면 후발적 불능이라고 부른다. 이 구분이 민법에서 의미를 가지는 것은 제535조가 원시적 불능인 급부(뒤의 (나)에서 보는 대로 원시적 객관적 불능의 급부에 한정된다)를 내용으로 하는 계약을 무효라고 하는 전제에 서 있기 때문이다. 또 불능 조건에 관한 제151조 제3항("조건이 법률행위의 당시에 이미 성취할 수 없는 것인 경우")도 이러한 구분의 당위성을 뒷받침한다.

채무불이행책임에서 문제되는 것은 주로 후발적 불능이지만, 원시적 불능도 그것이 주관적 불능이면 채무불이행책임이 발생한다.

(나) 주관적 불능, 객관적 불능

이행불능이 채무자 한 사람에게 특유한 사유로 인한 것이면 주관적 불능이고, 제3자에게도 일반적으로 존재하는 사유로 인한 것이면 객관적 불능이다. 원시적 불능을 이유로 계약이 무효가 되는 것은 그것이 객관적 불능인 경우에 한정되고, 원시적·주관적 불능은 채무불이행의 문제로 처리하여야 한다. 그리고 후발적 불능에서는 객관적 불능과 주관적 불능의 구분은 별다른 의미가 없다.

(다) 전부불능, 일부불능

급부가 가분인 경우에 그 전부가 이행불능이면 전부불능이고, 그 일부가 이행불능이면 일부불능이다.

(3) 이행불능의 구체적인 태양

이행불능은 실제의 사건에서 다양한 모습으로 인정되는데, 이를 정리하면 다음과 같다.

(가) 물리적 불능

이는 자연법칙상의 이유로 급부의 실현이 절대적으로 불가능한 경우를 말한다. 전형적인 예는 특정물인도채무에서 목적물이 멸실하는 것이다. 가령 임대차목적물이 불에 타서 멸실됨으로써 임차인의 반환의무가 이행불능이 된 경우,[14] 양곡 가공도급계약에 의하여 수급인의 도정공장에서 보관 중이던 양곡이 화재로 인하여 소실한 경우[15] 등이 그것이다. 부대체적 작위채무에서 채무자가 사망한 경우도 이에 해당한다.

(나) 법적 불능

이는 물리적으로 불가능한 것은 아니나, 법률에 의하여 그 이행이 금지되거나 법리상 불가능한 경우를 말한다. 일정한 물품의 매매계약 후에 그 물품에 대한 사적인 거래 또는 이행이 법률에 의하여 전면적으로 금지된 경우,[16] 무역거래에서 수출국이 교역금지명령(embargo)을 내린 경우, 채무자의 다른 채권자에 의하여 목적물이 압류된 경우,[17] 자기 소유의 물건을 매수하는 계약을 체결한 경우 등이 이에 해당한다.

(다) 사실적 불능

이는 물리적으로나 법적으로 불가능한 것은 아니지만, 채무자가 그 이행을 기대할 수 없는 사실적인 장애가 발생한 경우를 말한다. 대표적인 예로는 부동산의 이중양도를 들 수 있다. 예를 들어 갑이 부동산을 을에게 매도한 다음, 이를 다시 병에게 매도하고[18] 소유권등기를 이전함으로써 병이 목적물의

---

14) 대판 1969. 3. 18, 69다56; 대판 1980. 11. 25, 80다508 등.

15) 대판 1964. 4. 28, 63다617.

16) 대판 1975. 8. 29, 75다765는, 입목을 벌채하여 양도하기로 하는 계약 후에 영림당국이 영림계획을 변경함으로 말미암아 그 입목의 벌채가 금지된 사안을 다루고 있다. 이는 법적 불능의 한 예라고 하겠다.

17) 단지 목적물에 가압류 또는 처분금지가처분(대판 1988. 9. 13, 86다카191 참조)이 된 데 그치는 경우에는, 소유자가 여전히 이를 처분할 수 있으므로 그 목적물이전채무가 이행불능이라고 할 수 없다.

18) 대판 1959. 9. 24, 4291민상423은, 제2의 매매계약을 체결한 것만으로는 아직 이행불능이라고 할 수 없다고 한다.

소유권을 취득한 경우에는, 갑에게 그 부동산의 소유권을 다시 취득할 가능성
이 남아 있지 않은 한, 갑의 을에 대한 소유이전등기의무는 이행불능이 된
다.[19] 이러한 판례의 준칙은 비단 이중양도 사안에 한정되지 아니하고, 어떠한
원인에서든지 동일인이 여러 사람에게 동일부동산의 소유권등기를 이전할 의
무를 부담하는데 그중 한 사람에게 소유권등기를 이전한 경우에는 다른 사람
에 대한 소유권이전채무는 특별한 사정이 없는 한 이행불능이 되었다고 한
다.[20] 특정물인도채무에서 그 물건이 분실되었거나 도난당한 경우,[21] 절대적인
정기행위에서 그 기일이 도과한 경우에도 이를 인정할 수 있다.

이러한 사실적 불능에는 이른바 윤리적 불능이 포함된다. 이는 급부의 실
현이 채무자에게 참을 수 없을 정도로 양심의 갈등을 초래하기 때문에 그 이
행을 기대할 수 없는(unzumutbar) 경우를 말한다. 예를 들면 가수가 특정한 일
자에 공연하기로 하였는데 공연일에 그 자식이 중병으로 사경에 있다면, 그 채
무는 이행불능이 되었다고 평가된다.

한편 경제적 불능도 이행불능이라고 할 것인가에 대하여는 논의가 있다.
이는 채무자에게 급부 그 자체를 실현할 것을 구한다면 그에게 감당할 수 없
는 희생을 강요하는 것이 되는 경우를 말한다(이는 사정변경의 법리와도 관련되는
문제이다). 가령 전쟁으로 말미암아 물자가 귀하게 되어 인도하여야 할 목적물
을 시장에서 구할 수 없는 것은 아니나 그 구입에는 엄청난 대가를 지급하여
야 하는 경우가 이에 해당한다. 단순히 구입비용이 현저히 증가하였다는 사정
만으로는 이행불능을 인정할 수 없으나, 그것이 비상한 곤란과 결합되어 채무
자를 실제로 경제적 파멸로 이끄는 결과가 될 경우나 사정변경 후에 원래의
내용대로 급부를 하는 것이 원래 약속하였던 것과 내용적으로 완전히 다른 것
으로 평가되는 경우에는 이를 인정할 수 있을 것이다.[22]

---

19) 대판 1965. 7. 27, 65다947.
20) 가령 대판 1982. 12. 28, 82다카984(명의수탁자가 명의신탁이 해지된 후에 제 3 자에게 소
  유권등기를 이전한 사안).
21) 대판 1990. 12. 11, 90다카27129.
22) 이러한 경우에 이행불능이 아니라 사정변경의 원칙 또는 행위기초의 상실이론으로 해결
  해야 한다는 견해로 김상용, 채권총론, 128면; 김증한 · 김학동, 채권총론, 101면; 김형배,
  채권총론, 191면.

(4) 채무불이행책임의 요건으로서의 이행불능

(가) 민법은 원시적 · 객관적 불능의 급부를 목적으로 하는 계약은 무효라고 하는 입장을 취하고 있다(제535조 참조). 따라서 그러한 불능은 애초 채권을 발생시키지 않기 때문에 채무불이행책임 문제는 발생하지 않는다. 채무불이행책임이 문제되는 것은 원시적 · 주관적 불능의 경우와 후발적 불능의 경우뿐이다.

(나) 이행불능이라고 하려면 그것은 종국적인 것, 즉 영구적 불능이어야 한다. 따라서 이행기 전에 일시적으로 이행이 불가능하게 된 것을 이행불능이라고 할 수 없으며, 이행기 전이라도 이행불능이 되면 이행기의 도래와는 무관하게 그 이후로는 이행불능에 따르는 법률효과의 발생을 인정하여야 한다. 그리고 이행지체 후에 이행불능이 된 경우는 이행불능에 관한 법리로 다룬다.[23]

다만 일단 이행불능으로 평가되는 이행장애사유가 발생하였더라도 나중에 예외적으로 그 장애가 제거되는 경우가 있다. 가령 인도목적물인 특정물이 도난당하였는데 나중에 현물을 회수한 경우가 그러하다. 채무불이행책임은 궁극적으로 채권자의 이행이익을 달성하는 것을 목적으로 하는데 이제 그것이 달성될 수 있게 된 마당에 굳이 전보배상의 방법으로써만 채권자에게 만족을 주어야 할 이유가 없으므로, 이행불능의 치유를 인정하고 이행불능은 애초부터 없었던 것으로 다루어야 한다.

[판결 1] 부동산의 이중양도와 이행불능: 대판 1975. 5. 13, 75다55

부동산매매에 있어서 매도자가 그의 피상속인이 생전에 그 목적물을 타인에게 이미 매도하여 그 타인에게 소유권이전등기를 하여 줄 의무가 있음에도 불구하고 제 3 자에게 다시 양도하여 소유권이전등기를 경유한 때에는 특별한 사정이 없는 한 매도자가 그 타인에게 대하여 부담하고 있는 소유권이전등기의무는 이행불능의 상태에 있다고 봄이 상당하다. 본건에 있어서 피고 A가 본건 부동산을 피고 B에게 매도하여 그 소유권이전등기를 경유하였으니 비록 그 이전에 이미 피고 A의 선대인 소외 망 C가 동 부동산을 피고 D에게 매도하여 피고 A가 망인의 상속인으로서 피고 D에 대한 소유권이전등기의무를 승계하였다

---

23) 곽윤직 · 김재형, 채권총론, 90면; 김상용, 채권총론, 128면; 김주수, 채권총론, 103면; 김증한 · 김학동, 채권총론, 108면; 김형배, 채권총론, 176면; 이은영, 채권총론, 208면.

할지라도 피고 A의 피고 D에 대한 그 의무는 이행불능상태에 이른 것이다. 원심 1974. 4. 17. 10 : 00시의 5차 변론기일에 진술된 같은해 4. 17.자 준비서면에 의하면 피고 A는 그와 같은 취지의 항변을 하고 있음을 엿볼 수 있으니 피고 A로 하여금 피고 D에 대하여 소유권이전등기절차의 이행을 명할 수 없음이 명백하다(본원 1967. 2. 7. 선고 66다2206 판결 참조). 그럼에도 원심이 피고 B에 대한 소유권이전등기의 말소청구를 배척하면서 피고 A로 하여금 피고 D에게 소유권이전등기절차를 이행할 것을 명하였음은 이행불능의 법리를 오해한 것이 되어 나머지 상고이유에 대한 판단을 할 것도 없이 이 점에서 원판결은 파기를 면치 못할 것이다.

질문

(1) 부동산 이중양도의 경우에 매도인의 소유권이전등기의무가 이행불능이라고 할 수 있는가?

(2) 이행불능을 판단하는 기준은 무엇인가?

(3) 부동산 이중양도의 경우에 어떠한 요건 하에서 어떠한 방법으로 제 1 매수인이 소유권이전등기를 청구할 수 있는가? 이와 관련해서는 제 7 편 제 4 장 사회질서 위반 부분도 참조.

3. 이행지체

(1) 이행지체의 의의

이행지체란, 채무의 이행기(또는 '변제기'라고도 한다)가 도래하였는데도 채무의 내용에 좇은 이행이 이루어지지 아니한 것을 말한다. 위에서 본 대로 채무의 이행기가 도래하기 전에 이행불능이 일어나면 이행불능에 관한 법리에 의하여 처리되므로, 이행지체를 논할 필요가 없다.

이행지체는 민법이 정면에서 인정하고 있는 채무불이행의 한 유형이다(가령 제392조, 제395조 참조).[24] 이행불능이 일반적으로 현저한 이행장애사유의 발생으로 말미암아 이행이 객관적으로 좌절된 상태인 데 반하여, 이행지체는 단

---

24) 그 밖에 제544조는 그 표제를 "이행지체와 해제"라고 하고 있으나, 그 규정의 내용은 이행지체에 한정되지 않고 오히려 민법 제546조에서 정하는 이행불능 이외의 모든 채무불이행에 대하여 정하는 것("당사자 일방이 그 채무를 이행하지 아니하는 때에는")이라고 이해함이 상당하다.

지 이행기에 채무의 내용에 좇은 이행이 이루어지지 않았다는 단순한 기준시점의 도과라는 객관적·일의적으로 정하여질 수 있는 사정에 기하여 발생한다는 점에서 가장 간이하게 인정되는 채무불이행유형이다.

(2) 채무의 이행기

이행지체가 되려면 우선 채무의 이행기가 도래하여야 한다. 그러나 나아가 이행기가 도래하였다고 하여서 반드시 이행지체가 되는 것은 아니다. 채무의 이행에 관하여 기한의 정함이 있는지에 따라 나누어 살펴보기로 한다.

(가) 확정기한 있는 채무

채무의 이행에 관하여 확정기한이 있는 때에는 그 기한이 도래한 때부터 지체책임, 즉 이행지체로 인한 채무불이행책임이 발생한다(제387조 제 1 항 본문). 가령 차용한 금전을 2008년 3월 10일까지 반환하기로 하는 채무의 경우에는 동년 3월 11일부터 지체책임을 지며, 이 경우에는 채권자가 이행을 최고할 필요가 없다.

이에 대하여는 약간의 예외가 있다. (a) 증권채권, 즉 지시채권과 무기명채권의 채무자는 그 이행에 관하여 기한이 정하여져 있더라도 그 기한이 도래한 후 채권증서의 소지인이 그 증서를 제시하여 이행을 청구한 때에 비로소 지체책임을 진다(제517조, 제524조. 상 제65조 참조). 이는 유가증권의 제시증권성에 기한 것이다. 면책증권의 경우에도 마찬가지이다(제526조). (b) 추심채무 기타 채무의 이행에 관하여 먼저 채권자의 협력이 요구되는 경우에는, 채권자가 먼저 필요한 협력 또는 그 제공을 하고 이행의 최고를 하지 않으면, 확정기한이 도래한 것만으로는 이행지체가 되지 않는다. 가령 채권자가 제공하는 재료를 가공하는 채무 등이 그러하다.

(나) 불확정기한 있는 채무

채무의 이행에 관하여 불확정기한이 붙은 때에는 채무자는 그 기한이 도래하였음을 안 때부터 지체책임을 진다(제387조 제 1 항 후단). 물론 이 경우 그 기한이 도래하면, 채무는 이행기에 있는 것이다. 그러나 채무자가 알지 못하는 사이에 지체책임을 지우는 것은 채무자에게 가혹하므로 위와 같이 정한 것이다. 물론 채무자가 그 도래를 안 날에 이행하였다면 지체책임을 지울 것이 아니며, 채무자는 그 안 날의 다음 날부터 지체책임을 진다.

한편 불확정기한의 도래 후에 채권자의 최고가 있는 경우에는, 아래 (다)에서 보는 기한의 정함이 없는 채무의 경우와 균형상 비록 그 기한의 도래를 알지 못하였어도 그때부터 지체책임을 진다.[25]

(다) 기한의 정함이 없는 채무

채무의 이행에 관하여 기한의 정함이 없는 경우에는 채무자는 채권자로부터 이행의 청구, 곧 최고를 받은 때부터 지체책임이 있다(제387조 제 2 항). 이행기의 정함이 없는 채무는 그 발생과 동시에 이행기에 있으며, 따라서 채무자는 언제라도 이행의 제공을 할 수 있고(이를 수령하지 않으면 채권자는 채권자지체에 빠진다), 또 채권자는 언제라도 이행의 청구를 할 수 있다. 다만 채무자에게 지체책임을 물으려면 최고를 해야 한다.

채권자의 최고는 이행을 청구당하는 채무의 동일성을 인식할 수 있으면 충분하고, 수량이나 금액이 정확하게 진실한 채무 내용과 일치할 필요는 없다.[26] 또 최고는 채무자에게 도달하면 충분하며, 그 방법에는 제한이 없다. 가령 이행청구소송의 소장이나 지급명령의 송달은 최고라고 평가될 수 있다. 일단 소장의 송달이 있으면 뒤에 소가 취하되거나 소의 제기가 절차상 무효라고 하더라도 최고의 효력에는 영향이 없다. 한편 최고에 10일 이내에 또는 월말까지라는 등으로 이행의 기한이 붙어 있으면 그 기간이 도과함으로써 이행지체가 된다.

이상에 대하여는 약간의 예외가 있다. (a) 기한의 정함이 없는 소비대차에 기한 반환채무에 관하여는, 대주가 상당한 기간을 정하여 반환을 최고하여야 한다(제603조 제 2 항). 기간을 정함이 없거나 정한 기간이 상당하지 아니한 때에는 최고의 도달 시부터 상당한 기간이 경과한 후에 비로소 이행지체가 된다. (b) 일반적으로 법률의 규정에 기하여 발생하는 채무는 이행기의 정함이 없는 채무에 해당한다. 따라서 원칙적으로는 채권자의 최고가 있어야 비로소 이행지체가 된다. 그러나 판례는 불법행위로 인한 손해배상채무의 경우에는 그 채무가 발생한 날부터 지체책임을 진다는 태도를 취하고 있다.[27]

---

25) 곽윤직·김재형, 채권총론, 87면; 김상용, 채권총론, 119면; 김주수, 채권총론, 100면; 김증한·김학동, 채권총론, 96면; 김형배, 채권총론, 177면; 이은영, 채권총론, 213면.

26) 그러나 지나치게 과다 또는 과소한 최고는 당해 채무에 대한 것으로 평가되지 못할 경우가 있을 것이다.

27) 대판 1966. 10. 21, 64다1102; 대판 1975. 5. 27, 74다1393.

(라) 동시이행항변권을 가지는 채무의 이행지체

확정기한부 채무라도 그것이 쌍무계약으로 발생하고 당사자 쌍방의 채무가 동시에 이행되어야 할 관계에 있는 경우에는(제536조 제 1 항 참조), 채권자가 자신의 채무에 대하여 이행의 제공을 하여 채무자의 동시이행항변권을 소멸시키지 않는 한, 채무자의 채무는 이행지체에 빠지지 않는다. 쌍방 당사자 모두가 이행기에 그러한 이행제공 없이 기일을 도과한 때에는 양자 모두 지체책임을 지지 않는다.

(3) 기한의 이익의 상실

민법은 채무의 이행에 관하여 기한의 정함이 있다고 하더라도 일정한 사유가 발생한 경우에는 채무자가 기한의 이익을 주장하는 것을 금지하고 있다(제388조). 원래 기한은 채무자를 위한 것으로 추정되나(제153조 제 1 항), 경우에 따라서는 그 행위의 성질상 채권자가 단독으로(무상임치. 제698조 참조) 또는 채권자와 채무자 쌍방이(이자부 소비대차 등) 기한의 이익을 가진다고 보아야 할 경우도 있다. 제388조는 채무자가 기한의 이익을 가지는 통상의 경우를 전제로 하는 것이다.

그 경우에 기한이 도래할 때까지 채무자의 재산상태가 악화되는 등으로 신용의 기초가 상실된 때까지도 채권자에게 기한의 도래를 기다려서야 비로소 채권을 행사할 수 있다고 한다면 이는 채권자에게 가혹하다. 그러므로 민법은 다음과 같은 경우에는 채무자로 하여금 그 의사에 불구하고 기한의 이익을 주장하지 못하도록 한다. 이를 기한의 이익 상실이라고 한다(한편 기한의 이익 포기에 대하여는 제153조 제 2 항 참조).

(가) 채무자가 담보를 손상, 감소 또는 멸실하게 한 때(제 1 호)

여기서 '담보'란 저당물과 같은 물적 담보와 보증과 같은 인적 담보(보증인의 살해가 그 예라고 한다)를 모두 포함한다. 채무자의 일반재산이 이에 속하지 않음은 물론이다. "손상, 감소 또는 멸실"이란 요컨대 담보가치를 전부 또는 일부 상실시키는 것을 말한다. 저당물이 다른 채권자에 의하여 경매에 붙여져서 저당권이 소멸된 경우도 이에 포함된다. 이러한 행위는 그것이 채무자의 행위에 기한 것인 한 그에 대한 채무자의 고의나 과실은 요구되지 않는다.[28]

---

28) 곽윤직·김재형, 채권총론, 89면; 김상용, 채권총론, 120면; 김주수, 채권총론, 102면; 김증한·김학동, 채권총론, 98면; 김형배, 채권총론, 180면; 이은영, 채권총론, 216면.

(나) **채무자가 담보공여의 의무를 이행하지 아니한 때**(제2호)

채무자가 계약 또는 법률의 규정에 의하여 부담하는 담보제공의 의무에 대하여 채무불이행한 경우를 말한다. 여기서 말하는 '담보'에도 물론 물적 담보와 인적 담보가 포함된다.

그 밖에도 채무자가 파산선고를 받은 때에는 그는 기한의 이익을 상실한다. 또 당사자들의 특약으로 일정한 사유가 발생한 경우에는 기한의 이익을 잃는다고 정하는 경우가 많다. 특히 할부거래에서는 할부구입자가 할부금의 지급을 1회라도 게을리하면 나머지 할부금 전부에 대하여 기한의 이익을 상실한다는 약관조항이 있고, 은행거래약관에서는 채무자가 다른 사람으로부터 강제집행을 당하거나 어음거래소로부터 거래정지처분(이른바 부도)을 당한 경우 등에는 그의 은행에 대한 채무 전부에 대하여 기한의 이익을 상실한다는 조항을 두고 있다. 이러한 기한이익 상실약정이 원칙적으로 유효함은 물론이나, 우선 약관을 사용하여 그러한 약정을 한 경우에는 약관법의 규율을 받으며(동법 제11조 제2항), 할부거래의 경우에는 할부거래에 관한 법률 제10조의 제한을 받는다(동법 제13조도 참조).

이와 같은 사유가 발생한 경우에 채무자는 기한의 이익을 주장하지 못한다. 즉, 이행기가 도래하게 된다. 채권자는 별도의 의사표시를 하지 않고서도 바로 채권을 행사할 수 있고, 그때부터 소멸시효도 진행한다. 그렇다고 해도 위의 규정은 이행기의 도래에 관해서만 규정하는 것이므로, 채무자를 이행지체에 빠뜨리려면 채권자는 이행의 청구, 즉 최고를 하여야 한다. 다시 말하면 기한이익의 상실은 채무를 기한의 정함 없는 것으로 만드는 효과를 갖는다.

[판결 2] 불확정기한: 대판 1989. 6. 27, 88다카10579

원심판결 이유에 의하면 원심은, 피고들은 1986. 7. 26. 원고에게 원판시 점포를 임대하기로 하는 임대차계약을 체결하고 그날 원고로부터 계약금 4,000,000원 같은 해 9. 12. 중도금으로 금 4,000,000원 합계 금 8,000,000원을 수령한 사실, 피고들은 1986. 10. 6. 원고와 사이에 위 임대차계약을 합의 해제하고 원고로부터 지급받은 계약금 및 중도금 합계 금 8,000,000원을 이 사건 점포가 타에 분양 또는 임대되는 때 원고에게 반환하기로 약정한 사실을 인정한 다음 피고들이 위 점포를 타에 임대하였다고 인정할 증거 없고 오히려 피고들은 위 점포가 타에 분양 또는 임대되지 아니하여 그 옆 점포에서 신발류를 판매하는 소외 김만풍이 위 점포를 그의 상품인 신발을 진열하는 데 사용하고 있는 사실이 인정될 뿐이므로 결국 피고들이 원고에게 반환하기로 한 금 8,000,000원의 지급채무의 이행기는 위 점포가 아직 타에 분양 또는 임대되지 아니함으로써 이 사건 변론 종결시까지 도래하지 아니하였다 할 것이라고 판시하고 있다.

그러나 당사자가 불확정한 사실이 발생한 때를 이행기한으로 정한 경우에 있어서 그 사실이 발생한 때는 물론 그 사실의 발생이 불가능하게 된 때에도 이행기한은 도래한 것으로 보아야 하는 것이다.

원심이 확정하고 있는 바와 같이 피고들이 원판시 점포를 다른 사람에게 분양 또는 임대하지 아니하고 소외 김만풍에게 이를 사용하도록 하여 피고들이 그 판시 금원의 반환을 약정한 1986. 10. 5.부터 1년 5개월이 지난 원심변론종결 당시까지도 위 소외인이 위 점포를 점유사용하고 있는 것이라면 특별한 사정이 없는 한 위 점포가 다른 사람에게 분양 또는 임대된다는 사실의 발생은 불가능하게 된 것이라 할 것이고 피고들이 원고에게 반환하기로 한 원판시 금원의 지급채무의 이행기한은 도래한 것으로 보아야 할 것이다.

원심이 위와 같이 판시하여 이건 금원의 지급의무의 이행기가 도래하지 아니하였다고 한 것은 불확정기한의 도래에 관한 법리오해의 위법이 있다 할 것이므로 이 점에 관한 논지는 이유있다.

질문

(1) 불확정한 사실이 발생한 때를 이행기로 정한 경우 그 기한의 도래 여부는 일반적으로 어떻게 판단하는가?
(2) 위와 같은 사실의 발생이 불가능하게 된 때에도 불확정기한이 도래하였다고 볼 수 있다고 하는데, 그 이유는 무엇이라고 생각하는가?
(3) 기한은 조건과 어떻게 구별되는가? 제147조 이하의 규정을 참조하시오.

[판결 3] 기한의 이익의 상실: 대판 1997. 8. 29, 97다12990

[이 유]

상고이유를 본다.

1. 원심판결 이유에 의하면 원심은, 원고는 1982. 4. 30. 피고와 사이에 원고의 막내동생인 소외 A가 피고에 대하여 부담하고 있거나 장래 부담하게 될 단독 혹은 연대채무나 보증인으로서 기명날인한 차용금증서·각서·지급증서상

의 채무와 어음·수표상의 채무, 기타 상거래로 인하여 생긴 모든 채무를 담보하기 위하여 원고의 소유인 부산 부산진구 범일동 850의 134 대 13평 7홉(45.3m²)에 관하여 채권최고액 금 1,500만 원으로 하는 근저당권설정계약을 체결하고 같은 해 5. 28. 채무자를 A, 근저당권자를 피고로 한 이 사건 근저당권설정등기를 마친 사실, A는 그의 셋째 형인 소외 B와 연대하여 1989. 4.경 피고에게 A의 다섯째 형인 소외 C가 1979. 12.경부터 1985. 2.경까지 동준상회 또는 제일상회라는 상호로 피고와 거래하면서 피고에 대하여 부담하고 있던 물품대금채무 중 금 34,179,920원을 지급하겠다고 약정한 사실을 인정한 다음, A가 위 연대변제약정에 의하여 부담하는 물품대금채무는 민법 제163조 제 6 호 소정의 상인이 판매한 대가에 해당하여 그 채권은 3년의 단기소멸시효에 걸리는 채권이라고 할 것인데, 위 연대변제약정을 한 시점은 1989. 4.경으로서 그 때로부터 3년이 경과하였음은 역수상 명백하고 또 근저당권의 확정된 피담보채무가 시효로 소멸한 때에는 원고와 같이 물상보증인의 지위에 있는 자도 이를 원용하여 근저당권설정계약을 해지하고 그 설정등기의 말소를 청구할 수 있다 하여 이 사건 근저당권의 말소등기절차의 이행을 구하는 원고의 이 사건 청구를 인용하였다.

그런데 이 사건 기록에 의하면, 피고는 원심의 각 변론기일에, C가 1986. 5. 31. 그의 피고에 대한 외상 잔고가 금 34,464,720원임을 확인하였다는 주장(1997. 1. 13.자 준비서면, 기록 제373면)을 하고, A가 위 연대변제약정과 아울러 동일한 금액에 대하여 지급기일이 1992. 4. 30.인 약속어음을 발행하였다는 주장(1996. 10. 23.자 준비서면, 기록 제230면)도 하였으며, 또한 피고 자신은 1993. 12.경 저당목적물에 대한 경매신청을 하였다는 주장(1997. 1. 13.자 준비서면, 기록 제374면)을 하였는바, 외상 잔고 확인의 주장은 채무승인(이는 시효완성 전의 채무에 대하여는 시효중단의 효력이 생기고 시효완성 후의 채무에 대하여는 시효이익을 포기한 것으로 추정된다고 할 것이다. 당원 1967. 2. 7. 선고 66다2173 판결 참조)의 주장이라고 볼 수 있고, 어음 발행의 주장은 변제기에 관한 약정이 있었음을 주장하여 소멸시효의 기산점을 다투는 취지라고 볼 수 있으며, 경매신청의 주장은 압류에 의한 시효중단을 주장한 것으로 볼 수 있을 것인데, 원심이 채택한 을 제 2 호증(변제각서)의 기재에 의하면, A는 위 연대변제약정에 의하여 피고에 대하여 부담하는 채무를 1989. 4. 1.부터 1991. 12. 30.까지는 대체로 3개월마다 금 200만 원 또는 금 300만 원씩 분할하여 변제하고 1992. 1.부터 같은 해 4. 30.까지는 매월 말에 금 250만 원씩 분할하여 변제하기로 하되 위 분할변제기한을 1회라도 지체하였을 때는 기한의 이익을 잃는 것으로 특약한 사실이 인정되고, 을 제 3 호증(백지어음보충권부여증)의 기재에 의하면, A가 위 연대변제약정과 동시에 피고에게 그 채무액과 동일한 금액을 최고한도로 하여 어음금액을 백지로 하고 그 지급기일을 위 연대변제약정상의 최종 분할 변제기일에 맞춘 1992. 4. 30.로 한 약속어음을 발행한 사실을 인정할 수 있으며, 갑 제 1 호증(등기부등본)의 기재에 의하면, 채권자인 피고는 A가 위 분할변제약정을 이행하지 아니하자 이 사건 근저당권에 기하여 그 목적물인 원고 소유의 위 부동산에 대하여 임의경매신청을 하여 이에 따라 부산지방법원 1995. 1. 27.자 경매개시결정의 기입등기가 같은 해 2. 2. 경료된 사실을 알 수 있다.

2. 기한이익 상실의 특약은 그 내용에 의하여 일정한 사유가 발생하면 채권자의 청구 등을 요함이 없이 당연히 기한의 이익이 상실되어 이행기가 도래하는 것으로 하는 것(정지조건부 기한이익 상실의 특약)과 일정한 사유가 발생한 후 채권자의 통지나 청구 등 채권자의 의사행위를 기다려 비로소 이행기가 도래하는 것으로 하는 것(형성권적 기한이익 상실의 특약)의 두 가지로 대별할 수 있고, 이른바 형성권적 기한이익 상실의 특약이 있는 경우에는 그 특약은 채권자의 이익을 위한 것으로서 기한이익의 상실 사유가 발생하였다고 하더라도 채권자가 나머지 전액을 일시에 청구할 것인가 또는 종래대로 할부변제를 청구할 것인가를 자유로이 선택할 수 있다고 하여야 할 것이므로, 이와 같은 기한이익 상실의 특약이 있는 할부채무에 있어서는 1회의 불이행이 있더라도 각 할부금에 대해 그 각 변제기의 도래시마다 그 때부터 순차로 소멸시효가 진행하고 채권자가 특히 잔존 채무 전액의 변제를 구하는 취지의 의사를 표시한 경우에 한하여 전액에 대하여 그 때부터 소멸시효가 진행한다고 하여야 할 것이다.

한편 채권자가 물상보증인에 대하여 그 피담보채권의 실행으로서 임의경매를 신청하여 경매법원이 경매개시결정을 하고 경매절차의 이해관계인으로서의 채무자에게 그 결정이 송달되거나 또는 경매기일이 통지된 경우에는 시효의 이익을 받는 채무자는 민법 제176조에 의하여 당해 피담보채권의 소멸시효 중단의 효과를 받는다고 할 것이다(당원 1990. 6. 26. 선고 89다카32606 판결 참조).

이 사건 기한이익 상실의 특약은 그 문언에 채권자의 독촉·최고 등을 요함이 없이 당연히 기한의 이익이 상실되어 이행기가 도래하는 것으로 한다는 등의 명시적인 표시가 없고, 그 밖에 기록에 나타난 당사자 사이의 거래관계 및 위 연대변제약정을 하게 된 경위 등에 비추어 이른바 형성권적 기한이익 상실의 특약으로서의 성질을 가지는 것이라고 해석하여야 할 것이고, 더구나 이 사건에 있어서는 앞서 본 바와 같이 A가 위 연대변제약정과 동시에 피고에게 그 채무액과 동일한 금액을 최고한도로 하여 어음금액을 백지로 하고 그 지급기일을 위 연대변제약정상의 최종 분할변제기일에 맞춘 1992. 4. 30.로 한 약속어음을 발행한 사정에 비추어 보면 피고가 1992. 4. 30. 당시의 잔존 채무액 전부를 행사하겠다는 의사를 유보하였다고 볼 여지도 있으므로, 채무자인 A가 위 분할변제를 게을리한 경우 채권자인 피고로서는 위 기한이익 상실의 특약에 의하여 일시에 잔존 채무 전액을 청구하거나 또는 위 유보된 변제기인 1992. 4. 30. 이후까지 기다려 잔존 채무 전액을 청구하거나를 선택할 수 있는 지위에 있다고 볼 수 있다 할 것이다.

따라서 이 사건의 경우 A가 위 연대변제약정에 의한 할부채무를 처음의 분할변제기부터 이행하지 아니하였다고 하더라도 그 때로부터 잔존 채무 전액에 대하여 소멸시효가 진행한다고 볼 수는 없는 것이다.

그런데도 원심은 위 연대변제약정에 의한 A의 피고에 대한 할부채무 전액에 대하여 그 약정시인 1989. 4.경부터 소멸시효가 진행한다고 오해한 나머지 소멸시효 중단 사유에 관한 주장의 의미가 있는 피고의 경매신청 주장의 취지를 석명하여 채무자인 A에게 위 경매개시결정 등이 언제 송달되어 위 할부변제 채권의 소멸시효의 진행이 중단되었는지 여부를 따져 보지도 아니한 채 이 사건 근저당권의 피담보채무인 위 연대변제약정에 의한 할부채무 전액이 이미 시효로 인하여 소멸하였다고 판단하고 말았으니, 원심판결에는 소멸시효의 기산점에 관한 법리를 오해하고 심리를 다하지 아니하여 판결 결과에 영향을 미친 위법이 있다 할 것이고 이를 지적하는 논지는 이유가 있다.

> **질문**

(1) 이 사건 특약을 정지조건부 기한이익 상실의 특약으로 보는지, 형성권적 기한이익 상실의 특약으로 보는지에 따라 이 사건의 결론이 어떻게 달라지는가?

(2) 대법원이 이 사건 특약을 형성권적 기한이익 상실의 특약이라고 판단한 이유는 무엇인가?

4. 불완전이행

(1) 불완전이행의 의의

불완전이행(Schlechterfüllung)이라 함은 채무자가 주된 급부를 행하기는 하였으나 그것이 채무의 내용에 좇은 이행이 되지 못하는 경우를 말한다. 예를 들면, 책을 샀는데 인도받은 책에 낙장이 있는 경우, 매매목적물로 인도된 사

료에 유독물이 섞여 있는 경우, 의사가 수술을 잘못하여 오히려 심각한 후유증
이 있는 경우 등이 그것이다. 이와 같이 불완전이행은 비단 인도채무에서뿐만
아니라 행위채무에서도 빈번하게 문제된다. 이는 주된 급부가 행하여졌으나 그
것이 부적절하였다는 의미에서 오히려 불완전급부(Schlechtleistung)라고 부르는
편이 더 나을지도 모른다. 그리고 일단 주된 급부가 부적절하게 행하여졌다는
점에서 급부의무와는 무관하게 부수의무 위반이 있었던 경우와 구별된다.

　불완전이행의 경우에는 이행불능이 있는 것은 아니고, 채무의 내용에 좇
은 이행이 가능함에도 부적절한 이행을 한 것이다. 한편 불완전이행이 있으면
그것은 많은 경우에 동시에 이행지체의 문제를 발생시킨다. 왜냐하면 이행기에
채무의 내용에 좇은 이행을 하지 않았다는 점에서는 이행기에 전혀 이행을 하
지 않은 경우와 다르지 않기 때문이다. 그러한 의미에서 불완전이행은 많은 경
우에 지체책임의 문제를 아울러 발생시킨다.[29] 가령 인도된 목적물에 존재하는
하자를 보수하는 동안 채권자가 이를 이용하지 못해서 받은 손해에 대한 배상
책임 등이 그것이다. 그러나 불완전이행의 문제가 고유하게 등장하는 것은, 첫
째, 앞서 본 의료과오의 경우와 같이 손해발생의 원인이 이행이 늦어진 데 있
는 것이 아니라 애초부터 이행이 부적절하게 이루어졌다는 데 있는 경우이다.
따라서 이 경우 손해배상문제를 이행지체의 경우와 같이 취급할 수 없다. 둘
째, 급부가 그에 존재하는 하자(부적절성)로 말미암아 채권자의 다른 법익에 손
해를 발생시킨 경우이다. 이러한 경우에 채권자는 채무자의 급부를 통하여 얻으
려고 하는 원래의 이행이익을 넘어서 손해를 입게 되는데, 이와 같이 채권자가
이행이익을 넘어서 자신의 다른 법익이 침해당하지 아니하는 데 대한 이익을 독
일에서는 완전성이익(Integritätsinteresse)이라고 부른다. 다시 말하면 불완전이행
이 이행불능이나 이행지체와는 다른 고유한 문제로 등장하는 또 하나의 사안
유형은 바로 채무자의 부적절한 급부로 말미암아 채권자의 완전성이익이 침해
당하는 경우이다.

　판례에서 불완전이행을 인정하는 유형은 매우 다양하다. 의료행위를 하면
서 주의의무를 위반하여 환자에게 손해가 발생한 경우 불법행위 이외에도 채
무불이행으로 인한 책임이 성립할 수 있다.[30] 숙박업자는 통상의 임대차와 같

---

29) 곽윤직 · 김재형, 채권총론, 112면.
30) 대판 1995. 2. 10, 93다52402.

이 단순히 여관의 객실 및 관련시설을 제공하여 고객으로 하여금 이를 사용수익하게 할 의무를 부담하는 것에서 한 걸음 더 나아가 고객에게 위험이 없는 안전하고 편안한 객실 및 관련시설을 제공함으로써 고객의 안전을 배려하여야 할 보호의무를 부담하며 숙박업자가 이를 위반하여 고객의 생명, 신체를 침해하여 손해를 입힌 경우 불완전이행으로 인한 채무불이행책임을 부담한다고 한다.[31] 병원이 입원환자에게 휴대품 등의 도난을 방지함에 필요한 적절한 조치를 강구하여 줄 보호의무,[32] 사용자가 근로자에게 생명, 신체, 건강을 해치지 않도록 필요한 조치를 할 보호의무 또는 안전배려의무,[33] 기획여행업자가 여행자의 생명·신체·재산 등의 안전을 확보하기 위하여 합리적 조치를 취할 안전배려의무[34]를 위반한 경우에도 마찬가지이다. 나아가 계속적 계약의 일방 당사자가 계약을 이행하는 과정에서 상대방의 생명, 신체, 건강 등의 안전에 위해가 발생할 위험이 있고 계약 당사자에게 그 위험의 발생 방지 등을 위하여 합리적 조치를 할 의무가 있는 경우, 계약 당사자는 그러한 위험이 있음을 상대방에게 미리 고지하여 상대방으로 하여금 그 위험을 회피할 적절한 방법을 선택할 수 있게 하거나 계약 당사자가 위험 발생 방지를 위한 합리적 조치를 함으로써 그 위험을 제거하였는지를 확인할 수 있게 할 의무가 있다고 하면서 이를 위반한 경우 채무불이행책임을 인정하고 있다.[35]

(2) 불완전이행과 적극적 채권침해

독일에서는 채무불이행의 유형으로서 급부불능과 지체 외에 "적극적 채권침해(positive Forderungsverletzung)"를 드는 것이 보통이었다. 그리고 독일 민법 제정당시 명문으로 정하고 있었던 두 유형의 채무불이행에 속하지 않는 형태는 모두 적극적 채권침해에 포함되는 것으로 설명하였다. 말하자면 독일에서는 채무불이행의 객관적인 요건이 위의 세 유형에 폐쇄적으로 포괄되는 것으로 이해하였다.[36]

---

31) 대판 1994. 1. 28, 93다43590.
32) 대판 2003. 4. 11, 2002다63275.
33) 대판 2013. 11. 28, 2011다60247.
34) 대판 2014. 9. 25, 2014다213387.
35) 대판 2022. 5. 26, 2020다215124.
36) 독일 민법은 제정당시 채무불이행의 형태로서 급부불능과 지체의 둘만을 인정하고 있었는데, 1902년 슈타우프(Hermann Staub)가 별도의 채무불이행형태로 적극적 계약침해(positive Vertragsverletzung)를 인정할 것을 제창하였다. 그 후 이것이 학설과 판례에

이러한 논의는 우리나라에도 영향을 미쳤는데, 적극적 채권침해와 불완전이행을 같은 의미로 사용하는 견해가 많지만,[37] 부적절한 급부가 채권자의 다른 법익을 침해한 경우만을 적극적 채권침해라고 하고, 이를 그러한 결과손해(Folgeschaden)가 발생하지 아니한 협의의 불완전이행과 대비하는 견해도 있다.[38] 그러나 앞에서 본 대로 채무불이행에 대한 규정방식에 관하여 포괄주의를 취하고 있는 민법에서는 급부불능과 지체 이외의 채무불이행을 모두 불완전이행이라는 하나의 범주로 파악할 필요가 없고, 적극적 채권침해라는 개념을 사용할 필요가 없다.

(3) 불완전이행의 체계적 지위 — 담보책임과의 관계

(가) 민법은 불완전이행에 관하여 적극적인 규정을 두지 않고 있으며 이 점에 대하여 민법에 입법자의 법률의도가 흠결되어 있다는 견해가 있다.[39] 그러나 제390조가 불완전이행에 관해서도 규율하고 있으며, 이에 관하여 법률의 흠결이 있다고 말할 수 없다.[40]

(나) 다른 한편으로 민법은 매도인의 책임과 관련하여 그 목적물에 권리상 또는 물질상의 흠이 있는 경우에 대하여 담보책임을 규정하고 있다(제569조 이하). 그 규정들의 대상이 되는 사안유형은 매도인이 그러한 흠이 있는 목적물을 급부한다면 동시에 채무의 내용에 좇은 이행이 되지 못하는 경우이다. 그러므로 불완전이행과 담보책임은 어떠한 관계에 있는지 문제된다.

매도인은, 매매목적물이 특정물인가 불특정물인가를 불문하고 권리상 또

의하여 받아들여졌다. 그러나 2002년 1월 1일부터 시행되는 개정 독일 민법에서는 채무불이행의 요건으로 "의무위반"이라는 포괄적인 개념을 도입하였다. 2002년의 독일 채권법에 관해서는 양창수, "독일의 새로운 민법개정제안," 서울대 법학 제41권 제 4 호(2001. 2), 92면 이하; Coester(김재형 역), "독일의 채권법 개정," 서울대 법학 제42권 제 1 호(2001. 5), 288면 이하; Canaris(김재형 역), "독일의 채권법 개정: 새로운 매매법," 서울대 법학 제43권 제 4 호(2002. 12), 347면 이하.

37) 곽윤직·김재형, 채권총론, 107면; 황적인, 현대민법론 Ⅲ, 110면; 김형배, 채권총론, 212면 이하; 김상용, 채권총론, 135면.

38) 김용한, 159면; 김주수, 120면; 김증한·김학동, 채권총론, 110면.

39) 김형배, 채권총론, 221면. 다만 이 견해는 불완전이행의 법률적 근거를 제390조에서 구하는 것은 비록 입법자의 주관적 의도에는 맞지 않으나 위 규정의 객관적 입법취지 또는 내재적 목적에는 부합한다고 한다.

40) 곽윤직·김재형, 채권총론, 107면; 김상용, 채권총론, 136면; 김주수, 채권총론, 119면; 김증한·김학동, 채권총론, 74면; 이은영, 채권총론, 298면; 황적인, 현대민법론 Ⅲ, 112면.

는 물질상의 흠이 없는 물건을 양도할 의무를 부담한다. 물론 당사자들이 특별히 그러한 흠이 있는 채로 양도하는 것을 계약의 내용으로 한 경우에는 그렇지 않겠으나,[41] 매매대금이 흠 없는 물건을 전제로 하여 정해졌다면 당연히 위와 같은 의무가 긍정된다. 목적물에 원시적인 흠이 있다고 하더라도 이것이 위와 같은 의무의 전부불능이라고 평가되지 않는 한 매매계약의 효력에는 아무런 영향을 미치지 않는다. 이른바 질적인 일부불능(qualitative Teilunmög-lichkeit)을 이유로 하는 계약의 일부무효의 주장은 허용되지 않는다. 다시 말하면 계약을 무효로 만드는 불능은 원시적·객관적 전부불능의 경우에 한정되는 것이다. 따라서 매도인이 권리상 또는 물질상의 흠이 있는 물건을 양도하거나 인도하였다면, 이는 채무의 내용에 좇은 이행이 되지 못하고 바로 불완전이행에 해당한다. 그러므로 담보책임의 본질은 채무불이행책임이다.

한편 담보책임에 관한 규정은 일반적인 채무불이행책임을 배제하지 않는다. 물론 담보책임은 가령 매도인의 귀책사유를 요구하지 않는다든가 그 손해배상의무의 내용이 제한되는 등의 특칙이 있으나, 그렇다고 해서 그 적용이 있는 한도에서는 일반적인 불완전이행을 이유로 하는 책임을 배제하는 것은 아니다. 담보책임에 관한 규정은 일반적인 채무불이행책임을 배제하며 다만 담보책임으로서의 손해배상의무는 애초 결과손해에는 미치지 않으므로 결과손해(또는 확대손해)의 배상은 불완전이행의 법리에 의하여 처리된다는 견해가 있다.[42] 그러나 1차손해(Erstschaden)와 결과손해에 따라 다르게 취급하는 근거가 무엇인지 의문이며, 또한 정작 매수인에게 보장되어야 할 대금감액의 이익은 단기의 권리행사기간의 제한을 받는 데 비하여(제582조) 결과손해의 배상에는 이러한 제한을 받지 않는다는 것은 균형이 맞지 않는다. 그러므로 담보책임은 일반적인 채무불이행책임과 아울러 그와 병존적으로 법이 특별히 매수인의 보호를 위하여 인정하는 별도의 구제수단이라고 보아야 한다.[43]

(4) 불완전이행에서 추완 문제

불완전이행이 행하여져도 그것은 '채무의 내용에 좇은 이행'이 아니기 때문에 이는 적법한 이행제공이 되지 못하여 채권자는 이를 수령하지 않더라도

---

41) 중고품의 매매에서 '현상대로' 양도한다는 합의를 한 경우가 이에 해당한다.
42) 김주수, 채권총론, 122면.
43) 김상용, 채권총론, 139면; 김형배, 채권총론, 226면; 이은영, 채권총론, 239면.

채권자지체에 빠지지 않으며, 또한 이를 일단 수령하였더라도 채무는 변제되지 않고 여전히 존속한다. 따라서 채권자는 원칙적으로 채무자에 대하여 '채무의 내용에 좇은 이행', 즉 완전급부를 청구할 수 있다.

그러나 불완전이행을 한 경우에 이제는 더 이상 '채무의 내용에 좇은 이행'이 불가능하거나, 또는 전혀 불가능한 것은 아니더라도 이를 청구하는 것이 무의미한 경우가 상당수 있다. 가령 의사가 일단 의료과실을 범하여 후유증이 남은 경우에는 이제 더 이상 이로부터 회복될 수 있는 방법은 없게 된다. 또한 특정물인도채무에서도 이러한 경우가 많다. 이러한 경우에는 결국 마치 이행불능이 있는 경우와 마찬가지의 법률관계가 성립하게 되어, 채권자는 다른 요건을 갖추어 전보배상을 청구하거나 계약을 해제할 수 있다.

한편 완전급부를 청구하는 것이 가능한 경우에도, 그것을 다시금 청구하려면 채권자는 자신이 수령한 부적절한 급부를 반환하여야 한다. 그러나 이와 같이 한쪽은 새로운 완전급부를 하고 상대방은 급부를 반환하는 것은 번거로우므로, 만일 이미 이루어진 급부를 보완(이를 '추완'이라고 한다)함으로써 완전급부를 할 수 있다면 이러한 방법을 택하는 것이 적합할 것이다. 따라서 통설은 추완이 가능하고 또 추완으로써 완전급부를 하는 것이 제반 사정에 비추어 적법한 채무이행이 되는 경우에는 채권자에게 추완청구권을 인정한다.[44] 급부의 목적물이 특정물인가, 불특정물인가를 묻지 않는다. 이러한 추완청구권은 원래의 이행청구권이 신의칙에 기하여 수정된 형태이다. 그리고 추완을 하였다고 해도 불완전이행으로 인한 책임이 여전히 남는 것은, 이행지체의 경우 채무자가 원래의 채무를 이행하더라도 이행지체로 인한 책임이 소멸하지 않는 것과 마찬가지이다.

또한 그 경우에는 채무자도 추완이행을 제공함으로써 '채무의 내용에 좇은 이행'을 할 수 있다. 가령 인도된 자동차의 열쇠가 고장이라면, 그 열쇠부분을 교체하면 충분하다. 따라서 채권자가 그러한 추완의 제공에도 불구하고 전적으로 새로운 완전급부를 고집하여 그 수령을 거절하면 채권자는 채권자지체의 책임을 부담하게 된다. 결국 그러한 경우에는 채무자는 추완권을 가진다고 할 수 있다.

---

44) 곽윤직·김재형, 채권총론, 113면; 김상용, 채권총론, 143면; 김주수, 채권총론, 125면; 이은영, 채권총론, 242면; 황적인, 현대민법론 Ⅲ, 118면.

[판결 4] 종자의 하자로 인한 채무불이행책임: 대판 1989. 11. 14, 89다카15298

[이   유]

상고이유를 본다.

원심판결 이유에 의하면, 원심은 원고는 피고로부터 이 사건 감자종자를 매수하여 식재하였는데 거기에서 자란 감자는 잎말림병과 검은무늬썩음병에 감염되어 수확량이 예년에 비하여 현저하게 줄었다는 것이고 그 원인의 절반가량은 잎말림병에 감염된 감자종자에 기인한 것이었다고 인정하고 피고는 매도인으로서 원고에게 위 하자로 인한 손해배상책임이 있다고 설시한 후 그 손해배상의 범위는 원고가 감자종자를 매수(금 1,145,000원)하여 들인 식재비용(인건비와 비료대 금 956,100원) 수확비용(인건비, 운반비, 경운기 사용비, 포장상자대금 905,500원) 감자밭의 임대료(금 1,593,500원)에서 원고가 수확한 감자의 판매대금(금 1,401,640원)을 공제한 나머지 금 3,198,460원의 절반인 금 1,599,230원이라고 인정하였다.

그러나 원심이 인정한 바와 같은 경위로 원고가 손해를 입었다면 그 손해는 원고가 감자를 식재, 경작하여 정상적으로 얻을 수 있었던 평균수입금에서 원고가 실제로 소득한 금액을 제한 나머지가 되어야 할 것이고(원고가 제반비용을 정상적으로 들였음을 전제로 하여) 그 손해의 절반가량이 피고가 매도한 감자종자에 기인한 것이라면 피고에게 그 2분의 1에 대한 손해배상책임이 있다고 할 것이지 원고가 실제로 들인 비용에서 원고가 소득한 금액을 공제한 금액을 기준으로 할 것은 아니다(당원 1975. 12. 30. 선고 75다1543 판결 참조).

물론 이 경우에도 피해자가 실제로 들인 비용을 기준으로 하여 손해액을 산정하여 청구하는 경우라면 법원은 그 방법에 따라서 배상액을 정하여야 할 것이겠지만 이 사건에서 원고는 그와 같은 방식에 따라 손해액을 산정하여 청구하고 있지 아니하다.

따라서 원심판결에는 손해액산정에 관한 법리를 오해한 위법이 있다고 할 것이고 이는 판결에 영향을 미치는 것이므로 이 점을 지적하는 논지는 이유있다.

그러므로 원심판결 중 원고 패소부분을 파기하고 이 부분 사건을 원심법원에 환송하기로 하여 관여 법관의 일치된 의견으로 주문과 같이 판결한다.

질문

(1) 매수한 농작물의 종자에 하자가 있어서 수확이 감소된 경우 매도인은 어떠한 책임을 지는가?

(2) 이 경우에 손해액은 어떻게 산정하는가? 이와 관련하여 원심과 대법원은 어떠한 점에서 차이가 있는가?

(3) 이 사건에서 매도인의 하자담보책임은 성립하는가? 이를 긍정할 경우에 채무불이행책임은 성립하는가?

[판결 5] 투숙업자의 보호의무 위반으로 인한 손해배상책임: 대판 1994. 1. 28, 93 다43590

1. 제 1 점에 대하여

원심판결 이유에 의하면 원심은 거시증거에 의하여 소외 망 A가 피고경영의 여관 2층 205호실에 투숙하였다가 다음날 아침 위 여관 2층 복도에서 발생한 화재로 인한 연기를 발견하고 창문으로 탈출하기 위하여 창문 유리를 깨려 하였으나 여의치 못하여 이불을 뒤집어쓰고 방문을 열고 탈출하다가 복도에서 화염 및 가스 등으로 전신화상을 입고 질식 사망한 사실, 피고는 위 여관 2층에서 연기가 나오는 것을 보고 처에게 화재신고를 하게 한 뒤 소화기를 들고 배전판의 스위치를 내린 다음 2층에 올라가려 했으나 연기가 이미 복도에 가득 차서 계단 끝 마지막 두 번째 계단쯤에 서서 "불이야"라고 몇 번 소리지르면서 소화기로 불을 끄다가 연기가 심하여 밖으로 나온 사실, 위 여관의 2층 복도 바닥에는 불연성인 모노륨이 깔려 있어 담배불에 의한 화재가능성은 희박하고 전기가 누전된 흔적도 없어서 누전에 의한 발화라고 볼 상황도 아니며 달리 화재원인이 될 만한 것이 밝혀지지 아니한 사실을 인정한 다음, 피고의 과실에 기한 불법행위를 원인으로 한 주청구를 화재원인이 밝혀지지 아니한 상태에서 피고에게 화재발생 또는 화재발생후의 사후조치에 관하여 중과실을 인정할 수 없다는 이유로 기각하고 나서, 피고가 고객인 망인에 대한 계약상의 보호의무를 위반하여 채무불이행책임이 있다는 예비적 청구에 관하여 여관의 숙박계약이란 대가를 받고 여관 객실을 상대방에게 일시적으로 사용케 하는 일종의 임대차계약이라고 할 것인데 이러한 숙박계약에 있어서는 장기적인 사용을 전제로 한 통상의 주택 임대차와는 달리 여관의 객실 및 관련시설, 공간에 대한 모든 지배는 오로지 여관 경영자가 하는 것이고, 고객은 여관경영자가 투숙중인 고객에 대한 안전을 위하여 필요한 조치를 할 것으로 신뢰하고 여관에 투숙하는 것이므로 여관 경영자에게는 고객에게 객실을 제공할 주된 의무가 있는 외에 나아가 고객이 여관에 투숙하고 있는 동안 안전하게 지낼 수 있도록 할 부수적인 보호의무가 있다고 할 것인바, 여관 경영자가 고객에 대한 위와 같은 부수적인

의무를 위반한 경우에는 비록 그가 고객에게 본래의 계약상 의무인 객실제공의
무를 이행하였다 할지라도 그 이행은 결국 채무의 내용에 따른 것이 아닌 것으
로서 소위 불완전이행에 해당하는 것이고 이로 인하여 고객에게 손해가 발생하
였을 때에는 그 손해를 배상할 책임을 부담하며, 위와 같은 불완전이행으로 인
한 손해배상에 있어서도 통상의 채무불이행과 같이 채권자는 채무자에게 채무
불이행이 있다는 것만을 주장, 입증하면 족하고 이에 대하여 채무자가 그 채무
불이행에 대하여 자기에게 과실이 없음을 주장, 입증하지 않는 한 그 책임을 면
할 수 없다는 전제를 내세우고 나서, 피고에게 화재발생에 있어서 의무위반 내
지 과실이 없었다는 주장입증이 없고 화재발생후의 구조과정에서 투숙객의 보
호를 위하여 비상벨로써 투숙객들에게 화재발생사실을 고지하지 아니하였고 투
숙객들의 출입상황을 정확히 파악하지 아니함으로써 투숙객의 보호를 위한 구
체적인 주의의무를 다하지 아니하였다는 점을 들어 피고는 망인 및 그 유족에
게 망인이 위 화재로 인하여 입은 손해를 배상할 책임이 있다고 판단하였다.

원심이 거친 증거취사과정을 기록에 비추어 검토하여 보면 원심의 사실인
정에 소론이 지적하는 증거 없이 사실을 인정하거나 채증법칙을 위배한 위법은
없다. 이점에 관한 논지는 이유 없다.

공중접객업인 숙박업을 경영하는 자가 투숙객과 체결하는 숙박계약은 숙박
업자가 고객에게 숙박을 할 수 있는 객실을 제공하여 고객으로 하여금 이를 사
용할 수 있도록 하고 고객으로부터 그 대가를 받는 일종의 일시사용을 위한 임
대차계약으로서, 원심이 적절히 판시하고 있는 바와 같이 여관의 객실 및 관련
시설, 공간은 오로지 숙박업자의 지배 아래 놓여 있는 것이므로 숙박업자는 통
상의 임대차와 같이 단순히 여관의 객실 및 관련시설을 제공하여 고객으로 하
여금 이를 사용수익하게 할 의무를 부담하는 것에서 한 걸음 더 나아가 고객에
게 위험이 없는 안전하고 편안한 객실 및 관련시설을 제공함으로써 고객의 안
전을 배려하여야 할 보호의무를 부담하며 이러한 의무는 앞서 본 숙박계약의
특수성을 고려하여 신의칙상 인정되는 부수적인 의무로서 숙박업자가 이를 위
반하여 고객의 생명, 신체를 침해하여 동인에게 손해를 입힌 경우 불완전이행으
로 인한 채무불이행책임을 부담한다 할 것이다.

따라서 숙박업자에게 고객에 대한 보호의무가 없다는 독자적인 견해에서
원심판결을 비난하는 논지는 이유 없어 받아들이지 아니한다.

2. 제2, 3점에 대하여

숙박업자가 객실의 고객에 대하여 부담하는 보호의무를 위반하여 고객이
사망하였음을 원인으로 하는 채무불이행에 기한 손해배상청구소송에 있어 통상

의 채무불이행과 같이 채무자가 그 채무불이행에 대하여 자기에게 과실이 없음을 주장, 입증하지 않는 한 그 책임을 면할 수 없는 것이기는 하나, 채권자로서도 그 급부의 불완전에 관한 주장, 입증책임을 부담하는 것이므로 원고로서는 구체적 보호의무의 존재와 그 위반사실을 주장, 입증하여야 한다 할 것이다.

기록에 의하여 살펴보면 원고들은 숙박업자인 피고로서는 투숙자가 퇴실하기 전까지 그 안전을 보호하여야 할 의무가 있다고만 주장하고 있어 그 주장내용이 다소 구체적이지 못한 점이 없지 아니하나, 이를 원고들이 제출한 여러 증거들과 대비하여 보면 원고들이 화재발생 후 피고가 여관의 고객에 대하여 화재발생사실을 제대로 통보하지 아니하였다는 구체적인 보호의무위반을 주장한 것으로도 볼 수 있다할 것이므로 원심이 피고의 손해배상책임을 인정함에 있어서 위 여관고객에 대한 구체적인 보호의무위반을 들고 있다 하여 거기에 변론주의에 위배하여 당사자가 주장하지 않은 사실을 인정하거나 증명책임을 전도한 위법이 있다고 할 수 없다.

또한 실화책임에 관한 법률은 실화자에게 중대한 과실이 없는 경우에 불법행위로 인한 손해배상책임을 부담시키지 아니한다는 데 불과하고 이 사건과 같이 숙박업자의 채무불이행을 이유로 한 손해배상책임까지 배척하는 것은 아니라 할 것이다. 논지는 모두 이유없어 받아들이지 아니한다.

3. 제 4 점에 대하여

관계증거를 기록과 대조하여 보면 망인이 객실 창문으로 탈출을 시도하려다가 여의치 아니하여 창문을 통한 탈출을 하지 못하였던 것이므로 옆방의 고객이 창문을 통하여 탈출하였다는 사정만으로는 망인에게 어떠한 과실이 있다고 할 수 없다고 한 원심판단에 소론이 지적하는 과실상계에 관한 법리오해의 위법은 없다. 논지는 역시 이유 없다.

질문

(1) 숙박업자는 투숙객에 대하여 어떠한 의무를 부담하는가?

(2) 보호의무가 무엇인지 알아보시오. 보호의무는 부수적 의무와 별개로 인정되어야 하는가?

(3) 보호의무 위반을 이유로 채무불이행책임을 인정한 것은 타당한가?

[판결 6] 의료과오와 불완전이행: 대판 1995. 2. 10, 93다52402

[이   유]

피고들 소송대리인 및 피고들의 상고이유를 함께 판단한다.

1. 원심판결 이유에 의하면, 원심은 소외 망 A가 손바닥과 발바닥에 땀이 많이 나는 증상을 치료하기 위하여 1990. 7. 28. 피고 연세대학교 산하 영동세브란스 병원에 입원하여 수술받기에 앞선 사전 검사를 마치고 수술 후 아주 드물게 하지마비가 생길 수 있으며 기흉같은 것이 생길 수도 있고 그 외에 얼굴에 땀이 전혀 나지 않거나 눈동자의 변화 같은 것이 올 수 있고 아직 의학에서 알 수 없는 부작용이 있을 수 있다는 내용의 설명을 피고 1로부터 듣고, 같은 피고로부터 같은 달 31. 09 : 40부터 14 : 30까지 제 1 흉추 및 제 2 흉추 안쪽에서 손으로 가는 교감신경 절제수술을 받았는데 수술 후 16 : 45경 입에 거품을 물고 경련이 시작되었고 그 이래 의식을 찾지 못하였으며 19 : 50경에는 미열이 발생하고 20 : 00경 다시 입에 거품을 물고 다리에 경련이 있었고 21 : 00경 전신경련을 일으키는 증상을 나타내어 위 병원의 신경외과 당직의인 소외 윤도흠이 항경련제를 투여하였으며 수술의사인 피고 1에게 연락을 해 같은 피고가 같은 날 23 : 00경 병원에 도착하여 용태를 본 후인 같은 해 8. 1. 00 : 30경에는 중환자실로 옮겨져 기관내 삽관을 하고 산소호흡기를 부착하였고, 그 후 중환자실에서 계속 집중치료를 하였으나 같은 달 3. 뇌전산화단층촬영 결과 뇌간 및 소뇌간 부위에 뇌경색이 나타났고 그로 인해 위 소외인이 같은 달 17. 01 : 50경 사망한 사실을 인정한 다음, (1) 위 A의 수술전의 사전검사는 충분한 것이었고 검사를 해태하였다고 볼 자료가 없으며, (2) 피고 1이 자신의 직접 시술을 요하는 교감신경절제술 이전의 준비작업으로 마취, X선촬영 등을 자신과 연락할 수 있는 상태에서 다른 전문의 및 전공의 등에게 시킨 것은 환자를 방치한 것이라고는 할 수 없고 위 준비작업이 이 사건 사망의 원인을 제공한 것도 아니며, 수술 중에 골수에 본왁스를 수시로 칠하여 출혈방지 및 공기흡입 방지조치를 하였고 수술시행자로서 공기흡입을 방지하기 위하여 본왁스를 바르는 외에 어떤 조치를 취하였어야 하는가에 관한 원고들의 주장, 입증이 없으므로 피고 1의 수술중의 과실을 인정할 수 없으나, (3) 위 A가 수술을 받은 다음 회복실을 거쳐 병실로 온 16 : 15 이래 의식을 찾지 못하였고 같은 날 16 : 45경부터는 입에 거품을 물고 경련이 시작되어 가족들이 담당간호원에게 증상을 호소하였음에도 21 : 00경에서야 비로소 조치를 취하였고 피고 1도 23 : 00경에야 연락이 되어 병원에 와서 위 A의 상태를 점검한 것은 적시의 대처라 할 수 없어서 피고 1은 수술 후 환자를 적절하게 관찰하고 그 후유증에 대하여 적절한 조치를 취한 것이라

할 수 없고, (4) 이 사건 수술은 기흉, 하지마비 등의 후유증이 있을 수 있고 전신마취하에서 수술시간이 3내지 4시간 정도 소요되고 핵심부분의 수술은 항상 담당과장 등 경험이 많은 전문의가 시행하여야 하는 상당히 고난도의 수술로서 출혈이 심하게 초래될 때 심한 저혈압으로 인한 뇌의 저산소증 또는 중추신경계에 합병증이 있을 수 있는 등 중대하고도 위험한 수술인데도 피고 1등은 위 A에게 수술과정상 발생가능한 실제적인 위험성을 진지하고 성의있게 설명하지 아니하고 완치의 측면만을 강조하여 그 설명이 부족하였고, 위 A의 병은 신체나 생명에 영향을 끼치는 병이 아니고 피고 1의 수술에 임하는 자세도 열과 성을 다하는 모습보다는 쉽게 시행할 수 있는 수술이라는 태도로 임한 사실이 엿보이는 등의 제반 정황에 비추어, 이 사건 수술의 위험성은 위 A가 환자로서 당연히 예측할 수 있는 위험성을 벗어난 정도의 것이므로 결국 이 사건 수술은 환자에 대한 설명의무를 다하지 아니하고 환자의 승낙권을 침범하여 이루어진 위법한 수술이며, (5) 위 A와 같이 척추부위를 절개하여 교감신경을 절제하는 수술을 받은 후 뇌경색이 발생할 원인으로 추정할 수 있는 색전은 심장질환에 기인한 경우, 경동맥내에 형성된 혈전이나 동맥경화덩어리가 떨어져 나가 뇌동맥을 막는 경우, 지방색전, 공기색전 등으로 추단할 수 있으나, 위 A가 뇌경색에 이르게 된 정확한 원인물질은 선뜻 단정할 수 없는 상태이지만 이 사건 수술과 위 A의 사망 사이에 다른 원인이 개재되었을 가능성은 찾아 볼 수 없고, 위 A가 이 사건 다한증 외에는 특별한 질병 없이 정상적인 생활을 하여 왔고 수술전 사전검사에서도 특이한 이상증상이 나타나지 아니한 점, 수술 도중 뼈를 통한 색전이 극히 드물지만 발생할 수도 있는데 이 사건의 경우 피고 1이 수술의 일부분을 다른 의사들에게 맡기고 식사를 하느라고 늦게 수술에 참여하여 수술도중 피부 및 근육을 절개해 놓고 기다린 시간이 다소 많이 경과하였으며 위 A가 오랜 수술시간으로 저항력이 다소 떨어질 수밖에 없었던 점, 수술 후 대처가 완벽하였다고 볼 수 없는 점 등 제반 정황에 비추어 보면, 이 사건 수술과정과 위 A의 사망과의 사이에는 상당인과관계가 있다고 판단하여 피고 1에게는 수술 후 사후 대처를 소홀히 하고 설명의무를 소홀히 한 과실이 있는 자로서, 피고 연세대학교는 피고 1의 사용자로서 의료과오로 인한 불법행위 책임이 있음을 인정하였다.

   2. 원심판결 이유를 기록에 비추어 살펴보면, 원심이 피해자인 소외 망 A가 사망하게 된 원인으로 설시한 의료행위의 과실을 인정한 데 상고이유에서 지적한 바와 같은 판결에 영향을 미칠 채증법칙을 위반한 잘못을 찾아볼 수 없고, 원심판결에 상고이유에서 일부 지적하는 바와 같이 수련의들에게만 수술을

맡겼다는 등 표현의 잘못이 있으나, 그러한 잘못은 피고들의 의료행위상의 과실로 인한 손해배상책임을 부정할 정도의 잘못으로 보여지지 않는다.

원래 의료행위에 있어서 주의의무 위반으로 인한 불법행위 또는 채무불이행으로 인한 책임이 있다고 하기 위하여는 다른 경우와 마찬가지로 의료행위상의 주의의무의 위반, 손해의 발생 및 주의의무의 위반과 손해의 발생과의 사이의 인과관계의 존재가 전제되어야 한다고 할 것이다. 그러나 의료행위가 고도의 전문적 지식을 필요로 하는 분야이고, 그 의료의 과정은 대개의 경우 환자본인이 그 일부를 알 수 있는 외에 의사만이 알 수 있을 뿐이며, 치료의 결과를 달성하기 위한 의료기법은 의사의 재량에 달려 있기 때문에 손해발생의 직접적인 원인이 의료상의 과실로 말미암은 것인지 여부는 전문가인 의사가 아닌 보통인으로서는 도저히 밝혀낼 수 없는 특수성이 있어서 환자측이 의사의 의료행위상의 주의의무위반과 손해의 발생과 사이의 인과관계를 의학적으로 완벽하게 입증한다는 것은 극히 어려우므로, 이 사건에 있어서와 같이 환자가 치료도중에 사망한 경우에 있어서는 피해자측에서 일련의 의료행위 과정에 있어서 저질러진 일반인의 상식에 바탕을 둔 의료상의 과실있는 행위를 입증하고 그 결과와 사이에 일련의 의료행위 외에 다른 원인이 개재될 수 없다는 점, 이를테면 환자에게 의료행위 이전에 그러한 결과의 원인이 될 만한 건강상의 결함이 없었다는 사정을 증명한 경우에 있어서는, 의료행위를 한 측이 그 결과가 의료상의 과실로 말미암은 것이 아니라 전혀 다른 원인으로 말미암은 것이라는 입증을 하지 아니하는 이상, 의료상 과실과 결과 사이의 인과관계를 추정하여 손해배상책임을 지울 수 있도록 입증책임을 완화하는 것이 손해의 공평·타당한 부담을 그 지도원리로 하는 손해배상제도의 이상에 맞는다고 하지 않을 수 없다.

따라서 원심이 설시하고 있는 바와 같이 위 A의 사망원인인 뇌경색이 이 사건 수술 후에 일어났으며, 이 사건 수술과 위 A의 사망 사이에 다른 원인이 개재되었을 가능성은 찾아 볼 수 없고, 위 A가 이 사건 다한증 외에는 특별한 질병 없이 정상적인 생활을 하여 왔고 수술전 사전검사에서도 특이한 이상증상이 나타나지 아니하였는데, 이 사건 치료과정에 있어서 피고 1이 수술의 일부분을 다른 의사들에게 맡기고 늦게 수술에 참여하여 수술도중 피부 및 근육을 절개해 놓고 기다린 시간이 다소 많이 경과하는 등 수술과정에 있어 소홀한 점이 있었으며 수술 후 사후대처가 소홀했다는 원심 인정사실을 종합하여 보면, 결국 위 A의 사망은 피고 1의 이 사건 수술과정에서의 잘못으로 인한 것이라 추정할 수밖에 없고, 의료전문가가 아닐 뿐 아니라 수술과정에 참여한 바도 없는 원고들이 피고 1의 과실을 정확하게 지적하고 전문적인 지식을 동원하여 망인의 사망의 원인을 밝혀 내지 못하였다고 하여 피고들의 손해배상 책임을 부정할 수 는 없다고 하겠다.

한편 의사는 환자에게 수술 등 인체에 위험을 가하는 행위를 함에 있어 그 에 대한 승낙을 얻기 위한 전제로서 환자본인 또는 그 가족에게 그 질병의 증 상, 치료방법의 내용 및 필요성, 발생이 예상되는 위험 등에 관하여 당시의 의 료수준에 비추어 상당하다고 생각되는 사항을 설명하여 그 환자가 필요성이나 위험성을 충분히 비교하여 그 의료행위를 받을 것인가의 여부를 선택할 수 있 도록 하여야 할 의무가 있고, 의사가 위 의무를 위반한 채 수술 등을 하여 환자 에게 사망 등의 중대한 결과가 발생한 경우에 환자측에서 선택의 기회를 잃고 자기결정권을 행사할 수 없게 된 데 대한 위자료만을 청구하는 경우에는 의사 의 설명결여 내지 부족으로 선택의 기회를 상실하였다는 사실만을 입증함으로 써 족하고, 설명을 받았더라면 사망 등의 결과는 생기지 않았을 것이라는 관계 까지 입증할 필요는 없으나, 그 결과로 인한 모든 손해를 청구하는 경우에는 그 중대한 결과와 의사의 설명의무위반 내지 승낙취득 과정에서의 잘못과의 사이에 상당인과관계가 존재하여야 하며, 그 때의 의사의 설명의무 위반은 환자의 자기 결정권 내지 치료행위에 대한 선택의 기회를 보호하기 위한 점에 비추어 환자의 생명, 신체에 대한 구체적 치료과정에서 요구되는 의사의 주의의무위반과 동일 시 할 정도의 것이어야 한다(대법원 1994. 4. 15. 선고 93다60953 판결 참조).

따라서 위자료만이 아닌 전손해의 배상을 구하는 이 사건의 경우에는 피고 1의 설명의무의 위반이 구체적 치료과정에서 요구되는 의사의 주의의무의 위반 과 동일시할 정도의 것이어야 하고 그러한 위반행위와 위 A의 사망과의 사이에 인과관계가 존재함이 입증되어야 할 것이지만, 원심은 그 판결이유에서 보는 바 와 같이 이러한 설명의무위반 만이 위 A가 사망한 유일한 원인이 되었다고 판 단한 것이 아니라 수술에 이르게 된 과정에 그러한 잘못도 있다는 취지이므로, 이를 소외 망 A의 사망의 원인으로 하나로 보았다고 하여 이를 잘못이라고 할 수 없고, 위에서 본 바와 같이 소외 망 A의 사망이 피고측의 의료상의 과실로 말미암은 것으로 추정되는 이상 원심의 판단은 결국 정당하다고 하겠다.

원심판결에 손해배상의 범위, 인과관계, 설명의무와 관련한 법리오해의 위 법이 있다고 할 수 없다. 이 점을 지적하는 상고이유는 모두 받아들일 수 없다.

3. 손해배상청구사건에서 피해자에게 손해의 발생이나 확대에 관하여 과실 이 있는 경우에는 배상책임의 범위를 정함에 있어서 당연히 이를 참작하여야 할 것이나, 과실상계 사유에 관한 사실인정이나 그 비율을 정하는 것은, 그것이 형평의 원칙에 비추어 현저히 불합리하다고 인정되지 아니하는 한, 사실심의 전

권사항에 속한다 할 것이다. 그러나 원심이 과실상계 사유로서 인정한 소외 망 A가 피고 1 등의 위에서 본 바와 같은 부족한 설명만을 듣고 수술을 받다가 이 사건 의료사고를 당하게 된 사실은, 위에서 판단한 바와 같이 피고의 설명의무 위반을 이 사건 사고의 유일한 원인으로 보지 않은 이 사건에 있어서, 원심이 인정한 과실상계의 비율은 형평의 원칙에 비추어볼 때 오히려 과도하다는 생각 이 들지언정 상고이유에서 지적하는 바와 같이 과소하다고 보여지지는 아니하 므로 이 점을 지적하는 상고이유도 받아들일 수 없다.

> **질문**
> (1) 의료과오의 경우에 의사나 병원은 어떠한 책임을 지는가?
> (2) 의사는 의료행위 시에 어떠한 의무를 부담하는가?
> (3) 의료과오의 경우에 불법행위책임을 추궁하는 경우와 채무불이행책임을 추 궁하는 경우에 어떠한 차이가 있는가?

5. 이행거절

이행거절이란 채무자가 채무의 이행이 가능한데도 이를 행할 의사가 없음 을 채권자에 대하여 진지하고 종국적으로 표시하여 객관적으로 보아 채권자로 하여금 채무자의 임의의 이행을 더 이상 기대할 수 없게 하는 행태를 말한다. 이와 같이 채무자가 이행기 도래 전이라도 주채무의 이행을 명백하게 거절하 는 경우에는, 채무불이행책임을 물을 수 있어야 한다.

민법은 이행거절에 관하여 명문의 규정을 두고 있지 않다. 그러나 이행거 절과 관련된 규정들이 산재해 있다. 가령 제544조 단서는 "그러나 채무자가 미 리 이행하지 아니할 의사를 표시한 경우에는 최고를 요하지 아니한다."라고 규 정하고 있다. 이는 채무자가 이행거절의 의사를 표시한 경우에 이행지체로 인 한 해제의 요건을 완화한 것으로, 이행거절의 근거로 작용할 수 있다.[45]

채무자가 이행거절의 의사를 밝혔다면 채권자로서는 그의 임의의 이행을 기대할 수 없다. 이 경우에 이행을 할 수 있으나, 채무자가 이를 거절하는 것 에 불과하여 이행불능과는 구별된다. 또한 이행거절은 이행지체나 불완전이행 에 해당하는 것도 아니다. 따라서 이행거절을 독자적인 채무불이행의 한 유형

---

45) 또한 제395조, 제460조도 참조.

으로 인정하는 것이 타당하다.[46]

초기에는 이행거절에 관한 논의가 거의 없었으나, 판례는 이행거절을 채무불이행의 한 유형으로 파악하고 있다.[47] 특히 대판 1993. 6. 25, 93다11821은 부동산 매도인이 중도금의 수령을 거절하였을 뿐만 아니라 계약을 이행하지 아니할 의사를 명백히 표시한 경우 매수인은 신의성실의 원칙상 소유권이전등기의무 이행기일까지 기다릴 필요 없이 이를 이유로 매매계약을 해제할 수 있다고 함으로써, 이를 분명히 하였다. 계약상 채무자가 계약을 이행하지 아니할 의사를 명백히 표시한 경우에 채권자는 이행기 전이라도 이행의 최고 없이 채무자의 이행거절을 이유로 계약을 해제하거나 채무자를 상대로 손해배상을 청구할 수 있다고 보아야 한다. 이 때 채무자가 계약을 이행하지 아니할 의사를 명백히 표시하였는지 여부는 계약 이행에 관한 당사자의 행동과 계약 전후의 구체적인 사정 등을 종합적으로 살펴서 판단하여야 한다.[48]

위의 1993년 판결은 그 법리의 기초를 신의성실의 원칙에서 찾았다고도 할 수 있는데, 대판 2005. 8. 19, 2004다53173은 정면으로 이행거절을 독자적인 채무불이행유형으로 인정하여 채권자에게 계약의 해제 또는 손해배상청구를 인정하였다. 동일한 취지의 재판례는 그 후로도 이어지고 있다.[49]

[판결 7] 이행거절과 계약의 해제: 대판 1993. 6. 25, 93다11821

[주　문]
　원심판결 중 원고 패소부분을 파기하고, 이 부분 사건을 서울고등법원에 환송한다.

---

46) 상세한 것은 양창수, "독자적인 채무불이행유형으로서의 이행거절," 민법연구 제 4 권 (1997), 133면 이하 참조.
47) 대판 1976. 11. 9, 76다2218; 대판 1980. 5. 13, 80다130; 대판 1993. 6. 25, 93다11821.
48) 대판 2005. 8. 19, 2004다53173.
49) 대판 2007. 9. 20, 2005다63337; 대판 2009. 3. 12, 2008다29635("이행지체 등과 대등하게 채무불이행의 한 유형으로서 민법 제390조에 기하여 손해배상청구권 등을 발생시키는 요건으로서의 이행거절(대법원 2005. 8. 19. 선고 2004다53173 판결 참조)과 이미 이행지체 등에 빠진 채무자에 대하여 이행의 최고 없이 계약 해제권이 발생하기 위한 요건으로서의 '미리 이행하지 아니할 의사를 표시한 경우'를 반드시 동일하게 볼 이유는 없는 것이다") 등. 이들 재판례 등에 대하여는 양창수, "독자적인 채무불이행유형으로서의 이행거절 재론 — 판례의 형성 및 법률효과를 중심으로", 법조 2015년 1월호(통권 제700호), 5-57면 참조.

피고들의 상고를 모두 기각하고, 이 부분 상고비용은 피고들의 부담으로
한다.

[이 유]

각 상고이유에 대하여

1. 먼저 피고들의 상고이유부터 본다.

원심판결 이유를 보면, 원심은, 이 사건 토지인 강원 명주군 연곡면 영진리
68 대 579m²는 피고들의 공유인데(피고 B는 실제로 자기 단독소유인데 피고 A에
게 그 ½지분을 명의신탁해 두었다고 한다), 원고는 1991. 7. 7. 피고 A의 대리인
지위를 겸한 피고 B와 간에 이 사건 토지를 대금 180,000,000원에 매수하기로
계약을 체결하면서, 계약금 20,000,000원은 계약일에, 중도금 80,000,000원은 같
은 달 30.에 각 지급하고, 잔대금 80,000,000원은 같은 해 8. 25. 소유권이전등기
소요서류의 교부와 상환으로 지급하며, 이 사건 토지의 일부가 도로에 편입되더
라도 원고로서는 이의를 하지 아니하기로 약정하였고, 위 계약일에 계약금을 지
급한 사실, 이 사건 토지가 토지거래허가의 대상인 사실은 당사자 사이에 다툼
이 없고, 그 설시 증거들을 종합하여, 원고가 위 중도금 80,000,000원을 지참하
고 그 지급기일인 1991. 7. 30. 16 : 00경 강릉시 성내동 소재 원다방에서 피고
B에게 이를 지급하려 하였으나, 위 피고는 '토지거래허가신청을 하려면 원고의
주민등록등본이 필요하니, 원고가 이를 가져오면 중도금을 받겠다.'고 하면서,
"합의서"라는 제목에 "서류수속 절차상 이 사건 토지매매중도금을 1991. 8. 1.까
지 연장 지불하기로 합의하고 아래와 같이 기명날인한다."고 적힌 문서에 자기
혼자 서명날인한 것(갑 제 2 호증)을 원고에게 교부함으로써 그날 중도금 수령을
거절하고, 일방적으로 그 지급기일을 위 날짜까지 연기한 사실, 이에 따라 원고
는 주민등록지인 울산시 중구 성남동 75에 연락하여 원고의 주민등록등본을 발
급받아 속달로 부쳐오게 한 후 이것과 위 중도금을 지참하고 1991. 8. 1. 16 : 00
경 위 다방에서 위 피고를 만나 중도금을 지급하려 하자 위 피고는 이번에는
'원고의 주민등록이 타지로 되어 있으니 이 사건 토지의 소재지 관내인 강릉으
로 옮겨야 한다. 이 상태로는 중도금을 수령할 수 없다.'고 말한 사실, 그러므로
원고측은 '그러면 명주군청에 찾아가서 과연 원고의 주민등록을 강릉으로 옮겨
야 토지거래허가를 받을 수 있는지 여부를 알아보자.'고 하여, 그 다음날 아침
원고의 오빠인 소외 C, 중개인인 소외 D 및 위 피고가 명주군청에서 만나 각자
담당공무원에게 문의하여, 원고의 주민등록을 이 사건 토지 소재지 관내로 옮겨
야 위 토지거래허가를 받을 수 있다는 사실을 확인한 사실, 그런 후 위 3인은
위 C의 차를 함께 타고 군청에서 나왔는데, 위 C와 D가 차안에서 '토지거래허

가는 잔금 지급기일까지 절차를 밟으면 될 터이니, 원고의 집으로 가서 우선 중도금을 받으라.'고 요구하자, 위 피고는 '계를 하러 가니 바쁘다.'고 하면서 차에서 내리려고 하므로, 위 C가 '중도금을 받는 일보다 더 바쁜 일이 어디 있느냐?'고 말리는데도, 위 피고는 '내가 왜 원고를 만나느냐?'고 하면서 위 다방 건너편에 이르렀을 때 차에서 내려 그대로 가버린 사실, 원고와 위 C, D는 그날과 그 다음날 위 피고 집에 전화를 하여 위 피고와 만나려 하였으나 도무지 연락이 닿지 아니하므로, 원고는 위 피고에게 1991. 8. 3.자 내용증명을 보내어 위 피고의 중도금 수령거절을 이유로 이 사건 매매계약을 해제하니 계약금을 반환하고 계약금 상당의 위약금을 지급하라고 통고한 사실을 인정한 후, 그렇다면 위 피고는 중도금의 수령을 거절하고 계약을 이행하지 아니할 의사를 명백히 표시하였다 할 것이므로 원고의 위 매매계약 해제는 적법하다고 판단하였다.

원심이 위와 같은 사실을 인정하고 이에 터잡아 위 피고는 중도금의 수령을 거절하고 계약을 이행하지 아니할 의사를 명백히 표시한 것이라고 판단한 것은 옳다(당원 1990. 11. 23. 선고 90다카14611 판결 참조).

또한 권리의 행사와 의무의 이행은 신의에 좇아 성실히 하여야 하는바, 민법은 채권자가 목적물의 수령을 지체하는 경우 채무자가 이를 공탁하거나 자조매각할 수 있는 제도를 마련하고 있지만(제487조, 제490조 참조), 이는 채무자가 계약내용을 유지하려고 할 때에만 사용할 수 있을 뿐이어서 이 제도들만으로는 채무자의 보호에 불충실하므로, 채권자에게 계약을 이행할 의사가 전혀 없고 채무자로서도 그 계약관계에서 완전히 벗어나기를 원한다면 특별한 사정이 없는 한 채무자의 이러한 의사를 존중함이 신의성실의 원칙에 비추어 타당하다고 할 것이다.

돌이켜 이 사건을 보면 원심이 인정한 대로 피고들은 중도금의 수령을 거절한 데다가 이 사건 매매계약을 이행할 의사가 없음이 분명한데, 만약 원고가 피고들의 중도금 수령거절과 계약이행의 의사가 없음을 이유로 이 사건 매매계약을 해제할 수 없다고 해석한다면, 원고로서는 중도금을 공탁한 후 잔대금 지급기일까지 기다렸다가 잔대금의 이행제공을 하고 피고들이 자기들 의무인 소유권이전등기의무의 이행제공을 하지 아니한 때에야 비로소 위 계약을 해제할 수 있다는 결론에 이르게 되는바, 어차피 피고들이 위 소유권이전등기의무의 이행을 제공하지 아니할 것이 분명한 이 사건에서, 원고에게 위와 같은 방법을 취하라고 요구하는 것은 불필요한 절차를 밟고 또 다른 손해를 입도록 강요하는 게 되어 오히려 신의성실에 어긋나는 결과를 초래할 뿐이라고 여겨지므로 원심이 원고로서도 위와 같은 사유를 내세워 이 사건 매매계약을 해제할 수 있다고 판단하였음은 옳고 거기에 소론과 같이 채증법칙위배, 이유모순, 계약해제에 관한 법리오해의 위법이 있다고 할 수 없으므로 논지들은 모두 받아들일 수 없다.

2. 다음 원고의 상고이유를 본다.

가. 원심은, 피고들은 각자 위 계약해제로 인한 원상회복으로서 이미 지급받은 계약금과 이에 대한 지연손해금을 지급할 의무가 있다고 인정한 다음, 원고의 위약금 배상에 대한 첫째 주장인 "이 사건 위약금 약정은 구두로 이루어진 것으로서, 위 피고나 그 소송대리인이 형사사건(원고가 위 피고를 사기미수와 위증교사 혐의로, 제 1 심에서 증언한 소외 김명기를 위증 혐의로 고소한 사건)이나 이 사건에서 이를 자인하고 있을 뿐더러, 위 D가 위 형사사건과 이 사건에서 한 각 진술로 보아 명백하다."는 데 대하여, (1) 위 피고측이 위 형사사건이나 이 사건 또는 그 답변서(을 제 1 호증의 1)에서 이 사건 계약금은 원고의 계약위반으로 위 피고에게 몰취되었다는 주장을 하고 있음은 사실이지만, 이는 원고의 주장을 모두 부인하고 그와 반대되는 입장에서 위 피고의 이익만을 위하여 근거 없이 일방적으로 내세운 주장임이 명백하므로, 이로써 위 피고가 위 계약을 체결할 때 위약금의 약정이 있었다는 사실을 자백한 것으로 볼 수 없고(피고들 소송대리인은 1992. 11. 13.자 준비서면에서 위약금 약정이 없었다고 명백히 다투고 있다), (2) 이 사건 매매계약서인 갑 제 1 호증의 처분문서에는 위약금 규정이 없는바, 위 계약을 체결할 때 이에 관한 약정이 있었으면서도 이렇게 중요한 사항을 계약서에 규정하지 아니하고 구두약정만으로 끝냈다고 볼 합리적인 사정을 인정할 수 없으므로, 위 D의 각 진술은 믿기 어렵다 하여, 원고의 위약금 배상 청구를 배척하였다.

나. 그러므로 과연 원고의 주장과 같은 재판상 자백이 이루어졌는지 여부, 원고와 피고들이 구두로 위약금 약정을 체결하였는지 여부를 살피기로 한다.

(1) 먼저 원고의 주장과 같은 재판상 자백이 이루어졌는지 여부를 본다.

기록에 나타난 이 사건 소송의 진행 과정을 살피건대, 원고 소송대리인은 제 1 심의 1차 변론기일에 "원고와 피고들은 이 사건 매매계약을 체결할 때, 피고들이 계약을 불이행하면 계약금의 배액을 원고에게 상환하는 반면, 원고가 계약을 불이행하면 계약금은 몰수된다는 구두 합의를 하였는바, 피고들은 뚜렷한 이유 없이 중도금의 수령을 거절하고 있으므로, 원고는 위 약정에 따라 위약금의 지급을 구한다."는 내용의 소장을 진술하였고, 이에 대하여 피고들 소송대리인은 같은 변론기일에 "피고들은 원고가 정당한 이유 없이 중도금과 잔금을 지급하지 아니하므로 1991. 8. 5. 원고에게 이 사건 매매계약을 해제한다고 통고한 바 있습니다. 따라서 계약금은 위약금으로서 피고들에게 귀속되었습니다."는 내용의 1991. 10. 15.자 답변서를 진술함으로써, 원고와 피고가 이 사건 매매계약을 체결할 때 계약금을 위약금으로 삼기로 특별히 약정하였다는 점에 관하여 원고의 진술과 일치되는 사실을 진술하였고, 그때부터 피고들 소송대리인이 원심 5차 변론기일에 "원고와 피고들은 구두로 원고 주장과 같은 위약금 약정을 한 바 없다."는 주장을 담은 1992. 11. 23.자 준비서면을 진술할 때까지, 양 당사자는 서로 상대방의 귀책사유로 인하여 이 사건 중도금의 지급이 이루어지지 못하였다는 점에 중점을 두어 주장·입증하여 왔음을 알 수 있다(피고들 소송대리인은 위 1992. 11. 23.자 준비서면에서도 이러한 주장을 되풀이하고 있다).

그렇다면 원고와 피고들은 이 사건 매매계약이 체결될 때 계약금을 위약금으로 삼기로 특약이 이루어진 사실에 관하여 서로 일치되는 진술을 함으로써 재판상 자백이 성립되었다고 못 볼 바 아니므로, 원심으로서는 이에 저촉되는 사실을 인정할 수 없다 할 것이다(당원 1992. 8. 18. 선고 92다5546 판결 참조; 따라서 피고들 소송대리인의 1992. 11. 23.자 준비서면 기재 "원고와 피고들은 구두로 원고 주장과 같은 위약금 약정을 한 바 없다."는 주장은 자백의 취소에 해당하므로, 그 요건이 구비되었는지 여부는 따로 심리하였어야 할 것이다). 그러므로 원심은 피고들 소송대리인의 위 진술만으로 재판상 자백이 성립되었다고 볼 수 없다고 판단한 데에는, 재판상 자백의 성립에 관한 법리를 오해하여 판결에 영향을 미친 위법이 있다 할 것이어서, 이 점을 탓하는 논지는 이유가 있다.

(2) 원고와 피고들이 구두로 위약금 약정을 체결하였는지 여부를 본다.

앞서 본 사정에다가, 피고 B가 1991. 8. 5. 원고의 위 계약해제통고에 대한 답변으로 발송한 을 제1호증의 1(답변서)에 '원고의 중도금지급의무 불이행을 이유로 이 사건 계약을 해제하고, 따라서 계약금은 같은 피고에게 귀속되었으니 반환할 수 없다.'는 뜻이 기재되어 있는 점, 갑 제11호증의 7에 기재된 이 사건 계약의 중개인 소외 D의 진술을 보면 "계속 연락을 하여도 연결이 안 되던 중 1991. 8. 중순경에야 위 피고를 만나서 '원고가 나머지 대금을 한 번에 지급한다고 하니 받고 (등기)해 주는 것이 어떻겠느냐?'고 하였더니, '다 끝났는데 내가 왜 받느냐? 그리고 내가 왜 계약금을 돌려 주느냐?'고 하면서 가버렸다."는 것이고, 위 피고 또한 위 형사사건에서 같은 뜻의 진술을 한 점(갑 제11호증의 10, 갑 제12호증의 6의 각 기재 참조)을 종합하여 보면, 이 사건 매매계약을 할 때 원고 주장과 같은 위약금 약정이 구두로 체결되었다고 봄이 상당하고, 따라서 이에 부합하는 위 D의 진술을 쉽사리 배척할 수는 없다고 하겠다.

그러므로 원심이 위와 같은 이유만으로 위 D의 진술을 배척한 데에는, 합리적 이유없이 신빙성 있는 증거를 배척함으로써 판결에 영향을 미친 위법이 있다 할 것이고, 따라서 이 점을 지적하는 논지도 이유가 있다.

3. 이에 원심판결 중 원고 패소부분을 파기하고 이 부분 사건을 다시 심리 판단하게 하기 위하여 원심법원에 환송하되, 피고들의 상고는 이를 모두 기각하고 이 부분 상고비용은 패소한 피고들의 부담으로 하기로 관여 법관의 의견이 일치되어 주문과 같이 판결한다.

[판결 8] 독자적 채무불이행유형으로서의 이행거절: 대판 2005. 8. 19, 2004다53173

[이 유]

상고이유를 본다.

1. 원심의 인정 사실

원심은 그 채용 증거들을 종합하여 다음과 같은 사실을 인정하였다.

가. 원고는 1993년경 피고 1을 알게 되어 친분관계를 유지하던 중 1997년 경 처인 소외인과의 이혼을 고려하면서 그로 인한 재산분할 및 위자료 청구에 대비하여 피고 1 앞으로 실제 채무 없이 명목상의 근저당권설정등기만을 경료해 두기로 하고, 1997. 4. 4. 원고 소유의 인천 강화군 ○○ 전 및 대지(이하 '이 사건 강화군 토지'라 한다)에 관하여 채권최고액 1억 5천만 원, 채무자 원고, 근저당권자 피고 1로 된 근저당권설정등기를 마쳤다.

나. 피고 1은 1998. 9. 1. 자신의 채권자인 박정례에게 위 근저당권에 관하여 1998. 8. 31.자 채권양도를 원인으로 한 근저당권이전의 부기등기를 경료해 주었고, 이후 박정례의 위 근저당권에 기한 임의경매신청으로 2002. 5. 29. 인천 지방법원 2002타경33436호로 이 사건 강화군 토지에 관한 임의경매개시결정이 내려져, 서정필이 2002. 10. 25. 위 토지를 경락받아 대금을 완납하였다.

다. 원고는 이와 같은 경위로 이 사건 강화군 토지에 대한 소유권을 상실하게 되자 피고 1에게 책임을 추궁하였고, 피고 1은 원고와의 금전거래과정에서 아직 원고로부터 변제받지 못한 금원이 남았다고 주장하면서 이를 거부해 오다가 2002. 11. 29. 원고에게 "본인(피고 1)은 이 사건 강화군 토지를 소유권자인 원고와 채권관계가 아닌 편의상 1억 5천만 원(채권최고액)으로 근저당설정하였다가 박정례와의 채권관계로 채권양도하여 경매처분되었으나, 2006년까지 소유권자인 원고에게 위 경매처분된 강화군 토지를 매입하여 소유권이전등기해 줄 것을 무의 각서하고 차후 박정례와의 채무관계로 피해가 가지 않도록 한다"는 내용의 이행각서(이하 '이 사건 각서'라 한다)를 작성해 주었다.

라. 한편 피고 1은 2003. 2. 26. 자신의 시누이인 피고 2와 사이에 원심판시

별지 목록 기재 부동산(이하 '이 사건 평택 부동산'이라 한다)에 관하여 채권최고액 5억 원의 근저당권설정계약을 체결하고 같은 달 27. 피고 2 앞으로 근저당권설정등기를 마쳐 주었다.

　마. 또한 피고 1은 이 사건 소송이 원심에 계속 중이던 2004. 3.부터 같은 해 5.까지 사이에 이 사건 평택 부동산을 제 3 자에게 매도하고 소유권이전등기를 마쳐 주었다.

　2. 원고의 피고 1에 대한 상고이유에 관한 판단

　(생략)

　다. 상고이유 제 3 점에 대하여

　원심은, 피고 1이 이 사건 소송에서 이 사건 각서가 원고의 강요에 의하여 작성된 것이어서 무효이고 이 사건 강화군 토지에 관한 피고 1 명의의 근저당권은 원고에 대한 실질적인 채권을 담보하기 위한 것이라고 주장하는 등 이 사건 각서상의 소유권이전등기의무 자체를 다투면서 원심 소송계속 중인 2004. 3.경 이 사건 평택 부동산을 제 3 자에게 모두 매각처분한 것은, 이 사건 각서에 따른 채무의 이행기인 2006년에 이르러서도 원고에 대한 소유권이전등기의무를 이행할 의사가 없음을 분명히 한 것이므로 피고 1은 원고에게 그 불이행에 따른 손해를 배상할 의무가 있다는 원고의 주장에 대하여, 피고 1이 원심 소송계속중에 이 사건 평택 부동산을 제 3 자에게 매도하여 소유권을 이전해 준 사실 및 피고 1가 이 사건 각서의 작성이 강요에 의한 것이거나 원고에 대하여 실질적인 채권이 있다는 취지로 원고의 청구를 다투었다는 사정만으로 이행기인 2006년에 이르러서도 원고에게 소유권이전등기의무를 이행할 의사가 없음을 명백히 하였다고 보기 어렵고 달리 이를 인정할 증거가 없다고 함으로써 위 주장을 배척하였는바, 원심의 위와 같은 판단은 다음과 같은 이유로 수긍하기 어렵다.

　계약상 채무자가 계약을 이행하지 아니할 의사를 명백히 표시한 경우에 채권자는 신의성실의 원칙상 이행기 전이라도 이행의 최고 없이 채무자의 이행거절을 이유로 계약을 해제하거나 채무자를 상대로 손해배상을 청구할 수 있고, 채무자가 계약을 이행하지 아니할 의사를 명백히 표시하였는지 여부는 계약 이행에 관한 당사자의 행동과 계약 전후의 구체적인 사정 등을 종합적으로 살펴서 판단하여야 한다(대법원 1993. 6. 25. 선고 93다11821 판결, 1997. 11. 28. 선고 97다30257 판결 등 참조).

　원심이 인정한 사실 및 기록에 의하면, 피고 1은 이 사건 강화군 토지에 관하여 자신의 명의로 설정되었던 근저당권은 원고에 대한 채권을 담보하기 위한 것이었음에도 원고가 자신과의 불륜관계를 남편에게 폭로하겠다고 협박하면서 이 사건 각서의 작성을 강요하는 바람에 이 사건 각서를 작성하게 되었으므로 이 사건 각서는 무효이고 오히려 원고로부터 변제받을 채권이 아직도 남아 있다고 주장하고 있고, 피고 1이 원심 소송계속 도중 제3자에게 처분한 이 사건 평택 부동산은 피고 1의 유일한 재산인 사실을 알 수 있는바, 사정이 이와 같다면 피고 1은 이 사건 각서상의 채무를 이행할 의사가 없음을 명백하고도 종국적으로 밝혔다고 봄이 상당하므로, 원고는 그 이행기 전이라도 피고 1을 상대로 채무불이행을 원인으로 한 손해배상청구를 할 수 있다고 볼 것이다.

그럼에도 불구하고, 원심은 피고 1이 이 사건 각서에 따른 의무를 이행할 의사가 없음을 명백히 하였다고 볼 수 없다고 판단하고 말았으니, 이러한 원심 판결에는 이행거절로 인한 채무불이행의 성립요건 내지 의사해석에 관한 법리오해의 위법이 있다 할 것이다. 이 점을 지적하는 상고이유의 주장은 이유 있다.

3. 원고의 피고 2에 대한 상고이유에 관한 판단

(생략)

4. 결 론

그러므로 나머지 상고이유에 대한 판단을 생략한 채 원심판결을 모두 파기하고, 사건을 다시 심리·판단하게 하기 위하여 원심법원에 환송하기로 하여 관여 대법관의 일치된 의견으로 주문과 같이 판결한다.

질문

(1) 이행거절을 채무불이행의 독자적인 유형으로 파악할 수 있는 법적 근거는 무엇인가? 민법 제390조는 이행거절을 독자적인 채무불이행유형으로 수용할 만큼 충분히 일반적인 문언으로 되어 있는가?

(2) 이행거절이 이행불능이나 이행지체와 같은 채무불이행유형에 포섭되지 아니하고 독자적인 유형으로 파악되어야 하는 실제적인 이유는 무엇인가?

(3) 이행거절의 법률효과는 무엇인가? 이행거절이 발생한 것이 이행기 도래의 전인가, 후인가에 따라 그 법률효과가 달라져야 하는가? 이행거절의 경우에 채권자는 이행기 전이라도 계약을 해제할 수 있는가?

(4) 다른 나라에서 이행거절은 어떻게 파악되고 있으며, 어떠한 법률효과가 부여되고 있는가? 그들 나라에서 최근의 민법 개정이나 특히 유럽법 통합작업 내에서 그것은 어떠한 취급을 받고 있는가?

(5) 이행거절 여부를 판단하는 기준은 무엇인가?

논문

『채무자가 이행을 하지 아니할 것임을 진지하고 종국적으로 밝혔다면, 이제 채권자로서는 그의 임의의 이행을 기대할 수 없게 된다. 또는 그와 같이 기대하는 것은 무의미하다. 말하자면 채무자의 임의의 적법한 이행은「채무자 자신의 의사에 의하여」, 그러나 객관적으로 좌절된 것이다. 이와 같이 채무자 스스로에 의하여 초래된 이행장애는 원칙적으로 강제이행의 방법에 의하여 제거될 수 있다는 점에서 이행불능과는 엄격하게 구별되어야 한다고 하여도, 역시 임의이행의 불실현이라는 점에서는 돌이킬 수 없는 최종적인 것으로서, 그 한도에서 이행불능(그 중에서 주관적 불능)과 유사성을 가진다. 예를 들면 양복을 지어 주기로 계약을 체결한 사람이 그에 필요한 기능을 갖추지 못하여서 양복을 짓지 못하는 것과 그가 계약체결의 사실을 어디까지나 부인하고 양복을 짓기를 거절하는 것과의 사이에는, 그 이행장애가 전자에서는 채무자 자신의 능력에, 후자에서는 그 자신의 의사에 있다는 점 외에는, 크게 다른 점이 없다. 그렇게 볼 때 이행불능이 그 자체 하나의 불이행유형이라고 한다면, 이행거절도 그 자체 또 하나의 불이행유형이라고 할 것이다.』[50]

6. 부수의무의 불이행

(1) 채무불이행은 반드시 주된 급부의 불이행이나 그 부적절한 이행이라는 형태로만 성립하는 것은 아니다. 가령 물건의 매도인이 목적물의 사용방법에 관하여 잘못된 설명을 함으로써 또는 목적물의 위험성(가령 약품의 부작용 등)에 대하여 설명하여 주지 아니함으로써 매수인이 이를 사용하던 도중 목적물이 훼손되거나 또는 신체에 부상을 입은 경우, 은행이 고객과의 거래내용을 제 3 자에게 누설하지 아니할 의무[51]에 반하여 이를 제 3 자에게 알린 경우 또는 가령 영업의 양도인이 경업금지의무(상 제41조 참조)에 반하여 경쟁영업을 한 경우 등이 그것이다. 이러한 경우에 설명, 침묵 또는 경업금지 등은 특히 계약에 기하여 성립하는 채권관계에서 채무자가 그 실현의무를 부담하는 주된 급부 그 자체에 속하는 것은 아니나, 채권자가 그 계약의 체결에 의하여 추구하는 목적(제575조 제 1 항: 계약의 목적)을 달성하는 데 필요하다. 다시 말하면

---

50) 양창수(주 49), 143-144면.

51) 금융실명거래 및 비밀보장에 관한 법률 제 4 조.

계약의 당사자들은 급부를 실행하여야 할 뿐만 아니라, 계약의 명시적인 내용이나 법률의 규정 또는 신의칙이 요구하는 바에 따라, 상대방이 그 계약의 체결에 의하여 달성하고자 하는 목적의 실현에 필요한 일정한 행태에의 의무 또는 그 목적의 실현을 좌절시키는 행태를 하지 아니할 의무도 부담한다. 계약 당사자 일방이 자신의 계약상 채무이행에 장애가 될 수 있는 사유를 계약 체결 당시 알았거나 예견할 수 있었는데도 이를 상대방에게 고지하지 않은 경우, 비록 그 사유로 말미암아 후에 채무불이행이 되는 것 자체에 대하여는 귀책사유가 없다고 하더라도, 상대방이 그 장애사유를 인식하고 계약을 체결하였다거나 채무불이행이 상대방의 귀책사유로 인한 것으로 평가되는 등의 특별한 사정이 없는 한, 그 채무불이행에 대하여 귀책사유가 인정된다.[52]

이와 같이 채무자가 계약으로부터 발생하는 부수적인 행태의무를 위반한 경우를 별개의 채무불이행유형으로 설정할 수 있다. 이를 불완전이행의 한 모습으로 보는 견해도 있다.[53] 그러나 위와 같은 부수적인 행태의무 위반은 반드시 그 의무의 적극적인 이행이 있었는데 그것이 부적절하였던 경우뿐만 아니라 소극적으로 채무자가 아무런 이행행위도 하지 않은 경우(가령 매매목적물의 위험성에 대한 불고지 등)에도 성립하므로, 불완전이행과 부수의무의 불이행을 동일한 징표에 의하여 파악하는 것도 무리이다. 따라서 이를 공통호칭 아래 열거하는 것은 무의미하다.

(2) 부수의무의 모습

모든 채권관계에 공통되게 인정되는 부수의무란 존재하지 않는다. 그것은 부수의무가 그 실현에 봉사하고자 하는 '계약의 목적'이 구체적인 계약마다 달라질 수밖에 없고, 부수의무의 내용도 그에 따라 다양하게 인정되기 때문이다. 그러나 일정한 유형의 계약에 따르는 전형적인 부수의무가 인정될 수는 있다.

(가) 설명의무─특히 의사의 설명의무

오늘날 우리의 생활에 필요한 물품이나 용역은 극도로 진행된 분업에 의하여 창출되고 공급되는 한편으로, 과학기술의 발전과 더불어 그 물품이나 용역의 위험성도 증가되었다. 따라서 자기의 수요를 만족시키기 위하여 부득이하게 타인으로부터 물품이나 용역을 구입하여야 하는 입장에서는, 자신의 안전

---

52) 대판 2011. 8. 25, 2011다43778.
53) 가령 김형배, 채권총론, 230면; 권오승, "불완전이행," 민법의 쟁점, 1990, 239면.

등을 그것을 공급해 주는 상대방의 신뢰성에 의지하게 되었다. 이러한 의존성은 당사자들 간의 계약관계에도 반영되어, 그것은 단지 그 물품이나 용역을 인도 공급한다는 1차적인 내용 외에도, 특히 지식이나 경험 또는 정보의 축적량이나 수집력에서 현저한 차이가 있는 당사자들 사이에서는(가령 한쪽 당사자는 그러한 물품이나 용역을 제공하는 것을 전문적 직업으로 함에 대하여 상대방은 단순한 소비자인 경우) 그러한 지식 등이 부족한 당사자에게 당해 물품이나 용역과 관련된 정보를 제공하고 그 위험성을 고지하는 등 필요한 설명을 할 의무가 있다.

이러한 설명의무가 특히 문제되는 것은 의사의 설명의무이다. 특히 의료행위는 많은 경우에 수술 등 신체나 건강에의 침습을 그 당연한 내용으로 하며, 또 그로 인하여 부작용이 일어나는 일도 적지 않다. 그러므로 설령 그러한 신체 침습에 대하여 환자가 동의하더라도 그 동의만으로 당연히 그러한 침습행위가 정당화된다고는 할 수 없고, 그 동의에 영향을 미칠 수 있는 정보가 의사로부터 환자에게 제공되어야 한다(이른바 'informed consent' 문제). 이와 같이 의사는 환자의 신체 침습을 포함하는 의료행위를 하기에 앞서서 그 시술의 내용, 치료 후의 예상경과, 그것의 가능한 부작용 등에 관하여 환자에게 설명할 의무가 있다. 판례 중에는 이를 불법행위책임에서 의사의 과실을 구성하는 것으로 다루고 있으나,[54] 이와는 별도로 의료계약상 의무의 한 내용을 이룬다.

(나) 안전배려의무

채권자가 채무자로부터 장소를 제공받고 그 안에 들어가 채무자가 제공하는 일정한 설비를 이용하는 것을 내용으로 하는 채권관계에서는, 일반적으로 채무자는 채권자의 생명이나 신체에 대한 위해가 발생하지 않도록 그 장소와 설비 등을 안전하게 유지·관리하여야 할 의무를 부담한다. 이러한 의무를 안전배려의무라고 부른다. 가령 근로계약에서 사용자는 근로자에 대하여 임금의 지급이라는 주된 급부를 실현하여야 할 뿐만 아니라, 근로의 장소나 설비를 근로자의 신체에 위해가 발생하지 않도록 합리적으로 조직하고 설비의 안전성을 도모할 의무를 부담한다.[55] 나아가 이는 숙박계약이나 학교나 체육시설 또는

---

54) 대판 1987. 4. 28, 86다카1136 참조.

55) 사용사업주의 보호의무 또는 안전배려의무 위반으로 손해를 입은 파견근로자는 사용사업주와 직접 고용 또는 근로계약을 체결하지 아니한 경우에도 묵시적 약정에 근거하여 사용사업주에 대하여 보호의무 또는 안전배려의무 위반을 원인으로 하는 손해배상을 청구할 수 있다. 그리고 이러한 약정상 의무 위반에 따른 채무불이행책임을 원인으로 하는

극장 등의 운영자 또는 공연의 주최자에게도 마찬가지이다.⁵⁶⁾ 언제 어떠한 내용의 안전배려의무를 구체적으로 부담하는가는 계약당사자들의 직업, 지위 및 사고가 발생한 구체적인 상황 등을 고려하여 정해진다.

물론 생명이나 신체의 안전에 대한 배려를 계약상의 주된 급부로 하는 경우에는 위와 같은 부수적인 행태의무로서의 안전배려의무는 이미 문제될 여지가 없다. 가령 입원환자에 대한 병원의 의무나 탁아소의 유아에 대한 의무가 그러하다. 그리고 아래 (3)에서 논의되는 보호의무는 채무자가 주된 급부를 실현하는 과정에서 채권자의 신체 또는 재산 등 다른 일체의 법익이 침해되지 않도록 할 일반적인 불가침의무인 데 반하여, 여기서 문제되는 것은 주된 급부의 실현과는 무관하게 채무자가 제공하는 장소 또는 설비가 채권자의 신체와 접촉하게 됨에 따라 그 신체의 안전에 배려하여야 한다는 특별한 계약상의 행태의무이다.

(3) 이른바 보호의무론

우리나라 학설 중에는 채권관계의 실현과정에서 채무자는 채권자의 생명이나 신체 또는 재산 기타 이행이익과 무관한 일체의 다른 법익을 침해하지 아니할 의무, 즉 보호의무(Schutzpflichten)를 부담하며, 채무자가 이를 위반하여 그러한 법익침해를 한 경우에는 그에 대하여 채무불이행책임을 져야 한다는 견해가 있다.⁵⁷⁾ 가령 인도목적물을 채권자의 집 안으로 운반하다가 채권자 소유의 다른 물건을 파손한 경우와 같이 이행과정에서 채권자의 다른 법익을 침해한 경우가 이에 해당한다. 또한 하자 있는 급부가 채권자의 다른 법익을 침해한 경우(가령 병이 든 닭을 인도하는 바람에 매수인 소유의 다른 닭이 이 병에 전염된 경우)도 이에 해당한다고 한다.

일반적으로 사람은 다른 사람에 대하여 그의 법익을 침해해서는 안 된다는 일반적인 의무를 부담하며, 이를 위법하게 위반한 경우에는 불법행위법에 의하여 손해배상의무를 부담하게 된다. 그런데 이와는 별도로 특히 채권관계의 당사자들 사이에서 위와 같은 보호의무를 부과하고 그 위반에 대하여 채무불

손해배상청구권에 대하여는 불법행위책임에 관한 제766조 제 1 항의 소멸시효 규정이 적용될 수 없다. 대판 2013. 11. 28, 2011다60247.

56) 대판 1994. 1. 28, 93다43590.

57) 김형배, 채권총론, 231면; 권오승, 340면.

이행책임을 인정하는 것이 타당한지 논란이 있다.[58] 대법원 판결에서는 보호의
무나 안전배려의무 위반을 이유로 채무불이행 또는 그중에서도 불완전이행으
로 인한 채무불이행을 인정하는 사례가 있다.[59]

Ⅲ. 귀책사유

1. 서   설

채무불이행책임의 일반적인 요건으로서 채무자의 귀책사유('유책사유'라는
표현이 사용되기도 한다)가 요구된다고 명문으로 정하는 민법의 규정은 존재하지
않는다. 민법은 제390조 단서에서 '채무자의 고의 또는 과실 없이 이행할 수
없게 된 때'에는 손해배상의무가 발생하지 않는다고 정하는데, 이는 그 표현상
이행불능에 대해서만 고의 또는 과실이 요구됨을 정한 것으로 볼 수 있다. 그
러나 민법은 이행불능 이외에도 채무불이행책임의 일반적인 요건으로서 '책임
있는 사유'(제546조 참조), 즉 귀책사유를 필요로 하고 있다고 볼 수 있다.[60]

우선 제397조는 금전채무의 불이행책임에 대한 특칙을 정한 규정인데 동
조 제 2 항은 "채무자는 과실 없음을 항변하지 못한다."라고 정한다. 이를 반대
해석하면, 일반적인 채무불이행책임에 대하여는 과실 없음을 항변할 수 있다는
셈이 된다. 즉, 귀책사유가 없으면 채무불이행책임은 성립하지 않는 것이다.
나아가 이행지체에 대하여도 제392조는 "채무자는 자기에게 과실이 없는 경우
에도 그 이행지체 중에 생긴 손해를 배상하여야 한다."라고 정한다. 이 규정은
애초의 이행지체에 대하여 과실이 없는 경우에는 손해배상책임이 없음을 전제
로 해야만 의미를 갖는다. 또한 채무불이행책임에 관한 일반조항인 제390조에
이은 제391조도 채무자가 이행보조자를 사용하여 이행하는 경우 일반에 대하
여 정하고 이를 가령 이행불능의 경우에 한정하지 않는다. 그리고 실질적으로
보더라도, 귀책사유 없는 이행불능의 경우에 채무자에게 채무불이행책임을 묻
지 않는다고 하면서 다른 채무불이행에 대하여는 귀책사유 없이도 그 책임을

---

58) 이에 관해서는 민법주해[Ⅸ], 218면 이하(양창수 집필).
59) 위 4. (1) 참조.
60) 곽윤직·김재형, 채권총론, 91면; 김상용, 채권총론, 102면; 김주수, 채권총론, 103면 이
하; 김증한·김학동, 채권총론, 77면; 김형배, 채권총론, 152면; 이은영, 채권총론, 245면.

물을 수 있다고 하는 것은 균형을 상실하게 될 것이다.

채무불이행책임의 주관적인 요건으로서의 귀책사유로 채무자 자신의 고의 또는 과실을 든다. 그러나 채무자에게 고의 또는 과실이 있기만 하면 언제나 채무자에게 귀책사유가 있다고 할 수는 없다. 민법 제401조는 채권자지체 중에는 채무자에게 경과실이 있는 경우에는 그에게 귀책사유가 없으며, 단지 고의 또는 중대한 과실만이 귀책사유가 됨을 정하고 있다.[61] 또한 민법 제391조는 이행보조자에게 고의 또는 과실이 있으면 채무자에게 귀책사유가 있는 것으로 본다.

2. 고의 또는 과실

채무자 자신에게 고의 또는 과실이 있으면 원칙적으로 그에게 귀책사유가 있다고 할 수 있다(제390조 단서, 제391조, 제397조 제 2 항 후단 참조). 그러나 형사책임(형법 제14조 참조)과는 달리 민사책임에서는 고의와 과실의 구별은 큰 의미가 없다.

(1) 고   의

고의란 자기의 행위(부작위를 포함한다)의 결과로 객관적인 채무불이행이 일어날 수 있음을 인식하는 것을 말한다. 채무자가 그러한 채무불이행을 의욕하지는 않았다고 하더라도 그러한 결과의 발생을 알았으면 고의가 있다고 할 것이다. 가령 부동산을 2중으로 매도한 갑이 매수인 중 한 사람에게 등기를 이전하는 경우에는, 비록 그가 적극적으로 다른 매수인에 대한 채무불이행이 될 것을 의욕하지는 않았어도, 그러한 등기이전으로 말미암아 다른 매수인에 대한 소유권이전채무를 이행할 수 없게 된다는 것을 알았으면 그에게는 고의가 있는 것이다.

여기서 인식의 대상이 되는 것은 채무불이행 그 자체이고 손해의 발생이나 그 내용이 아니다. 채무자가 자신이 그와 같은 행위를 하더라도 채권자에게는 아무런 손해가 발생하지 않을 것이라고 믿었다고 하더라도, 이것만으로 고의가 부정되지는 않는다.

---

61) 따라서 제538조 제 1 항 제 2 문에서 '채권자의 수령지체 중에 당사자 쌍방의 책임 없는 사유로 이행할 수 없게 된 때'라고 하면, 채무자의 경과실에 의하여 이행할 수 없게 된 때를 포함한다.

(2) 과   실

(가) 추상적 과실과 구체적 과실

과실이란 채무자가 그와 같은 직업 또는 사회적 지위에 속하는 평균적 인간이라면 하였을 사회생활상의 주의를 게을리함으로써 그 행위의 결과로 객관적인 채무불이행이 일어날 것임을 인식(예견)하지 못한 것을 말한다. 이와 같이 과실판단의 핵심적인 내용이 되는 주의의무는 채무자 개인의 능력을 기준으로 정해지는 것이 아니라, 채무자가 속하는 직업 또는 사회적 지위에 속하는 추상적인 통상인을 기준으로 객관적으로 정해진다. 이와 같이 채무자 자신이 아니라 추상적인 평균인을 기준으로 하여 정해지는 과실을 추상적 과실이라고 한다. 민법에서 '선량한 관리자의 주의'라고 함은 이를 가리킨다(제374조, 제681조).[62]

따라서 채무자 자신은 그의 능력을 다 발휘하였어도 자신의 행위 결과를 인식할 수 없었다고 하더라도, 통상의 사람이 그와 같은 상황에서 필요한 주의를 하였더라면 알 수 있었다고 하면, 채무자에게는 과실이 있는 셈이 된다.[63] 그러므로 결과적으로 채무자는 자신이 적어도 평균인과 같은 능력을 가진다는 점에 대해 보증을 인수한 것이라고 할 수 있다.

그런데 민법은 예외적으로 채무자 자신의 주관적인 능력을 기준으로 하여 주의의무를 정하고, 그에 따른 주의를 다하였으면 책임을 묻지 않는 경우가 있다. 가령 무상임치의 수치인受置人은 그 목적물을 '자기재산과 동일한 주의'로써 보관하였으면 비록 그 목적물이 멸실 또는 훼손되었더라도 이에 대하여 손해배상채무를 지지 않는다(제695조). 이와 동일한 규정은 친권자가 자의 재산을 관리하는 경우(제922조: 자기의 재산에 관한 행위와 동일한 주의) 및 상속인이 상속재산을 관리하는 경우(제1022조: 고유재산에 대하는 것과 동일한 주의)에도 존재한다. '자신의 재산'에 대해서는 누구나 자신의 능력한도 내에서 그 보존 유

---

62) 곽윤직·김재형, 채권총론, 29면; 김증한·김학동, 채권총론, 79면.

63) 이 점에 대한 구체적 판단을 보여주는 재판례로 대판 2013. 12. 26, 2011다85352를 들 수 있다. 즉, "채무자가 자신에게 채무가 없다고 믿었고 그렇게 믿은 데 정당한 사유가 있는 경우에는 채무불이행에 고의나 과실이 없는 때에 해당한다고 할 수 있다. 그러나 채무자가 채무의 발생원인 내지 존재에 관한 법률적인 판단을 통하여 자신의 채무가 없다고 믿고 채무의 이행을 거부한 채 소송을 통하여 이를 다투었다고 하더라도, 채무자의 그러한 법률적 판단이 잘못된 것이라면 특별한 사정이 없는 한 채무불이행에 관하여 채무자에게 고의나 과실이 없다고는 할 수 없다."라고 한다. 일반적으로 "법의 무지는 유해하다 (Error juris nocet)"는 로마법 이래의 법리는 여전히 유효하다.

지에 힘쓰면 충분하므로(그러한 의무가 있는 것도 아니다), 가령 위 제695조는 비록 남이 맡긴 물건이라도 수치인은 그 한도의 주의만을 기울이면 된다고 정한 것이다.[64] 이와 같이 구체적인 채무자의 주관적인 능력을 기준으로 정해지는 과실을 구체적 과실이라고 한다.

(나) 경과실과 중과실

과실은 주의의무를 게을리한 정도에 따라서 경과실과 중과실로 구분된다. 중과실 또는 중대한 과실이란 통상인에게 요구되는 정도의 상당한 주의를 하지 않더라도 약간의 주의를 한다면 손쉽게 위법 유해한 결과(여기서는 객관적인 채무불이행)를 예견할 수 있었는데도 만연히 이를 간과함과 같이 거의 고의에 가까운 현저히 주의를 결여한 상태를 말한다.[65] 그리고 그러한 정도까지 이르지 않은 과실은 경과실이고, 민법에서 말하는 과실은 통상 경과실을 뜻한다.

중과실 개념은 많은 경우에 행위자의 고의에 대한 증명이 어려운 경우에 이를 구제하기 위한 탈출구로서 기능을 수행한다. 중과실·경과실의 구분은 민법을 비롯한 여러 법률에서 채택되고 있는데(제401조, 제514조 단서, 제518조, 상 제137조 제 3 항, 어음 제16조 제 2 항 단서 등 참조), 그 밖의 경우에도 법률이 단지 고의(또는 악의)만에 결합시키고 있는 법률효과가 중과실에도 확장되어야 하는지 문제되는 경우가 있다.

(다) 불가항력

불가항력이란 채무자가 최선의 주의를 다하더라도 예견하거나 회피할 수 없었던, 외부, 즉 채무자의 지배영역 밖에서 발생한 사건을 말한다. 이는 가령 지진이나 폭풍우 등의 자연현상, 폭동 전쟁이나 교역봉쇄 등 사회적 사건과 같이 '외부로부터' 발생한 사건이어야 하며, 가령 채무자의 신병이나 부재와 같은 개인적인 사유는 이에 해당하지 않는다.

민법에서 불가항력이 있어야만 채무불이행책임의 주관적 요건을 충족하지 못하는 것으로 해석할 수 없다. 그러나 민법은 전세권과 질권에 대한 규정에서 이 개념을 사용하고 있다(제308조, 제314조, 제336조). 그리고 제182조는 시효정지사유로서 '천재 기타 사변'을 들고 있는데, 이는 불가항력에 해당하는 것으로 볼 수 있다.

---

64) 김증한·김학동, 채권총론, 80면.
65) 대판 1983. 2. 8, 81다428; 대판 1990. 6. 12, 88다카2.

[판결 9] 채무불이행책임에서 귀책사유의 증명책임: 대판 1996. 12. 23, 96다 30465, 30472

[이 유]

피고(반소원고, 이하 피고라고만 한다.) 소송대리인의 상고이유를 본다.

1. 약정금청구 부분에 대하여

기록에 의하여 살펴보면, 피고의 대표이사이던 원고(반소피고, 이하 원고라고만 한다.)가 이 사건 신용대출을 함에 있어 해당 임원이 회수를 책임지기로 한다는 내용이 기재된 임원관리업체장부에 서명하여 결재를 한 것은 대출을 소개하거나 결재한 자로서 채무가 연체되지 않도록 사후관리를 하고 연체되거나 끝내 대출금이 변제되지 않는 경우에는 회사가 손해를 입지 않도록 대출금채무의 변제에 최선의 노력을 다하겠다는 취지라고 보아야 하고, 이를 대출금에 관한 보증채무를 부담하기로 하거나 손해담보약정을 한 것이라고 해석할 수는 없다고 할 것이므로(당원 1992. 5. 26. 선고 91다35571 판결 참조), 원심이 같은 취지에서 피고의 이 사건 약정금청구를 배척한 조처는 정당하고, 거기에 상고이유에서 주장하는 바와 같이 위 장부의 기재 내용을 해석함에 있어 논리칙이나 경험칙에 위반한 위법이 없다. 논지는 이유 없다.

2. 손해배상금청구 부분에 대하여

채무불이행사실이 인정되는 경우라면 상고이유에서 지적하는 바와 같이 채무자가 자신에게 귀책사유가 없다는 점을 적극적으로 입증하여야 할 것이지만, 이 사건과 같이 대표이사를 상대로 주식회사에 대한 임무 해태를 내세워 채무불이행으로 인한 손해배상책임을 물음에 있어서는 대표이사의 직무수행상의 채무는 미회수금 손해 등의 결과가 전혀 발생하지 않도록 하여야 할 결과채무가 아니라, 회사의 이익을 위하여 선량한 관리자로서의 주의의무를 가지고 필요하고 적절한 조치를 다해야 할 채무이므로 회사에게 대출금 중 미회수금 손해가 발생하였다는 결과만을 가지고 곧바로 채무불이행사실을 추정할 수는 없는 것이다.

따라서 원심이, 이 사건에서 원고의 임무해태사실을 인정할 만한 증거가 없고, 오히려 반대증거에 의하면 원고가 회사경영방침이나 경영전략에 따라 자신에게 부여된 포괄적인 위임사무의 권한을 적법하게 행사한 것으로 볼 수 있다는 취지로 판단한 것은 정당하고, 거기에 채무불이행에 관한 입증책임을 전도한 위법이 있다고 할 수 없다.

그리고 원고가 위 임원관리업체장부에 서명함으로써 대출금 회수 및 손해 방지를 위한 수임인으로서의 주의의무가 가중된다고 본다 하더라도 원심의 위와 같은 결론은 수긍이 가고, 거기에 상고이유에서 주장하는 바와 같이 판결에 영향을 미친 판단유탈의 위법이 있다고 할 수 없다. 논지도 모두 이유 없다.

(1) 채무불이행책임에서 귀책사유에 대한 증명책임은 누구에게 있는가?

(2) 결과채무와 수단채무는 어떻게 구별되는가?

(3) 이 사건에서 채무불이행책임을 묻기 위하여 증명이 필요한 사항은 무엇인가?

[판결 10] 임대차에서 화재로 목적물이 소실된 경우 귀책사유에 관한 증명책임: 대판 2006. 1. 13, 2005다51013, 51020

1. 상고이유 제 1 점에 대하여

임차인은 임차건물의 보존에 관하여 선량한 관리자의 주의의무를 다하여야 하고, 임차인의 임차물반환채무가 이행불능이 된 경우, 임차인이 그 이행불능으로 인한 손해배상책임을 면하려면 그 이행불능이 임차인의 귀책사유로 말미암은 것이 아님을 입증할 책임이 있는바, 임차건물이 건물구조의 일부인 전기배선의 이상으로 인한 화재로 소훼되어 임차인의 임차목적물반환채무가 이행불능이 되었다고 하더라도, 당해 임대차가 장기간 계속되었고 화재의 원인이 된 전기배선을 임차인이 직접 하였으며 임차인이 전기배선의 이상을 미리 알았거나 알 수 있었던 경우에는, 당해 전기배선에 대한 관리는 임차인의 지배관리 영역 내에 있었다 할 것이므로, 위와 같은 전기배선의 하자로 인한 화재는 특별한 사정이 없는 한 임차인이 임차목적물의 보존에 관한 선량한 관리자의 주의의무를 다하지 아니한 결과 발생한 것으로 보아야 한다.

원심은 채택 증거에 의하여, 피고(반소원고, 이하 '피고'라 한다)의 친동생인 C는 피고가 이 사건 공장 건물을 매수하여 소유권이전등기를 마친 직후인 1979. 10.경 피고로부터 위 공장 건물 및 기계들을 임차하여 현재까지 도정공장을 운영하여 오고 있는데, 이 사건 화재가 발생할 무렵에는 위 공장의 전반적인 운영 및 관리는 처남인 A에게, 외부 영업활동은 아들인 B에게 각 위임하여 위 공장을 운영하였던 사실, A는 위 화재 발생 당일 08 : 00경부터 18 : 00경까지 도정작업을 하고 다른 직원들을 모두 퇴근시킨 다음 사무실에 설치된 도정공장의 일반 전원 차단기를 직접 내린 후 19 : 30경 마지막으로 퇴근하였는데 위 퇴근 당시까지는 화재의 발생을 의심할 만한 이상 징후가 없었으나 같은 날 22 : 40경 위 공장 기계실로부터 이 사건 화재가 발생한 사실, 위 화재는 공장 뒤 약

5m 가량 떨어진 전신주로부터 공장 기계실 정맥기 고압모터로 연결되는 인입선에서 절연성 약화 등에 의한 단락이 발생하여 전기적 발열로 절연 피복 또는 인접한 먼지 등 가연물에 불이 붙어 화재로 발전된 것으로 추정되는데, 위 인입선은 기계실 상단에 뚫려 있는 구멍을 통하여 기계실 내로 들어와 정맥기에 연결되고 3,300V의 고압 전류가 흐르는 전선으로서 위 화재 발생 약 10년 전에 A가 기존의 전선을 교체하여 설치한 것인 사실, 그런데 위 교체된 인입선 역시 시간의 경과에 따라 노후되어 바람이 부는 날에는 때때로 위 전신주에서 스파크가 발생하기도 하였고, 한편 위 인입선이 연결된 정맥기는 위 화재 발생 약 6년 전부터 가동하지 않고 방치하고 있어 굳이 전원을 유지할 필요가 없었으므로 위 인입선의 전원 자체를 차단하는 것이 만일의 경우를 대비한 가장 좋은 방법이었는데 A는 위 인입선의 차단기가 위 전신주 위에 설치되어 있어 단전하기 어렵다는 이유로 이를 그대로 방치하고 있었고(공장 사무실에 설치된 일반 전원 차단기를 내리는 것만으로는 위 인입선의 전원이 차단되지 않는다), 위 인입선을 점검하거나 보수한 적도 없었던 사실을 인정한 다음, 위와 같은 장기의 임대기간, 화재의 원인이 된 위 인입선의 설치 위치 및 설치자, 위 인입선의 하자로 인한 화재 가능성에 대한 임차인의 인식, 위 인입선에 대한 전원 차단의 필요성 등에 비추어, 이 사건 화재의 원인으로 추정되는 위 인입선의 하자에 대한 관리책임은 임대인인 피고가 유지 및 수선의무를 부담하는 영역에 속해 있었던 것이 아니라 임차인인 C가 선량한 관리자로서 임차목적물을 보존하여야 할 주의의무를 부담하는 영역에 속해 있었던 것이라고 판단하여, 임차인인 C가 선량한 관리자의 주의의무를 다하였음을 전제로 이 사건 화재로 인한 손해에 대하여 C가 피고에게 손해배상책임이 없다는 피고의 주장을 배척하였다.

앞서 본 법리와 기록에 비추어 살펴보면, 원심의 위와 같은 사실인정과 판단은 정당하고, 거기에 상고이유로 주장하는 바와 같이 심리를 다하지 아니하고 채증법칙을 위반하여 사실을 오인하였거나 임대인의 수선의무에 관한 법리를 오해하는 등의 위법이 있다고 할 수 없다.

질문

(1) 임차인의 임차물반환채무가 이행불능이 된 경우, 그 귀책사유에 관한 증명 책임은 누구에게 있는가?

(2) 임차건물이 전기배선의 이상으로 인한 화재로 소훼되어 임차인의 임차목적물반환채무가 이행불능이 된 경우, 어떠한 경우에 임차인의 손해배상책

임을 인정할 수 있는가?

> **[판결 11] 원인불명의 화재로 임대차목적물과 그 밖의 건물 부분이 불에 탄 경우 채무불이행책임의 성립 여부: 대판(전) 2017. 5. 18, 2012다86895, 86901**

상고이유를 판단한다.

1. 피고(반소원고)의 상고이유 중 이 사건 화재가 발생한 지점에 관한 주장에 대하여

(생략)

2. 피고(반소원고)의 상고이유 중 화재로 인한 손해배상책임에 관한 법리오해 주장과 피고 삼성화재해상보험 주식회사(이하 '피고 삼성화재'라고 한다)의 상고이유 제2점에 대하여

가. (1) 임차인은 선량한 관리자의 주의를 다하여 임대차 목적물을 보존하고, 임대차 종료 시에 임대차 목적물을 원상에 회복하여 반환할 의무를 부담한다(민법 제374조, 제654조, 제615조). 그리고 채무자가 채무의 내용에 좋은 이행을 하지 아니한 때에는 채권자는 손해배상을 청구할 수 있고, 다만 채무자의 고의나 과실 없이 이행할 수 없게 된 때에는 그러하지 아니하다(민법 제390조).

따라서 임대차 목적물이 화재 등으로 인하여 소멸됨으로써 임차인의 목적물 반환의무가 이행불능이 된 경우에, 임차인은 그 이행불능이 자기가 책임질 수 없는 사유로 인한 것이라는 증명을 다하지 못하면 그 목적물 반환의무의 이행불능으로 인한 손해를 배상할 책임을 지며, 그 화재 등의 구체적인 발생 원인이 밝혀지지 아니한 때에도 마찬가지이다(대법원 1994. 10. 14. 선고 94다38182 판결, 대법원 1999. 9. 21. 선고 99다36273 판결 등 참조). 또한 이러한 법리는 임대차 종료 당시 임대차 목적물 반환의무가 이행불능 상태는 아니지만 반환된 임차 건물이 화재로 인하여 훼손되었음을 이유로 손해배상을 구하는 경우에도 동일하게 적용된다(대법원 2010. 4. 29. 선고 2009다96984 판결 등 참조).

(2) 한편 임대인은 목적물을 임차인에게 인도하고 임대차계약 존속 중에 그 사용, 수익에 필요한 상태를 유지하게 할 의무를 부담하므로(민법 제623조), 임대차계약 존속 중에 발생한 화재가 임대인이 지배·관리하는 영역에 존재하는 하자로 인하여 발생한 것으로 추단된다면, 그 하자를 보수·제거하는 것은 임대차 목적물을 사용·수익하기에 필요한 상태로 유지하여야 하는 임대인의 의무에 속하며, 임차인이 그 하자를 미리 알았거나 알 수 있었다는 등의 특별한 사정이 없는 한, 임대인은 그 화재로 인한 목적물 반환의무의 이행불능 등에 관한 손해배상책임을 임차인에게 물을 수 없다(대법원 2000. 7. 4. 선고 99다64384 판결,

대법원 2006. 2. 10. 선고 2005다65623 판결, 대법원 2009. 5. 28. 선고 2009다 13170 판결 등 참조).

나. (1) 임차인이 임대인 소유 건물의 일부를 임차하여 사용·수익하던 중 임차 건물 부분에서 화재가 발생하여 임차 건물 부분이 아닌 건물 부분(이하 '임차 외 건물 부분'이라 한다)까지 불에 타 그로 인해 임대인에게 재산상 손해가 발생한 경우에, 임차인이 보존·관리의무를 위반하여 화재가 발생한 원인을 제공하는 등 화재 발생과 관련된 임차인의 계약상 의무 위반이 있었음이 증명되고, 그러한 의무 위반과 임차 외 건물 부분의 손해 사이에 상당인과관계가 있으며, 임차 외 건물 부분의 손해가 그러한 의무 위반에 따른 통상의 손해에 해당하거나, 임차인이 그 사정을 알았거나 알 수 있었을 특별한 사정으로 인한 손해에 해당한다고 볼 수 있는 경우라면, 임차인은 임차 외 건물 부분의 손해에 대해서도 민법 제390조, 제393조에 따라 임대인에게 손해배상책임을 부담하게 된다.

(2) 종래 대법원은 임차인이 임대인 소유 건물의 일부를 임차하여 사용·수익하던 중 임차 건물 부분에서 화재가 발생하여 임차 외 건물 부분까지 불에 타 그로 인해 임대인에게 재산상 손해가 발생한 경우에, 건물의 규모와 구조로 볼 때 그 건물 중 임차 건물 부분과 그 밖의 부분이 상호 유지·존립함에 있어서 구조상 불가분의 일체를 이루는 관계에 있다면, 임차인은 임차 건물의 보존에 관하여 선량한 관리자의 주의의무를 다하였음을 증명하지 못하는 이상 임차 건물 부분에 한하지 아니하고 그 건물의 유지·존립과 불가분의 일체 관계에 있는 임차 외 건물 부분이 소훼되어 임대인이 입게 된 손해도 채무불이행으로 인한 손해로 배상할 의무가 있다고 판단하여 왔다(대법원 1986. 10. 28. 선고 86다카 1066 판결, 대법원 1992. 9. 22. 선고 92다16652 판결, 대법원 1997. 12. 23. 선고 97다41509 판결, 대법원 2003. 8. 22. 선고 2003다15082 판결, 대법원 2004. 2. 27. 선고 2002다39456 판결, 대법원 2010. 4. 29. 선고 2009다96984 판결 등 참조, 이하 '대법원 86다카1066 판결 등'이라 한다).

그러나 임차 외 건물 부분이 대법원 86다카1066 판결 등에서 말하는 구조상 불가분의 일체를 이루는 관계에 있는 부분이라 하더라도, 그 부분에 발생한 손해에 대하여 임대인이 임차인을 상대로 채무불이행을 원인으로 하는 배상을 구하려면, 임차인이 보존·관리의무를 위반하여 화재가 발생한 원인을 제공하는 등 화재 발생과 관련된 임차인의 계약상 의무 위반이 있었고, 그러한 의무 위반과 임차 외 건물 부분의 손해 사이에 상당인과관계가 있으며, 임차 외 건물 부분의 손해가 그 의무 위반에 따라 민법 제393조에 의하여 배상하여야 할 손해의 범위 내에 있다는 점에 대하여 임대인이 주장·증명하여야 한다.

이와 달리 위와 같은 임대인의 주장·증명이 없는 경우에도 임차인이 임차 건물의 보존에 관하여 선량한 관리자의 주의의무를 다하였음을 증명하지 못하는 이상 임차 외 건물 부분에 대해서까지 채무불이행에 따른 손해배상책임을 지게 된다고 판단한 대법원 86다카1066 판결 등을 비롯하여 그와 같은 취지의 판결들은 이 판결의 견해에 배치되는 범위 내에서 이를 모두 변경하기로 한다.

다. (1) 이 사건 임대차 목적물 자체의 반환의무 이행불능을 원인으로 한 손해배상청구에 관하여 본다.

원심은 그 판시와 같은 이유로, 이 사건 임대차 목적물은 이 사건 화재로 인하여 더 이상 임차 목적으로 사용·수익할 수 없는 상태에 이르렀으므로 이 사건 임대차계약은 사회통념상 임대차 목적을 달성하는 것이 불가능하게 되어 종료하였고, 피고(반소원고)가 원고(반소피고, 이하 '원고'라고 한다)에게 이 사건 임대차 목적물을 온전한 상태로 반환하는 것 역시 불가능하게 되어 이 사건 임대차 목적물 반환의무가 이행불능이 되었다고 판단하였다. 나아가 원심은, 이 사건 화재가 발생한 지점인 이 사건 건물의 '1층 전면 주출입구 내부 우측 부분'은 피고(반소원고)가 이 사건 임대차계약에 따라 임차한 부분으로 실질적으로 사용·수익해 오던 부분에 해당하는 반면, 그 부분에 대하여 임대인인 원고가 지배·관리하였다고 볼 수 없는데, 비록 그 발화원인이 밝혀지지 아니하였으나 피고(반소원고)가 이 사건 임대차 목적물의 보존에 관하여 선량한 관리자의 주의의무를 다하였음이 증명되지 아니하였으므로, 피고(반소원고)는 이 사건 임대차 목적물 반환의무의 이행불능으로 인하여 원고가 입게 된 손해를 배상할 책임이 있다고 판단하였다.

원심판결 이유를 적법하게 채택된 증거들에 의하여 살펴보면, 이 부분 원심의 판단은 앞에서 본 법리에 기초한 것으로서 정당하다. 거기에 화재로 인한 임대차 목적물 반환의무의 이행불능에 따른 손해배상책임에 관한 법리를 오해한 잘못이 없다.

(2) 이 사건 임대차 목적물이 아닌 건물 부분에 발생한 손해에 대한 배상청구에 관하여 본다.

원심은 그 판시와 같은 이유로, 이 사건 임대차계약의 목적물인 이 사건 건물의 1층 중 150평 부분은 이 사건 건물의 다른 부분과 상호 유지·존립에 있어 구조상 불가분의 일체를 이루고 있는데, 이 사건 화재로 인하여 이 사건 임대차 목적물뿐만 아니라 건물의 다른 부분인 1층의 나머지 부분, 2층 및 옥상 부분(이하 '이 사건 임차 외 건물 부분'이라 한다)이 소훼되었고, 피고(반소원고)가 이 사건 임대차 목적물을 보존할 의무를 다하였음을 인정할 증거가 부족하므로, 피고(반소원고)는 채무불이행책임에 따라 이 사건 임대차 목적물에 발생한 손해뿐만 아니라 이 사건 임차 외 건물 부분이 소훼되어 원고가 입게 된 손해까지도 배상할 의무가 있고, 나아가 피고 삼성화재도 피고(반소원고)의 보험자로서 이 부분에 관한 손해를 배상할 의무가 있다는 취지로 판단하였다.

그러나 원심판결 이유와 적법하게 채택된 증거들에 의하면, 이 사건 화재 발생 이후 국립과학수사연구소가 소방관 현장조사 및 자체 현장조사, 수사자료, 목격자 진술, 이 사건 화재 발생 당시의 현장과 그 주변이 촬영된 휴대전화 및 동영상을 종합하여 이 사건 화재가 발생한 지점이 이 사건 건물의 1층 전면 주 출입구 내부 우측 부분이라고 판정하였으나, 방화가능성 및 전기적·기계적 요인과 인위적 요인(담뱃불 내지 그 불티 등)을 비롯하여 모든 발화원인을 조사하였음에도 구체적으로 어떠한 원인에 의하여 이 사건 화재가 발생하였는지 밝혀지지 않은 사실을 알 수 있다.

이러한 사실관계를 앞에서 본 법리에 따라 살펴보면, 임차인인 피고(반소원고)가 보존·관리의무를 위반하여 이 사건 화재가 발생한 원인을 제공하는 등 이 사건 화재 발생과 관련된 피고(반소원고)의 계약상 의무 위반이 있었다고 보기 어려우므로, 이 사건 임차 외 건물 부분의 손해에 대하여는 피고(반소원고)에게 채무불이행에 따른 배상책임이 있다고 할 수 없다.

그럼에도 원심은 그 판시와 같은 사정들만을 이유로 들어 이 사건 임차 외 건물 부분에 발생한 손해에 대해서도 피고(반소원고)에게 채무불이행에 따른 배상책임이 있다고 단정하고, 이를 전제로 피고 삼성화재에게도 같은 책임이 있다고 판단하였다. 이러한 원심판결에는 임차 건물 부분에서 발생한 화재로 인하여 임차 외 건물 부분까지 불에 탄 경우의 임차 외 건물 부분 손해에 대한 임차인의 배상책임에 관한 법리를 오해하여 필요한 심리를 다하지 아니함으로써 판결에 영향을 미친 잘못이 있다.

3~5.

(생략)

6. 피고(반소원고)의 상고이유 중 화재로 인한 손해배상책임에 관한 법리 오해 주장과 피고 삼성화재의 상고이유 제2점에 대한 대법관 김신, 대법관 권순일의 별개의견

가. 별개의견의 요지는, 임차인이 임대인 소유 건물의 일부를 임차하여 사용·수익하던 중 그 임차한 부분에서 화재가 발생하여 임차 외 건물 부분까지 불에 타 그로 인해 임대인에게 재산상 손해가 발생한 경우에, 다른 특별한 사정이

없는 한 임차 외 건물 부분에 발생한 재산상 손해에 관하여는 불법행위책임만
이 성립한다고 보아야 하므로, 이와 달리 판단한 대법원 86다카1066 판결 등을
비롯하여 그와 같은 취지의 판결들은 이 견해에 배치되는 범위 내에서 모두 변
경되어야 한다는 것이다. (이하 생략)

　　7. 피고(반소원고)의 상고이유 중 화재로 인한 손해배상책임에 관한 법리오
해 주장과 피고 삼성화재의 상고이유 제 2 점에 대한 대법관 김재형의 반대의견

　　가. 다수의견은 임차인이 임대인 소유 건물의 일부를 임차하여 사용·수익하
던 중 임차한 부분에서 화재가 발생하여 임차 외 건물 부분까지 불에 타 그로
인해 임대인에게 재산상 손해가 발생한 경우에, 화재로 인한 임차물 자체의 멸
실·훼손으로 인한 손해에 관해서는 기존의 판례를 따르면서, 임차 외 건물 부분
의 멸실·훼손으로 인한 손해에 대해서는 이와 달리 임차인이 보존·관리의무를
위반하여 화재가 발생한 원인을 제공하는 등 화재 발생과 관련된 임차인의 계
약상 의무 위반이 있었음이 증명되어야만 임차인이 그 부분에 대하여 채무불이
행책임을 진다는 취지이다. 대법관 김신, 대법관 권순일의 별개의견은 위와 같
은 경우에 다른 특별한 사정이 없는 한 임차 외 건물 부분에 발생한 재산상 손
해에 관해서는 불법행위책임만이 성립한다는 취지이다.

　　그러나 위와 같은 견해는 우리 민법의 규정과 체계에 맞지 않는다.

　　민법은 제390조에서 채무불이행으로 인한 손해배상책임에 관하여 일반조
항주의를 채택하여 채무불이행의 성립요건을 '채무의 내용에 좇은 이행을 하지
아니한 때'라고 일반적·포괄적으로 규정한다. 반면에 민법 제393조는 채무불이
행으로 인한 손해배상의 범위에 관하여 통상의 손해를 한도로 하고, 특별한 사
정으로 인한 손해는 예견가능성이 있는 한에서 배상하도록 함으로써 제한배상
주의를 채택하고 있다. 이것이 채무불이행에 기한 손해배상에 관하여 우리 민법
이 채택하고 있는 기본구조이다. 따라서 채무불이행으로 인한 손해배상책임의
성립 여부는 민법 제390조에 따라 판단하고, 그 손해가 배상의 범위에 속하는지
는 민법 제393조에 따라 판단하여야 한다.

　　임차인이 임대인 소유 건물의 일부를 임차하여 사용·수익하던 중 임차한
부분에서 화재가 발생한 경우에 민법 제390조에 따라 임차인의 손해배상책임이
성립하는지 여부를 판단한 다음, 임차물이든 그 밖의 부분이든 불에 탄 부분이
민법 제393조에 따라 손해배상의 범위에 포함되는지 여부를 판단하는 것으로
충분하다. 화재로 불에 탄 부분이 임차물 자체인지 임차물 이외의 부분인지에
따라 손해배상책임의 성립요건이나 그 증명책임을 달리 보아야 할 이유가 없다.
임차물과 임차 외 건물 부분으로 구분하여 채무불이행이나 불법행위에 기한 손

해배상의 성립요건을 별도로 판단하는 것은 손해배상의 범위에서 판단해야 할 사항을 손해배상책임의 성립 여부에서 판단하는 것이라서 받아들일 수 없다.

(이하 생략)

질문

(1) 원인불명의 화재로 임대차목적물과 그 밖의 건물 부분이 불에 탄 경우 임차인이 임차목적물 이외의 부분에 대해서도 채무불이행책임을 지는지에 관하여 다수의견, 별개의견과 반대의견(별개의견과 반대의견은 분량이 길어 생략하였음)이 견해를 달리하고 있다. 이들 의견이 어떻게 다른가?

(2) 임대차목적물에 원임불명의 화재가 발생한 경우 화재가 임대인이 지배·관리하는 영역에서 발생한 것인지 임차인이 임대인이 지배·관리하는 영역에서 발생한 것인지를 중요한 기준으로 삼는 이유는 무엇인가?

3. 이행보조자의 고의·과실

(1) 의   의

민법 제391조는 "채무자의 법정대리인이 채무자를 위하여 이행하거나 채무자가 타인을 사용하여 이행하는 경우에는 법정대리인 또는 피용자의 고의 또는 과실은 채무자의 고의나 과실로 본다."라고 정한다.

(2) 법정대리인

법정대리인이 이행행위를 하는 데 귀책사유가 있으면 이를 제한능력자에게 귀속시킬 필요가 있다. 만일 이를 부인하면 제한능력자의 채무불이행책임이 배제되는 결과가 될 것이다.

(3) 이행보조자

여기에서 이행보조자에 해당하려면 객관적으로 채무자의 이행을 보조하는 자일 뿐만 아니라, 그 밖에 채무자가 이를 사용 또는 개입하게 할 의사가 있어야 한다. 그렇지 않으면, 채무자가 이행보조자의 고의·과실에 대하여 책임질 필요가 없을 것이다. 한편 이행보조자 측의 의사 또는 인식은 문제되지 않는다.[66] 결국 제391조의 이행보조자로서 피용자란 채무자의 의사 관여 아래 채무

---

66) 김형배, 채권총론, 161면.

이행 행위에 속하는 활동을 하는 사람을 의미한다.[67] 따라서 채무자의 채권자에 대한 채무이행 행위에 속한다고 볼 수 없는 활동을 하는 사람은 이행보조자에 해당하지 않는다.[68]

통설은 협의의 이행보조자와 이행대행자를 구분하고, 협의의 이행보조자는 손발과 같이 사용하는 자라고 정의하고 있다.[69] 그 구별의 실익은 이행대행자의 사용이 경우에 따라 그 자체로 채무불이행이 되거나 선임감독상의 과실에 한하여 채무자의 과책을 인정하여야 할 경우가 있다는 것이다.[70] 그러나 채무자가 이행대행자의 선임감독에 대하여 주의의무를 다하면, 이행보조자의 과책에도 불구하고 채무자가 채무불이행책임을 면하는지 의문이다. 자신의 행위로 위험영역을 확장한 채무자에게 단지 선임감독상의 주의의무만을 부과하여 채무자의 책임을 경감할 근거를 찾기 어렵다.[71]

고용, 위임 등 법률관계가 설정되어 있는 경우는 물론, 사실상 보조하는 경우에도 채무자가 이를 용인하고 그를 통하여 채무를 이행하는 관계가 있으면 충분하다(가령 가족을 통한 물품 배달의 경우). 협의의 이행보조자에 관하여 간섭 가능성이라는 요건이 필요한지 논란이 있으나, 이것은 필요하지 않다고 보아야 한다.[72] 그러므로 우편 철도 등을 이용하는 관계에서 우편국원이나 역원 등도 이행보조자가 될 수 있다고 보아야 한다.[73] 이행보조자가 채무자와 계약 그 밖

---

67) 그리하여 예를 들면 대판 2002. 7. 12, 2001다44338은 "민법 제391조에서의 이행보조자로서의 피용자라 함은 일반적으로 채무자의 의사관여 아래 그 채무의 이행행위에 해당하는 활동을 하는 사람이면 족하고, 반드시 채무자의 지시 또는 감독을 받는 관계에 있어야 하는 것은 아니므로 채무자에 대하여 종속적인가 독립적인 지위에 있는가는 문제되지 않는다"라고 일반적으로 전제한 다음, 구체적으로 "임대인이 임차인과의 임대차계약상의 약정에 따라 제3자에게 도급을 주어 임대차 목적 시설물을 수선한 경우에는 그 수급인도 임대인에 대하여 종속적인지 여부를 불문하고 이행보조자로서의 피용자라고 보아야 할 것이고, 이러한 수급인이 시설물수선공사 등을 하던 중 수급인의 과실로 인하여 화재가 발생한 경우에는 임대인은 민법 제391조에 따라 위 화재 발생에 귀책사유가 있다 할 것이어서 임차인에 대한 채무불이행상의 손해배상책임이 있다"라고 판단하였다.
68) 대판 2013. 8. 23, 2011다2142.
69) 곽윤직·김재형, 채권총론, 92면; 김형배, 채권총론, 160면.
70) 곽윤직·김재형, 채권총론, 94면; 김형배, 채권총론, 162면.
71) 김증한·김학동, 채권총론, 86면; 이은영, 채권총론, 256면.
72) 김상용, 채권총론, 112면; 김증한·김학동, 채권총론, 85면; 김형배, 채권총론, 161면; 이은영, 채권총론, 255면; 고상룡, "이행보조자의 과실," 법률연구(연세대) 3집, 1983, 72면. 반대: 곽윤직·김재형, 채권총론, 93면; 김주수, 채권총론, 105면.
73) 김상용, 채권총론, 112면; 김증한·김학동, 채권총론, 85면; 김형배, 채권총론, 161면; 이

의 법률관계가 있어야 하는 것이 아니다. 제 3 자가 단순히 호의로 행위를 한 경우에도 그것이 채무자의 용인 아래 이루어지는 것이면 제 3 자는 이행보조자에 해당한다. 이행보조자의 활동이 일시적인지 계속적인지도 문제 되지 않는다.[74]

이행보조자의 과책 유무는 이행보조자 자신이 아니라 채무자를 기준으로 하여 객관적으로 판단된다.[75] 따라서 이행보조자의 책임에는 이행보조자의 능력에 대한 담보라는 요소도 포함되어 있는 것이다. 아울러 채무자의 주의의무가 경감되는 경우(가령 제401조 등)나 가중되는 경우(제392조 등)에는 이행보조자의 그것도 이에 따라 판단하여야 한다.[76]

Ⅳ. 채권자지체

1. 서 설

(1) 채권자지체債權者遲滯란, 급부의 실현에 관하여 수령 그 밖에 채권자의 협력이 필요한 경우에, 채무자가 채무의 내용에 좇은 이행의 제공을 하였는데도 채권자가 협력을 하지 않아 급부가 실현되지 않은 상태에 있는 것을 말한다. 채권자지체는 통상 수령지체受領遲滯라고도 불리는데, 채권자가 하여야 할 협력은 단순한 변제의 수령 이상인 경우도 많으므로, 이 용어는 문제되는 경우 전부를 적절하게 반영하고 있다고는 하기 어렵다.

채무의 내용인 급부가 실현되려면 채무자쪽에서 그에 필요한 행위를 하는 것만으로는 충분하지 않고 급부의 성질에 비추어 채권자의 협력이 있어야 하는 경우가 많이 있다. 부작위채무나 의사표시를 하는 것을 내용으로 하는 채무는 채권자의 협력을 필요로 하지 않겠지만, 예를 들면 채권자가 제공하는 재료에 가공할 것을 내용으로 하는 채무에서는 채권자가 그 재료를 제공하여야 하고, 어떤 책 1부를 출판사에 우편으로 주문한 사람은 그의 주소를 명확하게 기재하여야만 출판사가 그에게 책을 전달할 수 있을 것이고, 자기 정원의 손질을

은영, 채권총론, 255면. 반대: 곽윤직·김재형, 채권총론, 93면; 황적인, 현대민법론 Ⅲ, 67면.
74) 대판 2018. 2. 13, 2017다275447.
75) 이은영, 채권총론, 258면.
76) 김증한·김학동, 채권총론, 87면; 이은영, 채권총론, 258면.

정원사에게 부탁한 사람은 그에게 그 정원에의 출입이 가능하도록 하여야 하고, 의사에게 진료를 받으려는 사람은 자신의 신체를 의사에게 맡겨야 할 것이다. 나아가 인도채무의 이행에는 일반적으로 채권자의 물건수령, 즉 점유의 인수가 없으면 급부는 실현되지 않는다. 이와 같은 경우에 급부가 실현되려면, 그것이 이행행위의 착수, 그 실행과정 또는 단순한 변제수령이라는 최종과정 중의 어느 단계인지라는 차이는 있어도, 또 그 내용이 매우 다양하더라도, 채권자의 협력행위가 있어야 한다.

이러한 경우에는 채무자가 급부의 실현을 위하여 자기편에서 하여야 할 것을 다 하였는데도 오히려 채권자가 필요한 협력을 하지 않기 때문에 급부가 실현되지 않고 있으므로, 채무가 아직 이행되지 않고 있다는 이유로 채무자에게 그로 인한 불이익을 돌리는 것은 공평하지 않다. 이와 같은 경우에 오히려 채권자에게 일정한 불이익을 부과하여 성실한 채무자를 구제하려는 것이 채권자지체 제도(제400조 이하)이다. 민법은 이 제도를 채권자가 채무자가 제공한 변제를 「수령」하지 아니한 경우, 특히 물건인도채무에서 채무자가 점유의 이전을 제공하였는데도 채권자가 이를 인수하지 아니한 경우에 초점을 맞추어 규정하고 있다.

(2) 채권자지체책임(채권자의 협력의무)의 법적 성질

채권자지체책임의 「법적 성질」에 관하여는 날카로운 견해의 대립이 있다. 이는 채권자가 급부의 실현을 위하여 하여야 할 협력의 의무를 어떠한 성질로 파악할 것인가 하는 문제와 직결되어 있다.

종전에 다수설은, 채권자지체책임은 채권자 측의 채무불이행책임이라고 하였다(채무불이행설).[77] 채권관계에서 채권자와 채무자는 급부의 실현이라는 공동의 목적을 향하여 서로 협력하여야 할 일종의 공동체를 이루는 것이므로 채권자에게도 채무자의 급부의무와 같은 협력의무가 있다는 것이다. 채권자지체책임은 바로 이와 같이 채권자가 부담하는 협력의무를 불이행한 것에 대한 책임으로서, '채권자의' 채무불이행책임이라고 한다. 그러므로 그 책임의 발생에는 채권자의 귀책사유가 요구되며, 그 효과로서는 제401조부터 제403조까지 규정한 내용과 아울러 통상의 채무불이행책임과 같이 일반적으로 채권자의 손

---

77) 김용한, 채권법총론, 170면; 현승종, 채권총론, 138면.

해배상의무와 채무자의 계약해제권이 인정된다고 한다.

이에 대하여 채권자지체책임은 법률이 특별히 채권자에게 부과한 것이고 이를 채무불이행책임이라고 할 수는 없다는 견해가 있다(법정책임설).[78] 채권자는 채무자에 대하여 권리를 가질 뿐이며, 이를 불이행하면 채무자가 채권자에 대하여 그 이행을 청구할 수 있는 무슨 의무를 부담하는 것은 아니다. 채권자가 급부의 실현을 위하여 채무자에게 협력을 하여야 하는 경우에도, 그 협력의무는 일반적으로 채무자의 급부의무와 같은 진정한 의미의 채무(Schudverpflichtung)가 아니라, 채권자 자신의 이익을 도모하기 위하여 지켜야 하는 일정한 행위요구로서의 간접의무 또는 책무(Obliegenheit)에 지나지 않는다고 한다. 그러므로 채권자가 급부의 실현을 위하여 필요한 협력을 하지 않았다고 해서 채무불이행책임을 지는 것은 아니며, 따라서 일반적으로 채권자지체책임의 발생에 귀책사유가 요구되지 않으며(어떠한 요건이 요구되는가는 법률이 정하는 바에 따르면 족하다), 그 효과로서도 일반적으로 손해배상의무나 계약해제가 인정되는 것은 아니라고 한다.

급부의 실현에 채권자의 협력이 요구되는 채권관계 일반에 대하여 진정한 채무로서 채권자의 협력의무, 특히 변제수령의무를 인정할 수 없다. 따라서 채권자지체책임을 채권자의 그러한 협력의무, 특히 수령의무의 불이행을 이유로 하는 채무불이행책임이라고 할 수는 없다. 권리자는 그 권리가 보장하는 이익을 실현하여야 할 의무를 부담하지는 않는다. 다수설은 채권자와 채무자가 급부의 실현에 공동하여 협동하여야 할 일종의 유기적 공동체를 이루고 있고, 따라서 채권자는 동시에 항상 채무(급부실현의 의무)를 부담한다고 하나, 이는 권리와 의무, 채권과 채무를 명확하게 대립적으로 파악하는 민법의 기본적인 사고방식과 조화되지 않는다.

판례는 "채권자지체가 성립하는 경우 그 효과로서 원칙적으로 채권자에게 민법 규정에 따른 일정한 책임이 인정되는 것 외에, 채무자가 채권자에 대하여 일반적인 채무불이행책임과 마찬가지로 손해배상이나 계약 해제를 주장할 수는 없다."라고 판단함으로써[79] 채무불이행책임설을 채택하지 않았다. 다만 계

---

78) 곽윤직·김재형, 채권총론, 117면; 김상용, 채권총론, 217면; 김증한·김학동, 채권총론, 174면; 김형배, 채권총론, 302면; 이은영, 채권총론, 402면.

79) 대판 2021. 10. 28, 2019다293036.

약 당사자가 명시적·묵시적으로 채권자에게 급부를 수령할 의무 또는 채무자의 급부 이행에 협력할 의무가 있다고 약정한 경우, 또는 구체적 사안에서 신의칙상 채권자에게 위와 같은 수령의무나 협력의무가 있다고 볼 특별한 사정이 있다고 인정되는 경우에는 그러한 의무 위반에 대한 책임이 발생할 수 있다고 함으로써, 예외적으로 채권자의 협력의무 위반으로 인한 손해배상책임이나 계약 해제권이 발생한다고 하였다.

2. 채권자지체의 요건

(1) 급부의 성질상 급부의 실현에 수령 기타 채권자의 협력이 요구되어야 한다. 채무자가 그러한 협력 없이도 급부를 실현할 수 있는 경우에는 애초 채권자지체를 따질 여지가 없다. 반면에 그러한 협력은 이행의 착수부터 완료에 이르기까지 여러 단계에서 다양한 모습으로 요구될 수 있음은 앞에서 본 바와 같다. 이러한 협력이 없으면 급부의 실현과정이 진행되지 않는다거나 완료되지 않는다는 사태가 있어야 비로소 채권자지체가 문제된다.

(2) 채무자가 채무의 내용에 좇은 이행의 제공(변제제공)을 하여야 한다. 채무자가 이행의 제공을 전혀 하지 아니하거나 또는 행하여진 이행제공이 채무의 내용에 좇은 것이 아닌 경우에는 채권자지체는 생기지 않는다. 제400조는 이행의 제공을 채권자지체의 발생시기인 것처럼 규정하고 있으나, 이는 오히려 발생요건의 하나이다. 이행제공의 양태에 대하여는 제460조가 적용된다.

(3) 채무자의 이행제공에 대하여 채권자가 급부의 실현을 위하여 요구되는 수령 그 밖의 협력을 하기를 거절하거나 협력할 수 없음으로 말미암아 급부가 실현되지 않을 것(제400조).

채권자에게 그 수령거절이나 수령불능에 대하여 귀책사유가 있을 것이 요구되지는 않는다.

한편 급부의 미실현이 채권자의 수령거절이나 수령불능에 기인한 경우에만 채권자지체가 되고, 급부의 불능으로 인하여 급부가 실현되지 않고 있는 경우에는 채권자지체가 되지 않는다. 바꾸어 말하면 채권자지체는 급부가 가능한 것을 전제로 하며, 급부가 불능이기 때문에 채권자의 수령도 불능한 상태인 경우에는 이행불능의 문제로 처리된다. 그러나 예를 들면 왕진을 의뢰한 환자가 의사의 도착 전에 완쾌된 경우와 같이 급부의 결과가 채무자의 행위 이외의 방법으로 실현된 때(소위 목적도달)나 수술해야 할 환자가 수술 착수 전에 사망한 경우와 같이 채무자의 이행행위가 불가능한 것은 아니나 사회관념상 무의미한 때(소위 목적소멸) 등과 같이, 실제로는 그것이 이행불능인지 수령불능인지를 판단하기 어려운 경우가 많다. 여기서 이행불능인가, 수령불능인가(보다 정확하게는 그로 인한 채권자지체인가)의 판단은 그 결론 여하에 따라 다음과 같은 중대한 효과상의 차이를 가져 온다. 즉, 전자에 해당하면 그것이 채무자에게 귀책사유 없이 발생한 때에는 당해 채무를 소멸시키고 나아가 쌍무계약에서는 대가위험이 채무자에게 있어서 채무자의 반대채권도 소멸되는 데(제537조 참조) 반하여,[80] 후자에 해당하면 채권자가 채권자지체책임을 질 뿐 쌍무계약에서 채무자는 그대로 반대채권을 가지며 나아가 대가위험이 채권자에게 이전되어 채무자는 그 후 급부가 쌍방에 책임 없는 사유로 불능이 되더라도 여전히 반대채권을 가지게 된다(제538조 제 1 항 제 2 문).

이 문제와 관련하여 다수설은 영역설(Sphärentheorie)에 입각하여, 급부장애가 채권자의 「영역」, 즉 그에 의하여 지배되는 위험영역으로부터 연원하는 것이면 언제나 채권자지체가 인정되고, 그것이 채무자의 영역 또는 그 어느 것도 아닌 중립영역에서 연원하는 것이면 이행불능이 인정된다고 한다.[81] 원래 이러한 영역설은 실제적으로는 특히 노동법 분야에서 근로자의 노동급부가 원료나 동력의 공급중단 또는 정부의 명령 등과 같은 경영장애(Betriebsstörungen)로 인한 사용자의 휴업으로 말미암아 실현될 수 없는 경우에 그의 반대채권, 즉 임금채권이 존속하는가 하는 문제를 주로 겨냥하여 독일에서 주장된 이론이다. 이와 관련하여 근로기준법 제46조 제 1 항 본문은 "사용자의 귀책사유로 인하여 휴업하는 경우"에는 사용자는 평균임금의 100분의 70 이상을 지급하도록 정하고 있는데, 경영상 문제가 있는 경우에는 휴업수당을 지급하는 것으로 문제를 해결하는 경우가 대부분이다. 따라서 위와 같이 채권자지체와 이행불능

---

80) 따라서 위의 예에서 의사의 보수채권도 소멸하게 된다. 물론 그 경우에도 이행불능이 채권자에게 책임 있는 사유로 발생하였으면 채무자는 반대채권을 그대로 가지나(제538조 제 1 항 제 1 문), 쌍방에 책임 없는 사유로 이행불능이 발생하면 역시 그의 반대채권은 소멸하게 되는 것이다.

81) 김용한, 채권법총론, 173면; 김주수, 채권총론, 130면; 김증한·김학동, 채권총론, 177면; 현승종, 140면; 황적인, 현대민법론 Ⅲ, 123면. 이에 의하면, 본문에서 든 예의 경우에는 모두 급부장애가 채권자(즉 환자)의 위험영역에 연원하는 것이기 때문에 단순한 채권자지체이고 이행불능은 아니다.

의 관계를 영역설에 따라 해결할 것은 아니다.[82]

그러므로 우선 급부장애가 이행불능에 해당하는지 여부를 그에 관한 일반적인 기준에 의하여 판단하고, 만일 이것이 긍정된다면 채권자지체는 부인된다. 따라서 급부의 실현이 급부장애에 의하여 종국적으로 실현될 수 없는 경우에는, 그 급부장애가 누구의 「위험영역」에서 연원하는지를 불문하고, 이는 이행불능으로서 채권자지체가 되지 않는다고 할 것이다.[83] 또한 절대적 정기행위, 즉 예를 들면 결혼축하연 연주나 정기여객기의 운항과 같이 이행기가 계약목적의 달성에 결정적인 의미를 가지고 있는 계약상의 급부에서는 단순한 이행기의 도과가 역시 이행불능을 발생시키므로, 이미 채권자지체의 문제는 성립할 여지가 없다. 결국 위와 같은 경우에 채권자지체는 급부장애가 일시적인 것이어서 채무자의 급부가 그 장애의 제거 후에 추완가능한 것인 때에만 그 성립 여부가 고려될 여지가 있다.

3. 채권자지체의 효과

민법은 제401조부터 제403조까지 채권자지체책임의 내용에 관하여 정하고 있다. 그러나 쌍무계약에서 채권자지체는 대가위험을 채권자에게 이전시킨다고 할 것이다(제538조 제 1 항 후단). 그 밖에 채무자가 이행지체책임을 면한다는 것, 채무자가 변제공탁을 할 수 있게 된다는 것 등을 들기도 하나, 이는 오히려 「변제제공의 효과」로 다루는 것이 설명의 편의상 보다 적절하다.

(1) 채권자지체 중에는 채무자의 귀책사유가 제한되어, 고의 또는 중과실에 대하여만 책임을 진다(제401조). 이는 채무자의 이행지체 중에는 무과실이라도 책임을 지는 것(제392조)과 균형을 이룬다. 이 규정은 그 문언에도 불구하고 모든 채무자의 채무불이행에 적용되는 것이 아니라, 급부목적물의 멸실 또는 훼손(특히 제374조 참조)으로 인한 이행불능의 경우에 대하여만 적용된다. 즉 채

---

82) 곽윤직·김재형, 채권총론, 118면; 김상용, 채권총론, 225면; 김형배, 채권총론, 306면; 이은영, 채권총론, 408면.

83) 그러므로 앞서 본 예에서 채무자인 의사는 그 급부의 실현이 불가능하게 되었다고 할 것이고, 채권자지체는 문제될 여지가 없다. 그 예에서 채권자인 환자에게는 그 이행불능에 대하여 원래의 의미에서 귀책사유는 없다고 해야 할 경우가 많을 것이다. 그러므로 채무자인 의사는 자신의 반대채권(보수채권)을 상실하게 된다(제537조). 그러나 그는 수임인으로서 자신이 지출한 비용의 상환을 청구할 수 있고(제688조), 실제로 그 「비용」은 보수액과 같은 경우가 대부분일 것이다.

권자지체 중에는, 채무자가 보관하고 있는 급부목적물이 그의 경과실로 인하여 멸실 또는 훼손됨으로써 채무의 내용에 좇은 이행을 할 수 없게 되더라도, 채무자는 그로 인한 불이행책임을 지지 않는다.[84] 그러나 그 밖의 채무불이행, 예를 들면 불완전이행과 관련해서는 채무자는 단순한 경과실에 대하여도 책임을 져야 한다.[85]

한편 제461조가 변제제공의 효과로서 "그때로부터 채무불이행의 책임을 면한다."라고 정하는 것은, 단지 채무자는 변제제공을 한 때부터 이행지체의 책임을 지지 않는다는 의미이다. 그러므로 두 규정은 그 문언의 외견상의 충돌에도 불구하고, 서로 그 규율대상을 달리한다.

(2) 채무자는 채권자지체 중에는 채권이 이자 있는 것이라도 그 이자를 지급할 의무가 없다(제402조). 예를 들면 이행기의 정함이 없는 금전채권을 원본채권으로 하여 이자지급의 약정이 있더라도, 채무자의 변제제공을 채권자가 수령하지 않았으면 그 변제제공이 있었던 때로부터는 채무자는 이제 이자를 지급하지 않아도 된다. 이는 약정이자뿐만 아니라, 법정이자에 대하여도 마찬가지이다. 금전채무에 대한 지연이자는 채무자의 변제제공으로 그가 지체책임을 면하게 됨으로 말미암아(제461조) 당연히 발생하지 않으며, 이는 본조와는 무관하다.

매매계약에서 목적물을 인도받은 매수인은 그때부터 대금의 이자(법정이자)를 지급하여야 하는 것이 원칙이다(제587조 제 2 문).[86] 그 경우 매수인이 대금을 제공하였는데도 매도인이 이를 수령하지 아니하였으면, 매수인은 더 이상 이자를 지급할 의무가 없는가, 다시 말하면 제402조는 제587조 제 2 문의 경우에도 관철되는가? 부정되어야 한다. 제587조 제 2 문은, 목적물을 인도받은 매

---

84) 대판 1983. 11. 8, 83다카1476은, 임치계약이 해지된 후 수치인이 임치인에게 임치물(건고추)의 수령을 최고하였음에도 불구하고 임치인이 이를 수령하여 가지 아니함으로써 그 물건이 부패한 사안에 대하여 제401조를 적용한 예이다.

85) 그 상세한 내용에 대하여는 양창수, "민법 제401조와 제461조의 경계획정," 민법연구 제 1 권, 363면 이하 참조.

86) 판례는 특정물의 매매에서 매수인의 대금지급채무가 이행지체에 빠졌다 하더라도 그 목적물이 매수인에게 인도될 때까지는 매수인은 매매대금의 이자를 지급할 필요가 없는 것이므로(제587조 참조), 그 목적물의 인도가 이루어지지 아니하는 한 매도인은 매수인의 대금지급의무 이행의 지체를 이유로 매매대금의 이자 상당액의 손해배상청구를 할 수 없다고 한다. 대판 1981. 5. 26, 80다211; 대판 1995. 6. 30, 95다14190.

수인이 그로부터 과실 또는 사용이익을 수취할 가능성을 가지는 대신 그 대가로 대금의 이자를 지급하도록 함으로써, 당사자들 사이의 법률관계를 간편하게 처리하려는 것이다. 만일 이에 대하여 제402조를 적용한다면, 매수인은 대금의 이자는 지급하지 않아도 되겠지만, 매매목적물로부터 수취한 과실 등을 반환하여야 하는 번거로움을 겪어야 한다.

(3) 채권자지체는 채권자의 손해배상의무를 발생시키지 않으며, 또한 지참채무나 송부채무를 추심채무로 전환시키는 것도 아니다. 또한 채무자가 변제공탁을 하지 않는 한 채무는 소멸하지 않고 그대로 존속하고, 채권자는 여전히 채무자에 대하여 이행을 청구할 수 있다. 그리고 채권자는 일단 채권자지체에 빠진 것만으로는 동시이행의 항변권을 상실하지 않으며, 채무자가 이행의 제공을 계속한 경우에만 그 항변권을 잃는다.[87]

그러나 채권자지체로 인하여 채무자가 목적물을 보관하거나 변제를 하는 비용이 증가한 때에는 채무자는 채권자에게 그 증가액의 상환을 청구할 수 있다(제403조). 채권자는 그의 불수령에 대하여 귀책사유가 있는지와 상관없이, 채무자가 지출하게 된 이와 같은 추가비용을 부담한다. 이 비용상환청구권은 채권자의 이행청구에 대하여 동시이행관계에 있다. 또한 채권자가 채권자지체를 종료시키기 위하여는 그의 비용상환의무에 관하여 이행제공을 하여야 한다(이에 대하여는 아래 Ⅲ. 말미 참조).

여기서 「목적물보관의 비용」이나 「변제의 비용」은 엄격하게 해석할 것은 아니고, 채권자가 만일 채무자의 이행제공에 응하여 수령 등 필요한 협력을 하였다면 지출할 필요가 없었는데 그러한 협력이 없었기 때문에 채무자가 다시 이행하기 위하여 추가로 부담하지 않으면 안 되는 모든 비용을 말한다. 그러므로 예를 들면 보관비용 속에는 목적물에 대한 보험료도 포함되며, 또한 채무자의 노력도 그것이 그의 영업 또는 직업활동의 범위에서 행하여진 한 「변제비용」에 속한다. 그리고 반드시 현실적으로 지출해야 하는 것은 아니며, 그 비용에 관하여 제3자에 대하여 지급의무를 부담하였거나 또는 그렇지 않더라도 장차 지출할 것이 확실한 경우에는 현재 그 상환을 청구할 수 있다. 그러나 상환을 청구할 수 있는 것은 역시 객관적으로 필요한 비용지출에 한정되며, 그 범위를 넘어서 지출한 채무자의 비용까지 상환하여야 하는 것은 아니다.

---

87) 대판 1972. 3. 28, 72다163.

(4) 쌍무계약에서 채권자지체가 있으면 대가위험은 채권자에게 이전된다. 쌍무계약에서 일방의 채무가 채무자의 귀책사유 없이 이행불능이 됨으로써 소멸한 경우에 그 채무자는 그의 반대채권을 가지는가 하는 것이 대가위험의 문제인데, 민법은 채무자는 그 경우 반대채권을 상실한다고 정하여(제537조) 채무자위험부담주의를 택하고 있다. 그리고 위험의 이전에 대하여는 명문의 규정이 없으나, 제538조 제 1 항 제 2 문은 "채권자의 수령지체 중에 당사자 쌍방의 책임 없는 사유로 이행할 수 없게 된 때"에는 채무자가 반대채권을 가진다고 하여, 채권자지체로 말미암아 대가위험이 채권자에게 이전됨을 간접적으로 정하고 있다. 그러므로 예를 들면 특정물매도인이 이행제공을 하였으나 매수인이 이를 수령하지 않아 매도인이 이를 보관하고 있는 중에 쌍방의 책임 없는 사유로 그 물건이 멸실된 경우에는, 매수인은 그 대금을 지급할 의무를 여전히 부담하게 된다. 특히 이러한 경우에 매도인은 고의 또는 중과실에 대하여만 「책임」이 있으므로(제401조), 그 멸실이 그의 경과실에 기하여 일어난 경우에는 채무자는 그에 대하여 책임이 없어서 여전히 채권자에 대하여 반대채권을 가지는 결과가 된다.[88] 실제에서 채권자지체의 가장 큰 효과는 오히려 이 점에 있다고 해야 할는지도 모른다.

4. 채권자지체의 종료

위에서 말한 대로, 채권자지체가 있다고 하여 채권이 소멸하는 것은 아니고, 채무자는 여전히 채무를 부담한다. 채권자지체는 채권관계의 존속을 전제로 하여 채권자가 제공된 변제를 수령하지 않아 생긴 채무자의 불이익을 제거하려는 제도이므로, 채권 자체가 변제, 상계, 공탁, 면제 등의 사유로 소멸하게 되면 채권자지체는 종료된다.

나아가 채권자지체의 발생요건 중의 하나가 사후적으로 소멸되면, 역시 채권자지체는 종료된다. 예를 들면 채권자지체 중에 이행불능이 일어나면, 그것이 누구의 귀책사유에 의하여 발생하였는가를 묻지 않고, 이제 채권자지체는

---

88) 이는 채권자에게 가혹한 것이라고 생각될지 모르나, 한편으로 채무자의 이행지체의 경우에는 그 후의 이행불능에 대하여 채무자에게 과실이 없어도 그가 책임을 져야 하는 것(제392조)과 균형을 맞출 필요가 있고, 다른 한편으로 만일 채권자는 변제를 수령하였다면 당연히 반대채무를 이행하여야 했을 것이므로 불공평하다고는 할 수 없다.

장래를 향하여 종료된다. 뿐만 아니라 채권자지체는 급부의 실현으로 변제 자체가 행하여지기 전이라도, 채권자가 채무자의 급부를 수령할 것임을 진지하게 표시하거나 급부의 실현에 필요한 협력의 준비를 하여 이를 채무자에게 알린 때에는, 그때부터 채권자지체의 상태는 제거된다.[89] 채권자는 이로써 자신의 불수령상태로부터 벗어난다고 할 것이기 때문이다. 이와 같은 「협력제공」을 하려면 채권자가 채무자가 지출하게 된 추가비용에 대하여 이행제공을 하여야 한다. 그러나 채권자는 채무자의 지출내역을 알 수 없기 때문에, 그 이행제공의 정도는 채권자가 채무자의 추가비용을 상환할 것임을 명확하게 밝히는 것으로 충분하다.

> **[판결 12] 채권자지체를 이유로 한 계약의 해제가 가능한지 여부: 대판 2021. 10. 28, 2019다293036**

상고이유를 판단한다.

1. 사실관계

원심판결 이유와 기록에 따르면 다음 사실을 알 수 있다.

가. 원고는 2018. 8. 1. 피고로부터 충북 옥천군 (주소 생략) 답 82㎡(이하 '이 사건 토지'라 한다)를 300만 원에 매수하기로 하는 매매계약(이하 '이 사건 매매계약'이라 한다)을 체결하고, 피고에게 매매대금을 모두 지급하였다.

나. 피고는 이 사건 토지에 관한 소유권이전등기업무를 위임받은 법무사 사무소의 담당자에게 소유권이전등기에 필요한 서류를 교부하였다.

다. 법무사 사무소의 담당자는 2018. 8. 20. 피고에게 '원고가 이 사건 토지에 관하여 피고가 직접 농지전용과 농지보전부담금 전부를 처리하여 신청해 달라고 한다. 법무사 사무소에서 원고에게 농지전용신고를 하라고 알려주었으나 원고가 위와 같이 요구하고 있어 처리가 곤란하다.'는 문자메시지를 보냈다.

라. 피고는 2018. 8. 22. 원고에게 '원고와 피고가 이 사건 매매계약을 체결하였으나, 원고가 2018. 8. 21. 피고에게 이 사건 토지에 관한 농지보전부담금을 부담하라고 하니 이를 계약 해제로 간주하겠다.'는 부동산 매매계약 해지통보서를 보냈다. 이후 피고는 2018. 8. 27. 원고로부터 지급받은 매매대금 등으로

89) 곽윤직·김재형, 채권총론, 120면; 김상용, 채권총론, 228면; 김주수, 채권총론, 133면; 김형배, 채권총론, 316면; 이은영, 채권총론, 413면. 다만, 김증한·김학동, 채권총론, 101면은 통지 후 채무자가 다시 이행제공을 할 수 있는 상당한 기간이 경과한 후에 비로소 채권자지체가 종료한다고 본다.

3,572,250원을 공탁하였다.

　　마. 원고는 2018. 11. 2. 피고를 상대로 이 사건 토지에 관하여 소유권이전
등기절차의 이행을 구하는 이 사건 소를 제기하였다.

　　2. 채권자지체에 관한 증명 여부(상고이유 제 1 점)

　　이 부분 상고이유 주장은 사실심인 원심의 전권사항에 속하는 증거의 취사
선택과 사실인정을 다투는 것에 지나지 않아 적법한 상고이유가 아니다. 나아가
기록에 비추어 살펴보더라도 원심판결에 상고이유 주장과 같이 논리와 경험의
법칙에 반하여 자유심증주의의 한계를 벗어난 잘못이 없다.

　　3. 채권자지체를 이유로 채무자가 계약 해제를 할 수 있는지 여부(상고이
유 제2점)

　　가. 쟁점

　　쟁점은 채무자가 채권자의 수령거절에 따른 채권자지체를 이유로 계약을
해제할 수 있는지 여부이다.

　　나. 원심판단

　　(1) 농지보전부담금은 농지전용허가를 받은 사람이 납부해야 하는 부담금
인데, 이 사건 토지에 관하여 농지전용허가를 받아 지목을 변경하려 한 것은 매
수인인 원고라고 봄이 타당하다. 이 사건 매매계약에서 농지인 이 사건 토지를
전용하고 그에 따른 부담금을 매도인인 피고가 부담하기로 정하지도 않았다.

　　(2) 원고가 피고의 정당한 이행제공에도 불구하고 피고에게 이 사건 토지
의 농지보전부담금을 부담하도록 요구한 것은 확정적으로 수령거절 의사를 표
시한 경우에 해당한다.

　　(3) 채권자가 수령거절 의사를 표시한 경우 채무자는 채권자의 채무불이행
을 이유로 계약을 해제할 수 있다. 따라서 이 사건 매매계약은 원고의 수령거절
을 이유로 한 피고의 해제 의사표시에 따라 적법하게 해제되었다.

　　다. 대법원 판단

　　(1) 민법 제400조는 채권자지체에 관하여 "채권자가 이행을 받을 수 없거
나 받지 아니한 때에는 이행의 제공 있는 때로부터 지체책임이 있다."라고 정하
고 있다. 채무의 내용인 급부가 실현되기 위하여 채권자의 수령 그 밖의 협력행
위가 필요한 경우에, 채무자가 채무의 내용에 따른 이행제공을 하였는데도 채권
자가 수령 그 밖의 협력을 할 수 없거나 하지 않아 급부가 실현되지 않는 상태
에 놓이면 채권자지체가 성립한다. 채권자지체의 성립에 채권자의 귀책사유는
요구되지 않는다. 민법은 채권자지체의 효과로서 채권자지체 중에는 채무자는
고의 또는 중대한 과실이 없으면 불이행으로 인한 모든 책임이 없고(제401조),

이자 있는 채권이라도 채무자는 이자를 지급할 의무가 없으며(제402조), 채권자
지체로 인하여 그 목적물의 보관 또는 변제의 비용이 증가된 때에는 그 증가액
은 채권자가 부담하는 것으로 정한다(제403조). 나아가 채권자의 수령지체 중에
당사자 쌍방의 책임 없는 사유로 채무를 이행할 수 없게 된 때에는 채무자는
상대방의 이행을 청구할 수 있다(제538조 제1항).

　　이와 같은 규정 내용과 체계에 비추어 보면, 채권자지체가 성립하는 경우
그 효과로서 원칙적으로 채권자에게 민법 규정에 따른 일정한 책임이 인정되는
것 외에, 채무자가 채권자에 대하여 일반적인 채무불이행책임과 마찬가지로 손
해배상이나 계약 해제를 주장할 수는 없다.

　　그러나 계약 당사자가 명시적·묵시적으로 채권자에게 급부를 수령할 의무
또는 채무자의 급부 이행에 협력할 의무가 있다고 약정한 경우, 또는 구체적 사
안에서 신의칙상 채권자에게 위와 같은 수령의무나 협력의무가 있다고 볼 특별
한 사정이 있다고 인정되는 경우에는 그러한 의무 위반에 대한 책임이 발생할
수 있다. 그중 신의칙상 채권자에게 급부를 수령할 의무나 급부 이행에 협력할
의무가 있다고 볼 특별한 사정이 있는지는 추상적·일반적으로 판단할 것이 아
니라 구체적 사안에서 계약의 목적과 내용, 급부의 성질, 거래 관행, 객관적·외
부적으로 표명된 계약 당사자의 의사, 계약 체결의 경위와 이행 상황, 급부의
이행 과정에서 채권자의 수령이나 협력이 차지하는 비중 등을 종합적으로 고려
해서 개별적으로 판단해야 한다.

　　이와 같이 채권자에게 계약상 의무로서 수령의무나 협력의무가 인정되는
경우, 그 수령의무나 협력의무가 이행되지 않으면 계약 목적을 달성할 수 없거
나 채무자에게 계약의 유지를 더 이상 기대할 수 없다고 볼 수 있는 때에는 채
무자는 수령의무나 협력의무 위반을 이유로 계약을 해제할 수 있다.

　　(2) 이러한 법리에 비추어 위에서 본 사실관계를 살펴본다.

　　원심판단과 같이 원고가 피고의 정당한 이행제공을 수령거절하여 채권자지
체에 빠졌다고 하더라도, 피고가 민법 제401조, 제402조, 제403조, 제538조 제 1
항에서 정하고 있는 채권자지체의 효과를 주장할 수 있음은 별론으로 하고, 그
것만으로 이 사건 매매계약을 해제할 수 없다. 피고의 해제 주장이 타당한지를
판단하려면 먼저 이 사건 매매계약의 해석상 원고의 수령의무나 협력의무에 관
한 명시적·묵시적 약정이 있었는지, 또는 신의칙상 원고에게 계약상 의무로서
수령의무나 협력의무가 인정되는지를 심리해야 하고, 만일 원고에게 위와 같은
수령의무나 협력의무가 인정될 경우 그 의무가 이 사건 매매계약의 본질적 내
용과 목적에 해당하는지 여부 등을 가려야 한다.

그런데도 원심은 이 사건 매매계약의 해석상 명시적·묵시적 약정 등을 통해 원고에게 계약상 주된 의무로서 수령의무나 협력의무가 인정되는지 여부에 관해서 충분히 심리·판단하지 않은 채, 원고가 피고의 소유권이전등기의무의 이행제공에도 불구하고 피고에게 농지전용부담금을 부담하라고 요구한 것은 수령거절에 따른 채권자지체에 해당하고, 피고는 이러한 원고의 채권자지체만을 이유로 이 사건 매매계약을 해제할 수 있다고 판단하였다. 원심판결에는 채권자지체의 효과에 관한 법리를 오해하여 필요한 심리를 다하지 않음으로써 판결에 영향을 미친 잘못이 있다. 이를 지적하는 상고이유 주장은 정당하다.

4. 결론

원고의 상고는 이유 있어 원심판결을 파기하고 사건을 다시 심리·판단하도록 원심법원에 환송하기로 하여, 대법관의 일치된 의견으로 주문과 같이 판결한다.

질문

(1) 채권자지체의 법적 성질에 관하여 원심과 대법원은 어떻게 파악하고 있는가?

(2) 이 사건에서 채권자지체를 이유로 계약을 해제할 수 있는가? 임차건물이 전기배선의 이상으로 인한 화재로 소훼되어 임차인의 임차목적물반환채무가 이행불능이 된 경우, 어떠한 경우에 임차인의 손해배상책임을 인정할 수 있는가?

제2장 채무불이행의 효과

I. 강제이행

1. 강제이행의 의의

(1) 채무자가 임의로 자신이 부담하는 채무를 이행하지 않는 경우에 그 채무의 내용 그대로를 국가기관(집행법원 또는 집행관 등의 강제집행기관) 등의 힘에 의하여 강제적으로 실현하는 것을 강제이행이라고 한다. 여기서 「강제적」이란 채무자 자신의 행위 유무나 그 내용 여하에 상관 없다고 하는 의미이다. 이러한 의미의 강제이행은 채무자가 임의로 채무를 이행하지 않는 경우, 즉 객관적인 의미의 채무불이행이 있는 경우에 비로소 행하여진다는 점에서 채무불이행의 효과 중의 하나라고 말할 수 있다.

한편 민사집행법은 집행에 관한 제도를 정하고 있다. 이것은 채권을 강제적으로 실현하는 방법에 관한 것으로서, 절차법상의 개념이다. 이에 대하여 강제이행은 실체법상의 개념이다. 채권자가 가지는 강제이행을 할 수 있는 법적 힘을 집행력이라고 부른다.

(2) 채권이 있다고 하여서 그 성질상 당연히 그러한 강제이행이 가능하다고는 할 수 없다. 예를 들면 영미법에서는 계약당사자의 일방이 계약을 위반한 경우에 상대방이 가지는 원칙적인 구제수단은 금전으로 하는 손해배상이며, 채무의 내용 그 자체를 강제적으로 실현하는 것을 내용으로 하는 특정이행(specific performance)이나 금지명령(injunction) 등은 예외적·개별적으로 인정될 뿐이다. 그러나 우리 법은, 채무자가 임의로 채무를 이행하지 않는 경우에

채권자는 원칙적으로 강제이행을 청구할 수 있다는 태도를 취하고 있다. 그리고 이는 입법정책적으로도 지극히 타당하다. 채무의 내용이 실현될 수 있고 채권자가 그 실현을 원하고 있는데도(특히 특정물인도채무의 경우에는 그러하다) 그에게 단지 손해배상만을 허용한다는 것은 채권자의 이익에 대한 고려를 부당하게 소홀히 하는 것이 되고 또 손해배상에서는 그 배상범위의 결정이나 금전적 산정 등의 절차가 필요하여 오히려 분쟁의 해결이 복잡하게 될 우려가 있다.

2. 강제이행청구권

(1) 강제이행의 원칙적 허용

(가) "채무자가 임의로 채무를 이행하지 아니한 때에는 채권자는 그 강제이행을 법원에 청구할 수 있다"(제389조 제 1 항 본문). 이는 채무불이행에 대한 구제수단으로 강제이행청구가 원칙적으로 허용되며 그 구제수단이 단지 손해배상청구에 그치지 않음을 선언한 데 의미가 있다.

채권자는, 채권의 성질상 이행의 강제가 허용되는 이상, 그 내용 여하를 묻지 않고 법원에 대하여 채무의 이행을 채무자에게 명할 것, 즉 이행판결을 청구할 수 있다(소구력訴求力). 나아가 채권자는 법이 정하는 절차와 방식에 따라 채권의 내용을 강제적으로 실현할 수 있는 실체법상의 권능을 가진다(강제집행력). 이와 같이 이 규정은 채권자가 채권의 효력으로서 원칙적으로 소구력과 강제집행력을 가짐을 선언한 것이다.

이 조항에서 「강제이행」이란 반드시 채권의 강제실현 그 자체뿐만 아니라 그 전제가 되는 법원에의 이행청구도 포함한다. 다만 제 2 항, 제 3 항은 모두 채권의 강제실행에 관한 것이다. 또한 그러한 의미의 강제이행을 「법원」에 청구한다고 규정하는 것도 반드시 재판기관으로서의 법원에 한정되는 것은 아니며 요컨대 국가의 강제기구(집행관 등)에 대하여 청구할 수 있다는 의미이다.

(나) "그러나 채무의 성질이 강제이행을 하지 못할 것인 때에는 그러하지 아니하다"(제389조 제 1 항 단서).

위에서 본 대로 강제이행은 대부분의 경우에 채무자의 자유로운 의사를 억압한다는 측면을 가진다. 이러한 억압은 채무자의 인격적인 가치를 모독하는 것이 되어서, 채권의 실현도모가 반대로 법이 실현하여야 할 1차적인 가치인 「인간의 존엄과 가치」를 과도하게 침해하는 결과를 초래할 수 있다. 또 채무자의 자유로운 의사에 기한 것이 아니면 애초에 「채무의 내용에 좇은 이행」을 기대할 수 없는 경우도 있다. 따라서 예외적으로는 비록 채무의 이행이 가능함에도 채무자가 이를 이행하지 않고 있는 경우에도 강제이행을 하지 못할 수 있음을 정하는 것이 이 단서규정의 취지이다. 한편 채무자는 채무의 이행이 가능함에도 이행을 하지 않고 있는 것이기 때문에, 만연히 채무의 성질을 내세워 강제이행의 거부를 인정하게 되면 채권제도의 존립 자체가 위태롭게 된다. 결국 부대체적 작위채무 중에서 다음과 같은 예외적인 경우에 한하여 이 단서를 적용해야 한다.

① 채무의 강제이행이 채무자의 인격에 대한 과도한 침해가 되는 경우. 가령 부부 간의 동거의무(제826조 본문 전단. 물론 이는 채권법상의 의무는 아니다) 등이 이에 해당한다. 제803조가 "약혼은 강제이행을 청구하지 못한다."라고 정하는 것(따라서 귀책사유 있는 파혼자에 대하여 손해배상을 청구할 수 있을 뿐이다. 제806조 참조)도 이러한 사상에 기한 것이다. 한편 부대체적 노무의 제공을 목적으로 하는 고용계약상의 채무도 강제이행을 청구할 수 없다고 하는 견해도 있다.[1]

② 채무자의 임의이행이 아니면 채무의 내용에 좇은 이행이 되지 않는 경우. 뒤집어 말하면 채무자의 자발적인 의사에 의하여 이행하는 것이 「채무의 내용」인 경우. 가령 예술상의 창작의무가 이에 해당한다.

③ 그 밖에 통설은 채무자 본인의 의사만으로는 채무가 실현될 수 없고 채무의 이행에 외적·객관적인 장애가 있는 경우도 이에 속한다고 한다.[2] 가령 부대체적 작위채무에서 제3자의 협력이나 동의를 요하는 경우를 든다. 그러나 이러한 경우에는 사정에 따라 이행불능을 이유로 강제이행을 부인하면 충분하다.

(다) 민법은 명문으로 규정하고 있지 않으나, 강제이행이 허용되려면 채무의 이행이 불능이어서는 안 된다(통설). 채권의 원래의 내용을 실현하는 것이 불능인데도 이를 강제하는 수단을 쓴다는 것은 무의미하기 때문이다.

---

[1] 김형배, 채권총론, 143면. 그러나 이 경우에 강제이행이 허용되지 않는 것은 대부분 뒤의 ②에 해당할 것이다.

[2] 곽윤직·김재형, 채권총론, 125면; 김상용, 채권총론, 152면; 김주수, 채권총론, 140면; 김증한·김학동, 채권총론, 121면; 김형배, 채권총론, 143면; 이은영, 채권총론, 168면.

(2) 강제이행과 손해배상

채무불이행이 있는 경우에 채권자가 위와 같이 강제이행을 청구할 수 있다는 것은 "손해배상의 청구에 영향을 미치지 아니한다"(제389조 제 4 항).

강제이행이 이루어졌더라도 채무불이행에 의하여 채권자가 손해를 입은 경우에는 그 손해의 배상을 청구할 수 있음은 물론이다. 또 강제이행과 손해배상 사이에 무슨 선후관계가 존재하는 것도 아니다. 따라서 강제이행이 가능한 경우에도 채권자는 먼저 손해배상을 구할 수 있고, 반대의 경우도 마찬가지이다.

그러나 강제이행이 가능하다는 사정은 손해배상의 내용에 영향을 미칠 수는 있다. 대체로 강제이행을 못하는 경우에 손해배상의 내용으로 전보배상이 인정되는 경우가 많기 때문이다.

3. 강제이행의 방법

(1) 서설 — 금전채권에 기한 강제집행

(가) 강제이행의 구체적인 방법은 민사집행법에 상세히 규율되고 있다. 그 규정은 대부분 금전채권에 기한 강제집행에 대한 것이다. 금전채권의 강제집행 절차에 관하여 간단하게 그 개요를 적어 둔다. 그리고 그 다음에 민법 제389조에서 정하는 강제이행의 방법을 설명하려고 한다.

(나) 강제집행을 하기 위해서는 일반적으로(즉, 금전채권 이외의 채권에 기하여 강제집행을 하는 경우에도) 집행권원을 필요로 한다. 집행권원이란 강제집행에 의하여 실현되는 사법상의 급부청구권을 표시하고 또한 법에 의하여 집행력이 인정된 공정의 문서를 말하는데, 이는 강제집행의 불가결한 기초를 이룬다. 집행권원으로서 실제상 가장 중요한 것은 확정된 종국판결이다. 그리고 가집행선고 있는 판결, 소송상화해조서 또는 인낙조서 등도 이에 해당한다(민집 제24조, 제56조). 강제집행은 채권자가 집행권원에 기하여 이를 신청함으로써 개시되며(강제집행을 신청한 채권자를 「집행채권자」라고 하고, 그 상대방을 「집행채무자」라고 한다), 국가의 집행기관이 직권으로 개시하지는 않는다.

금전채권에 기한 강제집행은 채무자의 책임재산을 공매하여 그 대금으로 채권을 만족시킴으로써 행하여진다. 이 절차는 경매절차라고 하는데, 담보권의 실행을 위한 경매를 「임의경매」라고 하는 것과 구별하여 「강제경매」라고 부른다. 이러한 강제경매절차는 대체로 압류, 환가, 배당의 3단계로 나눌 수 있다. 압류는 원칙적으로 동산·부동산과 같은 물건 외에도 금전채권을 비롯한 각종의 채권, 유가증권, 그 밖에 채무자의 모든 재산(민집 제83조, 제189조, 제223조 등 참조)을 경매의 대상으로 파악하여 채무자의 법률상·사실상 처분을 금지하는 집행행위를 말한다(민집 제83조, 제227조 참조). 만일 경매절차가 개시된 후에도 채무자의 처분을 허용하면, 그 처분의 상대방·매수인·집행채권자·배당채권자 등의 관계인 사이에 극히 복잡한 법률문제가 제기되므로, 강제집행의 첫 단계로서 아예 채무자의 처분을 금지한다.[3] 이와 같이 압류된 채무자의 책임재산은 일정한 절차를 거쳐서 금전으로 환가된다. 환가의 절차는 피압류재산의 종류에 따라 서로 다른데, 동산이나 부동산의 경우를 보면, 경매기일을 열어 다수의 사람이 입찰의 방식으로 참여하도록 하고 그중에서 매각조건에 맞는 최고가 매수신고인에게 매각결정함으로써 행하여진다. 매수인은 매각대금을 지급하고 경매의 목적물을 취득하게 된다(민집 제135조 참조). 그 후 매각대금은 배당절차를 통하여 집행채권자를 포함하여 자신의 권리를 증명한 채권자들에게 그 각각의 권리에 따라 분배된다(배당을 받은 채권자를 「배당채권자」라고 부른다). 이와 같이 배당을 받음으로써 금전채권자는 자기 채권의 만족을 얻게 된다. 한편 채무자가 가지는 금전채권의 경우를 보면,[4] 집행의 대상이 되는 채권이 압류된 후(이 경우의 집행채권자는 통상 「압류채권자」라고 한다), 압류채권자는 (i) 집행법원으로부터 추심명령을 받아 이에 기하여 제 3 채무자로부터 직접 채권을 지급받고 이를 배당에 돌려 자신을 포함한 여러 채권자들의 만족을 도모하거나, 아니면 (ii) 집행법원으로부터 전부명령을 받아 압류된 채권을 "지급에 갈음하여" 직접 취득함으로써 자기 채권의 만족을 얻을 수 있다(민집 제229조 참조).

(2) 직접강제

(가) 직접강제란 국가기관이 유형적인 실력을 행사하여 채무자의 의사에 불구하고 채권 원래의 내용을 그대로 실현하는 것을 말한다. 예를 들면 인도채무에서 채무자로부터 목적물의 점유를 빼앗아서 채권자에게 주는 것이 그것이

---

3) 채무자가 압류 후에 이에 반하여 양도, 부담설정 등의 처분을 하더라도, 이는 경매절차상 매수인에 대하여 효력이 없다.

4) 특정물채권 기타의 채권에 대하여는 민사집행법 제223조, 제224조 이하 참조.

다(민집 제257조 내지 제259조 참조). 앞서 본 금전채무의 강제이행도 이에 해당한다.

이러한 직접강제는 간이할 뿐 아니라 채무자의 의사에 직접적인 압박을 주지 않고도 채권의 만족을 얻을 수 있으므로, 통설은 이 방법이 가능한 경우에는 다른 강제이행방법을 사용할 수 없다고 한다. 다른 한편 인도채무가 아닌 행위채무에 대하여 직접강제를 행하는 것은 채무자의 의사에 대한 직접적·유형적인 압박이 되므로 채무자의 인격을 존중할 필요에 비추어 허용되지 않는다고 한다.[5]

(나) 유아幼兒인도의 강제이행방법으로 직접강제가 이용될 수 있는지 문제된다. 친권자의 유아인도청구권이 일정한 요건에 따라 인정된다는 점에는 이론이 없는데,[6] 이를 긍정할 경우에 그 강제이행방법은 무엇인가? 이에 대하여는 역시 직접강제를 인정할 것이라는 견해,[7] 간접강제만을 인정할 것이라는 견해,[8] 의사능력 없는 자의 경우에는 직접강제도 가능하나 의사능력 있는 자에 대하여는 원칙적으로 간접강제만이 허용된다는 견해[9] 등이 주장되었다.

이 논의의 바탕에는, 단적으로 직접강제에 의한다면 유아를 강제집행상으로는 동산으로 취급하게 되는데 그 과정에서 인도적 감정에 반하는 일(가령 유아가 울면서 반항하는 것을 억지로 끌어내는 등)이 일어날 수 있으므로 이에 대하여 어떠한 고려를 베풀 것인가의 문제가 깔려 있다. 그러나 그러한 사정은 오히려 유아인도청구권의 유무를 판단하는 단계에서 고려할 것이다. 만일 그렇지 않다면 유아가 유괴된 경우에도 간접강제의 방법에 의지할 수밖에 없다는 결과가 된다. 강제이행방법을 정하는 데 의사능력 유무를 고려하자는 주장은 집행의 획일성·신속성이라는 요구에 비추어서 적합하지 못하다.[10] 판례는 친권

---

5) 곽윤직·김재형, 채권총론, 123면; 김상용, 채권총론, 148면; 김주수, 채권총론, 137면; 김증한·김학동, 채권총론, 119면; 김형배, 채권총론, 141면; 이은영, 채권총론, 161면; 황적인, 현대민법론 Ⅲ, 128면.
6) 이에 대하여는 우선 대판 1986. 3. 11, 86므2 참조.
7) 곽윤직·김재형, 채권총론, 123면.
8) 김증한·안이준, 신채권총론, 92면. 김형배, 채권총론, 149면은 "직접강제를 인정하더라도 유아의 인격존중에 반하지 않을 경우" 이외에는 간접강제에 의하여야 한다고 주장한다.
9) 김주수, 채권총론, 138면.
10) 가사소송법 제42조 제1항은 유아의 인도에 관한 심판에 대한 가집행선고에 관하여 규정하고 있다. 한편 미성년 자녀가 유아인 경우 '유아인도를 명하는 재판의 집행절차(재판예규 제917-2호)'는 유체동산인도청구권의 집행절차에 준하여 집행관이 강제집행할 수

자의 유아인도청구를 허용하고 있다(대판 1986. 3. 11, 86므2).

(3) 대체집행

(가) 대체적 작위채무("채무자의 일신에 전속하지 아니한 작위를 목적으로" 하는 채무)에 대하여는 "채무자의 비용으로 제 3 자에게 이를 하게 할 것"이 허용된다(제389조 제 2 항 후단). 즉 채권자가 스스로 또는 특정의 제 3 자로 하여금 그 내용을 실현할 수 있는 권한(대체이행권)과 그 비용을 채무자로부터 추심할 수 있는 권한을 법원으로부터 취득하고 이러한 권한에 따라 채권의 내용을 실현하는 방법이다. 이와 같이 채무자로부터 비용을 조달하여 채권자 또는 제 3 자로 하여금 채무자의 이행을 갈음하여 채권의 내용을 현실적으로 실현하는 것을 대체집행이라고 한다.

대체적 작위채무란 채무자가 그 소유의 건물을 철거하는 것과 같이 반드시 채무자가 하지 않고 제 3 자로 하여금 이행하게 하더라도 채무의 내용에 따른 이행이 될 수 있는 작위채무를 말한다. 그런데 대체적 작위채무에 해당하더라도 이를 대체집행하는 것이 실제로는 무의미하고 오히려 다른 방도를 취하는 것이 적합한 경우도 많다. 가령 채권자의 토지 위에 건물을 건축할 채무나 채권자 소유의 물건을 운반하는 채무와 같이 채무자의 지배영역에 개입할 필요가 없는 경우에는 굳이 법원으로부터 대체집행의 수권을 받을 필요가 없이 채무의 발생원인인 계약을 해제하고 제 3 자와 새로이 계약을 체결하여 그로 하여금 이행하도록 하며 채무자에 대하여는 손해배상을 구하는 것이 합리적이다. 그러나 권리의 실현을 위하여는 채무자의 지배영역에 간섭하여야 하고 따라서 채무자의 인용이 요구되는 경우, 가령 채무자 소유의 건물을 철거하는 채무에서 대체집행은 유효한 집행수단이 된다(민집 제260조 참조).[11]

통설은 대체집행은 간접강제에 비하면 의사에 대한 억압이 상대적으로 적으므로, 대체집행이 가능하다면 이에 의하여야 하고 간접강제를 할 수는 없다고 한다.

(나) 대체집행의 구체적인 절차에 대하여는 민사집행법에서 규정하고 있다(민집 제260조). 그에 의하면, 채권자가 제 1 심 수소법원에 신청하여 위와 같

있으나, 유아가 의사능력이 있는 경우에 그 유아 자신이 인도를 거부하는 때에는 집행을 할 수 없다고 정하고 있다.

11) 김형배, 채권총론, 142면.

은 권한수여의 결정을 얻어야 한다. 이 규정은 대체집행이 이미 확정된 판결의 집행을 위한 방법임을 전제로 하고 있다. 그리고 대체집행비용은 사전에 지급할 것을 채무자에게 명할 수도 있다(동조 제 2 항). 이러한 결정에 대하여는 즉시항고를 할 수 있는데(동조 제 3 항), 이는 집행권원의 내용인 실체적 청구권의 존부를 이유로 하여서는 할 수 없으며, 단지 집행방법으로서의 하자가 있는 경우에만 할 수 있다.[12]

(4) 부작위채무의 강제이행

(가) 부작위채무가 불이행된 때, 즉 채무자가 그 의무에 반하는 일정한 작위를 한 때에는 "채무자의 비용으로써 그 위반한 것을 제각하고 장래에 대한 적당한 처분을 법원에 청구할 수 있다"(제389조 제 3 항). 일종의 대체집행을 인정한 것이다.

이 방법은 일정한 장소에 건물을 축조하지 않는 채무와 같은 협의의 부작위채무뿐만 아니라, 통행을 방해하지 않을 채무와 같이 채권자나 제 3 자의 일정한 행위를 인용하여야 할 인용의무에 대해서도 적용된다. 그러나 어느 의무든 불이행의 결과로서 유형적인 불이행상태가 지속되고 있는 경우에 한하여 이 방법이 인정된다. 예를 들면 전자의 경우에는 축조된 건물이 있는 것, 후자의 경우에는 통행을 방해하는 담이 쳐져 있는 것이다.

여기서 「위반한 것의 제각」이란 불이행상태를 조성하는 유형물(위 예에서 건물이나 담 등)을 제거하는 것을 말하고, 「장래에 대한 적당한 처분」이란 불이행을 예방하기 위하여 필요한 시설을 하는 것, 장래의 손해에 대하여 담보를 제공하도록 하는 것 등을 말한다. 부작위채무에 관한 이러한 강제이행의 구체적 방법에 대해서도 민사집행법에서 규정하고 있는데, 그 내용은 대체집행과 마찬가지이다(민집 제260조). 부작위채무는 그 성질상 부대체적 급부를 내용으로 하는 것이나, 위와 같은 방법이 허용되는 한에서는 간접강제에 의할 수는 없다.

위와 같은 강제이행은 물론 부작위채무의 불이행이 있는 경우에 채권자가 부작위를 명하는 집행권원("… 하여서는 아니 된다")을 얻어 그 집행의 방법으로 하는 것이다. 한편 그 불이행의 결과가 집행권원 성립 전에 이미 유형적으로

---

12) 대결 1979. 4. 11, 79마95 등 다수의 판례.

존재하는 경우에는 부작위채권자는 제389조 제 3 항에 따라 그러한 유형적 결과의 제거 등을 직접의 내용(소송물)으로 하는 소를 제기할 수 있고, 그 승소판결에 따라 대체집행으로 그 판결내용을 실현할 수 있다. 그러한 점에서 동항은 부작위채무의 불이행결과가 유형적으로 존재하는 경우에 실체법상의 청구권으로서 결과제거 등의 청구권을 정한 것이고, 단순히 실체적 권리의 강제이행방법을 정한 데 그치는 것이 아니다.

　　(나) 부작위채무의 불이행이 유형적 상태를 남기지 않으면서 계속되는 경우, 가령 경업을 계속하거나 허용되지 않는 소음을 계속 내는 경우에 대하여는 직접적인 규정이 없다. 그러나 이 경우에 간접강제가 허용된다. 이러한 부작위채무는 일종의 부대체적 급부를 내용으로 하기 때문이다. 그러나 그러한 무형의 위반상태가 단지 1회에 그친 때에는 강제이행방법은 없고, 손해배상을 청구할 수밖에 없다.

　　부작위채무의 불이행을 한 것은 아니지만 불이행의 염려가 있으면, 채권자는 채무자에 대하여 예방청구권을 가지는가? 이러한 문제는 작위채무의 경우에도 발생하는 것으로서, 채무의 내용이 부작위라고 하여 특히 예방청구권을 인정할 수는 없다(물론 다른 채권의 경우와 마찬가지로 가처분을 할 수는 있다).[13]

(5) 간접강제

　　(가) 「하는 채무」 중에서 "채무자의 일신에 전속"한 채무, 즉 부대체적 작위채무에 대하여는 간접강제의 길만이 열려 있다. 그러나 부대체적 작위채무라고 해서 언제든 간접강제가 허용되는 것은 아니고, 애초에 강제이행 자체가 허용되지 않는 채무가 있음은 위에서 보았다(위 2. (1) (나) 참조).

　　간접강제는 손해배상이나 벌금을 가하거나 채무자를 구금하는 등의 간접적인 방법으로 채무자에게 심리적으로 압박을 가하여 채무를 이행하도록 강제하는 것이다. 그런데 채무자가 그러한 수단으로 채무를 이행하게 된다고 하더라도 자신의 의사만으로는 이를 실현할 수 없는 경우, 가령 채무의 이행에 필요한 특수한 설비나 기능이 필요한다든가 채무자가 아무런 영향도 미칠 수 없는 제 3 자의 협력이 필요하다든가 하는 경우에는 결국 채권의 만족은 기대할 수 없으므로, 이를 강제하더라도 무의미하다. 따라서 간접강제는 부대체적 작

---

13) 김상용, 채권총론, 152면; 김형배, 채권총론, 148면.

위채무 중에서도 그 이행이 "오로지 채무자의 의사에 달린 때"에만 허용된다.

(나) 앞서 본 대로 통설은 위에서 본 세 가지 강제이행 방법은 당사자가 그중 하나를 자유로 택할 수 없고, 이들 사이의 서열이나 선후관계를 엄격하게 인정하여 직접강제가 가능한 것은 반드시 그것에 의하여야 하고 대체집행이나 간접강제를 할 수 없으며, 또 대체집행이 가능한 것에 대하여 간접강제에 의할 수 없다고 한다. 그 이유는 채무자의 인격이 가장 크게 제약되는 것이 간접강제이고 그 다음이 대체집행이므로 가능하면 그것이 덜 침해되는 방법에 의하는 것이 바람직하다는 것이었다.

그러나 채권의 강제적 실현에서는 채무자 인격의 보호라는 가치만이 추구될 것이 아니고 그와 아울러 집행방법의 합목적성이나 실효성의 관점도 무겁게 고려되어야 한다. 위와 같은 '강제이행 방법상의 서열'을 예외 없이 고집할 것이 아니고, 사안유형의 특성에 따라서 직접강제나 대체집행으로 실효적으로 채권이 실현될 수 없는 경우에는 간접강제를 허용할 수도 있다.[14] 예를 들면 특정한 동산을 인도할 채무를 지는 자가 목적물을 은닉하는 경우, 제 3 자 소유의 건물을 수리하는 것과 같이 급부의 실현을 위하여 채무자가 제 3 자의 동의를 얻도록 노력하여야 하는 경우, 부작위채무가 반복적·계속적으로 위반되고 있는 경우가 그러하다. 민사집행법은 인도채무에 대하여는 직접강제를, 대체적 작위채무 및 부작위채무에 대하여는 대체집행을 규정하지만(제257조 이하, 제260조. 민법 제389조 제 2 항 제 2 경우, 제 3 항도 참조), 다른 한편 민사집행법은 간접강제의 요건으로 "채무의 성질이 간접강제를 할 수 있는 경우"라고만 하여 일반적으로 정하고 있다(제261조 제 1 항 제 1 문). 또 예를 들면 대판 1996. 4. 12, 93다40614도 비방광고로 인한 인격권 침해를 이유로 그 광고의 중지(이는 부작위채무에 해당한다)를 명하면서, 채무자가 단기간 내에 이를 위반할 개연성이 있는 등의 사정이 있으면 간접강제로서 '위반 시에는 일정한 배상액을 지급할 것'을 정할 수 있다고 하였다.[15]

(다) 간접강제의 구체적인 방법에 대하여는 민사집행법 제261조에서 정하고 있다. 동조 제 1 항에서 「채무의 성질이 간접강제를 할 수 있는 경우」란 비

---

14) 이에 대하여는 우선 김형석, "강제이행 — 특히 간접강제의 보충성을 중심으로", 서울대 법학 제46권 4호(2005), 242면 이하 참조.
15) 대판(전) 2021. 7. 22, 2020다248124는 판결절차에서 부작위채무 또는 부대체적 작위채무의 이행을 명하면서 동시에 간접강제를 명할 수 있다고 한다.

대체적 작위채무 중 간접강제가 허용되는 경우를 가리킨다.[16] 채권자는 제 1 심 수소법원에 신청하여 "상당한 기간을 정하고 채무자가 그 기간 내에 이행을 하지 아니하는 때에는 그 지연기간에 응하여 일정한 배상을 명하거나 또는 즉시 배상을 명"하는 결정을 얻을 수 있다. 이와 같이 간접강제의 방법으로는 배상금의 지급을 명하는 것만이 인정된다.[17] 여기서 말하는 배상금은 채권자가 채무불이행으로 말미암아 입은 손해의 전보와는 전혀 무관한 것으로서, 채권자의 그러한 손해의 유무·다소를 불문하고 채무자는 법원의 결정에 따라 배상금을 채권자에게 지급하여야 한다. 법원은 이 배상금의 액수를 정함에 있어서 제도의 취지를 감안하여 강제수단으로서의 실효를 발휘할 수 있도록 제반의 사정을 적정하게 고려하여야 할 것이다.[18]

(6) 의사표시를 하는 채무의 강제이행

(가) 의사표시를 할 채무는 원래 부대체적 작위채무에 속한다. 그러나 그러한 채무를 성립시키는 궁극적인 목적은 의사표시를 하는 것 자체가 아니라 그 내용대로 법률효과를 발생시키는 데 있다. 그러므로 그러한 채무가 이행되지 않고 있다면, 이러한 의사표시의 존재를 의제함으로써 그 내용대로의 법률효과의 발생을 인정하는 것이 채권자의 만족을 도모하는 간편한 방법이다. 민법은 이러한 방도를 취하여, 채권자는 법원에 대하여 "채무자의 의사표시에 갈음할 재판"을 청구할 수 있다고 정한다(제389조 제 2 항 전단). 그리고 그러한 재판이 확정되면 그 판결을 "의사를 진술한 것으로 본다"(민집 제263조 제 1 항 후단).

이와 같이 재판에 의하여 의사표시를 갈음할 수 있는 강제이행의 방법이 가능한 경우에는 간접강제의 방법은 사용할 수 없다.

(나) 민법은 "채무가 법률행위를 목적으로 한 때"라고 정하고 있으나, 이

---

16) 곽윤직·김재형, 채권총론, 125면; 김상용, 채권총론, 152면; 김주수, 채권총론, 140면; 김증한·김학동, 채권총론, 121면; 김형배, 채권총론, 143면; 이은영, 채권총론, 168면; 황적인, 현대민법론 Ⅲ, 131면.
17) 한편 채무자재산명시제도(민집 제61조 내지 제69조)는 채무의 강제이행을 직접적인 목적으로 하는 것이 아니므로, 여기서 말하는 간접강제와는 무관하다. 다만 채무불이행자명부제도(민집 제70조 내지 제73조)는 넓은 의미에서 간접강제의 한 방법이라고 할 수 있을 것이다.
18) 법원에서는 반론보도 또는 정정보도를 명한 법원의 판결에 응하지 아니한 언론기관에 대하여 그 지체일 하루마다 가령 500만원 또는 1000만원의 배상을 명하고 있다.

는 일반적으로 넓게 해석되고 있다. 그리하여 원래의 의사표시(이에는 채권자에 대한 의사표시뿐만 아니라, 제 3 자에 대한 의사표시도 포함된다)를 할 채무 이외에도, 우선 등기(또는 등록) 신청행위와 같이 관청에 대한 공법상의 의사표시도 포함된다. 따라서 가령 "소유권이전등기절차를 이행하라"는 내용의 확정판결을 받으면, 이로써 채무자의 소유권등기신청은 행해진 것으로 의제되므로, 공동신청주의에서도(부등 제23조 참조) 채권자는 이 판결을 가지고 더 이상 채무자의 협력 없이 등기신청을 할 수 있다. 나아가 이는 관념의 통지나 의사의 통지와 같은 준법률행위에도 준용된다. 그러므로 채권양도의 통지(제450조)나 주주총회소집의 통지(상 제363조) 등을 할 채무는 이러한 방법에 의하여 강제이행된다.[19]

　　이와 같이 의사표시를 갈음하는 재판에 의한 채무의 강제이행은 실제로 매우 중요한 기능을 발휘하고 있다. 그러나 의사표시라고 하여도 어음·수표행위(기명날인이 요건이다)와 같이 채무자 자신의 사실적인 행위가 요구되는 경우에는 재판에 의하여 의사표시를 갈음할 수 없으며, 그 경우에는 간접강제에 의할 수밖에 없다.

Ⅱ. 손해배상

1. 서설 — 손해배상법 일반

(1) 손해배상법의 민법상 지위

　　(가) 채무자가 채무불이행을 하면, 채권자는 그에 대하여 자신이 그 불이행으로 입은 손해의 배상을 청구할 수 있다(제390조). 또한 그 채무가 계약으로부터 발생한 것인 경우에는, 채권자는 일정한 요건에 따라 채무불이행을 이유로 계약을 해제할 수 있는 권리(해제권)가 인정된다(제544조 이하 참조). 이 두 가지가 채무불이행책임의 가장 중요한 내용을 이룬다.[20]

---

19) 가령 채권양수인은 채권양도의 통지를 하지 않는 채권양도인을 상대로 "채권양도통지절차를 이행하라"는 내용의 판결을 받고 이 판결의 정본을 채무자에게 제시함으로써, 적법하게 채권양도통지를 한 것이 된다.

20) 그 외에 이행불능의 효과로서 대상청구권이 인정되나(대판 1992. 5. 12, 92다4581), 이는 채무자에게 귀책사유가 있는지 여부를 불문하고 채권자에게 부여되는 것으로서, 여기서

　　손해배상은 비단 채무불이행을 이유로 하여서만 문제되는 것은 아니다. 가령 불법행위의 법률효과는 가해자에게 불법행위로 인하여 발생한 피해자의 손해를 배상할 의무를 지우는 것이다(제750조 참조). 이와 같이 손해배상은 채무불이행과 불법행위에 걸쳐서 그 효과로서 인정되고 있다.[21] 그런데 이들은 민법에서 현저한 위치를 차지하고 있는 중요제도인 만큼, 손해배상의 법리는 매우 중요하다. 또 현실적인 기능면에서도 손해배상은 결정적인 의미를 가지고 있다.

　　(나) 하나의 법장치로서 손해배상제도가 민법의 체계 안에서 차지하는 위치는 대체로 두 가지 관점에서 살펴볼 수 있다. 하나는, 권리침해에 대한 구제수단이라는 측면이고, 또 하나는, 채권관계의 전개과정이라는 측면이다.

　　① 이미 존재하고 있는 어떠한 권리 또는 법적으로 보호되는 이익이 객관적으로 침해된 경우에, 그 권리 또는 이익의 주체에게 어떠한 구제수단을 인정할 것인가는 민법이 규율하는 주요한 대상 중의 하나이다. 권리보호 또는 권리달성추구는 민법의 기본적인 관심사라고 할 수 있다. 이에 대한 민법 규정을 보면, 일반적인 의미를 가지는 것으로 대체로 다음과 같은 내용을 들 수 있다.

　　첫째, 물권적 청구권이다. 이는 소유권이 침해된 경우에 대하여 제213조, 제214조에서 규정되어 있고, 이 규정을 지상권 등의 물권에 준용하는 형태로 규정되어 있다(제290조 제 1 항, 제370조 등 참조). 물권적 청구권은 그 발생요건이 극히 단순하다. 가령 제214조 전단의 소유물방해제거청구권을 보면, 「소유권이 방해되고 있다」는 것만으로 소유자는 그 방해의 제거를 청구할 수 있다. 그 방해의 주체가 누구이든, 또 그에게 아무런 과실이 없더라도, 나아가 소유자가 그 방해로 인하여 아무런 손해도 입고 있지 않더라도, 단지 소유권이 객

말하는 「채무불이행책임」의 내용이라고 할 수는 없다.

21) 그 밖에도 민법은 일정한 규율목적을 달성하기 위하여 손해배상을 법률효과로서 규정하는 경우가 많다. 가령 제135조(무권대리인의 책임), 제204조 내지 제206조(점유보호청구), 제216조(인지사용청구권), 제219조(주위토지통행권), 제226조(여수소통권), 제535조(체약상의 과실), 제661조 단서, 제689조 제 2 항(고용·위임의 해지), 제740조(사무관리자의 손해보상청구권), 제748조 제 2 항(악의수익자의 손해배상의무) 등이 그것이다. 이들 규정에서 정하는 손해배상의무(제216조, 제219조, 제226조 및 제740조에서는 손해의 「보상」이라는 표현을 사용하고 있으나, 이를 달리 볼 것은 아니다)는, 경우에 따라서 불법행위로 인한 손해배상의무의 성질을 가지는 것도 있으나 언제나 그러한 것은 아니고, 법률이 별도로 인정하는 특수한 책임으로 볼 수 있는 경우도 있다.

관적으로 침해되고 있다는 사정만으로 소유자는 침해자에 대하여 장차 그러한 방해가 일어나지 않도록 그 방해의 원천을 제거할 것을 청구할 수 있다. 그러나 이와 같이 단순하고도 강력한 내용의 물권적 청구권은 어떠한 권리 또는 이익이 침해되면 항상 주어지는 것은 아니고, 원칙적으로 대상에 대한 배타적인 지배가 그 내용인 권리, 즉 물권이나 저작권·특허권 같은 지적소유권, 나아가 건강·명예·프라이버시 같은 인격적 법익 등이 침해된 경우에만 부여된다. 채권이 제 3 자에 의하여 침해된 경우에도 예외적으로 방해배제청구권이 부여될 수 있는지 논란이 되고 있다.

둘째, 손해배상청구권이다. 그 대표적인 발생원인은 불법행위인데, 불법행위는 "고의 또는 과실로 인한 위법행위로 타인에게 손해를 가한" 경우에 인정된다(제750조). 그런데 어떠한 행위가 위법인지 여부를 판단하는 단계에서 그 행위에 의하여 침해되는 권리 또는 법익의 '강도'가 고려된다.[22] 그리하여 가령 물권이 침해된 경우에는 다른 정당화사유가 없는 한 일단 위법한 것으로 인정된다.[23] 그러나 불법행위가 인정되려면 위법성 외에도 우선 가해자에게 고의 또는 과실이 있어야 하며, 또한 피해자에게 손해가 있어야 한다. 나아가 손해배상은 권리 또는 법익의 침해에 대하여 장차 그러한 침해가 일어나지 않도록 그 원인을 제거하는 것이 아니라, 원칙적으로 과거의 침해행위로 말미암아 피해자에게 이미 발생한 손해를 메워 주는 것을 내용으로 한다. 그리고 손해배상청구권은 채무불이행으로 채권자에게 손해가 발생한 경우에, 채무자의 귀책사유가 부인되지 않는 한, 일반적으로 인정된다. 만일 이상과 같은 권리침해의 경우에 손해배상이 인정되지 않는다면, 그 권리의 내용이 공동화되기 쉬울 것이다. 이와 같이 손해배상청구권은 권리침해에 대하여 권리내용의 실질적인 실현(그로 인한 마이너스의 회복)을 추구하는 기능을 가진다. 한편 동일한 사실관계에서 발생한 손해의 배상을 목적으로 하는 경우에도 채무불이행을 원인으로 하는 배상청구와 불법행위를 원인으로 한 배상청구는 청구원인을 달리하는 별개의 소송물이므로, 법원은 원고가 행사하는 청구권에 관하여 다른 청구권과는 별개로 그 성립요건과 법률효과의 인정 여부를 판단하여야 한다. 계약 위반으

---

22) 그와 아울러 침해자의 주관적 귀책사유의 내용이 '상관적으로' 고려된다고 하는 것이 통설의 입장이다.

23) 채권이 제 3 자에 의하여 침해된 경우에 위법성이 인정되려면 그에게 고의 이상의 귀책사유가 있어야 한다고 통상 설명되고 있다.

로 인한 채무불이행이 성립한다고 하여 그것만으로 바로 불법행위가 성립하는 것은 아니다.[24]

셋째, 부당이득반환청구권이다. 이는 "법률상 원인 없이 타인의 재산 또는 노무로 인하여 이익을 얻고 이로 인하여 타인에게 손해를 가한" 경우에 인정된다(제741조). 권리침해에 대한 구제수단으로서의 부당이득반환청구권은 통상 「침해이득반환청구권」이라고 부르는데, 이는 손해배상청구권과 마찬가지로 권리침해 자체를 배제하는 것은 아니고, 권리침해로 인하여 발생한 부당한 재산이동을 교정하고자 하는 것이다. 그러나 손해배상청구권과는 달리 이는 권리 또는 법익의 주체에게 생긴 손해를 메꾸어 주는 것이 아니라, 침해자가 얻은 이익의 반환을 내용으로 한다. 또한 침해이득반환청구권의 발생에는 침해자의 고의 또는 과실이 요구되지 않는 반면, 일반적으로 단순한 채권의 침해에 대해서는 이 구제수단이 주어지지 않으며 물권 그 밖에 배타적 지배를 내용으로 하는 권리(이른바 재화귀속)에 대한 침해가 있어야 한다.

② 채무불이행의 효과로서 손해배상청구권은 채권관계의 전개과정이라는 측면에서 그 위치를 정할 수도 있다. 채권관계는 채권자가 채무자에 대하여 급부를 청구할 수 있는 권리(채권)를 중심으로 형성되어가는 법률관계이다. 이는 대개 채무자가 자신의 의무를 임의로 이행하여 급부를 실현함으로써 채권이 소멸되어 종료된다. 채무자가 채무이행을 하지 않을 때에는, 채권자는 원칙적으로 국가기관의 힘을 빌려 급부를 강제로 실현하게 할 수 있다(강제이행청구권). 이는 채무자에게 채무불이행에 대한 귀책사유가 있는지 여부를 묻지 않는다. 이와 같이 채권자가 채무자의 채무불이행을 돌파하여 원래의 급부를 실현할 수 있는 법적인 가능성은 장래 채권의 만족을 보장하는 것일 뿐이고, 그것으로써 이미 발생한 채무불이행으로 말미암아 채권자가 입은 「손해」까지 전보되지는 않는다. 이 손해는, 채무자가 자신에게 귀책사유가 없음을 증명하지 못하는 한, 채무자에 의하여 배상되어야 한다. 채무자의 채무불이행이 있을 때, 채권자가 강제이행청구권과 아울러 가지는 손해배상청구권은 지연배상청구권이라고 불리는데, 그 성격은 통상 원래의 채권이 확장된 것이라고 볼 수 있다. 이는 소유권 그 밖의 물권이 침해된 경우에, 물권을 가지는 사람이 물권적 청구권으로써 물권의 원만한 상태를 회복할 법적 가능성을 가짐과 아울러, 불법

---

24) 대판 2021. 6. 24, 2016다210474.

행위에 기한 손해배상청구권을 가지는 것과 마찬가지라고 이해될 수 있다.

　　채무의 이행이 불가능하게 된 경우에는 강제이행은 무의미하다. 이러한 경우에 채권자는 이행에 갈음한 손해배상으로써 자신의 이익을 확보할 수밖에 없다. 이러한 내용의 손해배상청구권은 전보배상청구권이라고 부르는데, 그 성질은 통상 원래의 채권이 변형된 것이라고 한다. 물론 이때에도 채무자가 자신에게 귀책사유가 없음을 증명하면, 채권자는 그러한 내용의 손해배상을 청구할 수도 없으며, 이 경우 채권은 소멸하고 채무자는 채무를 면한다고 할 수밖에 없다. 다만 그 채권이 쌍무계약으로부터 발생한 것인 때에는 채권자도 채무자에 대하여 그 계약에 기하여 반대채무를 부담하는데, 위와 같이 채무자가 자신의 채무를 면하게 되는 경우에 채권자는 여전히 반대채무를 부담한다고 할 것인가[25] 하는 문제가 제기된다.

　　또한 채무이행이 가능하여 채권자가 강제이행을 청구할 수는 있다고 하더라도, 그는 이미 원래의 급부를 취득하는 데 더 이상 관심이 없거나 그에 이익을 가지지 않을 경우도 있다. 민법은 이러한 경우에 채권자에게 "[원래의 급부의] 수령을 거절하고 이행에 갈음한 손해배상을 청구"할 수 있는 가능성을 인정하고 있다(제395조).

　　(다) 민법은 제393조 내지 제399조에서 채무불이행으로 인한 손해배상의 방식, 범위, 제한사유 등에 관하여 정하고, 이들을 불법행위의 경우에 준용하는 방법을 택하고 있다(제763조).[26] 제393조 이하의 규정은 원칙적으로 손해배상에 관한 일반법으로서 의미가 있으며, 따라서 불법행위 외의 원인으로 인한 손해배상에 대하여도 준용되거나 적어도 유추적용될 수 있다.

---

25) 이와 같이 쌍무계약의 일방당사자가 자기 채무를 출연 없이 면하는 경우에 상대방에 대한 채권을 여전히 보유하는가에 관한 위험을 대가위험이라고 한다. 민법 제537조, 제538조 참조.

26) 제763조는 제395조, 제397조, 제398조를 불법행위의 경우에 준용하지 않는다. 그러나 제395조는 이행지체의 경우에 전보배상을 청구하는 것에 관한 규정으로서 불법행위와는 무관하다. 한편 제397조는 금전채무불이행에 관한 특칙으로서, 불법행위로 인한 손해배상채무가 금전채무인 이상(제763조에 의하여 준용되는 제394조 참조) 그 규정은 당연히 그에 적용되어야 한다. 또한 제398조는 "채무불이행으로 인한 손해배상액"을 예정한 경우에 대한 것으로, 이는 불법행위책임이 발생할 것에 대비하여 미리 배상액을 정하는 경우와는 구별되어야 할 것이다. 그러나 이 경우에도 해석상 제398조, 특히 동조 제 2 항이 준용 내지 유추적용될 수 있다.

(2) 손해배상법의 원칙

(가) 손해배상법은 피해자에게 생긴 법익상의 불이익을 메꾸어 주는 것을 목표로 한다(전보원칙). 손해배상에 의하여 손해배상권리자는 기껏해야 책임발생원인이 생기지 않았더라면 있었을 상태의 회복을 얻을 수 있을 뿐이다. 이는 재산적 손해에 대하여서뿐만 아니라, 비재산적 손해에서도 다를 바 없다. 그리하여 영국이나 미국법에서 인정되고 있는 징벌적 손해배상(punitive damage)은 우리 법에서는 인정될 수 없다.[27]

물론 민법은 손해배상책임의 발생에 원칙적으로 가해자의 귀책사유를 요구하고 있으나, 그렇다고 하여 법적으로 부정적으로 평가되는 행위를 한 가해자에게 손해배상책임을 부과함으로써 그를 제재하는 것 자체를 1차적인 목표로 하지는 않는다. 이는 우선 가해자에게 귀책사유가 없어도 손해배상책임이 인정되는 경우가 적지 않게 존재한다는 점[28]에서 알 수 있다. 그리고 만일 제재가 1차적인 목표라면 가해자에 대한 책임비난의 경중을 손해배상의 내용에 반영하여야 하는데 민법은 그러한 태도를 취하지 않는다.[29] 그와 같은 제재는 원칙적으로 형법에 맡겨져 있다. 나아가 법질서 전체의 입장에서 볼 때 바람직하지 않은 행위를 한 사람으로 하여금 그로 인한 손해를 배상하게 함으로써 일반적으로 그러한 행위로 나아가는 것을 막겠다는 일반예방의 사고도 손해배상을 지탱하는 중추적인 역할을 하지는 못한다.

이와 같은 전보원칙은 한편으로 손해배상의 내용을 피해자(채권자)의 불이익에 초점에 맞추어 정하도록 하며, 다른 한편으로 피해자는 손해배상을 받음에 의하여 책임발생의 원인사실이 일어나지 않았을 때보다 더욱 많은 이익을

---

27) 이에 관해서는 김재형, "징벌적 손해배상제도의 도입문제," 언론과 인격권, 제 2 판, 2023, 459면 이하.

28) 불법행위에서의 소위 「무과실책임」이 인정되는 경우는 물론, 채무불이행으로 인한 손해배상에서도 제392조나 제397조 제 2 항 후단 등은 채무자에게 귀책사유가 없어도 그 손해를 배상하여야 한다고 정한다.

29) 물론 특히 통상 「위자료」라고 불리는 비재산적 손해의 배상에서는 가해자의 주관적 사유가 어떠한 것이냐(고의인가 과실인가, 또 후자라면 그 과실의 정도는 어떠한가)가 구체적인 배상액을 정하는 데 고려되는 사정 중의 하나이다. 그러나 그렇다고 해도, 우선 이는 손해배상체계 전체로 보면 그렇게 현저한 지위를 차지하는 것은 아니고, 나아가 그 경우에도 가해자의 그러한 사정은 피해자가 입은 비재산적 손해를 평가할 때 고려되는 것일 뿐이고 그 사정 자체가 바로 손해배상의 내용을 정하는 것은 아니다.

얻는 일이 없도록 하여야 한다는 요청(부당이득의 금지)을 제기한다. 이것이 손익상계의 법리의 배경을 이루는 사고이기도 하다.

(나) 구체적인 손해배상의 내용에 대하여 민법은 다음과 같은 원칙을 택하고 있다. 이하에서는 주로 채무불이행으로 인한 손해배상을 염두에 두고 설명하기로 한다.

① 배상되어야 할 손해의 범위에 대하여, 민법은 제393조 제 1 항에서 "채무불이행으로 인한 손해배상은 통상의 손해를 그 한도로 한다."라고 정하고 있다. 위 규정은, 통상의 손해가 아닌 손해는 비록 채권자가 채무자의 채무불이행으로 말미암아 입은 손해, 즉 그것과 인과관계가 있는 손해라도 원칙적으로 배상되지 않는다는 의미이다. 다만 동조 제 2 항은 그러한 비통상의 손해 중에서 "채무자가 알았거나 알 수 있었을 특별한 사정으로 인한 손해"만은 예외적으로 배상될 수 있음을 정한다.

위 규정은 우선 적극적으로 민법이 손해배상에 관하여 완전배상주의가 아니라 제한배상주의를 취하고 있음을 밝힌 점에 의미가 있다. 이보다 더욱 명확하게 제한배상의 원칙을 선언한 규정은 쉽사리 그 예를 찾기 어렵다. 이 점에서 민법은 완전배상주의를 채택하고 있는 독일 민법과는 태도가 다르고, 오히려 프랑스 민법[30]이나 영미법상의 원칙[31]에 가깝다. 채권자는 채무자의 채무불이행과 인과관계가 있는 손해의 전부를 채무자로부터 배상받을 수 있는 것이 아니다. 그 손해는 채권자 스스로 부담하여야 할 것과 이를 채무자로부터 배상받을 수 있는 것으로 나누어지는데, 그 기준은 1차적으로 (i) 그 손해가 통상의 손해인지 여부이며, (ii) 만일 그것이 통상의 손해가 아니라면 그 손해가 "채무자가 알았거나 알 수 있었을 특별한 사정"으로 인하여 발생하였는지 여부인 것이다. 나아가 소극적으로는 위 규정은 손해배상의 범위가 위와 같은 기준만으로 정해지고, 채무자가 고의로 채무불이행을 범하였는가 아니면 단순히 과실

---

30) 프랑스 민법은 계약불이행으로 인한 손해배상의 범위에 관하여 제1150조에서 "계약시에 예견된 손해 또는 예견할 수 있었던 손해에 대하여만 배상책임을 진다"라고 정한다.

31) 영국이나 미국에서 계약위반으로 인한 손해배상에 관하여는 1854년의 Hadley v. Baxendale 판결(9 Exch. 341, 156 Eng.Rep. 145)의 법리가 통용되고 있다. 이에 의하면, 손해배상의 범위는 (i) 공정하고 합리적으로 관찰할 때 사물의 통상의 경과에 따라 자연스럽게 발생하였다고 할 손해와 (ii) 합리적으로 볼 때 계약의 양당사자가 계약체결시에 계약위반의 개연적인 결과로 예상하였다고 할 손해에 한정된다.

이 있는 것에 지나지 않는가에 의하여 영향을 받지 않음을 정하고 있다고 할 수 있다.

② 손해배상의 방법에 대하여 제394조는 "다른 의사표시가 없으면 손해는 금전으로 배상한다."라고 정한다. 이는 원상회복주의, 즉 손해를 발생시키는 원인이 없었다고 가정한다면 있었을 상태를 실제로 수립하는 것으로써 손해배상을 하는 입장을 취하지 않고,[32] 재산적 손해이든 비재산적 손해이든 이를 금전으로 환산하여 채무자로 하여금 이를 지급하도록 하는 금전배상주의를 취함을 밝힌 것이다. 그러므로 우리나라에서는 손해배상에 의하여 손해가 제거되는 것이 아니라, 금전으로 전보(보상)되는 것이다.

(3) 손해배상문제에 대한 사고단계

손해배상청구권의 존부와 내용은 대체로 다음과 같은 세 단계를 거쳐 확정된다. 첫째, 채무불이행으로 인하여 채권자에게 손해가 발생하였음이 인정되어야 한다. 이는 ① 채권자에게 과연 「손해」가 있는지 여부와 ② 이 손해의 발생이 채무불이행으로 인한 것인가, 다시 말하면 채무불이행과 손해발생 사이에 인과관계가 있는지라는 두 가지 문제를 포함한다. 둘째, 위에서 본 바와 같이 채권자의 손해 전부가 아니라 일정한 범위의 손해만이 배상되므로, 배상되어야 할 손해의 범위가 획정되어야 한다. 셋째, 배상되어야 할 손해의 범위 안에 드는 손해라고 하여도, 손해배상은 위에서 본 대로 금전으로 하므로, 이를 금전으로 환산 · 평가하여야 한다.

다만 실제의 손해배상사건에서는 위와 같은 사고상의 단계가 구분되지 않는 경우가 많다. 그러나 위와 같은 구분은 손해배상법을 명료하게 이해하는 데 도움이 된다.

2. 손해의 의의와 종류

(1) 손해의 의의

(가) 채무불이행책임의 내용으로 채무자에게 손해배상책임을 인정하기 위해서는 채권자에게 「손해」가 발생하였어야 한다. 그런데 민법은 손해에 대한 정의 규정을 두고 있지 않다. 손해가 무엇인지를 엄밀하게 정의하는 것은 매우

---

32) 이와 달리 독일 민법 제249조 제 1 항은 원상회복주의를 채택하고 있다.

어렵다.

학설은 통상 손해를 「법익(법적으로 보호할 가치가 있는 이익)에 관하여 받은 불이익」 또는 「법익에 대한 침해에서 생긴 불이익」이라고 정의하고 있다.[33] 이는 「손해」라는 말의 일상적인 의미를 기준으로 한 것이다. 그러나 이는 실제로 법적 판단을 하는 과정에서 손해의 발생 여부를 가리는 데 실질적인 기준이 되기에는 지나치게 막연하다. 손해 개념을 일의적으로 정의하는 작업을 하기보다는, 오히려 손해 유무를 판단하는 실질적인 기준을 탐색하는 것이 필요하다.

(나) 재산적 손해에 대하여는 이를 차액설(또는 차이설이라고도 한다)로 파악하는 것이 통설이다.[34] 이에 따르면 재산손해의 확정에서는 개별법익에 입은 불이익이 아니라, 피해자의 현재 재산상태와 가해원인이 없었다면 존재하였을 그의 가정적인 재산상태의 차액을 파악하여야 한다는 것이다. 다시 말하면 이는 개별법익의 침해가 그 법익 주체의 재산 전체에 미친 효과를 포괄적으로 파악하는 것이다. 그러한 의미에서 이는 총체적 재산손해라고도 부를 수 있다.

(2) 손해의 종류

손해를 분류하는 기준은 매우 다양하다. 그러나 여기서는 민법에서 중요하게 다루어지는 손해의 종류만을 다룬다.

(가) 재산적 손해와 비재산적 손해

손해를 재산적 손해와 비재산적 손해로 구분할 수 있다. 재산적 손해는 재산에 관하여 생긴 손해이고, 비재산적 손해는 생명, 신체, 자유, 명예 등의 비재산적 법익에 관하여 생긴 손해이다. 비재산적 손해는 정신적 타격, 고통, 슬픔을 평가한 것이기 때문에, 정신적 손해라고도 하고, 그 배상금을 위자료라고 한다.[35]

이 구별은 제751조("재산 이외의 손해"), 제752조("… 재산상의 손해 없는 경우에도 손해배상의 책임이 있다") 등에서 명문으로 규정되어 있다. 그리고 실제의 손해배상사건을 해결하는 데도 매우 중요한 구분이다.

---

33) 곽윤직·김재형, 채권총론, 128면; 김상용, 채권총론, 154면; 김증한·김학동, 채권총론, 126면; 김형배, 채권총론, 238면; 이은영, 채권총론, 264면; 황적인, 현대민법론 Ⅲ, 134면 참조.

34) 곽윤직·김재형, 채권총론, 128면. 반대: 김상용, 채권총론, 155면.

35) 곽윤직·김재형, 채권총론, 129면; 김상용, 채권총론, 155면 이하; 김증한·김학동, 채권총론, 126면.

(나) 적극적 손해와 소극적 손해

적극적 손해는 채무불이행이나 불법행위로 적극적으로 손해가 발생한 경우를 가리키고, 소극적 손해는 일실이익과 같이 채무불이행이 없었더라면 발생하였을 이익이 발생하지 않는 경우를 가리킨다.

(다) 이행이익의 손해와 신뢰이익의 손해

이행이익은 이미 유효하게 성립된 채권의 존재를 전제로 하여 채무자가 채무의 내용에 좇은 이행을 하지 않았기 때문에 채권자가 입은 손해를 말한다. 즉, 이행이익의 손해는 이행이 있었더라면 존재하였을 채권자의 상태와 현재 상태의 차이를 말한다. 이에 반하여 신뢰이익은 계약이 유효라고 믿었기 때문에 입은 손해를 말하는데, 이를 소극적 이익(negatives Interesse)이라고도 한다. 계약비용, 계약의 이행을 위한 준비로 비용을 지출하거나(예를 들면 조사비용, 대금의 차용, 운송수단의 준비 등) 다른 사람의 보다 유리한 매수제의를 거절한 경우뿐만 아니라, 매매목적물에 하자가 없다고 믿고 일정한 대금을 지급하기로 약정한 경우 등이 이에 해당한다.

손해배상법에서 신뢰이익의 개념과 함께, 어떠한 경우에 이를 인정할 것인지에 관해서도 논란이 되고 있다. 먼저 계약이 무효인 경우에 신뢰이익의 배상이 인정될 수 있다. 제535조는 계약체결상의 과실책임에 관하여 규정한다. 이 규정에 따르면, 원시적 객관적 불능인 계약에서 그 불능을 알았거나 알 수 있었을 자는 "그 계약의 유효를 믿었음으로 인하여 받은 손해"를 배상하여야 한다. 이것이 신뢰이익의 배상을 가리킨다. 여기에서 나아가 계약이 착오로 취소된 경우 등에도 신뢰이익의 배상을 인정해야 할 것인지 논의되고 있다. 또한 매도인의 담보책임, 특히 하자담보책임에서도 이 책임이 무과실책임이라는 이유로 그 손해배상이 신뢰이익의 배상을 의미하는지, 아니면 이행이익의 배상을 의미하는지에 관하여 논의되고 있다. 한편 계약해제시의 손해배상, 나아가 채무불이행에 기한 손해배상에서도 신뢰이익의 배상이 문제되는데, 이 경우에 신뢰이익의 손해는 "계약의 유효를 믿었음으로 인하여 받은 손해"(제535조)가 아니라 "계약의 이행을 믿었음으로 인하여 받은 손해"를 의미한다.

3. 손해배상의 범위

(1) 민법 제393조

민법은 제393조에서 손해배상의 범위에 관하여 구체적으로 정하고 있다. 제1항은 "채무불이행으로 인한 손해배상은 통상의 손해를 그 한도로 한다."라고 규정하고, 제2항은 "특별한 사정으로 인한 손해는 채무자가 이를 알았거나 알 수 있었을 때에 한하여 배상의 책임이 있다."라고 규정한다.

종래에는 손해배상의 범위를 상당인과관계설에 따라 설명하였다.[36] 즉, 채무불이행과 손해 사이에 상당인과관계가 있는 경우에 그 손해를 배상하여야 한다는 것이다. 대법원 판결에서도 상당인과관계설을 따르는 판결들이 많이 나왔다. 그러나 제393조가 손해를 통상손해와 특별한 사정으로 인한 손해로 구분하고, 특별한 사정으로 인한 손해는 예견가능성이 있는 경우에 배상하도록 하였으므로, 이에 따라 손해배상의 범위를 정해야 한다.

(2) 통상손해

제1항의 통상손해는 특별한 사정이 없는 한 그 종류의 채무불이행이 있으면 사회일반의 거래관념 또는 사회일반의 경험칙에 비추어 통상 발생하는 것으로 생각되는 범위의 손해를 말한다. 이는 계약에서 추구하는 통상적·전형적인 목적(이익)과 당사자가 계약 당시 공통적으로 추구하였던 목적에 비추어 채무불이행으로 말미암아 그 실현이 좌절된 이익을 배상하도록 하기 위한 것이다. 대법원 판결에서 나타나는 주요한 사례를 들면 다음과 같다.

첫째, 매매계약의 이행불능으로 인한 전보배상책임의 범위는 이행불능 당시의 매매목적물의 시가 상당액이 통상의 손해에 해당한다. 둘째, "채무불이행 또는 불법행위로 인하여 물건이 훼손·멸실된 경우 원칙적으로 훼손 등 당시의 수리비나 교환가격을 통상의 손해로 보아야 하되, 훼손으로 수리가 불가능한데 그 상태로 사용가능하면 교환가치의 감소분이, 사용이 불가능하면 물건의 교환가치가 통상의 손해이고, 수리가 가능한 경우에는 수리비가 통상의 손해(다만 수리비가 물건의 교환가치를 초과하는 경우에는 그 손해액은 형평의 원칙상 교환가치 범위 내로 제한된다)"라고 한다.[37] 셋째, "영업용 차량이 사고로 인하여 파손되

---

36) 상세한 것은 곽윤직·김재형, 채권총론 133면; 김상용, 채권총론, 168면 참조.
37) 대판 1970. 9. 22, 70다649; 대판 1995. 9. 29, 94다13008; 대판 1999. 1. 26, 97다39520.

어 그 유상교체나 수리를 위하여 필요한 기간 동안 그 차량에 의한 영업을 할 수 없었던 경우에는 영업을 계속 했더라면 얻을 수 있었던 수익상실은 통상의 손해로 인정되어야 한다."³⁸⁾ 넷째, 물건 인도의무의 이행지체를 이유로 한 손해배상의 경우에는 일반적으로 물건을 사용·수익함으로써 얻을 수 있는 이익, 즉 그 물건의 차임 상당액이 통상의 손해이다. 그러므로 건물건축공사에 관한 도급계약에서도 수급인이 목적물인 건물의 건축공사를 지체하여 약정기한까지 이를 완성·인도하지 않은 때에는 적어도 당해 건물에 대한 차임 상당의 손해액을 배상하여야 한다.³⁹⁾

(3) 특별한 사정으로 인한 손해

특별한 사정으로 인한 손해는 당사자들의 개별적, 구체적 사정에 따른 손해를 말하고, 이에 대하여는 채무자가 알았거나 알 수 있었을 경우에 한하여 배상책임을 진다.⁴⁰⁾ 통상손해는 계약의 당사자가 예견하였다고 볼 수 있기 때문에, 별도로 예견가능성을 요구하지 않은 것이라고 볼 수도 있다. 이와 같이 보면 민법에서 손해배상의 범위를 정할 때 채무자의 예견가능성이 핵심적인 준거틀로 작용하고 있다고 말할 수 있다.

대법원 판결에서 특별한 사정으로 인한 손해에 관하여 판단한 사례들이 많다. 가령 물건을 전전 매매함으로써 얻는 이익, 즉 전매이익은 이에 해당한다고 보는 경향이 있다.⁴¹⁾ 또한 성능미비의 기계를 공급하고도 원고의 공장에서 위 기계를 수거하지 아니함으로써 원고가 그 대신하는 기계를 설치하여 외국수입상과의 계약에 따른 수출물제조를 위한 원자재를 가공할 수 없게 되어 부득이 다른 공장에서 가공함으로써 발생한 손해는 특별한 사정으로 인한 손해라고 한다.⁴²⁾ 한편 토지 매도인의 소유권이전등기의무가 이행불능인 경우 통상의 손해배상액은 채무불이행 당시 토지의 교환가격이나, 만일 매도인이 매매 당시 매수인이 이를 매수하여 그 위에 건물을 신축할 것이라는 사정을 이미 알고 있었고 매도인의 채무불이행으로 인하여 매수인이 그 토지에 신축한 건

---

38) 대판 1990. 8. 14, 90다카7569.
39) 대판 1995. 2. 10, 94다44774.
40) 대판 1994. 11. 11, 94다22446.
41) 대판 1967. 5. 30, 67다466; 대판 1992. 4. 28, 91다29972.
42) 대판 1980. 8. 26, 80다1171.

물이 철거될 운명에 이르렀다면, 그 손해는 적어도 특별한 사정으로 인한 것이
라고 한다.[43]

이행불능 이후에 목적물의 시가가 등귀한 경우에 손해를 어떻게 산정할지
문제되는데, 대법원은 특별사정으로 인한 손해 문제로 해결하고 있다. 즉, 매매
계약을 이행할 수 없게 된 다음에 목적물의 시가가 등귀한 경우에 채무자가 이
를 알거나 알 수 있었을 경우에 한하여 이를 특별사정으로 인한 손해로 보아
그 배상을 청구할 수 있고, 이행불능 당시의 시가가 계약 당시의 그것보다 현저
하게 앙등한 경우에는 그 가격에 대하여 손해배상을 청구할 수 없다고 한다.[44]

계약불이행의 경우에 정신적 손해도 특별한 사정으로 인한 손해로 파악하
고 있다. 가령 "일반적으로 건물신축도급계약이나 임대차계약 등에서 수급인이
나 임대인의 채무불이행으로 인하여 손해가 발생한 경우, 이로 인하여 상대방
이 받은 정신적 고통은 재산적 손해에 대한 배상이 이루어짐으로써 회복된다
고 보아야 할 것이므로, 상대방이 재산적 손해의 배상만으로는 회복될 수 없는
정신적 고통을 입었다는 특별한 사정이 있고, 수급인 등이 이를 알았거나 알
수 있었을 경우에 한하여 정신적 고통에 대한 위자료를 인정할 수 있다."라고
한다.[45]

특별사정으로 인한 손해배상에서 채무자가 그 사정을 알았거나 알 수 있
었는지를 가리는 시기가 문제된다. 이에 관해서는 계약체결당시를 기준으로 해
야 한다는 견해도 있으나, 다수설과 판례는 채무의 이행기까지를 기준으로 판
단하고 있다.[46]

4. 손해배상의 방법

손해배상은 위에서 보았듯이 금전배상이 원칙이다(제394조). 다만 예외적
으로 의사표시로 다른 방식의 손해배상을 정할 수 있다(제394조). 또한 법률에
서 손해배상의 방법을 정할 수 있다. 특히 제764조는 명예훼손의 경우에 법원
이 명예회복에 적당한 처분을 명할 수 있다고 정한다. 여기에서 나아가 손해배

---

43) 대판 1992. 8. 14, 92다2028.
44) 대판 1967. 11. 28, 67다2178; 대판 1978. 1. 10, 77다963; 대판 1993. 5. 27, 92다20163.
45) 대판 1993. 11. 9, 93다19115; 대판 1994. 12. 13, 93다59779.
46) 대판 1985. 9. 10, 84다카1532; 곽윤직·김재형, 채권총론, 141면; 김주수, 채권총론, 156
    면; 김증한·김학동, 채권총론, 143면.

상의 방법으로 원상회복을 인정하여야 한다는 견해가 있으나, 이 견해는 받아
들여지지 않고 있다.

금전배상은 일시금으로 배상하는 경우가 대부분이나, 제751조는 비재산적
손해의 배상에 대하여 정기금배상을 인정하고 있다.

[2004년 민법개정안]

제394조(손해배상의 방법) ① 손해는 금전으로 배상한다. 그러나 채권자는 상당
한 이유가 있는 때에는 원상회복을 청구할 수 있다.

② 법원은 신체 또는 건강의 침해로 인한 손해를 정기금으로 배상할 것을 명
할 수 있고 그 이행을 확보하기 위하여 상당한 담보를 제공하게 할 수 있다.

[2013년 민법개정안]

제394조(손해배상의 방법) 손해는 금전으로 배상한다. 그러나 법원은 상당한 이
유가 있는 때에는 채권자의 청구에 의하여 금전배상에 갈음하거나 금전배상과
함께 다른 적절한 방법으로 배상할 것을 명할 수 있다.

참고논문

「우선 회복되어야 할 원래의 상태란 손배배상을 일으키기 전의 상태 그대
로 회복시킨다는 의미는 아니고, 손해가 있기 전의 상태와 경제적으로 동가치
적인 상태가 회복되면 된다. 다른 말로 표현하자면 손해가 없었더라면 일어났
을 상태도 고려하여야 한다. 예컨대 아직 다 자라기 전의 식물이 멸실되었다면
그로부터 상당기간 지난 후의 원상회복은 멸실될 당시 상태의 식물을 다시 심
는 데 그치는 것이 아니라, 식물이 그 기간 동안 자랐을 정도의 상태를 회복하
여야 하는 것이다.」[47]

좌담회

손해배상 방법과 관련해서 개정안 제394조 제 1 항 단서에 원상회복을 규

---

47) 윤진수, "손해배상의 방법으로서의 원상회복," 민법논고 Ⅲ, 97면.

정하고 있는데, 기본적으로 이러한 규정을 두는 것에는 찬성을 합니다. 그런데 그 원상회복原狀回復이라는 용어 자체는 한자를 그대로 풀어보면 '원상태로 회복한다'는 뜻입니다. 계약의 해제효과로서 원상회복의무를 규정하고 있는데, 이와 동일한 의미로 인식하게 될 수 있습니다. 개정안 제394조 제 1 항에서 손해배상 방법으로 규정한 원상회복의 의미는 '어떤 채무불이행이 없었다면 있었을 상태로 만든다'는 것입니다. 원상회복이 독일법 등에 있는 표현을 번역한 것인데, 원래의 의미를 제대로 전달하지 못하고 있다고 생각됩니다. 교과서 등에서는 이 용어를 쓰는 것이 어쩔 수 없다고 하더라도 그것을 그대로 법전화하는 것은 문제가 있습니다. 개정작업을 하는 과정에서 초기에는 어느 문구를 사용할 것인지 논란이 있었으리라고 생각되는데, 그냥 원상회복이라고 해 놓으니까 이것이 너무 좁게 해석될 여지가 있는 것이 아닌가 생각됩니다. 물론 해석을 통해서 원래 의미대로, 원상회복이라는 것은 채무불이행이 없었다면 있었을 상태를 회복한다는 것을 말하는 것이라고 할 수는 있겠지만, 이 한자말이 가져다 주는 원래의 의미하고 잘 맞지 않는 것 같아서 다른 방식으로 표현하는 것이 어떨까 생각됩니다.[48]

[판결 1] 손해배상과 예견가능성: 대판 1997. 11. 11, 97다26982, 26999

[이   유]

상고이유(기간 경과 후에 제출된 보충상고이유는 상고이유를 보충하는 범위 내에서)를 본다.

1. 제1점에 대하여

원심은, 무역회사인 원고(반소피고, 이하 원고라 한다)는 소외 동창제지 주식회사(이 사건 매매계약 체결 후 회사정리절차가 개시되었고 그 후 한솔판지 주식회사로 상호가 변경되었음, 이하 정리회사라 한다)와 사이에 정리회사가 제조할 편면코팅 회색판지를 원고가 홍콩으로 수출하기 위하여 매수하기로 합의하고, 장차 규격, 가격, 선적 사항 등이 결정되면 그 때마다 원고가 필요한 사항을 기재하여 넣어 신속하고 간편하게 매매계약을 성립시킬 수 있도록 미리 정리회사로부터 정리회사의 명판 및 대표이사의 직인이 날인되고 품명, 규격, 가격, 선적 사항 등이 백지로 된 다량의 물품매도확약서를 교부받고, 또 은행에 제출할 외화 획득용 원료구매승인신청서 용지에도 미리 정리회사의 날인을 받아 둔

---

48) 「민법개정(물권·채권편)」 좌담회, 인권과 정의 제320호(2003. 4), 17면(김재형 발언).

사실, 원고와 정리회사는 1994. 2. 1., 같은 달 15. 및 같은 달 21.의 3차례에 걸쳐 위 판지의 계약 수량과 인도 가격 및 선적 기일 등에 관하여 구체적인 내용을 합의하였고, 원고는 위 각 합의 날짜에 합의된 내용대로 물품매도확약서 등에 필요한 내용을 기재하여 넣음으로써 원심 판시와 같이 합계 16,601톤의 판지에 관하여 매매계약이 체결된 사실, 한편 원고는 1993. 12. 15.부터 1994. 3. 18.까지 홍콩 법인인 소외 패시픽 유니온 엔터프라이시스(당시 원고의 대표이사가 대주주였음. 이하 패시픽 유니온이라 한다)와 사이에 원고가 정리회사로부터 공급받을 판지를 패시픽 유니온에게 매도하기로 하는 매매계약을 체결하고 그 선적일을 원고의 매도확약서에 기재된 선적일과 같게 하였는데, 패시픽 유니온은 홍콩 소재 소규모 무역회사로서 소외 유니버설 디벨로프멘트 등 7개의 구매자들(이하 7개의 구매자들이라 한다)과 판지 매매계약을 체결한 후 원고로 하여금 위 판지를 7개의 구매자들에게 직접 인도하도록 한 사실, 정리회사는 원고에게 판지를 공급하다가 원심 판시의 10,800톤에 대한 공급을 일방적으로 중단하였고, 이로 인하여 원고는 패시픽 유니온에게, 패시픽 유니온은 7개의 구매자들에게 각 순차 위 판지 매매계약을 이행할 수 없게 된 사실 및 이로 인하여 원고는 (1) 패시픽 유니온과의 매매계약에서 얻을 수 있었던 영업이익 미화 114,867달러를 상실하는 손해를 입게 되었고, (2) 패시픽 유니온에게 패시픽 유니온의 영업이익 상실로 인한 손해배상으로 미화 319,750달러를 배상하게 되어 동액 상당의 손해를 입은 사실 등을 인정한 후, 원고의 다음과 같은 주장, 즉 위 7개의 구매자들에게 매매계약을 이행하지 못하게 된 패시픽 유니온은 7개의 구매자들과 손해배상의 합의를 한 후 홍콩법원에 원고를 상대로 하여 그 합의된 금액의 지급을 구하는 손해배상 소송을 제기하여 승소확정판결(의제자백판결)을 받음으로써 원고는 패시픽 유니온에게 위 판결에서 지급을 명한 손해배상채무를 이행할 처지가 되었으므로, 원고는 피고에 대하여 원심이 인정한 위 (1), (2)항의 손해배상채권 외에 별도로 위 승소확정판결에서 지급을 명한 금원 상당의 손해배상채권도 갖게 되었다는 주장에 대하여는, 정리회사가 패시픽 유니온과 7개의 구매자들 간의 전매계약을 알았거나 알 수 있었다고 볼 자료가 없다는 이유로, 원고의 주장을 배척하였다.

　기록에 의하면, 정리회사는 자기의 수출을 알선하고 커미션을 받는 거래를 한 바 있던 원고가 홍콩으로 직접 수출하기 위하여 자기와 이 사건 판지 매매계약을 체결하게 된 사실 및 원고가 이 사건 수출물량 중의 일부에 대하여는 홍콩의 거래선과 교섭을 마치고 나서 정리회사와 매매계약의 교섭을 하였다는 사실 등은 알고 있었지만, 그러나 원고가 이 사건 매매계약의 이행기가 도래할 때까지 홍콩의 수입업자가 패시픽 유니온이고 패시픽 유니온이 홍콩의 실수요자들에게 이를 다시 판매할 목적으로 이 사건 판지류를 수입한다는 등 구체적 사정을 알고 있었던 사실이 인정되지 아니하므로, 같은 취지로 인정한 원심판결에 논하는 바와 같은 채증법칙 위반, 심리미진 등의 위법이 있다고 볼 수 없다.

사실관계가 원심이 적법하게 확정한 바와 같다면, 정리회사로서는 정리회사가 원고에게 물품을 공급하지 아니하면 원고 역시 홍콩의 수입업자에게 물품을 제때 공급하지 못하게 되어 그로부터 손해배상 청구를 당할 수 있다는 사실을 예견할 수 있다고 할 것이므로(당원 1967. 5. 30. 선고 67다466 판결, 1985. 9. 10. 선고 84다카1532 판결 등 참조), 이러한 경우 원고가 수입업자에게 통상 배상하게 될 손해배상액 상당의 금원, 예컨대 합리적인 범위 안에서의 약정 위약금이나, 또는 홍콩의 수입업자가 시장에서 다른 제지회사로부터 같은 종류와 수량의 판지를 적정한 가액으로 구입하였다면 '그 구입가격과 원고와의 매매대금과의 차액과 그 구입에 소요된 합리적인 범위 안에서의 부대비용을 합산한 금액'에 관하여는 정리회사가 원고에게 배상할 책임이 있다고 할 것이나, 정리회사가 원고 이후의 계약 내용을 알고서 그 계약 내용과 관련시켜 원고와 매매계약을 체결하였다고 볼 수 없는 이 사건에서 홍콩의 수입업자가 다시 제3자와 매매계약을 체결함으로써 그 제3자에게 손해배상책임을 지게 되고 그 손해배상채무를 원고가 다시 수입업자에게 상환하게 되어 같은 금액의 손해를 입게 될 것이라는 점에 대하여는 정리회사가 이를 알 수 있었다고 보기 어려우므로, 원고 주장의 손해를 정리회사가 알 수 없었던 특별손해로 보아 손해배상책임을 부정한 원심판결은 정당하고, 여기에 논하는 바와 같은 손해배상의 범위에 관한 법리오해의 위법이 있다고 볼 수 없다. 논지는 모두 이유가 없다.

2. 제2점에 대하여

원심은, 패시픽 유니온의 영업이익 상실로 인한 손해액이 원고의 영업이익 상실로 인한 손해액보다 더 많은 점, 정리회사의 정상적인 운영에 어려움이 있으리라는 사정을 원고도 알았거나 알 수 있었을 것인 점, 계약 규모가 큰 데다가 이행 기간도 1994. 3.부터 같은 해 6.까지로 비교적 장기간인 점 등에 비추어 보면, 원고로서는 새로운 경영자인 관리인에게 이행 여부를 미리 확인하여 여의치 않다고 여겨질 때에는 대체품을 구입하여 수출계약을 이행하는 등의 조치를 취하였다면 원고의 손해를 줄일 수 있었는데도 이를 게을리한 잘못이 인정되므로, 정리회사가 배상할 손해배상액 금 348,953,989원을 금 314,058,590원으로 감액함이 상당하다고 판단하였는바, 관련 증거들에 비추어 보면 원심의 위 인정과 판단을 수긍할 수 있고, 원심판결에 논하는 바와 같이 과실상계에 대한 법리오해, 채증법칙 위반, 심리미진 등의 위법이 있다고 볼 수 없으므로, 논지도 이유가 없다.

질문

(1) 이 사건에서 제조회사가, 무역회사가 외국의 수입업자에게 물품을 수출하기 위해 구매한다는 사정을 알고서 무역회사와 물품공급계약을 체결하였다. 이러한 경우 제조회사가 물품을 공급하지 못함으로 인해 무역회사에게 배상해야 할 손해배상의 범위는 무엇인가?

(2) 이 사건에서 손해배상이 인정되려면 어떠한 요건이 필요한가?

(3) 통상손해와 특별한 사정으로 인한 손해를 구분하는 방법은 무엇인가?

[판결 2] 특별한 사정에 대한 예견 시기: 대판 1985. 9. 10, 84다카1532

[주 문]

원심판결의 원고 패소부분중 금 6,000,000원과 그에 대한 지연손해금의 지급을 구하는 부분을 파기하고, 이 부분 사건을 서울고등법원으로 환송한다.

원고의 나머지 상고를 기각한다.

위 상고기각 부분에 관한 상고비용은 원고의 부담으로 한다.

[이 유]

상고이유를 판단한다.

1. 원심판결 이유에 의하면 원심은 원·피고사이에 1982. 7. 1. 원고가 피고로부터 토지 및 건물을 대금 61,000,000원에 매수하되 계약당일 계약금 6,100,000원을 지급하고 같은해 8. 15. 나머지 대금 54,900,000원을 지급함과 상환으로 피고로부터 위 부동산의 소유권이전등기에 필요한 서류를 교부받기로 하는 내용으로 매매계약이 이루어졌는데 위 매매계약은 피고의 채무불이행으로 인하여 원고의 이 사건 소장송달로서 적법하게 해제된 사실을 인정한 다음 원고의 주장 즉 원고가 위 매매계약이 제대로 이행될 것으로 믿고 같은 해 8. 9. 위 매수 부동산을 소외 A에게 대금 69,000,000원에 전매하기로 계약을 맺고 그 계약금 6,000,000원을 수령하였다가 위와 같은 피고의 채무불이행 때문에 원고도 위 전매계약을 이행할 수 없게 되어 위 A에게 위 수령계약금액에 해당하는 금 6,000,000원의 위약배상금을 지급하게 되어 동액 상당의 손해를 입었으므로

그 배상을 구한다는 주장에 대하여 위와 같은 손해는 이른바 특별한 손해로서 피고가 위 매매계약당시에 동 손해의 발생을 알았거나 알 수 있었을 경우에만 이를 배상할 책임이 있다고 할 것인데 이 사건에 있어 피고가 위 매매계약당시 원고가 위 매수부동산을 제 3 자에게 전매하리라는 사정을 알았거나 알 수 있었다고 인정하기에 충분한 증거가 없다고 판시하면서 원고의 위 청구부분을 배척하였다.

그러나 민법 제393조 제 2 항 소정의 특별사정으로 인한 손해배상에 있어서 채무자가 그 사정을 알았거나 알 수 있었는지의 여부를 가리는 시기는 원심판시와 같이 계약체결당시가 아니라 채무의 이행기까지를 기준으로 판단하여야 할 것인바 돌이켜 이 사건에 관하여 보건대 피고가 그 성립을 인정하는 갑 제 7 호증(확인서)의 기재에 의하면 피고는 그 채무의 이행기(1982. 8. 15.) 이전인 1982. 8. 9. 원고가 위 매수부동산을 위 A에게 전매한 사실을 알고 있었던 사실이 인정되므로 피고는 채무이행기 전에 이미 원고가 위 전매계약 때문에 입게 된 손해의 원인이 된 특별사정을 알고 있었음이 명백하다고 할 것이다.

원심이 그 판시와 같은 이유를 들어 원고의 이 부분 손해배상청구를 배척한 것은 특별사정으로 인한 손해에 대한 법리를 오해한 위법이 있다고 할 것이고 이 점을 지적하는 상고논지는 이유있다.

2. 원심판결 이유에 의하면 원심은 원고가 이 사건매매계약이 유효하게 이행될 것을 전제로 (1) 소외 유철조에게 집짓기 시설대가로 금 1,000,000원, 목욕탕허가명의 이전대금조로 금 5,000,000원, (2) 소외 B에게 미용실시설 인수대금조로 금 1,000,000원, (3) 소외 A에게 위 건물에 관하여 투입한 수리비 등 변상조로 금 3,200,000원을 각 지급한 사실을 인정할 수 없다고 하여 원고의 위 각 금원지출을 이유로 하는 손해배상청구를 배척하였는바 원심이 위와 같은 조치를 취함에 있어 거친 증거의 취사과정을 기록에 비추어 살펴보아도 정당하고 거기에 소론과 같은 채증법칙을 위배한 위법이 없다.

참고논문

『계약 체결 이전에는 예견할 수 없었던(그 당시에는 아예 존재하지 않았기 때문에 예견할 수 없는 경우를 포함하여) "특별한 사정"이라고 하더라도 계약 체결 후 이행기가 되기 전까지 사이에 채무자가 예견할 수 있게 되었다면 채무자로서는 오히려 더욱 주의하여 채무불이행에 빠지지 않도록 한층 노력하여야 하지 않을까? 그러한 사정을 예견하였으면서도 "채무의 내용에 좇은 이행을 하지 아니"하였고, 또 그러한 "채무불이행"에 대하여 고의 또는 과실이 있다면, 채무자는 채권자에게 "통상의 손해" 이외에도 그 "특별한 사정"으로 인한 손해를 배상하도록 하여도 무방하지 않을까 생각된다.』[49)]

질문

(1) 이 사건에서 원고가 청구하는 손해는 무엇인가?

(2) 특별사정으로 인한 손해배상에 채무자가 그 사정을 알았거나 알 수 있었는지의 판단기준시점은 언제인가?

(3) 이 판결의 태도는 정당한가?

[판결 3] 자동차 도난으로 인한 손해배상액: 대판 1990. 12. 11, 90다카27129

상고이유를 본다.

제 1 심에 대하여

원심판결이유를 기록에 비추어 보면 원심의 사실인정을 수긍할 수 있고, 거기에 채증법칙을 어긴 위법이 있다고 할 수 없다.

이 사건 자동차의 매매계약서인 갑제 1 호증의 제 3 조 제 2 호에 자동차의 인도장소는 "갑"(매도인인 원고)의 생산공장으로 되어 있으나, "갑" 또는 "을"(매수인)의 사정에 따라 생산공장 이외의 장소에서 인도할 수 있게 되어 있고, 이 경우 "을"은 별도의 자동차운반비를 납부하게 되어 있으므로, 원심이 이 사건 자동차를 서울에서 인도하기로 약정하였다고 인정한 것이 잘못이라고 할 수 없다.

원심이 인정한 사실에 의하면, 원고가 소외 A에게 이 사건 자동차 1대를 매도함에 있어 출고 및 등록절차도 원고가 대행하여 마친 후 서울에서 인도하기로 약정하고, 그에 소요되는 비용과 탁송료를 지급받았고, 원고산하 자동차대리점 직원인 소외 B가 이를 생산공장(울산)에서 소외 C로 하여금 서울에 탁송해 오도록 하여 피고 D가 경영하는 유료주차장의 관리인인 피고 E와 1989. 5. 2.부터 그 다음 날까지 보관계약을 체결하고 임치시켰는데 피고들이 이를 도난당하였다는 것인바, 사실이 그러하다면 이 과정의 사무는 아직 매수인인 소외 A가 B에게 대리권을 수여한 것이라고 할 수 없고 위 B가 원고산하 자동차대리

---

49) 양창수, "민법 제393조 제 2 항이 정하는 "특별한 사정"의 예견시기," 민법연구 제 2 권 (1991), 133면.

점의 직원으로서 사무처리를 하는 과정에서 원고회사를 대리하여 피고 D를 대리한 피고 E와 보관계약을 체결한 것이라고 보아야 할 것이며, 따라서 위 보관계약이 소외 A와 피고 D 사이의 계약으로서 효력이 있다고 할 수는 없고, 위 B가 위 보관계약을 체결한 다음 날인 1989. 5. 3. 이 사건 자동차를 위 A 명의로 등록하였다고 하여도 위 보관계약의 당사자가 달라질 수는 없다.

또한 피고 D가 1989. 6. 2.경(원고의 이 사건 제소일도 1989. 6. 2.이다) 이 사건 자동차를 찾아서 1990. 2. 3. 위 A를 상대로 변제공탁하였다고 하여 피고들이 원고에 대한 채무이행을 다하였다고 할 수 없고, 이행지체로 인한 지연손해금 정도의 손해배상 채무만 부담한다고 할 수 없다(이 부분에 대하여는 뒤에서 다시 판단한다).

따라서 원심이 이 사건 임치계약의 내용을 잘못 파악하여 피고들에게 손해배상책임을 잘못 인정한 위법이 있다고 주장하는 논지는 이유 없다.

제 2 점에 대하여

원심이 인정한 사실에 의하면 원고는 피고들이 반환약정기일에 이르러서도 이 사건 자동차를 원고에게 반환하지 못하여 상당한 기간을 정하여 수차 본래의 의무이행을 최고하였고, 그래도 피고들은 이 사건 자동차를 찾지 못하여 이를 반환하지 못하여 원고는 1989. 5. 27. 소외 A에게 같은 차종의 다른 차량을 출고하여 주었다는 것인바, 그렇다면 그로 인하여 원고가 입은 손해는 위 차량가격과 출고, 등록 차량탁송에 소요된 비용과 제세공과금 등이라고 할 것이지, 그 이후에 이 사건 자동차를 되찾은 날인 1989. 6. 2.까지의 인도지연에 따른 손해나 감가상각액 정도라고 할 수는 없다.

채무자가 채무의 이행을 지체한 경우에 채권자가 상당한 기간을 정하여 이행을 최고하여도 그 기간 내에 이행하지 아니하거나 지체 후의 이행이 채권자에게 이익이 없는 때에는 채권자는 수령을 거절하고 이행을 갈음한 손해배상을 청구할 수 있는 것이며(제395조), 원고가 피고들의 책임 있는 사유로 인하여 위 A에게 매매목적인 자동차를 인도해 주지 못하여 대신 동종의 다른 자동차를 인도해 주었다면 그로 인하여 원고가 입은 손해는 그와 같이 다시 자동차를 출고해 줌으로써 이중으로 부담하게 된 자동차의 가액과 제반비용이라고 볼 것이고, 그 후에는 피고들이 자동차를 되찾아 반환하고자 한다고 하여 이 사건에서 원고에게 이를 수령하여야 할 의무가 있다고 할 수는 없다.

원고는 자동차를 제조하여 신품을 판매하는 회사이고, 매수인인 소외 A에게도 신품인 상태로 인도되어야 하는 것이므로 원고가 이행의 최고를 한 후 상당한 기간이 지나도록 피고들이 임치 자동차를 반환하지 못하여 그 후인 1989.

5. 27. 위 A에게 이미 동종의 다른 자동차를 인도하여 매도인으로서의 채무를 이행해버린 이상, 그리고 피고들을 상대로 같은 해 6. 2. 손해배상을 구하는 이 사건 소송까지 제기하였는데도, 원고가 도난당하여 사용되다가 회수한 중고자동차를 수령할 의무가 있다고 할 수는 없는 것이다.

이 사건에서 원고는 차량등록절차를 대행하여 마친 후 인도하기로 약정하고 그 비용을 받은 것이므로 피고들의 잘못으로 그 비용이 이중으로 지출되게 된 것이라면 피고들에게 배상책임이 있다고 할 것이며, 피고들이 이를 예견할 수 없었던 것이라고 할 수 없다.

논지도 이유 없다.

제 3 점에 대하여

상고이유보충서에 기재된 상고이유 중 상고이유 제1,2점과 중복된 부분은 해당부분에서 판단한 바와 같으며 중복되지 아니한 부분에 대하여 본다.

원심은 피고 E에게는 불법행위책임을 물어 손해배상책임을 인정한 것이며, 이와 같은 손해배상청구권은 그 물건의 소유권자에게만 인정되는 것은 아니다.

또한 이 사건 자동차가 원고회사 울산공장에서 출고할 당시나 피고들에게 임치할 당시에 위 A에게 점유나 소유권이 이전되었다고 할 수 없고, 피고들이 원래의 자동차를 도난당한 때에는 아직 위 A 명의로 등록-인도되기 전이므로 그 소유권은 아직 원고에게 있었다고 보아야 할 것이고, 그 후 위 A 명의로 등록이 되었을 때 위 A에게 소유권이 귀속되는 것이라고 본다고 하여도 이 사건에서 원고의 손해배상청구권 행사에 장애가 된다고 할 수 없다.

원심은 원고가 소외 A에게 매도한 자동차를 피고등에게 임치중 도난으로 이행불능되게 되어 위 A에게 인도할 수 없게 되어, 그 대신 동일한 차종의 다른 자동차를 인도하여 줌으로써 원고가 입은 손해에 대하여 피고들에게 채무불이행 또는 불법행위를 원인으로 한 배상책임을 인정한 것이고, 원심의 이와 같은 조처에 위법이 있다고 할 수 없다.

질문

(1) 자동차회사가 구매자에게 매도한 자동차를 임치 중 도난당하여 동종의 다른 차량을 구매자에게 인도한 경우 수치인은 어느 범위에서 손해배상책임을 부담하는가?

(2) 이 경우 수치인이 도난차량을 되찾은 경우 자동차회사가 차량을 인도받을 의무가 있는가?

(3) 차량을 도난당한 후 구매자 명의로 차량등록이 되었다면 자동차회사의 수치인에 대한 채무불이행 또는 불법행위를 원인으로 한 손해배상청구권 행사에 장애가 되는가?

[판결 4] 프로스포츠 선수계약의 불이행으로 인한 손해배상책임의 범위: 대판 2004. 6. 24, 2002다6951, 6968

[주   문]

　　원심판결의 지연손해금에 관한 피고 패소 부분 중 아래에서 지급하게 하는 금액을 초과한 부분을 파기하고, 그 부분에 해당하는 원고의 항소를 기각한다. 피고는 원고에게 300,000,000원에 대한 2000. 12. 21.부터 2003. 5. 31.까지의 연 5푼의, 그 다음날부터 완제일까지의 연 2할의 각 비율에 의한 돈을 지급하라. 피고의 나머지 상고를 기각한다. 소송총비용을 피고가 부담하게 한다.

[이   유]

　　1. 상고이유 제1, 2, 10 주장들에 관한 판단

　　원심은, 그의 채용 증거들에 의하여, 프로축구단을 운영하는 원고는 축구선수인 피고와 사이에 1991. 11. 18. 입단계약을 체결하면서 피고가 원고 운영의 축구단에서 선수로서 활동하기로 하며 이후 외국구단으로 이적할 경우 피고는 귀국시에 원고 운영 축구단으로 조건 없이 복귀하기로 하고 원고는 원고가 그 외국구단으로부터 받게 되는 이적료를 원고와 피고가 5:5로 배분하기로 약정을 한 사실, 피고는 원고와의 협상을 거쳐 1998. 1. 7. 프랑스 프로축구단인 스트라스부르그 구단으로 이적하게 되었는데, 당시 원고는 그 구단으로부터 피고의 이적료 미화 100만 달러를 받아 그 중 절반에 해당하는 499,990달러를 위의 약정에 따라 피고에게 지급한 사실, 그 후 피고는 프랑스 프로축구리그에서 활동하다가 스트라스부르그 구단과의 불화로 출전기회가 줄어들자 다시 국내 복귀를 추진하기로 하고 피고의 형 A를 통하여 1998. 12.경부터 1999. 2. 5.까지 몇 차례 원고와 협상을 벌이다가 1999. 2. 16. 대리인 B를 통하여 수원 삼성블루윙스 구단(다음부터 '수원 구단'이라 한다)과 입단계약을 체결하고, 피고는 현재 수원 구단에서 활동중인 사실을 각 인정하였다.

　　원심은, 원고와 피고가 입단계약을 체결시 피고가 해외로 진출하였다가 국내로 복귀할 때는 원고 운영 축구단으로 복귀하기로 약정하였음이 명백하고 이는 피고가 국내로 복귀할 때 원고와 외국구단 사이의 이적료 협상의 결과와 상관없이, 원고가 제시하는 입단조건을 무조건 받아들여 원고 운영 축구단으로 복귀하여야 한다는 것으로 해석할 수는 없다고 하더라도 위의 약정의 내용과 입단계약의 체결 경위 등을 참작하면 피고는 이적료 협상과 별개로 원고와의 입단 협상에 성실하게 응하여 합의에 이를 수 있도록 노력하여야 할 의무를 부담한다고 봄이 상당하다고 판단하였다.

원심은 나아가, 이 사건 사실관계에서는 스트라스부르그 구단과의 사이의 이적료 협상은 피고가 원고 운영 축구단으로 복귀하는 데 아무런 장애가 되지 않았고, 원고가 1999. 2.경 피고에게 제의한 입단조건은 당시 국내 프로축구에서는 가장 좋은 조건이었던 점, 그런데 피고의 대리인 B가 1999. 2. 하순경 원고 운영 축구단 부단장 C에게 전화하여 수원 구단이 연봉과 출전수당을 합하여 5억 원 정도의 입단조건을 제시하고 있다고 말하면서 빠른 시일 내에 원고의 의사를 밝혀 달라고 말하였는데, 사실은 피고는 그에 앞선 1999. 2. 16.에 이미 수원 구단과 연봉, 계약금 합계 3억 원, 출전수당 200만 원의 조건으로 입단계약을 체결하였던 점 등에 비추어, 원고가 피고에게 처음 제시한 입단조건이 당시 상황에서는 피고의 성실한 입단 협상을 기대할 수 없을 정도로 무성의한 수준의 것이라고 볼 수도 없는 데 반하여, 피고는 원고 운영 축구단으로의 복귀를 위한 협의를 성실하게 할 의사가 없이 수원 구단과 입단계약을 이미 체결한 후 이 사실을 숨긴 채 원고에게 일방적으로 조건을 제시함으로써 마치 협상을 할 의사가 있는 것처럼 보이려 하였을 뿐이어서 피고는 원고와의 협상에 성실하게 응하지 않은 채 일방적으로 수원 구단에 입단함으로써 해외에서의 복귀시 원고 운영 축구단으로 복귀하기로 한 위의 약정을 위반하였다고 할 것이므로, 그로 인하여 원고가 입은 손해를 배상할 책임이 있다고 판단하였다.

기록 중의 증거들과 대조하여 보니, 원심의 위와 같은 사실인정은 정당하고, 거기에 채증법칙 위반으로 인한 사실을 오인한 잘못은 없다.

그리고 그 사실관계에서는 피고가 원고와의 구단복귀 약정을 위반함으로써 그 위반으로 원고가 입은 상당인과관계 있는 손해를 배상할 의무를 진다고 본 그 판단도 옳고 그 판단에 처분문서의 해석, 계약불이행으로 인한 손해배상책임에 관련된 법리를 오해한 잘못이 없다.

나아가 위 원·피고 사이의 약정이 헌법상 직업선택의 자유를 침해한다거나 공서양속에 반하는 반사회질서의 법률행위라고 볼 수도 없다.

2. 나머지 상고이유 주장들에 관한 판단

가. 원심은, 피고가 원고에게 배상하여야 할 손해의 범위에 관하여, 입단계약상 당시 원고가 피고에게 지급하기로 한 계약금과 연봉은 당시 국내에서 최고 수준이었고, 원칙적으로 선수의 이적료는 구단에 귀속하는 것이고 구단이 선

수에게 그 중 일부를 지급할 의무가 없는 터이어서 이 사건 금원은 피고가 국내로 복귀할 때 원고 운영 축구단으로 복귀하게 하는 데 대한 사실상 대가로서의 의미를 가진 것이었는데, 다른 한편 위의 약정에서 그 금원의 지급을 복귀에 대한 대가만으로 한정하지 않았고 1991. 당시 원고가 피고를 입단시키기 위하여 파격적인 대우를 할 수밖에 없었던 사정과 입단 경위에 비추어 보면, 그 지급 금원은 원고가 당시 피고를 입단시키기 위한 대가로서의 의미도 함께 가지고 있었다고 판단하고, 그 금원이 피고가 향후 해외에서 국내로 복귀할 때 원고 운영 축구단으로 복귀하는 데 대한 사실상 대가로서의 의미를 가지고 있었던 이상 피고가 그 약정에 위반하여 원고 운영 축구단에 복귀하지 않았다면 원고는 피고에게 지급하였던 그 금원 중 해당 금액에 상당하는 손해를 입게 되었고, 그 외에도 피고를 영입하지 못함으로써 원고 운영 축구단이 필요로 하는 팀의 구성과 운영에서 지장을 받았을 것임을 추단하기 어렵지 않으며, 또 원고 운영 축구단의 홍보와 광고 등에서도 부정적 영향을 받는 손해를 입었다고 판단하고, 그와 같은 원고의 손해의 성질상 그 손해액에 대한 입증은 대단히 곤란하여 이를 확정하기는 사실상 불가능하므로 위자료의 보완적 기능을 빌어 피고에 대하여 위자료의 지급으로서 원고의 손해를 전보하게 함이 상당하고, 피고의 1991. 입단 경위, 피고에게 지급된 해외이적료의 금액, 피고가 원고 운영 축구단에서 활동한 기간과 스트라스부르그 구단에서 활동한 기간, 피고가 국내로 복귀할 당시 원고와의 협상 경위, 기타 변론에 나타난 모든 사정을 고려하면 피고가 원고에게 지급할 손해배상액은 3억 원으로 정함이 적절하다고 판단하였다.

나. 원고가 피고에게 입단계약시 위의 약정에 따라 지급한 금원, 즉 이적료의 절반에 해당하는 금원이 입단대가이었기도 하지만 후에 피고가 원고 운영 축구단에 복귀하는 대가로서의 성격이었다는 원심의 판단은 정당하고, 거기에 증거법칙에 위반하였다거나 판결이유가 전후 모순되었다는 등의 위법은 없다.

다. 채무불이행으로 인한 손해배상청구소송에 있어, 재산적 손해의 발생사실이 인정되고 그의 최대한도인 수액은 드러났으나 거기에는 당해 채무불이행으로 인한 손해액 아닌 부분이 구분되지 않은 채 포함되었음이 밝혀지는 등으로 구체적인 손해의 액수를 입증하는 것이 사안의 성질상 곤란한 경우, 법원은 증거조사의 결과와 변론의 전취지에 의하여 밝혀진 당사자들 사이의 관계, 채무불이행과 그로 인한 재산적 손해가 발생하게 된 경위, 손해의 성격, 손해가 발생한 이후의 제반 정황 등의 관련된 모든 간접사실들을 종합하여 상당인과관계 있는 손해의 범위인 수액을 판단할 수 있다고 하겠다.

이 사건의 경우 원고는 그의 청구원인으로서 원고가 위의 이적료로서 받은 돈 중 피고에게 지급한 돈을 재산적 손해로서 구하고 있음이 명백하고, 원심은 이 사건 금원 중 피고의 원고 운영 축구단으로의 복귀 대가에 해당하는 부분을 손해로 보고 있음이 분명한바, 이 경우 그 구체적 손해액의 입증이 지극히 곤란하다고 본 원심의 판단은 정당하고, 이러한 경우 위와 같은 법리에 따라 사실심 법원은 그 구체적 손해의 액수를 판정할 수 있으니, 원심은 그 구체적 손해액을 그 판시와 같은 제반 경위를 참작하여 3억 원으로 인정한 것으로 보인다.

원심이 그의 판시에서 비록 위자료 내지 위자료의 보완적 기능이라는 표현을 사용하였고 인신사고로 인한 손해배상청구가 아닌 이 사건에서 그러한 판시는 적절한 것이 못됨은 피고가 지적한 바와 같다고 할 것이지만, 이는 원고가 구하지 않은 정신적 손해 혹은 기타 무형적 손해를 인정한다는 취지의 판시가 아니고, 그의 전후 판시에 비추어 볼 때, 구체적으로 그 손해액의 입증이 곤란한 경우의 재산적 손해액 인정을 위한 법리의 판시로 볼 것이므로, 그를 들어 원심의 그 판시가 판결 결과에 영향을 준 변론주의 위반 판단으로 볼 것은 아니다.

나아가 원심의 판시를 위와 같이 보는 이상 원심의 판단에는 손해배상의 범위와 그 손해액의 결정에 관하여 필요한 심리를 다하지 아니하였다거나 증거법칙에 위반하였다거나 법리를 오해하였다는 등의 위법이 없다.

3. 직권 판단

그러나 개정 전 소송촉진등에관한특례법(1998. 1. 13. 법률 제5507호로 개정되어 2003. 5. 10. 법률 제6868호로 개정되기 전의 것, 아래에서 '개정 전 소촉법'이라 한다) 제 3 조 제 1 항 본문 중 '대통령령으로 정하는 이율' 부분에 대하여는 2003. 4. 24. 헌법재판소의 위헌결정이 있었고, 그 후 개정된 해당 법률조항과 그에 따라 개정된 소송촉진등에관한특례법제 3 조제 1 항본문의법정이율에관한규정(2003. 5. 29. 대통령령 제17981호로 개정된 것)은 2003. 6. 1. 이후에 적용할 법정이율을 연 2할로 한다고 규정하고 있으므로 개정 전 소촉법의 규정에 의한 연 2할 5푼의 지연손해금의 지급을 명한 원심판결에는 결과적으로 지연손해금의 이율을 잘못 적용하여 판결에 영향을 미친 위법이 있게 되었다고 할 것이다.

4. 결   론

그러므로 원심판결 중 지연손해금에 관한 부분을 파기하되, 이 부분은 이 법원이 직접 재판하기에 충분하므로 자판하기로 하는바, 피고는 원고에게 300,000,000원에 대한 2000. 12. 21.부터 2003. 5. 31.까지의 민법 소정의 연 5푼의, 그 다음날부터 완제일까지의 개정된 소송촉진등에관한특례법 소정의 연 2할의 각 비율에 의한 지연손해금을 지급하여야 할 의무가 있다고 할 것이므로, 원심판결 중 이를 초과하여 지급을 명한 피고 패소 부분을 파기하고, 그에 해당하는 원고의 항소를 기각하며, 피고의 나머지 상고는 이유 없으므로 이를 기각하고, 소송총비용을 피고가 부담하게 하기로 관여 대법관들의 의견이 일치되어 주문에 쓴 바와 같이 판결한다.

평석

『정신적 손해에 대해서는 법관이 자유재량에 따라 위자료를 정할 수 있다. 이와 달리 재산적 손해는 객관적인 자료를 토대로 계산할 수 있는 것이 통상이다. 그러나 재산적 손해도 산정하기 어려운 경우가 있다. 이러한 경우에는 정신적 손해의 경우만큼 자유재량이 허용되지는 않겠지만, 제반사정을 토대로 손해액을 정할 수 있다고 보아야 한다. 판례는 채무불이행으로 인한 손해배상책임이 인정된다면 손해액에 관한 입증이 불충분하다 하더라도 법원은 그 이유만으로 손해배상청구를 배척할 것이 아니라 그 손해액에 관하여 적극적으로 석명권을 행사하고 입증을 촉구하여 이를 밝혀야 한다고 하였다. 여기에서 나아가 저작권법 등에는 손해가 발생한 사실은 인정되나 손해액을 산정하기 어려운 때에 변론의 취지와 증거조사의 결과를 참작하여 상당한 손해액을 인정할 수 있다는 규정을 두고 있다. 채무불이행이나 불법행위의 경우에도 동일한 결과를 인정할 수 있다. 즉, 손해의 발생이 인정되나 그 손해액을 확정할 수 없는 경우에 변론의 취지와 증거조사의 결과를 참작하여 손해액을 산정할 수 있다고 보아야 한다. 이 점에서 대상판결은 손해배상에 관한 법리를 한 단계 발전시킨 것으로 평가할 수 있다. 입법론으로서는 저작권법 제94조 등의 규정은 민법이나 민사소송법에 규정함으로써 일반적인 손해배상산정의 지침으로 승격시킬 필요가 있다고 생각한다.』[50)

질문

(1) 원고가 피고에게 무엇을 청구하였는가?
(2) 피고의 손해배상책임을 인정할 수 있는 근거는 무엇인가?
(3) 프로축구선수가 프로축구단 운영주와 입단계약을 체결하면서 해외 진출후 국내복귀시 같은 구단으로 조건없이 복귀하기로 하고 위 구단이 해외 구단으로부터 지급받을 이적료의 절반을 나누어 갖기로 약정하고 그 이적료

---

50) 김재형, "프로스포츠선수계약의 불이행으로 인한 손해배상책임," 민법론 Ⅲ, 2007, 396면.

를 지급받은 경우, 위 약정은 어떠한 의미인가?

(4) 이 사건에서 원고의 손해는 무엇인가?

(5) 위 (3)항의 약정에 따라 프로축구선수에게 지급된 금전은 어떠한 의미인가?

(6) 채무불이행으로 인한 재산적 손해의 발생사실은 인정되나 구체적인 손해의 액수를 증명하는 것이 사안의 성질상 곤란한 경우, 손해액을 어떻게 정해야 하는가?

(7) 이 사건에서 원심과 대법원이 손해액을 산정한 논리가 무엇인지 설명하시오.

(8) 위자료의 보완적 기능을 인정하는 것은 타당한가?

[판결 5] 채무불이행으로 인한 정신적 손해의 배상: 대판 1994. 12. 13, 93다59779

상고이유를 본다.

1. 원고의 상고이유에 대하여,

가. 원심판결 이유를 기록에 비추어 살펴보면, 원심의 사실인정은 수긍이 가고, 그 과정에 소론과 같은 채증법칙 위배나 사실오인등의 위법이 있다고 할 수 없다. 소론논지는 이유 없다.

나. 일반적으로 임대차계약에 있어서 임대인의 채무불이행으로 인하여 임차인이 임차의 목적을 달할 수 없게 되어 손해가 발생한 경우, 이로 인하여 임차인이 받은 정신적 고통은 그 재산적 손해에 대한 배상이 이루어짐으로써 회복된다고 보아야 할 것이므로, 임차인이 재산적 손해의 배상만으로는 회복될 수 없는 정신적 고통을 입었다는 특별한 사정이 있고, 임대인이 이와 같은 사정을 알았거나 알 수 있었을 경우에 한하여 정신적 고통에 대한 위자료를 인정할 수 있다고 할 것이다(당원 1993. 11. 9. 선고 93다19115 판결 참조).

원심판결 이유에 의하면, 원심은 피고가 원고로부터 이 사건 건물을 임차하여 막대한 시설비를 투자하여 양식음식점 시설을 갖추고 영업을 하여 왔으나, 누수로 인하여 상당한 부분의 식당시설이 훼손되고 정화조 탱크가 파손되는 등 건물에 하자가 있어 영업을 계속하지 못하게 된 사실을 인정한 다음, 원고는 임대기간 중 피고에게 이 사건 점포를 사용수익하게 함에 필요한 상태를 유지하게 할 의무가 있음에도, 이를 위반함으로 인하여 피고가 임차하여 시설투자한 곳에서 더 이상 영업을 하지 못함으로써 상당한 정신적 고통을 받았을 것임은 경험칙상 넉넉히 인정되므로, 이를 금전으로 위자할 의무가 있다고 할 것이고, 그 위자료액은 금 4,000,000원으로 봄이 상당하다고 판단하였다.

　　그러나 이 사건 점포의 임대인인 원고에게 임대인으로서의 의무를 위반함으로 인하여 피고가 영업을 계속하지 못한 결과 그가 입게 된 정신적 고통을 금전으로 위자할 의무가 있다고 하기 위하여는 피고에게 위에서 설시한 바와 같은 특별한 사정이 있고, 원고가 이를 알았거나 알 수 있었어야 할 것인데, 원심이 확정한 사실만으로는 바로 피고에게 위와 같은 특별한 사정이 있었다고 보기는 어려울 뿐만 아니라, 원심이 원고가 위와 같은 사정을 알았는지 여부에 관하여 아무런 심리판단을 하지 아니한 채, 만연히 원고에게 피고가 이 사건 점포의 하자로 인하여 더 이상 영업을 하지 못함으로써 받은 정신적 고통에 대하여도 금전으로 위자할 의무가 있다고 판단한 것은 특별한 사정으로 인한 손해에 관한 법리오해와 심리미진 내지 이유불비의 위법을 저지른 것으로서, 이 점을 지적하는 원고의 상고논지는 이유 있다.

　　2. 피고의 상고이유에 대하여.

　　소론주장은 원심의 전권사항인 증거의 취사와 사실의 인정을 탓하는 것으로 이유 없다. 논지는 이유 없다.

　　3. 그러므로 원고의 나머지 상고이유에 대한 판단을 생략하고, 원심판결 중 원고패소부분을 파기하여 원심법원에 환송하고, 피고의 상고를 기각하며, 상고기각부분에 관한 상고비용은 패소자의 부담으로 하기로 하여 관여 법관의 일치된 의견으로 주문과 같이 판결한다.

질문

(1) 임대인의 채무불이행으로 인하여 임차인이 임차의 목적을 달할 수 없게 된 경우. 위자료가 인정되는가?

(2) 이 사건에서 정신적 손해를 특별한 사정으로 인한 손해로 파악하는 것이 타당한가?

[판결 6] 물권적 청구권의 이행불능을 이유로 민법 제390조에 기한 전보배상청구권을 인정할 수 있는가: 대판(전) 2012. 5. 17, 2010다28604

　　[주　　문]

　　원심판결 중 피고 패소부분을 파기하고, 이 부분 사건을 서울고등법원에 환송한다.

　　[이　　유]

　　상고이유를 판단한다.

1. 원심의 판단

가. 원심이 인정한 사실은 다음과 같다.

경기 화성군 팔탄면 매곡리 [지번 생략] 임야 5,109㎡(이하 '이 사건 토지'라고 한다)에 관하여 1974. 6. 26. 피고 앞으로 소유권보존등기가 경료되었고, 이 사건 토지 중 각 5,109분의 2,554.5 지분에 관하여 1997. 12. 2.자 매매를 원인으로 하여 1998. 1. 22. 소외 1 및 소외 2(이하 '소외 1 등'이라고 한다) 앞으로 각 소유권이전등기가 경료되었다.

원고가 피고를 상대로 위 소유권보존등기(이하 '이 사건 소유권보존등기'라고 한다)의, 소외 1 등을 상대로 위 소유권이전등기의 각 말소등기를 청구한 소유권보존등기말소 등 사건(서울중앙지방법원 2008가합94375호)에서 법원은 2009. 4. 2.에 피고에 대한 청구는 인용하고, 소외 1 등에 대한 청구는 이를 기각하는 판결을 선고하였다. 그 이유는, "원고의 선대인 소외 3이 이 사건 토지를 사정받은 것으로 추정되고, 피고 명의의 이 사건 소유권보존등기는 원인무효이므로, 피고는 소외 3의 재산을 최종적으로 단독상속한 원고에게 그 말소등기절차를 이행할 의무가 있"고, 한편 "이 사건 토지에 관한 소외 1 등 명의의 소유권이전등기가 경료된 날로부터 10년이 경과한 2008. 1. 22. 등기부취득시효가 완성되었으므로, 소외 1 등의 소유권이전등기는 실체관계에 부합하는 유효한 등기"라는 것이다. 이 판결은 2009. 4. 30.에 최종 확정되었다(이하 이를 '이 사건 선행소송'이라고 한다).

나. 이어서 원심은 원고의 손해배상청구에 대하여 다음과 같이 판단하였다.

위 인정사실에 의하면, 이 사건 소유권보존등기는 원인무효의 등기이므로, 피고는 이 사건 토지의 소유권을 상속한 원고에게 위 소유권보존등기의 말소등기절차를 이행할 의무가 있다고 할 것인데, 피고 명의의 이 사건 소유권보존등기에 터잡아 소외 1 등 명의로 소유권이전등기가 경료된 이후 이 사건 선행소송에서 소외 1 등 명의의 소유권이전등기가 취득시효 완성을 이유로 유효한 것으로 인정됨에 따라 피고의 위 말소등기절차 이행의무는 결국 이행불능이 되었다고 할 것이다. 따라서 피고는 특별한 사정이 없는 한 원고에게 위 말소등기절차 이행의무의 이행불능으로 인한 손해를 배상할 의무가 있다.

나아가 피고에게 아무런 귀책사유가 없다는 피고의 주장을 그 판시와 같은 이유로 배척하고, 그 손해배상의 범위에 대하여는, 피고의 소유권보존등기 말소등기절차 이행의무는 위 소송에서 원고의 패소판결이 최종 확정된 때인 2009. 4. 30.에 이행불능에 이르렀다고 할 것이므로, 피고는 그 당시의 이 사건 토지의 시가 상당액을 원고에게 지급할 의무가 있다는 것이다.

2. 그러나 원심이 피고의 말소등기절차 이행의무가 이행불능되었음을 이유로 그로 인한 손해의 배상을 인정한 것은 수긍하기 어렵다.

가. 소유자가 자신의 소유권에 기하여 실체관계에 부합하지 아니하는 등기의 명의인을 상대로 그 등기말소나 진정명의회복 등을 청구하는 경우에, 그 권리는 물권적 청구권으로서의 방해배제청구권(민법 제214조)의 성질을 가진다. 그러므로 소유자가 그 후에 소유권을 상실함으로써 이제 등기말소 등을 청구할 수 없게 되었다면, 이를 위와 같은 청구권의 실현이 객관적으로 불능이 되었다고 파악하여 등기말소 등 의무자에 대하여 그 권리의 이행불능을 이유로 민법 제390조상의 손해배상청구권을 가진다고 말할 수 없다. 위 법규정에서 정하는 채무불이행을 이유로 하는 손해배상청구권은 계약 또는 법률에 기하여 이미 성립하여 있는 채권관계에서 본래의 채권이 동일성을 유지하면서 그 내용이 확장되거나 변경된 것으로서 발생한다. 그러나 위와 같은 등기말소청구권 등의 물권적 청구권은 그 권리자인 소유자가 소유권을 상실하면 이제 그 발생의 기반이 아예 없게 되어 더 이상 그 존재 자체가 인정되지 아니하는 것이다. 이러한 법리는 이 사건 선행소송에서 이 사건 소유권보존등기의 말소등기청구가 확정되었다고 하더라도 그 청구권의 법적 성질이 채권적 청구권으로 바뀌지 아니하므로 마찬가지이다.

그렇게 보면, 비록 이 사건 선행소송에서 법원이 피고가 원고에 대하여 그 소유권보존등기를 말소할 의무를 부담한다고 판단하고 원고의 등기말소청구를 인용한 것이 변론주의 원칙에 비추어 부득이한 일이라고 하더라도, 원고가 이미 소외 1 등의 등기부취득시효 완성으로 이 사건 토지에 관한 소유권을 상실한 사실에는 변함이 없으므로, 원고가 불법행위를 이유로 소유권 상실로 인한 손해배상을 청구할 수 있음은 별론으로 하고, 애초 피고의 등기말소의무의 이행불능으로 인한 채무불이행책임을 논할 여지는 없다고 할 것이다.

이와 달리 물권적 청구권인 말소등기청구권의 이행불능으로 인하여 전보배상청구권이 인정됨을 전제로 한 대법원 2008. 8. 21. 선고 2007다17161 판결, 대법원 2009. 6. 11. 선고 2008다53638 판결 등은 이 판결의 견해와 저촉되는 한도에서 변경하기로 한다.

나. 한편 원고는 소장에서 청구원인으로 다음과 같은 취지로 주장하였다. 즉 원고 소유의 이 사건 토지에 관하여 피고가 위법한 방법으로 자신 앞으로 소유권보존등기를 경료하였다. 그 후 이 사건 토지를 소외 1 등에게 매도하여 소외 1 등이 등기부 시효취득함으로써 원고가 소유권을 상실하게 되었다. 따라서 피고에 대하여 이 사건 토지의 소유권 상실로 인한 손해배상을 구한다.

이에 대하여 피고는 이 사건 소유권보존등기를 경료한 데에 위법성과 귀책사유가 인정되지 않으므로 불법행위에 따른 손해배상책임이 없다고 다투었다. 그리고 원고는 피고의 과실상계 주장에 대하여, 고의의 불법행위를 저지른 피고는 과실상계를 주장할 수 없다고 다투었다.

이상과 같은 사정에 의하면, 원고의 청구원인은 피고의 불법행위로 인한 소유권 상실의 손해배상을 구하는 것임이 명백하고, 원고가 그 후 청구원인을 변경하였음을 인정할 자료는 기록상 찾을 수 없다.

그럼에도 원심은, 원고의 청구원인을 위에서 본 대로 '소유권보존등기 말소등기절차 이행의무의 이행불능'으로 인한 손해배상청구라고 함부로 파악하고, 그 손해배상책임을 인정하였다.

다. 따라서 원심판결에는 물권적 청구권의 이행불능으로 인한 전보배상에 관한 법리를 오해하였을 뿐만 아니라 처분권주의에 위반하여 당사자가 신청하지 아니한 사항에 대하여 판결한 위법이 있다.

3. 그러므로 나머지 상고이유에 대하여 판단할 필요 없이 원심판결 중 피고 패소부분을 파기하고 이 부분 사건을 다시 심리·판단하게 하기 위하여 원심법원에 환송하기로 하여, 주문과 같이 판결한다. 이 판결에 대하여는 대법원장 양승태, 대법관 이상훈, 대법관 김용덕의 별개의견이 있는 외에는 관여 법관의 의견이 일치하였고, 다수의견에 대한 대법관 양창수의 보충의견이 있다.

4. 대법원장 양승태, 대법관 이상훈, 대법관 김용덕의 별개의견

원심판결은 소유권 상실로 인한 손해배상을 구하는 이 사건 청구에 관하여 당사자가 주장하지 아니한 소유권보존등기 말소등기절차 이행의무의 이행불능에 기초하여 손해배상을 판단함으로써 처분권주의를 위반하거나 이유를 제대로 갖추지 못한 위법이 있으므로, 이를 이유로 원심판결 중 피고 패소부분이 파기되어야 한다는 점에 관하여는 다수의견과 견해를 같이 한다.

그러나 원심이 물권적 청구권인 말소등기청구권의 이행불능으로 인한 전보배상을 인정한 것이 위법하다는 다수의견에 대하여는 다음과 같은 이유로 찬성할 수 없다.

가. 물권은 특정·독립된 물건을 직접 지배해서 이익을 얻는 것을 내용으로 하는 배타적 권리이다. 물권은 물건에 대한 직접적인 지배를 내용으로 하므로, 그 자체만으로는 다른 사람에 대한 이행 청구가 포함되지 않는다.

그렇지만 물권의 내용 실현이 타인의 행위로 말미암아 방해당하고 있거나 방해당할 염려가 있는 경우에는 그 방해자에 대하여 방해의 제거 또는 예방에 필요한 일정한 행위(작위 또는 부작위)를 청구할 수 있는 권리 즉 물권적 청구

권이 인정되며, 이러한 물권적 청구권에 의하여 실질적으로 물권의 실현이 보장된다고 할 수 있다.

물권적 청구권은 물권에서 파생된 것으로서 물권과 분리하여 양도가 금지되는 등의 특수성이 인정되기는 하지만, 특정한 상대방을 향하여 일정한 행위를 청구할 수 있는 권리라는 점에서 물건에 대한 지배를 내용으로 하는 물권과는 그 기본적인 성격이 달라 물권 자체의 작용이 아니라 물권과 독립한 청구권으로서의 독자성이 인정되며, 오히려 그 점에서는 채권 내지는 채권적 청구권과 유사하여 채권에 관한 규정이 준용될 수 있다고 설명된다.

나. 따라서 소유권자가 특정한 상대방에게 물권적 청구권을 행사함에 따라 상대방이 일정한 작위 또는 부작위 의무를 지는 경우에는 그 이행의 문제가 남게 된다. 즉 청구권은 특정인에 대하여 일정한 작위 또는 부작위를 청구할 수 있는 권리이므로, 그 발생의 근거가 채권인지 아니면 물권인지와 무관하게 그 권리의 내용인 그 작위 또는 부작위라는 급부 및 이에 대한 이행의무가 생기게 된다. 이에 따라 물권적 청구권의 경우에도 채권의 경우와 마찬가지로 그 급부 이행의무에 대한 이행지체 및 이행불능의 문제가 발생될 수 있다고 보아야 할 것이다. 그리하여 일반적으로 물권적 청구권의 이행지체에 관하여 민법 제387조 이하의 규정이 준용된다고 함에는 별다른 이론이 없다.

예를 들어 침해자가 타인 소유의 동산을 가져가 소유자가 그 반환을 청구하는 경우에 침해자는 소유자에 대하여 동산을 반환하여야 할 의무를 지게 되고 이는 현실적으로는 동산 인도 의무로 나타날 것인데, 그 동산이 화재 등의 사유로 멸실되면 침해자의 동산 인도 의무는 이행불능의 상태에 이르게 된다. 이와 같은 인도 의무의 이행불능은 채권에 기한 인도 의무에서의 이행불능과 다를 것이 없으며, 그 이행불능에 따른 전보배상 등 청구권자의 권리 보호 및 그에 따른 법률관계는 채권에서 발생된 청구권의 경우와 차등을 둘 필요가 없다.

그리고 소유물이 멸실되어 소유권이 절대적으로 소멸되는 경우뿐 아니라 소유권이 다른 사람에게 귀속됨에 따라 원소유자의 소유권이 소멸되는 상대적 소멸의 경우에도 소유권 반환 의무의 이행불능 및 이에 따른 전보배상이 인정될 수 있음은 마찬가지라 생각된다. 대법원은 강박에 의하여 이루어진 계약이 취소됨에 따라 발생되는 소유권이전등기의 말소등기의무와 진정명의회복을 위한 소유권이전등기의무를 모두 소유권에 기초한 물권적 청구권으로 파악하면서 그 말소등기의무의 이행불능에 대한 전보배상을 허용함으로써 위와 같은 견해를 취하였다(대법원 2005. 9. 15. 선고 2005다29474 판결, 대법원 2009. 1. 15. 선고 2007다51703 판결 등 참조). 그리고 제소전화해에 기초하여 이루어진 소유권이전등기가 제소전화해조서를 취소하는 준재심판결이 확정되어 원인무효로 되거나, 무권리자가 위법한 방법으로 소유권보존등기나 소유권이전등기를 경료한 경우에, 소유권에 기한 물권적 청구권에 의하여 등기명의자들이 말소등기의무를 진다고 보고 그 말소등기의무의 집행불능에 대하여 전보배상이 허용됨을 명확히 하였다(대법원 2006. 3. 10. 선고 2005다55411 판결, 대법원 2008. 8. 21. 선고 2007다17161 판결, 대법원 2009. 6. 11. 선고 2008다53638 판결 참조). 이와 같이 대법원은 원소유자의 소유권이 상대적으로 소멸하는 경우에도 소유권에 기한 물권적 청구권의 이행불능에 따른 전보배상이 허용된다는 일관된 태도를 취하고 있다(이에 따라 만일 다수의견의 견해를 취한다면 위 판결들이 모두 변경대상이 되어야 할 것이다).

다. 다수의견은 소유권이 상실되면 그 수단적 권리인 물권적 청구권은 이제 그 발생의 기반이 없게 되어 더 이상 그 존재 자체가 인정되지 아니하고, 그에 대한 이행불능은 없다는 취지로 보인다.

그러나 채권의 경우에도 그 대상인 목적물이 소멸되는 등의 사유로 채권이 소멸되는 문제가 발생될 수 있지만, 그 목적물에 관한 청구권에 대응하는 급부의무의 이행불능 내지는 이에 기초한 손해배상을 부정하는 해석론은 보이지 않고, 오히려 민법 제390조에 따라 급부 목적물의 소멸에 불구하고 급부의무의 이행불능에 대한 전보배상이 허용된다. 이와 같은 법리는 채권과 유사한 성질을 가진 물권적 청구권의 경우에도 그대로 준용될 수 있다고 생각되며, 물권의 대상인 목적물이 소멸되었거나 소유자가 그에 대한 권리를 상실하였다고 하여 이미 발생된 목적물이나 그 소유권에 대한 반환의무 및 그에 대한 이행불능을 부정하는 것이 논리필연적이라거나 법리적으로 불가피하다고 볼 필요는 없을 것이다.

소유자가 소유물을 현실적으로 지배, 관리함에 대하여 방해를 받고 있는 상황에서 제3자에게 소유물을 양도함으로써 소유권을 상실한 경우에는, 새로운 소유자가 자신의 소유권 행사에 대한 방해의 금지 또는 예방을 구하면 되므로, 종전의 소유자에게 그 방해의 금지 또는 예방을 구할 권리나 그에 대응하는 의무를 유지시킬 필요가 없다(대법원 1969. 5. 27. 선고 68다725 전원합의체 판결 등 참조).

그렇지만 침해자의 행위로 인하여 목적물의 점유 또는 등기가 제3자에게 이전됨으로 말미암아 결국 원소유자의 소유권이 소멸된 경우에는, 그 소유권이 상실되었다는 이유만으로 종전 소유자가 소유물에 대한 점유 또는 등기 명의의 반환을 구할 필요성이 상실되었다고 볼 필요는 없다. 소유물에 대한 점유 또는 등기 명의의 반환청구권은 소유권에 기초하여 발생되지만, 앞에서 본 것처럼 소유권과는 독립한 청구권으로서 독자성이 인정될 수 있으므로, 일단 그 청구권이 발생되었다면 그 후에는 반드시 소유권의 소멸과 운명을 같이 한다고 새길 것은 아니다. 오히려 침해자로 하여금 소유권을 다시 취득하여 종전 소유자에게 점유나 등기 명의를 반환하는 것이 불가능하지 않다면, 그에 대한 반환의무를 지우는 것이 물권의 대세적인 성격이나 권리 보호 측면에서 타당할 것이며, 점유 또는 등기 명의의 반환을 구할 수 있는 청구권은 이 때에 그 효용을 발할 수 있을 것이다. 이와 같이 침해자에게 그 반환의무의 이행을 추급하였음에도 불구하고 종국적으로 그의 귀책사유로 반환의무를 이행할 수 없게 되었다면 그 의무불이행에 대해 법적 책임을 지는 것이 법률상 의무의 본질에 맞고 형평의 관념에도 부합한다.

　　라. 이렇게 볼 때에 소유권의 상실과 소유물·소유권 반환의무의 이행불능의 개념을 반드시 일치시켜 파악할 필요는 없다.

　　목적물 반환의무를 지는 침해자의 행위로 인하여 그 소유권이 제 3 자에게 귀속되어 상대적으로 소멸된 경우에는, 불법행위 측면에서 보면 소유권이 상실되어 그 침해자에 의한 불법행위가 성립된 것으로 볼 수 있을 것이지만, 소유물 반환의무의 측면에서는 그 침해자가 제 3 자로부터 소유권을 다시 취득하여 이를 원소유자에게 반환할 의무를 계속 부담시키되 제 3 자를 상대로 제기한 등기 말소 등 청구 소송이 패소 확정되는 경우와 같이 그 이행 가능성이 전면적으로 부정되는 경우에 비로소 그 의무가 이행불능에 이른다고 보아 그 이행불능 당시를 기준으로 하여 전보배상을 인정하는 해석론이 가능할 것이고, 판례는 이러한 견해를 채택하여 왔다(대법원 2005. 9. 15. 선고 2005다29474 판결, 대법원 2008. 8. 21. 선고 2007다17161 판결, 대법원 2008. 6. 12. 선고 2007다36445 판결, 대법원 2009. 1. 15. 선고 2007다51703 판결 등 참조).

　　마. 다수의견에 따르면 물권적 청구권의 이행불능으로 인한 전보배상은 전혀 불가능하고 소유권 상실이라는 불법행위로 인한 손해배상 청구만이 가능하게 된다.

　　(1) 일반적으로 이행불능으로 인한 전보배상책임과 불법행위로 인한 손해배상책임은 그 요건을 달리하는 별개의 제도이고 상호 보완적인 관계에 있지 않다. 소유권 침해에 대한 가장 원칙적인 보호 방법은 그 침해된 소유권을 원상으로 회복시키는 것인데, 금전적인 배상에 그치는 불법행위책임만으로는 물권자 보호에 미흡하다. 바로 여기에 소유권의 반환을 청구하는 물권적 청구권이 인정되는 실질적인 근거가 있으며, 나아가 권리를 원상으로 회복시키는 것, 즉 소유권의 반환이 불가능할 경우에는 불법행위책임과는 별도로 그 반환청구권 내지

는 반환의무의 변형으로서 반환에 갈음하는 전보배상을 인정할 필요가 있다.

그리고 채무의 이행불능으로 인한 전보배상책임은 채무불이행책임에 관한 법리에 따라 이행의무자가 귀책사유의 부존재에 대한 증명책임을 부담하는 반면, 불법행위로 인한 손해배상책임은 원칙적으로 이를 주장하는 사람이 상대방의 귀책사유에 대한 증명책임을 진다. 그리고 이행불능으로 인한 전보배상에 대하여는 일반 채권과 마찬가지로 10년의 소멸시효기간이 적용되는 반면, 불법행위로 인한 손해배상에 대하여는 손해 및 가해자를 안 날부터 3년의 단기소멸시효가 적용된다.

이에 비추어 보면, 소유자로서는 불법행위로 인한 손해배상책임을 묻는 것이 물권적 청구권의 이행불능으로 인한 전보배상을 구하는 것에 비하여 더 불리할 수 있고, 경우에 따라서는 불법행위의 요건을 증명하지 못하거나 시효에 의하여 소멸됨에 따라 손해배상청구 자체가 인정되지 않을 수도 있으므로, 불법행위에 의한 손해배상 청구권만으로는 진정한 소유자의 보호에 미흡하다. 실제로 앞에서 본 대법원 2005. 9. 15. 선고 2005다29474 판결의 사안에서, 불법행위에 의한 손해배상 청구는 소멸시효기간의 경과를 이유로 배척된 반면, 물권적 청구권에 기초한 소유권이전등기 말소등기의무의 이행불능에 의한 전보배상 청구가 받아들여짐으로써 진정한 소유자가 구제될 수 있었다.

물권은 배타적·절대적인 권리로서 대세적인 효력을 가지고 있어 채권보다 훨씬 더 강력한 권리이며, 물권적 청구권 역시 물권을 광범위하게 보호하기 위하여 인정되는 것이다. 그런데도 채권의 효력으로서도 인정되는 전보배상책임을 물권적 청구권에서 부정한다면, 이는 오히려 물권에 대한 보호를 채권보다 더 소홀히 다루는 셈이 되어 납득하기 어렵다.

따라서 물권적 청구권의 경우에도 채권과 마찬가지로 물권 자체의 상실에 따른 불법행위책임과 별도로 물권적 청구권의 이행불능에 따른 전보배상책임을 인정할 필요성이 존재한다고 할 것이다.

(2) 또한 앞에서 본 바와 같이 소유권의 상실과 소유물 반환의무의 이행불능을 달리 볼 경우에는 소유권 상실 시점과 그 이행불능 시점이 달라질 수 있어 소멸시효의 기산점 내지는 손해배상액 산정 기준이 달라지므로, 이행불능으로 인한 전보배상 인정 여부는 소유자의 권리 보호에 커다란 영향을 미치게 된다.

그동안 대법원은 채권적 청구권의 이행불능 개념 및 그 시점에 관하여 채권자의 보호에 충실한 해석을 하여 왔고, 그 법리를 물권적 청구권에도 확장하여 이행불능 또는 집행불능 당시를 기준으로 하여 소유물에 갈음한 전보배상을 인정하는 해석을 하여 왔는데, 이는 불법행위에 의한 손해배상책임만으로는 소유자를 보호하기에 충분하지 않다는 점을 고려하였기 때문이라 보인다.

다수의견과 같이 소유권 상실에 의한 손해배상청구만 허용하면서도, 소유자를 보호하기 위해서 그 손해의 발생시기를 소유권 상실시기로 보지 않고 종전 판례에서의 이행불능시와 유사하게 소유권 상실의 판결 확정시 등으로 보는 견해가 제시될 수 있을지 모르나, 이는 소유권 상실에도 불구하고 그 후의 소유권 상실의 판결 확정시 내지는 손해 발생시기까지는 실질적으로 소유권의 미상실, 즉 존속을 허용하는 결과가 되어 법리적으로 가능할지 의문이며, 오히려 이행불능으로 인한 전보배상을 허용하는 해석론을 유지하는 것이 법리적으로 더 간명할 것이다.

(3) 그리고 판례는 채권자가 본래적 급부청구인 부동산소유권이전등기 청구에다가 이에 대신할 대상청구代償請求로서 금전 지급 청구를 병합하여 소구한 경우에, 대상청구는 본래적 급부청구권이 현존함을 전제로 하여 이것이 판결확정 전에 이행불능되거나 또는 판결확정 후에 집행불능이 되는 경우에 대비하여 전보배상을 미리 청구하는 것으로 보아 이를 허용하여 왔고, 물권적 청구권에 기초한 말소등기청구권의 경우에도 마찬가지로 처리하여 왔다(대법원 2006. 1. 27. 선고 2005다39013 판결, 대법원 2011. 8. 18. 선고 2011다30666, 30673 판결 참조). 이와 같이 판례에서 인정하고 있는 대상청구는 본래적 급부청구권을 전제로 하여 그에 대한 의무의 이행불능 또는 집행불능을 기초로 하는 것으로서, 그 급부청구권의 소멸에서 출발하는 불법행위에 의한 손해배상청구와는 그 성격이 다르다고 보인다.

그런데 다수의견과 같이 물권적 청구권에 대한 이행불능을 부정하게 되면 물권적 청구권에 대한 대상청구는 허용될 수 없게 된다. 결국 채권적 청구권인 소유권이전등기청구권의 경우와는 달리, 물권적 청구권인 말소등기청구권의 경우에는 그에 관한 판결과 함께 그 이행불능 또는 집행불능에 의한 전보배상에 관한 판결을 받아 그 이행불능시 또는 집행불능시에 바로 전보배상을 집행할 수 있는 방법이 없고, 별도로 불법행위로 인한 손해배상을 청구하여야 하는데, 과연 대세적인 권리로서의 물권 및 이에 터잡은 물권적 청구권을 이와 같이 채권의 경우보다 현저히 불리하게 처우하는 것이 타당한지 의문이다.

바. 특히 이 사건에서 이행불능에 의한 전보배상 가부가 문제되는 말소등기청구권은 이 사건 선행소송에서 확정되어 기판력이 발생된 청구권임에 유의할 필요가 있다.

이 사건 선행소송에 앞서 이미 소외 1 등의 등기부취득시효의 완성으로 말미암아 원고의 소유권이 상실되었다고 하더라도, 이 사건 선행소송에서 원고가 피고를 상대로 청구한 물권적 청구권인 이 사건 소유권보존등기 말소등기청구권에 관하여 승소판결이 확정되어 기판력이 발생된 이상, 이 사건 소송에서 피고는 그 변론종결 전에 발생된 사유인 소유권의 소멸을 이유로 원고에게 그 말소등기청구권의 부존재나 소멸을 주장할 수 없다. 확정된 전소의 기판력 있는 법률관계가 후소의 소송물 자체가 되지 아니하더라도 후소의 선결문제가 되는 때에는 전소의 확정판결에 의한 판단은 후소의 선결문제로서 기판력이 작용하기 때문이다(대법원 1994. 12. 27. 선고 94다4684 판결, 대법원 2001. 1. 16. 선고 2000다41349 판결, 대법원 2001. 11. 13. 선고 99다32905 판결, 대법원 2003. 3. 28. 선고 2000다24856 판결 참조). 따라서 이 사건 소송에서 여전히 원고는 피고에게 그 말소등기청구권을 행사할 수 있고, 피고는 그 말소등기의 의무를 지고 있으며 나아가 그에 대한 이행을 명한 이 사건 선행소송의 확정판결의 집행을 받아들일 의무가 있으므로, 원고가 소외 1 등을 상대로 제기한 소송에서 패소하여 실질적으로 그 확정판결을 강제집행할 수 없게 됨에 따른 전보배상을 허용하는 것은 법리적으로도 타당하다고 생각된다.

그렇지 않고 그 판결의 집행불능 및 이로 인한 손해의 배상을 부정하게 되면, 이는 기판력에 의하여 차단되어야 할 이 사건 소유권보존등기 말소등기청구권의 부존재 내지는 소멸을 인정하는 셈이 되어, 민사소송에서의 기판력에 관한 일반 이론과 배치되는 결과를 낳는다.

사. 결론적으로 청구권이 발생한 기초가 되는 권리가 채권인지 아니면 물권인지와 무관하게 이미 성립한 청구권에 대하여는 그 이행불능으로 인한 전보배상을 인정하는 것이 법리적으로 불가능하지 아니하며, 이를 허용할 것인지 여부는 법률 정책적인 결단이라 생각한다. 따라서 이미 대법원에서 이를 허용하여 채권에 못지않게 물권을 보호하는 견해를 취한 것은 구체적 타당성 면에서 옳고, 확정판결을 거쳐 기판력이 발생되어 있는 경우에는 더욱 그러하다고 보이며, 장기간 이와 같은 견해를 유지하여 온 판례들을 뒤집어 물권 내지는 물권자의 보호에서 후퇴하여야 할 이론적·실무적인 필요성을 느낄 수 없다.

그러므로 이미 이 사건 선행소송에서 본래적 급부의무인 이 사건 소유권보존등기 말소등기절차를 이행할 의무가 현존함이 확정되었으므로, 그 이행불능 또는 집행불능에 따른 전보배상책임을 인정하는 것이 가능하며, 이와 같은 취지로 판시한 원심판결 부분은 정당하고, 이를 파기사유로 삼을 수 없다고 할 것이다.

이상과 같은 이유로 다수의견의 결론에는 찬성하나 그 논거에 관하여는 견해를 달리하므로 별개의견으로 이를 밝혀 둔다.

5. 다수의견에 대한 대법관 양창수의 보충의견

물권적 등기말소청구권에 있어서도 그 이행불능을 이유로 하는 전보배상청구권이 인정되어야 한다는 별개의견에 대하여 다음과 같이 다수의견을 보충하는 의견을 밝힌다.

가. 물권적 청구권에 대하여는 통상 채권편의 규정이 "성질에 반하지 않는 한" 준용된다고 일컬어진다. 문제는 그렇다면 채권편 규정 중 구체적으로 어떠한 것이 물권적 청구권에 준용되어서는 안 되는가, 이 사건에 관하여 개별적으로 말하자면 이행불능을 이유로 하는 채무불이행책임에 관한 규정을 물권적 청구권에 준용하는 것이 '물권적 청구권의 성질에 반하지 않은가' 하는 점이다. 다수의견은 그 준용이 물권적 청구권의 성질에 반하여 허용되지 아니한다는 것이므로, 단지 물권적 청구권에 적용되는 채권편 규정에 관한 위와 같은 일반적 설명만으로는 문제가 해결되지 아니한다.

나. 별개의견은 "채권의 경우에도 그 대상인 목적물이 소멸되는 등의 사유로 채권이 소멸되는 문제가 발생할 수 있지만, 그 목적물에 관한 청구권에 대응하는 급부의무의 이행불능 내지는 이에 기초한 손해배상을 부정하는 해석론은 보이지 않고, 오히려 민법 제390조에 따라 급부 목적물의 소멸에 불구하고 급부의무의 이행불능에 대한 전보배상이 허용된다"고 하고, 이와 같은 법리는 "물권적 청구권의 청구에도 그대로 준용될 수 있다고 생각"되며, "물권의 대상인 목적물이 소멸되었거나 소유자가 그에 대한 권리를 상실하였다고 하여 이미 발생된 목적물이나 그 소유권에 대한 반환의무 및 그에 대한 이행불능을 부정하는 것이 논리필연적이라거나 법리적으로 불가피하다고 볼 필요는 없을 것"이라고 한다(위 4. 다. 부분).

그러나 예를 들어 매매계약에 있어서 매도인이 소유권이전 또는 인도의 채무를 부담하는 물건이 멸실하였다고 하더라도, 그것만으로 매도인의 소유권이전 또는 인도의 채무가 바로 소멸하지 아니한다. 매수인이 그 채무의 이행불능을 이유로 채무불이행책임을 물을 수 있는 한 매도인의 그러한 채무는 여전히 존속한다. 채권은 채무자로 하여금 채권자에게 급부의 이행을 '청구'하는 것을 핵심으로 하는 권리로서 소유권 기타 물권에 있어서 이미 목적물에 관한 이익이 소유자 기타 물권자에게 '귀속'되어 있는 것과 대비된다. 그리하여 채무자가 채권관계상의 급부를 이행하지 아니하는 경우, 즉 채무불이행이 있는 경우에는 채권자로 하여금 채무자가 채무를 제대로 이행하였다면 있었을 재산상태 등을 달성하는 것, 즉 채권을 원래의 의미에 맞게 경제적·내용적으로 실현할 것을 요구할 수 있도록 하는 것이 바로 민법 제390조에서 정하는 채무불이행을 이유로 하는 손해배상청구권인 것이다. 따라서 이는 채권의 존속을 전제로 한다. 다만 이행불능의 경우에는 그 원래의 급부청구는 무의미하여 허용되지 아니하므로, 그 채권의 내용이 전보배상으로 전환되는 것뿐이다.

이러한 채무의 존속은 그 채권자인 매수인이 채무불이행책임의 다른 한 내용으로 계약의 해제를 선택하는 경우에 더욱 명백하게 드러난다. 이때에 매수인이 계약 해제의 의사표시를 함으로써 비로소 매매계약은 효력을 상실하게 되고, 이로 인하여 매도인의 채무가 —매수인의 대금지급채무와 함께— 소멸한다. 즉 매도인의 채무는 목적물의 멸실에도 불구하고 계속 그 존재를 유지하며, 위와 같은 계약 해제의 의사표시가 있는 때에 비로소 그 해제의 효과로써 소멸하는 것이다.

그러나 방해배제청구권 기타의 물권적 청구권(이하에서는 소유권에 기한 물권적 청구권만을 앞세워 논의를 진행하기로 한다)은 소유자에게 법적으로 이미 '귀속'되어 있는 목적물에 관한 제반 이익을 현실적으로는 소유자가 누리지 못하는 경우에 그러한 권리방해상태의 원인을 제공하고 있는 자에게 그 방해의 제거를 청구할 수 있다는 것으로서, '귀속적합적 상태의 객관적 실현을 도모하는 권리보호수단'인 것이다. 즉 물권적 청구권은 비록 그 현상형태로서는 소유자의 방해자에 대한 방해제거청구로 나타나나 그 핵심은 그 실현이 방해되고 있는 상태에 대한 소유권의 한 작용으로서 인정되는 말하자면 제 2 차적인 보호청구권에 다름아니다. 이와 같이 소유권이 보장하는 '물적 이익 보호'의 연장선에 있는 권리라는 의미에서 애초부터 급부의 청구를 중심적 내용으로 하여 '사람과 사람과의 관계'를 규율하는 채권과는 그 기본적 지향을 달리한다. 그러므로 물권적 청구권은 소유자가 그의 소유권을 상실하는 경우에는 이미 이를 인정할 필요가 바로 없게 되어 소멸하는 것이고, 이는 방해가 종료되거나 별개의 견이 예로 드는 물건이 소멸하는 경우에도 마찬가지인 것이다.

물건이 멸실하면 그에 대한 소유권은 바로 소멸한다. 소유권의 핵심인 '지배'는 그 대상을 전제로 하는 것이고, 대상이 없는 소유권이란 형용모순이라고 할 수 있다. 그리고 물권적 청구권은 소유권의 원만한 실현을 위하여 인정되는 권리이므로, 소유권이 없는 이상 물권적 청구권이란 그 존재이유가 없는 것이다. 이는 물건의 멸실과 같이 소유권이 절대적으로 소멸한 경우뿐만 아니라 물건의 소유권이 제 3 자에게 이전되어 종전의 소유자가 그 소유권을 상실하는 등의 이른바 상대적 소멸의 경우에도 조금도 다를 바 없다. 이는 일찍이 대법원 1969. 5. 27. 선고 68다725 전원합의체 판결이 명확하게 판시한 바로서 의문의 여지가 없다.

따라서 부동산의 소유자가 부실의 소유권등기명의인을 상대로 소유권에 기하여 그 등기의 말소를 청구할 수 있는 권리, 즉 방해배제청구권으로서의 소유권등기말소청구권을 가지고 있었다고 하더라도, 그가 더 이상 소유권을 가지지 못하게 되었다면, 그로써 바로 그의 위와 같은 등기말소청구권은 소멸한다. 이러한 등기말소청구권의 당연 소멸은 물권적 청구권이 '소유권으로부터 나오는' 권리, 즉 앞서 본 대로 소유권의 원만한 실현을 달성하기 위한 수단적 권리라는 성질에서부터 자연스럽게 귀결되는 것이다.

이와 같이 소유권의 상실로 등기말소청구권이 소멸하는 것은 매매계약의 목적물이 멸실되거나 매도인이 이를 제3자에게 양도함으로써 매도인이 부담하는 소유권이전 등의 채무가 이행불능이 되어 그가 매수인에게 전보배상을 하여야 하는 등의 법적 책임을 지는 것과는 그 성질을 달리하는 것으로서, 등기말소의무가 '이행불능'이 된 것이 아니라 그 의무의 기초가 상실되어 아예 없어진 것이다. 이는 불법점유자가 소유자에 대하여 목적물을 인도할 의무를 부담하다가 그 점유를 제3자에게 이전하여 그가 이제 더 이상 소유자에게 '인도할 수 없게' 되었다고 하더라도, 이는 그의 소유물반환의무(민법 제213조 참조)가 이제 그 요건을 갖추지 못하여 없어지는 것일 뿐이고, 이를 그 의무의 '이행불능'으로 파악하여 무슨 전보배상의 채무불이행책임을 논의할 여지가 없는 것과 하등 다를 바 없다. 이와 같이 채무의 이행불능을 이유로 하는 손해배상채무(민법 제390조) 등의 채무불이행책임은 물권적 청구권의 성질에 반하므로, 그 한도에서 민법 제390조는 물권적 청구권에 준용될 수 없다.

다. 별개의견은 앞서 본 소유권의 이른바 상대적 소멸의 경우와 관련하여, "침해자의 행위로 인하여 제3자에게 점유 또는 등기가 이전됨으로 말미암아 결국 그 소유권이 소멸된 경우에는, 그 소유권이 상실되었다는 이유만으로 종전 소유자가 소유물에 대한 점유 또는 등기 명의의 반환을 구할 필요성이 상실되었다고 볼 필요는 없다. 소유물에 대한 점유 또는 등기 명의의 반환청구권은 소유권에 기초하여 발생되지만, 앞에서 본 것처럼 소유권과는 독립한 청구권으로서 독자성이 인정될 수 있으므로, 일단 그 청구권이 발생되었다면 그 후에는 반드시 소유권의 소멸과 운명을 같이 한다고 새길 것은 아니다. 오히려 침해자로 하여금 소유권을 다시 취득하여 종전 소유자에게 점유나 등기 명의를 반환하는 것이 불가능하지 않다면, 그에 대한 반환의무를 지우는 것이 물권의 대세적인 성격이나 권리 보호 측면에서 타당할 것이며, 점유 또는 등기 명의의 반환을 구할 수 있는 청구권은 소유권이 상실되었을 때 그 효용을 발할 수 있을 것"이라고 한다(위 4. 다. 말미 부분).

그러나 애초부터 소유권이전 등의 채무를 부담하는 매도인에 대하여는 그 채무의 이행을 위하여 제 3 자에게 이전된 소유권을 다시 취득하여 이를 매수인에게 이전하도록(민법 제570조 본문 참조) 요구할 수 있을지 모른다. 그러나 그러한 채무가 없이 단지 점유(여기서는 이에 한정하여 논의하기로 한다)를 가지고 있었다는 이유에서 소유자의 인도청구의 상대방이 되었던 것에 불과한 지위에 있다가 그 점유를 제 3 자에게 이전함으로써 이미 반환청구의 상대방이 아니게 된 사람에 대하여 종전의 소유자가 그 점유를 반환받도록 요구할 근거는 전혀 없다고 할 것이다. 종전의 소유자는 현재의 불법점유자를 상대로 목적물의 인도를 구할 것이고, 이러한 소송의 반복을 피하고 싶다면 점유이전금지가처분 등의 다른 구제수단을 강구하면 족하다.

라. 나아가 별개의견은, 물권이 채권에 비하여 더욱 강력한 권리라고 할 것인데 "채권의 효력으로서도 인정되는 전보배상책임을 물권적 청구권에서 부인한다면, 이는 오히려 물권에 대한 보호를 채권보다 더 소홀히 다루는 셈이 되어 납득하기 어렵다"고 한다.

(1) 그러나 "채권의 효력으로 인정되는 전보배상책임"은 채무자에 대한 관계에서만 인정되는 것이다.

소유권 기타 물권이 채권에 비하여 더욱 강력한 권리라고 하는 것은 기본적으로 그 대세적 효력을 바탕으로 한다. 따라서 소유자는 원칙적으로 누구에 대하여도 자신의 법적 권능을 관철할 수 있고, 소유권의 원만한 실현을 원칙적으로 누구에 대하여도 구할 수 있어서 그 권리를 침해하는 또는 침해할 우려가 있는 사람이라면 누구에 대하여도 그 방해의 배제 또는 방해의 예방을 청구할 수 있다. 그러나 채권자는 자신의 채권이 원만하게 실현되지 아니하는 때, 즉 채무불이행이 있는 때에도 오로지 채무자에 대하여만 채권의 강제적 실현 및 채무불이행책임을 청구할 수 있으며, 채무자 아닌 제 3 자에 대하여는 원칙적으로 자신의 법적 권능을 관철할 수 없어서 그 권리를 침해하는 또는 침해할 우려가 있는 제 3 자에 대하여도 다른 특별한 사정이 없는 한 그 방해의 배제 또는 방해의 예방을 청구하거나 —불법행위를 이유로— 손해배상책임을 물을 수 없다.

한편 채권자는 채무자 1인에 대한 관계에 있어서는 그의 채무불이행으로 채권이 원만하게 실현되지 아니하는 경우에 채무의 강제적 실현(민법 제389조), 손해배상(민법 제390조) · 계약해제(민법 제544조 이하) 등의 채무불이행책임을 포함하여 다양한 법적 권능을 가지는데, 소유자가 실제의 구체적 방해자 1인에 대하여 가지는 법적 권능이 그 채무자에 대한 법적 권능보다 강력하다고 말할 수 있는지 쉽사리 단정할 수 없다. 별개의견이 말하는 대로 귀책사유의 입증이나 소멸시효기간 등의 점에서는 오히려 후자가 더 강하다고 보아야 할 것이다.

(2) 여기서의 문제는 다름이 아니라 위와 같이 소유권의 대세적인 권능에 기하여 방해자 누구를 상대로 하여서도 긍정되는 물권적 청구권을 위하여 채무자 1인에 대하여만 인정되는 이행불능으로 인한 전보배상과 같은 채무불이행 고유의 구제수단을 인정할 것인가 하는 점이다.

그리고 이 문제는 부정적으로 대답되어야 하고, 물권적 청구권이 소유권의 상실 등으로 소멸한 경우라면 앞에서 설명한 이유에 기하여 원칙으로 돌아가 종전의 소유자는 채권관계의 당사자 아닌 사람에게도 일반적으로 허용되는 불법행위책임을 묻는 것이 타당하다고 할 것이다. 무엇보다도 애초 채권관계가 없었던 사람에게 채무자에 대한 관계에서만 인정되는 특별한 법적 구제수단을 인정하는 것은 오히려 일시적으로 소유권을 객관적으로 침해한 사실이 있었다고 하는 것만으로 부당하게 엄격한 책임에 처하게 하는 가혹한 결과가 된다. 이것이야말로 이 사건과 같은 경우에 이행불능으로 인한 전보배상책임이 부인되어야 하는 실질적인 이유로서 가장 중요한 것이다. 그 외에 위와 같은 물음이 부정적으로 대답되어야 하는 이유는 앞에서 본 바와 같다.

마. 이 보충의견은 별개의견이 시사하는 바와 같이 물권적 청구권에 대하여는 채무불이행책임의 한 모습으로서의 이행불능에 관하여 대법원 1992. 5. 12. 선고 92다4581 판결 등 이래 인정되어 온 것과 같은 실체법적인 대상청구권은 이행불능을 이유로 하는 전보배상청구권이 부인되어야 하는 것과 마찬가지의 이유로 부인되어야 한다고 생각한다.

그리고 별개의견은 물권적 청구권으로서의 말소등기청구권에 관하여 인정되어 왔다는 '대상청구', 즉 본래적 급부청구인 말소등기청구 등이 이행불능 또는 집행불능된 경우에 대비하여 손해배상청구 등 금전지급청구를 병합하는 것을 판례가 인정하여 왔다고 한다.

그러나 별개의견이 말하는 것과 같은 이른바 대상청구의 가부는 이 사건에서 논의되고 있는 문제와는 각도를 전혀 달리하여 기본적으로 위와 같은 형태의 청구병합이 소송상 허용되는가를 중심으로 논의되어 왔던 것이다. 그리고 대법원 1975. 7. 22. 선고 75다450 판결 이래 최근의 대법원 2006. 1. 27. 선고 2005다39013 판결에 이르기까지 판례는 일관하여 이를 단순병합, 즉 현재의 등기관련 청구와 장래의 금전지급청구의 병합으로 이를 허용하는 태도를 취하여 왔음은 주지하는 대로이다. 그리고 거기서 말하는 '이행불능' 또는 '집행불능'으로

인한 금전지급청구권의 구체적인 법적 의미에 대하여는 별로 천착된 바가 없으
나, 다수의견의 관점에서 보면 물권적 청구권으로서의 등기말소청구와 그것이
인정 또는 실현되지 아니하는 경우에 대비한 장래의 청구로서 불법행위를 원인
으로 하는 손해배상청구가 위와 같은 단순병합으로 허용되지 아니할 리가 없다.
　　그러므로 별개의견이 다수의견에 의하면 물권적 청구권에 대하여 위와 같
이 청구병합형태로서의 '대상청구'가 "허용될 수 없다"고 단정하는 것에는 쉽사
리 찬성할 수 없다.
　　바. 또한 별개의견은, 이 사건 선행소송에서 원고의 말소등기청구권을 시
인하는 판결이 확정되어 그에 관한 기판력이 발생하였으므로, "원고는 피고에게
그 말소등기청구권을 행사할 수 있고 피고는 그 말소등기의 의무를 지고 있으
며 나아가 그 확정판결의 집행을 받아들여야 하는 의무를 지게 되므로, 원고의
소외 1 등에 대한 패소로 인하여 실질적으로 그 확정판결을 강제집행할 수 없
게 됨에 따른 전보배상을 허용하는 것은 법리적으로도 타당하다고 생각된다. 그
렇지 않고 그 판결의 집행불능 및 이로 인한 손해의 배상을 부정하게 되면, 이
는 기판력에 의하여 차단되어야 할 이 사건 소유권보존등기 말소등기청구권의
부존재 내지는 소멸을 인정하는 셈이 되어, 민사소송에서의 기판력에 관한 일반
이론과 배치되는 결과를 낳는다"고 주장한다(위 4. 바. 참조).
　　(1) 그러나 이 사건 선행소송에서 피고를 상대로 하여 얻은 확정판결의 기
판력은 확고한 판례 및 통설에 따르면 소송법적 효력을 가지는 데 그친다. 그에
의하면, 기판력은 오로지 소송법상으로 법원을 기속하는 효력이고, 실체법상의
권리관계와는 무관한 것이라고 이해된다. 즉 확정판결은 재판기관의 판단 통일
을 위하여 별소에서 법원이 이에 저촉되는 판단을 하는 것은 허용되지 아니한
다는 것이다.
　　따라서 원고가 이 사건 선행소송에서 원고가 피고를 상대로 자신의 말소등
기청구권을 시인하는 확정판결을 얻었다고 하더라도 그 말소등기청구권의 법적
성질이 예를 들면 채권관계에 기한 말소등기청구권으로 변하지 아니함은 물론
이다. 또한 채권을 전제로 하여서 말하더라도, 일반적으로 어떠한 채무의 불이
행으로 인한 손해배상청구는 그 채무 자체의 이행청구와는 그 소송물을 달리하
는 것으로서, 앞서의 소송에서 채무의 존재가 소송상으로 확정되었다고 하더라
도 법원이 그 채무의 불이행을 이유로 하는 손해배상청구까지 당연히 시인하여
야 하는 것은 아니다.
　　그렇다면 위와 같은 확정판결의 효력은 법원에 대하여 말소등기청구권이
이행불능되었음을 이유로 하여 원고가 민법 제390조에 기한 전보배상청구권을

가진다고 판단하여야 함을 요구하지 아니한다. 그러한 전보배상청구권이 인정되는지 여부의 판단은 이 사건 선행소송의 확정판결이 가지는 기판력의 범위를 벗어나는 것이다. 별개의견은 앞서 다수의견이 "민사소송에서의 기판력에 관한 일반이론과 배치되는 결과를 낳는다"고 주장하나, 오히려 별개의견의 위와 같은 주장이 민사소송에서의 기판력에 관한 일반이론에 배치되는 것이다.

(2) 실질적으로 보아도 별개의견과 같은 주장은 부당하다고 할 것이다.

물론 이 사건 선행소송에서 원고의 피고에 대한 말소등기청구권이 확정판결에 의하여 인정되기는 하였다. 그러나 이는 인정되어서는 안 될 것이었다. 원고는 이 사건 선행소송의 사실심 변론종결 당시 이미 이 사건 부동산에 대한 소유권을 상실하였고, 따라서 실체법적으로 보면 소유권에 기하여 피고에 대하여 말소등기를 청구할 권리를 가지고 있지 못하였다. 따라서 피고가 이 사건 선행소송에서 이 점을 주장하였다면 원고는 피고에 대하여 승소하지 못하였을 것이다(대법원 1995. 3. 3. 선고 94다7348 판결은 바로 그와 같은 취지로 판단하여 원고의 청구를 기각하고 있다). 피고가 이 사건 선행소송에서 그와 같이 제대로 방어하지 못한 탓으로 위와 같은 확정판결이 있었던 것이다(이와 관련하여서 대법원 1991. 4. 12. 선고 90다9872 판결은 "순차 경료된 등기 …의 말소청구소송은 권리관계의 합일적인 확정을 필요로 하는 필요적 공동소송이 아니라 보통공동소송이며, 이와 같은 보통공동소송에서는 공동당사자들 상호간의 공격방어방법의 차이에 따라 모순되는 결론이 발생할 수 있고, 이는 변론주의를 원칙으로 하는 소송제도 아래서는 부득이한 일로서 판결의 이유모순이나 이유불비가 된다고 할 수 없다"고 판시한 바 있다).

그렇다면 단지 피고에 대하여 등기말소청구권에 관한 확정판결을 얻었다는 것만으로 "피고는 그 말소등기의 의무를 지고 있으며 나아가 그 확정판결의 집행을 받아들여야 하는 의무를 지게 된다"(그 의무가 실체법상으로는 근거 없는 것임은 앞에서 본 바와 같다)는 이유를 들어 "원고의 소외 1 등에 대한 패소로 인하여 실질적으로 그 확정판결을 강제집행할 수 없게 됨에 따른 전보배상을 허용하는 것이 법리적으로 타당하다"고 말할 수 있는지 의문이 아닐 수 없다.

사. 한편 별개의견은 강박 등에 의하여 이루어진 계약 또는 제소전화해의 취소로 그 계약에 기하여 이루어진 소유권이전등기의 말소를 구하는 사안에 있어서 대법원이 소유권을 기초로 한 말소등기청구권이 '이행불능'된 것을 이유로 전보배상을 일관하여 허용하여 왔다고 한다(위 4. 나. 마지막 문단 부분). 그러나 여기서 등기의 원인이 된 계약 등이 강박 등으로 취소된 경우에 말소등기청구는, 만일 종전의 소유자가 그 계약 등을 원인으로 소유권이전등기를 행하였다

면 이제 그 소유권의 복귀로 말미암아 물론 소유권에 기하여 이를 하는 것도 가능하나, 그와는 별도로 —종전의 소유자가 소유권이전등기를 경료한 경우가 아니더라도— 계약 등에 기하여 행하여진 소유권이전등기 등의 급부에 관하여 그 취소와 같은 법률상 원인의 소멸로 인하여 그 '반환'을 구하는 채권적 성질의 원상회복청구권이 발생한다(한편 대법원 1988. 9. 13. 선고 86다카1332 판결, 대법원 1993. 9. 14. 선고 92다1353 판결 및 대법원 1994. 1. 25. 선고 93다16338 전원합의체 판결 등은 등기말소청구권이 계약 자체에 기하여 채권적 성질을 가지는 권리로서 발생할 수 있음을 정면에서 시인하고 있다). 그리고 별개의견이 드는 재판례들은 별개의견이 말하는 것과는 달리 과연 소유권에 기하여 발생하는 물권적 등기말소청구권에 관한 것인지 단정할 수 없다. 그러므로 별개의견이 종전의 대법원의 '일관된 태도'라고 지칭하는 것은 명확하지 아니하여, 이 판결로 그것을 폐기할 것이 되지 못한다.

질문

(1) 소유자가 소유권을 상실함으로써 더 이상 물권적 청구권(제213조, 제214조)을 행사할 수 없게 된 경우에 그는 그 물권적 청구권의 '이행불능'을 이유로 채무불이행책임에 관한 제390조에서 정하는 손해배상청구권을 가질 수 있는가?

(2) 다수의견 또는 그 보충의견과 소수의견은 어떠한 점에서 견해를 달리하고 있는가?

(3) 이 사건에서 피고는 대한민국으로서 원인 없이 자신 앞으로 소유권보존등기를 마쳤다. 만일 원고가 피고의 불법행위를 원인으로 하여 손해배상청구를 하였다면 이는 인용되었을 것인가? 또는 어떠한 사정이 인정된다면 인용되었을까?

5. 과실상계

(1) 의   의

채무불이행에 관하여 채권자에게 과실이 있는 경우에 손해배상책임의 유무와 그 내용(배상액)을 정할 때 이를 참작하는 것을 과실상계過失相計라고 한다(제396조). 과실상계는 불법행위로 인한 손해배상책임에 대하여도 인정되고(제763조에 의한 제396조의 준용), 실제로는 불법행위에서 훨씬 빈번하게 문제된다.

과실상계제도는 일단 채무자에게 손해배상의 성립요건(채무불이행, 귀책사유, 손해 및 인과관계)이 모두 갖추어진 것을 전제로 하고, 채권자 측의 과실을 이유로 하여 배상책임을 부인하거나 배상액을 감경하는 것이다. 이 경우 채권자의 과실은 반드시 참작하여야 하지만, 그것을 어떠한 모습으로 참작하는가는 법원의 재량에 달려 있다. 당연히 이 재량에는 일정한 한계가 있으나, 그 한계 안에서 법원은 손해배상에 대하여 상당히 광범위한 내용형성의 가능성을 가진다. 실제로 이 제도는 채권자에게 발생한 손해를 개별적인 사안의 구체적인 사정을 종합적으로 고려하여 당사자 사이에서 공평하게 분담시키는 기능을 수행하고 있다. 물론 채무자에게 귀책사유, 특히 과실이 있는지 여부를 판단할 때에도 손해의 공평한 분담이라는 관점이 일정한 작용을 함은 부인할 수 없다. 그러나 이 판단은 '전부가 아니면 무'의 결론으로 이루어짐에 비하여, 과실상계는 통상 비율에 의한 분할의 방식으로 이루어진다.[51] 한편 이는, 채무불이행에 대하여 채권자가 강제이행을 청구하는 경우에는 설령 채권자에게 채무불이행에 대한 과실이 있는 경우에도 채무 전부의 이행을 명하게 되는 것과도 현저한 대조를 이룬다.[52]

(2) 과실상계의 요건

(가) 제396조는 채권자의 「과실」이 "채무불이행에 관하여" 있을 것으로 정하고 있다. 가령 임차인의 과실과 임대인의 「과실」이 경합하여 임차건물이 소실됨으로써 임차인의 임차물반환이 불능하게 된 경우와 같이 채무불이행의 성립에 대하여 채권자의 「과실」이 있는 경우에 과실상계가 행하여짐은 물론이다. 그러나 채권자의 「과실」이 채무불이행 자체에 있는 경우뿐만 아니라, 손해의 발생이나 그 확대에 대하여 채권자에게 「과실」이 있는 경우에도 과실상계가 인정된다.

일반적으로 채권자는 일단 채무불이행이 있었다고 하더라도 그로부터 손해가 발생하는 것 또는 일단 손해가 발생하였더라도 그것이 확대되는 것을 막

---

51) 우리나라의 손해배상실무에서 과실상계가 빈번히 문제되는 것은, 이러한 방식이 상충되는 이익들의 「조화」를 중시하고 분쟁해결도 쌍방의 상호양보에 달성하는 것을 미덕으로 여기는 우리의 일반적인 관념에 부합하는 것으로 볼 수도 있다.
52) 대판 1987. 3. 24, 84다카1324가, 연대보증인에 대한 이행청구의 경우에 과실상계의 법리가 적용될 여지가 없다고 한 것은 당연한 일이다.

기 위하여 사회관념상 요구되는 주의를 하여야 한다. 이는 통상 손해회피억제의무라고 한다.

(나) 여기서 말하는 채권자의 「과실」에 대하여는 약간의 문제가 있다.

① 종래 다수의 학설은, 과실은 요컨대 위법한 부주의를 가리키는데 그위법성은 법률상의 의무위반뿐만 아니라 오히려 "사회생활에 있어서의 협동정신 또는 채권관계에 있어서의 신의칙위반도 포함하는 것으로 해석하여야 한다."라고 하여 결국 "과실상계에서 과실을 특이한 관념으로 생각할 필요는 없다."라고 한다.[53]

그러나 여기서 말하는 「과실」은 채무불이행이나 불법행위의 성립요건인귀책사유 형식의 하나인 통상의 과실 또는 고유한 의미의 과실과는 다른 의미이다. 통상의 과실은 법적으로 요구되는 주의의무를 전제로 한다. 그런데 채권자가 스스로에게 손해를 입혀서는 안 되는 법적인 주의의무를 부담한다고는할 수 없다. 자기 자신의 일은 그것을 어떻게 처리하든 원칙적으로 각자의 자유에 맡겨져 있고 그에 관하여 어떠한 행태규범의 구속을 받는 것은 아니다. 법은 원칙적으로 그 행위가 타인에게 위해를 일으켰을 때 비로소 개입하는 것이다. 그러므로 그 행위의 결과가 행위자 스스로에게 손해를 주었다고 해서 그에게 법질서의 입장에서 비난할 수는 없고, 따라서 법적 의무의 위반이라는 의미에서 과실이 있다고는 할 수 없다.[54]

그런데 채권자가 채무자에 대하여 자신이 입은 손해의 배상을 구하는 경우에 채권자가 자기 스스로의 일을 잘못 처리하여 발생한 불이익한 결과도 상대방에게 전가할 수 있다고 하는 것은 공평에 반한다. 이를 인정하면, 채무자로서는 자신이 관여하지 않았고 관여할 수 없는 사정에 대하여 책임을 지는결과가 되기 때문이다. 그러므로 여기서 채권자의 과실이란 채권자가 자신의사무를 처리하는 데 사회관념상 일반적으로 요구되는 주의를 게을리한 것도

---

53) 가령 김용한, 채권법총론, 219면: 김주수, 채권총론, 168면. 판례는 "가해자의 과실은 의무위반이란 강력한 과실인데 비하여 피해자의 과실을 따지는 과실상계에 있어서의 과실이란 전자의 것과는 달리 사회관념상, 신의성실의 원칙상, 공동생활상 요구되는 약한 부주의를 가리키는 것"이라고 한다. 대판 1983. 12. 27, 83다카644; 대판 1973. 10. 10, 72다2138.
54) 곽윤직 · 김재형, 채권총론, 147면; 김상용, 채권총론, 189면; 김증한 · 김학동, 채권총론; 154면; 김형배, 채권총론, 275면 이하.

포함한다. 이는 통상 자신에 대한 과실이라고 한다.[55] 물론 채권자의 과실은 가령 스스로 교통법규를 위반한 경우와 같이 고유한 의미의 과실일 수도 있다. 그러나 과실상계에서 채권자의 과실은 그 밖에도 위와 같은 자신에 대한 과실도 포함한다.

② 어떠한 경우에 그러한 과실을 인정할 것인가? 이는 구체적인 사안의 개별적인 제반 사정을 평가하여 결정할 수밖에 없다. 이하에서는 채무불이행에 관하여 판례에 나타난 것을 보기로 한다.

원인무효의 보존등기를 유효한 것으로 믿고 매도인 소유가 아닌 토지를 매수한 사람이라도 "그 당시 원인무효를 이유로 말소등기청구소송이 계속중이었다면 제반사정을 주의깊게 조사하였던들 원인무효의 등기임을 알아차릴 수 있었다."라고 한다.[56] 또한 토지매수를 위임한 사람이 그 토지상에 근저당권이 설정되어 있음을 알면서 그 말소대책에 관하여 수임인과 협의하지 아니하고 그로 하여금 대금을 전부 매도인에게 지급하도록 방치하였다는 사정은 그가 수임인의 채무불이행책임을 물음에 있어서 고려되어야 한다고 한다.[57] 나아가 타인에게 물건의 제작을 도급주어 그로부터 공급받은 물건을 수출하는 사람이 외국의 수입상으로부터 물건에 하자가 있음을 통지받고서도 이를 조사하지 않은 채 그대로 선적한 것은 적어도 선적 이후의 손해확대에 관한 한 과실이 있다고 한다.[58]

그러나 채권자가 담보가치 없는 담보를 취득한 탓으로 결국 채권의 만족을 얻을 수 없었거나 담보권 그 밖에 자기 권리의 행사를 유예하였다고 해도 일반적으로는 이를 채권자의 과실이라고 할 수 없다고 보고 있다.[59] 애초 채무 발생의 원인인 계약이 채권자의 간청에 의하여 이루어졌다는 사정도 그의 과실이라고는 평가되지 않는다.[60]

③ 그러한 과실은 반드시 채권자 본인에게 있어야 하는 것은 아니다. 제 391조는 이행보조자의 과실을 채무자 본인의 과실과 동일시함으로써 책임의

---

55) 이러한 의미의 과실은 가령 제553조에서도 문제된다.
56) 대판 1968. 12. 3, 68다1896. 기타 대판 1971. 12. 21, 71다218도 참조.
57) 대판 1987. 10. 13, 87다카1345.
58) 대판 1990. 3. 9, 88다카31866.
59) 대판 1976. 5. 11, 75다284; 대판 1981. 9. 8, 81다252.
60) 대판 1982. 10. 26, 80다557.

성립을 확장하는 기능을 하는데, 이는 과실상계에서 책임을 제한하는 경우에도 유추적용되어야 한다. 그러므로 채권자의 법정대리인이나 수령대리인·수령보조자 등과 같이 채무자가 그 사람에게 이행하면 변제의 효과가 발생하는 사람이 채권자의 업무를 수행하는 과정에서 과실이 있다면, 이 역시 과실상계사유가 된다.

④ 채권자의 「과실」을 이유로 과실상계를 하려면, 그에게 책임능력이 있어야 한다. 판례는 이를 불법행위에서의 책임능력보다는 훨씬 완화하여 해석하는 듯하다.61)

(3) 효   과

위와 같은 과실상계의 사유가 있으면, "법원은 손해배상의 책임 및 그 금액을 정함에 이를 참작하여야 한다."

과실상계사유의 존부에 대하여 직권으로 심리·판단하여야 하고 당사자의 주장을 기다릴 것이 아니라는 것이 확고한 판례의 태도이다.62) 채권자에게 「과실」이 있는데도 손해배상의 존부나 내용을 정하는 데 이를 참작하지 않으면, 비록 당사자가 이를 주장·증명하지 않았어도, 위법하여 상고이유가 된다. 또한 법원은 과실상계사유가 있으면 이를 반드시 참작하여야 한다. 채권자의 「과실」을 인정하면서도 이를 전혀 참작하지 않아 배상책임의 존부나 내용에 아무런 영향도 인정하지 않는 것 역시 위법이다.

법원은 채무자의 손해배상책임을 면제할 수도 있고 그 배상액을 감경할 수도 있다. 그 '참작'에 관해서 법원은 자유재량을 가진다. 즉, 구체적인 사건에서 개별적으로 "가해자·피해자의 고의과실의 내용 및 정도, 위법행위의 발생 및 손해의 발생·확대에 대하여 어느 정도의 원인이 되었는가 등 제반사정에 비추어" 채무자의 손해배상책임을 면제할 것인가 아니면 감경하는 데 그칠 것인가, 만일 감경한다면 어느 만큼 감경할 것인가를 판단한다.63) 가령 "피해자가 사고발생의 근본원인을 주어 결국 스스로 불러들인 재난이라고 인정되는

---

61) 대판 1968. 8. 30, 68다1224는 "8세라 하더라도 특별사정이 없는 한 과실능력이 있다 할 것"이라고 한다. 김증한·김학동, 채권총론, 154면은 책임능력이 요구되지 않는다고 한다.
62) 이미 대판 1962. 4. 26, 4294민상1069 이래 대판 1967. 3. 21, 66다2660; 대판 1967. 4. 18, 67다269 등 다수. 그러나 한편 대판 1970. 2. 10, 68다2479도 참조.
63) 대판 1971. 6. 22, 71다789; 대판 1989. 3. 14, 88다카1127.

경우에는" 손해배상책임이 부인될 수 있다.[64] 배상액의 감경은 손해 전액 중 40%를 감경한다는 식으로 일정한 비율로 행하여지는 것이 통상이나,[65] 반드시 그렇게 해야 하는 것은 아니고 바로 실제로 배상하여야 할 액을 제시할 수도 있다. 그러나 이상과 같은 재량은 합리적으로 행사되어야 하며, "형평의 원칙에 비추어 현저히 불합리하다고 인정되는 경우"에는 재량권을 일탈한 판단으로서 이 역시 위법하다.[66]

채권자에게 손익상계사유가 있는 경우에 먼저 과실상계를 한 후의 금액에서 손익상계를 하여야 한다는 것이 확고한 판례이다.[67] 한편 일부청구(원고가 손해배상채권의 일부라는 점을 밝혀 배상청구를 하는 것)의 경우에는, 과실상계를 한 후의 배상액이 그 청구액을 넘지 않으면 그 전부를 인용할 것이고, 청구액에다가 과실상계를 할 것은 아니다.[68]

한편 매도인의 하자담보책임과 같이 채무자에게 과실이 없어도 책임이 발생하는 경우에도, 채권자에 「과실」이 있으면 담보책임의 내용으로서 손해배상청구권의 존부와 내용을 정하는 데 이를 참작하여야 할 것인가? 판례는 이를 긍정하는데,[69] 그 경우에 채권자에게 귀속되어야 할 손해결과를 채무자가 부담할 이유가 없으므로 역시 긍정하여야 한다.

6. 손익상계

채무불이행이나 불법행위로 채권자가 이익을 얻었으면 손해배상에서 그 이익을 공제해야 한다. 이를 손익상계損益相計라고 한다. 민법에 이에 관한 규정

---

64) 대판 1970. 10. 30, 70다2010.
65) 이 경우에는 적극적 손해와 소극적 손해 양자에 동일한 비율을 적용하여야 한다. 대판 1979. 12. 11, 79다1733 등 참조.
66) 대판 1983. 12. 27, 83다카1389; 대판 1990. 4. 25, 90다카3062 등. 가령 대판 1973. 10. 10, 72다2138 등은 "가해자와 피해자의 과실을 비교하여 피해자의 과실이 가해자의 과실에 비하여 크다는 점을 따짐이 없이 본건 불법행위로 인하여 생긴 손해의 거의 전부를 오히려 피해자에게 지운 결과가 되는 원판결의 판단은 잘못"이라고 한다.
67) 대판 1981. 6. 9, 80다3277 등 다수.
68) 대판 1976. 6. 22, 75다819.
69) 대판 1980. 11. 11, 80다923은, 제667조에서 정하는 수급인의 담보책임에 관하여, "수급인의 하자담보책임은 법이 특별히 인정한 무과실책임으로서 여기서 민법 제396조의 과실상계규정이 준용될 수 없다 하더라도, 위 담보책임이 민법의 지도이념인 공평의 원칙에 입각할 것일진대 하자의 정도, 확대에 가공한 원고의 잘못을 손해액산정에서 참작하였음은 정당하다."라고 하였다.

이 없지만 손해배상액을 정할 때 당연히 인정된다. 채권자가 채무불이행으로 받은 이익을 공제하지 않으면 자신이 입은 손해를 넘어서 부당하게 이득을 얻게 되는 결과가 되기 때문이다.

　　손해배상액 산정에서 손익상계가 허용되기 위해서는 손해배상책임의 원인이 되는 행위로 인하여 피해자가 새로운 이득을 얻었을 뿐만 아니라 그 이득은 배상의무자가 배상하여야 할 손해의 범위에 대응하는 것이어야 한다.[70] 손익상계에서 공제하는 이익은 채무불이행이나 불법행위와 상당인과관계가 있는 것에 한정된다.[71] 사용자의 고용의무 불이행을 이유로 고용의무를 이행하였다면 받을 수 있었던 임금 상당액을 손해배상으로 청구하는 경우, 그 근로자가 사용자에게 제공하였어야 할 근로를 다른 직장에 제공함으로써 얻은 이익이 사용자의 고용의무 불이행과 사이에 상당인과관계가 인정된다면, 이러한 이익은 고용의무 불이행으로 인한 손해배상액을 산정할 때 공제되어야 한다.[72] 한편 사용자의 고용의무 불이행을 이유로 손해배상을 구하는 경우와 같이 근로관계가 일단 해소되어 유효하게 존속하지 않는 경우라면 근로기준법 제46조가 정한 휴업수당에 관한 규정을 적용할 수 없다.[73]

　　손해발생으로 인하여 피해자에게 이익이 생기고 이와 동시에 그 손해발생에 피해자의 과실이 경합되어 과실상계를 하여야 할 경우, 판례는 먼저 산정된 손해액에서 과실상계를 한 다음 위 이익을 공제하고 있다.[74]

---

70) 대판 2011. 4. 28, 2009다98652.

71) 대판 1969. 11. 25, 69다887; 대판 2007. 11. 30, 2006다19603.

72) 대판 2017. 3. 22, 2015다232859.

73) 대판 1992. 7. 24, 91다44100; 대판 2020. 11. 26, 2016다13437.

74) 대판 1981. 6. 9. 선고 80다3277; 대판 1990. 5. 8, 89다카29129; 대판 1996. 1. 23. 선고 95다24340. 그러나 국민건강보험법에 따라 보험급여를 받은 피해자가 가해자를 상대로 손해배상청구를 할 때 그 손해 발생에 피해자의 과실이 경합된 경우, 기왕치료비 손해배상 채권액을 산정하는 방식은 전체 기왕치료비 손해액에서 공단부담금을 공제한 다음 과실상계하는 방식('공제 후 과실상계')으로 바뀌었다. 대판 2021. 3. 18, 2018다287935. 또한 산업재해보상보험법에 따라 보험급여를 받은 재해근로자가 제 3 자를 상대로 손해배상을 청구할 때 그 손해 발생에 재해근로자의 과실이 경합된 경우에, 재해근로자의 손해배상 청구액은 보험급여와 같은 성질의 손해액에서 먼저 보험급여를 공제한 다음 과실상계를 하는 '공제 후 과실상계' 방식으로 산정하여야 한다. 대판(전) 2022. 3. 24, 2021다241618.

7. 금전채무불이행에 대한 특칙

(1) 서   설

금전채무는 현재의 경제상황에서 매우 중요한 역할을 하고 있다. 민법은 금전채무가 불이행된 경우에 발생할 법적인 분쟁을 가능하면 간편하게 해결하기 위하여, 이에 대하여 특칙을 두고 있다(제397조). 그 내용은, 한편으로 손해배상의무의 발생을 일률적으로 긍정하되, 다른 한편으로 그 의무의 내용을 극도로 정형화하는 데 있다. 이로써 금전채무가 보다 원만하게 작용하도록 뒷받침하려는 것이다.

제397조는 임의규정으로서, 당사자들은 이와 다른 약정을 유효하게 할 수 있다. 예를 들면, 채무자에게 귀책사유가 없는 경우에는 손해배상을 청구하지 못한다든가, 채권자가 입은 실제 손해를 배상하기로 정한다든가 하는 것이다. 한편 금전채무의 불이행에 대하여 별도의 지연이자율을 정하는 것은 뒤에서 보는 대로 위약금약정으로서, 손해배상액의 예정으로 추정된다(제398조 제 4 항).

(2) 요건상의 특칙

(가) 금전채무의 불이행을 이유로 하여 손해배상청구권이 발생하는 데는, 우선 채권자가 그로 인하여 손해를 입었음을 증명할 필요가 없다(동조 제 2 항 전단). 오늘날 금전은 거의 보편적인 활용가능성을 가지고 있으며 또한 금전의 활용가능성 자체가 일정한 재산적 가치가 있으므로, 금전의 지급이 지체되어[75] 채권자가 이를 활용할 수 없게 되었다면 그로 인하여 손해가 발생하였다고 일률적으로 의제하여도 좋을 것이다.

(나) 나아가 채무자는 금전의 지급을 지체한 데 대하여 "과실 없음을 항변하지 못한다"(동항 후단). 즉, 채무자는 그 불이행에 대하여 자신에게 귀책사유가 없음을 주장·증명하더라도, 채무불이행책임을 져야 한다. 통설은 이 규정을 채무자가 불가항력을 증명하더라도 채무불이행책임을 면할 수 없는 것으로 해석한다.[76] 이에 대하여 민법의 해석으로는 전쟁·내란·천재지변 등의 불가항력은 면책사유가 된다는 소수설이 있다.[77] 원래 불가항력이라는 개념은 무

---

75) 금전채무불이행에는 이행불능이 있을 수 없다.
76) 김용한, 채권법총론, 60면; 김주수, 채권총론, 58면; 현승종, 채권총론, 61면.
77) 곽윤직·김재형, 채권총론, 40면, 150면; 이은영, 채권총론, 124면; 김증한·김학동, 41면.

과실책임이 인정되는 경우에 그 책임이 지나치게 가혹한 것을 제한하기 위하여 사용되는 것이다. 실제로 금전채무가 가령 차임과 같이 물건사용의 대가로서 발생한 경우에 불가항력에도 불구하고 채무자가 불이행책임을 진다는 것은 공평하지 않다. 특히 약정이율이 있으면 이에 따라 지연이자를 지급하여야 한다고 보면 더욱 그러하다. 물론 금전과 같은 종류물이 거래계에 존재하는 한 채무자의 주관적 이행불능은 면책사유가 될 수 없다고 하더라도,[78] 나아가 불가항력으로 인한 불이행까지 책임을 진다고는 할 수 없다. 그리고 통설도 일치하여 국가가 긴급 시에 지급유예(moratorium)를 명한 경우에 그 기간 동안은 이행지체가 되지 않는다고 하는데, 이는 실질적인 평가의 점에서는 불가항력의 경우와 크게 다르지 않다. 그러므로 채무자가 불가항력으로 말미암아 금전채무가 불이행되었음을 주장·증명한 경우에는, 손해배상책임이 발생하지 않는다.

(3) 효과상의 특칙

(가) 금전채무불이행에 의한 손해배상액(이는 통상 「지연이자」라고 부른다)[79]은 법정이율에 의함을 원칙으로 하고, 다만 약정이율이 정하여져 있는 경우에는 그것이 법령의 제한에 위반하지 않는 한도에서 그 약정이율에 의한다(동조 제1항). 법정이율은 민사채무에 대하여는 연 5푼이며(제379조), 상사채무에 대하여는 연 6푼이다(상 제54조). 그리고 「소송촉진 등에 관한 특례법」은 금전채무의 이행을 명하는 판결을 함에 있어서 그 지연이자에 관한 법정이율은 "그 금전채무의 이행을 구하는 소장訴狀 또는 이에 준하는 서면書面이 채무자에게 송달된 날의 다음 날부터는 연 100분의 40 이내의 범위에서 「은행법」에 따른 은행이 적용하는 연체금리 등 경제 여건을 고려하여 대통령령으로 정하는 이율"에 따른다고 규정한다(동법 제3조 제1항).[80] 2024년 2월 현재 그렇게 정하여진 이율은 연

---

78) 김형배, 채권총론, 68면.

79) 제705조는 같은 의미로 '연체이자'라는 용어를 사용하는데, 이는 '지급이 연체된 이자'의 의미로 이해될 우려가 있어서 적합하지 않다.

80) 동조 제2항은 그 예외로 "채무자에게 그 이행의무가 있음을 선언하는 사실심 판결이 선고되기 전까지 그 존부나 범위에 관하여 항쟁함이 상당하다고 인정되는 때에는 그 상당한 범위 안에서" 동조 제1항을 적용하지 않는다고 정한다. 대판(전) 1987. 5. 26, 86다카1876은, 여기서 '상당한 범위'란 '채무자가 항쟁함에 상당한 이행의무의 범위'가 아니라 '그러한 항쟁을 함에 상당한 기간의 범위'라는 의미라고 할 것인데, 그러한 항쟁을 할 수 있는 시기는 사실심판결이 선고되기까지이므로 그 이후에는 위 규정을 들어 동조 제1항의 적용을 배제할 수 없다는 주목할 만한 판단을 하였다. 이러한 태도에 의하면, 판

12%이다.

　여기서 약정이율이란 원본에 대하여 이자를 지급하기로 하는 약정이 있는 경우에 그 이율로 따로 정한 것을 말하는데, 다만 약정이율이 위의 법정이율보다 낮은 경우에는 그에 의하지 아니하고 법정이율이 적용된다.[81] 그러므로 애초 금전채무의 불이행이 있으면 채무자가 지급할 지연이자율을 별도로 정한 경우(가령 "은행대출금의 반환을 연체하면 그때부터" 지체액에 대하여 연 1할 8푼의 지연이자를 붙이기로 약정한 경우)는 이에 해당하지 않으며, 그 경우는 위약금약정으로서 손해배상액의 예정을 한 것으로 추정된다.[82] 그리고 약정이율이 법률의 제한을 넘는 경우에는, 지연이자는 아예 법정이율로 낮아지는 것이 아니라 그 제한최고이율의 한도에서 인정된다.[83] 이자를 제한하는 법률로서는 이자제한법이 있다.

　(나) 위의 규정은, 한편으로 채권자는 손해의 구체적인 내용을 묻지 않고, 실제 손해가 그보다 적더라도, 위와 같은 내용의 지연이자를 청구할 수 있다는 의미이고, 특히 다른 한편으로 그 이상의 손해를 증명하여도 이를 청구하지 못한다는 의미라고 해석되고 있다.[84]

8. 위약금 약정 — 손해배상액의 예정과 위약벌

(1) 의　　의

　(가) 거래의 실제를 관찰하면, 채권관계의 당사자들, 특히 계약당사자들이, 그 일방 또는 쌍방이 채무를 이행하지 아니한 경우에는 일정한 금전을 따로 급부하기로 하는 약정을 하는 경우가 많이 있다. 전형적인 것으로는, 부동산의 매매계약을 체결하면서, 매도인이 계약을 위반하면 계약금의 배액을 배상하고 매수인이 계약을 위반하면 계약금을 '몰취'한다고 특히 정하는 경우를 들

　결로 금전채무의 이행을 명하는 경우에는 사실심판결의 선고일 이후에 대하여는 예외 없이 연 2할 5푼(현재는 연 1할 2푼)의 지연이자의 지급을 명하여야 한다는 결과가 된다.

81) 대판 2009. 12. 24, 2009다85342.

82) 그러한 손해배상액의 예정은 이자제한법의 제한을 받지 않으며, 다만 그 액이 부당히 과다한 경우에는 법원이 이를 적당히 감액할 수 있을 뿐이다(제398조 제 2 항).

83) 대판 1971. 3. 23, 70다2950.

84) 곽윤직·김재형, 채권총론, 151면; 김주수, 채권총론, 166면; 김증한·김학동, 채권총론, 42면; 김형배, 채권총론, 187면. 반대: 초과 손해도 증명하여 배상을 받을 수 있다는 견해로는, 김상용, 채권총론, 197면; 이은영, 채권총론, 127면.

수 있다. 이와 같이 「채무자가 채무불이행의 경우에 채권자에게 지급하기로 약정한 금전」을 위약금이라고 부른다(물론 금전 이외의 것을 지급하기로 약정하기도 하나, 그 법적 처리는 금전의 경우와 마찬가지이다).

민법은 실제로 빈번하게 이루어지는 위약금의 약정에 관하여 직접 규정하지 않고, 다만 「손해배상액의 예정」— 이는 위약금 약정에 대한 법적인 성질 결정의 결과라고 할 수 있다 — 에 대하여 규정하고 있다. 그리고 위약금 약정은 손해배상액을 예정한 것으로 "추정"한다고 하여(제398조 제4항), 위약금 약정은 그 하나의 현상형태라는 입장을 취하고 있다. 그러나 이러한 규율 태도는 반드시 타당하다고는 할 수 없다. 첫째, 그것은 실제 거래의 양상에 솔직하게 대응하지 못하고, 둘째, 위약금 약정 중에서 손해배상액의 예정과는 다르게 성질결정되는 것, 가령 위약벌 약정은 이를 전적으로 당사자의 의사해석에 맡길 수밖에 없다는 결과가 되기 때문이다. 그리고 제398조에도 「손해배상액의 예정」과 관련한 중요한 사항의 대부분에 대하여 별다른 정함이 없다(「손해배상액의 예정」에 대하여는, 그 밖에 보증채무에 한정되는 제429조 제2항이 있을 뿐이다).

(나) 채권관계의 당사자들이 위약금 약정을 하는 목적에는 대개 두 가지가 있다.

하나는, 채무자로 하여금 채무를 이행하도록 심리적으로 압박을 가하기 위하여, 만일 채무를 이행하지 않으면 채무자가 져야 할 책임을 미리 무겁게 정하여 두는 것이다. 다른 하나는, 채무불이행이 있는 경우에 발생하는 손해배상책임의 내용을 미리 정함으로써, 배상문제의 처리를 간편하게 하려는 것이다. 그리고 이에 대응하여, 위약금 약정은 이행강제기능과 배상처리기능의 둘을 수행한다고 말할 수 있다.

지금까지 학설과 판례는 위약금 약정의 주된 목적이 전자에 있는 경우를 「위약벌」로, 후자에 있는 경우를 「손해배상액의 예정」으로 파악하고, 그 각각에 대하여 서로 무관계한 내용으로 독자적인 법리를 형성하여 왔다.[85]

(2) 손해배상액의 예정과 위약벌

(가) 종전의 학설과 판례는 위약금 약정을 손해배상액의 예정이 아니면 위약벌로 파악하여 왔다. 그 구별의 기준은 물론 당사자의 의사에 있는데, 당

---

[85] 김상용, 채권총론, 204면; 김주수, 채권총론, 174면; 김증한·김학동, 채권총론, 162면; 김형배, 채권총론, 289면; 이은영, 채권총론, 362면.

사자들이 손해배상의 법률문제를 간편하게 처리하는 데 중점을 두고 위약금 약정을 하였으면 이는 「손해배상액의 예정」이고, 그보다는 채무자로 하여금 이행에 나아가도록 압박을 가하기 위하여 채무불이행에 대한 사적인 제재로서 정한 것이면 「위약벌」이라고 한다. 그리고 후자의 약정이 있는 경우에 채무자가 채무불이행을 하면 채권자는 위약금의 지급 이외에 자신에게 실제로 발생한 손해의 배상을 추가로 청구할 수 있으나, 전자의 경우에는 손해배상으로서 위약금을 지급하면 충분하다고 한다.

제398조, 특히 그 제 2 항에서 정하는 감액은 손해배상액의 예정에 대하여만 인정되고, 위약벌에는 인정되지 않는다는 것이 종래의 다수설이었다. 판례는 위약벌에 대하여 공서양속 규정을 적용하여 일부무효의 통제를 하고 있으나, 이에 대해서는 아예 위 제398조 제 2 항을 유추적용하여야 한다는 견해도 유력하다.[86]

(나) 양자의 구별은 이와 같이 당사자의 의사해석에 달려 있으나, 민법은 이에 관하여 하나의 기준을 주어, "위약금의 약정은 손해배상액의 예정으로 추정한다."라고 한다(제398조 제 4 항). 따라서 위약금 약정이 손해배상액의 예정이 아니고 위약벌이라고 주장하는 사람이 이를 증명하여야 한다.

계약당사자의 일방이 그 급부를 제대로 이행받는 것이 자신의 사무처리 안정성이나 확실성을 위하여 필요하고 그것을 상대방도 알 수 있었던 경우에는 위약금의 약정이 위약벌을 정한 것으로 볼 수 있다.[87] 그러나 판례에서 2000년대에 들어 위약벌로 인정하는 예는 현저하게 줄어들고 있다.

(3) 위약금청구권의 발생요건
(가) 유효한 위약금 약정의 존재

① 위약금을 청구하려면 위약금 지급의 약정이 유효하게 존재하여야 한다. 실제로 압도적으로 많이 행하여지는 것은, 「당사자 일방이 계약금을 지급한 경우에 그가 계약을 위반하면 이를 포기하고(또는 "몰취"하고) 상대방이 계약을 위반하면 그 배액을 지급한다」는 내용의 약정이다.[88] 그러나 이러한 일괄

---

86) 이에 관해서는 아래 (5) 참조.
87) 대판 1968. 6. 4, 68다419; 대판 1979. 9. 11, 79다1270; 대판 1989. 10. 10, 88다카25601.
88) 시중에서 판매되고 있는 부동산매매계약서나 부동산임대차(전세)계약서에는 이러한 문구가 부동문자로 인쇄되어 있는 경우가 대부분이다.

액의 형태가 아니라도, 가령 건축공사 등의 경우에 「그 일의 완성이 늦어지면 하루당 도급액의 일정비율을 감액한다」는 식으로 약정되는 경우도 많다(이러한 약정을 특히 지체상금의 약정이라고 한다). 그 약정은 위약금을 제 3 자에게 지급하도록 하는 것일 수도 있다(「제 3 자를 위한 계약」. 제539조).

위약금 약정은 법률상 명문으로 허용되지 않기도 한다. 가령 근로기준법상의 근로계약의 불이행에 대한 위약금 약정은 근로자 보호를 위하여 허용되지 않는다(동법 제20조. 같은 취지의 선원법 제29조도 참조). 그리고 특히 위약벌의 약정은 채무자를 부당하게 억압하는 등으로 불리한 내용이면 민법 제103조나 제104조에 따라 무효가 되는 경우가 많을 것이다. 한편 손해배상액의 예정인 경우에는 법원에 의한 감액이 인정되고 있으므로(제398조 제 2 항 참조), 실제로 사회질서 위반이나 불공정한 법률행위를 이유로 그 약정이 무효가 되는 경우는 많지 않을 것이다. 그러나 약관에 의한 계약의 경우에, "고객에 대하여 부당하게 과중한 지연손해금 등의 손해배상의무를 부담시키는 약관조항"은 무효이다(약관법 제 8 조).

② 위약금 약정은 "원채권관계에 종된 약정"이다. 즉, 이 약정은 당사자 사이에 별도로 채권관계가 존재하는 것을 전제로 하는 것이다. 따라서 원채권관계가 그것을 발생시키는 계약의 무효, 취소, 해제 등의 사유로 부존재하는 경우에는, 위약금 약정도 그 목적을 상실하여 효력을 상실한다.

그 채권관계는 매매, 소비대차, 임대차(전세계약 포함), 도급 등의 계약으로부터 발생하는 경우가 많다. 그러나 반드시 이에 한정되는 것은 아니고, 가령 불법행위로 인한 손해배상청구권 등의 경우에도 당사자들이 위약금 약정을 할 수 있음은 물론이다.

(나) 채무불이행

① 위약금은 채무자가 채무불이행을 하는 경우에 지급하기로 약정하는 것이므로, 채무불이행이 있어야 한다. 물론 어떠한 내용의 채무불이행에 대하여 위약금이 약정되었는가는 계약의 해석을 통하여 밝혀야 할 것이다.

단지 "계약을 위반한 경우"라고 정하였다면, 넓은 의미의 채무불이행, 즉 "채무의 내용에 좇은 이행이 이루어지지 아니한"(제390조 참조) 모든 경우를 말하고, 그 불이행의 모습은 그것이 이행불능이든, 이행지체이든, 불완전이행이든, 이행거절이든, 부작위의무 위반이든 상관없다. 그러나 채무불이행이 계약의 이행 전체로 보아 사소한 의미밖에 없는 경우에는 신의칙상 위약금의 청구가 허용되지 않을 수 있다. 그리고 실무례를 보면, 계약해제에 따른 계약금반환의무의 불이행은 이에 해당되지 않는다고 한 경우,[89] "계약에 관련된 불법행위상의 손해"는 포함되지 않는다고 한 경우[90] 등이 있다. 또한 쌍무계약의 당사자들이 모두 위약금을 약정하였는데 쌍방 모두가 위약한 경우에는, 원칙적으로 각자가 그 약속한 위약금을 지급하여야 하나, 일방의 위약이 상대적으로 현저히 중대하여 상대방으로 하여금 그의 위약금의 약정에 구속되도록 요구하는 것이 신의칙상 기대될 수 없다면 그는 위약금을 청구할 수 없다.[91]

문제는 매도인이 담보책임으로 부담하는 손해배상청구권인데, 그 약정을 손해배상액의 예정으로 보는 한, 역시 위약금의 청구는 허용된다.[92] 당사자들의 의사는 이러한 경우에도 손해배상문제를 간편하게 해결하려는 취지라고 볼 수 있기 때문이다.

② 위와 같은 채무불이행에 대하여 채무자에게 귀책사유가 없는 경우에도 위약금을 청구할 수 있는가? 다시 말하면, 채무자가 채무불이행에 대하여 귀책사유가 없음을 증명하더라도, 역시 그는 위약금을 지급하여야 하는가? 이 문제도 물론 당사자의 의사해석에 달린 것이나,[93] 문제는 통상의 경우에 어떻게 볼 것인가 하는 점이다.

종전에는 다수설이 이를 긍정하였다.[94] 그 이유로는 "당사자의 의사는 보통 귀책사유의 유무에 관하여 일체의 분쟁을 피하려는 취지"이기 때문이라고 설명하기도 한다.[95] 그러나 당사자의 의사를 이와 같이 채권자에게 일방적으로 유리한 내용으로 파악할 이유는 없으며, 오히려 원칙으로 돌아가 채무불이행의 일반요건이 갖추어지는 것을 전제로 하여 위약금의 지급의무를 부담한다는 의사라고 할 것이다. 따라서 원칙적으로는 채무자가 그 채무불이행에 대하여 귀책사유가 없음을 증명한 경우에는, 채무자에게 위약금 지급의무가 없다고 할

---

89) 대판 1981. 7. 7, 80다2185.
90) 대판 1965. 3. 23, 65다34.
91) 최병조, "위약금의 법적 성질," 민사판례연구 제11집(1989), 230면.
92) 대판 1976. 3. 23, 74다1383.
93) 앞서 본 매도인의 담보책임에 기한 손해배상청구권의 경우가 바로 그러하다.
94) 김상용, 채권총론, 200면; 김용한, 채권총론, 221면; 김주수, 채권총론, 172면.
95) 김석우, 채권법총론, 166면.

것이다.[96] 판례도 마찬가지이다.[97] 이러한 해석은 위약금 약정이 손해배상액의 예정이든 위약벌의 정함이든 차이가 없다. 다만 금전채무불이행의 경우와 같이 원래부터 귀책사유 없음을 항변하지 못하는 경우(제397조 제 2 항 후단)에는 그렇지 않고, 귀책사유가 없어도 위약금을 청구할 수 있다.

또한 채무자가 채무불이행을 하는 데 대하여 위법성이 없는 경우에도 마찬가지로 채권자는 위약금을 청구할 수 없다.[98] 이는 금전채무불이행의 경우에도 마찬가지이다. 가령 매매계약에서 매수인이 매도인이 소유권을 이전하여 주지 않아(또는 그 이행의 제공을 하지 않아. 제536조 참조) 대금의 지급을 거절하고 있는 경우에는, 비록 그 지급기일이 지난 경우에도, 위약금을 지급할 의무가 없다.

(다) 손해의 발생

① 손해배상액 예정의 경우에 채무자가 채무불이행으로 말미암아 채권자에게 아무런 손해가 발생하지 아니하였음을 증명하였더라도, 위약금 지급의무가 발생한다.

그러므로 「손해의 발생」은 위약금지급의무의 발생요건이 아니며, 채무자가 손해가 발생하지 않았음을 증명하였더라도 채권자는 위약금의 지급을 청구할 수 있다고 하여야 한다.[99] 다만 손해가 실제로는 전혀 발생하지 않았다는 사정은 제398조 제 2 항에서 정하고 있는 감액 여부를 판단할 때 고려하여야 한다.

② 나아가 위약벌은 채무불이행에 대한 사적인 제재이므로, 손해의 발생과는 무관하다. 판례도 마찬가지이다.[100]

96) 서민, "지체상금의 효력," 민사판례연구 제 9 집(1987), 70면 이하; 최병조(주 91), 229면; 곽윤직·김재형, 채권총론, 151면; 김증한·김학동, 채권총론, 158면; 이은영, 채권총론, 365면; 김형배, 채권총론, 285면(종전의 견해를 변경한다고 한다).
97) 대판 1989. 7. 25, 88다카6273 등; 대판 2007. 12. 27, 2006다2409.
98) 가령 대판 1988. 4. 12, 86다카2476은, 임대차관계의 종료로 인한 임차인의 목적물반환의무의 불이행을 이유로 임대인이 미리 예정한 배상액을 청구한 사건에서, 임대인이 임차인의 그 의무와 동시이행의 관계에 있는 보증금반환의무의 이행제공을 하지 아니한 이상 예정배상액을 지급할 의무가 없다고 한다. 또한 대판 1960. 9. 8, 4292민상858도 참조.
99) 대판 1975. 3. 25, 74다296은 "채무불이행에 인한 손해배상액의 예정이 있는 경우에는 채권자는 채무불이행 사실만 증명하면 손해의 발생 및 그 액을 증명하지 아니하고 예정배상액을 청구할 수 있다."라고 한다.
100) 대판 1979. 9. 11, 79다1270.

(4) 위약금청구권의 내용

(가) 위약금의 액수와 지급방법 등은 당사자 사이의 약정에 따른다. 위약금이 위약벌의 성질을 가지는 것이면, 채권자는 그 밖에 일반법리에 따른 일체의 구제수단을 가짐은 물론이다. 따라서 채권자는 자신에게 발생한 손해의 배상을 청구할 수 있고, 나아가 계약을 해제할 수도 있다.

(나) 위약금 약정이 손해배상액의 예정인 경우에는, 당사자 사이의 손해배상문제는 위약금의 지급으로, 그리고 그것만으로써 처리된다. 그러므로 채무자는 채권자의 실제 손해가 예정액보다 적다는 것을 증명하더라도, 또 반대로 채권자는 자신의 실제 손해가 예정액보다 크다는 것을 증명하더라도,[101] 그 차액만큼의 삭감 또는 증가를 요구하지 못한다.[102]

나아가 민법은 "손해배상액의 예정은 이행의 청구나 계약의 해제에 영향을 미치지 아니한다."라고 정한다(제398조 제 3 항). 물론 채권자가 이행청구권이나 계약해제권을 가지고 있는 경우에는, 손해배상액의 예정 약정이 그러한 권리의 포기 그 밖에 별도의 청산방법을 정한 것이라고 해석되지 않는 한, 채권자는 당연히 그 권리를 행사할 수 있다. 따라서 위 규정은 당연한 내용을 정한 것이다.

그런데 채권자가 이행불능 등의 이유로 이행청구권을 더 이상 가지지 못하고 그 대신에 전보배상청구권을 가지는 경우에는, 「손해배상액의 예정」이 이러한 경우에 대하여도 적용된다고 볼 것인지에 대하여 보다 신중한 판단을 요한다. 왜냐하면 예정된 손해배상액은 통상 채권자가 원래의 이행청구권을 가지는 것을 전제로 정해진 것이기 때문이다.[103] 물론 당사자들이 전보배상의 경우를 상정하여 손해배상액의 예정을 한 경우에는 그에 따라야 한다.

(다) 「손해배상의 예정액이 부당하게 과다한 경우에는 법원은 적당히 감

---

101) 대판 1988. 5. 10, 87다카3101; 대판 1990. 2. 13, 89다카26250. 이는 채권자에게 '특별한 손해'가 있다고 해도 마찬가지이다.

102) 특별손해의 경우에는 예정액 이외에 배상을 받을 수 있다는 견해로는, 김증한·김학동, 채권총론, 159면.

103) 대판 1977. 9. 13, 76다2185는 당사자 쌍방이 선의로 타인 소유의 부동산을 매매한 경우에 그 계약에서 계약금을 위약금으로 지급하기로 정한 것은 위와 같은 경우의 매도인의 담보책임으로 인한 손해배상청구권에는 적용되지 않는다고 하는 것은 이러한 취지라고 할 것이다.

액할 수 있다」(제398조 제 2 항).

이 규정은 민법으로서는 매우 드물게 법관에 의한 계약의 구체적인 내용 형성을 인정한 것으로서 이채롭다. 이는 경제적 약자라고 상정되는 채무자에게 부당한 압박을 가하는 것을 막으려는 데 그 기본취지가 있다. 그러므로 이러한 감액주장을 미리 배제하는 약정은 무효이다. 그러나 위약금채무가 이미 발생하고 난 다음에는 굳이 무효라고 볼 필요는 없다.[104]

"부당하게 과다"한지 여부와 어떠한 액으로 "적당히 감액"할 것인지를 판단하는 기준시점은 그 판단을 할 때이고, 그 사이에 발생한 모든 사정이 그 판단에서 고려될 수 있다.[105] 따라서 위약금 약정이 이루어진 후는 물론 채무불이행 이후에 발생한 사정(가령 급부목적물의 가격변동 등)도 고려되어야 한다. 판례는 고려되는 사정으로서 "채권자와 채무자의 각 지위, 계약의 목적 및 내용, 손해배상액을 예정한 동기, 채무액에 대한 예정액의 비율, 예상손해액의 크기, 그 당시의 거래관행 등 모든 사정"을 들고 있다.[106] 이 중에서 실제로 중요한 기능을 하는 것은, 채무액에 대한 예정액의 비율[107]과 거래관행,[108] 그리고 계약의 목적 및 내용,[109] 예상손해액[110] 등이다. 이러한 감액 여부의 판단은 당사자의 주장을 기다릴 필요는 없고, 직권으로 해도 되고 또 그러한 사정이 있으

---

104) 최병조(주 91), 233면.
105) 최병조(주 91), 234면은 「채무불이행이 있을 때」라고 한다.
106) 대판 1987. 5. 12, 86다카2070; 대판 1988. 1. 12, 87다카2291.
107) 대판 1975. 11. 11, 75다1404는 매매대금이 570만원인데 114만원의 위약금(즉, 2할)을 정한 경우를 부당하게 과다하다고 보았고, 대판 1988. 1. 12, 87다카2291은 임대보증금 2억1원의 3할인 6천 3백만원을 위약금으로 정한 경우를 부당하게 과다하다고 하였다.
108) 가령 매매계약의 경우는 대금의 1할, 건축도급계약의 경우는 1일당 도급액의 1000분의 2 또는 3 등으로 정한다. 대판 1989. 12. 12, 89다카10811은, 대금 9억 3천 5백만원의 부동산매매계약에서 9천 5백만원을 예정손해배상액으로 한 것을 원심이 부당하게 과다하다고 하여 6천만원으로 감액한 것을, "계약 당시의 거래관행"을 들어 파기하였다. 다른 한편 대판 1988. 4. 12, 87다카685는, 대금 4억 1천만원의 부동산매매계약에서 그 1할인 4천만원을 위약금으로 정한 것을 과다하다고 하여 2천만원으로 감액하고 있다.
109) 대판 1988. 12. 6, 87다카2739 등은 대금 2억 7천만원의 공장매매계약에서 9천만원의 손해배상액을 예정한 것을, "얼핏 과다한 배상으로 보이는 것은 사실이나, 매수인이 중도금만을 지급하고 목적물 일체를 명도받아 사용수익할 수 있도록 되어 있어 그 운영수익에 따른 대가와 시설의 사용에 따른 매도인의 손해 등을 감안할 때" 부당하지 않다고 한다.
110) 실제로는 손해가 발생하지 아니하였다든가, 실손해가 예정액보다 훨씬 적다든가 하는 사정은 당연히 고려되어야 할 것이다.

면 판단하여야 한다.[111]

문제는 예정액이 "부당하게 과소"한 경우에 그 증액을 인정할 것인가이다. 이를 긍정하는 견해도 유력하다.[112] 그러나 역시 법관의 계약에 대한 개입은 명문이 없는 한 허용되지 않는다고 보아야 한다. 따라서 명문의 규정(광업법 제79조 참조)이 없는 경우에는 이는 인정되지 않는다.

(라) 채권자에게 「과실상계」의 사유가 있다는 사정은 위약금지급의무에 어떠한 영향을 미칠 것인가? 통설은, 적어도 손해배상액의 예정에 관한 한, 그에 따른 위약금의 감액을 인정한다. 이는 채권자가 자신의 잘못을 채무자에게 전가할 수 없다는 것을 이유로 하는 것으로서 타당하다. 그러나 판례는 그와 반대의 견해를 취한다.[113] 또는 이를 제398조 제 2 항의 감액사유로 하면 별문제는 없다고 하는 입장도 있으나,[114] 채권자에게 「과실」이 있으면 반드시 감액되어야 할 것이다. 그리고 이는 위약벌의 경우에도 마찬가지이다.

그 밖에 채무자가 일부의 이행을 한 사정은, 그것이 목적과 성질상 유효한 한 그에 비례한 감액이 인정되어야 한다는 주장이 있다.[115] 그러나 완전한 이행이 되지 아니한 마당에, 일부 이행에 비례한 감액을 반드시 하여야 한다는 것은 지나치고, 위 (다)에서 본 감액사유로서 고려하면 충분하다.

(5) 위약벌에 대한 제398조 제 2 항의 유추적용 문제

제398조 제 2 항은 위약벌의 경우에 유추적용되는지 문제된다. 다수설과 판례는 다음과 같이 이를 부정하고 있다.[116] 위약벌의 약정은 채무의 이행을 확보하기 위하여 정하는 것으로서 손해배상액의 예정과 그 내용이 다르므로 손해배상액의 예정에 관한 민법 제398조 제2항을 유추적용하여 그 액을 감액

---

111) 김용한, 채권법총론, 223면; 김형배, 채권총론, 286면; 서민(주 96), 183면. 반대: 최병조(주 91), 233면. 대판 1988. 1. 12, 87다카2291에서는, 당사자가 위약금 약정이 양속에 반하여 무효라고만 주장하고 그 감액주장을 하지 아니한 것으로 추측되는데, 감액할 여지가 있음을 이유로 원심판결을 파기하였다.

112) 김용한, 채권법총론, 222면; 김형배, 채권총론, 287면; 최병조(주 91), 239면.

113) 대판 1972. 3. 31, 72다108.

114) 이용훈, "계약금포기 및 배액반환약정에 관한 판례연구," 곽윤직 화갑기념논문집(1985), 447면.

115) 서민(주 96), 185면; 최병조(주 91), 233면.

116) 대판 1993. 3. 23, 92다46905; 대판 2002. 4. 23, 2000다56976; 대판 2005. 10. 13, 2005다26277; 대판 2013. 12. 16, 2013다63257; 대판 2015. 12. 10, 2014다14511; 대판 2016. 1. 28, 2015다239324.

할 수 없다. 다만 그 의무의 강제에 의하여 얻어지는 채권자의 이익에 비하여 약정된 벌이 과도하게 무거울 때에는 그 일부 또는 전부가 공서양속에 반하여 무효로 되는 것에 지나지 않는다고 한다. 최근 대법원 전원합의체 판결에서 이 문제를 다루었으나 7 : 6으로 종전 판례를 유지하기로 하였다.[117] 이에 대해서는 공서양속 규정으로 일부무효의 통제를 하기보다는 아예 위 제398조 제 2 항을 유추적용하여야 한다는 견해가 유력하다.[118]

실제 사건에서 위약벌과 손해배상액의 예정 사이에 명확한 한계를 긋는 것이 어려운 경우가 대부분이고, 후자의 경우라도 이행강제나 제재의 기능이 전혀 없다고는 할 수 없다. 손해전보를 주로 하는 손해배상액의 예정에도 감액을 인정한다면, 채권자 자신의 손해와는 무관하게, 그에게 말하자면 하나의 보너스로 주어지는 위약벌에 대하여는 당연히 감액을 인정해야 한다. 만일 이를 인정하지 않는다면, 하나의 평가모순이 있게 될 것이다. 위약벌은 오히려 손해배상액 예정보다 채무자에게 더욱 가혹한 것으로서 법원에 의한 재량 감액의 필요가 더욱 두드러진다. 따라서 위약벌의 경우에도 손해배상액의 예정에 관한 제398조 제 2 항을 유추적용하여 그 감액을 인정하는 것이 간명한 해결방법이다.

[판결 7] 위약금 약정과 실손해의 배상: 대판 1988. 5. 10, 87다카3101

상고이유를 본다.

제 1 점에 대하여,

매매당사자가 계약금으로 수수한 금액에 관하여 매수인이 위약하면 이를 무효로 하고 매도인이 위약하면 그 배액을 상환하기로 하는 뜻의 약정을 한 경우에 있어서 그 위약금의 약정은 민법 제398조 제 4 항이 정한 손해배상의 예정으로 추정되는 것이고 또 이와 같은 약정이 있는 경우에는 채무자에게 채무불이행이 있으면 채권자는 실제손해액을 증명할 필요없이 그 예정액을 청구할 수 있는 반면에 실제손해액이 예정액을 초과하더라도 그 초과액을 청구할 수 없게 된다(당원 1965. 6. 22. 선고 67다737 판결 참조).

따라서 원심이 원·피고 사이에 이 사건 매매계약에 즈음하여 수수된 계약

---

117) 대판(전) 2022. 7. 21, 2018다248855, 248862.
118) 민법주해[IX], 687면(양창수 집필); 손지열, "손해배상예정약관조항에 대한 내용통제," 민사판례연구 제18집, 1996, 11면 이하; 최병조(주 91), 238면; 김재형, "「손해배상액의 예정」에서 「위약금 약정」으로," 비교사법 제21권 2호(2014. 5), 647면; 권영준, "위약벌과 손해배상액 예정", 저스티스 제155호(2016), 199면 참조.

금에 관하여 "매도인이 위약시에는 매수인으로부터 영수한 계약금에 대하여 배액을 매수인에게 지불하고 매수인이 위약시에는 매도인에게 지불한 계약금을 무효로 하는 동시에 계약은 해약되는 것"으로 하는 위약금의 약정을 한 사실을 확정하고 같은 취지에서 이를 손해배상의 예정으로 추정한 다음 채무불이행(이행불능)을 이유로 위 예정액을 초과하여 구하는 이 사건 손해배상청구를 배척한 것은 정당하고 거기에 주장하는 바와 같은 계약금의 성질과 손해배상의 예정 또는 이행불능으로 인한 전보배상 등에 관한 법리오해의 위법이 없다. 주장은 결국 이와 다른 견해에서 원심판결을 탓하고 있음에 불과하다.

주장은 이유없다.

질문

(1) 위약금 약정은 어떠한 성질을 갖는가?
(2) 위약금 약정의 경우 실손해를 배상청구할 수 있는가?

[판결 8] 위약벌에 대한 법원의 직권 감액 여부: 대판(전) 2022. 7. 21, 2018다 248855, 248862

상고이유를 판단한다.

1. 사안의 개요

원심판결 이유와 기록에 의하면 다음 사실 및 사정을 알 수 있다.

가. 원고(반소피고, 이하 '원고'라 한다)와 피고(반소원고, 이하 '피고'라 한다)는, 원고가 서울 영등포구 (주소 생략)에 있는 ○○○○스포츠센터 (층수 생략)을 무상으로 제공하면 피고가 그곳에 골프 연습시설물을 설치하여 10년간 운영하되, 그 수익을 1/2씩 나누어 갖기로 하는 내용의 공동사업계약(이하 '이 사건 계약'이라 한다)을 체결하였다.

나. 원고는 이 사건 계약에 따른 공사 진행 중 피고에게 운영주체 및 운영기간 등에 관한 계약 내용의 변경을 요청하였고, 피고가 이를 거절하자 공사 진행을 방해하였다. 피고는 원고의 공사 방해 등 귀책사유를 이유로 이 사건 계약을 해지한다고 통지하였다.

다. 이 사건 계약 제10조는 "본 계약상의 의무를 이행하지 아니한 회사가 계약 해지를 당한 경우에는 손해액을 손해배상금으로 상대방 회사에 현금으로만 지급하여야 한다."라고 정하고, 제11조는 "손해배상금과는 별도로 의무사항에 대하여 불이행 시 별도의 1,000,000,000원을 의무 불이행한 쪽에서 지불하여야 한다."라고 정하고 있다(이하 '이 사건 위약금 약정'이라 한다).

　라. 원심은 피고의 계약 해지는 적법하고, 이 사건 위약금 약정은 위약벌에 해당한다고 판단한 다음 이에 대한 원고의 감액 주장을 받아들이지 않았다.

　2. 계약 해지의 적법 여부에 대하여

　원심은 다음과 같은 이유로 피고의 계약 해지가 적법하다고 판단하였다. 원고는 골프 연습프로그램의 중앙 제어를 위하여 인터넷 설치가 필수적임에도 건물의 인터넷과 유선통신을 제한하는 등 공사를 방해하였고, 이는 이 사건 계약 불이행의 주된 귀책사유이다. 피고의 하수급업체가 유치권을 행사한 사정만으로 달리 볼 수 없다.

　원심판결 이유를 관련 법리와 기록에 비추어 살펴보면, 원심의 판단에 상고이유 주장과 같이 계약 해지에 관한 법리를 오해하거나 논리와 경험의 법칙에 반하여 자유심증주의의 한계를 벗어난 잘못이 없다.

　3. 위약금 약정의 법적 성격 및 위약벌을 감액할 수 있는지 여부에 대하여

　가. 이 사건 위약금 약정의 법적 성격

　당사자 사이에 채무불이행이 있으면 위약금을 지급하기로 약정한 경우 그 위약금 약정이 손해배상액의 예정인지 위약벌인지는, 계약서 등 처분문서의 내용과 계약의 체결 경위, 당사자가 위약금을 약정한 주된 목적 등을 종합하여 구체적인 사건에서 개별적으로 판단해야 할 의사해석의 문제이다. 위약금은 민법 제398조 제4항에 따라 손해배상액의 예정으로 추정되지만, 당사자 사이의 위약금 약정이 채무불이행으로 인한 손해의 배상이나 전보를 위한 것이라고 보기 어려운 특별한 사정, 특히 하나의 계약에 채무불이행으로 인한 손해의 배상에 관하여 손해배상예정에 관한 조항이 따로 있다거나 실손해의 배상을 전제로 하는 조항이 있고 그와 별도로 위약금 조항을 두고 있어서 그 위약금 조항을 손해배상액의 예정으로 해석하게 되면 이중배상이 이루어지는 등의 사정이 있을 때에는 그 위약금은 위약벌로 보아야 한다(대법원 2016. 7. 14. 선고 2013다82944, 82951 판결, 대법원 2020. 11. 12. 선고 2017다275270 판결 등 참조).

　위 법리에 비추어 이 사건에 관하여 살펴보면, 이 사건 계약에 실손해의 배상을 전제로 하는 조항이 있고 그와 별도로 위약금 약정 조항을 두고 있는 등 이 사건 위약금 약정이 채무불이행으로 인한 손해의 배상이나 전보를 위한 것이라고 보기 어려운 특별한 사정이 있으므로, 이 사건 위약금 약정은 위약벌의 성격을 가진다고 보아야 한다.

　원심판결에 상고이유 주장과 같이 이 사건 위약금 약정의 법적 성격에 관한 법리를 오해한 잘못이 없다.

나. 위약벌을 감액할 수 있는지 여부

1) 대법원은, 위약벌의 약정은 채무의 이행을 확보하기 위하여 정하는 것으로서 손해배상액의 예정과 그 내용이 다르므로 손해배상액의 예정에 관한 민법 제398조 제2항을 유추적용하여 그 액을 감액할 수 없다고 하였다(대법원 1993. 3. 23. 선고 92다46905 판결, 대법원 2015. 12. 10. 선고 2014다14511 판결, 대법원 2016. 1. 28. 선고 2015다239324 판결 등 참조).

위와 같은 현재의 판례는 타당하고 그 법리에 따라 거래계의 현실이 정착되었다고 할 수 있으므로 그대로 유지되어야 한다. 구체적인 이유는 다음과 같다.

가) 민법 제398조 제 4 항은 "위약금의 약정은 손해배상액의 예정으로 추정한다."라고 정하고 있다. 이는 손해배상액의 예정 외에 그와 구별되는 다른 위약금의 약정이 존재함을 전제로 하는 것이다. 그리고 같은 조 제 2 항은 "손해배상의 예정액이 부당히 과다한 경우에는 법원은 적당히 감액할 수 있다."라고 정하고 있으므로, 민법은 위약금의 약정 중 손해배상액의 예정에 대해서만 법관의 재량에 의한 감액을 인정하고 있다고 보아야 한다.

나) 손해배상액의 예정 외에 거래계에서 빈번하게 이용되고 있는 위약금 약정이 바로 위약벌이다. 위약금의 약정이 손해배상액의 예정인지 위약벌인지는 당사자의 의사해석의 문제로서, 계약을 체결할 당시 위약금과 관련하여 사용하고 있는 명칭이나 문구뿐만 아니라 계약 체결의 경위와 내용, 위약금 약정을 하게 된 경위와 그 교섭 과정, 위약금 약정의 주된 목적, 위약금을 통해 그 이행을 담보하려는 의무의 성격, 채무불이행이 발생한 경우에 위약금 이외에 별도로 손해배상을 청구할 수 있는지 여부 등을 종합적으로 고려하여 합리적으로 판단할 수 있다(위 2017다275270 판결 등 참조).

손해배상액의 예정은 채무불이행의 경우에 채무자가 지급하여야 할 손해배상액을 미리 정해두는 것으로서, 손해의 발생사실과 손해액에 대한 증명곤란을 배제하고 분쟁을 사전에 방지하여 법률관계를 간이하게 해결함과 함께 채무자에게 심리적으로 경고를 함으로써 채무이행을 확보하려는 데에 그 기능이나 목적이 있는(대법원 1991. 3. 27. 선고 90다14478 판결 등 참조) 반면, 위약벌은 채무의 이행을 확보하기 위해서 정해지는 것으로서 손해배상액의 예정과는 그 기능이 본질적으로 다르다(대법원 1993. 3. 23. 선고 92다46905 판결, 대법원 2013. 12. 26. 선고 2013다63257 판결 등 참조). 위약벌은 손해배상과는 무관하므로 위약벌 약정에 해당한다면 위약벌과 별도로 채무불이행으로 인하여 실제 발생한 손해에 대하여 배상을 청구할 수 있다고 해석된다.

다) 이와 같이 위약벌 약정은 손해배상과 관계없이 의무 위반에 대한 제재

벌로서 위반자가 그 상대방에게 지급하기로 자율적으로 약정한 것이므로 사적 자치의 원칙에 따라 계약당사자의 의사가 최대한 존중되어야 하고, 이에 대한 법원의 개입을 쉽게 허용할 것은 아니다. 위약벌에 대한 법원의 개입을 넓게 인정할수록 위약벌의 이행확보적 기능이 약화될 수밖에 없기 때문이다. 대법원은 이러한 위약벌의 독자적 기능을 인정하여, 위약벌은 손해배상액의 예정에 관한 민법 제398조 제 2 항을 유추적용하여 그 액을 감액할 수 없다고 하고, "다만 그 의무의 강제로 얻는 채권자의 이익에 비하여 약정된 벌이 과도하게 무거울 때에는 그 일부 또는 전부가 공서양속에 반하여 무효로 된다."라고 보면서도, "당사자가 약정한 위약벌의 액수가 과다하다는 이유로 법원이 계약의 구체적 내용에 개입하여 그 약정의 전부 또는 일부를 무효로 하는 것은 사적 자치의 원칙에 대한 중대한 제약이 될 수 있고, 스스로가 한 약정을 이행하지 않겠다며 계약의 구속력으로부터 이탈하고자 하는 당사자를 보호하는 결과가 될 수 있으므로 가급적 자제하여야 한다."라고 판시하여 왔다(대법원 2013. 12. 26. 선고 2013다63257 판결, 대법원 2016. 1. 28. 선고 2015다239324 판결).

라) 민사법의 실정법 조항의 문리해석 또는 논리해석만으로는 현실적인 법적 분쟁을 해결할 수 없거나 사회적 정의관념에 현저히 반하게 되는 결과가 초래되는 경우에는 법원이 실정법의 입법정신을 살려 법적 분쟁을 합리적으로 해결하고 정의관념에 적합한 결과를 도출할 수 있도록 유추적용을 할 수 있다(대법원 1994. 8. 12. 선고 93다52808 판결 등 참조). 법률의 유추적용은 법률의 흠결을 보충하는 것으로 법적 규율이 없는 사안에 대하여 그와 유사한 사안에 관한 법규범을 적용하는 것이다. 이러한 유추를 위해서는 법적 규율이 없는 사안과 법적 규율이 있는 사안 사이에 공통점 또는 유사점이 있어야 하지만, 이것만으로 유추적용을 긍정할 수는 없다. 법규범의 체계, 입법 의도와 목적 등에 비추어 유추적용이 정당하다고 평가되는 경우에 비로소 유추적용을 인정할 수 있다(대법원 2020. 4. 29. 선고 2019다226135 판결 참조).

앞서 본 바와 같이 민법 제398조 제2항은 손해배상액의 예정 외에 그와 구별되는 다른 위약금 약정이 존재함을 전제로 하면서도 손해배상액의 예정에 대해서만 법관의 재량에 의한 감액을 인정하고 있는바, 이는 입법자의 결단으로 볼 수 있으므로 위약벌에 대하여 같은 취지의 규정이 없다고 하여 법률의 흠결이 있다고 할 수 없다.

설사 이를 법률의 흠결로 보더라도 위약벌의 독자적 기능과 사적 자치의 원칙, 대법원이 위약벌로 정한 금액이 공정하지 않은 경우 계약의 전부 또는 일부 무효 법리에 따라 위약벌을 통제하는 법리를 확립하여 공평을 기하고 있는 점 등에 비추어 보면, 위약벌 약정이 손해배상액의 예정과 일부 유사한 점이 있다고 하여 위약벌에 민법 제398조 제 2 항을 유추적용하지 않으면 과다한 위약벌에 대한 현실적인 법적 분쟁을 해결할 수 없다거나 사회적 정의관념에 현저히 반하게 되는 결과가 초래된다고 볼 수 없어, 유추적용이 정당하다고 평가하기 어렵다.

2) 위 법리에 비추어 이 사건에 관하여 살펴보면, 이 사건 위약금 약정이 위약벌에 해당하는 이상 손해배상액의 예정에 관한 민법 제398조 제 2 항을 유추적용하여 감액할 수 없다. 같은 취지의 원심판단에 상고이유 주장과 같이 위약금의 감액에 관한 법리를 오해한 잘못이 없다.

4. 하자로 인한 손해배상책임의 제한

손해배상청구 사건에서 책임감경사유에 관한 사실인정이나 그 비율을 정하는 것은 그것이 형평의 원칙에 비추어 현저히 불합리하다고 인정되지 않는 한 사실심의 전권사항에 속한다(대법원 2018. 11. 29. 선고 2016다266606, 266613 판결 등 참조).

원심은 판시와 같은 이유를 들어 하자보수비용의 60%로 손해배상책임을 제한하고, 그 금액 상당의 상계항변을 받아들였다. 원심판결 이유를 기록에 비추어 살펴보면, 원심의 판단에 상고이유 주장과 같이 손해배상책임의 제한에 관한 법리를 오해하는 등으로 판결에 영향을 미친 잘못이 없다.

5. 결론

그러므로 상고를 기각하고 상고비용은 보조참가로 인한 부분을 포함하여 패소자가 부담하도록 하여, 주문과 같이 판결한다. 이 판결에는 손해배상액의 예정에 관한 민법 제398조 제 2 항을 유추적용하여 위약벌을 감액할 수 있는지 여부에 관하여 대법관 김재형, 대법관 박정화, 대법관 안철상, 대법관 이흥구, 대법관 천대엽, 대법관 오경미의 반대의견이 있는 외에는 관여 법관의 의견이 일치하였고, 다수의견에 대한 대법관 민유숙, 대법관 노정희, 대법관 노태악의 보충의견이 있다.

6. 위약벌 감액 여부에 관한 대법관 김재형, 대법관 박정화, 대법관 안철상, 대법관 이흥구, 대법관 천대엽, 대법관 오경미의 반대의견

가. 다수의견은 손해배상액의 예정과 달리 위약벌을 감액할 수 없다는 기존 판례가 유지되어야 한다고 한다.

그러나 위약벌은 손해배상액의 예정과 함께 위약금의 일종으로서 손해배상액의 예정에 관한 민법 제398조 제 2 항을 유추하여 감액할 수 있다고 해석하여야 한다. 무엇보다도 손해배상액의 예정과 위약벌은 그 기능이 유사하다. 그런

데도 약정의 형식이나 해석 결과에 따라 감액 여부를 달리 취급하는 것은 납득하기 어렵다. 기존 판례는 위약벌의 감액을 부정하는 대신 일반조항인 민법 제103조(반사회질서의 법률행위)의 효력 통제를 통해 위약벌 감액을 인정하는 것과 유사한 결론에 이르려고 하고 있다. 이는 먼 길을 돌아가는 불필요한 우회로이다. 위약벌에 관해서도 손해배상액의 예정 규정을 유추적용하여 감액을 할 수 있다고 하는 것이 공평의 관념에 부합한다. 이것이 손해배상액의 예정과 위약벌을 애써 구별한 다음 다시 감액과 효력 통제라는 각기 다른 통로를 통과하여 유사한 결론에 이르는 불필요한 노고를 줄이는 효율적인 방법이다. 더군다나 위약벌을 민법 제103조를 통해 해결하려는 기존 판례는 극히 예외적으로 위약벌의 일부 무효를 인정하여 공평한 결론에 도달하지 못한다. 그 상세한 이유는 다음과 같다.

1) 손해배상액의 예정과 위약벌의 기능적 유사성에 비추어 볼 때, 위약벌의 감액에 관하여 손해배상액의 예정 규정을 유추하는 방법으로 해결하는 것이 바람직하다.

유추적용 또는 유추해석은 법적 규율이 없는 사안에 대하여 그와 유사한 사안에 관한 법규범을 적용하는 것을 말한다. 유추는 법규범이 법의 공백을 메우기 위하여 그 문언의 가능한 의미를 벗어나 적용되는 것으로 법률의 흠결 보충이라고 할 수 있다. 이것은 해석을 통하여 문언의 가능한 의미를 찾아내는 법발견이 아니라, 법관이 있어야 한다고 판단하는 법을 다른 법규범을 매개로 만들어내는 법형성이다. 이러한 유추를 위해서는 먼저 법적 규율이 없는 사안과 법적 규율이 있는 사안 사이에 공통점 또는 유사점이 있어야 하고, 법규범의 체계, 입법의도와 목적 등에 비추어 유추적용이 정당하다고 평가되는 경우에 비로소 유추적용을 인정할 수 있다(대법원 2020. 4. 29. 선고 2019다226135 판결 참조).

민법은 "위약금의 약정은 손해배상액의 예정으로 추정한다."라고 하면서(제398조 제 4 항), "손해배상의 예정액이 부당히 과다한 경우에는 법원은 적당히 감액할 수 있다."라고 정한다(제398조 제 2 항). 민법은 위약금 약정 중 손해배상액의 예정에 대해서는 법원이 감액할 수 있다고 명문으로 정하면서 손해배상액의 예정에 해당하지 않는 위약금, 즉 위약벌을 감액할 수 있는지에 대해서는 아무런 규정을 두고 있지 않다. 한편 「약관의 규제에 관한 법률」(이하 '약관법'이라 한다) 제 8 조는 부당하게 과중한 손해배상액의 예정인 약관 조항을 무효라고 정하고, 아래에서 보듯이 판례는 약관법 제8조의 적용에서 손해배상액의 예정과 위약벌을 구별하지 않고 있다. 이와 같은 손해배상액의 예정과 위약벌의 무효·감액을 정리하면 다음 표와 같다.

	공서양속 위반 무효	약관법 위반 무효	감액
손해배상액의 예정	○	○	○
위약벌	○	○	×

민법 제398조의 제목이 '배상액의 예정'으로서 입법자는 손해배상액의 예정에 관해서만 명문의 규정을 두고 위약벌에 관해서는 법률해석에 맡겨 두었다. 이와 같이 위약벌을 감액할 수 있는지는 민법에서 명확하게 정하지 않고 있으므로, 법률해석의 방법으로 그 감액 여부를 결정할 수 있다.

판례는 위약벌의 감액 대신 민법 제103조를 적용하여 위약벌 약정 중 일부를 무효로 할 수 있다고 한다(대법원 1993. 3. 23. 선고 92다46905 판결, 대법원 2002. 4. 23. 선고 2000다56976 판결, 대법원 2013. 7. 25. 선고 2013다27015 판결 등 참조). 이러한 일부 무효의 법리를 들어 위약벌의 감액에 관해서는 법률상 공백이 없다는 이유로 유추해석 또는 유추적용을 할 여지가 없게 되는지 문제 된다.

그러나 공서양속 위반을 이유로 위약벌 약정 자체를 무효로 하는 것은 위약벌 약정의 유효성을 전제로 그 감액을 인정하는 것과는 논의의 평면이 다르다. 위약벌의 일부 무효를 인정하여 감액하는 것과 같은 결과가 된다고 해서 감액을 인정할 필요가 없는 것은 아니다. 손해배상액의 예정에서도 위약벌과 마찬가지로 위약금 약정 자체가 무효인 경우가 있다. 이를테면 손해배상액의 예정인 위약금 약정이 사회질서에 위반될 때에는 민법 제103조에 따라 무효이다. 약관법 제8조도 부당하게 과중한 손해배상액의 예정인 약관 조항을 무효라고 정한다. 손해배상액의 예정에 대해서도 이론적으로는 공서양속 위반을 이유로 일부 무효를 인정하여 감액과 같은 결과에 이를 수도 있지만, 민법은 제398조 제 2 항에서 감액 규정을 따로 두고 있다. 손해배상의 예정액을 감액할 수 있는지는 이러한 약정 자체가 유효함을 전제로 한다. 민법 제103조와 제398조 제 2 항에서 정한 요건을 비교해 보더라도 민법 제103조는 민법 제398조 제 2 항에 비하여 훨씬 엄격하다. 민법 제103조는 선량한 풍속 기타 사회질서에 반하는지 여부에 따라 법률행위를 무효로 하고 있는 반면, 민법 제398조 제 2 항은 손해배상액의 예정이 부당히 과다한 경우에 감액을 인정할 뿐이다. 공서양속 위반에 관한 민법 제103조에 따라 위약벌 약정을 무효로 할 수 있고 신의성실의 원칙에 관한 민법 제 2 조 제 1 항에 따라 위약벌 약정 내용을 통제할 수 있다고 해서 손해배상액의 예정에 관한 조항을 유추해석 또는 유추적용을 하는 것이 불가능하다고 볼 수 없다. 일반조항을 적용하기에 앞서 유추해석을 포함한 법해석 방법을 모색해야 한다는 명제는 위약벌의 감액 문제에서도 타당하다.

위약벌 약정의 일부가 공서양속에 반하여 무효라고 보는 것을 적절한 해결 방법이라고 볼 수 없다. 위약벌 약정이 공서양속에 위반되어 무효라고 보는 근거는 개인의 자유를 심하게 제약한다는 데에서 찾을 수 있다. 그러나 개인의 자유에 대한 과도한 제한은 위약벌 약정 전부에 관한 것이지 일부에 한정되는 것은 아니다. 통상 금전지급 형태의 위약벌 약정에서 급부의 목적물이 가분일 뿐이지 위약벌 약정 자체는 불가분적인 하나의 법률행위이므로, 분할 가능한 법률행위를 전제로 하는 일부 무효의 법리를 적용하는 것은 바람직하지 않다. 무효 사유가 법률행위의 일부에만 존재한다고 보기도 어렵고, 위약벌 약정에서 금액을 감액한다고 해서 그에 비례하여 개인의 자유에 대한 제한이 완화된다고 보기도 어렵다. 약관법 제 8 조 등에 따라 약관 조항이 무효인 경우 나머지 부분만으로 효력을 유지시킬 수 없다는 판례(대법원 1994. 5. 10. 선고 93다30082 판결, 대법원 1996. 9. 10. 선고 96다19758 판결 등 참조)와의 균형상으로도 일부 무효를 인정하는 것은 바람직하지 않다. 일부 무효의 법리로 실질적으로 위약벌 감액과 같은 결과에 이르는 것은 위약벌과 손해배상액의 예정을 준별하는 것이 형식적인 명분에 지나지 않음을 보여준다.

위약벌과 손해배상액의 예정은 채무자가 채무를 이행하지 않거나 계약을 위반하는 경우를 대비하는 약정으로서 위약금이라는 큰 틀에서 이해하여야 한다. 대법원판결에서도 둘 사이의 공통점 또는 유사점을 쉽게 찾아볼 수 있다. 위약벌 약정은 채무의 이행을 확보하기 위한 것이라고 한다(대법원 1993. 3. 23. 선고 92다46905 판결 등 참조). 손해배상액의 예정은 손해의 발생사실과 손해액에 대한 증명곤란을 배제하고 분쟁을 미리 방지하여 법률관계를 간편하게 해결하는 것 외에 채무자에게 심리적으로 경고를 함으로써 채무이행을 확보하려는 것이라고 한다(대법원 1991. 3. 27. 선고 90다14478 판결 등 참조). 대법원은 손해배상액의 예정에 관하여 손해전보 기능에 초점을 맞추면서도 이행강제 기능 역시 인정하고 있는데, 채무불이행에 대비하여 이행강제 기능을 한다는 점에서는 위약벌과 손해배상액의 예정 사이에 차이가 없다.

민법은 손해배상액의 예정에 관해서는 감액할 수 있다고 하면서 위약벌에 관해서는 이에 관한 규정을 두지 않고 있다. 이러한 규율 상황에서 손해배상액의 예정과 위약벌의 기능적 유사성에 비추어 볼 때 위약벌에 관해서도 손해배상액 예정의 감액 규정을 유추하는 방법으로 해결하는 것이 바람직하다.

2) 대법원은 손해배상액의 예정과 위약벌의 경계를 완화해 왔다.

다수의견은 손해배상액의 예정과 위약벌을 구별하는 것이 확립된 판례이고 그것이 타당하다고 한다. 그러나 대법원은 손해배상액의 예정과 위약벌의 성격을 함께 가지는 위약금을 인정할 뿐만 아니라, 약관법이 적용되는 위약금 약정에서 손해배상액의 예정과 위약벌의 경계를 허물고 있다. 손해배상액의 예정과 위약벌을 구별하는 것이 쉽지 않은데다가, 이를 이분법적으로 구별하는 것은 구체적 타당성을 실현하는 결론에 이르지 못하기 때문이다.

대법원 2013. 4. 11. 선고 2011다112032 판결은 한국전력공사가 다수의 전기수용가와 체결하는 전기공급계약 약관과 이에 기초한 시행세칙 중 계약종별 외의 용도로 전기를 사용하면 전기요금 면탈금액의 2배에 해당하는 위약금을 부과한다는 조항이 문제 된 사안에서 위약금이 손해배상액의 예정과 위약벌의 성질을 함께 가진다고 하면서 감액을 인정하였다. 위약금의 법적 성질이 손해배상액의 예정인지 위약벌인지를 엄밀하게 구별하여 판단한 종래의 판례와 달리 위약금의 법적 성질을 손해배상액의 예정이나 위약벌 중 어느 하나에 귀속시키지 않고 법적 판단을 하고 있다. 대법원은 이후에도 대법원 2018. 10. 12. 선고 2016다257978 판결, 대법원 2020. 11. 12. 선고 2017다275270 판결 등에서 위약금이 손해배상액의 예정과 위약벌의 성질을 함께 가진다고 판단하였다.

손해배상액의 예정과 위약벌의 구별이 불가피하다고 한다면, 손해배상액의 예정과 위약벌의 성질을 함께 가지는 위약금을 인정한 판례는 어떠한 의미를 가지고 종래 판례의 무슨 문제점을 어떻게 해소하였다는 것인지 의아하다. 손해배상액의 예정과 위약벌의 성질을 함께 가지는 위약금 약정을 인정한 판례는 위약금의 성질을 손해배상액의 예정과 위약벌 가운데 어느 하나로 결정하는 기존 법리와 조화롭게 설명하기 어렵다. 특히 위와 같은 경우 위약금 전체 금액을 기준으로 감액할 수 있다는 판단은 논리적으로 위약벌의 감액을 부정하는 기존 판례의 태도와 배치된다고 볼 수 있다.

판례는 약관법 제8조를 적용할 때 그 문언과는 달리 손해배상액의 예정과 위약벌을 구별하지 않고 있다. 약관법 제8조는 '손해배상액의 예정'이라는 표제로 "고객에게 부당하게 과중한 지연손해금 등의 손해배상의무를 부담시키는 약관 조항은 무효로 한다."라고 정하고 있다. 이 규정은 그 문언상 손해배상액의 예정에 관하여 정한 것으로 위약벌에는 적용되지 않는다고 볼 수도 있다. 그러나 대법원 2009. 8. 20. 선고 2009다20475, 20482 판결은 고객에게 부당하게 과중한 손해배상의무나 위약벌 등을 부담시키는 약관 조항은 약관법에 따라 무효라고 하면서, '이 사건 위약금을 위약벌로 본다고 하더라도 약관법 제 6 조와 제 8 조의 적용 대상이 된다.'고 판단하였다. 위약금 약정을 약관으로 둔 경우에는 그것이 손해배상액의 예정인지 위약벌인지를 구분할 필요 없이 고객에게 부당하게 과중한 부담을 주는 때에는 약관법 위반을 이유로 무효라고 본 것이다. 약관의 불공정 위험은 손해배상액의 예정과 위약벌을 가리지 않고 위약금에 공통적으로 존재하는 것이기 때문이다.

약관법이 적용되는 경우에는 손해배상액의 예정과 위약벌 구별에 혼선이 있었던 판례가 더 이상 문제 되지 않는다고 볼 수도 있다. 그러나 약관법이 적용되더라도 위약금 약정이 약관법상 무효라고 보기 어려운 경우에는 여전히 그 구별이 문제 된다. 대법원은 위약금을 정한 약관이 약관법에 따라 무효가 아니라고 하더라도 손해배상액의 예정에 해당한다면 민법 제398조 제 2 항에 따라 감액할 수 있다고 한다(대법원 2000. 11. 28. 선고 99다48894 판결, 대법원 2000. 12. 22. 선고 99다57928 판결 등 참조). 결국 약관법상 무효가 아니라고 한다면 위약금 약정이 손해배상액의 예정인지 위약벌인지 다시 구별해야 하는 문제가 남는다. 무엇보다도 약관법이 적용되는 경우에 손해배상액의 예정과 위약벌을 동일하게 취급하는 것은 그 둘 사이의 공통성 또는 유사성이 인정되기 때문이다. 약관법이 적용되는 경우에는 손해배상액의 예정과 위약벌을 구별하지 않으면서 민법을 적용하는 경우에는 그 둘이 엄격히 구별되어 유추적용될 여지가 없다는 태도는 일관성이 없다.

3) 현재 판례의 태도에 따르면 위약금 약정이 위약벌인지 손해배상액의 예정인지에 따라 심한 불균형과 평가모순이 발생한다.

최근 대법원은 위약벌 약정이 공서양속에 반하여 무효라고 판단하는 것에 매우 신중하여야 한다는 입장이다(대법원 2013. 12. 26. 선고 2013다63257 판결, 대법원 2016. 1. 28. 선고 2015다239324 판결 등 참조). 반면 실무에서 손해배상액의 예정에 관해서는 폭넓은 감액이 이루어지고 있고, 대법원에서도 감액 사유에 대한 사실인정이나 비율을 정하는 것은 형평의 원칙에 비추어 현저히 불합리하다고 인정되지 않는 한 사실심의 전권에 속한다고 보아 사실심의 판단을 존중하고 있다(대법원 2016. 9. 28. 선고 2016다205779 판결 등 참조).

판례가 공서양속 위반을 이유로 위약벌 약정을 무효로 하는 데 신중을 기하라고 하는 것은 당사자가 정해 놓은 계약에 법원이 함부로 개입하지 말라는 취지이다. 계약당사자들의 자율적 결정을 존중하고 민법의 대원칙인 사적 자치의 원칙을 최대한 보장한다는 것은 충분히 공감할 수 있다. 그러나 사적 자치의 원칙을 보장하더라도 그 기능이나 법적 효과가 유사한 위약벌과 손해배상액의 예정을 약정의 형식이나 그 해석 결과에 따라 감액 여부를 달리 취급하는 것이 과연 일반 국민의 입장에서 쉽게 납득할 수 있을까? 위약벌인지 손해배상액의 예정인지에 따라 감액 여부가 사실상 결정되는 불균형이 발생하는데, 과연 이러한 불균형이 타당한가?

위약벌은 위약금의 일종으로 채무불이행에 대한 채권자의 대비수단으로서, 이행확보적 기능 또는 제재적 기능이 있을 수 있는 손해배상액의 예정과 기능 상 유사한 측면이 있다. 계약당사자들 사이의 실질적 불평등을 제거한다는 점에 서 손해배상액의 예정인지 위약벌인지에 따라 감액을 인정할 필요성에 차이가 생긴다고 보기 어렵다. 또한 손해배상액 예정의 감액 제도는 국가가 계약당사 들 사이의 실질적 불평등을 제거하고 공정을 보장하기 위하여 계약의 내용에 간섭한다는 데에 그 취지가 있다. 배상적 기능을 갖는 손해배상액의 예정에 대 해서 감액을 인정하면서 오히려 제재적 기능을 갖는 위약벌에 대해서 감액을 인정하지 않는 것은 헌법상 평등 원칙에 비추어 평가모순이다. 더욱이 손해배상 액의 예정을 한 경우에는 원칙적으로 그 예정된 금액을 청구하는 것 외에는 추 가적인 손해배상을 청구할 수 없지만 위약벌을 정한 경우에는 이와 별도로 손 해배상을 청구할 수 있기 때문에, 위약벌의 경우에 감액을 인정할 필요성이 더 욱 크다. 계약에서 사적 자치의 원칙은 가급적 존중되어야 하지만 그렇더라도 같은 것을 달리 취급하는 불평등은 시정되어야 한다. 이것이 진정한 사적 자치 의 실현이라고 할 수 있다.

기존 판례를 유지하는 입장에서도 위약금 약정이 위약벌에 가깝지만 조금 이나마 손해배상액 예정의 성격을 가지는 경우 또는 위약금 약정이 위약벌인지 손해배상액의 예정인지 구별이 어렵고 애매한 경우에는 민법 제398조 제 2 항을 적용하는 방향으로 재판 실무를 운영할 수도 있다. 그러나 위약벌에 대해서도 감액을 정면으로 인정하여 불필요한 수고를 덜어내는 것이 더 나은 근본적인 해결책이다.

4) 위약벌에 대한 공서양속 규제는 이중의 우회로에 불과하다.

위약금은 민법 제398조 제 4 항에 따라 손해배상액의 예정으로 추정된다. 대법원은 이를 근거로 위약금이 위약벌로 해석되기 위해서는 특별한 사정이 주 장·증명되어야 하고, 계약을 체결할 당시 위약금과 관련하여 사용하고 있는 명 칭이나 문구뿐만 아니라 계약당사자의 경제적 지위, 계약 체결의 경위와 내용, 위약금 약정을 하게 된 경위와 그 교섭과정, 당사자가 위약금을 약정한 주된 목 적, 위약금을 통해 그 이행을 담보하려는 의무의 성격, 채무불이행이 발생한 경 우에 위약금 이외에 별도로 손해배상을 청구할 수 있는지 여부, 위약금액의 규 모나 전체 채무액에 대한 위약금액의 비율, 채무불이행으로 인하여 발생할 것으 로 예상되는 손해액의 크기, 그 당시의 거래관행 등 여러 사정을 종합적으로 고 려하여 위약금의 법적 성질을 합리적으로 판단하여야 한다고 하였다(대법원 2016. 7. 14. 선고 2012다65973 판결 참조).

실무상 손해배상액의 예정과 위약벌의 불균형을 해소하기 위해서 위약벌보다는 손해배상액의 예정으로 인정하는 경향이 있다. 위에서 본 손해배상액의 예정과 위약벌의 성격을 함께 가지는 위약금을 인정한 판결(대법원 2013. 4. 11. 선고 2011다112032 판결, 대법원 2018. 10. 12. 선고 2016다257978 판결, 대법원 2020. 11. 12. 선고 2017다275270 판결)도 손해배상액의 예정과 위약벌로 구별하여 이분법적으로 해결하는 것이 당사자들의 의사나 거래의 실체를 제대로 반영하지 못하는 결과가 될 수 있음을 고려한 것이라고 볼 수 있다.

한편 판례는 위약벌 약정이 '그 의무의 강제로 얻는 채권자의 이익에 비하여 약정된 벌이 과도하게 무거울 때'에 그 일부 또는 전부가 공서양속에 반하여 무효로 된다고 보고 있다(대법원 2002. 4. 23. 선고 2000다56976 판결 등 참조). 위약벌이 과도하게 무겁다고 해서 그 약정 전부 또는 일부가 공서양속에 반한다는 것은 공서양속에 관한 일반적인 판단 기준에 비하여 너무 느슨할 뿐만 아니라, 이를 통하여 실질적으로 감액과 같은 결과를 인정하는 것이라면 우회적인 절차에 지나지 않는다. 유추해석의 방법이 있는데도 일반조항으로 해결하는 것은 방법론적으로도 '일반조항으로의 도피'에 해당하여 타당하지 않다. 쉬운 길을 놔두고 멀리 돌고 돌아갈 이유가 없다.

결국 위약금 약정이 위약벌에 해당하거나 위약벌의 성격이 매우 큰 경우에 감액을 인정하기 위해서 손해배상액의 예정으로 해석하거나 공서양속 위반으로 무효라고 보는 것은 이중의 우회로에 불과하다. 또한 이를 심리하는 법원으로서는 위약벌과 손해배상액의 예정을 애써 구별해야 하는 심리 부담을 안게 되고, 적정한 감액을 하기 위해서 위약금 약정을 무리하게 손해배상액의 예정으로 인정하려는 경향이 지속적으로 생길 수 있다.

5) 위약금 약정이 위약벌인 경우에도 민법 제398조 제 2 항을 유추적용하여 감액할 수 있다고 해석하는 것은 일본 민법에 특유한 문제를 해결하고자 나온 법리를 해소하는 의미를 가진다.

위약벌 약정은 손해배상액의 예정에 관한 민법 제398조 제 2 항을 유추적용하여 감액할 수 없고, 다만 의무의 강제로 얻는 채권자의 이익에 비하여 약정된 벌이 과도하게 무거울 때에는 일부 또는 전부가 공서양속에 반하여 무효로 된다는 기존 판례는 일본 민법학계의 통설, 판례와 같은 것이다.

2017년 개정 전 일본 민법(이하 '구 일본 민법'이라 한다) 제420조 제 1 항은 "당사자는 채무의 불이행에 있어 손해배상액의 예정을 할 수 있다. 이 경우 법원은 그 금액을 증감할 수 없다."라고 정하고 있었다. 손해배상액의 예정 자체에 대하여 감액을 인정하지 않는 구 일본 민법 해석상 공서양속에 위반되는 경우 무효라는 법리를 발전시킬 수밖에 없었다.

그러나 대한민국 민법 제398조는 구 일본 민법 제420조, 제421조를 수용하면서도 일본과 달리 손해배상액의 예정에 대한 감액을 인정하였다(민법 제398조 제 2 항). 기존 판례는 이러한 차이를 무시한 채 일본의 통설이나 판례를 참고하여 위약벌에 대한 감액을 부정한 것으로 볼 수 있다.

위약벌에 대해서는 감액을 허용하지 않고 오로지 손해배상액의 예정에 대해서만 감액을 인정하는 것이 민법 제398조 제 2 항을 둔 입법자의 의도라고 보기도 어렵다. 민법 제정 당시의 입법자료를 살펴보면 입법자는 손해배상액 예정의 증감을 명문으로 부정하였던 구 일본 민법, 즉 의용민법 제420조 제 1 항 후문의 입법태도를 바꾸는 데에 관심이 있었던 것으로 보일 뿐 위약벌에 대한 논의는 발견하기 어렵다. 따라서 입법자의 의도가 감액의 대상을 손해배상액의 예정만으로 한정하고자 했던 것이라고 단정하기 어렵다.

6) 위약벌에 대한 감액을 인정하지 않는 것은 비교법적 고립을 자처하는 셈이다.

대륙법계에서는 대체로 위약벌의 유효성을 인정하고 그 감액을 인정하고 있다. 독일 민법은 계약벌 또는 위약벌에 관하여 이것이 과도하게 많은 경우에는 채무자의 청구에 따라 판결에 의하여 적절한 액으로 감액할 수 있다고 정하고 있다(제343조 제 1 항). 프랑스 민법은 법원이 위약벌을 직권으로 증감할 수 있다고 정하고 있다(제1231조의5). 기존 판례에 영향을 미친 일본조차도 2017년 민법을 개정하여 '법원은 손해배상의 예정액을 증감할 수 없다.'는 제420조 제 1 항 후문 규정을 삭제하였다. 영국이나 미국 등 보통법계에서는 위약벌을 아예 무효로 보고 있다. 따라서 비교법적으로도 위약벌의 감액을 인정하는 것이 균형 잡힌 해결책이라고 볼 수 있다.

7) 이 사건 쟁점에 직접 관련된 문제는 아니지만, 재판실무에서 손해배상 예정액을 너무 쉽게 감액하는 것은 아닌지 여부에 관해서 언급하고자 한다. 손해배상 예정액을 감액하기 위한 요건은 '부당성'이다. 이것은 채권자와 채무자의 지위, 계약의 목적과 내용, 손해배상액을 예정한 동기와 경위, 채무액에 대한 예정액의 비율, 예상 손해액의 크기, 당시의 거래관행 등 모든 사정을 참작하여 일반 사회관념에 비추어 예정액의 지급이 경제적 약자의 지위에 있는 채무자에게 부당한 압박을 가하여 공정성을 잃는 결과를 초래하는 경우에 인정된다. 이때 감액사유에 관한 사실을 인정하거나 감액비율을 정하는 것은 형평의 원칙에 비추어 현저히 불합리하다고 인정되지 않는 한 사실심의 전권에 속하는 사항이다(대법원 2021. 11. 25. 선고 2017다8876 판결 등 참조). 그러나 손해배상 예정

액의 감액은 국가가 사인 사이의 계약에 개입하는 것을 허용하는 이례적인 규정이다. 법규정에서 '부당성'이라는 포괄적인 요건만으로 그 감액을 할 수 있다고 정하고 있다고 하더라도 그 감액을 너무 쉽게 인정하는 것은 바람직하지 않다. 손해배상 예정액의 감액을 쉽게 인정하는 것은 위약벌의 일부 무효를 극히 예외적인 경우에 한하여 인정하는 것과 형평에 맞지 않는다. 위약벌 약정에 손해배상액 예정의 감액에 관한 민법 제398조 제 2 항을 유추적용하여 감액을 인정하되, 부당성이 존재하는지에 관하여 면밀하게 심사하여 감액을 하는 것이 바람직한 방향이다.

　나. 이와 달리 위약벌은 감액할 수 없다는 취지의 대법원 1993. 3. 23. 선고 92다46905 판결, 대법원 2002. 4. 23. 선고 2000다56976 판결, 대법원 2013. 12. 26. 선고 2013다63257 판결, 대법원 2016. 1. 28. 선고 2015다239324 판결을 비롯하여 이와 같은 취지의 판결 등은 모두 변경되어야 한다.

　다. 이 사건에 관하여 본다.

　이 사건 위약금 약정은 위약벌의 성격을 가지는데, 위약벌이라 하더라도 민법 제398조 제 2 항을 유추적용하여 그 금액이 부당히 과다한 경우에는 감액할 수 있다. 이 사건 계약은 상당한 비용을 지출하여 공사를 한 뒤 10년간 골프연습장을 운영하면서 수익을 나누기로 하는 내용으로, 이 사건 위약금 약정은 장기간에 걸친 공동사업의 안정적 이행확보라는 목적에서 정한 것으로 볼 수 있다. 위약금액 10억 원은 이 사건 공사에 필요한 비용 988,282,979원을 초과하는 금액이다. 이와 같은 이 사건 계약의 목적과 내용, 위약금 약정의 동기, 이 사건 공사의 규모 등을 고려하면, 10억 원이라는 이 사건 위약금 약정상 액수는 부당하게 과다하다고 볼 여지가 있다.

　그런데도 원심은 이 사건 위약금 약정이 위약벌로서 민법 제398조 제2항을 유추적용하여 감액할 수 없다는 전제에서 원고의 감액 주장을 받아들이지 않았다. 원심판결에는 민법 제398조 제 2 항, 제 4 항에 관한 법리를 오해하여 판결에 영향을 미친 잘못이 있다.

　이상과 같은 이유로 다수의견에 찬성할 수 없다.

　(이하 생략)

질문

(1) 위약벌 약정에 대한 법원의 직권 감액 여부에 관하여 다수의견과 반대의견은 각각 어떠한 입장에 있는가?

(2) 위약벌 약정에 대하여 공서양속 위반을 이유로 일부 무효를 선고하는 방

법과 제398조 제 2 항을 유추적용하는 방법은 실제 사건에서 어떠한 차이가 있는가?

9. 손해배상자의 대위

(1) 의　　의

(가) 채권자가 손해배상으로 그 채권의 목적인 물건 또는 권리의 가액 전부를 받은 때에는 채무자는 그 물건 또는 권리에 관하여 당연히 채권자를 대위한다(제399조). 이를 '손해배상자의 대위' 또는 단순히 '배상자의 대위'라고 한다. 예를 들면 수치인이 임치인 소유의 물건을 보관하던 중 이를 도난당함으로써 그의 계약상 반환의무가 이행불능이 되어 임치인에게 그 물건의 가액을 배상하였다면, 그는 임치물에 관한 임치인의 법적인 지위를 당연히 승계하여 결국 임치물의 소유권을 취득하게 된다. 위와 같은 경우에 임치인이 그러한 손해배상을 받고도 소유권을 여전히 보유한다면, 임치인은 수치인의 채무불이행으로 오히려 부당한 이익을 얻게 될 것이다.[119] 이와 같이 손해배상자의 대위는, 채무불이행으로 인한 채권자의 실손해만을 전보한다는 손해배상제도의 목적에 상응하여, 채권자의 부당한 이득을 방지하고자 하는 데 그 취지가 있다. 위 규정은 불법행위의 경우에도 준용된다(제763조).

(나) 앞에서 본 손익상계의 제도도 채권자의 부당이득을 막고자 하는 점에서 배상자대위제도와 취지를 같이 한다. 그러나 전자는 그러한 취지가 배상액을 정하는 단계에서 작용하는 것임에 반하여, 후자는 이미 배상을 얻은 단계에서 문제된다.

한편 배상자대위는 변제자대위와는 그 제도의 취지를 달리한다. 변제자대위는 변제자가 가지는 구상권을 확보하기 위하여 채권자가 다른 채무자(상환의무자)에게 가지는 채권과 담보권을 변제자로 하여금 대위취득하게 하는 것이다. 그러나 배상자대위는 채권자의 부당이득을 막고자 하는 데 그 취지가 있다. 그러므로 배상청구권자가 어떠한 권리의 가액에 해당하는 손해배상을 받은 경우에 그 권리를 배상자에게 취득시키는 데 그친다. 이와 같이 제도의 취지를

---

119) 도품이 발견되지 않고 있는 동안에는 그에 대한 소유권은 실제로는 거의 무가치하다고 할 수 있을 것이다. 그러나 나중에 그 물건이 발견된 경우에, 그 전에 이미 전보배상을 받은 임치인이 소유권에 기하여 반환청구를 하여 이를 보유할 수 있다고 하면, 이는 명백히 부당하다.

달리하는 양자의 제도는 경우에 따라 경합할 수도 있다. 가령 공동불법행위로
인하여 A 소유의 물건을 파손함으로써 수인이 그 물건의 가액을 배상할 의무
를 '연대하여' 부담하는 경우에 그중 1인이 전액을 배상하였다면, 그는 배상자
대위에 의하여 그 물건의 소유권을 취득하고, 나아가 다른 공동불법행위자에
대하여 가지는 구상권을 확보하기 위하여 A가 가지는 다른 공동불법행위자에
대한 청구권과 그 담보에 관한 권리를 취득하게 된다.

(2) 요   건

(가) 배상자대위가 생기려면, 채권자가 손해배상으로 그 채권의 목적인 물
건 또는 권리의 가액 전부를 받았어야 한다.[120) 채권자는 목적물의 가액 전부
를 손해배상(전보배상)으로 수령하여야 한다. 단지 전보배상청구권이 발생한 것
만으로는 배상자대위가 생기지 않으며, 실제로 배상액을 지급받았어야 한다.
물론 반드시 금전을 지급받아야 하는 것은 아니고, 대물변제·상계·공탁 등과
같이 손해배상채무의 변제와 동시할 사유가 있으면 이것으로 충분하다. 한편
목적물의 가액 전부에 대하여 배상을 받아야 하며, 일부의 배상이 있는 것으로
는 일부대위도 일어나지 않는다(통설).

(나) 학설은, 법규정상으로는 뚜렷하지 않지만, 배상자대위가 발생하는 것
은 채권자가 가지는 채권이 물건의 인도 또는 권리의 이전을 목적으로 하는
것인 경우에 한정된다고 한다.[121) 그러나 앞서 본 배상자대위제도의 취지에 비
추어 보면, 이러한 해석은 그 제도의 적용범위를 지나치게 제한한다. 가령 채
권자로부터 채권의 추심을 위임받은 수임인이 추심을 게을리함으로써 채무자
가 그동안 자력이 없게 되어 추심할 수 없게 됨으로써 수임인이 위임인에게
채무불이행으로 인한 손해배상으로 그 채권의 가액 전부를 지급한 경우에는
비록 위임인의 수임인에 대한 채권은 분명 그 채권의 이전을 목적으로 하는
것은 아니지만, 역시 배상자대위를 긍정하여, 위임인이 가지는 권리는 수임인
에게 이전된다.[122)

(3) 효   과

(가) 손해배상을 한 사람은 배상자대위에 의하여 채권의 목적인 물건이나

---

120) 이는 변제자대위와 다른 점이다.
121) 특히 김형배, 채권총론, 320면.
122) 김형배, 채권총론, 292면은 이러한 결과를 긍정한다.

권리를 법률상 당연히 취득한다. 가령 앞서 본 임치의 경우에 수치인은 임치인이 가지는 물건의 소유권을 인도나 등기와 같은 공시방법을 갖추지 않더라도 배상액의 완제와 동시에 취득한다. 또한 채권이 대위의 대상인 경우에도 양도통지나 승낙과 같은 채권양도의 대항요건을 갖출 필요가 없다.[123]

(나) 그런데 손해배상을 한 사람은 배상자대위에 의하여 "그 물건 또는 권리에 관하여 당연히 채권자를 대위한다."라고 하는데, 여기서 '그 물건 또는 권리에 관하여'란 구체적으로 어떠한 범위에서 인정되는지 문제된다.

종래 이 문제는, 채무자의 과실과 함께 제3자의 고의 또는 과실의 행위가 가담하여 이행불능이 된 경우에 채권자가 그 제3자에 대하여 가지는 손해배상청구권에 관하여도 배상자대위가 생기는가라는 관점에서 다루어졌다. 통설은 그 경우에 "채권자가 제3자에 대하여 가지는 권리는 거래상 채권의 목적이었던 물건 또는 권리를 갈음하는 것"이라는 이유로 이를 긍정하고 있다. 그러므로 위의 예에서 수치인이 보관상의 주의를 게을리함으로써 제3자가 고의로 임치물을 파손하는 것을 막지 못하였다면, 수치인은 채무불이행에 기하여, 제3자는 불법행위에 기하여 임치인 겸 임치물소유자에 대하여 각각 손해배상책임을 진다. 이때 수치인이 임치물의 가액 전부를 배상하였다면, 그는 임치인이 제3자에 대하여 가지는 손해배상채권을 법률상 당연히 취득하게 된다. 이는, 손해배상책임을 지는 자가 여럿 있는 경우에 그중 1인이 그 전액을 배상하게 되면, 실제로는 이들 사이에 변제자대위가 일어나는 것과 동일한 결과가 된다.

통설은 다른 한편으로 채권자의 보험금청구권은 배상자대위의 대상이 되지 않는다고 한다. 가령 건물의 임차인이 과실로 건물을 소실하게 하여 임대인 겸 건물소유자에게 전보배상을 하더라도, 그는 임대인의 화재보험금청구권을 대위할 수 없다.[124]

(다) 배상자대위가 있은 후에, 채권자가 그 가액을 반환하고 배상자가 배상자대위에 의하여 취득한 권리의 반환을 청구할 수 있는가? 배상자대위의 취지는 채권자에게 부당한 이익을 허용하지 않으려는 데 있고 채권자로부터 권리를 빼앗으려는 것은 아니므로, 이를 인정하여도 좋을 것이라는 견해가 있

---

[123] 대판 1977. 7. 12, 76다408은, 배상자대위에 의한 권리의 이전에는 "그에 관하여 채권자나 채무자의 양도 기타 어떤 특별한 행위를 필요로 하는 것이 아니"라고 하였다.
[124] 그러나 보험자가 보험금을 지급한 때에는 보험자대위에 의하여 임대인의 임차인에 대한 손해배상청구권을 취득하게 된다. 상법 제681조 참조.

다.[125) 그러나 명문의 규정이 없는 한 이를 인정할 수 없다. 이를 인정한다고 하더라도, 권리의 원상회복은 가액의 반환과 어떠한 관계에 있는가, 그에는 인도·등기·채권양도통지 등 공시방법을 요구할 것인가, 제 3 자와의 관계는 어떠한가 등 어려운 문제가 많고, 오히려 불필요하게 법률관계를 복잡하게 할 우려가 있기 때문이다.

10. 손해배상청구권과 본래의 채권의 관계

(1) 채무불이행으로 인한 채권자의 손해배상청구권은 원래의 채권의 확장(지연이자의 경우)이거나 변형(전보배상의 경우)이기 때문에 그와 동일성을 가진다고 일컬어지고 있다. 그러나 여기서 '동일성이 있다'는 말의 법적인 의미는 반드시 명확한 것은 아니다. 그 손해배상청구권은 채권이 만족을 얻지 못함으로써 손해를 입은 것을 발생원인으로 하는 것이기는 하다. 그러나 물권이 침해된 경우에 발생하는 물권적 청구권은 모권인 물권'으로부터' 나오는 것이기는 하여도 그 물권과 동일성을 가진다고는 하지 않는다. 요컨대 여기서 '동일성이 있다'는 것은 원래의 채권에 관한 다음과 같은 일정한 사항이 손해배상청구권의 내용에도 영향을 미친다는 것을 뜻할 뿐이다.

(가) 원래의 채권에 대한 담보는 채무불이행으로 인한 손해배상청구권에도 미친다(제334조, 제360조, 제429조 제 1 항은 질권, 저당권, 보증에 관하여 이를 명정한다). 한편 전세권에 관하여는 제303조 제 1 항 후단이 단지 "전세금의 우선변제를 받을 권리가 있다."라고 정할 뿐이고, 그 우선변제적 효력이 전세금반환채무의 불이행으로 인한 손해배상에도 미치는가에 대하여는 규정이 없다. 다른 담보물권에 대한 규정을 유추하여, 역시 긍정해야 한다.

(나) 손해배상청구권의 소멸시효기간은 원래 채권의 성질에 의하여 정해진다. 가령 상사매매에 기한 대금채무의 불이행으로 말미암아 발생한 손해배상채권은 상사시효기간인 5년에 걸린다.[126) 상사채권에 대하여 단기의 소멸시효기간(상 제64조)을 정한 이유는 단기 결제의 필요성에 있는데, 이는 그 불이행으로 인한 손해배상청구권에도 인정할 수 있기 때문이다.

그런데 손해배상청구권의 소멸시효는 원래의 채권을 행사할 수 있을 때부

125) 김형배, 채권총론, 229면.
126) 대판 1979. 11. 13, 79다1453.

터 진행한다고 하는 견해가 있다.[127] 그러나 손해배상청구권은 엄연히 원래의 채권과는 별개의 요건에 기하여 발생하는 별도의 권리이므로, 원칙으로 돌아가서 "권리를 행사할 수 있는 때," 즉 그 발생시부터 소멸시효가 진행한다.

(2) 채무불이행으로 인한 손해배상청구권은 원래의 채권과는 별도의 독립된 권리이고, 이를 원래의 채권에 종된 권리라고 할 수는 없다. 이는 그것이 전보배상을 내용으로 하는 경우는 물론이고, 지연배상을 내용으로 하는 경우에도 마찬가지이다.

(가) 손해배상청구권은 원래의 채권과 별도로 양도 또는 전부轉付될 수 있음은 물론이다. 그런데 반대로 원래의 채권이 양도된 경우에는 이미 발생한 지연배상채권도 따라서 양도된다고 할 것인가? 변제기가 도래한 지분적 이자채권은 원본채권이 양도되거나 전부된 경우에도, 다른 특별한 의사표시가 없는 한, 이러한 지분적 이자채권은 양도되지 않는다고 해석되고 있다. 이미 발생한 지연이자도 이와 마찬가지이다.

(나) 특히 채무불이행으로 인한 비재산적 손해의 배상청구권(위자료청구권)에 대하여는 그것을 "피상속인의 일신에 전속한 것"(제1005조 단서)이라고 보아 상속성을 부정하여야 하는지 문제될 수 있다. 비재산적 손해의 배상, 특히 정신적 고통에 대한 위무로서의 배상은 그러한 고통을 당한 본인에 대하여만 의미를 가지며, 상속인과는 무관하다고 할 수도 있기 때문이다. 그러나 비재산적 손해에 대한 배상청구권이라고 하여도 일단 금전으로 평가된 이상 그것이 재산적인 가치를 가짐을 부정할 수 없기 때문에, 상속성이 있다.[128]

[보론]   대상청구권[129]

일반적으로 대상청구권代償請求權이란 이행불능에 고유한 법률효과로서 논의된다. 여기서 '대상'이란 채무자가 채무의 이행을 후발적으로 불능하게 하는 사정에 기하여 얻는 경제적 이익으로서 원래의 급부를 갈음하는 것을 가리킨다. 매매의 목적이 된 물건이 공권력에 의하여 수용收用되는 경우에 매도인이

---

127) 곽윤직 · 김재형, 채권총론, 130면.
128) 대판 1966. 10. 18, 66다1335.
129) 이에 관해서는 민법주해[IX], 287면 이하(양창수 집필).

소유자로서 취득하는 수용보상금(또는 그 청구권), 매매 목적물이 멸실된 경우에 그 멸실에 책임 있는 사람에 대하여 가지는 매도인의 손해배상청구권 또는 보험회사에 대한 보험금청구권(또는 그 손해배상금이나 보험금) 등이 이에 해당한다. 나아가 매도인이 이중매도하여 제2매수인으로부터 취득한 매매대금(또는 그 청구권) 등과 같이 이른바 '법률행위로부터 발생한 이익'에 대하여도 논의가 있으나 이를 긍정할 것이다.

민법에는 독일과는 달리 대상청구권에 관한 명문의 규정이 없으나, 다수설은 이행불능의 효과로서 대상청구권을 인정하고 있다. 그러나 대상청구권을 인정할 법적 근거가 없고 대상청구권을 인정하는 것은 위험부담에 관한 제537조의 취지를 잠탈하는 것이라는 이유로 비판적인 견해가 있다.[130] 판례는 1992년 이래 대상청구권을 인정하였다. 즉, 대판 1992. 5. 12, 92다4581, 4598은, "우리 민법에는 이행불능의 효과로서 채권자의 전보배상청구권과 계약해제권 외에 별도로 대상청구권을 규정하고 있지 않으나 해석상 대상청구권을 부정할 이유가 없"다고 하였다. 가령 매매의 목적물이 화재로 소실됨으로써 채무자인 매도인의 매매목적물에 대한 인도의무가 이행불능이 되었다면, 채권자인 매수인은 화재사고로 매도인이 지급받게 되는 화재보험금, 화재공제금에 대하여 대상청구권을 행사할 수 있다고 한다.[131]

대상청구권이 인정되기 위하여는 급부가 후발적으로 불능하게 되어야 하고, 급부를 불능하게 하는 사정의 결과로 채무자가 채권의 목적물에 관하여 '대신하는 이익'을 취득하여야 한다. 따라서 '급부를 불능하게 하는 사정'과 피고가 취득한 '대신하는 이익' 사이에 상당인과관계가 존재하지 않으면 대상청구권이 발생하지 않는다.[132] 또한 쌍무계약의 당사자 일방이 상대방의 급부가 이행불능이 된 사정의 결과로 상대방이 취득한 대상에 대하여 급부청구권을 행사할 수 있다고 하더라도, 그 당사자 일방이 대상청구권을 행사하려면 상대방에 대하여 반대급부를 이행할 의무가 있다. 이 경우 당사자 일방의 반대급부도 그 전부가 이행불능이 되거나 그 일부가 이행불능이 되고 나머지 잔부의

---

130) 그러나 비교법 등의 성과를 바탕으로 기본적으로 현재의 다수설 및 판례의 태도를 지지하는 포괄적인 문헌으로 우선 김형석, "대상청구권 — 민법개정안을 계기로 한 해석론과 입법론", 서울대 법학 제55권 4호(2014), 103면 이하 참조.

131) 대판 2016. 10. 27, 2013다7769.

132) 대판 2003. 11. 14, 2003다35482.

이행만으로는 상대방의 계약목적을 달성할 수 없는 등 상대방에게 아무런 이익이 되지 않는다고 인정되는 때에는, 상대방이 당사자 일방의 대상청구를 거부하는 것이 신의칙에 반한다고 볼 만한 특별한 사정이 없는 한, 당사자 일방은 상대방에 대하여 대상청구권을 행사할 수 없다.[133] 즉, 쌍방의 채무 모두가 이행불능이 된 경우에는 원칙적으로 대상청구권은 인정되지 않는다.

[판결 9] 이행불능과 대상청구권: 대판 1992. 5. 12, 92다4581, 4598

2. 피고(반소원고, 이하 피고라 한다)소송대리인들의 상고이유를 본다.

기록에 의하면 원고는 원심 제 1 차 변론기일에 진술한 1991. 9. 4.자 준비서면에서 주위적으로 이행불능 당시의 시가상당액에 의한 전보배상을 구하고 예비적으로 이 사건 토지가 수용됨으로써 그 보상금을 피고가 수령하였음을 이유로 그 금원의 지급을 구하고 있는바, 위 예비적 청구는 피고가 이 사건 토지에 대한 소유권이전등기의무의 이행불능을 발생케 한 원인인 토지수용으로 인하여 이 사건 토지의 대상인 보상금을 취득하였음을 이유로 그 보상금의 지급을 구하는 것으로서 이른바 대상청구권을 행사하는 취지라고 볼 수 있으므로, 같은 취지로 판단한 원심판결은 정당하고 소론과 같이 처분권주의에 위반한 위법이 없다.

우리 민법에는 이행불능의 효과로서 채권자의 전보배상청구권과 계약해제권 외에 별도로 대상청구권을 규정하고 있지 않으나 해석상 대상청구권을 부정할 이유가 없으며, 대상청구권을 인정하는 것이 공공용지의취득및손실보상에관한특례법에 저촉되고 당사자의 의사해석에도 반한다는 소론은 독자적 견해에 불과하여 받아들일 수 없다.

질문

(1) 매수인이 매도인에게 매매목적토지의 수용으로 인한 보상금을 수령하였음을 이유로 그 금원의 지급을 구하는 청구를 할 수 있는가? 그 근거는 무엇인가?

(2) 이른바 대상청구권을 인정할 수 있는 근거는 무엇인가?

---

133) 대판 1996. 6. 25, 95다6601.

Ⅰ. 서   설

1. 의   의

민법은 매매에 관한 장에서 매도인의 담보책임擔保責任에 관하여 규정하고 있다(제570조 내지 제584조). 매도인의 담보책임은 매도인이 매매목적물에 존재하는 권리상의 하자(또는 권리의 흠결) 또는 물질적인 하자로 인하여 특별히 매수인에 대하여 부담하는 책임으로서, 매도인의 과책을 요하지 않는다는 점에 특색이 있다.[1]

2. 담보책임의 법적 성질

매도인의 담보책임이 법정책임인지, 아니면 채무불이행책임인지 논란이 있다. 종래에는 법정책임설이 다수설이었으나, 현재에는 오히려 채무불이행책임설이 유력하다.[2]

---

1) 민법은 물건의 하자담보책임에 대하여 매매와 도급으로 나누어 각각 별도의 규정을 두고 있다. 매도인의 하자담보책임과 수급인의 하자담보책임은 구제수단, 권리행사기간이 다르게 규정되어 있다. 다만 매매의 경우에는 도급의 경우와 달리 하자보수청구에 관하여 명시하고 있지 않지만, 매매의 경우에도 하자보수청구권을 인정할 수 있는지 논란이 있다. 또한 도급의 경우에는 상사매매의 경우에 관한 상법 제69조 제1항이 적용되지 않기 때문에(대판 1987. 7. 21, 86다카2446), 담보책임의 적용과 관련하여 계약이 매매인지 도급인지는 중요한 의미를 갖는다.
2) 상세한 것은 김상용, 채권각론, 193면; 김주수, 채권각론, 199면; 이은영, 채권각론, 307면; 민법주해[ⅩⅣ], 217면(남효순 집필) 이하 참조.

참고논문

　매도인은 매매계약의 체결을 통하여 「매매계약의 내용에 부합하는 물건에 대한 완전한 소유권 또는 기타 재산권을 이전하는 채무」를 부담하는바 매도인의 담보책임이란 이러한 기본적 급부의무를 불이행한 데 대하여 부담하는 책임이라고 할 것이다. 그 내용을 구체적으로 살펴보면 첫째, 매도인은 계약의 내용에 좇아 매매의 목적인 권리에 아무런 하자가 없는 완전한 재산권을 매수인에게 이전하여야 한다. … 둘째, 매도인은 계약의 내용에 좇아 아무런 물질적 하자가 없는 온전한 물건을 매수인에게 인도하여야 한다. 따라서 만일 매수인이 이전받은 권리 그 자체에 또는 권리의 객체에 계약의 내용에 부합하지 않는 어떤 하자가 존재한다면 이는 바로 매도인이 재산권이전의무를 이행하지 않은 것이 된다. 물론 여기서 권리나 물건에 하자가 존재하는지의 여부, 즉 완전성여부는 권리나 물건 그 자체로서 고립되어 추상적으로 결정되는 것이 아니라 계약의 내용과 관련하여 결정되어야 할 상대적인 개념이라고 할 것이다. 그리고 유상계약이라는 매매계약의 특성상 권리나 물건의 완전성이란 매수인이 부담하는 대금지급의무와의 상관관계하에서 평가되어야 하는 경우가 많다. 즉, 매도인은 매수인이 지불하는 매매대금에 상응하는 재산권을 이전할 채무를 부담한다. 이처럼 담보책임에 있어서도 일반의 채무불이행에 있어서처럼 「채무와 책임」, 「채무와 그 불이행으로 인한 책임」이라는 도식이 유지되고 따라서 담보책임은 채무불이행책임으로서의 본질을 갖는다. 판례는 타인권리의 매매에서 성립하는 담보책임(민법 제570조)에 한하여서만 이를 채무불이행책임으로 이해하고 있으나 다른 담보책임에 있어서도 계약 그 자체로부터 하자없는 급부의무의 존재를 인정할 수 있으므로 당연히 채무불이행책임의 본질을 갖는 것으로 해석하여야 할 것이다. 그 결과 매도인이 하자없는 급부의무를 부담하는 한 매수인은 원칙적으로 하자있는 물건의 수령을 거절할 수 있다고 할 것이다.[3]

II. 타인의 권리의 매매

1. 매매의 유효

　제569조는 "매매의 목적이 된 권리가 타인에게 속한 경우에는 매도인은

---

3) 남효순, "담보책임의 본질론(II)," 서울대 법학 제35권 2호(1994), 230면.

그 권리를 취득하여 매수인에게 이전하여야 한다."라고 정하고 있다. 이것은 타인의 권리매매가 유효하다고 선언하고,[4] 타인의 권리매매의 경우에 매도인이 그 권리를 취득하여 매수인에게 이전하여야 한다는 의무를 부과한 것이다. 가령 타인 소유의 부동산을 매도한 경우에 매도인은 여전히 등기와 점유를 이전할 의무를 부담한다.[5]

이 규정은 매매목적물의 소유권이 매도인에게 속하고 있지 않은 경우에 적용된다. 또한 권리자가 권리를 처분할 의사가 전혀 없는 경우 등과 같이 처음부터 매도인이 권리를 취득하여 매수인에게 이전할 가능성이 없는 경우에도 마찬가지이다.[6]

2. 담보책임

(1) 의   의

매도인의 담보책임은 매도인이 목적 권리가 자기에게 속함을 담보한다는 의미이다. 그러므로 매도인은 타인의 권리를 취득하여 매수인에게 이전하여야 한다. 매도인이 그 권리를 취득하여 매수인에게 이전할 수 없는 때에는 매도인에게 귀책사유가 없는 경우에도 담보책임으로서 해제권과 손해배상청구권이 발생한다(제570조).

매수인에게 권리를 이전하지 않은 경우에 매도인의 담보책임이 발생할 뿐만 아니라, 매수인에게 권리를 이전하였으나 그것이 무효이어서 추탈追奪되는 경우도 매도인의 담보책임이 발생하는데, 후자를 추탈담보책임이라고 한다.

(2) 요   건
(가) 타인의 권리의 매매일 것

「타인의 권리」란 목적물인 권리가 매매 당시 존재하기는 하나 매도인에게 귀속되지 않고 있는 것을 말한다. 부동산에 관하여 매도인 명의로 등기되어 있더라도 실제 소유자가 따로 있다면, 타인의 권리매매에 해당한다.

---

4) 대판 1966. 4. 6, 66다267.
5) 소유권이전등기에 관한 판결로는 대판 1948. 2. 17, 4280민상235; 대판 1963. 3. 21, 63다43이 있고, 점유이전에 관한 판결로는 대판 1974. 7. 26, 73다1639가 있다.
6) 대판 1963. 3. 21, 63다43; 대판 1963. 10. 31, 63다606(국유의 하천부지를 그 점유자가 매도한 경우); 대판 1979. 4. 24, 77다2290(목적물이 법령에 의하여 국유화된 후 그 사실을 모르고 매매계약이 체결된 경우) 등 참조.

매도인이 소유자로부터 부동산을 매수하였으나 소유권이전등기를 경료받지 못한 상태에서 부동산을 매도한 경우에 타인의 권리매매에 해당하는지 문제된다.[7] 대법원 판결 중에는 "매도인은 사실상 처분할 수 있을 뿐 아니라 법률상으로도 처분할 수 있는 권원에 의하여 매도한 것이므로" 제569조에서 말하는 '타인의 권리 매매'라고 할 수 없다는 판결들이 있다.[8] 그러나 이와 같은 경우에 타인의 권리매매로 보아야 한다는 판결도 있다.[9]

여기에서 타인의 권리매매에 관한 규정을 둔 이유를 생각해볼 필요가 있다. 매매목적물인 부동산이 제3자의 소유에 속하고 있다면 부동산의 매도인은 제3자로부터 소유권을 취득하여 이를 매수인에게 이전할 의무가 있다고 보는 것이 합리적이다. 제569조는 이러한 의무를 정하고 있는 것이다. 그러므로 부동산의 미등기 전매를 제569조에서 제외할 이유가 없다. 결국 매도인이 매매를 원인으로 한 소유권이전등기의무를 이행하기 위하여 제3자로부터 이전등기를 경료받아야 할 경우에는 타인의 권리매매에 해당한다고 보아야 한다. 매도인이 사실상 처분권한이 있다고 해서 타인의 권리매매가 아니라고 볼 수는 없다. 또한 부동산의 매수인이 매도인에 대한 소유권이전등기청구권을 가지고 있으면 법률상 처분권한이 있는 판결들도 있으나, 부동산 물권변동에 관하여 형식주의를 취하는 현행민법에서는 소유권이전등기를 경료받아 소유권을 취득한 경우에 비로소 법률상 처분권한이 있다고 보아야 한다.[10]

(나) 매도인이 권리를 취득하여 매수인에게 이를 이전할 수 없을 것

매도인이 권리를 취득하지 못하여 매수인에게 권리를 이전할 수 없어야 한다. 대법원 판결 중에는 "민법 제570조는 매매에 있어서 매수인 보호를 위한 규정으로 여기의 이른바 소유권의 이전불능은 채무불이행에 있어서와 같은 정도로 엄격하게 해석할 필요가 없고 사회통념상 매수인에게 해제권을 행사시키거나 손해배상을 구하게 하는 것이 형평에 타당하다고 인정되는 정도의 이행

---

7) 민법 제186조는 "부동산에 관한 법률행위로 인한 물권의 득실변경은 등기하여야 그 효력이 있다."라고 정함으로써 부동산 물권변동에 관하여 형식주의 또는 등기주의를 채택하고 있다.

8) 대판 1972. 11. 28, 72다982; 대판 1996. 4. 12, 95다55245.

9) 대판 1979. 6. 26, 79다564; 대판 1982. 1. 26, 81다528; 대판 1993. 11. 23, 93다37328.

10) 상세한 것은 김재형, "부동산의 미등기전매가 타인의 권리매매에 해당하는지 여부," 민법론 Ⅱ, 2004, 131면 이하.

장애가 있으면 족하고 반드시 객관적 불능에 한하는 엄격한 개념이 아니"라는 판결들이 있다.[11]

그러나 이와 같은 법리가 타당한지는 의문이다.[12] 제570조 이하에서 권리를 이전할 수 없다는 것(이전불능)은 이행불능과 동일한 것으로 볼 수 있다. 이행불능의 경우에도 사회통념상 이행불능에 해당하면 충분하다. 따라서 "사회통념상 매수인에게 해제권을 행사시키거나 전보배상을 시키는 것이 타당하다고 인정되는 정도의 이행장애가 있으면 족"하다고 하는 것은 일반적인 이행불능의 경우에도 마찬가지이다. 다만 타인의 권리가 매매된 경우에는 이미 원시적으로 이행장애사유가 있는 것이므로, 이 점을 고려하여 매수인을 위하여 보다 용이하게 「이전불능」이 인정될 여지가 있다.

매도인이 취득·이전할 수 없게 된 원인은 가리지 아니한다. 진정한 권리자가 확고하게 매도를 거부하는 경우는 물론, 멸실과 같은 자연적 불능도 포함된다.

매수인이 매도인으로부터 이전받은 등기나 점유를 진정한 권리자로부터 추탈하는 소송(등기회복청구나 인도청구 등의 소송)이 제기된 경우에는, 통상 위와 같은 이전불능은 그 소송이 권리자의 승소로 종결되는 때에 인정된다.[13]

매도인이 취득·이전할 수 없는 것에 대하여 고의 또는 과실이 있는지는 문제되지 않는다.[14] 가령 스스로 선의·무과실로 등기명의인으로부터 부동산을 매수한 사람이 다시 이를 매도하여 소유권이전등기를 넘겨 준 경우라도, 진정한 소유자가 따로 있었다고 한다면, 그는 매수인에 대하여 위 규정에 따른 책임을 진다.

(3) 효 과

(가) 계약의 해제

매수인은 매매계약을 해제할 수 있다(제570조 본문). 이 경우 매수인의 선

---

11) 대판 1977. 10. 11, 77다1283; 대판 1982. 12. 28, 80다2750.
12) 민법주해[IX], 284면(양창수 집필); 서민, "매도인의 담보책임과 채무불이행책임의 경합," 민사판례연구 제17집(1994), 135면.
13) 대판 1973. 3. 13, 72다2207; 대판 1975. 5. 13, 75다21; 대판 1981. 6. 9, 80다417(이 판결은 승소판결이 확정되는 때이지, 이에 기하여 실제로 매수인 명의의 등기가 말소되는 때가 아니라고 한다).
14) 대판 1964. 7. 23, 64다196. 다만, 매도인의 취득불능이 "오로지 매수인의 귀책사유에 기인한 경우"에는 매도인의 담보책임은 발생하지 않는다는 판결이 있다. 대판 1979. 6. 26, 79다564.

의·악의를 묻지 않는다. 이것이 제570조의 담보책임의 최소한의 효과이다. 이 해제에 대하여는 해제의 효과에 대한 법리 일반이 적용된다.

(나) 손해배상

선의의 매수인은 손해배상을 청구할 수 있다. 이는 제570조 단서의 반대해석에 따른 것이다. 이 경우 선의란 타인의 권리의 매매임을 알지 못한 것을 말한다. 매도인이 권리자가 아님을 알았으면, 비록 권리를 취득할 법적 권원이 있음을 알았어도 여기서 말하는 선의가 아니다. 가령 미등기전매임을 안 전매인은 제 1 매도인의 다른 처분 가능성이라는 위험을 인수한 것으로 볼 수 있다. 매수인이 악의인 경우에 매도인에게 귀책사유가 있으면 채무불이행책임을 물을 수 있으나 귀책사유는 매수인이 증명하여야 한다는 판결이 있다.[15] 그러나 이와 같이 증명책임을 전환할 근거가 없다.

매도인의 고의나 과실은 요건이 아니다. 제570조는 매수인이 권리를 취득하지 못하게 되는 위험 중 매도인의 무권리로 인한 위험을 매도인에게 부담시키기 위한 것이기 때문이다.

이 경우 손해배상은 이행이익을 내용으로 한다. 즉, 타인의 권리를 매매한 자가 권리이전을 할 수 없게 된 때에는 매도인은 선의의 매수인에 대하여 불능 당시의 시가를 표준으로 그 계약이 완전히 이행된 것과 동일한 경제적 이익을 배상할 의무가 있다.[16]

3. "선의의" 매도인의 해제권

제571조는 매도인의 담보책임에 관한 규정이 아니나, 선의의 매도인 보호를 위한 특별규정을 두고 있다. 매도인이 계약 당시에 매매의 목적이 된 권리가 자기에게 속하지 아니함을 알지 못한 경우에 그 권리를 취득하여 매수인에게 이전할 수 없는 때에는 매도인은 손해를 배상하고 계약을 해제할 수 있다(제 1 항). 매수인이 선의인 경우에는 선의의 매도인에게 해제권을 부여하되, 손해배상을 하도록 한 것이다. 이와 달리 매수인이 악의인 경우에는 손해배상을 하지 않고 계약을 해제할 수 있다(제 2 항).

---

15) 대판 1970. 12. 29, 70다2449. 이에 대한 비판적 분석으로는 김재형(주 10), 133-136면.
16) 대판(전) 1967. 5. 18, 66다2618; 대판 1979. 4. 24, 77다2290; 곽윤직, 채권각론, 140면; 김주수, 채권각론, 204면; 이은영, 채권각론, 322면.

이 규정은 목적물의 일부가 타인에게 속하는 경우에는 적용되지 않고, 수 개의 권리를 일괄하여 매매하였으나 그 중 일부를 이전할 수 없는 경우에도 적용되지 않는다.[17]

4. 목적물의 일부가 타인에게 속하는 경우

제572조는 제570조를 목적물의 일부가 타인에게 속하는 경우에 맞추어 담보책임을 감축한 것으로 볼 수 있다. 매매목적물의 일부가 타인에게 속함으로 인하여 매도인이 그 권리를 취득하여 매수인에게 이전할 수 없는 때에는 매수인은 그 부분의 비율로 대금의 감액을 청구할 수 있다(제 1 항). 이 규정은 원칙적으로 대금감액청구권을 인정한 것인데, 계약의 일부 해제라고 할 수 있다. 위와 같은 경우에 잔존한 부분만이면 매수인이 이를 매수하지 않았을 때에는 선의의 매수인은 계약의 전부를 해제할 수 있도록 하였다(제 2 항). 이와 별도로 선의 매수인에게 손해배상청구권을 인정하고 있는데, 이 경우의 손해배상도 이행이익의 배상을 의미한다.[18]

제573조는 권리행사기간을 정하고 있는데, 이는 제척기간에 해당한다. 이 기간의 기산점인 선의의 매수인이 "사실을 안 날"이라 함은 단순히 권리의 일부가 타인에게 속한 사실을 안 날이 아니라 그 때문에 매도인이 이를 취득하여 매수인에게 이전할 수 없게 되었음이 확실하게 된 사실을 안 날을 말한다.[19]

[판결 1] 부동산의 미등기전매와 타인의 권리매매: 대판 1996. 4. 12, 95다55245

[이   유]

상고이유를 판단한다.

1. 제 1 점에 대하여

부동산을 매수한 후 그 소유권이전등기를 하지 아니한 채 이를 다시 제 3 자에게 매도한 경우에는 그것을 민법 제569조에서 말하는 '타인의 권리 매매'라고 할 수 없다(대법원 1972. 11. 28. 선고 72다982 판결 참조).

원심이 적법하게 확정한 사실과 같이 피고가 소외 A의 이름으로 소외 주식회사 금진기업으로부터 이 사건 오피스텔을 분양받은 후 그 소유권이전등기

---

17) 대판 2004. 12. 9, 2002다33557.
18) 대판 1993. 1. 19, 92다37727.
19) 대판 1991. 12. 10, 91다27396.

를 하지 아니한 채 원고에게 이를 매도하였다면, 그 매도인인 피고는 이 사건 오피스텔을 사실상 처분할 수 있을 뿐 아니라 법률상으로도 처분할 수 있는 권원에 의하여 원고에게 매도한 것이므로 이를 민법 제569조 소정의 타인의 권리의 매매에 해당한다고 해석할 수는 없다 할 것인바, 같은 취지의 원심판결은 옳고, 거기에 상고이유의 주장과 같은 타인의 권리 매매에 관한 법리를 오해한 위법이 있다고 할 수 없다. 그리고 상고이유에서 들고 있는 대법원 판결들은 사안을 달리하는 것으로서 이 사건에 적절한 것이 아니다.

2. 제 2 점에 대하여

부동산의 매수인이 소유권을 보존하기 위하여 자신의 출재로 피담보채권을 변제함으로써 그 부동산에 설정된 저당권을 소멸시킨 경우에는, 매수인이 그 부동산 매수시 저당권이 설정되었는지의 여부를 알았든 몰랐든 간에 이와 관계없이 민법 제576조 제 2 항에 의하여 매도인에게 그 출재의 상환을 청구할 수 있다 할 것이다.

원심이 원고가 이 사건 오피스텔에 관한 소유권을 보존하기 위하여 출재한 금원에 대하여 민법 제576조 제 2 항에 의하여 그 상환을 구하기 위하여 이 사건 청구를 하고 있으므로 피고가 주장하는 사유만으로는 피고가 원고에게 상환할 채무액을 감액할 수 없다고 판단한 것은 위에 설시한 법리에 따른 것으로 옳다고 여겨지고, 거기에 상고이유의 주장과 같은 과실상계의 법리를 오해한 위법이 있다고 할 수 없다. 그리고 상고이유에서 들고 있는 대법원 판결들은 사안을 달리하는 것으로서 이 사건에 적절한 것이 아니다.

3. 그러므로 상고를 기각하고 상고비용은 패소자의 부담으로 하기로 관여 법관들의 의견이 일치되어 주문과 같이 판결한다.

[평석]

『대상판결에서는 근저당권이 설정된 타인 소유의 부동산을 매수하여 자기 앞으로 소유권이전등기를 경료하지 않은 채 위 부동산을 매도한 경우에도 제576조가 적용되는지 문제되었다. 대상판결의 사건에 대한 구체적인 판단을 정리해보면 다음과 같다. 즉, "부동산을 전전 양도받은 매수인이 그 부동산 위에 설정되어 있는 근저당권의 피담보채무를 변제한 경우에 제576조 제 2 항에 따라 그 출재액의 상환을 청구할 수 있다. 이 때 매도인이 근저당권의 피담보채무를 부담하고 있는 자인지 여부는 상관없다." 대상판결은 이러한 판단을 하면서 부동산을 매수하여 소유권이전등기를 경료하지 않은 경우에도 그 부동산을 사실상, 법률상 처분할 권원이 있기 때문에 부동산의 미등기 전매행위가 타인의 권리매매에 해당하지 않는다고 하였다. 그러나 저당권 실행시의 매도인의 담보책임을 정하고 있는 제576조는 타인의 권리매매에 해당하는 경우에도 적용된다고 보아야 한다. 따라서 대상판결이 타인의 권리매매에 해당하는지 여부에 관하여는 이 사건의 구체적인 해결과는 무관한 부분이다. 대상판결에서 부동산 미등기 전매행위가 타인의 권리매매에 해당하는지 여부에 관한 논의는 실익이 없다고 할 수도 있다. 나아가 부동산 미등기 전매행위가 타인의 권리매매가 아니라는 대상판결의 판시부분은 이에 관한 종래의 판결들 중 일부를 답습한 것으로 부당하다고 생각한다. 왜냐하면 부동산을 사실상, 법률상 처분할 권원이 있는지 여부가 타인의 권리매매를 판정하는 기준으로 작용할 수 없고, 나아가 현행 민법하에서 부동산을 매수하여 소유권이전등기를 마치지 않은 상태에서 부동산을 법률상 처분할 권원이 있다고 볼 수도 없기 때문이다.』[20]

질문

(1) 부동산 매수인이 소유권이전등기 없이 이를 제 3 자에게 전매한 경우, '타인의 권리 매매'에 해당하는가? 위 문제에 관한 판례를 어떻게 파악하여야 하는가?

(2) 이 사건에서 타인의 권리매매에 관하여 판단한 실제 이유는 무엇이라고 생각하는가?

(3) 부동산 매수인이 자신의 출재로 저당권을 소멸시킨 경우, 매도인에 대한 구상권을 행사할 수 있는가?

[판결 2] 타인의 권리매매에서 손해배상: 대판(전) 1967. 5. 18, 66다2618

[이   유]

상고이유 제 2 점에 대한 판단

매매의 목적이 된 권리가 타인에게 속한 경우에 매도인이 그 권리를 취득하여 매수인에게 이전할 수 없을 때에는 매매의 목적이 된 권리가 매도인에게 속하지 아니함을 알지 못한 매수인이 매도인에게 대하여 손해배상을 청구함에는 매도인은 계약이 완전히 이행된 것과 동일한 경제적 이익을 배상함이 상당

---

20) 김재형(주 10), 140면.

할 것임으로 그 손해는 매수인이 입은 손해뿐만 아니라 얻을 수 있었던 이익의
상실도 포함된다고 해석할 것이다.

　　따라서 이 견해에 배치되는 대법원 1960. 4. 21. 선고 1961민상 제385호 사
건에 표시된 본원의 견해를 변경한다. 위 경우의 손해액의 산정은 일반 채무불
이행으로 인한 손해배상액의 확정시기와 마찬가지로 원칙으로 매매의 목적이
된 권리를 취득하여 이전함이 불능하게 된 때의 시가를 표준으로 하여 결정할
것이고 본건에 있어서 원고가 피고의 매매계약 이행의사 없음이 명백함을 전제
로 하는 본건 매매계약 해제를 전제로 이행에 대신하는 전보배상을 청구하는
본건에 있어 매도인이 본건 토지의 소유권을 취득하여 매수인에게 이전하지 못
하므로 매매계약이 해제된 경우에는 매수인은 해제시까지는 목적물의 급여청구
권을 가지며 해제에 의하여 비로소 이 청구권이 상실되므로 특별한 사정이 없
는 한 매수인이 받을 이행에 대신하는 손해배상액은 해제 당시의 목적물의 시
가를 표준으로 하여 결정할 것이고 원심과 같이 경제적 일반 추세에 따르는 목
적물 시세 앙등사정은 당사자에게 당연 예견 또는 예견가능성이 있다는 전제로
변론종결 당시의 시가에 의하여 손해액을 산정할 것이 아니다.

　　원심은 위와 같이 매도인의 손해배상의 범위와 산정시기에 관한 법리를 오
해한 위법이 있어 이 점을 논난하는 상고이유는 이유 있음에 돌아간다.

질문

(1) 타인의 권리를 매매하였으나 이행불능이 된 경우에 매수인이 받을 손해배
　　상의 범위는?
(2) 이행이익과 신뢰이익은 어떻게 구분되는가?

[판결 3] 타인의 권리매매에서 매도인의 담보책임과 채무불이행책임의 관계:
　　　　대판 1993. 11. 23, 93다37328

[이　　유]

　제 2 점에 대하여

　　타인의 권리를 매매의 목적으로 한 경우에 있어서 그 권리를 취득하여 매
수인에게 이전하여야 할 매도인의 의무가 매도인의 귀책사유로 인하여 이행불
능이 되었다면 매수인이 매도인의 담보책임에 관한 민법 제570조 단서의 규정
에 의해 손해배상을 청구할 수 없다 하더라도 채무불이행 일반의 규정(제546조,
제390조)에 좇아서 계약을 해제하고 손해배상을 청구할 수 있다고 할 것이다(당

원 1970. 12. 29. 선고 70다2449 판결 참조).

이 사건 사실관계가 원심이 인정한 바와 같다면 피고의 소유권이전등기의 무의 이행불능은 피고의 귀책사유로 인한 것이라고 보아야 할 것이고, 그 이행불능이 피고의 귀책사유로 인한 것인 이상 피고로서는 민법 제546조, 제390조 소정의 이행불능으로 인한 손해배상책임을 면할 수 없다고 할 것이므로 같은 취지의 원심판결은 정당하고, 거기에 소론과 같은 법리를 오해한 위법이 있다고 할 수 없다.

논지는 이 사건에서의 이행불능은 원·피고들의 공동귀책사유에 기인한다는 것이나, 피고가 내심으로 원고들로부터 잔대금을 지급받아 제3자인 소외 박병열에게 잔대금을 지급할 의사를 가지고 있었다 하더라도 위 박병열에 대한 잔대금지급의무는 근본적으로 피고에게 있는 것이므로 원고들이 매매의 목적이 된 이 사건 임야의 소유권이전등기가 불가능할 것을 염려하여 피고에 대한 잔대금의 지급을 미룬 사실을 들어 이행불능의 귀책사유가 원고들에게 있다고 할 수 없고, 설사 그 귀책사유가 원, 피고들 모두에게 있다고 하더라도 피고의 귀책사유가 인정되는 이상 피고는 그로 인한 책임을 면할 수 없는 것이므로, 받아들일 수 없다.

논지도 이유 없다. 그러므로 상고를 기각하고, 상고비용은 패소자의 부담으로 하여 관여 법관의 일치된 의견으로 주문과 같이 판결한다.

질문

(1) 타인의 권리매매에서 매도인의 담보책임과 채무불이행책임은 어떠한 관계에 있는가?

(2) 타인의 권리매매에서 매도인의 의무가 이행불능에 빠진 경우 손해배상책임이 발생하는 요건은 무엇인가?

III. 수량부족 또는 일부멸실의 경우 매도인의 담보책임

1. 의 의

민법 제574조는, 당사자가 수량을 지정하여 체결한 매매에서 목적물의 수량이 부족하거나, 또는 매매목적물의 일부가 계약당시에 이미 멸실된 경우에 매도인은 매매의 목적물의 일부가 타인에게 속한 경우와 동일한 담보책임을 진다고 정한다.

2. 요　　건

(1) 수량을 지정한 매매일 것

수량을 지정한 매매(수량지정매매)란 매매의 목적물이 된 특정물이 일정한 수량을 가지고 있음을 매도인이 표시하고, 또 이것을 기초로 하여 매매대금을 정한 경우를 말한다. 일정한 수량일 것을 조건으로 할 필요는 없다. 그러나 매수인이 일정한 수량일 것을 믿은 것만으로는 충분하지 않다. 일정한 수량이 계약상 표시되어 있더라도 당사자가 특정물 자체에 착안하여 매매가 이루어진 것이고 따라서 엄격하게 그 수량에 따라 대금액이 결정된 것이 아니라면 이에 해당하지 않는다.[21] 특히 토지나 건물과 같이 공부상의 표시가 있는 목적물인 경우에 지번 등과 아울러 그 수량을 공부상의 표시대로 표시하는 것은 단지 대상을 특정하기 위한 것인 데 그치는 경우가 많다.[22] 그러나 평당 기준가액을 정하지 아니하거나 매매목적물별로 매매대금을 정하지 않고 이를 포괄하여 매매대금을 정하였다고 하더라도 매매계약을 체결하면서 매수인이 일정한 수량이 있는 것으로 믿고 계약을 체결하였고 매도인도 일정한 수량이 있는 것으로 명시적 또는 묵시적으로 표시하였으며 나아가 매매대금이 그 수량(면적)을 기초로 하여 정해진 경우에는 그 매매는 수량을 지정한 매매라고 볼 수 있다.[23]

그와 같은 수량지정매매에서 실제 목적물의 수량이 지정된 수량보다 부족한 것이어야 한다. 실제의 목적물이 더 많은 경우에 대금증액청구권이 인정되어야 할 것인가 하는 문제도 논의의 여지가 있으나, 별도의 약정 등 다른 특

---

21) 대판 1973. 8. 31, 73다582는 계약서상에 "평당 0원"이라는 기재가 있어도 수량 지정 매매임을 인정할 수 없다고 하였다. 대판 1996. 5. 10, 95다11733은 매매대금을 평당 가격에다가 면적을 곱하여 산출하였다고 하여 바로 수량지정매매가 되는 것은 아니고, 특정물이 일정수량을 가지고 있다는 데 주안主眼을 두고 대금도 그 수량을 기준으로 하여 정한 경우에 수량지정매매라고 한다.

22) 대판 1977. 6. 28, 77다579는 토지 및 건물의 입찰매매의 경우에 관하여 "피고가 본건 토지에 관하여 입찰공고를 함에 있어서나 매매계약상에 그 평수를 표시한 것은 토지등기부상의 평수에 맞추어 표시함으로써 목적물 특정을 위하여 한 것이고 또한 본건 매매대금 역시 평당 얼마씩의 비율로 정하여 책정된 것이 아님을 주지할 수 있어 본건 매매는 민법 제574조의 수량을 지정한 매매로 보기에는 어렵"다고 판결하였다.

23) 대판 1986. 12. 23, 86다카1380; 대판 1996. 4. 9, 95다48780.

별한 사정이 없는 한, 이를 부인해야 한다.[24]

이 규정은 특정물매매에만 적용되고, 불특정물 매매에는 적용되지 않는다. 불특정물의 매매에서는 매도인이 급부한 수량이 부족한 때에는 매도인의 채무가 완전히 이행되지 않은 것이므로 매수인은 당연히 부족분의 급부를 청구할 수 있다.[25]

(2) 매매 목적물의 일부가 멸실되었을 것

매매의 목적물이 된 특정물의 일부가 계약 당시 이미 멸실한 경우에도 매도인의 담보책임이 발생한다. 이러한 경우는 이른바 원시적 일부불능에 해당하고, 원칙적으로 계약체결상의 과실책임이 문제되나, 본조가 적용되는 범위에서는 예외적으로 그 책임이 배제된다.[26]

(3) 매수인이 선의일 것

이 규정에 따른 매도인의 담보책임은 선의의 매수인에 한정된다. 매수인이 악의라면 계약의 체결 여부 및 그 내용을 결정하는 단계에서 해결하였어야 하기 때문이다.

3. 효   과

위와 같은 매도인은 매매의 목적인 권리의 일부가 타인에게 속한 경우와 마찬가지의 담보책임을 진다(제574조, 제572조, 제573조). 즉, 담보책임의 내용으로 대금감액청구권, 계약해제권, 손해배상청구권이 인정되고(제572조), 제573조에 따른 제척기간이 적용된다.[27]

[판결 4] 수량지정매매: 대판 1986. 12. 23, 86다카1380

[주   문]

원심판결을 파기하고, 사건을 광주고등법원에 환송한다.

[이   유]

원고 소송대리인의 상고이유를 판단한다.

---

24) 곽윤직, 채권각론, 144면.
25) 곽윤직, 채권각론, 143면.
26) 곽윤직, 채권각론, 144면. 이에 대해서는 비판적인 견해가 있다.
27) 이은영, 채권각론, 327면.

　원심판결은 그 거시증거에 의하여, 원고는 피고들과의 사이에 피고들로부터 이 사건 5필의 대지 합계 422.8평방미터와 그 지상건물 전부를 매매목적물로 표시하여 이를 대금 11억 천 5백만원에 매수하기로 하되 위 대금 중 금 6억 천 5백만원은 현금으로 지급하고, 나머지 금 5억원은 원고소유의 광주시 충장로 2가 23 대 162평방미터와 그 지상건물을 이전하여 주기로 하는 내용의 매매와 교환이 혼성된 계약을 체결하고, 쌍방이 위 계약에 따른 의무를 모두 이행하였는데, 원고가 위 계약목적물을 인도받은 후 이를 측량하여본 결과 위 목적물중 대 132.2평방미터로 표시하여 매매목적물에 포함시킨 광주시 동구 충장로 3가 21의 4 대지(이하 이 사건 대지라 한다)의 실제 면적이 101.2평방미터에 불과하여 결과적으로 실제 인도받은 면적이 계약서 표시면적보다 31평방미터 부족하게 된 사실을 인정한 다음 수량부족의 경우에 있어서의 매도인의 담보책임에 터잡아 위 부족부분에 해당하는 만큼의 대금의 반환을 구한다는 원고의 주장에 대하여 위 계약이 목적물의 수량을 지정한 계약이라는 점에 부합하는 그 판시의 증거들을 배척한 후, 오히려 그 거시증거에 의하면, 이 사건 대지는 원래 광주시 충장로 2가 21의 4 대 59평에서 1955. 3. 22. 이 사건 대지 132.2평방미터(40평)와 같은 곳 21의 7 대 19평으로 분할되는 과정에서 그 경계선을 잘못 그음으로써 이 사건 대지가 31평방미터 부족되게 된 것인데, 위 분할이래 위 부동산의 소유자들은 그 지상건물과 함께 이 사건 대지의 실제의 평수만을 점유 사용하여 왔을 뿐만 아니라, 피고들도 실제의 면적만을 점유 사용하여 왔고, 원고와 피고들이 이 사건 계약을 체결함에 있어서 그 계약서에 이 사건 대지를 포함한 매매목적대지의 공부상 면적을 표시한 것은 그 목적물을 특정하기 위한 것에 불과하며, 구체적으로 위 매매목적물의 평당 또는 평방미터당 시가를 정하고 이를 기초로 하여 그 매매대금을 산정한 것이 아니라 위 대지등의 공부상 면적에는 구애받지 아니하고, 그 실제의 현상을 중시하여 위 계약체결당시 피고들이 점유 사용하던 대지부분 및 지상건물들을 매수하는 것으로 하고, 이들을 포괄하여 대금총액을 정한 사실이 인정된다 하여 이 사건 계약이 목적물의 수량을 지정한 계약임을 전제로 한 원고의 위 주장은 이유없다고 이를 배척하였다.

　그러나 매매계약에서 등기부상 1필 또는 수필의 토지를 매매목적물로 표시한 경우에는 특단의 사정이 없는 한 매매의 대상은 그 1필 또는 수필의 토지전체라고 보는 것이 타당하고, 매매당사자가 매매당시 담장등으로 사실상 경계표시가 된 토지의 일부분을 매매목적물의 전체로 잘못 알고 매매계약을 체결하였다 하더라도 이러한 사실만으로는 담장안의 토지부분만이 매매의 대상이 된다고는 할 수 없다 함이 당원의 견해이며(당원 1985. 11. 12. 선고 84다카2344호

판결 참조), 또한 평당기준가액을 정하지 아니하거나 매매목적물별로 매매대금을 정하지 아니하고 이를 포괄하여 매매대금을 정하였다 하더라도 그 매매계약을 체결함에 있어 매수인이 일정한 수량이 있는 것으로 믿고 계약을 체결하였고, 매도인도 그 일정수량이 있는 것으로 명시적 또는 묵시적으로 표시하였으며, 나아가 매매대금이 그 수량(면적)을 기초로 하여 정하여진 경우에는 그 매매는 수량을 지정한 매매라고 봄이 타당하다 할 것인바, 돌이켜 이 사건에서 보건대, 기록에 의하면 원·피고들 쌍방은 피고들의 점유부분이 공부상 면적보다 적다는 사실을 알지 못한 채 그 매매목적부동산으로 위 5필의 대지를 표시하여 이 사건 계약을 체결하였음이 명백하므로, 원·피고들은 피고들의 점유부분이 계약목적 토지의 전체인 것으로 알고 이 사건 계약을 체결하였다고 보이기는 하나, 한편 이 사건 계약에서 위 5필의 대지 전체가 아니라 피고들의 점유부분만을 매매키로 하였다는 점에 대하여 원심이 들고 있는 증인 A의 1심증언은 구체적 매매경위나 내용설명 없이 막연히 피고들의 점유부분을 현상 그대로 하여 매매키로 하였다는 것에 불과할 뿐만 아니라, 그의 원심법정에서의 증언에서는 이 사건 계약이 매매계약서에 표시된 공부상 면적에 따라 그 매매대금이 정하여졌다고 1심법정에서의 위 진술을 번복하고 있는 점에 비추어 그 신빙성이 없다할 것이고, 달리 이를 인정할 별다른 증거가 없는 이 사건에서 위 5필의 대지가 매매목적물로 표시된 이상 위 5필의 대지 전체가 이 사건 매매의 목적물이라고 봄이 타당하다 할 것이고, 또한 기록에 의하면, 이 사건 계약에서 평당기준가액을 정한 후 그 기준가액에다 대지면적을 곱하여 매매대금을 산정한 것은 아니고, 또한 대지가액과 그 지상주택의 가액을 구별하여 정함이 없이 이를 포괄하여 이 사건 매매대금이 정하여진 사실이 인정되기는 하나, 다른 한편으로 성립에 다툼이 없는 갑 제9 내지 제12호증의 각 기재에 의하면, 이 사건 계약의 이행후 원고가 피고들에게 이전하여 준 광주시 충장로 2가 23 대 162평방미터 중 약 2평 가량이 도시계획선에 편입되어 있는 것이 밝혀지자 피고들이 이에 대한 보상을 요구하여 원고가 피고들에게 금 1천만원을 지급하여 준 사실이 인정되는바, 이에 비추어 볼 때 위 부동산은 그 자체의 현상대로 매매교환이 된 것이 아니라 그 면적을 기초로 하여 그에 대한 대금이 정하여졌다고 보아야 할 것이고, 위 부동산이 현상대로의 매매교환이 아니고 그 면적을 기초로 하여 그 대금이 정하여진 이상 특단의 사정이 인정되지 아니하는 이 사건에서 그 대가관계에 있는 이 사건 대지를 비롯한 피고들 소유의 위 5필의 대지만이 그 면적을 기초로 하여 그 대금이 정하여진 것이 아니라 그 현상대로 매매키로 한 것이라고 볼 수는 없다 할 것이므로 위 5필의 대지 역시 위 부동산과 마찬가지로 현상대로 매매된 것이 아니라 그 면적을 기초로 하여 그 대금이 정하여진 매매라고 봄이 상당하다 할 것이니, 결국 이 사건 계약은 매매계약서에 표시된 위 5필의 대지 전체에 대하여 그 수량을 지정하여서 한 매매하고 보아야 할 것이다.

그럼에도 불구하고 원심이 그 거시증거들에 의하여 이 사건 계약은 수량을 지정한 매매가 아니고, 피고들이 점유하고 있는 부분만에 대한 현상대로의 매매라고 판단한 조치는 채증법칙을 위배하여 사실을 잘못 인정하였거나 수량을 지정한 매매의 목적물이 부족되는 경우에 있어서의 매도인의 담보책임에 관한법리를 오해한 위법이 있다 할 것이고, 이는 소송촉진 등에 관한 특례법 제12조 소정의 파기사유에 해당한다 할 것이므로, 이 점을 지적하는 상고논지는 이유 있다.

그러므로 원심판결을 파기하여 다시 심리판단케 하기 위하여 원심법원에 환송하기로 관여법관의 일치된 의견으로 주문과 같이 판결한다.

질문

(1) 이 사건에서 매매의 목적물은 무엇인가?

(2) 수량지정매매를 판단하는 기준은 무엇인가?

(3) 평당가액을 정하지 않고 매매대금을 정한 경우에도 수량을 지정한 매매에 해당할 수 있는가?

Ⅳ. 목적물에 매수인의 용익을 방해하는 권리가 설정되어 있는 경우

1. 의   의

민법 제575조는, 매매의 목적물에 (i) 지상권, 지역권, 전세권, 질권 또는 유치권이나(제 1 항), 등기된 임차권(제 2 항 후단)이 존재하거나, (ii) 그를 위하여 존재하여야 할 지역권이 없는(제 2 항 전단) 경우에 매도인이 부담하는 담보책임에 관하여 정한다. 이러한 권리가 매매의 목적물에 설정되어 있으면(또는 목적물의 사용을 위하여 필요한 권리가 결여되어 있으면) 매수인은 목적물을 완전하게 사용, 수익할 수 없기 때문에 매도인에게 담보책임을 지운다. 이 규정은 이와 같이 매매의 목적물에 질적인 하자가 있는 경우에 관한 것이다.

2. 요 건

(1) 위 규정에 따른 담보책임이 발생하려면 매매의 목적물에 (i) 지상권, 지역권, 전세권, 질권 또는 유치권이나, 등기된 임차권이 존재하거나, (ii) 그를 위하여 존재하여야 할 지역권이 없어야 한다. 여기서 '등기된 임차권'이란 넓게 임차권을 그 목적물의 양수인에 대하여 대항할 수 있는 경우를 모두 포함한다. 따라서 건물의 소유를 목적으로 한 토지임대차의 경우 임차권을 등기하지 않았어도 임차인이 그 지상건물을 등기하면 역시 그 임차권은 제3자에게 대항할 수 있으므로(제622조), 그러한 토지가 매매의 목적이 된 경우에도 제575조의 담보책임이 발생한다. 또한 주택임대차보호법에 따라 대항력을 취득한 임차권에 관하여는 동법 제3조 제5항이 이를 명문으로 정하고 있다.[28]

그 밖에 목적물에 공법상 용익제한이 있는 경우에도 이 규정이 적용되는지 다투어지고 있는데 이 점에 관하여는 나중에 민법 제580조의 담보책임과 관련하여 보기로 한다.

위 (i)에서 열거한 권리들은 대부분 목적물을 일정기간 또는 피담보채권이 만족될 때까지 사용하거나 점유하는 것을 내용으로 하는 권리이고, 언제까지나 그 사용 또는 점유를 허용하는 것이 아니다. 따라서 특히 용익권에 관하여는 비록 매매 당시에는 그러한 권리가 존재하고 있었으나 그 권리가 매도인의 채무이행기 전에 소멸하는 것인 경우(가령 전세권의 존속기간이 매도인의 변제기 전인 경우)에도 매도인이 담보책임을 부담하는가 하는 문제가 제기된다. 이와 같은 경우에는 담보책임을 부정해야 한다. 매매 목적물에 설정된 권리가 위와 같은 내용이라면, 이것을 가지고 매수인의 이익실현을 저지하는 어떠한 원시적인 '하자'라고 보기는 어렵다. 실질적으로도 매도인이 성실하게 자신의 채무를 이행하고자 하고 또 할 수 있는데도 매수인이 계약을 해제할 수 있다는 것은 부당하다. 만일 이행기에 매도인이 그러한 권리를 배제한 이행을 하지 않았다면 채무불이행책임이 성립한다.

(2) 제575조에 의한 담보책임은 매수인이 선의인 경우에 한하여 인정된다. 위와 같은 제한이 있음을 안 매수인은 이를 고려하여 계약을 체결할 수 있었으므로, 별도로 보호할 필요가 없다.

---

28) 상가건물임대차보호법 제3조 제3항도 동일한 취지이다.

3. 효   과

(1) 매수인은 (i) 위와 같은 하자로 인하여 계약의 목적을 달성할 수 없는 때에는 계약을 해제할 수 있고(제575조 제 1 항 제 1 문), 또 일반적으로 (ii) 손해배상을 청구할 수 있다(제 1 항 제 2 문).

다른 담보책임의 경우와 대비되는 것은 이 경우에는 대금감액청구권이 인정되지 않는다는 점이다. 그것은 본조의 하자가 질적인 것이기 때문에 비율적인 산정이 곤란하기 때문이라고 설명된다.[29] 그러나 이러한 설명은 수긍하기 어렵다. 질적인 하자라고 해서 그것이 목적물의 가격에 미치는 영향을 측정하기가 특별히 곤란하지는 않기 때문이다. 이러한 점을 고려하여 이 경우의 손해배상은 용익이 제한됨으로써 발생할 대금의 감소액을 포함한다고 해석되고 있다.[30] 이러한 태도는 정당하다고 할 것인데, 이러한 손해도 "신뢰이익"의 개념에 포함된다고 한다면 도대체 그 개념의 법기술적 의의 자체가 의문시되지 않을 수 없다.

(2) 매수인의 해제권과 손해배상청구권은 위와 같은 권리의 존재(지역권 부존재의 경우에는 그 부존재)를 안 날부터 1년 내에 행사하여야 한다(제575조 제 3 항). 이 기간은 제척기간이다.

V. 매매목적물에 저당권, 전세권이 설정된 경우

1. 의   의

"매매의 목적물이 된 부동산에 설정된 저당권 또는 전세권의 행사로 인하여 매수인이 그 소유권을 취득할 수 없거나 취득한 소유권을 잃은 때"(제576조 제 1 항)에는 매수인은 매도인에 대하여 일정한 내용의 담보책임을 물을 수 있다.

---

29) 가령 곽윤직, 채권각론, 145면. 반대: 김주수, 채권각론, 210면.
30) 가령 곽윤직, 채권각론, 145면; 김상용, 채권각론, 200면; 이은영, 채권각론, 329면.

574   제 5 편   채무불이행

2. 요   건

(1) 저당권이 설정된 경우

(가) 위 규정은 매매의 목적물에 저당권이 설정되어 있다는 것만으로는 매도인이 담보책임을 지지 않음을 전제로 하고 있다. 이 점에서 위에서 본 용익적 권리 등의 경우와는 다르다.

저당권자는 목적물을 점유할 권한이 없고, 또 그 피담보채권이 변제되기만 하면 저당권은 소멸된다. 따라서 저당권의 존재 자체만을 가지고 매수인이 담보책임을 물을 수 있다고 하면, 매도인에게 지나치게 가혹한 결과를 강요할 우려가 있다. 특히 매매대금을 지급받아 저당권의 피담보채권을 변제하려고 하는 매도인이 드물지 않은 것을 생각하면 더욱 그러하다. 따라서 위와 같은 민법의 태도는 수긍할 수 있다.

(나) 그러나 저당권이 실행된 단계에서는 이와는 다르다. 저당권의 실행절차, 즉 임의경매절차에서 제 3 자에게 부동산이 경락됨으로써(매도인이 경락받은 경우에는 담보책임을 물을 여지가 없다), 매수인이 그 소유권을 애초부터 취득할 수 없거나 매수인이 일단 취득한 소유권을 상실하게 된 경우에는, 매수인은 매매계약을 해제할 수 있다(제576조 제 1 항).

일반적으로 매수인이 아직 목적물의 소유권을 취득하지 못하고 있는 동안에 저당권의 실행으로 제 3 자가 이를 경락받은 경우에는 매수인은 "그 소유권을 취득할 수 없"게 되었다고 해석하여야 할 것이다.

(다) 매수인이 그 "출재로 그 소유권을 보존한 때", 즉 매수인이 저당권의 피담보채권을 변제 등으로 소멸시킴으로써 결국 저당권을 소멸시킨 경우에는, 매도인에 대하여 그 상환을 청구할 수 있다(제576조 제 2 항).

만일 매도인이 피담보채권의 채무자이면, 매수인은 변제할 이해관계 있는 제 3 자로서, 위 규정이 없어도 매도인에 대하여 구상권을 가진다.[31] 그러나 매도인이 피담보채권의 채무자가 아닌 경우에는 매수인이 매도인에 대하여는 구상권을 갖지 못한다(변제자의 대위에 의하여 그 피담보채권 및 그 담보에 관한 권리를 취득할 뿐이다). 그러므로 민법은 위 규정을 두어 위와 같은 경우에도 매수인이 매도인에 대하여 구상권을 가진다고 함으로써 매수인을 보호하려고 한 것

---

31) 위 제 4 편 제 2 장 Ⅲ. 참조.

이다.[32]

(라) 한편 위 (나), (다)의 경우에 매수인이 손해를 받은 때에는 그 배상을 청구할 수 있다(제576조 제 3 항).

(마) 위에서 본 해제권, 상환청구권, 손해배상청구권에는 제척기간의 규정이 없으므로, 일반적인 소멸시효 규정이 적용될 뿐이다.

(2) 전세권이 설정된 경우

민법은 전세권의 실행으로 인하여 매수인이 그 소유권을 취득할 수 없거나 취득한 소유권을 잃은 때에도 매도인은 위에서 본 바와 같은 담보책임을 진다고 한다(제576조 제 1 항).

전세권은 용익권을 가지므로, 그 존재만으로도 매도인은 담보책임을 진다(제575조 참조). 그러나 다른 한편 전세권자에게는 전세금의 우선변제를 받을 권리 및 경매청구권이 인정된다(제303조 제 1 항, 제318조). 그리고 이에 기한 경매절차에서 목적물이 제 3 자에게 경락되면, 저당권이 실행된 경우와 하등 다를 바가 없으므로 민법은 저당권 실행의 경우와 마찬가지로 매도인의 담보책임을 인정한 것이다. 따라서 이 경우에는 매수인의 선의·악의를 묻지 않고 매도인의 담보책임이 발생한다.

(3) 그 밖의 경우

일단 매수인이 매매목적물을 취득하였으나 후에 목적물상의 부담으로 인하여 그 권리를 상실하게 되는 등의 일은 비단 저당권이나 전세권이 실행된 경우에만 일어나는 것은 아니다. 가령 이미 목적물이 강제집행절차의 일환으로 압류 또는 가압류되거나, 또는 목적물에 관하여 가등기가 이루어진 경우에 후에 그 경매절차에서 제 3 자가 경락을 받거나, 또는 가등기에 기한 본등기가 이루어지면, 매수인은 역시 "그 소유권을 취득할 수 없거나 취득한 소유권을 잃"게 되는 경우가 있다. 이 경우에도 제576조를 유추적용하여, 매수인은 매도인을 상대로 동조에서 정하는 담보책임을 물을 수 있다.[33]

(4) 특   약

매수인이 그의 출재로 소유권을 보존할 특약이 있는 때에는 본조의 적용

---

32) 대판 1967. 1. 24, 66다2255.
33) 대판 1992. 10. 27, 92다21784; 대판 1996. 4. 12, 95다55245; 대판 2011. 5. 13, 2011다1941.

이 없다(통설). 가령 저당권 또는 전세권이 설정되어 있는 부동산의 매매에 있어서, 피담보채권액 또는 전세금을 공제하여 대금을 정한 때에는 매수인이 그 채무를 인수하거나 적어도 이행을 인수하는 약정이 있다고 보아야 한다. 이러한 경우에는 비록 그 저당권 등의 실행으로 매수인이 소유권을 취득하지 못하거나 상실하더라도, 매도인에 대하여 본조의 책임을 묻지 못한다.

(5) 저당권의 목적인 지상권·전세권의 매매의 경우(제577조)

저당권의 목적이 되는 것은 부동산에 한하지 않으며, 부동산 위에 설정된 지상권·전세권도 저당권의 목적이 된다(제371조 참조). 또한 지상권·전세권이 매매의 목적이 될 수 있음은 물론이다. 그리하여 지상권·전세권이 저당권의 목적으로 되어 있는 경우에, 저당권이 실행되면 그 지상권·전세권의 매수인은 이들 권리를 취득할 수 없거나 잃게 되는 수가 있게 되고, 또한 매수인이 그의 출재로 이들 권리를 보존하는 경우도 있다. 이러한 경우에도 지상권 또는 전세권의 매수인을 보호할 필요가 있음은 위에서 본 저당권 또는 전세권이 설정되어 있는 부동산 매매의 경우와 같다. 여기서 민법은 저당권의 목적으로 되어 있는 지상권이나 전세권이 매매의 목적인 때에도 제576조를 준용하여 매수인을 보호하고 있다(제577조). 책임의 요건·내용 등은 저당권 또는 전세권의 제한이 있는 부동산 매매의 경우 매도인의 담보책임에 관하여 이미 설명한 것과 대체로 같다.

VI. 물건의 하자에 대한 담보책임

1. 의   의

민법 제580조 이하에서 물건에 하자가 있는 경우 매도인의 담보책임에 관하여 규정하고 있다. 위에서 살펴본 매도인의 담보책임은 권리의 하자로 인한 것인 반면, 여기에서 살펴볼 담보책임은 물건의 하자로 인한 것이라는 점에서 구별된다.

2. 요 건

(1) 매매의 목적물에 하자가 있을 때

위에서 살펴보아 온 매도인의 각종의 담보책임과는 달리, 이 경우에는 매매 목적물이 가지는 물질적인 성질에 어떠한 흠이 있는 경우를 말한다. 그러나 이 경우 하자란 어떠한 것이냐에 관하여는 어려운 문제가 많다.

(가) 하자의 개념

하자의 개념을 주관적으로 파악할 것인지, 아니면 객관적으로 파악할 것인지 논란이 있다. 객관적 하자 개념은 물건에 하자가 있는지를 객관적으로 파악하여 매매의 목적이 된 물건이 그와 같은 종류의 물건이 갖추어야 할 성상보다 뒤떨어진 경우를 말한다.[34] 이에 대하여 주관적 하자 개념은 계약의 당사자가 계약에서 정한 내용에 맞는 성상을 갖추지 못한 경우를 말한다.[35] 일반적으로는 당사자들이 구체적으로 예정한 매매목적을 기준으로 이를 충족하기에 필요한 물질적인 성상을 갖추지 못한 경우에는 하자가 있다고 할 것이고, 당사자들이 별도로 그러한 매매목적을 예정하지 않았을 때에는 통상의 용도를 기준으로 하여 판단하여야 할 것이다.[36] 나아가 매도인이 보장한 성능이 구비되지 못한 경우에도 하자가 있다고 할 것이다. 가령 견본매매에서 급부된 물건이 견본보다 저열한 성능을 가진 경우가 그러하다. 최근에 아파트 분양계약에서 분양자의 채무불이행책임이나 하자담보책임이 문제되는 경우가 많다. 분양된 아파트가 당사자의 특약에 의하여 보유하여야 하거나 주택법상의 주택건설기준 등 거래상 통상 갖추어야 할 품질이나 성질을 갖추지 못한 경우에 분양자의 위와 같은 책임이 인정된다.[37]

법률적 장애가 권리의 하자인지, 아니면 물건의 하자인지 문제된다. 대법원 판결 중에는 공장대지로 매매된 토지의 일부가 제방 및 국유하천부지에 속

---

34) 곽윤직, 채권각론, 148면; 김기선, 채권각론, 141면; 황적인 현대민법론 Ⅳ, 258면.
35) 김형배, 채권각론, 351면 이하; 김증한, 채권각론, 268면.
36) 이은영, 채권각론 제 5 판, 335면. 대판 1995. 6. 30, 95다2616 등은 피고가 원고에게 승강기의 제원 등을 제시하고 그에 맞는 용량 등을 갖춘 제품을 공급하여 주기로 한 경우에 그 결함은 계약상 예정된 성능을 결여한 하자라고 하였는데, 이는 주관적 하자개념을 채택한 것으로 볼 수 있다.
37) 대판 2010. 4. 29, 2007다9139.

한 경우에 제580조의 하자가 있다고 한 사례가 있다.[38] 또한 매매의 목적물에 공법상의 사용제한이 있는 경우(가령 토지가 도시계획구역안에 위치하고 있어서 건축이 제한되어 있는 경우 등)에 관하여도 제580조의 책임을 인정한 판결들이 있다.[39]

(나) 하자 판단의 기준시기

하자 유무를 판단하는 기준시도 반드시 명확한 것은 아니다. 종래 하자는 계약 당시에 존재하는 것이어야 한다고 해석되었다.[40] 그러나 담보책임의 성질은 채무불이행책임이기 때문에 위험이전시를 기준으로 하여 그 이전에 존재하는 하자는 그것이 원시적이든 후발적이든(이에 관하여는 제374조 참조), 또 매도인의 선관주의의무 위반으로 생긴 것이든 아니든 따질 것 없이 매도인에게 담보책임을 물을 수 있다고 할 것이다.[41]

(2) 매수인의 선의·무과실

매수인이 하자 있는 것을 알았거나 과실로 인하여 이를 알지 못한 때에는 매도인의 담보책임은 발생하지 아니한다(제580조 제1항 단서). 여기서 매수인의 과실을 일반적인 귀책사유로서의 과실과 동일하게 논할 수 없고, 그 하자가 당해 매수인과 같은 지위에 있는 사람이 통상 쉽사리 발견할 수 없었을 하자였다면 과실을 부인해야 한다. 판례도 대체로 매수인의 "과실"을 인정하는 데 소극적이다.[42] 매수인의 악의 또는 과실은 매도인이 증명해야 한다.

---

38) 대판 1985. 11. 12, 84다카2344.
39) 대판 1957. 12. 5, 4290민상762(주택 및 그 대지가 시가지계획선에 걸린 경우); 대판 1979. 7. 24, 79다827(공원지로서의 대지 중 일부가 도시계획상 도로에 편입된 경우); 대판 1985. 4. 9, 84다카2525(운행정지처분된 차량이 매매된 경우).
40) 대판 2000. 1. 18, 98다18506.
41) 김형배, "담보책임의 성질," 민법학연구, 1986, 244면 이하; 이은영, 채권각론, 339면.
42) 대판 1985. 11. 12, 84다카2344는 토지매매에서 특단의 사정이 없는 한 매수인에게 측량 또는 지적도와의 대조 등의 방법으로 매매목적물이 지적도상의 그것과 정확히 일치하는지의 여부를 미리 확인하여야 할 주의의무가 있다고 볼 수 없다고 하여, 매수인의 과실을 부정하고 있다. 또한 대판 1957. 10. 5, 4290민상160은 매수인이 시가지계획선에 저촉하는지 여부를 문의하자 매도인이 저촉되지 않는다고 확인한 경우에는 매수인에게 과실이 없다고 한다. 한편, 매수인의 과실을 긍정한 판결로는 대판 1979. 9. 24, 79다827이 있다.

3. 효   과

(1) 계약의 해제

하자에 의하여 계약의 목적을 달성할 수 없으면 계약을 해제할 수 있다 (제580조 제 1 항, 제575조 제 1 항 제 1 문). 어떠한 경우에 "계약의 목적을 달성할 수 없다"라고 볼 것이냐는 당사자들의 계약목적, 목적물의 종류·성질, 거래관행 등을 고려하여 객관적으로 판단할 것이다.[43] 그 경우에 만일 그 하자를 매수인이 쉽게 또는 저렴하게 보수할 수 있다면 이를 부인하여야 할 것이다. 그 경우에는 그 보수의 비용을 손해배상의 일부로서 청구하면 충분하다.

(2) 손해배상

그 밖의 경우에는 손해배상을 청구할 수 있다(제580조 제 1 항 본문, 제575조 제 1 항 2문). 이 경우 손해배상이 신뢰이익에 한정되는지 논란이 있다. 다수설은 이 경우의 손해배상책임이 매도인의 과실을 요건으로 하지 않고, 그 배상의 범위는 신뢰이익, 즉 하자가 없는 물건에 대하여 매매계약이 성립하였다고 믿은 것으로 인한 손해에 한정된다고 해석하였다.[44] 이와 같이 신뢰이익에 한정하는 이유는 첫째, 매도인의 담보책임은 매매의 목적물에 원시적인 하자가 있어서 매매가 적어도 일부무효로 될 수 있는 경우의 책임이므로 신뢰이익의 배상에 한하는 것이 이론적으로 정당하고, 둘째 매도인에게 과실이 없어도 부과되는 책임이므로 이렇게 해석하는 것이 실질적으로 공평에 맞는다는 데 있다.

이 규정에 따른 손해에 대금감액에 해당하는 손해(즉 만일 하자의 존재를 알았다면 그러한 대금으로 매수하지 않았을 것인데 하자가 없다고 믿었기 때문에 그 대금으로 계약을 체결한 것이다)[45]가 포함됨은 분명하다. 여기에서 나아가 어떠한 손해가 포함될지를 판단하기는 쉽지 않다. 한편 하자로 인하여 발생한 결과손

---

43) 대판 1980. 12. 9, 80다1982는 주택 및 그 대지를 매수한 경우 그 주택의 일부가 타인의 토지를 침범하고 있는 경우에는 그 부분을 철거하면 주택용건물의 효용을 달성할 수 없으므로 이로써 계약의 목적을 달성할 수 없다고 하였다.

44) 곽윤직, 채권각론, 140면, 149면. 이 경우 이행이익을 넘지 못한다고 한다.

45) 대판 1985. 11. 12, 84다카2344는 공장부지로서 매수된 일부에 하자가 있었던 경우 매수인이 입은 손해는 "위 하자 있는 토지부분의 매매 당시의 공장부지로서의 대금에서 하자 있는 상태인 제방 및 하천으로서의 시가 상당액을 공제한 금액이라고 봄이 상당하다"라고 하는 원심판결의 태도를 긍정하였다.

해(Mangelfolgeschaden)에 관해서는 채무불이행책임에 기하여 그 배상을 추궁할 수 있다.

판례는 "이 사건과 같이 매매목적물의 하자로 인하여 확대손해 내지 2차손해가 발생하였다는 이유로 매도인에게 그 확대손해에 대한 배상책임을 지우기 위하여는 채무의 내용이 된 하자 없는 목적물을 인도하지 못한 의무위반사실 외에 그러한 의무위반에 대하여 매도인에게 귀책사유가 인정될 수 있어야 한다."라고 한다.[46) 또한 판례는 매매의 목적물에 하자가 있는 경우 매도인의 하자담보책임과 채무불이행책임은 별개의 권원에 의하여 경합적으로 인정된다고 하면서 특별한 사정이 없는 한 하자를 보수하기 위한 비용은 매도인의 하자담보책임과 채무불이행책임에서 말하는 손해에 해당한다고 한다.[47)

(3) 완전물급부청구권

종류매매의 경우 하자가 있는 경우에는 계약의 해제나 손해배상을 청구할 수 있고, 또한 이러한 계약의 해제 또는 손해배상의 청구 대신 하자 없는 물건을 청구할 수 있는 권리, 즉 완전물급부청구권을 갖는다(제581조 제 1 항, 제 2 항, 제580조 제 1 항, 제575조 제 1 항). 그런데 완전물급부청구권 행사를 제한할 수 있는지 문제된다. 판례는 "매매목적물의 하자가 경미하여 수선 등의 방법으로도 계약의 목적을 달성하는 데 별다른 지장이 없는 반면 매도인에게 하자 없는 물건의 급부의무를 지우면 다른 구제방법에 비하여 지나치게 큰 불이익이 매도인에게 발생되는 경우와 같이 하자담보의무의 이행이 오히려 공평의 원칙에 반하는 경우에는, 완전물급부청구권의 행사를 제한함이 타당하다."라고 한다.[48)

(4) 제척기간

이상과 같은 매도인의 담보책임에 대하여는 "매수인이 그 사실을 안 날로부터 6월 내"라는 제척기간의 정함이 있다(제582조). 다수설은 이 기간을 출소기간으로 보고 있으나, 판례는 재판상 또는 재판 외의 권리행사기간이라고 한다.[49)

---

46) 대판 1997. 5. 7, 96다39455.
47) 대판 2021. 4. 8, 2017다202050. 이 판결은 "매매 목적물인 토지에 폐기물이 매립되어 있고 매수인이 폐기물을 처리하기 위해 비용이 발생한다면 매수인은 그 비용을 민법 제390조에 따라 채무불이행으로 인한 손해배상으로 청구할 수도 있고, 민법 제580조 제 1 항에 따라 하자담보책임으로 인한 손해배상으로 청구할 수도 있다."라고 한다.
48) 대판 2014. 5. 16, 2012다72582.
49) 대판 1985. 11. 12, 84다카2344.

[판결 5] 아파트 분양계약에서 하자의 인정 기준: 대판 2014. 10. 15, 2012다18762

[이   유]

상고이유(상고이유서 제출기간이 경과한 후에 제출된 '상고보충이유서'들의 기재는 상고이유를 보충하는 범위 내에서)를 판단한다.

1. 원고의 상고이유에 대하여

(생략)

2. 피고의 상고이유에 대하여

가. 아파트 분양계약에서의 분양자의 채무불이행책임이나 하자담보책임은 분양된 아파트가 당사자의 특약에 의하여 보유하여야 하거나 주택법상의 주택건설기준 등 거래상 통상 갖추어야 할 품질이나 성질을 갖추지 못한 경우에 인정되고(대법원 2008. 8. 21. 선고 2008다9358, 9365 판결, 대법원 2010. 4. 29. 선고 2007다9139 판결 등 참조), 하자 여부는 당사자 사이의 계약 내용, 해당 아파트가 설계도대로 건축되었는지 여부, 주택 관련 법령에서 정한 기준에 적합한지 여부 등 여러 사정을 종합적으로 고려하여 판단하여야 한다(대법원 2010. 12. 9. 선고 2008다16851 판결 등 참조).

그런데 ① 사업승인도면은 사업주체가 주택건설사업계획의 승인을 받기 위하여 사업계획승인권자에게 제출하는 기본설계도서에 불과하고 대외적으로 공시되는 것이 아니어서 별도의 약정이 없는 한 사업주체와 수분양자 사이에 사업승인도면을 기준으로 분양계약이 체결되었다고 보기 어려운 점, ② 실제 건축과정에서 공사의 개별적 특성이나 시공 현장의 여건을 감안하여 공사 항목 간의 대체시공이나 가감시공 등 설계변경이 빈번하게 이루어지고 있는 점, ③ 이러한 설계변경의 경우 원칙적으로 사업주체는 주택 관련 법령에 따라 사업계획승인권자로부터 사업계획의 변경승인을 받아야 하고, 경미한 설계변경에 해당하는 경우에는 사업계획승인권자에 대한 통보절차를 거치도록 하고 있는 점, ④ 이처럼 설계변경이 이루어지면 변경된 내용이 모두 반영된 최종설계도서에 의하여 사용검사를 받게 되는 점, ⑤ 사용검사 이후의 하자보수는 준공도면을 기준으로 실시하게 되는 점, ⑥ 아파트 분양계약서에 통상적으로 목적물의 설계변경 등에 관한 조항을 두고 있고, 주택 관련 법령이 이러한 설계변경절차를 예정하고 있어 아파트 분양계약에서의 수분양자는 당해 아파트가 사업승인도면에서 변경이 가능한 범위 내에서 설계변경이 이루어진 최종설계도서에 따라 하자 없이 시공될 것을 신뢰하고 분양계약을 체결하고, 사업주체도 이를 계약의 전제로 삼아 분양계약을 체결하였다고 볼 수 있는 점 등을 종합하여 보면, 사업주체가 아파트 분양계약 당시 사업승인도면이나 착공도면에 기재된 특정한 시공내역과 시공방법대로 시공할 것을 수분양자에게 제시 내지 설명하거나 분양안내서 등 분양광고나 견본주택 등을 통하여 그러한 내용을 별도로 표시하여 분양계약의 내용으로 편입하였다고 볼 수 있는 등의 특별한 사정이 없는 한 아파트에 하자가 발생하였는지 여부는 원칙적으로 준공도면을 기준으로 판단함이 타당하다고 할 것이다. 따라서 아파트가 사업승인도면이나 착공도면과 달리 시공되었더라도 준공도면에 따라 시공되었다면 특별한 사정이 없는 한 이를 하자라고 볼 수 없다.

　나. 원심판결 이유에 의하면, 원심은 이 사건 아파트와 같이 선분양·후시공의 방식으로 분양이 이루어지는 공동주택의 경우에는 분양계약이 체결될 당시 아직 착공 전이거나 시공 중이기 때문에 수분양자로서는 직접 분양 대상 아파트를 확인할 길이 없고, 오직 분양자가 주택 관련 법령의 규정에 따라 사업승인을 받으면서 제출한 도면(기본설계도면)과 착공신고를 하면서 제출한 도면(실시설계도면)에 따라 아파트를 건축할 것으로 기대하고 분양계약을 체결할 수밖에 없는 점, 이러한 선분양·후시공의 분양 관행에 주택 관련 법령이 이러한 분양방식을 허용하면서도 그 절차 및 그에 따라 제출할 도서를 엄격히 규정하고 있는 사정을 더하여 볼 때, 분양자에게는 특별한 사정이 없는 한 사업승인도면과 착공도면의 내용대로 아파트를 건축할 의무가 부과되어 있다고 할 것이고, 그와 달리 시공된 부분은 그 변경시공된 부분이 사업승인도면과 착공도면에서 정한 것에 비하여 성질이나 품질이 향상된 것이 아닌 한 당해 분양계약에서 보유하기로 한 품질이나 성상을 갖추지 못한 경우라고 볼 것이므로, 분양자는 그 부분에 관하여 하자담보책임을 부담한다고 판단한 다음, 원심판결 별지 1. '하자항목별 공사내역표 및 하자보수비용'〈표〉기재 3 3. '추가감정신청사항(설계변경에 의한 품질 등 하락항목)' 부분(이하 '이 사건 설계변경 부분'이라 한다)은 이 사건 사업승인도면과 달리 하향품질로 변경시공되거나 미시공된 하자들로서 피고의 하자담보책임이 인정된다고 판단하였다.

　다. 그러나 원심의 이러한 판단은 다음과 같은 이유에서 수긍하기 어렵다.

　기록에 의하면, 이 사건 설계변경 부분은 사업주체가 주택 관련 법령에 따라 설계변경절차를 거친 준공도면대로 시공되었을 뿐만 아니라 이 사건에서 쟁점이 된 플라스틱 창호 부분에 관하여는 입주자모집공고나 분양계약 당시 이미 알루미늄 창호에서 플라스틱 창호로 설계변경이 되었고, 당시 제작된 분양안내서의 주요마감재시설내역에 의하면 창호재질이 플라스틱으로 기재되어 있으며, 이에 따라 제작된 견본주택이 공개된 사실을 알 수 있다. 또한 기록을 살펴보아도 사업주체가 분양계약 당시 이 사건 설계변경 부분과 달리 사업승인도면에 기재된 특정한 시공내용과 시공방법대로 시공할 것을 수분양자에게 광고하거나 분양안내서의 제공이나 견본주택의 제시를 통하여 개별적으로 약속하는 등으로 사업승인도면에 기재된 내용이 분양계약의 내용에 편입되었다고 볼만한 자료가 없다. 따라서 이 사건 설계변경 부분에 관하여 하자가 발생하였다고 단정할 수 없다.

　　그럼에도 불구하고 이 사건 설계변경 부분이 사업승인도면이나 착공도면과 달리 변경시공되거나 미시공되었다는 이유로 당해 분양계약에서 보유하기로 한 품질이나 성상을 갖추지 못한 하자에 해당한다고 본 원심의 판단에는 집합건물의 소유 및 관리에 관한 법률 제 9 조에 의한 하자담보책임에서의 하자기준에 관한 법리를 오해하여 판결 결과에 영향을 미친 위법이 있다고 할 것이다. 이 점을 지적하는 상고이유의 주장은 이유 있다.

　　3. 결론

　　그러므로 피고의 나머지 상고이유에 대한 판단을 생략한 채 원심판결의 피고 패소 부분 중 원심판결 별지 1. '하자항목별 공사내역표 및 하자보수비용' 〈표〉기재 3 3. '추가감정신청사항(설계변경에 의한 품질 등 하락항목)'에 관한 손해배상청구 부분을 파기하고, 이 부분 사건을 다시 심리·판단하게 하기 위하여 원심법원에 환송하며, 원고의 상고를 기각하기로 하여 관여 대법관의 일치된 의견으로 주문과 같이 판결한다.

[판결 6] 매도인의 하자담보책임과 확대손해: 대판 1997. 5. 7, 96다39455

[원고, 피상고인]　주식회사 중앙

[피고, 상고인]　대량실리콘 주식회사

[원심판결]　수원지법 1996. 8. 7. 선고 95나7526 판결

[주　　문]　원심판결 중 피고 패소 부분을 파기하여 이 부분 사건을 수원지방법원 본원 합의부에 환송한다.

[이　　유]　상고이유를 판단한다.

　　1. 원심은, 농업용 난로, 농산물건조기, 오일버너 등의 제조·판매를 목적으로 하는 원고는 산업용 실리콘, 산업용 고무, 열기기 부품 등을 제조·판매하는 피고로부터 1988.경부터 농업용 난로의 버너에 사용되는 부품인 커플링(COUPLING)을 공급받아 왔는데, 1994. 9. 2. 피고로부터 'D/K 커플링' 800개를 개당 1,000원에 공급받아 농업용 난로를 제작하여 판매한 사실, 충남 서천군의 자영농인 소외 백종수는 같은 해 10. 24. 원고로부터 160,000 KCal/H 용량의 농업용 난로를 구입하여 같은 달 30.부터 비닐하우스 안에 설치하여 가동하였는바, 같은 해 12. 5. 01 : 00경까지 농업용 난로가 이상 없이 작동하는 것을 확인

하고 귀가하였으나, 같은 날 05:00경 비닐하우스 안에 들어갔다가 농업용 난로가 작동하지 아니하여 농작물이 냉해 피해를 입은 사실을 발견하게 되었고, 같은 달 중순경 원고로부터 위 냉해 피해에 대한 손해배상으로 금 10,000,000원을 지급받은 사실, 충남 당진군의 자영농인 소외 서만식도 같은 해 10. 13. 원고로부터 120,000 KCal/H 농업용 난로를 구입하여 같은 달 26.부터 가동하였는데, 1995. 2. 2. 01 : 30경까지 농업용 난로가 이상 없이 가동하는 것을 확인하였으나, 같은 날 05 : 30경 비닐하우스 안에 들어갔다가 농업용 난로가 꺼져 농작물이 냉해를 입은 사실을 발견하게 되었고, 같은 해 2. 15.경 위 냉해 피해에 대한 손해배상으로 원고로부터 금 15,000,000원을 지급받은 사실, 피고가 원고에게 공급한 '커플링'은 버너의 모터와 오일펌프를 연결하여 모터의 동력을 충격 없이 오일펌프에 전달하는 조그마한 동력전달장치로서, 모터의 축과 오일펌프의 축에 결합되는 양쪽 끝 부분은 특수금속을 사용하여 원형으로 제작하고, 그 사이의 샤프트 부분은 모터와 오일펌프의 회전충격을 흡수할 수 있도록 탄성체를 넣어 제작하는데, 원형금속 부분은 모터의 회전력을 샤프트를 거쳐 100% 오일펌프로 전달할 수 있게 하기 위하여 그 내부가 완전한 원형의 빈 공간으로 되어 있지 않고 반달모양의 마구리(멈치라고도 함)가 형성되어 있어서, 양쪽 마구리 부분이 각각 모터의 축 및 오일펌프 축의 각 홈(반달모양으로 깎인 부분)과 맞물리게 되어 커플링이 헛돌지 않고 모터의 축 및 오일펌프의 축과 일체가 되어 회전하게 되며, 그 때 특수금속으로 제작한 원형 부분에 끼워지는 샤프트의 탄성에 의하여 모터회전으로 발생하는 충격이 샤프트 부분에 흡수되는 사실, 위 냉해사고를 발생케 한 난로의 버너 부분을 분해한 결과 위 마구리 부분이 마모되어 오일펌프의 축과 커플링이 헛도는 현상이 발생하였음이 판명되었고, 이로 인하여 오일펌프에 동력이 전달되지 아니하여 오일이 분사되지 아니함으로써 위 농업용 난로가 가동되지 않았던 사실, 위와 같이 마구리 부분이 마모된 원인은 커플링의 샤프트 부분이 모터의 회전충격을 충분히 흡수하지 못함으로써 마구리 부분에 과도한 부하가 걸렸기 때문인 사실 등을 인정한 다음, 그렇다면 백종수와 서만식이 구입하여 설치한 농업용 난로는 피고가 원고에게 판매한 커플링의 하자로 인하여 제대로 작동하지 않은 것이라 할 것이므로, 피고는 원고가 냉해로 인한 손해배상금으로 지급한 위 합계 금 25,000,000원 상당을 원고에게 배상할 의무가 있다고 판단하였다.

2. 그러나 피고가 판매한 커플링의 하자로 인하여 이 사건 냉해사고가 발생하였다는 원심의 판단은 다음과 같은 이유로 수긍하기 어렵다.

가. 원심이 배척하지 아니한 을 제 2 호증의 2 내지 4(기상통계표)의 각 기

재와 감정인 이인규의 하자감정 결과에 변론의 전취지를 종합하여 보면, 커플링의 샤프트 부분의 탄성체에 사용되는 재료로는 크게 플라스틱과 고무의 두 가지가 있는데, 플라스틱은 강인성과 내구성이 뛰어난 대신 내한성耐寒性이 약하고, 고무는 플라스틱보다 강인성과 내구성은 떨어지지만 내한성이 뛰어난 사실, 샤프트에 내한성이 없으면 온도가 낮을수록 경도硬度가 높아져 샤프트가 탄성을 상실하게 되고 그에 따라 충격을 흡수하는 능력도 떨어지는바, 플라스틱으로 만든 샤프트라도 그 재료의 배합 비율이나 첨가제의 종류에 따라 내한성이 달라지고, 고무제품이라도 내구성과 강인성을 향상시키기 위하여 여러 가지 특수합성고무가 개발되어 있는 실정이므로, 사용목적에 따라서는 플라스틱이 고무보다 더 나은 경우도 있는 등, 커플링의 용도를 떠나서는 하자의 유무를 판단하기 어려운 사실, 피고는 개당 1,000원 짜리 'D/K 커플링' 외에, 특수고무로 제작한 개당 2,000원 내지 3,500원 짜리 커플링도 판매하고 있었으며, 1994년도에 약 18,000개 정도의 'D/K 커플링'을 제작·판매하였으나 내한성이 문제된 경우로는 이 사건 농업용 난로에 사용된 2개뿐이었던 사실 및 이 사건 농작물 냉해 피해가 발생한 날의 기온이 다른 날에 비하여 유난히 낮았던 사실 등을 인정할 수 있는바, 이러한 사실들과 함께 위 농작물 피해가 발생할 때까지 원고가 제작하여 판매한 농업용 난로가 상당 기간 동안 아무 이상 없이 잘 가동되다가 갑자기 날씨가 추워진 날에 비로소 가동이 중단된 점 등에 비추어 보면, 이 사건 'D/K 커플링' 2개가 플라스틱을 주된 재료로 하여 제작한 커플링의 샤프트가 통상 갖추어야 할 품질이나 성능조차 갖추지 못한 것이었다고는 볼 수 없을 것이다.

　나. 그러므로 피고가 원고에게 하자 있는 커플링을 공급하였다고 인정할 수 있기 위하여는, 원고가 피고에게 농업용 난로가 사용될 환경을 설명하면서 그 환경에 충분히 견딜 수 있는 내한성 있는 커플링의 공급을 요구한 데 대하여, 피고가 이 사건 'D/K 커플링'이 그러한 품질과 성능을 갖춘 제품이라는 점을 명시적으로나 묵시적으로 보증하고 공급하였다는 사실이 인정되어야만 할 것이고(당원 1995. 6. 30. 선고 95다2616, 2623 판결 참조), 특히 이 사건과 같이 매매목적물의 하자로 인하여 확대손해 내지 2차 손해가 발생하였다는 이유로 매도인에게 그 확대손해에 대한 배상책임을 지우기 위하여는 채무의 내용으로 된 하자 없는 목적물을 인도하지 못한 의무위반사실 외에 그러한 의무위반에 대하여 매도인에게 귀책사유가 인정될 수 있어야만 할 것이다.

　그런데 여러 해 동안 커플링을 사용하여 농업용 난로의 버너를 제작하여 온 원고가, 커플링의 재질에 따라 그 등급과 가격 및 용도에 차이가 있다는 사실을 모르고 있었다고는 보기 어려울 터인데, 원고는 1988.경 피고로부터 처음

커플링을 공급받을 당시에 피고가 어떠한 품질과 성능을 보장하였는지에 관하여 아무런 주장·입증을 하지 않으면서, 단지 그 동안의 거래관행에 따라 품명과 수량만으로 구두로 발주하여 이 사건 'D/K 커플링'을 공급받아 왔다고 자인하고 있고(기록 55쪽 준비서면 참조), 원고측 증인 A는 이 사건 커플링을 냉해용으로 공급받은 것은 아니라는 취지로 증언하고 있으며(기록 206쪽), 그 밖에 이 사건 커플링에 대하여 피고가 원고에게 어떠한 품질과 성능을 보증하였는지에 관한 자료를 발견할 수가 없다.

다. 뿐만 아니라 이 사건의 유일한 감정인인 이인규는, 플라스틱으로 만들어진 탄성체가 내한성 부족으로 낮은 온도에서 굳어져 탄성을 흡수하지 못함으로써 마구리가 마모된 것이라면, 마구리보다 먼저 샤프트에 파손 내지 마모가 발생하였을 것인데, 오히려 특수금속으로 제작한 원형 부분에 형성된 마구리가 마모되었는데도 샤프트 부분은 아무런 이상이 없는 이유를 설명하기 어렵다는 의견을 개진하고 있으므로, 원고측 증인 A나 원고 대표이사 B의 막연한 진술들만으로 위 감정인의 감정 결과를 배척하고 이 사건 마구리 부분의 마모원인이 오로지 샤프트의 탄성상실 때문이라고 단정할 수도 없다 할 것이다.

라. 그럼에도 불구하고 원심은 원고의 직원인 A의 증언과 원고의 대표이사인 B의 진술만으로 피고가 공급한 커플링의 하자가 이 사건 농작물 피해발생의 원인이라고 인정하고 말았으니, 원심판결에는 매매목적물의 하자나 그로 인한 손해배상책임에 관한 법리를 오해한 위법과, 그로 인하여 채증법칙을 위반하고 심리를 제대로 다하지 아니하여 판결에 영향을 미친 사실을 잘못 인정한 위법이 있다고 할 것이고, 따라서 이 점을 지적하는 논지는 이유가 있다.

3. 그러므로 피고의 나머지 상고이유에 대한 판단을 생략한 채 원심판결 중 피고 패소 부분을 파기하고 이 부분 사건을 원심법원에 환송하기로 하여 관여 법관의 일치된 의견으로 주문과 같이 판결한다.

질문

(1) 이 사건에서 하자가 있다고 볼 수 있는가? 이를 판단하는 기준은 무엇인가?
(2) 확대손해란 무엇을 의미하는가?
(3) 확대손해에 대한 배상책임을 인정하는 근거는 무엇인가?

[판결 7] 매도인의 담보책임과 채무불이행책임의 관계: 대판 2004. 7. 22, 2002다
51586

[주 문]

원심판결의 피고 패소 부분 중 금 9,224,329,639원에 대한 1997. 5. 21.부터
2003. 5. 31.까지의 연 5푼, 그 다음날부터 완제일까지의 연 2할의 각 비율에 의
한 금원을 초과한 부분을 파기하고, 그에 해당하는 제1심판결을 취소하여 원고
의 청구를 기각한다. 피고의 나머지 상고를 기각한다. 소송총비용은 이를 5분하
여 그 3은 피고가, 나머지는 원고가 각 부담한다.

[이 유]

1. 원심은 그 채용 증거들을 종합하여 다음과 같은 사실을 인정하고 있다.

가. 손해배상청구권의 발생

(1) 원고는 판시 토지를 포함한 안산시 일대 토지 합계 7,887,814m²(이하
'사업시행지'라 한다)에 대하여 건설부고시 제594호(1991. 10. 7.자)로 수립된 반
월 특수지역 개발구역 중 안산 신도시 2단계 건설사업을 수행하기로 하고,
1992. 3. 11. 당시 건설부장관으로부터 준공예정일을 1996. 12.로 하여 안산시를
서해안 거점도시로 육성하기 위한 사업실시계획을 승인받았으며, 그 승인은 같
은 날 건설부고시 제199271호로 고시되었다.

(2) 원고는 1992. 7.경 안산시장에게 사업시행지의 매수 및 손실보상 등 업
무를 위탁하였고 안산시장은 원고를 대리하여 폐지 전 공공용지의취득및손실보
상에관한특례법에 따라 사업시행지 내에 위치한 판시 토지의 공유지분권자인
피고와 위 토지 취득을 위한 협의를 거쳐 1995. 5. 16. 위 토지에 대한 피고의
지분을 금 8,758,541,900원에 협의취득하고 이에 따라 1995. 9. 22. 원고 명의로
소유권이전등기가 마쳐졌다.

(3) 피고는 판시 토지가 위와 같이 사업시행지에 포함되자 1992. 6.경 인근
도로 및 지표면보다 약 1m 이상 낮은 위 토지의 보상가격을 높이기 위하여 대
지 조성공사를 하였는데, 그 과정에서 토사와 함께 산업폐기물 등을 매립하기로
소외 1 등과 공모하여 1992. 6.경부터 1993. 11. 하순경 사이에 일반폐기물과 특
정폐기물 합계 18,500t을 단속이 뜸한 심야에 집중적으로 실어 운반한 후 판시
토지에 구덩이에 파서 쏟아 붓고 그 위에 다량의 토사를 덮어 외견상으로는 쉽
게 발견되지 않도록 하는 방법으로 위 폐기물을 은밀히 매립하였다.

나. 손해배상의 범위

(1) 피고의 폐기물 매립으로 인하여 그 매립 부분 주변의 토지에 중금속
등 오염이 확산되고 지하수까지 오염되었는바, 토양환경보전법시행규칙 및 지하

수의수질보전등에관한규칙 등 관계 법령에 의하여 요구되는 기준에 따라 토지와 지하수의 오염도를 산출하여 이를 정상적인 토지와 지하수로 복구하기 위한 비용이 금 16,350,000,000원(판시 토지를 포함하여 인근 매립지 전체의 복구비용)이 소요된다.

(2) 원고는 환송 후 원심의 변론종결 무렵 이미 위 폐기물처리를 위한 공사도급계약을 체결하고 이에 따라 위 감정 결과에서 산출된 비용의 상당 부분을 실제 지출하였거나 위 비용의 지출을 전제로 계약을 체결하여 그 계약에 따른 처리공사를 시행하고 있었다.

2. 원심은 위 사실인정에 터잡아 다음과 같이 판단하였다.

가. 매매계약에 있어서 매도인은 특별한 사정이 없는 한 하자가 없는 정상적인 물건을 인도할 의무가 있는바, 피고가 협의취득절차에서 보상금을 유리하게 책정받기 위하여 성토작업을 하는 과정에서 폐기물을 다량 매립하였으면서도 폐기물이 존재하지 않는 정상적인 토지임을 전제로 하는 협의취득절차를 진행하여 폐기물이 매립된 토지를 인도하였다면 피고는 위 협의취득상의 매도인으로서 계약상의 의무를 제대로 이행하지 않음으로 인하여 원고가 입은 손해를 배상할 책임이 있다.

나. 위 손해배상청구권은 피고에 대하여 매매계약의 내용에 따라 판시 토지를 하자 없는 상태로 인도할 것을 구하는 이행청구권에 갈음하는 것으로서 그 범위가 확정된 이상 원고가 실제로 그 비용을 지출하였는가 여부에 관계없이 피고는 이를 배상하여야 하며 그 범위는 위 폐기물처리비용 중 피고의 소유지분에 상응하는 금액이다.

다. 한편, 하자 있는 토지를 매도함으로써 피고의 위 채무불이행으로 인한 손해배상책임이 발생하더라도 이와 별도로 민법 제580조에 의한 하자담보책임이 발생하므로 피고는 원고에게 하자 있는 토지의 매도로 인한 담보책임으로서 손해배상책임을 부담하지만, 그 경우 손해배상의 범위는 위 채무불이행으로 인한 손해배상으로서 위 폐기물처리비용 상당액 중 피고의 지분 상당액을 초과하지 않는다.

3. 상고이유를 본다.

가. 재판청구권 침해에 관하여

위와 같이 환송 후 원심 변론종결일에 이르기까지 손해배상책임의 발생 및 그 범위에 관하여 충분히 심리된 이상 원심이 폐기물처리작업의 완료 여부와 원고가 이를 위하여 실제로 지출한 비용을 별도로 심리하여 확정할 필요는 없다고 할 것이고, 따라서 이 점에 대한 추가심리를 주장하는 피고의 변론재개신청을 받아들이지 않은 조치는 정당하고 거기에 상고이유 주장과 같이 피고의 주장·입증 기회를 박탈하여 재판청구권을 침해한 위법이 없다.

나. 업무위탁에 의한 협의취득 당사자에 관하여

폐지 전 공공용지의취득및손실보상에관한특례법에 의한 협의취득을 하기 위하여는 매수인은 공공사업을 시행하는 자여야 하는바, 행정청이 아니면서 도시계획사업을 시행하는 자는 도시계획사업에 관한 허가와 고시가 있은 때 위 특례법상 공공사업시행자로서 협의취득을 할 수 있다(대법원 2000. 8. 22. 선고 98다60422 판결 참조).

따라서 원심이, 원고가 사업실시계획에 대한 승인을 받고 이를 고시함으로써 위 특례법상 협의취득의 주체가 되는 사업시행자의 지위를 취득하였고 그 지위에 기하여 안산시에게 협의취득절차에 관한 업무를 위탁하였으므로 안산시는 원고를 대리하여 판시 토지를 매수한 것일 뿐 협의취득의 당사자는 원고라고 판단한 것은 정당하고 거기에 상고이유 주장과 같이 위 특례법상 업무위탁에 관한 채증법칙 위반으로 인한 사실오인, 판례 및 법령 위반의 위법이 없다.

상고이유에서 원용하는 위 대법원 2000. 8. 22. 선고 98다60422 판결은 위 판시 내용에 비추어 오히려 원심의 판단을 뒷받침하는 판결이라고 할 것이다.

다. 채무불이행책임의 요건에 관하여

매도인이 성토작업을 기화로 다량의 폐기물을 은밀히 매립하고 그 위에 토사를 덮은 다음 도시계획사업을 시행하는 공공사업시행자와 사이에서 정상적인 토지임을 전제로 협의취득절차를 진행하여 이를 매도함으로써 매수자로 하여금 그 토지의 폐기물처리비용 상당의 손해를 입게 하였다면 매도인은 이른바 불완전이행으로서 채무불이행으로 인한 손해배상책임을 부담하고, 이는 하자 있는 토지의 매매로 인한 민법 제580조 소정의 하자담보책임과 경합적으로 인정된다고 할 것이다.

한편 피고가 스스로 법령에 의하여 요구되는 정도와 방법에 부합하도록 폐기물을 처리하여 판시 토지를 정상적으로 복구할 것을 기대하기 어려워 원고가 그 처리비용 상당의 손해배상을 구하는 이 사건에서 원고에게 피고가 스스로 폐기물을 처리할 것만을 청구하거나 손해배상청구에 앞서 이러한 청구를 먼저 행사하여야 할 의무는 없는 것이고, 나아가 폐기물처리비용이 매매대금을 초과한다는 사정은 원고의 손해배상청구권 행사에 아무런 장애가 되지 않는다고 할 것이다.

한편 폐지 전 공공용지의취득및손실보상에관한특례법에 의하여 공공사업의 시행자가 토지를 협의취득하는 행위는 사경제주체로서 행하는 사법상의 법률행위이므로(대법원 1999. 11. 26. 선고 98다47245 판결 등 참조) 그 일방 당사자의 채무불이행에 대하여 민법에 따른 손해배상 또는 하자담보책임을 물을 수 있다. 피고가 상고이유에서 들고 있는 대법원 2001. 1. 6. 선고 98다58511 판결은 토지수용법에 의한 수용에서는 목적물에 숨은 하자가 있는 경우에도 하자담보책임이 인정되지 않는다는 것으로서 이 사건과 사안을 달리 하므로 이 사건에 원용하기에 적절하지 않다.

따라서 피고에게 손해배상책임이 있다고 한 원심의 인정 및 판단은 정당하고 거기에 상고이유 주장과 같이 매매대상물의 하자와 불완전 이행의 요건 및 하자담보책임과의 관계, 추완청구권과의 관계, 위 특례법상 협의취득의 법률적 성질 등에 관한 법리오해, 판례 및 법령 위반, 채증법칙 위반 등의 위법이 없다.

라. 손해배상의 범위에 관하여

기록에 비추어 살펴보면, 원심이 위 폐기물처리비용 중 피고의 소유지분에 상응하는 금액을 손해배상액으로 인정하여 위 금원 및 이에 대하여 원고가 위 금액 상당의 배상을 구하는 1997. 4. 15.자 청구취지확장 및 원인변경신청서의 송달 이후의 지연손해금의 지급을 명한 조치는 정당하고 거기에 상고이유 주장과 같이 손해배상액 인정에 있어서 요건사실 누락, 채증법칙 위반으로 인한 사실오인, 심리미진, 판례 위반, 손해배상청구권의 이행기에 관한 법리오해 등의 위법이 없다.

한편, 이미 원고가 환송 후 원심의 변론종결일 무렵 지출할 것이 요구되고 실제로 그 비용의 상당 부분을 지출한 이 사건에서 원고가 그 전액을 지출하지 않았다는 점만으로 중간이자를 공제할 수 없다고 할 것이고, 손해의 발생 및 확대에 기여한 원고의 과실이 전혀 엿보이지 않는 이 사건에서 과실상계의 여지가 없다고 할 것이므로 원심이 중간이자를 공제하지 아니하고 과실상계를 행하지 아니한 것은 적법하고 거기에 중간이자 공제 및 과실상계에 관한 법리오해의 위법이 없다.

상고이유에서 들고 있는 대법원판결들은 모두 이 사건과 사안을 달리 하므로 이 사건에 원용하기에 적절하지 않다.

질문

(1) 이 사건에서 성토작업을 기화로 다량의 폐기물을 은밀히 매립한 토지의 매도인이 협의취득절차를 통하여 공공사업시행자에게 이를 매도함으로써 매수인에게 토지의 폐기물처리비용 상당의 손해를 입게 한 경우, 채무불이행책임 또는 하자담보책임이 성립하는가? 위 두 책임은 어떠한 관계에 있는가?

이와 관련하여 대판 2021. 4. 8, 2017다202050도 참고하라.

(2) 이 사건에서 손해배상액은 적정하다고 생각하는가?

[판결 8] 종류매매에서 완전물급부청구권의 행사 제한: 대판 2014. 5. 16, 2012다 72582

---

1. 피고 코오롱글로벌 주식회사에 대한 완전물급부청구에 관하여

가. 민법 제581조 제 1 항, 제 2 항, 제580조 제 1 항, 제575조 제 1 항에 의하면, 매매의 목적물을 종류로 지정하였는데 그 후 특정된 목적물에 있는 하자가 있는 경우에, 매수인은 그 하자로 인하여 계약의 목적을 달성할 수 없는 때에는 계약을 해제할 수 있고, 그 하자로 인하여 계약의 목적을 달할 수 없는 정도에 이르지 아니한 때에는 손해배상을 청구할 수 있으며, 또한 이러한 계약의 해제 또는 손해배상의 청구 대신 하자 없는 물건을 청구할 수 있는 권리(이하 '완전물급부청구권'이라 한다)를 갖는다.

다만 이러한 민법의 하자담보책임에 관한 규정은 매매라는 유상·쌍무계약에 의한 급부와 반대급부 사이의 등가관계를 유지하기 위하여 민법의 지도이념인 공평의 원칙에 입각하여 마련된 것인데(대법원 1995. 6. 30. 선고 94다23920 판결 등 참조), 종류매매에서 매수인이 가지는 완전물급부청구권을 제한 없이 인정하는 경우에는 오히려 매도인에게 지나친 불이익이나 부당한 손해를 주어 등가관계를 파괴하는 결과를 낳을 수 있다. 따라서 매매목적물의 하자가 경미하여 수선 등의 방법으로도 계약의 목적을 달성하는 데 별다른 지장이 없는 반면 매도인에게 하자 없는 물건의 급부의무를 지우면 다른 구제방법에 비하여 지나치게 큰 불이익이 매도인에게 발생되는 경우와 같이 하자담보의무의 이행이 오히려 공평의 원칙에 반하는 경우에는, 완전물급부청구권의 행사를 제한함이 타당하다고 할 것이다. 그리고 이러한 매수인의 완전물급부청구권의 행사에 대한 제한 여부는 매매목적물의 하자의 정도, 하자 수선의 용이성, 하자의 치유가능성 및 완전물급부의 이행으로 인하여 매도인에게 미치는 불이익의 정도 등의 여러 사정을 종합하여 사회통념에 비추어 개별적·구체적으로 판단하여야 한다.

나. 원심판결 이유 및 원심이 적법하게 채택한 증거에 의하면 다음과 같은 사실을 알 수 있다.

(1) 원고는 2010. 10. 1. 코오롱글로텍 주식회사(이하 '코오롱글로텍'이라 한다)로부터 '2010년형 BMW 520d 자동차 1대'를 6,240만 원에 매수하는 계약(이하 '이 사건 매매계약'이라 한다)을 체결하고, 2010. 10. 10. 코오롱글로텍으로부

터 원심 판시 별지 기재 자동차(이하 '이 사건 자동차'라 한다)를 인도받았다.

(2) 원고가 이 사건 자동차를 인도받은 지 5일이 지난 2010. 10. 15. 위 자동차 계기판의 속도계가 작동하지 않았고, 점검결과 계기판 자체의 기계적 고장(이하 '이 사건 하자'라 한다)이 있는 것으로 확인되었다.

(3) 이 사건 하자는 계기판의 속도계 부분의 바늘이 움직이지 아니하는 것인데, 이 사건 자동차에서는 헤드업 디스플레이 장치를 통해 자동차의 앞 유리에 자동차의 속도가 화면으로 표시되기 때문에 운전자는 굳이 계기판 속도계를 보지 않고도 앞을 보고 운전하는 상태에서 속도를 확인할 수 있고, 실제로 원고는 이 사건 하자를 수리하지 않은 상태에서 헤드업 디스플레이를 사용하여 이 사건 자동차를 운행하고 있다.

(4) 이 사건 자동차는 이 사건 하자처럼 계기판의 일부분에 하자가 발생한 경우에도 '계기판 모듈' 전체를 교체하도록 설계되어 있는데, 이러한 계기판 모듈은 볼트나 너트로 조여 있지 아니하고 계기판 탈착과정에서 주변에 흠집이 발생하지 않도록 완충형 받침쇠 두 개로 패널 마운트에 결합되도록 설계되어 있어서 탈착작업이 갈고리 같은 간단한 도구로 흠집 없이 가능하고, 이러한 정비방식은 그 절차도 복잡하지 않으며, 몇 분 만에 교체가 가능하고, 교체비용도 1,407,720원 정도일 뿐 아니라, 정비 후에는 계기판 전체가 정상적인 상태로 회복된다.

(5) 이 사건 매매계약의 목적물은 고가의 승용차로서 등록이나 사용으로 인한 가치의 감소가 다른 물건에 비하여 상대적으로 크다고 할 수 있는데, 이 사건 자동차와는 다른 차종이긴 하지만 2012년 2월식 BMW 528i의 경우 주행거리 200km인 경우 가격 하락분이 약 990만 원이고, 2012년 5월식 BMW 730d가 주행거리 1km인 경우 가격하락분이 약 1,000만 원이다.

다. 위 사실관계에 의하면, 이 사건 하자는 계기판 모듈의 교체로 큰 비용을 들이지 않고서도 손쉽게 치유될 수 있는 하자로서 위 하자수리에 의하더라도 신차구입이라는 이 사건 매매계약의 목적을 달성하는 데에 별다른 지장이 없고, 자동차를 계속 보유하는 경우에도 하자보수로 인하여 자동차의 가치하락에 영향을 줄 가능성이 희박한 반면, 매도인인 코오롱글로텍에게 하자 없는 신차의 급부의무를 부담하게 하면 다른 구제방법에 비하여 코오롱글로텍에게 지나치게 큰 불이익이 발생된다고 할 것이다. 따라서 이와 같은 이 사건 하자의 정도, 하자 수선의 용이성, 하자의 치유가능성 및 완전물급부의 이행으로 인하여 매도인에게 미치는 불이익의 정도 등의 여러 사정들을 앞서 본 법리에 비추어 살펴보면, 이 사건에서는 매도인의 완전물 급부의무의 이행으로 인하여 오히려 쌍무계약의 등가관계에 기초한 공평의 원칙에 반하게 되어 매수인의 완전물급부청구권의 행사를 제한함이 타당하므로, 원고의 이 사건 완전물급부청구권의 행사는 허용되지 않는다고 보아야 할 것이다.

라. 그럼에도 이와 달리 원심은, 이 사건 하자가 비교적 저렴하면서도 손쉽게 치유되는 하자에 해당하고 원고가 이 사건 자동차의 수리를 일부러 원하지 아니하고 있으며 이 사건 하자에도 불구하고 계속하여 자동차를 운행해 오고 있다는 사정 등을 인정하면서도, 판시와 같은 이유로 완전물 급부의무를 구하는 원고의 권리행사가 신의칙에 반한다거나 권리남용에 이르지는 아니한다고 보아, 코오롱글로텍의 당사자지위를 승계한 피고 코오롱글로벌 주식회사에 대하여 신차의 인도 등을 구하는 원고의 주위적 청구를 인용하였다.

따라서 이러한 원심의 판단에는 민법의 완전물급부청구권에 관한 법리를 오해하여 판단을 그르침으로써 판결에 영향을 미친 위법이 있다. 이를 지적하는 상고이유 주장은 이유 있다.

2. 피고 비엠더블유코리아 주식회사에 대한 보증책임청구에 관하여

가. 원심은, (1) 피고 비엠더블유코리아 주식회사(이하 '피고 비엠더블유'라 한다)가 이 사건 매매계약의 매도인인 코오롱글로텍을 통하여 매수인인 원고에게 이 사건 자동차에 관한 품질보증서(Warranty Booklet, 이하 '이 사건 품질보증서'라 한다)를 교부하였고, 이를 통하여 피고 비엠더블유가 원고에게 매도인인 코오롱글로텍의 하자담보책임의 이행을 묵시적으로 보증하였다고 판단하고, (2) 나아가 위 묵시적 보증계약에 의한 완전물 급부의무는 이 사건 품질보증서에서 정한 보증 범위에 따라 소비자피해보상규정(2010. 1. 29. 공정거래위원회고시 제2010-1호인 품목별 소비자분쟁해결기준을 말한다. 이하 같다)의 내용 및 그 해석에 의해 결정된다고 보고, 판시와 같은 이유로 이 사건 하자는 소비자피해보상규정의 교환 사유에 해당하여 신차의 교환 의무가 인정된다고 판단하여, (3) 위 보증계약의 효력으로 피고 비엠더블유는 보증인으로서 코오롱글로텍과 연대하여 원고에게 신차의 교환 의무를 부담한다고 판단하였다.

나. (1) 피고 비엠더블유는 이 사건 매매계약의 당사자가 아니므로, 피고 비엠더블유는 위 피고가 교부한 이 사건 품질보증서에 의하여 하자에 관한 책임을 진다는 원심의 판단 부분은 정당하다.

(2) 그러나 이 사건 품질보증서에 따르면 "부품의 재질 또는 제조상 결함에 의한 고장의 경우 당해 부품을 무상으로 수리 또는 교환해 주고, 비사업용 승용차('비사업용'은 영리법인 또는 개인의 사업목적에 사용되지 않는 차량)에 한하여 주행 및 안전도 등과 관련한 중대한 결함 발생 시 소비자피해보상규정에

따라 보증하여 준다"고 규정하고 있을 뿐, 품질보증인인 피고 비엠더블유가 매도인의 민법상 하자담보책임을 보증한다는 내용은 이 사건 품질보증서의 어디에도 찾아 볼 수 없다.

그리고 이 사건 품질보증서 및 이 사건 품질보증서가 보증의 내용으로 인용하고 있는 소비자피해보상규정에서는, 매매목적물인 자동차에 하자가 발생한 경우에 그 하자의 유형이나 정도에 따른 분쟁해결기준에 관하여 비교적 상세하게 정하고 있는데, 이 사건 매매계약의 당사자도 아닌 피고 비엠더블유가 이처럼 품질보증서에서 정한 구체적인 보증책임을 넘어서서 매도인이 부담하는 민법상의 완전물급부의무를 보증하려는 의사로 이 사건 품질보증서를 작성·교부하였다고 볼 수 없다.

그럼에도 원심은 이와 달리 피고 비엠더블유가 이 사건 품질보증서를 통하여 매도인의 하자담보책임의 이행을 보증하였다고 판단하였으니, 이러한 원심의 판단에는 보증책임 성립 및 법률행위 해석에 관한 법리를 오해하여 판결에 영향을 미친 위법이 있다. 이를 지적하는 상고이유 주장은 이유 있다.

(3) 또한 이 사건 품질보증서는 이 사건 자동차와 같은 비사업용 승용차에 대하여는 주행 및 안전도 등과 관련된 중대한 결함이 발생한 경우에 소비자피해보상규정에 따라 보증한다고 정하고 있다. 따라서 이 사건 품질보증서에 의한 보증책임으로서 신차의 교환 의무를 인정하기 위해서는, 원심 판단과 같이 소비자피해보상규정에서 정한 차량 교환 사유에 해당한다는 사정만으로는 부족하고, 그에 앞서 이 사건 하자가 비사업 승용차의 주행 및 안전도 등과 관련된 중대한 결함에 해당하여야 한다.

그런데 이 사건 하자와 같은 계기판의 고장은 주행 및 안전도 등과 관련된 결함으로 볼 수는 있다 하더라도, 앞에서 살펴본 이 사건 하자의 내용, 하자의 치유가능성, 수리비용 및 수리기간 등에 비추어 보면 이 사건 품질보증서에서 말하는 중대한 결함에 해당한다고 할 수는 없으므로, 이 사건 품질보증서만으로는 원고가 신차의 교환 의무를 진다고 할 수 없다.

그럼에도 원심이 이 사건 하자와 관련하여 이 사건 품질보증서의 구체적 보증 범위가 소비자피해보상규정의 내용 및 그 해석에 의해 결정된다고 보고, 피고 코오롱글로벌에게 신차 교환에 관한 보증책임이 인정된다는 취지로 판단한 부분 역시 잘못이라 할 것이다.

질문

(1) 이 사건에서 원심판결과 대법원 판결은 어떠한 점에서 차이가 있는지 비교
해 보시오.

(2) 종류매매에서 완전물급부청구권의 행사를 제한하는 근거와 요건은 무엇인
가? 완전물급부청구권의 행사를 제한하는 규정이 없는데도 이를 제한하는
것은 정당한가?

제 6 편

계약의 해소

I. 서   설

1. 의   의

(1) 계약의 해제는 위에서 본 손해배상과 함께 채무불이행에 대한 핵심적인 구제수단이다. 채무불이행을 이유로 계약이 해제되면, 계약당사자는 계약상의 구속으로부터 해방되고, 이미 이행한 부분에 관하여는 원상회복을 하여야한다(제548조). 이 경우에 손해배상을 청구할 수 있는지 문제되는데, 제551조는 계약이 해지 또는 해제된 경우에도 손해배상을 청구할 수 있다는 점을 명백히하였다. 따라서 채무불이행의 경우에 채권자는 계약을 해제하고 원상회복을 하더라도 손해가 남아 있으면, 손해배상을 청구할 수 있다.

(2) 계약의 해제는 유효하게 성립한 계약의 효력을 상실시키는 것이다. 해제권자의 일방적인 의사표시로 계약의 효력을 상실시킨다는 점에서 해제계약 또는 합의해제와 구별된다.

취소와 철회도 계약을 해소시킨다는 점에서 해제와 유사한 점이 있다. 그러나 취소는 계약성립상의 「흠」을 이유로 계약의 효력을 상실시키는 것이고, 철회는 의사표시의 효력발생 전에 장래를 향하여 그 효력을 상실시키는 것이다.[1]

해제는 소급적으로 계약의 효력을 소멸시키는 것임에 반하여, 해지는 주

---

[1] 한편 할부거래에 관한 법률 제 8 조 등에서 "철회권"(이른바 cooling-off 제도)에 관한 규정을 두고 있다. 이와 같은 철회권은 특히 소비자계약에서 소비자를 보호하기 위하여 소비자에게 부여된 권리이다.

로 계속적 계약관계에서 장래에 대하여 계약의 효력을 소멸시키는 것이다. 그
리고 해제조건은 법률행위의 부관附款[2]으로, 해제조건의 성취 시에 계약의 효
력이 상실된다.

2. 해제권의 종류와 성질

(1) 약정해제권 · 법정해제권

제543조 제 1 항은 "계약 또는 법률의 규정에 의하여 당사자의 일방이나
쌍방이 해지 또는 해제의 권리가 있는 때"에는 상대방에 대한 의사표시로 해
지 또는 해제를 한다고 정하고 있다. 해제권이 계약[3]에 근거를 둔 경우를 약정
해제권이라고 하고, 법률의 규정에 근거를 둔 경우를 법정해제권이라고 한다.

(2) 해제권 유보의 약정

계약에서 해제권을 유보하는 약정을 할 수 있는데, 매매계약에서 계약금
을 교부한 경우에 해제권을 유보한 것으로 보고 있다(제565조).[4] 이는 약정해
제권에 속한다. 이와 같이 해제권 유보의 약정을 한 경우에도, 특약이 없는 한
계약불이행으로 인한 법정해제권의 발생에는 영향이 없다.

(3) 법정해제권은, 일반적으로 계약불이행(제544조~제546조) 외에, 개별 계
약에서 정하고 있는 개별적인 원인에 기하여 발생한다. 개별 법규정에서 규정
하고 있는 해제권으로는 매도인의 담보책임으로서 매수인의 해제권(제570조 이
하), 수급인의 담보책임으로서 도급인의 해제권(제668조 이하), 소비대차(제601
조)와 사용대차(제612조)에서의 해제권, 증여에 대한 해제권(제556조, 제557조)[5]
등을 들 수 있다.

(4) 제543조와 제547조 이하의 규정은 약정해제와 법정해제에 모두 적용
된다.[6]

(5) 해제에 관한 민법 규정은 임의규정이다. 따라서 계약으로 민법 규정과
다른 약정을 할 수 있다.[7]

---

2) 제147조 이하에서 조건과 기한에 관하여 정하고 있다.
3) 해제계약 또는 해제약정이라는 용어를 사용하기도 한다.
4) 위 제 1 편.
5) 대판 2003. 4. 11, 2003다1755는 제555조의 「해제」를 일종의 특수한 철회라고 한다.
6) 대판 1974. 3. 26, 73다1442는 제570조의 해제에 제548조 제 2 항이 적용된다고 하였다.
7) 또한 약관법 제 9 조, 할부거래에 관한 법률 제 11 조도 참조.

[판결 1] 해제에 관한 약정: 대판 1982. 4. 27, 80다851

원고 소송대리인의 상고이유를 판단한다.

1. 제1, 2점에 대하여,

원심판결 이유에 의하면, 원심은 그 이유 전단에서 원고는 충청은행장 발행의 지불증(잔대금)과 상환으로 소유권이전등기 소요서류를 피고에게 교부하기로 약정한 사실은 당사자 사이에 다툼이 없다고 설시한 다음, 그 후단에서 거시의 증거에 의하여 피고의 중도금 및 잔대금(지불증) 지급의무와 원고의 소유권이전등기 소요서류 교부의무를 동시이행 관계에 있다고 인정하여 그 설시에 있어 명확하지 못한 잘못은 있으나, 원심판결을 자세히 살펴보면, 그 판시취지는 원·피고간에 이 사건 매매대금의 지급에 관하여 계약금으로 금 170만원, 동년 6. 15에 중도금으로 금 680만원 및 잔대금으로 금 1,000만원을 지급하되 위 잔대금 1,000만원은 충청은행장이 발행하는 지불증으로 대체지불하고 원고는 위 지불증과 상환으로 소유권이전등기 소요서류를 교부하기로 하는 내용의 매매계약서(갑 제1호증) 및 약정서가 작성된 사실은 당사자 사이에 다툼이 없으나, 위 약정의 취지는 그 거시의 증거에 의하여 인정되는 그 설시의 사실관계에 비추어 볼 때 피고의 위 중도금 및 잔대금(지불증) 지급의무와 원고의 위 소유권이전등기 소요서류 교부의무를 동시이행관계로 약정한 취지로 보아야 한다고 판단하고 있는 것으로 인정되고, 거기에 소론의 이유모순의 위법은 없고 또 처분문서는 그 성립이 인정되는 이상, 반증이 없으면 그 기재내용대로 그 의사표시의 존재 및 내용을 인정하여야 함은 소론과 같으나 적절한 반증이 있으면 그 기재내용의 일부를 달리 인정할 수도 있다 할 것인바, 원심판결 이유에 의하면 원심은 그 거시의 증거에 의하여 피고측은 이 사건 매매계약을 체결함에 있어서 대금 중 금 1,000만원이 부족하여 부득이 은행채무에 의존하기로 하고 원고측도 이를 양해하여 잔금지급기일인 1973. 6. 15. 충청은행 본점에서 중도금(현금) 680만원 및 충청은행장 발행의 금 1,000만원의 지불증을 이 사건 부동산 소유권이전등기 소요서류와 상환으로 교부하기로 합의한 사실, 피고는 충청은행과 교섭하여 이 사건 부동산을 후취담보로 잡는 조건으로 충청은행장 발행 명의의 지불증을 잔금지급기일에 원고가 소유권이전등기 서류를 가져오면 확인 후 즉시 교부하여 주기로 위 은행 중역회의의 승인을 거쳐 은행장으로부터 확약을 받아 놓고, 1973. 6. 15. 위 중도금 680만원의 자기앞수표와 소외 A 명의의 액면 1,000만원의 당좌수표까지 준비하고 위 은행에서 대기하고 있었으나 원고측은 위 지불증을 받고는 계약이행을 못하겠다는 등의 이유로 중도금 수령도 거절한 사실을 각 인정하고, 위 인정의 충청은행장 발행의 지불증에 의한 잔금지급약정에 관한 경위와 위 중도금 및 잔금을 동일자, 동일장소에서 지급하기로 한 점에 비추어 볼 때, 피고측의 위 중도금 및 잔대금(지불증) 지급의무와 원고의 위 소유권이전등기 소요서류 교부의무는 동시이행관계에 있는 것이라고 판단하고 있는바, 기록에 의하여 살펴보아도 원심의 위 인정판단은 정당한 것으로 보여지고 거기에 소론의 채증법칙위배나 처분문서의 효력에 관한 법리오해의 위법이 있다고는 할 수 없고, 소론의 지적하는 당원의 판례는 모두 처분문서의 기재내용을 적절한 반증없이 믿지 아니함은 위법하다는 취지의 것으로서 이 사건에는 적절하지 아니하다.

2. 제 3 점에 대하여,

기록과 원심판결 이유에 의하면, 원심은 이 사건 매매계약은 당사자간의 특약 즉 갑 제 1 호증의 제 6 조에 갑(매도인)이 본 계약을 위약할 시는 을(매수인)로부터 영수한 계약금의 배액을, 위약하는 동시에 배상하기로 하고 을이 본 계약을 위약하는 시는 갑에게 지급한 계약금은 갑의 수득으로 하고 계약은 자동적으로 해제된다는 약정이 있었음으로 피고의 중도금 불지급의 위약으로 자동적으로 해제되었고 그렇지 않으면 원고가 1975. 12. 16. 계약금의 배액인 금 340만원을 피고에게 배상을 위하여 변제 공탁하고 계약해제를 주장하여 원고가 위약하였으므로 위 매매계약은 자동적으로 해제되었다는 원고의 주장에 관하여는 명백한 판단을 하지 않았음은 소론과 같으나, 이 사건과 같은 동시이행 관계에 있는 쌍무계약에 있어서 위 조항은 위약한 당사자가 상대방에게 계약금을 포기하거나 그 배액을 배상하여 계약을 해제할 수 있다는 일종의 해제권 유보 조항이라 할 것이지 상대방의 위약을 들어 최고나 통지없이 해제할 수 있다거나, 그 위약사유의 존재만으로 당연히 계약이 해제된다는 특약이라고 볼 수는 없으므로(대법원 1979. 12. 26. 선고 79다1595 판결 참조) 위 조항에 의하여 이 사건 매매계약이 당연히 해제되었다는 원고의 위 주장은 이유없다 할 것인즉, 원심이 이를 배척하는 취지를 명시하지 않았다 하여도 판결에 영향을 미친 판단유탈이 있다고는 할 수 없다.

3. 제 4 점에 대하여,

소론의 준비서면 및 답변서에 의하면, 피고가 원고의 계약해제의 의사표시에 대하여 명시적으로나 묵시적으로 동의 또는 합의한 것이 아니라 오히려 계약해제의 요건이 되지 아니한다던가, 피고가 입은 손해의 배상을 요구하면서 계약이행의 의사를 명백히 표시하고 있으니 원심이 같은 취지에서 소론의 원고의 이에 관한 주장을 배척하였음은 옳고, 또 소송물의 전제문제가 되는 권리관계나 법률효과를 인정하는 진술은 권리자백으로서 법원을 기속하는 것도 아니며, 상대방의 동의없이 자유로이 철회할 수 있다 할 것이므로 피고가 이건 매매계약의 법률효과에 대하여 자백하였다 할지라도 이미 철회된 이상 계약해제의 효과가 생긴 것이라고 할 수 없으니 원심이 같은 견해 아래 원고의 자백취소에 관한 소론의 주장을 배척한 조치는 역시 옳고 거기에 소론의 위법사유가 있다고는 할 수 없으며, 또한 매도인 자신이 그 계약이행의사의 부존재나 이행불능의 귀책사유가 있더라도 계약금의 배액을 배상하면 상대방이 계약이행에 착수한 후라도 계약관계를 종료시킬 수 있다는 취지의 주장은 독자적인 견해에 불과하여 받아들일 수 없다. 논지는 모두 이유없다.

질문

(1) 이 사건에서 계약이 해제되지 않았다고 판단한 이유는 무엇인가?

(2) 쌍무계약에서 위약시에 계약이 자동적으로 해제된다는 조항은 어떠한 의미인가?

(3) 이른바 실권약관의 효력이 인정되는 경우는 어떠한 경우인가?

Ⅱ. 채무불이행으로 인한 해제권의 발생

1. 서   설

위에서 본 바와 같이 채무불이행의 경우에 원칙적으로 채권자에게 해제권이 인정된다. 채권자가 계약을 해제하면 상대방의 계약이익이 박탈되고, 채권자는 계약에 대한 구속으로부터 해방된다. 따라서 채권자는 계약의 목적물을 타에 처분하는 등 자유롭게 사용할 수 있다. 따라서 실제로 해제는 쌍무계약에서만 문제되고, 특히 현물급부現物給付를 회복하거나 이것에서 해방될 필요가 있는 인도채무에서 의미가 있다.

2. 해제권의 발생요건

(1) 채무불이행

제544조는 "이행지체와 해제"라는 표제 하에 해제권의 발생요건에 관하여 규정하고 있다. 또한 제546조는 이행불능에 기한 해제권에 관해서 별도로 규정하고 있다. 그러나 제544조의 내용은 이행지체에 한정되지 않고 오히려 민

법 제546조에서 정하는 이행불능 이외의 모든 채무불이행에 대하여 정하는 것
("당사자 일방이 그 채무를 이행하지 아니하는 때에는")이라고 이해할 수 있다.[8]

(가) 채무불이행의 유형

① 이행지체

이행지체는 계약상 급부에 관하여 이행기 또는 그 후의 기준시기에 적법
한 이행(제공)을 하지 않은 경우를 가리킨다(제387조, 제461조: "지체책임").

만일 상대방에게 이행거절사유가 있으면 이를 소멸시켜야 한다. 가령 상
대방이 동시이행항변권이 있으면 반대채무의 이행을 제공하여야 한다. 특히 부
동산매도인의 이행제공이 문제되는 경우가 많이 있는데, "부동산매도인이 등기
소요서류의 준비를 완료하고 이를 매수인에게 통지하여야 하며, 이를 현실적으
로 제공할 필요는 없다."라고 한다.[9]

채무불이행의 요건으로 이행제공이 요구되는 경우 "신의칙상 상대방이 최
고기간 내에 이행제공하면 이를 수령하고 자신의 채무를 이행할 수 있는 정도
의 준비는 되어 있어야 한다."[10]

② 이행불능

위에서 본 바와 같이 제546조는 이행불능의 경우에 해제권이 발생한다는
점을 명시적으로 정하고 있다. 이행불능은 급부의 실현이 객관적으로 불가능한
경우를 말한다. 이행불능을 이유로 하는 해제에는 반대채무의 이행제공을 요하
지 않는다.[11] 이 경우에는 채권자가 반대채무를 이행제공하여도 채무가 실현될
전망은 없기 때문일 것이다.

③ 불완전급부

불완전급부는 채무자가 행한 급부가 "채무의 내용에 좇"은 것이 아닌 경
우로서, 이것이 해제권의 발생사유라는 명시적 규정은 없다. 그러나 이 경우에
도 해제권이 발생한다는 점에는 이견이 없다. 그 근거에 관해서는 논란이 있을
수 있지만, 제544조에서 정하고 있는 요건, 즉 "당사자 일방이 그 채무를 이행
하지 아니하는 때"에 포섭할 수 있을 것이다.

---

8) 이에 관해서는 위 제5편 채무불이행 부분 참조.
9) 대판 1982. 3. 23, 81다51; 대판 1987. 9. 8, 86다카1379.
10) 대판 1982. 6. 22, 81다1283.
11) 대판 1977. 9. 13, 77다918; 대판 2003. 1. 24, 2000다22850.

④ 이행거절

이행거절은 채무자가 이행기 전후를 불문하고 이행하지 아니할 확정적 의사를 표명하는 경우를 가리킨다. 이 경우에도 위에서 본 바와 같이 해제권이 발생한다. 또한 이행거절을 이유로 해제를 하기 위해서 반대채무의 이행제공이 요구되지 않는다.[12]

(나) 채무자의 귀책사유

계약의 해제요건으로 채무자의 귀책사유가 필요한지에 대해서 논란이 있다. 이행불능의 경우에는 제546조에서 채무자의 귀책사유가 필요하다는 점을 명시하고 있다. 그러나 이행지체의 경우에는 명시적인 규정이 없기 때문에, 채무자의 귀책사유가 필요하지 않다는 견해도 유력하지만, 손해배상의 경우와 마찬가지로 계약의 해제에서도 채무자의 귀책사유가 필요하다고 보아야 할 것이다.

(다) 해제권을 발생시키지 않는 채무불이행

① 부수의무 불이행

채무불이행의 경우에 손해배상청구권과 해제권이 발생하지만, 부수적 의무의 불이행으로는 채권자가 「계약목적을 달성할 수 없거나 특별한 약정 있는 경우를 제외」하고는 해제할 수 없고, 손해배상만 청구할 수 있을 뿐이다.[13] 어떠한 경우에 부수적 의무에 해당하는지 문제된다. 이는 개별 약정이 계약에서 가지는 의미 또는 비중의 문제라고 할 수 있다. 예를 들면 영상물제작공급계약 (일종의 도급)에서 수급인의 부수의무 위반(시사회 개최)을 이유로 계약을 해제할 수는 없다고 한다.[14] 또한 배출시설 설치계약에서 「그 시설의 가동을 위하여 필요한 대기환경보전법상의 배출시설설치신고」에 들어가는 사양서 등 서류 교부의무를 불이행한 경우에도 계약을 해제할 수는 없다고 한다.[15] 그러나 점

---

12) 대판 1980. 3. 25, 80다66 등 다수.
13) 대판 1968. 11. 5, 68다1808; 대판 1976. 4. 27, 74다2151; 대판 1992. 6. 23, 92다7795; 대판 1996. 7. 9, 96다14364. 한편 대판 2005. 7. 14, 2004다67011; 대판 2012. 3. 29, 2011다102301은 해제권 발생 여부의 판단에서 "주된 채무와 부수적 채무를 구별함에 있어서는 급부의 독립된 가치와는 관계없이 계약을 체결할 때 표명되었거나 그 당시 상황으로 보아 분명하게 객관적으로 나타난 당사자의 합리적 의사에 의하여 결정하되, 계약의 내용·목적·불이행의 결과 등의 여러 사정을 고려하여야 할 것"이라고 한다.
14) 대판 1996. 7. 9, 96다14364 등.
15) 대판 2005. 11. 25, 2005다53705.

포분양에서의 업종 제한 약정을 불이행한 경우에는 해제할 수 있다고 하였다.[16]

② 급부의무의 '사소한' 불이행

급부의무에서 사소한 불이행이 있더라도 신의칙상 해제가 허용되지 않는다.[17]

(라) 일부의 채무불이행

채무 일부를 불이행한 경우에 원칙적으로 계약 전부를 해제할 수 있다. 다만 가분인 급부의 이행부분이 채권자에게 유의미하며 그에 대응하는 채권자의 의무를 특정할 수 있으면, 미이행부분에 상응하는 계약부분만을 해제할 수 있다

(2) 이행최고

(가) 의　　의

계약의 해제에서는 손해배상의 경우와는 달리 해제의 발본성拔本性에 배려하여 채무자의 재고를 촉구한다는 의미에서 채권자가 이행을 최고할 것을 요구하고 있다.

(나) 이행의 최고

채권자는 "상당한 기간을 정하여 그 이행을 최고"하여야 한다(제544조 제1항). 여기서 '상당한 기간'은 이행을 준비하고 실현함에 객관적으로 필요한 기간을 말한다. 최고기간이 짧거나 이를 정하지 아니하더라도 상당 기간 후에는 해제권이 발생한다. 또한 이행지체책임의 발생요건으로서의 최고(제387조 제2항)와 동시에 할 수 있다.

과다 최고라도 채무내용과 차이가 비교적 작고 과다 최고의 진의가 본래의 채무내용의 이행을 청구한 것이라면 최고로서 유효하나, 과다한 정도가 현저하고 채권자가 최고한 급부를 제공하지 않으면 이를 수령하지 않을 것이라는 의사가 분명한 경우에는 신의칙에 비추어 효력이 없다.[18]

채무자가 이행을 지체하게 된 전후 사정, 그 이행에 관한 당사자의 태도,

---

16) 대판 2005. 7. 14, 2004다67011.
17) 대판 1966. 5. 31, 66다626; 대판 1971. 3. 31, 71다352.
18) 대판 1988. 12. 13, 87다카3147; 대판 1994. 5. 10, 93다47615 등. 대판 1998. 4. 24, 97다56679는, 남은 매매대금 잔액이 5,500만원인데 1억 4천만원의 지급을 최고한 사안에서 과다최고를 이유로 해제를 부인하였다.

소송의 경과 등 제반 사정에 비추어 보아 채무자가 최고기간 또는 상당한 기간 내에 이행하지 아니한 데에 정당한 사유가 있다고 여겨질 경우에는 신의칙상 그 최고기간 또는 상당한 기간 내에 이행 또는 이행의 제공이 없다는 이유로 해제권을 행사하는 것이 제한될 수 있다.[19]

(다) 예　　외

다음과 같은 경우에는 해제를 하기 위해서 최고가 요구되지 않는다.

① "채무자가 미리 이행하지 아니할 의사를 표시"한 경우(제544조 단서)

② 정기행위

제545조는 정기행위의 경우에 해제를 하는 데 최고를 요하지 않는다고 정한다.

③ 이행불능(제546조)

④ 불완전급부에서 추완할 수 없는 경우

⑤ 특약이 있는 경우

이른바 최고 없이 해제하기로 하는 약정("무최고해제약정無催告解除約定")이 있으면 최고 없이 해제할 수 있을 것이다.[20]

3. 사정변경으로 인한 해제권의 발생 여부

계약 체결 후에 사정변경을 이유로 계약을 해제할 수 있는지 문제된다. 초기의 판례는 부정적이었다. 대판 1963. 9. 12, 63다452는 "매매계약 체결시와 잔대금 지급시 사이에 장구한 시일이 지나서 그동안 화폐가치의 변동이 극심

---

19) 대판 2013. 6. 27, 2013다14880, 14897.

20) 실제 부동산매매거래에서는 "매수인이 잔대금지급기일에 대금을 지급하지 못하면 매매계약이 자동으로 해제된다"는 특약이 행하여지는 경우가 적지 않다. 이는 물론 여기서 말하는 무최고해제약정으로서, 그 약정의 효력으로 매도인의 계약 해제에 별도의 이행 최고는 요구되지 않는다. 그러나 대판 1989. 7. 25, 88다카28891; 대판 1992. 10. 27, 91다32022 등 많은 재판례는, 다른 특별한 사정이 없는 한 위와 같은 약정은 매수인이 대금지급채무에 관하여 이행지체가 되는 것을 전제로 하므로, 매도인은 자신의 소유권이전채무에 관한 이행제공을 함으로써 매수인을 이행지체에 빠뜨리는 것은 요구된다는 태도를 취한다. 한편 대판 2007. 12. 27, 2007도5030은 "매수인이 수회에 걸친 채무불이행에 대하여 잔금 지급기일의 연기를 요청하면서 새로운 약정기일까지는 반드시 계약을 이행할 것을 확약하고 불이행시에는 매매계약이 자동적으로 해제되는 것을 감수하겠다는 내용의 약정을 한 특별한 사정이 있다면, 매수인이 잔금 지급기일까지 잔금을 지급하지 아니함으로써 그 매매계약은 자동적으로 실효된다."라고 한다.

한 탓으로 매수인이 애초 계약시의 금액표시대로 잔대금을 제공하면 앙등한 목적물의 가액에 비하여 현저히 균형을 잃은 이행이 되는 경우라도 사정변경의 원칙을 내세워 해제권이 생기지 않는다."라고 판결하였다.[21)]

그러나 2007년에 대법원은 사정변경을 이유로 계약을 해제할 수 있다고 하였다. 대판 2007. 3. 29, 2004다31302는 "이른바 사정변경으로 인한 계약해제는 계약성립 당시 당사자가 예견할 수 없었던 현저한 사정의 변경이 발생하였고 그러한 사정의 변경이 해제권을 취득하는 당사자에게 책임 없는 사유로 생긴 것으로서, 계약내용대로의 구속력을 인정한다면 신의칙에 현저히 반하는 결과가 생기는 경우에 계약준수 원칙의 예외로서 인정되는 것이고, 여기에서 말하는 사정이라 함은 계약의 기초가 되었던 객관적인 사정으로서, 일방당사자의 주관적 또는 개인적인 사정을 의미하는 것은 아니라 할 것이다. 또한, 계약의 성립에 기초가 되지 아니한 사정이 그 후 변경되어 일방당사자가 계약 당시 의도한 계약목적을 달성할 수 없게 됨으로써 손해를 입게 되었다 하더라도 특별한 사정이 없는 한 그 계약내용의 효력을 그대로 유지하는 것이 신의칙에 반한다고 볼 수도 없다."라고 판결하였다. 이는 계속적 계약관계에서 사정변경을 이유로 계약의 해지를 주장하는 경우에도 마찬가지이다.[22)]

"계약은 지켜져야 한다"라는 계약준수의 원칙은 계약법의 기본전제이다. 이 판결은 그 예외로서 사정변경의 원칙을 인정한 것이다. 계약성립 당시 당사자가 예견할 수 없었던 현저한 사정변경이 있는 경우에 계약을 해제할 수 있다는 것이다. 여기에서 말하는 사정이라 함은 계약의 기초가 되었던 객관적인 사정으로, 일방당사자의 주관적 또는 개인적인 사정을 의미하는 것은 아니라고 한다.

그 후 판례는 계약 성립의 기초가 된 사정이 현저히 변경되고 당사자가 계약의 성립 당시 이를 예견할 수 없었으며, 그로 인하여 계약을 그대로 유지하는 것이 당사자의 이해에 중대한 불균형을 초래하거나 계약을 체결한 목적을 달성할 수 없는 경우에는 계약준수 원칙의 예외로서 사정변경을 이유로 계약을 해제하거나 해지할 수 있다고 하였다.[23)] 여기에서 말하는 사정이란 당사

---

21) 또한 대판 1991. 2. 26, 90다19664도 참조.
22) 대판(전) 2013. 9. 26, 2012다13637.
23) 대판 2017. 6. 8, 2016다249557; 대판 2021. 6. 30, 2019다276338.

자들에게 계약 성립의 기초가 된 사정을 가리키고, 당사자들이 계약의 기초로 삼지 않은 사정이나 어느 일방당사자가 변경에 따른 불이익이나 위험을 떠안기로 한 사정은 포함되지 않는다. 사정변경에 대한 예견가능성이 있었는지는 추상적·일반적으로 판단할 것이 아니라, 구체적인 사안에서 계약의 유형과 내용, 당사자의 지위, 거래경험과 인식가능성, 사정변경의 위험이 크고 구체적인지 등 여러 사정을 종합적으로 고려하여 개별적으로 판단하여야 한다. 이때 합리적인 사람의 입장에서 볼 때 당사자들이 사정변경을 예견했다면 계약을 체결하지 않거나 다른 내용으로 체결했을 것이라고 기대되는 경우 특별한 사정이 없는 한 예견가능성이 없다고 볼 수 있다. 경제상황 등의 변동으로 당사자에게 손해가 생기더라도 합리적인 사람의 입장에서 사정변경을 예견할 수 있었다면 사정변경을 이유로 계약을 해제하거나 해지할 수 없다. 특히 계속적 계약에서는 계약의 체결 시와 이행 시 사이에 간극이 크기 때문에 당사자들이 예상할 수 없었던 사정변경이 발생할 가능성이 높지만, 이러한 경우에도 계약을 해지하려면 경제상황 등의 변동으로 당사자에게 불이익이 발생했다는 것만으로는 부족하고 위에서 본 요건을 충족하여야 한다.[24]

한편 계속적 보증의 경우에 해지를 인정한 사례가 있는데,[25] 이에 관해서는 아래 제 2 장 계약의 해지 참조.

[판결 2] 부수적 채무불이행과 해제: 대판 2001. 11. 13, 2001다20394 등

[주   문]

원심판결을 파기하고, 사건을 광주고등법원에 환송한다.

[이   유]

1. 원심의 판단

가. 원심은 제 1 심판결 이유를 인용하거나 그의 채용 증거들을 종합하여, 아래와 같은 사실을 인정하였다.

(1) 피고(반소원고, 아래에서는 '피고'라고 한다)는 1996. 8. 8. A(원심판결의 'B'는 'A'의 오기이다)으로부터 그의 소유인 이 사건 건물을 임차보증금 1억 원, 임차기간 5년으로 정하여 임차하는 계약을 체결한 후 금 1억 5,000만 원을 지

---

24) 대판 2017. 6. 8, 2016다249557; 대판 2021. 6. 30, 2019다276338.
25) 대판 1990. 2. 27, 89다카1381.

출하여 이 사건 건물에서 음식점을 운영하는 데 필요한 각종 부대시설과 비품 설치공사를 하여 그 무렵 '신한우리가든'이란 상호로 음식점을 운영하기 시작하였다.

(2) 원고(반소피고, 아래에서는 '원고'라고 한다)는 1997. 10. 8. 피고와 사이에 이 사건 건물에 관하여 전차보증금을 1억 5,000만 원, 권리금을 1억 3,000만 원, 전대차기간을 47개월로 정하되, 전대차기간이 만료되면 피고가 원고에게 전차보증금 1억 5,000만 원만을 반환하기로 하는 내용의 전대차계약을 체결하고, 그 날 피고에게 계약금으로 금 2,000만 원을 지급하고, 그 달 18일에 중도금으로 2억 3,000만 원을 지급하였다.

(3) 한편, 피고는 1997. 10. 18. 원고와 사이에 원고에 대한 전차보증금의 반환을 담보하기 위하여 그 해 11월 5일까지 부산에 있는 피고 소유의 부동산에 관하여 선순위 근저당권설정등기를 마쳐주기로 약정하고도 아직까지 그 부동산에 마쳐져 있는 선순위 근저당권을 말소하여 원고 앞으로 근저당권설정등기를 마쳐주지 아니하였다.

(4) 뿐만 아니라, 피고는 원고와의 전대차계약 당시 원고가 이 사건 건물에서 영업하는 데 지장이 없도록 임대인인 A로부터 전대차에 대한 동의를 얻어주기로 하였으나 A는 현재 원고와 피고 간의 전대차계약을 인정할 수 없다는 뜻을 거듭 밝히고 있다.

나. 원심은 그와 같은 사실관계를 토대로 하여, 원고와 피고 간의 전대차계약은 피고가 이 사건 건물을 원고에게 전대하는 데 대한 A의 동의를 얻어줄 의무와 1997. 10. 18.의 약정에 따른 담보제공의무를 이행하지 아니함에 따라 이를 이유로 원고가 전대차계약을 해지하는 의사표시가 담긴 이 사건 소장부본이 송달된 1998. 5. 9. 적법하게 해지되었으므로 피고는 원고에게 이미 수령한 전차보증금 및 권리금의 합계액인 금 2억 5,000만 원을 반환할 의무가 있다고 보아 원고의 본소청구를 인용하였다.

다. 한편, 원고가 전대차계약에 따라 피고에게 지급하여야 할 전차보증금 및 권리금의 합계액인 2억 8,000만 원 중 이미 지급한 2억 5,000만 원을 제외한 나머지 금 3,000만 원에 대하여 원고와 피고 간에 원고가 피고로부터 그 돈을 차용한 것으로 하되, 원고가 전대차계약일로부터 1년 후에 금 3,000만 원을 피고에게 변제하기로 하는 준소비대차계약이 체결되었음을 이유로 하여 원고에 대하여 그 대여금 3,000만 원의 반환을 구한다는 피고의 반소청구에 대하여 원심은 원고와 피고 간의 전대차계약이 피고의 귀책사유로 인하여 적법하게 해지되었으므로 그 전대차계약이 유효함을 전제로 하는 피고의 반소청구는 나아가 살필 것도 없이 이유 없다고 보아 피고의 반소청구를 받아들이지 아니하였다.

　2. 이 법원의 판단

　가. 제1주장에 관하여

　　원심이 앞서 본 이유로 피고가 원고에게 이 사건 건물을 전대하는 데 대한 A의 동의를 얻어줄 의무를 이행하지 아니함에 따라 원고와 피고 간의 전대차계약이 적법하게 해지되었다고 본 원심판결은 아래와 같은 이유로 수긍되지 않는다.

　　먼저, 원심이 들고 있는 증거들 중 피고가 원고에게 이 사건 건물을 전대하는 데 대한 임대인인 A의 동의를 얻어줄 의무를 이행하지 아니하였다는 원고의 주장 사실을 인정할 증거로는 갑 제13호증의 2와 갑 제14호증의 2가 있는바, 기록에 의하니 위의 증거들은 원고가 피고를 사기죄로 고소하고 아울러 이 사건 민사소송을 제기한 후 임대인인 A에게 피고가 원고에게 이 사건 건물을 전대하는 데 동의한 사실이 있는지의 여부에 관하여 통지하여 줄 것을 요청한 데 대하여 A가 원고에게 보낸 회답서로서 '이 사건 건물의 전대를 승낙하지 않았고 피고에게 관리를 맡기는 것으로 알고 있습니다.'라는 취지임을 알 수 있으므로 그에 따를 때에는 A가 원고와 피고 간의 이 사건 건물의 전대차에 동의하지 않은 듯이 보인다.

　　그러나 우선 A는 위의 통고서에서 이 사건 건물의 전대는 승낙하지 않았으나 피고에게 관리는 맡겼다고 하고 있어 그 취지가 명확하지 못할 뿐 아니라, 기록에 의한즉, 제1심 증인 C는 원고가 피고를 사기죄로 고소한 사건에서 A가 참고인으로 출석하여 자신은 피고가 이 사건 건물을 원고에게 전대하는 데 동의하였다고 진술하였고 그에 따라 피고가 그 고소사건에서 혐의가 인정되지 아니한다는 이유로 불기소처분을 받았다고 진술하고 있고, 실제로 피고는 그 고소사건에서 혐의가 인정되지 아니한다는 이유로 불기소처분을 받았음을 알 수 있으므로 A가 피고가 원고에게 이 사건 건물을 전대하는 데 동의한 것으로 볼 여지가 있다.

　　특히 기록 중의 증거들에 의하니, 원고는 피고로부터 1997. 10. 8. 이 사건 건물을 전차하여 그 무렵부터 지금까지 이 사건 건물을 점유하여 오고 있고, 이 사건 건물에 관한 전대차계약을 해지하기 위하여 A에게 원고가 이 사건 건물을 피고로부터 전차하였는데 그 전대차계약에 동의한 바 있는지 밝힐 것을 요구하는 통지서를 여러 차례 보내는 등으로 A에게 이 사건 건물에 관한 전대차계약의 체결 사실을 알렸는데도 A는 피고에게 자신의 동의 없이 이 사건 건물을 무단으로 전대하였음을 이유로 항의하거나 이 사건 건물에 관한 임대차계약을 무단전대를 이유로 해지한다는 의사표시를 한 일이 전혀 없을 뿐 아니라, 원고에게 건물의 명도를 요구한 바도 없으며, 오히려 자신과 피고 간의 이 사건 건물에 관한 임대차계약이 이 사건 건물에 관한 전대차계약의 체결에 관계없이 유효하게 존속하고 있음을 전제로 피고에 대하여 단지 연체된 차임의 지급만을 청구하여 온 사실을 알 수 있는바, 그와 같은 사정에 비추어 A는 피고가 원고에게 이 사건 건물을 전대하는 데 명시적 또는 묵시적으로 동의한 것으로 인정할 수도 있을 것이다.

따라서 원심으로서는 A가 피고가 이 사건 건물을 원고에게 전대하는 데 명시적 또는 묵시적으로 동의하였는지의 여부를 더 심리하였어야 옳았다.

이와 견해를 달리하여 앞서 본 증거들만으로 피고가 이 사건 건물을 전대하는 데 대한 A의 동의를 얻어 줄 의무를 불이행하였다고 인정한 원심판결에는 필요한 심리를 다하지 아니하였거나 증거법칙에 위반하였다는 등으로 사실을 잘못 인정함으로써 판결의 결과에 영향을 끼친 위법이 있으므로 이를 지적하는 상고이유의 주장은 정당하기에 이 법원은 그 주장을 받아들인다.

나. 제 2 주장에 관하여

민법 제544조에 의하여 채무불이행을 이유로 계약을 해제하려면, 당해 채무가 계약의 목적 달성에 있어 필요불가결하고 이를 이행하지 아니하면 계약의 목적이 달성되지 아니하여 채권자가 그 계약을 체결하지 아니하였을 것이라고 여겨질 정도의 주된 채무이어야 하고 그렇지 아니한 부수적 채무를 불이행한 데에 지나지 아니한 경우에는 계약을 해제할 수 없다(대법원 1968. 11. 5. 선고 68다1808 판결, 1997. 4. 7.자 97마575 결정 들 참조).

원심이 인정한 사실관계 및 기록 중의 증거들에 의하니, 피고는 1997. 10. 8. 원고와 사이에 앞서 본 내용의 전대차계약을 체결하고 그 날 원고로부터 계약금 2,000만 원을 수령하였다가 그 달 18일에 이르러 중도금 2억 3,000만 원을 수령함에 있어 비로소 원고로부터 전차보증금의 반환을 담보하기 위하여 피고 소유의 부동산에 근저당권을 설정하여 달라는 부탁을 받게 되자 이에 선뜻 동의함에 따라 그 날 원고에게 피고 소유의 부동산에 근저당권설정등기를 마쳐 주기로 약정하였음을 알 수 있는바, 피고의 근저당권설정약정이 원고와 피고 간에 이미 전대차계약이 체결된 후에 이루어진 점에서 피고의 근저당권설정약정이 없었더라면 원고가 피고와 사이에 전대차계약을 체결하지 않았으리라고 보기 어려울 뿐 아니라, 피고의 근저당권설정등기의무가 원고와 피고 간의 전대차계약의 목적달성에 필요불가결하다거나 그 의무의 이행이 없으면 원고와 피고 간의 전대차계약이 목적을 달성할 수 없다고 볼 만한 사정을 찾아볼 수 없으므로 피고의 그 약정에 기한 근저당권설정등기의무가 원고와 피고 간의 전대차계약에서의 주된 의무라고 보기 어렵다.

이와 견해를 달리하여 원고와 피고 간의 1997. 10. 18.자 약정에 따른 피고의 근저당권설정등기의무가 원고와 피고 간의 전대차계약에서의 주된 채무에 해당함을 전제로 하여 그 불이행을 이유로 한 원고의 전대차계약 해지 주장을 받아들인 원심판결에는 부수적 채무의 불이행과 계약의 해제, 해지에 관한 법리를 오해하여 판결의 결과에 영향을 미친 위법이 있으므로 이를 지적하는 상고이유의 주장은 정당하기에 이 법원은 그 주장도 받아들인다.

다. 파기의 범위

기간의 정함이 있는 전대차계약에 있어 권리금이 지급되고 그 권리금이 영업시설 · 비품 등의 유형물이나 거래처, 신용 또는 점포 위치에 따른 장소적 이익 등의 무형적 이익을 이용하는 대가로서의 성질을 가지는 경우에는 계약기간 중에 전대차계약이 해지되어 종료되면 특별한 사정이 없는 한 지급된 권리금을 경과기간과 잔존기간에 대응하는 것으로 나누어 전대인은 전차인으로부터 수령한 권리금 중 전대차계약이 종료될 때까지의 기간에 대응하는 부분을 공제한 잔존기간에 대응하는 부분만을 반환할 의무를 부담한다고 봄이 공평의 원칙에 합치된다고 할 것이므로, 이 사건에서 원심으로서는 원고가 피고에게 지급한 권리금의 성격이 어떤 것인지를 밝힌 후 피고에 대하여 원고로부터 수령한 권리금 전액의 반환을 명할 것인지 아니면 원고로부터 수령한 권리금 중 전대차계약이 종료될 때까지의 기간에 대응하는 부분을 공제한 나머지 부분만의 반환을 명할 것인지의 여부에 관하여도 심리 · 판단하여야 할 것이어서, 원고와 피고 간의 전대차계약이 피고의 채무불이행으로 인하여 적법하게 해지되었음을 전제로 하여 원고의 본소청구를 인용하고, 피고의 반소청구를 기각한 원심판결은 모두 파기될 수밖에 없다.

질문

(1) 주된 채무와 부수적 채무를 구별하는 기준은 무엇인가?

(2) 부수적 채무의 불이행을 이유로 계약을 해제할 수 없다고 한 이유는 무엇인가?

(3) 전대차계약을 체결한 후 중도금 수수시에 비로소 전차보증금의 반환을 담보하기 위하여 전대인이 그 소유 부동산에 근저당권을 설정하여 주기로 약정한 경우, 전대인의 근저당권설정등기의무는 부수적 채무에 해당하는가?

(4) 전대차계약이 계약기간 도중에 해지된 경우 권리금의 반환을 청구할 수 있는가? 대판 2002. 7. 26. 2002다25013 참조.

[판결 3] 사정변경의 원칙: 대판 2007. 3. 29, 2004다31302

1. 상고이유 제1점에 대하여

이른바, 사정변경으로 인한 계약해제는 계약성립 당시 당사자가 예견할 수 없었던 현저한 사정의 변경이 발생하였고 그러한 사정의 변경이 해제권을 취득하는 당사자에게 책임 없는 사유로 생긴 것으로서, 계약내용대로의 구속력을 인정한다면 신의칙에 현저히 반하는 결과가 생기는 경우에 계약준수 원칙의 예외로서 인정되는 것이고, 여기에서 말하는 사정이라 함은 계약의 기초가 되었던 객관적인 사정으로서, 일방당사자의 주관적 또는 개인적인 사정을 의미하는 것은 아니라 할 것이다. 또한, 계약의 성립에 기초가 되지 아니한 사정이 그 후 변경되어 일방당사자가 계약 당시 의도한 계약목적을 달성할 수 없게 됨으로써 손해를 입게 되었다 하더라도 특별한 사정이 없는 한 그 계약내용의 효력을 그대로 유지하는 것이 신의칙에 반한다고 볼 수도 없다 할 것이다.

원심은 그 판시와 같은 사실을 인정한 다음, 이 사건 토지에 대한 개발제한구역 지정이 해제됨에 따라 원고가 건축 등이 가능한 토지로 알고 당시의 객관적인 시가보다 훨씬 비싼 가격에 이 사건 토지를 피고로부터 매수하였는데, 그 후 피고에 의하여 이 사건 토지가 공공공지로 지정되어 건축개발이 불가능해지고, 공공공지 개발계획에 따라 이 사건 토지가 수용될 상황이 되는 등 이 사건 매매계약 당시에 원고가 예상하지도 않았고 예상할 수도 없었던 현저한 사정변경이 생겼고, 이러한 사정변경은 원고에게 책임을 돌릴 수 없는 것으로서, 이로 인해 원고에게 이 사건 매매계약 당시에는 예상하지 못한 엄청난 손해가 발생하게 되어 이 사건 매매계약을 그대로 유지하는 것은 신의칙에 반한다고 보아 원고는 사정변경 또는 신의칙을 사유로 하여 이 사건 매매계약을 해제할 수 있다고 판단하였다.

그러나 원심의 이러한 판단은 앞서 본 법리에 비추어 수긍할 수 없다.

원심이 인정한 사실과 기록에 의하면, 이 사건 매매계약은 일반 매수예상자들을 대상으로 한 피고의 공개매각절차를 거쳐 이루어진 것으로서, 공개매각 조건에는 이 사건 토지가 개발제한구역에 속해 있고, 이 사건 토지의 매각 후 행정상의 제한 등이 있을 경우 피고가 이에 대하여 책임을 지지 아니한다는 내용이 명시되어 있으며, 이 사건 매매계약에서도 피고는 이 사건 토지의 인도 후에 발생한 일체의 위험부담에 대하여 책임지지 않는다는 내용이 명시되어 있을 뿐 당시 이 사건 토지상의 건축가능 여부에 관하여 논의가 이루어졌다고 볼 만한 자료를 찾아볼 수 없다.

그렇다면 이 사건 토지상의 건축가능 여부는 원고가 이 사건 토지를 매수하게 된 주관적인 목적에 불과할 뿐 이 사건 매매계약의 성립에 있어 기초가 되었다고 보기 어렵다 할 것이므로, 이 사건 매매계약 후 이 사건 토지가 공공공지에 편입됨으로써 원고가 의도한 음식점 등의 건축이 불가능하게 되었다 하더라도 이러한 사정변경은 이 사건 매매계약을 해제할 만한 사정변경에 해당한다고 할 수 없다 할 것이고, 이러한 사정변경으로 인하여 원고가 의도한 주관적인 매수목적을 달성할 수 없게 되어 손해를 입었다 하더라도 특별한 사정이 없는 한 이 사건 매매계약의 효력을 그대로 유지하는 것이 신의칙에 반한다고 볼수도 없다 할 것이다.

그럼에도, 원심은 위와 같이 변경된 사정이 계약해제권을 발생시키는 사정변경에 해당한다거나, 이 사건 매매계약의 효력을 그대로 유지하는 것이 신의칙에 위배된다고 보아 원고에게 이 사건 매매계약에 대한 해제권이 발생한다고 판단하였으니, 원심판결에는 사정변경이나 신의칙에 의한 계약해제에 관한 법리를 오해한 나머지 판결에 영향을 미친 위법이 있다 할 것이다.

이 점을 지적하는 피고 소송수계인의 상고이유의 주장은 이유 있다.

질문

(1) 사정변경의 원칙을 이유로 계약을 해제 또는 해지할 수 있는가?
(2) 이 판결은 이에 관한 종전의 판결과 어떠한 차이가 있는가?
(3) 원심판결과 대법원 판결은 어떤 점에서 다르게 판단하였는가?
(4) 이 사건에서 사정변경에 기한 계약의 해제를 부정한 이유는 타당한가?

Ⅲ. 해제권의 행사와 그 효과

1. 해제권과 그 행사

(1) 해제권은 형성권에 해당하는데, 해제권자가 상대방에 대한 일방적 의사표시(제543조 제 1 항)로 행사한다. 또한 소송절차에서 해제권자가 해제의 의사표시를 할 수도 있다. 한편, 해제의 의사표시는 철회할 수 없다(동조 제 2 항).

계약당사자의 일방이 상대방에게 대하여 일정한 기간을 정하여 그 기간내에 이행이 없을 때에는 계약을 해제하겠다는 의사표시를 한 경우에는 위 기간의 경과로 그 계약은 해제되었다고 볼 수 있다.[26]

(2) 해제권은 계약당사자의 지위에 부착하며, 그 자체만을 별도로 이전하거나 압류할 수 없다. 가령 채권양도의 경우에 해제권은 양수인에게 이전되지 않는다.

(3) 민법 제547조에서 해지 또는 해제의 불가분성을 정하고 있다. 즉, "당사자의 일방 또는 쌍방이 수인인 경우에는 계약의 해지나 해제는 그 전원으로부터 또는 전원에 대하여 하여야 한다." 따라서 매매계약의 일방 당사자가 사망하였고 그에게 여러 명의 상속인이 있는 경우에 그 상속인들이 위 계약을 해제하려면, 상대방과 사이에 다른 내용의 특약이 있다는 등의 특별한 사정이 없는 한, 상속인들 전원이 해제의 의사표시를 하여야 한다.[27] 해지권이나 해제권이 당사자 1인에 대하여 소멸한 때에는 다른 당사자에 대하여도 소멸한다.

(4) 제553조는 계약의 목적물이 훼손 등으로 해제권이 소멸된다고 정하고 있는데,[28] 이 규정의 근거에 대해서는 의문이 제기되고 있다.

2. 해제의 효과

(1) 학설과 판례

해제의 효과를 어떻게 이론구성할 것인지에 관하여는 학설이 대립하고 있다. 종래의 다수설은 직접적 효과설直接的 效果說로서 해제에 의하여 계약에 의한 모든 채권관계가 소급적으로 소멸한다고 설명한다.[29] 당사자들이 계약에 따라 이행한 급부에 관하여는 원상회복의무가 발생하는데, 이것은 부당이득반환의무의 특칙이라고 한다. 이 견해에는 채무의 이행으로서 등기나 인도까지 완료하여 이미 물권변동이 일어난 경우 해제에 의하여 물권변동의 효과도 소급적으로 소멸한다는 물권적 효과설物權的 效果說과 이를 부정하는 채권적 효과설債權的 效果說이 있다. 판례는 물권적 효과설을 채택하고 있다. 즉, 대판 1977. 5.

---

26) 대판 1970. 9. 29, 70다1508; 대판 1981. 4. 14, 80다2381.
27) 대판 2013. 11. 28, 2013다22812.
28) 가령 대판 1962. 2. 28, 4294민상593은 황무지가 답으로 개간된 경우에 해제권을 행사할 수 없다고 한다.
29) 곽윤직, 채권각론, 100면.

24, 75다1394는 "우리의 법제가 물권행위의 독자성과 무인성을 인정하고 있지 않는 점과 민법 제548조 제 1 항 단서가 거래안정을 위한 특별규정이란 점을 생각할 때 계약이 해제되면 그 계약의 이행으로 변동이 생겼던 물권은 당연히 그 계약이 없었던 원상태로 복귀한다."라고 판단하였다.[30]

　그러나 1970년대 후반부터 해제권의 행사에 의하여 원래의 계약에 따른 채권관계가 소멸되는 것이 아니라 장래에 향하여 청산관계로 변형된다는 청산관계설淸算關係說이 유력하게 주장되고 있다.[31]

　직접적 효과설과 청산관계설은 해제의 효과를 설명하는 방식이 위와 같이 다르지만, 그 구체적인 내용에 관해서는 차이점을 발견할 수 없다. 계약해제 시의 손해배상에 관해서도 마찬가지이다. 위 두 학설 모두 계약해제 시의 손해배상을 채무불이행에 기한 손해배상이라고 파악하고 있다. 청산관계설은 계약이 해제되더라도 원래의 계약관계가 동일성을 유지하면서 청산관계로 변경될 뿐이기 때문에, 손해배상의 근거를 채무불이행이라고 보고, 직접적 효과설에 대해서 이 점에 대한 근거를 제시하지 못한다고 비판한다.[32] 이에 대하여 직접적 효과설은 계약의 해제로 계약이 소급적으로 소멸하게 되나, 해제와 손해배상청구가 양립될 수 있다고 한다. 이에 관하여는 두 가지 설명방식이 있다. 첫째, 계약의 해제가 계약에 의한 채권·채무관계만 소급적으로 소멸시키는 것이고 채무불이행이라는 비법률행위적 사실로부터 발생한 손해배상채권관계까지 소급적으로 소멸시키는 것은 아니라고 한다.[33] 둘째, 해제로 인한 계약의 소급적 소멸은 이미 발생한 손해배상청구권을 해치지 않는 범위에서의 소멸이라고 한다.[34]

　계약을 해제하더라도 계약에서 정하고 있는 내용이 모두 소멸하는 것은 아니다. 해제의 요건이나 효과에 관한 특약, 위약금 등 손해배상에 관한 약정,

30) 대판 1982. 7. 27, 80다2968; 대판 1982. 11. 23, 81다카1110; 대판 1995. 1. 12, 94누1234; 대판 1995. 5. 12, 94다18881, 18898.
31) 김형배, 235-239면; 김형배, "해제의 효과에 관한 법리구성," 고시연구, 1978년 10월호, 41면 이하; 권오승, "해제의 효과," 사법행정, 1983년 4월호, 42면; 김용담 "해제의 효과에 관한 일고찰," 사법행정, 1983년 5·7·11월호.
32) 김형배, 채권각론, 250면.
33) 김욱곤, "해제의 효과에 관한 법리 소고," 손해배상법의 제문제(황적인 화갑기념논문집), 1990, 747면 이하.
34) 양창수, "해제의 효과에 관한 학설들에 대한 소감," 민법연구 제 3 권, 1995, 278면.

중재에 관한 약정은 그대로 효력을 가진다고 보아야 한다.[35] 직접적 효과설은 이 점을 설명하는데도 문제점을 드러낸다. 그리하여 이러한 측면을 포괄적으로 설명하기 위해서는 해제 이후에도 계약이 소급적으로 소멸되지 않는다고 보는 것이 편리하다. 다만 우리의 입법자는 직접적 효과설에 따라 해제의 효과에 관하여 규율했다고 볼 수 있다. 특히 제548조 제 1 항 단서는 직접적 효과설에 따를 경우에 의미있는 규정이다. 따라서 해석론으로 청산관계설을 받아들이기는 곤란하다.[36]

(2) 계약의 소급적 효력 상실

계약의 해제로 계약이 소급적으로 그 효력을 상실한다. 이것은 계약이 처음부터 존재하지 않게 된다는 의미가 아니라, 계약의 주요부분이 애초부터 효력을 발생하지 않는다는 의미이다. 이는 구체적으로 다음과 같은 의미를 갖는다.

(가) 미이행채무의 소멸

아직 이행하지 아니한 채무는 처음부터 존재하지 않은 것으로 되어 이행할 필요가 없다.

(나) 원상회복의무

이미 이행한 급부는 원상회복으로서 반환되어야 한다(제548조 제 1 항). 즉, "계약이 해제되면 그 효력이 소급적으로 소멸함에 따라 이미 그 계약상 의무에 기하여 이행된 급부는 원상회복을 위하여 부당이득으로 반환되어야 하는 것이고, 이러한 원상회복의무는 해제의 상대방은 물론이고 해제한 자도 당연히 부담하게 된다."[37]

① 이 경우에는 부당이득의 경우(제748조)와는 달리 선의·악의를 묻지 않는다. 계약해제의 효과로서의 원상회복의무를 규정한 민법 제548조 제 1 항 본문은 부당이득에 관한 특별규정의 성격을 가진 것이어서, 그 이익 반환의 범위는 이익의 현존 여부나 선의, 악의에 불문하고 특별한 사유가 없는 한 받은 이

---

35) 국제동산매매에 관한 유엔협약 제81조는 "계약해제가 분쟁의 해결을 위한 계약의 조항이나 계약의 해제로 인해 발생하는 당사자의 의무에 영향을 미치지 아니한다"라고 규정하고 있고, 유럽계약법원칙 제9:305조 제 2 항은 "해제는 분쟁의 해결에 관한 계약규정 또는 기타 해제 이후에도 적용되어야 할 규정에 영향을 미치지 아니한다."라고 규정하고 있다.
36) 김재형, "계약의 해제와 손해배상의 범위," 민법론 Ⅱ, 2004, 73면.
37) 대판 1995. 3. 24, 94다10061.

익의 전부이다.[38] 계약해제에 따른 원상회복의무의 이행으로서 매매대금 기타
급부의 반환을 구하는 경우, 과실상계가 적용되지 않는다. 즉, 계약해제의 원
인이 된 채무불이행에 관하여 해제자가 원인의 일부를 제공하였다는 등의 사
유로 원상회복청구권의 내용을 제한할 수 없다.[39]

② 물건으로부터 수취한 과실(사용이익 포함)도 반환되어야 한다. 판례도
"제548조 제 2 항에 비추어 목적물을 사용함으로 인하여 얻은 이익을 부가하여
반환하는 것이 형평의 요구에 합당"하다고 한다.[40] 부동산을 점유·사용함으로
써 받은 이익은 특별한 사정이 없는 한 차임 상당액이라 할 것이므로, 매수인
이 부동산을 인도받아 그 용도대로 사용한 경우, 매수인은 차임 상당의 이익을
받았다고 할 것이고, 가령 그 부동산을 사용하여 영위한 영업이 전체적으로 적
자였다고 하더라도 사용으로 인한 이익 자체를 부정할 수는 없다.[41]

③ 반환의무자가 제 3 자에게 목적물을 양도함으로써 원물반환이 불가능한
경우에는 불능 당시의 가액으로 반환하여야 한다.[42]

④ 제548조 제 2 항은 금전반환의 경우에 법정이자를 부가하여 반환하도
록 하고 있다.[43] 이 경우 이자는 "부당이득반환의 성질을 가지"고, 이행지체로
인한 지연이자가 아니다.[44] 그러므로 "대금반환의무와 말소등기의무가 동시이
행관계에 있어도 역시 대금에는 연 5푼의 이자를 가산하여야 한다."[45] 계약해
제 시 반환할 금전에 가산할 이자에 관하여 당사자 사이에 약정이 있는 경우

38) 대판 1997. 12. 9, 96다47586.
39) 대판 2014. 3. 13, 2013다34143.
40) 대판 1976. 3. 23, 74다1383.
41) 대판 1997. 12. 9, 96다47586.
42) 대판 1998. 5. 12, 96다47913. 대판 2013. 12. 12, 2013다14675는 매도인으로부터 매매 목
   적물의 소유권을 이전받은 매수인이 매도인의 계약해제 이전에 제 3 자에게 목적물을 처
   분하여 계약해제에 따른 원물반환이 불가능하게 된 경우에 매수인은 원상회복의무로서
   가액을 반환하여야 하며, 이때에 반환할 금액은 특별한 사정이 없는 한 그 처분 당시의
   목적물의 대가 또는 그 시가 상당액과 처분으로 얻은 이익에 대하여 그 이득일부터의
   법정이자를 가산한 금액이라고 한다.
43) 대판 1997. 9. 26, 96다54997은 매매계약이 무효인 때의 매도인의 매매대금 반환 의무는
   성질상 부당이득 반환 의무로서 그 반환 범위에 관하여는 민법 제748조가 적용된다 할
   것이고, 명문의 규정이 없는 이상 그에 관한 특칙인 민법 제548조 제 2 항이 당연히 유
   추적용 또는 준용된다고 할 수 없다고 한다.
44) 대판 1996. 4. 12, 95다28892.
45) 대판 2000. 6. 9, 2000다9123.

에는 특별한 사정이 없는 한 이행지체로 인한 지연손해금도 그 약정이율에 의하기로 하였다고 보는 것이 당사자의 의사에 부합하나, 다만 그 약정이율이 법정이율보다 낮은 경우에는 약정이율에 의하지 않고 법정이율에 의한 지연손해금을 청구할 수 있다.46) 이 법정이자에는 지연이자에 관한 「소송촉진 등에 관한 특례법」 제3조 제1항의 이율을 적용할 수 없다.47)

⑤ 원상회복의무나 손해배상의무는 서로 동시이행관계에 있다. 제549조는 원상회복의무에 대해서 동시이행의 관계에 있다고 규정하고 있으나, 손해배상의무도 동시이행관계에 있다고 보아야 한다.48) 나아가 법정이자나 가액반환의무도 마찬가지이다.49)

(다) 물권 등의 당연 복귀

계약의 이행으로 물권변동 기타 권리변동이 이루어진 경우에 말소등기 등이 없어도 소급적으로 무효가 된다. 따라서 계약의 이행으로 이전된 소유권은 당연히 양도인에게 복귀한다.50)

다만 건축공사도급계약의 경우에는 중대한 예외가 인정되고 있다. 즉, "건축공사도급계약에서 해제 당시 공사가 상당 정도 진척되어 이를 원상회복하는 것이 중대한 사회적 · 경제적 손실이 되고 완성부분이 도급인에게 이익되는 경우에는 계약은 미완성부분에 대하여만 실효"되고, 해제 당시대로 건축물을 인도하고 기성고에 따른 보수지급의무가 발생한다.51)

(라) 해제 후 해제원인의 해소

계약이 일단 해제된 후 해제의 원인이 해소되었어도 해제의 효력은 그대로 유지된다. 가령 점포분양계약에서 업종 제한 약정 위반을 이유로 분양계약이 해제된 후 업종위반상태가 종료하였어도 해제의 효력은 유지된다.52)

(마) 해제 후 계약의 「남는 효력」

계약의 당사자가 계약을 적법하게 해제한 후 상대방이 계약을 취소하는

---

46) 대판 2013. 4. 26, 2011다50509.
47) 대판 2000. 6. 23, 2000다16275; 대판 2003. 7. 22, 2001다76298.
48) 대판 1996. 7. 26, 95다25138.
49) 대판 1998. 5. 12, 96다47913.
50) 대판 1977. 5. 24, 75다1394; 대판 1982. 11. 23, 81다카1110; 대판 1995. 5. 12, 94다18881 등; 대판 2002. 9. 10, 2002다29411.
51) 대판 1994. 11. 4, 94다18584.
52) 대판 2005. 7. 14, 2004다67011.

것도 허용된다. 즉, 매도인이 매수인의 중도금 지급채무불이행을 이유로 매매계약을 적법하게 해제한 후라도 매수인으로서는 상대방이 한 계약해제의 효과로서 발생하는 손해배상책임을 지거나 매매계약에 따른 계약금의 반환을 받을 수 없는 불이익을 면하기 위하여 착오를 이유로 한 취소권을 행사하여 위 매매계약 전체를 무효로 돌리게 할 수 있다.[53]

한편 위에서 본 바와 같이 관할 합의 등과 같이 분쟁의 처리에 관한 약정은 해제 후에도 유효하다.

(3) 제 3 자의 권리 보호

민법은 "그러나 제 3 자의 권리를 해하지 못한다"(제548조 제 1 항 단서)고 정함으로써 해제의 소급효를 제한하고 있다.

(가) 제 3 자의 의의와 범위

여기서 "제 3 자"는 "계약의 유효를 전제로 해제자와 양립할 수 없는 새로운 이해관계를 맺은 자로서 계약당사자에 대하여 대항할 수 있는 요건을 구비한 자"를 말한다.[54] 구체적으로 매매목적물의 양수인,[55] 대항력을 갖춘 주택임차인,[56] 목적물을 압류한 채권자,[57] 목적물을 가압류한 채권자,[58] 가등기를 한 자 등이 이에 해당한다.

그러나 해제한 매도인이 미리 처분금지가처분을 한 후에 권리를 취득한 자는 여기에서 말하는 제 3 자에 해당하지 않는다.[59] 또한 매매목적물의 취득 전의 단순한 전매수인轉買受人,[60] 토지매매 해제에서 매수인이 신축한 건물의 양수인,[61] 계약상 채권의 양수인[62] 또는 계약상 채권의 압류·전부를 받은 사

---

53) 대판 1991. 8. 27, 91다11308.
54) 대판 1996. 8. 20, 96다17653; 대판 1996. 4. 12, 95다49882.
55) 대판 1971. 11. 30, 71다1995.
56) 위 대판 1996. 8. 20, 96다17653; 대판 2008. 4. 10, 2007다38908.
57) 대판 2000. 4. 21, 2000다584.
58) 대판 2000. 1. 14, 99다40937.
59) 대판 2005. 1. 14, 2003다33004.
60) 대판 1980. 5. 13, 79다932. 대판 2003. 1. 24, 2000다22850은 "민법 제548조 제 1 항 단서에서 규정하고 있는 제 3 자란 일반적으로 계약이 해제되는 경우 그 해제된 계약으로부터 생긴 법률효과를 기초로 하여 해제 전에 새로운 이해관계를 가졌을 뿐 아니라, 등기·인도 등으로 완전한 권리를 취득한 자를 말"한다고 하였다.
61) 대판 1991. 5. 28, 90다카16761.
62) 대판 1964. 9. 22, 64다596; 대판 2003. 1. 24, 2000다22850.

람,[63] 제 3 자를 위한 계약에서의 수익자[64]도 이에 해당하지 않는다.

(나) 제 3 자의 선의 또는 악의

계약해제 전의 제 3 자에 대하여는 선의·악의를 불문한다. 다만 계약해제 후의 제 3 자도 해제로 인한 정정등기 등이 있기 전에 계약해제사실을 모르고 거래한 경우에는 보호된다.[65] 이 경우 해제의 효력을 주장하는 측에 악의를 증명할 책임이 있다.[66]

(4) 손해배상

계약의 해제는 손해배상에 영향을 미치지 아니한다(제551조). 이 경우 손해배상은 계약불이행으로 인한 법정해제에서 계약이 소급적으로 실효한 다음에도 여전히 남는 손해, 즉 이행이익을 배상하는 것이다. 따라서 이 경우의 손해배상은 채무불이행책임에 기한 것이다.

대법원은 처음에는 계약해제 시의 손해배상이 이행이익의 배상이기 때문에, 신뢰이익의 배상을 청구하는 것이 허용되지 않는다고 판결하였다.[67] 그러나 1990년대에 지출비용의 배상 또는 신뢰이익의 배상을 인정하는 대법원 판결들이 나왔다.[68] 특히, 대판 2002. 6. 11, 2002다2539는 "채무불이행을 이유로 계약해제와 아울러 손해배상을 청구하는 경우에 그 계약이행으로 인하여 채권자가 얻을 이익 즉 이행이익의 배상을 구하는 것이 원칙이지만, 그에 갈음하여 그 계약이 이행되리라고 믿고 채권자가 지출한 비용 즉 신뢰이익의 배상을 구할 수도 있다고 할 것이고, 그 신뢰이익 중 계약의 체결과 이행을 위하여 통상적으로 지출되는 비용은 통상의 손해로서 상대방이 알았거나 알 수 있었는지의 여부와는 관계없이 그 배상을 구할 수 있고, 이를 초과하여 지출되는 비용은 특별한 사정으로 인한 손해로서 상대방이 이를 알았거나 알 수 있었던 경우에 한하여 그 배상을 구할 수 있다고 할 것이고, 다만 그 신뢰이익은 과잉배상금지의 원칙에 비추어 이행이익의 범위를 초과할 수 없다."라고 판결하였다.

---

63) 대판 2000. 4. 11, 99다51685.
64) 대판 2005. 7. 22, 2005다7566.
65) 대판 1985. 4. 9, 84다카130.
66) 대판 2005. 6. 9, 2005다6341.
67) 대판 1962. 2. 22, 4294민상667; 대판 1962. 10. 18, 62다550; 대판 1983. 5. 24, 82다카1667.
68) 대판 1992. 4. 28, 91다29972; 대판 1996. 2. 13, 95다47619; 대판 1999. 7. 27, 99다13621.

그러나 위와 같은 지출비용을 신뢰이익이라고 파악하여 그 배상을 인정하는 것이 타당한지는 의문이다. 신뢰이익의 배상은 이행이익을 한도로 하는데다가, 문제되고 있는 지출비용 배상은 대부분 이행이익의 개념으로 포섭하여 해결할 수 있기 때문이다.[69)]

(5) 해제권 행사 여부의 최고권

해제권 행사의 기간을 정하지 아니한 때에는 상대방은 상당한 기간을 정하여 해제권 행사 여부의 확답을 해제권자에게 최고할 수 있다(제552조). 이는 상대방의 법률관계의 안정을 도모하기 위한 것이다.

한편 이 규정에 의하여 해제권이 소멸된 경우에 그 후 새로운 사유에 의하여 발생한 해제권까지 행사할 수 없게 되는 것은 아니다.[70)]

[판결 4] 계약 해제의 효과: 대판 1977. 5. 24, 75다1394

[이   유]

상고이유를 판단한다.

1. 원심판결은 그 이유에서 원고는 1971. 5. 8. 이 건 물건들을 포함한 위 안암주유소의 시설물 일체와 위 주유소 설치허가명의 및 위 주유소 운영에 따른 채권채무 등을 소외 망 A에게 양도하고 이건 물건들을 포함한 위 시설물 일체를 위 소외인에게 인도하였다가 위 소외인의 계약의무 불이행을 이유로 같은 해 7. 10. 위 양도계약해제의 의사표시를 한 사실, 위 소외인은 그 후에도 이건 물건들을 원고에게 반환하지 않고 있다가 1972. 4. 3. 사망하고 소외 B 등 소외 망 A의 상속인들이 이를 점유 위 주유소를 경영하고 있다가 위 주유소 대지의 소유자인 피고에게 대한 금 1,100,000원 정도의 임대료 채무에 대한 대물변제로서 1974. 2. 15. 이 건 물건들의 소유권을 피고에게 이전하여 준 사실 등을 인정한 다음 그렇다면 원고의 이건 물건들에 관한 소외 망 A와 사이의 위 양도계약이 적법하게 해제되었다고 하더라도 위 양도계약해제는 소외 망 A 또는 그 상속인들과 원고 사이에 있어 원상회복의무등 채권적 효과를 발생할 뿐 위 양도계약의 목적물인 이건 물건들의 소유권이 당연히 원고에게로 복귀된 것이라고는 할 수 없으니 위 소외 망 A의 상속인들로부터 적법하게 이건 물건들의 소유권을 취득한 피고에게는 위 양도계약해제의 효력을 주장할 수 없다 할 것이고

---

69) 이에 관한 판례와 학설에 관해서는 우선 김재형(주 36), 78면 이하.
70) 대판 2005. 12. 8, 2003다41463.

따라서 피고로서는 이건 물건들의 정당한 소유자로서 이를 처분한 행위가 불법 처분이라고는 할 수 없다고 판시하여 원고의 손해배상청구를 기각하였다.

2. 민법 제548조 제1항 본문에 의하면 계약이 해제되면 각 당사자는 상대 방을 계약이 없었던 거와 같은 상태에 복귀케 할 의무를 부담한다는 뜻을 규정 하고 있는바, 계약에 따른 채무의 이행으로 이미 등기나 인도를 하고 있는 경우 에 그 원인 행위인 채권계약이 해제됨으로써 원상회복된다고 할 때 그 이론 구 성에 관하여 해제가 있더라도 이행행위 그 자체는 그대로 효력을 보유하고 다 만 그 급부를 반환하여 원상회복할 채권 채무관계가 발생할 뿐이라는 소위 채 권적 효과설과 이미 행하여진 이행행위와 등기나 인도로 물권변동이 발생하고 있더라도 원인행위인 채권계약이 해제되면 일단 이전하였던 물권은 당연히 복 귀한다는 소위 물권적 효과설이 대립되어 있다. 우리의 법제가 물권행위의 독자 성과 무인성을 인정하고 있지 않는 점과 민법 제548조 제1항 단서가 거래안정 을 위한 특별규정이란 점을 생각할 때 계약이 해제되면 그 계약의 이행으로 변 동이 생겼던 물권은 당연히 그 계약이 없었던 원상태로 복귀한다고 봄이 타당 하다 할 것이다.

그러므로 원심판결이 위에서 본바와 같이 계약해제의 효력이 채권적 효과 밖에 없다하여 원고와 소외 A 간의 이사건 물건에 관한 양도계약이 해제되었더 라도 원고는 그 물건을 인도받기 전에는 아직 이에 대한 소유권이 복귀되지 아 니한다고 판시하였음은 계약해제에 관한 법리를 오해한 위법이 있다 할 것이니 이점에 관한 논지 이유있어 원심판결은 파기를 면할 수 없다.

질문

(1) 이 판결에서 설명하고 있는 계약해제의 효과에 관하여 설명하시오.

(2) 물권행위의 무인성에 관한 논의는 해제의 효과에 어떠한 영향을 미치는가?

(3) 물권적 효과설과 청산관계설은 어떠한 점에서 차이가 있는가?

[판결 5] 계약의 해제와 제3자 보호: 대판 1985. 4. 9, 84다카130, 84다카131

원고 소송대리인의 상고이유 제1, 2점을 함께 모아 판단한다.

1. 원심판결 이유기재에 의하면 원심은 그 거시증거를 모아 피고 A(피고 A, B주식회사, C에 대한 판결은 같은 피고등의 상고허가신청이 기각됨으로서 확 정되었으나 편의상 피고라고 표시한다)은 이 사건 계쟁토지에 관한 매매계약의 중도금 지급기일이 연기된 이후인 1973. 3. 8. 매매목적물의 일부인 원심판결 별

첨 제4, 6목록기재 토지에 관하여 매도인인 원고 D 및 소외 망 E의 승낙도 없이 그의 동생인 피고 C 앞으로 명의신탁하는 뜻에서 소유권이전등기를 경료하였고 피고 F는 이 사건 매매계약이 원고 D 등에 의하여 해제되기 전인 1978. 3. 20.경 피고 3과 사이에서 위 제4, 6 목록기재토지에 관하여 매매예약을 체결하고 이를 원인으로 하여 소유권이전등기청구권 보전을 위한 가등기를 한 다음 이 사건 소송제기후인 1978. 8. 21.과 그 달 23일에 각 위 가등기에 기한 본등기를 경료하였으며 피고 G는 이 사건 계약해제후인 1978. 4. 10. 피고 B주식회사(피고 B주식회사 명의의 소유권이전등기에 관하여는 원심은 앞서 피고 A가 그가 대표이사로 있는 피고회사에 명의신탁하는 의미에서 그 소유권이전등기를 경료한 것이라고 확정하였다)로부터 원심판결 별첨 제 5 목록기재 제 3 토지 중 488분의 195지분을 매수하고 그 달 12일 그 지분이전등기를 경료한 사실 등을 확정한 다음 원고 D, 소외 E와 피고 A 사이의 이 사건 매매계약은 그 계약해제통고에 따라 1978. 4. 5. 적법하게 해제되었다고 볼 것인 한편 피고 B주식회사나 피고 C는 피고 A가 원고 D 등으로부터 이 사건 토지를 매수하여 그 이전등기를 함에 있어 그 명의를 빌려 소유권이전등기를 경료시킨 자들에 불과하여 이들을 이 사건 계약으로 인하여 생긴 법률효과에 기초하여 새로운 권리를 취득한 제 3 자로 볼 수 없으므로 피고 A, B주식회사, C는 등기의 원인무효를 내세우거나 해제로 인한 원상회복을 구하는 원고등의 청구에 응할 의무가 있다고 할 것이나 한편 피고 F는 위 해제전에 매매예약을 하고 이를 원인으로 하여 대항력 있는 가등기를 갖춘 자로서 (위 가등기에 기한 본등기는 위 해제 후에 경료되었다) 위 피고의 위 가등기 목적물에 대한 이익은 해제자인 원고 D 등과의 관계에서 보호됨이 상당하다고 인정되므로 위 피고는 위 계약해제로부터 보호되어야 할 제 3 자로 볼 것이고 피고 G는 위 매매계약의 해제후에 앞에서 본 지분을 매수한 자이기는 하나 원고 D 등이 위 해제로 인한 원상회복등기전에 그 이전등기를 경료하였을 뿐만 아니라위 피고가 악의의 취득자라는 입증도 없어서 이 사건 해제에도 불구하고 완전한 소유권을 취득하는 것이라고 판시하고 나아가 피고 A가 이 사건 매매목적물 중 1,000평에 대한 소유권이전등기 특약에 따라 1978. 2. 23. 약 997평(실제로는 1,134평)만의 등기이전을 필하고 나머지 3평을 이전하지 못하였다고 하여 피고 C 및 피고 B주식회사의 이사인 소외 1 등과 공모하여 1978. 3. 2. 원고 D에게 이미 교부받은 서류로써는 1,000평을 모두 이전치 못하였으니 관계서류 한통씩을 더 해달라고 기망하여 위 원고 및 E로부터 부동산표시란의 우측에 "이상"이라는 막음표시를 한 그들 명의의 위임장 및 매도증서등을 교부받은 다음 위 막음표시를 임의로 삭제하고 위 부동산 표시란에

"별지와 같음"이라는 고무인을 찍고 자의로 백지 2매를 목록으로 첨부하는 등의 방법으로 관계서류를 위조하여 위 제4, 6목록기재 토지에 관하여 피고 3명의의 소유권이전등기를 경료하였고 이에 터잡아 피고 F 명의의 가등기도 경료된 사실이 인정되기는 하나 이 토지들에 대한 피고 C 명의의 소유권이전등기는 피고 A가 원고 A등과의 이 사건 매매계약에 기하여 원고 D등으로부터 이전받을 매매목적 토지에 관하여 피고 C에게 명의신탁등기를 경료시키는 과정에서 위 인정과 같은 방법으로 불법등기가 행하여진 것에 불과함은 증거들에 비추어 명백하여 피고 C 명의의 이전등기는 비록 그것이 등기과정상 소요서류의 위조 등의 방법으로 행하여진 하자가 있다고 하더라도 이는 실체권리관계에 부합하는 등기로 볼 것이므로 피고 C명의의 위 이전등기가 원인무효임을 전제로 한 원고 등의 주장은 받아들일 수가 없다고 판시하였다.

2. 공부상 공시된 등기가 실체적 권리관계에 부합한다 함은 그 등기절차에 문서의 위조등 어떤 하자가 있다고 하더라도 진실한 권리관계와 합치되는 것을 말하는 것으로 이 사건의 경우 약정매매대금 전액이 지급되었다거나 또는 매매대금 완불이전이라고 하더라도 그 소유권이전등기를 하기로 하는 약정이 있었다고 할 수 없다면(원고 D 및 E와 피고 G 사이에 이 사건 토지 중 1,000평에 한하여서 만 피고 A가 중도금 금 7,000,000원을 지급하였을 때 그 명의로 소유권이 전등기를 하기로 하는 특약만이 있었다 함은 원심이 적법하게 확정한 바이다)위 피고 C 및 피고 B주식회사 명의의 소유권이전등기는 매도인인 원고 D나 위 E의 의사에 반하는 것임이 분명하고 또 실체적 권리관계에 부합한다고 할 이유나 근거가 없다고 할 수밖에 없다. 원심이 실체적 권리관계에 부합한다고 판시한 이유나 그 근거를 이해하기 어려우나 판문 그대로 이 사건 매매계약으로 이전받을 매매목적물인 까닭에 실체적 권리관계에 부합한다는 뜻이라면 이는 매매와 실체적 권리관계에 법리를 오해한 데 연유한 것으로 잘못임이 자명하다.

원래 원고등이 내세우는 청구원인사실을 기록에 의하여 살펴보면 피고 A가 원고 D와 위 E 등과의 이 사건 매매계약의 약지에 반하여 이 사건 계쟁토지 전부에 관하여 같은 피고명의의 소유권이전등기청구권보전의 가등기를 경료한 다음 그중 원심관결 별첨 제 2,3 목록기재 토지와 같은 제 5 목록기재 3, 5, 24 토지에 관하여 자신이 대표이사로 되어 있는 피고 B주식회사 명의로 소유권이전등기를 경료하였고 다시 같은 제 4, 6 목록기재토지에 관하여 관계서류를 위조하여 자기의 동생인 피고 C명의의 소유권이전등기를 하였다는 것이 그 첫째 근간을 이루고 있음이 명백하므로 원심으로서는 먼저 원고등의 청구원인사실을 분명히 밝혀 이에 대한 판단을 토대로 이 사건 원고등 청구의 당부를 가렸어야 할 것임에도 불구하고 어차피 소유권을 넘겨주어야 할 매매목적물이라는 이유만으로 피고 C, B주식회사에 대한 원고 등의 청구는 인용하면서 피고 박길수에 대하여서는 위 피고등 명의의 소유권이전등기가 실체적 권리관계에 부합한다고 하여 그에 기한 피고명의의 소유권이전등기의 말소를 구하는 원고등의 청구를 배척한 원심조치는 이와 같은 점에서 이유불비 아니면 이유모순의 비난을 면할 길이 없다.

  3. 계약당사자의 일방이 계약을 해제하였을 때에는 계약은 소급하여 소멸하여 계약당사자는 각 원상회복의 의무를 지게 되나 이 경우 계약해제로 인한 원상회복등기 등이 이루어지기 이전에 계약의 해제를 주장하는 자와 양립되지 아니하는 법률관계를 가지게 되었고 계약해제 사실을 몰랐던 제 3 자에 대하여는 계약해제를 주장할 수 없는 법리이다.

  그런데 일건 기록에 의하여 원심이 배척하지 아니한 제 1 심 및 원심증인 김춘배의 증언에 의하면 피고 G는 원고 D 및 위 E와 피고 D간의 이 사건 매매계약이 해제된 사실을 알고 원심판결별첨 제 5 목록 기재 3 토지중 488분의 195 지분을 매수한 사실을 알 수 있고 총 8,245평에 이르는 이 사건 토지의 유래, 매매경위 및 그 점유이용실태 등과 자치인회의 구성 및 형사고소사건등 여러 사정에 비추어 위 H의 증언은 상당히 신빙성이 높은 진술이라고 보여지는 것임에도 불구하고 원심이 이에 대하여는 아무런 판단도 하지 아니한 채 피고 G가 이 사건 매매계약해제 이후에 위 토지지분을 매수한 자이긴 하나 원고 D등이 위 해제로 인한 원상회복등기 이전에 그 소유권이전등기를 경료하였을 뿐만 아니라 위 피고가 악의의 취득자아는 입증도 없어서 이 사건 해제에도 불구하고 완전한 소유권을 취득한다고 판시하였음은 증거판단을 유탈하였거나 그 취사판단을 그릇하여 사실을 오인하였다고 할 수밖에 없다.

질문

(1) 계약해제의 경우 제 3 자를 판단하는 기준은 무엇인가?
(2) 제 3 자 보호에 관한 이 판결의 태도는 민법 규정에 합치하는가?

[판결 6] 계약의 해제에 따른 원상회복청구권의 내용 제한 여부: 대판 2014. 3. 13, 2013다34143

  1. 원심은 그 판시와 같은 사실을 인정한 다음, 원고와 피고 사이의 이 사건 택지 분양권 매매계약(이하 '이 사건 매매계약'이라고 한다)이 있은 후에 피

고가 소외 1에게 이 사건 택지에 관한 수분양자 명의변경 절차를 완료하여 줌으로써 원고 앞으로의 수분양자 명의변경 절차의 이행이 불가능하게 되었고, 이를 이유로 한 원고의 이 사건 매매계약 해제의 의사표시에 의하여 이 사건 매매계약은 적법하게 해제되었다고 판단하였다.

　　나아가 원심은 원고가 계약해제에 따른 원상회복으로 피고에게 지급한 매매대금 145,000,000원의 반환을 구함에 대하여, 원고가 피고로부터 교부받은 분양권 확보에 필요한 서류들을 스스로 잘 관리하지 아니하고 이를 소외 2에게 맡겨두는 바람에 피고가 소외 2에게 이 사건 분양권을 전매할 권한이 있는 것으로 믿고서 소외 1 앞으로 수분양자 명의변경 절차를 마쳐주게 되었던 점 등 그 판시와 같은 사정들을 감안하면, 신의칙과 공평의 원칙을 고려하여 피고의 원상회복책임을 매매대금의 40%인 58,000,000원으로 제한함이 상당하다고 판단하였다.

　　2. 그러나 위와 같이 원상회복책임을 제한하는 판단은 이를 수긍할 수 없다.

　　가. 계약이 해제되면 그 효력이 소급적으로 소멸함에 따라 그 계약상 의무에 기하여 실행된 급부는 원상회복을 위하여 부당이득으로 반환되어야 한다(민법 제548조 제 1 항 본문, 대법원 2008. 2. 14. 선고 2006다37982 판결 등 참조). 그리고 계약해제의 효과로서 원상회복의무를 규정하는 민법 제548조 제 1 항 본문은 부당이득에 관한 특별규정의 성격을 가지는 것으로서, 그 이익 반환의 범위는 이익의 현존 여부나 청구인의 선의·악의를 불문하고 특단의 사유가 없는 한 받은 이익의 전부이다(대법원 1997. 12. 9. 선고 96다47586 판결 등 참조).

　　한편 과실상계는 본래 채무불이행 또는 불법행위로 인한 손해배상책임에 대하여 인정되는 것이고, 이 사건과 같이 매매계약이 해제되어 소급적으로 효력을 잃은 결과 매매당사자에게 당해 계약에 기한 급부가 없었던 것과 동일한 재산상태를 회복시키기 위한 원상회복의무의 이행으로서 이미 지급한 매매대금 기타의 급부의 반환을 구하는 경우에는 적용되지 아니한다(대법원 1997. 1. 24. 선고 96다40714 판결 등 참조).

　　나. 그리고 계약의 해제로 인한 원상회복청구권에 대하여 해제자가 그 해제의 원인이 된 채무불이행에 관하여 '원인'의 일부를 제공하였다는 등의 사유를 내세워 신의칙 또는 공평의 원칙에 기하여 일반적으로 손해배상에 있어서의 과실상계에 준하여 그 권리의 내용이 제한될 수 있다고 하는 것은 허용되어서는 아니된다.

　　(1) 법정해제권은 계약의 일방 당사자인 채무자에게 책임 있는 사유로 인한 채무불이행을 기본적 요건으로 한다(민법 제544조 내지 제546조). 그 경우에

만일 계약의 상대방인 채권자가 가지는 급부반환청구권이 채무불이행의 '원인'
을 일부 제공하였다는 등의 사유를 이유로 제한된다고 하면, 해제권의 발생원인
인 채무불이행에 대하여 귀책사유가 있다고 판단되어 계약을 해제당하는 등 본
래적인 법적 책임을 지는 채무자로서는 더욱이나 그의 급부반환청구권을 제한
당해야 마땅하고, 거의 예외 없이 채권자의 급부반환청구권보다 그 내용이 더욱
축소되어야 할 것이다.

　　그리고 채권자에게 위와 같은 채무불이행의 '원인' 제공 등의 사유가 없다
고 하는 보다 통상적인 경우에도, 채권자의 급부반환청구권을 제한하는 근거를
그대로 관철한다면 채무자의 원상회복청구권은 제한되어야 할 것이다. 그가 원
상회복청구권의 발생원인인 채무불이행의 본래적인 책임귀속자이기 때문이다.

　　이렇게 보면 이제 계약 해제로 인한 원상회복관계는 '계약이 체결되지 아
니하였던 것과 같은 상태'로의 복귀를 내용으로 한다고 더 이상 말하여질 수 없
다. 그것은 별다른 근거 없이 '제한적 원상회복'으로 축소되고, 더욱 중요한 것
으로 그것이 계약 해제에서의 원상회복의무의 일반적 양상이 되는 것이다. 이는
우리 법의 기본적 규율에서 전적으로 벗어난 것으로서, 앞서 본 판례의 태도에
도 정면으로 반한다.

　　(2) 이 사건에서는 매도인이 계약상 급부로서 받은 매매대금을 계약 해제
를 원인으로 하여 반환할 의무, 즉 금전지급의무가 문제되고 있다. 이에는 금전
의 지급으로 하는 것을 원칙으로 하는 손해배상책임(민법 제394조 참조)에 관하
여 정하여진 과실상계(민법 제396조, 제763조 참조)에 준하여 처리하는 것에 별
다른 주저를 느끼지 못할지도 모른다.

　　그런데 계약의 해제로 매수인이 자기 앞으로 행하여진 소유권이전등기를
말소하여야 하거나 목적물을 인도할 의무를 부담하는 경우에 매도인의 그 말소
등기청구권 또는 인도청구권에 그 언필칭 신의칙 또는 공평의 원칙이라고 하는
것은 어떠한 내용으로 적용되어야 할 것인가? 이제 매수인은 부동산의 일부 지
분에 관하여서만 또는 부동산의 특정한 일부에 관하여서만 소유권이전등기를
말소하면 되는가, 또는 매수인은 부동산의 일부만을 반환하면 족한가, 어떻게
정하여지는 특정한 일부를 반환하면 족한가? 법원이 과연 이러한 판단의 부담
을 져야 할 것인지 의문이 아닐 수 없다.

　　(3) 우리 법은 계약의 무효·취소 기타 효력불발생의 경우 일반에 대하여
그로 인한 계약관계의 원상회복에 관하여 위와 같은 신의칙 또는 공평 원칙의
적용을 예정하고 있지 아니하다.

　　예를 들어 매매 등 계약이 일방 당사자의 기망으로 체결된 경우에 비록 그

계약의 취소 여부가 피기망자의 선택에 달려 있다고 하더라도 일단 피기망자가
취소를 선택하여 그 의사표시를 하였다면 이제 계약은 원상회복관계로 들어가
고, 이 단계에서는 피기망자뿐만 아니라 기망자도 그 계약의 이행을 위하여 상
대방에 대하여 행한 급부의 반환을 원상회복으로 청구할 수 있음은 물론이다.
만일 이와 같은 경우에 기망자가 피기망자에 대하여 가지는 급부반환청구권(이
는 물론 부당이득반환청구권의 성질을 가진다)의 발생원인이 궁극적으로는 기망
자 자신이 범한 위법한 기망행위에 있다는 사정을 주된 고려요소로 하여 원용
되는 신의칙 또는 공평의 원칙을 들어서 손해배상에 있어서의 과실상계에 준하
여 그 권리의 내용이 제한될 수 있다고 한다면(원심과 같은 태도를 취한다면 이
를 부정하기는 어려울 것이다), 피기망자로서는 결과적으로 자신이 행한 급부를
반환받는 것 외에도 기망자가 행한 급부의 일부, 심지어는 전부를 그대로 적법
하게 보유할 수 있게 된다. 이는 피기망자에 있어서는 원래의 계약에서 의도된
경제적 효과를 훨씬 넘는 망외의 이득으로서, 법이 허용할 것이 아니다. 또한
급부반환청구권을 제한당하는 기망자의 입장에서 보면, 위와 같은 법률효과는
우리 법이 예정하지 아니하는 민사적 제재를 새로 설정하는 것에 다름아니다.

또한 우리 법은 스스로의 잘못으로 착오에 빠져 계약을 체결한 경우에도
그 잘못이 '중대한 과실'에 해당하지 아니하는 한(민법 제109조 단서 참조), 착
오자가 착오를 이유로 그 계약을 취소할 수 있음을 인정함은 주지하는 대로이
다. 만일 원심과 같은 태도를 취한다면, 착오자는 계약의 취소에도 불구하고 자
신이 행한 계약상 급부의 원상회복의 국면에서 자신의 권리를 제한당하기 쉬울
것이다. 이는 착오자에게 취소권을 부여하는 우리 법의 결단에 현저히 어긋나는
바이다.

(4) 한편 신의칙 또는 공평의 원칙은 무엇보다도 실제의 사건 처리에 있어
서 융통성을 불어넣는 중요한 법적 수단이기는 하다. 그리고 이는 일정한 제한
적인 경우에 사건의 공평한 처리에 대한 감정적 지향을 만족시킨다. 그러나 실
정의 법제도는 오랜 세월의 정련된 사고思考와 구체적인 적용 및 이에 대한 반
성을 거쳐 신중하게 마련된 것으로서, 실제로는 내용이 막연한 신의칙 등보다
더욱 현명하고 '공평한' 것이다.

다. 위와 같은 법리에 비추어 보면, 이 사건 매매계약의 해제로 인한 피고
의 원상회복의무의 내용은 특단의 사유가 없는 한 피고가 원고로부터 지급받은
매매대금 전액을 반환하는 것이어야 하고, 이 사건 매매계약이 해제되기에 이른
데에 원고에게도 책임이 있다는 등 원심이 들고 있는 사정들은 그 범위를 정함
에 있어서 고려되어야 할 것이 아니다.

(1) 이 사건의 쟁점은 무엇인가?

(2) 계약해제에 따른 원상회복의무의 이행으로서 매매대금 기타 급부의 반환을 구하는 경우, 과실상계가 적용되는가?

(3) 계약해제의 원인이 된 채무불이행에 관하여 해제자가 '원인'의 일부를 제공하였다는 등의 사유로 신의칙 또는 공평의 원칙에 따라 과실상계에 준하여 원상회복청구권의 내용이 제한되는가?

[판결 7] 계약의 해제와 손해배상의 범위: 대판 2002. 6. 11, 2002다2539

[주   문]

　　원심판결 중 원고들의 손해배상 청구에 관한 부분을 파기하고, 이 부분 사건을 서울고등법원에 환송한다. 원고들의 나머지 상고를 모두 기각한다.

[이   유]

　　1. (생략)

　　2. 이어서 상고이유 제 2 점을 본다.

　　가. 원심판결 이유에 의하면, 원고들은 1996. 12.경 피고로부터 피고가 주택재개발사업으로 신축하는 아파트의 1세대씩을 일반분양 받았으나, 피고가 건축한 아파트의 일조방해, 조망방해, 사생활침해 및 시야차단 등으로 인한 생활이익 침해가 수인한도를 넘은 것이었으므로 원심은 피고의 채무불이행을 인정하고 이를 원인으로 한 원고들의 분양계약 해제를 적법한 것으로 인정하였음을 알 수 있다.

　　한편, 원고들이 이 사건 아파트를 분양받기 위하여 국민주택채권을 매입하였다가 액면금액의 34%에 매각함으로써 액면가액의 66%에 상당하는 손해를 입었다고 주장하면서 그 차액 상당의 손해배상을 청구함에 대하여 원심은 위 손해는 특별한 사정으로 인한 손해인데 피고가 그 사정을 알았거나 알 수 있었다고 인정할 증거가 없다고 판단하여 원고들의 위 청구를 모두 기각하였다.

　　나. 그러나 채무불이행을 이유로 계약해제와 아울러 손해배상을 청구하는 경우에 그 계약이행으로 인하여 채권자가 얻을 이익 즉 이행이익의 배상을 구하는 것이 원칙이지만, 그에 갈음하여 그 계약이 이행되리라고 믿고 채권자가 지출한 비용 즉 신뢰이익의 배상을 구할 수도 있다고 할 것이고, 그 신뢰이익 중 계약의 체결과 이행을 위하여 통상적으로 지출되는 비용은 통상의 손해로서 상대방이 알았거나 알 수 있었는지의 여부와는 관계없이 그 배상을 구할 수 있

고, 이를 초과하여 지출되는 비용은 특별한 사정으로 인한 손해로서 상대방이 이를 알았거나 알 수 있었던 경우에 한하여 그 배상을 구할 수 있다고 할 것이 고, 다만 그 신뢰이익은 과잉배상금지의 원칙에 비추어 이행이익의 범위를 초과할 수 없다고 할 것이다.

이 사건 분양계약 당시 시행되던 주택공급에관한규칙 제15조는 사업주체가 투기과열지구에서 민영주택을 분양하는 경우에 일정 규모를 초과하는 주택에 대하여는 제 2 종 국민주택채권 매입예정액이 많은 자를 우선하여 입주자로 선정하고, 공급계약을 체결하는 경우에는 제 2 종 국민주택채권의 매입예정액과 매입액을 확인한 후 매입필증을 제출받도록 규정하고 있었으므로 채권입찰제 분양아파트를 당첨취득한 경우 그 주택채권의 매입비용은 아파트를 당첨받는 데 있어 필수적으로 필요한 부대비용이라고 보아야 할 것이다. 따라서 원고들이 이 사건 아파트를 채권입찰제의 방식으로 분양받아 그 매입예정 주택채권을 액면가로 매입하였다가 그 액면가에 미달하는 금액으로 매각한 후 피고의 채무불이행으로 인하여 아파트분양계약이 해제된 이상, 원고들로서는 주택채권의 매입가와 그 시세에 상당하는 매각대금의 차액을 신뢰이익으로서의 통상의 손해로서 그 배상을 청구할 수 있다고 할 것이다.

그럼에도 불구하고, 원심은 원고들이 구하는 주택채권매입액과 매각대금의 차액 상당의 손해가 특별한 사정으로 인한 손해에 해당하는 것으로 속단한 나머지 피고가 그 사정을 알았거나 알 수 있었다고 볼 증거가 없다는 이유로 원고들의 이 부분 청구를 배척하고 만 데에는 채무불이행으로 인한 손해배상에 관한 법리를 오해하여 판결에 영향을 미친 위법이 있다고 할 것이다. 이 점에 관한 상고이유의 주장은 이유 있다.

[참고논문]

『채무불이행으로 인한 손해배상은 계약해제에 의하여 영향을 받지 않는다. 계약해제시의 손해배상의 범위도 채무불이행으로 인한 손해배상과 동일한 이론으로 해결하여야 한다. 손해배상의 범위를 정하고 있는 제393조는 계약해제시의 손해배상에도 그대로 적용된다. 다만 계약을 해제할 경우에 이미 이행한 것이 원상으로 회복되기 때문에, 이를 손해배상에서 공제하면 된다.

신뢰이익의 배상문제는 계약 해제의 경우에만 문제되는 것은 아니고, 채무불이행으로 인한 손해배상 일반의 문제이다. 채무불이행으로 인한 손해배상에서 신뢰이익의 배상을 인정할 필요가 없고, 이행이익의 개념으로 충분하다.

대법원에서 신뢰이익이 문제되었던 대부분의 사건에서 이행이익을 계산하는 것이 어렵지 않았고 실제로 판결문만을 보더라도 이행이익이 얼마인지 알 수 있었다. 이러한 경우에는 신뢰이익이라는 개념을 끌어들이지 않고도 문제를 해결하는데 아무런 장애가 없다. 특히 이행이익과 신뢰이익의 배상을 함께 청구하는 경우에는, 지출비용의 배상을 인정하면서 이행이익을 계산할 때 비용을 공제하는 방식은 불필요한 논리의 전개이다. 이것은 비용을 공제하지 않고 총이익을 배상하라고 하는 것과 동일한 결과가 되기 때문이다.」[71]

질문

(1) 채무불이행을 이유로 계약해제와 아울러 손해배상을 청구하는 경우, 신뢰이익의 배상을 청구할 수 있는가? 그 경우에 배상의 범위는 어떻게 되는가?

(2) 지출비용의 배상을 신뢰이익의 배상으로 파악하는 판례의 태도는 정당한가?

(3) 지출비용 또는 신뢰이익의 배상 한도를 이행이익을 한도로 하여야 하는가?

(4) 이 사건에서 채권입찰제 방식의 아파트분양에서 주택채권을 액면가로 매입하였다가 그 액면가에 미달하는 금액으로 매각한 후 분양자의 채무불이행으로 인하여 아파트 분양계약이 해제된 경우, 주택채권의 매입가와 그 시세에 상당하는 매각대금의 차액을 신뢰이익의 배상으로 청구할 수 있는가?

Ⅳ. 해제계약

1. 의   의

유효한 계약("원계약")의 효력을 소멸시키기로 하는 계약을 해제계약 또는 "계약의 합의해제"라고 하는데, 이는 계약자유의 원칙상 당연히 허용된다.

해제계약은 통상의 「해제」와는 무관하고, 그 성립·효과 등에 대하여 계약의 일반법리가 적용된다. 즉, 해제계약은 당사자가 이미 체결한 계약을 체결하지 않았던 것과 같은 효과를 발생시킬 것을 내용으로 하는 또 다른 계약으로서, 쌍방의 서로 대립하는 의사표시가 합치될 것을 요건으로 하고, 그 합의

---

71) 김재형(주 36), 108면.

의 인정에는 각 당사자의 표시행위에 나타난 의사의 내용이 객관적으로 일치하여야 한다.[72]

2. 성   립

명시적으로 해제약정을 하는 경우도 있고, 묵시적으로 계약이 해제된 것으로 볼 수 있는 경우도 있다. 실제로는 묵시적 해제계약이 중요하다. 묵시적 해제합의가 있다고 보려면, 장기간의 상호 의무불이행 내지 방치만으로는 부족하고, 쌍방에 계약실현의사가 없거나 포기의사가 있다고 볼 정도에 이르러야 한다.[73]

3. 효   과

(가) 해제계약이 유효하게 성립함으로써 그 효과로 원계약의 효력은 소멸한다. 소급효 유무는 계약의 해석에 달려 있다.[74] 일회적 계약에서는 통상 소급효를 긍정하는 경우가 많을 것이다. 그러나 그로 인한 급부반환의무는 부당이득이 아니라 계약적 성질을 가진다.

(나) 원계약의 실효는 제 3 자에 영향을 미치지 않는다. 이는 계약이 당사자 사이에서만 효력을 미친다는 원칙에 비추어 당연한 것이다. 판례는 여기에 법정해제에 관한 제548조 제 1 항 단서의 법리를 그대로 적용하여 동일한 결과를 인정한다.[75]

판례는 계약에 따른 채무이행으로 이미 등기를 하고 있는 경우에 그 원인행위인 채권계약을 합의로 해제하면 계약의 이행으로 변동이 생겼던 물권은 등기 없이도 당연히 그 계약이 없었던 원상태로 복귀한다고 하나,[76] 그 타당성에는 의문이 있다.

---

72) 대판 1994. 8. 26, 93다28836.
73) 대판 1996. 6. 25, 95다12682; 대판 1998. 1. 20, 97다43499.
74) 대판 1996. 7. 30, 95다16011.
75) 대판 1980. 5. 13, 79다932; 대판 1991. 4. 12, 1991다2601 등. 그 경우 '제 3 자'로서 보호를 받으려면 등기 등을 갖추어 '완전한 권리를 취득하여야 한다'고 한다. 나아가 대판 2005. 6. 9, 2005다6341은, 법정해제에서와 같이, 합의해제 후에 이해관계를 맺은 자라도 선의이면 보호를 받으며, 이 경우 악의의 주장·입증책임은 계약의 효력불발생을 주장하는 측에 있다고 한다.
76) 대판 1982. 7. 27, 80다2968.

(다) 계약이 합의에 의하여 해제된 것은 채무불이행을 이유로 하는 손해배상청구권에 어떠한 영향을 미치는가? 판례는 "계약이 합의에 의하여 해제 또는 해지된 경우에는 상대방에게 손해배상을 하기로 특약하거나 손해배상 청구를 유보하는 의사표시를 하는 등 다른 사정이 없는 한 채무불이행으로 인한 손해배상을 청구할 수 없다."라고 하고, 나아가 "그와 같은 손해배상의 특약이 있었다거나 손해배상 청구를 유보하였다는 점은 이를 주장하는 당사자가 증명할 책임이 있다"는 태도를 취한다.[77]

---

77) 대판 1989. 4. 25, 86다카1147; 대판 2013. 11. 28, 2013다8755; 대판 2021. 3. 25, 2020다 285048.

제 2 장 　계약의 해지

Ⅰ. 의　　의

　　계약의 해지는 계속적 계약의 효력을 장래에 향하여 소멸하게 하는 행위를 말한다. 해지는 소급효가 없고 장래에 향하여 계약의 효력을 소멸시킨다는 점에서 해제와 구별된다.

　　해지가 인정되는 것은 계속적 계약에 한한다. 이때 계속적 계약인지 여부는 급부의 계속성을 기준으로 판단한다. 가령 임대차, 소비대차, 사용대차, 고용, 위임, 임치, 조합, 종신정기금이 계속적 계약에 속한다. 이와 달리 매매, 증여, 교환 등은 일시적 계약에 속한다. 그러나 도급이나 보증 등의 경우에는 계속적 계약인지 여부를 판단하기 쉽지 않다.

Ⅱ. 해지권의 발생요건

1. 통상해지권

　　계속적 계약은 우선 존속기간의 만료로 종료된다. 그러나 존속기간의 정함이 없는 경우에는 당사자는 통상 계약을 언제라도 해지할 수 있다. 소비대차(제603조 제 2 항), 임대차(제635조 제 1 항), 고용(제660조 제 1 항), 임치(제699조), 사용대차(제613조 제 2 항 단서)에서 이와 같은 해지권을 규정하고 있다. 이를 통상해지권通常解止權 또는 임의해지권이라고 한다. 다만, 해지의 효력이 발생하는 시기(즉, "해지기간") 그 밖의 양태는 계약의 유형마다 다를 수 있다.

2. 비상해지권

계속적 계약에서 존속기간의 정함이 있어도 "중요한 이유"가 있으면 해지할 수 있다. 이를 비상해지권非常解止權 또는 특별해지권이라고 한다.

(1) 민법에서 "부득이한 사유"가 있는 경우에 대하여 해지권을 인정하는 경우가 있다. 이에 해당하는 경우로 제661조(고용), 제698조(임치), 제689조 제2항(위임)을 들 수 있다. 판례는 "민법 제661조 소정의 「부득이한 사유」란 고용계약을 계속 존속시켜 그 이행을 강제하는 것이 사회통념상 불가능한 경우를 말하고, 고용은 계속적 계약으로 당사자 사이의 특별한 신뢰관계를 전제로 하므로 고용관계를 유지하는 데 필요한 신뢰관계를 파괴하거나 해치는 사실도 그에 포함되고, 따라서 고용계약상 의무의 중대한 위반이 있는 경우도 이에 해당된다."라고 한다.[1]

그리고 소비대차에서 차주의 사망 또는 파산(제614조), 임대차 목적물의 일부멸실(제627조), 임대차에서 임차인의 파산(제637조), 위임에서 당사자 한 쪽의 사망 또는 파산, 수임인의 성년후견개시의 심판(제690조)도 "부득이한 사유"의 구체화라고 할 수 있다.

(2) 민법은 일정한 형태의 채무불이행을 이유로 계속적 계약관계를 해지할 수 있음을 정하는 경우가 있다. 그 사유는 대체로 당사자 간의 신뢰관계를 파괴하는 전형적 사정에 해당하는 경우라고 할 수 있다. 가령 제610조 제3항(소비대차에서 무단전대 등의 경우)(이는 임대차에도 준용된다. 제654조), 제625조(임차인의 의사에 반하는 임대인의 보존행위), 제640조(2기의 차임지체), 제657조 제3항(고용에서 권리의무의 무단양도), 제658조 제2항(고용에서 노무자에게 요구되는 특수한 기능의 결여) 등이 이에 해당한다.

(3) 이상을 일반화하면, 계속적 계약관계에서 일반적으로 보다 고도의 신뢰에 기초한 협력이 요구되는데 이를 기대할 수 없는 객관적 사유 또는 당사자 일방의 배신적 행태가 있는 경우에는 쌍방 또는 상대방은 계약을 해지하여 계약관계를 일방적으로 장래를 향하여 소멸시킬 수 있는 권한을 가진다고 할 것이다. 즉, 계속적 계약의 존속 중에 당사자 일방의 부당한 행위 등으로 인하여 계약의 기초가 되는 신뢰관계가 파괴되어 계약의 존속을 기대할 수 없는

---

1) 대판 2004. 2. 27, 2003다51675.

중대한 사유가 있는 때에는 상대방은 계약을 해지할 수 있다고 보아야 한다.[2]

(4) 해지권의 발생요건에 관한 일반적 법리

(가) 법이 개별적으로 해지권의 발생사유를 정하는 경우에도 이를 배타적 규정으로 볼 것이 아니라, 위와 같은 일반적 법리의 예시로 파악하여야 한다. 따라서 해지권의 발생을 정하는 명문이 없다고 해서 해지권이 인정되지 않는다고는 할 수 없다.

(나) 민법에 별도의 정함이 없는 계속적 계약관계, 예를 들면 특히 계속적 보증계약, 계속적 물품공급계약(대리점·특약점 등), 계속적 금융거래계약, 리스계약, 전속계약 등에서도 같은 법리가 적용될 것이다. 판례는 이른바 계속적 보증에서 보증인이 그 보증을 해지함에 상당한 이유가 있는 경우에는 이를 해지할 수 있다고 한다.[3]

(다) 계속적 계약을 체결한 후에 사정변경이 있으면 계약의 해지를 인정할 수 있다.[4] 판례는 "계속적 보증계약에서 계약 성립 당시의 사정에 현저한 변경이 생긴 경우에는 보증인은 보증계약을 해지할 수 있다 … 회사의 임원이나 직원의 지위에 있기 때문에 회사의 요구로 부득이 회사와 3자 사이의 계속적 거래로 인한 회사의 채무에 대하여 보증인이 된 자가 그 후 회사로부터 퇴사하여 임원이나 직원의 지위를 떠난 때에는 보증계약 성립 당시의 사정에 현저한 변경이 생긴 경우에 해당하[며] … 보증계약에서 보증기간을 정하였어도 그것이 특히 퇴사 후에도 보증채무를 부담키로 특약한 취지라고 인정되지 않는 한 위와 같은 해지권의 발생에 영향이 없다."라고 한다.[5]

(라) 제544조의 최고催告는 해지권에서는 적어도 일반적으로는 요구되지 않는다.

(5) 그 밖에 계약유형에 특유한 성질로 인하여 해지권이 인정되는 경우가 있다. 가령 고용관계의 고착화를 방지하기 위한 제659조, 위임의 상호 해지의 자유를 정하는 제689조 등을 들 수 있다.

---

2) 대판 2013. 4. 11, 2011다59629.
3) 대판 1978. 3. 28, 77다2298.
4) 대판 1990. 6. 12, 89다카30075; 대판(전) 2013. 9. 26, 2012다13637.
5) 대판 1990. 2. 27, 89다카1381.

3. 해지권 유보의 약정

(1) 제543조 제 1 항("계약…에 의하여 … 해지…의 권리가 있는 때")은 약정해지권에 관하여 규정하고 있다. 계약에서 해지권이 유보되어 있는 경우에는 이에 기하여 해지를 할 수 있다. 이를 약정해지라고 한다.

(2) 약정해지권은, 존속기간 있는 계약의 갱신거절과 함께, 당사자에게 중대한 의미가 있는 계속적 거래관계(특히 물품공급계약 등 상거래관계)를 그의 채무불이행 등 배신적 행위 없이도 일방적으로 중단시킬 수 있게 한다.

[판결 1] 특약점계약의 해지: 대판 1995. 3. 24, 94다17826

[이   유]

상고이유를 판단한다.

1. 원심판결 이유에 의하면, 원심은 그 판결에서 들고 있는 증거들에 의하여, 원고가 1986. 6. 1. 피고 회사와의 사이에, 피고는 그가 생산 또는 수입판매하는 특수윤활유 등 전제품(단 압연유 및 도료 계통은 제외함)의 판매 특약점으로 원고를 지정하여 그로 하여금 울산, 포항, 광양 등 각 지역에서 이를 판매하도록 허락하되, 원고는 피고가 공급하는 제품 이외의 것을 취급 또는 판매하여서는 아니되고 피고의 기호, 상표 등을 반드시 계약서에 정한 조건에 따라 사용하여야 하며, 그 계약기간은 계약일로부터 1년으로 하되 쌍방 이의가 없으면 1년씩 자동연장하기로 한다는 내용의 특약점(대리점) 계약을 체결하고, 그 이래 위 특약점을 계속 경영하여 오다가 그 중 울산영업소의 영업소장이 1988. 12. 경 그 주된 납품거래선인 소외 현대자동차주식회사의 소속 직원과 공모하여 실제로 납품하지 아니한 제품을 납품한 것처럼 가장하여 위 회사로부터 돈을 횡령한 사건을 수습하는 과정에서 1989. 3. 21. 피고가 원고로부터 위 울산영업소의 영업일체를 인수하기로 하는 합의하에, 위 당사자 사이에 피고는 향후 1년 간 위 영업소의 경영으로 얻게 되는 매출이익을 원고의 매월 외상 매입금에서 공제하여 주고, 원고는 피고에게 향후 1년 간 위 영업소의 기존 종업원들을 파견근무하도록 조치하며 그 보수의 지급을 위하여 피고는 위 종업원들의 급료, 제수당, 상여금, 퇴직금 등을 모두 포함하여 매월 금 6,500,000원씩을 원고에게 지급하기로 하는 내용의 울산영업소 정리 및 종업원 파견근무에 관한 약정을 체결하게 되었으며, 그 때부터 피고는 그 산하기구로서 울산지사를 설립하여 원고의 위 울산영업소의 사무실과 그 종업원 8명을 인수하여 영업을 계속하여 온

사실을 인정한 다음, 원고가 위 1989. 3. 21.자 약정에 기하여 피고를 상대로 1989. 9. 1.부터 1990. 2. 28.까지 6개월 동안 발생한 위 울산영업소의 매출이익으로서 원고의 외상대금에서 공제하지 않은 금액과 같은 기간 동안의 종업원 파견근무에 따른 약정 금액의 지급을 구하는 이 사건에서, 피고가 위 약정은 원고가 피고의 제품과 경쟁관계에 있는 제품을 직접 생산하려고 계획하고 1989. 9. 경 그 공장설립에 착수하는 등으로 당해 약정 체결의 전제가 된 당초 위 특약점 계약상의 의무를 위배하였음을 이유로 피고가 원고에게 1989. 9. 27. 해지의 의사표시를 함에 따라 이미 그 효력이 소멸된 것이라고 항변한 데 대하여, 그 판시 증거들에 의하면 피고가 1989. 3. 21. 원고로부터 위 울산영업소를 인수할 당시 피고가 1년분의 매출이익금을 원고에게 지급하고 종전의 종업원과 시설을 그대로 인수하여 활용하고 그 대가로 파견근무비를 지급하기로 한 주된 이유는, 원고와의 마찰없이 그로부터 위 영업소를 인수하고 또 기존의 인력을 활용함으로써 영업의 공백을 메우고자 하는 의도에서였다고 보이는바, 그러하다면 위 영업소 정리 및 종업원 파견근무에 관한 약정은 위 특약점 계약과는 별개의 계약이라 할 것이므로 원고가 위 특약점 계약상의 의무를 위배하였다 하여 적법하게 위 영업소 정리등에 관한 약정을 해지할 수 있는 것은 아니고, 가사 위 특약점계약상의 의무위배가 위 영업소 정리등에 관한 약정의 해지사유가 된다 하더라도 원고가 피고의 제품과 경쟁관계에 있는 제품생산을 계획하였다는 사유만으로는 위 특약점계약상의 의무를 위배하였다고 볼 수도 없으며, 원고가 1989. 9. 경 위 주장과 같이 공장설립에 착수하였다는 점에 관하여는 이를 인정할 만한 아무런 증거가 없으므로, 위 항변은 결국 그 이유가 없다고 판단하고 있다.

2. 원심이 인정한 사실관계에 따르면, 원·피고 사이의 이 사건 1989. 3. 21.자 약정은, 그들 사이에 기히 체결된 특약점계약 중 울산지역 특약점(울산영업소)의 운영에 관한 부분을 일부 합의해지하고 피고가 원고로부터 그 영업소의 영업일체를 인수하면서, 향후 1년간 원고는 피고를 위하여 위 영업소에 그 소속 종업원을 파견근무시키도록 하고, 그 대가로서 피고는 원고에게 위 종업원들에 대한 보수 등 명목의 일정금액을 매월 정기적으로 지급하고 또 위 울산영업소의 경영에 따른 매출이익 상당액을 원고가 여전히 위 당초의 특약점계약에 따라 포항, 광양영업소의 경영상 피고로부터 외상 공급받게 될 제품의 매입대금 채무에서 공제하여 주기로 하는 것을 그 내용으로 삼은 것으로서, 이는 그 계약으로부터 생기는 채권채무의 내용을 이루는 급부가 일정기간 계속하여 행하여지게 되는 것이라는 점에서 이른바 계속적 계약에 해당하는 것임이 분명하다.

이러한 계속적 계약은 당사자 상호간의 신뢰관계를 그 기초로 하는 것이므로, 당해 계약의 존속 중에 당사자의 일방이 그 계약상의 의무를 위반함으로써 그로 인하여 계약의 기초가 되는 신뢰관계가 파괴되어 계약관계를 그대로 유지하기 어려운 정도에 이르게 된 경우에는 상대방은 그 계약관계를 막바로 해지함으로써 그 효력을 장래에 향하여 소멸시킬 수 있다고 봄이 타당할 것이다.

그런데 원심이 인정한 바에 의하더라도, 원고는 1986. 6. 1. 위 특약점 계약에 따라 피고로부터 그 계약 기간 동안 피고의 공급제품에 관한 총판권을 부여받고 피고가 공급하는 것 이외의 제품을 취급·판매하지 않기로 하는 경업금지의무를 부담하면서, 울산, 포항, 광양 등 각 지역에서 판매영업소를 경영하여 오던 중, 1988. 12.경 위 울산영업소의 소속 직원이 영업상 구매부정사건을 일으켜 그 납품거래처인 소외 현대자동차 주식회사에게 거액의 재산상 손해를 입히게 됨에 따라 원고가 위 회사로부터 피고 제품의 납품거래 관계를 단절당할 처지에 이르게 되자, 그 수습을 위한 방안으로 피고가 원고로부터 위 울산영업소의 영업을 모두 인수하기로 하고 향후 1년간 위 영업소의 경영으로 얻게 되는 매출이익 상당액을 원고의 외상대금 채무에서 공제하여 주며 원고의 파견근무 지시를 받아 위 영업소의 영업에 종사하게 되는 종업원들의 보수 상당액을 원고에게 지급하여 주기로 약정하였음을 알 수 있으므로, 위 약정은 원고의 당초의 특약점계약에 따른 영업 중 울산지역에 관한 부분만 피고가 대신 경영하기로 한 것에 다름아니어서 이는 원·피고 사이에 기히 체결된 당초의 특약점 계약과 전혀 관계없는 별개의 계약이 아니라 그 계약 중 울산지역을 제외한 부분은 그대로 존속시키면서 그 계약상의 제반의무를 계속 성실히 이행 준수할 것을 이 사건 약정의 계속적 이행의 당연한 전제로 삼은 것으로 보아야 할 것이고, 따라서 그 의무사항 중에서도 원고가 피고의 공급제품 이외의 제품을 취급 또는 판매하여서는 아니 된다는 취지의 경업금지의무는 당연히 이 사건 약정의 가장 주된 요소를 이루는 의무사항의 하나가 된다고 하겠다.

한편 기록에 의하면, 원고는 위와 같이 이 사건 약정을 체결하고 나서 위 울산영업소의 영업양도에 따른 자신의 사업경영 부진의 타개책의 일환으로, 피고가 이미 1989. 2.경부터 원심 판시 광양제철소에 금속가공유의 일종인 압연유를 직접 공급납품하여 왔음에도 불구하고, 일본국 니혼 파커라이징주식회사 (Nihon Parkerizing Co., Ltd.)를 상대로 위 압연유 및 그 관련제품을 제조 생산하기 위한 기술제휴를 추진하는 한편, 또 이와 별도로 원고 스스로 그 비용을 투입하여 피고가 당시 생산판매하는 제품과 동종의 특수윤활유 등을 제조 판매하는 사업을 독자적으로 경영하기 위하여 법인체의 설립 내지 그 공장 건립 등을 준비하고 있었기 때문에, 피고가 이러한 사실을 미리 확인하고 원고에 대하여 그 중지를 요구하였으나 원고가 이를 거절하자 1989. 9. 27. 원고에게 위 특약점계약과 함께 이 사건 약정에 대한 해지통고를 하기에 이르렀음을 알아볼 수 있다(실지로 그 후 원고는 1989. 10. 12. 특수윤활유 등의 제조 판매업을 사업목적으로 하는 주식회사 영일을 설립하고, 위 회사의 명의로 위 일본국 회사와의 사이에 압연유 등의 제조 판매를 위한 기술제휴계약을 정식 체결하기까지 하였다). 이러한 제반 사정들을 참작하여 보면, 원고가 위 약정의 해지통고 이전에 이미 피고가 생산 판매하는 동종의 제품을 직접 제조 판매하기 위한 사업의 시행계획을 적극 추진하면서 정당한 이유 없이 피고의 중지요구를 거절하는 등의 행위를 한 이상, 이는 이 사건 약정 체결의 전제가 된 당초의 위 특약점계약상의 경업금지의무를 위배하는 행위에 해당하고, 이로써 위 약정의 존속 기초가 된 당사자 간의 신뢰관계를 파괴하는 결과가 초래되어 사실상 위 계약관계를 그대로 계속 유지시키는 것이 현저히 곤란하게 되었다고 봄이 상당할 것이므로, 피고가 이를 이유로 원고에 대하여 이 사건 약정을 해지한 것은 적법하고 그에 따라 위 약정의 효력은 장래에 향하여 이미 전부 소멸되었다고 볼 수밖에 없을 것이다.

그럼에도 불구하고, 원심은 원·피고 사이의 위 1989. 3. 21.자 이 사건 약정이 당초의 위 특약점 계약과는 별개의 독립된 계약이라는 이유로 원고가 위 특약점계약상의 의무를 위배하였다 하여 위 약정을 해지할 수는 없고 나아가 그렇지 않다 하더라도 원고가 피고의 거래 취급제품과 동종의 제품에 대한 생산 판매사업을 계획하고 있었다는 사유만으로는 위 특약점계약상의 경업금지의무를 위배하였다고 볼 수도 없다고 판단하여 피고의 위 약정해지에 관한 주장을 배척하고 말았으니, 거기에는 채증법칙을 위배하여 사실관계의 인정을 그릇쳤거나 계속적 계약에 있어서의 계약해지에 관한 법리를 오해한 위법을 저지른 것이라고 아니할 수 없으므로, 상고이유 중 이 점을 지적하는 부분은 이유 있다 하겠다.

질문

(1) 계속적 계약의 해지사유는 무엇인가?

(2) 특약점계약상의 경업금지의무 이행을 전제로 계속적 계약에 해당하는 별개의 약정을 체결한 경우, 위 경업금지의무 위배가 계속적 계약인 위 약정의 해지사유에 해당하는가?

Ⅲ. 해지권의 행사와 그 효과

1. 해지권과 그 행사

해지권도 해제권과 마찬가지로 형성권으로서 일방적 의사표시로 행사한다. 이에 관해서는 해제에 관한 설명 참조.

2. 해지의 효과

(1) 장 래 효

제550조는 해지의 효과에 관하여 "계약은 장래를 향하여 그 효력을 잃는다."라고 규정하고 있다.

(가) 해지가 효력을 발생하기까지는 계약이 유효하다. 따라서 그때까지 발생한 계약상의 채권채무(예: 고용에서 사용자의 보수지급의무, 계속적 보증에서 해지 전에 발생한 주채무에 대한 보증인의 책임 등)는 해지의 발효 후에도 여전히 존속한다. 나아가 유효한 채무의 이행으로 한 급부를 반환할 의무(원상회복의무)는 문제되지 않는다.

(나) 계약관계의 종료로 계약상의 청산의무가 발생할 수 있다. 가령 임차인 또는 소비차주·사용차주의 목적물반환의무(제598조, 제609조 참조), 임대인의 보증금반환의무·임차권등기말소의무 등이 이에 해당한다.

(2) 손해배상

제551조는 계약의 해지도 "손해배상의 청구에 영향을 미치지 아니한다."라고 정하고 있다. 채권자는 계약이 유효한 동안 채무자의 채무불이행(계약이 유효한 동안에 적법하게 성립한 채무의 불이행)으로 입은 손해의 배상을 청구할 수 있다. 위 (1)(나)의 계약상 청산의무의 불이행으로 인한 책임은 제551조와 무관하며, 그 책임을 추궁할 수 있음은 물론이다.

제3장   위험부담

Ⅰ. 의   의

1. 어떠한 채무의 이행이 채무자의 귀책사유 없이 불능하게 된 경우에 그 채무자는 원칙적으로 그 채무를 면하고, 그 채무는 소멸한다. 그런데 그 채무가 쌍무계약으로부터 발생한 것이라면, 상대방은 그 소멸한 채무와 대가관계에 있는 채무(반대급부의무)를 여전히 그 계약에 기하여 부담하는지 문제된다. 가령 이웃의 잘못으로 말미암아 발생한 화재가 매매목적물인 건물로 번져 매도인에게는 아무런 과실 없이 그 건물이 소실된 경우에, 매도인은 그로 말미암아 그 채무를 면하는데, 매수인은 매도인에게 여전히 약정한 매매대금을 지급할 의무를 부담하는가 등이 그것이다.

이러한 문제는 통상 위험부담 법리로 다루어진다. 위와 같이 쌍무계약에서 일방 당사자가 그 채무를 이행함이 없이 면책되는 경우에 그로 인하여 그의 상대방에 대한 반대급부청구권의 존속 여부에 관하여 발생하는 위험을 반대급부위험 또는 대가위험이라고 한다. 그리고 그 위험을 채무자가 부담하여 반대급부청구권이 소멸한다는 원칙을 채무자주의라고 부르고, 반대로 채권자가 부담하여 반대급부청구권이 그대로 존속한다는 원칙을 채권자주의라고 부른다.

2. 만일 쌍무계약에서 발생하는 각 당사자의 채무를 완전히 서로 별개인 것으로 파악한다면, 그 각 채무의 운명은 다른 채무와는 별개로 정해지므로, 일방의 채무가 소멸하였다고 해서 상대방의 채무에 어떠한 영향을 미칠 여지는 없을 것이다. 그러나 쌍무계약에 고유한 각 채무의 목적적 상호구속성, 즉

"받기 위하여 준다(do ut des)"는 성질은 비단 각 채무의 성립이나 행사의 경우뿐만 아니라, 그 소멸에서도 문제된다. 위험부담제도는 이와 같은 쌍무계약상 채무의 소멸에 관한 견련관계를 정하는 것이라고 할 수 있다.

3. 한편 급부위험이라는 개념이 있는데, 이것은 어떠한 채무에 관하여 채무자의 귀책사유 없이 이행불능 기타 이행장애사유가 후발적으로 발생한 경우에 그로 인하여 그 채무 자체의 존속 여부에 관하여 발생하는 위험을 말한다. 가령 특정물매매에서 매매목적물이 멸실 된 경우는 물론이고, 종류물매매에서 매도인이 그 이행을 준비하기 위하여 마련하여 두었으나 아직 "특정"의 단계까지는 이르지 아니한 물건이 멸실 또는 훼손된 경우에도 그로 인하여 매도인의 채무가 과연 소멸 또는 감축되는가 하는 문제가 급부위험의 개념으로 다루어진다. 만일 급부위험을 채무자가 부담한다면, 그 채무는 소멸 또는 감축되지 않으며, 채권자가 부담한다면, 그 채무는 소멸된다.

4. 위험부담(통상 대가위험에 대한 것이다)의 문제는 아직 그 채무의 이행이 모두 종료되지 않은 경우를 전제로 한다. 만일 채무자가 그 채무를 이미 완전히 이행하였다면, 위험부담은 문제되지 않는다. 가령 위 1에서 본 사례에서, 매도인이 매수인에게 건물을 인도하고 또 그 등기를 매수인에게 이전하였다면, 그 후에 그 건물이 소실되더라도 위험부담의 문제가 생길 여지가 없으며, 따라서 매수인은 당연히 그 대금의 지급의무를 부담한다. 이와 같은 경우에 채무의 소멸은 채무자의 변제에 의하여 일어나는 것이고, 귀책사유 없이 이행불능이 됨으로써 소멸하는 것은 아니다.

그런데 경우에 따라서는 이행이 완전히 종료되기 전이라도 위험의 이전을 인정할 것인지 문제된다. 우리 민법은 위험이전에 관하여 별도의 규정을 두지 않으나, 역시 논의의 필요가 있다(아래 Ⅳ. 참조).

5. 위험부담에 관한 민법의 규정은 임의규정이다. 따라서 그와 다른 약정이나 관습이 있으면 이에 따른다. 그러나 약관에서 민법상 사업자가 부담하여야 할 위험을 상당한 이유 없이 고객에게 이전시키는 조항은 무효이다(약관 제7조 제2호).

Ⅱ. 채무자위험부담의 원칙

1. 의   의

쌍무계약에서 당사자 일방이 부담하는 채무가 당사자 쌍방의 책임 없는 사유로 이행할 수 없게 된 때에는 그 채무자는 상대방에 대하여 반대급부를 청구할 권리를 상실한다(제537조). 이는 채무자위험부담주의를 정한 것이다.

2. 요   건

(1) 쌍무계약에서 당사자 일방이 부담하는 채무가 당사자 쌍방의 책임 없는 사유로 이행할 수 없게 되어야 한다. 쌍무계약으로부터 발생하는 일방의 채무가 그 채무자의 귀책사유로 이행불능이 된 경우에는 채무불이행의 문제가 될 뿐이다. 이 경우에는 상대방으로서는 자신의 반대급부의무의 이행과 상환으로, 또는 자신의 의무를 면하고자 하는 경우에는 그 계약을 해제하고(제546조 참조), 손해배상을 청구할 수 있을 뿐이고, 위험부담은 문제되지 않는다. 이는 채무자가 그 이행지체 중에 있음으로 말미암아 자신에게 귀책사유가 없음에도 손해배상의무를 부담하는 경우(제392조)에도 마찬가지라고 할 수 있다.[1]

그리고 그 채무가 채권자의 귀책사유로 이행불능이 된 경우의 위험부담에 대하여는 특칙이 있다(제538조 제1항 제1문).

(2) 후발적 불능의 경우에만 위험부담이 문제된다. 원시적 불능의 경우에 대하여는 채무의 성립상의 견련성의 문제로서 해결된다.

(3) 일부불능의 경우에도 제537조가 적용된다.

3. 효   과

위의 요건이 갖추어지면 "채무자는 상대방의 이행을 청구하지 못한다." 즉, 채무자의 상대방에 대한 반대급부청구권은 소멸한다.

(1) 위험부담의 법리에 의하여 소멸하는 것은 쌍무계약상 대가관계에 있는 채무뿐이다. 따라서 임대차의 경우 비록 임차인의 목적물반환의무가 가령 목적물의 멸실로 말미암아 쌍방의 책임 없는 사유로 이행불능이 되더라도 임

---

1) 이은영, 채권각론, 179면.

대인의 보증금반환의무가 소멸되는 것은 아니다.[2] 왜냐하면 임대차에서는 목적물의 사용을 일시적으로 허용할 의무와 이에 대한 차임의 지급의무 및 보증금의 일시적 이전의무만이 서로 대가관계에 있고 보증금이 영구히 임대인에게 보유될 것을 계약내용으로 하는 것이 아니기 때문이다.

(2) 상대방이 채무자에 대하여 이미 이행한 전부 또는 일부의 급부는 상대방의 반대급부의무가 소멸함으로 말미암아 부당이득이 된다. 따라서 채무자는 이를 상대방에게 부당이득의 법리에 따라 반환하여야 한다. 대법원은 입목매매계약에서 계약 후 영림당국의 조림계획 변경으로 말미암아 벌채허가를 얻지 못하게 된 경우 이로써 매도인의 의무는 쌍방의 책임 없는 사유로 말미암아 이행불능이 되었다고 하고 매수인이 이미 지급한 계약금은 부당이득으로서 그에게 반환되어야 한다고 하였다.[3]

(3) 일부불능의 경우에는 원칙적으로 그 불능부분에 상응하는 상대방의 반대급부의무가 소멸한다.[4] 그러나 반대급부의무가 불가분이거나, 가분이라도 나머지 부분만으로는 급부의 목적을 달성할 수 없는 경우에는 그 의무는 전부 소멸한다. 그리고 그 경우에는 상대방은 이행가능한 나머지 급부에 대하여도 그 이행청구를 하지 못하고, 채무자는 그 채무 전부를 면한다. 대법원은 임대차계약에서 목적물을 사용·수익하게 할 임대인의 의무와 임차인의 차임지급의무는 상호 대응관계에 있으므로 임대인이 목적물을 사용·수익하게 할 의무를 불이행하여 임차인이 목적물을 전혀 사용할 수 없을 경우에는 임차인은 차임 전부의 지급을 거절할 수 있으나, 목적물의 사용·수익이 부분적으로 지장이 있는 상태인 경우에는 그 지장의 한도 내에서 차임의 지급을 거절할 수 있을 뿐 그 전부의 지급을 거절할 수는 없다고 한다.[5]

임대차에서 임차인의 과실 없이 목적물의 일부가 멸실된 경우에 대하여는 특칙을 두어 그 부분의 차임이 바로 소멸하는 것이 아니라, 임차인이 차임의 감액을 청구할 수 있다고 정한다(제627조). 그러나 이는 입법론으로서는 의문이다.

(4) 채무자가 그 채무의 이행불능으로 말미암아 그 목적물을 갈음하는 대

2) 대판 1965. 11. 23, 65다1898.
3) 대판 1975. 8. 29, 75다765.
4) 대판 1948. 6. 6, 4280민상279.
5) 대판 1997. 4. 25, 96다44778, 44785.

상(가령 수용보상금청구권, 보험금청구권, 제3자에 대한 손해배상청구권 등 또는 그에 기하여 수령한 금전 등)을 취득한 경우에, 상대방은 본래의 급부를 갈음하여 그 대상 등의 양도를 청구할 권리, 즉 대상청구권이 있다는 것이 다수설이자 판례이다.[6] 이 대상청구권은 채무자의 책임 없는 사유로 이행불능이 된 경우에 채권자에게 인정된다.

Ⅲ. 채권자위험부담의 경우

1. 의   의

"쌍무계약의 당사자 일방의 채무가 채권자의 책임 있는 사유로 이행할 수 없게 된 때"와 "채권자의 수령지체 중에 당사자 쌍방의 책임 없는 사유로 이행할 수 없게 된 때"에는 채권자가 위험을 부담하여(제538조 제1항), 채무자는 상대방에 대하여 여전히 반대급부의 이행을 청구할 권리를 가진다.

2. 요   건

(1) 채권자의 책임 있는 사유로 인한 이행불능

채권자의 책임 있는 사유로 인하여 채무의 이행을 할 수 없게 되는 경우가 무엇을 의미하는지 논란이 있다. 판례는 채권자의 어떤 작위 또는 부작위가 채무자의 이행의 실현을 방해하고, 그 작위나 부작위는 채권자가 이를 피할 수 있었다는 점에서 신의칙상 비난받을 수 있는 경우를 가리킨다고 한다.[7] 그러나 이는 이 규정에서 말하는 책임 있는 사유를 지나치게 좁게 인정한 것으로 볼 여지가 있다. 이 요건을 충족하는 경우는 특히 채무자가 노무를 공급할 의무를 부담하는 계약유형, 즉 도급, 고용, 위임, 임치 등에서 빈번하게 발생한다. 가령 도급인이 제공하여야 할 재료를 가공하거나 사용자의 공장에서 그 설비를 써서 작업하여야 할 경우에 도급인이 재료를 다른 곳에 돌림으로써 수급인이 일을 할 수 없거나 사용자가 노무자의 공장 출입을 막아서 그가 일을 하지 못하는 경우 등이 그것이다.

---

6) 대판 1992. 5. 12, 92다4581.
7) 대판 2004. 3. 12, 2001다79013.

판례가 인정하는 중요한 경우로는 부당해고의 경우인데, 사용자가 노무자를 부당하게 해고함으로 말미암아 노무자의 노무를 제공하지 못하게 된 경우에는 제538조 제 1 항 제 1 문에 의하여 사용자에게 보수를 청구할 수 있다고 한다.[8] 또한 영상물 제작공급계약에 관한 사례에서 도급인의 영상물제작에 대한 협력의 거부로 수급인이 독자적으로 성의껏 제작하여 납품한 영상물이 도급인의 의도에 부합되지 아니하여 결과적으로 도급인의 의도에 부합하는 영상물을 기한 내에 제작하여 납품하여야 할 수급인의 채무가 이행불능으로 된 경우, 이는 계약상의 협력의무의 이행을 거부한 도급인의 귀책사유로 인한 것이므로 수급인은 약정대금 전부의 지급을 청구할 수 있다고 한다.[9]

여기서 "채권자의 책임 있는 사유로 이행할 수 없게 된 때"란 "채권자에게만 책임 있는 사유로 이행할 수 없게 된 때"를 의미한다. 채무자의 이행불능이 쌍방에게 책임 있는 사유로 일어난 경우에는 채무자의 책임 있는 사유로 인한 이행불능으로서 그가 채무불이행책임을 지되, 손해배상의 경우에 채권자의 귀책사유를 그 책임의 유무 및 범위를 정함에 있어서 참작하여야 한다(제396조).

(2) 수령지체 중의 이행불능

채무자의 이행불능이 채권자의 수령지체 중에 발생하였을 경우에는 그것이 쌍방의 책임 없는 사유로 말미암은 때라도 채권자가 위험을 부담하여 상대방에 대하여 반대급부를 이행할 책임을 진다. 그런데 채권자지체 중에 채무자는 고의 또는 중과실에 대하여만 '책임'이 있다(제401조). 따라서 비록 이행불능이 채무자의 경과실에 의하여 발생한 경우에라도 채권자는 반대급부를 이행하여야 한다.[10]

(3) 상법상의 특칙

상법은, 운송품의 전부 또는 일부가 그 성질 또는 하자로 인하여 멸실한 경우에도, 운송인은 운임의 전액을 청구할 수 있다고 정한다(제134조 제 2 항). 이는 운송인의 귀책사유 없이 그 운송의무가 이행불능이 된 경우에도 그가 송하인에 대하여 반대급부, 즉 운임의 지급을 청구할 수 있다는 점에서, 채권자

---

8) 대판 1969. 3. 31, 69다135; 대판 1992. 12. 8, 92다39860; 대판 1996. 6. 28, 95다24722.
9) 대판 1996. 7. 9, 96다14364 등.
10) 양창수, "민법 제461조와 제401조의 경계획정," 민법연구 제 1 권, 365면 참조.

주의를 택한 것이다.

3. 효   과

위 (1), (2)의 두 경우에 채권자는 반대급부를 이행할 의무를 여전히 부담하는데, 채무자는 채무가 이행불능이 됨으로써 이익을 얻게 되는 경우도 있다. 가령 채무를 면함으로써 지출하지 않아도 되는 비용(운임, 재료비, 도구의 소모 등)이 그것이다. 만일 채무자가 이 이익을 그대로 상대방에 대한 반대급부청구권과 아울러 보유할 수 있다고 하면 그는 이행불능으로 말미암아 부당이득을 취하는 셈이 된다. 따라서 제538조 제 2 항은 그 이득을 채권자에게 반환하여야 한다고 정한다.

이 반환청구권은 채무자가 가지는 반대급부청구권과 대가관계에 있는 것이 아니므로, 양자 사이에 동시이행의 관계는 인정되지 않는다. 또 채권자가 자신이 이행할 반대급부로부터 이를 공제하여 나머지만을 이행할 수도 없다. 단지 상계의 요건을 갖춘 경우에는 쌍방 모두 상계를 할 수 있다.

Ⅳ. 위험의 이전

1. 의   의

위험부담의 문제가 발생하는 것은 쌍무계약의 당사자 일방의 채무가 아직 이행되지 않고 있는 동안에 한정된다. 이미 이행이 끝난 후에는 그 목적물이 멸실하더라도, 상대방은 당연히 반대급부를 이행할 의무를 여전히 부담한다. 가령 매도인이 목적물을 매수인에게 인도하고 그 소유권을 이전한 후에 그것이 천재지변으로 말미암아 멸실하였다고 하더라도 매수인은 미지급대금을 완전히 지급하여야 한다.

채무의 이행은 여러 단계를 거쳐서 이루어지는데, 그 가운데 어느 단계를 마치면 이제 더 이상 위험부담의 문제가 발생할 여지가 없어지는지 문제된다. 이때를 기준으로 하여 상대방에게 위험이 이전하게 되는 것이다. 이를 위험이 전이라고 한다.

민법은 위험의 이전에 관하여 규정을 두고 있지 않다. 다만 채권자지체의 경우의 위험부담에 관한 제538조 제 1 항 제 2 문은 채권자지체에 의하여 위험이 채권자에게 이전됨을 정한 것으로 이해할 수도 있다. 실제로 주로 문제되는 매매에 한정하여 이 문제를 살펴보고자 한다.

2. 동산매매의 경우

목적물이 동산인 경우에 그 인도로써 위험이 이전됨에는 이론이 없다. 소유권이 이전되는가 하는 것은 문제가 되지 않는다. 가령 소유권유보부 매매에서도 위험은 인도로써 매수인에게 이전된다. 현실의 인도가 이에 포함됨에는 의문이 없으나, 그 밖에 점유개정, 간이인도 나아가 반환청구권의 양도에 의한 인도의 경우는 어떠한가? 그것이 매도인의 채무내용에 좇은 것인 한 이에 의해서도 역시 위험은 이전된다고 할 것이다.[11] 한편 화물상환증이나 창고증권의 교부는 운송물 또는 임치물의 인도와 동일한 효력이 있으므로(상 제133조, 제157조) 그 증권이 매수인에게 교부되면 위험은 이전된다.

다만 송부채무[12]의 경우, 즉 매도인이 매수인의 희망 또는 요구에 따라 원래 정하여진 이행장소와 다른 장소로 송부하는 경우에는 달리 보아야 한다. 왜냐하면 그 경우 매도인으로서는 원래의 이행장소에서 이행하는 경우에 부담하였을 위험 이상의 위험을 부담할 이유가 없기 때문이다. 그 경우에는 매도인이 목적물을 운송업자 기타 운송의 실행을 맡은 사람에게 인도한 때에는 위험이 매수인에게 이전한다.

불특정물매매와 관련하여서는 위에서 본 대로 그 목적물이 특정된 후에야 비로소 위험부담이 문제되고, 그 이전에는 비록 채무자가 준비하여 둔 물건이 그에게 책임 없는 사유로 멸실되더라도 그 채무는 소멸하지 않는다. 따라서 채무자는 새로운 물건을 조달하여야 할 조달의무를 여전히 부담하며, 상대방의 반대급부의무도 이에 영향을 받지 않는다.

3. 부동산매매의 경우

부동산매매에서 매도인은 목적물을 인도할 의무와 그 소유권을 이전할 의무를 부담한다. 위험은 이 의무를 모두 이행하여야 비로소 매수인에게 이전하

---

11) 이은영, 채권각론, 188면.
12) 위 제 4 편 제 2 장 Ⅰ. 3. 참조.

는지 문제된다. 종래 소유권이 이전되는 때, 즉 등기이전을 기준으로 하여야
하는지, 아니면 등기 전에 인도가 있으면 이 때에 위험이 이전하는지 문제되었
다. 매수인이 등기를 이전받아 민법 제186조에 따라 소유권을 취득함으로써
"물건에 대한 법적인 지배권"을 획득하였으면서 위험의 이전이 점유의 취득까
지 미루어진다는 것은 부당하다고 볼 여지가 있다. 그러나 목적물을 인도받아
실제적인 사용수익 등 지배가능성을 가지고 있으면서 단지 등기를 이전받지
않았다는 것만으로 자신의 지배영역 안에서 일어난 사태에도 불구하고 위험을
부담하지 않는다고 해서는 안 된다. 그러므로 소유권 취득 또는 점유 이전의
양자 중 어느 하나라도 있으면 이로써 위험은 매수인에게 이전된다고 보아야
한다.[13]

4. 채권자지체의 경우

위에서 본 대로 채권자지체가 있으면 그 후에 "쌍방의 책임 없는 사유"로
인하여 이행불능이 되더라도 채권자가 그 위험을 부담한다. 이는 곧 이행의 제
공이 있었으나 채권자가 이를 수령하지 않으면 위험이 채권자에게 이전됨을
의미한다. 만일 채권자가 이를 수령하였으면 채무 자체가 소멸하여 애초 위험
부담의 문제가 발생할 여지가 없으므로, 이는 곧 이행의 제공으로써 위험이 채
권자에게 이전한다고 바꾸어 말할 수 있다. 이러한 법리는 비단 매매의 경우에
한정되는 것은 아니다.

[판결 1] 영상물 제작공급계약과 위험부담: 대판 1996. 7. 9, 96다14364, 14371

[이   유]

상고이유를 본다.

1. 상고이유 제 2 점에 대하여

원심은, 피고(반소원고, 이하 피고라 한다)는 소외 포항종합제철 주식회사(이하
포항제철이라 한다)로부터 포항제철이 1994. 3. 16.부터 같은 해 3. 20.까지 5일
간 코엑스(KOEX) 대서양관에 설치 운영할 '포스코관'의 설치용역을 의뢰받은
후, 같은 해 2. 2. 영상물 전문제작업체인 원고 회사(반소피고, 이하 원고 회사라

---

13) 김형배, 165면; 김상용, 채권각론, 92면; 황적인, 현대민법론 Ⅳ, 118면. 이은영, 채권각
론, 188면 이하도 유사한 취지이다.

한다)와 사이에 위 포스코관에서 상영할 방영시간 10분짜리의 포항제철 기업홍
보용 영상물의 제작을 원고 회사에게 의뢰하는 내용의 이 사건 영상물 제작공
급계약을 체결하였는데, 위 영상물의 납품기한은 계약일로부터 40일로 되어 있
는 사실, 피고가 영상물을 원고 회사에게 제작의뢰하게 된 이유는, 원고 회사가
국내 유수의 영상물제작 회사인데다가 영상물의 시나리오를 작성한 소외 A가
원고 회사의 여러 피디(PD)중에서 소외 B를 적극 추천한 점도 작용하였던 사
실, 원고 회사는 피고와 협의하여 영상물을 제작하기로 한 계약조항에 따라, 같
은 해 2. 23. 1차 시사회를, 같은 해 3. 10. 2차 시사회를 각 피고의 참여 아래
갖고, 같은 해 3. 12. 부터 3. 15. 사이에 이를 포스코관에 설치하여 리허설을 하
기로 잠정적으로 예정하였으나, 포항제철측의 사정을 이유로 한 피고의 촬영연
기 요청으로 포항과 광양에서의 현지촬영이 같은 해 2. 17.부터 2. 22. 사이에
행하여짐에 따라 1차 시사회의 일정도 순연될 수밖에 없었던 사실, 그런데 위
B 피디(PD)가 원고 회사의 직원들과의 갈등으로 같은 달 23. 사표를 제출하고
회사에 출근하지 아니하고 원고 회사의 연락에도 응하지 아니함으로써 일시적
으로 원고 회사에서 영상물제작 업무에 공백이 발생하자, 그러한 사실을 알게
된 피고는 원고 회사에게 아무런 연락도 취하지 아니한 채 B가 원고 회사의 승
낙 없이 임의로 원고 회사에서 반출하여 가져온 촬영자료를 가지고 같은 달 28.
위 A, B, 피고의 대표이사 및 피고의 담당직원 등만이 참여한 가운데 1차 시사
회를 가진 사실, 원·피고 간에 체결된 영상물제작계약 제 7 조는 "원고 회사가
본 계약을 이행하지 아니하였을 때"와 "원고 회사가 계약기간 내에 계약을 이행
할 수 없다고 판단될 경우"를 계약해제 사유로 규정하고 있는바, 피고는 원고
회사가 같은 달 25. 이후부터 영상물제작 작업의 진행 경과를 피고측에게 통보
하여 주지 않은 점과 같은 달 28.로 예정된 시사회를 위한 납품을 하지 않은 점
및 담당 피디가 사전통보 없이 교체되었고 후임자 통보도 행하여지지 않은 점
등의 사유를 들어, 사전에 아무런 예고도 하지 아니한 채 같은 해 3. 2. 원고 회
사에게 계약해제 통지를 한 사실, 이에 원고 회사는 내부적인 문제로 일정에 다
소 차질이 생겼지만 촬영 및 자료수집이 마쳐지고 편집과정만 남아 있어서 약
정된 기일 내에 영상물을 충분히 제작할 수 있다는 내용의 의사를 수차에 걸쳐
서면으로 피고에게 통보하였으나, 피고는 원고 회사와의 일체의 협상을 단절하
고 같은 달 7. 전문 피디 한 명도 보유하지 못하고 있는 소외 디엠사에 이 사건
영상물의 제작을 의뢰하였고, 디엠사는 전문 피디의 참여 없이 새로 현지촬영도
행하지 아니한 채 오로지 위 A의 도움만으로 며칠만에 영상물을 제작하여 피고
에게 납품한 사실, 원고 회사는 B 피디 등이 같은 해 2. 17.부터 2. 23. 사이에

포항과 광양에서 촬영하였던 영상자료 등을 편집하여 영상물을 제작하여 같은
해 3. 11. 피고에게 납품하였으나 피고가 그 수령을 거절한 사실 등을 인정한
후, 원고 회사가 내부적인 사정으로 일시적으로 영상물제작 작업을 진행시키지
못하고 있었다고 하더라도, 피고가 전문 피디도 두지 않은 영세업체인 디엠사로
부터 현지촬영 없이 영상물을 불과 며칠만에 납품받을 수 있었던 점, 원고 회사
는 국내 유수의 영상물제작 업체로서 다수의 피디를 보유하고 있었고 또 당시
B 피디가 촬영한 필름을 보유하고 있었기 때문에 피고의 수정요구에 맞추어 편
집을 하는 일이 그렇게 어렵거나 장기간의 시일을 요하는 작업이 아니었던 점,
편집단계에서의 피디의 역량은 덜 중요하며, 도중에 피디가 교체된다고 하더라
도 원고 회사의 다른 피디들이 10분간 상영될 이 사건 기업홍보용 영상물을 충
분히 편집할 수 있었던 점, 원고 회사의 능력과 의사에 비추어 볼 때 예정된 일
정을 다소간 수정하면 피고가 요구하는 정도의 영상물을 기한 내에 충분히 제
작할 수 있었고 피고 역시 이러한 사실을 잘 알 수 있었음에도 불구하고 원고
회사에게 계약을 이행할 의사가 있는지를 전혀 확인하지 아니한 채 일방적으로
아무런 예고 없이 계약을 해지한 점 등을 종합하여 보면, 원고 회사가 계약기간
내에 이 사건 영상물을 납품하는 것이 불가능하였다고는 보여지지 아니하고, 한
편 원고 회사의 내부적인 문제로 영상물제작 일정에 다소의 차질이 발생하여
원고가 예정된 일자에 시사회를 준비하지 못하였다고 하더라도 그와 같은 의무
불이행은 이 사건 계약의 목적이 된 주된 채무를 이행하는 과정에서의 부수된
절차적인 의무의 불이행에 불과하므로, 그와 같은 부수적인 의무의 불이행을 이
유로 계약을 해제할 수 없다고 판단하였는바, 기록에 의하여 살펴보면 원심판결
에 심리미진, 채증법칙 위반 등의 위법이 있다고 볼 수 없고, 사실관계가 원심
이 적법하게 확정한 바와 같다면 피고의 계약해제 주장을 배척한 원심의 판단
도 정당하다 할 것이므로, 원심판결에 논하는 바와 같은 위법이 있다고 볼 수
없다. 논지는 모두 이유가 없다.

　2. 상고이유 제1점에 대하여

　사실관계가 원심이 적법하게 확정한 바와 같다면, 피고와 협력하여 피고의
지시감독을 받으면서 영상물을 제작하여야 할 원고 회사의 채무는 피고의 협력
없이는 완전한 이행이 불가능한 채무라고 할 것이고, 한편 이 사건 영상물 제작
공급계약은 계약의 성질상 원고 회사가 일정한 기간 내에 채무를 이행하지 아
니하면 계약의 목적을 달성할 수 없는 정기행위라고 할 것이므로, 피고의 영상
물제작에 대한 협력의 거부로 원고가 독자적으로 성의껏 제작하여 납품한 영상
물이 피고의 의도에 부합되지 아니하게 됨으로써 결과적으로 피고의 의도에 부

합하는 영상물을 기한 내에 제작하여 납품하여야 할 원고 회사의 채무가 이행 불능케 되었다면, 이는 계약상의 협력의무의 이행을 거부한 피고의 귀책사유로 인한 것이므로, 원고는 피고에게 약정대금 전부의 지급을 청구할 수 있다고 할 것이고, 원고 회사가 원심 인정과 같이 영상물제작 일정에 사소한 차질을 일으킨 사실이 있다고 하더라도 이 사건 계약해제의 경위에 비추어 볼 때 그와 같은 사유는 약정대금을 감액할 사유가 된다고 볼 수 없다. 그러므로, 같은 취지로 판단한 원심판결은 정당하고 원심판결에 논하는 바와 같은 위법이 있다고 볼 수 없으므로 논지도 모두 이유가 없다.

3. 상고이유 제 3 점에 대하여

원심은, 피고가 위 디엠사에게 피고 주장과 같은 제작대금을 지급하였다고 볼 증거가 없을 뿐만 아니라, 설령 디엠사에게 피고 주장과 같은 다액의 제작대금을 지급하게 됨으로써 원고 회사와의 계약대금과의 차액 상당의 손해를 입게되었다고 가정하더라도, 그 손해는 피고의 자의적인 판단 때문에 발생한 것이지 원고 회사의 채무불이행으로 인하여 발생한 손해라고 볼 수 없다는 이유로 피고의 반소청구를 배척하였는바, 기록에 의하면 원심의 위와 같은 인정과 판단은 정당하고, 원심판결에 논하는 바와 같은 위법이 있다고 볼 수 없으므로, 논지도 모두 이유가 없다.

질문

(1) 영상물 제작공급계약의 수급인이 시사회 준비 의무를 위반한 경우, 그 불이행만을 이유로 계약을 해제할 수 있는가?

(2) 영상물 제작공급 채무가 그 이행에 도급인의 협력이 필요하고 성질상 정기행위인 사안에서, 도급인의 협력거부로 인한 채무불이행을 이유로 수급인이 대금을 청구할 수 있는가?

[판결 2] 채권자의 수령지체와 위험부담: 대판 2004. 3. 12, 2001다79013

[이   유]

상고이유를 본다.

1. 원심의 사실인정과 판단

원심은, 내세운 증거들에 의하여 원고는 1997. 10. 17. 피고로부터 이 사건 부동산을 대금 13억 380만 원에 매수하되, 계약금 1억 3,000만 원은 계약 당일에, 1차 중도금 3억 원은 1997. 11. 10.에, 2차 중도금 2억 원은 1998. 1. 15.에,

잔금 6억 7,380만 원은 1998. 4. 20.에 각 지급하기로 하는 이 사건 매매계약을 체결하고, 계약 당일에 계약금 1억 3,000만 원을, 1997. 11. 10.에 1차 중도금 3억 원을 지급한 사실, 원고는 이 사건 매매계약에 따라 선이행의무가 있는 2차 중도금 2억 원의 지급일이 1998. 1. 15.임에도 그 이행을 지체하자 피고가 1998. 2. 12. 원고에게 1998. 2. 28.까지 위 2차 중도금을 지급할 것을 최고하였으나, 원고는 1998. 2. 24. 및 1998. 3. 4. 피고에게 이 사건 매매계약은 공동주택사업의 승인을 조건으로 체결되었는데 그 조건의 성취가 불가능하다는 등의 이유로 이 사건 매매계약의 실효를 주장하면서 계약금과 1차 중도금 합계 금 4억 3,000만 원의 반환을 요구한 사실, 이에 피고는 1998. 3. 18.과 4. 21. 원고에게 공동주택사업승인은 이 사건 매매계약의 조건이 될 수 없으므로 이 사건 매매계약이 유효함을 전제로 2차 중도금의 지급을 거듭 최고하였고, 원고는 1998. 4. 20.에 잔금을 지급하지 아니한 채 1998. 4. 23., 8. 24. 및 10. 8. 다시 피고에게 계약금과 1차 중도금의 반환을 요구하였으나 피고는 이에 대하여 아무런 답변을 하지 아니한 사실, 한편 한국토지공사는 2001. 4. 12. 피고를 피공탁자로 이 사건 부동산에 대한 수용보상금 4억 9,043만 3,300원을 공탁하고, 2001. 4. 13. 이 사건 부동산을 수용한 사실 등을 인정한 다음, 피고가 1998. 4. 21. 원고에게 2차 중도금과 잔금의 지급을 요구한 이후 원고의 여러 차례에 걸친 계약금과 1차 중도금의 반환 요구에 대하여 아무런 대응을 하지 아니하고 이 사건 매매계약을 해제하지 아니하여 이 사건 매매계약이 유효인 상태에서 당사자 쌍방의 책임 없는 사유로 피고의 소유권이전등기의무가 이행불능되었으므로 민법 제537조에 따라 채무자인 피고는 원고에게 2차 중도금과 잔금의 이행을 청구할 수 없고, 이미 수령한 계약금과 1차 중도금을 부당이득으로 원고에게 반환하여야 한다고 판단하였다.

　2. 상고이유 제5점에 대하여

　　피고가 1998. 4. 21. 원고에게 "1998. 4. 30.까지 잔금 등의 지급의무의 이행을 하지 아니하면 이 사건 매매계약이 자동해약된다."고 통지한 바 있으므로 이 사건 매매계약은 1998. 4. 30.이 경과함으로써 적법하게 해제되었다는 상고이유의 주장은, 피고가 상고심에서 처음 내세우는 것으로서 적법한 상고이유가 될 수 없을 뿐만 아니라 기록에 의하면, 원고가 2001. 9. 12.자 준비서면 13면을 통하여 "피고는 이 사건 매매계약을 해제함으로써 최소한 이 사건 매매계약의 계약금은 몰취할 수 있었음에도 불구하고 피고는 그와 같은 조치를 다하지 아니하였으므로 자신의 권리를 다하지 아니한 책임은 피고에게 귀속되어야 할 것"이라고 주장하였음에도 불구하고 원심에 이르기까지 피고는 이 사건 매매계약이 해제되었다는 취지의 주장을 한 바 없다.

그렇다면 원심이 이 사건 매매계약이 해제되지 아니한 채 존속중에 토지수용으로 인하여 피고의 소유권이전등기의무는 이행불능이 되었다고 판단한 조치는 정당한 것으로 수긍되고, 거기에 상고이유에서 주장하는 바와 같이 채증법칙을 위반하여 사실을 오인하거나 채무자위험부담에 관한 법리를 오해한 위법이 없다.

3. 상고이유 제 1 점에 대하여

민법 제538조 제 1 항은 쌍무계약의 위험부담에 관한 채무자주의 원칙의 예외로서 "쌍무계약의 당사자 일방의 채무가 채권자의 책임 있는 사유로 이행할 수 없게 된 때에는 채무자는 상대방의 이행을 청구할 수 있다."고 규정하는 바, 여기에서 '채권자의 책임 있는 사유'라고 함은 채권자의 어떤 작위나 부작위가 채무자의 이행의 실현을 방해하고 그 작위나 부작위는 채권자가 이를 피할 수 있었다는 점에서 신의칙상 비난받을 수 있는 경우를 의미한다 할 것이다 (대법원 2003. 4. 11. 선고 2002다59610 판결 참조).

원심은, 채권자인 원고가 반대급부인 자신의 잔대금 지급채무를 이행하지 아니할 의사를 명백히 표시하여 피고로부터 소유권이전등기의무의 이행제공이 있더라도 그 수령을 거절할 의사가 명백하였고, 이 사건 부동산의 소유권이전등기의무가 토지수용으로 인하여 이행불능이 된 것은 '채권자의 책임 있는 사유'로 인한 것이므로 민법 제538조 제 1 항 제 1 문에 의하여 피고는 원고에게 미지급대금을 청구할 수 있고 이미 수령한 계약금 등을 부당이득으로 반환할 의무가 없다는 피고의 주장을 배척하였는바, 앞서 본 법리와 기록에 의하여 살펴보면, 원고의 잔금 등 지급 거절이 위 조항에서 말하는 채권자의 책임 있는 사유로 볼 수 없다는 원심의 위 판단은 정당한 것으로 수긍할 수 있고, 거기에 민법 제538조 제 1 항 제 1 문 소정의 '채권자의 책임 있는 사유'에 관한 법리 오해의 위법이 있다고 할 수 없다.

4. 상고이유 제 2 점에 대하여

민법 제400조 소정의 채권자지체가 성립하기 위해서는 민법 제460조 소정의 채무자의 변제 제공이 있어야 하고, 변제 제공은 원칙적으로 현실 제공으로 하여야 하며 다만, 채권자가 미리 변제받기를 거절하거나 채무의 이행에 채권자의 행위를 요하는 경우에는 구두의 제공으로 하더라도 무방하고, 채권자가 변제를 받지 아니할 의사가 확고한 경우(이른바, 채권자의 영구적 불수령)에는 구두의 제공을 한다는 것조차 무의미하므로 그러한 경우에는 구두의 제공조차 필요 없다고 할 것이지만, 그러한 구두의 제공조차 필요 없는 경우라고 하더라도, 이는 그로써 채무자가 채무불이행책임을 면한다는 것에 불과하고, 민법 제538조 제1항 제2문 소정의 '채권자의 수령지체 중에 당사자 쌍방의 책임 없는 사유로 이행할 수 없게 된 때'에 해당하기 위해서는 현실 제공이나 구두 제공이 필요하다고 할 것이므로(다만, 그 제공의 정도는 그 시기와 구체적인 상황에 따라 신의성실의 원칙에 어긋나지 않게 합리적으로 정하여야 한다) 이 사건에서 원고의 수령거절의 의사가 확고하여 이른바, 채권자의 영구적 불수령에 해당한다고 하더라도, 채무자인 피고는 원고를 수령지체에 빠지게 하기 위하여 소유권이전등기에 필요한 서류 등을 준비하여 두고 원고에게 그 서류들을 수령하여 갈 것을 최고하는 구두 제공을 하였어야 한다고 할 것이다.

원심은, 채무자인 피고는 원고를 채권자지체에 빠지게 하기 위하여는 원고에게 소유권이전등기의무의 변제 준비의 완료를 통지하고 그 수령을 최고하는 구두 제공을 하였어야 함에도 이를 하지 아니하였음을 자인하므로 원고는 수령지체 중에 있었다고 보기 어렵다고 판단하여 "원고의 잔금 등 지급의무 이행의사가 없음이 명백한 이 사건에서 피고의 구두 제공 등 이행의 제공 없이도 원고는 수령지체 중이 된다."는 피고의 주장을 배척하였는바, 앞서 본 법리와 기록에 의하여 살펴보면, 원심의 판단은 정당한 것으로 수긍되고, 거기에 민법 제538조 제1항 제2문 소정의 수령지체에 관한 법리오해의 위법이 있다고 할 수 없다.

5. 상고이유 제3점에 대하여

피고는 2001. 9. 13.자 준비서면에서 "이 사건과 같이 채권자인 원고가 자신의 잔대금 지급채무 이행을 하지 아니할 의사를 명백히 표시한 경우에는 피고의 구두 제공조차 필요 없이 원고는 이에 따른 이행지체 및 수령지체 책임을 부담한다."고 주장한 바 있으나, 위 주장은 결국 원고의 귀책사유로 인하여 피고의 소유권이전등기의무가 급부불능이 되었으니 민법 제538조 제1항이 적용되어 피고의 잔금 등 청구권이 소멸되지 아니하였으므로 원고는 여전히 피고에 대하여 미지급 잔금채무 금 873,800,000원에서 피고가 얻은 수용보상금 490,433,300원을 민법 제538조 제2항에 따라 공제한 금 383,366,700원을 지급할 의무가 있다는 취지로서, 이는 어디까지나 채무자위험부담주의의 예외규정인 민법 제538조 제1항의 적용을 주장하는 것에 불과하고, 앞서 본 바와 같이 원심이 이 사건에서 민법 제538조 제1항이 적용되어야 한다는 피고의 주장을 배척한 이상, 원심판결에 상고이유의 주장과 같이 판단 유탈의 위법이 있다고 할 수 없다.

또한, 법원의 석명권 행사는 당사자의 주장에 모순된 점이 있거나 불완전,

불명료한 점이 있을 때에 이를 지적하여 정정·보충할 수 있는 기회를 주고 계쟁 사실에 대한 증거의 제출을 촉구하는 것을 그 내용으로 하는 것으로서 당사자가 주장하지도 아니한 법률효과에 관한 요건 사실이나 독립된 공격방어 방법을 시사하여 그 제출을 권유함과 같은 행위를 하는 것은 변론주의의 원칙에 위배되는 것으로서 석명권 행사의 한계를 일탈하는 것인바(대법원 1997. 12. 26. 선고 97다39742 판결, 1998. 4. 28. 선고 98다4712 판결 등 참조), 피고가 민법 제538조 제 1 항의 적용을 주장하기 위하여 원고에게 이행지체 내지 수령지체 책임이 있다는 주장을 하였다고 하더라도 그와 같은 주장은 채무자위험부담주의의 예외규정인 민법 제538조 제 1 항의 적용을 주장하는 것에 불과하므로, 원심이 그 주장 속에 "원고는 잔금 등 지급의무의 이행지체 책임이 있으므로 원고는 그로 인한 피고의 손해(매매대금 13억 380만 원과 수용공탁금 490,433,300원과의 차액)를 배상할 책임이 있고 따라서 원고 주장의 부당이득채권과 대등액에서 상계하면 남는 것이 없다"는 취지의 상계 항변이 포함되어 있는지 여부에 관하여 피고에게 석명을 구하여야 할 의무가 있다고 볼 수도 없다.

따라서 원심이 피고의 이행지체 책임 주장에 대한 판단 유탈 및 석명권 불행사의 위법을 범하였다는 상고이유의 주장도 받아들일 수 없다.

6. 상고이유 제 4 점에 대하여

원심이 인정한 사실관계와 기록에 의하면, 원고는 2000. 7. 8. 피고를 상대로 제 1 심법원에 이 사건 부동산에 대하여 관할 행정관청인 용인시의 토지거래허가 불가 방침이 있었고 그 후 위 부동산이 공공택지개발지구로 지정되었으므로 이 사건 매매계약은 확정적으로 무효이니(다만, 소장과 함께 제출한 서증 등을 종합하여 보면, 원고 청구의 전체적인 취지는 이 사건 매매계약은 이 사건 부동산 상에 원고가 공동주택을 신축하기 위하여 공동주택사업 승인을 조건으로 체결하였는데 그 조건의 성취가 불가능하여졌고, 그와 같은 매매계약 체결의 동기가 표시되었으니 그 동기의 착오를 이유로 이 사건 매매계약을 취소한다는 것으로 보인다.) 계약금과 1차 중도금 합계 금 4억 3,000만 원의 반환을 구한다고 주장하면서 이 사건 소를 제기한 사실, 원고와 승계참가인(이하 '참가인'이라 한다)은 그 소송 계속중인 2001. 2. 16. 위 금 4억 3천만 원의 부당이득반환채권을 원고에 대한 금 5억 원의 대여금채권자인 참가인에게 양도한다는 내용의 이 사건 채권양도양수계약을 체결한 사실, 이 사건 부동산이 2001. 4. 13. 한국토지공사에 수용되자 원고는 원심의 2001. 9. 7. 제 1 회 준비절차기일에서 진술된 2001. 6. 11.자 준비서면을 통하여 피고의 이 사건 매매계약상의 소유권이전등기의무가 후발적으로 이행불능이 되었음을 이유로 민법 제537조에 의하여 기지급한 위 금 4억 3천만 원을 부당이득으로 반환할 것을 주장하였고, 이어 참가인은 2001. 8. 3.자로 이 사건 채권양도양수계약에 기하여 승계참가신청을 한 사실, 원고는 2001. 8. 14.자 준비서면의 송달로써 2001. 8. 17. 피고에게 그 양도통지를 하고, 2001. 9. 14. 원심 제 1 회 변론기일에 피고의 동의를 얻어 소송탈퇴를 한 사실, 원고와 피고는 민법 제537조에 의한 이 사건 부당이득반환채권을 참가인이 양수하였음을 전제로 하여 이 사건 부당이득반환채권의 존부에 관하여 서로 공격과 방어를 한 사실 등을 알 수 있는바, 사정이 이와 같다면 승계참가인이 위 2001. 2. 16.자 채권양도양수계약서에 명시된 부당이득반환채권과 그 이후 이 사건 부동산의 수용으로 인하여 발생한 이 사건 부당이득반환채권은 형식적으로는 별개의 것으로 보이지만, 위 채권양도 통지는 이 사건 부동산의 수용 이후에 이루어진 점을 비롯하여 원고와 참가인의 진정한 의사, 이 사건 소송의 진행 경과 등에 비추어 보면, 실질적으로는 이 사건 부당이득채권을 원고가 양수한 것으로 볼 수 있을 뿐만 아니라 이 사건 부동산에 대한 수용 이후에 다시 원고가 참가인에게 이 사건 부당이득반환채권을 양도한 다음 피고에게 그 양도통지를 한 것으로도 볼 수 있으므로 원심이 참가인이 원고로부터 2001. 4. 13.자 수용으로 인하여 취득한 이 사건 부당이득반환채권을 양수한 것으로 본 조치는 정당한 것으로 수긍할 수 있고, 거기에 상고이유의 주장과 같이 채증법칙을 위반하여 사실을 오인하거나 채권양수에 관한 법리를 오해한 위법이 있다고 할 수 없다.

질문

(1) 민법 제538조 제 1 항 소정의 '채권자의 책임 있는 사유'는 어떠한 의미인가?

(2) 민법 제538조 제 1 항 소정의 '채권자의 수령지체 중에 당사자 쌍방의 책임 없는 사유로 이행할 수 없게 된 때'에 해당하기 위하여 현실 제공이나 구두 제공이 필요한가?

(3) 위 (2)에서 현실제공이나 구두제공이 필요하다고 생각한다면, 제460조와 관련한 변제제공의 경우와 차이가 있는가?

제 7 편

계약의 하자

　　계약이 체결되면 통상 그 내용에 따라 효력이 발생한다. 그러나 예외적으로 계약이 무효이거나 취소되는 경우가 있다. 무엇이 계약 등 법률행위의 무효·취소 사유인지에 관해서는 우선 민법총칙에 규정되어 있다. 미성년자 등 제한능력자의 법률행위, 반사회적 법률행위, 불공정 법률행위, 진의 아닌 의사표시, 허위표시, 착오에 의한 의사표시, 사기·강박에 의한 의사표시가 그것이다. 또한 법률의 규정에 위반한 경우에도 법률행위의 효력이 부정될 수 있는데, 이와 같은 규정을 강행규정 또는 효력규정이라고 한다.

　　그리고 민법총칙은 법률행위의 무효·취소에 관하여 일반적인 규정을 두고 있는데, 여기에서는 법률행위가 효력을 발생하지 않거나 그 효력이 없어진다고 규정하고 있을 뿐이고, 무효·취소된 법률행위에 기하여 이루어진 급부의 반환에 관해서는 채권각론에 있는 부당이득에 의하여 해결하고 있다.

제 2 장　제한능력자

Ⅰ. 행위능력

민법의 기본적 개념으로 권리능력과 행위능력이 있다. 권리능력은 권리의 주체가 될 수 있는 지위 또는 자격을 가리키고,[1] 행위능력은 법률행위를 할 수 있는 능력을 가리킨다. 이와 구별해야 할 개념으로 의사능력이나 책임능력이 있다.

1. 의사능력 · 책임능력

(1) 사적 자치의 원칙은 개인이 자신의 자유로운 의사에 따라 법률관계를 형성할 수 있다는 것이다. 이는 인간이 보편적 이성의 능력을 가지고 그에 좇아 행위할 것을 전제로 한다. 따라서 개인의 의사가 정신의 미숙 또는 장애라는 내적인 상태의 불완전함으로 인하여 왜곡된 것이어서는 안 된다.

이와 같이 자신의 행위가 가지는 의미와 그 결과를 합리적으로 인식하고, 그에 따라 그 행위를 할 것인지, 어떠한 내용의 행위를 할 것인지를 판단 · 제어할 수 있는 당사자의 정신적 능력을 의사능력意思能力이라고 부른다. 의사능력의 결여를 의사무능력意思無能力이라고 하는데, 나이가 어리거나 정신병이 있는 등으로 항상적으로 의사능력이 없는 경우가 대부분이지만, 언제나 그러한 것은 아니고 법률행위를 할 때 일시적으로 의사능력이 없을 수도 있다.

민법에는 피성년후견인의 유언능력에 관한 제1063조[2]를 제외하고는 명문

---

[1] 이에 관해서는 아래 [보론] 자연인의 권리능력 부분 참조.
[2] 이 규정은 "피성년후견인은 의사능력이 회복된 때에만 유언을 할 수 있다."라고 정하고 있다.

의 규정이 없으나,[3] 의사능력이 없는 상태에서 한 법률행위가 무효라는 점에는 이견이 없다. 의사능력이란 자기 행위의 의미나 결과를 정상적인 인식력과 예기력을 바탕으로 합리적으로 판단할 수 있는 정신적 능력이나 지능을 말한다. 의사능력 유무는 구체적인 법률행위와 관련하여 개별적으로 판단해야 한다.[4] 특히 어떤 법률행위가 그 일상적인 의미만을 이해해서는 알기 어려운 특별한 법률적 의미나 효과가 부여되어 있는 경우 의사능력이 인정되기 위해서는 그 행위의 일상적인 의미뿐만 아니라 법률적인 의미나 효과에 대해서도 이해할 수 있어야 한다.[5] 지적장애를 가진 사람에게 의사능력이 있는지를 판단할 때 단순히 그 외관이나 피상적인 언행만을 근거로 의사능력을 쉽게 인정해서는 안 되고, 의학적 진단이나 감정 등을 통해 확인되는 지적장애의 정도를 고려해서 법률행위의 구체적인 내용과 난이도, 그에 따라 부과되는 책임의 중대성 등에 비추어 볼 때 지적장애를 가진 사람이 과연 법률행위의 일상적 의미뿐만 아니라 법률적인 의미나 효과를 이해할 수 있는지, 법률행위가 이루어지게 된 동기나 경위 등에 비추어 합리적인 의사결정이라고 보기 어려운 사정이 존재하는지 등을 세심하게 살펴보아야 한다.[6] 따라서 어린아이, 백치, 고도의 정신병환자, 마약을 흡입하여 환각상태에 있는 사람, 술에 취하여 인사불성이 된 사람, 그리고 총을 들이대고 일정한 행위를 할 것을 강요당하는 등으로 이른바 절대적 강박상태에 있는 사람이 한 계약 등은, 그것이 법률행위를 한 것으로 해석되는 드문 경우에도, 의사능력이 없는 상태에서 한 것으로서 무효이다.

(2) 의사능력은 법률행위의 유효 여부를 판단하는 데 의미가 있다. 그런데

---

3) 가령 스위스 민법 제18조는 "판단능력이 없는 사람은 그 행위에 의하여 아무런 법적 효과도 발생시키지 못한다."라고 규정한다.

4) 대판 2002. 10. 11, 2001다10113; 대판 2022. 5. 26, 2019다213344.

5) 대판 2006. 9. 22, 2004다51627(의사무능력자가 금전소비대차계약을 체결하고 그 담보로 자기 소유의 부동산에 근저당권을 설정해 준 사안에 대한 것으로서, 구체적으로 어떠한 사정이 의사능력 유무의 판단에 영향을 주는지 유의할 일이다). 한편 대판 1993. 7. 27, 93다8986은, 아들이 아버지 소유의 부동산을 매도하여 처분하였는데, 아버지가 매매현장에 있었던 사안에 대한 것이다. 그렇지만 아버지는 뇌질환으로 "사물을 판별할 능력이나 의사를 결정할 능력을 완전히 상실한 상태"이었다는 것이다. 위 판결은 "그 아버지가 의사를 결정할 능력이 없었다면 그 처분현장에 있었다거나 거기에서 동의의 의사를 표시한 것으로 볼 만한 어떤 몸짓이 있었다 하더라도 이를 동의 또는 승낙으로 볼 여지는 없다"라고 하여 그 처분이 무효라고 판결하였다.

6) 대판 2022. 5. 26, 2019다213344.

민법은 불법행위에 대하여 유사한 취지를 명문으로 인정하고 있다. 즉 미성년자가 "그 행위의 책임을 변식辨識할 지능이 없는 때" 또는 심신상실자心神喪失者의 행위에 대하여는 그로 인하여 타인에게 어떠한 손해가 발생한 경우에도 불법행위책임을 인정하지 않는다(제753조, 제754조).[7] 불법행위책임이 성립하기 위해서는 원칙적으로 고의 또는 과실이 요구된다(제750조). 그런데 고의와 과실은 모두 자기 행위의 결과를 예견하거나 판단할 수 있는 능력이 있어야만 인정된다. 이러한 능력을 책임능력責任能力 또는 불법행위능력不法行爲能力이라고 한다.

의사능력과 책임능력은 자기행위에 대한 책임을 질 능력이라는 점에서는 동일하다. 그러나 의사능력은 의사내용대로 법률효과를 부여할 것인가라는 관점에서 문제되는 반면에, 책임능력은 타인에게 발생한 손해를 부담시키는 것이 타당한가라는 관점에서 문제되는 것이다.

2. 제한능력자제도

(1) 민법은 제한능력자 제도를 정하고 있다.[8] 의사능력제도와 비교해 보면, 이는 주로 반드시 의사능력이 아예 없는 것은 아니라도 사물이나 행위의 의미를 판단할 능력을 제대로 갖추었다고는 할 수 없는 사람, 특히 이제 자라나고 있는 미성숙未成熟의 후세대後世代를 보호하여야 한다는 중요한 요청에 따른 것이다.[9] 민법은 제한능력을 이유로 법률행위가 취소되는 경우에 이를 선의의 제 3 자에 대하여도 주장할 수 있다는 태도를 취하고 있는데, 이는 신뢰보호나 거래안전이라는 가치보다 미성숙자의 보호가 앞선다는 것을 단적으로 보여준다.[10]

한편 의사능력의 유무는 구체적 법률행위마다 따져보아야 하므로, 문제되는 사람의 제한능력으로 인한 행위의 하자를 일정한 객관적 표지標識만으로써

---

7) 그 경우에는 그 행위자를 감독할 의무가 있는 사람이 손해배상책임을 진다(제755조).
8) 종전에는 '행위무능력'이라는 용어를 사용하였으나 2011년 민법 개정 시에 '제한능력'으로 용어를 바꾸었다.
9) 따라서 행위능력에 관한 규정은 당사자의 합의에 의하여 좌우될 수 없는 강행법규이다.
10) 그 밖에 제141조 단서가 취소의 효과로서 제한능력자의 선의·악의를 불문하고 "이익이 현존하는 한도에서"만 반환의무를 진다고 정하고 있는데, 이것도 일반적인 부당이득반환범위(제747조)에 비하여 제한능력자에게 유리하게 정한 것이다.

일률적으로 통제할 필요도 있다. 제한능력제도는 이러한 필요에 따른 것이기도 하다.

(2) 민법은 종전에 행위무능력의 사유로서, 미성년未成年, 한정치산限定治産과 금치산禁治産의 셋을 정하고 있었다. 그러나 2011년의 민법 개정으로 한정치산과 금치산제도를 폐지하고 성년후견제도를 도입하였다. 이에 따라 성년후견, 한정후견, 특정후견이 미성년과 함께 새로운 제한능력사유로 되었다. 미성년은 연령으로 정하는 것이고, 성년후견 등은 법원의 결정이 필요하다.

제한능력은 우선 법률행위의 효력발생을 저지하는 사유가 된다. 그러나 그 의미는 이에 그치지 않는다. 제한능력자는 법률행위 이외에도 생활의 전영역에 걸쳐서 보호·후원이 요구되므로, 이를 위하여 법은 친권제도 또는 후견제도를 마련하고 있다(제909조 이하, 제928조 이하 참조). 이와 같이 친권자나 후견인과 제한능력자 사이의 법률관계는 재산관리나 재산행위의 대리 등과 같은 재산적 사항을 훨씬 넘어서 보호·교양·징계나 요양·감호과 같은 신상보호身上保護에까지 미친다(제913조, 제915조, 제945조, 제947조, 제947조의2 참조). 그러한 의미에서 제한능력은 하나의 신분상 지위라고 할 수 있으며, 민법에서도 이를 법률행위의 장章이 아니라 「인人」의 장章에서 규정하고 있다.

또한 민법에서 그냥 「능력」이라고 하면, 이는 일반적으로 행위능력을 의미한다. 제140조, 제177조, 제179조, 제464조, 제619조, 제1020조, 제1098조 등이 그러하다.

(3) 가족법상의 행위에는 민법총칙의 행위능력에 관한 규정은 "전혀 그 적용이 없다"라고 하는 견해가 있다.[11] 그 이유로 가족법상의 행위에서는 본인의 의사가 존중되어야 하므로 구체적인 경우에 의사능력만 있으면 원칙적으로 가족법상의 행위를 단독으로 할 수 있으며, 그 한도에서 법정대리도 인정될 수 없다는 점을 든다.

그러나 예를 들면 전형적 신분행위인 혼인에 대하여도 민법은 미성년자 또는 피성년후견인에 관하여 별도의 규정을 두고 있다(제808조 제 1 항, 제 2 항). 여기의 「미성년자」나 「피성년후견인」이란 민법총칙에서 정하는 개념임에는 의

---

11) 곽윤직, 민법총칙, 86면; 김증한·김학동, 민법총칙, 115면. 그러나 곽윤직·김재형, 민법총칙, 113면에서는 민법총칙의 행위능력에 관한 규정은 가족법상의 행위에 그대로 적용되지 않는다고 한다.

문의 여지가 없다. 또 그 혼인에는 의사능력만 있으면 충분한 것이 아니라 부
모 또는 후견인의 동의를 얻도록 하고 있다. 이와 같이 동의를 요구하는 이유
는 제한능력자의 능력 보충이라는 제한능력제도의 기본구상과 동일하다. 이상
의 설명은 다른 전형적 신분행위인 입양(제871조, 제873조) 등에서도 마찬가지
이다.[12]

　　물론 혼인, 입양이나 유언 등은 원칙적으로 본인의 현실적 의사에 기하여
야 하며, 가령 피성년후견인의 법정대리인이라고 하여도 이를 대리할 수는 없
다.[13] 이 점에서 민법총칙의 규정이 적용되지 않는다. 그러나 위와 같이 가족
법상의 행위에 대하여도 민법총칙에서 정하는 제한능력제도의 기본틀이 바탕
에 깔려있고, 그 바탕 위에서 행위의 특성에 따른 특칙이 마련되어 있을 뿐이
다. 요컨대 가족법상의 법률행위 또는 신분행위를 법률행위에 관한 일반법리가
적용되지 않는 별도의 범주로 설정하는 것은 바람직하지 않다.

II. 미성년자

1. 미 성 년

　　(1) 민법은 19세로 성년에 이르게 된다(제 4 조).[14] 이와 같이 성년에 이르
지 않은 사람, 즉 아직 19세가 되지 않은 사람이 미성년자이다. 연령을 계산하
는 데는 초일불산입원칙初日不算入原則(제157조)의 예외로서 초일初日을 산입한다
(제158조). 성년 여부는 대체로 가족관계등록부의 기록으로 용이하게 확인할
수 있다.[15]

　　(2) 성년은 사람의 정신적 능력의 개인차를 고려함이 없이 19세라는 자연

---

12) 다만 유언은 성질상 비록 피성년후견인이더라도 법정대리인의 동의를 요하지 아니한다
　　(제1062조 참조).
13) 이에 대한 예외로는 13세 미만자의 입양 승낙에 대한 제869조 참조.
14) 종전에는 만 19세로 정하고 있었으나, 2011년 민법 개정 당시 성년연령을 19세로 낮추
　　었다(2013년 7월 시행). 외국의 예를 보면, 독일·프랑스·스위스·오스트리아·이태리
　　등 대부분의 유럽 대륙국가들과 영국, 미국의 대부분의 주, 중국·일본·대만은 18세를
　　성년으로 정하고 있다. 20세를 성년으로 하는 나라는 태국·뉴질랜드 등이다.
15) 가족관계등록부의 기록은 추정력을 가질 뿐이므로, 그것이 실제에 부합하지 않음을 증명
　　함으로써 그 기록과 다른 사실인정을 할 수 있다.

적 연령에 의하여 획일적으로 가리는 것이 원칙이다. 그러나 예외적으로 미성년자도 혼인하면 성년으로 보게 된다(제826조의 2).[16] 몇몇 입법례에서 인정되고 있는 성년선고 또는 해방 등의 제도는 비록 미성년자라도 법원의 선고에 의하여 적어도 부분적으로 행위능력을 가지게 하는 것인데, 민법은 이를 채택하지 않고 있다.

(가) 혼인으로 인한 성년의제成年擬制 제도는 민법제정과정에서는 "혼인하였어도 미성년자에게는 그 재산관리에 위험성이 있고, 또 성년이 되기 위하여 혼인하는 부자연한 사태가 발생"할 우려가 있다는 등의 이유로 그 채택이 거부되었다.[17] 그러나 1977년의 민법 개정에서 이 제도가 신설되었는데, 그 이유로 "혼인한 후에도 미성년을 이유로 하여 혼인당사자 이외의 자의 친권 또는 후견에 복종하게 되면, 원만한 부부생활의 일체로서의 활동이 저해"될 우려가 있고, 성년의제 제도를 인정하는 것이 전통적인 법의식과도 부합한다는 점 등을 들었다.[18] 미성년자의 혼인에 대한 타인의 간섭을 배제한다는 점만을 고려한다면, 상대방 배우자가 성년이면 그가 후견인이 되는 방안도 생각할 수는 있다. 그러나 이는 부부평등의 원칙에 반한다.

(나) 18세가 된 사람은 혼인을 할 수 있는데(제807조),[19] 이를 혼인적령婚姻適齡이라고 한다. 다만 미성년자가 혼인하려면 부모 그 밖에 일정한 사람의 동의를 얻어야 한다(제808조 제 1 항). 미성년자라도 위 규정에 따른 동의를 얻어 혼인하면, 그는 법적으로 성년자로 취급된다. 이는 연령을 19세로 본다는 것이 아니라, 단지 성년이 된 것으로 의제한다는 것이다.

이로써 그는 부모의 친권 또는 후견인의 후견으로부터 벗어나며, 자신의 자에 대하여 친권을 행사할 수 있게 된다(제909조 제 1 항, 제928조, 제910조). 나아가 유언의 증인이나 유언집행자가 될 수 있다(제937조 제 1 호, 제1072조 제 1 항 제 1 호, 제1098조). 그는 아직 19세가 되지 않았어도 부모 등의 동의 없이 협

16) 스위스 민법 제14조 제 2 항의 "혼인은 성년으로 만든다(Heirat macht mündig)"는 문언文言은 간략하고도 적절하다.
17) 민법안심의록 상권, 6면 이하.
18) 범여성가족법개정촉진회, 민법 제 4 편 친족·제 5 편 상속 개정법안 및 이유서(1974), 28면.
19) 2007. 12. 21. 민법 개정 전에는 남자는 만 18세, 여자는 만 16세가 되면 혼인할 수 있다고 규정하고 있었다.

의이혼(제834조) 또는 협의파양(제898조)을 할 수 있다. 그리고 소송능력도 생긴다(민소 제51조 참조). 양자를 들일 능력도 인정할 것인가에 대하여는 견해의 대립이 있으나,[20] 성년의제의 사법상 효과에 특히 예외를 인정할 이유는 없고, 성년자만이 양자를 들일 수 있다고 정한 제866조의 취지도 양친이 되려면 실제로 19세가 되어야 하는 것은 아니므로, 양자를 들일 능력도 있다고 할 것이다. 한편 성년의제자가 양자가 되는 데에는 그에게 부모 또는 직계존속이 없더라도 특히 후견인의 동의를 얻을 필요가 없다(제871조).

그러나 이와 같은 성년의제의 효과는 원칙적으로 사법상의 법률관계에만 미친다. 공법상의 법률관계에 관하여는 이를 규율하는 구체적인 규정의 입법취지를 고려하여 개별적으로 결정될 것인데, 가령 각종의 선거법·국민투표법과 같이 연령을 요건으로 정한 경우에는 적용되지 않는다.

(다) 혼인으로 인하여 성년자로 의제된 사람이 19세가 되기 전에 그 혼인이 당사자의 사망이나 재판상 이혼 또는 합의이혼으로 해소된 경우에도, 성년의제의 효과는 소멸하지 않는다. 그가 다시 미성년으로 된다고 하면, 새삼 친권자나 후견인을 정하는 등의 번거로움이 생길 수 있고, 혼인 중에 출생한 자에 대한 친권의 귀속(제910조) 등 어려운 문제가 발생하며, 또 거래의 안전에 지장을 초래하기 때문이다. 그러므로 그는 아직 19세가 되기 전에 재혼을 하더라도 부모 등의 동의를 받을 필요는 없다.

나중에 혼인이 취소된 경우에도(소급효가 인정되지 않는다. 제824조 참조) 마찬가지 이유로 성년의제의 효과는 소멸하지 않는다.[21] 다만 혼인이 원래부터 무효인 경우(제815조)에는 성년의제의 효과도 애초 발생하지 않는다.

2. 미성년자가 하는 법률행위

(1) 법정대리인의 동의

미성년자는 의사능력을 가지는 한 스스로 법률행위를 할 수 있으며, 반드시 법정대리인의 대리행위를 통해서만 법률행위의 효과를 취득할 수 있는 것

---

20) 긍정설로는 김용한, 친족상속법론, 1979, 178면이 있고, 부정설로는 김주수·김상용, 친족·상속법, 제11판, 2013, 131면이 있다.

21) 다만 혼인적령 미달을 이유로 혼인이 취소된 경우에는(제816조 제 1 호, 제807조) 문제가 없지 않다.

은 아니다.²²⁾ 다만 스스로 법률행위를 할 때 원칙적으로 법정대리인의 동의가 필요하다(제5조 제1항 본문).²³⁾ 그가 법정대리인의 동의 없이 한 법률행위는 취소할 수 있다(동조 제2항).

(가) 미성년자의 법정대리인이 되는 것은 우선 친권자, 즉 부모이고(제911 조, 제909조), "친권자가 없거나 친권자가 법률행위의 대리권 및 재산관리권을 행사할 수 없는 때"에는 후견인이다(제928조, 제938조).

① 부모가 혼인 중이면 공동으로 친권을 행사하므로(제909조 제2항 본문), 미성년자의 법률행위에 대한 동의도 공동으로 하여야 한다. 여기서 「공동」이 란 공동의 의사를 의미하며, 동의가 반드시 공동명의로 이루어질 것은 요구되 지 않는다. 부모의 의견이 일치하지 않을 경우에는 법원이 이를 정한다(동항 단 서). 이때 부모의 일방이 법원의 재판을 받음이 없이 한 동의는 원칙적으로 효 력이 없다.²⁴⁾ 그러나 민법은 예외적으로, 그 동의가 공동명의로 이루어진 경우 에는 이는 유효하며, 다만 상대방이 악의인 경우에만 효력이 없다고 정한다(제 920조의2). 이 규정은 우리나라에서 친권행사의 실제를 고려하고 나아가 거래 안전을 도모하기 위하여 둔 것으로서, 부모의 일방이 단독명의로 한 경우에는 적용되지 않는다.

② 미성년자에 대하여도 제928조가 정하는 경우에는 후견인을 두어야 하 는데, 그 지정 또는 선임에 관하여는 제930조 이하에 규정되어 있다.

후견인이 미성년자의 일정한 중요행위, 즉 영업에 관한 행위, 금전을 빌리 는 행위, 의무만을 부담하는 행위, 부동산 또는 중요한 재산에 관한 권리의 득 실변경을 목적으로 하는 행위,²⁵⁾ 소송행위, 상속의 승인, 한정승인 또는 포기 및 상속재산의 분할에 관한 협의에 동의를 할 때는 후견감독인이 있으면 그의

---

22) 그러므로 미성년자의 명의로 되어 있는 계약 등 법률행위에서는 그 행위가 미성년자 스 스로 한 것인지, 즉 그 의사표시가 미성년자에 의하여 행하여진 것인지, 아니면 법정대 리인이 대리하여 한 것인지를 가려 볼 필요가 있다. 미성년자의 법정대리인이 대리하여 행위를 한 경우에도 미성년자의 명의만을 내세우는 경우가 있는데 그와 같이 본인의 이 름만으로 하는 대리행위도 유효하다고 인정되고 있다.

23) 법정대리인의 동의가 있음은 법률행위의 유효를 주장하는 사람이 증명하여야 한다. 대판 1970. 2. 24, 69다1568.

24) 따라서 그러한 동의를 얻은 미성년자의 법률행위는 결국 법정대리인의 동의 없는 것이 어서, 취소할 수 있다.

25) 부동산이나 주식의 매매, 저당권이나 질권의 설정, 채권양도 등뿐만 아니라 상속의 승인 이나 포기, 상속재산분할협의 등이 이에 해당할 것이다.

동의를 받아야 한다(제950조 제 1 항). 후견감독인의 동의가 필요한 행위에 대하여 후견감독인이 피후견인의 이익이 침해될 우려가 있음에도 동의를 하지 아니하는 경우에는 가정법원은 후견인의 청구에 의하여 후견감독인의 동의를 갈음하는 허가를 할 수 있다(동조 제 2 항). 후견감독인의 동의가 필요한 법률행위를 후견인이 후견감독인의 동의 없이 하였을 때에는 피후견인 또는 후견감독인이 그 행위를 취소할 수 있다(동조 제 3 항). 이와 같이 후견인의 동의가 취소되면 미성년자가 스스로 한 법률행위도 법정대리인의 동의가 없는 것으로서 취소할 수 있게 된다.

③ 법정대리인은 여기서 논의하고 있는 동의권 외에도 미성년자의 이름으로 법률행위를 하여 그 효과를 미성년자 본인에게 귀속시킬 수 있는 권한, 즉 대리권을 가진다(제114조 참조).26)

(나) 법정대리인의 동의란 미성년자가 단독으로 법률행위를 하는 것을 승인하는 내용의 일방적 의사표시를 말한다. 이러한 동의는 미성년자가 법률행위를 하기 전에 이루어져야 한다. 그러나 사후적인 동의는 대부분 추인(제143조 참조)으로 평가될 것이다. 동의는 방식이 필요하지 않으며, 묵시적으로 할 수도 있다. 이는 미성년자 본인에 대하여 할 수 있으나, 행위의 상대방에 대하여도 할 수 있다. 동의는 그 당시 특정되었거나 특정될 수 있는 법률행위, 나아가 한정된 범위의 법률행위에 대하여 해야 하며, 어떠한 행위라도 할 수 있다는 무제한의 일반적 동의는 미성년자제도의 취지에 반하는 것으로서 허용되지 않는다(제 6 조의 "범위를 정하여", 제 8 조의 "특정한 영업"도 참조).

미성년자가 실제로 법률행위를 하기 전에는 법정대리인은 동의를 '취소'할 수 있다(제 7 조). 여기서 '취소'란 장래를 향하여 그 동의의 효력을 소멸시키는 행위이므로, 법적 성질은 엄밀한 의미의 취소(제141조 본문 참조)가 아니고 철회에 해당한다.27) 이러한 철회는, 동의와 마찬가지로, 미성년자나 그의 상대방에 대하여 할 수 있다. 한편 이에 대하여는 제 8 조 제 2 항 단서를 유추적용하여,

---

26) 법정대리인이란 오히려 이 권한만을 가진 것으로 이해되기 쉬우나, 여기서 이 용어는 하나의 신분적 지위로서의 친권자와 후견인을 한꺼번에 지칭하기 위하여 편의상 채택된 것이다.

27) 민법은 그 밖에도 철회의 의미로 '취소'라는 용어를 쓰는 경우가 없지 않다(제 8 조 제 2 항, 제1024조 제 1 항 등).

그 철회를 선의의 제 3 자에게 대항하지 못한다.[28]

(다) 제한능력을 이유로 법률행위를 취소할 수 있는 사람은, 미성년자 자신[29]과 그의 법정대리인, 그리고 미성년자의 상속인과 같은 그의 승계인에 한정된다(제140조). 물론 법정대리인이 법률행위를 추인하면, 이는 확정적으로 유효하게 되어서, 이제는 취소할 수 없다(제143조). 이러한 추인은 미성년자가 성년이 된 후에는 그도 할 수 있다(제144조 제 1 항).

취소, 즉 취소권의 행사는 상대방이 있는 법률행위의 경우에는 그 상대방에 대한 의사표시로써 한다. 취소를 하면 그 법률행위는 처음부터 무효인 것으로 본다(제141조 본문). 그러므로 그 행위가 계약이면, 그로부터 발생한 권리와 의무는 모두 소멸한다. 그리고 그에 기하여 이미 이루어진 급부가 있으면 반환되어야 한다(제741조). 다만 미성년자 측이 수령한 급부에 관하여는, 비록 그가 취소권의 존재에 대하여 악의라도 그 이익이 현존하는 범위에서만 반환할 책임을 진다(제141조 단서, 제748조 참조).

이러한 취소는 선의의 제 3 자에게도 대항할 수 있다. 민법은 취소권이 발생하는 다른 사유, 즉 착오나 사기·강박에 대하여는 그 취소를 선의의 제 3 자에게 대항할 수 없다는 규정을 두고 있으나(제109조 제 2 항, 제110조 제 3 항), 제한능력을 이유로 하는 취소의 경우에는 이를 규정하지 않는다.[30] 이는 앞서 말한 대로 민법이 미성년자의 보호를 신뢰보호나 거래안전이라는 거래적 가치보다 앞세움을 명확하게 드러낸다.

(2) 미성년자가 단독으로 할 수 있는 법률행위

미성년자는 예외적으로 (i) "권리만을 얻거나 의무만을 면하는 행위"(제 5 조 제 1 항 단서), (ii) 법정대리인이 처분을 허락한 재산을 "임의로 처분"하는 행위(제 6 조), (iii) 법정대리인으로부터 허락을 얻은 특정한 영업에 관한 법률행위(제 8 조 제 1 항)는, 법정대리인의 동의를 얻지 않고도 독자적으로 유효하게

---

28) 민법안의 심의과정에서도 영업허락의 '취소'와 동의 등의 '취소'는 평행적으로 이해되었다. 민법안심의록, 상권, 8면 하단 참조.

29) 미성년자가 제한능력을 이유로 스스로 취소를 함에는 법정대리인의 동의가 필요하지 않다.

30) 그러므로 가령 미성년자 A가 법정대리인의 동의 없이 그 소유의 부동산(가령 조부로부터 유증받은)을 B에게 매도하여 이전하고, B가 이를 다시 선의의 C에게 매도하여 이전한 경우에도 후에 A가 계약을 취소하면 그는 C에 대하여 부동산의 반환, 즉 등기말소나 인도 등을 청구할 수 있다.

할 수 있다. 또한 (iv) 미성년자가 타인의 대리인으로 대리행위를 하거나(제117
조 참조), (v) 유언을 하는 경우에도(제1062조)[31] 마찬가지이다. 그 밖에 (vi) 미
성년자가 일단 법정대리인의 동의를 얻어 회사의 무한책임사원이 되었으면 이
제 그는 이제 사원 자격으로 인한 행위를 동의 없이도 할 수 있다(상 제 7 조).
그리고 (vii) 이상과 같이 "미성년자가 독립하여 법률행위를 할 수 있는 경우에
는" 미성년자가 법정대리인을 대리인으로 하지 않고도 단독으로 소송행위를
할 수 있다(민소 제55조 단서 제1호).[32]

　　(가) "단순히 권리만을 얻거나 의무만을 면하는 행위"는 미성년자에게 어
떠한 불이익을 줄 위험이 없으므로 능력의 보충이 필요하지 않다.예를 들면, 부
담이 없는 증여(제554조, 제561조)를 받는 행위, 제 3 자를 위하는 계약에서 제 3
자로서 하는 수익의 의사표시, 무상임치ㆍ이자 없는 소비대차ㆍ사용대차 등과
같이 의무만을 부담하는 계약을 해제하는 행위,[33] 채무를 면제받는 계약, 담보를
설정받는 행위 등이 이에 해당한다. 이러한 행위에 대하여는 증여의 청약 등과
같은 상대방의 의사표시를 수령하는 능력도 있다고 하겠다(제112조 참조).[34]

　　한편 부담부 증여를 받거나, 유리한 조건으로 매매계약을 체결하거나, 상
속을 승인하는 등과 같이 결과적으로 이익을 얻더라도 다른 한편으로 의무도
부담하는 행위에 대하여는 역시 법정대리인의 동의를 얻어야 한다. 나아가 비
록 권리취득이나 의무 소멸 그 자체가 내용은 아니라고 해도, 채무의 부담이나
그 밖의 불이익을 초래할 위험이 없으면서 권리를 보호하는 데 필요한 행위는
법정대리인의 동의가 없어도 유효하게 할 수 있다. 가령 소멸시효의 완성을 중

---

31) 다만 17세가 되지 않은 사람은 유언을 할 수 없다(제1061조).
32) 한편 근로기준법은, 친권자나 후견인이 미성년자의 근로계약을 대리할 수 없다고 정한다
　　(제67조 제 1 항). 그러므로 근로계약은 반드시 미성년자가 스스로 체결하여야 한다. 그
　　러나 그에 법정대리인의 동의를 얻어야 함은 물론이다. 그런데 동법은 다른 한편으로 18
　　세 미만인 사람에 대하여는 그 연령을 증명하는 가족관계기록사항에 관한 증명서와 친권
　　자 또는 후견인의 동의서를 사업장에 갖추어 두어야 한다고 정하고 있다(제66조). 이는,
　　18세 이상의 미성년자는 법정대리인의 동의 없이도 단독으로 유효하게 근로계약을 체결
　　할 수 있다는 취지로 해석될지도 모른다. 그러나 위 규정은 주로 미성년자의 사용에 대
　　한 감독을 위한 것이므로, 18세 이상의 미성년자도 역시 법정대리인의 동의를 얻어 근로
　　계약을 체결하여야 한다고 할 것이다.
33) 그러나 미성년자가 이들 계약에서 수치인 또는 차주가 되면 반환의무를 부담하게 되므
　　로, 그러한 계약 자체는 이에 해당하지 않는다.
34) 이는 채권자가 하는 일방적인 면제의 의사표시에 대하여도 마찬가지이다.

단시키거나 채무자를 이행지체에 빠뜨리기 위한 채무의 이행청구(제168조 제 1
호, 제387조 제 2 항 참조),[35] 해제권의 요건으로서 채무자에 대한 이행최고(제544
조 참조) 등이 그러하다.[36]

그러나 채무 변제를 받는 것은 그로 인하여 채권의 소멸을 가져오므로,
비록 채무의 내용이 법률행위를 하는 것이 아니더라도, 법정대리인의 동의가
필요하다.[37] 다만 근로기준법 제68조는 "미성년자는 독자적으로 임금을 청구
할 수 있다."라고 정하므로, 임금의 수령은 법정대리인의 동의 없이도 할 수
있다.[38]

(나) "법정대리인이 범위를 정하여 처분을 허락한 재산"은 미성년자가 임
의로 처분할 수 있다(제 6 조).여기서 허락된「처분」이란 양도나 담보권설정과
같은 엄격한 의미의 처분행위뿐만 아니라, 제 3 자에 대한 임대와 같은 사용·
수익의 허용도 포함한다. 또「허락」은 제 5 조의 동의와 같은 법적 성질을 가진
다. 그리하여 여기서도 법정대리인은 처분의 허락을 철회할 수 있으며(제 7 조),
그 철회는 선의의 제 3 자에게 대항할 수 없다(제 8 조 제 2 항 단서의 유추적용).

처분의 허락은 범위를 정하여 해야 하며, 제한능력자제도의 취지에 반할
정도로 포괄적인 처분 허락은 허용되지 않는다. 여기서「범위」란 이와 같이 재
산의 범위를 가리키고, 목적의 범위를 말하는 것은 아니다. 민법이 의용민법과
는 달리[39] 목적을 언급하지 않는 것은 처분 허락에 붙은 목적 제한을 고려할
필요가 없다는 취지라고 이해되고,[40] 실제로도 목적과 같이 외부에서 쉽사리
알 수 없는 주관적인 요소에 법률행위의 유효 여부를 걸리게 하는 것은 바람
직하지 않다. 그러므로 목적을 제한하여 허락하였으나 미성년자가 이를 위반하

---

35) 다만 재판상 청구 등 소송행위는 하지 못한다.
36) 이러한 이행청구나 이행최고는 법적 성질이 의사표시가 아니라 소위 의사의 통지에 해
당하나, 이들에도 행위능력에 관한 규정이 적용될 수 있다.
37) 이러한 해석에는, 채무자가 제공한 이행이 과연 "채무의 내용에 좇은 것"인지를 판단하
여 그 수령 여부를 결정할 필요가 있다는 실제적 사정이 고려되고 있다고 생각된다.
38) 대판 1981. 8. 25, 80다3149는, 미성년자는 원칙적으로 법정대리인에 의하여서만 소송행
위를 할 수 있으나, 미성년자 자신의 노무제공에 따른 임금청구소송은 이 규정에 의하여
미성년자가 단독으로 할 수 있다고 한다.
39) 의용민법은, 목적을 정하여 처분을 허락한 재산은 그 목적범위 내에서, 목적을 정하지
아니하고 처분을 허락한 재산은 그러한 제한 없이, 미성년자가 이를 임의로 처분할 수
있다고 정하였다(제 5 조).
40) 민법안심의록, 상권, 8면: "실효 없는 목적주의를 폐지한 것은 약간의 진보이다."

여 처분한 경우에도 행위의 효력에는 영향이 없다.

이와 같이 처분이 허락된 재산에 대하여 미성년자가 임의로 할 수 있는 「처분」은 처분행위 그 자체뿐만 아니라, 그 처분의 원인(causa)이 되는 법률행위를 포함한다. 가령 법정대리인이 갑 부동산에 대하여 처분을 허락하였으면, 미성년자는 단독으로 매매계약을 체결할 수 있다. 그리고 제 6 조의 고유한 의미는 바로 이 점에 있다. 즉, 법정대리인이 일정한 재산에 대하여 처분 그 자체만을 허락하면, 그다음은 미성년자가 처분의 원인이 되는 채권행위 등 제반의 법률행위를 할 것인지 또 어떠한 내용으로 할 것인지를 독자적인 판단으로 정할 수 있다. 그렇지 않다면, 제 7 조를 제 5 조와 별도로 둘 이유가 없을 것이다.

(다) 미성년자가 법정대리인으로부터 허락을 얻은 특정한 영업에 관하여는 성년자와 동일한 행위능력이 있다(제 8 조). 이는 업무 자체에 대한 허락만을 얻도록 하려는 취지이다. 만일 미성년자가 독자적인 지위에서 계속적으로 사회활동을 영위할 필요가 있을 경우에 그에 필연적으로 수반될 다수의 법률행위에 대하여 일일이 법정대리인의 동의를 얻어야 한다면, 원활한 업무수행에 지장을 받을 우려가 있기 때문이다.

「영업」이란 원래 영리를 목적으로 동종의 행위를 반복적·계속적으로 하는 것을 말한다. 그러나 위의 취지에 비추어 보면 이를 완화하여 단순한 사업 또는 직무의 의미로 새길 것이다. 허락의 대상이 된 영업은 특정되어야 한다.[41] 따라서 모든 종류의 영업을 허락할 수는 없다. 또한 하나의 영업에 대하여 다시 양적 또는 질적인 제한을 가하여 허락하는 것(가령 1백만원 이하의 거래)은 제 3 자 보호의 필요상 허용되지 않는다.

허락은 앞에서 본 동의 등과 같은 법적 성질을 가진다. 법정대리인이 후견인인 경우에는 영업허락을 하는 데 대하여 후견감독인의 동의를 얻어야 한다(제950조 제 1 항 제 1 호). 허락된 영업이 상업(상 제46조 참조)일 때에는 상업등기를 하여야 하고(상 제 6 조), 등기하지 않으면 이를 선의의 제 3 자에게 대항하지 못한다(상 제37조 제 1 항). 그러나 그 밖의 영업에 대하여는 이러한 공시방법이 없으며, 입법론적으로 고려가 필요하다는 주장이 있다.

허락을 받은 영업에 관하여 미성년자는 "성년자와 동일한 행위능력이 있

---

41) 의용민법은 "일종 또는 수종의 영업"이라고 정하였으나, "특정한 영업"이란 이를 포괄한다고 하겠다. 민법안심의록, 상권, 9면 하단 참조.

다.” 그러므로 법정대리인의 대리권은 그 범위에서 아예 소멸하여, 영업행위에 대하여 미성년자를 대리하지 못한다. 「영업에 관하여」란 영업 그 자체를 구성하는 행위뿐 아니라, 그 준비행위나 영업보조행위 기타 영업과 관련한 일체의 행위(가령 자금의 차용, 영업소의 매수·임차, 피용자의 고용 등)를 말한다.

한편 법정대리인은 영업허락을 “취소 또는 제한”할 수 있다(제 8 조 제 2 항 본문). 여기서 「취소」란 장래에 대하여 허락의 효력을 소멸시킨다는 의미이므로, 법적 성질은 철회이다. 「제한」은 가령 허락된 수종의 영업 중 일부를 줄이는 경우를 말하므로, 이는 일부 철회에 해당한다. 여기서는 의용민법에서와 같이 “그 영업을 감당할 수 없을 때”와 같은 철회사유의 제한은 없다. 그러나 정당한 사유 없는 철회는 경우에 따라서 철회권의 남용이 될 수 있다. 한편 그 철회는 선의의 상대방이나 제 3 자에 대하여 대항할 수 없다(동항 단서).

(3) 의사표시의 수령

미성년자가 적극적으로 의사표시를 하는 경우가 아니라, 미성년자에 대하여 상대방 있는 의사표시를 하는 경우에 그 의사표시가 완전한 효력을 가지는가, 즉 미성년자는 의사표시의 수령능력을 가지는가에 대하여는 제112조에서 정하고 있다. 즉, 미성년자가 의사표시를 수령한 경우에는 그 의사표시로써 대항하지 못한다. 그러나 법정대리인이 그 도달을 안 후에는 그러하지 아니하다.

3. 미성년자의 속임수로 인한 취소 배제

(1) 의   의

미성년자의 법률행위를 제한능력을 이유로 취소함에는 상대방의 선의나 악의는 영향을 미치지 않는다. 그러나 만일 미성년자 자신이 부정한 방법을 사용하여 상대방으로 하여금 자신이 성년자인 것으로 믿게 하였으면 어떠한가? 물론 그것이 사기의 요건을 갖추었다면 상대방은 이를 이유로 자신의 의사표시를 취소할 수 있고(제110조), 또 일정한 경우에 불법행위를 이유로 하여 손해배상을 청구할 수도 있다(제750조). 그러나 민법은 나아가 그 경우에는 아예 취소권이 발생하지 않는다고 정하였다. “제한능력자가 속임수로써 자기를 능력자로 믿게 한 경우에는 그 행위를 취소할 수 없다.”(제17조 제 1 항). “미성년자나 피한정후견인이 속임수로써 법정대리인의 동의가 있는 것으로 믿게 한 경우에도 제 1 항과 같다."(제17조 제 2 항).

이 규정에 대하여는, 미성년자가 속임수[42]를 쓴 경우에는 그를 "보호할 필요는 전혀 없다"라고 하여 이를 당연시하는 견해도 있다.[43] 그러나 여기서 속임수란 단순히 성년자라고 또는 법정대리인의 동의가 있다고 믿게 하는 데 대한 것이고, 남의 재물을 사취하거나 허용되지 않는 이익을 도모하려는 것이 아니다. 그리고 그러한 속임수를 썼다는 것 자체가 정신적 미성숙의 한 표현이라고 이해할 수도 있다. 따라서 속임수를 썼다는 것으로부터 바로 보호의 필요가 없다고 하기는 어려울 것이다. 제한능력자가 속임수를 쓴 경우에 불법행위책임의 성립 여부는 별론으로 하고 일반적으로 취소 배제를 인정하는 것이 타당한지 의문이다.

(2) 요 건

미성년자가 속임수를 써서 능력자임을 믿게 하였거나 법정대리인의 동의가 있는 것으로 믿게 하였어야 한다(제17조 제 1 항, 제 2 항).

(가) 우선 미성년자가 상대방에게 능력자이거나 법정대리인의 동의가 있다고 믿게 하였어야 한다. 즉, 미성년자가 행위를 단독으로 유효하게 할 수 있는 것으로 믿게 한 것이 필요하다. 그러므로 비단 법정대리인의 동의가 있는 것으로 믿게 한 경우뿐만 아니라, 재산의 처분에 관하여 허락을 받았다거나(제 6 조) 그 행위가 속하는 영업을 하는 것을 허락받은 것으로(제 8 조 제 1 항) 믿게 한 경우에도 적용된다. 나아가 법정대리인이 동의를 하는 데 후견감독인의 동의를 얻어야 하는 때에는 후견감독인의 동의가 있는 것으로 믿게 한 경우도 포함된다.

(나) 미성년자가 속임수를 써야 한다. 예를 들면 가족관계등록사항이나 주민등록증을 위조하거나 변조하여 나이를 속인다든가,[44] 법정대리인의 동의서를 위조한다든가, 타인으로 하여금 거짓으로 나이를 보증하게 하든가, 허위의 법

---

42) 2011년 민법 개정 전에는 사술詐術이라는 용어를 사용하였다.

43) 곽윤직·김재형, 민법총칙, 137면. 고상룡, 민법총칙, 134면은 행위능력이 없음을 이유로 하여 거래상 특별히 보호를 받고 있는 제한능력자가 사술을 쓴다는 것은 제한능력자 자신이 그러한 특별한 보호를 거부하는 것이나 다름이 없다고 설명한다.

44) 대판 1971. 6. 22, 71다940은, 미성년자가 그 소유의 부동산을 담보로 제공하여 근저당권설정계약을 체결함에 있어서, 관계공무원과 짜고 원고의 생년월일을 허위로 기재한 인감증명서를 교부받아 이를 제시한 사안에 대하여, 사술을 긍정하여 근저당권설정계약의 취소를 부인하였다.

정대리인을 내세우는 것과 같이 적극적인 기망수단을 쓴 경우가 이에 해당한
다. 이에 대한 증명책임은 취소권을 부인하는 측에서 부담한다.[45]

　여기서 말하는 속임수가 그러한 적극적인 기망수단을 쓴 경우에 한정되는
가, 나아가 침묵 등의 부작위라도 오신을 유발하거나 오신을 더욱 강하게 하는
것도 속임수에 해당하는지 논의되고 있다.

　학설은 판례[46]가 속임수를 적극적인 기망수단을 쓴 것에 한정한다고 이해
한다.[47] 그러나 판례의 태도를 위와 같이 이해하는 데에는 의문이 없지 않다.
한편 대부분의 학설은, 적극적인 기망수단을 쓴 경우가 아니라도, 침묵을 포함
하여 통상의 사람을 오신에 빠뜨릴 만한 방법으로 오신을 유발하였거나 오신
을 강하게 하는 경우도 속임수에 포함된다고 한다. 이는 "본인의 보호보다도
상대방의 보호·거래의 안전을 더 중요시"하여 속임수를 넓게 해석하여야 한다
는 태도를 전제로 하고 있다.

　그러나 앞서 본 대로 미성년자제도는 어디까지나 미성년자 본인의 보호
를 1차적인 목적으로 하는 것으로, 상대방의 신뢰보호나 거래의 안전을 들어 함
부로 이를 제약해서는 안 된다. 미성년자가 스스로 미성년자임을 밝힐 의무는
없다. 따라서 침묵은 일반적으로는 여기서 말하는 속임수에 해당하지 않는다.
또 미성년자가 성년자임을 자칭하였다고 해도 그것만으로는 속임수라고 할 수
없다.

　요컨대 여기서 속임수란 미성년자가 구체적으로 사리변별능력을 가지고
있으면서도, 거래의 상대방으로 하여금 성년자로 믿게 하는 데 일반인의 정의
관념에 현저히 반하는 사기적인 방법을 사용하는 것을 말한다. 구체적인 판단

---

45) 아래 대판 1971. 12. 14, 71다2045.
46) 대판 1955. 3. 31, 4297민상77; 대판 1971. 12. 14, 71다2045.
47) 대판 4297민상77은 미성년자(피고)가 "성년자이며 병역의무도 마쳤다"라고 말하고 부동
　산을 매도한 사안에 대하여 "사술이란 무능력자가 상대방으로 하여금 그 능력자임을 믿
　게 하기 위하여 적극적으로 기망수단을 쓴 것을 말하는 것으로서 단순히 자기가 능력자
　라고 칭한 것만으로는 동조의 소위 사술을 쓴 것이라고 할 수 없다"고 하여 피고의 취소
　주장을 인정하고 원고(매수인)의 소유권이전등기청구를 기각하였다. 대판 71다2045는 미
　성년자(원고)가 부동산을 매도하면서 "스스로 사장이라고 말하였고 동석한 다른 사람이
　상대방(피고)에게 원고를 회사의 사장이라고 호칭"한 사안에 대하여(매수인측에서는 그
　외에 원고가 나아가 변조된 인감증명서를 제시하였다고 주장하였으나, 이는 증거불충분
　으로 인정되지 않았다), 위에서 인용한 대판 4297민상77의 추상론을 인용하면서, 위와
　같은 사정만으로는 사술을 쓴 경우에 해당하지 않는다고 판단하였다.

은 법률행위에 이르기까지의 모든 사정을 종합하여 판단하여야 한다. 가령 상대방이 성년 여부에 어떠한 의구심을 표시한 데 대하여 당시의 구체적인 상황을 의도적으로 조작하여 상대방으로 하여금 안심시켰다든가 하는 경우에는 이를 긍정할 수 있다. 그러므로 미성년자 자신이 단지 침묵만을 지킨 경우라도 실제로는 그러한 오신을 유발시키는 사기적 정황의 지배자라면, 예외적으로 속임수를 긍정해도 좋을 것이다.

(다) 상대방이 제한능력자의 속임수에 의하여 그가 해당 법률행위를 단독으로 유효하게 할 수 있는 것으로 믿었고, 그러한 오신에 기하여 실제로 제한능력자와 법률행위를 하였어야 한다. 즉, 제한능력자의 속임수와 상대방의 법률행위 사이에는 인과관계가 있어야 한다. 그러므로 미성년자임을 알았어도 해당 법률행위를 하였을 것이면, 본조가 적용되지 않는다. 이와 관련해서는 상대방에게 그 오신에 대하여 중과실이 있으면 미성년자가 취소권을 가진다는 주목할 만한 주장이 있다.[48]

(3) 효　　과

위와 같은 요건이 충족되면, 제한능력을 이유로 하는 취소는 배제된다. 미성년자 자신뿐만 아니라 법정대리인도 취소권을 가지지 못한다.

이와 같은 법리는 피성년후견인이나 피한정후견인이 속임수로 능력자임을 믿게 한 경우에도 적용된다. 제17조는 제한능력자 일반에 대한 규정이다. 피한정후견인이 속임수로써 법정대리인의 동의가 있음을 믿게 한 경우에도 마찬가지이다. 그러나 피성년후견인은 법정대리인의 동의가 있는 것으로 믿게 하였더라도 그것만으로는 단독으로 유효한 법률행위를 할 수 없으므로(제10조 참조), 그 경우에는 역시 취소할 수 있다(제17조 제 2 항의 반대해석).

[판결 1] 미성년자의 속임수: 대판 1971. 12. 14, 71다2045

　　　　원판결은 앞에서 본 바와 같이 원고는 피고와의 사이에 본건 임야에 대한 매매계약 체결당시 미성년자로서 법정대리인의 동의없이 본건매매계약을 체결한 사실을 인정하였으니 미성년자인 원고는 그 매매계약을 취소할 수 있다 할 것이고 따라서 상대방인 피고가 미성년자인 원고의 취소권을 배제하기 위하여

---

48) 고상룡, 민법총칙, 148면.

민법 제17조 소정의 미성년자인 원고가 사술을 썼다고 주장하는 때에는 그 주장자인 피고측에 그에 대한 입증책임이 있다할 것인바, 본건에 있어서 피고가 그 입증의 하나로서 을 제 6 호증(원고가 성년으로 된 인감증명서)을 제출하였으나 원고는 그 성년이라는 년의 숫자부분이 변조된 것과 또 원고 자신이 변조한 사실이 없다는 반증을 제출한 이상 피고는 입증책임의 원리원칙에 되돌아가 그 변조가 원고 또는 원고와 공모한 제 3 자가 변조한 것이라는 점에 대하여 입증책임이 있다 할 것이므로 같은 취지에서 원고가 본건 임야에 대한 이전등기의 소요서류인 임감증명서를 변조하였음을 전제로 사술을 썼다는 피고의 주장에 대한 입증이 없다는 이유로 배척한 원판결조처는 정당하고 거기에는 입증책임을 전도하였거나 채증법칙을 위배한 잘못은 없으며 또한 민법 제17조에 이른바 "무능력자가 사술로써 능력자로 믿게 한 때"라 함은 무능력자가 상대방으로 하여금 그 능력자임을 믿게 하기 위하여 적극적으로 사기수단을 쓴 것을 말하는 것으로서 단순히 자기가 능력자라 사언함은 동조에 이른바 사술을 쓴 것이라고 할 수 없다 할 것이므로(대법원 1955. 3. 31. 선고 1954민상77호 판결 참조) 본건에 있어서 미성년자인 원고가 본건 매매계약 당시 원고 본인이 스스로 사장이라고 말하였다거나 또는 동석한 소외인이 상대방인 피고에 대하여 원고를 중앙전선 주식회사의 사장이라고 호칭한 사실이 있었다 하더라도 이것만으로서는 이른바 사술을 쓴 경우에 해당되지 아니한다 할 것이므로 이와 같은 견해의 취지에서 판단한 원판결은 정당하고, 원판결에는 법률의 해석적용을 그릇한 위법은 없다 할 것이다.

질문

(1) 이 사건에서 원고가 사술, 즉 속임수를 사용하였다고 볼 수 있는가?
(2) 제한능력자제도에 관하여 보는 관점에 따라 제한능력자의 속임수에 관한 판단이 어떻게 달라지는가?
(3) 침묵은 속임수가 될 수 없는가?

Ⅲ. 성년후견 · 한정후견 · 특정후견

1. 서 설

(1) 민법은 성년후견, 한정후견, 특정후견을 인정하고 있다. 첫째, 질병,

장애, 노령, 또는 그 밖의 사유로 인한 정신적 제약으로 사무를 처리할 능력이 지속적으로 결여된 사람에 대하여 성년후견이 개시될 수 있다. 둘째, 질병, 장애, 노령, 또는 그 밖의 사유로 인한 정신적 제약으로 사무를 처리할 능력이 부족한 사람에 대하여 한정후견이 개시될 수 있다. 셋째, 질병, 장애, 노령, 또는 그 밖의 사유로 인한 정신적 제약으로 일시적 후원 또는 특정한 사무에 관한 후원이 필요한 사람에 대하여 특정후견이 개시될 수 있다. 성년후견 개시의 심판을 받은 사람을 피성년후견인이라고 하고, 한정후견 개시의 심판을 받은 사람을 피한정후견인이라고 하며, 특정후견의 심판을 받은 사람을 피특정후견인이라고 한다.

미성년자는 연령이라는 객관적 지표에 의하여 획일적으로 당연히 행위능력이 제한된다. 이에 반하여 피성년후견인과 피한정후견인은 법원에 의한 심판에 의하여 비로소 행위능력이 제한되며(피특정후견인은 행위능력이 제한되지 않는다), 단지 성년후견 등을 개시할 사유가 있다는 것만으로는 행위능력이 제한되지 아니한다(의사무능력에 의한 무효는 별론으로 한다).[49]

(2) 미성년자 외에, 정신능력이 불충분한 사람에 대하여 그 행위능력을 제한하는 것에는 입법례가 일치한다. 2011년 민법 개정 이전에 정신장애를 이유로 하는 행위무능력자 제도로 금치산·한정치산제도를 두고 있었던 것은 주로 나폴레옹민법의 태도를 이어받은 것이다. 입법론으로서는 한정치산제도와 금치산제도를 개혁하는 것이 필요하다는 견해가 많았다.[50] 민법의 제정과정에서도 그러한 논의가 없지 않았으나, "완전한 무능력자와 제한된 무능력자는 당연히 구별되어야 한다."라고 하여, 한정치산제도와 금치산제도를 구분하여 정하고 있었다.[51]

2011년 3월 개정 민법에서 성년후견제도를 도입하였다. 이는 프랑스, 독일, 미국, 영국 등 여러 국가의 입법과 유엔장애인권리협약 등을 통하여 발전된 성년후견제도의 영향을 받은 것이다. 이로써 우리나라도 성년후견제도를 갖추었으나, 장차 다음과 같은 점에 주의를 기울여 제도나 운영의 개선을 모색하여야 할 것이다.

---

49) 대판 1992. 10. 13, 92다6433은 법원의 선고가 있은 후에 법정대리인이 그 선고 전에 행위무능력자가 한 법률행위를 취소한 사안에서 그 취소의 효력을 부정하였다.
50) 고상룡, 민법총칙, 15면; 곽윤직, 민법총칙, 87면.
51) 민법안심의록 상권, 11면 상단.

첫째, 성년자보호제도, 즉 성년후견제도의 적용을 받을 사람의 범위를 단지 정신능력이 부족한 사람에 한정해서는 안 된다. 비단 정신장애자가 아니더라도 고령으로 인한 육신의 쇠약이나 사고나 질병 등으로 인한 육체적 불구 그 밖에 이와 유사한 사유로 말미암아 자신의 재산을 관리하거나 자신의 신상(Person)에 관한 사무를 처리하는 것이 어려운 사람을 계속적으로 부조할 필요는 얼마든지 존재한다. 이와 같이 타인으로 하여금 자신의 사무를 처리하도록 하여야 할 필요가 절실한데도, 임의대리인을 선임하는 등으로 스스로 그에 필요한 조치를 할 수 없는 경우에 대비하여 성년후견제도를 개선할 필요가 있다.

둘째, 성년자에 대한 부조가 필요한 사무가 종래에는 재산관리에 한정되었으나, 신상보호도 포함되었다. 다만 신상보호의 범위에 장기이식 등 의료행위나 연명의료 중단도 포함되는지 논란이 있는데, 이에 관해서도 제도를 명확하게 정비할 필요가 있다.

셋째, 성년후견제도가 개별적인 경우의 특성에 따른 대응이 가능하도록 탄력적이어야 한다. 그리고 이를 뒷받침하기 위하여 후견법원은 광범위하고도 탄력적인 감독권을 가져야 한다. 종전의 한정치산·금치산제도는 행위능력을 전체적으로 제약하는 것이었다. 이에 반하여 개정 민법에서는 부조가 필요한 개별적인 사무에 한정하여 법정대리인으로서의 지위를 부여하고 있고, 성년후견 이외에 한정후견, 특정후견을 인정할 뿐만 아니라, 후견계약에 관한 명문의 규정을 두고 있다.[52] 이러한 제도가 탄력적으로 운용될 필요가 있다.

2. 성년후견·한정후견·특정후견의 요건

(1) 실질적 요건

(가) 성년후견

본인이 질병, 장애, 노령, 그 밖의 사유로 인한 정신적 제약으로 사무를 처리할 능력이 지속적으로 결여된 사람이어야 한다(제9조 제1항). 즉, 성년후견의 요건으로 정신적 제약으로 인한 사무처리능력의 지속적 결여가 필요하다.

---

52) 후견계약은 질병, 장애, 노령, 그 밖의 사유로 인한 정신적 제약으로 사무를 처리할 능력이 부족한 상황에 있거나 부족하게 될 상황에 대비하여 자신의 재산관리 및 신상보호에 관한 사무의 전부 또는 일부를 다른 자에게 위탁하고 그 위탁사무에 관하여 대리권을 수여하는 것을 내용으로 하는 계약이다(제959조의 14 제1항).

정신적 제약이 있는 것이 성년후견개시의 요건이기 때문에 신체적 제약이 있을 뿐이고 정신적 제약이 없는 경우에는 성년후견을 개시할 수 없다.[53]

이러한 사람은 후견인의 조력을 받지 않으면 재산관리나 신상문제의 처리에서 불이익을 받을 우려가 있는 것이다. 물론 위에서 본 바와 같이 의사능력이 없는 사람의 법률행위는 무효이나, 때때로 사무처리능력이 정상으로 회복되는 일이 있는 사람에 대하여는 문제가 되는 행위 당시 사무처리능력이 지속적으로 결여되어 있었다는 증명이 곤란한 경우가 있을 것이므로, 성년후견개시의 심판을 받아 일률적인 처리를 도모할 필요가 있다. 그리고 무엇보다도 후견인을 두어 그의 사무를 대신 처리하게 함으로써 그의 복리를 보장할 필요가 있다. 구체적으로 어떠한 경우가 이에 해당하는가는 법원이 의사의 감정결과[54]를 참작하여 합목적적으로 판단하여야 한다. 그러나 법원은 의사의 의견에 구속되지 않으며, 법적인 관점에서 독자적으로 결정하여야 한다.

(나) 한정후견

본인이 질병, 장애, 노령, 그 밖의 사유로 인한 정신적 제약으로 사무를 처리할 능력이 부족한 사람이어야 한다(제12 조 제 1 항). 사무처리능력의 부족이란 지속적으로 사무처리능력이 결여되어 있는 것은 아니나 사무를 처리할 능력이 부족한 상태를 말한다. 그 요건의 충족 여부는 성년후견의 경우와 마찬가지로 의사의 감정결과를 참작하여 법원이 독자적으로 판단하여야 한다.[55]

(다) 특정후견

본인이 질병, 장애, 노령, 그 밖의 사유로 인한 정신적 제약으로 일시적 후원 또는 특정한 사무에 관한 후원이 필요한 사람이어야 한다(제14조의 2). 성년후견이나 한정후견과는 달리 사무처리능력의 결여나 부족은 특정후견의 요건이 아

---

53) 곽윤직·김재형, 민법총칙, 123면; 구상엽, 장애인을 위한 성년후견제도, 2015, 47면; 김형석, "성년후견·한정후견의 개시심판과 특정후견의 심판," 서울대 법학 제55권 1호(2014. 3), 445면; 윤진수·현소혜, 2013년 개정 민법 해설, 2013, 26면.

54) 가사소송법 제45조의 2 제 1 항은 "가정법원은 성년후견 개시 또는 한정후견 개시의 심판을 할 경우에는 피성년후견인이 될 사람이나 피한정후견인이 될 사람의 정신상태에 관하여 의사에게 감정을 시켜야 한다. 다만, 피성년후견인이 될 사람이나 피한정후견인이 될 사람의 정신상태를 판단할 만한 다른 충분한 자료가 있는 경우에는 그러하지 아니하다."라고 정하고 있다.

55) 종전에 낭비자에 대하여 한정치산선고를 할 수 있었으나, 한정후견개시의 요건에는 낭비자가 포함되지 않는다.

니다. 이 요건을 판단하는 경우에는 의사의 감정이 필수적인 요건은 아니고 의사
나 그 밖의 전문지식이 있는 사람의 의견을 들어 법원이 판단하면 충분하다.[56]

(2) 절차적 요건

일정한 사람이 가정법원에 성년후견, 한정후견 또는 특정후견의 심판을
청구하여 그에 기하여 법원이 그 심판을 한다. 따라서 비록 정신적 제약으로
사무처리능력의 지속적 결여 상태에 있더라도 성년후견개시 등의 심판을 아직
받지 않은 이상에는 의사표시가 의사능력 없는 상태에서 행해지지 아니한 한
그 효력에 영향을 받지 않는다.[57]

(가) 민법에서 청구권자를 개별적으로 규정하고 있다. 성년후견의 경우에
는 본인, 배우자, 4촌 이내의 친족, 미성년후견인, 미성년후견감독인, 한정후견
인, 한정후견감독인, 특정후견인, 특정후견감독인, 검사 또는 지방자치단체의
장이 청구권자이다(제 9 조 제 1 항).[58] 한정후견의 경우에는 본인, 배우자, 4촌
이내의 친족, 미성년후견인, 미성년후견감독인, 성년후견인, 성년후견감독인,
특정후견인, 특정후견감독인, 검사 또는 지방자치단체의 장이 청구권자이다(제
12조). 특정후견의 경우에는 본인, 배우자, 4촌 이내의 친족, 미성년후견인, 미
성년후견감독인, 검사 또는 지방자치단체의 장이 청구권자이다(제14조의 2). 본
인의 청구는 그가 의사능력을 가지고 있는 동안에 이루어져야 한다.[59] 검사 또
는 지방자치단체의 장이 포함된 것은, 다른 청구권자가 없을 때, 있더라도 사
실상 청구할 수 없거나 청구하려 하지 않을 때 등에 대비하여 공익의 대표자
로서 청구할 수 있도록 한 것이다.

(나) 한정후견개시심판의 청구에 대해서는 몇 가지 문제가 있다.

---

56) 가사소송법 제45조의 2 제 2 항은 "가정법원은 특정후견의 심판을 할 경우에는 의사나
　　그 밖에 전문지식이 있는 사람의 의견을 들어야 한다."라고 정하고 있다.
57) 따라서 대판 1992. 10. 13, 92다6433도, 표의자가 의사표시 당시 의사능력이 없다고 볼
　　증거가 없다고 한 다음, 나아가 "표의자가 법률행위 당시 심신상실이나 심신미약상태에
　　있어 금치산 또는 한정치산선고를 받을 만한 상태에 있었다고 하여도 그 당시 법원으로
　　부터 금치산 또는 한정치산선고를 받은 사실이 없는 이상 그 후 금치산 또는 한정치산
　　선고가 있어 그의 법정대리인이 된 자는 금치산 또는 한정치산자의 행위능력 규정을 들
　　어 그 선고 이전의 법률행위를 취소할 수 없다."라고 하였다.
58) 1990년 민법 개정 전에는 호주도 청구권자에 포함되어 있었으나, 그 개정으로 삭제되었
　　다.
59) 곽윤직·김재형, 민법총칙, 123면; 구상엽(주 53), 75면.

첫째, 이미 한정후견개시의 심판을 받은 사람에 대하여는 다른 이유로 다시 한정후견개시의 심판을 청구할 수 없다. 이미 행위능력이 제한되어 있기 때문에 그렇게 할 실익이 없다.

둘째, 미성년자에 대한 한정후견개시심판의 청구를 허용할 것인지 문제되는데, 제12조에서 미성년후견인이나 미성년후견감독인도 청구권자로 명시하고 있다. 이는 성년을 바로 앞둔 미성년자에게 한정후견개시심판을 받게 하여 보호상의 공백을 메우기 위한 것이다.[60]

셋째, 피성년후견인에 대하여는 한정후견개시의 심판을 청구할 수 있다(제12조). 이는 성년후견의 종료와 함께 한정후견개시심판을 청구함으로써 본인의 행위능력의 범위를 넓힐 수 있도록 한 것이다.

(다) 성년후견, 한정후견, 특정후견의 심판 절차는 가사비송사건으로서, 가정법원의 전속관할에 속한다(가소 제2조 제1항 제2호 가목).

청구를 받은 법원은 심판을 하기 전이라도 직권으로 또는 당사자의 신청에 의하여 현상을 변경하거나 물건을 처분하는 행위의 금지를 명할 수 있고, 사건에 관련된 재산의 보존을 위한 처분, 관계인의 감호와 양육을 위한 처분 등 "적당하다고 인정되는 처분"을 할 수 있다(가소 제62조 제1항). 그러한 사전처분의 하나로 법원이 직무대행자를 선임한 때에는 그 직무대행자에 대하여는 특별한 규정이 있는 경우를 제외하고 해당 후견인 또는 해당 후견감독인에 관한 규정을 준용한다(가소규 제32조 제1항). 그리고 상당하다고 인정할 때에는 언제든지 그 직무대행자에게 사건본인의 신상보호 또는 재산관리에 필요한 명령을 할 수 있다(동조 제3항 전단).

법원은 앞서와 같은 요건이 갖추어지면 심판으로 반드시 성년후견, 한정후견 또는 특정후견의 「심판을 한다」(제9조, 제12조, 제14조의 2). 한정후견개시의 심판이 청구된 사람이라도 그가 "심신상실의 상태"에 있다고 판단되면 법원은 성년후견개시의 심판을 할 수도 있고, 그 반대의 경우도 가능하다.[61] 판

---

60) 곽윤직·김재형, 민법총칙, 128면. 종전에 미성년자의 후견인이 한정치산선고를 청구할 수 있다는 견해로는 고상룡, 민법총칙, 134면; 김상용, 민법총칙, 169면; 김용한, 민법총칙, 121면; 김주수, 민법총칙, 119면; 김증한·김학동, 민법총칙, 126면; 이영준, 민법총칙, 875면.

61) 곽윤직·김재형, 민법총칙, 127면; 김형석(주 53), 457면; 윤진수·현소혜(주 53), 30면. 반대: 구상엽(주 53), 133면.

례도 마찬가지로 "성년후견이나 한정후견 개시의 청구가 있는 경우 가정법원
은 청구 취지와 원인, 본인의 의사, 성년후견 제도와 한정후견 제도의 목적 등
을 고려하여 어느 쪽의 보호를 주는 것이 적질한지를 결정하고, 그에 따라 필
요하다고 판단하는 절차를 결정해야 한다."라고 한다.[62]

성년후견개시나 한정후견개시의 심판을 할 경우에, 법원은 그 심판과 동
시에 성년후견인 또는 한정후견인을 선임하여야 하고(제929조, 제959조의 2), 특
정후견의 심판을 할 경우에 법원은 특정후견인을 선임할 수 있다(제959조의 9).
성년후견 등의 개시는 가족관계등록부가 아니라 후견등기부에 공시된다(가소
제 9 조, 가소규 제 5 조의 2, 후견등기에 관한 법률 제 1 조, 제25조).

3. 피성년후견인 · 피한정후견인 · 피특정후견인의 행위능력

(1) 피성년후견인은 원칙적으로 설사 법정대리인의 동의를 얻었더라도 단
독으로는 법률행위를 할 수 없다. 법정대리인이 그를 대리하는 방법에 의해서
만 법률행위의 효과가 그에게 귀속될 수 있다.

피성년후견인이 단독으로 한 법률행위는 취소할 수 있다(제10조 제 1 항).
피성년후견인도 스스로의 행위를 취소할 수 있으나(제140조 참조), 의사능력을
회복한 상태에서 하지 않으면 그 취소는 효력이 없다. 피성년후견인이 속임수
로써 능력자임을 믿게 한 경우에는 제한능력을 이유로 하는 취소는 배제된다
(제17조 제 1 항). 그러나 피성년후견인이 속임수로써 법정대리인의 동의가 있음
을 믿게 한 경우에는, 어차피 그것만으로는 유효한 법률행위를 할 수 없으므
로, 여전히 취소권은 존속한다(동조 제 2 항의 반대해석).

그러나 피성년후견인은 예외적으로 법률행위를 유효하게 할 수 있는 경우
가 있다. 첫째, 가정법원은 취소할 수 없는 피성년후견인의 법률행위의 범위를
정할 수 있다(제10조 제 2 항). 둘째, 일용품의 구입 등 일상생활에 필요하고 그
대가가 과도하지 않은 법률행위는 취소할 수 없다(제10조 제 4 항). 셋째, 약혼,
혼인, 협의이혼, 입양 등 일정한 가족법상의 행위에는 그 특수성으로 말미암아

---

62) 대결 2021. 6. 10, 2020스596("따라서 한정후견의 개시를 청구한 사건에서 의사의 감정
결과 등에 비추어 성년후견 개시의 요건을 충족하고 본인도 성년후견의 개시를 희망한
다면 법원이 성년후견을 개시할 수 있고, 성년후견 개시를 청구하고 있더라도 필요하다
면 한정후견을 개시할 수 있다고 보아야 한다.").

피성년후견인도 후견인의 동의를 얻어서 스스로 유효한 법률행위를 할 수 있
는 경우가 있다(제802조·제808조 제 2 항·제835조·제856조·제873조 제 1 항·제902
조 등). 넷째, 피성년후견인은 17세에 이르고 있으면, 의사능력이 회복된 때에
단독으로 유언을 할 수 있다(제1061조·제1062조·제1063조 제 1 항).

(2) 피한정후견인은 유효하게 법률행위를 할 수 있는 것이 원칙이고, 가정
법원이 예외적으로 피한정후견인의 행위능력을 제한할 수 있다. 즉, 가정법원
은 피한정후견인이 한정후견인의 동의를 받아야 하는 행위의 범위를 정할 수
있다(제13조 제 1 항). 이 경우 그 범위를 변경하는 절차(제13조 제 2 항)와 한정후
견인이 동의를 갈음하는 허가(제13조 제 3 항)에 관해서도 규정을 두고 있다. 한
정후견인의 동의가 필요한 법률행위를 피한정후견인이 한정후견인의 동의 없
이 하였을 때에는 그 법률행위를 취소할 수 있다. 다만, 일용품의 구입 등 일
상생활에 필요하고 그 대가가 과도하지 않은 법률행위에 대하여는 그러하지
아니하다(제13조 제 4 항). 피한정후견인의 경우에도 속임수로써 능력자임을 믿
게 하거나 법정대리인의 동의가 있음을 믿게 한 때에는, 제한능력을 이유로 하
는 취소는 배제된다(제17조).

민법은 약혼(제801조, 제802조), 혼인(제807조, 808조), 협의이혼(제835조), 입
양(제871조, 제873조), 협의파양(제900조, 제902조) 등 친족법상의 행위에 관하여,
미성년자와 피성년후견인에 대하여는 그 행위능력을 제한하는 규정을 두었으
나, 피한정후견인에 대하여는 그러한 규정이 없다. 위와 같은 규정의 반대해석
상, 피한정후견인은 법정대리인의 동의 없이도 위와 같은 행위를 유효하게 할
수 있다고 할 것이다.[63] 위와 같이 가족관계에 직접 영향을 미치는 친족법상의
행위에 대하여는 가능한 한 본인의 의사를 존중해야 한다. 피한정후견인은 비
록 정신적 제약으로 사무처리능력이 부족하더라도 의사능력이 전혀 없는 것은
아니므로 그 의사결정에 대하여 타인의 개입을 쉽사리 허용할 것이 아니다. 이
러한 법의 취지는, 재산적 의미가 강한 상속의 승인과 포기와 같은 상속법상의
행위에 대하여는 피한정후견인에 대하여도 민법총칙의 규정을 그대로 적용하
는 데서도 드러난다(제1020조, 제1024조 제 2 항 참조).[64]

(3) 특정후견의 경우에는 특정후견의 기간 또는 사무의 범위를 정하여야

---

63) 곽윤직·김재형, 민법총칙, 130면; 구상엽(주 53), 131면.
64) 김증한, 민법총칙, 127면; 이영준, 민법총칙, 771면.

한다(제14조의 2 제 3 항). 가정법원은 피특정후견인의 후원을 위하여 필요한 처분을 명할 수 있다(제959조의 8). 이 경우 가정법원은 피특정후견인을 후원하거나 대리하기 위한 특정후견인을 선임할 수 있다(제959조의 9 제 1 항).

(4) 피성년후견인의 행위능력을 보충하기 위하여 성년후견인을 두고, 성년후견인은 그의 법정대리인이 된다(제929조, 제938조). 후견인의 지정 또는 선임 등에 관하여는 민법 제930조 이하에 규정되어 있다. 피한정후견인의 경우에는 가정법원은 한정후견인에게 대리권을 수여하는 심판을 할 수 있다(제959조의 4 제 1 항). 또한 가정법원은 피특정후견인을 후원하거나 대리하기 위한 특정후견인을 선임할 수 있고(제959조의 9 제 1 항), 피특정후견인의 후원을 위하여 필요하다고 인정하면 가정법원은 기간이나 범위를 정하여 특정후견인에게 대리권을 수여하는 심판을 할 수 있다(제959조의 11 제 1 항).

후견인이 피후견인을 대리하여 일정한 중요한 행위를 하려면, 후견감독인의 동의를 얻어야 함에 대하여는(제950조), 미성년자와 관련하여 설명한 바와 같다.

4. 성년후견 · 한정후견 · 특정후견의 종료

(1) 성년후견개시나 한정후견개시의 심판이 있은 후에 그 원인이 소멸된 경우에는 일정한 사람의 청구에 의하여 가정법원은 성년후견 또는 한정후견 종료의 심판을 한다(제11조, 제14조). 가정법원이 피특정후견인에 대하여 성년후견개시 또는 한정후견개시의 심판을 할 때에는 종전의 특정후견의 종료 심판을 한다(제14조의 3 제 1 항, 제 2 항).

「원인의 소멸」이란 본인이 사무처리능력을 회복한 것을 말한다. 한편 한정후견개시의 심판이 있은 후에 사무처리능력이 더욱 저하되어 성년후견개시의 요건이 갖추어진 경우, 반대로 성년후견개시의 심판이 있은 후에 사무처리능력이 어느 정도 회복되어 단지 한정후견개시의 요건만이 갖추어진 경우에도, 위와 같은 심판을 취소할 사유가 된다. 그 경우에는 그 취소와 동시에 현재의 상태에 맞는 성년후견개시 등의 심판을 할 것을 청구할 수 있음은 물론이다.

(2) 법원이 성년후견종료의 심판을 하면, 본인은 장래를 향하여 완전한 행위능력을 회복한다. 한정후견의 경우 행위능력이 제한되어 있던 경우에도 이와 마찬가지이다. 물론 일단 성년후견이나 한정후견이 종료된 후라도 다시 성년후

견개시의 원인이 있게 되면, 다시 그 심판을 청구할 수 있고 또 그 경우 법원은 다시 심판을 하여야 한다.

한편 성년후견개시 또는 한정후견개시의 원인이 소멸하였더라도, 법원이 그 종료 심판을 할 때까지는 행위능력에 변동은 없다.

Ⅳ. 제한능력자의 상대방의 보호

1. 서   설

(1) 일반적으로 어떠한 법률행위가 취소할 수 있는 것이면, 취소권자의 상대방은 매우 불안정한 지위에 놓이게 된다. 취소권을 행사할 것인지는 권리자의 자유에 맡겨져 있다. 그 행사 전에는 법률행위는 유효한 것이므로, 그에 기한 의무를 이행하여야 하고 또 그로부터 발생하는 권리를 행사할 수 있다. 그러나 취소권이 일단 행사되면, 법률행위는 처음부터 무효로 된다(제141조 본문). 그러므로 그때까지 법률행위에 기하여 이루어진 여러 가지 법상태는 모두 뒤집어져서, 법률행위가 없었던 상태로 되돌아간다. 말하자면 취소할 수 있는 법률행위는 단지 유동적으로만 유효이고, 취소권자는 자신의 선택에 좇아, 확정적으로 무효인 것으로도 확정적으로 유효인 것으로도 만들 수 있다.

민법은 이러한 부동상태를 가능하면 일찍 종결시키기 위한 제도를 두고 있다. 우선, 취소권에 대하여 단기의 권리행사기간을 정하였다(제146조). 나아가 일정한 객관적인 사실이 있으면 취소권은 소멸한 것으로 보게 된다(제145조. 법정추인).

(2) 이러한 제도는 취소할 수 있는 법률행위의 상대방이 그 주도로 위와 같은 부동상태를 청산할 수 있는 것은 아니다. 그런데 제한능력을 이유로 하는 취소권은 일반적으로 상대방에게 법적으로 불이익을 지울 만한 사유 없이도 인정된다. 민법은 이 점을 고려하여 상대방이 스스로 위와 같은 부동상태를 청산할 가능성을 부여하였다. 그것이 확답촉구권(제15조)[65]과 철회권·거절권(제16조)이다.

이러한 규정은 가령 착오에서와 같이 취소할 수 있는 법률행위의 상대방

---

65) 2011년 민법 개정 전에는 최고권이라는 용어를 사용하였다.

에게 법적 불이익을 지울 만한 사유가 없는 다른 경우에도 유추적용할 수 있는지 검토할 필요가 있다. 그러나 착오의 경우에는 유추적용을 부정해야 한다. 법률행위의 당사자가 제한능력자인지, 나아가 법정대리인의 동의를 얻었는지는 대체로 쉽게 객관적으로 확인될 수 있다. 그러나 착오가 있었는지, 나아가 그것이 "법률행위의 내용의 중요부분"에 관한 것이고 또 표의자에게 중과실이 없는지는 대체로 법관의 심리, 판단을 기다려야 확정될 수 있고, 용이하게 알수 없다. 그러므로 상대방이 함부로 착오를 이유로 취소할 수 있는 법률행위임을 주장하여 위 규정에 따른 확답촉구나 특히 철회 등을 할 수 있다고 하면, 불필요한 분쟁이 생기기 쉽다.

2. 상대방의 확답촉구권

(1) 제한능력자의 상대방은 취소할 수 있는 법률행위를 추인할 것인지 여부를 확답할 것을 촉구할 수 있다(제15조).

확답촉구나 최고는 일반적으로 다른 사람에 대하여 일정한 행위를 요구하는 것을 말한다(제88조, 제131조, 제381조, 제544조, 제552조 등 참조). 이는 어떠한 것을 의욕하는 사람의 의사를 외부에 표시하는 것이되 그 의사내용대로 법적 효과가 발생하는 것은 아니므로, 그 법적 성질은 의사표시가 아니라 「의사의 통지」에 해당한다. 그러나 이에 대하여는 성질이 허용하는 한 의사표시에 관한 규정이 준용된다.

확답촉구나 최고는, 그것이 상대방의 업무나 생활을 방해하는 등으로 위법한 것이 되지 않는 한, 원칙적으로 자유롭게 할 수 있다. 그런데 여기서 정하는 확답촉구는 법이 그에 취소권의 소멸이라는 강한 법률효과를 부여하고 있다는 점에서 특이하다. 그러한 의미에서 제한능력자의 상대방이 위와 같은 확답촉구를 할 수 있는 법적인 지위는 하나의 권리라고 해도 좋을 것이다. 이러한 확답촉구권은 권리자의 일방적 행위에 의하여 법률관계의 변동을 일으키므로 통상 이를 형성권의 일종이라고 한다.

(2) 확답촉구권은 취소할 수 있는 법률행위가 상대방 있는 것인 경우, 즉 계약이거나 상대방 있는 단독행위인 경우에만 인정된다. 가령 상속의 승인이나 포기와 같은 상대방 없는 단독행위의 경우에는, 비록 추인 여부의 확답에 이해관계 있는 사람(가령 공동상속인 등)이 있어도 그에게는 확답촉구권이 없다.

확답촉구의 상대방은 제한능력자가 행위능력이 있게 된 후에는 그 본인이나, 아직 그 전이면 법정대리인이다. 본인이 아직 행위능력을 회복하지 못하였다면 그는 확답촉구를 수령할 능력이 없고(제112조), 또 추인할 능력도 없기 때문이다(제140조, 제143조).

확답촉구의 내용은, ① 취소할 수 있는 법률행위를 지적하고, ② 그것을 추인할 것이면 추인의 의사표시를 하고, 취소를 할 것이면 취소의 의사표시를 할 것을 요구하는 것이다. 그것은 취소 또는 추인을 할 것인지를 정하도록 요구하는 것이 아니라, 현실적으로 취소 또는 추인의 의사표시를 할 것을 요구하는 것이다. 그리고 취소 또는 추인을 하기 위한 숙려기간으로 1개월 이상을 주어야 한다.

(3) 확답촉구의 상대방이 주어진 숙려기간 내에 취소 또는 추인의 의사표시를 하면, 각각 그에 따른 법률효과가 발생하며 그것으로써 법률관계가 확정된다. 이는 그 의사표시의 효과로서 당연한 것이다. 그러나 그 기간 내에 확답을 발송하지 아니하면, 원칙적으로 확답촉구의 상대방이 문제의 법률행위를 "추인한 것으로 본다"(제15조 제1항, 제2항). 다만 "특별한 절차가 필요한 행위"에 관하여는 취소한 것으로 본다(동조 제3항). 이는 확답촉구에 따른 법률효과로서, 법률이 추인 또는 취소의 의사표시를 한 것으로 간주함을 특별히 정한 것이다.

(가) 위와 같은 법률효과가 발생하려면, 본인 또는 법정대리인이 위에서 본 숙려기간 내에 추인 또는 취소의 의사표시를 발송하지 않을 것이 필요하고 또 그것만으로 충분하다. 민법은 상대방 있는 의사표시의 효력발생에 대하여 도달주의를 취하고 있으나(제111조), 여기서는 의사표시를 발송하지 아니한 것을 요건으로 하였다. 이는 제한능력자가 도달의 지연으로 인한 불이익을 입지 않도록 하기 위한 것이다.

본인 등이 의사표시를 발송하지 않은 것이 실제로 추인 또는 취소할 의사를 가졌기 때문인지는 위와 같은 의사표시의 의제에 아무런 영향을 미치지 않는다. 또 그러한 의사표시가 발송하지 않게 된 이유의 여하도 묻지 않는다.

(나) 이와 같이 법률에 의하여 행하여진 것으로 간주되는 의사표시를 일반적으로 의제된 의사표시(fingierte Willenserklärung)라고 한다. 민법은 가령 제131조 제2문, 제139조 단서, 제145조, 제534조, 제639조 제1항 등에서 이를

정하고 있다. 이러한 규정들은 일정한 객관적 법률요건에다가 의사표시를 한
것과 같은 법률효과를 결합한 것이다. 다시 말하면 그 효과의 발생근거는 법률
에 있고, 의사표시에 있는 것이 아니다. 그리므로 이와 같은 의제된 의사표시
는 본래 의미의 의사표시가 아니다. 이에 대하여는 원칙적으로 의사표시에 관
한 규정(제107조 이하)이 적용되지 않는다. 가령 법정대리인이 추인 여부의 확
답을 하지 않으면 취소의 의사표시가 의제되는 것으로 잘못 알고 확답을 하지
않았더라도, 의제된 추인을 착오를 이유로 취소할 수 있음을 주장하지 못한다.

　(다) 한편 제15조 제3항의 '특별한 절차'란 법정대리인이 확답촉구의 상
대방이 된 경우에 그가 후견인으로서 후견감독인의 동의를 얻어 추인 또는 취
소의 의사표시를 하여야 하는 때(제950조 제1항 제1호 내지 제4호 참조)를 가
리킨다.

3. 상대방의 철회권·거절권

　(1) 제한능력자가 맺은 계약은 그의 상대방이 "그 의사표시를 철회할 수
있다"(제16조 제1항 본문). 앞에서 본 대로 제한능력자의 상대방이 확답촉구를
한다고 하더라도 1개월 이상의 숙려기간을 주어야 하고 또 종국적으로 법률행
위의 유효·무효는 제한능력자측의 의사에 좌우된다. 따라서 민법은 제한능력
자의 상대방이 스스로 그 효과의 발생을 저지할 수 있는 길을 마련한 것이다.[66]

　상대방이 자신의 의사표시를 철회할 수 있는 것은 제한능력자측에서 계약
을 취소하거나 추인하기 전에 한정된다. 법문은 "추인이 있을 때까지"라고만
하나, 계약이 취소되어 효력을 상실한 후에 그것의 철회를 인정하는 것은 무의
미하다. 여기서 「추인」이란 현실적으로 추인의 의사표시가 유효하게 이루어진
경우뿐만 아니라, 제15조 제1항, 제2항에 의하여 추인이 의제되는 경우, 나
아가 제145조에서 정하는 법정추인의 경우를 포함한다. 또한 상대방이 계약 당
시에 제한능력자임을 알았던 때에는 그는 철회할 수 없다(제16조 제1항 단서).

　철회의 의사표시는 원칙적으로는 법정대리인 또는 행위능력을 가지게 된
본인과 같이 수령능력 있는 사람에 대하여만 할 수 있으나, 이 경우에는 특별
히 제한능력자에게도 할 수 있다(제16조 제3항).

　상대방이 의사표시를 유효하게 철회하면, 계약은 확정적으로 무효가 된다.

---

66) 제134조는 유동적으로 무효인 무권대리행위에 대하여 같은 취지를 정한다.

(2) 또한 "제한능력자의 단독행위는 추인이 있을 때까지 상대방이 거절할 수 있다"(제16조 제 2 항). 상대방이 거절의 의사표시를 하면 제한능력자의 단독행위는 역시 확정적으로 무효가 된다.

여기서 말하는 단독행위는 채무면제(제506조)나 상계(제493조)와 같은 상대방 있는 단독행위에 한정된다. 이 경우에는 계약의 경우와는 달리 상대방은 비록 제한능력자임을 알고 있었더라도 거절의 의사표시를 할 수 있다(통설).[67] 상대방측에서 제한능력자임을 알면서 무슨 의사표시를 한 것은 아니기 때문이다. 거절의 의사표시는 철회의 경우와 마찬가지로 법정대리인에 대하여뿐만 아니라 제한능력자 본인에게도 할 수 있다(제16조 제 3 항).

4. 제한능력자의 속임수로 인한 취소 배제

제한능력자가 속임수로써 능력자로 믿게 한 때에는 그 행위를 취소하지 못한다(제17조 제 1 항). 이는 피한정후견인에게 적용되는 것이고 피성년후견인에게는 적용되지 않는다. 또한 피한정후견인이 속임수로써 법정대리인의 동의가 있는 것으로 믿게 한 때에도 취소권이 배제된다(제17조 제 2 항). 이에 관해서는 위에서 본 미성년자에 관한 설명[68] 참조.

> **[판결 2] 미성년자의 법률행위와 법정대리인의 동의: 대판 2007. 11. 16, 2005다 71659, 71666, 71673**

1. 상고이유 제 1 점에 대하여

가. 행위무능력자 제도는 사적자치의 원칙이라는 민법의 기본이념, 특히 자기책임 원칙의 구현을 가능케 하는 도구로서 인정되는 것이고, 거래의 안전을 희생시키더라도 행위무능력자를 보호하고자 함에 근본적인 입법취지가 있는 것인바, 행위무능력자 제도의 이러한 성격과 입법취지 등에 비추어 볼 때, 신용카드 가맹점이 미성년자와 사이에 신용구매계약을 체결할 당시 향후 그 미성년자가 법정대리인의 동의가 없었음을 들어 스스로 위 계약을 취소하지는 않으리라고 신뢰하였다 하더라도 그 신뢰가 객관적으로 정당한 것이라고 할 수 있을지 의문일 뿐만 아니라, 그 미성년자가 가맹점의 이러한 신뢰에 반하여 취소권을 행사하는 것이 정의관념에 비추어 용인될 수 없는 정도의 상태라고 보기도 어

---

67) 고상룡, 민법총칙, 143면; 이영준, 민법총칙, 775면. 반대: 이영섭, 민법총칙, 132면.
68) 위 Ⅱ. 3.

려우며, 미성년자의 법률행위에 법정대리인의 동의를 요하도록 하는 것은 강행규정이라 할 것인데, 위 규정에 반하여 이루어진 신용구매계약을 미성년자 스스로 취소하는 것을 신의칙 위반을 이유로 배척한다면, 이는 오히려 위 규정에 의해 배제하려는 결과를 실현시키는 셈이 되어 미성년자 제도의 입법취지를 몰각시킬 우려가 있다고 할 것이므로, 법정대리인의 동의 없이 신용구매계약을 체결한 미성년자가 사후에 법정대리인의 동의 없음을 사유로 들어 이를 취소하는 것이 신의칙에 위반된 것이라고 할 수 없음은 상고이유에서 주장하는 바와 같다.

나. 그러나 미성년자가 법률행위를 함에 있어서 요구되는 법정대리인의 동의는 언제나 명시적이어야 하는 것은 아니고 묵시적으로도 가능한 것이며, 한편 민법은, 범위를 정하여 처분을 허락한 재산의 처분 등의 경우와 같이 행위무능력자인 미성년자가 법정대리인의 동의 없이 단독으로 법률행위를 할 수 있는 예외적인 경우를 규정하고 있고, 미성년자의 행위가 위와 같이 법정대리인의 묵시적 동의가 인정되거나 처분허락이 있는 재산의 처분 등에 해당하는 경우라면, 미성년자로서는 더 이상 행위무능력을 이유로 그 법률행위를 취소할 수는 없다고 할 것이다.

그리고 이 경우 묵시적 동의나 처분허락이 있다고 볼 수 있는지 여부를 판단함에 있어서는, 미성년자의 연령·지능·직업·경력, 법정대리인과의 동거 여부, 독자적인 소득의 유무와 그 금액, 경제활동의 여부, 계약의 성질·체결경위·내용, 기타 제반 사정을 종합적으로 고려하여야 할 것이고, 위와 같은 법리는 묵시적 동의 또는 처분허락을 받은 재산의 범위 내라면 특별한 사정이 없는 한 신용카드를 이용하여 재화와 용역을 신용구매한 후 사후에 결제하려는 경우와 곧바로 현금구매하는 경우를 달리 볼 필요는 없다고 할 것이다.

다. 기록에 의하면, 원고는 1982. 8. 26.생으로서 이 사건 각 신용구매계약 당시 성년에 거의 근접한 만 19세 2개월 내지 4개월에 이르는 나이였고, 당시 경제활동을 통해 월 60만 원 이상의 소득을 얻고 있었으며, 이 사건 각 신용구매계약은 대부분 식료품·의류·화장품·문구 등 비교적 소규모의 일상적인 거래행위였을 뿐만 아니라, 그 대부분이 할부구매라는 점을 감안하면 월 사용액이 원고의 소득범위를 벗어나지 않는 것으로 볼 수 있는바, 이러한 제반 사정을 종합하면, 원고가 당시 스스로 얻고 있던 소득에 대하여는 법정대리인의 묵시적 처분허락이 있었고, 이 사건 각 신용구매계약은 위와 같이 처분허락을 받은 재산범위 내의 처분행위에 해당한다고 볼 수 있다 할 것이다.

라. 따라서 원심이 원고가 이 사건 각 신용구매계약을 취소하는 것이 신의칙에 위반된다는 이유로 원고의 위 주장을 배척한 것은 신의칙에 관한 법리를

오해한 것이라 할 것이나, 이 부분에 관한 원고의 본소청구를 배척하고 피고의 반소청구를 인용한 결론에 있어서는 정당하므로, 결국 판결에 영향을 미친 위법이 있다고 할 수는 없어 상고이유 제 1 점은 이유 없다.

질문

(1) 법정대리인의 동의 없이 신용구매계약을 체결한 미성년자가 그 동의 없음을 이유로 위 계약을 취소하는 것이 신의칙에 위배되는가?

(2) 이 사건에서 미성년자의 법률행위에 대하여 법정대리인이 묵시적으로 동의했다고 볼 수 있는 근거는 무엇인가?

(3) 미성년자가 신용카드를 이용하여 구매하는 경우에는 일반적인 매매의 경우와 어떠한 차이가 있는가?

(4) 대판 2005. 4. 15, 2003다60297, 60303, 60310, 60327은 "미성년자가 신용카드발행인과 사이에 신용카드 이용계약을 체결하여 신용카드거래를 하다가 신용카드 이용계약을 취소하는 경우 미성년자는 그 행위로 인하여 받은 이익이 현존하는 한도에서 상환할 책임이 있는바, 신용카드 이용계약이 취소됨에도 불구하고 신용카드회원과 해당 가맹점 사이에 체결된 개별적인 매매계약은 특별한 사정이 없는 한 신용카드 이용계약취소와 무관하게 유효하게 존속한다 할 것이고, 신용카드발행인이 가맹점들에 대하여 그 신용카드사용대금을 지급한 것은 신용카드 이용계약과는 별개로 신용카드발행인과 가맹점 사이에 체결된 가맹점 계약에 따른 것으로서 유효하므로, 신용카드발행인의 가맹점에 대한 신용카드이용대금의 지급으로써 신용카드회원은 자신의 가맹점에 대한 매매대금 지급채무를 법률상 원인 없이 면제받는 이익을 얻었으며, 이러한 이익은 금전상의 이득으로서 특별한 사정이 없는 한 현존하는 것으로 추정된다."라고 판결하였다. 이 판결에 따를 경우에 미성년자가 신용카드 이용계약을 취소함으로써 얻는 이익은 무엇인가?

[보론] 자연인의 권리능력

I. 권리능력의 발생

제 3 조는 "사람은 생존生存한 동안 권리와 의무의 주체가 된다."라고 규정하고 있다. 사람이 생존한다는 것은 사람이 출생한 때부터 사망한 때까지이다.

분만은 생리적 과정이나, 법률관계를 명확하게 하려면 출생의 시기를 객관적 징표로 정하여야 한다. 사산死産인지, 출생 후 사망하였는지에 따라 민사법률관계에 차이가 있다. 통설은 태아가 살아서 모체로부터 전부 노출된 때에 출생하였다고 한다.

사람은 살아서 출생한 이상 그 성별, 기형·정상, 조산·지산, 단생·쌍생, 자연임신·인공임신 여부와 상관없이 모두 권리능력을 취득한다.

II. 태아의 권리능력

1. 의   의

출생 전의 태아胎兒가 전혀 권리능력이 없는 것은 아니다. 태아도 형성 중에 있는 사람으로서 법상 보호되어야 할 지위를 가진다. 입법례는 일반적 보호주의와 개별적 보호주의로 나뉘는데, 민법은 개별적 보호주의를 채택하고 있다.

2. 민법에서 태아의 권리능력을 인정하는 경우

민법은 예외적으로 (i) 불법행위에 기한 손해배상청구권(제762조), (ii) 재산상속(제1000조 제 3 항), (iii) 유증(제1064조)의 경우에 대하여 "태아는 출생한 것으로 본다."라고 정한다.

(1) 불법행위에 기한 손해배상청구권에서 태아를 출생한 것으로 본다. 이것은 태아가 상속인으로서 불법행위로 인한 피상속인의 손해배상청구권을 상속하는 경우가 아니라, 태아 자신이 원래 불법행위의 피해자인 경우에 대한 것이다. 가령 태아의 부모가 가해자의 불법행위로 사망한 경우에 자녀가 고유의

위자료를 청구하는 경우(제752조 참조)[69] 또는 모체에 대한 위법한 침해(물리력, 약물투여, 공해나 정신적 쇼크 등)로 인하여 태아가 신체상 불완전한 상태로 출생한 경우 등을 들 수 있다. 후자의 경우에는 모母와는 별도로 위 규정으로 태아 자신에 대한 불법행위도 성립하여,[70] 태아는 출생 후 손해배상을 청구할 수 있으며 이 청구권은 모의 청구권과는 별도로 존속한다.

(2) 제1000조 제 3 항은 "태아는 상속순위에 관하여는 이미 출생한 것으로 본다."라고 표현하나, 이는 상속 일반에 대하여 태아를 이미 출생한 것으로 다룬다는 의미이다. 따라서 태아는 대습상속代襲相續(제1001조 참조)이나 유류분遺留分(제1112조 참조)과 관련해서도 권리능력이 있다.

(3) 유증遺贈에 관하여는 수유자受遺者가 유언의 효력 발생 시, 즉 유증자의 사망 시에(제1073조 제 1 항 참조) 임신 중에 있으면 좋고, 반드시 유언 당시에 임신되어 있을 필요는 없다.

3. 준용 또는 유추적용 문제

태아의 권리능력을 인정하여야 할 것인지 문제되는 경우가 있다.

(1) 사인증여死因贈與에는 유증에 관한 규정이 준용되는데(제562조), 유증에 관한 제1064조로 준용되는 위의 제1000조 제 3 항이 사인증여에도 다시 준용된다는 견해도 있다. 그러나 사인증여는 계약으로서, 계약으로서의 성질에 부합하지 않는 유증 규정은 준용을 부정하여야 한다.[71]

(2) 명문규정이 없어도 필요하면 위의 규정들을 유추적용하여야 한다고 하고 그 예로 인지청구권(제863조 참조)이나 증여계약을 드는 견해가 있다.[72] 그러나 이와 같은 경우에 유추적용을 할 필요가 있는지에 관하여 반론이 있을

---

69) 대판 1962. 3. 15, 4294민상903은 부父의 사망 당시 태아가 정신적 고통에 대한 감수성이 없었던 경우에도 그에게 위자료청구권을 인정한다.

70) 대판 1968. 3. 5, 67다2869는 교통사고의 충격으로 태아가 조산되고 바로 사망한 경우에 대하여 이와 같이 판시하고 그에게 생명침해를 이유로 하는 손해배상청구권을 긍정하였다.

71) 대판 1982. 2. 9, 81다534는, 의용민법 시행 당시의 증여계약이 문제된 사안에 대하여, "증여에 관하여는 태아의 수증능력을 인정"할 근거가 없고, 또 "태아인 동안에는 법정대리인이 있을 수 없"어서 수증행위가 불가능하다는 이유로, 모母의 대리행위에 의한 증여계약은 효력이 없다고 판단하고 있다. 이 취지를 관철한다면 사인증여에 대하여도 태아의 권리능력을 부인하게 될 것이다.

72) 곽윤직·김재형, 민법총칙, 100면.

수 있다.

4. 효　과

태아를 "이미 출생한 것으로 본다"는 것은 구체적으로 어떠한 의미가 있는가?

(1) 태아가 나중에 출생하면 그는 태아이면서 이미 권리능력을 가졌던 것이 되고, 태아가 사산死産되면 그는 처음부터 권리능력이 없었던 것으로 다루어진다.[73]

(2) 문제는 태아로 있는 동안의 법률관계이다. 이에 관해서는 견해가 대립하고 있다. 정지조건설은 태아인 상태에서는 권리능력이 없고 나중에 출생하면 그로 인한 권리능력 취득의 효과가 출생 전으로 소급한다고 하는데, 인격소급설이라고도 한다. 이와 달리 해제조건설은 태아로 있는 동안에도 이미 개별적으로 권리능력을 가지며 단지 사산하면 그것이 소급하여 소멸한다고 하는데, 제한인격설이라고도 한다. 두 견해의 차이는 주로 태아인 동안에 권리보호를 허용할 것인지 여부이다. 예를 들면 제762조의 경우 가해자 재산을 보전하거나, 출생 전 다른 상속인의 처분을 방지하는 등의 조치를 취할 수 있는지 문제된다. 오늘날 사산율死産率이 낮기 때문에, 사후적으로 법률관계가 복잡해질 우려보다는 태아의 권리보호를 앞세우는 해제조건설이 더 낫다. 태아를 대신하여 재산보전·관리 등을 할 사람이나 그 권한 등에는 출생자出生子를 위한 법정대리에 관한 규정(제911조 이하)을 유추적용하면 된다.

III. 권리능력의 소멸

사람이 사망하면 권리능력이 소멸한다.[74] 언제 사망한 것으로 볼 것인지

---

[73] 가령 아직 자식이 없는 부夫 A가 사망한 때에 처 B가 임신 중이었던 경우 그 자子 C가 살아서 출생하였다면 A의 재산은 A의 사망과 동시에 B와 C에게 상속된 것으로 다루어지고(제1000조 제 1 항 제 1 호, 제1003조 제 1 항), C가 출생 후 바로 사망하였으면 그의 재산은 B에게 상속되어(제1000조 제 1 항 제 2 호), 결국 A의 재산은 모두 B에게 돌아간다. 그러나 C가 사산되었다면 A의 재산은 그의 처 B 및 그의 직계존속(가령 B의 시부모)에게 공동으로 상속된다(제1000조 제 1 항 제 2 호, 제1003조 제 1 항 전단).

[74] 이와 관련하여 사망자의 인격권이 인정되는지 문제되는데, 이에 관해서는 김재형, "모델

문제되는데, 특히 장기이식과 관련하여 뇌사腦死의 문제가 중요한 문제가 되어 있다.[75]

사망으로 인한 권리능력의 소멸은 상속(제980조 이하) 등 여러 가지 법률상의 효과와 결부되어 있다. 사망은 출생의 경우보다 복잡하고 다양한 법문제가 제기된다.

[판결 3] 태아의 권리능력: 대판 1976. 9. 14. 76다1365

원고들 소송대리인의 상고이유를 판단한다.

사람은 생존하는 동안이라야 권리의무의 주체가 되나니 어머니 뱃속에 있는 태아는 권리능력이 있을 수 없다. 그러나 태아를 보호할 필요가 있음을 숨길 수 없어 실정법에 있어서는 보호의 규정을 두고 있다(일반적 보호주의와 개별주의). 우리 민법도 특정한 중요관계에서만 보호하고 있는 터로서(민법 762조 같은 것이 그런 것이다) 민법 762조는 태아는 손해배상의 청구권에 관하여는 이미 출생한 것으로 본다고 규정하고 있다.

특정한 권리에 있어서 태아가 이미 태어난 것으로 본다는 것은 무엇을 말하나 설사 태아가 권리를 취득한다 하더라도 현행법상 이를 대행할 기관이 없으니 태아로 있는 동안은 권리능력을 취득할 수 없으니 살아서 출생한 때에 출생시기가 문제의 사건의 시기까지 소급하여 그 때에 태아가 출생한 것과 같이 법률상 보아준다고 해석하여야 상당하므로(1949. 4. 9. 선고 4281민상197 당원 판결 참조, 법정정지조건설, 인격소급설) 원심이 이와 같은 취지에서 원고의 처(이름 생략)가 사고로 사망할 당시 임신 8개월된 태아가 있었음과 그가 모체와 같이 사망하여 출생의 기회를 못가진 사실을 인정하고 살아서 태어나지 않은 이상 배상청구권을 논할 여지없다는 취의로 판단하여 이 청구를 배척한 조치는 정당하다. 또 설사 태아를 위한 법률관계의 보존을 위한 목적에서 태아중에도 출생한 것으로 인정되는 범위에서 제한적 권리능력을 주고 따라서 법정대리인에 의한 권리보전수단을 쓸 수 있으며 살아서 태어나지 않을 때엔 그 권리능력이 소급적으로 소멸한다고 보는 견해(법정해제조건설, 제한적 인격설)에 따른다고 하더라도 태아가 사산과 같은 경우인 본건에 있어서는 결론은 달라지지 아니한다. 논지는 태아가 태아중에 얻은 권리는 태아가 불법행위로 사산될 경우는 그 권리가 상속된다고 주장하고 또 이런 경우는 그 유족은 민법상 위자료청구를 할

소설과 인격권," 인권과 정의 1997년 11월호 참조.

[75] 「장기 등 이식에 관한 법률」 제 4 조 제 3, 5 호, 제21조 참조.

수 있다고 주장하나 당원이 따르기를 꺼리는 바이다.

질문

(1) 모체와 같이 사망한 태아에게 손해배상청구권을 인정할 수 있는가?

(2) 태아의 권리능력에 관한 정지조건설과 해제조건설은 어떠한 차이가 있는가?

(3) 위 두 견해에 따라 이 사건의 해결이 달라지는가?

(4) 위 (1)의 책임을 부정할 경우 다른 해결방법은 있는가? 있다면 그것은 무엇인가?

제3장　강행법규 위반

Ⅰ. 서　　설

　　강행규정(또는 강행법규)은 우선 임의규정(또는 임의법규)에 대응하는 용어로 사용된다. 임의규정은 법률 중에서 선량한 풍속 기타 사회질서와 관계없는 규정(제105조, 제106조)으로서, 이와 다른 약정도 유효하다. 그러나 강행규정은 선량한 풍속 기타 사회질서와 관계있는 규정으로서, 이에 위반된 법률행위가 무효로 된다.

　　한편 강행규정은 단속규정과 대응하는 용어로 사용되기도 하는데, 대체로 법률행위를 무효로 하는 규정을 강행규정 또는 효력규정이라고 하고, 그렇지 않은 규정을 단속규정 또는 단순한 단속규정이라고 한다.

　　계약이 강행법규에 위반한 경우에 그 계약은 무효이다. 그런데 어떠한 규정이 강행법규에 해당하는지를 판단하기가 쉽지 않은 경우가 많다.

Ⅱ. 강행법규의 판단기준

　　1. 강행규정의 종류와 형태는 매우 다양하다. 강행규정에 속하는 것으로는 민법총칙 중 권리능력, 행위능력, 법인, 소멸시효 등에 관한 규정, 물권법과 가족법에 있는 대부분의 규정, 채권편 중 경제적 약자를 보호하거나 거래의 안전을 위한 규정 등을 들 수 있다. 그 밖에 여러 법률에 강행규정이 산재해 있다.

　　법률에서 일정한 규정을 위반한 법률행위의 효력을 정하고 있으면 그에 따른다. 가령 부동산 실권리자 명의등기에 관한 법률 제 4 조는 원칙적으로 명의신탁약정과 이에 기한 물권변동을 무효로 정하고 있는데, 이 규정과 달리 해석하는 것은 허용되지 않는다. 또한 법률에서 강행규정이나 효력규정이라고 명시하고 있으면 이를 위반한 계약은 무효이다.

이와 달리 법률에서 이에 위반한 법률행위의 효력을 정하지 않은 경우에는 법률에 위반된 법률행위의 효력을 정하기가 어렵다. 학설은 대체로 법규정의 입법 취지와 기능에 따라 강행규정 또는 효력규정에 해당하는지를 판단하여야 한다고 하면서, 다양한 고려요소를 들고 있다.[1] 학설에서 들고 있는 구체적인 고려요소를 모아보면, 그 법률행위를 유효·무효로 함으로써 생기는 사회경제적 영향, 그 법규의 입법취지가 법규의 규정하는 내용 그 자체의 실현을 금지하고 있는지 아니면 단순히 그러한 행위를 하는 것을 금지하고 있는지, 위반행위에 대한 사회의 윤리적 비난의 정도, 당사자 간의 신의, 공정 등이다.

2. 민법 제185조는 물권법정주의를 정하고 있는데, 대법원은 "물권법의 강행법규성은 이를 중핵으로 하고 있으므로, 법률(성문법과 관습법)이 인정하지 않는 새로운 종류의 물권을 창설하는 것은 허용되지 아니한다."라고 한다.[2] 또한 학교 교육에 사용되는 교지나 교사 등의 처분을 제한한 사립학교법 제28조 제 2 항, 제51조, 법시행령 제12조,[3] 농지의 처분을 제한한 구 농지개혁법(농지법으로 대체되었음) 제16조, 제19조 제 2 항, 제27조,[4] 사찰 재산을 관할관청의 허가를 받아 처분하도록 정한 전통사찰보전법 제 6 조,[5] 저축과 관련하여 은행의 정규금리 이외에는 다른 이익을 지급할 수 없도록 정하고 있는 구 저축증대와 근로자재산형성지원에 관한 법률 제38조, 제39조, 제46조,[6] 단체협약을 서면으로 작성하여 서명날인하여야 한다고 정한 노동조합 및 노동관계조정법 제31조 제 1 항,[7] 합당의 경우에 합당으로 인한 권리의무의 승계에 관하여 정

---

1) 곽윤직·김재형, 민법총칙, 276면; 고상룡, 민법총칙, 326면; 김상용, 민법총칙, 371면.
2) 대판 2002. 2. 26, 2001다64165.
3) 대판 1997. 3. 14, 96다55693; 대결 1983. 11. 16, 83마138.
4) 대판 1965. 11. 30, 65다1837; 대판 1977. 11. 22, 77다1947; 대판 1980. 11. 11, 80다191; 대판 1984. 11. 13, 84다75.
5) 대판 1981. 9. 22, 80다2586; 대판 2001. 2. 9, 99다26979.
6) 대판 1987. 7. 7, 86다카1004.
7) 대판 2001. 5. 29, 2001다15422; 대판 1995. 3. 10, 94마605; 대판 2001. 1. 19, 99다72422; 대판 2000. 6. 23, 2000다12761, 12778.

하고 있는 구 정당법 제4조의2(현행 정당법 제19조) 제1항, 제2항, 제5항,[8] 중개사무소 개설등록을 하지 아니하고 중개업을 하는 것을 금지하는 구 부동산중개업법(2005. 7. 29. 법률 제7638호 '공인중개사의 업무 및 부동산 거래신고에 관한 법률'로 전부 개정되기 전의 것. 2014년공인중개사법으로 개정) 제4조,[9] 농지의 임대를 금지한 농지법(2015년 1월 개정 전) 제23조[10] 등을 강행규정이라고 보고 있다.

이와 달리 대법원 판결이 단속규정이라고 본 것으로는 신용협동조합의 업무범위를 조합원으로부터의 예탁금, 적금의 수납 등에 한정하고 있는 구 신용협동조합법(1999. 2. 1. 법률 제5739호로 개정되기 전의 것) 제39조 제1항 제1호 (가)목, 제40조 제1항,[11] 금융실명거래 및 비밀보장에 관한 긴급재정경제명령 (1997. 12. 31. 금융실명법으로 대체되었음) 제3조 제3항,[12] 임대사업자가 임대주택에 대한 임대차계약을 체결하는 방식 등을 제한한 구 임대주택법(2015. 8. 28. 법률 제13499호로 민간임대주택에 관한 특별법으로 개정되기 전의 것) 제16조, 제18조, 법시행령 제14조,[13] 주택공급 사업주체가 입주자 모집공고 후에 당해 대지 및 주택의 담보 제공을 제한한 구 주택건설촉진법(1992. 12. 8. 법률 제4530호로 개정되기 전의 것. 2023년 주택법으로 개정) 제32조, 구 주택공급에 관한 규칙 (1993. 9. 1. 건설부령 제537호로 개정되기 전의 것) 제7조 제4항[14] 등을 들 수 있다.

3. 어떠한 규정이 강행법규에 해당하는지에 관하여 이익형량을 통하여 판단하고 있는 판결들이 있다. 대판(전) 1975. 4. 22, 72다2161은 외국환관리법과 그 시행령에 있는 금지규정[15]에 저촉되는 행위의 사법상 효력에 관한 것이다.

---

8) 대판 2002. 2. 8, 2001다68969.
9) 대판 2010. 12. 23, 2008다75119.
10) 대판 2017. 3. 15, 2013다79887.
11) 대판 2000. 11. 14, 2000다38817; 대판 2001. 6. 12, 2001다18940.
12) 대판 2001. 1. 5, 2000다49091; 대판 2001. 12. 28, 2001다17565.
13) 대판 2000. 10. 10, 2000다32055 등.
14) 대판 1998. 2. 10, 97다26524.
15) 당시 시행되던 외국환관리법 제21조 제1항 제2호에서는 대한민국 내에서 같은 법 또는 같은 법에 의한 대통령령으로써 정하는 경우를 제외하고는 거주자의 비거주자에 대한 지급을 금지하고 있고, 법 제23조에서는 같은 법 또는 같은 법에 의한 대통령령으로써 정하는 경우를 제외하고는 거주자와 비거주자 간의 채권의 발생, 변경, 변제, 소멸 등을 금지하고 있다. 또한 외국환관리법 시행령 제33조 제1항 제1호에서는 매매로 인

외국환관리법은 외국환과 그 거래 기타 대외거래를 관리하여 국제수지의 균형, 통화가치의 안정과 외화자금의 효율적인 운용을 기하기 위하여 위와 같은 제한규정을 두었다(제 1 조). 특히 법 제 2 조에서 외국환관리법에 의한 제한은 같은 법의 목적을 달성함에 필요한 범위 내에서 운용되어야 하며, 정부는 국제수지의 개선, 통화가치의 안정 등을 도모함으로써 점차 같은 법에 의한 제한이 완화되도록 한다고 규정하고 있었다. 대법원은 이러한 점을 들어 "외국환관리법에 의한 위의 규정들은 원래 자유로이 할 수 있었어야 할 대외거래를 국민경제의 발전을 도모하기 위하여 과도적으로 제한하는 규정들로서 단속법규라고 해석함이 타당"하다고 판단하였다. 또한 외국환관리법의 위 금지규정을 위반한 법률행위를 무효라고 한다면, 거래의 안전을 심각하게 해치는 결과를 초래할 것이라는 점도 고려될 수 있다.

나아가 대판(전) 1985. 11. 26, 85다카122는 당시 시행되던 상호신용금고법 제17조[16]에 위반한 차입행위의 효력에 관한 것이다. 다수의견에서는 "이러한 차입 등 채무부담의 제한규정은 단순한 단속법규가 아니라 효력법규로서 이에 위반한 채무부담행위는 무효"라고 판단하였다. 그 이유로 상호신용금고법이 서민의 금융편의를 도모하고 저축을 증대하기 위하여 상호신용금고를 육성하고 이를 합리적으로 규제함으로써 신용질서의 확립에 기여함과 아울러 거래자를 보호할 목적으로 입법된 점(제 1 조), 제17조 제 1 항, 제 2 항의 차입 등 채무부담제한에 관한 규정은 서민의 금융 및 저축업무를 담당하는 상호신용금고가 경영자의 무분별하고 방만한 채무부담행위로 인한 자본구조의 악화로 부실화됨으로써 그 업무수행에 차질을 초래하고 신용질서를 어지럽게 하여 서민거래자의 이익을 침해하는 사태가 발생함을 미리 방지하려는 데에 그 입법 취지가 있는 점을 들고 있다. 나아가 "또 개개의 차입행위를 놓고 볼 때 위 제한규정

한 거주자와 비거주자간의 채권에 관하여 채권의 발생 등의 당사자가 되는 것을 금지하고 있다.

16) 당시 시행되던 상호신용금고법 제17조 제 1 항의 규정에 의하면, 상호신용금고는 재무부장관의 승인을 얻지 아니하면 자본금과 적립금 기타 잉여금 합계액을 초과하여 차입할 수 없도록 되어 있고, 제 2 항의 규정에 의하면 차입을 할 때에는 건별로 총사원의 3분의 2 이상의 동의 또는 이사회의 결의를 거쳐 재무제표 및 장부에 계상하여야 하도록 되어 있으며, 제 3 항의 규정에 의하면 제 1 항에서 "차입"이라 함은 계금 및 부금의 수입이외에 그 명칭, 종류 및 방식 여하에 불문하고 채무를 부담하는 일체의 행위를 말한다고 되어 있었다.

위반을 이유로 차입행위의 효력을 부인하는 것은 그 거래상대방인 채권자의 이익을 침해하는 결과가 되지만, 위 제한규정의 입법 취지가 앞에서 본 바와 같이 과다한 채무부담으로 상호신용금고의 자본구조가 악화되어 부실화됨으로써 서민의 금융 및 저축업무에 차질이 생기고 신용질서가 어지럽게 된 상황에 이르렀을 때에 일반 서민거래자가 입게 될 불이익을 미리 방지하려는 데에 있는 이상, 위와 같은 개별적 차입행위의 거래상대방인 채권자의 이익보호보다도 일반서민 거래자의 이익보호가 우선되어야 함은 더 말할 것도 없다."라고 한다.

이에 대하여 반대의견은 위 규정을 "상호신용금고의 금융업무의 건실한 경영을 확보하고 계원 및 부금자등의 이익보호를 도모하기 위한 내부적인 제약규정으로 단속규정"이라고 한다. 나아가 "영리법인인 상호신용금고의 영리목적수행을 위한(같은법 제3조, 제11조 참조) 부수적 업무에 속하는 법이 허용한 일정한 한도내의 차입행위에 이사회의 결의가 없다거나 재무제표 및 장부에의 계상이 누락되었다는 등 내부적인 절차에 관한 요건이 갖추어지지 아니하였다 하여 그 차입행위를 무효라고 한다면 채권자등 거래의 상대방에게 지나친 희생을 강요하는 것이 되고 거래의 안전을 심히 저해하는 결과가 될 것이다"라고 하고, "위와 같은 절차위반에 대하여는 금고임원에 대한 민사상의 책임과 벌칙에 의한 제재로서 그 실효를 거두어야 할 것이고 그 차입행위 자체를 무효로 볼 수는 없는 것임은 거래의 안전성 보호를 위하여도 당연한 해석"이라고 하였다.

이 판결의 다수의견과 반대의견은 위 규정의 입법취지를 정반대로 파악하고 있다. 여기에서 나아가 다수의견은 "개별적 차입행위의 거래상대방인 채권자의 이익 보호보다도 일반서민거래자의 이익 보호가 우선"한다는 점을 강조하고 있음에 반하여, 반대의견은 상호신용금고의 내부적인 절차에 위반한 차입행위를 무효로 한다면 "채권자등 거래의 상대방에게 지나친 희생을 강요하는 것이 되고 거래의 안전을 심히 저해하는 결과"가 된다고 한다. 이 판결은 결국 효력규정에 해당하는지를 이익형량을 통하여 결정하고 있다.

또한 대판(전) 2007. 12. 20, 2005다32159는 부동산중개업 관련 법령에서 정한 한도를 초과하여 부동산 중개수수료를 약정한 경우에 그 약정이 유효인지 문제되었는데,[17] 대법원은 "부동산중개업법 관련 법령에서 정한 한도를 초

---

17) 무효라고 본 판결로는 대판 2002. 9. 4, 2000다54406, 54413이 있고, 유효라고 본 판결로

과하는 부동산 중개수수료 약정은 그 한도를 초과하는 범위 내에서 무효"라고
판결하였다. 그 이유로 법률의 입법목적, 부동산 중개수수료에 대한 규제의 필
요성, 경제적 이익의 귀속을 방지할 필요성을 들고 있다.[18]

4. 한편 계약이 단속법규를 위반한 경우라고 하더라도 당사자의 주관적
인식 또는 반사회성을 고려하여 무효가 될 수 있다고 한 대법원 판결도 있다.
국가를 당사자로 하는 계약에 관한 법률(이하 국가계약법이라 한다)은 국가가 사
인과의 사이의 계약관계를 공정하고 합리적·효율적으로 처리할 수 있도록 관
계 공무원이 지켜야 할 계약사무처리에 관한 필요한 사항을 규정하고 있다(제
7조, 제10조 제2항 제2호). 대법원은 이러한 규정을 국가의 내부규정에 불과하
다고 보고,[19] 단순히 계약담당공무원이 입찰절차에서 위 법령이나 그 세부심사
기준에 어긋나게 적격심사를 하였다는 사유만으로 당연히 낙찰자 결정이나 그
에 기한 계약이 무효가 되는 것은 아니고, "이를 위배한 하자가 입찰절차의 공
공성과 공정성이 현저히 침해될 정도로 중대할 뿐 아니라 상대방도 이러한 사
정을 알았거나 알 수 있었을 경우 또는 누가 보더라도 낙찰자의 결정 및 계약
체결이 선량한 풍속 기타 사회질서에 반하는 행위에 의하여 이루어진 것임이
분명한 경우 등 이를 무효로 하지 않으면 그 절차에 관하여 규정한 국가계약
법의 취지를 몰각하는 결과가 되는 특별한 사정이 있는 경우에 한하여 무효가
된다"라고 한다.[20] 이는 어떤 법규정이 강행규정이 아니라고 하더라도 이에 위
반하여 계약이 체결된 경우에 일정한 사유가 추가되면 사법상의 계약을 무효
로 만들 수 있다고 한 점에서 중대한 의미가 있다. 이는 강행규정과 단속규정
의 구별이 상대적이라는 것을 보여준다.

5. 강행법규를 판단하는 기준이 모호하기 때문에, 금지법규에 위반한 법률
행위의 효력에 관하여 기본입장을 정하는 것이 중요하다. 종래 법령에 위반한
법률행위의 효력을 원칙적으로 유효라고 보는 견해가 많았다. 그러나 금지법규
에 위반한 법률행위는 원칙적으로 무효라고 보아야 한다. 한 쪽에서는 규제하

는 대판 2001. 3. 23, 2000다70982가 있었다. 이에 관해서는 김재형, "법률에 위반한 법
률행위," 민법론Ⅰ, 2004, 25면 이하.
18) 그 밖에 부동산중개업에 관한 재판례에 대하여는 대판 2010. 12. 23, 2008다75119; 대판
2017. 2. 3, 2016다259677 등도 참조.
19) 대판 1996. 4. 26, 95다11436.
20) 대판 2001. 12. 11, 2001다33604.

고 다른 쪽에서는 허용하는 모순은 억제되어야 하기 때문이다.

 법령에서 일정한 행위를 금지하고 이에 위반한 행위의 효력을 정하고 있으면 그에 따라야 한다. 그러나 법령에서 법령에 위반한 행위의 효력을 명확하게 정하고 있지 않은 경우가 많다. 이러한 경우에 법규정의 목적, 보호법익, 위반의 중대성, 법규정을 위반하려는 의도가 있었는지 여부 등을 종합적으로 고려하여 법령에 위반한 법률행위의 효력을 결정하여야 한다.

> **[판결 1] 상호신용금고법 제17조에 위반한 차입행위의 효력: 대판(전) 1985. 11. 26, 85다카122**

 1. 상호신용금고법 제17조 제1항의 규정에 의하면, 상호신용금고는 재무부장관의 승인을 얻지 아니하면 자본금과 적립금 기타 잉여금 합계액을 초과하여 차입할 수 없도록 되어 있고, 제2항의 규정에 의하면 차입을 할 때에는 건별로 총사원의 3분의 2 이상의 동의 또는 이사회의 결의를 거쳐 재무제표 및 장부에 계상하여야 하도록 되어 있으며, 제3항의 규정에 의하면 제1항에서 "차입"이라 함은 계금 및 부금의 수입 이외에 그 명칭, 종류 및 방식여하에 불문하고 채무를 부담하는 일체의 행위를 말한다고 되어있다.

 상호신용금고법이 서민의 금융편의를 도모하고 저축을 증대하기 위하여 상호신용금고를 육성하고 이를 합리적으로 규제함으로써 신용질서의 확립에 기여함과 아울러 거래자를 보호할 목적으로 입법된 점(같은법 제1조 참조)에 비추어 볼 때, 위 제17조 제1항 및 제2항의 차입 등 채무부담제한에 관한 규정은 서민의 금융 및 저축업무를 담당하는 상호신용금고가 경영자의 무분별하고 방만한 채무부담행위로 인한 자본구조의 악화로 불실화 됨으로써 그 업무수행에 차질을 초래하고 신용질서를 어지럽게 하여 서민거래자의 이익을 침해하는 사태가 발생함을 미리 방지하려는 데에 그 입법취지가 있다고 하겠으므로, 이러한 차입 등 채무부담의 제한규정은 단순한 단속법규가 아니라 효력법규로서 이에 위반한 채무부담행위는 무효라고 보아야 할 것이다.

 상호신용금고법 제3조의 규정에 의하면 상호신용금고는 합명회사, 합자회사 또는 주식회사 등 영리법인의 형태를 취하도록 되어 있으나, 상호신용금고법이 차입 등 채무부담행위에 관하여 특히 제한규정을 둔 그 입법취지에 비추어 볼 때 영리법인이라는 이유만으로 위 제한규정이 단속법규에 불과하다고 볼 근거는 되지 못한다.

 또 개개의 차입행위를 놓고 볼 때 위 제한규정위반을 이유로 차입행위의 효력을 부인하는 것은 그 거래상대방인 채권자의 이익을 침해하는 결과가 되지만, 위 제한규정의 입법취지가 앞에서 본 바와 같이 과다한 채무부담으로 상호신용금고의 자본구조가 악화되어 불실화됨으로써 서민의 금융 및 저축업무에 차질이 생기고 신용질서가 어지럽게 된 상황에 이르렀을 때에 일반 서민거래자가 입게 될 불이익을 미리 방지하려는 데에 있는 이상, 위와 같은 개별적 차입행위의 거래상대방인 채권자의 이익보호보다도 일반서민거래자의 이익보호가 우선되어야 함은 더 말할 것도 없다.

당원은 당원 1984. 9. 25. 선고 84도1581 판결에서 위 제한규정의 성질에 관하여 위에서 설시한 바와 다른 견해를 표명한 바 있으나 이를 폐기하기로 한다.

2. 원심판결 이유에 의하면, 원심은 소외 A가 1982. 1. 31. 액면 15,000,000원, 지급기일 1983. 6. 10.로 된 약속어음 1매를 당시 피고회사 대표이사이던 소외 B 앞으로 발행하고 소외 B는 피고회사를 대표하여 원고에게 위 어음을 지급거절증서 작성을 면제하여 배서양도한 사실을 인정한 후, 피고회사 명의로 된 배서는 상호신용금고법 제17조 제 2 항에 규정된 이사회결의와 재무제표 및 장부에 계상하는 절차를 거치지 아니한 채무부담행위로서 무효라는 피고의 주장에 대하여 위 법규정은 단속규정에 불과하므로 이에 위반한 채무부담행위는 무효가 아니라고 판단하여 위 주장을 배척하였다.

그러나 원고주장과 원심 채용증거에 의하면, 원고는 소외 주식회사 은성알마이트의 이사인 소외 A에게 15,000,000원을 대여하고 그 지급확보를 위하여 위 소외인으로부터 이 사건 약속어음을 발행받음에 있어서 위 소외인의 채무를 보증하는 뜻으로 피고회사 대표이사 B에게 위 어음에 배서해 줄 것을 요구하여 위 원심인정과 같은 피고회사 명의의 배서를 받아 소지하게 된 사실이 인정되는바, 상호신용금고법 제17조 제 3 항의 규정에 의하면 같은 조 제 1 항에서 "차입"이라 함은 계금 및 부금의 수입 이외에 그 명칭, 종류 및 방식여하에 불구하고 채무를 부담하는 일체의 행위를 말한다고 되어 있고 같은조 제 2 항의 차입도 이와 같은 뜻이라고 해석되므로 이 사건에서와 같은 채무보증을 위한 어음배서도 위 각 규정에서 말하는 차입 등 채무부담행위에 해당하는 것으로서, 만일 피고주장과 같이 차입제한규정에 위반한 것이 사실이라면 위 차입제한 규정을 효력법규라고 보는 이상 타인이 채무보증을 위한 피고의 위 어음배서는 무효라고 볼 수밖에 없을 것이다(배서행위를 한 위 B의 사용자로서 피고가 손해배상책임을 부담하는 여부는 별문제이다).

3. 결국 원심판결은 상호신용금고법 제17조의 차입제한에 관한 규정의 효

력을 잘못 해석하여 판결에 영향을 미친 위법을 저지른 것으로서 이는 원심판결을 파기하지 아니하면 현저히 정의와 형평에 반한다고 인정할 만한 중대한 법령위반에 해당한다고 하겠으므로, 원심판결을 파기하고 사건을 다시 심리케 하고자 원심법원에 환송하기로 하여 대법원 판사 정태균, 같은 이정우, 같은 신정철, 같은 김형기를 제외한 관여법관 전원의 일치된 의견으로 주문과 같이 판결한다.

4. 대법원 판사 정태균, 같은 이정우, 같은 신정철, 같은 김형기의 반대의견은 다음과 같다.

(1) 상호신용금고법 제11조는 상호신용금고가 영위할 수 있는 업무범위를 제한적으로 열거하고 있는 한편, 같은법 제17조 제1항에서는 자본금과 적립금 기타 잉여금의 합계액 범위내의 차입행위는 당연히 할 수 있는 것으로 규정하고 있음으로, 상호신용금고의 차입행위는 그 목적으로 하는 업무자체에는 해당하지 아니하나 그 소요자금의 조달등 그 목적수행을 위하여 필요한 부수적 업무에는 해당한다 할 것이고, 같은조 제2항의 "상호신용금고가 차입을 할 때에는 건별로 총사원의 3분의 2 이상의 동의 또는 이사회의 결의를 거쳐 재무제표 및 장부에 계상하여야 한다"는 규정은 상호신용금고의 금융업무의 건실한 경영을 확보하고 계원 및 부금자등의 이익보호를 도모하기 위한 내부적인 제약규정으로 단속규정이라 할 것이고 위 규정에 반하는 차입행위의 사법상의 효력을 부인하는 것은 아니라 해석할 것이다. 따라서 이와 견해를 달리하는 다수의견에는 찬성할 수 없다.

영리법인인 상호신용금고의 영리목적수행을 위한(같은법 제3조, 제11조 참조) 부수적 업무에 속하는 법이 허용한 일정한 한도내의 차입행위에 이사회의 결의가 없다거나 재무제표 및 장부에의 계상이 누락되었다는 등 내부적인 절차에 관한 요건이 갖추어지지 아니하였다 하여 그 차입행위를 무효라고 한다면 채권자등 거래의 상대방에게 지나친 희생을 강요하는 것이 되고 거래의 안전을 심히 저해하는 결과가 될 것이다.

위와 같은 절차위반에 대하여는 금고임원에 대한 민사상의 책임과 벌칙에 의한 제재로서 그 실효를 거두어야 할 것이고 그 차입행위 자체를 무효로 볼 수는 없는 것임은 거래의 안전성 보호를 위하여도 당연한 해석이라 생각한다. 이 점에서 정책적, 행정적 통제가 강하게 요청되는 농업협동조합등(농업협동조합법 제58조 제2항에 의하여 조합은 중앙회로부터의 자금차입만 허용되고 있다) 비영리법인의 경우와는 해석을 달리할 필요가 있는 것이다.

(2) 원심이 확정한 바에 의하면 이 사건 차입은 위 법조가 규정하는 차입

한도액을 초과한 것도 아니고, 단지 그 차입이 허용된 범위내에서 이사회의 등 결의를 거치지 아니하였다는 것이므로, 일종의 절차위반에 지나지 아니하고 그 절차요건을 충족하지 않았다하여 그 효력을 부인할 수는 없다. 따라서 위와 같 은 취지에서 이 사건 차입행위의 효력을 긍인한 원심판단은 정당하고, 논지는 이유없다.

질문

(1) 상호신용금고법 제17조에 위반한 차입행위는 유효인가?
(2) 이 판결에서 다수의견과 반대의견은 어떠한 점에서 차이가 있는가?

[판결 2] 부동산 중개수수료 약정의 효력: 대판(전) 2007. 12. 20. 2005다32159

상고이유를 본다.

1. 구 부동산중개업법(2005. 7. 29. 법률 제7638호 '공인중개사의 업무 및 부동산 거래신고에 관한 법률'로 전문 개정되기 전의 것, 이하 '부동산중개업법'이라고 함) 제2조 제1호, 제3조, 제20조 제1항, 제3항 및 같은 법 시행규칙 제23조의2 제1항은, 중개업자는 일정한 수수료를 받고 토지, 건물 등의 거래 알선을 업으로 하는 자로서 중개 업무에 관하여 중개의뢰인 쌍방으로부터 각각 수수료를 받을 수 있고, 일방으로부터 받을 수 있는 중개수수료의 한도는 매매·교환의 경우 거래가액에 따라 0.2%에서 0.9% 이내의 범위에서 특별시, 광역시 또는 도의 조례로 정하도록 규정하고 있다. 그리고 부동산중개업법 제15조 제2호는 중개업자가 위에서 정하여진 수수료의 한도를 초과하여 금품을 받거나 그 외에 사례 등 어떠한 명목으로라도 금품을 받는 행위를 할 수 없도록 금지하고, 같은 법 제22조 제2항 제3호는 위와 같은 금지행위를 한 경우 등록 관청이 중개업등록을 취소할 수 있도록 규정하는 한편, 같은 법 제38조 제2항 제5호는 위와 같은 금지규정을 위반한 자를 1년 이하의 징역 또는 1천만 원 이하의 벌금에 처하도록 규정하고 있다.

부동산중개업법은 부동산중개업을 건전하게 지도·육성하고 부동산중개 업무를 적절히 규율함으로써 부동산중개업자의 공신력을 높이고 공정한 부동산거래질서를 확립하여 국민의 재산권 보호에 기여함을 입법목적으로 하고 있으므로(제1조), 중개수수료의 한도를 정하는 한편 이를 초과하는 수수료를 받지 못하도록 한 부동산중개업법 및 같은 법 시행규칙 등 관련 법령(이하 '부동산중개업법 관련 법령'이라고 함) 또는 그 한도를 초과하여 받기로 한 중개수수료 약정의 효력은 이와 같은 입법목적에 맞추어 해석되어야 할 것이다. 뿐만 아니라, 중개업자가 부동산중개업법 관련 법령 소정의 한도를 초과하여 수수료를 받는 행위는 물론 위와 같은 금지규정 위반 행위에 의하여 얻은 중개수수료 상당의 이득을 그대로 보유하게 하는 것은 투기적·탈법적 거래를 조장하여 부동산거래 질서의 공정성을 해할 우려가 있고, 또한 부동산중개업법 관련 법령의 주된 규율대상인 부동산의 거래가격이 높고 부동산중개업소의 활용도 또한 높은 실정에 비추어 부동산 중개수수료는 국민 개개인의 재산적 이해관계 및 국민생활의 편의에 미치는 영향이 매우 커 이에 대한 규제가 강하게 요청된다고 할 것이다. 그렇다면 앞서 본 입법목적을 달성하기 위해서는 고액의 수수료를 수령한 부동산 중개업자에게 행정적 제재나 형사적 처벌을 가하는 것만으로는 부족하고 부동산중개업법 관련 법령 소정의 한도를 초과한 중개수수료 약정에 의한 경제적 이익이 귀속되는 것을 방지하여야 할 필요가 있다고 할 것이므로, 부동산 중개수수료에 관한 위와 같은 규정들은 중개수수료 약정 중 소정의 한도를 초과하는 부분에 대한 사법상의 효력을 제한하는 이른바 강행법규에 해당한다고 보아야 한다.

　따라서 부동산중개업법 관련 법령에서 정한 한도를 초과하는 부동산 중개수수료 약정은 그 한도를 초과하는 범위 내에서 무효라고 할 것이다(대법원 2002. 9. 4. 선고 2000다54406, 54413 판결 등 참조).

　이와는 달리, 위 금지규정은 단속규정에 불과하고 효력규정은 아니라고 봄으로써 그 한도를 초과한 수수료 약정의 사법상 효력이 부정되는 것이 아니라는 취지로 판시한 대법원 2001. 3. 23. 선고 2000다70972 판결은 이 판결의 견해에 배치되는 범위 내에서 이를 변경하기로 한다.

　2. 위 법리와 함께 원심판결 이유를 기록에 비추어 살펴보면, 원심이 그 채택 증거들을 종합하여 판시 각 사실을 인정한 후, 원고와 피고 사이의 부동산 중개수수료 약정은 부동산중개업법 관련 법령 및 '제주도 부동산 중개수수료 및 실비의 기준과 한도 등에 관한 조례'에서 정한 중개수수료의 한도를 초과하는 범위 내에서 무효라는 전제 아래 그 초과 부분에 해당하는 부당이득금을 산정하여 피고에게 반환을 명한 조치는 정당하고, 그 과정에 채증법칙을 위반하거나 부당이득반환에 관한 법리를 오해한 위법 등은 없다고 할 것이다. 상고이유는 받아들일 수 없다.

> **[판결 3] 공인중개사 자격이 없는 자가 중개수수료 지급약정의 효력: 대판 2010. 12. 23, 2008다75119**

[이　　유]

상고이유를 판단한다.

1. 사법상私法上의 계약 기타 법률행위가 일정한 행위를 금지하는 구체적 법규정에 위반하여 행하여진 경우에 그 법률행위가 무효인가 또는 법원이 법률행위 내용의 실현에 대한 조력을 거부하거나 기타 다른 내용으로 그 효력이 제한되는가의 여부는 당해 법규정이 가지는 넓은 의미에서의 법률효과에 관한 문제의 일환으로서, 다른 경우에서와 같이 여기서도 그 법규정의 해석 여하에 의하여 정하여진다. 따라서 그 점에 관한 명문의 정함이 있다면 당연히 이에 따라야 할 것이고, 그러한 정함이 없는 때에는 종국적으로 그 금지규정의 목적과 의미에 비추어 그에 반하는 법률행위의 무효 기타 효력 제한이 요구되는지를 검토하여 이를 정할 것이다. 특히 금지규정이 이른바 공법에 속하는 것인 경우에는, 법이 빈번하게 명문으로 규정하는 형벌이나 행정적 불이익 등 공법적 제재에 의하여 그러한 행위를 금압하는 것을 넘어서 그 금지규정이 그러한 입법자의 침묵 또는 법흠결에도 불구하고 사법의 영역에까지 그 효력을 미쳐서 당해 법률행위의 효과에도 영향이 있다고 할 것인지를 신중하게 판단하여야 한다.

그리고 그 판단에 있어서는, 당해 금지규정의 배경이 되는 사회경제적·윤리적 상황과 그 추이, 금지규정으로 보호되는 당사자 또는 이익, 그리고 반대로 그 규정에 의하여 활동이 제약되는 당사자 또는 이익이 전형적으로 어떠한 성질을 가지는지 또 그 이익 등이 일반적으로 어떠한 법적 평가를 받는지, 금지되는 행위 또는 그에 기한 재화나 경제적 이익의 변동 등이 어느 만큼 반사회적인지, 금지행위에 기하여 또는 그와 관련하여 일어나는 재화 또는 경제적 이익의 변동 등이 당사자 또는 제3자에게 가지는 의미 또는 그들에게 미치는 영향, 당해 금지행위와 유사하거나 밀접한 관련이 있는 행위에 대한 법의 태도 기타 관계 법상황 등이 종합적으로 고려되어야 한다.

2. 구 부동산중개업법(2005. 7. 29. 법률 제7638호 '공인중개사의 업무 및 부동산 거래신고에 관한 법률'로 전부 개정되기 전의 것. 이하 '부동산중개업법'이라고 한다) 및 같은 법 시행령(2005. 12. 30. 대통령령 제19248호 '공인중개사의 업무 및 부동산 거래신고에 관한 법률 시행령'으로 전부 개정되기 전의 것)은, 부동산중개업을 영위하고자 하는 자는 등록관청에 중개사무소의 개설등록을 하여야 하고(법 제4조 제1항), 공인중개사 또는 법인만이 중개사무소 개설등록을 할 수 있으며(법 제4조 제4항, 시행령 제5조), 중개사무소 개설등록을 하

지 아니하고 중개업을 한 자는 3년 이하의 징역 또는 2천만 원 이하의 벌금에 처한다(법 제38조 제 1 항 제 1 호)고 정하고 있다. 또한 공인중개사가 되고자 하는 자는 특별시장 등이 시행하는 공인중개사 자격시험에 합격하여야 하고(법 제 8 조 제 1 항), 미성년자, 금치산자 또는 한정치산자 등 일정한 결격사유가 있으면 공인중개사가 될 수 없으며(법 제 7 조), 중개사무소의 개설등록을 한 중개업자는 중개행위로 인한 손해배상책임을 보장하기 위하여 일정한 보증보험 또는 공제에 가입하거나 공탁하여야 한다(법 제19조 제 3 항).

부동산중개업법은 부동산중개업을 건전하게 지도·육성하고 부동산중개업무를 적절히 규율함으로써 부동산중개업자의 공신력을 높이고 공정한 부동산거래질서를 확립하여 국민의 재산권 보호에 기여함을 입법목적으로 하고 있으므로(법 제 1 조), 공인중개사 자격이 없는 자가 중개사무소 개설등록을 하지 아니한 채 부동산중개업을 하면서 체결한 중개수수료 지급약정의 효력은 이와 같은 입법목적에 비추어 해석되어야 할 것이다. 그런데 공인중개사 자격이 없는 자가 부동산중개업 관련 법령을 위반하여 중개사무소 개설등록을 하지 아니한 채 부동산중개업을 하면서 체결한 중개수수료 지급약정에 따라 수수료를 받는 행위는 투기적·탈법적 거래를 조장하여 부동산거래질서의 공정성을 해할 우려가 있다. 또한 부동산중개업 관련 법령의 주된 규율대상인 부동산이 그 거래가격이 상대적으로 높은 점에 비추어 전문성을 갖춘 공인중개사가 부동산거래를 중개하는 것은 부동산거래사고를 사전에 예방하고, 만약의 경우 사고가 발생하더라도 보증보험 등에 의한 손해전보를 보장할 수 있는 등 국민 개개인의 재산적 이해관계 및 국민생활의 편의에 미치는 영향이 매우 커서 이에 대한 규제가 강하게 요청된다.

앞서 본 여러 사정을 종합적으로 고려하여 보면, 공인중개사 자격이 없어 중개사무소 개설등록을 하지 아니한 채 부동산중개업을 한 자에게 형사적 제재를 가하는 것만으로는 부족하고 그가 체결한 중개수수료 지급약정에 의한 경제적 이익이 귀속되는 것을 방지하여야 할 필요가 있다고 할 것이고, 따라서 중개사무소 개설등록에 관한 위와 같은 규정들은 공인중개사 자격이 없는 자가 중개사무소 개설등록을 하지 아니한 채 부동산중개업을 하면서 체결한 중개수수료 지급약정의 효력을 제한하는 이른바 강행법규에 해당한다고 보아야 한다.

3. 위 법리에 비추어 원심판결 이유를 살펴보면, 원심이 같은 취지에서 공인중개사 자격이 없는 원고가 중개사무소 개설등록을 하지 아니한 채 부동산매매계약을 중개하면서 매매당사자와 사이에 체결한 이 사건 중개수수료 지급약정은 강행규정에 위배되어 무효라고 판단한 조치는 정당하다. 원심판결에 상고

이유의 주장과 같이 부동산중개업법에 관한 법리를 오해하는 등의 위법이 있다
고 할 수 없다.

  4. 및 5. (생략)

(1) 이 판결에서 문제된 법규정이 강행법규에 해당한다고 판단된 결정적 이유
  는 무엇인가?

(2) 이 판결이 나온 뒤에 대판 2017. 2. 3, 2016다259677이 역시 공인중개사
  의 업무와 관련된 사항에 대하여 판단하면서[21] 앞의 [판결 2] 및 [판결 3]
  에서와 태도를 달리한 이유를 음미하여 보라. 각 판결의 정당성을 수긍할
  수 있는가?

  『실무에서 법규에 위반한 법률행위라고 하더라도 가급적 유효라고 보려는
경향이 있었다. 그 이유를 생각해볼 필요가 있다. 첫 번째 이유는 공법과 사법
을 엄격하게 준별하려는 전통적인 사고에 기인한다. 공법 규정에서 사법상의
거래를 규제하더라도 그러한 규제에 위반한 법률행위를 유효로 보려고 하였다.
두 번째 이유는 우리나라에 특유한 문제라고 볼 수도 있는데, 입법과정에 대한
불신에서 초래된 것이다. 사법상의 거래를 규제하는 법규가 충분한 검토 없이
행정관료에 의하여 갑자기 입안되는 경우가 많았다. 그리하여 우리나라의 입법
을 행정부에 근무하는 주사나 사무관이 만든다고 하여 '주사 입법' 또는 '사무
관 입법'이라는 비난하기도 한다. 그리고 국회나 행정부에서 사법상의 거래를

---

21) "개업공인중개사 등이 중개의뢰인과 직접 거래를 하는 행위를 금지하는 공인중개사법 제
  33조 제 6 호의 규정 취지는 개업공인중개사 등이 거래상 알게 된 정보를 자신의 이익을
  꾀하는데 이용하여 중개의뢰인의 이익을 해하는 경우가 있으므로 이를 방지하여 중개의
  뢰인을 보호하고자 함에 있는바, 위 규정에 위반하여 한 거래행위가 사법상의 효력까지
  도 부인하지 않으면 안 될 정도로 현저히 반사회성, 반도덕성을 지닌 것이라고 할 수 없
  을 뿐만 아니라 행위의 사법상의 효력을 부인하여야만 비로소 입법 목적을 달성할 수 있
  다고 볼 수 없고, 위 규정을 효력규정으로 보아 이에 위반한 거래행위를 일률적으로 무
  효라고 할 경우 중개의뢰인이 직접 거래임을 알면서도 자신의 이익을 위해 한 거래도 단
  지 직접 거래라는 이유로 효력이 부인되어 거래의 안전을 해칠 우려가 있으므로, 위 규
  정은 강행규정이 아니라 단속규정이다."

과도하게 제한하는 법규가 손쉽게 만들어졌다가 폐지되는 경우도 적지 않았다.

그러나 이러한 사고는 바뀌어야 한다. 사법의 해석에서도 공법 규정을 최대한 존중하는 것이 바람직하다. 그렇게 할 때 공법과 사법의 유기적인 협력을 통하여 좀더 바람직한 법환경을 구축할 수 있을 것이다. 그리고 법질서는 모순이 없어야 한다. 법률에서 일정한 행위를 금지하면서 이를 위반한 계약을 유효라고 하는 것은 법질서의 자기모순이다. 법률적으로 금지된 의무를 계약에 의하여 부담하는 것은 허용되지 않는다. 따라서 사법상의 거래를 규제하는 법령에 위반한 법률행위는 원칙적으로 무효라고 보아야 한다. 적어도 규제법령에 위반한 법률행위를 무효로 보는 범위를 현재보다는 넓혀야 한다.」[22]

> **질문**

(1) 부동산 중개수수료를 규제하는 것은 어떠한 장점과 단점이 있다고 생각하는가?

(2) 구 부동산중개업법 및 같은 법 시행규칙 등 관련 법령에서 정한 한도를 초과하는 부동산 중개수수료 약정이 강행법규 위반에 해당하는가?

(3) 이 사건에서 부동산 중개수수료 약정의 효력을 판단하는 과정에서 어떠한 요소를 고려하고 있는가?

(4) 일정한 거래를 규제하는 법령에 위반한 계약은 유효로 보아야 하는가, 아니면 무효로 보아야 하는가?

> **[판결 4] 국가계약법령상 물가변동에 따른 계약금액 조정 규정의 적용을 배제하는 합의의 효력: 대판(전) 2017. 12. 21. 2012다74076**

상고이유를 판단한다.

1. 상고이유 제1점, 제2점에 관하여

가. 구 국가를 당사자로 하는 계약에 관한 법률(2012. 12. 18. 법률 제11547호로 개정되기 전의 것, 이하 '국가계약법'이라 한다) 제19조는 "각 중앙관서의 장 또는 계약담당공무원은 공사·제조·용역 기타 국고의 부담이 되는 계약을 체결한 다음 물가의 변동, 설계변경 기타 계약내용의 변경으로 인하여 계약금액을 조정할 필요가 있을 때에는 대통령령이 정하는 바에 의하여 그 계약금액을 조

---

22) 김재형(주 17), 42면.

정한다."라고 규정하였다. 이에 따라 구 국가를 당사자로 하는 계약에 관한 법률 시행령(2008. 2. 29. 대통령령 제20720호로 개정되기 전의 것) 제64조 제 1 항 전문(前文)은 "각 중앙관서의 장 또는 계약담당공무원은 법 제19조의 규정에 의하여 국고의 부담이 되는 계약을 체결한 날부터 90일 이상 경과하고 동시에 다음 각 호의 어느 하나에 해당되는 때에는 재정경제부령이 정하는 바에 의하여 계약금액을 조정한다."라고 규정한 후, 각 호에서 입찰일을 기준일로 하여 재정경제부령이 정하는 바에 의하여 산출된 품목조정률이나 지수조정률이 100분의 3 이상 증감된 때를 계약금액의 조정이 이루어지는 날로 정하였다. 또, 국가를 당사자로 하는 계약에 관한 법률 시행령(2008. 12. 31. 대통령령 제21202호로 개정되어 같은 날 시행된 것, 이하 '국가계약법 시행령'이라 한다)은 제64조 제 7 항으로 "각 중앙관서의 장 또는 계약담당공무원은 환율변동을 원인으로 하여 제 1 항에 따른 계약금액 조정요건이 성립된 경우에는 계약금액을 조정한다."라는 규정을 신설하였고, 위 규정은 부칙 제 2 조에 따라 이 영 시행 당시 이행 중인 계약으로서 이 영 시행 전에 환율변동을 원인으로 계약금액 조정요건이 성립된 경우에도 적용된다. 그리고 구 국가를 당사자로 하는 계약에 관한 법률 시행규칙(2009. 3. 5. 기획재정부령 제58호로 개정되기 전의 것, 이하 '국가계약법 시행규칙'이라 한다) 제74조는 물가변동으로 인한 계약금액의 조정과 관련하여 품목조정률과 이에 관련된 등락폭, 등락률의 산정방식 및 지수조정률 산정방식, 그리고 이를 적용한 조정금액의 산출방식, 선금을 지급한 경우 공제금액의 산출방식을 규정하였다.

그런데 국가계약법령은 그와 다른 내용으로 체결된 계약의 효력에 관하여는 특별한 규정을 두지 않고 있다.

나. 국가를 당사자로 하는 계약이나 공공기관의 운영에 관한 법률의 적용대상인 공기업이 일방 당사자가 되는 계약(이하 편의상 '공공계약'이라 한다)은 국가 또는 공기업(이하 '국가 등'이라 한다)이 사경제의 주체로서 상대방과 대등한 지위에서 체결하는 사법(私法)상의 계약으로서 본질적인 내용은 사인 간의 계약과 다를 바가 없으므로, 법령에 특별한 정함이 있는 경우를 제외하고는 서로 대등한 입장에서 당사자의 합의에 따라 계약을 체결하여야 하고 당사자는 계약의 내용을 신의성실의 원칙에 따라 이행하여야 하는 등(국가계약법 제5조 제1항) 사적 자치와 계약자유의 원칙을 비롯한 사법의 원리가 원칙적으로 적용된다(대법원 2001. 12. 11. 선고 2001다33604 판결 참조).

한편 국가계약법상 물가의 변동으로 인한 계약금액 조정 규정은 계약상대자가 계약 당시에 예측하지 못한 물가의 변동으로 계약이행을 포기하거나 그 내용에 따른 의무를 제대로 이행하지 못하여 공공계약의 목적 달성에 지장이 초래되는 것을 막기 위한 것이다. 이와 더불어 세금을 재원으로 하는 공공계약의 특성상 계약 체결 후 일정 기간이 지난 시점에서 계약금액을 구성하는 각종 품목 또는 비목의 가격이 급격하게 상승하거나 하락한 경우 계약담당자 등으로 하여금 계약금액을 조정하는 내용을 공공계약에 반영하게 함으로써 예산 낭비를 방지하고 계약상대자에게 부당하게 이익이나 불이익을 주지 않으려는 뜻도 있다.

따라서 계약담당자 등은 위 규정의 취지에 배치되지 않는 한 개별 계약의 구체적 특성, 계약이행에 필요한 물품의 가격 추이 및 수급 상황, 환율 변동의 위험성, 정책적 필요성, 경제적 변동에 따른 위험의 합리적 분배 등을 고려하여 계약상대자와 물가변동에 따른 계약금액 조정 조항의 적용을 배제하는 합의를 할 수 있다고 보아야 한다. 계약금액을 구성하는 각종 품목 등의 가격은 상승할 수도 있지만 하락할 수도 있는데, 공공계약에서 위 조항의 적용을 배제하는 특약을 한 후 계약상대자가 이를 신뢰하고 환 헤징(hedging) 등 물가변동의 위험을 회피하려고 조치하였음에도 이후 물가 하락을 이유로 국가 등이 계약금액의 감액조정을 요구한다면 오히려 계약상대자가 예상하지 못한 손실을 입을 수 있는 점에 비추어도 그러하다.

위와 같은 공공계약의 성격, 국가계약법령상 물가변동으로 인한 계약금액 조정 규정의 내용과 입법 취지 등을 고려할 때, 위 규정은 국가 등이 사인과의 계약관계를 공정하고 합리적·효율적으로 처리할 수 있도록 계약담당자 등이 지켜야 할 사항을 규정한 데에 그칠 뿐이고, 국가 등이 계약상대자와의 합의에 기초하여 계약당사자 사이에만 효력이 있는 특수조건 등을 부가하는 것을 금지하거나 제한하는 것이라고 할 수 없으며, 사적 자치와 계약자유의 원칙상 그러한 계약 내용이나 조치의 효력을 함부로 부인할 것이 아니다.

다만 국가계약법 시행령 제4조는 "계약담당공무원은 계약을 체결함에 있어서 국가계약법령 및 관계 법령에 규정된 계약상대자의 계약상 이익을 부당하게 제한하는 특약 또는 조건을 정하여서는 아니 된다."라고 규정하고 있으므로, 공공계약에서 계약상대자의 계약상 이익을 부당하게 제한하는 특약은 효력이 없다고 할 것이다. 여기서 어떠한 특약이 계약상대자의 계약상 이익을 부당하게 제한하는 것으로서 국가계약법 시행령 제4조에 위배되어 효력이 없다고 하기 위해서는 그 특약이 계약상대자에게 다소 불이익하다는 점만으로는 부족하고, 국가 등이 계약상대자의 정당한 이익과 합리적인 기대에 반하여 형평에 어긋나는 특약을 정함으로써 계약상대자에게 부당하게 불이익을 주었다는 점이 인정되어야 한다. 그리고 계약상대자의 계약상 이익을 부당하게 제한하는 특약인지는 그 특약에 의하여 계약상대자에게 생길 수 있는 불이익의 내용과 정도, 불이익 발생의 가능성, 전체 계약에 미치는 영향, 당사자들 사이의 계약체결과정, 관계 법령의 규정 등 모든 사정을 종합하여 판단하여야 한다(대법원 2012. 12. 27. 선고 2012다15695 판결, 대법원 2015. 10. 15. 선고 2015다206270, 206287 판결 참조).

(중　략)

5. 상고이유 제 1 점, 제 2 점에 관한 대법관 고영한, 대법관 김재형의 반대의견

가. 다수의견은 국가와 계약상대자가 물가변동 또는 환율변동에 따른 계약금액 조정에 관한 국가계약법령 규정과 달리 약정을 체결하더라도 계약상대자의 이익을 부당하게 제한하는 것이 아닌 한 무효로 볼 수는 없다는 취지이다. 그러나 이러한 견해는 국가가 스스로 따르겠다고 제정한 법령을 명백히 위반하여 체결한 계약을 유효라고 하는 것으로 그 근거를 찾을 수 없다. 그 상세한 이유는 아래와 같다.

나. 계약 등 법률행위의 당사자들에게 일정한 의무를 부과하거나 일정한 행위를 금지하는 법규가 증가하고 있다. 이러한 법규에서 이를 위반한 법률행위의 효력을 명시적으로 정하고 있는 경우에는 그 규정에 따라 법률행위의 유·무효를 판단하면 된다. 법률에서 해당 규정을 위반한 법률행위를 무효라고 정하고 있거나 해당 규정이 효력규정이나 강행규정이라고 명시하고 있으면 그러한 규정을 위반한 법률행위는 무효이다.

이와 달리 금지 규정 등을 위반한 법률행위의 효력에 관하여 명확하게 정하지 않은 경우에는 그 규정의 입법 배경과 취지, 보호법익, 위반의 중대성, 당사자에게 법규정을 위반하려는 의도가 있었는지 여부, 규정 위반이 법률행위의 당사자나 제 3 자에게 미치는 영향, 위반 행위에 대한 사회적·경제적·윤리적 가치평가, 이와 유사하거나 밀접한 관련이 있는 행위에 대한 법의 태도 등 여러 사정을 종합적으로 고려해서 그 효력을 판단하여야 한다. 특히 법률행위의 양쪽 당사자를 규율하는 법령을 위반하여 법률행위를 한 경우에는 특별히 예외적인 사정이 없는 한 그 법률행위를 무효로 보아야 한다. 한쪽 당사자를 규율하는 법령을 위반한 경우에는 거래의 안전과 상대방의 보호를 고려하여 그 법률행위의 효력을 판단하여야 하는데, 그 법령의 주된 목적이 상대방을 보호하기 위한 것이라면 이를 위반하는 법률행위는 원칙적으로 무효로 보아야 한다.

법질서는 모순이 없어야 한다. 한쪽에서는 금지하고 다른 쪽에서는 허용한다면 수범자로서는 어느 법률을 따라야 할지 알 수 없다. 법률에서 일정한 의무를 부과하거나 일정한 행위를 금지하면서 이를 위반한 법률행위를 유효라고 한

다면 이는 법질서의 자기모순이라고 할 수 있다. 이러한 현상은 특별히 인정해야 할 다른 이유가 없는 한 억제되어야 한다. 따라서 법률을 위반한 법률행위의 효력을 판단하는 과정에서 위에서 본 여러 사정을 고려해서도 판단하기 어려운 사안에서는 원칙적으로 그 효력을 부정함으로써 법질서의 통일성과 일관성을 확보하는 것이 법치주의의 최후 보루로서 사법부가 해야 할 일이다.

다. 국가계약법은 국가를 당사자로 하는 계약에 관한 기본적인 사항을 정함으로써 계약업무를 원활하게 수행할 수 있도록 하기 위한 목적으로 제정되었다(제1조). 이는 공정하고 효율적인 공공계약에 관한 제도를 마련하여 시행하기 위한 것이다. 국가계약법 제19조는 '물가변동 등에 의한 계약금액 조정'이라는 제목으로 "각 중앙관서의 장 또는 계약담당공무원은 공사·제조·용역 기타 국고의 부담이 되는 계약을 체결한 다음 물가의 변동, 설계변경 기타 계약내용의 변경으로 인하여 계약금액을 조정할 필요가 있을 때에는 대통령령이 정하는 바에 의하여 그 계약금액을 조정한다."라고 정하고 있다. 그 위임에 따라 국가계약법 시행령 제64조 제1항 전문(전문)은 "각 중앙관서의 장 또는 계약담당공무원은 법 제19조의 규정에 의하여 국고의 부담이 되는 계약을 체결한 날부터 90일 이상 경과하고 동시에 다음 각 호의 어느 하나에 해당되는 때에는 재정경제부령이 정하는 바에 의하여 계약금액을 조정한다."라고 정하고, 각 호에서 입찰일을 기준일로 하여 재정경제부령이 정하는 바에 의하여 산출된 품목조정률이나 지수조정률이 100분의 3 이상 증감된 때 계약금액이 조정되는 것으로 정하고 있다. 그리고 국가계약법 시행규칙 제74조는 물가변동으로 인한 계약금액의 조정과 관련하여 품목조정률과 이에 관련된 등락폭·등락률의 산정방식, 지수조정률 산정방식, 그리고 이를 적용한 조정금액의 산출방식 등을 자세하게 규정하고 있다.

한편 국가계약법 시행령 제64조 제7항은 2008. 12. 31. 개정 당시 신설된 것으로 "각 중앙관서의 장 또는 계약담당공무원은 환율변동을 원인으로 하여 제1항에 따른 계약금액 조정요건이 성립된 경우에는 계약금액을 조정한다."라고 정하고 있다.

이처럼 국가계약법령은 물가변동이나 환율변동에 따른 계약금액 조정의 요건과 효과에 관하여 명확한 규정을 두고 있다. 공공계약 체결 후 계약금액을 구성하는 각종 품목 등의 가격이 물가변동이나 환율변동으로 급격하게 상승하면, 상대방이 경제적 어려움으로 계약의 이행을 중단·포기하여 계약의 목적을 달성할 수 없거나 계약을 부실하게 이행할 우려가 있다. 반면 물가변동이나 환율변동으로 위와 같은 품목 등의 가격이 급격하게 하락하면, 세금을 재원으로 하는 공공계약의 특성상 국가나 공공기관의 예산이 불필요하게 과다 집행될 수 있다.

물가변동이나 환율변동으로 인해 계약을 통해서 달성하고자 하는 목적이 좌절되거나 더 큰 사회적 비용이 들지 않도록 하고 적정 예산이 집행되도록 하려는 공익적 목적을 달성하기 위하여 계약담당공무원에게 계약 체결 후 일정 기간이 지난 시점에서 계약금액을 구성하는 각종 품목 등의 가격 변동을 반영하여 계약금액을 조정하는 의무를 부과하는 규정이 도입된 것이다.

공공계약을 체결할 당시에 약정으로 물가변동이나 환율변동으로 인한 위험을 미리 배분하는 것이 효율적인 경우도 있을 수 있다. 그러나 국가계약법 제19조는 그러한 약정을 허용하는 것보다 조정을 강제하는 것이 바람직하다는 입법적 선택을 한 것이다. 이러한 입법이 헌법에 반한다거나 감당할 수 없이 부당한 극히 예외적인 상황이 아니라면 국가와 그 상대방은 이에 따라야 한다.

이 규정에 따른 계약금액 조정은 '물가의 변동이나 환율변동으로 인하여 계약금액을 조정할 필요가 있을 때'라는 법률요건을 충족한 경우에 한하여 적용되고 그 요건에 관해서는 법률의 위임에 따라 시행령과 시행규칙에서 구체적으로 명확하게 규정하고 있다. 따라서 위 요건의 해석·적용과 시행령과 시행규칙에 있는 세부적인 규율을 통하여 계약금액 조정을 둘러싼 부당한 결과를 회피할 수 있는 장치가 마련되어 있다.

이러한 규정은 공공계약에 대하여 사적 자치와 계약 자유의 원칙을 제한하는 것으로서 강행규정 또는 효력규정에 해당한다. 따라서 공공계약의 당사자인 국가와 그 상대방은 공공계약 체결 이후 물가변동이나 환율변동에 따른 손실의 위험을 공정하고 형평에 맞게 배분하기 위하여 계약금액을 조정하여야 하고, 이를 배제하는 약정은 효력이 없다고 보아야 한다.

이러한 결론은 다음에서 보듯이 법규정의 문언에서 명백하게 드러나 있다고 볼 수 있을 뿐만 아니라, 공공계약과 국가계약법의 성격, 입법 경위에서 알 수 있는 입법자의 의사, 법규정의 체계와 목적 등에 비추어 보아도 타당하다.

(이하 생략)

질문

(1) 국가계약법에서 정한 '물가의 변동으로 인한 계약금액 조정' 규정에 관하여 다수의견과 반대의견의 차이는 어디에 있는가? 대법원 판결의 원문에 있는 사실관계에 대해 어떻게 판단하고 있는가?

(2) 대판 2018. 10. 12. 2015다256794는 대가지급지연에 대한 이자에 관한 국가계약법 제15조와 같은 법 시행령 제59조가 모든 공공계약에 적용되는 효력규정이라고 판단하고 있다. 위 판결과 모순되는 것은 아닌가?

제4장 사회질서 위반

I. 서 설

1. 제103조는 "반사회질서의 법률행위"라는 제목으로 "선량한 풍속 기타 사회질서에 위반한 사항을 내용으로 하는 법률행위는 무효로 한다."라고 정하고 있다. 이는 반사회적 법률행위나 사회질서 또는 공서양속 위반이라고도 한다.[1]

민법은 사적 자치의 원칙을 기초로 한다. 그러나 법률행위가 사회 일반의 질서를 위반하는 경우에 그 효력을 부정할 필요가 있다. 법률에서 법률행위에 효력을 부여할 수 없는 경우를 미리 일일이 정하는 것은 불가능하다. 그리하여 개별적인 강행규정 이외에 제103조에서 일반적이고도 포괄적인 규정을 두어 법률행위의 내용이 선량한 풍속 기타 사회질서를 위반하는 경우에 이를 무효로 할 수 있도록 한 것이다.

2. 강행법규 위반과 사회질서 위반이 어떠한 관계에 있는지 문제된다. 법률행위의 유효요건에서 적법성適法性과 사회적 타당성社會的 妥當性을 별개의 요건으로 보았다.[2] 법률행위가 적법하다는 것은 강행법규에 위반하지 않는다는 것을 의미하고, 법률행위의 사회적 타당성은 법률행위가 민법 제103조가 정하

---

1) 이를 법률행위 목적의 사회적 타당성으로 다룬다. 선량한 풍속 기타 사회질서에 위반하는 것은 사회적으로 보아 타당성을 잃은 것이라는 의미이다.

2) 곽윤직·김재형, 민법총칙, 260면; 김증한·김학동, 민법총칙, 227, 234면; 백태승, 민법총칙, 174면; 이은영, 민법총칙, 361면; 민법주해[II], 256면(박영식 집필); 주석민법[총칙(2)], 502면.

고 있는 "선량한 풍속 기타 사회질서"에 반하지 않아야 한다는 것이다. 판례도 마찬가지이다.[3] 법률에 반하는 계약이 사회질서 위반에 해당하는 경우도 있지만, 항상 그러한 것은 아니다. 민법 제103조의 사회질서는 공서公序라는 좁은 의미로 파악되었는데, 강행규정을 모두 포섭하는 것은 무리이다.

Ⅱ. 사회질서의 의의

제103조에서 선량한 풍속은 사회의 일반적 도덕·윤리관념을 말하고, 사회질서는 국가·사회의 공공적 질서 또는 일반적 이익이라고 할 수 있다. 이 두 개념은 불확정개념으로서 매우 포괄적인 의미를 갖는다. 그리하여 이 조항을 일반조항 또는 제왕조항이라고 한다. 법관은 구체적인 사안에서 이성적이며 공정·타당한 것에 대한 국민 총체의 건전한 관념에 따라 사회질서 위반 여부를 결정하여야 한다. 이를 통하여 법관은 사법의 영역에서 법의 이념과 헌법적 가치를 구현한다.[4]

선량한 풍속과 사회질서가 어떠한 관계에 있는지 논란이 있다. 제103조의 문언을 보면 선량한 풍속을 사회질서의 일종으로 들고 있다. 따라서 사회질서가 상위개념이라고 볼 수 있다.[5] 이에 대해서는 선량한 풍속과 사회질서를 병존하는 것으로 보아야 한다는 견해가 있다.[6]

헌법상의 기본권이 사법에 어떠한 영향을 미치는지 문제된다. 헌법상의

---

3) 이에 반하여 법률행위의 적법성과 사회적 타당성을 통일적으로 이해하려는 견해가 있다. 즉, 강행법규는 "법령 중의 선량한 풍속 기타 사회질서에 관계 있는 규정"이므로, 강행규정은 바로 선량한 풍속 기타 사회질서의 한 구체적 표현이라고 한다. 이영준, 민법총칙, 181면.

4) 대판(전) 2005. 7. 21, 2002다1178은 성년 여성도 종중의 구성원이 된다고 한 판결인데, 별개의견은 다수의견과 달리 이 문제를 제103조로 해결하여야 한다고 하였다. 즉, "우리 민법 제103조는 선량한 풍속 기타 사회질서에 위반한 사항을 내용으로 하는 법률행위는 무효로 한다고 규정하고 있는데, 그 당연한 이치로서 사적 자치의 적용을 받는 단체라 하더라도 선량한 풍속 기타 사회질서에 반하는 행위로 타인에게 손해를 끼쳐서는 안 되는 것이므로, 이러한 법리에 비추어 보면, 어떤 단체가 그 단체에 대하여 중대하거나 본질적인 이해관계를 가지는 개인이 가입을 원하는 경우 합리적이고 정당한 이유 없이 가입을 거부함으로써 그 개인을 차별적으로 대우하거나 부당한 불이익을 주어서는 안 되는 것이다."라고 하였다.

5) 곽윤직·김재형, 민법총칙, 282면.

6) 이영준, 민법총칙, 202면.

기본권은 제 1 차적으로 개인의 자유로운 영역을 공권력의 침해로부터 보호하기 위한 방어적 권리이지만 다른 한편으로 헌법의 기본적인 결단인 객관적인 가치질서를 구체화한 것이다. 따라서 사법을 포함한 모든 법영역에 그 영향을 미치므로 사인간의 사적인 법률관계도 헌법상의 기본권 규정에 적합하게 규율되어야 한다. 다만 기본권 규정은 그 성질상 사법관계에 직접 적용될 수 있는 예외적인 것을 제외하고는 사법상의 일반원칙을 규정한 제 2 조, 제103조, 제750조, 제751조 등의 내용을 형성하고 그 해석기준이 되어 간접적으로 사법관계에 효력을 미치게 된다. 종교의 자유라는 기본권의 침해와 관련한 불법행위의 성립 여부도 위와 같은 일반규정을 통하여 사법상으로 보호되는 종교에 관한 인격적 법익침해 등의 형태로 구체화되어 논하여져야 한다.[7]

Ⅲ. 사회질서 위반의 판단과 그 유형

제103조에 의하여 무효로 되는 반사회질서행위는 법률행위의 목적인 권리의무의 내용이 선량한 풍속 기타 사회질서에 위반되는 경우뿐만 아니라 그 내용 자체는 반사회질서적인 것이 아니라고 하여도 법률적으로 이를 강제하거나 법률행위에 반사회질서적인 조건 또는 금전적 대가가 결부됨으로써 반사회질서적 성질을 띠게 되는 경우 및 표시되거나 상대방에게 알려진 법률행위의 동기가 반사회질서적인 경우를 포함한다.[8]

사회질서에 반하는 법률행위의 모습이 다양하다. 실제 사안에서 어떠한 경우에 사회질서 위반에 해당하는지 쉽게 판단하기 어렵다. 사회질서 위반의 모습을 유형별로 분류할 필요가 있는데, 이에는 여러 가지 방식이 있다. 여기에서는 통설이 분류하는 방식을 간략하게 살펴보고자 한다. 다만 사회질서 위반에 해당하는 사례는 여기에 나열한 유형에 한정되지 않고, 그 밖에도 다양한 형태가 있을 수 있음은 물론이다.

---

7) 대판(전) 2010. 4. 22, 2008다38288; 대판 2011. 1. 27, 2009다19864.
8) 대판 1994. 3. 11, 93다40522.

1. 정의 관념에 반하는 행위

범죄 그 밖의 부정행위를 권하거나 이에 가담하는 계약은 무효이다. 범죄 행위를 내용으로 하거나 그것을 유발 또는 조장하는 계약도 마찬가지이다. 그 대표적인 유형으로 부동산의 이중양도를 든다. 부동산 소유자 A가 B에게 매도한 후에 다시 이를 C에게 매도한 경우에 C가 A에게 이중매매를 적극 권유한 경우에 이중매매행위는 반사회적 행위로서 무효이다.[9] 소유자의 그러한 제 2 의 소유권양도의무를 발생시키는 원인이 되는 매매 등의 계약이 소유자의 위와 같은 의무위반행위를 유발시키는 계기가 된다는 것만을 이유로 이를 공서양속에 반하여 무효라고 할 수는 없다. 그것이 공서양속에 반한다고 하려면, 다른 특별한 사정이 없는 한 상대방에게도 그러한 무효의 제재, 보다 실질적으로 말하면 나아가 그가 의도한 권리취득 자체의 좌절을 정당화할 만한 책임귀속사유가 있어야 한다.[10]

또한 대가를 주고서 나쁜 일을 하지 않게 하는 계약도 사회관념상 당연한 일이 어떤 대가와 결합함으로써 정의 관념에 반하게 되는 경우에 무효가 될 수 있다. 그러나 정당한 행위에 대하여 금전을 지급하기로 하는 것이 무조건 사회질서 위반에 해당하는 것은 아니다. 그 대가가 정당한 범위 내인지에 따라 반사회성을 판단해야 한다.

2. 윤리적 질서에 반하는 행위

혼인 그 밖의 가족질서에 반하는 계약이 이에 해당한다. 가령 첩계약 등 일부일처제를 해치는 계약을 들 수 있다.[11] 부모와 자녀가 동거하지 않기로 하

---

9) 대판 1969. 11. 25, 66다1565; 대판 1970. 10. 23, 70다2038.

10) 대판 2013. 10. 11, 2013다52622. 이 판결은 제 2 의 양도채권자에게 그와 같은 사유가 있는지를 판단함에 있어서는, 그가 당해 계약의 성립과 내용에 어떠한 방식으로 관여하였는지(소유자의 배임행위에 적극 가담하였는지)를 일차적으로 고려할 것이고, 나아가 계약에 이른 경위, 약정된 대가 등 계약내용의 상당성 또는 특수성, 그와 소유자의 인적 관계 또는 종전의 거래상태, 부동산의 종류 및 용도, 제 1 양도채권자의 점유 여부 및 그 기간의 장단과 같은 이용현황, 관련 법규정의 취지·내용 등과 같이 법률행위가 공서양속에 반하는지 여부의 판단에서 일반적으로 참작되는 제반 사정을 여기서도 종합적으로 살펴보아야 한다고 한다.

11) 대판 1960. 9. 29, 4293민상302; 대판 1967. 10. 6, 67다114.

는 계약도 무효이다. 그러나 첩의 자녀에게 양육비를 지급하기로 하는 약정은 유효하다.[12]

3. 개인의 자유를 매우 심하게 제한하는 행위

이에 해당하는 것으로는 인신매매, 경업금지약정, 경제적으로 우월적 지위를 이용하여 업무수행이나 활동의 자유를 불합리하게 제약하는 계약을 들 수 있다. 판례는 당사자의 일방이 그의 독점적 지위 내지 우월한 지위를 악용하여 자기는 부당한 이득을 얻고 상대방에게는 과도한 반대급부 또는 그 밖에 부당한 부담을 지우는 법률행위는 반사회적인 것으로서 무효라고 한다.[13]

4. 생존의 기초가 되는 재산의 처분행위

개인이나 단체가 그 생존이나 존립에 필요불가결한 재산을 처분하는 행위는 무효이다. 자신의 모든 수입을 양도하기로 하는 계약은 무효이다. 판례는 사찰이 그 존립에 필수 불가결한 재산인 임야를 증여하는 행위는 반사회적 행위로서 무효라고 하였다.[14]

5. 지나치게 사행적인 행위

도박계약이 이에 해당한다. 다만 주택복권, 경마 등은 법률에서 이를 적법한 것으로 허용하고 있다.

한편 도박자금을 빌리는 행위, 도박빛을 갚으려고 부동산을 양도하는 계약 등도 반사회적 행위로서 무효라고 하고 있다. 이들은 법률행위의 동기가 반사회적인 것이어서 무효인 경우에 해당한다. 이에 관해서는 동기의 불법으로 다루어지고 있다.[15] 다수설은 동기가 표시된 때에 한하여 그 표시된 동기는 법률행위의 내용을 이루고, 반사회성을 결정하는 표준이 된다. 이에 반하여 소수설은 동기가 사회질서에 반하는 경우에, 그 동기가 표시된 때는 물론이고, 표시되지 않더라도 상대방이 그 동기를 알고 있거나 알 수 있었을 때에도 역시

---

12) 대판 1980. 6. 24, 80다458.
13) 대판 1996. 4. 26, 94다34432.
14) 대판 1970. 3. 31, 69다2293.
15) 곽윤직·김재형, 민법총칙, 287면.

동기의 불법으로 법률행위는 무효가 된다고 한다. 판례[16]는 법률행위의 동기가 표시되거나 상대방에게 알려진 경우에 사회질서 위반에 해당한다고 한다.

Ⅳ. 사회질서 위반의 효과

선량한 풍속 기타 사회질서에 반하는 법률행위는 무효이다. 이 경우에는 선의의 제3자를 보호하는 규정이 없기 때문에, 절대적 무효이다. 사회질서에 반하는 계약을 이행하기 전에는 계약에 따른 채무를 이행할 필요가 없다.

그러나 제103조 위반의 법률행위를 한 경우에 이를 이행한 다음에는 불법원인급여에 해당하여 그 반환을 청구할 수 없다(제746조 본문). 어느 급여가 불법원인급여에 해당되고 급여자에게 불법원인이 있는 경우에는 수익자에게 불법원인이 있는지 여부나 그 수익자의 불법원인의 정도나 불법성이 급여자의 그것보다 큰지를 막론하고 급여자는 그 불법원인급여의 반환을 청구할 수 없는 것이 원칙이다. 그러나 수익자의 불법성이 급여자의 그것보다 현저히 크고 그에 비하면 급여자의 불법성은 미약한 경우에도 급여자의 반환청구가 허용되지 않는다고 하는 것은 공평에 반하고 신의성실의 원칙에도 어긋난다. 이러한 경우에는 민법 제746조 본문의 적용이 배제되어 급여자의 반환청구는 허용된다.[17]

[판결 1] 이른바 씨받이 계약의 효력: 대구지법 1991. 9. 17, 91가합8269

원고는, 그녀가 19세가 되던 해인 1985. 11. 초순경 당시 45세의 나이로 본처와의 사이에 딸만 셋을 두고 아들을 낳아줄 처녀를 찾고 있다는 피고를 소개받고 피고와의 사이에, 원고가 그의 아들을 낳아주면 피고는 원고에게 20평짜리 아파트 1채와 금 100,000,000원을 지급해 주기로 약정하고 동거생활을 시작하여, 그 후 1986. 9. 27. 원고가 현재 피고의 본처가 낳은 아들로 호적에 기재되어 있는 소외인을 낳아 주었음에도, 피고는 위 약정상의 채무를 이행하지 아니하고 있으므로 위 약정불이행으로 인한 손해금 중 일부 청구로서 금 50,000,000원의 지급을 구한다고 주장한다.

그러므로 살피건대, 법률상 처가 있는 남자가 다른 여자와 맺은 원고 주장

16) 대판 1992. 11. 27, 92다7719; 대판 1994. 3. 11, 93다40522.
17) 대판 1993. 12. 10, 93다12947; 대판(전) 2007. 2. 15, 2004다50426.

과 같은 이른바 씨받이 계약은 공서양속에 반하는 법률행위로서 무효라 할 것이다. 따라서 원고의 이 사건 청구는 그 주장 자체로 이유 없으므로 이를 기각하기로 하여 주문과 같이 판결한다.

질문

(1) 이 사건에서 계약이 무효인 이유는 무엇인가?
(2) 공서양속은 어떻게 판단하는가?
(3) 이 판결의 결론이 원고에게 부당한 결과를 초래하는 것은 아닌가?
(4) 원고가 일부청구를 하는 이유는 무엇일까? 일부청구에 관하여 알아보시오.

[판결 2] 법정증언을 조건으로 대가를 지급하기로 한 약정의 효력: 1994. 3. 11.
선고 93다40522

1. 원심판결 이유에 의하면, 원심은 거시증거에 의하여 소외 수산업협동조합 중앙회(이하 수협 중앙회라고 한다)는 소외 A 소유였던 이 사건 부동산을 경락받은 다음 1976. 8. 20.경 이를 일반에게 입찰매각하였는데, 소외 망 B가 이에 직접 응찰하지 못하는 사정이 있어 그 대신 피고의 남편인 소외 1에게 동인 명의로 응찰하여 줄 것을 부탁하고 동인 명의로 낙찰되면 위 망 B가 그 대금을 완납하되 소유권이전등기는 소외 1 앞으로 경료하여 두기로 한 사실, 소외 1은 이를 수락하고서 위 입찰에 응하였으나 막상 응찰에 이르러서는 그 응찰 명의인을 그의 아내인 피고 명의로 함으로써 피고 명의로 낙찰이 이루어지고 같은 달 25. 수협 중앙회와 피고 명의로 이 사건 부동산을 금 2,950,000원에 매수하기로 하는 계약을 체결한 사실, 위 망 B는 위 계약에 따라 1977. 2. 25. 및 같은 해 8. 24. 위 수협 중앙회에 위 매매대금을 완납한 사실, 한편 소외 1은 1982. 7. 16. 이 사건 부동산에 관하여 피고 명의로 소유권이전등기를 경료한 사실을 인정하여, 피고는 소외 1로부터 명의수탁자의 지위를 양수한 자이므로 원고들에게 특별한 사정이 없는 한 이 사건 명의신탁해지를 원인으로 하는 소유권이전등기를 경료하여 줄 의무가 있다고 판단한 다음, 거시증거에 의하여 위 망 B는 1976. 8. 26. 수협 중앙회가 공매하는 전주시 인후동 1가 523의 8 전 3,034평을 매수함에 있어 소외 C로 하여금 그의 이름으로 낙찰받게 하였던바, 위 C가 명의수탁사실을 부인하자 위 C를 배임죄로 고소하는 한편 1977. 9. 경 전주지방법원 77가합259호로 수협 중앙회와 위 C를 피고로 한 소유권이전등기소송을 제기함에 있어서 위와 같은 사정을 잘 알고 있는 소외 1이 형사사건에서 참고인 및

증인으로 진술 및 증언을 해 주어야만 위 C로부터 위 토지를 찾게 될 것으로 생각하고 1978. 1. 4. 소외 1과 사이에 소외 1이 피고 명의로 이 사건 부동산을 낙찰받은 공로와 형사사건에서 위 망 B를 위하여 진술하는 등 재산을 찾음에 협력하는 대가로 피고에게 이 사건 부동산의 5/12 지분을 양도하기로 약정한 사실을 인정하고, 이어 위 양도약정은 소외 1이 소송에서 사실대로 증언할 것을 조건으로 하여 체결한 것이므로 반사회질서의 행위로서 무효라는 원고들의 주장에 대하여, 사실대로 증언함을 조건으로 대가를 지급하는 행위가 무효임은 원고들 주장과 같으나 위 양도약정은 앞서 본 바와 같이 위 망 B가 위 C를 상대로 제기한 형사고소사건에서 소외 1이 위 망 B를 위하여 참고인 및 증인으로 진술함으로써 재산을 찾는 데 협력을 해 주는 대가로 체결한 것이지 소외 1이 소송에서 사실대로 증언할 것을 조건으로 한 것으로 보기는 어렵다는 이유로 원고들의 위 주장을 배척하였다.

2. 민법 제103조에 의하여 무효로 되는 반사회질서행위는 법률행위의 목적인 권리의무의 내용이 선량한 풍속 기타 사회질서에 위반되는 경우뿐만 아니라 그 내용 자체는 반사회질서적인 것이 아니라고 하여도 법률적으로 이를 강제하거나 법률행위에 반사회질서적인 조건 또는 금전적 대가가 결부됨으로써 반사회질서적 성질을 띠게 되는 경우 및 표시되거나 상대방에게 알려진 법률행위의 동기가 반사회질서적인 경우를 포함하는 것이다(당원 1992. 11. 27. 선고 92다7719 판결; 1984. 12. 11. 선고 84다카1402 판결 등 참조).

그런데 어떠한 사실을 알고 있는 사람과의 사이에 소송에서 사실대로 증언하여 줄 것을 조건으로 어떠한 급부를 할 것을 약정한 경우, 증인은 법률에 의하여 증언거부권이 인정되지 않는 한 진실을 진술할 의무가 있는 것이고, 이러한 당연한 의무의 이행을 조건으로 상당한 정도의 급부를 받기로 하는 약정은 증인에게 부당하게 이익을 부여하는 것이라고 할 것이고, 그러한 급부의 내용이 통상적으로 용인될 수 있는 수준(예컨대 증인에게 일당 및 여비가 지급되기는 하지만 증인이 증언을 위하여 법원에 출석함으로써 입게 되는 손해에는 미치지 못하는 경우 그러한 손해를 전보하여 주는 경우 정도)을 넘어서, 어느 당사자가 그 증언이 필요함을 기화로 증언하여 주는 대가로 용인될 수 있는 정도를 초과하는 급부를 제공받기로 한 약정은 앞서 본 바와 같은 반사회질서적인 금전적 대가가 결부된 경우로 그러한 약정은 민법 제103조 소정의 반사회질서행위에 해당하여 무효로 된다고 보아야 할 것이다.

3. 원심도 사실대로 증언함을 조건으로 대가를 지급하는 행위가 무효라고 판시하여 위 법리를 따르고 있다.

그러나 원심은 위 망 B와 소외 1 사이의 이 사건 부동산의 5/12 지분에 관한 양도약정이 소외 1이 소송에서 사실대로 증언할 것을 조건으로 하는 것이 아니라, 위 망 B가 위 C를 상대로 제기한 형사고소사건에서 소외 1이 위 망 B를 위하여 참고인 및 증인으로 진술함으로써 재산을 찾는데 협력하여 주는 대가로 체결한 것이므로 반사회질서에 해당되지 않는다고 판시하였는바, 원심의 이와 같은 판단은 받아들일 수 없다.

즉, 이 사건 기록에 위하면, 위 망 B가 위 C를 상대로 하여 배임죄로 고소한 것은 결국 위 C에게 명의신탁하여 두었다는 위 토지를 찾아오기 위한 것이었고, 위 망 B와 위 C와의 사실관계를 잘 알고 있는 소외 1이 위 고소사건의 수사기관이나 법원에서 참고인이나 증언으로 진술하여야 위 C가 배임죄 등으로 기소되고 유죄의 판결을 선고받게 되며, 그렇게 되어야 위 망 B가 위 C 등을 상대로 제기한 위 전주지방법원의 민사사건에서 유리한 판결을 선고받을 수 있는 것으로(또한 필요에 따라서는 소외 1이 위 민사사건에서도 증언을 할 수 있을 것이다) 생각하고 있던 위 망 B로서는 위 토지를 찾기 위하여 소외 1의 진술이 필요하다고 판단하여 이 사건 토지의 5/12 지분을 양도하면서까지 소외 1에게 진술을 요구하였고, 그리하여 위와 같은 양도약정의 의사표시가 기재된 각서(을 제 2 호증)에도 위 민사사건에서 승소판결이 확정될 것을 조건으로 하였던 사정을 알 수 있는바, 위와 같은 양도약정이 위 토지를 찾는 데 소외 1이 협력하여 주는 대가로 이루어졌다고 표현될 수도 있지만, 그 실질은 위 망 B가 위 C를 상대로 제기한 고소사건의 수사기관과 기소된 후의 법원에서 참고인 및 증인으로 진술을 하며, 필요한 경우 위 망 B가 위 C 등을 상대로 제기한 위 민사사건에서도 증언을 할 것을 조건으로 하는 약정과 다름이 없다고 할 것이다.

그런데 위 약정에 의하여 양도하기로 한 급부의 내용은 이 사건 부동산의 5/12 지분이므로, 그러한 급부의 내용은 통상적으로 용인될 수 있는 수준으로는 도저히 볼 수 없고, 따라서 위 망 B와 소외 1 사이의 위 양도약정은 증언하여 주는 대가로 용인될 수 있는 범위를 넘어선 정도의 급부를 제공받기로 한 약정으로서 민법 제103조 소정의 반사회질서행위에 해당하여 무효로 된다고 보아야 할 것이다.

한편 원심은 소외 1이 이 사건 부동산을 낙찰받은 공로도 위 망 B가 소외 1에게 이 사건 부동산의 5/12 지분을 양도한 동기의 하나로 들고 있으나, 이 사건 기록을 살펴보면, 위 망 B가 위 양도약정을 한 1978. 1. 4. 은 위 C를 상대로 한 고소사건에서 소외 1의 진술이 필요하였던 시기이었고, 또한 양도약정도 위 C 등을 상대로 한 민사사건에서 승소할 것을 조건으로 하고 있는 점 등에 비추어 보면, 설사 소외 1이 이 사건 부동산을 낙찰받은 공로도 위 양도약정의 한 동기가 되었다고 하더라도 이러한 사유는 부수적이고 명목적인 것에 불과하고, 그 실질은 앞서 본 바와 같이 소외 1이 참고인 및 증인으로서 진술하여 줄 것을 조건으로 하는 것이므로, 위 양도약정에 위와 같은 부수적인 사유가 있다고 하더라도, 위 양도약정은 증언을 하여 줄 것을 주된 조건으로 통상의 범위를 넘어선 급부를 제공할 것을 약정한 것으로서 반사회질서행위에 해당함에는 영향이 없다고 할 것이다.

따라서 원심판결에는 채증법칙 및 경험칙을 위반하여 위 양도약정을 잘못 해석하고 반사회질서행위에 관한 법리를 오해한 위법이 있다고 할 것이고, 이를 지적하는 논지는 이유 있다.

질문

(1) 이 사건의 사실관계와 쟁점을 요약하고, 원심과 대법원은 어떻게 사안을 파악하고 있는지 설명하시오.

(2) 소송에서 사실대로 증언하여 줄 것을 조건으로 어떠한 급부를 할 것을 약정한 경우에 그 약정은 효력이 있는가?

(3) 허위 증언을 요청하면서 그 대가를 지급하기로 약정한 경우에는 어떠한가?

[판결 3] 다수의 보험계약 체결: 대판 2017. 4. 7, 2014다234827

상고이유를 판단한다.

1. 보험계약자가 다수의 보험계약을 통하여 보험금을 부정취득할 목적으로 보험계약을 체결한 경우 보험계약은 민법 제103조의 선량한 풍속 기타 사회질서에 반하여 무효이다. 이러한 보험계약에 따라 보험금을 지급하게 하는 것은 보험계약을 악용하여 부정한 이득을 얻고자 하는 사행심을 조장함으로써 사회적 상당성을 일탈하게 될 뿐만 아니라, 합리적인 위험의 분산이라는 보험제도의 목적을 해치고 위험 발생의 우발성을 파괴하며 다수의 선량한 보험가입자들의 희생을 초래하여 보험제도의 근간을 무너뜨리기 때문이다. 그리고 보험계약자가 보험금을 부정취득할 목적으로 다수의 보험계약을 체결하였는지를 직접적으로 인정할 증거가 없더라도 보험계약자의 직업과 재산상태, 다수 보험계약의 체결 시기와 경위, 보험계약의 규모와 성질, 보험계약 체결 후의 정황 등 제반 사정에 기하여 그와 같은 목적을 추인할 수 있다(대법원 2009. 5. 28. 선고 2009다12115 판결 등 참조).

특히 보험계약자가 자신의 수입 등 경제적 사정에 비추어 부담하기 어려울 정도로 고액인 보험료를 정기적으로 불입하여야 하는 과다한 보험계약을 체결하였다는 사정, 단기간에 다수의 보험에 가입할 합리적인 이유가 없는데도 집중적으로 다수의 보험에 가입하였다는 사정, 보험모집인의 권유에 의한 가입 등 통상적인 보험계약 체결 경위와는 달리 적극적으로 자의에 의하여 과다한 보험계약을 체결하였다는 사정, 저축적 성격의 보험이 아닌 보장적 성격이 강한 보험에 다수 가입하여 수입의 많은 부분을 그 보험료로 납부하였다는 사정, 보험계약 시 동종의 다른 보험 가입사실의 존재와 자기의 직업·수입 등에 관하여 허위의 사실을 고지하였다는 사정 또는 다수의 보험계약 체결 후 얼마 지나지 아니한 시기에 보험사고 발생을 원인으로 집중적으로 보험금을 청구하여 수령하였다는 사정 등의 간접사실이 인정된다면 이는 보험금 부정취득의 목적을 추인할 수 있는 유력한 자료가 된다(대법원 2014. 4. 30. 선고 2013다69170 판결, 대법원 2015. 2. 12. 선고 2014다73237 판결 등 참조).

한편 보험계약을 체결하면서 중요한 사항에 관한 보험계약자의 고지의무 위반이 사기에 해당하는 경우에는 보험자는 상법의 규정에 의하여 계약을 해지할 수 있음은 물론 보험계약에서 정한 취소권 규정이나 민법의 일반원칙에 따라 보험계약을 취소할 수 있다(대법원 1991. 12. 27. 선고 91다1165 판결 참조). 따라서 보험금을 부정취득할 목적으로 다수의 보험계약이 체결된 경우에 민법 제103조 위반으로 인한 보험계약의 무효와 고지의무 위반을 이유로 한 보험계약의 해지나 취소는 그 요건이나 효과가 다르지만, 개별적인 사안에서 각각의 요건을 모두 충족한다면 위와 같은 구제수단이 병존적으로 인정되고, 이 경우 보험자는 보험계약의 무효, 해지 또는 취소를 선택적으로 주장할 수 있다.

2. 원심은, 이 사건 보험계약이 아래와 같이 보험계약자의 직업과 재산상태, 다수 보험계약의 체결 경위, 보험계약의 규모, 보험계약 체결 후의 정황 등의 제반 사정에 비추어 보험금 부정취득의 목적에서 이루어진 것으로 충분히 추인할 수 있고, 합리적인 위험의 분산이라는 보험제도의 목적을 해치고 위험발생의 우발성을 파괴하며 다수의 선량한 보험가입자들의 희생을 초래하여 보험제도의 근간을 해치는 것으로서, 민법 제103조에서 정한 선량한 풍속 기타 사회질서에 반하여 무효라고 판단하였다.

가. 피고들은 이 사건 보험계약 체결 무렵 사실상 혼인관계로서 경제적 공동체를 이루고 있었는데, 2005년경부터 2010년경까지 약 6년 사이에 부부가 각자 12건씩 유사한 보험을 중복적으로 가입하였다. 이 사건 보험계약이 체결된 2008. 12. 31. 당시 피고들을 피보험자로 하여 가입된 보험의 월 보험료는 합계

1,229,740원이고 연간 납부할 보험료는 14,756,880원인 반면, 피고들의 2008년 수입금액은 합계 16,353,155원이고 소득세 납부금액은 0원이다.

　나. 피고 1의 2005년부터 2010년까지 연평균 수입액수는 11,280,530원이고 피고들의 연평균 수입액수는 합계 18,021,391원이며, 위 기간 중 피고 1의 연평균 소득세 납부금액은 57,005원, 피고들의 연평균 소득세 납부금액은 합계 약 88,477원이다.

　다. 피고들은 2010년을 기준으로 한 보험료 부담이 연간 합계 20,046,480원에 이르렀는데, 위 금액은 피고들의 2010년 수입액수 26,362,262원의 약 76%에 해당한다.

　라. 이 사건 보험계약은 월 보험료 중 73.3%(= 47,650원 ÷ 65,000원 × 100)가 보장 부분으로서 저축으로서의 가치는 별로 없으며 수입이 적거나 일정하지 않은 경우에는 가계경제의 운영에 부담이 되기 쉽다. 반면 피고들이 가입한 각 보험계약은 모두 입원일당 보험(입원한 일수에 따라 정해진 금액을 지급하는 보험을 말한다) 또는 그와 유사한 내용을 담보하는 보험으로서 중복가입의 필요성이 적고, 피고 1의 경우 이 사건 보험계약이 체결된 2008. 12. 31.경에는 특별히 상해의 위험이 높은 직업을 가지고 있지도 않았다.

　마. 피고 1은 이 사건 보험계약 체결 당시 직업과 병력 등을 허위로 고지하였다.

　바. 피고 1은 2006. 6.경부터 약 6년 동안 각종 보험사고를 이유로 총 74회에 걸쳐 합계 53,335,860원의 보험금을 수령하였다. 위 피고의 특전사 근무기간인 2007년 말 이후에 이루어진 입원치료의 내역은 염좌·긴장 등 주관적인 증상에 의존하여 진단되고 입원치료의 필요성이 의문시되는 병명에 의한 것이 다수 존재하며, 위 피고는 직장이나 주거와 무관한 군산지역에서 여러 차례 입원치료를 받았다.

　3. 원심의 판단은 위 법리에 따른 것으로 정당하고, 상고이유 주장과 같이 논리와 경험의 법칙에 반하여 자유심증주의의 한계를 벗어나거나 민법 제103조에 관한 법리를 오해한 잘못이 없다.

질문

(1) 이 판결에서 '보험제도의 근간'이라고 기재되어 있는 내용은 충분히 설득력이 있는가?

(2) 이 판결에서 이 사건 보험계약이 제103조에 따라 무효라고 하는 판단을 뒷받침하는 개별적 사정들과 보다 일반적인 판단 기준 사이의 연관은 어

떠한가?

(3) 민법 또는 상법의 규정에 의하여 보험계약을 해지하거나 취소할 수 있는 사유에는 어떠한 것이 있는가? 이들 사유와 별개로 제103조에 의한 무효를 인정할 실제적인 필요는 무엇인가?

[판결 4] 부동산의 이중양도 (1): 대판 1970. 10. 23, 70다2038

　1. 기록에 의하여 원판결이 채택한 각 증거들의 내용을 자세히 검토하여 보아도 그 판결이 소론 전단에 적시한 바와 같은 이유설시로서 그가 채택한 증거들에 의하여 계쟁대지 235평이 망 소외 1이 그 소유명의자 소외 A로부터 매수 소유하면서 그로 인한 이전등기를 경료치 못하고 있던 것인바, 밀양읍이 1959. 7. 10. 소외 1로부터 매수하여 그 지상에 금 945만원을 투입하여 건평 112평의 공회당을 신축한 이래 그 공회당 부지로서 점유 사용하였으며 공회당 건물에 대하여는 1961. 11. 1.자로 지방자치에 관한 임시조치법 제 2 조 제 8 조에 의거하여 피고명의에 소유권보존등기를 마쳤으나 위 대지에 대한 소유권이전등기절차는 경료치 못하고 있는 실정이었다는 사실, 소외 3은 밀양읍에 거주하는 자로서 위 대지에 관한 위와 같은 매매관계, 밀양읍의 점유 사용실태 등을 잘 알고 있었음에도 불구하고 1967. 10월경 당시 그 대지가 아직 전기 소외 2 명의에 등기되어 있었음을 기화로 소외 2와 숙친한 소외 4를 사주하여 동인으로 하여금 인천시내에 거주중인 소외 2를 왕방하여 그에게 그 판시와 같은 방법으로 위 대지의 이중매매를 적극 권유케 하였던 사실 및 소외 3이 그 권유의 결과 소외 2로부터 그 대지의 이중매도에 관한 위임을 받고 그 매매에 관한 사무를 처리하게 된 소외 5를 통하여 1969년 초에 서울에서 위 대지를 금 20만원으로 매수하여 그의 형수인 원고명의에 소유권이전등기를 경료하기에 이르렀던 사실 등을 인정한 조치에 소론이 지적하는 바와 같은 채증법칙의 위배가 있었다고는 인정되지 않는 바이고(피고가 본건에서 소외 2, 1 등을 증인으로 신청한 사실이 없었고 또 소외 2에 대하여 형사고소를 한 사실이 없었으며 더욱이 민법부칙 제 10조 소정의 기한내에 위 대지에 대한 소유권이전등기절차를 경료치 못하고 있었던 것이라는 사실 등은 위와 같은 사실을 인정하는 데 방해가 되는 사유들이었다고는 할 수 없다) 또 그 사실인정에 관한 판시내용에 등기의 추정력에 관한 법리를 오해한 위법이 있었다고도 인정되지 않는 바이니(위 판시는 구민법 당시에 의 계쟁대지에 관한 실질적인 소유관계를 설시하였음이 뚜렷하다)그 판결에 위와 같은 위법들이 있었다고 논난하는 소론 제 1 점의 논지 이유없다.

　2. 그리고 원판결이 위와 같은 사실들을 인정함으로써 그 사실 중 소외 3

이 계쟁대지의 등기명의자였던 소외 2로부터 그 부지를 이중으로 매수하기에 이른 경위 사실에 관하여 그와 유사한 사실관계의 안건에 대한 당원판례의 견해(1969. 11. 25. 선고 68다1565 판결의 견해)에 따라 그 이중매수는 소외 3의 전술한 바와 같은 일련의 행위들이 소외 2의 배임행위에 적극 가담함으로써 이루어진 것이었다 하여 그 매매를 사회정의에 위반되는 반사회적 법률행위에 해당되는 것으로서 민법 제103조에 의하여 무효한 것이었다고 단정한 조치에도 소론이 지적하는 바와 같은 법리의 오해가 있었다고는 할 수 없다.

> **[판결 5] 부동산의 이중양도 (2): 대판 2013. 10. 11, 2013다52622**

  2. 이 사건 제2 매매계약의 반사회성에 관한 상고이유에 대하여

  어떠한 부동산에 관하여 소유자가 양도의 원인이 되는 매매 기타의 계약을 하여 일단 소유권 양도의 의무를 짐에도 다시 제3자에게 매도하는 등으로 같은 부동산에 관하여 소유권 양도의 의무를 이중으로 부담하고 나아가 그 의무의 이행으로, 그러나 제1의 양도채권자에 대한 양도의무에 반하여, 소유권의 이전에 관한 등기를 그 제3자 앞으로 경료함으로써 이를 처분한 경우에, 소유자의 그러한 제2의 소유권양도의무를 발생시키는 원인이 되는 매매 등의 계약이 소유자의 위와 같은 의무위반행위를 유발시키는 계기가 된다는 것만을 이유로 이를 공서양속에 반하여 무효라고 할 것이 아님은 물론이다. 그것이 공서양속에 반한다고 하려면, 다른 특별한 사정이 없는 한 상대방에게도 그러한 무효의 제재, 보다 실질적으로 말하면 나아가 그가 의도한 권리취득 자체의 좌절을 정당화할 만한 책임귀속사유가 있어야 한다. 제2의 양도채권자에게 그와 같은 사유가 있는지를 판단함에 있어서는, 그가 당해 계약의 성립과 내용에 어떠한 방식으로 관여하였는지(당원의 많은 재판례가 이 문제와 관련하여 제시한 '소유자의 배임행위에 적극 가담하였는지' 여부라는 기준은 대체로 이를 의미한다)를 일차적으로 고려할 것이고, 나아가 계약에 이른 경위, 약정된 대가 등 계약내용의 상당성 또는 특수성, 그와 소유자의 인적 관계 또는 종전의 거래상태, 부동산의 종류 및 용도, 제1 양도채권자의 점유 여부 및 그 기간의 장단과 같은 이용현황, 관련 법규정의 취지·내용 등과 같이 법률행위가 공서양속에 반하는지 여부의 판단에서 일반적으로 참작되는 제반 사정을 여기서도 종합적으로 살펴보아야 할 것이다(대법원 2009. 9. 10. 선고 2009다34481 판결 등 참조).

  기록을 살펴보면, 원심이 그 판시와 같은 이유로 이 사건 제2 매매계약이 공서양속에 반하여 무효라고 판단한 것은 위와 같은 법리에 비추어 정당하다. 거기에 상고이유의 주장과 같은 사실 오인 또는 법리 오해의 위법이 없다.

질문

(1) [판결 3] 및 [판결 4]의 쟁점을 설명하시오. 법원은 어떻게 판단하고 있는가?
(2) 부동산 이중양도의 경우에 법률관계를 설명하시오.
(3) 부동산 이중양도의 경우에 제 2 매매가 무효가 되기 위한 요건은 무엇인가?
(4) 부동산 이중양도가 무효인 경우에 제 1 매수인이 소유권을 취득하는 방법은?
(5) [판결 4]에서 인용하고 있는 대판 2009. 9. 10. 2009다34481도 읽어 보라. 대법원의 판단은 일관되지 아니한 것이 아닌가? 또는 어떻게 이해함으로써 그 판단은 역시 일관되었다고 볼 수 있는가?

논문

　사견으로서는 부동산의 이중양도에 있어서 제 1 양수인을 보호하는 방법으로서 제 2 양수인이 제 1 양수인의 양도인에 대한 채권을 침해한 데 대하여 불법행위의 성립을 인정하고, 그 효과로서 제 2 양수인에게 제 1 양수인에 대한 관계에 있어서 원상회복의무, 즉 부동산을 이중양도가 있기 전의 상태로 회복시킬 의무를 부담시키는 것이 가장 합리적인 해결책이 아닌가 여겨진다.

　제 3 자의 채권을 고의로 사회상규에 위반한 방법으로 침해하였을 때에는 불법행위가 성립할 수 있음은 오늘날 일반적으로 인정되고 있고 부동산의 이중양도 또한 이 범주에 포함시킬 수 있다. 판례가 판시하고 있는 것처럼 제 2 양수인이 양도인의 배임행위에 적극 가담한 경우에는 제 1 양수인에 대한 불법행위의 성립을 충분히 인정할 수 있는 것이다. 실제로 손해배상의 방법에 관하여 원상회복을 원칙으로 하고 있는 독일 민법에서는 이중매매(Doppelverkauf)가 독일 민법 제826조에 의한 불법행위의 문제로서 처리되고 있다. 위와 같이 부동산의 이중양도가 불법행위로서 인정될 경우 그 효과로서 제 2 양수인이 원상회복의무를 부담하게 한다면 앞에서 본 문제점은 모두 해결될 수 있다. 즉, 제 1 양수인은 직접 제 2 양수인에 대하여 목적물의 수탁을 청구할 수 있지만 그러한 청구권은 채권적인 것에 불과하므로 제 2 양수인으로부터의 전득자에 대하여는 그가 선의인 한 대항하지 못한다.[18]

---

18) 윤진수, "부동산의 이중양도와 원상회복," 민법논고 I, 2007, 329면.

[판결 6] 변호사가 위임받은 형사사건에서 이른바 성공보수약정의 유효 여부: 대판 (전) 2015. 7. 23, 2015다200111

[이   유]

상고이유를 판단한다.

1. 가. 형사사법은 국민의 기본적 인권의 보장과 국가형벌권의 공정한 실현을 그 이상으로 한다. 수사와 재판을 포함한 형사절차는 국민의 자유, 재산, 명예는 물론 사회의 안녕 및 질서 유지와 직결되어 법치주의의 근간을 이루기 때문에, 엄정하고 공정하게 운용되어야 할 뿐 아니라 그에 대한 국민의 신뢰를 확보하지 않으면 안 된다. 만약 국가형벌권의 행사를 둘러싸고 국민들 사이에 불신과 불만이 존재한다면 국민들의 준법의식과 정의 관념에 혼란을 가져오고 사법제도 전반에 대한 신뢰의 위기를 초래함으로써 국가기능에 중대한 장애를 초래할 수 있기 때문이다.

나. 공정한 형사절차가 실현되기 위해서는 범죄혐의를 받고 있는 피의자나 피고인에게 변명하고 자기방어를 할 수 있는 충분한 기회가 주어져야 한다. 우리 헌법은 신체의 자유를 제한하게 되는 체포·구속이나 처벌·보안처분에 관하여 적법절차와 영장주의 원칙에 따라 여러 절차적 권리를 보장하면서, 이를 실질적으로 구현하기 위한 중요한 수단으로서 변호인의 조력을 받을 권리를 명시하고 있다. 이처럼 그 조력을 받을 권리가 직접 헌법에 규정될 정도로 변호인은 형사절차에서 중요한 공익적 역할을 담당하고 있는데, 헌법과 형사소송법에 보장된 피의자·피고인의 방어권과 각종 절차적 권리를 실질적·효과적으로 행사할 수 있게 해 주는 법적 장치가 바로 변호사제도이다. 따라서 재판을 담당하는 법관이나 수사와 공소 제기 및 유지를 담당하는 검사와 마찬가지로 변호사도 형사절차를 통한 정의의 실현이라는 중요한 공적 이익을 위하여 협력하고 노력할 의무를 부담한다. 그렇기 때문에 변호사는 개인적 이익이나 영리를 추구하는 단순한 직업인이 아니라, 우리 사회의 법치주의 실현의 한 축으로서 정의와 인권을 수호하여야 하는 공적인 지위에 있다.

다. 변호사법은 법률사무 전반을 변호사에게 독점시키는 한편, 변호사는 기본적 인권을 옹호하고 사회정의를 실현함을 그 사명으로 하고, 공공성을 지닌 법률 전문직으로서 독립하여 자유롭게 그 직무를 수행한다고 선언하면서(제 1 조, 제 2 조), 변호사의 자격과 등록을 엄격히 제한하고(제 4 조 내지 제20조), 변호사에게 품위유지의무, 비밀유지의무 등의 각종 의무를 부과하며(제24조 내지 제27조 등), 광고 제한, 변호인선임서 등의 지방변호사회 경유, 연고 관계 등의 선전금지, 수임 제한, 겸직 제한 등의 규제를 하는 등(제23조, 제29조 내지 제35

조, 제38조 등) 변호사 직무에 관하여 고도의 공공성과 윤리성을 강조하고 있다. 특히 변호사법은 변호사가 판사·검사, 그 밖에 재판·수사기관의 공무원에게 제공하거나 그 공무원과 교제한다는 명목으로 금품이나 그 밖의 이익을 받거나 받기로 한 행위와 위와 같은 공무원에게 제공하거나 그 공무원과 교제한다는 명목의 비용을 변호사 선임료·성공사례금에 명시적으로 포함시키는 행위를 한 경우에는 실제 그와 같은 용도로 금품이 사용되었는지 여부를 묻지 않고 형사처벌하는 규정(제110조)까지 두고 있다. 국가가 지난 수십 년 동안 사법연수원제도를 통해 사법연수생을 국가공무원으로 임명하여 일정한 보수를 지급하는 등 변호사 양성비용을 부담한 것도 이러한 변호사의 공공성과 사회적 책임을 잘 보여 주는 사례이다.

라. 변호사가 위임사무의 처리에 대한 대가로 받는 보수는 수임인인 변호사와 위임인인 의뢰인 사이의 자유로운 합의에 의하여 결정되는 것이 원칙이다. 하지만 형사소송은 국가형벌권을 실현하는 절차로서 당사자의 생명, 신체의 자유, 명예 등과 밀접한 관련성을 가지고 있으므로 변호사 직무의 공공성과 윤리성이 다른 사건에서보다 더욱 절실히 요구된다. 따라서 형사사건에 관한 변호사의 보수는 단순히 사적 자치의 원칙에 입각한 변호사와 의뢰인 사이의 대가 수수관계로 맡겨둘 수만은 없다.

형사사건에 관한 변호사의 보수 중에서도 의뢰인이 위임사무의 처리결과에 따라 또는 사건해결의 성공 정도에 따라 변호사에게 특별한 보수를 지급하기로 약속하는 이른바 '성공보수약정'은 여러 가지 부작용과 문제점을 안고 있고, 형사절차나 법조 직역 전반에 대한 신뢰성이나 공정성의 문제와도 밀접하게 연관되어 있기 때문에 그 법적 효력에 관하여 면밀한 검토가 필요하다.

(1) 우리 민법 제103조는 선량한 풍속 기타 사회질서에 위반한 사항을 내용으로 하는 법률행위는 무효로 한다고 규정하고 있고, 이때 민법 제103조에 의하여 무효로 되는 반사회질서 행위는 법률행위의 목적인 권리의무의 내용이 선량한 풍속 기타 사회질서에 위반되는 경우뿐만 아니라, 그 내용 자체는 반사회질서적인 것이 아니라고 하여도 법률적으로 이를 강제하거나 법률행위에 반사회질서적인 조건 또는 금전적인 대가가 결부됨으로써 반사회질서적 성질을 띠게 되는 경우 및 표시되거나 상대방에게 알려진 법률행위의 동기가 반사회질서적인 경우 등을 포함한다(대법원 2000. 2. 11. 선고 99다56833 판결 등 참조).

(2) 형사사건의 경우 성공보수약정에서 말하는 '성공'의 기준은 개별사건에서 변호사와 의뢰인 간의 합의에 따라 정해질 것이지만, 일반적으로 수사 단계에서는 불기소, 약식명령청구, 불구속 기소, 재판 단계에서는 구속영장청구의

기각 또는 구속된 피의자·피고인의 석방이나 무죄·벌금·집행유예 등과 같은 유리한 본안 판결인 경우가 거의 대부분이다. 그렇기 때문에 성공보수약정에서 정한 조건의 성취 여부는 형사절차의 요체이자 본질에 해당하는 인신구속이나 형벌의 문제와 밀접하게 관련된다. 만약 형사사건에서 특정한 수사방향이나 재판의 결과를 '성공'으로 정하여 그 대가로 금전을 주고받기로 한 변호사와 의뢰인 간의 합의가, 형사사법의 생명이라 할 수 있는 공정성·염결성이나 변호사에게 요구되는 공적 역할과 고도의 직업윤리를 기준으로 볼 때 우리 사회의 일반적인 도덕관념에 어긋나는 것이라면 국민들이 보편타당하다고 여기는 선량한 풍속 내지 건전한 사회질서에 위반되는 것으로 보아야 한다.

(3) 우선 성공보수의 개입으로 말미암아 변호사가 의뢰인에게 양질의 법률서비스를 제공하는 수준을 넘어 의뢰인과 전적으로 이해관계를 같이 하게 되면, 변호사 직무의 독립성이나 공공성이 훼손될 위험이 있고, 이는 국가형벌권의 적정한 실현에도 장애가 될 수 있다. 간과해서는 안 되는 것은 형사사건의 통상적인 성공보수약정에서 정한 '성공'에 해당하는 결과인 불기소, 불구속, 구속된 피의자·피고인의 석방, 무죄판결 등은 변호사의 노력만으로 항상 이루어낼 수 있는 성격의 것은 아니라는 점이다. 우리나라의 형사소송절차는 기소편의주의를 채택하고 있고, 공판절차에서 직권증거조사 등 직권주의적 요소가 적지 않으며, 형벌의 종류와 형량의 결정에서도 재량의 범위가 상대적으로 넓게 규정되어 있는 등 수사나 재판의 결과가 상당한 권한을 가진 법관이나 검사의 판단 영역에 속하여 있다. 이에 따라 변호사로서는 성공보수를 받을 수 있는 '성공'이란 결과를 얻어내기 위하여 수사나 재판의 담당자에게 직·간접적으로 영향을 행사하려는 유혹에 빠질 위험이 있고, 변호사의 노력만으로 '성공'이란 결과가 당연히 달성되는 것은 아니라는 점을 알고 있는 의뢰인으로서도 성공보수를 약정함으로써 변호사가 부적절한 방법을 사용하여서라도 사건의 처리결과를 바꿀 수 있을 것이라는 그릇된 기대를 할 가능성이 없지 않다. 이로 인하여 형사사법 업무에 종사하는 공직자들의 염결성을 의심받거나 심지어는 정당하고 자연스러운 수사·재판의 결과마저도 마치 부당한 영향력의 행사에 따른 왜곡된 성과인 것처럼 잘못 인식하게 만들어 형사사법체계 전반에 대한 신뢰가 실추될 위험이 있다. 더구나 변호사가 구속적부심사청구, 보석신청 등을 하여 그에 대한 재판을 앞둔 상태에서 석방결정을 조건으로 의뢰인으로부터 미리 거액의 성공보수를 받는 경우라면 이러한 의혹과 불신은 더욱 증폭될 것이다. 이처럼 수사와 재판 절차가 공정하고 투명한 과정을 통한 정의의 실현이 아니라 어떤 외부의 부당한 영향력이나 연고와 정실, 극단적으로는 '돈의 유혹이나 검은 거래'에 의해 좌

우된다고 국민들이 의심한다면, 그러한 의심의 존재 자체만으로도 법치주의는 뿌리부터 흔들리게 되고, 형사절차의 공정성과 염결성은 치명적인 손상을 입게 된다. 어떤 행위가 이와 같은 사회적 폐단을 초래할 요인이 될 수 있다면 이는 형사사법에 관한 선량하고 건전한 사회질서에 어긋난다고 평가되어야 한다.

(4) 아울러 형사사건에서 일정한 수사·재판결과를 '성공'과 연결짓는 것 자체가 적절하지 않다. 국가형벌권의 공적 실현이라 할 수 있는 수사와 재판의 결과를 놓고 단지 의뢰인에게 유리한 결과라고 하여 이를 임의로 '성공'이라고 정하고 그에 대한 대가로 상당한 금액을 수수하는 것은 사회적 타당성을 갖추고 있다고 볼 수 없고, 이는 기본적 인권의 옹호와 사회정의의 실현을 그 사명으로 하는 변호사 직무의 공공성 및 윤리성과도 부합하지 않는다. 만약 '성공'에 해당하는 수사·재판결과가 부적절한 방법으로 마땅히 받아야 할 처벌을 모면한 것이라면 사법정의를 심각하게 훼손한 것이다. 반대로 그것이 당연한 결과라면 의뢰인은 형사절차 때문에 어쩔 수 없이 성공보수를 지급하게 되었다는 억울함과 원망의 마음을 갖게 될 것이다. 피해자·고소인을 대리하면서 피의자·피고인의 구속을 성공의 조건으로 내세운 약정의 경우에는 국가형벌권을 빌려 '남을 구속시켜 주는 대가'로 상당한 금액을 수수하는 것이어서 이러한 불합리함이 더더욱 드러나게 된다.

물론 변호사는 형사절차에서 의뢰인을 위하여 적절한 변명과 반박, 유리한 사실적·법률적 주장과 증거의 제출 등 성실한 변론활동을 함으로써 피의자·피고인의 기본적 인권과 이익을 옹호하여야 하고, 이를 통하여 형사사법의 목적인 실체적 진실발견에도 도움을 주어 결과적으로 의뢰인에게 유리한 수사·재판결과가 도출될 수 있다. 또한 변호사가 사건의 성질과 난이도나 변론활동에 들인 시간·노력·비용에 상응하여 합당한 보수를 지급받는 것은 너무나도 당연한 일이다. 하지만 성공보수약정이 따로 없더라도 변호사는 성실하게 의뢰인의 권리를 옹호하고 선량한 관리자의 주의로써 위임사무를 처리할 의무를 부담하는 것이다. 따라서 변호사가 형사절차에서 변호인으로서 마땅히 해야 할 변론활동을 놓고 특정한 결과와 연계시켜 성공보수를 요구하는 것은 그 타당성을 인정하기 어렵다.

(5) 또한 형사사건에서 성공보수약정의 한쪽 당사자인 의뢰인은 주로 인신구속이나 형벌이라는 매우 급박하고 중대한 불이익을 눈앞에 두고 있는 시기에 이와 같은 약정을 맺는 경우가 많다. 법률 지식이 부족하고 소송절차에 대한 경험과 정보도 없는 다수의 의뢰인은 당장 눈앞의 곤경을 면하기 위하여 자신의 처지에 비추어 과다한 성공보수를 약속할 수밖에 없는 상황에 처할 수 있다. 이

런 사정들로 인하여 의뢰인들의 성공보수약정에 대한 불신과 불만이 누적됨으로써 변호사는 '인신구속이나 형벌을 수단으로 이용하여 쉽게 돈을 버는 사람들'이라는 부정적 인식이 우리 사회에 널리 퍼지게 된다면 변호사제도의 정당성 자체가 위협받게 되고, 이는 형사재판에 대한 신뢰와 승복을 가로막는 커다란 걸림돌이 될 것이다.

(6) 민사사건은 대립하는 당사자 사이의 사법상 권리 또는 법률관계에 관한 쟁송으로서 형사사건과 달리 그 결과가 승소와 패소 등으로 나누어지므로 사적 자치의 원칙이나 계약자유의 원칙에 비추어 보더라도 성공보수약정이 허용됨에 아무런 문제가 없고, 의뢰인이 승소하면 변호사보수를 지급할 수 있는 경제적 이익을 얻을 수 있으므로, 당장 가진 돈이 없어 변호사보수를 지급할 형편이 되지 않는 사람도 성공보수를 지급하는 조건으로 변호사의 조력을 받을 수 있게 된다는 점에서 제도의 존재 이유를 찾을 수 있다. 그러나 형사사건의 경우에는 재판결과에 따라 변호사와 나눌 수 있는 경제적 이익을 얻게 되는 것이 아닐 뿐 아니라 법원은 피고인이 빈곤 그 밖의 사유로 변호인을 선임할 수 없는 경우에는 국선변호인을 선정하여야 하므로(형사소송법 제33조), 형사사건에서의 성공보수약정을 민사사건의 경우와 같이 볼 수 없다.

마. 결국 형사사건에 관하여 체결된 성공보수약정이 가져오는 이상과 같은 여러 가지 사회적 폐단과 부작용 등을 고려하면, 비록 구속영장청구 기각, 보석 석방, 집행유예나 무죄 판결 등과 같이 의뢰인에게 유리한 결과를 얻어내기 위한 변호사의 변론활동이나 직무수행 그 자체는 정당하다 하더라도, 형사사건에서의 성공보수약정은 수사·재판의 결과를 금전적인 대가와 결부시킴으로써, 기본적 인권의 옹호와 사회정의의 실현을 그 사명으로 하는 변호사 직무의 공공성을 저해하고, 의뢰인과 일반 국민의 사법제도에 대한 신뢰를 현저히 떨어뜨릴 위험이 있으므로, 선량한 풍속 기타 사회질서에 위반되는 것으로 평가할 수 있다.

다만 선량한 풍속 기타 사회질서는 부단히 변천하는 가치관념으로서 어느 법률행위가 이에 위반되어 민법 제103조에 의하여 무효인지 여부는 그 법률행위가 이루어진 때를 기준으로 판단하여야 하고, 또한 그 법률행위가 유효로 인정될 경우의 부작용, 거래자유의 보장 및 규제의 필요성, 사회적 비난의 정도, 당사자 사이의 이익균형 등 제반 사정을 종합적으로 고려하여 사회통념에 따라 합리적으로 판단하여야 한다.

그런데 그동안 대법원은 수임한 사건의 종류나 그 특성에 관한 구별 없이 성공보수약정이 원칙적으로 유효하다는 입장을 취해 왔고, 대한변호사협회도 1983년에 제정한 '변호사보수기준에 관한 규칙'에서 형사사건의 수임료를 착수금과 성공보수금으로 나누어 규정하였으며, 위 규칙이 폐지된 후에 권고양식으로 만들어 제공한 형사사건의 수임약정서에도 성과보수에 관한 규정을 마련하여 놓고 있었다. 이에 따라 변호사나 의뢰인은 형사사건에서의 성공보수약정이 안고 있는 문제점 내지 그 문제점이 약정의 효력에 미칠 수 있는 영향을 제대로 인식하지 못한 것이 현실이고, 그 결과 당사자 사이에 당연히 지급되어야 할 정상적인 보수까지도 성공보수의 방식으로 약정하는 경우가 많았던 것으로 보인다.

이러한 사정들을 종합하여 보면, 종래 이루어진 보수약정의 경우에는 보수약정이 성공보수라는 명목으로 되어 있다는 이유만으로 민법 제103조에 의하여 무효라고 단정하기는 어렵다. 그러나 대법원이 이 판결을 통하여 형사사건에 관한 성공보수약정이 선량한 풍속 기타 사회질서에 위반되는 것으로 평가할 수 있음을 명확히 밝혔음에도 불구하고 향후에도 성공보수약정이 체결된다면 이는 민법 제103조에 의하여 무효로 보아야 한다.

이와 달리 종래 대법원은 형사사건에서의 성공보수약정이 선량한 풍속 기타 사회질서에 어긋나는지를 고려하지 아니한 채 위임사무를 완료한 변호사는 특별한 사정이 없는 한 약정된 보수액을 전부 청구할 수 있는 것이 원칙이고, 다만 약정된 보수액이 부당하게 과다하여 신의성실의 원칙이나 형평의 원칙에 반한다고 볼 만한 특별한 사정이 있는 경우에는 예외적으로 상당하다고 인정되는 범위 내의 보수액만을 청구할 수 있다고 판시하여 왔는바, 대법원 2009. 7. 9. 선고 2009다21249 판결을 비롯하여 그와 같은 취지의 판결들은 이 판결의 견해에 배치되는 범위 내에서 모두 변경하기로 한다.

2. 원심판결 이유와 기록에 의하면, ① 원고는 아버지인 소외인이 특정범죄 가중처벌 등에 관한 법률위반(절도) 사건으로 구속되자, 2009. 10. 12. 변호사인 피고를 소외인의 변호인으로 선임하면서 착수금으로 1,000만 원을 지급하고, 소외인이 석방되면 사례금을 지급하기로 약정한 사실, ② 피고는 2009. 12. 8. 소외인에 대한 보석허가신청을 하였고, 같은 달 11일 원고는 피고에게 1억 원을 지급하였으며, 같은 달 17일 소외인에 대하여 보석허가결정이 내려진 사실, ③ 소외인은 제 1 심에서 징역 3년에 집행유예 5년을 선고받았고, 항소심에서 일부 공소사실이 철회된 후 같은 형이 선고되어 그대로 확정된 사실, ④ 원고는 피고를 상대로 위 1억 원의 반환을 구하는 이 사건 소를 제기하여, 위 1억 원은 담당 판사 등에 대한 청탁 활동비 명목으로 지급한 것으로 수익자인 피고의 불법성이 원고의 불법성보다 훨씬 큰 경우에 해당하고, 설령 성공보수금을 지급한 것이라고 하더라도 사건의 경중, 사건 처리의 경과 및 난이도, 노력의 정도 등

을 고려하면 이는 지나치게 과다하여 신의성실의 원칙에 반하여 무효라고 주장하였으며, 이에 대하여 피고는 위 1억 원이 석방에 대한 사례금을 먼저 받은 것이고, 부당하게 과다한 것도 아니어서 반환할 의무가 없다고 주장한 사실 등을 알 수 있다.

원심은 이러한 사실관계를 토대로 위 1억 원을 변호사 성공보수약정에 기하여 지급된 것으로 인정하면서 그중 6,000만 원을 초과하는 4,000만 원 부분은 신의성실의 원칙이나 형평의 원칙에 반하여 부당하게 과다하므로 무효라고 하여, 피고는 원고에게 위 4,000만 원을 반환할 의무가 있다고 판단하였다.

3. 위와 같은 사실관계를 앞서 본 법리에 비추어 보면, 원고와 피고 사이에 소외인의 석방을 조건으로 체결된 약정은 형사사건에 관한 성공보수약정으로서 선량한 풍속 기타 사회질서에 반한다고 평가할 수 있는 측면이 있다. 다만 위 성공보수약정은 앞서 본 대법원의 견해 표명 전에 이루어진 것으로서 그 약정 사실만을 가지고 민법 제103조에 의하여 무효라고 단정할 수는 없으나, 원심이 1억 원의 성공보수약정 중 6,000만 원을 초과하는 4,000만 원 부분에 대하여 신의성실의 원칙이나 형평의 원칙에 반하여 부당하게 과다하므로 무효라고 판단한 것은 수긍할 수 있고, 거기에 상고이유의 주장과 같이 보수금약정에 관한 법리를 오해한 잘못은 없다.

> **질문**
>
> (1) 위 판결이 선고되기 전까지 형사사건에서 이른바 성공보수약정이 유효하다는 점에 대하여 판례는 어떠한 태도를 취하여 왔는가? 그럼에도 불구하고 위 판결에서 아무런 반대의견도 없이 태도를 변경한 이유는 무엇인가?
> (2) 이른바 판례의 변경은 원칙적으로 그 판결 선고에 있었던 사건에 대하여도 효력이 미친다고 한다. 그 근거는 무엇인가?
> (3) 위 판결에서 굳이 판례 변경의 소급효를 제한하는 이유는 무엇인가? 이는 어떠한 경우에 정당화될 수 있는가?

[판결 7] 사회질서 위반과 불법원인급여: 대판(전) 1979. 11. 13, 79다483

피고 소송대리인의 상고이유 제 1 점을 본다.

민법 제746조는 불법의 원인으로 인하여 재산을 급여한 때에는, 그 이익의 반환을 청구하지 못한다고 규정하고 있는바, 일반의 법리에 따른다면, 불법의 원인에 의한 급여는, 법률상의 원인이 없는 것이 되므로, 부당이득이 되어 그 이익의 반환을 청구할 수 있게 되는 것이나, 이러한 청구를 인정하는 것은, 법의 이념에 어긋나는 행위를 한 사람의 주장을 시인하고 이를 보호하는 것이 되어, 공평의 이념에 입각하고 있는 부당이득제도의 근본취지에 어긋날 뿐만 아니라, 법률 전체의 이념에도 어긋나게 되기 때문에, 이 규정은 선량한 풍속, 기타 사회질서에 위반한 사항을 내용으로 하는 법률행위를 무효로 하는 민법 제103조와 표리를 이루어, 사회적 타당성이 없는 행위를 한사람을 보호할 수 없다는 법의 이념을 실현하려고 하는 것이다.

이리하여 민법 제746조는 민법 제103조와 함께 사법의 기저를 이루는 하나의 큰 이상의 표현으로서 이것이 비록 민법 채권편 부당이득의 장에 규정되어 있기는 하나, 이는 일반적으로 사회적 타당성이 없는 행위의 복구가 부당이득의 반환청구라는 형식으로 주장되는 일이 많기 때문이고, 그 근본에 있어서는 단지 부당이득제도만을 제한하는 이론으로 그치는 것이 아니라, 보다 큰 사법의 기본 이념으로 군림하여, 결국 사회적 타당성이 없는 행위를 한 사람은 그 스스로 불법한 행위를 주장하여, 복구를 그 형식 여하에 불구하고 소구할 수 없다는 이상을 표현하고 있는 것이라고 할 것이다.

따라서 급여를 한 사람은 그 원인행위가 법률상 무효라 하여 상대방에게 부당이득을 원인으로 한 반환청구를 할 수 없음은 물론, 그 원인행위가 무효이기 때문에 급여한 물건의 소유권은 여전히 자기에게 있다고 하여, 소유권에 기한 반환청구도 할 수 없는 것이고, 그리하여 그 반사적 효과로서 급여한 물건의 소유권은 급여를 받은 상대방에게 귀속하게 되는 것이라고 해석함이 타당하다고 할 것이다.

이 사건에서 보건대 원심은 제 1 심 판결을 인용한 그 판결이유에서, 이 사건 임야는 원래 피고의 아버지 소외인의 소유였는데, 그가 원고와 불륜의 내연관계를 맺고 그 대가로 원고에게 이를 증여하여, 소유권이전등기를 넘겨주었다는 취지의 사실을 인정한 다음, 그렇다면 원고는 민법 제746조에 의하여 그대로 그 소유권을 취득한다고 하여, 원고앞으로 된 위 소유권이전등기가 불법원인급여를 원인으로 한 것이기 때문에 무효라는 취지의 피고의 주장을 배척하고 있는바, 원심의 위와 같은 판단은 결과적으로 위의 설시와 같은 취지로 보여지므로 정당하고, 거기에 소론과 같은 불법원인급여의 법리를 오해한 위법이 있다고 할 수 없으므로, 논지는 이유없고, 이 법원이 종전의 다른 판결(대법원 1960. 9. 15 선고 4293민상57 판결; 1977. 6. 28 선고 77다728 판결 등)에서, 이와 다르게 판시한 의견은 모두 이 판결로써 변경하기로 한다.

같은 상고이유 제 2 점을 본다.

소론은 사실심인 원심의 전권사항에 속하는 증거의 취사와 사실의 인정을 들어 원심판결을 비난하는 취지로밖에 보여지지 아니하는바, 원심판결이 인용한 제 1 심 판결을 기록에 의하여 살펴보더라도 그 판시와 같은 사실을 인정하는 데에 거친 채증의 과정에 소론과 같은 채증법칙을 어긴 잘못이 있음을 찾아 볼 수 없고, 그 밖에 심리를 다하지 아니하였거나 이유를 제대로 갖추지 아니한 허물이 있다고도 할 수 없다.

논지는 이유없다.

따라서 이 상고는 이유없으므로 이를 기각하기로 하고, 상고 소송비용은 패소자의 부담으로 하여, 상고이유 제 1 점에 대한 대법원판사 양병호, 임항준 및 김윤행의 반대의견을 제외하고 일치된 의견으로 주문과 같이 판결한다.

대법원판사 양병호, 임항준 및 김윤행의 반대의견은 다음과 같다.

민법 746조는 부당이득의 장에 규정되어 있는 부당이득의 반환청구권에 관한 조문인바, 채권적 청구권인 부당이득반환청구권을 제한하는 위 법조가 채권적 청구권과는 전연 그 근거를 달리하는 물권적 청구권까지를 제한하는 효력이 있다 함은 논리의 비약을 넘어서 법의 규정을 떠난 해석이라고 아니할 수 없다.

원래 민법 제746조의 규정을 둔 것은 자기가 불법행위를 하였다는 것을 이유로 하여 권리의 주장을 한다는 것은 우리의 정의감에 반하는 것이므로 동 규정을 두어 다만 청구자가 자기의 불법행위를 청구의 근거로 삼는 것만을 막아 보자는 것뿐이므로 동 조문이 있다 하여 법률상 이를 저지할 아무런 이유가 없는 다른 청구권까지를 모조리 봉쇄할 수 있다는 해석은 나올 도리가 없다 할 것이다.

즉 물상청구권을 행사함에 있어서는 자기의 소유권만을 주장하면 족하고, 불법행위가 있었다는 것은 법률상의 청구원인으로 할 필요가 없을 것이니 이와 같이 자기에게 불법원인이 있다는 주장은 전연 없이 다만 소유권에 기하여 하는 청구가 어떠한 근거로 당사자가 주장도 하지도 않는 불법원인으로 인한 급부라 하여 이를 저지할 수 있을 것인가.

다수의견은 소유권에 기한 청구권도 배척하여 수익자에게 권리가 귀속되게 하는 것이 사법의 기저를 이루는 이상의 표현이라고 설시하였으나 불법원인으로 인한 급부가 이루어지는 경우에는 대개 수익자에게도 불법원인으로 수령하는 경우가 많고 경우에 따라서는 급부자의 불법행위보다도 수령자에게 더욱 중한 불법행위가 있는 경우도 있을 것인데, 이러한 경우에 동 행위는 민법 제103조에 위배되어 수령자가 그 소유권을 취득할 수가 없는데 급부자의 반환청구

불능이라는 반사적 효과로 법에 근거없이 수령자가 권리를 취득하는 결과가 된
다는 것은 공평의 이념에 맞는다고도 할 수 없고 법률의 이상의 표현이라고는
더욱 보기 어렵다 할 것이요 차라리 급부자에게 원상회복시켜 양자가 다 법률
상 근거없는 이득을 취할 수 없게 하는 편이 훨씬 공평의 이념에 부합하는 결
과가 된다고 아니할 수 없다.

질문

(1) 제103조와 제746조는 어떠한 관계에 있는가?

(2) 사회질서 위반을 이유로 계약의 무효를 주장하면서 물권적 청구권을 행사
하는 경우에도 불법원인급여에 관한 규정이 적용되는가?

(3) 다수의견과 소수의견은 어떠한 점에서 차이가 있는지 설명하시오.

(4) 대판 1995. 8. 11. 94다54108은 도박채무의 담보를 위하여 근저당권을 설
정한 사례에 관한 것인데, 위 판결과 달리 근저당권말소등기청구를 인용하
였다. 어떠한 점에서 차이가 있는가?

제5장 불공정한 법률행위

I. 의   의

제104조는 불공정한 법률행위에 관하여 "당사자의 궁박, 경솔 또는 무경험으로 인하여 현저하게 공정을 잃은 법률행위는 무효로 한다."라고 정하고 있다. 이는 제103조 위반의 한 모습으로 볼 수 있으나,[1] 별도의 규정으로 그 요건을 정하고 있다. 제104조의 요건을 갖추지 못하고 있더라도 제103조 위반이 될 수 있다.[2]

불공정한 법률행위를 어떻게 해석할 것인지는 쉽지 않은 문제가 있다. 판례는 그 인정범위를 좁게 설정하고 있다. 즉, 급부와 반대급부 사이의 현저한 불균형이 존재하고 폭리자가 피해당사자의 궁박, 경솔 또는 무경험을 이용한 경우에 한하여 불공정한 법률행위로서 무효라고 한다.[3] 이에 대하여 불공정한 법률행위가 인정되는 범위를 넓게 보려는 견해도 유력하게 주장되고 있다. 이는 제104조를 계약이 공정하지 못한 경우를 규율하는 원칙적 규정으로 보려는 시각이 반영된 것이다.

---

1) 곽윤직·김재형, 민법총칙, 290면. 대판 1964. 5. 19, 63다821은 구민법 제90조를 신민법 제103조와 제104조에 정한 법률행위를 포함한 것이라고 한다.
2) 곽윤직·김재형, 민법총칙, 290면; 장경학, 민법총칙, 454면.
3) 아래 Ⅲ. 2. 참조.

Ⅱ. 요 건

1. 급부와 반대급부 사이의 현저한 불균형

(1) 종래 급부와 반대급부 사이에 현저한 불균형이 있어야 한다고 하였다.[4] 이와 같은 급부와 반대급부의 현저한 불균형이 불공정한 법률행위의 핵심적인 징표로 인식되고 있다. 그리하여 불공정 법률행위를 자기의 급부에 비하여 현저하게 균형을 잃은 반대급부를 하게 하여 부당한 재산적 이익을 얻는 행위라고 한다. 불균형이 있는지는 급부와 반대급부의 거래상 객관적 가치를 기준으로 판단하여야 하고, 당사자의 주관적 가치를 기준으로 판단해서는 안된다.

어느 정도 불균형이 있어야 하는지는 매우 어려운 문제로서, 구체적 사정에 따라 개별적으로 판단하여야 한다.[5] 급부와 반대급부 사이의 객관적 가치에 현저한 차이가 있는지는 산술적으로 계산할 수 있는 것은 아니다.

(2) 급부와 반대급부 사이의 현저한 불균형은 유상계약 또는 쌍무계약에서 생길 수 있다. 예를 들면 매매계약이나 대물변제계약의 경우에는 급부와 반대급부가 명확하다. 화해계약, 가령 신체사고에 의한 손해배상청구에서 손해배상으로 받을 수 있는 금액보다 현저하게 낮은 금액을 손해배상액으로 합의한 경우에도 제104조가 적용된다.[6]

증여와 같은 편무계약에 제104조가 적용되는지에 관해서는 논란이 있다. 이러한 계약에서는 일방적인 급부만이 존재하고 반대급부를 상정할 수 없기 때문에, 제104조가 적용될 여지가 없다는 인식이 퍼져 있었다.[7] 판례[8]도 "대가" 또는 "대가적 의미의 재산관계의 출연"이 있는 경우에 한하여 이 규정이

---

4) 곽윤직·김재형, 민법총칙, 290면.
5) 민법주해[Ⅱ], 250면(민일영 집필).
6) 대판 2003. 6. 27, 2002다68034.
7) 곽윤직, 민법총칙, 220면. 김상용, 민법총칙, 401면은 제104조가 유상행위(부담보 유증이나 채권의 포기도 유상행위로 본다)에 적용되지만, 소유권의 포기와 같은 무상행위에는 적용되지 않는다고 한다.
8) 대판 1976. 4. 13, 75다704; 대판 1993. 3. 23, 92다52238; 대판 1997. 3. 11, 96다49650; 대판 2000. 2. 11, 99다56833; 대판 1993. 7. 16, 92다41528; 대판 1993. 10. 26, 93다6409.

적용될 수 있다고 한다. 따라서 증여나 기부행위와 같이 아무런 대가관계 없이 당사자 일방이 상대방에게 일방적인 급부를 하는 법률행위는 그 공정성 여부를 논의할 수 있는 성질의 법률행위가 아니라는 것이다.

　이에 반하여 부담부 증여와 같은 무상행위에도 부담이 과도한 때에는 이 규정이 적용되고, 경솔 또는 궁박으로 소유권을 포기하는 경우에도 이 규정이 적용된다는 견해가 있다.[9] 이 규정에서 급부와 반대급부의 현저한 불균형을 요구하지 않고 있다는 것이다.

2. 궁박 · 경솔 · 무경험

　(1) 당사자에게 궁박 · 경솔 · 무경험이 있어야 한다. 불공정한 법률행위가 성립하기 위한 요건인 궁박, 경솔, 무경험은 모두 구비되어야 하는 요건이 아니라 그중 일부만 갖추어져도 충분하다.[10]

　(2) 여기에서 '궁박'이란 '급박한 곤궁'을 의미하는 것으로서 경제적 원인에 기인할 수도 있고 정신적 또는 심리적 원인에 기인할 수도 있다.[11] '경솔'은 신중하지 못한 것을 말한다. 이것은 매우 넓게 파악될 수 있다. 그리하여 경솔의 개념을 다양하게 파악한다. 다수설은 경솔의 개념을 넓게 파악하는데, 의사를 결정할 때 그 행위의 결과나 장래에 관하여 보통인이 베푸는 고려를 하지 않는 심리상태라고 한다.[12] '무경험'은 일반적인 생활체험의 부족을 의미하는 것으로서 어느 특정영역에서의 경험부족이 아니라 거래일반에 대한 경험부족을 뜻한다.[13]

　(3) 당사자가 궁박 또는 무경험의 상태에 있었는지는 그의 나이와 직업, 교육 및 사회경험의 정도, 재산 상태 및 그가 처한 상황의 절박성의 정도 등 제반 사정을 종합하여 구체적으로 판단하여야 한다.[14] 불공정한 법률행위의 법

---

9) 김증한 · 김학동, 민법총칙, 320면; 이영준, 민법총칙, 236면; 이은영, 민법총칙, 410면; 김천수, "폭리행위의 무효요건," 송상현 화갑기념논문집, 2002, 29면; 배성호, "불공정한 법률행위의 재검토 소고," 인권과 정의 제324호(2003. 8), 34면.

10) 대판 1993. 10. 12, 93다19924; 대판 2008. 3. 14, 2007다11996.

11) 대판 1974. 2. 26, 73다673; 대판 1981. 12. 22, 80다2012; 대판 1998. 3. 13, 97다51506; 대판 1999. 5. 28, 98다58825; 대판 2008. 3. 14, 2007다11996.

12) 곽윤직 · 김재형, 민법총칙, 292면.

13) 대판 1979. 4. 10, 78다2457.

14) 대판 1996. 6. 14, 94다46374; 대판 2008. 3. 14, 2007다11996.

리가 적용되려면 이를 주장하는 측에서 궁박, 경솔 또는 무경험으로 인하여 법률행위를 하였음을 증명하여야 하며, 법률행위가 현저하게 공정을 잃었다고 해서 곧 그것이 궁박, 경솔 또는 무경험으로 이루어진 것이라고 추정되지는 않는다.[15]

한편 대리에 의한 법률행위에서는 본인과 대리인 중에서 누구를 기준으로 불공정한 법률행위를 판단하여야 하는지 문제된다. 대리인에 의하여 계약을 체결한 경우에 궁박은 본인을 기준으로 판단하여야 한다. 그러나 경솔이나 무경험은 대리인을 기준으로 판단하여야 한다. 가령 매도인의 대리인이 매매계약을 체결한 경우에 그 매매가 불공정한 법률행위인가를 판단함에는 매도인의 경솔, 무경험은 그 대리인을 기준으로 하여 판단하여야 하고 궁박 상태에 있었는지의 여부는 매도인 본인의 입장에서 판단하여야 한다.[16] 부재자의 재산관리인이 매매를 하는 경우에도 마찬가지이다.[17]

3. 폭리행위의 악의 또는 이용 의도

판례는 위에서 본 요건 이외에 상대방의 인식 또는 이용 의도가 필요하다고 한다. 초기에는 궁박, 경솔, 무경험을 인식할 것을 요구하였으나,[18] 최근에는 이용 의도가 있어야 한다는 판결이 늘고 있다. 즉, 불공정한 법률행위는 객관적으로 급부와 반대급부 사이에 현저히 불균형이 존재하고 주관적으로 위와 같은 균형을 잃은 거래가 피해당사자의 궁박, 경솔 또는 무경험을 이용하여 이루어진 경우에 한하여 성립한다고 한다. 따라서 약자적 지위에 있는 자의 궁박, 경솔 또는 무경험을 이용한 폭리행위를 규제하려는 데에 그 목적이 있으므로, 피해당사자가 궁박, 경솔 또는 무경험의 상태에 있었다고 하더라도 그 상대방 당사자에게 위와 같은 피해당사자측의 사정을 알면서 이를 이용하려는 의사, 즉 폭리행위의 악의가 없었다면 불공정한 법률행위는 성립되지 않는다고 한다.[19]

---

15) 대판 1976. 4. 13, 75다704.
16) 대판 1972. 4. 25, 71다2255.
17) 대판 1969. 1. 21, 68다1889.
18) 가령 대판 1964. 8. 31, 63다681; 대판 1970. 11. 24, 70다2065.
19) 대판 1992. 10. 23, 92다29337. 그 후 동일한 내용의 판결로는 대판 2002. 9. 4, 2000다 54406, 54413; 대판 2002. 10. 22, 2002다38927; 대판 2008. 3. 14, 2007다11996; 대판 2009. 3. 16, 2008다1842.

다수설도 판례를 지지하고 있다.[20]

이에 대하여 상대방의 궁박 등을 인식하였을 것은 필요하지만 이용 의도까지는 필요하지 않다는 견해도 있고,[21] 상대방이 피해자에게 궁박과 같은 사정이 있었음을 알아야 한다는 요건도 필요 없다는 견해[22]도 있다. 민법에서는 독일 민법이나 스위스 채무법과는 달리 폭리자의 이용 의도를 요구하고 있지 않고, 민법은 불공정한 법률행위에 관하여 명문의 규정을 두고 있다. 불공정한 법률행위의 주관적 요건으로서 이용 의도를 요구하는 것은 문언에 배치되는 것으로서, 그것이 타당한지는 의문이다.[23]

4. 판단의 기준시점

불공정한 법률행위에 해당하는 여부를 결정하는 기준시점이 언제인지 문제된다. 특히 불균형의 기준시점이 문제된다.

불공정 법률행위는 그 행위시를 기준으로 판단해야 한다. 대판 1965. 6. 15, 65다610은 대물변제예약이 불공정한 법률행위가 되는 요건의 하나인 대차의 목적물가격과 대물변제의 목적물가격에 불균형이 있느냐 여부를 결정할 시점은 대물변제의 효력이 발생할 변제기 당시를 표준으로 하여야 할 것이라고 하였다. 이는 변제기를 기준으로 불균형을 판단하고 있다. 이 판결을 들어 판례가 이행기를 기준으로 불균형을 판단하고 있다는 견해가 있다.[24] 그러나 이 판결의 사안은 대물변제에 관한 것으로, 이 판결을 일반화하여 불공정 법률행위에서 불균형의 판단시기를 이행기로 보아서는 안 될 것이다.[25] 그 후에 나온 대법원 판결들은 급부와 반대급부의 불균형을 법률행위시를 기준으로 판단하

---

20) 곽윤직, 민법총칙, 221면; 김상용, 민법총칙, 404면; 백태승, 민법총칙, 361면; 장경학, 민법총칙, 456면.
21) 고상룡, 민법총칙, 355면; 권오승, 민법특강, 1994, 104면; 이영준, 민법총칙, 241면.
22) 김증한·김학동, 민법총칙, 322면; 이은영, 민법총칙, 415면; 배성호(주 9), 31면, 40면; 이상욱, "불공정한 법률행위," 영남법학 제5권 제1·2호(1992. 2), 384면.
23) 이에 관하여 상세한 것은 김재형, "계약의 공정성—불공정한 법률행위를 중심으로," 아세아민상법학 제3호(2009) 참조.
24) 곽윤직, 민법총칙, 221면.
25) 이 판결은 이행기를 기준으로 급부와 반대급부의 현저한 불균형 여부를 판단한다는 법리를 내세우고 있으나, 구체적인 사안을 보면 그 전제인 피담보채권액의 산정을 이행기를 기준으로 판단한 것에 불과하다는 견해가 있다. 민일영, 310-312면; 민법주해[Ⅱ], 251면(민일영 집필); 김증한·김학동, 민법총칙, 320면; 이영준, 민법총칙, 243면.

고 있다.[26]

Ⅲ. 효 과

불공정한 법률행위는 무효이다. 이 경우에 제103조와 마찬가지로 선의의 제3자를 보호하는 규정이 없기 때문에, 절대적 무효이다. 제104조 위반의 법률행위를 한 경우에 불법원인급여에 관한 규정의 적용에 관해서는 제103조와 중요한 차이가 있다. 제104조 위반의 경우에는 수익자에게만 불법원인이 있다고 볼 수 있기 때문에 부당이득반환을 청구할 수 있다(제746조 단서).

[판결 1] 주식매매계약의 효력: 대판 1996. 4. 26, 94다34432

[이 유]

상고이유와 상고이유서 제출기간 경과 후에 제출된 보충상고이유서는 위 상고이유를 보충하는 한도 내에서 함께 판단한다.

1. 제5점에 대하여

가. 원심판결 이유에 의하면, 원심은 그 판결에서 채용하고 있는 증거들을 종합하여 이 사건 주식매매계약서의 작성 경위에 관하여 다음과 같은 사실을 인정하고 있다.

소외 제일은행은 주식회사 국제상사(이하 국제상사라 한다)등 20개의 계열 기업과 10개의 해외 현지법인으로 구성되어 있는 국제그룹의 주거래은행으로서 국제그룹이 1984.경에 밀어닥친 국내 및 국제 경기의 침체로 1984. 12.경에 세운 자구노력에 따른 재무구조 개선 방안에도 불구하고 만성적인 적자와 자금 부족으로 경영의 정상화가 어렵게 되자 1985. 2.경에 국제그룹 정리방안을 마련하게 되었다. 그 후 1985. 3. 11.경에 이르러 제일은행은 이 정리방안의 일환으로 원고 등 국제상사의 주주들(매도인)은 위 국제상사의 발행 주식 전부를 피고 또는 피고가 지정하는 제3자에게 양도하고, 국제상사 중 건설부문을 제외한 사업분야의 경영권 전부를 피고에게 양도하고, 가계약의 목적물인 주식의 매매가격은 1주당 1원으로 하되 실사 결과에 따라 양자가 협의조정하여 정산지급하기

---

26) 대판 1984. 4. 10, 81다239; 대판(전) 2013. 9. 26, 2011다53683. 대판 1996. 4. 26, 94다 34432는 이 문제를 직접 판단한 것은 아니지만, 불공정 법률행위를 판단하는 시점을 법률행위시로 판단한 원심판결을 정당하다고 하였다.

로 하고, 매도인, 매수인 및 제일은행은 가계약 체결 후 상호 협력하여 국제상
사의 경영 실태 및 자산부채의 실사에 착수하여 6개월 이내에 이를 완료하도록
하며 정산에 관하여는 위 3자가 따로 합의하기로 하는 내용의 '주식 및 경영권
양도 가계약서'를 작성한 후, 먼저 피고의 대표이사인 D의 서명날인을 받고 입
회인란에 제일은행장 A가 서명날인을 한 다음, 같은 달 13. 제일은행 심사 1부
부부장인 소외 B를 서울 용산에 있는 국제그룹 사옥으로 보내 그 곳에 있던 당
시 국제상사의 종합조정실 상무인 소외 C에게 위 가계약서를 교부하여 원고의
서명날인을 받아 달라고 요구하자 위 C가 위 계약서류를 가지고 원고에게 가서
원고의 서명날인을 받아 낸 뒤 나머지 국제상사의 주주들로부터 서명날인을 받
았다. 그 후 제일은행은 국제그룹의 다른 산하기업의 정리계획 및 인수자 선정
등 국제그룹 정상화 방안을 계속 추진하여 오다가 1986. 2. 10.경에 이르러 국제
상사 발행의 위 주식에 관하여 앞에서 본 가계약의 취지에 따라 주식 매매가격
은 실사 결과에 따라서 결정하기 위하여 공란으로 하고 작성 월일은 선인수 후
정산先引受 後精算이라는 양도방식에 따른 실사 정산기간을 고려하여 추후 기입하
기로 하여 계약 일자를 1986.이라고만 한 '주식매매계약서'를 작성하여 위 B
로 하여금 서울 성북동에 있는 원고의 집을 방문하여 그 내용을 설명하고 제시
하도록 하였고, 이에 대하여 원고는 자신의 고문변호사에게 검토시켜 날인하겠
다고 한 후 1986. 2. 17.경 원고로부터 계약서에 날인하겠다고 연락이 와서 B가
다시 원고의 집으로 찾아가 서명날인을 받은 뒤 계약일을 1986. 12. 30.로 보충
기재하였다. 한편 원고는 제일은행에게 원고 등과 피고 사이의 이 사건 국제상
사의 무역, 생산부문의 '주식 및 경영권 양도 가계약' 및 '주식매매계약'에 따른
자산, 부채의 실사 및 정산에 관한 일체의 권한을 위임하였고 이에 따라 제일은
행은 국제상사의 무역, 생산부문의 자산 및 부채의 실사 정산작업에 착수하여
국제상사의 무역, 생산부문 직원, 피고 회사 직원 및 피고 회사 선임 공인회계
사, 제일은행 직원 및 은행 선임 공인회계사 등이 공동으로 참여하는 실사반을
편성하여 1986. 9.경 기업회계기준 및 합의된 실사기준에 의하여 국제상사의 자
산과 부채를 실사한 결과 1985. 6. 30. 기준으로 자산총액과 부채총액의 차이는
금 3,752억 원인데 그 중 원고의 재산을 처분한 금 136억 원을 차감하면 결손
이 금 3,616억 원이 되므로 주식의 자산적 가치는 부負인 상태라 평가하고, 이에
따라 이 사건 주식 매매가격을 형식상 1주당 1원으로 결가하여 위 주식매매계약
서의 공란으로 되어 있던 주식의 매매대금란에 1원이라고 기재하여 넣었다.

　나. 원심은 이러한 사실관계를 기초로 하여 다음과 같이 판단하고 있다.

　법률행위는 법률행위의 당사자, 법률행위의 목적, 법률행위를 하는 의사표

시가 갖추어지면 성립하는 것이라고 할 것이고, 일단 법률행위의 외형이 갖추어진 이상 그 법률행위를 함에 있어서 의사의 합치가 없었다거나 저항할 수 없는 협박에 의하여 서명날인이 강요된 것이라는 점은 법률행위의 유·무효, 법률행위의 하자의 문제로 될 수 있을지언정 그것으로 인하여 법률행위가 존재하지 아니하는 것이라고 할 수는 없을 것이다. 매매계약은 당사자 일방이 재산권을 상대방에게 이전할 것을 약정하고 상대방이 그 대금을 지급할 것을 약정하는 계약으로 매도인이 재산권을 이전하는 것과 매수인이 그 대가로서 금원을 지급하는 것에 관하여 쌍방 당사자의 합의가 이루어짐으로써 성립하는 것이므로 특별한 사정이 없는 한 '주식 및 경영권 양도 가계약서'와 '주식매매계약서'에 피고의 대표이사인 D가 각 서명날인한 행위는 주식 매수의 의사표시(청약)이고, 원고가 이들에 각 서명날인한 행위는 주식 매도의 의사표시(승낙)로서 두 개의 의사표시가 합치됨으로써 위 주식 매매계약은 성립하였다고 할 것이고, 이 경우 매매 목적물과 대금은 반드시 그 계약 체결 당시에 구체적으로 확정하여야 하는 것은 아니고, 이를 사후에라도 구체적으로 확정할 수 있는 방법과 기준이 정하여져 있으면 족하다고 할 것이다. 그런데 이 사건 주식 매매계약은 체결할 당시에 주식의 매매대금을 구체적으로 정하지는 않았으나 위에서 본 바와 같이 주식 매매계약 전에 체결된 '주식 및 경영권 양도 가계약서'에서 이 사건 주식의 매매가격을 일응 1주(액면가 금 500원)당 1원으로 결정하되, 국제상사의 자산과 부채의 실사 결과에 따라 원고 등과 피고가 협의 조정하여 그 가격을 확정하기로 함으로써 이 사건 주식 매매계약을 체결할 당시 매매대금을 확정할 수 있는 방법과 기준을 정하였으므로 위 주식 매매계약은 유효하다고 할 것이고, 계약의 성립이나 효력발생 시기는 원칙적으로 그 계약에서 달리 정한 바 없다면 계약 당사자의 의사의 합치가 있으면 그때 성립하는 것으로 계약서상의 계약일자를 일방이 마음대로 정하였다 하여 그 계약의 성립을 부정할 수는 없다 할 것이다. 더욱이 계약의 성립에 이르기까지 일방 당사자나 제 3 자가 계약서의 문안이나 계약조건을 일응 정한 뒤 다른 당사자나 양쪽 당사자에게 검토하게 하여 계약을 체결하게 되는 것은 통상 있는 일이고, 앞에서 본 바와 같이 피고의 대표이사 서명날인이 있는 계약서를 원고가 검토하여 서명날인하였다면 그 계약서에 기재된 매매조건을 수락한 것이니 매매조건이 일방적으로 결정된 것이라 볼 수 없다.

다. 원심의 위와 같은 사실인정과 판단을 기록에 비추어 살펴보면, 모두 정당한 것으로 수긍이 가고, 거기에 상고이유에서 지적하는 바와 같은 심리미진 및 계약해석의 법리를 오해한 위법이나 이유불비의 위법이 있다고 할 수 없다.

그 밖에 단순한 사실오인의 점은 원심의 적법한 사실확정을 비난하는 것으로 적법한 상고이유가 되지 못한다. 이 점을 지적하는 상고이유는 모두 받아들일 수 없다.

　2. 제1, 2점에 대하여

　가. 민법 제103조에 의하여 무효로 되는 반사회질서 행위는, 법률행위의 목적인 권리의무의 내용이 선량한 풍속 기타 사회질서에 위반되는 경우뿐 아니라, 그 내용 자체는 반사회질서적인 것이 아니라고 하여도 법률적으로 이를 강제하거나 그 법률행위에 반사회질서적인 조건 또는 금전적 대가가 결부됨으로써 반사회질서적 성격을 띠는 경우 및 표시되거나 상대방에게 알려진 법률행위의 동기가 반사회질서적인 경우를 포함하지만, 이상의 각 요건에 해당하지 아니하고 단지 법률행위의 성립 과정에서 불법적 방법이 사용된 데 불과한 때에는, 그 불법이 의사표시의 형성에 영향을 미친 경우에는 의사표시의 하자를 이유로 그 효력을 논의할 수는 있을지언정 반사회질서의 법률행위로서 무효라고 할 수는 없을 것이다(대법원 1992. 11. 27. 선고 92다7719 판결 참조).

　이 사건에서 대통령의 지시를 받아 국제그룹의 해체 방침을 결정한 재무부장관이 주거래은행인 제일은행에 이를 통보하고 이를 언론에 보도되도록 한 후 제일은행으로 하여금 이를 추진하게 하는 일련의 행위들이 통상의 행정지도의 한계를 넘어서는 권력적 사실행위로서 헌법상 법치국가의 원리, 헌법 제119조 제1항의 시장경제의 원리, 헌법 제126조의 경영권 불간섭의 원칙, 헌법 제11조의 평등권의 각 규정을 침해한 것으로 헌법에 위반됨은 헌법재판소 1993. 7. 29. 선고 89헌마31 결정에서 확인된 바이다. 그러나 주식의 매매를 목적으로 하는 이 사건 법률행위의 목적인 권리의무의 내용 자체가 선량한 풍속 기타 사회질서에 위반될 리가 없고 그 조건이나 대가관계로 인하여 반사회적 성격을 띨 리도 없으며, 이 사건에 있어서 표시된 법률행위의 동기는 부실화된 국제그룹의 정상화라고 할 것이므로 이것이 반사회질서적이라고 할 수도 없다. 국제그룹의 해체 지시라는 재무부장관의 제일은행에 대한 위와 같은 공권력 행사가 비록 위헌적 행정지도라고 하더라도 당시 제일은행으로서도 막대한 자금을 부도 직전의 부실기업인 국제그룹에 대출하고 있던 주채권자로서 위 방안도 선택 가능한 방안이었으므로 이를 받아들여 원고와 피고에게 이를 권유하였고 원고와 피고가 이 제안을 받아들여 이 사건 주식 매매계약이 성립된 것인 이상, 위와 같은 위헌적인 공권력 행사가 이 사건 법률행위의 성립에 영향을 미쳤다고 보아 그 의사표시에 하자가 있다고 함은 몰라도(이 점에 관하여는 아래 4항에서 따로 판단한다), 이 사건 법률행위의 목적이나 표시된 동기가 불법이었다고 볼 수는 없다. 그러므로 이 사건 주식매매를 목적으로 하는 법률행위가 선량한 풍속이나 사회질서에 위반하였다고 볼 수 없는 것이므로, 같은 취지로 판시한 원심의 이 점에 관한 판단은 정당하고, 거기에 민법 제103조에 관한 법리를 오해한 위법이 있다고 할 수 없다.

나. 법률행위 목적의 불법의 한 경우로서 당사자의 일방이 그의 독점적 지위 내지 우월한 지위를 악용하여 자기는 부당한 이득을 얻고 상대방에게는 과도한 반대급부 또는 기타의 부당한 부담을 과하는 법률행위는 반사회적인 것으로서 무효라고 할 것이다. 그러나 이 사건의 경우에 있어서와 같이 피고가 사전에 정부로부터 협의를 받아 이 사건 주식의 매수자로 선정되었다는 사정만으로 독점적, 우월한 지위에 있다고 단정할 수 없고, 매매계약 당시에 불공정한 이득을 얻었다고 할 수도 없다(이 점에 관하여는 아래 3항에서 다시 판단한다). 다만 제일은행이 우월적 지위에서 이 사건 계약을 주도한 것은 사실이지만 제일은행은 계약의 당사자가 아니고 국제상사에 대한 채권자로서 국제상사의 도산을 방지하고 원만한 제3자 인수를 위하여 국제상사로부터 적법한 권한 위임을 받아 양 당사자 간의 매매계약을 성사시킨 것이기 때문에 이를 가리켜 계약의 일방 당사자가 독점적, 우월적 지위에 서는 경우와 같이 볼 수 없다.

그리고 재무부 당국이 국제상사의 인수 회사로 피고를 선정하고 제일은행이 원고와 피고 쌍방에 이를 알리고 매매계약의 조건을 제시하였지만, 정부의 사후적 지원 보장이 없는 이상 이와 같은 부실기업을 인수할 희망자가 없을 것이기 때문에 실제로는 다른 인수자가 없었을 것이고 원고로서도 국제상사의 부도와 도산 등의 결과를 회피하기 위하여 스스로 제일은행이 제시하는 매매조건을 수용할 만한 것으로 보아 받아들인 것이므로, 결국 제일은행이 이 사건 주식매매의 계약조건을 제시하고 원고와 피고가 각각 이를 받아들여 계약이 성립된 것에 불과하다고 할 것이니 이를 가리켜 피고가 독점적, 우월적 지위에 있었다고 할 수도 없다. 이와 같은 취지로 판시한 원심판결에 이 점에 관하여 이유불비 또는 법리오해의 위법이 없다.

다. 그 밖에 원심판결 이유에 나타난 원심의 1984년경 정부가 부실기업을 정리하게 된 배경 및 그 근거 규정, 당시 국제그룹의 자금 사정과 은행의 금융지원 내용, 정부가 이에 개입하게 된 경위와 그 내용, 국제그룹의 정리 방안으로 그룹 전체를 해체하는 방안을 채택한 경위 및 그 일환으로 이 사건 주식 매매계약이 체결된 과정 등에 관한 사실인정은 기록에 비추어 살펴볼 때 모두 정당하다고 판단되고, 거기에 채증법칙 위반으로 인하여 반사회성 및 우월적 지위에 관한 사실오인의 위법이 없고, 민법 제103조 위반에 관한 이유불비 및 법리오해의 위법도 없다.

이상에서 판단한 점과 관련된 상고이유는 모두 받아들일 수 없다.

3. 제 3 점에 대하여

가. 원심판결 이유에 의하면, 원심은 그 판결에서 채용하고 있는 증거들을 종합하여 이 사건 주식 매매계약의 체결 경위에 관하여 위 1항에서 본 바와 같은 사실을 인정한 다음, 그것이 불공정행위로서 무효라는 원고의 주장에 대하여 다음과 같이 판단하고 있다.

원고와 피고는 원고 소유의 국제상사의 무역, 생산부분의 주식 및 경영권 양도 가계약을 체결하면서 주식의 가격은 차후 실사정산을 거친 후에 확정하기로 하였으므로 가계약 자체의 급부와 반대급부 사이에 현저한 불균형이 있다고 볼 수 없고, 매매계약에 있어서 매매목적물의 이전의무와 매매대금 지급의무는 특단의 사정이 없으면 동시이행의 관계에 있는 것이 보통이나 당사자 간의 특약에 의하여 목적물의 이전의무를 선이행하는 것으로 하고 매매대금은 차후에 결정하기로 하는 내용의 계약도 유효하다고 할 것이므로 선인수 후정산의 방법에 의하여 급부와 반대급부가 이행되기로 하였다는 점만으로는 급부와 반대급부의 현저한 불균형이 있다고 볼 수 없다. 기업의 경영권 및 주식 양도계약을 체결하는 경우에 양도대상 기업에 관계되는 종업원의 동요, 그에 따른 생산성의 저하, 피인수자의 자금 유출의 우려 등 어려운 문제가 생길 수 있어 채권 은행의 손실을 초래할 가능성이 있고, 그 실사에도 어려움이 있으며, 나아가 정산 후에는 인수자를 선정하는 어려움이 있고, 한편 인수자로 하여금 빠른 시일 내에 인수 기업체의 경영에 참여하게 함으로써 경영의 안정을 기하는 것이 국민경제의 입장에서나 채권 은행의 입장에서도 타당하다 할 것이므로 채권 은행이 부실기업을 제 3 자에게 인수시키는 방안으로 선인수 후정산 방식을 취하였다고 하여 이를 부당한 계약방식이라고 할 수 없다. 나아가 이 사건 주식의 거래가 정지되기 전날인 1985. 2. 21.의 종가가 1주당 금 160원이었고(매매거래 정지는 1987. 2. 6. 해제되었다), 거래정지된 이후에도 국제상사의 주식은 장외에서 1주(액면가 금 500원)당 금 100원 내지 금 200원 정도로 거래된 사실을 인정할 수 있으나, 원고를 대리한 제일은행이 피고와 더불어 국제상사의 자산과 부채를 실사정산한 결과 결손액이 금 3,616억 원이나 되었음에도 불구하고 주식가격이 장외에서 1주(액면가 금 500원)당 금 100원 내지 금 200원 정도로 거래되었던 것은 국제상사의 무역, 생산부문이 피고에게 인수된 후 피고가 국제상사의 무역, 생산부문의 은행에 대한 채무를 보증하였을 뿐만 아니라 국제상사의 무역, 생산부문 및 피고가 각 산업합리화기업으로 지정되어 정부 및 관련 은행으로부터 여러 가지 지원을 받게 됨으로써 국제상사의 무역, 생산부문이 곧 정상화될 것이라는 기대심리 등의 복합적인 요소에 기인하였던 것으로 보여지고, 한편 피고는 위 결손액 중 금 1,808억 원에 대하여 보증하였기 때문에 1주당 금 4,161원(1,808억 원/인수한 주식 43,237,006주)의 부채를 부담하게 된 셈이 됨에도 불구하고 이와 같이 객관적으로 손해를 보면서도 피고가 국제상사의 무역 및 생산부문을 인수한 것은 금융 지원이나 조세의 감면 등 다른 이익을 고려한 것이기는 하나 이는 원·피고 간의 위 계약 자체에 따른 반대급부로 얻은 것이 아니므로, 이 사건 주식 매매계약 당시 피고에게 폭리를 취하려는 악의가 있었다고 볼 수도 없다. 그리고 어떤 법률행위가 불공정한 법률행위에 해당하는 여부를 결정하는 시점은 법률행위시로 보아야 할 것인바, 위 주식 매매계약 성립시 매매대금란을 공란으로 둔 것은 앞서 한 주식 및 경영권 양도 가계약에 따라 실사 후 매매대금을 정하기 위한 것이었는데 원고를 대리하여 정산에 참여한 제일은행의 잘못으로 이 사건 주식의 객관적 가격이라 볼 수 있는 시장가격을 반영하지 못하고 단순히 결손액이 있다는 이유로 주식의 가격을 1원으로 결가하였다 하여도 주식가격의 정함에 잘못이 있다는 사유로 정당한 주식대금의 지급을 구하는 것은 별론으로 하고(위 가계약상 정산에 관하여는 원·피고와 제일은행이 따로 합의하기로 하였다) 위 매매계약 성립시에 현저한 불공정이 있었다고 보아 계약 전체를 무효로 할 수 없는 것이라고 판단하였다.

원심판결 이유를 기록에 비추어 살펴보면, 원심의 위와 같은 사실인정은 정당한 것으로 수긍이 가고, 거기에 채증법칙 위반으로 인한 사실오인의 위법은 없다.

나. 그리고 사실관계가 위에서 본 바와 같다면, 이 사건 주식매매 당시 원고를 대리한 제일은행이 피고와 더불어 국제상사의 자산과 부채를 실사한 결과 결손액이 금 3,616억원이나 되어 국제상사 주식 1주의 객관적 가치는 부負에 해당하였다고 할 것임에도 불구하고 이 사건 주식매매 가계약 체결 전 증권거래소에서의 거래정지 당시의 국제상사의 주식 1주당 종가가 금 160원이었고, 거래정지 후 장외에서 1주당 금 100원 내지 금 200원에 거래되었던 이유는, 피고가 국제상사의 무역, 생산부분을 인수한 후 국제상사의 무역, 생산부문의 은행에 대한 채무를 보증하였을 뿐만 아니라 그 밖에도 국제상사의 무역, 생산부문 및 피고가 각 산업합리화기업으로 지정되어 정부 및 관련 은행으로부터 여러 가지 지원을 받게 됨으로써 국제상사의 무역, 생산부문이 곧 정상화될 것이라는 기대치 등이 반영된 것에 기인한 것이었다고 할 것이다. 그러나 위와 같이 국제상사의 정상화로 인한 기대이익 때문에 이루어지는 제 3 자들간의 소규모 주식

거래에 있어서의 거래가격이 주식 자체의 객관적 가치 이상으로 형성되는 것과는 달리, 이 사건과 같이 국제상사의 경영권을 지배하는 절대다수의 주식에 대한 매매계약에 있어서는 매수인이 스스로 그 정상화를 위한 투자의 부담을 안게 되는 것이기 때문에 위와 같은 장래에 대한 기대치는 가격 결정에 고려될 수 없고 주식의 객관적 가치만으로 그 가격이 결정되어야 한다고 할 것이다. 그런데 이 사건 주식 1주의 객관적 가치는 위에서 본 바와 같이 부(부)였는데다가 피고는 위 주식 매수로 인하여 1주당 금 4,161원의 부채까지 부담하게 되었으므로 주식 1주당 가격을 1원으로 정하여 매매계약을 체결하였다고 하여 대가의 현저한 불균형이 있다고 할 수 없어 이 사건 주식 매매계약이 불공정행위라고 말할 수는 없다고 하겠다. 원심의 이 점에 관한 판단은 결국 이와 같은 취지라고 할 것이므로 거기에 불공정행위에 관한 이유불비 또는 심리미진, 판단유탈 및 법리오해의 위법이 있다고 할 수 없다.

다만 원심이 이 사건 주식 매매계약에 있어서 주식가격의 정함에 잘못이 있다면 정당한 주식대금의 지급 청구는 몰라도 계약 무효를 주장할 수는 없다고 한 가정적 판단은 이 사건 법률행위가 불공정한 법률행위가 되는지 여부를 판단하는 데 전혀 불필요한 판단으로서 위에서 본 바와 같이 이 사건 주식매매가 불공정행위에 해당하지 아니한 이상 이러한 가정적 판단에 있어서 잘못이 있다고 하더라도 이는 판결의 결과에 아무런 영향이 없다. 그러므로 원심판결에 위에서 본 바와 같은 잘못이 있다는 상고이유 역시 모두 받아들일 수 없다.

4. 제 4 점에 대하여

가. 원심은 이 사건 매매계약은 강박에 의한 것으로서 취소하였다는 피고의 주장에 대하여 다음과 같은 사실인정과 판단을 하고 있다.

(1) 원고는 소외 A가 새로 제일은행장으로 부임한 다음날인 1985. 2. 27. 위 A를 찾아가 위 발표에 따라 제일은행의 방침에 협조하겠다고 하였고, 같은 달 28. 국제상사의 대표이사직을 사임하였다. 그리고 원고는 같은 해 3. 4. 피고의 대표이사인 D가 국제상사의 무역, 생산부분 등의 인수 문제를 협의하기 위하여 자신을 찾아오자 "그룹경영에는 손을 떼었으나 자신이 경영하던 회사가 계속 존속해 발전되기를 희망한다. 국제상사가 빠른 시일 안에 경영이 정상화되기를 바란다."고 말하였고, 같은 달 7. 담보제공증서, 담보물건 처분승낙서와 함께 주권을 제일은행에 인도하였으며, 같은 달 13. 제일은행 심사 1 부 부부장인 B가 서울 용산에 있는 국제그룹 사옥으로 가서 당시 국제상사의 종합조정실 상무 C에게 '주식 및 경영권 양도 가계약서'를 교부하여 원고의 서명날인을 받아 달라고 하여 C가 위 계약서류를 원고에게 가지고 가서 원고의 서명날인을 받아

내었다. 또한 위 B는 1986. 2. 10. 서울 성북동에 있는 원고의 집으로 방문하여 원고에게 '주식매매계약서'의 내용을 설명하고 이를 제시하자, 원고는 자신의 고문변호사에게 검토시킨 후 날인하겠다고 하였는데, 같은 달 27.경 원고로부터 계약서에 날인하겠다는 연락이 와서 B가 다시 원고의 집으로 찾아가 서명날인을 받아내었고, 1986. 8.경 원고는 주거래은행인 제일은행과 소외 주식회사 서울신탁은행에 대하여 위 주식 매매계약의 부수조건으로 ① 원고 소유의 선산에 대한 담보 해지, ② 원고의 사위 등을 포함한 임원 등에 대한 보증채무 면책, ③ 원고에 대한 최소한의 생활보장책 강구, ④ 임원들에 대한 해외여행제한 해제 등을 보장해 줄 것을 요구하고 이를 보장하면 연합철강주식회사 등 국제그룹 계열기업의 처분행위에 협조하겠다고 제의하여, 제일은행 등이 이를 받아들여 원고와 위 은행들 사이에 확약서(을 제 6 호증, 갑 제 6 호증의 8)를 작성하고, 1987. 2. 11. 원고는 다시 제일은행에 대하여 위 확약서의 내용대로 이행하여 줄 것을 촉구하는 내용의 서신을 보냈으며, 1987. 4. 21. 제일은행 등 채권 은행들 앞으로 국제그룹 임원들의 연대보증 면제에 따른 책임을 질 것과 원고 자신의 연대보증책임은 존속하고 있음을 확인하는 내용의 동의서를 작성하고, 같은 날 이 사건 주식 양도대금을 포함하여 부동산과 국제 계열 다른 회사의 주식 및 그 처분 대금을 피고가 대주주인 국제상사의 경영 정상화를 위하여 국제상사에게 증여하였다.

(2) 그 밖에 제일은행장 E가 국제그룹의 해체 발표 전 원고에게 국제그룹의 해체를 통지하여 주고 언론에 이 사실을 발표한 후 원고에게 이 방침에 순응하지 아니하면 원고나 그 가족의 신상에 위해가 생길 것이라고 협박하였다는 사실은 이를 인정할 수 있는 신빙할 만한 증거가 없고, 당시 국제그룹은 재무구조가 극히 악화되어 주거래은행 및 관련 금융기관으로부터의 긴급 대출로 교환·회부된 단자차입금을 대환받고 있어 부도설이 나돌고 대내외적인 신용 실추로 자력갱생의 가능성마저 불확실한 상태에 있어 은행의 계속적인 금융지원 없이는 도산할 수밖에 없었던 상황에서 주거래은행의 은행장이 더 이상 금융지원을 할 수 없다는 뜻을 알리고 국제그룹의 계열기업군을 금융기관불건전채권 정리업무취급상의 처분 대상으로 분류하여 제 3 자인 피고에게 인수시키겠다고 하고 이를 언론에 발표한 것을 가지고 해악의 고지로 볼 수 없으며, 더구나 제일은행의 직원이 주식매매계약서 등에 원고의 서명날인을 받으러 가 위의 방침이니 어쩔 수 없다라고 하였다고 하여 이것만으로 이를 해악의 고지로 볼 수도 없다고 하겠다.

(3) 원심은 이와 같은 사실관계를 바탕으로 하여 이 사건 주식 매매계약

전후를 둘러 싼 사정이 위와 같은 이상 원고는 자신이 바라던 금융지원을 받을 수 없게 되었음을 알고 도산을 면할 다른 대안이 없는 상태에서 국제상사를 제 3 자에게 인수시킨다는 방안을 받아들인 것으로 보여지고 이것이 자신이 바라던 바가 아니었다 하여도 이로써 막바로 원고의 이 사건 주식 등 매매 의사표시가 강박에 의한 하자 있는 의사표시가 되는 것이라 볼 것은 아니라고 판단하고 있다.

나. 원심이 이 사건 주식 매매계약을 체결한 과정과 경위에 관하여 한 위와 같은 사실인정은 정당한 것으로 수긍이 가고, 거기에 채증법칙 위반으로 인한 사실오인의 위법이 없다.

다. 일반적으로 강박에 의한 의사표시라고 하려면 상대방이 불법으로 어떤 해악을 고지함으로 말미암아 공포를 느끼고 의사표시를 한 것이어야 한다(대법원 1979. 1. 16. 선고 78다1968 판결 참조). 따라서 위에서 본 바와 같이 부실기업임이 분명한 국제그룹의 주거래은행으로서 채권자인 제일은행이 부도 직전의 국제그룹에 계속적으로 무한정 자금을 대여할 수도 없고, 또한 이미 거액의 자금이 묶이게 되어 국제그룹이 도산할 경우 주거래은행인 제일은행 자신마저도 부실화될 위험에 처하게 된 상황에서 어떤 방법으로든지 국제그룹의 정상화 방안을 강구하는 것은 채권자로서 당연한 조치라고 할 것이므로 위에서 본 바와 같이 국제그룹을 제 3 자에게 인수시키는 방안을 선택한 것 자체를 원고에 대한 강박으로 볼 수 없음이 명백하다. 그렇지만 채권자인 제일은행이 위 방안을 원고에게 통보하고 이를 실현해 나감에 있어 원고가 반대함에도 불구하고 원고에게 불응하면 어떤 해악이 초래될 것임을 고지하여 원고가 이에 응할 수밖에 없도록 강요하였다면 강박이 될 수도 있겠으나, 위에서 본 바와 같이 제일은행이 더 이상 자금 지원을 하지 아니하는 한 국제그룹 전체는 즉각 도산하고 원고는 당좌수표의 부도로 인하여 형사처벌까지도 당할 위험에 처해 있었기 때문에 원고 스스로도 여러 차례 검토를 한 연후에 뚜렷한 반대 없이 제일은행의 결정을 받아들인 것임이 분명하므로 그 과정에서 일어난 제일은행의 일련의 조치를 해악의 고지라고 할 수 없다.

다만 이 사건에서 문제가 되는 것은 제일은행의 위와 같은 정책결정이 스스로의 판단에 의한 것이 아니라 앞에서도 살핀 바와 같이 재무부장관이 위법하게 공권력을 행사하여 위 방안을 채택하도록 하였다는 데 있다. 그러나 원래 재무부장관은 금융기관의 불건전채권 정리에 관한 행정지도를 할 권한과 책임이 있고, 이를 위하여 중요한 사항은 대통령에게 보고하고 지시를 받을 수도 있는 것으로 우리나라 10대 재벌에 속하고 38,800여 명의 종업원이 일하고 있는 국제그룹의 도산 위험은 국민경제에 미치는 심대한 영향을 생각할 때 재무부로서도 주요한 사안이라고 하지 않을 수 없을 것이므로 부실채권의 정리에 관하여 주거래은행에 대하여 행정지도를 함에 있어 사전에 대통령에게 보고하여 지시를 받는다고 하여 위법하다고 할 수는 없을 것이다. 다만 재무부장관이 대통령의 지시에 따라 정해진 정부의 방침을 행정지도라는 방법으로 제일은행에 전달함에 있어 실제에 있어서는 통상의 행정지도의 방법과는 달리 사실상 지시하는 방법으로 행한 것이 헌법상의 법치주의 원리, 시장경제의 원리에 반한다는 것일 뿐이다. 그러나, 이 사건의 경우 원고에 대한 주식매각 권유의 목적은 요컨대 위 국제그룹이 경영부진으로 도산위기에 처하였기 때문에 이를 재무구조가 건실한 제 3 의 기업이 인수하도록 함으로써 대외적 신용 저하의 방지, 고용의 안정, 관련기업의 보호 등 국민경제상의 공공이익을 도모하는 데 있다고 할 것이므로, 이러한 목적으로 행한 위 행정지도(매각 권유의 지시)가 비록 위헌적이라 하더라도 그러한 지시가 매매 당사자인 원고에 대하여 행하여진 것이 아니라 채권자인 제일은행에 대하여 행하여졌고 그 후 제일은행의 판단으로 이러한 지시를 받아들여 원고와 사이에 앞에서 본 바와 같이 상당히 오랜 시간 동안 여러 차례에 걸쳐 그 매각 조건에 관한 협상을 벌여왔고 그 과정에서 원고는 고문변호사의 조언까지 받아 그 매각 조건에 관한 타협이 이루어져 이 사건 주식 매매계약이 최종적으로 성사된 이상 재무부측의 행정지도가 원고에 대한 강박이 될 수 없고, 재무부당국자가 원고에 대한 강박의 주체가 될 수도 없다고 하겠다. 그 밖에 제일은행측에서 해체 방안을 원고에게 통보함에 있어 특별히 해악을 고지한 바 없었고, 그럼에도 불구하고 원고가 그 제의를 면밀히 검토한 후 특별한 반대의 의사표시 없이 이를 받아들인 것임이 앞에서 본 바와 같은 이상 이 사건 주식매매가 강박에 의하여 이루어졌다고 할 수는 없을 것이다. 그러므로 같은 취지로 판단한 원심판결은 정당하고, 거기에 강박의 주체 및 내용에 관하여 심리미진 및 법리오해의 위법이 있다는 상고이유는 받아들일 수 없다.

　　라. 이 사건 주식 양도행위가 강박에 의한 의사표시라고 인정할 수 없는 이상, 그것이 강박에 의한 의사표시에 해당함을 전제로 하여 민법 제110조 제 2 항의 취소권 행사의 제한을 인정한 가정판단이나 법정추인을 인정하는 취지의 가정판단이 위법하다는 취지의 상고이유는 더 나아가 살펴볼 필요 없이 이유 없다.

질문

(1) 이 사건의 쟁점과 결론을 분석해보시오.

(2) 법률행위의 성립 과정에서 불법이 사용된 경우, 반사회적 법률행위에 해당하는가?

(3) 재무부장관의 주거래은행에 대한 행정지도가 위헌인 경우(이에 관해서는 헌재 1993. 7. 29, 89헌마31 참조), 이를 받아들인 주거래은행의 권유에 따라 성립된 주식 매매계약이 반사회질서 행위인가? 이 사건에 관한 헌재 결정을 찾아 읽어보시오.

(4) 당사자의 일방이 독점적·우월적 지위를 악용하여 부당한 이득을 취한 경우, 반사회질서 행위인가?

(5) 이 사건 주식 매매계약은 불공정한 법률행위에 해당하는가?

(6) 이 사건에서 재무부의 행정지도는 강박에 해당하는가?

> **[판결 2] 변호사 소송위임약정에서 과다한 보수액의 통제: 대판(전) 2018. 5. 17, 2016다35833**

[주   문]

원심판결 중 착수보수금과 부가가치세에 관한 약정금 청구 부분을 파기하고, 이 부분 사건을 서울동부지방법원에 환송한다. 나머지 상고를 모두 기각한다.

[이   유]

상고이유를 판단한다.

1. 약정금 청구

가. 착수보수금과 부가가치세 관련

(1) 변호사의 소송위임 사무처리 보수에 관하여 변호사와 의뢰인 사이에 약정이 있는 경우 위임사무를 완료한 변호사는 원칙적으로 약정 보수액 전부를 청구할 수 있다. 다만 의뢰인과의 평소 관계, 사건 수임 경위, 사건처리 경과와 난이도, 노력의 정도, 소송물 가액, 의뢰인이 승소로 인하여 얻게 된 구체적 이익, 그 밖에 변론에 나타난 여러 사정을 고려하여, 약정 보수액이 부당하게 과다하여 신의성실의 원칙이나 형평의 관념에 반한다고 볼 만한 특별한 사정이 있는 경우에는 예외적으로 적당하다고 인정되는 범위 내의 보수액만을 청구할 수 있다(대법원 1991. 12. 13. 선고 91다8722 판결, 대법원 2014. 3. 27. 선고 2012다50353 판결 등 참조). 그런데 이러한 보수 청구의 제한은 어디까지나 계

약자유의 원칙에 대한 예외를 인정하는 것이므로, 법원은 그에 관한 합리적인 근거를 명확히 밝혀야 한다(대법원 2009. 9. 10. 선고 2009다40677 판결, 대법원 2014. 7. 10. 선고 2014다18322 판결 등 참조).

　　이러한 법리는 대법원이 오랜 시간에 걸쳐 발전시켜 온 것으로서, 현재에도 여전히 그 타당성을 인정할 수 있다. 그 이유는 아래와 같다.

　　(가) 사적 자치와 계약자유의 원칙은 사법私法의 기본원리로서 사법적인 법률관계를 규율하는 기초를 형성하고 있다. 그러나 이러한 원칙이 아무런 제한 없이 절대적으로 인정되는 것은 아니다. 우리 민법은 통칙에서 신의성실과 권리 남용의 금지를 민법의 중요한 원칙으로 선언하고 있다. 신의성실의 원칙은 법질서 전체를 관통하는 일반 원칙으로서 실정법이나 계약을 형식적이고 엄격하게 적용할 때 생길 수 있는 부당한 결과를 막고 구체적 타당성을 실현하는 작용을 한다. 사적 자치나 계약자유도 신의칙에 따라 제한될 수 있고, 구체적 사안에서 그 적용 범위가 문제 될 뿐이다.

　　(나) 위임이나 신탁과 같은 계약은 당사자 사이의 신뢰관계를 기초로 상대방의 권리와 이익을 보호하는 데에 목적이 있으므로, 단순히 급부의 교환에 그치는 매매와 같은 계약에 비하여 신의칙과 형평의 관념이 강하게 작용한다.

　　의뢰인이 변호사에게 소송을 위임하는 경우 변호사는 전문적인 법률지식을 활용하여 일체의 소송행위를 할 수 있다. 특히 변호사법은 법률사무 전반을 변호사에게 독점시키되, 변호사는 기본적 인권을 옹호하고 사회정의를 실현함을 사명으로 하고, 공공성을 지닌 법률 전문직으로서 독립하여 자유롭게 직무를 수행한다고 선언하면서(제1조, 제2조), 여러 규정을 통해 직무에 관한 고도의 공공성과 윤리성을 요구하고 있다(대법원 2015. 7. 23. 선고 2015다200111 전원합의체 판결 등 참조). 이처럼 변호사의 직무수행이 영리추구가 목적인 상인의 영업활동과 중대한 차이가 있다는 점은 소송위임계약에 관하여 신의칙을 적용할 때에도 고려하여야 한다.

　　(다) 소송위임사무 등 법률서비스의 제공은 고도의 전문지식이 필요한 것으로 원칙적으로 변호사만이 할 수 있다. 법률전문가인 변호사와 의뢰인 사이에는 소송의 쟁점, 법리, 절차, 난이도 등에 관한 정보의 불균형이 존재할 수밖에 없다. 변호사 보수가 반드시 일반적인 수요와 공급의 법칙에 따라 적정 수준으로 결정되고 있다고 볼 수는 없다. 변호사 보수에 대한 예측가능성을 확보할 수 있는 장치도 충분히 마련되어 있지 않다. 이는 과거뿐만 아니라 변호사 시험제도의 실시 등으로 다수의 변호사가 배출되고 있는 현 상황에서도 여전히 마찬가지이다.

(라) 우리 민법은 위임에 따른 보수를 제한하는 명시적 규정이 없다. 변호사 보수에 관하여 공서양속에 관한 민법 제103조나 불공정 법률행위에 관한 민법 제104조를 적용하여 구체적으로 타당한 결론을 도출하는 데에는 한계가 있다. 또한 민법 제103조나 제104조에 따른 효과는 법률행위의 전부 무효가 원칙이므로 이 규정들을 통하여 변호사 보수 제한에 관한 적정한 결론을 도출하기도 어렵고, 신의칙을 적용하여 그 보수를 제한하는 것에 비하여 우월하다고 보기도 어렵다.

위 두 조항의 요건을 충족하지는 않지만 소송위임계약에서 정보 불균형, 교섭력의 차이 등으로 말미암아 약정 보수액이 지나치게 많아 그 청구를 예외적으로 제한할 필요가 있는 경우가 있다. 특히 소송위임계약 이후의 소송 경과에 따라 당사자들이 예상할 수 없는 사정변경이 생겨 당초 약정한 보수액이 과도하게 불합리하다고 판단되는 경우도 있다. 이러한 경우 신의칙은 법 규정의 흠결을 보충하여 구체적 타당성을 도출하는 기능을 할 수 있다. 과도한 변호사 보수 청구를 적정한 수준으로 제한하는 것은 당사자의 진정한 의사에 부합할 뿐만 아니라, 당사자 사이에 보수에 관한 약정이 없는 경우 변호사가 위임인을 상대로 적정 보수를 청구할 수 있다는 것(대법원 1995. 12. 5. 선고 94다50229 판결 등)과도 균형이 맞는다.

(마) 법원이 적정한 결론을 도모한다는 구실로 신의칙에 기대어 당사자 사이의 계약 내용을 함부로 수정·변경하는 것은 당연히 경계하여야 한다. 그러나 대법원은 변호사 보수 청구 제한의 법리를 발전시켜 오면서, 이러한 법리가 계약자유의 원칙을 제한·수정하는 예외적인 것이므로 그 적용에 신중을 기하여야 한다는 입장을 밝혀 왔고, 보수 청구를 제한하는 경우 그에 관한 합리적 근거를 명확히 밝혀야 한다고 판단해 왔다. 이러한 판례를 통하여 변호사 보수에 대해 신의칙을 적용함으로써 생길 수 있는 우려는 해소되었다고 볼 수 있다.

(2) 원심은 아래와 같은 사정을 종합하여, 원고와 피고들이 소송위임계약에서 약정한 변호사 보수(착수보수금과 부가가치세) 3,850만 원이 부당하게 과다하여 신의성실의 원칙과 형평의 관념에 반한다는 이유로 변호사 보수를 2,000만 원으로 감액한 다음, 감액된 변호사 보수 채권이 모두 변제되어 소멸하였다고 판단하여 이 부분 원고의 청구를 받아들이지 않았다.

(가) 원고는 피고들 등으로부터 소송위임을 받아 대한민국을 상대로 국가배상을 청구하는 소를 제기하여 소송(이하 '원고 제기 소송'이라 한다)을 수행하였는데, 결국 각하 또는 기각 판결을 선고받았다. 원고 제기 소송의 소가가 3억 6,700만 원이고 당사자가 다수이나, 당사자 사이에 쟁점이 일치한다.

(나) 원고와 피고 2는 고등학교 동창이다. 원고는 원고 제기 소송 사건의 첫 변론기일 전인 2014. 8. 19. 피고 1로부터 원고 제기 소송의 원고들 중 324명이 원고에 대한 소송위임을 철회한다는 통보를 받았다. 그런데도 원고는 그들의 소송대리인 지위를 사임하지 않고 소송을 수행하였다.

(3) 그러나 앞서 본 법리와 기록에 비추어 살펴보면, 원심의 판단은 그대로 받아들이기 어렵다. 원심이 제시한 사정만으로 이 사건 변호사 보수가 부당하게 과다하여 신의성실의 원칙이나 형평의 관념에 반한다고 볼 만한 특별한 사정이 있다고 보기 어렵다. 그 이유는 다음과 같다.

(가) 이 사건 소송위임계약에서 약정한 착수보수금은 1인당 10만 원이다. 원고는 위 금액이 피고 측이 관련 형사고소사건의 변호사 선임비용으로 지급한 금액과 같고 피고 측이 먼저 원고에게 제의하였다고 주장하였는데, 이에 대해 피고들은 원심에 이르기까지 아무런 반박도 하지 않았다.

원고 제기 소송은 소외인의 500억 원이 넘는 횡령과 그로 인한 전국교수공제회(이하 '공제회'라 한다)의 파산으로 공제회에 퇴직금 등을 불입했던 피고들을 포함한 회원들이 손해를 입은 것과 관련하여 대한민국을 상대로 공제회 등에 대한 관리·감독의 책임을 물어 손해배상을 청구한 것이다. 원고 제기 소송의 소가가 3억 6,700만 원인 것은 위 소송의 원고 1인당 청구금액이 100만 원이었기 때문이다. 그런데 1인당 청구금액 100만 원이 부당히 고액이라고 보기 어렵고, 그 10%인 10만 원을 1인당 착수보수금으로 정한 것도 고액의 변호사 보수로 보기 어렵다.

(나) 원고 제기 소송은 검찰과 금융감독기관(금융위원회와 금융감독원)의 직무유기 등을 다투는 것으로 쟁점이 단순하거나 쉬운 것이 아니고, 소 제기 후 판결선고 시까지 소송 기간도 1년 5개월 이상 걸렸다.

(다) 원고는 소송 과정에서 준비서면을 7번 제출하고, 서증을 5번 제출하였으며, 9번의 사실조회신청을 하는 등 소송수행을 하였다.

(라) 원고 제기 소송에서 원고는 결과적으로 패소판결을 받았으나, 다른 변호사들도 동일한 내용의 손해배상청구 소송에서 패소판결을 받기는 마찬가지여서, 특별히 원고의 소송수행상 과실이 인정된다고 단정하기도 어렵다. 또한 착수보수금은 소송결과와는 무관하게 소송위임사무를 완료한 경우 전부 청구할 수 있는 성격의 것이다.

(마) 한편 원고는 원고 제기 소송의 첫 변론기일 전 피고 1로부터 '그 소송의 원고들 중 324명이 원고에 대한 소송위임을 철회한다'는 통보를 받았다. 그러나 원고가 2014. 4. 14. 소를 제기한 다음 피고 1은 2014. 4. 22. 원고의 소 제

기를 추인함과 아울러 향후 절차에 대해서는 자신이 아닌 피고 2와 협의하라고 하였다. 이러한 사정에 비추어 보면, 피고 1이 피고 2 등 다른 피고들의 의사에 반하여 소송위임 철회를 통보한 것으로 볼 수 있다. 따라서 위 통보를 받고서도 원고가 소송수행을 계속한 것에 어떠한 잘못이 있다고 단정하기 어렵다.

원고 제기 소송의 제 1 심과 제 2 심 역시 '소 제기 이후 다수 원고들이 소 취하서를 제출하였으나, 소취하 의사에 더하여 원고를 소송대리인에서 해임하는 의사를 표시한 것으로까지 보기는 어렵다.'고 판단하였다.

(4) 결국 위와 같은 원심의 판단에는 신의성실의 원칙과 형평의 관념에 기초한 변호사 보수 청구 제한에 관한 법리를 오해하여 판결에 영향을 미친 잘못이 있다. 이 점을 지적하는 상고이유 주장은 정당하다.

원고는, 원고에게 착수보수금 중 2,000만 원을 송금한 사람이 '피고 1'인데도 원심이 '피고들'이라고 판단하고, 원고가 '착수보수금을 2,000만 원으로 감액해 달라'는 피고 1의 요청을 거절하였는데도 원심이 마치 원고가 위 감액요청을 수용한 것처럼 판단한 것이 부당하다고 주장하고 있다. 이는 모두 판결에 영향이 없는 부분을 다투는 것으로 판결 결과에 영향이 없다.

나. 인지대와 비용예치금 관련

원고는, 피고들 모두 소송위임계약의 당사자이므로 위 계약에 따른 약정금 지급채무를 연대채무로 보아야 한다고 주장한다. 그러나 피고들이 연대하여 인지대와 비용예치금을 지급하기로 약정하였다고 볼 특별한 사정이 없는 이 사건에서, 원심이 약정금 지급채무를 분할채무로 판단한 것은 정당하다. 이와 다른 전제에 선 상고이유 주장은 받아들이지 않는다.

2. 손해배상 청구

이 부분 상고이유 요지는, 피고 1의 횡령 또는 배임, 명예훼손에 의한 불법행위와 관련된 사실들은 당사자 사이에 다툼이 없거나 이를 인정할 증거가 있는데도 원심이 구체적인 이유를 제시하지 않고 단순히 증거가 없다거나 명예훼손으로 보기 어렵다고 판단하였으므로 위법하다는 것이다. 그러나 이는 원심의 전권인 증거의 취사선택과 평가나 사실인정을 다투는 것일 뿐만 아니라, 기록에 비추어 살펴보더라도, 원심판결에 논리와 경험의 법칙에 반하여 자유심증주의의 한계를 벗어나는 등의 잘못이 없다.

3. 결론

원심판결 중 착수보수금과 부가가치세에 관한 약정금 청구 부분에 관한 상고는 이유 있으므로 이 부분을 파기하여 이 부분 사건을 다시 심리·판단하도록 원심법원에 환송하기로 하고, 나머지 상고는 이유 없어 이를 모두 기각하기로 하여, 주문과 같이 판결한다. 이 판결에는 [대법관 2인의] 별개의견이 있는 외에는 관여 법관의 의견이 일치되었다.

4. 약정금 청구 중 착수보수금 및 부가가치세 관련 부분에 대한 [대법관 2인의] 별개의견

가. 다수의견은 신의성실의 원칙이나 형평의 관념에 근거하여, 당사자가 계약으로 정한 변호사보수액이 부당하게 과다하다고 인정되면 이를 감액할 수 있다고 한다.

그러나 다수의견은 계약을 지키지 않겠다는 당사자의 손을 들어주어 우리 민법의 기본 원리인 사적 자치의 원칙과 법적 안정성을 해치고, 법원 즉 국가에 계약을 수정할 권한을 인정하는 결과가 되어 자유민주주의와 시장경제질서를 천명한 헌법 원리에 어긋나는 문제점을 드러내고 있다.

나. 구체적으로는 아래와 같은 이유로 다수의견의 논리에 동의할 수 없고, 신의칙 또는 형평의 관념에 의해서는 당사자가 계약으로 정한 변호사보수금을 감액할 수 없음을 밝힌다.

(1) 헌법 제10조는 '모든 국민은 행복을 추구할 권리를 가진다'라고 규정하고 있다. 행복추구권에는 일반적 행동자유권이 포함되고, 일반적 행동자유권으로부터 사적 자치의 원칙이 파생된다. 또한 헌법은 전문과 제4조에서 자유민주적 기본질서를 천명하고, 헌법 제119조 제1항은 '대한민국의 경제질서는 개인과 기업의 경제상의 자유와 창의를 존중함을 기본으로 한다'라고 하여 시장경제질서를 기본 이념으로 선언하고 있다.

사적 자치의 원칙은 시장경제질서의 기초가 되는 헌법상의 원리이다. 이러한 사적 자치의 원칙이 법률행위의 영역에서 나타난 형태인 계약자유의 원칙은 계약의 체결 여부, 계약의 상대방, 계약의 방식과 내용 등을 당사자의 자유로운 의사로 결정하는 자유를 말한다. 이는 시장에 참여한 사람들이 저마다 자유로운 경쟁 아래 최적의 계약조건을 탐색하고 자신의 조건을 수정하는 과정을 거친 끝에 서로 간에 의사가 합치되는 지점을 찾아낸 경우 그 지점에서 계약이 이루어지도록 하는 것이 가장 합리적·효율적인 의사결정 방법이 된다는 시장경제에 대한 믿음을 바탕으로 한다.

이러한 계약자유의 원칙에 따라 체결된 계약은 지켜져야 하고, 계약 실현에 대한 당사자들의 신뢰 역시 보호되어야 한다. 계약이 그 내용대로 준수되리라는 믿음에 대한 법적 안정성이 확보되지 않는다면 시장경제질서도 원활하게 작동할 수 없다.

물론 사적 자치의 원칙 또는 계약자유의 원칙은 무제한의 절대적 자유를

의미하는 것은 아니다. 우리 헌법 역시 제23조와 제37조 제 2 항에서 재산권의 행사 등 권리가 제한될 수 있음을 분명히 하고 있지만, 그렇더라도 필요한 경우에 한하여 법률로써 제한할 수 있을 뿐이다. 민법은 반사회질서의 법률행위(제103조), 불공정한 법률행위(제104조) 등 법률행위의 무효사유를 개별적·구체적으로 규정하고 있다. 또한 '손해배상의 예정액이 부당히 과다한 경우에는 법원은 적당히 감액할 수 있다'고 하는 민법 제398조 제 2 항과 같이 명시적으로 계약의 내용을 수정할 수 있다고 규정하는 법률 조항도 존재한다.

그러나 신의칙과 관련하여서는 민법 제 2 조 제 1 항에서 '권리의 행사와 의무의 이행은 신의에 좇아 성실히 하여야 한다'라고 규정하고, 제 2 항에서 '권리는 남용하지 못한다'라고 규정할 뿐 이를 법률행위의 무효사유로 규정하고 있지는 않다. 그러므로 민법 제 2 조의 신의칙 또는 민법에 규정되어 있지도 않은 형평의 관념은 당사자 사이에 체결된 계약을 무효로 선언할 수 있는 근거가 될 수 없다.

그럼에도 신의칙 또는 형평의 관념 등 일반 원칙에 의해 개별 약정의 효력을 제약하려고 시도하는 것은 앞에서 본 헌법적 가치에 정면으로 반한다.

(2) 당사자가 체결한 계약의 실현을 보장하는 것은 법원의 사명이다. 계약을 이행하겠다고 하는 당사자와 이행하지 못하겠다고 하는 당사자 사이에서 법원은 계약을 이행하지 않겠다고 하는 당사자에게 이행을 명함으로써 계약을 이행하고자 하는 당사자를 보호해야 한다. 이 사건에서 원고는 계약을 그 내용대로 이행하여야 한다고 주장하고, 피고 1은 자신이 체결한 계약에 법이 정한 무효 또는 취소 사유가 없는데도 이를 이행하지 않겠다고 다툰다. 이런 상황에서 원심은 계약을 지키지 않겠다고 하는 위 피고의 손을 들어주었다. 법원은 그 역할에 충실하지 못했고 오히려 그 역할에 반하는 결론을 내렸다고 볼 수밖에 없다.

개인은 자신의 자유로운 선택과 결정에 따라 행동하고 그에 따른 결과를 다른 사람에게 귀속시키거나 전가하지 아니한 채 스스로 이를 감수하여야 한다는 '자기 책임의 원칙'은 계약을 둘러싼 법률관계에도 그대로 적용되어, 당사자는 자신이 계약을 체결한 결과 발생하게 되는 이익이나 손실을 스스로 감수해야 한다. 당사자들은 자신의 이해관계를 사안에 적합하도록 조정하여 합치된 의사로 적정 대가를 정해 계약을 체결하고 있고, 이는 변호사보수약정에 있어서도 마찬가지이다.

변호사는 추후에 약정보수액이 감액될 것을 각오하고 보수약정을 하는 것이 아니다. 의뢰인은 자신이 한 약속에 따라 약정된 보수를 지급해야 하는 것일 뿐 새로운 손해를 입는 것이 아니다. 약속을 지키지 않고 약정보수액의 감액을 요구하는 당사자의 주장은 약속이 지켜지리라고 믿은 상대방의 신뢰보다 우선할 수 없고, 신의칙이 그 도구가 되어서도 안 된다. 자신이 지급하기로 약정한 대가를 지급하지 않으려는 의뢰인의 행태야말로 신의칙에 반하는 것이다.

법원은 계약에 따른 정당한 권리행사를 신의칙으로 제한할 것이 아니라 오히려 신의칙을 내세워 약속을 지키지 않으려는 태도를 계약 위반이라고 단호하게 선언하여야 마땅하다.

(3) 다수의견은 법원이 주어진 소명에 충실하지 못하게 된다는 결과 그 이상의 심각한 문제를 안고 있다. 바로 법원이 당사자가 정한 계약 내용을 수정할 수 있는 권한을 법률상 근거 없이 스스로 창설했다는 문제이다.

다수의견은 신의칙이나 형평의 관념에 비추어 계약 내용의 일부만 유효하고 나머지 부분은 효력을 인정할 수 없다고 한다. 계약을 지켜야 한다는 명제는 계약의 내용을 온전히 지켜야 한다는 것이지 그중 일부만 지켜도 된다는 의미가 아니다. 계약의 내용 중 일부가 무효라는 판단은 사실상 당사자가 체결한 계약을 법원이 수정하는 것과 같다. 법원이 당사자가 약정한 보수가 과다하다는 이유로 계약의 구체적 내용에 개입하여 약정의 일부를 무효라고 선언하는 것은 사적 자치의 원칙에 대한 중대한 제약이고, 자유민주주의와 시장경제질서를 기본이념으로 하는 대한민국의 헌법 정신에도 반한다. 국민이 자유로운 의사에 기초하여 체결한 계약의 내용보다 국가가 선언하는 내용이 정의에 부합한다는 국가만능주의를 선언하는 셈이 된다.

더구나 법원이 이러한 계약 수정 권한을 가진다는 일반 규정이나, 변호사보수에 관한 구체적 근거 규정은 찾아볼 수도 없다. 그런데도 다수의견은 신의칙과 형평의 관념을 근거로 내세워 계약의 일부 무효를 선언하며 계약 내용을 수정할 수 있다고 한다.

신의칙이 계약의 무효를 선언하는 근거가 될 수 없음은 앞에서 보았다. 그뿐 아니라 개별적·구체적인 법률의 근거 없이 신의칙에 기대어 계약 내용을 수정할 수 있다는 발상은 매우 위험하다. 만약 신의칙이 계약 수정의 근거 규정이될 수 있다면 민법 규정 중 상당수는 없어도 무방하다. 법원은 신의칙만으로도 얼마든지 스스로 합당하다고 인정하는 결론을 내리는 것이 가능하기 때문이다.

신의칙에 관한 민법 제 2 조는 그 개념이 추상적인 일반 조항이다. 구체적인 사안에서 법원이 이러한 일반 조항을 적용할 때에는, 분명한 이유를 대기 어려운 어떤 결론을 정당화하기 위한 편의적인 적용, 즉 '일반조항으로의 도피'가 되지 않도록 주의하여야 한다. 또한 신의칙이 우리 민법의 대원칙이라면 그 원칙은 당연히 입법 과정에서도 반영되었을 것인데, 그러한 입법 과정을 거친 실정법의 개별 조항에 의해 명백히 인정되는 권리 · 의무의 내용을 신의칙을 이유로 변경하는 것은 법체계에 심각한 혼란을 초래하여 법의 권위와 법적 안정성에 큰 위협이 될 수 있다. 대법원도 이미 신의칙과 같은 일반 원칙을 적용하여 법이 두고 있는 구체적인 제도의 운용을 배제하는 것은 법 해석에 있어 또 하나의 대원칙인 법적 안정성을 해할 위험이 있으므로 그 적용에 있어서는 신중을 기하여야 한다고 누차 판시해 왔다(대법원 2008. 5. 29. 선고 2004다33469 판결 등 참조). 따라서 신의칙 등 일반 원칙을 직접 적용하여 실정법의 운용을 사실상 수정하는 것은, 비록 그 목적이 성문법을 기계적으로 적용함으로써 발생하는 불합리한 결과를 방지하기 위한 것이라고 하여도, 개별적인 사안의 특수성때문에 법률을 그대로 적용하면 도저히 참을 수 없는 부당한 결과가 야기되는경우에 최후 수단으로, 그것도 법의 정신이나 입법자의 결단과 모순되지 않는범위 안에서만 고려해 볼 수 있는 방안에 불과하다.

　　변호사보수액이 과다한 면은 있으나 사회질서에 반한다거나 불공정하다고할 정도에는 이르지 않아 민법 제103조와 제104조에 의해 무효라고 할 수 없는경우라고 하여, 의뢰인으로 하여금 스스로 약정한 보수액을 전부 지급하도록 하는 것이 도저히 참을 수 없는 부당한 결과를 야기하는 것이라고 볼 수 있는지의문이다. 다수의견은 단순히 보수액이 과다하므로 이를 감액할 필요가 있다는점에 집착한 나머지 너무 쉽게 신의칙으로 도피하여 전체 법체계에 맞지 않는무리한 법리를 구성하고 있다.

　　(4) 또한 다수의견이 기준으로 삼고 있는 '적당하다고 인정되는 범위 내의보수액'이란 모호하고 불확정적인 내용으로서 도대체 어느 정도의 보수가 적정하다는 것인지 알 수 없다는 점도 심각한 문제다. 신의칙은 앞에서 본 것과 같이 추상적 규정이고 구체적인 판단의 기준을 전혀 제시하고 있지 않다. 적당하다고 인정되는 범위를 초과하여 신의칙 또는 형평의 관념에 반하는지 여부에관해 구체적인 기준을 세운다는 것은 사실상 불가능하다. 다수의견은 의뢰인과의 평소 관계, 사건 수임 경위, 사건처리 경과와 난이도, 노력의 정도, 소송물의가액, 의뢰인이 승소로 인하여 얻게 된 구체적 이익, 그 밖에 변론에 나타난 여러 사정을 고려하여 적당하다고 인정되는 범위를 정하고 그 범위를 넘어서는것은 부당하게 과다하다고 하는데, 위에서 든 여섯 가지 요소 역시 추상적인 내용에 불과하여 적정한 보수액을 설정하는 구체적 기준이 되기 어려운 것은 마찬가지이다.

　　적정한 보수액의 범위에 대한 기준이 제시되지 않는다면 그 적정성 여부는전적으로 법원의 결정에 의존할 수밖에 없다. 그뿐만 아니라 법관마다 적정하다고 생각하는 보수액의 범위가 같다고 할 수도 없다. 결국 소송위임계약에서 유효하다고 인정되는 보수액의 범위는 법원의 판단을 받아야 분명해지고, 법관마다 기준이 달라 하급심과 상급심의 결론이 엇갈리면 대법원의 판단까지 있어야 보수액이 최종적으로 정해진다. 그러므로 다수의견에 따르게 되면, 당사자는 계약을 자신의 의사에 따라 체결하고도 계약서 문언대로 효력이 발생하리라는 기대를 가질 수 없다. 계약서의 문언상 명백하고 당사자가 확실하게 알고 있는 계약의 내용에 대해서까지 법원의 판단을 받게 함으로써 법률관계의 불확실성을 야기하고, 법적 분쟁의 증가를 초래한다. 법원에 가서 신의칙을 주장하면 보수액이 감액될 수 있다는 희망을 가지게 함으로써 결국 계약대로 이행하지 않아도 된다는 인식을 법원이 앞장서서 만들고 있는 것은 아닌지 우려된다.

(5) 판례는 당초에는 변호사의 공적인 지위, 자격이 인정된 소수가 시장을 독점하는 성격 등을 이유로 조심스럽게 보수의 감액을 인정한 것으로 보인다. 계약 체결 후 여러 상황을 돌이켜보니 약정한 보수가 과다하다는 생각은 할 수 있다. 그런데 이는 변호사 보수뿐만 아니라 매매계약의 매매대금, 임대차계약의 차임 등 모든 계약에서 발생할 수 있는 상황이다. 그러나 판례는 모든 계약에서 신의칙을 근거로 약정한 반대급부의 규모를 조절하지는 않았다. 유독 위임계약 특히 소송위임계약에서만 비교적 쉽고 광범위하게 변호사 보수의 감액을 인정해 왔다. 법관이 비교적 익숙한 분야라고 하여 이러한 판단을 한 것이라면 합리적 근거 없이 변호사 직역을 다른 직역과 차별하는 것이다. 변호사의 공익적 지위와 독점적 성격에 기대어 엄격한 기준을 적용할 수 있다고도 볼 수 있으나, 최근에는 법무사와 중개사의 보수, 신탁회사의 신탁보수 등에 대하여도 신의칙과 형평의 관념을 들어 그 보수의 감액을 인정하며 위임계약 일반으로 법리가 확장되는 추세를 보이고 있으므로, 더 이상 공익적 지위 등을 이유로 내세울 수도 없게 되었다.

더욱 우려되는 것은, 이러한 추세에 의하면 앞으로 매매계약 등 다른 계약에까지 대금의 감액을 인정하지 않으리라는 보장이 없다는 점이다.

시장경제질서 아래에서 국가의 개입은 경제활동을 시장에만 맡겨둘 경우 경제적 효율성을 확보하지 못하거나 거기에서 파생되는 사회적 문제들을 스스로 해결하지 못할 때에 이를 보완하는 수단으로만 사용되어야 한다. 국가의 개입이 언제나 효율성을 담보하는 것도 아니다. 특히 계약자유에 대한 국가의 개입이 공공복리 또는 정의나 형평의 관념에 비추어 정당화될 수 없는 예외적인 사정이 존재하지 아니하는 상황임에도, 계약의 본질적 부분인 급부와 반대급부의 등가관계에 대한 구체적이고도 직접적인 통제라는 방법을 통하여 일반적으로 이루어지게 되면, 이는 사적 자치를 근본적으로 허무는 것이어서 우리 헌법질서 아래에서 정당화될 수 없다.

우리 민법은 계약이 사회질서에 반하거나 공정하지 않아 그 효력이 인정되지 않는 경우를 제103조와 제104조에서 명확하게 규정하고 있다. 즉 민법은 여기에 해당하지 않는다면 약정한 대가가 과다하다고 하더라도 계약자유의 원칙으로 돌아가 계약 내용대로 효력을 인정하겠다고 선언하고 있다고 볼 수 있다. 이것은 법 규정의 흠결이 아니라 법률의 결단이다. 만일 이러한 경우에도 당사자 형평 등을 고려하여 계약 내용의 수정이 필요하다면, 헌법에서 정한 대로 구체적 법률 규정을 마련하여야 옳지, 일반 규정인 신의칙을 적용하는 방법으로 해결할 수는 없다.

다. 그럼에도 원심은 원고와 피고들이 소송위임계약에서 약정한 변호사 보수(착수보수금과 부가가치세) 3,850만 원이 부당하게 과다하여 신의칙 및 형평의 원칙에 반한다는 이유로 위 변호사 보수를 2,000만 원으로 감액한 다음, 이렇게 감액된 변호사 보수 채권이 모두 변제되어 소멸하였다고 판단하여 이 부분 원고의 청구를 배척하였다. 이러한 원심판단에는 위에서 본 신의칙과 형평의 관념에 관한 법리를 오해하여 판결 결과에 영향을 미친 잘못이 있으므로, 원심판결 중 착수보수금과 부가가치세에 관한 약정금 청구 부분은 파기되어야 한다.

라. 이상과 같은 이유로, 원심판결이 파기되어야 한다는 결론에서는 다수의견과 의견을 같이 하지만 그 파기의 이유는 달리하므로, 별개의견으로 이를 밝혀 둔다.

질문 및 제안

(1) 위 판결에서 문제된 '변호사보수약정'에 대한 규율은 우리나라에서 역사적으로 오랜 전통이 있다. 이를 탐색하여 보라. 그리고 그 이유를 생각하여 보라.

(2) 신의칙에 대하여는 민법 제2조에 규정이 있다. 그러나 형평의 관념에 기하여 계약의 내용을 통제할 수 있다는 법리는 그 근거가 무엇인가?

(3) 민법 제103조 또는 제104조에 의한 법률행위의 무효와 위 판결에서 선언하는 약정된 대가의 삭감은 어떠한 차이가 있는가?

(4) 위 전원합의체 판결에서 다수의견과 소수의견이 갈리는 결정적인 이유는 무엇인가? 그 각 의견이 타당하여 적용될 수 있는 영역이나 사항을 각기 달리 획정할 수는 없는가? 있다면 그 구분의 기준은 무엇인가 또는 무엇이어야 하는가?

제 6 장

진의 아닌 의사표시

I. 의   의

1. "표의자表意者가 진의眞意 아님을 알고 한" 의사표시(제107조 제 1 항 본문)를 진의 아닌 의사표시 또는 간단하게 비진의표시라고 한다. 즉 표의자가 표시된 의사가 실제 의사와 일치하지 아니함을 알면서 한 의사표시를 말한다. 예를 들면, 죽을병에 걸린 친구를 안심시키려고 진정한 의사 없이 그의 채무를 면제하는 증서에 서명한 경우, 사직할 의사가 없이 사직서가 반려될 것으로 기대하면서 이를 제출한 경우, 농담으로 특정 물건을 시가보다 훨씬 싼 값으로 팔겠다고 말하였는데 그것이 매도의 청약으로 해석되는 경우 등이 그러하다. 여기서는 의사와 표시의 불일치에 대한 표의자의 인식이 외부에서 알 수 있게 개시開示되지 아니하고 표의자의 마음 속에 숨겨져 있으므로, 이를 심리유보心裡留保라고도 한다.

2. 제107조 본문은 계약이나 상대방 있는 단독행위(예를 들면 취소, 해제, 추인)는 물론이고 상대방 없는 단독행위에도 적용된다. 그러나 상대방이 있음을 전제로 규정하는 그 제 1 항 단서는 —따라서 제 2 항도— 상대방 없는 단독행위에 적용되지 않는다.[1] 그런데 상대방 없는 단독행위에 해당하는 유언의 경

---

1) 다만 상대방 없는 단독행위라도 그에 의하여 특정인이 구체적인 권리의무를 직접 취득하는 경우에는 제107조 제 1 항 단서가 적어도 유추적용될 수 있다. 예를 들면 공유지분의 포기는 상대방 없는 단독행위에 해당하는데, 그 포기로 다른 공유자의 지분이 증가하게 된다(제267조). 공유자 A가 비진의로 자신의 지분을 포기한 경우에 다른 공유자 B가 진의 아님을 알았거나 알 수 있었다면 그 포기는 제107조 제 1 항 단서에 의하여 그 포기는 무효라고 볼 수 있다.

우에는 표의자의 진의가 존중되어야 하므로 비진의非眞意의 유언은 항상 무효이고, 선의 제 3 자의 보호도 논의될 여지가 없다.

한편 혼인과 입양에 대하여는 「당사자 간에 그 합의가 없는 때」에는 그것을 무효로 한다는 명문의 규정이 있다(제815조 제 1 호, 제883조 제 1 호). 여기서 「합의」란 진의에 기한 합의를 의미하여서, 비진의표시에 관한 제107조가 적용되지 않고 비진의의 혼인이나 입양은 가족관계등록 여부와는 상관없이 무효이며 그 무효는 선의의 제 3 자에게도 대항할 수 있다. 친족법상의 법률행위 가운데 이혼·파양·인지와 같은 형성적 법률행위에 관해서도 비록 명문의 규정이 없어도 진의가 존중되어야 한다는 관점에서 이는 마찬가지이다. 또 상법은 주식인수의 청약에는 제107조 제 1 항 단서가 적용되지 않는다고 한다(상 제302조 제 3 항). 같은 법리를 회사법상의 법률행위, 나아가 보다 일반적으로 단체적 법률행위에 확장하여 적용하려는 견해도 주장되나, 일률적으로 그렇게 말할 수 있는지 의문이다. 또한 군인의 전역 지원이나 공무원의 사직과 같은 사인私人의 공법행위에는 제107조 제 1 항 단서가 적용되지 않으며 그 표시된 의사대로 유효라는 것이 판례이다.[2]

Ⅱ. 요   건

1. 의사와 표시의 불일치

비진의표시라고 하려면, 먼저 표시된 의사에 일치하는 실제의 의사가 없어야 한다. 즉, 의사와 표시의 불일치가 있어야 한다. 여기서 실제의 의사, 즉 진의眞意란 법적인 효과의사를 의미하고 표의자가 추구하거나 바라는 실제적 목적을 의미하지 않는다. 그러므로 타인에게 명의를 대여하여 줌으로써 자신이 그 당사자로서 계약이 체결되도록 하였다면 그 계약이 비진의표시에 의한 것이라고 할 수 없다.[3] 또 효과의사가 표의자가 궁극적으로 그 실현을 희망하는

---

2) 대판 1994. 1. 11, 93누10057; 대판 1997. 12. 12, 97누13962 등.
3) 대판 1980. 7. 8, 80다639; 대판 1997. 7. 25, 97다8403 등. 후자의 판결은 이른바 대출명의대여의 사안에서 "명의대여자의 의사는 특별한 사정이 없는 한 대출에 따른 경제적인 효과는 명의차용자에게 귀속시킬지라도 법률상의 효과는 자신에게 귀속시킴으로써 대출금채무에 대한 주채무자로서의 책임을 지겠다는 것"이라고 하고 명의대여자의 책임을 인

사실상 결과를 그대로 반영하지 않는다거나 그 효과의사에 통상적으로 결합되는 실제적 목적이 추구되지 않았다는 것으로는 비진의표시가 되지 않는다.[4] 한편 강박에 의한 의사표시라도 표의자에게 남아 있는 의사형성의 자유에 기한 것이라면 비진의표시라고 할 수 없다.[5] 재판례에 나타난 비진의표시의 예로는, 사용자측의 지시에 좇아 피용자들이 일괄사표를 제출한 경우가 있다.[6]

2. 표의자의 고의

표의자가 위와 같은 의사와 표시의 불일치를 알면서 의사표시를 하여야 한다. 그렇게 하는 이유는 묻지 않는다. 그러므로 상대방이나 제 3 자를 속이려는 의도가 있는지, 상대방이 표의자의 진의를 알리라고 믿었는지 등은 상관없다.

Ⅲ. 효　　과

1. 원칙적 유효

비진의표시는 원칙적으로 유효이다(제107조 제 1 항 본문). 그러므로 표시된 의사대로 법률효과가 발생한다.

2. 예외적 무효

그러나 상대방이 의사와 표시의 불일치를 알았거나 알 수 있었던 경우에는 이는 무효이다(제107조 제 1 항 단서).

(1) 표의자의 진의가 무엇인지를 알았어야 할 필요는 없다. '알 수 있었

정한다.

4) 대판 2000. 4. 25, 99다34475는, 근로자가 징계면직처분을 받은 후 당시 상황에서는 징계면직처분의 무효를 다툼으로써 복직하기 어렵다고 판단하여 퇴직금 수령 및 장래를 위하여 사직원을 제출하여 의원면직依願免職된 사안에서, "여기서 '진의'란 특정한 내용의 의사표시를 하려는 표의자의 생각을 말하는 것이지 표의자가 진정으로 마음 속에서 바라는 사항을 뜻하는 것은 아니"라고 하여 그 사직이 비진의표시에 해당하지 않는다고 판단하였다.

5) 대판 1993. 7. 16, 92다41528 등.

6) 대판 1991. 7. 12, 90다11554; 대판 1992. 5. 26, 92다3670 등.

다'라고 함은 일반인의 주의를 기울이면 알 수 있었다는 것, 과실過失로 알지 못하였음을 말한다. 그런데 의사표시가 비진의인지 여부는 통상 상대방이 주의하여야 하는 사항이 아니므로, 구체적인 사안의 제반 사정에 비추어 일반인이라면 진의 없음을 충분히 의심할 만한 사정이 있는 경우에 한하여 과실의 유무가 문제될 수 있다. 그 판단의 기준시기는 이 경우 비진의표시를 무효로 하는 이유에 비추어 상대방이 이를 요지한 때라고 할 것이다. 어떠한 의사표시가 비진의표시를 이유로 무효임이 주장되는 경우 그에 대한 증명책임은 그 무효를 주장하는 측에 있으므로,[7] 그가 비진의표시라는 점과 상대방이 이를 알았거나 알 수 있었다는 점을 증명하여야 한다.

(2) 여기서의 「무효」는 좁은 의미의 그것으로서, 상대방측으로부터도 주장·원용될 수 있음은 물론이다.[8] 그런데 이 무효는 "선의의 제3자에 대하여 대항하지 못한다"(제107조 제2항). 그러므로 비진의표시가 비록 무효라고 하여도 이를 알지 못하고 일정한 이해관계를 맺은 제3자에 대하여는 그 의사표시는 유효한 것으로 다루어진다. 여기서의 「제3자」, 「선의」 및 「대항하지 못한다」에 대하여는 허위표시에 관한 설명에 미루기로 한다.

(3) 비진의표시가 무효이어서 상대방이 이로 인하여 손해를 입은 경우에 그는 표의자를 상대로 하여 불법행위 또는 이른바 계약체결상의 과실을 이유로 하여 그 손해의 배상을 청구할 수 있는지 문제된다.[9]

(4) 대리권 남용의 경우에 제107조 제1항 단서가 유추적용된다는 것이 판례이다.[10]

[판결 1] 진의 아닌 의사표시: 대판 1996. 12. 20, 95누16059

상고이유를 판단한다.

비진의 의사표시에 있어서의 진의란 특정한 내용의 의사표시를 하고자 하는 표의자의 생각을 말하는 것이지 표의자가 진정으로 마음속에서 바라는 사항을 뜻하는 것은 아니라고 할 것이므로(당원 1993. 7. 16. 선고 92다41528, 92다

---

7) 대판 1992. 5. 22, 92다2295.
8) 이는 특히 표의자가 상대방이 농담임을 알 것으로 생각하고서 하는 비진의표시의 경우에 그러하다.
9) 이에 관해서는 제1편 제4장 참조.
10) 이에 관해서는 제2편 제1장 Ⅱ.6. 참조.

41535 판결 참조), 표의자가 의사표시의 내용을 진정으로 마음속에서 바라지는 아니하였다고 하더라도 당시의 상황에서는 그것을 최선이라고 판단하여 그 의사표시를 하였을 경우에는 이를 내심의 효과의사가 결여된 비진의 의사표시라고 할 수 없다.

　기록에 의하면, 피고 보조참가인(이하, 참가인이라 한다)은 1989. 1. 31. 전쟁기념사업회법에 따라 전쟁기념관 및 기념탑의 건립 운영과 기념관 자료의 수집, 보존, 관리, 전시 및 조사, 연구, 전쟁사연구 등을 목적으로 설립된 법인이고, 원고 조봉국은 1989. 1. 31., 원고 원완식은 1989. 12. 30. 각 참가인에게 일반직 2급 직원으로 입사하여 근무하였는바, 참가인은 설립 초창기에는 전쟁기념관, 기념탑 건립준비, 전쟁에 관한 학술, 전쟁사연구, 전시자료수집 등 기획사업을 위주로 한 까닭에 참전경험과 전사에 대한 지식, 기획능력 등을 고려하여 육군대학을 이수한 영관급 장교출신 등을 상위직급으로 임용함으로써 상위직이 비대하고, 하위직은 빈약하게 된 사실, 국회의 국정감사 및 감사원의 감사에서 참가인의 직원들에 대한 직급 책정이 다른 유사기관인 독립기념관, 중앙박물관 등에 비하여 높게 책정되었을 뿐만 아니라 하위직에 비하여 상위직이 너무 비대하다는 지적이 있자, 참가인은 1994. 4. 7. 원고들을 포함한 전직원에 대하여 1994. 1. 1.에 소급하여 1직급씩 하향조정함에 따라 원고들도 2급직에서 3급직으로 하향조정되었고(원고들이 이를 부당 강임으로 다투는 것은 아니다), 이어서 전쟁기념사업회법상 참가인의 사업계획 및 예산을 승인하고(참가인의 연간 예산 60여 억 원 중 30억 원 가량은 국고지원이다) 업무를 지도·감독하는 권한을 가진 국방부장관이 1994. 5. 13. 참가인에게 1994. 6. 10. 전쟁기념관의 개관에 의하여 참가인의 주업무가 기획업무에서 기념관 등의 관리운영 업무로 전환되는 것에 맞추어 유사직위 업무를 통폐합하고 상위직을 축소하라고 지시하자 참가인은 당시 22명이던 3급 직원(직제상으로는 3급직이 23석이었으나 1석은 결원) 중 7명을 4급직으로 강임하는 등으로 조직과 인원을 정비하기로 하고, 조직정비 대상인 상위직 직원 72명에게 국방부장관의 지시에 따른 조직정비의 불가피성을 설명한 다음 "직급이 강임되는 것에 동의하지 못하실 경우에는 사업회에서는 유감스럽지만 귀관을 수용할 수 없음을 가슴 아프게 생각합니다"라는 문구가 기재된 강임에 대한 동의서를 배부하여 그 중 원고들을 포함한 71명으로부터 동의를 받은 후, 미리 정한 심사기준에 따라 인사위원회의 심의를 거쳐 1994. 6. 1. 원고들을 포함한 7인의 3급 직원을 4급으로 강임한 사실, 참가인의 인사규정에 의하면 강임은 현재 보직되어 있는 직급보다 하위 직급에 임명되는 것을 말하고 직제 또는 정원의 변경으로 인하여 그 직위가 폐지되어 본인이 동의한 경우에는 강임할 수 있으며, 직제와 정원의 개폐 또는 예산의 감소 등에 의하여 폐직 또는 감원이 되었을 때에는 임용권자인 회장이 직권에 의하여 직원을 면직시킬 수 있는 사실을 알 수 있다.

사실이 이와 같다면, 참가인의 주업무가 설립 초기의 기획업무에서 기념관 등의 관리운영 업무로 전환됨에 따라 설립 초기의 상위직 위주의 직제에서 벗어나 상위직을 축소하고 하위직을 보강할 필요가 생겼을 뿐만 아니라, 전쟁기념사업회법상 참가인은 국방부장관의 상위직을 축소하라는 조직 및 인원정비 지시를 따르지 않을 수 없고, 또 참가인의 인사규정상 직제와 정원의 개폐 또는 예산의 감소 등에 의하여 폐직 또는 감원이 되었을 때에는 임용권자인 회장이 직권에 의하여 직원을 면직시킬 수 있는 터라, 원고들을 포함한 참가인의 직원들은 강임이라는 사실 자체를 진정 마음속으로 원하는 바는 아니지만 누군가는 감원대상자로 선정되지 않을 수 없는 상황에서 객관적으로 타당한 심사기준에 의하여 자신이 감원대상자로 선정될 경우에는 직권면직을 당하기보다는 강임되는 것이 더 좋다고 판단하여 위와 같은 강임 동의의 의사표시를 하였다고 할 것이므로, 이를 두고 강임 동의의 내심의 효과의사가 결여된 비진의 의사표시라고 할 수는 없다.

같은 취지의 원심의 판단은 정당하고, 거기에 논지가 지적하는 바와 같은 의사표시의 해석 및 비진의 의사표시에 관한 법리오해의 위법이 있다고 할 수 없다.

그리고 원심이 적법하게 확정한 바와 같이 참가인이 강임 대상자 선정에 앞서 미리 심사기준을 정하여 근무평정 40점, 경력평정 25점, 상훈 5점, 지휘추천 20점, 심사점수 10점, 합계 100점의 평가요소를 구분한 다음 그 판시와 같은 배점기준을 정하여 강임 대상자를 선정하였다면, 비록 심사점수에 있어서 심사의 기준을 정하지 아니한 채 심사위원별로 독립적인 기준에 의하여 평가하여 최하 5점에서 최고 10점까지 부여하도록 하였다고 하더라도 전체 점수 중 심사점수에서의 편차가 차지하는 비율 및 기록에 의하면 심사위원들이 독립적인 기준에 의하여 부여한 심사점수가 강임 대상자 선정과는 관계없이 미리 평가된 근무평정 점수와 거의 일치하는 사실이 인정되는 점 등에 비추어 볼 때 심사기준이 객관성이 없거나 비합리적이라고 할 수도 없다. 따라서 원심판결에 논지가 지적하는 바와 같은 채증법칙을 위배하거나 심리를 미진하여 사실을 오인한 위법이 있다고 할 수 없다.

질문

(1) 이 사건에서 진의 아닌 의사표시에서 말하는 진의를 어떻게 판단하고 있는가?
(2) 사직서 제출과 관련하여 진의 아닌 의사표시를 인정하는 판결을 찾아보시오.

제7장 허위표시

I. 의 의

1. "상대방과 통정通情한 허위虛僞의 의사표시"(제108조 제 1 항)를 허위표시라고 한다. 즉, 당사자들이 합의하여 법률행위가 있은 것 같은 외관을 갖추고 그 법률행위와 결합되어 있는 법률효과를 발생시키지 않을 것으로 의욕한 경우를 말한다. 이러한 의사표시는 의사표시를 한 사람과 상대방 사이에 의사표시의 객관적 의미에 상응하는 효과의사가 없는 것으로 합의하고 행하여졌다는 점에서 통정허위표시 또는 통모허위표시라고도 한다. 그리고 이러한 허위표시를 요소로 한 법률행위를 가장행위라고 부른다(가령 허위표시에 의한 매매는 가장매매假裝賣買라고 한다).

예를 들면 채무자가 자기 소유의 부동산에 대한 채권자의 집행을 면하기 위하여 지인과 상의하여 그 부동산을 그에게 매도한 것으로 하고 소유권이전등기 또는 가등기를 한 경우, 세금을 적게 내기 위하여 상대방과 합의하여 매매대금을 실제보다 적게 표시하여 계약서를 만드는 경우 등이 그것이다. 이와 같이 허위표시는 제 3 자(가령 채권자나 세무당국 등)에 대하여 의사표시가 있는 것 같은 외관을 만들어냄으로써 그로 하여금 그러한 의사표시가 있음을 믿게 할 목적으로, 그리하여 그 제 3 자로 하여금 그러한 신뢰를 바탕으로 일정한 조치를 취하거나 취하지 않게 할 목적으로 하는 경우가 대부분이다. 그러나 반드시 그러한 의도가 있어야만 허위표시가 되는 것은 아니다.

한편 당사자들이 진정으로 의욕한 다른 행위를 숨기기 위하여 이러한 가장행위를 하는 경우가 있다. 그러한 경우에 숨겨진 행위를 은닉행위라고 한다.

가령 당사자 사이에 증여가 있었으나 증여세 부과를 회피하기 위하여 매매가 있는 것처럼 계약서를 작성한 경우에 그 증여계약이 그것이다. 이 경우에 은닉행위 자체는 그 효력이 있다.

2. 이와 같은 의사표시는 효력이 없다. 당사자들이 의사표시의 효력을 발생시키지 않기로 한 합의에 대하여 그대로 효력을 인정하여 그 허위표시의 효력을 부인하여야 할 것이기 때문이다. 그런데 의사표시의 당사자들이 서로 합의하여 작출한 법률행위의 존재에 관한 외관을 신뢰한 제 3 자에 대하여도 이러한 「무효로 하기로 하는 합의」의 효력을 인정할 것인지 문제된다. 제108조제 2 항이 허위표시의 무효를 "선의의 제 3 자에게 대항하지 못한다."라고 정한 것은 바로 이러한 「무효로 하기로 하는 합의」의 효력에 일정한 제한이 있음을 선언한 것이다.

이러한 선의의 제 3 자에 대한 무효 주장 금지는 민법이 부동산등기에 공신력[1]을 인정하지 않는 것과 관련하여 중요한 기능을 한다. 원래 민법은 실체적 권리관계에 부합하지 않아 무효인 등기를 믿고 이에 기하여 이해관계를 맺은 제 3 자를 비록 그가 선의이고 무과실이라도 보호하지 않는다. 그러나 부동산은 중요한 재산으로서, 그 권리자가 자기의 소유가 아닌 것으로 위장하기 위하여 제 3 자와 허위로 양도계약을 체결하고 이를 원인으로 등기를 이전하는 경우가 빈번하게 일어난다. 이와 같이 허위표시에 기하여 생긴 무효의 등기를 믿고 거래한 제 3 자는 다른 원인으로 등기가 무효인 경우와는 달리 보호를 받게 된다.

II. 요 건

1. 진의에 반하는 의사표시

의사표시를 한 것으로 해석되나, 표시된 내용에 상응하는 진의가 존재하지 않아야 한다.

---

[1] 부동산을 공시하는 등기를 믿고 거래를 한 경우에 그 등기에 대응하는 물권이 없더라도 등기를 신뢰하여 거래를 한 자를 보호하기 위하여 물권이 존재하는 것과 같은 효과를 인정하는 것을 말한다.

(1) 객관적으로 볼 때 의사표시를 한 것으로 해석되어야 한다. 쌍방이 계약서에 서명한 경우가 대표적인 예이나, 반드시 그에 한정되는 것은 아니다. 해석상 의사표시의 존재를 인정할 수 없으면 허위표시인지 여부는 문제되지 않는다.

(2) 그런데 그 의사표시는, 표시행위가 가지는 것으로 해석되는 의미(표시상의 효과의사)에 대응하는 표의자의 의사(내심적 효과의사)가 존재하지 않는 것이어야 한다. 이와 같이 「의사와 표시의 불일치」가 있다는 점에서 허위표시는 비진의표시와 마찬가지이다.

다만 여기서 말하는 「내심적 효과의사」란 당사자의 법적인 효과의사(법적으로 구속되려는 내용에 관한 의사)를 가리키는 것이고, 표의자가 추구하는 경제적 목적을 말하는 것이 아니다. 그러므로 표의자가 채권추심이나 담보를 위하여 상대방에게 권리 자체를 양도하는 행위를 하는 경우에는, 비록 그 경제적 목적을 넘는 권리가 변동되기는 하나, 그것은 표의자 스스로 권리를 양도할 진정한 의사를 가지고 하는 것이므로, 이를 허위표시라고 할 수 없다. 그러므로 뒤에서 보는 대로 신탁행위는 허위표시에 해당하지 않는다. 이는 명의신탁의 경우에도 마찬가지이다.

2. 상대방과의 합의

의사표시의 내용대로 효과가 발생하지 않는다고 상대방과 합의하여야 한다.

(1) 상대방이 위와 같은 「의사와 표시의 불일치」를 알고 있는 것만으로는 부족하다. 그 경우는 제107조 제 1 항 단서에 해당할 뿐이다(그러나 그 효과는 마찬가지이다). 거기에서 더 나아가 표의자와 상대방은 표의자가 한 것으로 해석되는 의사표시의 내용대로 효과가 발생하지 않는 것으로 합의하여야 한다.[2] 바꾸어 말하자면, 당사자들은 진의와 다른 의사표시가 외부적으로 행하여진다는 것을 알면서 내부적으로는 이를 효과 없는 것으로 하기로 합의하는 것이다. 민법이 "상대방과 통정通情"하였다고 함은 이러한 의미이다. 이러한 합의가 요

---

2) 대판 1972. 12. 26, 72다1776; 대판 1973. 1. 30, 72다1703 등이 "민법 제108조 제 1 항에 이른바 '상대방과 통정한 허위의 의사표시는 무효로 한다'는 규정은 그 해석상 진의 아닌 의사표시를 한 자가 스스로 그 사정을 인식하면서 그 상대방과 진의 아닌 의사표시를 하는 데 대한 양해 하에 한 의사표시는 그 표시된 바와 같은 효력을 발생할 수 없다는 취지"라고 판단하였다.

구되는 것이 허위표시가 비진의표시와 기본적으로 다른 점이다. 그리고 이 점에서 오표시무해(falsa demonstratio non nocet)의 경우, 즉 당사자들이 의사표시의 내용에 대하여 일치한 이해理解를 가지고 있고 그와 같이 이해한 대로 효과를 발생시키기로 하였는데 그 표시의 객관적인 의미가 그 이해와 일치하지 않는 경우와 다르다.

그 밖에 제3자를 속일 의도까지는 요구되지 않는다. 한편 대리인도 상대방과 통모하여 허위표시를 할 수 있으며, 그 경우에는 본인이 이를 알지 못하더라도 대리인과 상대방의 통모만으로 충분하다(제116조 제1항). 다만 본인을 속일 목적으로 허위표시를 한 경우에는, 상대방은 신의칙상 본인에 대하여 법률행위의 무효를 주장할 수 없다.

(2) 이러한 「상대방과의 통정」, 즉 효과불발생效果不發生에 관한 합의는 법률행위의 무효를 주장하는 측에서 주장, 증명하여야 한다. 그러나 그와 같은 사실을 그 통정의 당사자가 아닌 제3자가 증명하는 것은 쉬운 일이 아니다. 그러므로 허위표시인지 여부는 많은 경우에 일정한 객관적 사실, 즉 간접사실[3]로부터 추단할 수밖에 없다.

실무는 이에 대하여 대체로 당사자들 사이의 특수한 인적 관계, 대가의 유무, 거래의 동기 등의 사정을 중시하고 있다. 대법원은 가령 신원보증채무를 부담하게 된 사람이 전재산에 해당하는 부동산에 대하여 그의 아내 또는 미성년의 아들에게 아무런 대가 없이 때를 같이하여 매매의 형식으로 소유권이전등기를 한 것은 다른 특별한 사정이 없는 한 채무를 면탈할 목적으로 한 가장매매를 한 것이라고 추정된다고 판단한 바 있다.[4]

---

3) 주요사실이 법률효과를 발생시키는 데 직접 필요한 사실인 데 반하여, 간접사실은 주요사실의 존부를 증명하는 데 필요한 자료에 해당하는 사실을 말한다.

4) 대판 1963. 11. 28, 63다493. 그 밖에 대판 1978. 4. 25, 78다226은, 원고가 이전등기청구권을 가지는 토지에 관하여 부부인 피고들 사이에 매매에 기한 소유권이전등기가 행하여진 사안에 대하여, "우리나라의 현 사회실태로 보아 특별한 사정이 없는 한 동거하는 부부 간에 있어 남편이 처에게 토지를 매매하고 그 소유권이전등기를 경료함은 이례에 속하는 일"이라고 판단하여, 원고의 가장매매주장을 받아들였다. 또한 대판 1965. 5. 31, 65다623은, 피고가 원고에게 일단 매도한 농지를 사위에게 다시 매도하여 이전등기한 사안에서, 그 사위가 구호대상자이고 그 지방세를 전혀 납부하지 않고 있는 빈한한 사람이라면 그가 적지 않은 매수대금의 출처나 그 수수관계를 밝히지 않는 이상 그 매매계약은 원고에 대한 이전등기의무를 회피하기 위한 가장매매라고 판단하였다.

3. 적용범위

허위표시는 원래 상대방과 통모하여 한 허위의 의사표시를 말하므로, 제 108조가 상대방 있는 의사표시에 대하여 적용됨은 물론이다. 그러므로 이 규 정은 계약뿐만 아니라 가령 채무면제나 계약해제와 같은 상대방 있는 단독행 위에도 적용된다.

나아가 상대방 없는 단독행위에 대하여는, 법문에 충실하게 위 규정이 적 용되지 않는다는 견해가 지배적이었으나,[5] 최근에는 그 의사표시에 의하여 다 른 특정인이 직접적으로 당연히 이익을 받는 경우에 표의자와 수익자 사이에 통모가 있는 때에는 이를 유추적용하여야 한다는 견해[6]가 유력하다. 원래 상대 방 있는(또는 「수령을 요하는」) 단독행위와 상대방 없는 단독행위의 이론적인 구 별이 허위표시의 성부를 당연히 좌우할 수 있는 것은 아니다. 그 구별은 기본 적으로 의사표시가 상대방의 수령에 의하여 비로소 효력을 가지게 되는가를 판단하기 위한 것이다. 이러한 의미에서는 상대방 없는 단독행위라도, 표의자 가 그 의사표시에 의하여 직접 이익을 얻는 사람과의 사이에 허위의 의사표시 를 하는 데 대하여 통모하고, 나아가 그에 대한 의사표시로써 행하여졌다면, 그 의사표시의 효력을 부인하여야 한다. 제 3 자와의 관계에서도 선의의 제 3 자는 제108조 제 2 항에 의하여 보호될 수 있고, 또 그러한 제 3 자만이 보호되 는 것이 바람직하다. 따라서 이와 같은 경우에 제108조를 유추적용하여 해결 할 수 있다.

Ⅲ. 효　　과

1. 무　　효

허위표시로 인한 법률행위는 무효이다(제108조 제 1 항). 즉, 허위표시의 내 용대로 법률효과가 발생하지 않는다. 그러므로 가령 가장매매의 매도인은 목적

---

5) 곽윤직·김재형, 민법총칙, 314면; 김증한·김학동, 민법총칙, 337면; 장경학, 민법총칙, 479면.

6) 고상룡, 민법총칙, 409면; 김상용, 민법총칙, 450면; 김용한, 민법총칙, 450면; 김주수, 민법총칙, 312면 이하; 이영준, 민법총칙, 337면.

물인 권리를 이전할 의무를 부담하지 않으며, 매수인은 대금을 지급할 의무가 없다. 설령 목적물에 관하여 등기·인도 등 권리의 이전에 필요한 다른 요건이 갖추어졌어도, 권리가 이전되지 않는다. 그러므로 매도인은 원래의 소유권에 기하여 그 등기의 말소, 물건의 반환 등을 청구할 수 있다.

가장행위에 기하여 이미 이행한 당사자는 자신이 급부한 것을 부당이득으로 반환청구할 수 있다. 그 급부를 불법원인급여(제746조)에 해당한다고 하여 그 반환을 인정하지 않으면, 가장행위를 무효로 하는 법의 취지가 반감된다. 가장행위에 기하여 급부가 있다고 하더라도 이는 대체로 외부에 대하여 허위의 외관으로 꾸미는 수단에 지나지 않는다. 그런데도 그 반환을 부인하여 원상회복을 저지하면 그러한 외관을 그대로 유지하는 결과가 될 것이다.

한편 가장행위가 채권자를 해할 목적으로 행하여진 경우에는, 채권자는 사해행위를 이유로 채권자취소권(제406조)을 행사할 수 있다는 것이 판례[7]이고 통설이다. 가장행위는 무효이나 그렇다고 해서 법적으로 아무것도 없다고 할 수 없으며, 채권자가 허위표시와 다른 요건을 주장·증명하여 그 효력을 부인하는 것을 채무자가 허위표시를 이유로 하여 방어할 수는 없기 때문이다.

또한 허위표시는 법률행위의 일부에 대하여도 행하여질 수 있다.[8] 그 경우에는 일부무효에 관한 제137조가 적용된다.

2. 대항불능

그러나 그 "무효를 선의의 제 3 자에게 대항하지 못한다"(제108조 제 2 항).

(1) 이 규정은, 가장행위로 발생한 허위의 외관을 진실로 믿은 사람에 대하여는 그 행위의 무효를 주장할 수 없다고 정한 것이다. 가장행위의 당사자는 그러한 허위의 외관을 고의적으로 직접 작출시킨 사람이므로, 이를 진실로 믿은 사람이 있는 경우에는 믿은 대로 법률효과를 발생시킴으로써 그에게 불이익이 돌아온다고 해도 이를 감수해야 한다.

(2) 여기서 「제 3 자」란 누구를 가리키는가?

---

7) 대판 1961. 11. 9, 4293민상263; 대판 1984. 7. 24, 84다카68 등.

8) 대판 1968. 4. 23, 68다329는, A가 B에게 그 소유의 답畓을 매도하면서, "이는 가족의 생활수단이었으므로 생존한 노부모와 가족 등에게 실망을 주게 되니 이를 위로하기 위하여서 거짓으로라도 3년 내에 환매할 수 있는 조항을 넣은" 사안에 대하여, 이 환매조항은 허위표시로서 무효라고 판결하였다.

(가) 원래 법률행위에서 제 3 자라고 하면, 그 당사자와 상대방(및 그 각 포괄승계인)을 제외한 모든 사람을 말한다. 그러나 판례나 통설은 제108조 제 2 항의 제 3 자를 '가장행위를 기초로 하여 별도로 새로운 이해관계를 맺은 사람'에 한정하고 있다. 구체적으로 주요한 예를 들면 다음과 같다.

① 가장행위가 권리양도 또는 부담설정을 직접의 내용으로 하거나 그 원인이 되는 경우에, 그 행위에 기하여 양도 또는 설정된 권리를 양도받거나 그 위에 담보 등 다른 권리를 취득한 경우. 가령 부동산 가장매매에서 매수인으로부터 다시 부동산을 양도받거나 저당권을 설정받은 사람, 가장의 저당권설정행위에 기한 저당권의 양수인, 채권의 가장양도에서의 양수인으로부터 다시 양도받은 사람[9] 등이 이에 해당한다. 저당권의 실행으로 부동산을 매수한 사람도 물론 이에 속한다.

② 가장행위가 제한물권의 포기 그 밖에 그 소멸을 내용으로 하는 경우 그 목적물의 소유권을 양도받거나 별도로 제한물권을 설정받은 경우. 가령 부동산에 설정된 저당권에 관하여 그 말소약정이 허위표시로 이루어진 것을 알지 못하고 그 부동산을 양수하거나 저당권을 취득한 사람이 이에 해당한다.

③ 가장행위가 채권계약인 경우 그로부터 발생한 채권을 양도받거나 그 위에 담보 등 다른 권리를 취득한 경우. 가령 가장매매로부터 발생한 대금채권이나 가장소비대차로부터 발생한 반환채권의 양수인 또는 질권자 등이 그러하다. 그 채권의 불이행으로 인하여 생긴 손해배상청구권을 양도받은 사람은 여기서 말하는 제 3 자에 해당하지 않는다는 견해가 있으나,[10] 그러한 손해배상청구권은 원래의 채권이 변형 또는 확장된 것이므로, 이를 제외할 이유가 없다.[11]

④ 가장행위에 기하여 양도 또는 설정된 권리 또는 가장행위에 기하여 발생한 채권 등을 압류 또는 가압류한 채권자.[12]

⑤ 허위표시를 한 자에 대하여 파산선고 또는 회생절차개시결정이 있는

9) 그러나 김상용, 민법총칙, 449면; 김용한, 민법총칙, 291면; 김주수, 민법총칙, 310면은, 가장채권양도의 양수인으로부터 추심의 목적으로 다시 양도를 받은 사람은 이에 해당하지 않는다고 한다.
10) 고상룡, 민법총칙, 403면; 곽윤직, 민법총칙, 235면; 김상용, 민법총칙, 449면; 김주수, 민법총칙, 310면; 이영준, 민법총칙, 334면.
11) 김용한, 민법총칙, 291면; 민법주해[Ⅱ], 372면(송덕수 집필).
12) 대판 2004. 5. 28, 2003다70041.

경우 파산관재인 또는 관리인.파산자가 상대방과 통정한 허위의 의사표시를 통하여 가장채권을 보유하고 있다가 파산이 선고된 경우 그 가장채권도 일단 파산재단에 속하게 된다. 이때 파산선고에 따라 파산자와는 독립한 지위에서 파산채권자 전체의 공동의 이익을 위하여 직무를 행하게 된 파산관재인은 그 허위표시에 따라 외형상 형성된 법률관계를 토대로 실질적으로 새로운 법률상 이해관계를 가지게 된 민법 제108조 제2항의 제3자에 해당한다.[13] 이는 회생절차가 개시된 경우 관리인에 대해서도 마찬가지이다.

(나) 채권의 가장양도에서 채무자는 여기서 말하는 제3자에 해당하지 않는다.[14] 양도통지가 있은 후라도 가장양도인이 채무자를 상대로 하여 채무의 이행을 청구한 경우에 그가 비록 선의라도 그 이행을 거절할 수 없다. 한편 채무자는 가장양도의 무효를 주장하여 양수인의 변제청구를 거절할 수 있는데, 선의의 채무자가 그가 양수인에 대하여 변제 그 밖에 채무를 소멸시키는 행위를 한 경우에 그러한 행위를 한 채무자는 제3자에 해당한다는 판례가 있다.[15] 또한 임대차보증금반환채권이 양도된 후 양수인의 채권자가 임대차보증금 반환채권에 대하여 채권압류 및 추심명령을 받았는데 그 임대차보증금반환채권 양도계약이 허위표시로서 무효인 경우 그 채권자는 그로 인해 외형상 형성된 법률관계를 기초로 실질적으로 새로운 법률상 이해관계를 맺은 제3자에 해당한다.[16]

대리인이나 대표기관이 상대방과 가장행위를 한 경우 본인이나 법인도 제3자에 해당하지 않는다. 그러므로 본인 등은 선의라도 원칙적으로 상대방에 대하여 그 행위에 기한 채무의 이행을 청구할 수 없다. 나아가 가장양수인의 단순한 일반채권자, 가장의 제3자를 위한 계약(제539조)에서의 수익자, 저당권 등 제한물권이 가장포기된 경우 소유자 또는 기존의 후순위제한물권자, 건물의 소유가 목적인 토지임대차에서 그 지상건물이 가장양도된 경우의 토지소유자,

---

13) 대판 2003. 6. 24, 2002다48214. 나아가 대판 2006. 11. 10, 2004다10299는 파산관재인의 선의·악의는 파산관재인 개인의 선의·악의를 기준으로 할 수는 없고 총파산채권자를 기준으로 하여 파산채권자 모두가 악의로 되지 않는 한 파산관재인은 선의의 제3자라고 할 수밖에 없다고 한다.

14) 대판 1983. 1. 18, 82다594.

15) 대판 2000. 7. 6, 99다51258. 또한 김용한, 민법총칙, 291면; 황적인, 현대민법론 I, 175면도 참조.

16) 대판 2014. 4. 10, 2013다59753.

주식이 가장양도되어 명의개서된 경우의 회사 등도 여기의 제 3 자가 아니다. 그들은 가장행위를 기초로 하여 별도로 이해관계를 새로이 맺은 사람이라고는 할 수 없다. 양도인 A와 양수인 B 사이의 가장양도에서 그에 기한 B의 A에 대한 채권을 대위행사하는 B의 금전채권자도, 피대위자 B가 가지는 권리 이상의 것을 행사할 수 없으므로, 제 3 자에 해당하지 않는다.

(다) 제 3 자에 해당하는 것은 앞서 본 대로 대체로 새로이 권리를 취득하는 사람이다. 그 경우 그는 권리의 취득에 필요한 등기, 점유, 나아가 채권양도의 대항요건 등을 갖추어야 하는가, 아니면 단순히 매매나 담보설정계약 등 권리취득의 원인행위를 함으로써 충분한가? 등기 등은 제108조 제 2 항의 보호를 받기 위한 요건이라고 볼 수 없다. 결국 제108조 제 2 항의 제 3 자란 가장행위를 기초로 하여 별도로 새로운 이해관계를 맺은 사람에 한정되는데, 이때 「이해관계」가 가장행위의 무효와 양립하지 않는 바의 권리취득인 경우에는 제 3 자가 그 권리취득의 원인행위를 하는 것으로 충분하고 그 밖에 등기 등 권리취득요건이나 권리취득의 대항요건을 갖출 필요는 없다.[17] 그러므로 그러한 제 3 자에 대하여 가장행위의 당사자가 가장행위의 무효를 전제로 하는 권리주장이나 대항사유주장을 하는 것은 허용되지 않는다.

(라) 여기의 제 3 자에는 전득자도 포함된다.[18] 그러므로 직접의 제 3 자가 악의라도 전득자가 선의이면 보호된다. 한편 전자前者가 선의이고 그로부터의 전득자가 악의인 경우에는 전득자가 선의의 제 3 자가 취득한 권리를 승계하게 된다.

(3) 여기서 선의善意란 앞서와 같은 이해관계를 맺게 된 기초에 허위표시가 존재함을 알지 못하는 것을 말한다. 제 3 자가 대리인을 통하여 이해관계를 맺은 경우에는 여기의 선의 여부는 대리인을 표준으로 하여 결정된다(제116조 제 1 항).

(가) 단순한 선의 외에 과실이 없어야 하는가? 통설은 이를 부정한다. 물론 일반적으로 신뢰보호의 법리가 적용되려면 그 신뢰가 정당한 것이어야 하나, 허위표시의 당사자는 허위의 외관을 고의로 직접 작출하였으므로, 그와 균형을 맞추

---

17) 이 점에서 가령 제548조 제 1 항 단서 등에서 "제 3 자의 권리를 해하지 못한다."라고 규정하는 경우와 다르다고 할 것이다.

18) 지배인의 대리권 제한에 관한 상법 제11조 제 3 항에서 정한 제 3 자에 대한 것이나, 대판 1997. 8. 26, 96다36753 참조.

기 위해서 여기서 제 3 자의 보호에 무과실까지 요구할 필요는 없을 것이다.

　(나) 선의인지 여부는 제 3 자가 앞서와 같은 이해관계를 맺게 된 시점을 기준으로 판단된다. 그러므로 가장양수인으로부터의 매수인이나 저당권설정을 받은 사람의 경우에는 매매계약이나 저당권설정계약을 체결한 시점에서 선의이면 충분하고, 그에 기한 등기 등의 시점에도 선의이어야 할 필요는 없다.

　(다) 선의에 대한 증명책임은 이를 부인하는 측에서 부담한다는 것이 확고한 판례이다.[19] 일반적으로 신뢰보호 법리에서는 그 신뢰의 정당성에 대한 증명은 신뢰보호를 주장하는 측에서 하여야 한다. 그러나 허위표시의 경우에는, 표의자가 작출한 허위의 외관은 통상 그에 상응하는 외부적 표상을 포함하므로, 그에 기초하여 거래한 제 3 자는 일반적으로 선의인 것으로 추정할 수 있다. 그러므로 표의자는 제 3 자가 악의이거나, 적어도 선의라도 그 점에 중대한 과실이 있음을 증명할 책임이 있다.

　(4) 그러한 선의의 제 3 자에게 허위표시의 "무효를 대항하지 못한다."라고 함은 어떠한 의미인가? 민법은 이러한 규정을 허위표시 이외에도 비진의표시로 인한 무효에 대하여도 두고 있다(제107조 제 2 항). 그리고 착오나 사기·강박에 관하여는, 선의의 제 3 자에 대하여 그로 인한 "취소를 대항하지 못한다."라고 규정하고 있는데(제109조 제 2 항, 제110조 제 3 항), 이는 법률행위의 취소로 인한 소급적 무효를 선의의 제 3 자에 대하여 "대항하지 못한다"는 의미이므로, 결국 같은 내용의 규정이다.

　그런데 이와 같이 「무효의 대항불능」을 정하는 규정들을 어떻게 법률구성할 것인가는 어려운 문제이다. 우선 통설은 이를 허위표시로 인한 법률행위가 상대적으로 무효임을 정한 것으로 이해한다.[20] 즉, 표의자와 상대방 사이나 그 밖의 관계에서는 무효이지만, 선의의 제 3 자에 대한 관계에서는 유효라는 것이다. 이와 같이 선의의 제 3 자에 대한 관계에서 유효라는 것은 허위표시의 무효를 주장할 수 없게 된 결과라고 한다.[21] 그리고 이와 같은 무효주장의 차단이라는 효과는 가장행위의 당사자측에 대하여만 가하여지며, 선의의 제 3 자측

---

19) 대판 1970. 9. 29, 70다466 등.
20) 이영준, 민법총칙, 335면; 민법주해[Ⅱ], 376면(송덕수 집필) 참조.
21) 즉, "「대항하지 못한다」는 것은 허위표시의 무효를 주장할 수 없다는 것이다. 따라서, 선의의 제 3 자에 대한 관계에 있어서는, 표시된 대로의 효력이 생기게 된다." 곽윤직·김재형, 민법총칙, 313면 참조.

에서는 여전히 무효를 주장할 수 있다고 한다.[22]

이에 대하여는 「선의의 제 3 자」가 그 신뢰대로 법률효과를 가지게 되는 한도에서는 가장행위라도 유효이므로, 「선의의 제 3 자에게 대항할 수 없는 무효」란 결국 내용적으로 제한 있는 실체적 무효로서, 단지 무효를 주장할 수 없게 되는 데 그치는 것은 아니라고 이론구성할 수도 있다. 이러한 이해에 의하면, 선의의 제 3 자측에서라도 가장행위의 무효를 주장할 수 없으며,[23] 또한 가령 가장양수인으로부터의 선의의 양수는, 동산의 선의취득에서와 같이 무권리자의 처분이 유효하게 행하여지는 것이 아니라, 권리자로부터의 적법한 취득이 되는 것이다.

3. 허위표시의 철회

허위표시를 철회할 수 있는가 하는 문제가 종종 논의된다.

원래 무효인 행위를 철회한다는 것 자체가 무의미한 것임은 명백하나, 통상 '허위표시의 철회'라고 하면, 가령 가장매수인 앞으로 행하여진 등기와 같이 허위표시로 인하여 작출된 표상(외형)을 제거하는 것에 관하여 당사자들이 허위표시 그 자체와는 별도로 합의한 경우를 가리킨다. 그러한 합의에 기하여 실제로 그 외형이 제거되지 않은 경우에는 따로 '허위표시의 철회'가 문제될 이유가 없다. 그러므로 그 경우에는 선의의 제 3 자의 등장이 철회 전인가 후인가를 묻지 않고 그에 대하여 허위표시의 무효를 주장할 수 없음은 물론이다.

[판결 1] 허위표시와 제 3 자(1): 대판 1983. 1. 18, 82다594

제 3 점에 대하여,

원심판결에 의하면, 원심은 소외 조소와 소외 A 사이의 이 사건 퇴직금채권양도계약은 그 판시와 같이 통정의 허위표시로서 무효라고 단정하고 소론 피고의 주장, 즉 위 채권양도계약이 통정의 허위표시로서 계약당사자인 위 소외인들 사이에는 무효라 하더라도 이로써 선의의 제 3 자인 피고에게는 대항할 수 없고 피고는 위 채권을 위 A에게 변제하여야 하므로 원고의 이 사건 퇴직금 전부채권청구는 부당하다는 주장에 대하여 판시하기를 통정의 허위표시로서 선의

---

22) 곽윤직·김재형, 민법총칙, 313면.
23) 이영준, 민법총칙, 335면.

의 제 3 자에게 대항할 수 없음은 법이 명시하고 있는 바이나 그 법의는 피고가 위 계약이 무효임을 알지 못하고 위 채권을 그 양수자인 소외 A에게 변제하였을 경우 피고는 그 변제로서 위 채무를 면하게 된다는 뜻이지 피고 주장과 같이 채무자가 채무를 변제치 아니하고 있는 중 진실한 채권자가 밝혀진 경우에도 그 변제를 곧이 가장 양수인에게 변제하라는 뜻이 아니라 할 것이므로 피고가 위 채무를 아직도 가장 양수인인 위 A에게 변제하지 아니하고 있음을 피고 스스로 자인하는 본건에 있어서 피고가 선의의 제 3 자임을 내세워 원고의 이 사건 퇴직금 전부채권의 지급을 거절할 수 없는 이치이니 피고의 위 주장은 이유없다고 판시하고 있는바 소론 당원판례는 전부명령이 제 3 채무자에게 송달된 때에 피전부채권이 이미 제 3 자에 대한 대항요건을 갖추어 적법히 양도되어 존재하지 아니한다면 그 전부명령은 그 양도된 채권에는 그 효력이 미치지 아니하고 따라서 그 후에 위 채권양도계약이 해제되어 그 채권이 원 채권자에게 복귀되었다 하더라도 그 채권은 전부 채권자에게 전부되지 아니한다는 것이어서 원심의 위 판시는 사안을 달리하여 위 당원판례에 상반된다고 할 수 없다.

소론은 독자적인 견해에서 위 원심판시가 당원판례에 위배된다고 하는 것이니 받아들일 수 없다(제108조 제 2 항에서 말하는 제 3 자는 허위표시의 당사자와 그의 포괄승계인 이외의 자 모두를 가리키는 것이 아니고 그 가운데서 허위표시 행위를 기초로 하여 새로운 이해관계를 맺은 자를 한정해서 가리키는 것으로 새겨야 할 것이므로 피고는 선의의 제 3 자임을 내세워 원고의 이 사건 퇴직금 전부채권의 지급을 거절하지 못한다는 원심의 판시도 정당하다). 결국 논지는 모두 이유없으므로 상고를 기각하고, 상고비용은 패소자의 부담으로 하여 관여법관의 일치된 의견으로 주문과 같이 판결한다.

> **질문**

(1) 이 사건에서 피고는 제 3 자에 해당하는가? 그 근거는 무엇인가?
(2) 허위표시에 의한 채권양도의 경우에 채무자가 채무를 양수인에게 변제한 경우에는 제 3 자가 될 수 있는가?
(3) 허위표시에서 제 3 자에 해당하는지를 판단하는 기준은 무엇인가?

> **[판결 2] 허위표시와 제 3 자(2): 대판 1996. 4. 26. 94다12074**

상고이유를 판단한다.

원심판결 이유에 의하면 원심은, 그 내세운 증거들을 종합하여, 원래 소외 주식회사 태영공영(이하 소외 회사라고 한다)이 축조하여 소외 회사 명의로 소유권보존등기가 되어 있던 대전 서구 정림동 및 가수원동 소재 코스모스아파트 디(D)동 408호, 414호, 504호, 506호 및 같은 아파트 이(E)동 111호(이하 이 사건 각 부동산이라고 한다)에 관하여 매매예약을 원인으로 하여 1987. 2. 5. 소외 (제 1 심 공동피고) A 명의의 소유권이전등기청구권 보전을 위한 가등기가 된 사실, 원고들은 1987. 11. 9. 소외 회사로부터 이 사건 각 부동산을 매수하고 1987. 11. 12. 위 각 부동산에 관하여 위 매매를 원인으로 한 소유권이전등기를 한 사실, 그 후 위 각 부동산에 관하여 1987. 11. 24. A 명의의 위 가등기에 기하여 매매를 원인으로 한 소유권이전의 본등기가 마쳐졌고, 이로 인하여 위 가등기 후에 이루어진 위 각 부동산에 관한 원고들 명의의 위 소유권이전등기는 직권으로 말소된 사실, 위 각 부동산에 관하여 매매예약을 원인으로 하여 1987. 12. 2. 소외(제 1 심 공동피고) B 명의의 소유권이전등기청구권 보전을 위한 가등기가 된 후 그 가등기에 기하여 위 이동 111호에 관하여는 1989. 3. 2.에, 디동 408호, 414호, 504호, 506호에 관하여는 1990. 5. 17.에 각 B 명의의 소유권이전등기가 마쳐진 사실, 위 각 부동산 중 위 이동 111호에 관하여는 1989. 3. 2. 피고 C 명의의 소유권이전등기가, 위 디동 408호, 414호, 504호, 506호에 관하여는 1990. 9. 6. 피고 D 명의의 소유권이전등기가 각 마쳐진 사실, 그런데 위 각 부동산에 관한 A 명의의 위 가등기 및 소유권이전의 본등기는 소외 회사가 그 재산을 도피 또는 은닉할 목적으로 A와 사이에서 아무런 원인도 없이 통정하여 한 것이고, 그 후에 한 위 각 부동산에 관한 B 명의의 가등기 및 소유권이전의 본등기도 A와 B가 서로 간에 아무런 채권·채무관계가 없음에도 A 명의의 위 가등기 등이 소외 회사의 재산을 보호하기 위하여 편의상 이루어졌다 하여 당시 소외 회사의 대표이사인 B에게 위 가등기 등에 관한 권리 일체를 넘기기로 하여 이루어진 것인 사실을 인정한 다음, 이 사건 각 부동산에 관하여 A와 B 명의로 경료된 위 각 가등기 및 그에 기한 각 본등기는 당사자 사이의 통정한 허위의 의사표시에 의하여 이루어진 것으로서 원인무효의 등기이고, 위 각 부동산에 관한 원고들 명의의 소유권이전등기는 A가 무효인 가등기에 기하여 본등기를 경료함으로 인하여 잘못 말소되었다 할 것이어서 원고들은 여전히 위 각 부동산의 소유자라 할 것이며, 위 각 부동산에 관하여 이루어진 피고들 명의의 소유권이전등기는 위와 같이 원인 무효인 A 명의의 가등기 및 그에 기한 본등기에 터잡아 이루어진 것으로서 역시 원인무효라고 판시하였다. 그리고 한편 B로부터 선의로 이 사건 각 부동산을 양수한 제 3 자인 피고들에게 통정 허위표시의 무효를 대항할 수 없다는 피고들의 주장에 대하여는, 가사 피고들이 B로부터 위 각 부동산을 매수함에 있어서 A와 B 명의의 위 각 가등기 및 그에 기한 본등기가 당사자들 사이의 통정한 허위의 의사표시에 의한 것임을 알지 못하였다고 할지라도, 피고들이 그와 같은 사유를 들어 소외 회사 및 A, B에 대한 관계에서 위 각 부동산에 관한 피고들 명의의 소유권이전등기가 유효함을 주장할 수 있음은 별론으로 하고, 이와 같은 사유만으로는 위 각 부동산의 소유권에 기하여 원인무효인 위 각 부동산에 관한 피고들 명의의 소유권이전등기의 말소등기절차의 이행을 구하는 원고의 청구를 배척할 사유가 되지 못한다고 판단하였다.

살피건대 민법 제108조에 의하면, 상대방과 통정한 허위의 의사표시(다음부터 단순히 허위표시라고 한다)는 무효이고 누구든지 그 무효를 주장할 수 있는 것이 원칙이나, 허위표시의 당사자 및 포괄승계인 이외의 자로서 허위표시에 의하여 외형상 형성된 법률관계를 토대로 실질적으로 새로운 법률상 이해관계를 맺은 선의의 제 3 자에 대하여는 허위표시의 당사자뿐만 아니라 그 누구도 허위표시의 무효를 대항하지 못한다 할 것이고, 따라서 위와 같은 선의의 제 3 자에 대한 관계에 있어서는 허위표시도 그 표시된 대로 효력이 있다고 할 것이므로, 피고들이 B로부터 실질적으로 이 사건 각 부동산을 양수하고 또 이를 양수함에 있어 A와 B 명의의 각 가등기 및 이에 기한 본등기의 원인이 된 각 의사표시가 허위표시임을 알지 못하였다면, 원고들은 선의의 제 3 자인 피고들에 대하여는 A 및 B 명의의 위 각 가등기 및 본등기의 원인이 된 각 허위표시가 무효임을 주장할 수 없고, 따라서 피고들에 대한 관계에서는 위 각 허위표시가 유효한 것이 되므로 위 각 허위표시를 원인으로 한 A와 B 명의의 각 가등기 및 본등기와 이를 바탕으로 그 후에 이루어진 피고들 명의의 소유권이전등기도 유효하다 할 것이다. 위와 같이 피고들에 대한 관계에서 A 명의의 위 가등기 및 본등기가 유효하다면, 원고들 명의의 소유권이전등기는 A 명의의 위 가등기가 가지고 있는 본등기 순위 보전의 효력에 의하여 그 가등기에 기한 A 명의의 본등기에 우선 당하여 효력을 상실하게 되고, 따라서 원고들은 피고들에 대하여 이 사건 각 부동산의 소유권이 원고들에게 있음을 주장할 수 없게 된다 할 것이다.

그럼에도 불구하고 피고들이 B로부터 실질적으로 이 사건 각 부동산을 양수하였는지 여부와 이를 양수함에 있어 A와 B 명의의 각 가등기 및 이에 기한 본등기의 원인이 된 각 의사표시가 허위표시임을 알지 못하였는지 여부, 즉 선의였는지 여부에 관하여 심리하지 아니한 채, 피고들이 선의라고 하더라도 피고들에 대하여 원고들이 위 각 부동산의 소유권자임을 주장할 수 있고 위 각 부

동산에 관한 피고들 명의의 소유권이전등기는 원인무효의 등기라는 취지로 판
단한 원심판결에는 선의의 제 3 자에 대한 허위표시의 효력에 관한 법리를 오해
하고 심리를 미진하여 판결에 영향을 미친 위법이 있다고 할 것이고, 이를 지적
하는 상고이유의 주장은 이유 있다.

질문

(1) 이 사건에서 원심과 대법원은 어떠한 점에서 다른 결론에 도달하고 있는가?

(2) 이 사건에서 원고는 제 3 자에 해당하는가? 원고가 선의인 경우에는 누가
   우선하는가?

제 8 장 착오에 의한 의사표시

Ⅰ. 의   의

1. 제109조는 "법률행위의 내용의 중요부분에 착오錯誤가 있는 때"에 취소할 수 있다고 규정하고 있다. 그러나 거기서 말하는 착오가 무엇인지에 대하여는 구체적으로 정하고 있지 아니하다.

우선 민법상 의사표시에 관한 규정의 구조에 비추어 보면, 착오는 의사흠결意思欠缺, 즉 의사와 표시와의 불일치의 한 유형을 정하고 있음을 알 수 있다. 비진의의사표시나 허위표시가 표의자가 의사흠결을 알면서도 의사표시를 한 경우를 정함에 대하여, 착오는 표의자가 이를 알지 못하면서 진의에 일치하지 않는 의사표시를 행한 경우를 말한다. 예를 들면 의사표시를 할 때 오기誤記 또는 오담誤談 등으로 상대방이 잘못 표시된 대로 이해한 경우나, 뜻을 잘못 알고 있는 단어나 기호를 사용하여 의사표시를 한 경우가 그것이다. 이와 같이 의사흠결의 한 유형으로서의 착오를 행위착오라고 한다.

그런데 실제의 법률행위에서 훨씬 빈번하게 문제되는 것은, 의사표시를 하면서 기대 또는 예상하였던 사정이 사실과 다름에도 이를 알지 못하였던 경우이다. 예를 들면 물건을 매수할 경우에 통상 목적물이 일정한 성질이나 상태를 가지고 있다는 관념을 가지는 것인데 실제로는 그 물건이 그러한 성상性狀을 갖추지 못한 경우나, 주채무자가 자력이 있는 것으로 믿고 보증을 하였는데 실제로는 무자력하였다는 경우 등이 그것이다. 이들 경우에는 매수 또는 보증의 의사표시 자체에 표의자의 내심에 형성된 의사(효과의사)와 표시행위로부터 이해된 바의 의사 사에에 불일치가 존재한다고는 할 수 없다. 따라서 이러한 착오는 의사흠결의 한 유형은 아니지만, 효과의사의 형성에 이르는 연유에 착오가 있는 것으로서, 행위착오와 대비하여 동기착오라고 부른다.

동기착오는 애초 제109조에서 정하는 「착오」에 포함되지 않는다고 하여, 그 착오가 중대한 것이라고 하여도 제109조에서 정하는 취소권의 발생은 인정되지 않는다는 주장이 있다.[1] 그러나 이에는 찬성할 수 없으며, 동기착오도 제109조의 요건을 갖추면 취소권을 발생시킬 수 있다고 볼 것이다. 첫째, 실제에서 빈번하게 발생하고 또한 당사자에게 심중한 결과를 가져올 수 있는 동기착오를 착오규율의 적용으로부터 처음부터 배제하는 것은 분쟁해결을 통한 평화의 수립이라는 법목적에 비추어 합목적적이라고 할 수 없다. 둘째, 행위착오·동기착오의 개념 자체가 종래 착오법리에 의하여 다루어지던 경우를 체계화하는 과정에서 얻어진 정서개념整序概念으로서 그 구분이 가능하다고 하여 이에 위와 같이 전혀 별개의 법률효과를 부여할 필연적 이유가 없다. 셋째, 비교법적으로나 연혁적으로 보아도 동기착오는 일정한 요건 아래 법적으로 고려되고 있다. 넷째, 제109조가 「법률행위의 내용의 중요부분에 관한 착오」라고 정하고 있으나, 이것이 동기착오를 배제하는 의미라고 해석하여야 하는 것은 아니다.

2. 제109조에 의한 규정은 표의자와 상대방의 쌍방에 공통된 착오 (공통의 착오)의 경우에는 적용되지 않는다는 견해도 있다. 이는 결국 신의칙에 기하여 인정되는 「주관적 행위기초론」에 따라 처리되어야 한다는 것이다. 주관적 행위기초론은 독일에서 전개된 이론으로서 반드시 단일한 내용을 가진다고 하기는 어렵다. 그러나 대체적으로는, 법률행위의 내용을 정할 때 당사자 쌍방이 일치하여 그 발생 또는 불발생에 관한 확실한 기대 또는 예상을 하는 데 기초로 삼았던 구체적 사정을 「주관적 행위기초」라고 하고,[2] 그것이 애초 실제에 합치하지 아니하거나 후에 성립하지 않게 된 때에는 그로 인하여 불이익을 입은 당사자는 계약으로부터 탈퇴(해제 또는 해지)하거나, 일정한 경우에는 계약의 내용이 실제의 사정에 적합하도록 그 수정을 청구할 수 있다는 것이다.

그러나 위의 견해에는 우리 민법 아래서 찬성하기 어려우며, 공통의 착오도 제109조에 의하여 처리되어야 하고 또 타당하게 처리될 수 있다. 착오 일반

---

1) 민법주해[Ⅱ], 215면 이하(송덕수 집필).
2) 전형적인 예는 계산착오이다. 가령 1톤에 2만 5천원씩 50톤을 매도하는 계약에서 총액을 계산의 착오로 105만원으로 하여 계약을 체결한 경우나 오늘 시세로 판다고 하는 경우에 잘못 인쇄한 시세표時勢表에 따라 계산하여 계약을 체결한 경우이다.

에 대하여 정하는 제109조를 공통의 착오에 적용하지 않을 이유가 없다.

3. 제109조는 의사표시에 착오가 있는 경우 이를 취소할 수 있도록 하여 표의자를 보호하면서도, 그 착오가 법률행위 내용의 중요부분에 관한 것이 아니거나 표의자의 중대한 과실로 인한 경우에는 그 취소권 행사를 제한하는 한편, 표의자가 의사표시를 취소하는 경우에도 그 취소로 선의의 제 3 자에게 대항하지 못하도록 하여 거래의 안전과 상대방의 신뢰를 아울러 보호하고 있다. 이러한 법리는 그 적용을 배제하는 별도의 규정이 있거나 당사자의 합의로 그 적용을 배제하는 등의 특별한 사정이 없는 한 원칙적으로 모든 사법상의 의사표시에 적용된다.[3]

4. 한편 착오와 유사하나 이와 엄격하게 구별되어야 할 경우가 있다.

(1) 행위착오는 의사표시의 해석상 인정되는 의미가 표의자의 진의와 불일치하는 것을 전제로 한다. 그런데 이러한 불일치는 오표시誤表示(falsa demon-stratio)의 경우에는 존재하지 않으며, 따라서 오표시는 착오와는 구별되어야 한다. 오표시의 경우에는, 비록 표의자가 진의에 객관적으로 합치하지 않는 표시행위를 하였더라도, 의사표시의 해석에 따라 그 의미가 진의대로 확정된다. 따라서 가령 100번지의 땅을 매수하려고 청약하는 사람이 상대방에게 목적물을 110번지라고 표시하였어도 상대방이 목적물을 100번지의 땅으로 이해하고 승낙하였다면, 매매계약은 100번지의 땅에 관하여 체결된 것이며, 이에 아무런 착오도 성립하지 않는다. 요컨대 착오는 의사표시의 해석으로 그 의미가 확정되어 그대로 법률행위가 성립한 경우에 그것과 표의자의 진의가 불일치할 때 비로소 문제되는 것이다.

(2) 이른바 「숨겨진 불합의不合意」의 경우도 마찬가지이다. 이 경우에는 법률행위의 해석상 애초 계약이 성립하지 않는다. 가령 매도인은 캐나다 달러를 생각하고 1만 달러에 판다고 청약한 데 대하여 매수인은 그것을 미국 달러로 알고 승낙하였는데, 청약의 의사표시가 상대방의 입장에서 합리적으로 판단할 때 캐나다 달러로도 미국 달러로도 해석될 수 있는 경우라면, 계약은 당사자의 기대와는 달리 처음부터 성립하지 않는다. 그러므로 그 계약은 처음부터 효력을 발생하지 않으며, 여기에는 착오가 문제될 여지가 없다.

---

3) 대판 2014. 11. 27, 2013다49794.

Ⅱ. 착오로 인한 취소권 발생의 요건

1. 착오가 있을 것

(1) 여기서 착오란 앞서 본 행위착오와 동기착오를 포함한다. 한편 대리행위에 착오가 있는지는 대리인을 기준으로 하여 정해진다(제116조 제 1 항).

행위착오는 일반적으로 다시 「표시착오」, 즉 표의자의 잘못으로 그가 실제로 의욕한 표시행위와는 다른 표시행위를 한 경우(가령 오기, 오담 등)와 「내용착오」, 즉 표시행위는 실제 의욕한 바대로 하였으나 그 표시행위의 의미를 잘못 이해한 경우(가령 유럽연합의 유로와 홍콩의 달러를 같은 돈이라고 생각하여 유로라고 할 것을 달러라고 표시한 경우 등)의 둘로 나누어진다. 한편 의사표시를 사자나 그 밖의 전달기관을 사용하여 하는 때에 전달기관이 표의자의 의사를 상대방에게 잘못 전달한 경우(전달착오. 가령 전보를 쳤는데 전보가 의뢰한 내용과는 다르게 송신된 경우 등)는 표시착오와 동일시된다.

의사표시에 착오가 있다고 하려면 법률행위를 할 당시에 실제로 없는 사실을 있는 사실로 잘못 깨닫거나 아니면 실제로 있는 사실을 없는 것으로 잘못 생각하듯이 의사표시자의 인식과 그러한 사실이 어긋나는 경우라야 한다. 의사표시자가 행위를 할 당시 장래에 있을 어떤 사항의 발생을 예측한 데 지나지 않는 경우는 의사표시자의 심리상태에 인식과 대조사실의 불일치가 있다고 할 수 없어 이를 착오로 다룰 수 없다.[4] 장래에 발생할 막연한 사정을 예측하거나 기대하고 법률행위를 한 경우 그러한 예측이나 기대와 다른 사정이 발생하였다고 하더라도 그로 인한 위험은 원칙적으로 법률행위를 한 사람이 스스로 감수하여야 하고 상대방에게 전가해서는 안 되므로 착오를 이유로 취소를 구할 수 없다.[5]

(2) 판례는 실제로 훨씬 중요한 동기착오에 대하여, 이는 원칙적으로 고려되지 않으나, 다만 표의자가 동기를 표시하여 법률행위의 내용이 된 경우에 비로소 제109조에서 정하는 착오에 해당한다고 한다. 그리고 다수설도 이에 찬성한다.

---

4) 대판 1972. 3. 28, 71다2193; 대판 2013. 11. 28, 2013다202922.
5) 대판 2020. 5. 14, 2016다12175.

그러나 이것이 타당한지는 의문이다. 첫째, 표의자가 동기를 표시하여 법률행위의 내용이 된다는 것이 무엇을 의미하는지 불명확하다. 원래 법률행위의 내용이란 당사자가 의사표시에 의하여 발생을 의욕한 법률효과 그 자체를 의미하는 것으로서, 이는 결국 효과의사의 내용을 가리킨다. 그런데 동기란 앞서 본 대로 일정한 내용의 효과의사를 형성하기에 이른 연유를 말한다. 그러므로 그것이 표의자에 의하여 상대방에게 표시되었다고 하여도 그것을 의사표시에 포함시켜 그에 따른 법률효과가 발생되는 것이 아닌 한 이것이 법률행위의 내용이 된다고 할 수 없다. 가령 건물을 신축할 목적으로 대지를 매수하는 사람이 그 의도를 매도인에게 표시하였다고 하여도, 목적물의 신축가능성은 매매계약의 법률행위적 효과와는 무관하며 그것이 법률행위의 내용이 된다고 할 수 없다. 그것이 매도인에 의하여 보장된다든가 법률행위의 조건이 되었다든가 하는 때에 비로소 법률행위의 내용이 된다. 그런데 판례에 따르면, "표의자가 그 동기를 당해 의사표시의 내용으로 삼을 것을 상대방에게 표시하고 의사표시의 해석상 법률행위의 내용으로 되어 있다고 인정되면 충분하고 당사자들 사이에 별도로 그 동기를 의사표시의 내용으로 삼기로 하는 합의까지 이루어질 필요는 없다."라고 한다.[6] 따라서 판례가 말하는 법률행위의 내용이란 통상의 의미와는 다른 애매한 것이라고 하지 않을 수 없다. 둘째, 동기의 표시는 그 자체로서 유의미한 것이 아니라 상대방으로 하여금 동기가 표의자에 대하여 가지는 의미를 인식하게 하는 계기일 뿐이다. 그러므로 상대방이 이미 표의자의 동기를 알고 있는 경우는 물론이고 상대방이 이를 인식하고 있지 않더라도 당해 행위의 내용과 상황에 비추어 알았어야 하는 경우에는, 동기의 표시 여부는 문제될 필요가 없을 것이다. 가령 매수인이 고려청자로 알고 그에 상응하는 고가로 매수할 의사를 표시하는 경우에는 비록 그 동기가 표시되지 않았어도 이는 고려되어야 할 것이다. 만일 이 경우에 의사표시 자체에 의하여 이미 그 동기가 표시되었다고 해석한다면, 이는 동기의 표시라는 판례상 기준이 실질적으로 무의미한 것임을 반증할 뿐이다.

결국 동기착오도 제109조의 착오에 해당하고 다만 그것이 법률행위 내용의 중요부분에 관한 것인지만을 문제삼으면 충분하다. 즉, 동기가 표시되었는지 여부가 아니라, 당사자가 법률행위를 하는 데 그 동기가 중요한 것인지가

---

6) 가령 대판 1995. 11. 21, 95다5516.

기준이 되어야 한다.

2. 법률행위 내용의 중요부분에 착오가 있을 것

법률행위 내용의 중요부분에 착오가 있어야 한다. 이는 착오가 없었더라면 「표의자」가 당해 의사표시를 하지 않았거나 동일한 내용으로 의사표시를 하지 않았을 것이고, 「일반인」도 그렇게 하지 않을 것을 뜻한다.[7] 결국 중요성은 착오대상이 당해 거래유형에서 가지는 전형적 중요성, 착오가 상대방에 의하여 유발되었는지, 상대방이 표의자의 착오를 알았거나 특히 알 수 있었는지, 공동의 착오인지 등을 종합적으로 고려하여 정해진다.

(1) 법률행위, 목적물, 상대방에 관한 착오가 있는 경우에 중요부분의 착오를 인정할 수 있다. 가령 소비대차를 하려고 하였는데 증여를 한 것으로 표시한 경우와 같이 법률행위의 동일성에 관한 착오가 있는 경우에 중요부분에 착오가 있다고 볼 수 있다. 또한 A 토지를 팔려고 하였는데 B 토지로 표시한 경우와 같이 목적물의 동일성에 관한 착오도 중요한 착오로 볼 수 있다. 법률행위 중요부분의 착오란 표의자가 그러한 착오가 없었더라면 그 의사표시를 하지 않았으리라고 생각될 정도로 중요한 것이어야 하고 보통 일반인도 표의자의 처지에 있었더라면 그러한 의사표시를 하지 않았으리라고 생각될 정도로 중요한 것이어야 한다. 판례는 토지의 현황과 경계에 착오가 있어 계약을 체결하기 전에 이를 알았다면 계약의 목적을 달성할 수 없음이 명백하여 계약을 체결하지 않았을 것으로 평가할 수 있을 경우에 계약의 중요부분에 관한 착오를 인정한다.[8] 그리고 법률행위가 특정 상대방을 고려하여 행하여진 경우에 그 상대방의 동일성에 관한 착오도 중요부분의 착오에 해당한다.[9]

(2) 행위착오로 인하여 진의보다 현저히 많은 급부의무를 부담하거나 현저히 적은 반대급부에 대한 채권을 가지게 되는 경우에도 중요부분의 착오가 있다고 볼 수 있다. 가령 청약서에 목적물을 1억원에 매도한다고 쓸 것을

---

7) 대판 2020. 3. 26, 2019다288232.
8) 대판 2020. 3. 26, 2019다288232.
9) 대판 1995. 12. 22, 95다37087은 채무자의 동일성에 관한 착오로 인한 근저당권설정계약의 취소를 인정하였는데, 채무자를 갑이 아닌 을로 오인하고 부동산을 담보로 제공한 경우에 "이와 같은 채무자의 동일성에 관한 착오는 법률행위 내용의 중요부분에 관한 착오에 해당한다."라고 판단하였다.

10,000,000원에 매도한다고 쓴 경우에 중요부분의 착오를 인정할 수 있다.

　　(3) 당해 행위의 불가결의 기초를 이루는 사정에 관한 착오로서 그 사정이 법률행위의 내용(특히 급부내용)에 중대한 영향을 준 경우에도 중요부분의 착오를 인정할 수 있다.[10]

　　(4) 상대방이 착오를 유발한 경우에 중요부분의 착오를 쉽게 인정한다. 이는 사기에 의한 의사표시(제110조)와 구별되나, 그에 인접한 사안에 해당한다.[11]

　　(5) 공통의 착오가 있는 경우에 중요부분의 착오를 인정하는 경우가 있다. 대법원은 토지매매계약에서 매수인이 양도소득세조로 매도인에게 지급하기로 된 특정액을 많이 넘어서 양도소득세가 매도인에게 부과된 사안에서 "그 착오가 없었더라면 매수인과 매매계약을 체결하지 않았거나 아니면 적어도 동일한 내용으로 계약을 체결하지는 않았을 것임이 명백하고, 나아가 매도인이 그와 같이 착오를 일으키게 된 계기를 제공한 원인이 매수인측에 있을 뿐만 아니라 매수인도 매도인이 납부하여야 할 세액에 관하여 매도인과 동일한 착오에 빠져 있었다면, 매도인의 위와 같은 착오는 매매계약의 내용의 중요부분에 관한 것에 해당한다."라고 하였다.[12]

3. 착오자에게 중대한 과실이 없을 것

　　제109조 제 1 항 단서는 "그러나 그 착오가 표의자의 중대한 과실로 인한 때에는 취소하지 못한다."라고 정하고 있다. 여기에서 말하는 '중대한 과실'이란 표의자의 직업, 행위의 종류, 목적 등에 비추어 보통 요구되는 주의를 현저히 결여한 것을 말한다.[13] 위 단서 규정은 표의자의 상대방의 이익을 보호하기 위한 것이므로, 상대방이 표의자의 착오를 알고 이를 이용한 경우에는 그 착오

---

10) 대판 1997. 8. 22, 96다26657은 고려청자로 잘못 알고 도자기를 4천 3백만원에 매수한 경우에 중요부분의 착오를 인정하였다.

11) 대판 1978. 7. 11, 78다719는 "원고는 본건 토지가 이미 귀속해제된 토지인데도 귀속재산인 줄 잘못 알고 피고에게 증여한 것인바, 이 착오는 일종의 동기착오이지만 그 동기를 제공한 것이 피고 산하 관계공무원이었고 그러한 동기의 제공이 없었더라면 몇 십년 경작해 온 상당한 가치의 본건 토지를 선뜻 피고에게 증여하지는 않았을 것인즉, 그 동기는 본건 증여행위의 중요한 부분을 이룬다."라고 판단하였다. 이에 관해서는 양창수, "주채무자의 신용에 관한 보증인의 착오," 민법연구 제 2 권, 1면 이하.

12) 대판 1994. 6. 10, 93다24810.

13) 대판 1993. 6. 29, 92다38881; 대판 1995. 12. 12, 94다22453; 대판 1996. 7. 26, 94다25964; 대판 1997. 9. 26, 97다26210.

가 표의자의 중대한 과실로 인한 것이라고 하더라도 표의자는 그 의사표시를 취소할 수 있다고 보아야 한다.[14]

Ⅲ. 효　과

1. 취　소

민법은 착오의 효과에 관하여 "취소할 수 있다."라고 정하고 있다(제109조 제 1 항 본문). 취소권자에 대하여는 제140조가 정하고 있는데, 이제는 착오자[15]도 이에 포함됨을 정면에서 규정하고 있다.

취소는 일단 유효한 법률행위를 의사표시 성립과정상의 흠을 이유로 소급적으로 무효로 하는 일방적 의사표시이다. 취소를 할 수 있는 권리를 취소권이라고 한다. 취소할 수 있는 법률행위는 취소를 하기까지는 유효이나, 취소로 법률행위가 소급적으로 무효로 확정된다(제141조 본문). 취소권이 소멸해도 취소할 수 있는 법률행위는 확정적으로 유효하게 된다.[16]

한편 매매계약 내용의 중요 부분에 착오가 있는 경우 매수인은 매도인의 하자담보책임이 성립하는지와 상관없이 착오를 이유로 그 매매계약을 취소할 수 있다.[17]

2. 대항불능

제109조 제 2 항은 "전항의 의사표시의 취소는 선의의 제삼자에게 대항하지 못한다."라고 정하고 있다(제109조 제 2 항). 여기서 취소란 취소권의 발생이 아니라 그에 기하여 법률행위가 취소된 것을 전제로 한다. 또한 선의는 취소가능하다는 것, 즉 취소권의 발생사실을 모르고 있는 것을 뜻한다.

---

14) 대판 1955. 11. 10, 4288민상321; 대판 2014. 11. 27, 2013다49794.
15) 2011년 개정 전의 제140조는 취소권자로서 "하자 있는 의사표시를 한 자者"만을 들고 있었으나, 당시에도 사기·강박에 의한 의사표시의 상대방뿐만 아니라 착오자도 취소권자에 포함되었다.
16) 상세한 것은 아래 제10장 참조.
17) 대판 2018. 9. 13, 2015다78703.

3. 신뢰이익의 배상 문제

학설 중에는 착오를 이유로 취소를 한 자는 상대방에게 신뢰이익을 배상하여야 한다고 주장한다.[18] 이 문제는 제1편 제4장에서 계약체결상 과실책임 문제로 다루었다.

판례는 "불법행위로 인한 손해배상책임이 성립하기 위하여는 가해자의 고의 또는 과실 이외에 행위의 위법성이 요구된다 할 것인바, 피고가 계약보증서를 발급하면서 소외 회사가 수급할 공사의 실제 도급금액을 확인하지 아니한 과실이 있다고 하더라도 민법 제109조에서 중과실이 없는 착오자의 착오를 이유로 한 의사표시의 취소를 허용하고 있는 이상, 피고가 과실로 인하여 착오에 빠져 계약보증서를 발급한 것이나 그 착오를 이유로 보증계약을 취소한 것이 위법하다고 할 수는 없다."라고 한다.[19]

[판결 1] 동기의 착오: 대판 1998. 2. 10, 97다44737

상고이유를 본다.

1. 제1점에 관하여

가. 동기의 착오가 법률행위의 내용의 중요 부분의 착오에 해당함을 이유로 표의자가 법률행위를 취소하려면 그 동기를 당해 의사표시의 내용으로 삼을 것을 상대방에게 표시하고 의사표시의 해석상 법률행위의 내용으로 되어 있다고 인정되면 충분하고 당사자들 사이에 별도로 그 동기를 의사표시의 내용으로 삼기로 하는 합의까지 이루어질 필요는 없지만(대법원 1989. 12. 26. 선고 88다카31507 판결, 1995. 11. 21. 선고 95다5516 판결 참조), 그 법률행위의 내용의 착오는 보통 일반인이 표의자의 입장에 섰더라면 그와 같은 의사표시를 하지 아니하였으리라고 여겨질 정도로 그 착오가 중요한 부분에 관한 것이어야 할 것이다(대법원 1989. 1. 17. 선고 87다카1271 판결, 1996. 3. 26. 선고 93다55487 판결 참조). 다만 그 착오가 표의자의 중대한 과실로 인한 때에는 취소하지 못한다고 할 것인데, 여기서 '중대한 과실'이라 함은 표의자의 직업, 행위의 종류, 목적 등에 비추어 보통 요구되는 주의를 현저히 결여하는 것을 의미한다고 할 것이다(대법원 1996. 7. 26. 선고 94다25964 판결 참조).

---

18) 민법주해[Ⅱ], 510면 이하(송덕수 집필).
19) 대판 1997. 8. 22, 97다13023.

나. 원심이 인정한 사실관계는 다음과 같다.

(1) 원고는 1995. 3.경 건설교통부와 한국도로공사가 시행하는 인천신공항 고속도로 건설사업에 편입될 토지의 용지보상 업무를 위탁받아 시행함에 있어, 이 사건 토지들이 그 도로 부지로 편입되게 되자, 공공용지의취득및손실보상에 관한특례법(이하 공특법이라고 한다)에 정한 절차에 따라 이를 취득하기 위하여 소유자인 피고들에게 협의를 요청하였다.

(2) 원고는 위 협의에 앞서 1994. 12. 30.경 공특법이 정하는 바에 따라 대금액을 결정하기 위하여 소외 정일감정평가법인 및 중앙감정평가법인에게 토지 가격에 대한 감정평가를 의뢰하여, 1995. 1. 26.경 m²당 위 정일감정평가법인은 금 76,000원으로, 위 중앙감정평가법인은 금 74,000원으로 평가한 감정서를 각 제출받은 후, 그 두 감정가격의 산술평균치인 금 75,000원을 피고들에게 대금 결정 기준액으로 제시하였다.

(3) 그 결과 1995. 3. 7.부터 4. 6.까지 원고와 피고들 사이에 매매대금을 m² 당 금 75,000원을 기초로 하여 산정한 금액으로 정하여 협의매수가 성립되어, 이에 따라 원고가 피고들로부터 이 사건 토지들을 매수하는 계약을 체결하고, 그 무렵 피고들에게 각 그 해당 금액을 지급하였다.

(4) 공특법시행규칙 제 6 조 제 4 항에 의하면 공법상 제한을 받는 토지는 그 공법상 제한이 당해 공공사업의 시행을 직접 목적으로 하여 가해진 경우를 제외하고는 제한받는 상태대로 평가하되, 제한의 정도를 감안하여 적정하게 감가하여 평가하도록 규정되어 있고, 이 사건 토지들의 용도는 자연녹지 개발제한구역으로 지정되어 있다. 그런데 위 두 감정평가법인은 협의매수가 이루어진 이후인 1995. 4. 28.경에 이르러, 이 사건 토지들에 대한 최초 평가시 용도지역 인정에 착오가 있어 자연녹지 개발제한구역을 생산녹지로 잘못 알고 평가하였음을 발견하고 m²당 정일감정평가법인은 금 41,000원으로, 중앙감정평가법인은 금 40,000원으로 다시 평가하여 작성한 정정서를 원고에게 통보하였고, 이에 원고는 그 무렵 피고들에게 그러한 사정을 통지하면서, 이미 지급한 매매대금 중 정정된 두 감정가격의 산술평균치인 금 40,500원을 기준으로 계산한 금액을 초과하는 금액(m²당 금 34,500원)을 반환할 것을 요청하였다.

(5) 한편 원고가 1995. 2. 21.경 피고들에 대한 협의 요청시, 공특법이 정한 방법에 따라 두 개의 감정평가기관의 평가액을 산술평균한 금액을 기준으로 결정한다는 점 및 그에 따라 m²당 금 75,000원씩으로 산출한 금액을 서면으로 통지·제시하였고, 그 후 피고들과 협의매수계약시 그러한 내용을 설명하였으며, 매매계약서 '물건의 표시'란에 그 대금 결정 내역에 관하여 단가와 면적을 기재

함과 아울러, 대금결정 방법에 관하여도 매매계약서 제 1 조 제 1 항에 '가격은 공특법 제 4 조 및 동법시행령 제 2 조 관련 조항의 규정에 따라 산정된 단가를 쌍방 협의에 의하여 정하였음'을 명시하였다. 피고들과 함께 과다 지급을 받았던 소외 A는 원고의 반환요청에 따라 과다 지급액 부분을 원고에게 반환하였고, 이 사건 토지들과 인접한 토지 소유자인 소외 B 등은 피고들과의 협의매수 이후 원고로부터 m²당 금 40,500원씩으로 산정한 대금액을 지급받은 사실을 인정하였다.

다. 원심은 위 사실관계를 기초로 하여 다음과 같이 판단하였다.

(1) 원고는 두 감정기관의 평가액을 근거로 m²당 시가의 산술평균액이 금 75,000원인 것으로 잘못 알고 착오에 빠져, 이를 기준으로 매수 가액을 제시하여 그 금액으로 협의매수계약을 체결하였는바, 이러한 착오는 목적물의 시가에 관한 착오로서 이른바 동기의 착오에 해당하는데, 원고는 피고들에 대한 협의매수 요청시 서면으로 위와 같은 매수 가액 결정 방법에 관하여 통지하였고, 피고들도 그러한 사정을 인식하고 그 대금 결정의 기준과 계산 내역 및 그 방법을 매매계약서에 명시함으로써, 그 동기를 의사표시의 내용으로 삼았다.

(2) 매매대금은 매매계약의 중요 부분인 목적물의 성질에 대응하는 것이기는 하나 분량적으로 가분적인 데다가 시장경제하에서 가격은 늘 변동하는 것이어서, 설사 매매대금액 결정에 있어서 착오로 인하여 다소간의 차이가 나더라도 보통은 중요 부분의 착오로 되지 않는다. 그러나 이 사건은 정당한 평가액을 기준으로 무려 85%나 과다하게 평가된 경우로서 그 가격 차이의 정도가 현저할 뿐만 아니라, 원고는 지방자치단체로서 법령의 규정에 따라 정당하게 평가된 금액을 기준으로 협의매수를 하고 또한 협의가 성립되지 않는 경우 수용 등의 절차를 거쳐 사업에 필요한 토지를 취득하도록 되어 있다. 이러한 사정들에 비추어 볼 때, 원고 시로서는 위와 같은 동기의 착오가 없었더라면 그처럼 과다하게 잘못 평가된 금액을 기준으로 협의매수계약을 체결하지 않았으리라는 점은 명백하다. 따라서 원고의 매수대금액 결정의 동기는 이 사건 협의매수계약 내용의 중요한 부분을 이루고 있다고 봄이 상당하다.

(3) 원고 시가 비록 관할 행정관청이기는 하나 이 사건 토지들 이외에도 같은 사업에 의하여 도로로 편입될 예정인 토지들이 수백 필지나 되어 그 토지들의 용도 및 현황 등을 일일이 대조·검토하기가 쉽지 않고, 또한 토지의 시가 감정은 평가기관의 전문영역으로서 토지의 용도뿐만 아니라 공시지가, 지가변동률, 지역요인, 개별요인 등 여러 가지 요인들을 고려하여 평가하기 때문에 비전문가인 원고 시의 담당자들로서도 그 평가액의 적정 여부를 검토하여 착오를

발견하기는 매우 어려우며, 더욱이 이 사건과 같이 두 개의 감정평가기관이 동시에 착오에 빠져 둘 다 비슷한 평가액을 낸 경우에는 원고 시로서는 사실상 이를 신뢰할 수밖에 없으리라는 사정을 엿볼 수 있는데, 이러한 사정에 비추어 볼 때 원고가 이 사건 토지들의 용도 및 감정평가서의 내용 등을 면밀히 검토하여 그 잘못된 점을 발견해 내지 못한 채 두 감정기관의 감정서 내용을 그대로 믿고 이를 기준으로 협의매수계약을 체결하였다는 사정만을 내세워, 원고에게 위 착오를 일으킨 데 대하여 중대한 과실이 있다고 보기는 어렵다.

라. 원심의 판단은 앞서 본 법리에 따른 것으로 정당하고, 거기에 소론과 같은 법리오해 등의 위법이 있다고 할 수 없다. 논지는 이유 없다.

　2. 제 2 점에 관하여

　　하나의 법률행위의 일부분에만 취소사유가 있다고 하더라도 그 법률행위가 가분적이거나 그 목적물의 일부가 특정될 수 있다면, 나머지 부분이라도 이를 유지하려는 당사자의 가정적 의사가 인정되는 경우 그 일부만의 취소도 가능하다고 할 것이고, 그 일부의 취소는 법률행위의 일부에 관하여 효력이 생긴다고 할 것이다(대법원 1990. 7. 10. 선고 90다카7460 판결, 1992. 2. 14. 선고 91다36062 판결 참조).

　　원심이 판시와 같은 이유를 들어 원고와 피고들 사이의 이 사건 협의매수계약은 원고의 위 착오를 이유로 한 의사표시의 일부 취소로 말미암아 각 그 해당 범위 내에서만 소급적으로 무효가 되었다고 판단한 것은 위 법리에 따른 것으로 정당하고 거기에 소론과 같은 법리오해, 심리미진 등의 위법이 있다고 할 수 없다. 논지는 이유 없다.

질문

(1) 동기의 착오를 이유로 취소할 수 있는 요건은 무엇인가?
(2) 착오의 경우 표의자의 '중대한 과실'은 어떠한 의미가 있는가?
(3) 법률행위 일부 취소의 요건과 효력은 무엇인가?

[판결 2] 공통의 착오: 대판 1994. 6. 10, 93다24810

　1. 상고이유 제 1 점 및 제 2 점에 대하여

　　기록을 살펴보면 피고 은행이 피고가 부담할 세금의 액수를 한정하는 특약을 넣게 된 것은, 피고 은행이 매도인에게 부과되는 양도소득세, 방위세 및 주민세 등도 전액 매수인인 피고가 부담하는 조건으로 매매계약을 체결하는 경우에는 과세관청이 피고가 부담하는 세금도 과세표준의 산출근거인 양도가액에 포함시켜 또다시 양도소득세 등을 부과하게 되어 피고가 부담할 세금의 액수가 거듭 늘어나고 그 액수를 확정할 수 없게 되는 문제점이 생기기 때문에 이를 예방하기 위하여 원래의 매매대금에 대한 양도소득세 등의 세금과, 피고가 위 세금을 부담할 경우 이를 양도가액에 포함시킴으로써 추가로 납부하여야 할 세금까지만을 피고가 부담하고, 다시 그로 인하여 추가로 부과되는 세금은 피고가 부담하지 않겠다는 점을 명확하게 하기 위한 것임을 알 수 있으므로, 위의 특약이 계산한 세액 자체가 잘못 산출되어 위 액수를 초과하는 세금이 부과되는 경우까지도 예상하여 이는 원고의 부담으로 한다는 취지로 볼 수는 없다고 할 것이니, 원심이 같은 취지에서 원고의 대리인인 소외 B는 이 사건 부동산의 양도와 관련하여 원고가 납부하여야 할 양도소득세 등의 세액이 금 532,399,720원뿐이고 이를 피고가 부담할 것이므로 원고의 세금부담은 전혀 없을 것으로 착오를 일으켜 이 사건 매매계약을 체결한 것이고, 매매대금의 20퍼센트 이상을 상회하는 추가세금이 부과되는 것까지 무시하고 위 매매계약을 체결한 취지는 아니라고 인정한 것은 정당하다 할 것이다. 그 외에 원심이 소론과 같이 원고는 추가로 부과되는 세금이 있더라도 이를 피고가 부담할 것으로 믿고 이 사건 계약을 체결하였다고 판시한 바는 없으므로 원심의 위와 같은 사실인정이 채증법칙에 위배된다거나 또는 원심이 인정한 바 없는 사실을 원심이 인정하였다 하여 이를 다투는 논지는 이유 없다 할 것이다.

그리고 원심은 피고의 지배인인 A가 원고에게 계약서에 명기된 금 532,399,720원을 넘는 세금이 부과되더라도 이 또한 피고가 부담하겠다는 취지의 말을 한 사실을 인정하고는 있으나, 그로 인하여 피고가 원고에게 그와 같은 의무를 부담하게 되었다고 판단한 취지는 아니라고 할 것이며 그러한 판단 자체는 수긍할 수 있다고 할 것이다. 원심이 인정한 계약체결의 경과에 의하면 위 A가 위 계약을 체결함에 있어서는 피고 은행 본점의 지시를 받아 계약을 체결한 것으로서 위 A 단독으로 추가세액의 부담 여부에 관한 사항을 결정할 권한은 가지고 있지 않았고 위 B도 그와 같은 사실을 알았다고 보일 뿐만 아니라 원고와 피고 쌍방은 이 사건 매매와 관련하여 원고가 부담하여야 할 세액의 액수를 확인하여 그 액수가 위 금 532,399,720원인 것으로 믿고 이를 초과하는 세금이 부과되지는 않으리라고 생각하여 계약을 체결한 것이라고 할 것이므로 위 A가 그와 같이 말한 사실이 있다 하더라도 그것만으로 실제의 세액이 위 액수를 넘는 경우에도 피고가 이를 부담하기로 하는 명시적인 합의가 있었다고는 하기 어려울 것이기 때문이다. 그러므로 원심이 피고에게 위와 같은 의무가 있다고 판단하였음을 전제로 하여 원심이 착오로 인한 취소를 인정한 것이 심리미진 내지 이유모순이라고 주장하는 논지도 이유 없다.

2. 상고이유 제3점에 대하여

위 원심인정 사실에 의하면 원고의 대리인인 위 B가 원고가 납부하여야 할 양도소득세 등의 세액이 피고가 부담하기로 한 금 532,399,720원뿐이므로 원고의 부담은 없을 것이라는 착오를 일으키지 않았더라면 피고와 이 사건 매매계약을 체결하지 않았거나 아니면 적어도 동일한 내용으로 계약을 체결하지는 않았을 것임이 명백하고, 나아가 원고가 그와 같이 착오를 일으키게 된 계기를 제공한 원인이 피고측에 있을 뿐만 아니라 피고도 원고가 납부하여야 할 세액에 관하여 원고와 동일한 착오에 빠져 있었다는 사정을 고려하면 원고의 위와 같은 착오는 이 사건 매매계약의 내용의 중요부분에 관한 것에 해당한다고 할 것이고(당원 1978. 7. 11. 선고 78다719 판결; 1990. 7. 10. 선고 90다카7460 판결; 1991. 8. 27. 선고 91다11308 판결 등 참조), 따라서 원고로서는 다른 특별한 사정이 없는 한 위 착오를 이유로 위 매매계약을 취소할 수 있다고 보아야 할 것이며, 부동산의 양도가 있은 경우에 그에 대하여 부과될 양도소득세 등의 세액에 관한 착오가 미필적인 장래의 불확실한 사실에 관한 것이어서 민법 제109조 소정 착오에서 제외되는 것이라고도 말할 수 없다(당원 1981. 11. 10. 선고 80다2475 판결 참조).

다만 위 원심확정 사실에 의하면 위 계약상 피고가 부담할 세액을 금 532,399,720원으로 한정한 것은 원고와 피고가 다같이 원고가 이 사건 부동산의 양도로 인하여 납부의무를 지게 될 세금의 액수가 위 금액뿐인 것으로 잘못 안 데 기인한 것임이 명백하므로, 원고와 피고가 원고가 부담하여야 할 세금의 액수가 위 금액을 초과한다는 사실을 알았더라면 피고가 위 초과세액까지도 부담하기로 약정하였으리라는 특별한 사정이 인정될 수 있을 때에는 원고로서는 피고에게 위 초과세액 상당의 청구를 할 수 있다고 해석함이 당사자의 진정한 의사에 합치할 것이므로 그와 같은 사정이 인정될 때에는 원고가 피고에게 위 초과세액의 지급을 청구함은 별론으로 하고 원고에게 위와 같은 세액에 관한 착오가 있었다는 이유만으로 위 매매계약을 취소하는 것은 허용되지 않는다고 보아야 할 것임은 소론과 같고, 또 피고의 지점장으로서 위 매수업무를 실제 담당하였던 위 A는 제1심에서, 피고가 원고에게 추가로 세금이 부과될 것이라는 사정을 알았더라면 그 추가세액까지 부담하였으리라는 취지로 증언하고 있기는 하다.

그러나 이 사건의 경우에는 원고에게 추가로 부과된 세액이 피고가 당초에

부담하기로 하였던 액수에 거의 육박하는 금 377,802,450원의 거액에 이를 뿐
만 아니라 기록에 의하면 위와 같이 원고에게 추가로 세금이 부과되자 원고가
위 계약상 피고측이 위 추가로 부과된 세금도 부담할 의무가 있다고 주장하여
피고측에게 그 납부를 촉구하였으나 피고는 위 매매계약서에 기재된 금액 외에
는 더 이상 세금을 부담할 의무가 없다고 다투어 원고가 이 사건 소송에 이르
게 된 점(기록 제307장, 제340장 등 참조, 이 사건 제 1 심은 위 추가세액 상당의
지급을 구하는 원고의 주위적 청구에 대하여 위와 같은 피고의 주장을 받아들여
이를 기각하였으나 이 부분에 대하여는 원고가 항소하지 아니하였다) 등에 비추
어 보면 원고가 부담하여야 할 세금의 액수가 위 금액을 초과한다는 사실을 피
고가 알았다 하여도 그 액수를 불문하고 이를 부담하기로 약정하였을 것이라고
단정하기는 어렵다 할 것이어서 결국 원심이 원고의 착오를 이유로 한 취소의
주장을 받아들인데 소론과 같이 민법 제109조 소정의 착오에 관한 법리를 오해
한 위법이 있다고 할 수 없다. 논지는 이유 없다.

질문

(1) 매수인이 부담하기로 한 양도세액의 착오를 이유로 매도인이 매매계약을
취소할 수 있는가?

(2) 부동산의 양도에 부과될 세액의 착오가 민법 제109조 소정의 착오에서 제
외되는가?

(3) 위 (1)항의 경우, 추가로 세금이 부과되는 사실을 알았더라면 매수인이 그
것까지 부담하기로 약정하였으리라고 인정되는 경우에 그 취소가 인정되
는가?

[판결 3] 착오 취소와 손해배상책임: 대판 1997. 8. 22, 97다13023

1. 원고의 상고이유를 본다.

가. 착오에 관한 주장에 대하여

원심판결 이유에 의하면, 원심은, 원고가 1994. 5. 30. 대구 수성구 소재 시
지 4단지 아파트 신축공사 중 조립식 욕실의 제작, 설치공사에 관하여 실시한
경쟁입찰에서 건설업법에 의한 도급한도액이 금 500,000,000원인 소외 주식회
사 동림화성이 도급금액 금 1,052,400,000원에 낙찰받았는바, 원고와 소외 회사
는 도급금액의 10%에 상당하는 계약보증금 105,240,000원 중 금 5,240,000원은

현금으로 납입하되 나머지 금 100,000,000원은 피고 발행의 계약보증서를 교부하는 것으로 대체하기로 하여, 소외 회사가 1994. 6. 16. 피고에게 계약보증서의 발급을 신청하면서 도급금액이 금 1,052,400,000원임에도 계약보증신청서에 도급금액을 금 500,000,000원으로 기재함으로써 피고는 소외 회사가 수급할 공사의 도급금액이 금 500,000,000원인 것으로 잘못 알고서 소외 회사에 도급금액을 금 500,000,000원으로 기재한 계약보증서를 발급하고, 소외 회사는 같은 달 17일 원고와 사이에 도급계약을 체결하면서 원고에게 그 계약보증서를 교부하였는데, 그 후 원고는 소외 회사로부터 도급계약상의 수급인의 지위를 포기한다는 통보를 받고 1995. 1. 4. 도급계약을 해지한 사실을 확정하고서, 건설업법 규정과 피고 조합의 설립 목적에 비추어 볼 때 피고는 소외 회사가 수급할 공사의 실제 도급금액이 소외 회사의 도급한도액을 초과한 금 1,052,400,000원이라는 점을 알았더라면 소외 회사에 계약보증서를 발급하지 않았을 것이므로 도급금액에 관한 피고의 착오는 법률행위의 중요 부분의 착오에 해당하고, 피고가 계약보증서를 발급함에 앞서 소외 회사로부터 입찰결과통보서 등을 제출받거나 원고에게 도급금액 등을 조회하여 도급금액이 소외 회사의 도급한도액 범위 내인지 여부를 확인하는 것을 게을리하여 소외 회사가 제출한 계약보증신청서만 믿고서 계약보증서를 발급한 것이 중대한 과실에 해당한다고는 할 수 없다고 보아 피고의 착오로 인한 취소의 의사표시에 의하여 원·피고 사이의 보증계약은 적법하게 취소되었다고 판단하였는바, 기록과 관계 규정에 비추어 살펴보면 원심의 판단은 정당하고, 거기에 상고이유로서 주장하는 바와 같은 위법이 있다고 할 수 없다.

소외 회사가 수급할 공사의 실제 도급금액에 관한 피고의 착오는 동기의 착오에 속함은 원고의 주장과 같으나, 원심이 확정한 바와 같이 피고가 계약보증서를 발급하면서 도급금액을 금 500,000,000원으로 명시하였다면 피고로서는 그 동기를 당해 의사표시의 내용으로 삼을 것을 상대방에게 표시함으로써 의사표시의 해석상 법률행위의 내용으로 되었다고 보아야 할 것이므로(대법원 1995. 11. 21. 선고 95다5516 판결 참조), 그 착오가 법률행위의 중요 부분의 착오에 해당하는 이상 취소할 수 있다 할 것이다.

나. 과실상계에 관한 주장에 대하여

뒤에서 보는 바와 같이 피고가 원고에 대하여 불법행위로 인한 손해배상책임을 부담한다고 볼 수 없는 이상, 원심이 판시와 같이 피고의 손해배상책임을 인정한 다음 손해의 발생에 경합된 원고의 과실비율을 65%로 평가하여 과실상계한 조치에 그 주장과 같은 채증법칙 위배로 인한 사실오인, 과실상계에 관한 법리오해의 위법이 있다는 주장은 받아들일 수 없다.

2. 피고의 상고이유를 본다.

가. 원심의 주문 기재에 관한 주장에 대하여

제 1 심에서 전부 패소한 원고가 항소심에서 예비적 청구를 추가적으로 병합하고, 항소심이 심리 결과 주위적 청구에 관하여 제 1 심판결을 그대로 유지할 경우에는 주문에서 '원고의 항소를 기각한다'라고 선고할 것이고, 예비적 청구가 항소심에서 병합되었다는 이유만으로 제 1 심판결을 취소 또는 변경하여야 하는 것은 아니며, 원심이 주문에서 원고의 항소를 기각한 것은 주위적 청구인 계약보증금 청구가 이유 없어 제 1 심판결을 유지한다는 취지이지, 원심에서 추가된 예비적 청구까지도 이유 없다는 취지는 아니라 할 것이다. 이와 반대의 견해를 전제로 한 피고의 주장은 독자적인 견해에 지나지 아니하여 받아들일 수 없다.

나. 예비적 청구에 관한 주장에 대하여

원심판결 이유에 의하면, 원심은, 피고는 전문건설업자들을 조합원으로 하여 설립된 특수법인으로서 그 조합원이 건설공사 등을 수급할 경우 그 이행보증 등을 하는 것을 주된 업무로 하고 있는 사실, 피고의 조합원인 소외 회사는 도급한도액이 금 500,000,000원이므로 피고로서는 도급금액이 금 500,000,000원을 초과하는 건설공사에 대하여는 소외 회사를 위하여 보증을 할 수 없는 사실, 피고의 보증규정 제13조에 의하면, 피고는 조합원이 보증신청을 할 때 적격 여부를 심사하여야 하고 조합원은 보증신청에 대하여 피고가 적격 여부를 심사하는 데 필요한 계약문서 등을 제시하도록 되어 있는 사실, 원고는 소외 회사에 도급금액을 금 1,052,400,000원으로 기재한 입찰결과통보서를 교부하였음에도 피고는 계약보증서를 발급하면서 소외 회사가 도급금액을 금 500,000,000원으로 기재하여 제출한 계약보증신청서만 믿고 소외 회사로부터 입찰결과통보서를 제출받거나 원고에게 조회하여 도급금액을 확인하지 아니한 과실이 있다고 인정한 다음, 피고의 이와 같은 과실로 인하여 원고는 소외 회사와 도급계약을 체결하면서 피고가 발행한 계약보증서만 믿은 나머지 계약보증금 전액을 현금으로 납부받거나 그 이상의 담보를 제공받지 아니하였다가 피고의 계약 취소로 금 100,000,000원 상당의 계약보증금을 지급받지 못함으로써 그 금액 상당의 손해를 입게 되었으므로, 피고는 불법행위로 인한 손해배상으로서 원고에게 그 손해를 배상할 책임이 있다고 판단하였다.

그러나 불법행위로 인한 손해배상책임이 성립하기 위하여는 가해자의 고의 또는 과실 이외에 행위의 위법성이 요구된다 할 것인바, 피고가 계약보증서를 발급하면서 소외 회사가 수급할 공사의 실제 도급금액을 확인하지 아니한 과실이 있다고 하더라도 민법 제109조에서 중과실이 없는 착오자의 착오를 이유로 한 의사표시의 취소를 허용하고 있는 이상, 피고가 과실로 인하여 착오에 빠져 계약보증서를 발급한 것이나 그 착오를 이유로 보증계약을 취소한 것이 위법하다고 할 수는 없다.

그럼에도 불구하고 원심이 피고가 과실로 인하여 착오에 빠짐으로써 소외 회사를 위하여 계약보증을 해 준 것이 불법행위를 구성한다 하여 그로 인한 손해배상책임을 인정한 것은 불법행위의 성립에 관한 법리를 오해하여 판결에 영향을 미친 위법을 저질렀다 할 것이고, 상고이유 중 이 점을 지적하는 부분은 이유 있다.

질문

(1) 착오를 이유로 취소할 수 있는 요건에 관하여 검토해 보시오.
(2) 착오 취소의 경우에 상대방은 손해배상을 청구할 수 있는가?

[조정결정] 가격 오기로 인한 착오 취소에 관한 조정결정: 전자거래분쟁조정위원회 2009. 12. 28, CA09-04551 외 130건

[주   문]

1. 피신청인은 2010. 1. 15.까지 신청인들에게 LG플래트론 27인치형 LCD모니터(M2762D-PM)의 결제금액으로 받은 금액(판매가액이 375,000원이지만, 쿠폰을 이용한 경우에는 결제금액이 337,500원까지 낮아질 수 있다)을 반환하고, 결제금액의 10%를 적립금으로 지급한다. 만일 피신청인이 위 기한까지 위 금원을 지급하지 아니한 때에는 그 지연기간에 대하여 연 20%의 비율에 의한 지연손해금을 가산하여 지급한다.

2. 피신청인은 2010. 1. 초부터 7일 동안 피신청인의 롯데아이몰 컴퓨터 카테고리 사이트(http://www.lotteimall.com/category/LgrpShop.jsp?l_code = 10200000&M_Area = 4_31)에 팝업창 기본 크기로 이 사건의 경과를 요약하고 사과문을 게시하며, 신청인들에게 이를 통지한다.

3. 조정비용은 각자의 부담으로 한다.

[신청요지]

피신청인은 신청인들이 피신청인으로부터 구입한 LG플래트론 27인치형 LCD모니터(M2762D-PM)를 배송하고, 이 사건에 관한 사과문을 게시하라.

[이 유]

1. 사실관계와 당사자들의 주장

가. 피신청인은 인터넷쇼핑몰 롯데아이몰(www.lotteimall.com)을 운영하면서, 약 300만개의 상품을 판매하고 있다.

나. 신청인들은 2009. 11. 13.부터 피신청인의 위 인터넷쇼핑몰에서 LG플래트론 27인치형 LCD모니터(M2762D-PM)를 주문하고 375,000원(신청인들 중에 쿠폰을 이용한 경우가 있는데, 이러한 경우에는 337,500원까지 결제금액이 낮아지게 된다)을 결제하였다. 위 모니터의 가격이 2009. 11. 14. 가격 비교 사이트인 다나와, 파란쇼핑 등에 게시되었고, 그 후 신청인들을 포함한 고객들의 주문이 폭발적으로 증가하여 당시 위 모니터를 위와 같은 방법으로 구입한 사람은 신청인들을 포함하여 총 908명이다.

다. 피신청인은 원래 위 모니터의 가격을 537,000원으로 정하였으나, 협력회사인 주식회사 원컴 솔루션스 담당자의 실수로 LG플래트론 23인치형 LCD모니터(M2362D-PM)와 동일한 가격인 375,000원으로 등록한 것이다. 위 모니터를 구입한 고객들 중 일부는 피신청인의 콜센터 직원들에게 위 가격이 정상인지에 관하여 문의를 하기도 하였는데, 직원들이 등록 가격이 정상적인 것이라고 답변하기도 하였고, 이와 같은 통화 내용이 다나와 등 가격비교사이트 등에 게시되기도 하였다.

라. 피신청인은 2009. 11. 14. 위 모니터의 가격이 잘못 기재된 사실을 발견하고, 가격 기재 오류를 이유로 위 모니터의 판매를 중지한 다음 11. 16. 신청인들에게 구매를 취소해 줄 것을 요청하였는데, 피신청인은 처음에 신청인들에게 적립금 1만원을 지급하겠다고 하였다가, 2009. 11. 19. 위 금액을 2만원으로 올렸다.

마. 이에 대하여 신청인들은 구매 취소 요청을 거부하고 계약을 이행하라고 요구하고 있고, 피신청인은 이를 거부하고 있어 이 사건 집단분쟁이 발생하였다.

2. 계약의 성립 여부

신청인들이 피신청인의 인터넷쇼핑몰을 통하여 위 모니터를 주문 결제를 하였고 피신청인이 이를 확인하는 통지를 하였으므로, 신청인들과 피신청인 사이에는 위 모니터의 매매에 관한 계약이 성립하였다.

3. 계약의 취소 여부

가. 민법 규정

민법 제109조 제1항에서는 "의사표시는 법률행위의 내용의 중요부분에 착오가 있는 때에는 취소할 수 있다. 그러나 그 착오가 표의자의 중대한 과실로 인한 때에는 취소하지 못한다."고 정하고 있다.

나. 쟁 점

계약의 당사자가 위 규정에 따라 계약을 취소하려면 계약의 중요부분에 착오가 있어야 하고, 그 착오가 계약을 취소하려는 사람의 중대한 과실로 인한 것이어서는 안 된다. 따라서 이 사건에서 피신청인이 계약을 취소할 수 있는지 여부는 위 모니터의 가격을 잘못 표시한 것이 법률행위 내용의 중요부분에 해당하는지 여부, 그와 같은 착오가 생긴 데 대하여 피신청인에게 중대한 과실이 있는지 여부에 따라 결정된다.

다. 중요 부분에 착오가 있는지 여부

피신청인은 위 모니터의 가격을 537,000원으로 정하였으나, 협력회사인 주식회사 원컴 솔루션스 담당자의 실수로 LG플래트론 23인치형 LCD모니터 (M2362D-PM)와 동일한 가격인 375,000원으로 등록하였다.

인터넷 쇼핑몰을 통한 거래에서는 가격이 구매의사를 결정하는 데 중요한 요소로 작용한다. 이 사건과 같이 특정 회사에서 생산·보증하는 규격이 정해진 특정 공산품을 구매하는 경우에는, 어느 쇼핑몰을 통하여 구매하든 그 품질과 디자인이 동일하므로, 소비자로서는 그 중 가장 낮은 가격을 제시하는 쇼핑몰을 이용하는 것이 통상적이다. 이러한 이유로 가격비교사이트가 활발히 이용되고 있으며, 매수인뿐만 아니라 매도인도 가격에 민감할 수밖에 없다. 특히 인터넷 거래는 한 판매자가 다수의 구매자와 동시에 계약을 체결할 수 있으므로 가격이 잘못 기재되는 경우 매도인이 아무리 빨리 오류를 알아차리고 판매중단 조치를 취한다고 하더라도 다수 구매자와의 계약 체결을 막을 수 없는 상황이 종종 발생할 수 있다. 이 사건에서도 불과 1~2일 사이에 908명의 구매자가 몰려 비정상적으로 큰 규모의 거래가 이루어졌다. 인터넷 쇼핑몰에서 가격을 잘못 기재하는 경우가 빈번하게 발생할 수 있는데, 이러한 경우에 사업자 측에 발생할 수 있는 손실액은 기하급수적으로 늘어날 수 있으며, 이 사건에서도 각 신청인과의 거래로 인한 손실액은 16만 2천원에 불과하지만 신청인별 손실액을 합하면 약 1억 5천만원에 달하여 피신청인이 협력업체에 구상을 할 경우 협력업체의 존립이 위태롭게 될 수 있다. 반면에 신청인들이 입은 손해는 비교적 크지 않다고 볼 수 있다. 이러한 점을 종합해 볼 때 이 사건에서 목적물의 가격을 잘못 표시한 것은 법률행위 내용의 중요부분에 해당한다고 할 수 있다.

라. 피신청인에게 착오에 대한 중대한 과실이 있는지 여부

다음으로 그러한 오류가 생긴 데 대해 피신청인에게 중대한 과실이 있다고 할 수 있는지에 대하여 살펴본다. 피신청인이 위 모니터의 가격을 잘못 기재하였고, 즉시 이를 발견하지 못하고 시정을 지연한 것은 피신청인의 과실이라고 할 수 있으나, 이를 중대한 과실로 보기는 어렵다. 피신청인의 온라인 쇼핑몰은 특정의 제한된 물품만을 전문적으로 판매하는 것이 아니라 의류, 잡화, 보험, 가구, 식품 등 거의 모든 종류의 거래를 아우르는 종합 쇼핑몰로 운영되고 있고, 현재 약 300만 개의 상품을 판매하고 있다. 그 결과 피신청인이 매우 다양하고 많은 종류의 목적물의 판매 정보를 한꺼번에 기입·등록하여야 하고, 시세의 변동에 따라 수시로 이를 변경하는 과정도 수행하여야 하는데, 입력된 가격을 일일이 검토하기가 쉽지 않고, 담당자가 수작업으로 가격을 입력하면 할인율·판매·대금결제 등이 자동으로 컴퓨터 프로그램에 따라 실행되고 있다. 따라서 피신청인이 위와 같이 위 모니터의 판매가격을 잘못 표시하였고, 잘못된 가격을 바로 발견하지 못했다고 해서 중대한 과실이 있었다고 보기 어렵다.

　　마. 결　　어

　　이상의 점을 종합해 볼 때 이 사건에서 피신청인의 착오 취소는 허용되어야 할 것이다.

　4. 손해배상책임의 발생과 그 산정

　　가. 손해배상책임의 발생

　　피신청인은 위 계약을 취소함으로써 신청인들이 입은 손해를 배상할 필요가 있다. 통신판매업자는 소비자가 계약체결 전에 재화등에 대한 거래조건을 정확하게 이해하고 실수 또는 착오 없이 거래할 수 있도록 재화 등의 가격 등을 적절한 방법으로 표시·광고 또는 고지하여야 하는데(전자상거래 등에서의 소비자보호에 관한 법률 제13조 제 2 항 제 3 호), 피신청인은 이 규정에서 정하고 있는 의무를 제대로 이행하지 않았다고 볼 수 있다. 피신청인이 잘못된 정보를 제공하고 이에 터잡아 이루어진 계약을 취소함으로써, 신청인들은 주문에 필요한 시간과 비용을 들이는 손해를 입게 되었다. 피신청인이 위와 같은 오류를 발견하고 대처하는 과정에서 피신청인의 답변이 명확하지 않아 배송 여부 및 보상금 액수에 대하여 신청인들의 혼란이 가중되었다. 따라서 피신청인은 신청인에게 재산적, 정신적 손해를 포함하여 적절한 손해의 배상을 하여야 한다.

　　나. 손해배상액

　　피신청인의 신청인들에 대한 구체적인 손해배상액은 신청인들에 따라 달리 평가될 수 있겠으나, 각 신청인별로 그 손해액을 일일이 입증케 하여 그에 따라 배상토록 하는 것은 현실적으로 매우 어렵고 그 과정에서 오히려 새로운 분쟁으로 비화될 가능성이 있으므로 신청인들에게 일률적으로 손해액을 산정하고자 한다.

피신청인은 2010. 1. 15.까지 신청인들에게 위 모니터의 결제금액으로 받은 금액(판매가액이 375,000원이지만, 쿠폰을 이용한 경우에는 결제금액이 337,500원까지 낮아질 수 있다)을 반환하고, 결제금액의 10%를 적립금으로 지급하기로 하며, 만일 피신청인이 위 기한까지 위 금원을 지급하지 아니한 때에는 그 지연기간에 대하여 연 20%의 비율에 의한 지연손해금을 가산하여 지급하여야 한다.

5. 사과문의 게시

계약의 체결이나 그 이행을 둘러싼 분쟁에서 채무자에게 사과문을 게시할 의무가 발생하지는 않는다. 또한 우리 법원의 실무에서 이를 허용하고 있지 않고 있다는 점도 널리 알려져 있다. 그러나 신청인들 중 일부는 금전적 배상을 받지 않더라도 사과문을 게시할 것을 요청하고 있고, 피신청인도 사과문을 게시할 의향을 밝히고 있으므로, 피신청인이 이 사건의 경과를 요약한 다음 사과를 하는 방식으로 사과문의 게시를 하는 것이 이 사건과 같은 집단분쟁을 원만하게 해결하는 데 도움이 될 것으로 판단된다. 그리하여 우리 조정부에서는 피신청인이 2010. 1. 초부터 7일 동안 피신청인의 롯데아이몰 컴퓨터 카테고리 사이트(http://www.lotteimall.com/category/LgrpShop.jsp?l_code=10200000&M_Area=4_31)에 팝업창 기본 크기로 이 사건의 경과를 요약하고 사과문을 게시하며, 신청인들에게 이를 통지할 것을 권고하기로 하였다.

6. 결 론

이상의 이유로 우리 조정부는 신청인들과 피신청인이 원만하게 분쟁을 해결할 수 있도록 주문과 같이 조정안을 결정한다.

질문

(1) 이 사건에서 계약의 성립을 인정할 수 있는가?

(2) 인터넷거래의 경우 가격 오기를 이유로 착오 취소를 주장할 수 있는 요건은 무엇인가?

제 9 장　사기·강박에 의한 의사표시

I. 서　설

1. 의사형성과정에 대한 위법한 간섭

의사표시가 진의에 기하여 행하여지기는 하였으나 그 의사의 자유로운 형성이 타인의 위법한 간섭으로 방해받은 경우에는 그 의사표시에 완전한 효력을 인정할 수 없다. 이 경우에는 일반적으로 표시에 상응하는 내심의 효과의사가 존재하므로 앞서 살펴본 「의사와 표시의 불일치」 또는 「의사의 흠결」은 존재하지 않는다.[1] 그러나 그 의사의 형성과정에 타인의 위법한 행위가 개입한 「하자 있는 의사표시」(2011년 개정 전의 제140조는 이러한 문언을 채택하고 있었다)인 것이다. 민법은 그러한 위법한 간섭의 유형으로 사기와 강박을 정한다. 이들은 기본적으로 표의자의 의사결정의 자유를 보호하기 위한 것이다.

2. 사기·강박에 대한 법적 구제수단

사기나 강박은 위법한 행위로서, 법은 이에 대하여 다양한 구제수단을 마련한다. 우선 형법은 사기·강박을 범죄행위로 규정하여 그 행위자를 처벌한다(형법 제347조, 제283조, 제350조). 나아가 민법은 사기·강박으로 인하여 손해를 입은 자에게 불법행위로 인한 손해배상청구권을 부여한다(제750조). 그리고 만일 사기·강박으로 민법상의 의사표시를 한 경우에 대하여는 표의자에게 그 의

---

1) 대판 2002. 12. 27, 2000다47361은 "표의자가 강박에 의하여서나마 증여를 하기로 하고 그에 따른 의사표시를 한 이상 증여의 내심의 효과의사가 결여된 것이 아니다."라고 한다.

사표시를 취소할 수 있도록 한다(제110조). 이들 구제수단은 각각 별개의 목적을 추구하는 것으로서, 그 규정에서 정하는 개별요건이 갖추어져야 부여되며 또 그 각각의 요건이 충족되는 한에서는 중첩적으로 인정된다. 이하에서는 사기·강박을 이유로 하는 의사표시의 취소에 관한 제110조에 대하여 살펴보기로 한다.

3. 제110조의 적용범위

(1) 사기·강박에 의한 의사표시에 대하여는 특히 친족편에 여러 특칙이 있다. 혼인(제816조 제 3 호, 제823조), 협의이혼(제838조), 친생자승인(제854조), 인지(제861조), 입양(제884조 제 3 호, 제897조) 등의 경우가 그것이다. 이들 규정이 적용되는 한도에서는 제110조의 적용은 배제된다. 그러나 이른바 가족법, 즉 친족·상속법상의 법률행위를 신분행위라고 부르면서 이들 규정의 존재를 이유로 신분행위에는 일반적으로 제110조의 적용이 없다는 견해[2]에는 찬성할 수 없다. 사기·강박에 의한 유언이나 상속의 승인·포기 등 상속법상의 법률행위는 제110조 제 1 항에 의하여 취소할 수 있고(제1024조 제 2 항도 참조), 친족법상의 약혼도 마찬가지이다.[3] 요컨대 위와 같은 특칙을 둔 이유가 다른 법률행위에도 타당하지 않은지 검토하고, 또 민법총칙의 의사표시 규정을 적용하는데 개별적 법률행위의 특성을 고려하여야 하나, 그렇다고 제110조를 포함하여 민법총칙상의 법률행위 규정이 당연히 친족·상속법에서 정하는 법률행위에 적용되지 않는다고 할 이유는 없다.

(2) 다른 법률에도 일정한 입법목적에 의하여 사기 또는 강박에 의한 의사표시에 대하여 특칙을 두는 경우가 있다(상 제320조, 제427조, 제669조 제 4 항 등).

---

2) 곽윤직, 민법총칙, 247면; 김주수·김상용, 친족·상속법, 제11판, 2013, 19면.
3) 다만 이들 행위에 동조 제 2 항, 제 3 항이 적용되는지에 대하여는 별도의 고려가 필요하다.

Ⅱ. 사기·강박에 의한 의사표시

1. 사기에 의한 의사표시

(1) 의   의

사기라 함은 타인을 속여서 착오에 빠지게 하고 그 착오에 기하여 의사표시를 하게 하는 행위를 말한다. 타인을 속여서 착오에 빠지게 하는 것을 기망欺罔이라고도 한다(형법 제347조 제1항 참조).

(2) 요   건

(가) 고의의 위법한 기망행위가 있어야 한다.

① 사기자에게 고의가 있어야 한다. 여기서 요구되는 것은, 타인을 속여서 착오에 빠지게 하려는 고의와 그로 하여금 그 착오에 의하여 일정한 의사표시를 하게 하려는 고의라는 이중二重의 고의이다. 예를 들어 날조된 신문기사를 작성·보도한 경우에는 전자의 고의는 인정되어도 통상 후자의 고의를 인정하기 어려울 것이다. 그러므로 그 기사를 읽고 착오를 일으켜 의사표시를 했다고 해도, 이를 취소할 수는 없다. 그러나 사기의 동기는 묻지 아니한다. 사기자는 본인 또는 제3자의 이익을 취하기 위하여 이를 하는 것이 통상이나, 그것이 요구되지는 않는다.

과실로는 사기가 되지 않는다. 일정한 사항을 스스로 오인하여 표의자에게 이를 전달하여 표의자로 하여금 잘못된 의사표시를 하게 하였어도 이는 사기가 되지 않으며 단지 착오(제109조)의 문제가 될 뿐이다.[4]

② 기망행위가 있어야 한다. 즉, 타인을 속여서 잘못된 관념을 가지게 하는 것이다. 이미 품고 있는 잘못된 관념을 강화 또는 유지하는 것도 기망에 해당한다. 통상 허위사실의 진술에 의할 것인데, 진심과 다른 평가나 의견을 개진하는 것도 기망이 될 수 있다. 일정한 사실을 고지하지 않는 등의 부작위(침묵)도 신의칙상 이를 고지할 의무가 인정되는 경우에는 기망행위에 해당할 수 있다. 거래관계에 들어가는 사람은 의사결정에 필요한 정보를 스스로 수집하여야 하는 것이 원칙이므로,[5] 고지의무는 해당 거래의 종류나 당사자의 지위·지

---

4) 다만 이와 같이 상대방에 의하여 야기된 착오의 경우는 취소권이 인정되기 쉽다.
5) 대판 2002. 9. 4, 2000다54406 등은 "일반적으로 교환계약을 체결하려는 당사자는 서로

식, 당사자 간의 관계 등 제반 사정을 고려하여 신중하게 인정되어야 한다.[6] 다만 재산적 거래관계에서 계약의 일방 당사자가 상대방에게 계약의 효력에 영향을 미치거나 상대방의 권리 확보에 위험을 가져올 수 있는 구체적 사정을 고지하였다면 상대방이 계약을 체결하지 않거나 적어도 그와 같은 내용 또는 조건으로 계약을 체결하지 않았을 것임이 경험칙상 명백한 경우 계약당사자는 신의성실의 원칙상 상대방에게 미리 그와 같은 사정을 고지할 의무가 있다. 그러나 이때에도 상대방이 고지의무의 대상이 되는 사실을 이미 알고 있거나 스스로 이를 확인할 의무가 있는 경우 또는 거래 관행상 상대방이 당연히 알고 있을 것으로 예상되는 경우 등에는 상대방에게 위와 같은 사정을 알리지 않았다고 하여 고지의무를 위반하였다고 볼 수 없다.[7]

이러한 기망행위는 위법한 것, 즉 법질서 전체의 입장에서 허용되는 범위를 넘는 것이어야 한다. 실제 거래에서는 목적물의 현상이나 수익가능성 등에 대하여 과장된 내용을 진술하는 경우가 흔히 있다. 그 전부가 사기가 된다고 하면 오히려 거래를 불안정하게 할 것인데, 판례는 "상품의 선전·광고에서 다소의 과장이나 허위가 수반되는 것은 그것이 일반 거래의 관행과 신의칙에 비추어 시인될 수 있는 한 허용되나, 거래상 중요한 사항에 관하여 구체적 사실을 신의칙에 비추어 비난받을 방법으로 허위고지한 경우에는 기망행위에 해당한다."라고 한다.[8]

자기 소유의 목적물은 고가로 평가하고 상대방 소유의 목적물은 염가로 평가하여 보다 유리한 조건으로 계약을 체결하기를 희망하는 이해상반의 지위에 있고 각자가 자신의 지식과 경험을 이용하여 최대한으로 자신의 이익을 도모할 것이 예상되기 때문에, 당사자 일방이 알고 있는 정보를 상대방에게 사실대로 고지하여야 할 신의칙상의 주의의무가 인정된다고 볼 만한 특별한 사정이 없는 한, 일방이 목적물의 시가나 그 가액결정의 기초가 되는 사항에 관하여 상대방에게 설명 내지 고지를 할 주의의무를 부담한다고 할 수 없고, 일방 당사자가 자기가 소유하는 목적물의 시가를 묵비하여 상대방에게 고지하지 아니하거나 혹은 허위로 시가보다 높은 가액을 시가라고 고지하였다 하더라도 이는 상대방의 의사결정에 불법적인 간섭을 한 것이라고 볼 수 없다."라고 한다. 이는 교환계약 이외에도 재산적 계약 일반에 적용될 수 있다. 대판 2014. 4. 10, 2012다54997.

6) 대판 1996. 6. 14, 94다41003은 임대인으로부터 목적물의 인도청구를 받고 있던 임차인이 임차권의 양도에 대한 임대인의 동의 여부 및 임대차종료 후의 재계약 여부에 대하여 고지하지 아니하고 그 권리를 양도한 것은 기망행위에 해당한다고 판단하였다. 또 대판 1967. 12. 5, 67다1875는 신원보증계약의 기간 만료 후 이를 연장하는 합의를 하면서 사용자가 이미 신원보증사고가 발생한 사실을 신용보증인에게 고지하지 아니하였으면 특별한 사정이 없는 한 사기가 인정된다고 한다.

7) 대판 2013. 11. 28, 2011다59247; 대판 2014. 7. 24, 2013다97076.

8) 대판 1993. 8. 13, 92다52665; 대판 1995. 9. 29, 95다7031; 대판 2001. 5. 29, 99다55601;

기망행위는 표의자의 상대방뿐만 아니라 제 3 자에 의해서도 행하여질 수 있다. 후자의 경우에 대하여는 별도로 설명한다.

(나) 기망행위로 인한 착오에 기하여 의사표시를 해야 한다. 즉, 착오와 표의자의 의사표시 사이에 인과관계가 있어야 한다. 기망행위로 인하여 착오에 빠졌는지, 또 그 착오로 의사표시를 하였는지는 구체적인 표의자를 기준으로 판단한다. 일반인이라면 그러한 착오에 빠지지 않았을 것이라고 해도 사기가 될 수 있다.

① 기망행위로 인하여 표의자가 착오에 빠져야 한다. 이때 착오는 의사표시의 중대한 내용에 관한 것일 필요가 없으며, 단순한 동기의 착오라도 상관없다(사기에서는 통상 행위착오가 아니라 동기착오가 일어난다).[9] 사기가 착오와는 별개의 독자적인 취소원인으로 인정되는 실제적 의미는 이 점에 있다.

② 착오로 인하여 의사표시를 하였어야 한다. 그 착오가 없어도 당해 의사표시를 하였을 경우에는 사기에 해당하지 않는다.

2. 강박으로 인한 의사표시

(1) 의   의

강박이란 타인에게 해악을 고지하거나 행하여 외포심을 일으키게 하고 그 외포에 기하여 의사표시를 하게 하는 행위를 말한다. 사기에서는 표의자가 착오에 빠지지만, 강박에 의한 의사표시에서는 표의자에게 착오는 없다. 그러나 타인의 위법한 간섭으로 의사표시를 하였다는 점에서는 양자에 차이가 없다.

(2) 요   건

(가) 강박이 인정되려면 강박자에게 강박의 고의가 있어야 하고, 또 「이중

대판 2015. 7. 23, 2012다15336 등.

9) 그런데 대판 2005. 5. 27, 2004다43824는 사기에 의한 의사표시에서는 동기착오만이 문제되고, 그 사안에서 신원보증서류에 서명날인한다는 착각에 빠진 상태로 이행보증보험약정서에 서명날인한 행위와 같은 행위착오(구체적으로는 표시착오)는 착오의 법리에 의해서만 처리되어야 한다는 태도를 취한다. 그러나 위 사안에서도 알 수 있는 대로, 또 예를 들어 미국달러와 캐나다달러가 같은 화폐라고 기망하여 표의자로 하여금 표시착오를 범하게 한 경우와 같이, 기망행위로 인한 착오를 동기착오에 한정할 이유는 없다. 만일 위 재판례와 같은 태도를 취한다면, 명백한 사기행위가 있음에도 착오의 중대성이나 표의자의 중과실의 유무를 가려야만 비로소 이를 취소할 수 있게 되는 부당한 결과가 된다.

의 고의」를 요한다는 점은 사기에서와 같다. 이 때 강박자에게 실제로 해악을 가할 의사가 있었는지는 문제되지 않는다.

(나) 또한 강박행위가 요구된다. 강박행위는 상대방에게 해악을 고지하거나 그로 하여금 외포심을 일으키게 하는 것이면 그 행위의 구체적인 형태(구두·서면·힘의 행사 등)나 고지되는 해악의 내용(생명·신체·명예의 침해 등)은 상관없다. 해악이 표의자 본인에게 일어날 것일 필요는 없으며, 근친자 등 제3자에 대한 해악이라도 그것이 표의자에게 외포심을 일으키는 것이면 된다. 또 여기서도 굳이 부작위에 의한 강박을 부인할 이유는 없다. 강박이 표의자의 자유를 완전히 박탈할 만큼 강한 것이면(이른바 절대적 폭력), 그로 인한 의사표시는 의사무능력을 이유로 무효이다.[10]

강박은 위법한 것이어야 한다. 이는 강박의 목적과 수단의 양면을 상관적相關的으로 고려하여 판단된다.[11] 채무자를 감금하여 대물변제를 강요한 경우와 같이 강박의 수단이 허용되지 않는 것이면 그것 자체로 위법하다. 적법한 권리를 행사하는 것, 예를 들어 소송이나 고소·고발의 제기, 언론 제보 등은 그것이 비록 상대방에게 공포심을 일으켜도 위법하다고 할 수 없다. 그러나 그것이 사회관념상 부정한 이익의 취득을 목적으로 한 것이라면 위법하다.[12]

---

10) 대판 1974. 2. 26, 73다1143; 대판 1984. 12. 11, 84다카1402; 대판 2003. 5. 13, 2002다73708 등. 양자 중 어느 경우에 해당하는지는, 첫째, 표의자의 권리행사에 제척기간 등의 제약이 있는가, 둘째, 선의의 제3자에게도 대항할 수 있는가 등 실제적으로 중요한 점에서 현저한 차이가 난다(제146조, 제110조 제3항 참조). 물론 절대적 폭력의 경우에도 표의자가 강박을 이유로 취소하는 것을 막을 이유는 없을 것이다.

11) 대판 2000. 3. 23, 99다64049는 강박의 위법성 판단에 대하여 "강박행위 당시의 거래관념과 제반 사정에 비추어 해악의 고지로써 추구하는 이익이 정당하지 아니하거나 강박의 수단으로 상대방에게 고지하는 해악의 내용이 법질서에 위배된 경우 또는 어떤 해악의 고지가 거래관념상 그 해악의 고지로써 추구하는 이익의 달성을 위한 수단으로 부적당한 경우 등에 해당하여야 한다."라고 한다.

12) 대판 1997. 3. 25, 96다47951은 위법성 판단의 미묘함을 보여준다. 그 판결은 "일반적으로 부정행위에 대한 고소·고발은 그것이 부정한 이익을 목적으로 하는 것이 아닌 때에는 정당한 권리행사가 되어 위법하다고 할 수 없다."라고 종전의 대판 1992. 12. 24, 92다25120 등에서와 같이 일반적으로 설시한 다음, 지역사회에서 상당한 사회적 명망을 가지고 있는 사람이 유부녀와 간통한 후 상간자의 배우자로부터 고소를 당하게 되면 자신의 사회적 명예가 실추되고 구속될 여지도 있어 다소 궁박한 상태에 있었다고 볼 수 있지만 상간자의 배우자가 상대방의 그러한 처지를 이용하여 폭리를 취하려 했다고 볼 수 없는 사안에서 간통으로 고소하지 않기로 합의하면서 1억 7천만원의 약속어음공정증서를 작성한 행위가 강박으로 인한 것이라고 볼 수 없다고 판단하였다.

(다) 강박행위로 말미암아 표의자가 외포심을 가지게 되고, 그 외포로 인하여 의사표시를 하였어야 한다. 즉, 강박으로 인한 외포와 의사표시 사이에 인과관계가 있어야 한다.

3. 제 3 자의 사기 · 강박

(1) 사기나 강박은 제 3 자가 할 수도 있다. 채무자의 기망행위로 채권자와 보증계약을 맺는 경우가 그것이다. 그런데 그 경우에 표의자가 언제라도 의사표시를 취소할 수 있다고 하면, 사기 · 강박에 관여하지 않은 상대방은 이유 없는 불이익을 입을 우려가 있다. 그리하여 민법은 상대방이 제 3 자의 사기나 강박을 알았거나 알 수 있었던 때에 한하여 취소권을 부여한다(제110조 제 2 항). 이러한 제한에 의하여, 사기 · 강박을 당한 표의자와 그에 가담하지 않은 상대방 사이의 이해관계를 조정하려는 것이다. 한편 이 규정은 상대방 있는 의사표시에만 적용되며, 상대방 없는 의사표시에서 제 3 자의 사기 · 강박이 있으면 그대로 이를 취소할 수 있다.

(2) 위와 같은 제한 아래서만 취소권이 발생하는 「제 3 자」란 누구를 말하는가? 의사표시의 상대방 외에도 그 대리인은 이에 해당하지 않는다(제116조 제 1 항도 참조). 그 밖에도 기망 또는 강박행위를 한 사람이 상대방 또는 그 대리인의 의사에 기하여 실제로 의사표시의 과정에 관여한 경우에는 이 역시 제 3 자에 해당하지 않아서, 상대방 자신이 선의 · 무과실이라도 취소가 인정되어야 한다. 상대방의 계약체결 또는 계약교섭상의 보조자가 표의자를 상대로 사기 등을 한 경우가 그러한데, 그 사기 등에 대한 책임을 상대방 자신에게 귀속시킬 수 있기 때문이다(제391조도 참조).[13] 그러나 의사표시과정에 대한 관여가 상대방의 의사에 기한 것이 아니면 상대방의 피용자라도 제 3 자라고 할 것이다.[14]

(3) 상대방이 제 3 자의 사기 · 강박을 알았거나 알 수 있었어야 한다. 즉

---

13) 대판 1999. 2. 23, 98다60828 등은 "상대방의 대리인 등 상대방과 동일시할 수 있는 자"는 제110조 제 2 항에서 말하는 「제 3 자」가 아니라고 설시한 다음, 은행의 출장소장이 어음할인을 요청한 사람을 기망한 사안에서 출장소장은 제 3 자 해당하지 않으므로, 은행이 사기를 알았거나 알 수 있었을 경우에 한하여 계약을 취소할 수 있는 것은 아니라고 하였다.

14) 대판 1998. 1. 23, 96다41496(금융기관의 대출실무자가 아니라 기획감사실 과장이 기망행위를 한 사안) 참조.

악의이거나, 선의라도 과실이 있어야 한다. 이에 대한 증명책임은 취소를 주장하는 측에서 부담한다. 재판실무는 「제 3 자」가 상대방의 피용자인 경우에는 상대방의 업무감독 등의 과실을 용이하게 인정하는 경향이 있다.15)

(4) 표의자가 제 3 자의 사기·강박을 상대방이 알았거나 알 수 있었음을 증명하지 못하여 제110조상의 취소권을 가지지 못한다고 하더라도, 그는 제109조의 요건이 갖추어지면 자신의 의사표시를 이번에는 착오를 이유로 취소할 수 있다.16)

Ⅲ. 사기·강박을 이유로 하는 취소

1. 의사표시의 취소

(1) 이상의 요건이 갖추어지면, 표의자는 의사표시를 취소할 수 있다(제110조 제 1 항). 그 취소에 대하여는 뒤에서 상세히 살펴보기로 한다(아래 제 9 장 Ⅲ. 참조).

(2) 앞서 말한 대로 표의자는 의사표시를 취소하는 외에도 불법행위의 다른 요건이 갖추어지면 사기자 등에 대하여 손해배상청구권을 가지게 된다(제750조). 이 두 가지의 민사적 구제수단은 그 각각의 요건이 충족되는 한 병존한다. 그러므로 손해배상청구를 위하여 먼저 취소의 의사표시를 할 필요는 없으며, 실제로 취소가 행하여지면 이는 단지 손해의 산정에 영향을 미칠 수 있을 뿐이다.17)

---

15) 대판 1997. 9. 9, 96다15183; 대판 1998. 1. 23, 96다41496.
16) 대판 2005. 5. 27, 2004다43824는 제 3 자(채무자)의 기망에 의하여 신원보증서류에 서명하는 것으로 잘못 알고 이행보증보험약정서(이로 인한 의사표시의 상대방은 채무자가 아니라 보증보험회사가 된다)를 읽어보지 않은 채 그에 서명한 사안에서 이러한 경우는 표의자가 상대방의 기망으로 동기의 착오가 아니라 표시상의 착오에 빠졌으므로 제110조의 사기는 성립하지 않고 착오에 의한 취소권만이 문제된다는 취지로 판단하였다. 그러나 사기로 인하여 동기착오가 아니라 표시상의 착오에 빠졌다고 해서 제110조의 사기가 되지 않는다고 할 이유는 없다. 그 사안에서 핵심적인 사정은, 오히려 그 사기가 제 3 자에 의한 것이어서, 제110조 제 2 항의 요건을 갖추지 못하여 사기로 인한 취소권은 발생하지 않지만, 착오로 인한 취소권은 인정되어야 한다는 점일 것이다.
17) 그러한 취지에서 대판 1977. 1. 25, 76다2223은 사기 등에 의하여 혼인한 경우에 혼인취소 또는 이혼판결이 있어야 사기 등으로 인한 재산적·정신적 손해의 배상을 구할 수 있는 것은 아니라고 한다.

(3) 한편 사기로 말미암아 상대방은 착오에 빠지는데, 착오를 이유로 하는 취소도 가능한가? 예를 들어 제 3 자에 의한 사기의 경우에 상대방이 선의·무과실이어서 사기를 이유로 취소할 수 없어도 표의자가 그로 인하여 중대한 착오에 빠졌다면, 이를 내세워 취소할 수 있는가? 착오와 사기는 그 제도의 취지가 달라서 이를 긍정해도 좋을 것이다.[18)]

2. 취소의 제 3 자에 대한 효과

사기·강박으로 인한 취소는 "선의의 제 3 자에게 대항하지 못한다"(제110조 제 3 항). 이에 대하여는 허위표시 및 착오에 대한 설명, 특히 위 제 6 장 Ⅲ. 2. 참조.

> **[판결 1] 제 3 자의 기망에 의한 의사표시: 대판 1999. 2. 23, 98다60828, 60835**

[이 유]

1. 원심은, 금산건설 주식회사를 경영하는 피고 A가 평소 알고 지내던 원고 은행 출장소장인 소외 1에게 위 회사가 취득하여 소지하고 있던 약속어음 4장 합계 금 6천만 원에 대한 할인을 부탁하자 소외 1은 위 회사로 찾아와 위 어음들을 가지고 가면서 피고들(피고 B와 C는 위 회사의 직원들이고, 피고 D는 피고 A의 친구이다)에게 위 어음들이 부도날 경우를 대비하여 담보의 의미로 받아두는 것이라고 거짓말하고 이에 속은 피고들로 하여금 피고 B와 C를 주채무자로 하고 피고 D와 A를 연대보증인으로 하여 원고 은행으로부터 금 3천만 원씩을 차용한다는 내용의 금전소비대차약정서 2장 등 대출관련 서류에 서명·날인하게 한 다음 이를 위 출장소로 가지고 가서 대출담당 직원에게 피고들이 원고 은행으로부터 합계 금 6천만 원을 차용하는 것으로 처리하도록 지시하여 그 금원을 인출, 임의 사용하였다는 취지로 인정하였는바, 살펴보니 이 부분 원심의 사실인정은 정당하고, 거기에 채증법칙 위반이나 심리미진의 잘못이 없다. 따라서 이 점 상고이유는 받아들이지 아니한다.

2. 상대방 있는 의사표시에 관하여 제 3 자가 사기나 강박을 한 경우에는 상대방이 그 사실을 알았거나 알 수 있었을 경우에 한하여 그 의사표시를 취소할 수 있음은 상고이유의 주장과 같으나, 상대방의 대리인 등 상대방과 동일시할 수 있는 자의 사기나 강박은 여기서 말하는 제 3 자의 사기·강박에 해당하지

---

18) 대판 2005. 5. 27, 2004다43824.

아니한다(이 법원 1998. 1. 23. 선고 96다41496 판결 참조).

　이 사건 사실관계가 위와 같다면, 원고와 피고들 사이의 금전소비대차 및 연대보증약정에 있어서 소외 1의 사기는 원고 또는 원고와 동일시할 수 있는 자의 사기일 뿐 제3자의 사기로 볼 수 없으므로, 원고가 소외 1의 사기사실을 알았거나 알 수 있었을 경우에 한하여 피고가 위 약정을 취소할 수 있다고 볼 것은 아니다.

　같은 취지의 원심 판단은 정당하고, 거기에 법리오해나 심리미진 또는 이유모순의 잘못이 없다. 따라서 이 점 상고이유도 받아들이지 아니한다.

질문

(1) 제3자의 기망에 의한 의사표시에서 제3자를 판단하는 기준은 무엇인가?
(2) 기망을 한 사람이 제3자에 해당하는지 여부에 따라 어떠한 차이가 발생하는가?

[판결 2] 사기에 의한 의사표시의 취소 후의 제3자: 대판 1975. 12. 23, 75다533

　원판결 이유에 의하면 원심은 원고의 피고 A에 대한 그 판시 이건 계쟁토지부분에 한하여 한 매매계약의 취소가 유효하다 하더라도 A로부터 취득한 선의의 제3자이므로 위의 취소로써 피고 B에게는 대항하지 못한다고 하는 피고 소송대리인의 주장에 대하여 위 매매행위의 취소의 효력을 대항하지 못하는 상대인 선의의 제3자란 그 사기에 의한 의사표시가 취소당한 당시에 있어서 그 취소를 부인함에 법률상의 이익을 가지는 자 즉 취소의 소급효로 인하여 영향을 받을 제3자로서 취소전부터 이미 그 행위의 효력에 관하여 이해관계를 가졌던 제3자에 한하며 취소이후에 비로소 이해관계를 가지게 된 제3자는 비록 그 이해관계 발생 당시에 취소의 사실을 몰랐다고 하더라도 의사표시의 취소는 선의의 제3자에게 대항하지 못한다는 민법 규정의 보호를 받을 수 없다고 할 것이라는 전제아래 피고 B는 원고와 피고 A와의 이건 매매계약이 취소된 이후에 피고 A로부터 이건 토지를 다시 매수취득한 사실이 인정됨에 따라 그 매수 당시 원판시 사기에 의한 의사표시의 취소사실을 몰랐다고 하더라도 위 매매계약취소의 효력을 대항하지 못하는 선의의 제3자로서 보호를 받을 수 없는 자라는 취지로 설시함으로써 이건 계쟁토지부분에 대한 피고 B 명의의 소유권이전등기마저 원인을 결한 무효의 등기라고 판시하였다.

　그러나 사기에 의한 법률행위의 의사표시를 취소하면 취소의 소급효로 인하여 그 행위의 시초부터 무효인 것으로 되는 것이요 취소한 때에 비로소 무효로 되는 것은 아니므로 취소를 주장하는 자와 양립되지 아니하는 법률관계를 가졌던 것이 취소 이전에 있었던가 이후에 있었던가는 가릴 필요없이 대저 사기에 의한 의사표시 및 그 취소사실을 몰랐던 모든 제 3 자에 대하여는 그 의사표시의 취소를 대항하지 못한다고 보아야 할 것이고 이는 거래안전의 보호를 목적으로 하는 민법 제110조 제 3 항의 취지에도 합당한 해석이 된다 할 것인바 이렇다면 원심이 원고의 피고 A에 대한 이 건 매매계약의 취소이후에 동 피고로부터 다시 이건 토지를 매수취득한 피고 B는 위 취소사실을 몰랐던 선의의 제 3 자 일지라도 악의자와 구별없이 그에게 대항하지 못한다는 보호를 받을 수 없어 결국 무효한 소유권이전등기를 가진 자로 볼 것이라고 하였음은 사기에 의한 의사표시의 취소와 선의의 제 3 자에 관한 법리를 오해함에 비롯된 것이고 이와 같은 잘못은 원판결에 영향을 미친다 할 것이므로 논지는 이유있다.

질문

(1) 이 사건에서 원심판결과 대법원판결은 어떠한 차이가 있는가?

(2) 사기에 의한 의사표시를 취소한 이후에 비로소 이해관계를 가지게 된 제 3 자가 제110조 제 3 항 소정의 제 3 자에 해당하는가?

제10장

법률행위의 무효와 취소

I. 서   설

1. 법률행위의 유효

(1) 법률행위가 그 요소인 의사표시의 내용에 따른 법률효과를 발생시키는 경우에 이를 유효하다(「효력이 있다」 wirksam)고 한다. 그러나 법률행위가 성립하였다고 해서 그것이 당연히 유효한 것은 아니며, 법이 법률행위 자체의 흠(가령 사회질서 위반, 강행법규 위반, 방식 불준수, 제한능력, 처분권 없음, 관청의 허가 없음 등)에 기하여 효력의 부여를 거부하면 법률행위는 위와 같은 법률효과를 가지지 못한다. 이때 법률행위는 효력이 없다는 의미에서 무효(넓은 의미의) 또는 효력 불발생效力不發生이다(unwirksam). 이와 같이 법률행위의 유효·무효는 의사표시의 내용에 따른 법률효과가 발생되는지에 따라 구별되며, 그 밖의 법률효과의 발생 여부와는 무관하다.[1]

한편 해제조건이나 종기(해제 기한)와 같이 법률행위의 내용 그 자체(부관)에 의하여 법률행위가 효력을 잃게 되는 것으로 정한 경우는, 법에 의하여 효력발생이 저지되는 경우와는 성질이 다르다. 또한 법률행위의 성립과정이나 내용상으로 흠이 없어 완전히 유효하게 성립한 법률행위가 채무불이행 등과 같은 후발적 사유로[2] 효력을 잃게 되는 경우(해제·해지. 제543조 이하 참조)도 여

---

1) 가령 채무자와 제 3 자가 면책적 채무인수의 계약을 체결한 경우에 채권자의 승낙이 없으면 그 계약은 효력이 없다(제454조 제 1 항). 그러나 채무자가 채무인수계약을 체결하였다는 사실은 채무의 승인으로 평가되어 시효중단사유가 될 수 있다(제168조 제 3 호).

2) 한편 계약에 의하여 해제권이 발생하는 약정해제는 오히려 해제조건의 경우와 유사하다고 하겠다.

기서 말하는 효력 불발생과는 구별된다.[3]

(2) 법률행위의 유효·무효를 가리는 것은 법률행위가 성립한 것을 전제로 한다. 불성립의 법률행위에 대하여는 유효 여부를 따지는 것은 무의미하다. 계약과 같은 법률행위가 성립하였는가, 그 내용이 무엇인가는 법률행위의 해석으로 정해진다. 그러므로 쌍방에게 객관적으로 합치하는 대립적 의사표시가 없는 이상 계약은 성립하지 않는다. 비록 당사자의 일방이 계약이 성립하였다고 믿었더라도 이는 불합의不合意로서 아무런 효력도 없다.

2. 효력 불발생의 태양

법에 의하여 법률행위에 효력의 부여가 거부되는 양태는 동일한 것이 아니다. 이들은 다양하게 분류될 수 있다.

(1) 우선 법률행위를 무효로 할 권리가 있는 사람이 그 권리를 행사함으로써 비로소 무효가 되는 경우가 있고, 그러한 행위 없이 바로 무효인 경우가 있다.

전자의 예로는, 취소(제 5 조 제 2 항, 제10조, 제13조, 제109조, 제110조 등)를 들 수 있다. 이 경우에는 계약은 처음에는 유효이나 그러한 행위에 의하여 비로소 무효가 된다. 그러므로 이는 유동적 유효流動的 有效라고 할 수 있다. 이 경우에는 법률행위를 무효화할 권리(취소권·해제권·해지권 등)가 그 행사 전에 소멸하면(제143조 이하의 추인 등에 의하여), 이제 법률행위는 확정적으로 유효하게 된다. 한편 이러한 유동적 유효에서도 그 권리가 행사됨으로써 법률행위가 소급적으로 무효가 되는 경우(제141조 본문 참조)와 단지 장래를 향하여 효력을 잃게 되는 경우(예를 들면 혼인·입양의 취소. 제824조, 제897조)가 나누어진다. 또 유동적 유효의 법률행위에서 그 무효화를 위해서는 법원의 재판을 거쳐야 하는 특별한 경우도 있다(역시 혼인·입양의 취소 등. 제816조, 제884조).[4]

나아가 법률행위가 처음부터 바로 무효인 경우도 다시, 법률행위가 우선은 무효이나 나중에 추인에[5] 의하여 이를 유효하게 될 수 있는 경우와 그러한

---

3) 한편 채권자취소권(제406조)의 성질과 효과에 대하여는 논의가 있다. 이에 관해서는 김재형, "채권자취소권의 본질과 효과에 관한 연구," 민법론 Ⅱ, 2004, 1면 이하 참조.

4) 한편 회사설립의 무효(상 제184조, 제328조 참조)에서와 같이 비로소 무효에 법원의 재판이 요구되는 경우도 있다.

5) 추인은 취소할 수 있는 법률행위에도 가능하다. 제143조 이하 참조.

추인이 원칙적으로 불가능하여 무효가 확정적인 경우(확정적 무효. 제103조, 제104조, 제815조, 제883조 등)가 있다. 전자의 예로는, 무권대리(제133조 참조), 처분권 없는 사람의 처분행위, 관청의 허가를 요하나 허가 없이 한 법률행위 중 일정한 경우6) 등이 있다. 이 경우 법률행위는 유동적 무효流動的 無效라고 할 수 있다.

(2) 위와 같이 다양한 태양의 무효 또는 무효화가 모든 사람에 대한 관계에서 그러한가 아니면 일정한 사람에 대한 관계에서만 그러한가(또는 일정한 사람에 대한 관계에서만 유효한가)에 따라서 절대적 무효(제103조, 제104조, 제5조, 제10조, 제13조 등)와 상대적 무효를 나누는 것이 보통이다. 한편 가등기나 압류·가압류·가처분에 반하는 채무자(가등기 등 의무자)의 처분은 통상 상대적 무효라고 설명된다.

(3) 이 중 확정적 무효(좁은 의미의 무효)와 취소에 대하여는 총칙편에서 규정되고 있다(제5장 제4절). 한편 민법이 무효라고 하는 때에는 통상 확정적 무효를 가리키며,7) 그 밖의 효력 불발생에 대하여는 일반적으로 '효력이 없다' 또는 '효력이 생기지 아니한다'는 말이 사용되고 있다.8)

Ⅱ. 법률행위의 무효

1. 무효의 의의와 효과

(1) 법률행위의 무효란 좁은 의미로는 법률행위가 성립한 당초부터 확정적으로 효력이 발생하지 않는 것을 말한다. 이는 취소에서처럼 특정인의 행위(취소권자의 취소)나 법원의 재판으로 비로소 법률행위의 효력이 처음부터 발생

---

6) 대판(전) 1991. 12. 24, 90다12243은, 국토이용관리법 제21조의3에서 정하는 바에 따라 토지거래허가를 받지 아니한 채로 행하여진 토지매매 등 거래계약에 대하여, 허가를 받기 전에는 그 계약은 아무런 효력도 없어 무효이나 후에 허가를 얻으면 그 계약은 소급하여 유효한 계약이 되고 반대로 불허가가 확정되면 무효로 확정된다고 하여, 유동적 무효의 법리를 채택하였다.

7) 한편 민법은 법률행위 이외의 사항에 대하여도 무효라는 용어를 쓴다. 예를 들면 제518조(변제의 무효), 제521조(증서의 무효) 등.

8) 그러나 언제나 그러한 것은 아니다. 예를 들면 유언의 요식성을 정하는 제1060조는 "효력이 생生하지 아니한다."라고 하나 이는 확정적 무효의 의미이며, 또 제289조·제652조(지상권 및 임대차에서의 편면적 강행규정)에서도 마찬가지이다.

하지 않게 되는 것이 아니라, 그러한 행위 없이 당연히 효력이 발생하지 않는 것이다. 또 여기서 무효는 원칙적으로 사후적인 추인으로도 유효하게 되지 않는다(제139조).

예를 들면, 사회질서에 반하는 법률행위(제103조), 폭리행위(제104조), 상대방이 알거나 알 수 있는 비진의표시에 의한 법률행위(제107조 제 1 항 단서), 가장행위(제108조 제 1 항), 제815조에서 정하여진 혼인, 제883조에서 정하여진 입양, 방식을 맞지 않는 유언(제1060조) 등은 무효의 법률행위이다. 또한 법률행위가 강행법규에 반하는 경우에 그 효력 불발생의 구체적인 내용은 그 규정이 정한대로 정해지지만, 다른 정함이 없으면 일반적으로 그 법률행위는 여기서 말하는 의미에서 무효이다(제289조, 제652조도 참조).

(2) 무효인 법률행위는 그것을 구성하는 의사표시의 내용에 따른 법률효과를 발생시키지 못한다. 예를 들어 물건매매계약이 무효이면, 매도인의 소유권이전채무나 매수인의 대금지급채무(제568조 제 1 항)는 발생하지 않는다. 그러므로 당사자는 상대방에 대하여 그 이행을 청구할 수 없으며, 만일 채무가 이미 이행되었더라도[9] 그 급부는 부당이득으로서(제741조: "법률상 원인 없이") 반환되어야 한다.[10]

이러한 무효의 효과는 누구라도 주장할 수 있으며, 또한 항상 그리고 모든 사람에 대한 관계에서 발생한다. 따라서 무효의 주장에는 시간적 제한이 없으며, 또한 선의의 전매인轉買人과 같은 제 3 자라도 무효의 효과를 받게 된다. 그런데 민법은 예외적으로 일정한 사유로 인한 법률행위의 무효에 대하여는 이를 일정한 사람(가령 선의의 제 3 자)에게 "대항하지 못한다"는 규정을 두고 있다(제107조 제 2 항, 제108조 제 2 항).[11] 이러한 대항불능은 무효의 효과를 제한하는 것임은 명백한데, 그 내용에 관해서는 위에서 본 바와 같이 논란이 있다.

(3) 그런데 법률행위가 무효라고 하여서 이를 「법적 무無」로 다루어서는 안 된다. 비록 의사표시에 따른 법률효과는 가지지 못하나, 무효인 법률행위도 일단 행하여진 것으로서 그 법률행위의 내용은 당사자 사이의 법률관계, 특히

---

9) 한편 매매계약을 원인으로 하여 행하여진 처분행위, 즉 소유권양도도 원인행위의 무효로 말미암아 무효가 되어(처분행위의 유인성), 비록 매수인 앞으로 목적물이 인도 또는 등기되었어도 소유권의 변동은 처음부터 일어나지 않는다.

10) 다만 이러한 원상회복청구에는 제746조(불법원인급여)에 의한 제한이 있다.

11) 이는 취소로 인한 무효화의 경우에도 마찬가지이다(제109조 제 2 항, 제110조 제 3 항).

계약의 청산관계에 일정한 영향을 미칠 수 있다. 가령 무효인 매매계약에 따라 당사자 쌍방이 각각 급부를 하였으면 앞서 본 대로 서로 부당이득반환채무를 부담하게 되는데, 서로 대립하는 이들 채무 사이에는, 유효인 매매계약에 기한 각 채무가 견련관계에 있음과 같이, 말하자면 「사실적 견련관계」가 인정되어도 좋을 것이다. 그러므로 이들 채무는 서로 동시이행관계에 있으며(제536조),[12] 일방의 채무가 그의 책임 없는 사유로 이행불능이 되면 상대방에 대한 반대채권을 상실한다(제537조. 위험부담). 또한 법률행위가 무효라고 해서 그에 기하여 법률관계가 사실상 성립하였다는 사정에 아무런 법적 고려를 해서는 안 된다는 것까지 의미하지는 않는다. 특히 조합이나 고용과 같이 계속적 채권관계를 발생시키는 계약에서 그에 기하여 사실상 급부를 한 경우에는 당사자 사이의 법률관계를 계약이 유효한 것과 같이 처리하여야 할 경우가 있다.[13]

한편 법률행위가 무효라도 불법행위 그 밖에 책임의 발생요건이 갖추어진 경우에는 당사자는 그에 따른 책임을 짐은 물론이다.

(4) 법률행위가 무효라고 해서 다른 효력 불발생 사유를 주장하지 못하게 되는 것은 아니다. 예를 들어 의사능력 없는 사람의 법률행위를 제한능력을 이유로 취소하는 것은 허용된다.[14] 또 무효인 법률행위도 그것이 사해행위詐害行爲에 해당하면 채권자는 채권자취소권을 행사할 수 있다.[15] 말하자면 법률행위에 여러 종류의 흠이 존재하는 경우에는 각각의 흠에 상응한 효과가 발생하는 것이다.

2. 일부무효

(1) 무효사유가 법률행위 전체가 아니라 일부에만 존재할 수도 있다.[16] 예를 들면 계약의 여러 조항 중 하나가 강행법규에 반하는 경우가 그러하다. 이때 법률행위는 전체적으로 무효가 되는가, 아니면 나머지 부분으로 유효하게

---

12) 대판 1976. 4. 27, 75다1241; 대판 1995. 9. 15, 94다55071. 가령 물건매도인이 소유권에 기하여 목적물의 반환을 구하는 경우에도 매수인의 대금반환청구권과의 사이에 동시이행관계가 있다고 할 것이다.
13) 사실적 계약관계에 관해서는 위 제 1 편 제 3 장 Ⅶ. 참조.
14) 따라서 제한능력을 들어 계약을 취소한 것에 대하여, 상대방이 의사무능력에 기한 무효를 이유로 계약이 취소되지 않았다고 주장하는 것은 인정되지 않는다.
15) 대판 1975. 2. 10, 74다334; 대판 1977. 2. 8, 76다2659.
16) 한편 일부 취소에 대하여는 아래 Ⅲ. 3. (3)도 참조.

존속하는가 하는 문제가 제기된다. 민법은 원칙적으로 법률행위 전체가 무효가 된다는 태도를 취한다(제137조). 그러나 그 적용에는 어려움이 없지 않다.

(가) 우선 이 규정은 하나의 법률행위 중 일부가 무효인 경우를 전제로 하는 것이고, 복수의 독립한 법률행위 중 하나가 무효인 경우에는 적용이 없다. 그런데 법률행위가 하나인지 여럿인지는 물론 법률행위의 해석문제로서, 객관적·합리적으로 볼 때 당사자가 그 행위를 단일한 것으로 의욕하였는지, 즉 당사자가 그 전체로서만 받을 수 있는 것으로 의욕하였는지에 달려 있으나, 그 구체적 판단은 때로는 쉽지 않다.

계약목적물 또는 계약당사자가 다수라고 하여 당연히 또는 통상 법률행위가 복수라고는 할 수 없다. 건물과 그 대지의 매매계약은 물론, 여러 필지의 토지를 그 위에 건물 등 시설을 설치하기 위하여 매수하는 경우에도 계약은 통상 하나이다. 그러나 이 계약과 그로 인한 소유권양도의 처분행위는 각각 별개이다(물권행위의 독립성). 또 채무발생의 원인행위와 담보제공행위는 각각 별개이다. 한편 시간적 간격이 있는 행위라고 하여 언제나 각각 독립한 행위라고 할 수 없으며,[17] 또 하나의 법률행위 안에 법적으로 다른 성질의 행위가 혼합될 수 있다(혼합계약).

한편 여러 개의 계약이 체결된 경우에 각 계약이 전체적으로 경제적, 사실적으로 일체로서 행하여진 것으로 그 하나가 다른 하나의 조건이 되어 어느 하나의 존재 없이는 당사자가 다른 하나를 의욕하지 않았을 것으로 보이는 경우 등에는, 하나의 계약에 대한 기망 취소의 의사표시는 법률행위 일부 취소의 법리에 따라 전체 계약에 대한 취소의 효력이 있다.[18]

(나) 제137조가 적용되려면, 하나의 법률행위가 가분可分이어야 한다. 즉 행위의 전체적 성격을 변경하지 않으면서 분할될 수 있고, 무효인 부분을 제외한 나머지로써도 그 자체 하나의 법률행위가 되는 것이어야 한다.

---

17) 가령 임대차계약 후 —특히 인도 전에— 임차인이 임대인으로부터 목적물의 시설을 매수하였다고 하여도, 그것이 내용상으로 하나의 전체를 의미한다면, 이는 법률행위의 내용변경에 불과하고 그 전부를 하나의 법률행위라고 할 것이다.

18) 대판 2013. 5. 9, 2012다115120. 이 판결은 권리금계약은 임대차계약이나 임차권양도계약 등과는 별개의 계약이나, 임차권양도계약과 권리금계약의 체결 경위와 계약 내용 등에 비추어 볼 때, 위 권리금계약이 임차권양도계약과 결합하여 어느 하나의 존재 없이는 당사자가 다른 하나를 의욕하지 않았을 것으로 보이는 경우에는 권리금계약 부분만을 따로 떼어 취소할 수 없다고 한다.

그러므로 계약에서 당사자 일방의 의사표시가 무효인 경우에는 상대방의 의사표시만으로 계약이 성립하지 못하므로, 이는 위의 의미에서의 가분이 아니다. 비록 무효사유가 있는 당사자의 의사표시가 가분의 급부를 목적으로 하여도 그와 대가관계에 있는 상대방의 반대급부가 불가분이면, 제137조가 적용되지 않는다. 이 경우에는 당사자들에 의하여 의욕된 급부 간의 견련관계가 유지될 수 없기 때문이다. 일반적으로 쌍무계약은 이러한 견련관계가 유지될 수 있는 한에서만 여기서 말하는 바의 가분이라고 할 수 있다.

한편 계약의 일부가 그 자체로서 독립적 계약이 될 수 있는 경우(가령 환매·유담보流擔保·기한이익상실의 각 조항), 나아가 급부가 가분이거나 쌍무계약에서는 쌍방의 급부 모두가 양적으로 비례하여, 계속적 계약관계에서는 시간에 비례하여 분할될 수 있는 경우, 또한 계약당사자 일방이 다수인 때 그들이 상대방에 대하여 연대채무를 지는 경우 등에는 이들 계약은 가분이다.

(다) 이러한 법률행위의 일부무효의 경우에 대하여도 특별한 규정이 있거나 제137조의 적용이 무효규정의 규범목적에 반하는 때에는 이 규정이 적용되지 않는다.

우선 약관법은 약관조항이 동법에 의하여 무효가 되더라도 원칙적으로 나머지 부분으로 유효하게 존속한다고 정하여(제16조), 명문으로 제137조의 적용을 배제한다. 나아가 무효규정이 계약이 나머지 부분으로 유효하게 존속하는 것을 전제로 하여서만 의미를 가지는 경우로서는, 제289조, 제584조, 제591조 제 1 항, 제607조·제608조(소비대차계약상의 「대물반환의 약정」), 제651조 제 1 항, 제652조, 제672조, 이자제한법 제 2 조 제 3 항 등을 들 수 있다. 이 경우에는 당사자의 가정적 의사와는 무관하게 계약의 나머지 부분은 유효하다.

(2) 일부무효는 원칙적으로 법률행위 전부를 무효로 한다(제137조 본문). 그러므로 예를 들면 건물이 토지거래허가를 받아야 하는 그 대지와 함께 매매된 경우에 거래허가를 받지 못하였으면, 그 계약은 전체적으로 무효가 된다.[19) 그러나 이는 임의규정이므로, 법률행위의 어느 일부가 무효라도 나머지 부분으로 법률행위가 존속됨을 당사자가 합의한 경우에는 이에 따른다.

또한 "그 무효부분이 없더라도 법률행위를 하였을 것이라고 인정될 때"

---

19) 대판 1992. 10. 13, 92다16836; 대판 1994. 1. 11, 93다22043. 두 판결은 이러한 매매계약이 하나의 법률행위임을 전제로 한다.

에는 나머지 부분은 유효하게 존속한다(동조 단서). 이는 당사자의 가정적 의사가 기준이 됨을 의미한다. 이러한 가정적 의사의 탐구는 법률행위 해석(특히 보충적 해석)이나[20] 심리적 사실의 조사를 내용으로 하지 않는다. 여기서는 당사자가 법률행위에서 객관적·거래전형적으로 추구하였을 이익(그리고 상대방이 알 수 있었을 이익)을 합리적으로 고려하였을 때 나머지 부분만으로 계약을 유지하였을 것인지가 문제된다. 법률행위가 계약인 때에는 당사자 쌍방에 그러한 가정적 의사가 인정되어야 하며, 일방이 그러한 의사가 없었을 것이라면 이는 적용되지 않는다.

한편 제137조 단서에 의하여 나머지 부분으로 법률행위가 존속하는 경우에 무효로 공백이 된 부분을 어떠한 기준으로 보충할 것인지는 법률행위 해석의 일반 법리(보충적 해석)에 따라 처리할 것이다.

(3) 일부무효와 관련하여서는 계약 수정 또는 「효력유지적 축소해석」과의 관계도 문제된다. 가령 폭리행위에서 과대급부過大給付를 반대급부의 가액에 대응하여 삭감함으로써 계약을 「수정」하여 그 효력을 유지할 수 있는가? 또 일반적으로 채무자의 고의로(아마도 중과실도) 인한 채무불이행에 대한 면책약정은 사회질서에 반하여 무효라고 해석되고 있는데, 실제로 채무자에게 '귀책사유가 있어도' 채무불이행책임을 지지 않는다는 특약을 하였다면, 여기의 귀책사유란 과실만을 의미한다고 「해석」함으로써 그 특약을 유효라고 할 수 있는가?

이러한 문제에 대하여 법이 별도의 규정을 두는 때에는 물론 이에 따라야 한다(가령 제398조 제 2 항 참조). 그렇지 아니한 경우에 이는 무효규정의 취지에 좇아 판단되어야 할 것인데, 일반적으로 말하면 당사자가 의욕하지 않은 내용을 강제하게 되는 계약 수정은 함부로 인정해서는 안 된다. 그렇게 보면 폭리행위의 위와 같은 「수정」은 허용되지 않는다. 또 제104조는 대립하는 급부 간의 현저한 불균형을 이유로 법률행위 전체의 무효를 선언함으로써 폭리행위를 억제하려는 의도도 있다. 한편 후자의 예에서 그 특약은 고의에 대한 면책을 정하는 한도에서 사회질서에 반하여 무효이고, 특약의 나머지 부분은 유효하게 존속한다고 할 것이다. 그러나 이는 계약해석의 문제가 아니라, 위와 같은 특

---

20) 이미 법률행위의 해석이 행하여져서 그 결과로 법률행위의 내용이 일부무효에 해당함을 확정한 후에 비로소 가정적 의사의 탐구가 행하여진다.

약에 대한 내용통제(사회질서 또는 강행법규 등에 기한)는 그 질적 일부를 무효로 하는 것으로 충분하고, 그렇다면 이에는 일부무효에 관한 법리가 적용되어야 하는데, 위의 경우에는 제137조 단서에 의하여 나머지 특약 부분의 유효를 인정하여야 하기 때문이다.

판례는 특히 변호사와 소송의뢰인 간의 보수약정에 관하여 "약정된 보수가 부당하게 과다한 경우에는 제반 사정을 고려하여 상당한 범위 내의 보수액만을 청구할 수 있다"는 태도를 취하고 있다.[21] 이는 양적 일부무효를 인정함으로써 실질적으로 계약의 수정을 달성하려는 것으로 보이는데, 그러한 결과는 보수약정을 전부무효라고 하되 보충적 해석에 의하여 「상당한 보수」를 인정하여도 큰 차이는 없을 것이다.[22]

3. 무효행위의 전환

(1) 무효의 법률행위[23]도 다른 법률행위의 요건을 갖추고 또 당사자가 그 무효임을 알았더라면 그 다른 행위를 의욕하였으리라고 인정될 때에는, 그 다른 행위로서 효력을 가진다(제138조). 이를 무효행위의 전환이라고 한다.

이는 법이 무효인 법률행위의 실제적 효과 그 자체를 용납할 수 없는 것이 아니고 이를 다른 법률행위를 통해서도 달성될 수 있는 경우라면, 가급적 당사자가 의욕하였던 결과를 달성하고자 하는 취지이다. 이는 비록 당사자의 실제 의사에 의하여 법률관계를 규율하는 것은 아니어서 사적 자치 그 자체의 실현이라고는 할 수 없으나, 어디까지나 당사자가 법률행위를 하면서 의도한 경제적 효과와 고려한 이익을 관철·실현한다는 의미에서는 그 의미의 합목적적인 확장이라고 할 수 있다.

(2) 그러한 전환이 인정되려면, 무효인 법률행위가 다른 행위로서의 요건에 적합하여야 하고 또한 당사자가 원래 행위의 무효를 알았더라면 다른 행위를 의욕하였으리라고 인정되어야 한다. 여기서도 제137조 단서와 같이 당사자(당사자가 복수인 경우에는 그 전원)의 가정적 의사가 탐구되어야 한다. 이는 법

21) 대판 1991. 12. 13, 91다8722; 대판 1992. 3. 31, 91다29804 참조.
22) 대판 1981. 7. 28, 80다2485는, 변호사와 의뢰인 사이에 보수약정이 없는 경우에도 의뢰인은 "제반 사정을 고려하여" 정한 상당한 보수를 지급할 의무가 있다고 한다.
23) 유동적 무효의 법률행위가 나중에 확정적으로 무효가 된 때에도 마찬가지이다.

률행위 해석도 심리적 사실의 조사도 아니고, 당사자가 실제로 고려한(그것을
알 수 없는 경우에는 객관적·전형적으로 고려되는) 이익을 실현하기 위한 사후적
평가작업이다.

실무에서 무효행위의 전환을 인정한 예가 많지 않으나,[24] 활용할 여지가
적지 않다. 예를 들면 제607조·제608조에 따라「대물반환의 약정」이 무효가
됨으로써 소비대주는 차주에게 차용물에 갈음한 대물의 인도청구는 하지 못하
더라도, 대부분의 경우에 제138조에 따라 이를 통상의 담보약정으로 전환하여
그 대물을 목적물로 하는 담보권을 가지게 되어, 정산의무를 수반하는 담보권
의 실행을 청구할 수 있다.[25]

흔히 문제가 되는 것은, 법률행위가 방식을 갖추지 못하거나 기간이 도과
되는 등 형식적 사유로 인하여 효력이 없는 경우이다. 이에 대하여는 법이 명
문으로 무효행위의 전환을 정하는 경우도 있다. 예를 들면 제1071조는 비밀증
서에 의한 유언이 그 방식에 흠결이 있어 무효라도 그 증서가 자필증서의 방
식에 적합한 때에는 이를 자필증서에 의한 유언으로서 유효하다고 한다. 한편
방식이 흠결된 약속어음의 발행은 무효이나, 이를 준소비대차로서 유효하다고
하거나, 건물 기타 공작물이나 수목의 소유를 목적으로 하지 않는 지상권설정
계약(제279조 참조)을 임대차계약으로서 유효하다고 인정될 수도 있다. 해제권
이 없이 해제의 의사표시를 한 경우 해제계약의 청약으로 볼 수도 있다. 또 혼
인외의 출생자가 아닌 사람(자연적 혈연관계가 없는 사람)에 대한 인지認知는 무
효인데, 이는 입양 의사를 표시한 것으로 전환을 인정해도 되는 경우도 있
다.[26] 한편 입양의 형식적 요건은 입양신고를 하는 것인데(제878조), 판례는 친
생자출생신고에 의해서도 입양이 유효하게 행하여진다고 하고,[27] 학설은 대체

---

24) 대판 1989. 9. 12, 88누9305는, 상속인 중 1인에게 상속재산 전부를 귀속시키기 위하여
　　나머지 상속인들이 상속재산포기의 신고를 하였는데 그것이 기간도과(제1041조 참조)로
　　무효인 경우에, 이는 상속재산의 분할에 관한 협의가 있었던 것으로 볼 수 있다고 한다.
　　이는, 무효행위의 전환을 인정한 것이 아니라 상속포기신고 전에 공동상속인 사이에 행
　　하여진 합의를 별도의 법률행위로 파악한 것으로 보인다.
25) 담보법에 관해서는 민법 Ⅲ에서 다룬다.
26) 대판 1992. 10. 23, 92다29399 참조.
27) 대판(전) 1977. 7. 26, 77다492는 "당사자 사이에 양친자관계를 창설하려는 명백한 의사
　　가 있고 나아가 기타 입양의 성립요건이 모두 구비된 경우에 입양신고 대신 친생자출생
　　신고가 있다면 형식에 다소 잘못이 있더라도 입양의 효력이 있다."라고 한다. 동지: 대판
　　1988. 2. 23, 85므86; 대판 1990. 3. 9, 89므389.

로 무효행위의 전환으로 설명한다.[28] 그러나 원래 친생자출생신고로 입양의 요건을 갖출 수 없으므로, 무효행위의 전환으로 설명하는 것은 곤란하다. 이와 같은 판례는 오히려 신고의 요건을 완화하는 새로운 법형성이라고 이해해야 할 것이다.[29]

4. 무효행위의 추인

(1) 확정적 무효의 법률행위는 후에 당사자 기타 관계인이 이를 추인하였다고 하여서, 즉 그 유효를 인정하는 의사표시를 하였다고 하여서 유효하게 되지 않는다(제139조 본문). 만일 단지 추인에 의하여 법률행위가 유효하게 된다면, 이를 무효라고 정하는 법의 취지는 실현될 수 없다. 그러므로 위 규정은 당연하다고 할 수 있다.[30]

그런데 "당사자가 그 무효임을 알고 추인한 때에는 새로운 법률행위로 본다"(동조 단서). 여기서 「추인」이란 어떠한 법률행위를 하였던 당사자 자신이 나중에 그 효력을 승인하는 의사표시를 하는 것을 말한다. 그러므로 종전의 법률행위가 계약이면 당사자 쌍방이 합의하여 이를 하는 것을 가리킨다. 이 추인은 무권대리의 추인이나 취소할 수 있는 법률행위의 추인 또는 무권리자의 처분에 대한 권리자의 추인 등에서와 같이 법률행위의 흠을 치유하는 일방적 의사표시(추완)를 가리키는 것은 아니다. 예를 들면 가장매매의 당사자 쌍방이 나중에 그 표시대로 매매를 할 진정한 의사를 가지게 되어 이를 표시한 경우, 강행법규에 반하는 법률행위를 한 당사자가 그 규정의 폐지 후에 원래의 법률행

---

28) 우선 윤진수, "허위의 친생자출생신고에 의한 입양에 관한 몇 가지 문제," 박병호 기념 논문집(Ⅰ), 1991, 445면 이하 참조.

29) 가족관계의 등록등에 관한 법률 제57조는 "부가 혼인 외의 자녀에 대하여 친생자출생의 신고를 한 때에는 그 신고는 인지의 효력이 있다."라고 정하고 있는데, 이는 인지의 형식적 요건인 인지신고(제859조, 가족등록 제55조)에 관한 특별규정라고 이해할 것이다. 한편 곽윤직, 민법총칙, 295면이, 무효행위도 전환되는 행위도 모두 요식행위인 경우에 대하여 "일반론으로서는 일정한 형식 그 자체를 필요로 하는 것으로 전환하는 것은 인정할 수 없"다고 하는 것도, 본문과 같은 견해라고 이해된다.

30) 그러므로 예를 들어 대판 2000. 9. 5, 2000다2344; 대판 2016. 6. 9, 2014다64752는 학교법인이 강행규정에 위반하여 관할청의 허가 없이 의무부담행위를 하였으면 그 후에 이를 추인하더라도 효력이 없다고 하고, 대판 2006. 9. 22, 2004다56677은 피보험자의 동의가 없어 상법 제731조 제1항에 의하여 무효인 타인의 생명보험계약은 그 후에 피보험자가 이에 동의하였어도 유효가 되지 않는다고 한다.

위를 인정하는 의사표시를 한 경우 등에는,[31] 그 시점에서 종전과 같은 법률행위를 다시 한 것으로 간주된다. 즉, 그러한 추인이 비록 단지 종전의 행위를 단지 승인 또는 확인하는 내용에 그치는 것이라도, 그것이 종전 행위의 무효를 알고 한 것이라면,[32] 그 시점에서 새로이 종전과 같은 법률행위를 한 것으로 취급하고, 나아가 그때에도 여전히 무효원인이 존재하는지를 다시 검토하여 보아야 한다는 의미이다. 그러므로 여기서 추인에는 소급효가 없다.[33] 한편 당사자가 그 무효임을 알고 추인하였다는 점에 대하여는 새로운 법률행위의 성립을 주장하는 측에서 부담한다.[34]

위 규정은 종전 행위의 무효를 알고 추인할 것을 정하고 있다. 그러나 이는 당사자가 종전 행위의 효력발생에 장애가 있음을 의식하면서도 감히 추인하는 행위를 하였을 때에 비로소 위와 같은 새로운 법적 판단을 할 필요가 제기된다는 취지로서, 이를 엄격하게 해석할 이유는 없다. 단지 유효를 의심하면서 위와 같은 추인을 한 경우에도 이는 새로운 법률행위를 하였다고 볼 것이다. 판례는 당사자가 이전의 법률행위가 존재함을 알고 그 유효함을 전제로 하여 이에 터 잡은 후속행위를 하였다고 해서 그것만으로 이전의 법률행위를 묵시적으로 추인하였다고 단정할 수는 없고, 묵시적 추인을 인정하기 위해서는 이전의 법률행위가 무효임을 알거나 적어도 무효임을 의심하면서도 그 행위의 효과를 자기에게 귀속시키도록 하는 의사로 후속행위를 하였음이 인정되어야 할 것이라고 한다.[35]

무효행위의 추인이 있다고 해도, 이는 새로운 법률행위가 성립한 것으로

---

31) 대판 1959. 10. 29, 4292민상250은, 농지를 분배받은 사람이 이를 상환완료 전에 매도하여서 매매가 무효인 경우(구 농지개혁법 제16조 제 1 호 참조)에 매도인이 그 후 상환을 완료하고 소유권이전등기를 받은 다음에 매수인에게 소유권이전등기에 필요한 서류를 교부하였다면, 이는 무효행위를 추인한 것으로 볼 수 있다고 한다. 나아가 대판 1969. 1. 21, 68다1644; 대판 1980. 1. 15, 79다1400 등은, 위와 같은 농지매도인이 매수인이 농지를 점유 경작함에 대하여 상환완료 후 상당한 기간 내에 이의를 하지 아니하였다면, 마찬가지로 무효행위의 추인이 있다고 보아야 한다고 하였다.
32) 한편 구체적인 경우에 법률행위의 해석상 당사자가 실제로 종전과 같은 법률행위를 다시 하였다고 인정된다면, 이 행위가 독자적인 법적 판단을 받아야 함은 물론이고, 이러한 경우는 제139조 단서와는 무관하다.
33) 대판 1992. 5. 12, 91다26546.
34) 대판 1998. 12. 22, 97다15715.
35) 대판 2014. 3. 27, 2012다106607.

해석된다는 것뿐이고, 나아가 그것이 유효하다고는 단정할 수 없다. 추인의 시점에서 여전히 무효사유가 있다면, 이는 역시 무효이다.[36) 그러나 그 시점에서 무효사유가 없다면 그 효력을 부인할 이유가 없다.[37)

학설 중에는, 당사자 사이에서만 소급하여 행위시부터 유효하였던 것으로 다루는 채권적 소급적 추인이 허용된다는 견해도 있다. 그러나 그 구체적인 의미는 명확하지 않다. 그러한 추인에 의하여 원래의 법률행위가 당사자 사이에서만 소급하여 유효하게 된다는 의미라면, 이는 앞서 본 대로 법이 당해 법률행위를 무효로 정한 취지에 반한다.[38) 그러한 의미에서 제139조 단서는 강행규정이다. 그런데 당사자가 무효인 법률행위를 추인하여 새로운 법률행위를 하면서, 그 내용으로 만일 법률행위가 처음부터 유효이었다면 각자가 얻었을 것을 그에게 주기로 하는 의무를 부담할 것을 합의할 수도 있을 것이다. 가령 앞에서 든 가장매매의 추인에서 당사자들은 각기 상대방이 가장매매가 당초부터 유효하였다면 얻었을 것을 급부하기로 약정할 수 있다.[39) 이는 원래의 법률행위가 소급적으로 유효하게 되는 것이 아니라, 새로운 법률행위가 위와 같은 소급적 채권적 의무부담을 내용으로 가진다는 것으로서, 사적 자치의 원칙상 당연히 허용된다. 다만 새로운 법률행위에 대하여 존재하는 무효원인은 이에도 미침은 물론이다.

한편 판례는, 등기가 절차적으로 부적법하게 또는 실체적 원인 없이 행하여져서 말소되어야 하는 무효의 등기인 경우에도 나중에 이를 유효한 별개의 법률관계 또는 법률원인을 공시하는 등기로 하기로 하는 합의가 있으면 그 때부터 그 등기는 유효하게 된다는 태도를 취한다. 그런데 재판례 중에는 이를

---

36) 대판 1994. 6. 24, 94다10900은 폭리행위를 이유로 무효인 법률행위를 추인으로 유효로 할 수 없다고 한다.

37) 그 하나의 예로 대판 1967. 4. 18, 67다281(분배농지의 매매가 상환이 완료되기 전에 행하여져서 당시의 농지개혁법 제16조에 의하여 무효이나, 그 완료가 있은 후에 이를 추인한 사안).

38) 가령 사회질서에 반하여 무효인 첩계약에 대하여, 당사자들이 그들 사이에서만 소급적으로 유효한 것으로 나중에 합의하였다고 하여 그 합의대로 효력이 발생한다면, 첩계약을 무효로 하는 법질서의 결정이 무슨 의미가 있겠는가? 나아가 법률행위의 유효 여부를 대내관계와 대외관계에 따라 분열시키는 것도 현행법상 허용될 수 없다.

39) 따라서 가장매매에서 목적물을 인도받은 가장매수인이 과실果實을 수취하거나 목적물을 사용하였어도, 마치 원래의 매매계약이 유효하였던 것처럼 과실 등을 반환하지 않아도 된다.

무효행위의 추인으로 파악하는 듯한 설시를 하는 것도 있으나,[40] 이는 단지 등
기의 효력과 관련된 무효등기의 전용轉用의 문제로서, 무효인 법률행위에 대하
여 그 효력을 인정하는 고유한 의미의 무효행위의 추인과는 차원을 달리한다.

(2) 실제로 훨씬 중요한 의미를 가지는 것은, 유동적 무효流動的 無效에서의
추인이다.[41] 무권리자의 처분에 대한 추인에 관해서는 위에서 살펴보았다.[42]

(3) 판례는 신분행위, 특히 혼인이나 입양와 관련하여 빈번하게 무효행위
의 추인을 문제삼는다. 이는 기본적으로 혼인 등의 형식적 요건인 신고가 당사
자의 의사에 의하지 아니하는 등으로 부적법하게 이루어진 경우에 어떠한 요
건 아래서 그 하자가 치유되는가 하는 문제와 관련되어 있고, 과연 이것이 원
래 의미의 무효행위 추인에 해당하는지는 의문이 있다.

우선 판례는, 비록 혼인신고가 당사자 쌍방의 신고의사에 의한 것이 아닌
경우에도 그 당시 이미 쌍방에게 법률상 혼인의 의사가 있었다면 그 신고는
유효하다는 태도를 취한다.[43] 이는 신분행위 일반에 대하여 그 요건으로서의
신고를 말하자면 제 2 차적 의미를 가지는 것으로 파악하고 그에 관하여 하자
가 있어도 이는 보다 본질적인 요건, 즉 「신분관계 설정의 의사」라는 요건에
의하여 치유될 수 있다는 입장에 입각한 것이다.[44] 위의 경우에 그 혼인은 처
음부터 유효라는 것이므로, 이는 애초 무효인 법률행위를 사후적으로 추인하는
것과는 관련이 없다.

나아가 신고 당시에 「혼인의 의사」 등 신분관계 설정의 의사가 인정되지
아니하여 무효인 혼인 등이 사후적으로 신분관계 설정의 의사를 갖춤으로써
유효로 되는가가 문제된다. 판례는 일반적으로 이를 긍정하는데,[45] 그 근거를

---

40) 대판 1992. 5. 12, 91다26546.
41) 취소할 수 있는 법률행위의 추인에 대하여는 아래 Ⅲ. 4. 참조.
42) 제 2 편 제 3 장 Ⅱ. 6. 참조.
43) 대판 1980. 4. 22, 79므77; 대판 1994. 5. 10, 93므935 등 참조. 그러므로 혼인신고 당시에
   쌍방에 혼인의 의사가 없었으면, 비록 전에는 그것이 있었다고 하여도(가령 사실혼이 해
   소된 경우 등), 신고의 하자는 치유되지 아니하고 혼인은 무효라고 한다. 또 여기서 말
   하는 '혼인의 의사'란 법률적 혼인을 성립시킬 의사를 말하는 것이고, 단지 "양성간의 정
   신적·육체적 관계를 맺는 의사"만으로는 이를 충족하지 않는다고 한다. 대판 1983. 9.
   27, 83므22; 대판 1986. 7. 22, 86므41; 대판 1989. 1. 24, 88므795 등 참조.
44) 무엇보다도 뒤에서 보는 대판 1991. 12. 27, 91므30의 "신고 등 절차는 신분행위의 창설
   을 외형적으로 확정짓는 부차적인 요건일 뿐"이라는 설시 참조.
45) 대판 1965. 12. 28, 65므61은 "혼인신고가 한쪽 당사자가 모르는 사이에 이루어짐으로써

무효행위의 추인으로 구성한다. 이는 입양에서 대낙권자代諾權者(제869조 참조)의 승낙이 없는 경우 등에 대하여도 마찬가지이다.[46] 물론 이러한 판례의 태도는 신고 당시 무효인 혼인이나 입양이 그 후에 발생한 일정한 사유에 의하여 유효하게 된다는 의미에서 결과적으로 무효행위의 추인이 인정되는 것과 유사하다. 그러나 여기서 문제되고 있는 것은, 일단 당사자 사이에 혼인 등의 합의가 있었는데 그것에 무효원인이 있어[47] 무효인 것을 나중에 다시 효력을 승인하는 사안이 아니라, 애초 혼인 등의 합의가 없었던 경우이고, 따라서 추인의 대상이 없는 것이다. 실제로 여기서 당사자들은 종전에 이루어진 혼인의 효력을 사후적으로 확인하고 재생시키는 의사표시를 하는 것이 아니라, 이제 처음으로 혼인 등의 합의를 하는 것일 뿐이다. 한편 판례는, 그러한 추인이 인정되려면 단지 신분관계 설정의 의사만으로는 부족하고 실질적 신분관계가 사실상 형성될 필요가 있다고 하는데,[48] 이것도 여기서 문제되고 있는 것이 원래 의미의 무효행위 추인이 아님을 말하여 준다. 가령 혼인에서 혼인관계가 사실상 형성되는 것은 애초 혼인의 요건이 아니다. 그렇다면 무효인 혼인의 추인에 의하여 그것이 유효하게 되는 데에 그것이 돌연 요구될 이유가 없다. 이를 이른바 신분행위의 특수성으로 설명하려는 견해도 있을 수 있으나,[49] 단지 사후적 확인에 불과한 추인에 원래의 성립요건이 아닌 요건을 요구할 수는 없다. 그러므로 이상을 무효행위의 추인에 의하여 설명하는 것은 무리가 있으며, 이 역시 기본적으로 신분행위에 특유한 요건인 신고에 존재하는 하자의 치유 문제이다.[50]

무효라 할지라도 그 후 양쪽 당사자가 그 혼인에 만족하고 그대로 부부생활을 계속한 경우에는 그 혼인을 무효로 할 것이 아니"라고 하였고, 나아가 대판 1991. 12. 27, 91므30은 "무효인 신분행위가 있은 후에 그 내용에 맞는 신분관계가 실질적으로 형성되어 쌍방 당사자가 아무런 이의 없이 그 신분관계를 계속하여" 온 경우에는 제139조 본문을 적용하지 아니하고 추인에 의하여 소급적 효력이 인정된다고 하였다.

46) 즉 제869조에서 정하는 13세 미만의 양자에 대한 법정대리인의 입양승낙入養承諾(입양대낙入養代諾)이 없었으나 후에 13세를 넘게 된 양자가 입양을 묵시적으로 「추인」하는 경우이다. 2012년 민법 개정 전의 대판 1990. 3. 9, 89므389 등 참조.

47) 물론 제815조 제 1 호는 혼인무효사유의 하나로 "당사자간에 혼인의 합의가 없는 때"를 들고 있으나, 「혼인의 합의」는 혼인의 성립요건이라고 할 것이다.

48) 대판 1991. 12. 27, 91므30.

49) 앞서 본 대판 1965. 12. 28, 65므61; 대판 1991. 12. 27, 91므30 참조.

50) 그러한 의미에서 등기에 존재하는 하자의 치유 문제인 「실체관계에 부합하는 등기」의 법리를 연상시킨다.

[판결 1] 무효행위의 전환: 대판 2010. 7. 15, 2009다50308

[이   유]

1. (생략)

2. 불공정 법률행위에 관한 피고들의 상고이유에 대한 판단

가. 민법 제104조의 불공정한 법률행위는 피해 당사자가 궁박, 경솔 또는 무경험의 상태에 있고 상대방 당사자가 그와 같은 피해 당사자측의 사정을 알면서 이를 이용하려는 폭리행위의 악의를 가지고 객관적으로 급부와 반대급부 사이에 현저한 불균형이 존재하는 법률행위를 한 경우에 성립한다(대법원 2002. 10. 22. 선고 2002다38927 판결 참조).

여기서 '궁박'이란 '급박한 곤궁'을 의미하고, 당사자가 궁박 상태에 있었는지 여부는 당사자의 신분과 상호관계, 피해 당사자가 처한 상황의 절박성의 정도, 계약의 체결을 둘러싼 협상과정 및 거래를 통한 피해 당사자의 이익, 피해 당사자가 그 거래를 통해 추구하고자 한 목적을 달성하기 위한 다른 적절한 대안의 존재 여부 등 여러 상황을 종합하여 구체적으로 판단하여야 한다(대법원 2009. 1. 15. 선고 2008도8577 판결 참조).

또한 급부와 반대급부 사이의 '현저한 불균형'은 단순히 시가와의 차액 또는 시가와의 배율로 판단할 수 있는 것은 아니고 구체적·개별적 사안에 있어서 일반인의 사회통념에 따라 결정하여야 한다(대법원 2006. 9. 8. 선고 2006도3366 판결 참조). 그 판단에 있어서는 피해 당사자의 궁박·경솔·무경험의 정도가 아울러 고려되어야 하고, 당사자의 주관적 가치가 아닌 거래상의 객관적 가치에 의하여야 한다.

나. 원심판결 이유 및 기록에 의하면 다음과 같은 사실을 알 수 있다.

원고는 서울 강동구 암사동 414-2 및 같은 구 명일동 305-46 지상의 강동시영 1차 아파트 48개 동 및 상가 3개 동의 재건축사업을 목적으로 하는 재건축정비사업조합으로 2002. 5. 28. 조합설립인가를 받았다. 피고 2는 원고의 상가 조합원이고, 피고 1의 딸인 소외 1 원고의 재건축정비사업 전문관리업자인 소외 2 주식회사의 직원으로 2003년 6월부터 2004년 3월까지 원고의 사무실에서 근무하였다.

위 설립인가 당시 재건축사업부지에는 아파트단지의 부지 외에도 그 부지에 접한 이 사건 토지 및 같은 구 암사동 414-3 대 10,267.8㎡, 같은 동 414-6 임야 496㎡, 명일동 305-45 대 1,851.9㎡가 포함되어 있었고, 서울특별시는 2002년 12월 위 4필지의 각 일부는 암사대교 건설에 따른 도로예정지에 편입되고 나머지는 원고의 재건축사업부지에 포함되는 내용의 암사·명일아파트지구

개발기본계획을 확정하였다. 이에 원고는 2002. 12. 24. 이 사건 토지를 제외한 3필지의 소유자인 도시개발공사로부터 3필지 중 재건축사업부지에 포함된 면적인 7,460㎡를 매수하였다.

이 사건 토지에 관하여는 2001. 8. 13. 소유권보존등기가 행하여졌고 위 설립인가 당시 소외 3, 4가 각 7분의 2 지분, 소외 5가 7분의 3 지분을 소유하고 있었으며, 위 기본계획의 확정에 따라 78.1㎡가 도로예정지에 포함되고 나머지 119.9㎡는 재건축사업부지에 포함되었다. 원고는 이 사건 토지를 매수하기 위하여 위 공유자들과 협상을 하였으나 결렬되자 2003. 6. 27. 위 공유자들에 대하여 매도청구에 따른 소유권이전등기청구소송(서울동부지방법원 2003가단28942호. 이하 '선행 1차소송'이라고 한다)을 제기하였다. 피고들은 선행 1차소송 제기 직전인 2003. 6. 17. 위 공유자들 중 소외 5의 7분의 3 지분을 3억 8,000만 원(피고마다 각 1억 9,000만 원)에 공동으로 매수하여 같은 해 7. 3. 각 7분의 1.5 지분(면적으로 환산하면 42.42㎡ 또는 12.83평이다. 이하 '이 사건 각 지분'이라고 한다)에 관한 이전등기를 마쳤다. 이에 원고는 2003. 12. 30. 선행 1차소송에서 소외 5에 대한 소를 취하하는 한편, 피고들을 상대로 매도청구에 기한 소유권이전등기청구소송(서울동부지방법원 2003가단59755호. 이하 '선행 2차소송'이라고 한다)을 제기하였다.

한편 강동구청장은 2003. 12. 30. "착공 전까지 이 사건 토지의 소유권을 확보할 것"을 조건으로 위 재건축사업에 관하여 사업계획을 승인하였다. 이에 원고는 2004. 1. 13. 소외 3, 4로부터 이 사건 토지의 도합 7분의 4 지분을 4억 원에 매수하였으나, 2005. 2. 2. 선행 2차소송 제1심에서 패소하여 이 사건 각 지분은 이를 취득하지 못하였다. 원고는 이 사건 각 지분을 취득하지 못한 상태에서 착공신고를 하였으나 강동구청의 권유에 따라 이를 취하하였고, 강동구청장은 2005. 4. 13. 원고에게 "착공 전까지 이 사건 토지의 소유권을 확보할 것을 조건으로 사업계획을 승인하였으므로, 원고가 그 소유권을 확보하지 못하면 착공신고 및 입주자모집은 불가하다"는 취지의 통지를 하였다.

이에 원고는 2005. 4. 22. 이 사건 각 지분을 합계 18억 원(피고마다 각 9억 원. ㎡당 21,216,407원, 평당 70,148,090원)에 매수하는 내용의 이 사건 매매계약을 체결하였다.

다. 원심은 위 사실관계에 기초하여, 사업계획승인조건에 따라 원고가 재건축사업을 계속 추진하기 위하여는 반드시 이 사건 토지를 매수하여야 했던 점, 이 사건 토지를 제외한 나머지 부분으로 사업범위를 축소·변경하여 사업계획승인을 받는 것은 사실상 불가능하여 이 사건 각 지분을 매수하지 못할 경우

사업계획승인이 취소될 상황에 처하게 된 점, 원고로서는 재건축사업을 위하여 피고들이 요구하는 가격으로 이 사건 각 지분을 매수하는 외에는 다른 대안이 없었던 점 등 그 판시와 같은 이유를 들어 이 사건 매매계약 당시 원고가 궁박한 상태에 있었다고 판단하였다.

나아가 원심은, 원고가 재건축사업을 수행하기 위하여 이 사건 토지가 반드시 필요하다는 사정을 피고들이 알고 있었다고 보이는 점, 원고가 이 사건 토지의 종전 공유자들을 상대로 매매협상을 하다가 선행 1차소송을 제기할 즈음 피고들이 그 공유자 중 1인으로부터 이 사건 각 지분을 매수한 점, 이 사건 토지는 면적이 비교적 작고 그 지목이 임야로 이 사건 각 지분만으로는 피고들에게 별다른 효용이 없는 점 등 그 판시와 같은 사정을 종합하여, 피고들에게 원고의 궁박한 상태를 이용하고자 하는 폭리행위의 악의가 있었다고 판단하였다.

또한 원심은, 피고들이 이 사건 각 지분을 각 1억 9,000만 원에 매수하여 각 9억 원에 매도한 점, 이 사건 토지의 다른 공유자들인 소외 3, 4는 각 7분의 2 지분을 각 2억 원(㎡당 3,535,353원)에 매도하였고 원고가 조합원에게 보상한 토지의 가격도 평당 22,127,090원(㎡당 6,693,445원)에 불과한 점 등을 종합하여, 이 사건 매매계약의 급부인 이 사건 각 지분과 반대급부인 매매대금 사이에는 객관적으로 현저한 불균형이 존재한다고 판단하였다.

앞서 본 법리에 비추어 기록을 살펴보면, 원심의 위와 같은 사실인정 및 판단은 모두 정당한 것으로 수긍할 수 있다. 거기에 상고이유의 주장과 같이 불공정행위에 관한 사실오인 또는 법리오해 등의 위법이 있다고 할 수 없다.

3. 이 사건 매매대금액에 관한 원고 및 피고 2의 각 상고이유에 대한 판단

매매계약이 약정된 매매대금의 과다로 말미암아 민법 제104조에서 정하는 '불공정한 법률행위'에 해당하여 무효인 경우에도 무효행위의 전환에 관한 민법 제138조가 적용될 수 있다. 따라서 당사자 쌍방이 위와 같은 무효를 알았더라면 대금을 다른 액으로 정하여 매매계약에 합의하였을 것이라고 예외적으로 인정되는 경우에는, 그 대금액을 내용으로 하는 매매계약이 유효하게 성립한다고 할 것이다. 이때 당사자의 의사는 매매계약이 무효임을 계약 당시에 알았다면 의욕하였을 가정적假定的 효과의사로서, 당사자 본인이 계약 체결시와 같은 구체적 사정 아래 있다고 상정하는 경우에 거래관행을 고려하여 신의성실의 원칙에 비추어 결단하였을 바를 의미한다. 이와 같이 여기서는 어디까지나 당해 사건의 제반 사정 아래서 각각의 당사자가 결단하였을 바가 탐구되어야 하는 것이므로, 계약 당시의 시가와 같은 객관적 지표는 그러한 가정적 의사의 인정에 있어서 하나의 참고자료로 삼을 수는 있을지언정 그것이 일응의 기준이 된다고도 쉽사

리 말할 수 없다. 이와 같이 가정적 의사에 기한 계약의 성립 여부 및 그 내용을 발굴·구성하여 제시하게 되는 법원으로서는 그 '가정적 의사'를 함부로 추단하여 당사자가 의욕하지 아니하는 법률효과를 그에게 또는 그들에게 계약의 이름으로 불합리하게 강요하는 것이 되지 아니하도록 신중을 기하여야 한다.

원심은, 원고는 재건축사업의 수행을 위하여 이 사건 토지 중 이 사건 각 지분을 매수하는 것이 반드시 필요하고 피고들 역시 이제 이 사건 각 지분의 자신들 앞으로의 환원을 원하지 아니하는 점, 피고들은 당초 원고 조합원에 대한 보상가격인 평당 2,200만 원을 매매대금으로 요구하였고, 선행 2차소송의 제1심법원이 이 사건 각 지분 중 재건축사업에 필요한 면적인 각 7분의 0.1169 지분(약 1평)을 5,001만 원에 매도하는 내용의 조정결정을 하였음에 대하여 피고 2는 "평당 5,000만 원 선으로 조정하여 준 것에는 감사하나 다만 위 결정에서 장차 도로로 편입될 부분이 제외되어 응할 수 없다"는 취지로 이의신청을 한 점, 이 사건 각 지분을 매수하는 과정에서의 어려움은 기본적으로 재건축사업을 추진하는 원고가 부담하여야 하는 점 등 그 판시와 같은 사정을 종합하여, 이 사건 각 지분에 관한 매매대금은 평당 5,000만 원으로 계산한 641,500,000원 (5,000만 원×12.83평)이 정당하고, 원고 및 피고들은 이 사건 매매계약에서 정한 매매대금이 무효일 경우 위 금액을 매매대금으로 하여 이 사건 매매계약을 유지하였을 것이라고 인정된다고 판단하였다.

기록을 살펴보면, 원심의 위와 같은 사실인정과 판단은, 이 사건 매매계약 중 '정당한 매매대금'을 초과하는 부분만이 무효라고 하거나 '정당한 매매대금' (이 표현은 이른바 '정당한 가격(iustum pretium)'의 이론, 즉 매매대금 기타 계약상의 대가는 계약목적물의 객관적 가치에 상응하여야 하고, 그렇지 아니한 계약은 그 이유만으로 그 효력이 제한된다는 주장을 연상시킨다. 위의 이론은 교회법 등에서 논의되었으나, 우리 법이 원칙적으로 그러한 법리를 채택하지 아니하였음은 명백하다)을 새로운 계약내용의 지표로 제시하는 등 그 이유제시에 있어서 부적절한 점이 없지 아니하나, 대체로 앞서 본 법리에 좇은 것으로 이해될 수 있고 또 그 결과도 굳이 수긍할 수 없다고는 말하기 어렵다. 거기에 원고와 피고 2의 각 상고이유의 주장과 같이 당사자의 가정적 의사에 관한 채증법칙 위반 또는 입증책임에 관한 법리오해 등의 위법이 있다고 할 수 없다.

질문

(1) 매매계약이 약정된 매매대금의 과다로 말미암아 '불공정한 법률행위'에 해당하여 무효인 경우에도 무효행위의 전환에 관한 제138조가 적용될 수

있는가?

(2) 이 사건에서 일부 무효에 관한 제137조로 해결하지 않고 무효행위의 전환에 관한 제138조로 해결한 이유는 무엇인가?

(3) 이 사건에서 매매계약이 매매대금의 과다로 말미암아 불공정한 법률행위에 해당하지만 그 매매대금을 적정한 금액으로 감액하여 매매계약의 유효성을 인정할 수 있는가?

[판결 2] 강행법규에 반하여 무효인 계약의 유효 전환: 대판(전) 2016. 11. 18, 2013 다42236

[이   유]

상고이유를 판단한다.

1. 임대주택의 건설을 촉진하고 국민주거생활의 안정을 도모하기 위하여 제정된 구 임대주택법(2008. 2. 29. 법률 제8852호로 개정되기 전의 것. 이하 같다. 현재는 「민간임대주택에 관한 특별법」 등으로 승계되었다)은 임대사업자가 자의적으로 임대보증금과 임대료를 정하는 것을 방지하기 위하여 임대주택의 임차인의 자격, 선정 방법, 임대보증금, 임대료 등 임대 조건에 관한 기준을 대통령령으로 정하도록 하였다(제14조 제 1 항). 그 위임에 따라 제정된 구 임대주택법 시행령(2008. 2. 29. 대통령령 제20722호로 개정되기 전의 것. 이하 같다)은 주택법 제16조에 따른 공공건설임대주택의 최초 임대보증금과 임대료는 건설교통부장관이 정하여 고시하는 표준임대보증금 및 표준임대료를 초과할 수 없다고 규정하고(제12조 제 1 항), 건설교통부장관의 「임대주택의 표준임대보증금 및 표준임대료」 고시(2004. 4. 2. 건설교통부 고시 제2004-70호로 전부 개정된 것)는 임대차계약 시 임차인의 동의가 있는 경우에는 일정한 기준에 따라 표준임대보증금과 표준임대료의 어느 한쪽을 높이고 다른 쪽 금액을 낮추는 '상호전환'이 가능하도록 규정하였다.

이처럼 공공건설임대주택의 임대보증금과 임대료의 상한을 정한 규정은 그 법령 제정의 목적과 입법 취지 등에 비추어 그에 위반되는 약정의 사법적 효력을 제한하는 효력규정으로 보아야 한다. 그리고 위 건설교통부 고시에서 말하는 '임차인의 동의'라고 함은 임대주택을 공급받으려고 하는 사람이 표준임대보증금과 표준임대료로 임대차계약을 체결할 수 있는 상황에서 스스로 그 금액의 상호전환 여부를 선택하는 것을 의미한다. 가령 임대사업자가 임대보증금과 임대료를 임의로 상호전환하여 정한 임대차계약 조건을 제시하고 이를 그대로 받아들이거나 아니면 임대주택 청약을 포기하는 것 중에서만 선택할 수 있도록 한 경우에는 임차인에게 동의권이 부여되었다고 볼 수 없다. 따라서 임대사업자가 임대료의 일부를 임대보증금으로 상호전환함으로써 표준임대보증금보다 고액인 임대보증금으로 임차인을 모집하고자 하는 경우에는 표준금액과 전환금액을 모두 공고하거나 고지하여 임차인을 모집한 후 전환금액에 동의하는 임차인에 한하여 그 조건으로 임대차계약을 체결하여야 한다(대법원 2010. 7. 22. 선고 2010다23425 판결 참조). 그러므로 위와 같은 임차인의 동의 절차를 올바르게 거쳤으면 유효한 임대차계약으로 성립될 수 있는 경우에도, 그러한 절차를 거치지 않고 일방적으로 상호전환의 조건을 제시하여 임대차계약을 체결하였다면 이는 효력규정인 위 임대주택법령에 위반된 약정으로서 무효가 된다.

2. 한편 법률행위가 강행법규에 위반되어 무효가 되는 경우에 그 법률행위가 다른 법률행위의 요건을 구비하고 당사자 쌍방이 위와 같은 무효를 알았더라면 다른 법률행위를 하는 것을 의욕하였으리라고 인정될 때에는 민법 제138조에 따라 다른 법률행위로서 효력을 가진다. 이때 다른 법률행위를 하였을 것인지에 관한 당사자의 의사는 법률행위 당시에 무효임을 알았다면 의욕하였을 가정적 효과의사로서, 당사자가 법률행위 당시와 같은 구체적 사정 아래 있다고 상정하는 경우에 거래관행을 고려하여 신의성실의 원칙에 비추어 결단하였을 바를 의미한다(대법원 2010. 7. 15. 선고 2009다50308 판결 등 참조). 이는 그 법률행위의 경위, 목적과 내용, 무효의 사유 및 강행법규의 입법 취지 등을 두루 고려하여 판단할 것이나, 그 결과가 한쪽 당사자에게 일방적인 불이익을 주거나 거래관념과 형평에 반하는 것이어서는 안 된다.

공공건설임대주택의 임대차계약에서 표준임대보증금과 표준임대료를 기준으로 그 금액의 상호전환을 하여, 임대보증금은 표준임대보증금을 초과하는 금액으로 하고 월 임대료는 임대보증금 차액에 소정의 이율을 적용한 금액만큼 차감하여 표준임대료에 미달하는 금액으로 정하였으나 법정 방식에 의한 임차인의 동의 절차를 거치지 않은 경우에 그 임대차계약을 무효라고 한다면, 임차인은 그 임대주택에 더 이상 거주할 수 없게 되므로 임대주택의 공급을 통해 국민주거생활의 안정을 도모하고자 하는 입법 목적을 달성할 수 없게 된다. 그렇다고 하여 강행법규에 위반되는 표준임대보증금 초과 부분을 제외한 나머지의 임대 조건, 즉 '임대보증금은 표준임대보증금으로 하고 임대료는 표준임대료에서 차감하여 정한 계약상 임대료로 하는 임대 조건'으로 임대차계약이 체결되었다고 보는 것은 임대사업자에게 일방적으로 불리하여 형평에 어긋난다. 그러므로 계약 체결 당시 임대사업자가 위와 같은 무효의 사정을 알았다면 그러한 임대 조건으로 임대차계약을 체결하였으리라고 보기는 어렵다.

결국 위 건설교통부 고시에 의하여 산출되는 임대보증금과 임대료의 상한액인 표준임대보증금과 표준임대료를 기준으로 계약상 임대보증금과 임대료를 산정하여 임대보증금과 임대료 사이에 상호전환을 하였으나 절차상 위법이 있어 강행법규 위반으로 무효가 되는 경우에는 특별한 사정이 없는 한 임대사업자와 임차인이 임대보증금과 임대료의 상호전환을 하지 않은 원래의 임대 조건, 즉 표준임대보증금과 표준임대료에 의한 임대 조건으로 임대차계약을 체결할 것을 의욕하였으리라고 봄이 상당하다. 그러므로 그 임대차계약은 민법 제138조에 따라 표준임대보증금과 표준임대료를 임대 조건으로 하는 임대차계약으로서 유효하게 존속한다고 보아야 할 것이다.

그리고 이와 같이 당사자 사이에 체결된 임대차계약이 표준임대보증금과 표준임대료 조건에 의한 임대차계약으로 전환되어 유효하게 존속하게 되는 이상, 임대사업자는 임차인에게 표준임대보증금을 초과하여 지급받은 임대보증금을 부당이득으로 반환할 의무가 있고, 임차인은 임대사업자에게 그 임대차계약에 따른 임대료로 표준임대료 금액을 지급할 의무가 있다.

3. 내지 6. (생략)

7. [대법관 4인의] 별개의견은 다음과 같다.

가. 별개의견의 요지는, 공공건설임대주택의 임대차계약에서 임대인이 임대주택법령에 정한 방식에 의한 임차인의 동의 없이 일방적으로 임대보증금과 임대료를 상호전환하여 임대보증금은 표준임대보증금을 초과하는 금액으로, 월임대료는 표준임대료에 미달하는 금액으로 정함으로써 효력규정인 임대주택법령을 위반한 경우, 그 임대차계약상의 임대보증금은 표준임대보증금을 초과하는 한도 내에서 무효라고 할 것이나 임대차계약의 나머지 부분까지 무효가 되는 것은 아니므로 그 임대차계약상의 임대료 부분은 유효하게 존속한다는 것이다. 그 이유는 다음과 같다.

(1) 민법 제137조는 "법률행위의 일부분이 무효인 때에는 그 전부를 무효로 한다. 그러나 그 무효부분이 없더라도 법률행위를 하였을 것이라고 인정될 때에는 나머지 부분은 무효가 되지 아니한다."라고 규정하고 있다. 위 조항은 임의규정으로서 의사자치의 원칙이 지배하는 영역에서 적용된다고 할 것이므로, 법률행위의 일부가 강행법규에 위반되어 무효가 되는 경우 그 부분의 무효가 나머지 부분의 유효·무효에 영향을 미치는지 여부를 판단함에 있어서는 개별 법령이 일부무효의 효력에 관한 규정을 두고 있는 경우에는 그에 따라야 하고, 그러한 규정이 없다면 원칙적으로 민법 제137조가 적용될 것이나 당해 강행법

규 및 그 규정을 둔 법의 입법 취지를 고려하여 볼 때 나머지 부분을 무효로 한다면 당해 강행법규 및 그 법의 취지에 명백히 반하는 결과가 초래되는 경우에는 나머지 부분까지 무효가 된다고 할 수는 없는 것이다(대법원 2004. 6. 11. 선고 2003다1601 판결, 대법원 2008. 9. 11. 선고 2008다32501 판결 등 참조).

공공건설임대주택의 임대차계약에서 그 일부분이 강행법규에 위반되어 무효인 때에 만약 그 임대차계약 전부를 무효로 한다면, 다수의견도 지적하는 바와 같이, 무주택자들 중에서 일정한 절차를 거쳐 당첨된 임차인들을 그 임대아파트에서 퇴출시키는 결과를 초래하게 되어, 무주택 서민들에게 합리적인 가격에 임대주택을 공급하려는 관련 법령의 입법 취지를 몰각하게 되고, 표준임대보증금에 관한 규정을 무용화할 것이며, 사회경제적 약자인 무주택 임차인들을 보호한다는 관련 법령의 입법 목적을 달성할 수 없게 된다(위 대법원 2010다23425 판결 참조). 그러므로 이 사건 임대차계약에서 임대인이 법령을 위반하여 일방적으로 정한 임대보증금은 표준임대보증금을 초과하는 한도 내에서 무효이고, 나머지 임대차계약 부분은 유효라고 보아야 할 것이고, 이러한 해석이 임대주택법령의 입법 취지에도 부합한다.

(2) 민법 제618조는 "임대차는 당사자 일방이 상대방에게 목적물을 사용, 수익하게 할 것을 약정하고 상대방이 이에 대하여 차임을 지급할 것을 약정함으로써 그 효력이 생긴다"라고 규정하고 있다. 임대차계약의 핵심적인 내용은 임차인의 목적물에 대한 사용·수익과 그 대가로서의 차임의 지급이다. 그런데 부동산임대차의 경우 그 중요성으로 인하여 임차인의 임차권을 보호하여야 하는 문제가 있는 반면, 그 존속기간이 장기간에 걸치는 경우가 통상적이므로 임대인의 차임채권을 확보함과 아울러 목적물의 훼손으로 인한 손해배상채권을 확보할 필요가 있게 된다. 이러한 필요에서 부동산임대차에는 일정한 보증금의 수수가 수반되는 것이 통례이지만, 이에 관하여는 민법에 아무런 규정을 두고 있지 아니하다.

대법원판례에 의하면, 건물임대차에서 보증금은 임대차기간 동안의 차임채권은 물론 임차인이 건물인도의무를 이행할 때까지 발생한 손해배상채권 등과 같이 임대차계약에 의하여 임대인이 임차인에 대하여 가지는 일체의 채권을 담보하기 위한 금전 기타 유가물이다(대법원 1987. 6. 9. 선고 87다68 판결, 대법원 1999. 12. 7. 선고 99다50729 판결, 대법원 2016. 7. 27. 선고 2015다230020 판결 등 참조). 이와 같이, 건물임대차에서 보증금계약은 임차인의 차임, 손해배상 등 채무를 담보하기 위하여 금전 기타 유가물을 교부하기로 하는 약정으로서 임대차계약의 종된 계약이기는 하나 임대차계약 자체와는 별개이므로 양자가 불가분의 관계에 있는 것은 아니다. 그러므로 보증금계약에서 정한 임대보증금이 법령에서 정한 상한을 초과하여 그 부분이 무효가 되었다고 하여 나머지 법률행위인 임대차계약 자체가 무효로 된다거나 또는 그 임대차계약에서 정한 차임이 무효가 되는 임대보증금 부분에 상응하여 그만큼 증액된다고 보아야 할 아무런 이유가 없다.

외국의 입법례를 보더라도, 독일 민법은 "주택의 임대차에서 임차인이 그 의무이행을 위하여 보증금을 지급하여야 할 때에는 일정한 경우를 제외하고는 월 차임의 3배를 초과하지 못한다. 주택의 임대차에 있어 임차인이 임대인에게 보증금을 지급한 때에는 임대인은 수수한 보증금을 자기의 일반 재산과는 분리하여 별도로 이자가 발생하는 은행예금에 들어야 한다. 이자는 임차인에게 귀속한다. 이자가 발생함으로써 보증금이 증가한다"라고 규정하고 있다. 프랑스의 「임대차관계 개선을 위한 법률」은 "주거용 건물 등의 보증금에 관하여 임차인의 임대차상의 의무이행을 보증하기 위하여 보증금을 정하는 경우 그 금액은 1개월의 차임액을 초과할 수 없다. 보증금에는 임차인을 위한 이자가 발생하지 아니하며 갱신된 임대차계약의 기간 동안 어떠한 변경도 하여서는 아니 된다"라고 규정하고 있다. 이러한 법제에서, 임대인이 법률에 정한 보증금 상한을 초과하여 보증금을 수수한 경우에 그 초과 부분이 무효가 되더라도 이를 사유로 나머지 임대차계약이 무효로 된다거나 또는 그 무효로 된 초과 보증금 부분에 상응하는 만큼 임대인이 차임의 증액을 요구할 수 없음은 물론이다.

(3) 임대주택법령상 공공건설임대주택의 임대차계약에서 건설교통부장관이 고시하는 표준임대보증금과 표준임대료의 법적 성질은 그 '용어'에도 불구하고 임대인이 정할 수 있는 임대보증금과 임대료의 '상한'을 의미할 뿐 임대인과 임차인이 표준임대보증금과 표준임대료에 의한 임대 조건으로 임대차계약을 체결할 것을 예정하는 취지는 아니다.

임대주택법령상 공공건설임대주택이란 ① 국가 또는 지방자치단체의 재정으로 건설하는 임대주택, ② 주택도시기금법에 따른 주택도시기금의 자금을 지원받아 건설하는 임대주택, ③ 공공사업으로 조성된 택지에 주택법 제16조에 따라 사업계획승인을 받아 건설하는 임대주택 등을 말한다. 그런데 구 임대주택법 시행령 제12조는, ① 주택법 제16조에 따른 공공건설임대주택의 최초 임대보증금 및 임대료는 건설교통부장관이 정하여 고시하는 표준임대보증금 및 표준임대료를 초과할 수 없고, ② 건설교통부장관은 표준임대보증금과 표준임대료를 산정함에 있어서 임대주택과 그 부대시설에 대한 건설원가, 재정 및 국민주택기금 지원비율, 당해 임대주택 주변지역의 임대보증금 및 임대료 수준, 임대보증금 보증수수료(임차인 부담분에 한한다), 감가상각비, 수선유지비, 화재보험료, 국민주택기금융자금에 대한 지급이자, 대손충당금 및 제세공과금 등을 고려하여야 하며, ③ 공공건설임대주택에 대한 최초의 임대보증금은 국가·지방자치단체·대한주택공사 또는 지방공사가 건설한 임대주택은 당해 임대주택과 그 부대시설에 대한 건설원가에서 국민주택기금에 의한 융자금을 차감한 금액(이하 '임대보증금상한선'이라 한다), 그 외의 임대사업자가 건설한 임대주택은 임대보증금상한선의 일정 비율에 해당하는 금액을 초과할 수 없다고 규정하고 있다.

위 규정에 의하면, 임대주택법령은 건설교통부장관이 정하여 고시하는 표준임대보증금과 표준임대료를 상한으로 하여 그 한도 내에서 공공건설임대주택의 임대인과 임차인이 임대주택시장에서의 수요와 공급에 따라 임대 조건을 결정할 것을 예정하고 있는 것이지, 이와 달리 임대 조건이 임대주택법령에 정한 상한에 의하여 결정될 것을 예정하고 있다고 볼 것은 아니다.

(4) 민법 제138조는 "무효인 법률행위가 다른 법률행위의 요건을 구비하고 당사자가 그 무효를 알았더라면 다른 법률행위를 하는 것을 의욕하였으리라고 인정될 때에는 다른 법률행위로서 효력을 가진다."라고 규정하고 있다. 위 조항이 '무효행위의 전환'을 인정하는 근거는 '그 무효를 알았더라면 다른 법률행위를 하는 것을 의욕하였으리라는 당사자의 의사'에 있다. 이러한 당사자의 의사는 가정적 효과의사로서, 당사자가 법률행위 당시와 같은 구체적 사정 아래 있다고 상정하는 경우에 거래관행을 고려하여 신의성실의 원칙에 비추어 판단할 수밖에 없으나, 법원으로서는 그 가정적 의사를 함부로 추단하여 당사자가 의욕하지 아니하는 법률효과를 계약의 이름으로 불합리하게 강요하는 것이 되지 아니하도록 신중을 기하여야 한다(위 대법원 2009다50308 판결 참조).

다수의견은, 공공건설임대주택의 임대차계약에서 임대인이 위법하게 표준임대보증금과 표준임대료를 상호전환하여 임대보증금이 표준임대보증금을 초과하는 경우에 그 임대차계약은 효력규정인 임대주택법령에 위반한 것으로서 무효가 되지만, 당사자의 가정적 의사에 비추어 볼 때 무효행위 전환의 법리에 의하여 상호전환을 하지 않은 원래의 임대 조건, 즉 표준임대보증금과 표준임대료에 의한 임대 조건에 따른 임대차계약으로 유효하게 존속하는 것으로 보아야 한다고 한다.

그러나 앞에서 살펴본 바와 같이, 이 사건 임대차에서 보증금계약에 일부 무효 사유가 있다 하더라도 그 보증금계약은 표준임대보증금을 초과하는 한도 내에서 무효이고 이 사건 임대차계약의 나머지 부분까지 무효가 된다고 볼 것은 아니다. 나아가 공공건설임대주택의 임대차계약에서 임대인과 임차인이 임대 조건의 상한에 의한 임대차계약을 체결할 것을 의욕하였으리라고 단정하기도 어렵다.

공공건설임대주택의 임대차계약에서 임차인은 임대사업자가 제시하는 표준임대차계약서에 따라 계약을 체결할 것인지 여부만을 선택할 수 있을 뿐 계약의 내용을 결정할 자유는 없는 것이 현실이다. 이 사건에서 임차인은 임대사업자로부터 계약 체결 당시 표준임대보증금과 표준임대료 또는 상호전환 등에 관하여 설명을 듣거나 표준임대보증금과 표준임대료에 의한 조건으로 임대차계약을 체결할 것을 제시받은 적이 없는 점 등에 비추어 보아도 임차인에게 위와 같은 가정적 의사가 있다고 보기 어렵다. 임대사업자가 '자의적으로' 임대보증금과 임대료를 정하는 것을 방지함으로써 국민주거생활의 안정을 도모한다는 임대주택법령의 입법 취지에 비추어 보아도 무주택 서민인 임차인에게 불리한 방향으로 당사자의 가정적 의사를 추단하여서는 아니 된다.

(5) 별개의견과 같이, 강행법규에 위반되는 표준임대보증금 초과 부분은 무효로 하고 표준임대보증금과 이 사건 임대차계약에서 정한 임대료를 임대 조건으로 한 임대차계약이 체결된 것으로 본다고 하여, 다수의견이 우려하는 것처럼 이는 임대사업자에게 '일방적으로' 불리하여 형평에 어긋난다는 주장 역시 이를 선뜻 받아들이기 어렵다.

이 사건에서 공공건설임대주택의 임대차계약에 관한 법령에 따른 보증금 상한인 표준임대보증금과 당사자가 정한 임대료에 의한 임대차계약이 체결된 것으로 보는 것은 임대사업자가 '자의적으로' 법령을 위반하여 표준임대보증금을 초과하는 임대보증금을 정한 데 기인하는 것일 뿐이다. 별개의견과 같이 해석하더라도, 임대사업자는 구 임대주택법 제14조 제2항이나 주택임대차보호법 제7조 등에 의하여 임차인에 대하여 차임 등의 증감청구권을 행사함으로써 임대 조건을 새로이 정할 수 있는 이상, 이러한 해석이 임대사업자에게 일방적으로 불리한 것으로 형평에 반한다고 볼 수는 없다.

오히려 다수의견과 같이, 이 사건 임대차계약이 당초부터 표준임대보증금과 표준임대료를 임대 조건으로 하는 임대차계약으로서 유효하게 존속하게 되고 그 결과 임차인은 임대사업자에게 그 임대차계약에 따른 임대료를 표준임대료만큼 지급할 의무가 있다고 해석한다면, 임차인으로서는 이 사건 임대차계약에서 약정하였던 임대료를 지금까지 성실하게 납부하여 왔음에도, 위법한 상호전환이라는 임대인 측의 사정으로 인하여 이제 와서 임차인이 임대료 지급의무를 완전하게 이행하지 아니한 것으로 소급하여 보게 된다. 이것이야말로 당사자가 예상하거나 의욕하지 아니하였던 결과를 사후적으로 의제하는 것이어서 법률관계의 안정을 해칠뿐더러 임차인 보호라는 임대주택법령의 입법 취지에도 반하는 결과가 되지는 않을까 우려가 된다.

　나. 원심은, 피고가 2006. 5. 23. 임대사업자인 원고와 주택법 제16조에 따른 공공건설임대주택인 이 사건 주택에 관하여 임대보증금은 표준임대보증금을 초과하는 246,940,000원으로 하고 임대료는 표준임대료에 미달하는 월 593,000원으로 하는 이 사건 임대차계약을 체결한 사실, 피고가 원고에게 그에 따른 임대료로 매월 593,000원을 납부하고, 표준임대료와 계약상 임대료의 차액인 월 316,000원은 납부하지 않은 사실을 인정한 다음, 표준임대료와 계약상 임대료의 차액은 임대료에 해당하지 않으므로, 피고가 이를 납부하지 않았더라도 원고는 임대료 연체를 이유로 이 사건 임대차계약을 해지할 수 없다고 판단하였다.

　원심의 위와 같은 판단은 앞서 본 법리에 따른 것으로서 정당하다고 보아야 한다. 원심판결은 다수의견이 지적하는 것처럼, 직권조사사항인 확정판결의 기판력 저촉 여부에 관한 심리 및 판단을 누락하였으므로 파기될 수밖에 없으나, 사건을 환송받은 원심법원으로서는 이 사건 임대차계약의 체결 및 해지 경위는 물론 이 사건 건물인도소송을 둘러싼 제반 사정을 심리하여 이 사건에서 직권조사사항인 신의성실의 원칙이나 권리남용금지의 원칙 위반 여부가 문제되는지 아울러 살펴볼 필요가 있음을 지적하여 둔다.

　다. 원심판결이 파기되어야 한다는 결론에서는 다수의견과 의견을 같이 하지만, 위에서 본 바와 같이 그 파기의 이유를 달리하므로 별개의견으로 이를 밝힌다.

질문

(1) 원고와 피고 사이에 이 사건 공공건설임대주택을 둘러싸고 이 사건 소송에 이르기까지 어떠한 내용의 분쟁이 있었는가?

(2) 이 사건에서 원고는 피고에 대하여 어떠한 법적 원인을 내세워 어떠한 청구를 하고 있는가?

(3) 이 사건에서 원고가 피고에게 공공건설임대주택을 임대하는 계약이 강행법규 위반을 이유로 무효가 되었음에도 무효행위의 전환에 관한 제138조를 적용하여 원래의 계약내용과는 다른 내용의 계약이 유효하게 성립하였음을 인정할 수 있는가?

(4) 이 전원합의체판결에는 대법관 4인의 '별개의견'이 붙어 있다. 다수의견과 이 별개의견은 어떠한 차이가 있으며, 그것은 어떠한 점에 연유하는 것인가?

Ⅲ. 법률행위의 취소

1. 취소의 의의

(1) 제140조 이하에서 정하는 취소란, 일단 유효한 법률행위를 그 성립과 정상의 흠을 이유로 하여 소급적으로 무효로 하는 일방적 의사표시를 말한다. 취소는 이를 할 수 있는 권리, 즉 취소권이 있어야만 그 권리의 행사로서 유효하게 행하여진다. 취소권을 발생시키는 사유("취소의 원인")로서는 제한능력(제 5 조 제 2 항, 제10조, 제13조), 착오(제109조), 사기 · 강박(제110조)이 있다.[51]

취소할 수 있는 법률행위는 취소가 행하여지기까지는 유효이나, 취소에 의하여 소급적으로 무효(확정적 무효)가 된다. 한편 취소권이 행사 이외의 사유로 소멸하면 취소할 수 있는 법률행위는 이제 확정적으로 유효하게 된다.

(2) 민법은 취소라는 용어를 다른 의미로도 사용한다.[52] 사해행위의 취소(제406조)와 같이 채권자취소권이라는 특별한 법제도와 관련되어 독자적 의미를 가지는 것은 별론으로 하더라도, 부부간 계약의 취소(제828조)는 흠 없이 성립한 계약에 대하여 일정한 이유에 기하여 후에 소급적으로 효력을 소멸시키는 것이므로, 이를 제555조 이하, 제601조 등에서와 같이 해제라고 함이 타당할 것이다.[53] 또 제한능력자의 법률행위와 관련하여 동의나 허락 등의 「취소」(제 7 조, 제 8 조 제 2 항)는[54] 흠 없이 행하여진 의사표시에 대하여 그 효력을 장래를 향하여 소멸시킨다는 점에서 그 법적 성질은 오히려 철회라고 이해되고 있다.[55]

한편 혼인 · 이혼, 인지, 입양 · 파양 등 신분행위의 취소(제816조 이하, 제

---

51) 그 밖에 후견인의 행위에 후견감독인의 동의가 필요한 경우 이를 받지 못함으로써 발생하는 피후견인 또는 후견감독인의 취소권(제950조 제 2 항)을 들 수 있을 것이다.

52) 실종선고의 취소(제29조) 등과 같이 법률행위의 취소가 아닌 경우도 있다.

53) 민법의 제정과정에서 취소와 해제는 의식적으로 구별되었다. 가령 현재의 제555조에 해당하는 민법안 제544조에 대한 심의에서 "현행법[의용민법 제550조]의 '취소'라는 용어는 의사표시에 관한 하자를 원인으로 하는 것과 혼동의 염려가 있으므로 초안이 '해제'라고 규정한 것은 타당하다"라는 이해가 표명되고 있다(민법안심의록, 상권, 324면 상단). 그러나 이러한 구별이 수미일관하게 관철되지는 못하였던 것이다.

54) 제1024조 제 1 항의 「취소」도 또한 마찬가지이다.

55) 제16조, 제128조 후단, 제134조, 제527조, 제679조, 제1108조, 할부거래에 관한 법률 제 5 조 등 참조. 한편 「철회」라는 법개념에 대하여 일의적인 정의가 가능한가에 대하여는 의문이 없지 않다.

838조, 제861조, 제884조 이하, 제904조)에 대하여는, 민법에 취소권자, 취소의 방법·효력, 취소권의 존속기간이나 소멸 등에 대하여 특칙이 정하여져 있는 범위에서 또는 성질상 허용되지 않는 범위에서, 제140조 이하의 규정은 적용되지 아니한다.[56]

2. 취소권과 그 행사

(1) 법률행위를 취소할 수 있는 법적 지위는 취소권이라는 하나의 권리로 관념되고 있다. 이는 일방적으로 현재의 법률관계를 변경할 수 있는 법적 힘을 내용으로 하므로 형성권에 속한다.

취소는 의사표시의 흠을 이유로 그것이 요소가 된 법률행위의 효력을 부인하는 것으로서, 법률행위 당사자로서의 지위와 결합되어 있다. 그러므로 이는 독자적으로 양도할 수 없으며 또 압류도 못한다. 그러나 법률행위가 일신전속적 성질을 가지지 않는 한(제1005조 단서, 제404조 제 1 항 단서 참조), 상속될 수 있으며 또 채권자대위권의 객체가 되는 것도 가능하다. 또한 계약상 지위의 양도가 있으면, 그에 따라 취소권도 양수인에게 이전된다.

(2) 취소권을 가지는 사람이 누구인가에 대하여는 제140조가 정하고 있다. (i) 흠 있는 의사표시를 한 본인, 즉 제한능력자·착오자[57]·피사기자·피강박자는 취소를 할 수 있다. 제한능력자는 아직 능력자가 되기 전이라도 의사능력이 있는 한 스스로 취소할 수 있으며, 취소의 의사표시를 제한능력을 이유로 다시 취소할 수는 없다. (ii) 대리인도 취소할 수 있다. 대리인이 본인을 대리하여 한 의사표시에 취소사유가 있는 경우에 대리행위를 취소할 수 있는 것은 본인이고 그 대리인이 아니다. 그러나 취소도 의사표시인 이상 이를 대리인에 의하여 할 수 있음은 물론이다. 결국 위의 규정은, 취소를 본인을 대리하여 할 권한이 있는 사람은 본인을 대리하여 취소할 수 있다는 당연한 취지를 정한 것일 뿐이다.[58] (iii) 또 승계인도 취소할 수 있다. 상속인이나[59] 회사합병에서

---

56) 학설 중에는 이들에 대하여 제140조 이하의 규정이 전혀 적용되지 않는다는 견해도 없지 않으나, 의문이다. 가령 사기·강박으로 인지認知를 한 경우(제861조)에 제143조 이하에 의하여 추인하는 것을 막을 이유는 없을 것이다.

57) 2012년 민법 개정전에 제140조는 "하자 있는 의사표시를 한 자"라고 정하고 있었으나, 이에는 착오자도 포함된다고 보았다.

58) 한편 제한능력을 이유로 한 취소의 경우에는 법정대리인이 동의권의 반면으로 고유한

의 존속회사 또는 신설회사와 같은 포괄승계인에 대하여는 이론이 없다. 나아
가 특정승계인도 취소권을 가진다고 인정되나 구체적으로 어떠한 경우를 가리
키는 것인지는 명확하지 않다. 대부분의 학설은, 여기서 특정승계인이란 법이
특정한 행위의 취소를 정함으로써 보호하려는 지위의 특정승계인을 말하며, 그
러한 지위는 통상 취소할 수 있는 법률행위에 의하여 취득된 권리의 이전(다만
제145조 제5호에 의하여 법정추인이 되지 않는 경우에 한한다)에 수반된다고 이해
되고 있다.[60] 그러나 취소권 자체를 승계하지 않는 위와 같은 권리취득자가 취
소권을 가진다고 할 근거가 없고 또 실제로도 문제가 없지 않으므로,[61] 계약상
지위의 양도 등에 의하여 취소권 자체의 양도가 인정되는 경우를 말하는 것이
라고 보면 충분하지 않을까. 한편 보증인은 승계인에 해당하지 않으므로 취소
권이 없으며, 제435조에 의하여 채무의 이행을 거절할 수 있을 뿐이다.

결국 취소권을 가지는 것은 흠 있는 의사표시를 한 본인이며, 대리인이나
승계인은 그의 취소권을 대리하여 행사하거나 그로부터 이를 승계받은 사람일
뿐 표의자와 별도로 독자적인 취소권을 가지는 것은 아니다.

(3) 취소권의 행사, 즉 취소는 취소권자의 일방적 의사표시로써 한다. 취
소의 의사표시는 다른 일방적 의사표시와 같이 철회할 수 없다(제543조 제2항
참조).

상대방 있는 법률행위(계약 및 상대방 있는 단독행위)에서 취소는 그 상대방
에 대한 의사표시로 하여야 한다(제142조). 따라서 법률행위의 효과로 발생한
권리를 후에 취득한 제3자에 대하여는 취소를 하지 못하며, 단지 취소의 효과
를 주장할 수 있을 뿐이다. 상대방 없는 단독행위에서는 취소의 의사표시를 적
절한 방법으로 하면 충분하고, 도달이 필요하지 않다(제111조 제1항 참조).

취소권을 가진다고 볼 여지가 있다(제950조 제2항도 참조).

59) 특히 유언에 취소사유가 있는 경우에 유언자가 취소 전에 사망하였다면 상속인이 이를
취소할 수 있다.

60) 가령 토지소유자 A가 B에게 사기당하여 그 앞으로 지상권을 설정한 후에 A로부터의 토
지를 양수한 C가 이에 해당하여, 그는 지상권설정계약을 취소할 수 있다는 것이다.

61) 위 각주의 예에서 만일 A와 C가 사기의 사실을 알지 못하여 지상권부로 토지가 양도되
었다면 C에게 고유한 취소권을 인정하는 것은 그에게 이유 없이 이득을 주게 된다(토지
취득가격이 지상권 없는 것보다 당연히 저렴할 것이다). 그리고 취소의 효과로 문제되는,
그 동안의 토지사용이나 지료지급 등으로 인한 원상회복관계도 그 당사자인 A가 처리하
는 것이 타당하다. 일반적으로 C는 A가 직접 취소권을 행사하지 않은 경우에 요건이 갖
추어지면 A의 취소권을 대위행사함으로써(제404조) 충분하다.

취소의 의사표시를 함에는 특별한 방식이 필요하지 않고(반드시 취소의 소를 제기하여야 하는 것은 아니다), 또 묵시적으로도 할 수 있다. 그러므로 법률행위에 효력이 없음을 전제로 하는 등기의 말소청구 등에는 묵시적 취소가 인정될 수 있다. 또한 소송상으로도 취소를 할 수 있다. 가령 상대방에 대하여 계약목적물의 반환을 청구하는 소를 제기하면서 소장의 송달에 의하여 이를 할 수 있고, 또 상대방이 계약의 이행을 청구하는 소를 제기한 경우에 그 방어로 변론기일에 계약의 취소를 주장하는 경우 등이 그것이다. 요컨대 취소가 있었는지는 의사표시해석의 문제이다.

3. 취소의 효과

(1) "취소된 법률행위는 처음부터 무효인 것으로 본다"(제141조 본문). 즉 취소는 소급효를 가져서, 법률행위의 효과는 애초부터 전혀 발생하지 않았던 것처럼 다루어진다.그러므로 계약이 취소되면, 계약상의 채권채무는 처음부터 발생하지 않은 것으로 된다. 따라서 아직 이행하지 않은 채무는 이행하지 않아도 되고, 채권이나 채무의 존재를 전제로 이루어진 채권양도, 상계 등의 처분이나 채무인수도 소급적으로 무효가 된다.

또한 이미 채무가 이행되었어도, 그 급부는 이제 "법률상 원인 없는" 것이 되어 부당이득으로 반환되어야 한다(제741조). 이러한 채권적 원상회복의무는[62] 취소의 상대방뿐만 아니라 취소한 당사자 자신에게도 해당한다. 한편 급부가 소유권이전과 같은 처분을 내용으로 하는 경우에는, 그 처분도 원인행위의 무효로 말미암아 역시 무효가 된다(처분행위의 유인성有因性). 그러므로 가령 A가 B에게 사기로 부동산을 매도하고 소유권이전등기를 하여 B가 일단 소유권을 취득하였어도, 후에 A가 이를 취소하면, 비록 B의 소유권등기가 그대로 남아 있어도, 소유권양도는 처음부터 무효가 되어서 A는 소유권을 상실한 일이 없는 것이 된다. 그러므로 이때 A는 물권적 청구권(제214조)에 기해 등기의 회복을 청구할 수 있다.[63]

---

62) 이는 계약당사자로서의 지위에서 인정되는 것으로서, 반환청구권자의 물권적 지위와는 무관하다. 타인의 부동산의 매매가 취소되어도, 매도인은 여전히 매수인에 대하여 자신의 급부(점유이전)의 원상회복으로서 목적물의 반환을 청구할 수 있다. 대판 1994. 12. 13, 93다49482.
63) 판례는 물권행위의 무인성을 부정하고 있다. 대판 1977. 5. 24, 75다1394.

그러나 법률행위가 취소되었다고 하여서 이를 「법적 무 無」로 다룰 것이 아님은 법률행위 무효의 경우와 마찬가지이다. 그러므로 쌍무계약이 취소된 경우에 당사자 쌍방이 서로 원상회복의무를 부담하는 경우에는 양자의 채무는 동시이행관계에 있다는 등의 설명은 여기서도 타당하다.

(2) 민법은 제한능력자의 보호를 위하여 "제한능력자는 그 행위로 인하여 받은 이익이 현존하는 한도에서 상환(償還)할 책임이 있다."라고 정한다(제141조 단서). 이는 수익자가 선의인 경우에 한하여 현존이익에 한정된 반환의무를 부담한다는 부당이득법의 원칙(제748조)에 특칙을 두어, 선의·악의의 구별 없이 이를 인정한 것이다.[64] 이는 제한능력으로 인한 취소를 선의의 제 3 자에 대하여도 대항할 수 있게 한 것과 아울러 민법이 제한능력자의 보호에 두는 현저한 무게를 잘 말하여 준다.[65]

현존이익의 반환의무는 애초 받았던 이익이 후에 소멸한 한도에서 반환할 의무를 면한다는 데 의미가 있다. 그러므로 원래의 이익이 그대로 또는 형태를 변하여 남아 있지 않은 경우는 그 한도에서 반환의무가 없다. 가령 금전을 취득한 제한능력자가 이를 도박 등에 낭비한 경우나 출자 또는 대여를 하였으나 이를 회수하지 못하는 등으로 현재 그 이익이 수익자의 전체 재산에 기여하지 않았다면 이는 반환하지 않아도 된다. 나아가 받은 목적물에 하자가 있어 수익자의 다른 재산에 피해를 입힌 경우와 같이 그로 인하여 손실이 발생하였으면 그 한도에서 이익은 소멸한 것이다. 그러나 수익자가 그 이익을 생활비 기타 필요 또는 유익한 비용으로 소비하여 결과적으로 자신이 하여야 했을 지출을 절약한 경우에는, 그 이익은 현존하는 것이다.

이익의 소멸에 대한 증명책임은 반환의무의 소멸 또는 감축을 주장하는 측에서 부담한다. 제141조 단서가 예외규정일 뿐만 아니라, 이익의 소멸은 통상 수익자측이 알 수 있는 사정이므로 그로 하여금 증명하게 하는 것이 합목적이기 때문이다.

---

64) 미성년자가 신용카드발행인과 사이에 신용카드 이용계약을 체결하여 신용카드거래를 하다가 신용카드 이용계약을 취소하는 경우에 관해서는 대판 2005. 4. 15, 2003다60297, 60303, 60310, 60327이 있다. 위 제 7 편 제 2 장 Ⅳ. 참조.

65) 이러한 취지에 비추어 보면, 물권적 청구권에 기한 반환청구에 대하여도 제한능력자는 이익의 소멸을 주장할 수 있으며, 가령 물건의 멸실·훼손으로 인한 책임(제202조 참조)을 그 한도에서 면한다고 할 것이다.

(3) 법률행위가 가분이고 그 일부에 대하여만 취소원인이 존재하는 경우에는 일부 취소도 가능하다.[66] 그 경우 일부 취소로 인하여 그 부분의 법률행위가 무효로 됨은 물론이다. 여기서 나아가 이로써 법률행위 전부가 무효가 되는가는 제137조의 문제이다.[67]

한편 취소로 인하여 무효가 된 법률행위에 대하여 제138조를 적용하여 다른 유효한 법률행위로 전환이 가능한가에 관하여는 논의가 있다. 논란이 있을 수 있으나, 취소로 인한 무효화와 원래의 무효를 구별할 이유가 없고 또 취소는 그 대상인 법률행위의 효력을 부인할 뿐 그로써 무효가 된 법률행위가 다른 행위로 전환하는 것과는 무관하므로, 이를 허용할 것이다.

4. 취소권의 소멸

(1) 취소권은 채권이 채무자의 이행에 의하여 소멸하는 것과 같이 앞서 본 대로 그 행사에 의하여 소멸한다. 행사 전에 취소권이 소멸하는 일반적 원인으로서는 추인이나 취소권의 포기 또는 권리행사기간의 도과 등이 있다.

추인이란 법률행위에 존재하는 흠에도 불구하고 그 효력의 발생을 인정하는 의사표시를 말한다. 한편 포기는 취소권의 소멸 자체를 내용으로 하는 의사표시로서 추인과 이론적으로 구별되나, 취소할 수 있는 법률행위가 확정적으로

---

66) 대판 1990. 7. 10, 90다카7460은, "하나의 계약이라도 가분성可分性을 가지거나 그 목적물의 일부가 특정될 수 있다면 그 일부만의 취소도 가능하고 그 일부의 취소는 계약의 일부에 대하여 효력이 생긴다고 할 것"이라는 추상론을 내세우고 있다. 위 판결은, 공원 내 휴게소설치허가를 얻기 위하여 휴게소 부지 1천 2백 평을 포함한 2만여 평의 1필지 전체를 기부채납(행정청에 대한 증여)한 데 대하여 착오를 이유로 휴게소 부지를 제외한 나머지 부분에 대한 취소를 긍정하고 있다. 그러나 이 사안이 법률행위가 가분인 경우에 해당하는지에는 의문이 있으며(특히 목적물의 일부가 특정될 수 있다고 하여 법률행위가 가분이라고 할 수는 없다), 위와 같은 경우에 일부 취소의 인정에 의하여 실질적으로 법관에 의한 계약수정을 긍정하는 결과가 되는 것이 바람직한가도 검토를 요한다.

67) 마찬가지로 대판 1994. 9. 9, 93다31191은, 법률행위의 일부 취소는 "법률행위의 일부무효이론과 궤를 같이"한다고 한다. 그런데 이 판결은, 사기에 의하여 피사기자에게 금전을 대여하고 사기자의 처 앞으로 저당권을 설정받은 경우에 피사기자의 저당권설정계약을 취소하는 의사표시를 한 사안에 대한 것으로서, 대법원은 위와 같은 추상론에 의하여 소비대차계약에도 취소의 효력이 미친다고 결론지었다. 그러나 일반적으로 소비대차와 저당권설정은 각각 별개의 법률행위라고 할 것인데(그렇다면 앞서 본 대로 일부무효 또는 일부 취소의 법리는 적용의 여지가 없다), 여기서는 예외적으로 하나의 법률행위라고 볼 여지가 없지 않으나, 오히려 위의 사안에서는 피사기자가 행한 취소의 의사표시는 그 해석상 소비대차도 포함한다고 봄으로써 족하였다고도 생각된다.

유효가 된다는 점에서 법률효과를 같이하고 또 실제의 구별은 쉽지 않으므로, 양자를 따로 논할 실익이 없다.[68]

추인은 우선 제140조에 정하는 사람이 이를 할 수 있다(제143조 제 1 항).[69] 나아가 추인은 "취소의 원인이 소멸된 후"에야 할 수 있다(제144조 제 1 항). 제한능력자가 능력자가 되거나 착오의 상태나 사기·강박으로부터 벗어난 때에 비로소 할 수 있고, 그 전에 한 추인은 취소할 수 있는 것이 아니라 무효이다 ("효력이 없다"). 물론 미성년자 등 제한능력자는 법정대리인 또는 후견인의 동의를 얻으면 추인을 할 수 있다(동조 제 2 항).[70] 또한 추인은 법률행위의 흠에도 불구하고 그 효력을 승인하는 것으로서, 이는 당연히 추인하는 사람이 취소가능성을 아는 것을 전제로 한다. 그러므로 취소할 수 있는 법률행위로부터 발생한 채무의 승인이나 기한유예 요청 등이 있어도(이들은 법정추인사유가 아니다) 당연히 추인이 되지는 않는다.

추인은 상대방 있는 법률행위의 경우에는 상대방에 대한 의사표시로 하여야 한다(제143조 제 2 항, 제142조). 그 밖에 추인의 방법에 대하여는 취소에 관한 설명이 그대로 타당하다(앞의 Ⅱ. 3. 참조). 한편 취소사유에 따라서는 상대방에게 최고권이 인정되고(제15조 참조), 이는 다른 형성권인 해제권에서도 마찬가지이다(제552조). 그러나 이를 확장하여 다른 취소사유에 일반적으로 최고권을 인정할 수는 없을 것이다.[71]

추인이 있으면, 취소할 수 있는 법률행위는 이제 "취소하지 못한다"(제143조 제 1 항). 즉, 확정적으로 유효가 된다.

(2) 민법은 대체로 추인을 전제로 하는 일정한 객관적 사실이 있으면 취소권자의 의사 여하를 묻지 않고 추인과 같은 효과를 인정하여 취소할 수 있

---

68) 그러므로 추인은 취소권의 포기라고 설명하는 견해도 이해되지 않는 바가 아니다.

69) 다만 추인을 할 수 있는 「대리인」이란 추인의 대리권을 가지는 사람을 가리키는데, 법정대리인은 물론 이를 가지나(제15조 제 2 항도 참조), 임의대리의 경우에는 취소의 대리권이 있다고 해서 당연히 추인의 대리권을 가진다고는 할 수 없다. 이는 요컨대 수권행위의 해석문제이다.

70) 그러나 피성년후견인은 법정대리인의 동의를 얻더라도 독자적으로 법률행위를 할 수 없는 것이 원칙이므로(제10조 제 1 항), 이러한 경우에는 추인도 할 수 없다.

71) 민법의 제정과정에서 이에 대한 논의가 있었으나, "하자 있는 행위에 대하여 필요 이상의 보호규정을 둘 필요가 없"다고 하여(민법안심의록, 상권, 92면 하단) 그러한 규정을 두지 않았다.

는 법률행위를 확정적으로 유효로 한다.[72] 이를 법정추인이라고 한다. 이는 부동적淨動的 법률관계를 조기에 확정지으려는 취지에서 나온 것이다. 법정추인이 있으면, 추인이 행하여진 것과 같은 법률효과가 발생한다.

(가) 법정추인이 인정되려면, 우선 다음 중 하나의 사유가 있어야 한다(제145조).

(i) 전부나 일부의 이행　　취소권자가 취소할 수 있는 법률행위로부터 발생한 채무를 이행하는 경우뿐만 아니라, 취소권자가 변제에 채권자의 수령을 요하는 채권의 상대방으로부터 변제를 수령하는 경우도 포함된다.

(ii) 이행의 청구　　소송상·소송외의 이행청구를 포함한다. 그러나 이행청구를 받는 것은 해당이 없다.

(iii) 경개(제500조 이하 참조)　　취소권자가 채권자로서 하든 채무자로서 하든 상관없다. 법정추인의 취지에 비추어, 반드시 경개의 효력발생요건을 모두 갖출 필요는 없고, 가령 구채무자의 의사에 반한 채무자변경에 의한 경개(제501조 참조)나 확정일자에 있는 증서를 갖추지 아니한 채권자변경에 의한 경개(제502조 참조)라도 충분하다.

(iv) 담보의 제공　　채권자로서 담보제공을 받는 경우를 포함한다. 물적 담보(비전형담보 포함)·인적 담보를 가리지 않는다.

(v) 취소할 수 있는 행위로 취득한 권리 전부나 일부의 양도　　취소권자가 양도하는 경우에 한하며, 그 권리 위에 제한물권이나 임차권과 같은 제한적 권리를 설정하는 경우나 그로써 상계를 하는 것도 포함된다.

(vi) 강제집행　　취소권자가 채권자로서 강제집행을 하는 경우에 대하여는 의문이 없다.[73] 학설은 나아가 강제집행을 당하는 경우도 포함된다고 한다. 취소권자는 그 경우 이의를 주장할 수 있었는데도 이를 하지 않았으므로 그렇게 보아도 된다는 것이다. 그러나 찬성할 수 없다. 단순한 이의의 부제기가 대체로 추인을 전제로 하는지 의문이며, 또 강제집행에 대한 이의의 사유는 다양하고 또 이를 할 수 있는 시기도 각각인데 위의 견해를 관철하려면 집행절차의 진행에 따라 언제 법정추인이 있는 것인지 불분명하게 된다.

---

72) 한편 제한능력자의 상대방에게 최고권을 주고 그것이 행사된 경우에는 일정한 요건 아래 추인한 것으로 보기도 한다(제15조 제 1 항, 제 2 항 참조).
73) 강제집행의 신청으로 충분하다.

(나) 나아가 이러한 법정추인사유는 제144조에 의하여 "취소의 원인이 소멸된 후에" 하여야 한다. 다만 제한능력으로 취소할 수 있는 법률행위에서 법정대리인이 스스로 이러한 행위를 한 경우는 물론 미성년자 등 제한능력자가 법정대리인의 동의를 얻어 이러한 행위를 한 경우에는 취소의 원인이 종료하기 전이라도 법정추인이 된다.

여기서 「취소의 원인이 소멸된 후」란 객관적으로 능력자가 되거나 착오 등의 상태로부터 벗어나는 것만으로 긍정되며, 주관적으로 취소가능성을 알아야 하는 것은 아니다.[74]

(3) 한편 이들 행위를 함에 있어서 "이의를 유보한 때"에는 법정추인의 효과가 발생하지 아니한다(제145조 단서). 이의의 유보란 결국 그 행위가 통상 전제로 하는 바의 추인을 배제하여 취소가능성을 여전히 가진다는 의사의 표명을 말한다. 가령 취소권자가 강제집행을 면하기 위하여 부득이하게 일단 변제한다는 뜻을 밝힌 경우 등에는 이의를 유보한 것으로 해석될 수 있다.

5. 취소권의 행사기간

취소권의 행사기간은 "추인할 수 있는 날로부터 3년" 또는 "법률행위를 한 날로부터 10년"으로 정하여져 있다(제146조). 이 역시 부동적 법률관계의 조기확정을 위하여 단기의 권리행사기간을 정한 것이다.

「추인할 수 있는 날」이란 취소의 원인이 종료된 날을 의미한다(제144조 제 1 항. 그 내용에 대하여는 앞의 1. 참조).[75] 그러므로 예를 들어 피한정후견인 갑의 후견인이 후견감독인의 동의 없이 갑의 부동산을 처분한 경우 갑의 취소권(제950조 제 2 항)은 갑이 능력자로 복귀한 때부터 기산된다.[76]

취소권은 위의 두 기간 중 어느 하나라도 만료되면 소멸한다. 제146조의 법문은 취소권을 행사할 수 있는 기간을 정하나, 이 기간이 지나면 그 권리가 소멸된다. 그리고 이 기간의 성질은 권리의 존속기간, 즉 제척기간이라고 이해된다. 따라서 시효에서와 같이 승인 등에 의하여 기간의 진행이 중단된다는 일

---

74) 다만 자신이 법률행위를 행하였다는 것 자체는 알고 있어야 할 것이다. 이는 특히 피성년후견인이 심신상실의 상태에서 법률행위를 한 경우에는 문제될 수도 있다.

75) 강박상태가 종료되었는지의 판단에 대하여는, 쿠데타로 인한 비상계엄의 해제와 관련한 대판 1991. 9. 10, 91다18989; 대판 1993. 2. 23, 92다14632 등 참조.

76) 대판 1997. 6. 27, 97다3828.

(제168조 제 3 호 참조)은 인정되지 않는다. 한편 위의 기간은 취소권의 행사로 인하여 발생하는 원상회복청구권에도 적용되어, 이 청구권도 위의 기간까지만 존속한다는 견해가 있다. 그 이유는, 그렇게 해석하지 않으면 법률관계를 조속히 확정하려는 법률의 취지에 반한다는 것이다. 그러나 취소권의 행사로 법률관계는 확정되므로 위 규정의 취지는 이로써 달성되고, 취소권과 위의 청구권은 엄연히 발생원인과 성질을 달리하는 권리로서 이를 동일한 법적 운명에 따르게 할 이유가 없으며, 실제로도 취소권이 위 기간의 종기終期에 가까이 행사된 경우에는 위 청구권의 보전에 충분한 기간이 주어지지 않을 우려가 있다. 그러므로 위의 청구권은 그 발생 시부터 별도의 소멸시효기간에 따른다고 할 것이다.[77]

---

77) 대판 1991. 2. 22, 90다13420; 대판 1992. 4. 24, 92다4673 등 판례는, 형성권인 환매권의 행사로 인하여 발생하는 소유권이전등기청구권은 환매권의 제척기간에 대한 법률의 규정과는 무관하게 환매권을 행사한 때부터 일반채권과 같이 제163조 제 1 항 소정의 10년의 소멸시효기간이 진행되는 것이며, 위의 제척기간 내에 행사하여야 하는 것이 아니라고 한다. 이는 취소의 경우에도 마찬가지이다.

재판례 색인

조문 색인

사항 색인

저자 소개

양창수

- 서울대학교 법과대학 졸업
- 법학박사(서울대학교)
- 서울민사지방법원 등 판사
- 서울대학교 법과대학 교수
- 대법관
- 현 : 서울대학교 명예교수

주요 저서 · 역서

民法硏究 제 1 권, 제 2 권(1991), 제 3 권(1995),
  제 4 권(1997), 제 5 권(1999), 제 6 권(2001), 제
  7 권(2003), 제 8 권(2005), 제 9 권(2007),
  제10권(2019)
민법입문(제 9 판, 2023)
민법 Ⅱ 권리의 변동과 구제(제 5 판, 2023)(共著)
민법 Ⅲ 권리의 보전과 담보(제 5 판, 2023)(共著)
民法注解 제 1 권, 제 4 권, 제 5 권(1992), 제 9 권
  (1995), 제16권(1997), 제17권, 제19권(2005)
  (分擔執筆)
註釋 債權各則(Ⅲ)(1986)(分擔執筆)
民法散考(1998)
민법산책(2006)
노모스의 뜨락(2019)

라렌츠, 正當한 法의 原理(1986, 신장판 2022)
츠바이게르트/쾨츠, 比較私法制度論(1991)
포르탈리스, 民法典序論(2003)
독일민법전 — 총칙 · 채권 · 물권, 2024년판(2024)
독일민법학논문선(2005)(編譯)
로슨, 大陸法入門(1994)(共譯)
존 로버트슨, 계몽 — 빛의 사상 입문(2023)

김재형

- 서울대학교 법과대학 졸업
- 법학박사(서울대학교)
- 서울지방법원 등 판사
- 서울대학교 법과대학 · 법학전문대학원 교수
- 대법관
- 현 : 서울대학교 법학전문대학원 교수

주요 저서 · 역서

민법론 Ⅰ, Ⅱ(2004), Ⅲ(2007), Ⅳ(2011), Ⅴ(2015)
근저당권연구(2000)
언론과 인격권(2012, 제 2 판 2023)
민법판례분석(2015, 증판 2021)
민법총칙〔민법강의 Ⅰ〕(제 9 판, 2015)(공저)
물권법〔민법강의 Ⅱ〕(제 9 판, 2024)(공저)
채권총론〔민법강의 Ⅲ〕(제 7 판, 2023)(공저)
민법주해 제16권(1997)(분담집필)
주석 민법 — 물권(4)(2011)(분담집필)
주석 민법 — 채권각칙(6)(2016)(분담집필)
기업회생을 위한 제도개선방향(2001)
민법개정안 연구(2019)(공저)
채무불이행과 부당이득의 최근 동향(2013)(공편)
금융거래법강의 Ⅱ(2001)(공편)
도산법강의(2005)(공편)
통합도산법(2006)(공편)
한국법과 세계화(2006)(공편)
판례민법전(2023년판)(2023)(편)
란도 · 빌 편, 유럽계약법원칙 제1 · 2부(2013)(번역)

제 4 판

민법 Ⅰ — 계약법

초판 발행	2010년 10월 30일
제 2 판 발행	2015년 5월 20일
제 3 판 발행	2020년 2월 25일
제 4 판 발행	2024년 4월 20일

공저자	양창수 · 김재형
펴낸이	안종만 · 안상준

편 집	김선민
기획/마케팅	조성호
표지디자인	이수빈
제 작	우인도 · 고철민

펴낸곳	(주) **박영사**
	서울특별시 금천구 가산디지털2로 53, 210호(가산동, 한라시그마밸리)
	등록 1959. 3. 11. 제300-1959-1호(倫)
전 화	02)733-6771
f a x	02)736-4818
e-mail	pys@pybook.co.kr
homepage	www.pybook.co.kr
ISBN	979-11-303-4716-5 93360

정 가   49,000원